KB015526

제4판 Fourth Edition

정 책 학

Policy Sciences

남궁 근 저

Keun Namkoong

法 文 社

제4판 서 문

제4판은 제3판의 4부 14장 체계를 유지하면서 최근 정책학의 발전 흐름을 반영하여 필요한 부분을 보완·수정하였다. 최근 정책연구 분야별로 우리나라 학자들의 저술과 학술논문 등 연구자료가 급격하게 증가하였다. 국내 연구자들의 연구주제가 대부분 한국의 정책을 다루고 있다는 점에서 정책연구의 한국화가 어느 정도 이루어진 것으로 볼 수 있다. 제4판에서는 책 전반에 걸쳐 우리나라의 정책 현상을 주제로 다룬 연구 문헌을 본문, 그림, 표, 그리고 Box를 활용하여 골고루 소개하였다.

이 책은 제1부 정책학의 기초, 제2부 정책환경, 제도와 행위자를 다룬 이후 제3부 정책과정과 제4부 정책분석·평가를 구분하여 살펴보는 방식을 취한다. 정책과정에 관한 논의는 의제설정, 정책결정, 정책집행 및 정책평가라는 단계모형(stage model)을 중심으로 정책학의 지배적인 패러다임으로 발전되었으며 이를 교과서적 접근방법(textbook approach)이라고 부른다. 한편 정책분석·평가 분야는 정책과정의 각 단계에 필요한 규범적·처방적 지식과 정보를 산출하여 정책결정자에게 조언을 제공하는 분야로 독자적으로 발전하여 왔다. 정책학 전반을 이해하는데 독자들이 이 책의 편성에 따라 공부하는 것도 좋지만, 정책과정의 단계별로 기술적·경험적 연구내용과 이에 상응하는 분석적·처방적 방법을 연결하여 공부하는 것도 도움이 될 수 있다. 즉, 의제설정 단계(제3부 제1장)와 정책분석과 문제구조화 방법(제4부 제1장), 정책결정단계(제3부 제2장)와 목표설정 및 대안분석 방법(제4부 제2장), 그리고 정책집행 단계(제3부 제3장) 및 정책평가·변동단계(제3부 제4장)와 정책평가연구의 방법(제4부 제3장)의 순서로 공부할 수 있다.

4차 산업혁명에 따른 대전환이 진행되는 과정에서 COVID-19 팬데믹의 영향으로 국내외 정책환경이 급격하게 변화하고 있다. 탈세계화 추세와 글로벌 공급망 붕괴, 인공지능(AI) 등 4차 산업혁명에 따른 노동수요 감소, 경제위기 심화와 취약계층의 피해 확대와 같은 문제를 해결하기 위하여 정부의 역할에 대한 기대가 더욱 커지고 있다. 그만큼 정부에 필요한 정책조언을 제공하는 정책연구자들의 책임도 무거운 시대가 되었다. 이 책을 읽고 공부하는 학생들이 한국의 정책과정을 폭넓게 이해하는 한편 정책결정에 필요한 신뢰할만한 지식과 증거를 제시할 수 있는 정책연구자로 성장하는

데 도움이 되기 바란다.

제4판 개정의 계기는 대한민국 학술원에서 출간한 「학문연구의 동향과 쟁점: 행정학」(2020)에 저자가 '정책학' 분야를 집필한 것인데, 이 글에서 2,000년 이후 국내 학자들의 정책학 관련 연구내용들이 어떠한 모습으로 변화되고 발전되어 왔는지 추적하였다. 저자에게 집필 기회를 주신 대한민국 학술원의 백완기 · 강신택 교수님과 집필에 함께 참여한 동료 교수님께 감사드린다. 은사인 Pittsburgh 대학의 Guy B. Peters 교수님이 몇 차례 서울을 방문하였을 때 한국의 정책조정제도, 공동거너번스 등 정책학 전반에 관하여 나눈 대화 내용도 이 책에 상당히 반영되었다. 저자가 개정작업을 진행하는 동안 한국지방행정연구원의 석좌연구위원으로 초빙되어 연구실과 여러 가지 편의를 제공받았다. 또한 「자치분권과 사회혁신 포럼」의 대표로써 매월 1회 개최된 조찬포럼에서 공직사회의 많은 분들과 토론하는 기회를 가졌다. 봉사할 기회를 주신 지방행정연구원의 윤태범 전 원장과 연구원 측에 감사드린다. 저자가 2018년부터 국무총리실 정부업무평가위원회 민간위원장을 맡아 중앙부처가 추진하는 국정과제와 주요정책과제의 모니터링 및 평가과정을 관찰하게 된 것도 한국의 정책과정 및 정책 전반에 관하여 보다 심층적으로 이해하는 계기가 되었다.

제4판의 교정작업과 색인작업에는 우하린 박사가 수고하였다. 조태상 대표는 제2판과 제3판에 이어 멋진 표지 디자인을 선물하였으며, 편집부 예상현 과장이 초판부터 계속하여 편집과 교정에 애써 주었기에 특별히 고마움을 전한다.

2021년 1월

남궁 근

제3판 서 문

제3판에서는 Lasswell의 창도 이래 정책학의 영역으로 자리잡은 정책과정에 관한 이론과 정책과정에 필요한 정책분석 및 평가의 방법들을 골고루 다루고자 노력하였다. 각 장별로 심층적인 이해가 필요한 이론과 자료 및 연구사례를 그림, 도표, 그리고 Box 형태로 제시하여 독자들의 이해를 돕고자 하였다. 특히 우리나라 정책현상을 대상으로 이루어진 다수의 경험적 연구사례를 소개하였다. 제2판에서의 5부 18장을 제3판에서는 4부 14장으로 재편성하여 전반적으로 상당한 분량을 줄였다. 독립된 장이었던 '역사적 제도주의'와 '사회자본'은 제2부 제1장 '환경, 제도와 정책'에 요약하여 소개하였고, '새로운 거버넌스'는 내용상 관련성이 큰 정책네트워크와 하나의 장으로 묶어 편성하였다. 한편 '정책분석과 윤리'의 주요내용은 제4부 제1장에 요약하여 소개하였다. 각 장별 주요추천문헌은 생략하고 참고문헌을 충실하게 소개하는 것으로 대신하였다.

제3판의 내용을 재구성하는 데 저자가 담당한 학부 정책형성론 및 정책분석평가론 과목과 대학원 공공정책특강 과목의 강의 경험이 큰 도움이 되었다. 학부 정책형성론의 경우 제1부 정책연구의 기초, 제2부 환경, 제도와 행위자, 그리고 제3부 정책과정에 소개된 이론 중심으로 강의를 진행하였고, 정책분석평가론의 경우 제1부에 이어 제4부 정책분석·평가방법의 내용을 토대로 하면서 별도 실습 자료를 추가로 활용하였다. 대학원 수업에는 이 책에 소개된 이론과 더불어 우리나라의 경험적 연구사례를 지정하여 학생들이 매주 발표하도록 하였다. 본문과 Box, 그리고 참고문헌에 제시된 연구사례들을 학습에 적절하게 활용하기 바란다.

제3판 원고작성과정에서 본교 도서관 조귀형 사서가 최신 연구자료를 수집하는데 헌신적으로 도와주었고, 조태상 대표는 제2판에 이어 멋진 표지 디자인을 선물하였으며, 편집부 예상현 과장이 초판부터 계속하여 편집과 교정에 애써 주었기에 특별히 고마움을 표하고자 한다.

2017년 7월

남궁 근

제2판 서 문

제2판에는 초판에서 다루지 못한 정책분석 및 평가에 관한 내용을 추가하였다. 정책학의 창시자인 Lasswell은 정책결정에 필요한 지식인 정책분석과 정책평가의 방법에 관한 교육과 연구가 필요하다고 주장하였다. 은사님께서 정책분석 및 평가방법을 전적으로 제외할 경우, 독자들이 정책학의 영역을 좁게 볼 수 있다고 우려하시는 말씀도 받아들였다.

정책분석 및 평가는 정책과정 안에서 이루어지는 분석적이며 지적인 활동이다. 정책분석 및 평가의 주된 행위자들은 구체적인 정책사례에 관하여 정책결정자에게 정보와 조언을 제공할 수 있는 전문가들이다. 이들에게는 정책과정의 초기 단계인 정책의제설정에서부터 정책형성, 정책집행, 정책평가 및 변동단계에 이르는 정책과정 전반에 걸쳐 활용할 수 있는 방법 및 기법에 관한 지식이 필요하다.

이 책 초판의 장절 편성은 그대로 살리기로 하고, 제5부에서 정책분석 및 평가에 관한 내용을 별도로 다루었다. 제5부 1장은 정책분석과 문제구조화 방법, 제2장에서는 목표설정과 대안분석 방법, 제3장은 정책평가연구의 방법을 다루었고, 마지막으로 제4장에서 정책분석과 윤리를 고찰하였다. 저자의 공역서 「정책분석론」(W.N. Dunn 저)과 저서 「행정조사방법론」, 저자가 이미 발표한 몇 편의 논문을 상당부분 인용하였고, 본문의 해당부분에 출처를 밝혀 두었다. 초판에서 다루었던 내용도 대폭 보완할 생각이었는데 시간부족으로 자구수정에 그치게 되었다.

제2판 원고작성과정에서 서울과기대 IT정책대학원에서 학위를 받은 윤정수 박사와 석사과정 정서화 양이 자료수집에 애써 주었다. 연구년으로 미국에 체류 중인 본교 김기환 교수와 조카인 한혜연 양이 원고를 읽고 귀중한 조언을 해 주었다. 본교 정소영 석사가 색인작업을 위해 수고하였다. 멋진 표지 디자인을 선물한 조태상 군에게도 감사의 마음을 전한다. 제2판은 원래 저자가 총장으로 취임하기 이전에 발간할 계획이었으나 총장 취임 이후 교정작업이 예정보다 상당히 늦어지게 되었다. 깔끔한 편집과 교정에 애써준 법문사 편집부 예상현 과장과 영업부 전영완 대리에게도 고마움을 표하고자 한다.

2012년 1월

남궁 근

서 문

대학교수의 가장 큰 고민은 담당강좌의 수업내용에 관한 것이다. 저자는 오랫동안 학사과정의 정책형성론, 대학원 과정의 공공정책세미나 과목을 담당해 왔다. 학사과정의 경우 정책학개론을 수강한 상급학년 학생을 대상으로 정책형성과 관련된 주제를 다루면서 별도의 과목으로 편성된 정책분석 및 정책평가와는 차별화하여야 했다. 대학원 과정의 경우에는 학생들이 정책과 관련된 다양한 이론을 이해한 후 이를 토대로 각자 연구주제에 적용하여 경험적 연구논문을 작성할 수 있도록 훈련시킬 필요가 있었다.

이 책은 저자가 위의 과목을 담당하면서 오랫동안 고민을 거듭해온 내용을 토대로 쓰게 되었다. 이 책에서는 공공정책 분야에서 그 동안 개발된 이론과 경험적 연구결과를 분야별로 정리하여 소개하고자 하였다. 이 책은 제1부 정책연구의 기초, 제2부 환경과 제도, 제3부 행위자와 네트워크, 제4부 정책과정으로 구성되었다. 제1부 정책연구의 기초에서는 정부와 정책을 정의한 다음, 정부가 개입하거나 개입하지 않아야 하는 논리와 정부개입의 수단 및 유형을 다루었다. 제2부 환경과 제도에서는 거시수준에서 정책에 영향을 미치는 요인에 관한 이론과 경험적 연구를 살펴보았다. 제3부 정책행위자와 네트워크에서는 정책과정에 참여하는 행위자 집단과 이들 사이의 동태적 관계를 고찰하였다. 제4부에서는 정책과정의 각 단계별로 관련 이론과 경험적 연구를 고찰하였다.

이 책을 통하여 학사과정 학생들이 정부가 왜 민간부문에 개입하거나 개입하지 않아야 하는지, 개입할 경우 활용가능한 정책수단과 정책유형이 무엇인지, 정책을 채택한 배경은 무엇인지, 정책 채택에는 어떠한 행위자들이 관여하는지, 정책채택 이전과 이후의 정책과정은 어떻게 진행되는지 이해하는데 도움이 될 수 있도록 하였다. 대학원 학생들이 경험적 연구를 진행하고자 할 경우에는 이 책뿐만 아니라 각 장 마지막 부분에 제시된 주요추천문헌을 읽고 이를 응용할 수 있어야 한다. 또한 각자 연구주제와 관련된 실질적 정책에 관한 지식을 해당 학문분야에서 찾아야 하며, 연구방법론 또는 조사방법 및 분석방법에 관한 별도의 훈련이 필요하다.

이 책을 내면서 특별히 감사드려야 할 분들이 많다. 미국 유학시절 정책학 분야에

눈을 뜨게 해 주신 Guy B. Peters 교수님과 William N. Dunn 교수님에게 특별히 감사드린다. Peters 교수는 만날 때마다 항상 신간 저서를 한두 권씩 선물로 주셨다. 이 책에 Peters 교수가 주도적으로 연구한 분야인 정책수단, 뉴 거버넌스, 그리고 신제도주의를 소개하였다. 이 책을 집필 중이던 지난 해 11월 Pittsburgh에서 Peters 교수님, Dunn 교수님과 진지하게 토론한 내용도 이 책에 반영되었다. 국내에 계신 원로교수님 가운데 강신택 교수님, 백완기 교수님, 노화준 교수님, 그리고 김영평 교수님께 특별히 감사드린다. 네 분 원로교수님께서는 바쁘신 가운데 이 책의 초안을 꼼꼼히 검토하시고 장절 편성과 수정해야 할 내용을 지적해 주셨다. 특히 강신택 교수님께서는 세부적인 내용까지 개정방향을 지적해 주셔서 최대한 수용하려고 노력하였다. 국내외에 훌륭한 은사님을 가깝게 모시고 있는 저자는 참 행복하다고 생각한다.

저자가 재직하는 학과의 동료교수님들도 많은 도움을 주셨다. 모든 동료교수들이 초안을 읽고 부분적으로 조언해 주셨는데, 특히 김상묵 교수와 김기환 교수는 이 책의 초안 전부를 읽고 세세한 분야의 교정까지 보아 주었다. 학과 동료교수들과는 공동연구 수행과정에서 자료 수집차 여러 차례 해외여행도 다녀오게 되었다. 저자는 동료교수들과 화목한 가운데 연구생활을 즐길 수 있어 더욱 행복하다고 생각한다.

저자가 1980년대 초반부터 발표한 저서와 논문, 그리고 번역서가 이 책의 기초가 되었다. 특히 「비교정책연구: 증보판」(1999, 법문사)과 김세균·박찬욱·백창제 편, (2005) 「정치학의 대상과 방법」에 게재된 "공공정책연구"의 내용이 이 책에 많이 포함되었다. 제2부 4장 사회자본은 원래 "사회자본의 형성과 효과에 관한 경험적 연구의 쟁점"이라는 제목으로 「정부학연구」, 2007, 13(4): 297－325에 게재된 논문이다. 그 밖에도 여러 곳에 게재했던 글은 출처를 소개하려고 최대한 노력하였다. 관련 과목을 오랫동안 강의해 왔기 때문에 상당히 충실한 강의노트와 틈틈이 쓴 글을 토대로 했지만 본격적인 집필과 수정에만 꼬박 1년 넘게 걸렸다. 참고문헌 정리에 연구조교인 김지은 양과 유학준비중인 김예림 양이 수고하였고, 우하린 석사가 마지막 교정작업을 도와주었다. 처음 예상보다 오래 걸린 출판과정에서 수고를 아끼지 않은 법문사 영업부 고영훈 과장, 편집부 예상현 과장님, 표지디자인을 위해 수고한 김현영 부장님, 그리고 어려운 여건에서 이 책을 발행해 주신 배효선 사장님께도 깊이 감사드린다.

마지막으로 필자의 소홀함을 늘 대신하는 아내와 사랑하는 두 딸 선과 현, 그리고 막내아들 휴에게 고마움을 전한다. 아내는 형제가 많은 집안의 장남과 결혼하여 30년 가까이 자녀들을 돌보는 일은 물론 대가족이 화목하게 지낼 수 있도록 늘 희생하면서 생활하고 있다. 아내의 희생 덕분에 매년 여러 차례 30명에 가까운 가족들이 늘 화기애애한 모임을 가질 수 있어 모두 행복하다고 생각한다. 저자가 이 책을 집필하는 동안 매듭이 풀리지 않는 어려운 문제에 대하여 아내와 틈틈이 토론시간을 가졌는데, 아내의 제안으로 문제가 의외로 쉽게 풀리기도 하였다. 이 책의 집필기간 중 저자가 한국행정학회 회장직 수행 등 외부 일정이 많아 주말과 방학 중에 집중적으로 일해야 했다. 이러한 실정에서 가족을 돌보는 일은 모두 아내의 몫이 되었다. 지난 30년 가까이 내조하면서 자신의 재능을 희생해 온 아내가 없었다면 이 책은 나올 수 없었을 것이다. 결혼 30주년을 앞두고 아내의 헌신적인 희생에 조금이나마 보답하고자 이 책을 사랑하는 아내, 한정옥에게 바치기로 하였다.

많은 분들의 배려, 조언과 도움에도 불구하고 필자의 역량이 모자라 여전히 부족한 부분이 많은 채로 책을 내기로 하였다. 독자 여러분의 충고와 비판을 기다리며 미진한 부분은 다음 기회에 보완할 것을 다짐한다.

2008년 8월 18일

남궁 근 씀

차 례

제1부 정책연구의 기초

제 2 장 시장실패와 정부실패 (45~78)

제 3 장 정책유형과 정책수단 (79~111)

제 2 부 환경, 제도와 행위자

제 1 장 환경, 제도와 정책 (115~175)

제 2 장 정책과정의 행위자 (177～233)

제 3 장 권력관계의 고전모형 (235~272)

제 4 장 정책네트워크와 거버넌스 (273~336)

제 3 부 정책과정

제 1 장 정책과정과 정책의제설정 (339~379)

제 2 장 정책결정모형 (381～427)

제 4 부 정책분석 · 평가방법

제 2 장 목표설정과 대안분석 (617~686)

제 1 부

정책연구의 기초

제1장에서는 정책학의 연구영역, 정책의 개념과 구성요소,
정부의 범위와 규모, 그리고 정책연구의 방법과 정책이론을 살펴보았다.
제2장에서는 경제적 자원과 복지의 배분에서
정부가 시장에 개입하여야 하는 시장실패의 논리와
정부가 시장에 개입하지 않아야 하는 정부실패의 논리를 다루었다.
제3장에서는 기존의 정책 유형에 관한 연구를 소개한 후
정부가 선택할 수 있는 구체적인 정책수단들을 살펴보았다.

1 CHAPTER
정책학의 연구대상
Scope of Policy Sciences

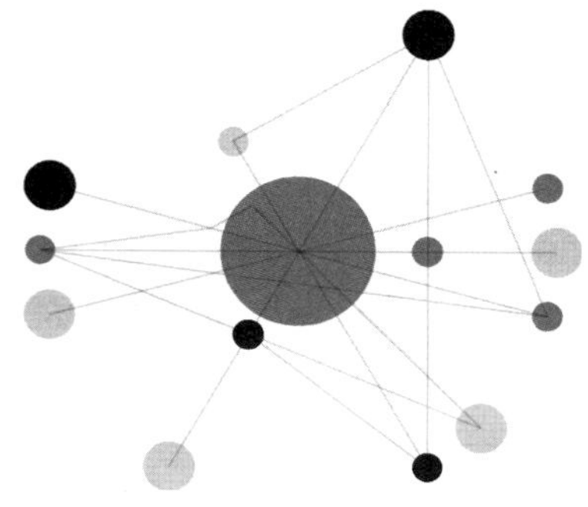

Ⅰ. 서 론

일반적으로 Lasswell(1951)의 논문 The Policy Orientation을 현대적 정책 연구의 출발점으로 보고 있다. Lasswell은 정치학자들이 정책 및 정책과정에 관한 실증적 연구에 관심을 가지는 한편, 정책결정과정과 공공정책을 개선할 수 있는 규범적·처방적 연구에도 헌신할 것을 요청하였다. 현대적인 정책학은 Lasswell의 창도 이래 짧은 기간임에도 불구하고 하나의 학문분야로서 착실하게 자리를 잡아가고 있다.

제2절에서는 정책학의 역사적 대두배경과 현대 정책학의 연구영역 및 접근방법을 개관한 다음 정책학 연구의 특징, 증거기반 정책 및 다방법 연구와 종합, 그리고 이 책의 구성을 살펴본다. 제3절에서는 정책의 개념과 구성요소를 고찰한다. 제4절에서는 시대와 국가에 따라 상당히 달라지는 정부의 범위와 규모를 고찰한다. 정책학의 연구의 출발점인 정책은 정부가 결정한 것이므로 정부의 범위와 규모를 이해하는 것이 필요하다. 제5절에서는 정책이론의 의의와 유형을 개관한다.

Ⅱ. 정책학의 연구영역

1. 정책학의 대두

정책학은 정책결정과정에 관한 지식뿐만 아니라 정책결정자가 당면한 실제 문제를 해결하는데 필요한 지식과 정보를 창출하고 평가하며 소통하는 학문이다(Dunn, 2018). 넓은 의미에서 정책연구의 역사적 배경을 살펴 본 후, 현대적 정책학의 대두에 관하여 살펴보겠다.

1) 역사적 배경

정책결정자에게 필요한 지식을 창출하고 소통한다는 의미에서 전문가의 정책연구와 그에 따른 정책조언은 문명 자체만큼 오랜 역사를 가지고 있다(Lasswell, 1971: 9; Dunn, 2018: 32; 남궁근 외 역, 2018: 44). 예를 들면, 고대 그리스의 철학자인 플라톤은 당시 도시국가인 시칠리아 통치자의 고문으로 일한 적이 있으며, 그의 제자 아리스토텔레스는 알렉산더 대왕의 왕자 시절에 교육을 담당하였다. 중국 춘추전국시대에는 공자와 맹자의 유가, 노자와 장자의 도가, 상앙과 한비자의 법가 등 제자백가의 학자들이 자신의 학문을 펼치면서 제후들의 정책에 영향을 미치고자 하였다. 이러한 인물들은 특별한 지식을 토대로 통치자에게 개인적으로 조언하였다.

산업혁명의 시기는 정책결정자들과 조언자들 사이에 과학과 기술을 통한 인류의 진보에 대한 신념이 지배적인 계몽주의 시기였다. 사회문제의 이해와 해결을 위한 수단으로 자연과 사회에 관한 과학적 지식, 이론의 개발과 검증이 선호되었다. 19세기 유럽에서는 경험적 자료의 체계적인 기록을 토대로 정책관련 지식이 생산되기 시작하였다. 영국, 프랑스, 독일 등에서 수행된 노동자와 도시빈민의 삶과 고용상태에 관한 경험적 연구결과들은 노동, 연금, 의료보험, 공중보건 등 사회정책과 경제정책에 큰 영향을 미쳤다. 미국에서는 20세기에 접어들면서 정치학, 사회학, 경제학 등과 같은 사회과학 전공자들이 정부에서 영향력 있는 직위를 차지하기도 하고, 연구자 또는 자문단으로 일하게 되었다. 특히 1930년대에 다수의 사회과학자들이 뉴딜정책을 펼친 루즈벨트 행정부가 설립한 국가부흥청 및 공공사업진흥국과 같은 신설된 정부기관에서 일하게 되었다. 제2차 세계대전 및 전후 재조정기간에도 사회과학자들이 실제 문제해결과정에서 역량을 발휘할 수 있는 기회가 제공되었다. 예를 들면, 당시 군사 및 민간기관은 국가안전보장, 사회복지, 국방, 군수품생산, 가격결정, 배급제도 등의 문제를 조사하기 위하여 사회과학자들에 의존하였다. 또한 사회학자인 스타우퍼(Samuel Stouffer)의 지휘 아래 당시 저명한 응용사회과학자 다수가 참여하여 네 권의 연구서 *The American Soldier*(1950)가 출간되었는데, 이는 군사정책결정자들이 수백만 군인의 생명에 영향을 끼칠지도 모르는 사실들뿐만 아니라, 인과적 추론 및 결론을 사회과학자들에게 의존한 것이다(Freeman & Sherwood, 1970: 25; Dunn, 2018, 37에서 재인용).

2) 현대적 정책학의 대두

현대적 정책학의 출발점은 1951년 정치학자 러너(Daniel Lerner)와 라스웰(Harold D. Lasswell)이 편집한 「정책학: 범위와 방법의 최근 동향」(*The Policy Sciences: Recent Developments in Scope and Method*)에 수록된 Lasswell의 논문 "정책 정향"(The Policy Orientation)이다. 이 책 서두에서 라스웰은 '정책학'(policy sciences)이 과학의 이론적 목표에 국한되지 않을 뿐만 아니라 근본적으로 실용적 지향성을 갖고 있다고 말한다. 정책학의 목적은 효율적인 의사결정을 위한 기초의 제공에서 더 나아가 "민주주의의 실제를 향상시키기 위하여 필요한 지식을 제공하는 데 있다."고 보았다. 라스웰은 정책연구의 궁극적인 목표가 인간의 존엄성 실현인 민주주의의 정책학에 있음을 특별히 강조하였다(Lasswell, 1951: 15). 라스웰과 러너가 실용적 지향성을 강조한 '정책학 운동'은 1950년대와 1960년대 중반까지 엄격한 과학성을 강조하는 행태주의(behavioralism)가 주류를 이룬 미국 정치학계에서 적극적인 지지를 받지 못하였다([Box 1-1] 참조).

1960년대에 미국사회는 월남전 반대와 흑백 인종차별 반대 시위, 도시폭동 문제로 소용돌이에 빠지게 되었다. 이에 대응하여 존슨 행정부는 흑인을 포함한 취약계층의 복지 향상을 위하여 교육과 사회복지분야의 정책과 프로

Box 1-1: 행태주의 및 후기행태주의와 정책연구

행태주의(behavioralism)는 연구대상과 연구방법의 측면에서 특징을 찾을 수 있다. 행태주의의 핵심연구대상은 사람, 특히 개인이다. 행태주의 시대의 대가인 Heinz Eulau는 1963년의 저서, *The Behavioral Persuasion in Politics*에서 다음과 같이 주장한다.

> 나는 사람의 정치행태, 즉 그의 행위, 목표, 동기, 감정, 신념, 약속, 그리고 가치를 이야기하지 않고서는 사람의 거버넌스에 관하여 의미있는 논의가 이루어지는 것이 불가능하다고 생각한다(p. 1). … 개인의 정치행태는 정치학의 행태주의 접근방법에서 중심적이고 핵심적인 경험적 자료이다(p. 14). 정치행태의 연구는 정치적 맥락에서 사람의 행위, 태도, 선호 및 기대에 관심을 가지고 있다(p. 21).

행태주의의 연구방법의 핵심은 과학적 방법이다. 과학적 방법은 가설을 설정하고 경험적 자료를 분석하여 이를 검증한 후 그 결과를 토대로 규칙성을 발견하고 이론을 축적해 나가고자 한다. 과학적 방법을 강조함으로써 정치와 정책의 연구가 규범적 · 처방적 학문이 아니라 경험적 · 실증적 학문이라고 본 것이다.

행태주의 접근방법은 입증을 위한 계량화와 방법론에 치중한 나머지 연구주제의 사회적 적실성의 문제가 초래되었다. 특히 1960년대 후반 미국에서 반전운동, 인권운동, 도시폭동 등 사회문제 해결에 정치학자들의 연구가 공헌할 수 없다는 사실을 자각하면서 행태주의가 비판받게 되었다. David Easton(1969)은 The New Revolution in Political Science라는 논문에서 이러한 도전을 후기 행태주의 혁명(post-behavioral revolution)이라고 불렀고, 그 혁명의 핵심은 연구의 '적실성'(relevance)과 '행동'(action)의 요청이라고 보았다.

그램을 대대적으로 확충하면서 사회과학계에 지원을 요청하였다. 이러한 상황에서 당시 젊은 학자들을 중심으로 사회문제 중심의 연구와 현실문제의 해결에 도움이 되는 연구방법을 활용해야 한다는 주장이 강력하게 대두되었다. 이스톤(Easton, 1969)은 미국정치학회장 취임연설에서 이러한 도전을 후기행태주의 혁명(post-behavioral revolution)이라고 불렀는데, 그 도전의 핵심이 정치학 연구의 '적실성'(relevance)과 '실천'(action) 요청이라고 보았다([Box 1-1] 참조). 이러한 도전은 정치학의 연구와 교육을 자연 과학의 방법론을 모델로 하여 더 엄격한 과학 분야로 확립하려고 시도했던 행태주의에 대한 불만에서 나온 것이다.

행태주의에 대한 반성을 계기로 미국에서는 1960년대 후반부터 사회과학자들이 공공정책에 관한 체계적 응용 연구에 관심을 가지게 되었다. 미국 연방정부, 비영리단체 및 민간부문에서는 사회문제 해결을 위한 응용 및 정책 관련연구에 대규모 연구비를 지원하였다(Dunn, 2018). 정책관련연구에 전념하는 '정책연구학회', '공공정책 · 관리학회'와 같은 전문학회가 창설되고, 정책연구 학술지인 정책과학(*Policy Sciences*), 정책연구저널(*Policy Studies Journal*), 정책연구리뷰(*Policy Studies Review*), 정책분석 · 관리학보(*Journal of Policy Analysis and Management*) 등이 발간되었다. 1960년대 후반부터 미국과 유럽의 대학들은 공공정책 분야의 새로운 대학원 프로그램과 학위과정을 설치하기 시작하였고, 다수의 대학 부설 정책관련 연구소가 설립되었다.

한국에서는 1970년대 전후에 정책학이 도입되었는데, 행정학 분야를 중심으로 정책학 관련 교과과목이 편성되기 시작하였고, 1990년대 초반 한국정책분석평가학회(1991), 한국정책학회(1992)가 창설되고, 한국정책분석평가학회보와 한국정책학회보 등 전문학술지가 발간되면서 정책학이 하나의 학문분야로 확고하게 자리 잡게 되었다.

2. 정책연구의 영역과 접근방법

1) 정책연구의 영역

현대적 정책학의 창시자인 라스웰(Lasswell, 1971: 1)은 정책학이 정책과정에 관한 지식과 정책과정에 필요한 지식(knowledge *of* and *in* decision processes)에 관심을 가져야 한다고 주장한다([Box 1-2] 참조). 정책과정에 관한 지식이란 정책이 어떻게 결정되고 집행되는지에 관한 체계적이고 경험적인 연구를 의미한다. 한편 정책과정에 필요한 지식이란 실용적 관점에서 정책결정과정을 개선하고 보다 나은 정책을 결정하는 데 적합한 지식과 정보를 말한다(Lasswell, 1971: 2).

정책학이라는 용어를 최초로 도입한 Lasswell(1951, 1971)의 연구를 계승한 정책학자들의 노력을 토대로 독자적인 학문분야로서의 정책학의 연구영역과 연구방법의 범위가 확립되었다([그림 1-1] 참조). Lasswell의 입장을

Box 1-2: 정책학 분야에서 Harold D. Lasswell의 공헌

Harold D. Lasswell(1951)의 논문 "The Policy Orientation"이 학문으로서 현대적 정책학의 기원이라고 본다. Lasswell은 세계 2차 대전 이후에도 지속되는 국가안보의 위기 등 현실적인 정책문제에 대응하기 위하여 국가의 지적 자원(intellectual resources)이 현명하게 활용되어야 한다고 보았다. 이와 관련하여 Lasswell(1951)은 다음과 같은 질문을 제기하였다.

국가의 정책에 도움이 되려면 어떠한 연구주제가 가장 추구할 가치가 있는 것인가? … 정책을 위하여 사실에 관한 자료를 수집하고, 그 중요성을 해석할 수 있는 가장 바람직한 방법은 무엇인가? 의사결정과정 자체 내에서 어떻게 사실자료 수집과 해석이 효과적으로 이루어질 수 있을 것인가?

Lasswell(1951)은 정책과정 그 자체가 적합한 연구대상이라고 보았는데, 그 주된 이유는 결정 흐름의 합리성(rationality of the flow of decision)을 증진시키고자 하는 희망 때문이다. 정책 정향(policy orientation)은 두 가지 방향으로 발전하여야 한다. 첫 번째는 정책과정에 관한 것이며, 두 번째는 정책에 필요한 지식의 요구(intelligence needs of policy)이다. 첫 번째 과제인 정책형성 및 집행에 관한 과학의 발전에는 사회과학 및 심리학의 방법들을 사용한다. 두 번째 과제인 정책결정자들이 이용가능한 지식의 구체적 내용과 해석을 개선하려면 기존의 사회과학 및 심리학의 경계를 뛰어넘어야 한다. 특정 정책에 관련된 지식이 요구될 경우에는 사회과학과 심리학뿐 아니라 자연과학의 연구결과도 정책학의 범위에 포함된다.

Lasswell(1971)은 저서 *A Pre-View of Policy Sciences* 서문에서 '정책학'이라는 용어의 도입 20년이 지난 후, 사회과학자들이 충분히 방향을 전환하여 미래에 대비하게 되었으며, 물리학자, 생물학자와 그 동료들도 지식의 사회적 결과와 정책적 함의를 고려하게 되었다고 지적하였다. Lasswell(1971: 4)은 정책학은 세 가지 기본적인 속성을 추구하여야 한다고 주장한다. 첫째, 맥락지향성(contextuality): 결정은 보다 큰 사회적 과정의 일부이다. 둘째, 문제지향성(problem-orientation): 정책학자들은 정책의 목표, 추세, 상황, 예측, 그리고 대안을 명료화하는데 관련된 지적인 활동에 정통하여야 한다. 셋째, 다양성(diversity): 사용하는 방법이 좁은 범위에 그쳐서는 안 되며 참여관찰을 포함한 다양한 방법을 종합하여야 한다.

계승하여 Hogwood & Gunn(1984: 29)은 공공정책의 연구 영역을 기술적 연구영역과 규범적 연구영역으로 구분하고 있다. 기술적 연구란 정책과정에

그림 1-1 Hogwood & Gunn의 공공정책의 연구영역

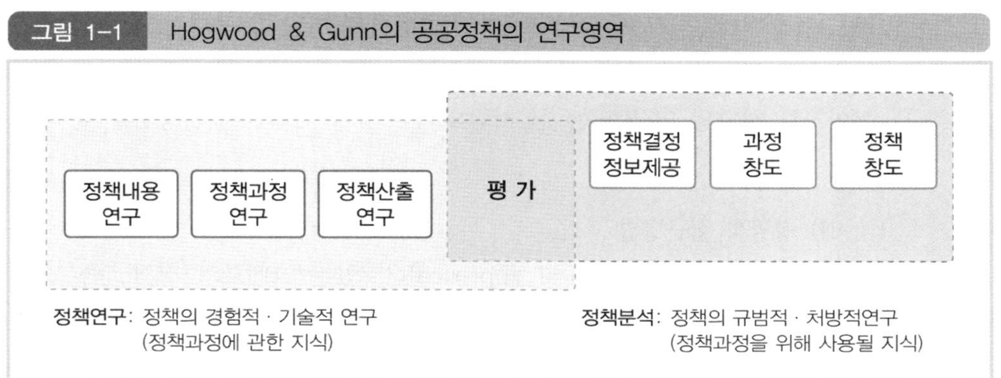

출처: Hogwood & Gunn. 1984. *Policy Analysis for the Real World.* p. 29.

관한 지식을 생산하는 경험적 연구로서 정책의 내용, 정책과정, 정책산출, 평가에 관한 연구로 구분된다(Hill, 2013: 4-7). 한편 처방적 연구는 정책과정의 개선을 위해서 사용될 수 있는 지식을 생산하는 정책분석적 연구로서 정책결정에 관한 정보제공, 과정창도, 정책창도의 영역을 포함한다.

초기 정책학운동을 주도한 Lasswell의 견해와는 달리 Dye(2007)는 정책의 연구영역이 기술적·경험적 연구에 한정되어야 한다고 본다. 정책연구자의 임무는 공공정책의 원인과 결과에 대한 과학적 설명이며 정책창도와 정책결정자 및 시민에 대한 계몽(enlightenment)은 배제되어야 한다는 것이다. 이러한 관점에서 좁은 의미의 정책연구란 공공정책의 원인과 결과를 체계적으로 연구하고 과학적 추론의 방법을 사용하여 신뢰성이 높고 보편성이 높은 지식을 산출하는 정책의 기술적·경험적 연구만을 의미한다.

한편 규범적·처방적 연구는 정책결정체계와 정책과정의 개선방안, 바람직한 정책대안에 관한 정보를 제공하는 연구이다. 초기에 정책학이 정착되는데 크게 공헌한 Dror(1968)는 정책연구를 "문제해결을 위한 대안의 탐색과 개발, 최선의 대안을 선택하는 데 도움이 되는 방법론"이라고 본다. 유사한 맥락에서 Quade(1989)는 정책분석을 "정책결정자들이 판단할 때 그 기초를 향상시킬 수 있는 방법으로 정보를 산출하고 제공하는 방법"이라고 본다.

2) 정책연구의 접근방법

공공정책과 관련된 현상에 관한 질서를 어떠한 입장에서 바라보고 연구

하느냐에 따라 연구 또는 연구자의 접근방법을 경험적, 규범적, 처방적 접근방법으로 구분할 수 있다(강신택, 2002: 44-45). 이러한 구분은 논리적인 구분이므로 하나의 연구 또는 한 사람의 연구자가 이러한 접근방법을 같이 사용할 수 있다.[1)]

(1) 경험적 접근방법

경험적 접근방법(empirical approach)은 '있는 그대로의 질서', 즉 '그것이 무엇인지'(what is)에 관하여 기술하고, 설명하며 예측하고자 하는 접근방법이다. 흔히 실증적 접근방법(positive approach)이라고 부르며 존재하는 사실(fact)을 대상으로 있는 그대로 묘사(description)하고, 원인과 결과를 밝혀내고자 하는 접근방법이다. 정책연구에 적용될 경우 정책의 내용, 정책의 원인과 결과 간의 관계에 관한 지식을 산출하고자 한다.

기초적 수준의 경험적 방법은 특정 정책문제, 정책 또는 프로그램 채택, 정책집행 등 실태에 관한 사실 자료를 수집하는 것이다. 예를 들면, 한강의 오염이 문제가 되고 있으면 오염의 수준은 어느 정도인지 과학적인 측정도구를 적용하여 자료를 수집하고 이를 알기 쉽게 "물고기가 살 수 있는 정도인가"를 밝히는 것이 될 것이다. 또 다른 예로 세계 각국의 의료보험정책에 관한 자료를 수집하는 경우를 생각하여 보자. 먼저 국가가 전 국민에게 의료보험을 제공하는가? 현재 우리나라와 같이 전 국민을 대상으로 국가가 의료보험을 의무적으로 가입하도록 하는 국가가 있으며, 미국과 같이 은퇴한 노인들만을 대상으로 하거나 공무원 및 직장을 가진 근로자들만을 대상으로 의료보험을 제공하는 국가도 있고, 전혀 제공하지 않는 국가도 있다. 한편 의료서비스의 공급 방식을 살펴보면, 의료보험을 제공하는 국가에 있어서도 영국에서와 같이 의료서비스의 공급부문을 국유화한 국민보건서비스(NHS) 제도를 갖추고 있는 국가와, 우리나라, 독일, 일본 등에서와 같이 사회 의료보험제도를 통하여 민간부문에서 의료서비스를 제공하는 국가로 구분된다. 이와 같이 특정 분야의 정책에 관하여 각 국가들이 채택한 프로그램을 토대로 각 국가들을 분류할 경우 분류 기준이 분명하게 제시되어야 하는데 보통의 경우 몇 가지 기준을 복합적으로 사용하여 분류 작업이 이루어진다. 앞

1) 강신택(2002: 44-45)은 접근방법이 아닌 지향(orientation)이라는 용어를 사용한다.

에서 예를 든 의료보험정책의 경우, 의료보험의 비용 부담 방식, 의료수가의 계산 방법 등 여러 가지 구체적인 기준을 적용하여 유사점과 차이점을 파악할 수 있다.

보다 정교한 수준의 경험적·실증적 방법은 문제의 원인과 정책의 결과에 대한 가설을 정립하고 이 가설을 검증하는 형식을 채택하게 된다. 즉 인과적 이론(causal theory)을 전제로 인과관계에 관한 가설을 설정하고, 관련 자료를 수집하여, 가설을 검증하는 절차를 따르는 것이다. 예를 들면, 한강 오염의 원인은 무엇인가, 공장폐수, 생활하수 중 어느 것인가에 관하여 자료를 바탕으로 규명하는 것이다. 만약 예산을 투입하여 오염을 규제하기로 결정했다면 그와 같은 결정에 주도적으로 영향을 미친 행위자는 누구인가, 시장의 독자적인 판단인가 아니면 시민의 압력이 컸기 때문인가 등의 원인 중에서 찾아내는 것이다. 한편 오염규제 정책이 실시된 이후에는 그 정책이 집행된 결과 과연 오염이 완화되었는지 증거를 제시하는 것이다.

이 같이 경험적 방법은 과학적 절차를 통하여 정책의 원인과 결과에 관한 지식을 탐구하고자 한다. 정부의 정책이나 사업을 입안하고 집행함에 있어 경험적 방법을 적용하여 여러 가지 사회관계와 정책현상을 설명하고 예측할 수 있으면 정책수단을 강구하기가 용이하다(강신택, 2002: 45).

(2) 규범적 접근방법

규범적 접근방법(normative approach)은 '있어야 되는 질서'가 무엇인가, 즉 바람직한 질서를 찾고자 하는 방법이다(강신택, 2002: 45). 규범적이라는 용어는 '당연히 있어야 할 것'(what ought to be)에 관한 가치판단을 의미한다(Dunn, 2018). 이러한 접근방법에 따를 경우 연구자는 정의, 선, 정당성 등의 기준에 부합된다고 생각하는 질서를 찾고 이러한 질서를 주장하게 된다. 정부가 추진하고자 하는 정책의 목적은 이러한 주장을 통하여 옹호될 수 있어야 한다. 그런데 정책의 목적은 서로 충돌할 수 있다. Stone(1997)은 정책의 궁극적 목적으로 형평성(equity), 효율성(efficiency), 안전보장(security), 자유(liberty), 공동체(community)의 다섯 가지를 들고 있는데 특히 형평성과 효율성, 안전보장과 자유가 서로 충돌할 수 있다. 한편 Dunn(2012)은 건강, 부, 안전, 평화, 정의, 평등, 자유 등의 목적 가치들은 서로 경쟁적이므로 다른 가치와 비교하여 하나의 가치를 선택하거나 우선순위를 부여하여야 한다고 본다. 가치의 우선순위판단은 단순히 기술적 판단만은 아니며 도덕적 추론(moral reasoning)을 필요로 하는 판단이다.

예를 들면, 형평성의 가치를 우선시하여 정책의제설정에서 주로 가난한 계층, 또는 소외계층의 문제를 반영하는 정책의제가 채택되어야 한다고 주장하거나 취업대책에서 지방대학출신을 차별하지 않은 방향으로 정책결정이 이루어져야 한다고 주장할 수 있다.

(3) 처방적 접근방법

처방적 접근방법(prescriptive approach)은 '있을 수 있는 질서'에 관하여 제안하는 것이다. 정책을 결정하는 데 있어서 규범적 주장에 의하여 옹호되는 목적을 설정하고 그러한 목적을 달성하기 위하여 경험적 연구로부터 받아들인 설명과 예측을 수단으로 연결하면 실현가능성이 높은 행동방안이 강구될 수 있다(강신택, 2002: 45-46). 처방적 접근방법은 설정된 정책목표를 달성하는 데 가장 적합한 수단을 선택하도록 처방하는 것을 의미한다. 앞에서 살펴본 것과 같이 정책이 추구하여야 할 목표 설정에는 규범적 접근방법이 사용되어야 한다. 한편 정책수단과 정책목표의 관계는 원인과 결과의 관계를 의미하며, 그와 같은 관계가 존재함을 객관적, 과학적으로 입증해야 하기 때문에 처방적 주장을 하려면 경험적 접근방법이 전제되어야 한다. 처방에 필요한 지식을 생산하려면 예측, 비용-편익분석, 실험설계와 통계분석 등 정책분석에 사용되는 분석 및 평가의 논리와 기법이 필요하다.

(4) 종합

사회과학 분야에서 전통적인 학술 연구는 연구내용을 검증가능한 경험적 접근방법에 주로 의존한다. 그러나 특정의 현실 정책문제를 해결하기 위한 응용연구인 정책연구 과제를 수행하는 연구자 또는 연구팀은 경험적 접근방법 뿐 아니라 규범적, 처방적 접근방법을 동시에 사용할 수 있어야 한다. 그러므로 학술적 연구자는 주로 경험적 연구에 집중하지만 응용지향적 정책연구자는 세 가지 접근방법에서 요구되는 보다 더 다양한 지적 판단능력을 갖추고 있어야 한다[2](강신택, 2019: 27).

---

2) 강신택(2019)은 지적 판단의 기준에는 도덕적 판단, 사실적 판단, 논리적 판단이 있

3) 정책연구의 특징

앞에서 정책학의 전반적인 연구영역과 정책연구의 접근방법을 살펴보았다. 그런데 연구자들이 하나의 정책 또는 특정분야의 정책을 규범적·처방적 관점에서 연구하고자 할 경우, 선구적 정책학자인 Lasswell, Lerner, McDougal, Dror, Etzioni 등이 강조한 정책학 연구의 특징, 즉 문제지향성(problem-oriented), 맥락성(contextuality), 학제적 연구(interdisciplinary research)에 특히 관심을 가져야 한다.

첫째, 정책학 선구자들이 강조한 정책에 관한 규범적·처방적 연구의 목적은 실용적 측면에서 사회문제의 원인을 파악하고, 바람직하고 적실성이 높은 해결방안을 모색하는 것이므로, 문제지향성은 정책학 연구의 특징 가운데 하나이다. 이는 마치 의사가 환자의 상태를 진단한 이후, 치료에 필요한 처방을 제시하는 상황과 유사하다. 즉, 특정 정책문제의 해결방안을 모색하려면 그 문제를 중심으로 문제의 원인 및 대안분석이 이루어져야 한다. 따라서 구체적인 정책의 연구에서는 정책 내용에 관한 실질적 지식(substantive knowledge)이 중요하다. 실질적 지식의 내용은 농업, 보건의료, 교육, 환경 등 정책분야에 따라 상당히 달라진다. 예를 들어, 농업정책분야의 연구를 진행하려면 농업문제를 다루는 정부부서, 농민단체, 농업 종사자들로부터 자료를 수집하여야 하는 것은 물론, 농업정책을 다루는 여러 학문분야, 즉 농생물학, 농업기술, 농촌사회학, 농촌경제학 등에서 관련 지식과 정보를 찾아야 할 것이다.

둘째, 구체적인 공공정책의 연구는 특정의 시간적, 공간적 맥락 또는 상황에서 정책문제를 이해하고, 해결방안을 모색한다. 이는 고도의 과학성을 전제로 도출된 이론을 모든 사례에 적용하려고 시도하는 행태주의적 접근방법과는 대조된다. 즉, 행태주의가 일반성을 강조하는 반면, 정책연구는 맥락적 특수성을 강조한다. 유사한 문제라고 하더라도 시대와 장소 등 정책문제

다고 본다. 규범적 연구내용의 옹호가능성 여부는 도덕적 판단과 논리적 판단의 결합으로, 경험적 연구내용의 검증가능성은 사실적 판단과 논리적 판단의 결합으로 이루어진다. 그런데 실천지향적(즉, 처방적) 연구의 실현가능성은 도덕적 판단, 사실적 판단, 논리적 판단 모두의 결합으로 이루어진다.

의 맥락에 따라 해결방안이 달라질 수 있기 때문이다.

셋째, 정책연구는 정책문제에 대한 분석과 대안탐색에 있어 학제적 연구방법을 추구한다. 즉, 다양한 사회과학 분야의 연구방법뿐만 아니라 자연과학의 연구방법까지 사용하게 된다. Lasswell(1971)은 적실성이 높은 연구결과를 도출하기 위하여 참여관찰을 포함한 다양한 분야의 연구방법 활용을 강조하였다. 이러한 점에서 정책학 연구는 종적인 학문체계를 지향하기보다는 특정 문제를 중심으로 횡적인 학문체계를 지향한다.

3. 증거기반 정책과 다방법 연구종합

1) 증거기반 정책

증거기반 정책(evidence-based policy)이란 다양한 조사 및 연구 결과로부터 도출된 증거의 충분한 활용을 통해 과학적이고 합리적으로 결정한 정책을 의미한다. 1980년대 이후 이념, 종교 또는 개인과 집단의 검증되지 않은 의견과 판단에 바탕을 둔 '의견기반 정책'(opinion-based policy)의 문제점이 인식되면서 증거기반의 정책설계가 더욱 중시되기 시작하였다. 예를 들어, 2020년 상반기에 발생한 COVID-19 감염병의 세계적 대유행에 대응하는 과정에서 일부 국가에서는 정치지도자의 개인적 의견 또는 잘못된 종교적 신념을 기반으로 방역정책을 펼쳐 방역의 대실패를 초래하였다. 반면 우리나라를 포함하여 방역에 성공한 국가들은 대체로 전문가의 견해와 집행현장 실무자들의 경험과 전문성으로부터 도출된 증거를 토대로 방역을 추진하였다. 실제 정책이 현장에서 작동하려면 이념적으로 추진된 정책을 넘어서 철저하게 증거에 기반을 두어야 한다는 것이다.

보건의료정책 분야에서 시작된 증거기반 정책설계의 요청은 오늘날 정책의 전 분야로 확대되었다. 정책설계에서 증거기반으로 활용될 증거의 출처로는 정책연구자들의 연구증거 뿐 아니라 현장에서 정책을 집행하는 실무자들의 경험, 그리고 정책수요자를 포함한 이해관계자들의 특성, 요구, 가치, 선호 등이 포함된다(이석민, 2012). 또한 정부가 주민의 고용, 소득, 의료, 복지 등에 관하여 그간 축적한 행정자료와 통계 데이터베이스를 포함한 빅데이터 분석 자료도 정책설계의 증거로 활용될 수 있다.

2) 다방법 연구와 종합

정책학의 창시자인 Lasswell은 정책문제의 맥락에 부합되는 증거를 수집하려면 사회과학, 심리학뿐 아니라 자연과학 분야의 다양한 연구방법이 활용되어야 하고, 그 방법들이 종합(synthesis of methods)되어야 한다고 보았다(Lasswell, 1971, 제4장).

(1) 증거수집방법과 증거유형

오늘날 증거기반 정책 주창자들은 증거를 수집하는데 다양한 방법이 활용되어야 한다고 본다. 예를 들어 Davies(2004; 이석민, 2012에서 재인용)는 증거수집의 방법과 증거유형으로 ① 실험설계 또는 준실험 설계를 사용하여 정책이 결과에 미치는 영향을 분석한 영향증거,[3] ② 심층 인터뷰, 초점집단 면접, 델파이와 같은 질적 조사방법과 참여관찰을 포함한 관찰방법, 그리고 사회 서베이를 활용하여 수집한 정책 집행과 효율성에 대한 집행증거, ③ 정부 차원에서 서베이와 기본 행정통계를 활용하여 광범위한 변수를 대상으로 주기적으로 수집하는 횡단면적, 시계열적, 국가간 비교 자료인 기술적 분석증거, ④ 여론조사 등을 통해 해당 정책 사안에 대한 시민의 인식, 경험과 이해 정도 등을 파악한 일반시민의 태도, 가치와 이해 정도에 관한 증거, ⑤ 선형 회귀분석 및 로지스틱 회귀분석, 그리고 정책시나리오에 관한 가정을 활용하는 등 통계적 모델링(statistical modelling)에서 도출된 증거, ⑥ 정책의 비용, 비용-편익 또는 비용-효과성 분석을 통해 수집한 경제적 증거,

---

3) 2019년 배너지 · 뒤플로 교수 부부와 크레이머 교수가 '실험적 기반의 연구방법'으로 전 세계의 빈곤 퇴치 능력을 향상시키는 데 기여한 공로로 노벨 경제학상을 받았다. 이들은 케냐와 인도 등 세계 40여개 나라의 빈곤 현장에서 저소득층 재정지원, 소액금융, 학교교육, 보건의료 등 공공프로그램의 효과를 측정하는 수백 건의 무작위 대조실험을 실시하였다(배너지 · 뒤플로, 2012). 연구진은 현장에서 가난한 사람의 생활상과 관련된 구체적 질문에 초점을 맞추고, 과학적 엄밀성을 유지하면서 수집한 자료를 개방적인 태도로 해석하여 가난한 사람들이 어떻게 의사결정을 내리는지 파악할 수 있었다. 이를 토대로 다양한 종류의 빈곤의 덫에서 빠져나올 수 있는 방법을 찾아내, 세계에서 가장 심각한 빈곤문제를 해결하는데 놀라운 진전을 이루었다. 이러한 맥락에서 정책설계에 필요한 증거를 확보하기 위하여 2000년대 초반부터 여러 나라에서 다양한 형태의 실험실인 '정책랩'과 '리빙랩'을 운영해 왔다. 정부랩이라고도 불리는 정책랩은 정부부처 내부에 설치된 '정책실험을 위한 조직'인데, 대표적인 사례가 영국의 Policy Lab, 덴마크의 MindLab, 핀란드의 Sitra Lab 등이다.

그리고 ⑦ 정책과 정책, 그리고 다양한 대상 집단 간의 상충관계(trade-offs)가 있을 경우, 이들의 상대적 효과, 상대적 비용, 대중의 인식과 기대, 사회정의 및 윤리에 관한 증거가 필요한데, 이를 위하여 Rawls(1972)의 '정의이론' 적용, 숙의민주주의에 기반을 둔 공론조사 등과 같은 방법으로 수집한 윤리적 증거가 활용되어야 한다고 보았다.

(2) 방법론적 기회비용

다양한 연구방법들 가운데 하나의 방법만을 채택할 때에는 소위 '방법론적 기회비용'(methodological opportunity cost)이 있다는 사실을 고려하여야 한다(Dunn, 2018). 예를 들어, 측정의 정확성과 통계학적 일반화를 확보하기 위하여 계량경제 모델링과 같은 하나의 방법을 채택할 때, 연구자는 문화기술적 인터뷰(ethnographic interviews), 사례연구 및 다른 질적 방법을 통하여 정책에 관한 심층적인 이해를 얻을 수 있는 기회를 포기하게 된다. 이와는 대조적으로 문화기술적 인터뷰는 인터뷰를 통한 실질적인 1차 자료 수집이 필요하기 때문에 많은 비용이 투입되어야 한다. 또한 문화기술적 인터뷰 자료는 타당성이 높은 반면 정확성이 결여되고 인터뷰에서 규명한 정책의 인과관계를 다른 맥락에 일반화시키는 데 제약이 따른다.

(3) 다방법 연구의 종합

하나의 연구방법에만 의존하여 증거를 수집할 때 발생할 수 있는 문제점을 해결하기 위하여 복수의 연구방법으로부터 도출된 증거들을 종합하여 활용해야 한다는 주장이 대두되었다. 연구종합(research synthesis), 삼각화(multiple triangulation) 또는 '비판적 복수주의'(critical multiplism)는 다양한 관점의 방법들을 사용한 연구결과들을 종합화하는 절차를 활용함으로써 진실이 무엇인지에 관해 좀 더 나은 근사값(approximation)을 찾으려는 것이다. 다양한 학문분야에서 이루어진 실증주의적 관점, 해석적 관점, 비판이론적 관점들, 복수의 방법들, 복수의 측정수단들, 그리고 복수의 자료출처들을 활용한 연구결과들을 종합할 경우 타당성이 높은 증거를 얻을 수 있다. 그러나 시간과 자원의 제약 때문에 복수의 관점과 방법들을 충분히 종합하여 활용하는 데는 한계가 있다.

4. 이 책의 내용과 구성

이 책에서는 공공정책의 연구범위를 넓은 의미에서 규정하여 기술적 정책연구 뿐 아니라 규범적·처방적 정책분석 연구가 포함되는 것으로 보겠다. 정책에 관한 규범적·처방적 연구에서 타당하고 신뢰할 수 있는 정책대안을 도출하려면 그 정책의 원인과 결과에 관한 기술적 연구에 따른 지식과 정보가 전제가 되어야 한다. 그러므로 정책학의 연구범위에 기술적 연구영역과 규범적 연구영역이 모두 포함되어야 한다고 본다.

이 책에서는 Lasswell의 창도 이래 정책학의 영역으로 자리잡은 정책과정에 관한 연구와 정책과정에 필요한 정보를 산출하는 정책분석 및 평가방법들을 골고루 다루고자 하였다. 이 책은 제1부 정책연구의 기초, 제2부 환경, 제도와 행위자, 제3부 정책과정, 제4부 정책분석·평가방법으로 구성된다(〈표 1-1〉 참조). 제1부 정책연구의 기초에서는 정책 및 정부에 관한 개념적 논의를 토대로 정부가 개입하거나 개입하지 않아야 하는 논리와 정부개입의 유형 및 수단을 다룬다. 제2부 환경, 제도와 행위자에서는 거시수준에

표 1-1 이 책의 구성

편 성	주요내용	특 징
제1부 정책연구의 기초	정부와 정책 시장실패와 정부실패 정책유형과 정책수단	정부와 정책의 개념, 정부개입의 논리 및 정부개입의 유형과 수단 검토
제2부 환경, 제도와 행위자	환경, 제도와 정책 정책과정의 행위자 권력관계의 고전모형 네트워크와 거버넌스	거시수준에서 정책에 영향을 미치는 요인과 행위자(집단)과 그들 사이의 동태적 관계에 관한 이론 및 경험적 연구 고찰
제3부 정책과정	의제설정 정책결정모형 정책집행 정책평가와 변동	정책과정의 진행단계별로 개발된 이론, 접근방법들과 경험적 연구 고찰
제4부 정책분석·평가방법	정책분석과 문제구조화 목표설정과 대안분석 정책평가연구의 방법	정책과정의 진행단계별로 필요한 정보 산출을 위한 분석 및 평가방법과 경험적 연구 검토

서 정책에 영향을 미치는 요인, 그리고 행위자(집단)와 이들 사이의 동태적 관계를 고찰한다. 제3부에서는 정책과정의 단계별로 경험적 연구를 토대로 개발된 이론들과 그에 관련된 연구문헌들을 살펴본다. 제4부 정책분석 평가에서는 넓은 의미의 정책분석에 포함되는 정책문제구조화, 목표설정과 대안분석, 정책평가연구방법을 고찰한다.

제1부 정책연구의 기초에 이어 제2부에서 다루는 내용은 특정 정책에 관한 정책과정의 모든 단계에 공통적으로 적용되는 거시적 맥락과 행위자에 관한 논의이다. 이 책에서는 각각 독자적으로 발전되어온 정책과정론(제3부)과 정책분석론(제4부)을 구분하여 살펴보는 방식을 취하였다. 정책과정론은 의제설정, 정책결정, 정책집행 및 정책평가라는 단계모형(stage model)을 중심으로 정책학의 지배적인 패러다임으로 발전되었으며 이를 교과서적 접근방법(textbook approach)이라고 부른다. 한편 정책분석은 정책과정의 각 단계에 필요한 규범적·처방적 지식과 정보를 산출하여 정책결정자에게 조언을 제공한다. 그러므로 정책과정과 정책분석을 통합시켜야 할 필요성도 꾸준히 제기되었다. 이러한 측면에서 독자들은 이 책의 편성과는 달리 정책과정의 단계별로 기술적·경험적 연구에 관한 내용과 이에 상응하는 분석적·처방적 방법을 함께 묶어서 읽어보는 것이 정책학을 이해하는데 도움이 될 수 있다. 즉, 의제설정 단계(제3부 1장)와 문제구조화 방법(제4부 1장), 정책결정단계(제3부 2장)와 목표설정 및 대안분석 방법(제4부 2장), 그리고 정책집행 단계(제3부 3장) 및 정책평가·변동단계(제3부 4장)와 정책평가연구의 방법(제4부 3장)의 순서에 따라 이 책을 읽어보는 것도 좋을 것이다.

Ⅲ. 정책의 개념과 구성요소

1. 정책의 개념

정책에 관한 연구의 초점인 '정책'의 개념을 살펴보기로 하자. 정책이란 상당히 일관성 있는 행위들로 구성된 일련의 정부 결정들이다. Peters(2013:

4)는 정책을 시민의 생활에 영향을 미치는 정부활동의 총체라고 정의한다. 사회과학에서 사용하고 있는 많은 개념의 경우와 같이 '정책'의 구체적인 의미, 즉 정책개념의 구성요소에 관하여 학자들의 의견이 일치된 것은 아니다.[4] 대체로 정책학자들은 정책을 "정책문제를 해결하기 위하여 정부가 달성하여야 할 목표와 그것의 실현을 위한 행동방안에 관한 지침"으로 본다. 예를 들면, Lasswell & Kaplan(1950: 70)은 정책을 "목적가치와 실행을 투사한 계획"으로, Dror(1968: 12-17)는 "정부기관에 의하여 결정되는 미래를 지향하는 행동의 주요 지침이며, 최선의 수단에 의하여 공익을 달성할 것을 공식적인 목표로 하는 것"으로, 정정길 외(2010: 35)는 "정책은 바람직한 사회상태를 이룩하려는 정책목표와 이를 달성하기 위해 필요한 정책수단에 대하여 권위있는 정부기관이 공식적으로 결정한 기본방침"이라고 정의한다. 정책개념의 구성요소를 구체적으로 정의한 Ranney(1968: 8)의 견해에 의하면 공공정책은 ① 특정의 목표 또는 목적, ② 바람직한 사건의 경로, ③ 선택된 행동노선, ④ 의도의 선언, ⑤ 의도의 집행 등의 요소를 포함하는 복합적인 개념이다.

이같이 정부가 적극적으로 개입하여 채택한 결정뿐 아니라 정부가 개입하지 않기로 한 결정 또는 정부가 회피하는 쟁점들도 일정한 조건이 충족되면 공공정책으로 보아야 한다(Heidenheimer et al., 1993: 9). 특정 상황에서는 정부가 의도적으로 행동을 취하지 않음으로써 대규모 지출을 결정하는

4) Hogwood와 Gunn(1984: 13-24)은 정책이라는 용어는 일상적으로 10가지의 서로 다른 의미로 쓰인다는 점을 지적하고 있다. ① 사회정책, 외교정책, 경제정책 등의 용례에서와 같이 정부활동 및 관여의 영역(field)을 지칭하는 용어, ② 일정한 영역에서 정부활동의 일반적인 목적 또는 바람직한 상태를 표현하는 용어, ③ 이익집단, 정당, 또는 내각과 같은 정치조직이 내건 일반적인 목적달성의 수단을 지칭하는 구체적인 제안을 지칭하는 용어, ④ 사례분석에서 사용되는 정부의 결정을 지칭하는 용어, ⑤ 구체적인 법률을 지칭하는 용어, ⑥ 특정 프로그램을 지칭하는 용어, ⑦ 정부가 실제로 집행한 산출을 지칭하는 용어, ⑧ 실제로 성취한 결과를 지칭하는 용어, ⑨ 이론 또는 모형을 지칭하는 용어, ⑩ 장기간에 걸친 과정을 지칭하는 용어. 또한 그들은 학술적인 용어로서의 정책도 다음과 같은 10가지의 다양한 의미로 쓰이고 있다고 지적한다. ① 정책(policy)은 결정(decision)과 구분되는데, 정책은 일련의 결정을 포함하는 보다 큰 단위이다. ② 정책은 행정과 구분되지만 그 구분은 모호하다. ③ 정책은 행태뿐 아니라 의도를 포함한다. ④ 정책은 행동뿐 아니라 무행동도 포함한다. ⑤ 정책은 산출을 포함한다. ⑥ 정책은 의도적인 행동노선이다. ⑦ 정책은 장기간에 걸쳐서 대두된다. ⑧ 정책은 조직내 및 조직간 관계를 포함한다. ⑨ 정책은 공공기관의 중요한 역할이 포함된다. ⑩ 정책은 주관적으로 정의된다.

것과 같은 정도의 공공정책적 의미를 표출할 수 있다. 예를 들면, 오랜 동안 미국연방정부는 각 주별로 제정된 법 아래에서 행해지는 인종차별 문제에 개입하기를 계속 거부함으로써 일종의 시민권 정책을 취하였다. 이와 유사하게 미국의 보건 의료 정책은 1960년대에 접어들면서 불평등을 축소시키라는 강력한 요구가 제기될 때까지 민간 기업이 보건의료 문제에 대한 점증하는 요구를 충족시키는 행위에 불간섭 방침을 취하여 왔다. 이와 같이 정부의 '비행위'(inaction) 또는 '무결정'(non-decision)은 그러한 행위나 결정에 대한 압력에 저항하여 상당히 일관성 있는 방식으로 오랫동안 추구될 때 하나의 정책이 된다.[5)]

어느 시점에서 정부의 수동성이 공공정책의 성격을 띠게 되는지 명확하게 이야기하는 것은 쉽지 않다. Heidenheimer 등(1993)은 이를 둘러싼 논쟁이 증대되는 것에서 그 실마리를 찾을 수 있다고 본다. 예컨대 1980년대까지 미국 정부는 의료비를 규제하지 않음으로써, 소비자가 더 많은 의료비를 부담케 하여 수요를 억제하는 공공정책을 취하고 있다는 것을 많은 미국인들이 분명하게 인식하게 되었다. 이러한 경우처럼 '정지 중인 정책'(policy in repose)을 밝히려면 그 쟁점이 최소한 주요 참여자들에게 정치적 의제로 인식되어야 한다. 따라서 동일한 쟁점에 대하여 특정 정부의 불간섭주의와 다른 정부의 간섭주의적 접근을 비교하는 것도 가능하다.

정책연구에서는 선택의 문제를 매우 중요하게 취급한다. 즉, 상이한 정책목적과 정책 수단 가운데 선택, 현상의 유지와 개혁 또는 혁신 사이의 선택, 공적 책임과 민간 부문의 책임 사이의 선택, 그리고 공공자원의 배분에서 상이한 패턴과 상이한 수혜자들 사이의 선택 등이다. 실제로 선택이라는 관념을 떠나서 정책을 생각하기는 어렵다. 그리고 선택의 문제는 규범과 가치의 문제와 함께 다루어져야 한다(Heidenheimer et al., 1993: 12-13). 정책은 "인간의 의도(human purposiveness)를 반영한 의식적인 설계의 산물이며, 어떤 의미에서는 도덕적인 행위"이기 때문에, 공공정책의 체계적인 연구를 위해서는 규범적 요소를 고려하지 않으면 안 된다(Anderson, 2002).

---

5) 무결정(non-decision)의 문제를 학술적 연구 대상으로 제기한 학자는 Bachrach & Baratz(1963)이다.

Box 1-3: 주요 학자들이 정의한 정책의 개념에 나타난 특징

□ Heclo(1972: 85): 정책은 하나의 구체적 결정 또는 행동이라기보다는 행동 또는 비행위의 경로(course of actions or inactions)라고 간주하여야 한다.

□ Easton(1953: 130): 정책은 가치를 배분하는 결정과 행위의 망(web of decisions and actions)으로 구성된다.

□ Jenkins(1978: 15): 정책은 특정 상황에서 목표와 그 목표를 달성할 수 있는 수단의 선택에 관한 상호관련된 결정의 집합이다.

□ Smith(1976: 13): 정책의 개념은 행동 또는 비행위의 신중한 선택을 포함한다. … 변화를 가져오는 결정뿐만 아니라, 관찰하기 어렵고 변화에 저항하는 무결정에도 관심을 가져야 하는데 그 이유는 무결정은 입법행위를 통하여 대변되지 않기 때문이다.

Hill(2013: 16-17)은 정책이 하나의 행동경로 또는 결정의 망을 포함한다는 개념 정의에서 찾을 수 있는 특징을 일곱 가지로 요약한다.

첫째, 정책은 집행이 가능한 행위를 산출하는 상당히 복잡한 복수의 결정들이다. 둘째, 정책은 일련의 결정들(a series of decisions)로 정의되며, 이러한 결정들을 종합하면 그 정책이 무엇인지 이해할 수 있다. 셋째, 정책은 시간이 경과함에 따라 변동된다. 정책과정은 동태적이므로 정책 이슈의 끊임없는 변화에 관심을 가져야 한다. 넷째, 정책과정을 사막에 존재하는 것처럼 보고자 하는 함정에서 벗어나야 한다. 오늘날 대부분의 정책은 기존 정책을 수정한 것이다. 정책이 새로운 이슈나 문제를 다루는 것처럼 보일 경우에도 혼잡한 정책공간에 진입하면 다른 정책에 영향을 미치고 영향을 받게 된다. 다섯째, 네 번째 특징과 관련하여 대부분의 정책의사결정은 '정책종결' 또는 '정책승계'를 판단하는 어려운 과제의 시도와 관련된다(Hogwood & Gunn, 1984; Hogwood & Peters, 1983). 여섯째, 정책 연구의 주요 관심사 가운데 하나가 무결정(non-decisions)이다. 이는 Heclo(1972)와 Smith(1976)가 지적한 비행위(inaction)에 관한 것이다. 마지막으로, 일정기간 동안 이루어진 행위들의 패턴(pattern of actions)은 공식적인 '결정없이 이루어지는 행위'(action without decisions)인 경우에도 정책을 구성한다고 볼 수 있다. 이러한 의미에서 정책은 결과(outcome)라고 볼 수 있으며, 이는 행위자가 의도한 활동의 결과가 아니라고 주장할 경우도 포함한다.

출처: Hill. 2013. *The Public Policy Process*. 6th ed. pp. 15-17에서 재구성.

이 책에서는 정책을 "정책문제를 해결하고, 정책 목표를 달성하기 위해 정부가 의도적으로 선택한 일정한 행동 경로(course of action) 또는 무결정(non-decision)"이라고 보기로 한다. [Box 1-3]에서 살펴본 바와 같이 정책(policy)은 하나의 구체적 결정(decision)이 아니라 정책목표와 행동경로, 집행계획 등 상호 관련된 수많은 결정(decisions)들로 이루어진다.

2. 정책의 구성요소

정책설계(policy design)의 관점에서 본다면 정책이란 정책의 목표, 인과이론, 정책수단, 대상 집단, 그리고 집행체제에 관한 선택이 포함된다. 정책설계란 특정 정책문제를 해결하고 정책목표를 달성할 수 있는 정책을 설계하는 과정이다(Birkland, 2011: 228). 정책설계에는 〈표 1-2〉에 제시된 다섯 가지 요소가 포함되어야 한다.

첫째, 정책의 목표가 분명하게 제시되어야 한다. 문제에 대한 해결방안을 모색하는 과정에서 정책의 목표가 문제를 제거하는 것인지, 완화시키는 것

표 1-2 정책설계의 요소

요 소	쟁점 사항
정책목표	정책의 목표는 무엇인가? 문제를 제거할 것인가? 완화시킬 것인가? 아니면 악화를 막을 것인가?
인과모델	인과모델은 무엇인가? 만약 X를 실천하면 Y가 발생한다는 것을 알고 있는가? 이를 어떻게 알게 되었는가? 만약 모른다면 어떻게 알 수 있을 것인가?
정책도구	정책이 효과를 발생하게 하려면 어떤 정책도구 또는 수단들이 필요한가? 그 도구는 강제력에 어느 정도 의존하는가? 또는 인센티브, 설득, 정보 중 어느 것에 의존할 것인가?
정책대상집단	누구의 행동이 변하도록 되어 있는가? 직접 및 간접적인 대상집단이 존재하는가? 대상집단의 사회적 구성(social construction)에 관한 예측을 토대로 설계가 선택되었는가?
정책의 집행	정책이 어떻게 집행될 것인가? 집행체제를 누가 배치할 것인가? 하향적 또는 상향적 설계 가운데 무엇을 선택할 것인가? 그 이유는?

출처: Birkland. 2011. *An Introduction to the Policy Process*. 3rd ed. p. 231, Table 8.1에서 수정.

인지, 아니면 악화를 막는 것인지 중에서 선택하여야 한다.

둘째, 타당한 인과모델 또는 인과이론이 선택되어야 한다. 여기에서 인과이론이란 정책목표와 수단의 관계에 관한 이론, 즉 무엇이 문제를 야기시켰는지, 어떠한 조치가 그 문제를 완화시킬 것인가에 관한 이론이다. 정책목표가 아무리 뚜렷하다고 해도 그 목표를 달성할 수 있는 수단이 적합하지 않으면 정책문제를 해결할 수 없다. 적절한 인과이론이 구성되면 정부와 사회가 취할 수 있는 조치와 정책목표와의 관련성이 밝혀지고, 어떤 종류의 정책도구가 문제해결을 위해서 사용될 것인지 알 수 있다.

셋째, 정책도구 또는 수단선택의 문제이다. '새로운 거버넌스'의 등장으로 정부가 선택할 수 있는 정책수단의 범위가 크게 확대되었다. 그러므로 선택가능한 여러 가지 수단 중에서 가장 적절한 정책수단이 선택되어야 한다.

넷째, 정책대상 집단에 관한 이해, 즉 변화를 유도하고자 하는 개인이나 집단에 관한 분석이 이루어져야 한다.

다섯째, 정책집행의 문제이다. 어떤 집행체제가 집행을 담당할 것인지, 집행체제를 설계하면서 하향적 집행 모형에 따를 것인지, 상향적 집행모형에 따를 것인지 선택하여야 한다.

1) 정책목표

정책의 목표는 정책을 통하여 달성하고자 하는 바람직한 미래 상태라고 정의된다. 정책목표는 정책문제를 해결하게 되면 달성되는 미래상이다. 정책목표가 달성하고자 하는 미래의 상태를 의미한다는 점에서 시간적으로 목표는 미래지향적이라는 속성을 가진다. 어떤 정책문제를 그대로 방치할 경우에 미래에 도달할 가능성이 가장 큰 미래를 개연적 미래라고 하는데, 이와 같은 개연적인 미래상태가 바람직하지 못하다고 판단되기 때문에 특별히 정책수단을 동원하여 달성하고자 하는 바람직한 미래상태가 정책목표이다(Dunn, 2018: 123-124). 따라서 정책목표는 현실을 개선하고자 하는 발전지향적 성격 또는 의지를 나타내고 있다. 어떤 상태가 바람직한지에 관하여는 규범적인 가치판단이 필요하기 때문에 정책목표의 설정과정은 주관적인 가치판단의 과정이고, 그 과정을 통해 설정된 정책목표는 어느 정도 주관성이나 규범성을 가지고 있다.

2) 인과이론

인과이론은 문제의 발생 원인에 관한 이해를 토대로 어떠한 정책개입, 즉 문제에 대한 어떠한 정책대응이 문제를 완화시킬 수 있는가에 관한 이론이다(Birkland, 2011: 241-245). 사회문제는 매우 복잡하기 때문에 현실세계가 어떻게 작동하는지에 관한 인과이론을 개발하는 것은 상당히 어려운 과제이다. 만약 잘못된 인과이론을 개발할 경우 정책을 아무리 정교하게 설계하여도 그 정책은 문제를 해결하는 데 긍정적인 영향을 미칠 수 없다.

원인과 결과의 관계에 대한 추론은 자연 현상 또는 자연의 세계와 사회 현상 또는 사회 세계에서 달라질 수 있다(Stone, 2012; Birlkand, 2011: 242). 자연의 세계는 사실과 사건의 세계이며 우리가 하나의 사건이 다른 사건을 유도하는 사건들의 순서를 기술할 수 있으면 인과성을 확인한 것으로 간주한다. 한편 사회세계에서의 사건은 보통 사람의 의지에 따른 결과로 발생한다고 본다. 그러므로 사회세계는 통제와 의도의 세계이다. 우리는 개인이나 집단의 목적과 동기를 확인하고 그러한 목적을 행동에 연결시킬 수 있을 때 인과성을 잘 이해했다고 생각한다(Stone, 2012). 이같이 인과성을 이해하는 방식이 다르기 때문에, 사람의 의도적인 행위의 결과를 변경시키기 위한 정책개입은 가능하지만 날씨, 조류(tides), 지진과 같은 자연현상을 바꿀 수 있는 정책개입은 쉽지 않다는 것이다.

예를 들면, 태풍 때문에 어느 도시가 막대한 피해를 입었을 경우 그것이 피할 수 없는 자연재난이며, 피해자들이 재난으로부터 회복할 수 있도록 원조를 제공해야 한다고 주장할 수 있다. 다른 견해는 피해를 초래한 것은 인간의 활동과 그 결과, 즉 강이나 해안가에 너무 가깝게 주택을 건설하거나 지반의 불안정 또는 거센 바람에 견딜 수 없는 방식으로 건설했기 때문이라고 주장하는 것이다. 태풍(또는 지진, 홍수 또는 다른 재해)은 거센 바람, 집중 호우, 많은 강수량, 또는 지반의 불안정을 가져오는 것일 뿐이다. 그 장소에 그러한 방식으로 건축한 것은 사람의 결정이라고 보면 정책을 수정하여 재난으로부터 피해를 줄이는 데 도움이 되게 할 수 있다.

동일한 사건을 인과적으로 다르게 해석할 수 있다(Fischer, 2003: 55-58). 즉 집단에 따라 인과관계에 관한 이야기가 달라질 수 있으므로 복수의 실제

(multiple realities)가 존재한다는 것이다. 이야기에는 의도된 결과뿐 아니라 의도되지 않은 결과도 포함된다. 예를 들면 환경단체들은 화학약품 누출, 기름유출, 유독성 폐기물 누출과 같은 환경적 재난은 부주의나 태만의 결과로 생각한다. 즉 그러한 사고가 부주의로 지나치게 안이한 방법을 선택하거나 태만으로 사고를 예방할 수 있는 과제를 수행하지 못했기 때문에 발생한 것으로 보는 것이다. 그러나 기업 소유주들은 그러한 사고가 기업의 책임성을 의미하는 부주의라고 보기 보다는 기상조건이나 예측 불가능한 사건 때문이라고 보려고 한다.

예를 들어, 2007년 12월 발생한 태안 앞바다 유조선 기름유출사고를 생각해 보자. 2007년 12월 7일 오전 7시 15분 악천후 속에서 충남 태안군 만리포 북서방 5마일 해상에서 예인 중이던 크레인선이 유조선과 충돌, 원유 12,500kℓ가 유출되었다. 언론보도를 토대로 사고를 재구성하면 다음과 같다.[6)]

> 사고 당일인 7일 오전 5시 23분 충남 대산지방해양수산청 관제실은 예인선 2척이 대형 해상크레인선을 끌고 인근에 정박 중인 유조선에 접근하는 것을 발견하고 초단파 무선으로 긴급 호출했다. 그러나 응답은 없었다. 1분 뒤 다시 호출했지만 마찬가지였다. 관제실은 자칫 위험한 사고가 발생할 수 있다고 보고 오전 6시 20분경 번호를 알아낸 예인선 선장의 휴대전화로 전화를 걸어 "대형 유조선이 근처에 있으니 피해서 운항하라."고 경고했다. 하지만 1시간쯤 뒤인 오전 7시 15분경 크레인선은 유조선과 충돌했다.

환경단체와 회사측 관계자는 기름유출사고의 원인에 관하여 상당히 다르게 생각할 수 있다. 환경단체는 그 사고가 풍랑주의보가 내려진 악천후에 무리한 항해를 강행하였고, 필요한 안전조치를 취하지 않은 회사측의 전적인 책임, 즉 인재(man-made disaster)라고 생각한다. 한편 회사측은 그 사고가 악천후 때문에 발생한 자연재해(natural disaster)에 가깝다고 주장할 수 있다.

인과이론에는 정부와 사회가 취해야 하는 적절한 행동이 무엇인지, 그리고 정부가 공공정책으로 성문화해야 하는 규정에는 어떤 것이 있는지가 강하게 함축되어 있다. 어떤 문제가 부주의나 태만 때문에 발생했다는 인과이론에는 그러한 행동을 예방하거나 처벌하기 위하여 더욱 엄격하게 그 행동

---

6) 동아일보, 2007년 12월 10일자.

을 규제하는 정책이 채택될 가능성이 높다는 의미가 포함되어 있다. 그러나 불가피한 사고 때문에 바람직하지 않은 결과가 발생하였다는 인과이론에는 기업에 의무를 부과하는 정부행위보다는 자율규제를 강조하는 상당히 다른 형태의 정책을 함축하고 있다.

그러므로 정책에 대한 토론은 원인과 결과에 대한 토론이며, 각각 그들이 가장 원하는 결과로 유도하기 위한 이야기를 만들어 가고자 하는 것이다. 이러한 인과적 이야기에는 그 문제를 해결하기 위하여 어떠한 유형의 정책도구가 사용되어야 하는지도 함축되어 있다.

3) 정책수단

정책수단(policy instruments) 또는 도구(policy tools)란 정책결정자가 정책목적을 달성하기 위하여 활용할 수 있는 도구를 말한다. 정책수단에 관하여는 제1부 제3장에서 상세하게 살펴보기로 하겠다.

4) 정책대상집단

정책대상집단(policy target group)이란 정책의 적용을 받는 사람이나 집단을 말한다. 정책을 적용받는다는 것은 그 집단의 행동과 태도가 변화되어야 한다는 것을 의미한다. 정책을 설계할 경우 직접 또는 간접으로 정책의 영향을 받게 되는 대상집단을 확인하여야 한다. 대상집단은 정책의 혜택을 받는 수혜집단과 정책 때문에 희생을 당해야 하는 정책비용부담자로 구분된다. 수혜집단은 정책에서 제공하는 서비스와 재화를 제공받는 사람들이다. 한편 희생을 당해야 하는 사람은 주로 규제정책수단의 실현과정에서 피해를 입게 된다. 정책설계자는 정책대상집단이 누구인지, 즉 어떤 집단의 행동이 변하도록 규정되는지 확인하여야 한다. 모든 국민은 법 앞에 평등한 것으로 여겨지지만, 실제 정부의 정책에서는 대상집단별로 서로 다르게 대우받는 경우가 많다.

대상집단의 사회적 구성이론(social construction theory)에 따르면 일반 국민들은 여러 유형의 대상집단들이 정책의 혜택을 받을 자격이 있는지 또는 비용을 어느 정도 부담해야 하는지에 관하여 차별적으로 인식한다. 대상집단에 대한 사회적 인식의 차이와 대상집단이 보유한 권력자원의 정도에 따라 정책대상집단을 네 가지 유형으로 구분할 수 있다[7](Ingram, Schneider & deLeon, 2007. [Box 1-4] 참조).

첫째, 권력자원도 많으며 혜택받을 자격이 충분하다고 사회적으로 인정되는 수혜집단(advantaged)에는 중소기업, 주택소유자, 긴급구조요원, 과학자 등이 포함된다. 이들은 정부정책에서 혜택을 많이 받을 뿐 아니라 부담도 비교적 적다. 이들에게는 정책결정에 참여할 기회가 많이 제공되며, 이들에게 혜택을 제공할 경우 정책결정자들에게는 상당한 정치적 자산이 된다.

둘째, 권력자원은 많지만 사회적으로는 부정적으로 인식되는 경쟁집단(contenders)에는 대기업과 CEOs, 노동조합, 공해산업, 급진우파, 총포생산업자 등이 포함된다. 경쟁집단은 권력자원 때문에 혜택을 받게 되지만 그 혜택이 법률의 세부조항에 숨겨 있어 확인하기는 어렵다. 경쟁집단은 법령에서 부담도 지게 되지만 권력자원 때문에 집행되기 어렵고, 집행과정이나 법정에서 이의를 제기할 수 있다.

셋째, 동정심 때문에 혜택받을 자격이 있다고 인식되는 의존집단(dependents)에는 과부, 고아, 정신장애자, 빈민가정, 홈리스, 대다수 학생 등이 포함된다. 이들에게 권력자원이 없으므로 혜택은 불충분하며, 자산조사와 자금부족과 같은 규칙의 제약을 받는다. 혜택이 제공될 경우에도 레토릭은 강하지만 실제 재정지원의 수준은 낮다.

넷째, 권력자원 부족과 더불어 사회적 인식에서도 부정적인 일탈집단(deviants)에는 테러리스트와 혐의자, 범죄자, 불법이민자, 컴퓨터 해커, 성범죄자, 스파이, 공무상 비밀 누설자 등이 포함되며, 그 숫자와 정책대상집단으로서 중요성이 증가하고 있다. 이들은 과도한 부담과 제재를 받는다.[8] 일탈집단은 일종의 영구적인 하위 계급으로 여겨지며, 넓은 범위의 사회·

7) 권력자원의 크기는 그 집단의 규모, 단합, 동원의 용이성, 부, 투표, 공직자와 접촉 등에 따라 달라지는데 정치학자들의 이익집단과 사회운동 연구에서 오랫동안 사용된 차원이다. 두 번째 차원은 대상집단이 정부의 혜택을 받을 자격이 있는지에 관한 사회적 인식의 차원인데, 이는 사회학 및 문화연구에서 집중적으로 연구되었다.

8) 김명환(2005)은 인터넷상에서 청소년에게 욕설하거나 음란물을 배포하는 행위를 사회악으로 취급하여 이를 불법화하고 검열을 허용하는 한편 이에 대한 강력한 처벌을 규정한 한 미국의 통신품위법(Communications Decency Act of 1996)이 정책대상집단을 일탈집단인 것으로 과도한 처벌이 가능하도록 사회적으로 구성한 경우인데, 이들도 상위법인 헌법에서 보장한 언론의 자유를 향유할 권리가 있다는 점에서 이 법이 위헌판결을 받은 사례를 소개하였다.

Box 1-4: 권력자원과 사회적 인식에 따른 대상집단의 유형

Ingram, Schneider & deLeon(2007: 101)은 "정부정책에서 대상집단에 대한 혜택과 부담의 배분은 그 집단의 권력자원 크기와 혜택받을 자격에 관한 사회적 인식에 따라 달라진다."는 명제를 제시한다. 아래 그림의 수직 축에 대상집단별 권력집단의 크기, 수평 축에 혜택받을 자격의 사회적 인식에 따라 대상집단들은 네 가지 유형으로 구분된다.

표 권력자원과 사회적 인식에 따른 대상집단 유형

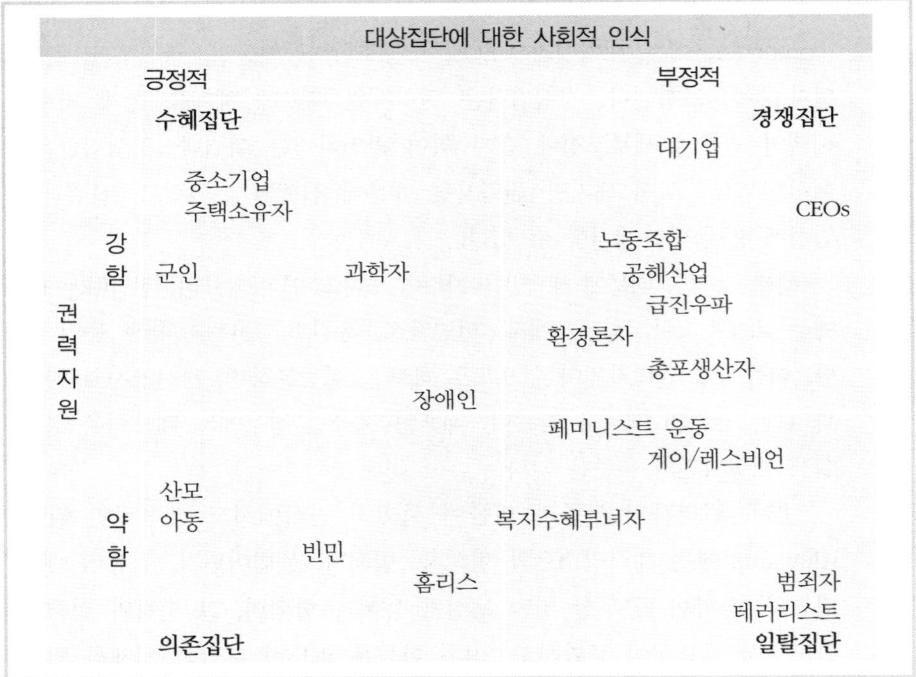

대상집단에 대한 사회적 인식

긍정적 부정적

수혜집단 **경쟁집단**

대기업

중소기업

주택소유자 CEOs

강 노동조합

함 군인 과학자 공해산업

권 급진우파

력 환경론자

자 총포생산자

원 장애인

페미니스트 운동

게이/레스비언

산모

약 아동 복지수혜부녀자

함 빈민

홈리스 범죄자

테러리스트

의존집단 **일탈집단**

수혜집단(advantaged)은 권력자원도 많고 사회적으로 혜택을 받을 자격이 있는 것으로 인식되며 정부정책에서 혜택을 누리고 존경받는다. 경쟁집단(contenders)은 권력자원이 많지만, 사회적 인식은 부정적인데 권력자원 때문에 혜택받지만 그 사실은 숨겨진다. 의존집단(dependents)은 사회적 인식은 긍정적이지만 권력자원이 부족하며 낮은 수준의 상징적 혜택을 받는다. 일탈집단(deviants)은 권력자원 부족과 부정적인 사회적 인식 때문에 부담과 제재를 과도하게 받는다.

출처: Ingram, Schneider & deLeon, 2007. Social Construction and Policy Design. pp. 101-104.

경제적 시스템 때문에 발생하는 많은 사회병폐에 대하여도 이들이 대신하여 비난받는 경우가 많다. 일탈집단을 대변하여 기꺼이 발언하려는 옹호단체들도 찾기 어렵다. 정책 입안자들은 권력자원이 없는 사람들을 처벌함으로써 상당한 정치적 자산을 얻는다.

다수의 정책영역에서 확인된 혜택과 부담의 배분 패턴은 수혜집단에게는 혜택이, 일탈집단에게는 부담이, 경쟁집단에게는 숨겨진 혜택과 명목상의 부담이, 의존집단에게는 불충분하고 인색한 도움이 제공된다는 것이다. 그러므로 정책대상집단에 관한 사회적 구성은 정치적 담론과 정책설계의 요소에 내재되어 있는 중요한 정치적 속성이다. 정책설계자들은 정책이 대상집단의 물질적 복지뿐 아니라 사회적 명성 및 대상집단과 정부와 관계가 어떻게 설정되는 지에도 영향을 미친다는 점에 유의하여야 한다.

정책결정은 대체로 수혜집단과 의존집단에게 유리한 방향으로, 경쟁집단과 일탈집단에게는 불리한 방향으로 진행되는 경향이 있으므로(이영범 · 허찬행 · 송근석, 2008), 정책설계에서 경쟁집단과 일탈집단에 대한 소통과 배려에도 유의하여야 한다(문상호 · 권기헌, 2009).

5) 정책집행체제

정책집행이란 결정된 정책의 내용을 실현시키는 과정이다. 다양한 유형의 조직이 정책집행에 관여할 수 있으며, 이들의 능력과 자원 또한 다양하다. 대부분의 경우 정책집행은 다수의 집행자들이 참여하는 복잡한 체제에 의하여 이루어진다. 정책의 설계에서 집행을 담당할 집행체제를 선택하여야 한다(제3부 제3장 정책집행론 참조).

Ⅳ. 정부의 범위와 규모

학자들은 정책을 '정부'의 결정으로 본다. 이러한 관점에 따를 경우 정책을 본격적으로 연구하기 이전부터 정부와 정책은 존재한 것으로 보아야 한다. 오늘날 정부와 정책은 과거에 비하여 훨씬 복잡하고 다양하다. 가장 넓은 의미에서 정부에는 입법기능, 사법기능, 집행기능을 수행하는 모든 국가기구가 포함된다. 여기에서는 주로 집행기능을 수행하는 행정부의 조직을 중심으로 정부의 범위와 규모를 살펴보기로 한다. 현대 복지국가에서 정책의 결정과 정책집행은 하나의 단일체제인 전통적 정부조직이 모두 담당할 수 없다(Lane, 2000). 신공공관리와 뉴거버넌스의 등장으로 정책의 결정과 집행에는 정부기관뿐 아니라 준정부기관, 비영리기관, 그리고 영리기관이 관여할 수 있다.

1. 일반정부

일반적으로 정부는 조직을 기준으로 정의하며, 행정부 수반을 정점으로 정부의 주요기능을 수행하는 부처 조직들이 정부를 구성한다고 본다(안병영 외, 2006). 정부기구에는 중앙정부조직과 지방정부조직이 포함된다. 정부조직은 국민의 대표기관인 의회(중앙·지방 포함)에 책임을 지며, 국가예산으로 보수를 받는 공무원으로 구성된 조직이다. 중앙정부와 지방정부, 그리고 사회보장기구를 포함한 정부를 일반정부(general government)라고 부른다. 일반정부의 규모를 측정하는 기준으로 정부부문의 인력규모, 재정규모, 규제 및 영향력의 범위 등이 사용되고 있다.

1) 재정규모

〈표 1-3〉에 OECD 13개 주요 국가의 1990, 2000 및 2018년도 일반정부 지출이 국내총생산(GDP)에서 차지하는 비율이 제시되었다. 여기에서 제시한 OECD 자료에는 일반정부 지출에 중앙정부 및 지방정부는 물론 사회보장기금 지출이 포함된다(Lequiller & Blades, 2006: 242 참조). 이들 국가는 미국, 영국, 호주 등 영미권 국가, 프랑스, 독일, 스페인, 이탈리아 등 유럽 대륙 국가, 스웨덴, 노르웨이, 덴마크, 핀란드 등 북유럽 국가, 일본과 한국 등 아시아 국가 군으로 분류하였다. 1990년도를 기준으로 13개국의 평균지출규모는 43.8%였다. 1990년대 후반 강력한 공공부문 구조조정이 이루어지면서 2000년에는 평균 42.5%로 축소되었다. 그러나 21세기에 접어들면서 13개 국가의 평균지출 규모가 다시 증가하여 2018년에는 1990년도 수준을

표 1-3 주요국가의 일반정부 지출 대 GDP 비중(%)과 변화, 1990-2018

권역	국 가	연 도			변화 (B-A)
		1990(A)	2000	2018(B)	
영미권	미 국	36.2	34.1	37.8	1.6
	영 국	41.9	39.7	40.9	-1.0
	호 주	35.7	36.0	36.2	0.5
	평 균	**37.9**	**36.6**	**38.3**	**0.4**
유럽대륙	프랑스	49.6	51.5	55.9	6.3
	독 일	45.7	45.1	44.6	-1.1
	스페인	43.0	39.0	41.7	-1.3
	이탈리아	53.9	46.1	48.4	-5.5
	평 균	**48.1**	**45.4**	**47.7**	**-0.4**
북유럽	스웨덴	60.8	57.0	49.9	-10.9
	노르웨이	51.3	42.3	49.2	-2.1
	덴마크	56.9	54.2	50.9	-6.0
	핀란드	44.4	44.2	53.2	8.8
	평 균	**53.4**	**49.4**	**50.8**	**-2.6**
아시아	일 본	31.9	39.0	40.0	8.1
	한 국	18.7	23.9	30.3	11.6
	평 균	**25.3**	**31.5**	**35.2**	**9.9**
전체평균		**43.8**	**42.5**	**44.5**	**0.7**

주: OECD 일반정부지출에는 중앙정부, 지방정부 및 사회보장 기금 지출이 포함됨(Lequiller & Blades, 2006: 242 참조).

출처: 1990년 자료는 OECD. 2001. *OECD Historical Statistics, 1970-2000*. p. 68 표 6.5 Total outlays of government as a percentage of GDP. 2000년 자료는 OECD. 2007. *National Accounts of OECD Countries, Volume IIa, IIb, 1994-2005*. 국가별 자료 중 표 1과 표 12에서 필자가 계산. 2016년 자료는 OECD, 2017. *Government at a Glance*, 2019 edition Dataset. http://stats.oecd.org/. 2020년 8월 2일 검색.

상회하는 44.5%에 이르고 있다.

스웨덴, 노르웨이, 덴마크, 핀란드 등 북유럽 국가들은 사회민주주의 국가들로서 일반정부지출의 비중이 가장 큰 국가군이다. 이들 4개국의 일반정부 지출 규모는 1990년도 평균 53.4%에서 2000년도에는 평균 49.4%로 대폭 감소하였으나 2018년도에는 평균 50.8%로 소폭 증가하였으며, 여전히 일반정부지출 규모가 가장 크다.

프랑스, 독일, 스페인, 이탈리아 등 4개 유럽 대륙 국가들의 일반정부 지출규모는 1990년도 평균 48.1%에서 2000년도 45.4%로 감소되었지만 2018년도에는 평균 47.7%로 증가하여 일반정부 지출 규모가 두 번째로 큰 국가군을 형성하고 있다.

미국, 영국, 호주 등 영미권 3개 국가의 경우 1990년도 평균 37.9%에서 2000년도 평균 36.6%로 감소하였고, 2018년에는 평균 38.3%로 증가하였는데 서구 선진자본주의 국가군 중에는 가장 규모가 작은 편이다.

한편 한국과 일본 등 아시아 2개 국가의 일반정부지출 규모는 1990년 평균 25.3%로 서구 선진자본주의 국가에 비하여 월등하게 작다. 2000년에는 평균 31.5%로 증가하여 같은 기간에 감소추세를 보인 서구 선진자본주의 국가와는 대조적이다. 한편 2018년에는 평균 35.2%로 1990년 대비 9.9% 포인트 증가하였다. 우리나라의 일반정부지출 규모는 여전히 13개 국가 중에서 가장 적은 편이지만 1990년 18.7%에서 2018년 30.3%로 11.6% 포인트 증가하여, 가장 가파른 증가추세를 보이고 있다.

〈표 1-3〉에 나타난 바와 같이 2018년 일반정부 재정지출 규모는 우리나라 30.3%에서 핀란드 53.2%, 프랑스 55.9%까지 그 편차가 큰 가운데 국가별로 다양한 편이다. 역사적으로 볼 때 국가군별로 북유럽 국가, 유럽대륙 국가, 영미권 국가, 아시아 국가의 순서로 뚜렷한 차이가 나타나고 있다.

2) 인력규모

〈표 1-4〉에 13개 주요국가의 2018년도 기준 일반정부 인력규모(총근로자 수 대비 비율)가 국가군별로 제시되었다.

사회민주주의 국가인 북유럽국가들의 일반정부 종사자 규모가 일반정부 지출과 마찬가지로 가장 크다. 스웨덴, 노르웨이, 덴마크, 핀란드 등 4개국의 총근로자 수 대비 일반정부 종사자 규모는 평균 27.82%이다. 이같이 규모가 큰 이유는 사회복지 분야에 종사하는 인력이 상당히 많기 때문이다.

프랑스, 독일, 스페인, 이탈리아 등 4개 유럽 대륙 국가들의 일반정부 종사자 비율은 평균 15.25%이다. 유럽대륙국가의 공무원 규모는 북유럽국가보

표 1-4 주요국가 일반정부 종사자의 총근로자 대비 비율(%), 2018년

영미권 국가		유럽대륙국가		북유럽국가		아시아국가	
미국	15.15*	프랑스	21.53	스웨덴	28.70	일본	5.89*
영국	15.96	독일	10.56	노르웨이	30.69	한국	7.70*
캐나다	19.54	스페인	15.65	덴마크	27.81		
		이탈리아	13.24	핀란드	24.06		
평균	16.92	평균	15.25	평균	27.82	평균	6.80

* 2017년 자료임.
출처: *OECD Government at a Glance*, 2019 edition dataset, http://stats.oecd.org/ 2020년 8월 2일 검색.

다는 훨씬 적은 편이며 영미계 국가와 유사한 수준이다. 독일과 프랑스 등 유럽대륙국가 공무원은 전통적으로 보수가 많고 사회적 지위는 높은 편이지만 그 수는 상대적으로 적은 편이다.

미국, 영국, 호주, 캐나다 등 영미권 3개 국가의 일반정부 종사자 비율은 평균 16.92%이며, 유럽대륙국가보다 약간 많은 편이다.

한편 한국과 일본 등 아시아 2개 국가의 일반정부 종사자 규모는 평균 6.80%이며, 일본 5.89%, 한국은 7.70%이다.[9] 그러므로 서구 선진자본주의 국가의 공무원 규모에 비하여 월등하게 작은 편이다.

3) 규제와 영향력

정부의 규제와 영향력이 재정규모 및 인력규모와 비례하는 것은 아니다. 서구 선진자본주의 국가 가운데 스웨덴, 덴마크, 노르웨이 등 북유럽국가에서 재정규모와 인력규모가 가장 큰 이유는 정부가 노인복지, 탁아서비스 등 사회복지 분야의 서비스를 직접 제공하는 경우가 많기 때문이다. 서구 선진국가 가운데 재정규모와 인력규모가 가장 작은 편인 영미권 국가의 경우에도 정부의 규제와 영향력은 상당히 강력하다. Peters(2013: 44)는 규제를 포

9) 김태일(2007)은 '일반정부' 기준에 의한 우리나라의 공무원 규모가 국제기준보다 과소계상된 것으로 보고 있다. 김태일(2007)의 추계에 의하면 비영리 공공기관 종사자, 군인 및 행정업무 종사 의무복무자, 정부 및 비영리 공공기관 비정규직 종사자를 모두 합하면 공무원 규모는 약 1.5배로 증가한다. 그러나 이같이 계산할 경우에도 여전히 OECD 평균의 절반도 채 안 되는 규모이다.

함하면 미국의 정부 범위가 상당히 넓다고 본다.

〈표 1-3〉 및 〈표 1-4〉에서 재정 및 인력규모가 가장 작은 일본과 한국을 포함하여 싱가포르, 대만 등 동아시아 국가들은 세계에서 가장 강한 국가(strong state)로 여겨지고 있다(Howlett & Ramesh, 2003: 61). 강한 국가의 핵심은 집행부와 관료기구가 행사하는 규제와 영향력이 크다는 것이다(제2부 제1장, 국가의 자율성과 역량이론 참조).

우리나라 일반정부의 크기는 인력과 재정을 기준으로 판단하면 선진자본주의 국가들과 비교하여 작은 정부인 것으로 볼 수 있지만 정부가 행사하는 권력의 크기는 상당히 큰 것으로 인식되고 있다(정정길 외, 2007). 정정길 외(2007: 297-298)에 따르면 권력적 관점에서 큰 정부와 작은 정부를 판단하는 중심적인 기준은 대통령과 행정권을 견제하면서 균형을 이루는 역할을 하는 독립적인 권력이 있는가에 따른다. 그런데 우리나라의 국정운영체계는 행정권의 수반이 대통령이고, 국무회의를 구성하는 국무총리와 국무위원들에게 대통령을 보좌하는 헌법적 역할이 부여되어 있기 때문에 큰 정부적일 수밖에 없는 법제적 한계가 있다는 것이다. 대통령과 국무위원들과의 수직적 '기본관계'가 부처 내의 장관 - 차관, 국장 - 과장, 공무원 - 민간기업, 중앙정부 - 지방정부, 정부 - 시민 등의 관계까지 '수직적인 관계'를 갖게 한다는 것이다.[10)]

4) 중앙정부와 지방정부의 기능분담

중앙정부와 지방정부간의 기능분담관계는 국가이념, 세원배분체계, 중앙·지방정부간 역할분담체계, 정부간 재원이전체계 등을 기준으로 집권모형, 통합모형, 경쟁적 분권모형 등으로 구분해 볼 수 있다(최영출, 2007).

첫째, 집권모형은 기본적으로 중앙정부 중심의 집권화된 방식으로서 아시아 개발도상국에서 그 사례를 찾아볼 수 있는데 소규모 지방자치단체가 많이 존재하고 기능분리는 되어 있으나 대부분의 정책을 중앙정부가 결정하고 중앙정부 일선행정기관에 의하여 서비스가 공급된다.

둘째, 통합모형은 다시 지방분권과 재정분권의 수준에 따라 행정적 분권

10) 그러므로 정정길 외(2007: 299-305)는 작은 정부를 지향하는 정책 방향으로 행정권의 다양한 위임과 국회에 의한 통제의 확보, 중앙행정부처의 슬림화, 권력기관에 대한 국회 및 시민에 의한 통제의 강화, 정책공동체 간의 쟁점 조정 등을 제시하고 있다.

모형과 협조적 분권모형으로 구분할 수 있다. '행정적 분권모형'은 정부간 재정관계에서 중앙·지방정부간 역할분담체계가 명확하지 않고, 재정분권화도 낮은 수준에 머무르고 있는 가운데 지방재정이 운영된다. 일본과 독일에서 그 사례를 찾을 수 있는데 중앙·지방정부의 사무가 중복되며 중앙정부는 보조금을 통하여 지방정부에 대한 행정통제가 이루어진다. '협조적 분권' 모형은 국가통합과 다양성을 조화하는 가운데 지방재정의 책임성 확보와 재정분권화를 강조하는 지방재정 운영시스템을 지칭한다. 캐나다와 서구국가에서 그 사례를 찾을 수 있는데 중앙·지방정부 사무는 중복되지만 중앙정부는 포괄보조금을 지방정부에 교부하며 입법통제에 의거하여 중앙정부의 개입은 최소화된다.

셋째, 경쟁적 분권모형은 전통적 재정연방주의(fiscal federalism)에 기초하여 중앙정부와 지방정부간 경쟁과 차별화 원리에 따라 기능 및 사무배분, 재원배분체계를 설계하고 있는 지방재정 운영시스템이 해당된다. 미국식 정부간 재정관계는 이러한 경쟁적 분권모형에 기초하고 있다.

이러한 정부간 관계의 세 가지 모형에 비추어 볼 때 현재 우리나라는 집권모형과 행정적 분권모형이 혼합되어 지방행정시스템이 설계되어 있는 것으로 평가할 수 있다(최영출, 2007). 우리나라의 일반정부는 중앙정부와 일반지방자치단체 243개(광역 17, 기초 226), 교육자치단체 17개로 구성되어 있다. 그런데 최근 특별지방행정기관을 지방자치단체에 이관하는 등 지방분권과 지방재정시스템을 현재의 '행정적 분권' 모형에서 '협조적 분권' 모형으로 전환을 지향하고 있다. 즉 지방자치와 관련한 새로운 거버넌스의 방향은 주민과 가까운 지방자치단체의 서비스를 강화하는 것이다(정정길 외, 2007: 305-306). 이러한 맥락에서 지방자치에서 교육자치와 일반행정의 통합이 추구되고, 특별지방행정기관과 지방자치단체 중복업무에 대하여는 지방자치단체에 이관이 추진되고 있다. 한편 2021년 7월부터 자치경찰제가 도입된다.

일반정부 종사인력 가운데 지방정부(주정부와 자치단체 포함) 종사인력 비율은 행정분권화 수준을 나타내는 지표 가운데 하나이다. 2017년 기준 한국의 지방정부 인력 비율은 60.6%로 나타났다.[11] 그 비율은 연방국가인 미

---

11) 한국 일반정부 종사자 인력비율은 중앙정부 37.2%, 지방정부 60.64%, 사회보장기구 1.79%로 구성된다. 이하 *Government at a Glance*, 2019 ed.(pp. 85-86). 2020년 8월

국(81.7%), 스페인(81.6%), 독일(80.7%)이 가장 높은 편이고, 북유럽국가인 스웨덴(82.4%), 핀란드(77.1%), 덴마크(80.0%), 노르웨이(62.9%)도 높은 편이다. 반면 중앙집권적 국가인 프랑스(38.4%), 이탈리아(41.5%), 영국(41.2%)은 한국보다 낮은 편이다.[12] 일반적으로 자치단체 인력의 비율이 높으면 지방 정부가 공공서비스 제공에 더 많은 책임이 있음을 의미한다. 지방분권화는 지역의 요구와 우선순위에 대한 정부의 대응성을 증진시킬 수 있지만, 지역간 서비스의 격차를 초래할 수도 있다.

2. 준정부부문

현대 국가의 주요 특징 중의 하나는 정부기능의 확대와 더불어 다양한 존재양식을 갖는 공공부문이 확대된 것이다(안병영 외, 2007: 129, 133). 정부의 활동이 증가하면서 정부부처 수준의 조직 아래 정부의 정책형성 및 정책집행 기능을 도와주는 각종 공공조직들이 만들어졌다. 이러한 조직들을 서구에서는 준정부조직(quasi-governmental organizations) 또는 준비정부조직(quasi-non-governmental organizations, QUANGOs)이라고 부른다. 2차 대전 이후 서구 자본주의 국가들이 적극적인 국가개입을 통하여 경제를 관리하는 케인지안 복지국가를 지향하면서 공공부문이 급속도로 확대된 것이다. 전후 공공부문의 성장은 정부부문에만 국한된 것이 아니라 정부조직 밖에서 정부와는 일정한 정도의 독립성을 가지면서 다양한 양식으로 정부기능

표 1-5 우리나라 공공기관 현황 (2019년말 기준)

구 분	공기업	준정부기관	기타 공공기관	총 계
기관수	36	95	209	340
인 원	141,368	114,672	129,494	385,534

주: 2020년 지정된 공공기관의 2019년 말 기준 현원.
출처: 공공기관 경영정보 공개시스템(www.alio.go.kr), 2020년 8월 2일 접근.

2일 검색.

12) 프랑스와 이탈리아는 사회보장기구 종사인력이 각각 23.51%, 1.20%를 차지한다. 영국의 경우 2017년 지방정부 종사인력 비율이 2011년에 비교하여 무려 8.5% 포인트 감소했는데, 이는 지방정부 인력구조조정과 중앙정부 인력 증원에 따른 것이다.

을 수행하고 공공서비스를 제공하는 준정부부문도 크게 성장하였다. 또한 1980년대 이후 신공공관리론의 영향으로 정부부문에 대한 구조조정이 이루어지면서 서구 자본주의 국가에서 다양한 준정부기관이 추가되었다.

우리나라의 경우 1960년대 이후 국가주도 산업화가 본격적으로 추진되면서 중앙정부 뿐만 아니라 준정부부문도 급속하게 성장하였다. 1960년대 이후 경제개발과 함께 본격적으로 설립되기 시작한 정부산하기관은 그 동안 고도 경제성장을 위해 필요한 도로, 철도, 항만, 수자원 등 핵심 인프라를 확충하고, 기술개발 · 인력양성 등 산업경쟁력 제고에 기여해 왔다(기획예산처, 2007: 9). 한국에서는 권위주의 체제에 의해 산업화가 추진되었기 때문에 준정부부문에 해당하는 정부산하기관들이 더욱 쉽게 설립될 수 있었다(안병영 외, 2007: 134). 또한 1970년대 이후에는 고용보험 · 산업안전 · 국민연금 등 국민들의 안전과 복지 증진을 담당하는 기관들도 추가되었다. 그러나 IMF 외환위기 이후 준정부기관의 경영부실 등의 문제가 제기되면서 김대중 정부와 노무현 정부에서는 공공부문 개혁의 핵심과제의 하나로 정부산하기관의 파악과 운영시스템의 혁신이 주요과제가 되었다(기획예산처, 2007).

이에 따라 공공기관 운영에 관한 법률(2007.4.1 시행)이 제정되었고 정부산하의 '공공기관'을 종합적으로 관리하게 되었다. 동 법에 의하면 공공기관이란 정부의 투자 · 출자 또는 정부의 재정지원 등으로 설립 · 운영되는 기관으로서 공공기관의 운영에 관한 법률에 의거 기획재정부장관이 지정한 기관을 의미한다. 공공기관의 운영에 관한 법률에 따라 공공기관은 공기업(시장형, 준시장형), 준정부기관(기금관리형, 위탁집행형), 그리고 기타 공공기관으로 분류된다.

〈표 1-5〉에 제시된 바와 같이 2020년 현재 340개 기관이 「공공기관의 운영에 관한 법률」에 따라 공공기관으로 지정되어 전기, 가스, 도로, 의료, 사회복지서비스, 4대 보험, 안전관련 공적검사, R&D 등 국민의 일상생활에 필요한 기본적인 재화 및 서비스를 제공하고 있다.[13] 공공기관의 인력은 2015년에 294,911명이었는데, 문재인 정부 출범 직후인 2017년에 324,239명

13) 지정된 공공기관의 수는 2007년 298개로 시작한 이후 2013년 295개로 그 수에 큰 변동이 없었으나, 최근 2014년 304개, 2015년 316개, 2016년 321개, 2017년 332개, 2020년 340개로 증가하였다.

으로 증가하였고, 2019년 말 현재 385,534명(현원 기준)으로 증가하였다. 이는 2018년 기준 행정부(국가) 일반행정분야 공무원 정원 100,939명(교육분야 355,375명, 공공안전분야 161,401명, 우정현업분야 30,928명 제외)[14]과 비교할 때 3.8배 수준이다.

안병영 외(2007: 352-354)는 우리나라 준정부부문의 특성을 다음과 같이 요약하고 있다. 공기업이 재정부문에서 가장 큰 비중을 차지하고 있으며, 이들은 산업화과정에서 시장부문이 진출할 수 없는 대규모 투자를 요구하는 산업과 산업화과정에서 필요한 인프라를 구축하고 관리하기 위하여 설립되었다. 정부출연기관의 형태로는 주로 국책연구기관들이 큰 비중을 차지하고 있다. 이들은 산업화과정에서 필요한 연구개발을 수행하고 정책지식을 보좌하는 기관들이다. 그러나 국민에게 다양한 교육 및 사회복지서비스를 제공하는 기관과 이들의 인력, 예산은 모두 경제부문에 비해 상당히 낮은 수준이다.

V. 정책이론

1. 정책이론의 의의

일반적으로 이론이란 과학적 설명과 예측에서 전제로 쓰이는 일반적 진술(statement), 또는 언명들로 구성된다(Przeworski & Teune, 1970: 20; 강신택, 1995, 2019: 38-39; 남궁근, 2017). 이론적 진술은 현상의 특징들 사이의 일정한 관계에 관한 주장이다. 비교적 완전한 설명을 제공하기 위해서는 보통 하나 이상의 일반적 진술이 필요하며, 이들은 서로 연결되어야 한다. 이론의 일반적 정의에 비추어 볼 때, 정책이론은 정책현상과 관련된 개념(또는 변수)을 구성요소로 하고, 이들 구성요소들의 관계를 토대로 공공정책을 설명하고 예측하는 이론을 말한다. 현실적으로 정책분야에서 이론의 명칭은 변수들의 관계가 아니라 정책을 설명할 수 있을 것으로 가정되는 설

14) 2019(2018. 12. 31. 기준) 행정안전통계연보.

명변수를 지칭하는 경우가 많다. 예를 들면, 다원론, 엘리트론, 근대화이론, 계급이론, 권력자원론, 신제도론 등의 이론은 특정국가 또는 특정영역에서의 정책현상을 각각 이익집단, 엘리트, 근대화 또는 경제발전, 계급갈등, 집단의 권력자원, 제도의 특징 등을 통하여 설명하고자 한다.15)

Lasswell(1951)의 창도 이래 공공정책분야에 적합한 이론을 개발하기 위하여 상당한 노력이 이루어졌으나 오늘날까지 정책학 분야를 지배하는 주도적인 패러다임은 형성되지 않았다. 이는 정책학이 아직까지 정상과학(normal science)의 수준에 도달하지 못하였음을 나타낸다.16) 그런데 McCool(1995: 6-8)은 정책 분야에서는 보편적 이론을 구성하려는 시도 자체가 부적절하다고 본다. 정책과 관련된 주제는 다양하며, 변수는 셀 수 없이 많고, 이들 사이의 관계는 복잡하여 하나의 보편적 이론으로 모든 정책현상을 설명할 수 없다는 것이다. deLeon(1988: 26)은 “모든 것을 포괄하는 메타이론의 개발에 실패한 것은 정책학이 이를 위한 이론적 및 개념적 기초를 갖추지 못하고 있기 때문이기도 하지만, 메타이론을 추구하는 것이 정책학의 응용지향성과 모순”된다고 주장한다. 이러한 맥락에서 일부 학자들은 정책학은 야심이 덜한 이론, 즉 거대이론(grand theory)과 구체적 이론의 중간에 해당하는 중범위 일반론(middle-range generalizations)이 필요하다고 본다. 즉 정책연구자들은 정교한 일반론을 개발하는 것보다 구체적 맥락 또는 상황을 이해하는 데 더욱 관심을 가져야 한다(Anton, 1989: 20). 공공정책 분야에는 수많은 중범위 이론과 구체적 이론이 존재하는 것도 사실이다. 이러한 이론들이 McCool(1995), Sabatier(2007), Peters & Pierre(2006), 오석홍 · 김영평(2000) 등 국내외 중견학자들이 편집한 저서에 소개되고 있다. 특정 정책에 관하여 경험적 연구를 시도하는 연구자들은 이러한 이론 또는 모형들 가운데 정책의제설정 분야에서 Downs의 이슈관심주기 모형, Kingdon의 정

15) 학술서적이나 논문의 제목 중에는 자신이 주장하는 이론의 입장을 느슨하게 나타내고 있는 것이 많다. 공공정책의 결정에서 국가의 역할을 강조하는 국가론적 관점을 부활시키는 데 결정적인 역할을 한 Skocpol(1985)의 논문 “Bringing the State Back in”에서는 국가(state)가 강조되고 있으며, Weaver & Rockman(1993)의 편저서 *Do Institutions Matter?*는 제도가 정책현상을 결정하는 주요 설명변수임을 강조하고 있다.

16) 주도적 패러다임의 부재에 관한 논의는 Dunn(1988: 720-37), Linder & Peters (1988: 738-70) 참조.

책흐름모형, Sabatier의 정책옹호연합 모형 등을 적용하여 연구의 분석틀 또는 분석모형을 구성할 수 있다.

2. 정책이론의 유형

정책결정의 핵심은 정책목표와 수단을 선택하는 행위이다. 그러므로 이에 대한 이론적 설명은 특정 정부 또는 행위자가 특정상황에서 왜 그러한 목표와 수단을 선택하게 되었는가를 설명하고, 그러한 선택의 결과, 장기적으로 어떠한 성과가 나타났는지를 확인하는 것이다. 다양한 정책이론들을 분석수준, 적용범위, 이론구성방법을 기준으로 분류할 수 있다.

1) 분석 수준에 따른 분류

정책현상뿐 아니라 사회현상의 연구는 연구목적에 따라 분석단위(unit of analysis)를 어디에 설정하는가에 따라 개인 수준, 조직 수준, 그리고 범사회적 수준으로 설정할 수 있다(강신택, 2005: 155).[17] 일반적으로 분석단위가 개인인 경우 미시수준(micro-level), 조직인 경우 중위수준(meso-level), 그리고 범사회적 수준인 경우 거시수준(macro-level)의 단위라고 부른다.

(1) 거시수준의 이론

거시수준(macro-level)의 이론은 공공정책이 국가 또는 범사회적 수준의 사회구조와 환경 등 거시수준에서 작용하는 힘에 따라 결정된다고 보는 이론들이다. 예컨대 특정 정책을 복지국가의 성장, 자본주의 경제에서 국가의 역할, 경제발전의 정도, 이데올로기 등 거시적 현상의 결과로 보는 것이다. 이러한 유형의 이론은 국가, 경제, 사회계급 등 집계화 및 추상화의 단계가 높은 근본구조를 탐색하려는 연구에서 전형적으로 사용된다(Imbeau, 1996: 5). 이러한 이론은 집계화 및 추상화의 수준이 너무 높기 때문에 특정영역 또는 분야의 구체적인 정책 또는 프로그램에 관한 연구에서는 적용가능성이

---

17) 한국행정현상의 연구에 큰 영향을 미친 박동서(1997: 117-121)는 행정행태에 영향을 미치는 3대 변수로 행정인(성분, 가치관, 동기, 인지, 지식, 기술, 정보), 행정구조(법제, 목표, 직책, 절차, 자원, 역할), 환경(국내 및 국제의 정치, 경제, 사회, 문화)을 제시하고 있는데, 각각 개인, 조직 그리고 범사회적 수준의 변수라고 볼 수 있다.

제약된다.

(2) 중위수준의 이론

중위수준(meso-level)의 이론은 정책을 정부기관, 관련 이익집단, 정치인 및 관료들이 집합적으로 결정한 우선순위를 나타내는 것으로 본다. 즉 특정 정책을 그 결정에 관련된 정부기관의 특성이나 관련 이익집단들의 상호작용 등 조직수준 단위들의 영향을 받는 것으로 보는 것이다. 예를 들면, 정책을 정책결정에 참여하는 행위자의 네트워크의 산물로 보는 정책네트워크 이론이 여기에 해당될 수 있다.

(3) 미시수준의 이론

미시수준(micro-level)의 이론은 공공정책이 정책과정에 참여하는 개인의 특성에 따라 결정되는 것으로 본다. 이러한 입장은 전형적으로 행태주의 연구자들([Box 1-1] 참조)과 합리적 선택이론가들에게서 찾아볼 수 있다. 이들은 정책선택에 정책결정자 또는 정책과정 참여자 개인의 선호, 이해관계, 인지, 동기 그리고 자원 등의 영향이 반영된 것으로 설명한다. 즉 특정 정책이 그 결정에 참여하는 개개인의 특성에 따라 결정되는 것으로 보는 것이다.

2) 적용범위에 따른 분류

정책 이론은 그 이론이 적용되는 범위에 따라 일반이론, 중범위이론, 소범위이론으로 구분할 수 있다.

(1) 일반이론

일반이론(general theory) 또는 거대이론(grand theory)은 적용범위의 측면에서 가장 광범위한 것으로 하나의 학문분야 또는 전체 학문분야의 지식을 통합하기 위하여 제시된 이론을 말한다. 예를 들면, 마르크스의 역사적 유물론, 파슨스의 사회체계론, 이스톤의 정치체계론은 일반이론을 추구하려고 시도한 사례에 해당된다. 이러한 이론은 사회적 행태, 조직, 그리고 사회변화에 관한 모든 관찰된 현상을 설명하려고 시도한다. Merton(1968)은 사회과학 분야에서 학문발달의 초기단계에서는 학자들이 일반이론을 추구하여야 한다는 압력을 받게 되는데, 그 이유는 자연과학 분야와 견주어 학문 정체성을 확립하여야 한다는 압박감, 그리고 사회과학도 하나의 과학으로서 모든 사회문제에 대한 해결방안을 제시할 수 있어야 한다는 정책결정자와 국민들로부터의 과도한 기대를 충족시키고자 노력하기 때문이라고 본다. 정책학 분야에서는 보편적으로 적용되는 일반이론 또는 거대이론을 구성하려는 시도가 성공적이지 못하였을 뿐 아니라 시도 자체가 적절하지 않다고 볼 수 있다.

(2) 중범위이론

중범위이론(middle range theory)은 적용범위면에서 소범위이론과 일반이론의 중간단계에 해당하는 이론으로 사회현상의 한정된 사실(delimited facts)에만 적용된다. Merton(1968)은 사회과학자들이 일반이론보다는 한정된 개념적 범위에 적용할 수 있는 중범위이론의 개발에 주력하여야 한다고 본다. Merton은 사회학 분야의 중범위이론으로 준거집단이론, 사회적 이동성이론, 역할갈등이론, 사회적 규범의 형성이론 등을 들고 있다. 정책과 관련된 다원론, 신제도론 등은 중범위이론에 해당하는 것으로 보아야 할 것이다.

(3) 소범위이론

소범위이론(narrow-range theory)은 좁은 범위의 현상에만 적용되는 이론을 말하며, 저수준이론(lower-level theory)이라 부르기도 한다. 여기에는 일상적인 연구에서 사용하는 연구가설 또는 작업가설(working hypothesis)도 포함된다. 예를 들면, 국회에서 의원들의 투표행태와 소속정당간의 관계에 관한 명제나 가설, 또는 국제기구에서 투표행태와 블록동맹에 관한 명제와 가설을 들 수 있다. 이같이 좁은 범위에만 적용되는 소범위 이론은 다른 이론들과 결합하여 국회의원의 투표행태, 국제기구에서의 투표행태에 전반적으로 적용되는 중범위이론으로 발전할 수 있다.

3) 이론구성방법에 따른 분류

정책이론은 이론구성 방법(method of theory construction)에 따라 연역적 이론과 경험적 이론으로 구분할 수 있다(Howlett & Ramesh, 2003: 20-21). 연역적 이론은 일반적 명제, 개념 또는 원칙을 특수한 현상에 적용하면서 개발된다. 귀납적 이론은 경험적 현상의 관찰에 기초를 두고 일반화를 시도한 다음, 이러한 일반론을 다른 사례들에 후속적으로 적용하여 검증하면서 개발된다. Howlett & Ramesh(2003: 22-46)는 연역적 이론의 사례로 합리적 선택이론 또는 공공선택이론, 맑시즘의 계급분석, 거래비용분석 등을 들고 있으며, 귀납적 이론의 사례로는 다원론과 조합주의 등 집단이론, 역사적 제도론을 들고 있다.

Ⅵ. 요 약

Lasswell의 창도 이래 하나의 연구분야로 자리잡은 현대적 정책학의 연구영역은 기술적·경험적 연구영역과 규범적·처방적 연구영역으로 구분할 수 있다. 정책연구의 접근방법은 경험적, 규범적, 처방적 접근방법으로 구분할 수 있다. 증거기반 정책결정은 다양한 방법을 활용한 증거를 종합하여 현장에서 작동하는 해결방안을 찾고자 한다. 이 책에서는 정책과정에 관한 연구와 정책과정에 필요한 정보를 산출하는 정책분석 및 평가방법들을 골고루 다룬다.

이 책에서는 정책을 "정책문제를 해결하고, 정책목표를 달성하기 위해 정부가 의도적으로 선택한 일정한 행동경로 또는 무결정"이라고 본다. 정책은 하나의 구체적 결정이 아니라 정책목표와 행동경로, 집행계획 등 상호 관련된 수많은 결정들로 이루어진다. 정책설계(policy design)의 관점에서 본다면 정책이란 정책의 목표, 인과이론, 정책수단, 대상 집단, 그리고 정책 집행체제에 관한 선택이 포함된다.

정책은 정부의 결정이다. 오늘날 정부의 정책결정과 집행에는 정부기관뿐 아니라, 준정부기관, 비영리기관, 그리고 영리기관이 관여할 수 있다. 일반정부의 규모를 측정하는 기준으로 정부부문의 인력규모, 재정규모, 규제 및 영향력의 범위 등이 사용된다.

정책이론은 정책현상과 관련된 개념(변수)을 토대로 공공정책을 설명하고 예측하는 이론을 말한다. 다양한 정책이론들을 분석수준, 적용범위, 이론구성의 방법을 기준으로 분류할 수 있다.

2 CHAPTER
시장실패와 정부실패
Market Failure and Government Failure

I. 서 론

공공정책(public policy)이란 정부가 개입하여 국민생활에 영향을 미치는 활동의 총체를 말한다. 즉 정책은 정부가 국민의 일상생활에 개입할 때 그 도구이자 수단이다. 왜 정부 또는 국가가 존재해야 하며 국민의 사회생활과 경제활동에 어느 정도 개입해야 하는지, 즉 정부 역할의 적정 범위에 관한 문제는 정부와 공공정책에 관한 연구의 핵심 연구과제의 하나이다. 국가 또는 정치공동체가 형성된 이래 동서양에서 이에 관한 다양한 견해가 제시되었다. 예를 들면, 정부와 정치에 관련된 고전적인 업적을 남긴 아리스토텔레스(BC. 384-322)와 공자(BC. 551-479)보다 훨씬 이전인 기원전 18세기 바빌론의 함무라비 법전에는 형사절차, 소유권, 교역과 상업, 가족과 혼인관계, 의사의 진료비, 그리고 오늘날 공공책무성(public accountability)에 해당하는 내용까지 포함되어 있다(Dunn, 2018: 32).

이 장에서는 시장과 정부의 관계를 다룬다. 정부가 경제적 자원과 복지의 배분만을 담당하는 것이 아니라 권력, 지위, 신분, 정당성 등의 관계를 부여하기도 하고 박탈하는 경우도 있기 때문에 정부와 시장의 관계뿐 아니라 정부와 정치, 사회, 종교 등의 관계와 그 관계에서 주도권이 어느 편에 있는지도 그에 못지않게 중요하다. 그런데 신공공관리나 뉴 거버넌스 등 최근 논의에서는 시장과 정부의 관계가 매우 중요한 논쟁의 영역이 되고 있으므로, 여기서는 초점을 시장과 정부의 관계에 맞추었다.

자유민주주의 정치체제와 자본주의 시장경제 체제가 확립된 이후에도 정부개입의 논리에 관한 여러 가지 견해들이 제시되었다. 이들 중 경제학의 한 분파로 시장의 불완전성 또는 '시장실패'를 연구하는 후생경제학(welfare economics)에서 1920년대 이후 제시한 논리가 설득력이 있다. 경제학자들은 일반적으로 자원배분의 메커니즘으로 시장(market)이 가장 효율적이라고 생각한다. 그러나 시장에서 효율적으로 배분될 수 없는 성질의 재화와 서비스가 있으며, 여러 가지 사정 때문에 시장이 효율적인 자원 배분에 실패할 가능성도 있다. 이러한 경우 시장실패(market failure)가 발생하는데 시장실패를 교정하기 위하여 정부가 공공정책으로 개입하는 것이 정당화된다는 것이다. 제2차 세계대전 이후 복지국가의 확대과정은 시장실패를 보완하려는 정부개입의 확대과정으로 볼 수 있다.

그런데 정부가 비대해지면서 1960년대 이후 정부실패(government failure)의 문제가 대두하였고, 공공선택이론(public choice theory)에서 정부실패의 문제를 이론적으로 규명하고자 하였다. 1970년대 이후 정부가 개입하였던 영역을 다시 시장의 영역으로 되돌리려는 정부의 정책, 즉 민영화와 민간위탁, 규제완화 등의 정책이 나타나고 있다. 한편 1990년대 이후에는 시장의 실패와 정부의 실패를 보완하는 의미에서 시민사회가 정부 및 시장과 더불어 자원배분의 주체로 참여하고 있다. 이같이 시장, 정부, 시민사회의 행위자들이 국정운영에 공동으로 참여하는 현상을 '새로운 거버넌스'라고 부른다. 이에 따라 공익목적의 시민사회단체의 참여를 촉진하려는 여러 가지 정책이 필요하게 되었다.

요약하면 자본주의 시장경제 체제에서 정부개입의 범위는 시장실패론에 의한 정부개입 정당화 논리에 따라 크게 확장되었다가 정부실패론이 대두하면서 다시 축소된 이후 시민사회의 영역이 확대되었다. 실제 정부의 개입 범위는 각국의 역사적 경험과 독특한 문화를 반영하는 것으로 국가에 따라 상당한 차이가 있다. 2절에서는 후생경제학자들이 주장하는 시장실패의 유형과 그에 따른 정부개입의 논리를 살펴본 다음, 3절에서는 공공선택이론가들이 주장한 정부실패론의 논리를 검토하겠다.

Ⅱ. 시장실패와 정부개입의 논리

1. 시장의 자원배분과 시장실패의 개념

'시장실패'를 지적하고 정부개입의 정당화논리를 제시한 후생경제학자는 A. C. Pigou, William Baumol, Paul Samuelson, Francis M. Bator 등이다(Mitchell & Simmons, 1994: chap. 1). 피구는 1920년대에 사회적 편의시설을 공급하는 데 시장의 성과가 만족스럽지 못하다고 지적하였다. 피구의 주장은 1952년 Baumol의 저서 *Welfare Economics and the Theory of the State*에서 구체화되었다. Baumol의 업적은 경제학 분야 시장실패 연구의 기준이 되었고, 시장을 개선하기 위한 정부 프로그램 설계의 지적인 기초를 제공하였다. Baumol의 시장실패 이론은 Samuelson과 Bator 등 동시대의 다른 연구자들이 받아들여 심화시켰다.

후생경제학자들은 시장에서 모든 유형의 자원을 만족할만한 방식으로 배분할 수 있다면 정부의 자원배분기능, 즉 정책개입은 필요하지 않다고 본다. 시장에서 재화와 서비스는 분권화된 경제주체들의 자발적인 교환행위에 의하여 배분된다. 시장의 자원배분에서 재화와 서비스의 '가격'이 그 핵심적 도구이다. 가격을 매개로 공급자와 수요자의 선택에 따라 자원이 배분되면 최적의 배분, 즉, '파레토 효율'(Pareto Efficiency)이 달성된다. 파레토 효율이란 다른 경제주체의 후생을 손상시키지 않고서는 한 경제주체의 후생을 증가시킬 수 없는 상태이다.

시장실패란 시장에 의한 자원배분이 Pareto 효율을 달성할 수 없는 상태를 의미한다. 즉 시장 스스로가 자원배분을 잘 수행할 수 없는 경우가 있으며, 이때 시장실패가 발생한다. 시장실패는 일반적으로 네 가지 유형, 즉 (1) 공공재,

(2) 외부효과, (3) 독점, 그리고 (4) 정보부족(ignorance) 또는 정보비대칭 상황에서 발생한다(Levy, 1995; Weimer & Vining, 2005: chap. 5). 시장실패가 존재하고 그 대책이 필요하다는 주장은 전통적 경제학에서 민간부문에 대한 정부개입의 기본논리가 되었다. 한편 전통적인 시장실패의 문제가 교정되고 자원의 최적배분이 이루어지는 경우에도 장기적 경기순환에 따른 변동과 소득분배의 문제는 해결할 수 없다. 그러므로 경기조절과 소득재분배 문제를 해결하려면 정부개입이 불가피하다고 본다.

2. 재화의 유형에 따른 시장실패와 정부정책

1) 공공재의 속성

모든 재화는 그 특성에 따라 공공재(public goods)와 민간재 또는 사유재(private goods)로 구분된다. 공공재의 두 가지 속성은 '비배제성'(non-excludability)과 '비경합성'(non-rivalry)이다. 일부 학자들은 비배제성만으로 공공재를 정의하는 데 충분하다고 보는 반면 다른 학자들은 두 가지 속성을 모두 갖추어야만 공공재로 볼 수 있다고 본다(Levy, 1995).

(1) 비배제성

시장이 성립되려면 비용을 지불하지 않은 사람이 그 재화를 소비하지 못해야 한다. 그렇지 않을 경우 자기이익을 추구하는 합리적인 개인(경제인)은 '무임승차'(free-ride)를 선택하고 비용을 지불하지 않으려 한다. 비배제성(non-excludability), 즉 "비용을 지불하지 않은 사람을 재화와 서비스 소비로부터 배제할 수 없음"은 공공재를 규정하는 특성의 하나이다. 비용 미지불자를 소비로부터 배제시키지 못하면 시장이 성립되지 않는다. 사회적으로 그 재화가 필요할지라도 정부 또는 자선단체가 이를 제공하지 않을 경우 공급되지 않을 것이다. 다른 소비자를 배제할 수 있는 재화의 경우 공급자나 비용부담자가 울타리를 치거나 포장을 통하여 잠재적 사용자를 배제시킬 수 있다. 국가는 법률시스템과 재산권보호제도를 확립하여 배제노력을 뒷받침하여야한다(Weimer & Vining, 2005: 73; 노화준, 2007: 43).

(2) 비경합성

비경합성이란 어떤 재화에 대한 한 사람의 소비가 그 재화에 대한 다른 사람의 소비를 방해하지 않는다는 것이다. 예를 들면, 항해 중인 선원에게 등대의 불빛은 생사가 달린 필수적 서비스이다. 그 불빛은 해변에서 데이트 중인 연인들에게도 상당한 즐거움을 준다. 연인들이 등대의 불빛을 즐긴다고 선원들의 사용가치가 감소되지 않는다. 그러므로 선원과 연인들이 등대를 두고 경합하지 않는다.

비경합적 재화는 많은 사람이 동시에 사용할 수 있는 공동사용(joint-use, or jointedness) 재화이다. 경합적 재화는 한 사람만의 단독사용(single-use) 재화이다. 경합적 재화는 사용에 따라 편익이 감소하므로 편익감소성(subtractablity)이 있는 재화, 비경합적 재화는 편익감소성이 없는 재화라고 부른다.

비배제성과는 달리 비경합성 하나만으로 그 재화를 반드시 공공부문에서 공급할 필요는 없다. 완전히 비경합적 재화라도 비용 미지불자를 배제할 수 있으면 시장에서 공급할 수 있다. 그러므로 공공재의 정의기준으로 비경합성은 비배제성보다 취약하다.

2) 재화유형의 분류

순수 공공재와 순수 사유재도 있지만 이들은 일부에 불과하다. 상당히 많은 재화가 두 가지 속성을 동시에 가진다. 〈표 2-1〉에 제시된 순수사유재, 공유재, 요금재, 순수공공재 등 네 가지 유형는 각각 그 성격이 상당히 다르므로 그 특성에 부합되는 정부 정책이 필요하다.

3) 재화유형별 정부정책

(1) 순수 사유재와 정부정책

이는 비용을 지불한 사람이 잠재적 사용자를 배제할 수 있고, 경합성이 있어 공동사용이 불가능한 재화이다. 라면, 구두, 자동차 등과 같은 소비재는 순수 사유재에 해당된다. 선진민주사회에서 이러한 사유재와 관련된 재산권 보호문제는 사회생활과 경제발전의 핵심 이슈이다(노화준, 2007: 41).

표 2-1 배제가능성과 경합가능성에 의한 재화의 분류

		배제가능성	
		배제가능	배제불가
경합가능성	경합적	Ⅰ. 순수 사유재(private goods) – 배제비용 낮음 – 민간기업 생산 – 시장에 의한 배분 – 판매로부터 재원조달 예: 라면, 구두, 자동차	Ⅱ. 공유재(common pool goods) – 집합적 소비, 혼잡발생 – 민간기업 또는 공공부문 생산 – 시장 또는 정부예산을 통한 배분 – 판매 또는 조세로 재원조달 예: 공원, 출근길 도로
	비경합적	Ⅲ. 요금재(toll goods) – 외부효과 존재 – 민간기업(보조금 지급) 생산 – 판매로부터 재원조달 예: 영화, 케이블 TV, 고속도로, 종교단체서비스	Ⅳ. 순수 공공재(public goods) – 배제비용이 높음 – 정부직접생산 또는 계약생산 – 공공예산을 통한 배분 – 조세수입을 통한 재원조달 예: 국방, 치안, 등대, 일기예보

정부는 지적 재산권을 포함한 재산권을 보호하고, 시장 질서를 유지하여야 한다. 예를 들면, 정부는 지식정보사회에서 매우 중요한 순수 사유재인 컴퓨터 소프트웨어, 전문서적, 음반 등의 불법유통을 막고 정상적인 시장기능이 작동하도록 감시하여야 한다.

(2) 순수 공공재와 정부정책

순수 공공재는 등대와 같이 비배제성과 비경합성의 두 가지 특징을 모두 가지고 있는 재화이다. 등대로부터 나오는 불빛에 사용요금을 부과할 방법이 없고, 연인들이 불빛을 즐길 경우에도 타인의 사용을 방해하지 않는다. 국방, 치안, 홍수관리, 방역 등도 순수 공공재에 해당된다. 외적의 침입이나 홍수로부터 특정 주택을 보호하면서 인접 주택거주자가 그 비용을 부담하지 않았다는 이유로 이를 보호하지 않을 수 없다. 모기퇴치와 같은 방역활동도 여기에 해당된다. 하나의 구역을 정하여 방역하든지 아예 하지 않을 수 있을 뿐 특정 주택만 방역할 수 없다. 이러한 공공재 공급을 시장에 맡길 경우, 공급이 전혀 이루어지지 않거나, 과소 공급되기 때문에 지나치게 비싼 가격이 책정되므로 자원배분의 효율성이 떨어진다. 그러므로 순수 공공재는 정부가 직접 생산하거나 계약생산을 통하여 공급하여야 하고, 그 재원은 조

세를 통하여 조달한 정부예산으로 충당하여야 한다.[1)]

(3) 공유재와 정부정책

공유재는 잠재적 사용자들의 배제가 곤란하지만(비배제성) 한 사람의 사용량이 증가함에 따라 다른 사람들이 사용할 수 있는 재화의 양이 감소하는 특성(경합성 또는 편익감소성)을 가진 재화를 말한다. 예를 들면, 어장, 목초지, 산림 등 공유 자원(common pool resources)은 많은 사람의 이용을 제한하기 어렵다. 그러나 자원 수량의 한정 때문에 한 사람이 사용하면 할수록 다른 사람의 사용량은 줄어든다. 적절한 조치가 취해지지 않을 경우 자원 고갈로 시장실패가 발생한다.

Hardin(1968)은 이러한 상황을 '공유의 비극'(tragedy of the commons)이라고 불렀다.[2)] 개별 사용자는 그 자원을 사용하여 단기적으로 혜택을 보지만 장기적으로는 자원 고갈로 모든 사용자가 고통을 받는다. 즉 개인의 입장에서는 합리적 결정이 공유자원을 빨리 고갈시키는 결과를 초래한다. 여기에서 과제는 재화 공급이 아니라 재화 보호에 관한 것이다.

공유재 고갈을 어떻게 방지할 것인가? 한 가지 해결방안은 정부가 개입하여 재화의 성격을 변화시키는 것이다(Hardin & Baden, 1977). 예를 들면, 어업자원의 경우 최대어획량 제한, 지하수의 경우 이용부담금 부과로 사용을 억제하고, 산림자원의 경우 산림안식년제도 형태로 사용을 제한한다. 이같이 공유재 고갈을 방지하기 위한 정부개입과 규제가 정당화될 수 있다.[3)]

---

1) 순수공공재의 공급에서 나타날 수 있는 '무임승차' 문제는 Olson(1965, 1982)이 주장한 '집단행동의 논리'(logic of collective action)에서 나타나는 문제의 일종이다. 무임승차 문제는 어떤 재화의 원가를 지불하는데 공헌하지 않으면서 그 재화를 사용하는 문제를 말한다. 예를 들면, 집단적 임금교섭과정에서 무임승차의 문제가 나타날 수 있다. 노동조합이 집단적 임금교섭에 성공할 경우, 비조합원도 그 교섭의 혜택을 받을 수 있다. 즉 N명으로 구성된 하나의 집단에게 공공재를 제공해야 할 경우 한 사람만이라도 그 재화를 사용하는 한 N-1명이 무임승차를 할 수 있다. 그러므로 무임승차에 따른 곤경을 N-1 문제라고 부를 수 있다(Lane, 2000). 그러나 모든 사람이 무임승차 논리에 따를 경우, 공공재를 더 이상 제공받을 수 없게 된다.

2) 예컨대 공동목초지에 누구나 양을 방목할 수 있다고 하자. 사람들은 양을 많이 사육할수록 더욱 큰 이득을 얻기 때문에 각각 더 많은 양을 방목하고자 한다. 결국에는 공동목초지가 고갈되어 공멸하는 비극을 맞게 된다. Hardin(1968)은 이를 '공유의 비극'이라고 불렀다.

3) 한편 노벨경제학상 수상자인 E. Ostrom은 공유자원(common pool resources)을 어떻게 관리하고 있는지를 전세계에 걸쳐 조사한 바에 따르면 국가개입이나 민간시장

(4) 요금재와 정부정책

요금재(toll goods)는 혼합재이지만 공유재와는 성격이 다르다. 즉 잠재적 사용자를 배제할 수 있으나 경합성이 없는 재화이다. 요금재를 클럽재(club goods)라고 부르기도 한다. Cable TV를 보자. Cable TV회사는 원하는 시청자에게만 사용요금을 받고 케이블을 연결해 주므로 무임 승차자를 쉽게 배제할 수 있다. 그러나 유료시청자의 TV시청이 타인의 TV서비스 이용을 전혀 방해하지 않는다. 경부고속도로와 같은 도로는 출입구에 요금소를 설치하여 무임승차를 원하는 사람을 쉽게 배제할 수 있다. 그러나 고속도로, 공원과 같은 요금재는 Cable TV와 같은 순수요금재와는 달리 출퇴근 시간과 같이 이용자가 많아질 경우 혼잡이 빚어지기도 한다.

요금재는 사용자 배제가 가능하므로 민간회사가 재화공급에 참여할 수 있다. 그런데 도로, 공원과 같은 요금재에 순수 사유재와 같이 배제의 원칙을 적용할 경우 그 재화가 과소 공급될 가능성이 크다. 이러한 재화의 공급을 민간공급자에게만 맡길 경우 규모의 경제(economy of scale)에서 나타날 수 있는 이점을 살리지 못하게 되므로 정부개입이 바람직하다.

(5) 종합

배제가능성과 경합가능성에 따라 공공재와 사유재를 구분하였고, 각 유형의 재화에 필요한 정부정책을 간략하게 논의하였다. 그런데 기술진보에 따라 특정재화의 배제가능성이 달라질 수 있으므로, 공공재와 사유재의 경계는 변경될 수 있다. 예를 들면, 과거에는 텔레비전 방송이 비용 미부담자를 배제시킬 수 없어 공공재로 간주되었다. 오늘날 케이블 전송방식과 주파수변경장치가 개발되어 배제가능하고, 이에 따라 시청자에게 유료서비스를 할 수 있다. 그러므로 방송은 이제 사유재로 간주할 수 있다.

재화 유형 가운데 배제 불가능한 공공재의 경우, 시장이 형성될 수 없고 따라서 가장 전형적인 시장실패가 나타나 정부가 공급할 수밖에 없다. 정부가 공공재를 공급할 경우 시장가격이라는 신호가 없는 상태에서 그 재화를 어떻게, 얼마나 공급해야 할지 결정하여야 한다. 하나의 해결방안은 만약 사용료를 부과할 경우, 사용자가 어느 정도까지 지불하고자 하는 의사가 있는

에 맡기지 않고 자율적으로 관리하는 데 성공한 사례도 상당히 있는 것으로 나타났다.

지 추정하는 것이다. 이러한 '지불의사'(willingness to pay) 접근방법은 공공정책분석에 많이 활용되는 편익-비용분석의 핵심이다.

경제학 용어인 공공재와 사실상 정부비용으로 공급되는 정부재화와 혼동하지 말아야 한다. 정부비용으로 공급되는 국방, 구제역 퇴치 및 코로나19 바이러스 퇴치활동과 같은 재화는 경제학적 의미에서 순수공공재이다. 그런데 정부가 제공하는 국립대학교육은 국립대학 합격자가 아닐 경우 배제할 수 있으므로 경제학적 의미의 순수공공재는 아니다. 공공주택, 노인에 대한 무료 의료서비스 등에도 똑 같은 논리가 적용될 수 있다.

3. 외부효과에 따른 시장실패와 정부정책

1) 외부효과의 개념

외부효과(external effects) 또는 외부성(externality)은 기업과 소비자 등 경제주체의 경제행위가 당사자가 아닌 제3의 경제주체에 영향을 미치지만 그 편익과 비용에 대한 보상 또는 부담이 이루어지지 않을 경우 발생하는 효과를 말한다. 즉 생산비용이 생산자에게 귀속되지 않고 외부에 전가되는 상황, 소비의 편익에 따른 비용을 소비자가 부담하지 않고 다른 사람에게 전가하는 상황이다.

2) 부정적 외부효과와 긍정적 외부효과

어떤 공장의 제품생산과정에서 이웃 주민의 생명과 건강에 영향을 미치는 공해가 발생하는데, 이웃주민에게 적절한 보상이 이루어지지 않았다고 하자. 이 경우 그 제품의 생산비용에 공해발생비용이 포함되지 않은 채 가격이 결정될 것이다. 사회전체적 관점에서는 그 제품의 생산비용이 너무 낮게 책정된 것이다. 나머지 비용은 그 제품의 판매 및 구매당사자가 아니라 제3자인 이웃주민이 부담하게 된다. 이같이 거래당사자가 아닌 제3자에게 비용을 발생하게 하는 경우 외부불경제 또는 부정적 외부효과가 발생한다. 소비자의 경우에도 마찬가지 상황이 발생할 수 있다. 자동차를 운전하면 대기오염이 발생하므로, 운전자가 부담하지 않는 외부불경제 또는 부정적 외부효과가 유발된다.

외부효과 또는 외부성이 긍정적인 경우도 있다. 어떤 회사가 이윤을 내려고 새 제품개발을 위한 과학적 연구에 대대적으로 투자한다고 하자. 그 회사가 투자한 연구에서 얻은 지식이 사회에 전파되면 다른 회사와 사회전체가 혜택을 받을 수 있지만 그 회사가 보상받지는 못한다. 회사가 종업원의 교육과 훈련에 투자할 경우 마찬가지로 외부효과가 나타날 수 있다. 대학생들은 졸업 후 높은 소득을 올리거나 공부하는 즐거움 때문에 상당히 비싼 학비를 지불하고 대학에 다닌다. 교육수준이 높은 사람들이 많아지면 사회 전체가 혜택을 받을 수 있으므로, 대학수학이라는 개인적 소비에 긍정적 외부효과가 결부되어 있다. 그러한 외부효과가 있다는 믿음이 없을 경우 국공립대학에 상당한 규모의 공공지출이 투입되기 어렵다. 신뢰와 호혜적 규칙 등 사회자본(social capital)은 사회 전체에 긍정적 외부효과를 가져오지만 불신, 반목과 갈등은 부정적 외부효과를 초래한다.

3) 정부정책

외부효과가 발생할 경우 정부정책의 기본방향은 기업과 개인들에게 '외부효과를 내부화'(internalize)하여 그들의 행태가 생산과 소비의 진정한 비용과 편익에 가깝도록 하는 것이다. 그 수단으로 부정적 외부효과를 유발하는 활동에 세금과 벌칙을 부과하고 긍정적 외부효과가 발생하는 활동은 장려하고 보조금을 지급한다. 예를 들면, 흡연, 난폭운전, 환경오염 등과 같이 외부불경제가 나타날 경우 규제를 강화하고 위반시 부담금 및 벌금을 부과한다. 한편 SOC 투자, 시민교육 등과 같이 외부경제가 나타날 경우 보조금을 지급한다. 세금과 보조금을 공급자인 기업에게 줄 것인가 아니면 수요자에게 줄 것인가는 정치적 선택의 문제이다. 요약하면 정부는 부(−)의 외부효과를 방지하기 위하여 규제정책을 도입하고, 정(+)의 외부효과에는 장려금을 지급하여 시장실패에 대응한다.

4. 독점에 따른 시장실패와 정부정책

1) 독점과 자원배분의 비효율

시장에서 보이지 않는 손(invisible hands)에 의한 자원배분이 이루어지려면 수많은 공급자와 소비자들 사이에 경쟁이 이루어져야 한다. 그런데 여러 가지 이유 때문에 독점(monopoly)이 발생하면 자원배분이 효율적으로 이루어지기 어렵다. 독점은 기존 공급자들이 진입규제 장벽을 쌓는 경우에 발생하지만, 자연독점(natural monopoly)이나 규모에 의한 수확체증 때문에 발생하기도 한다. 일부 산업분야에서는 대규모 자본 소유와 규모에 대한 수확이 비례적이 아니라서 하나의 회사가 경쟁자를 물리치는 상황이 나타난다. 정보통신, 전기, 철도와 같은 산업분야에서 최초 회사가 필요한 하부구조를 구축할 경우 적절한 규제가 없다면 다른 회사가 경쟁하기 어려울 만큼 비용 측면에서 이점을 가지게 된다.

경쟁이 없는 상황이 되면 필연적으로 초과이득, 즉 지대(rent)가 발생하고 사회 전체적으로 경제적 후생의 손실이 초래된다. 즉 독점공급자는 이윤을 극대화하기 위하여 생산을 제한하고, 지대추구(rent-seeking)활동을 하게 된다. 경쟁시장의 가장 큰 장점 중 하나는 회사가 재화생산의 평균비용과 한계비용을 가능한 최대로 낮추어 비용을 절감하는 것이다. 경쟁이 없는 상황에서는 최저비용으로 운영하지 않아도 회사는 생존할 수 있다. 그러므로 자원배분의 비효율성(allocative inefficiency)이 나타나게 된다. Leibenstein (1976)은 독점 때문에 재화와 서비스 생산에서 기술적으로 가능한 최소비용을 달성하지 못하는 상황을 'X-비효율성'이라고 불렀다. X-비효율성은 비용 비효율성, 운영 비효율성, 생산 비효율성이라고도 부른다(Weimer & Vining, 2005: 98-104).

2) 정부정책

정부는 독과점을 금지하기 위한 독과점 금지법, 공정한 경쟁을 유도하기 위한 공정거래법과 같은 법을 통하여 독과점을 규제하고자 한다. 불가피한 경우 그 산업을 국유화하거나 공급가격의 상한선을 설정한다.

5. 불완전한 정보에 따른 시장실패와 정부정책

1) 불완전한 정보 상황의 의미

시장에서 보이지 않는 손에 의한 자원배분이 이루어지려면 공급자와 소비자들이 완전한 정보를 가지고 있어야 한다. 불완전한 정보(imperfect information) 상황이란 소비자와 공급자가 합리적으로 결정하는 데 필요한 적절한 정보가 부족한 상황이다. 이러한 상황 가운데 거래의 두 당사자 중 한 당사자가 모르는 사실을 다른 당사자는 알고 있는 상황을 '비대칭적 정보'(asymmetric information)가 개재된 상황이라고 부른다. 적절한 규제가 없을 경우, 의약품 회사는 제품의 부작용을 표시할 이유가 없고 소비자도 그 제품을 평가할 전문가를 찾을 수 없다.

2) 역선택과 도덕적 해이

비대칭적 정보가 개재된 상황에서는 '역선택'(adverse selection) 또는 '도덕적 해이'(moral hazard)와 같은 시장실패가 나타나 사회 전체적으로 필요한 결정이 이루어지지 않을 수 있다.

역선택은 계약체결 또는 거래시 한 쪽 당사자의 '감추어진 특성'(hidden characteristics) 때문에 거래의 효율성이 저해되는 상황이다. 예를 들면, 자동차 보험 또는 암보험에 자발적으로 가입하도록 할 경우 사고위험이 높은 집단만 가입할 수 있다. 결과적으로 위험분산을 통한 사회복지 확대가 불가능하다.

Box 2-1: 자동차 보험과 도덕적 해이

자동차보험 진료비 심사를 보험회사 대신 건강보험심사평가원이 맡으면서 진료비 증가세가 꺾인 것으로 나타났다. … 사고가 꾸준히 발생하면서 환자 수와 진료비는 2014년 이후 늘고 있지만 증가율은 둔화되는 추세다. … 실제로 자동차사고를 당한 환자들은 갈수록 입원보다 외래를 택하고 있다.

자동차보험이 적용되는 외래환자는 2014년 157만 명에서 지난해 172만 명으로 늘어났다. 반면 병원에 입원한 환자는 2014년 73만 명(전체 환자 중 37.6%)이었지만 2016년 69만 명(33.8%)으로 되레 줄었다. 조진숙 차장은 "환자와 병원의 도덕적 해이로 불필요하게 입원하는 경우가 꽤 있었지만 보험 심사가 강화되면서 꼭 필요한 사람만 입원하는 쪽으로 진료 행태가 바뀌고 있다"고 말했다.

출처: 중앙일보. 2017년 6월 28일자 | 종합 12면. 정종훈 기자.

도덕적 해이는 계약체결 이후 일방 당사자의 '감추어진 행동'(hidden action) 때문에 거래의 효율성이 저해되는 상황이다. 예를 들면, 자동차 보험 가입 운전자가 보험회사에서 처리한다는 전제하에 난폭운전을 하게 되면 자동차사고가 늘어날 수 있다. 한편 의료보험 가입자는 보험에서 의료비용을 부담하므로 의료서비스를 필요 이상으로 남용할 수 있다.

3) 정부정책

정부는 역선택과 도덕적 해이를 방지하기 위하여 다양한 규제를 도입한다. 예를 들면, 자동차보험 가입을 모든 자동차 소유주에게 의무화시키고, 건강한 사람을 포함한 전 국민을 의료보험에 가입하도록 강제할 수 있다. 또한 난폭운전을 방지하려고 벌점제도를 도입하고, 의료서비스 남용을 막기 위하여 진료비 일부를 본인이 부담하게 한다. 또한 소비자 보호를 위하여 공산품에 KS 마크와 같이 정부품질 인정제도를 도입하고 결함이 있는 제품에 대하여는 강제로 리콜하도록 규정할 수 있다.

6. 경기변동과 소득분배문제와 정부정책

전통적 시장실패의 네 가지 유형, 즉 공공재, 외부효과, 자연독점, 정보비대칭을 살펴보았다. 이러한 요인은 시장의 완전경쟁을 저해하므로 정부가 개입하여 이를 교정하여야 한다. 그런데 시장에서 완전경쟁이 이루어질 경우에도 경기순환에 따른 변동과 소득분배 문제는 해결할 수 없으므로 정부의 개입이 필요하다.

1) 경기변동과 경제안정 정책

경기변동이란 실업수준, 인플레이션, 소득으로 측정되는 경제활동의 주기적 변동을 의미한다. 경기순환주기의 존재 자체가 정부의 관심을 필요로 하는 시장실패의 증거라고 보기도 한다. Keynes는 1936년 저서 *General Theory of Employment, Interest, and Money*에서 시장은 자기교정능력이 없으므로 정부가 대책을 취하지 않을 경우 경기변동을 반전시킬 수 없다고 보았다.

경제불황에서 탈출하려면 정부가 소비, 투자, 자본 확충을 자극하는 방법을 찾아야 한다. 그는 정부가 적자재정지출, 세율규제, 통화공급 등 재정정책들을 종합하면 완전고용과 물가안정이 유지되는 경제를 운용할 수 있다고 주장하였다. 케인즈 학파에서는 정부재정을 완전고용, 경제성장, 그리고 물가안정을 달성할 수 있는 주요 도구라고 본다. 1960년대까지 서구국가에서는 이러한 논리가 광범위하게 받아들여졌다.

2) 소득분배와 재분배 정책

Pareto 최적배분이 달성되는 경우에도 소득분배 문제는 해결되지 않는다. 이 문제와 관련하여 신행정론의 기초가 된 J. Rawls의 1971년 저서, *A Theory of Justice*는 소득재분배를 위한 정부개입의 이론적 근거를 제시하였다. 소득분배를 시정하려면 정부가 재정지출을 통하여 개입하여야 한다. 정

표 2-2 주요 시장실패와 정부정책 요약

구분	유 형	결 과	정부정책	
			주요수단	보조수단
전통적 시장실패	공공재	순수공공재: 과소공급 공유재: 과다소비, 과소투자 요금재: 과소공급	공공부문공급	시장메카니즘, 인센티브, 규제
	외부효과	긍정적 외부효과: 과소공급 부정적 외부효과: 과다공급	인센티브, 규제	시장메카니즘, 공공부문공급
	자연독점	평균비용의 감소: 과소공급 감독비용 증가: 과소공급, X－비효율성	규제, 공공부문공급	
	정보비대칭	재화 품질의 과대평가: 과다소비, 남용, 도덕적 해이 재화 품질의 과소평가: 과소소비, 역선택	규제	공공부문공급, 사회보험
기타 유형	경기순환	자원의 저활용 등	인센티브	사회보험
	분배문제	기회의 형평성 문제	규제	인센티브, 사회보험
		결과의 불평등 문제	사회보험	규제, 공공부문공급

주: 정부정책 수단의 의미는 제3장 Ⅱ. 정책수단과 유형 참조.
출처: Weimer & Vining. 2005. *Policy Analysis*. p. 130 및 p. 260을 토대로 필자가 수정.

부가 재정지출을 늘리려면 세금을 많이 거두어야 한다. 그러므로 조세와 정부지출은 재분배라는 목적을 달성하기 위한 주요 수단이다. 복지국가에서는 전통적 정부기능인 공공재 공급과 외부효과의 통제보다는 부와 소득의 재분배를 위한 활동이 더욱 중요하게 되었다.

〈표 2-2〉에 시장실패의 유형과 그 결과, 그리고 이에 대응하는 정부정책을 전통적인 시장실패와 기타 유형으로 분류하여 요약하였다.

이상에서 살펴본 바와 같이 20세기의 서구 국가에서는 시장실패를 인식한 정부의 대응으로 정부 예산과 규제기관의 규모가 꾸준하게 증가하였다. 이러한 성장은 정부활동에 대한 믿음, 즉 정부는 적절한 규제, 재량적인 재정정책, 그리고 재분배정책을 통하여 시장실패를 교정할 수 있다는 믿음에 기초를 두고 있다. 정부의 역할은 더 이상 질서유지와 국방과 같은 전통적 서비스를 제공하는 데 그치지 않는다. 그 대신 정부가 그 권력을 이용하여 민간 시장에서는 대처할 수 없는 사회적 병폐를 교정할 수 있다고 기대한 것이다.

Ⅲ. 정부실패와 개입축소의 논리

1. 정부와 공직자에 대한 전통적 가정

정부는 선출직 공직자 및 실적에 따라 임용된 공무원으로 구성된다. 시장실패의 교정을 위한 정부개입의 정당화 논리는 선출직 공직자와 공무원이 사익보다는 공익을 추구하며 시장실패의 교정에 필요한 전략을 실행할 수 있고, 실제로 실행한다는 믿음을 전제로 한다. 즉 시장실패 패러다임에는 정부개입이 시장실패 문제를 교정할 수 있다는 묵시적 가정이 포함된다.

전통적으로 정치학자들과 경제학자들은 시장과 정부에서 행위자의 행위동기와 의사결정 기준은 상당히 다른 것으로 본다. 정치학자인 Stone(2012: 17-34)은 정부 및 공직자와 시장 및 그 행위자의 특성을 비교하는 시장모형과 정치공동체 모형을 구분하고 이들을 몇 가지 측면에서 대비한다(〈표

표 2-3 시장모형과 정치공동체 모형에서 사회에 대한 개념 비교

구 분	시장모형	정치공동체 모형
분석단위	개 인	공동체 또는 집합적 단위
동기요인	자기이익	공익(자기이익과 함께)
주된 갈등	자기이익 대 자기이익	자기이익 대 공익
집합행동의 성격	경 쟁	협동과 경쟁
개인적 의사결정의 기준	자기이익 극대화, 비용의 최소화	충성(사람, 장소, 조직, 산출물), 자기이익 극대화, 공익의 촉진
사회적 행동의 기본단위	개 인	집단과 조직
일의 작동방식	물질의 법칙(예: 물질자원은 유한하고 사용에 따라 감소함)	열정의 법칙(예, 인적자원은 보완될 수 있으며 사용에 따라 확장됨)
변화의 원천	물질의 교환 자신의 복지 극대화 추구	아이디어, 설득, 제휴 권력 추구, 자신의 복지추구, 공익의 추구

출처: Stone. 1997. *Policy Paradox*. p. 33을 중심으로 필자가 수정.

2-3〉 참조).

〈표 2-3〉에서 보듯이 정치공동체 모형의 작동원리는 시장모형과는 상당히 다른 것으로 여겨진다. 정치공동체 모형의 기본 분석단위는 시장모형의 개인과는 달리 공동체이다. 정치공동체 구성원들은 자기이익도 추구하지만 기본적으로 공익을 추구한다. 구성원들 사이의 관계는 시장모형에서와 같이 경쟁관계도 나타나지만 서로 협력하는 경우도 많다. 정치공동체의 구성원들은 자신의 복지를 추구할 뿐 아니라 권력을 추구하며, 공익도 함께 추구한다. 그 과정에서 아이디어가 같은 사람들끼리 집단을 구성하고, 설득하며, 제휴가 이루어지기도 한다.

요약하면 정치학 및 경제학 분야의 전통적 이론에 따르면 시장과 정치공동체는 서로 다른 원리를 기반으로 작동한다. 오늘날에도 공직자는 민간부문 종사자보다도 공공봉사동기(public service motivation)가 뚜렷한 사람들이어야 한다고 보는 입장도 있다(Perry, 1996; Kim, 2005; 이근주, 2005).

2. 공공선택이론의 기본논리

공공선택이론(public choice theory) 또는 합리적 선택이론(rational choice theory)에서는 정부와 공직자에 관한 전통적 가정과는 달리 정치행태를 분석하는 데 적합한 모델은 경제행태를 분석하는 모형과 동일한 경제인(economic man)으로 본다.[4] 공공선택이론은 1950년대 이후 James Buchanan, Anthony Downs, Mancur Olson, Gordon Tullock, 그리고 William Niskanen 등의 업적이 축적되면서 하나의 유력한 학파로 등장하였다.[5] 공공선택이론은 신고전주의 경제학의 원리를 정치행태에 적용한다. 이 이론에서 고려되는 정치 행위자는 개인이다. 즉 '사회'가 복수의 개인으로 구성되었다고 보는 것이 이 관점의 핵심이다.

그 기본가정은 정치 행위자들도 경제 행위자와 마찬가지로 자기이익을 극대화하려고 합리적으로 행동한다는 것이다. 즉 공공선택론 정치철학의 출발점은 정치적 인간(homo politicus)과 경제적 인간(homo economicus)이 같다는 것이다(Tullock, Seldon & Brady, 2002: 3). 노벨 경제학상을 받은 James Buchanan은 "공공선택이론 또는 정치현상에 관한 경제이론은 사람들을 합리적 효용 극대화주의자로 취급하여야 한다는 것을 발견하고 또 재발견"한 것이 핵심이라고 본다.

1) 정치체제의 행위자에 대한 기본가정

정치와 민주주의에 관한 공공선택모형은 사실상 매우 단순하다(Mitchell & Simmons, 1994). 개인들은 정치체제로부터 혜택을 추구하는 합리적 효용

---

4) 이는 현재 조지 메이슨 대학으로 이름을 바꾼 버지니아 폴리테크닉 대학의 공공선택 연구소의 이름을 딴 것으로 여기에 소속된 학자들을 중심으로 개발된 접근 방법이다.

5) 공공선택이론에 관한 James Buchanan의 고전적인 논문 "Social Choice, Democracy, and Free Market"은 원래 *Journal of Political Economy* 62. 1954. pp. 114-223에 게재되었는데, 그 이후 *Fiscal Theory and Political Economy*. Chapel Hill: University of North Carolina Press, 1960에 수록되었다. 그 밖에도 Kenneth Arrow의 *The Limit of Organizations*. New York: W.W, Norton. 1974. 그리고 Charles Wolf, Jr.의 *Markets or Governments: Choosing Between Imperfect Alternatives*. Cambridge: MIT Press. 1989 등이 공공선택론 분야의 정통적 이론서로 널리 알려져 있다(Mitchell & Simmons, 1994: 64에서 재인용).

극대화주의자로 간주된다. 정치인은 투표자를 최대한 결집하고자 하며, 관료는 고용보장과 예산을 극대화하고자 한다. 이익집단과 투표자는 보다 많은 부와 소득을 원한다. 각 행위자들은 다른 행위자들이 보유하거나 통제 하에 있는 무엇과 교환하고자 한다. 예를 들면, 투표자와 이익집단은 정치인과 관료들로부터 보다 많은 서비스를 원하며, 관료는 정치인과 납세자로부터 보다 많은 국고수입과 예산을 원한다. 물론 정치인들은 시민과 이익집단 구성원들로부터 투표와 다른 형태의 지원을 받고자 한다. 편의상 그 시스템을 다음 [그림 2-1]과 같이 표현할 수 있다.

정책결정자이든 투표자이든 자기이익의 지침에 따라 자신에게 가장 유리한 행동경로를 선택하고자 한다(McLean, 1987). 공공선택 이론가들은 인간 행태의 기초에 대한 단순한 가정을 토대로 공공정책결정의 다양한 측면을 설명하는 일련의 명제들을 도출하였다.[6)]

예를 들면, 유권자는 정부로부터 받을 것으로 기대되는 보상이라는 관점

그림 2-1 공공선택론의 정치체제의 행위자에 대한 기본가정

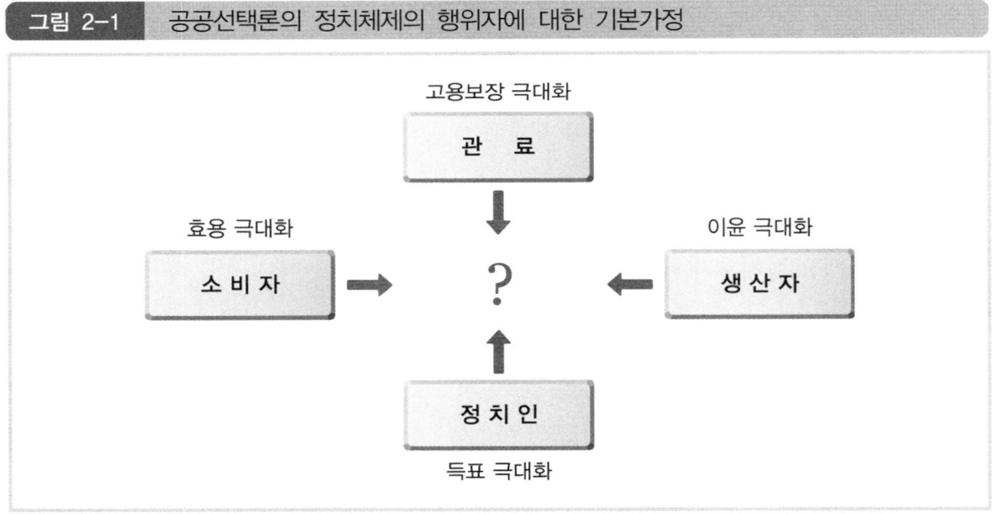

출처: Mitchell & Simmons. 1994. *Beyond Politics.* p. 43.

---

6) 이러한 접근방법은 유권자의 투표 행태의 연구(Downs, 1957), 개인과 집단의 의사결정 행태의 본질(Coase, 1960), 관료제(Downs, 1967), 입법부(Niskanen, 1971), 정당(Riker, 1962)을 포함한 정부구조와 제도의 연구에 적용되었다. 이러한 연구에서 각 연구대상들은 개인의 자기이익이라는 관점에서 분석되었다.

에서 그들의 이익에 가장 충실한 정당과 후보자에게 투표한다. 정치인들은 공직에 있기 때문에 얻는 소득, 권력, 위신에서 그들의 이익을 증진하려고 끊임없이 선거에서 경쟁하는 것으로 간주되며, 그에 따라 유권자 지지를 획득하기 위한 정책을 제안한다. 정당은 정치인과 유사한 방식으로 활동하며, 유권자의 관심을 유도하는 정책패키지를 고안한다.

관료는 신분보장, 승진가능성, 지위 등을 추구한다. 관료들은 자기이익을 위하여 소관 예산의 극대화를 추구하는데 그 이유는 예산을 많이 확보하면 그에 따라 권력, 위신과 보수가 높아지기 때문이다. 공공선택 이론가들은 관료들이 자신의 이익실현에 대체로 성공한다고 본다. 그 이유는 관료들은 가격이 매겨지지 않은 재화와 서비스를 독점적으로 공급하므로 서로 경쟁하지 않으며, 시민과 선출된 공직자는 그들의 활동을 모니터할 수 있는 전문지식이 없기 때문이다.

공공선택이론은 정책과정에서 다양한 정치 행위자가 경쟁적으로 지대추구(rent-seeking) 행태에 관계한다고 본다. 즉 개별 행위자들은 국가를 활용하여 생산적인 사회적 노동의 과실로 얻어지는 사회적 잉여(지대)의 일정 몫을 포획하려고 시도한다. 각 행위자는 가능하면 무임승차를 선호한다. 즉 자신은 비용을 지불하지 않고 다른 당사자의 행위로부터 나오는 잉여의 몫을 차지하려 한다. 정책과정에서 투표자, 정당, 정치인의 동기와 역할에 대한 이러한 개념화의 결과로 다음과 같은 결론에 도달한다. 즉 유권자는 항상 정부로부터 더 많은 프로그램을 원한다. 정치인, 정당, 관료는 권력, 권위, 대중적인 인기라는 자신의 이해타산 때문에 프로그램을 기꺼이 제공하고자 한다.

그 결과 경제와 사회분야에 국가개입의 수준은 계속 증가하며, 이것이 정치적 경기순환(political business cycle)의 형태로 나타난다. 다시 말하면 민주적인 정부는 계속되는 선거캠페인에서 선거 직전에는 혜택을 나누어주는 인기있는 정책을 선택하고 선거 이후에는 비용을 핑계로 인기 없는 정책을 채택한다. 그러므로 선거주기에 따라 결정내용이 달라진다. 이러한 견해에 따라 공공정책결정을 단순화시키면 국민들에게 국가가 제공하는 재화와 서비스를 점차 늘려가는 과정이다.

공공선택 이론가들은 이러한 패턴에 반대하는 입장인데, 그 과정이 시장에 기반을 둔 사회의 자연적인 균형을 왜곡시키고 무임승차를 증가시키며 비생산적인 지대추구행태를 부추겨 사회복지의 전반적인 수준을 감소시킨다고 보기 때문이다. 이러한 공공선택론은 1980년대 이후 신공공관리론(new public management)의 이론적 기초가 되었다.

2) 정부수요의 특징

정부가 제공하는 재화와 서비스의 수요자는 시민과 이익집단이다. 시민과 이익집단은 수혜자와 납세자로서 이중의 역할을 수행한다(Mitchell & Simmons, 1994). 납세자로서 시민은 예산의 총규모에 관심이 있으며 지출감축, 낮은 인플레이션, 그리고 높은 경제성장을 원한다. 똑같은 시민은 정부지출의 수혜자로서 자신의 회사 또는 고용주에 대한 보조금, 그리고 자신의 직업분야에 유리한 정부규제를 지지하며, 예산의 총규모에는 관심이 적다. 그런데 시민은 수혜자로서의 이익을 납세자로서의 역할보다 더욱 심각하게 인식한다. 이러한 분석에 따르면 개인뿐 아니라 사회 전체적으로 정부지출에 대한 인센티브가 정부수입에 대한 우려보다 훨씬 크다. 그러므로 시민과 이익집단은 의회와 지방의회에 자금지원과 프로그램, 그리고 다른 형태의 특권을 요청한다. 또한 그들은 대통령, 자치단체장뿐 아니라 관료들에게도 유사한 요구를 제기한다. 그러므로 정부가 제공하는 재화와 서비스의 수요는 항상 필요보다 과다하게 요구된다.

Wolf(1989: 39-50)는 정부에 대한 수요가 과다하게 계산되는 다섯 가지 기본조건이 있다고 본다.

첫째, 시장의 문제점에 대한 일반인들의 인식이 확산되어 국가 개입에 대한 욕구가 증가하였다.

둘째, 정부에 대한 수요는 정치조직과 투표권에 기초하고 있으므로 정치과정에서 특수 이익집단이 효과적으로 수요를 창출할 수 있다. 특히 과거에 소외되었던 여성, 영세민 등과 같은 집단이 조직화되고 그 권익이 신장되면서 정부에 대한 수요가 급격하게 증가하였다.

셋째, 정치인과 관료들은 집행 비용을 고려하지 않고 사회문제에 대한 개입주의적 해결방안을 채택할 경우 보상을 받게 되므로 정부수요가 증가한다.

넷째, '정치행위자들의 높은 시간할인율'(high time-discount), 즉 선거직과 임명직의 짧은 임기 및 재직기간 때문에 비용과 편익을 단기적으로 보기 때문에 정부수요는 더욱 커진다. 이러한 사실은 기업인들은 단기적 이익에 집착하고 공직자는 장기적인 관점을 가지고 일한다는 일반적 상식과는 정반대로 정치과정 특유의 근시안(myopia)이라고 불린다.

다섯째, 편익과 비용의 분리(decoupling), 즉 정부 프로그램의 편익을 받는 집단과 그 비용부담집단이 달라서 수혜집단은 로비활동을 통하여 정부수요를 창출한다. 분리에는 미시적 분리(micro-decoupling)와 거시적 분리(macro-decoupling)의 두 가지가 있다(전상경, 2005). 전자는 편익은 소수 특정집단에 편중되고 비용은 일반납세자가 부담하는 경우이다. 후자인 거시적 분리는 조세기반은 소수기업가 계층에 한정되는데, 편익은 노인, 영세민 등 다수유권자에게 재분배되는 것을 말한다. 이는 서구민주주의의 정치구조적 문제로 투표권을 가진 다수가 소수를 이용하는 것이다.

3) 정부공급의 특징

정부가 제공하는 재화와 서비스의 공급에 관한 결정은 정치과정을 통하여 정치인과 관료들에 의하여 이루어진다(Nedergaard, 2006: 405-409). 정치과정에서 결정되는 정부공급은 시장에서의 결정과는 다른 뚜렷한 특징이 있으며 이러한 특징 때문에 왜곡된 결정이 이루어질 수 있다.

정치과정에서 재화와 서비스의 공급을 결정하는 정치인들은 일정한 임기로 선출되며, 고정된 보수를 받고, 모든 국민에게 구속력을 가지는 법률을 제정하고 정책을 채택한다. 그들은 재직 중 헌법과 관련 법규에 규정된 중요하고 강력한 권한을 행사한다. 그런데 정치인들은 다른 사람들의 돈을 지출하며, 특히 세금을 내지 않았을지 모르는 사람들에게 지출한다. 정치인들은 기업인과 달리 절약하기보다는 지출하려는 인센티브가 매우 강하다. 하나의 이유는 정부로부터 혜택을 받고자 하는 소규모집단은 일반납세자보다 인센티브가 크고 조직화할 수 있기 때문이다. 정치인이 타협하고 협상하는 과정에서 정부가 제공하는 재화와 서비스를 과다 공급하는 쪽으로 결정하는 유인이 강하다.

Wolf(1989: 51-55)는 정부공급에 네 가지 특징이 있다고 보았다.

첫째, 정부 생산물의 정의, 즉 산출물의 수량을 측정하고 질을 판단하는 것이 매우 어렵다. 그러므로 투입이 산출의 대용물이 되는 경우가 많다.

둘째, 정부 생산물은 대체로 하나의 공공기관에서 생산되며 따라서 법적으로 인정된 독점인 경우가 많다. 그 결과 경쟁이 없으므로 공급에서 비능률이 나타날 가능성이 크다.

셋째, 정부 생산물은 그 기술이 잘 알려져 있지 않다. 다시 말하면 정부 재화와 서비스를 통하여 달성하고자 하는 정책목표와 그 수단 사이의 인과관계가 분명하지 않다.

마지막으로 정부 생산물은 그 성과를 평가하는 메커니즘이 결여되어 있으며 따라서 신뢰할 만한 종결메커니즘도 없다.

3. 정부실패의 유형

'정부실패'라는 용어는 정부가 원인이 되어 발생하는 시장실패를 의미한다(Levy, 1995). 공공선택 이론가들은 정부가 시장실패를 교정하기 보다는 그 원인이 되는 경우가 더 많다고 생각한다. 그들의 결론은 정부가 시장실패를 쉽게 교정하지 못하며, 대체로 사태를 더욱 악화시킨다는 것이다. 학자들의 노력에도 불구하고 정부실패의 경우에는 시장실패와 같이 잘 발전되고 학자들의 견해가 일치된 유형 분류는 존재하지 않는다. 여기에서는 Wolf의 비시장실패론과 Weimer & Vining의 정부개입의 문제점에 따른 정부실패를 살펴보기로 한다.

1) Wolf의 비시장실패론

Wolf(1989)는 시장실패론의 방법론에 따라 여러 가지 유형의 비시장 실패(non-market failure)를 '수요'와 '공급'에 내재하는 특성에 따라 구분하려 하였다. 그 이론은 비시장의 수요와 공급은 시장의 수요 및 공급과는 체계적으로 구분된다는 명제에 기반을 둔다. Wolf는 네 가지 유형의 비시장실패를 구분하였는데 여기에 '분배적 불공평'이라는 윤리적 범주도 포함된다.

(1) 비용과 수입의 분리

'비용과 수입의 분리'(Wolf, 1989: 63-6)가 비시장에서의 경제활동의 특징이다. 시장에서는 재화의 생산비용과 가격 사이에 관계가 있는데, 비시장

상황에서는 수입이 정부 조세를 통하여 충당되기 때문에 이러한 관계가 존재하지 않는다. Wolf(1989: 63)는 이러한 분리가 가지는 의미는 매우 크다고 본다. 정부가 시장에 개입하면서 비용과 수입이 분리될 경우, 배분적 비효율성과 X-비효율성이 나타날 수 있다.

(2) 내부성(internalities)과 조직목표

Wolf가 제시한 두 번째 유형의 비시장실패는 '내부성(internalities)과 조직목표'이다. 이는 비시장조직 내부에서 적용되는 목표가 그 기관의 성과와 종사자의 성과, 규제, 그리고 평가의 지침이 된다는 것이다(Wolf, 1989: 66). 시장과 비시장 조직은 모두 회사 내부의 자원배분을 위하여 '내부 기준의 가격체계'를 활용한다. 그런데 시장조직의 경우에는 시장의 압력으로 '내부 기준'이 '외부 가격체계'와 강력하게 연계되는 반면, 비시장조직의 내부기준은 외부와 연계된 최적 성과와는 큰 관련이 없다. 즉 공공기관의 성과기준이 자체 내부기준에 따르기 때문에 원가의식이 부족하고, 투입요소인 인력과 예산의 극대화를 추구한다는 것이다. 그러므로 공공정책개입에서 내부기준이 활용된다면 배분적 비효율성과 X-비효율성이 나타난다.

이러한 현상을 수단이 목표가 되는 것을 의미하는 '조직의 목표대치'(organizational displacement)라고 부른다. 여기에 예산 또는 권력의 극대화, 그리고 조직 확대의 추구가 포함된다. 이러한 상황에서 시장실패를 교정하고자 의도된 정부행위는 단순히 비능률만 증가시킬 뿐이다.

(3) 파생적 외부효과

'파생적 외부효과'는 시장실패를 교정하기 위한 정부개입 때문에 발생하는 의도하지 않은 부산물을 말한다. 이는 "그러한 효과가 나타나는데 책임이 있는 사람들이 사전에 이해하지 못했고, 따라서 그 행위자의 계산 또는 행태에 영향을 미치지 않은 부산물"(Wolf, 1989: 77)이다. 이는 마치 시장에서 외부효과가 발생할 때 경제행위자들이 고려하지 않았던 비용과 편익이 제3자에게 전가되는 것과 같다. 정부개입에서 파생적 외부효과가 매우 클 경우 배분적 비효율성이 나타난다.

(4) 배분적 불공정

권력과 특권의 '배분적 불공정'(distributional inequity)이 마지막 범주이다. 이는 시장실패에 관한 이론이 소득과 부와 같은 경제적 효율성 문제에 초점을 맞춘 것과 대조된다. Wolf(1989: 84)는 시장에서는 분배의 불공정이 소득과 부의 차이를 가져오지만, 비시장에서의 분배의 불공정은 권력과 특권의 차이로 나타난다고 지적한다.

Wolf(1989: 85)는 시장실패의 유형과 비시장실패 유형 사이의 관계를 다음 표에서와 같이 요약하고 있다.

표 2-4 Wolf의 시장실패와 비시장 실패의 유형 비교

시장실패의 유형	비시장실패의 유형
외부효과와 공공재	비용과 수입의 분리: 가외적 비용증가
수확체증(자연적 독점)	내부기준과 조직의 목적
시장의 불완전성	파생적 외부효과
분배의 불공정(소득과 부)	분배의 불공정(권력과 특권)

2) Weimer & Vining의 정부개입의 문제점

Weimer & Vining(2005)은 자유민주주의 정치체제의 네 가지 특징, 즉 직접 민주주의, 대의정부, 관료적 공급, 분권화된 정부의 범주별로 정부가 재화와 서비스를 제공하는 과정에서 나타날 수 있는 문제점들을 자원의 효율적 배분을 저해하는 정부실패의 요소들로 지적한다. 그런데 이들 네 가지 특징은 민주주의 정치체제의 핵심을 이루는 제도이며, 그 자체가 매우 소중한 상위 가치이다. 따라서 경제적 효율성의 관점에서 문제점이 확인될 경우 운영과정에서 그 문제점을 최소화하려고 노력해야 한다.

(1) 직접 민주주의에 내재하는 문제점

직접 민주주의에 따른 정치체제 운영방법에는 유권자의 투표권 행사로 대표를 선출하거나, 주민발의 또는 주민투표로 주요정책을 직접 결정하며, 주민소환을 통한 선출직 공직자 해임 등이 있다.

모든 유권자의 투표권 행사는 민주주의 국가의 필수적 요소이며, 그 자체가 매우 중요한 사회적 가치이다. 투표는 개인의 선호를 사회적 선호로 종합하는 메커니즘이다. 그러나 그 과정에서 몇 가지 중요한 이슈가 제기된다.

① '불가능성 정리' 또는 '투표의 역설'

노벨 경제학상 수상자인 Kenneth Arrow가 발전시킨 '불가능성 정리'(impossibility theorem)는 민주적 사회에서 의사결정자들이 유일 최선의 방안을 선택하는 것이 불가능함을 증명한 것이다. 다수결투표 절차를 통하여 모든 투표자들이 유일 최선의 방안이라고 여기는 결정을 집합적으로 내릴 수 없다는 것이다. '투표의 역설'(paradox of voting)이란 개인의 선택을 단순합산하여 이행적 선호(transitive preference)를 포함하는 집합적 결정에 도달하는 것이 불가능함을 의미한다.

애로우의 불가능성 정리는 다수결 원칙과 같은 민주적인 절차를 적용하여 이행적인 집합적 선택이 불가능함을 논리적으로 보여준다. 애로우의 불가능성 정리는 적어도 2명의 개인이, 적어도 3개 이상의 대안들 중에서 순차적으로 하나를 선택한다는 가정에 기초를 둔다. 이러한 순환적 투표의 상황에서 벗어나기 위하여 전문가에게 선택을 위임하거나 새로운 대안을 추가한 후 절차에 따라 최종안을 선택할 수 있지만 이는 최선의 선택이 아닌 차선의 선택(second-best choice)에 불과하다.

애로우의 정리가 민주주의의 해석에 의미하는 바는 무엇인가?

첫째, 이러한 상황에서는 의제순서를 제어하는 사람이 사회적 선택을 조종하는데 가장 유리하다. [Box 2-2]로 돌아가 보면 투표자의 20%만이 최고수준의 교육을 다른 대안보다 선호하지만 의제순서 B에 따라 투표를 진행하면 최종단계에서 최고수준의 교육이 결정된다. 실제로 이러한 순환적 선호의 상황은 상당히 많다. 그러므로 의제순서의 설정을 좌우하는 사람이 선호하는 최종 결과가 나오도록 할 가능성이 상당히 크다.

둘째, 바람직하지 못한 사회적 선택을 회피하기 위하여 순환적 선택이 이루어질 수 있는 새로운 대안을 전략적으로 도입할 수 있다. 투표에서 계속 패배하는 집단은 지배연합을 물리칠 수 있는 기회를 제공하는 투표의 순환을 이끌어내기 위하여 새로운 이슈를 도입할 수 있다. 이러한 인센티브 때문에 순환적 투표의 상황이 의도적으로 만들어 질 수도 있다.

Box 2-2: 투표의 역설

어떤 시 유권자들이 관내학교 예산수준을 직접주민투표로 결정한다고 하자. 가능한 대안은 최저(기본 교육수준), 중간(인근지역 학교와 유사한 수준), 최고(인근지역 중 최고수준) 등 세 가지이다.

중도파는 자녀가 있지만 학교교육에 충당할 재산세가 부담스럽다. 그들의 선호순서는 보통> 최고> 최저수준이다. 재정적 보수주의자는 학교가 세금을 낭비한다고 생각한다. 그들의 우선순위는 최저> 보통> 최고의 순서이다. 효율적 교육론자들은 자녀들이 최고수준의 교육을 받기 원하며, 최고수준이 아닐 경우 사립학교에 보낸다. 그들의 선택은 최고> 최저> 보통이다.

투표는 두 개씩 대안을 순차적으로 비교하는 2단계 절차를 거친다고 가정한다. 1단계 투표에서 두 가지 대안만 선택하여 투표한 다음, 2단계 투표에서는 1단계 투표에서 다수표를 얻은 대안과 나머지 대안을 결선투표에 부쳐 다수표를 얻은 대안을 최종 선택한다.

표 투표의 역설의 사례

투표자 집단	학교예산에 대한 선호			유권자 비율
	첫 번째 선택	두 번째 선택	세 번째 선택	
중도파	보통	최고	최저	45
재정적 보수파	최저	보통	최고	35
효과적 교육론자	최고	최저	보통	20

의제순서 A	1단계 투표	최고 대 최저	최고 65% 대 35%로 승리
결과: 보통수준	2단계 투표	보통 대 최고	보통 80% 대 20%로 승리
의제순서 B	1단계 투표	보통 대 최저	최저 55% 대 45%로 승리
결과: 최고수준	2단계 투표	최저 대 최고	최고 65% 대 35%로 승리
의제순서 C	1단계 투표	최고 대 보통	보통 80% 대 20%로 승리
결과: 최저수준	2단계 투표	보통 대 최저	최저 55% 대 45%로 승리

〈표〉에 세 가지 의제순서 하에서 투표자의 선택결과가 요약되어 있다. 의제순서 A에서는 2단계를 거쳐 보통 수준이 80%의 찬성으로 선택된다. 의제순서 B에서는 2단계를 거쳐 최고 수준이 최종 선택된다. 한편 의제순서 C에서는 2단계 투표에서 최저수준이 선택된다. 그러므로 1단계 투표에서 비교되는 대안이 무엇인가에 따라 2단계 최종 선택의 결과가 달라진다.

② 선호 강도의 일괄처리

직접 민주주의 절차에서는 다수가 소수에게 부당하게 매우 심한 부담을 지우는 다수의 독재(tyranny by the majority)가 나타날 수 있다. 이러한 상황은 투표에서 선호의 강도를 표현할 수 없기 때문에 발생한다. 일부 시민이 어떤 프로젝트에 극도로 반대하는 경우에도 그 반대를 위해 한 표밖에 행사할 수 없다. 주민투표에서 다수가 소수를 고려하고자 할 경우에도 선호 강도의 파악이 어렵기 때문에 어느 정도 고려해야 할지 판단하기 어렵다.[7)]

(2) 대의정부에 내재하는 문제점

민주국가에서는 유권자의 대표가 정책을 결정하고 집행한다. 그런데 대표자들이 반드시 유권자의 의사에 따라 선택하는 것은 아니다. 대의 정부에서는 다음과 같은 문제가 나타날 수 있다.

① 지대추구

대부분의 사람들이 대표자에게 관심을 갖지 않을 때, 정치적으로 활동적인 소수 집단이 큰 영향력을 행사할 기회를 가진다. 정부가 시장에 개입할 경우 비용은 널리 분산되는 반면 경제적 혜택은 소수에게 집중되는 경우가 있다. 그러한 개입은 정치적으로 조직화된 소수집단에게 지대 형태의 경제적 혜택을 발생하게 한다(Buchanan, Tollison & Tullock, 1980).

지대란 자원 소유자가 그 자원을 다른 용도로 사용하여 얻을 수 있는 소득, 즉 기회비용을 초과하여 얻을 수 있는 대가를 말한다. 지대 추구(rent seeking)란 로비활동을 통하여 정부개입을 유도하여 자신들의 경제적 이익

---

7) Mitchell & Simons(1994)는 정책을 선택하는 데 있어서 공직을 유지하려는 정치인은 대안을 비교하는데 투표에 미치는 영향을 효율성보다 더 높게 평가한다고 본다. 그들의 계산은 시장에서 기업가의 계산과는 차이가 있다. 기업가는 사람들이 어떤 것을 어느 정도 원하는지 또는 얼마나 지불하려고 하는지에 관심을 가진다. 그러나 정치인은 얼마나 많은 사람들이 원하는지에 관심이 있다. 정치인은 다수를 우선적으로 계산하고 선호와 믿음의 강도는 부차적이며 간접적으로 계산한다. 하나의 투표는 다른 투표와 동일한 비중을 가지며, 모든 투표는 동등하다. 정치인은 다수의 지지가 필요하지만 기업은 경영하기 위하여 다수가 필요한 것은 아니다. 그러나 시장에서 일부 구매자는 다른 구매자보다 훨씬 많은 액수를 지출하며 그에 따른 가중치가 부여된다. 동등한 투표와 불균등한 구매력이 정치경제학의 핵심적인 가치이기 때문에 이는 소득, 부, 지위 및 권력의 재분배를 둘러싼 토론과 갈등의 결정적인 기초가 된다. 결과의 평등을 추구하는 사람은 투표의 영역을 확대하고 싶어하며, 이에 반대하는 사람은 시장 영역에 호감을 갖는다. 아이러니하게도 양쪽 모두에 대한 극단적인 신념은 모순적인 결과를 초래할 수 있다.

Box 2-3: 지대추구행위의 원인과 유형

정치경제학적 관점의 연구자들이 지대에 관심을 보이는 이유는 다수의 이익을 위해 수립된 정부가 현실 정책과정에서는 소수 특정집단의 이익에 봉사하기 쉽다는 자신들의 염려를 지대현상이 잘 설명해 주기 때문이다. 이들은 정부의 역할이 일정한 범위를 벗어나 확대된다면, 즉, 시장의 조정과정에 정부가 개입한다면 지대의 분산과정은 정지되고 지대를 획득하려는 행동이 나타난다고 설명한다. 국가가 경제활동에 간섭하기 시작하면 국가의 힘과 자원을 이용하여 자기집단의 이익을 추구하려는 지대추구행위가 나타나게 된다는 것이다.

지대추구를 세 가지 수준으로 나누고 있는 Buchanan et al.(1980)의 분류 역시 이러한 정부 중심의 지대 관점을 반영하고 있다. 첫째, 자신에게만 독점적인 권한을 주도록 하는 로비(제1수준), 둘째, 정부부문에 축적된 자원에 접근하기 위하여 관료, 정치인이 되려는 과정에서 지출되는 자원의 낭비(제2수준), 셋째, 정부지출과정에서의 지대추구(예: 과세특혜, 보조금 획득, 제3수준) 등의 지대추구 행위는 모두 정부의 개입을 전제로 하고 있다.

또한 Tullock et al.(2005: 72)은 정부개입이 거의 없었던 19세기의 영어권 국가에서는 지대추구행위가 거의 없었으며, 정부개입의 확대와 더불어 지대추구행위도 확산되었다고 주장하고 있다.

(우리나라에서) 지대에 관한 연구에서 가장 큰 비중을 차지하고 있는 것은 정부와 정책을 둘러싸고 발생하고 있는 지대추구행동에 관한 연구들이다. 재벌의 지대추구, 금리규제와 관련된 지대추구, 진입규제 및 가격규제와 관련된 지대추구, 토지규제와 관련된 지대추구, 근로 및 복지정책과 관련된 지대추구, 기업정책 관련 지대추구 등에 관하여 많은 연구들이 이루어져 왔다. 어업자원의 이용과 관련된 지대추구, 방송통신정책 및 IPTV와 관련된 지대추구, 선호시설의 유치와 관련된 지대추구, 정부의 예산과정 및 예산배분과 관련된 지대추구, 의료정책의 변화와 관련된 지대추구 등에 대해서도 연구가 이루어지고 있다.

또 최근에는 복지정책이나 예산배분, 지역개발정책 등과 관련해서도 지대추구행동이 발생하고 있음을 알 수 있다. 이렇게 보면, 규제정책, 배분정책, 재배분정책 등 정책의 모든 영역에서 지대추구적인 행동이 발생하고 있으며, 전통적인 지대추구자인 이익집단 뿐 아니라 지방정부와 관료들까지도 지대추구적인 행동에 나서고 있음을 시사하고 있다. 이런 연구들은 정부의 정책과 관련하여 지대추구적인 행동이 매우 넓게 확산되어 있을 가능성을 시사하고 있다.

출처: 사공영호. 2014. 지대추구행위 - 실천적 · 전체론적 접근. 131-132쪽에서 재구성.

을 추구하는 노력을 말한다. 지대를 추구하는 조직들이 많아지면 경제성장에 부정적인 영향을 미친다([Box 2-3] 참조).

② 지역구 대표의 문제

입법부는 집합적 결정에 도달하기 위하여 투표에 의존한다. 앞에서 살펴본 대로 어떠한 투표방법도 공정성과 일관성을 동시에 갖기는 어렵다. 의회는 의원들이 이질적 선호를 가진 선거구민을 대표하기 때문에 집합적 선택 상황에서 추가적인 문제가 발생한다. 특히 다수결 상황에서는 전체 유권자 중 다수가 반대하는 사회적 선택도 이루어질 수 있다. 예를 들면, 지역구에 기반을 둔 의원들끼리 서로 밀어 주기를 통하여 결탁(log-rolling)하여 얻은 보조금(pork barrel)의 몫을 분배할 수 있다.

③ 선거주기에 따른 짧은 시간할인율

대표자들이 때로는 수십년 후까지 그 결과가 연장되는 결정을 내려야 한다. 경제적 능률성의 관점에서는 편익의 현재가치가 비용의 현재가치보다 높은 정책을 선택해야 한다. 그런데 임기가 짧은 대표자들은 단기간에 발생하지 않은 비용과 편익에 대한 할인율을 비정상적으로 크게 보려는 경향이 있다.

④ 대중매체의 관심사에 편향되는 문제

공직 후보자는 유권자의 관심을 끌기 위하여 경쟁한다. 일반 국민은 공공문제에 관한 정보를 대중매체, 즉 신문, 잡지, 라디오와 텔레비전에 의존하는 경우가 많다. 대중매체가 대중의 관심을 마약남용과 같은 사회문제로 유도할 때 대표자는 그에 관한 정책의 변화를 제안함으로써 주목받을 수 있다. 그러므로 대표자들은 대중매체의 관심을 끄는 문제에만 지나치게 관심을 가질 수 있다. 그에 따라 정책결정자의 인식에 왜곡이 발생할 수 있다.

(3) 관료적 공급에 내재하는 문제점

정부는 시장실패에 대처하기 위하여 공공기관을 설치하여 운영한다. 민간회사와는 달리 공공기관은 생존하기 위하여 시장의 테스트를 받을 필요가 없다. 결과적으로 공공기관이 계속 존속할지 여부는 그 예산을 결정하고 활동을 감시하는 대의기관의 노력과 동기에 크게 의존한다. 그러나 공공기관의 성격 자체가 모니터링을 어렵게 하고 비능률이 발생할 가능성이 높다.

① 대리인 손실

'대리인 손실'(agency loss)이란 주인과 대리인이 가지고 있는 정보가 비대칭적인 상황에서 대리인의 바람직하지 않은 행태에 따른 비용, 그리고 대리인의 행태를 통제하기 위하여 투입되는 비용을 말한다.

주권자 또는 그 대표자를 주인으로 볼 경우 집행기관은 대리인에 해당된다. 그런데 집행기관의 예산을 결정하는 대표자는 집행기관보다 그에 관한 정보가 훨씬 적다. 예를 들어 국방부에서 어떤 무기를 정상가격보다 비싼 값에 구입하는 경우에도 국회는 이를 잘 알지 못한다. 국회는 국방비 총액과 같이 전체예산에 더 관심이 있을 뿐 구체적인 구입무기의 종류와 가격의 감독이 어렵기 때문에 손실이 발생할 수 있다.

대리인 손실은 공공기관이나 민간회사 등 어떤 조직에서도 발생한다. 그런데 공공기관의 경우 공공 산출물(따라서 그 성과)의 값을 매기기 어렵고, 관청들 사이에 경쟁이 없으며, 공무원 제도가 비신축적이므로 문제가 더욱 심각하다(Weimer & Vining, 2005: 181).

② 산출물 가치의 산정 문제

대부분의 공공기관은 그 산출물을 판매하지 않는다. 그러므로 대의기관은 국방, 법과 질서, 보건과 안전 등과 같은 재화의 가치를 산정해야 하는 문제에 직면한다. 대의기관이 그러한 재화의 진정한 사회적 가치를 산정하는 것에 관심을 가질 경우에도 분석가가 신빙성 있는 방법을 제시하기 어려운 경우가 많다. 가치를 산정할 수 있는 신뢰할 만한 도구가 없으므로 공공기관의 적정규모를 판단하기 어렵다. 때때로 분배적인 목표가 가치산정 문제를 더욱 어렵게 할 수 있다. 민간회사는 어떤 사람이 그 물건을 구입하는지 관심을 가지지 않아도 되지만 공공기관은 그 산출물이 수평적 형평성과 수직적 형평성에 부합되도록 배분되었는지 고려하여야 한다.

Mitchell & Simons(1994)에 따르면 시장에서는 이윤추구를 위하여 기업가들이 비용을 낮추면서 상품과 서비스의 질을 개선하기 위하여 끊임없이 노력한다. 그러나 공무원들은 재화를 무료 또는 생산비 이하로 제공해야 하기 때문에 시민들이 재화와 활동에 부여하는 정확한 가치를 알 수가 없다. 그러므로 아무리 숙련된 공무원이라 하더라도 정치적으로 제공되는 재화의 수요곡선을 타당하게 구성할 수 없다.

③ 제한된 경쟁이 효율성에 미치는 영향

민간회사는 서로 경쟁하므로 최소 비용으로 제품을 생산한다. 자원을 비능률적으로 활용하는 회사는 궁극적으로는 시장에서 도태된다. 그러나 공공기관은 직접 경쟁에 직면하지 않으므로 비능률적으로 운영되어도 존속할 수 있다. 민간 부문에서의 자연독점과 마찬가지로 공공기관이 독점하는 경우에도 자원낭비와 요소투입에 대한 과다지출 때문에 X-비효율성이 나타날 수 있다.

④ 사전 통제와 공무원 보호로 인한 비신축성

대의기관이 공공기관의 사후성과를 측정하는 데 직면하는 문제는 기관장의 재량권행사를 제약하는 사전적 통제장치가 강하다는 것이다. 예를 들면, 기관장은 좁은 범위의 예산항목을 벗어나 지출할 수 없으며, 공무원법에 기관장이 종사자를 채용, 해고, 보상, 처벌하는 방법에 대한 엄격한 제약조건을 두고 있다. 이러한 제약 때문에 공공기관이 고객의 욕구를 충족시킬 수 있는 능력이 제한된다.

(4) 분권화에 내재하는 문제점

민주주의 국가는 정도의 차이는 있지만 분권화되고 복잡한 정부체제를 가지고 있다. 권력분립의 원리에 따라 입법부, 사법부, 행정부가 서로 독립되어 다른 기능을 수행한다. 한편 중앙정부와 중층의 지방자치단체들도 권한을 분담한다. 권력분립과 분권화가 가지는 장점도 많지만 그 비용도 또한 만만치 않다. Weimer & Vining(2005: 187-190)은 집행문제와 지방공공재의 불공평이라는 두 가지 문제를 지적하고 있다.

① 집행 문제

채택된 정책은 집행을 통하여 강제력을 갖게 된다. 그런데 집행론 연구자들이 지적하는 바와 같이 분권화된 체제에는 집행과정에서 여러 가지 문제가 나타날 가능성이 커진다. 분권화된 체제에서 발생하는 정책집행의 지연 또는 실패에 관한 연구는 정책집행론 연구의 핵심이 되고 있다(제3부 제3장 참고).

② 지방공공재의 형평성 문제

분권화되면 지방 공공재를 지방의 수요에 맞게 공급할 수 있다. 그러나 재정력이 큰 자치단체와 작은 자치단체는 공공재를 공급할 수 있는 재정력

표 2-5 Weimer & Vining의 정부실패 원천

	유 형	의 미
직접민주주의에 내재하는 문제	투표의 역설	투표자의 집합적 선호에 따른 선택의 어려움
	선호강도의 일괄처리	다수의 독재, 소수집단이 비용부담
대의정부에 내재하는 문제	지대추구행태	조직화되고 동원화된 이익집단의 영향력 과다
	지역구 대표의 문제	비효율적인 나누어 먹기
	선거주기에 따른 짧은 시간할인율	사회적으로 과다한 할인율
	일반국민의 관심사에 편향	의제의 제약과 비용에 대한 왜곡된 인식
관료적 공급에 내재하는 문제	대리인 손실	대리인의 바람직하지 않은 행태와 감독비용
	산출물 가치 산정의 어려움	공공재의 사회적 가치와 수요측정의 어려움
	제한된 경쟁	독점에 따른 자원낭비와 비능률
	사전통제와 공무원 보호	비신축성에 따른 비능률
분권화에 내재하는 문제	권위의 분산과 집행문제	집행과정의 지연 및 실패
	지방공공재의 형평성 문제	지방공공재의 불공평한 배분

출처: Weimer & Vinning. 2005. *Policy Analysis*. p. 191에서 수정.

에서 큰 격차가 있다. 그러므로 지방공공재를 공급받는 데 형평성의 문제가 나타날 수 있다.

〈표 2-5〉에 이상에서 살펴 본 Weimer & Vining의 정부실패의 원천에 대한 논의가 요약되어 있다.

4. 공공선택론의 평가

공공선택 이론 또는 합리적 선택 이론의 대체적인 결론은 특정 개인에게만 이익이 되고 전체로서의 사회에 부정적인 영향을 미치는 파괴적인 효용극대화 행태를 억제하여야 한다는 것이다. 이 견해에 따르면 개인의 효용극대화 메커니즘이 시장에서는 일반적인 선을 촉진하지만 정치영역에서는 결정적으로 해로운 형태가 된다고 본다. 공공선택 이론가들은 정부의 개입은 재산권을 강화하여 시장이 작동하고 전체사회에 혜택이 될 수 있도록 보완하는 데 국한해야 된다고 주장한다.

이 이론은 단순성과 논리적인 정교함, 그리고 이상적인 수학적인 표현에도 불구하고 상당히 많은 문제점도 가지고 있다(Green & Shapiro, 1994; Howlett & Ramesh, 2003; 남궁근, 2005: 505-506).

첫째, 이 이론은 인간심리와 행태를 과도하게 단순화시킨 명제에 기반을 두고 있는데 그 명제가 현실과 부합되지 않는다. 예를 들면, 많은 정치활동은 상징적이거나 의례적인 이유 때문에 취해진다. 이것들을 효용극대화를 지향하는 목표지향적 행태로 취급하는 것은 공공정책결정을 둘러싼 정치의 복잡성을 과소평가하는 것이다.

둘째, 이러한 과도한 단순화 때문에 그 이론의 예측 능력이 빈약하다. 예를 들면, 정부의 기능이 대의민주주의 체제의 경쟁적인 동태 때문에 엄청나게 증가할 것이라는 예측에 대한 경험적인 증거가 부족하다. 최근 선진국 정부의 지출은 삭감되었거나 또는 적어도 팽창되지는 않았으며, 역사적으로 볼 때 정부성장에 있어서 이 같은 변동이 결코 새로운 것이 아니다. 어떻게 그리고 왜 이러한 일이 발생하는가는 공공선택이론의 분석 틀로는 해명이 기본적으로 불가능하다.

셋째, 공공선택이론 구성의 준거가 되었던 미국의 경험을 전 세계로 일반화하기 어렵다. 미국 정치는 양당 간에 선거경쟁이 치열하고 유권자들은 비교적 뚜렷하게 구분될 수 있는 두개의 대안들 중에서 선택하게 된다. 현실적으로 다수의 민주국가들은 정당들이 연합해야 하는 다당제도로 운영된다. 그러한 관행 때문에 유권자들이 둘 중 하나를 분명하게 선택하기 어려운 상황이고 선거 후에 의회에서의 협상이 선거 전보다 더 중요한 경우가 많다.

마지막으로 공공선택 이론가들이 자신들의 분석을 실증적이고 가치중립적이라고 말하는 것과는 달리 분명히 규범적이다. 시장에서의 교환을 통한 사회적 상호작용만이 부를 창출하고 국가는 시장으로부터의 지대를 추출하는 일종의 기생충으로 보는 것은 국가가 경제에서 재산권과 국방의 기초를 다지고 또한 교육과 기술혁명과 같은 주요 경제활동을 조직하는 일도 하고 있다는 중요한 역할을 무시하는 것이다. 그러므로 공공선택 이론가들은 사실상 정통 자유주의, 신보수주의 또는 신자유주의와 같은 특정한 이념을 선호하는 결과가 되었다.

Ⅳ. 요 약

시장실패란 시장에 의한 자원배분이 Pareto 효율을 달성할 수 없는 상태를 의미한다. 시장실패는 일반적으로 네 가지 유형, 즉 (1) 공공재, (2) 외부효과, (3) 독점, 그리고 (4) 정보부족 또는 정보비대칭 상황으로 구분된다. 네 가지 유형의 시장실패에 대한 대책이 필요하다는 주장은 전통적 경제학에서 민간부문에 대한 정부개입의 기본논리가 되었다.

시장에서 완전경쟁이 이루어질 경우에도 경기순환에 따른 변동과 소득분배의 문제는 해결할 수 없으므로 정부의 개입이 필요하다. 20세기의 서구 국가에서는 시장실패를 인식한 정부의 대응으로 정부 예산과 규제기관의 규모가 꾸준하게 증가하였다.

공공선택이론에서는 정치행태를 분석하는 데 적합한 모델은 경제행태를 분석하는 모형과 같은 경제인이라고 보았다. 그 기본가정은 정치 행위자들도 경제 행위자와 마찬가지로 합리적으로 자기이익을 극대화하기 위하여 행동한다는 것이다.

공공선택 이론가들의 주장은 정부가 시장실패를 쉽게 교정하지 못하며, 대체로 사태를 더욱 악화시킨다는 것이다. 가장 기본적인 이유는 개인의 활동과 필요가 조화를 이룰 수 있도록 하는 정보와 인센티브가 정부에서는 작동하지 않기 때문이다. 투표자, 정치인, 관료, 그리고 활동가들은 각자 공익을 추구한다고 믿고 있지만 사실은 자신의 이익을 추구하고 있다고 본다.

공공선택 이론가들은 특정 개인에게만 이익이 되고 전체로서의 사회에 부정적인 영향을 미치는 파괴적인 효용 극대화 행태를 억제할 수 있어야 한다고 본다. 이 이론은 인간심리와 행태를 과도하게 단순화시킨 명제에 기반을 두고 있으며, 예측 능력이 빈약하다. 공공선택 이론구성의 준거가 되었던 미국의 경험을 전 세계로 일반화하기 어렵고, 가치중립적이 아니라 규범적이다.

3 CHAPTER
정책유형과 정책수단
Policy Types and Policy Tools

Ⅰ. 서 론

이 장은 제2장의 후속논의에 해당하는 것으로 정책 유형에 관한 기존 연구를 소개하고, 정부가 시장과 사회에 개입하거나 개입하지 않으려 할 때 선택할 수 있는 구체적인 정책수단들을 살펴보기로 한다. 신공공관리와 새로운 거버넌스의 논의에서 핵심적인 내용은 정부가 직접 개입하는 전통적 정책수단(규제, 유인, 설득)은 물론이고 간접적으로 개입하는 경우가 늘어나 오늘날 정부가 활용할 수 있는 정책수단이 대폭 추가되었다는 점이다.

제2절에서는 정책의 유형 분류에 관하여 살펴보겠다. 실질적 내용에 따른 분류, Lowi의 정책유형 분류와 그에 대한 수정보완론을 살펴본 후, Wilson의 정책유형 분류를 고찰한다. 제3절에서는 정책수단의 유형과 특징을 살펴보겠다. 전통적인 3분법을 살펴본 후, Hood, Salamon, Peters 등 대표적인 학자들의 유형분류를 살펴본 다음, 조직, 권위, 자금, 정보 등 네 가지 수단을 활용하는 구체적인 정책도구를 소개하였다.

Ⅱ. 정책의 유형

1. 개 관

정부활동으로 나타나는 공공정책은 낚시가 허용되는 시기 및 대상, 아동 취학연령 결정, 해외여행시 외화사용한도, 낙태 허용여부, 로봇산업 진흥, 전쟁의 선언 등에 이르기까지 광범위한 활동들을 포함하고 있다.[1] 공공정책은 매우 다양한 활동을 포함하고 있기 때문에, 공통의 속성에 따라 정책을 유형화하려는 시도가 여러 갈래로 전개되었다.

가장 일반적인 정책유형의 분류는 보건의료, 노동, 복지 등 정책의 실질적 내용에 따른 분류이다. 일상적 분류의 다른 기준으로는 시간적 범위(예: 전후정책 대 전전정책), 이데올로기(예: 보수적 정책 대 진보적 정책), 제도(예: 입법부의 정책, 행정부의 정책, 사법부의 정책) 등이 있다.

학술적 관점에서 정책분류는 정책의 내용과 정책과정의 관계를 더욱 분명하게 이해하기 위하여 시도되어 왔다. 즉 정책유형에 따라 이익집단의 형성과 대응이 어떻게 달라지는지와 같은 정치적 동태를 파악하려는 것이다. 이러한 관점에서 Lowi가 유형분류를 시도하였는데, 이에 대한 반론과 보완론도 상당수 제기되었다. 여기에서는 정책의 실질적 내용에 따른 분류, Lowi의 분류 및 이에 대한 수정보완론, 그리고 Wilson의 분류를 구체적으로 살펴보겠다.

2. 실질적 내용에 따른 분류

가장 전통적인 정책의 분류방법인 정책의 실질적 내용에 따른 분류는 정부기능에 관하여 우리가 지니고 있는 경험과 사고를 정리하는 상식적인 분류방법이다. 정책을 실질적 내용을 중심으로 보건의료정책, 노동정책, 교통정책, 복지정책, 정보통신정책, 상공정책 등의 분야로 분류한다. Heidenheimer

1) 정책의 유형은 남궁근. 1999. 「비교정책연구: 방법, 이론, 적용」(증보판). 법문사. 154-166쪽을 토대로 고쳐 쓴 것이다.

등(1993)의 비교정책론에서는 교육정책, 보건정책, 주택정책, 경제정책, 조세정책, 소득유지정책, 도시계획, 지방정부정책 등 실질 정책 분야별로 서구 자본주의 국가의 정책 비교결과를 제시하고 있다. 한편 Peters(2013)는 정책분야를 경제정책, 보건의료정책, 소득유지정책, 사회보장과 복지, 교육정책, 에너지와 환경정책, 국방과 치안유지정책으로 분류하고 있다.

이 방법은 기능별 분류라고 부르기도 한다. 정부부처나 국회의 상임위원회가 대체로 기능별로 구분되었기 때문에 정책의 기능별 분류는 편리한 경우가 많다. 이와 같이 기능에 따라서 정책을 분류할 경우에 각 정책유형 간에는 정책목표나 실질적인 정책수단의 내용에서 커다란 차이가 있다. 즉 교통정책의 목표와 수단에 관하여 필요한 실질적 지식과 안보정책의 목표와 수단을 이해하기 위하여 필요한 실질적 지식은 전혀 다르다. 정책을 기능별로 분류하는 것은 각 기능분야마다 필요한 자료나 지식의 종류를 파악하는 데 유용한 방법이다. 정책에 관한 비교연구에서는 정책의 기능별 분류 영역 중 하나를 선택하여 비교하므로 특정의 정책영역에 관한 실질적 지식이 필수적이다.

그러나 기능적, 실질적 분류는 여러 정책들에 관한 보편적인 원리를 발견하고자 하는 정책학의 목적에는 적합하지 않다는 단점이 있고, 또한 국가에 따라 정부기능의 분류방식이 다르기 때문에 국가간 비교연구에서 어려움이 뒤따른다. 최근 국내외에서 정부기능을 재조정하는 부처 통폐합이 이루어지면서 국가간 비교가 더욱 어려워지게 되었다.

3. Lowi의 정책유형 분류

1) Lowi의 유형분류기준

(1) 유형분류의 목적

Lowi(1964, 1972)의 정책유형 분류는 가장 많은 학자들이 인용하였고, 상당수의 수정보완론이 제시되었으며, 가장 많은 비판을 받은 분류이기도 하다. Lowi는 정책의 유형에 따라 정책의 결정 및 집행과정이 달라진다고 보았다.[2)]

2) Lowi는 1964년 기본적 유형분류를 제시한 후, 그간 제시된 여러 가지 비판에 대응하고 분류체계를 개선한 논문을 1972년에 발표하였다. 그는 1964년의 논문에서 정책유

전통적 정치학의 기본가정은 "정치가 정책을 결정한다."(politics determines policies)는 관점, 즉 정치체제의 산출이자 종속변수인 정책의 특징은 독립변수인 정치과정의 특징에 따라 달라진다는 것이다. 반면에 Lowi는 "정책이 정치를 결정한다."(policies determine politics), 즉 정책의 내용에 따라 정치과정의 정치적 성격이 달라진다고 본다.

(2) 유형분류의 기준

Lowi의 1964년의 논문에서는 분배정책, 규제정책, 재분배정책의 세 가지 범주만을 제시할 뿐 유형분류의 기준은 제시하지 않았으나 1972년의 논문에서 구체적 기준을 제시하고 있다.

Lowi는 정치적 관계에서 가장 중요한 사실은 정부가 강제력(coercive power)을 행사한다는 점에 착안하여 강제력을 행사하는 상이한 방법들을 분류기준으로 하고 있다. Lowi가 적용한 두 가지 기준은 강제력의 행사방법과 강제력의 적용대상이다. [그림 3-1]에서 수직적 차원은 강제력이 직접 사용되는가 아니면 간접적으로 사용되는가의 차원이다. 예를 들면, 서비스 제공 또는 보조금 지급프로그램은 강제력의 요소가 일반 세입체계로 흡수되므로 강제력의 간접적 행사에 해당된다.

한편 수평적 차원의 기준은 강제력의 적용대상이 개별적 행위인지 아니면 행위의 환경에 관한 것인지에 따른 구분이다. 이러한 차원은 수직적 차원보다 구분이 어렵다. 그러나 특정인의 행태가 문제될 때에만 적용되는 정책이 있는 것은 분명하다. 예를 들면, 사기광고를 대상으로 하는 일반적 규칙은 특정인의 사기행위가 있을 경우 그 행위에만 적용된다. 이와 대조적으로 어떤 정책은 특정의 행태를 기다리는 것이 아니라 모든 행태에 일률적으로 적용된다. 이러한 정책은 행위의 환경을 통하여 작용한다. 예를 들면, 중

형에 따라 정치적 관계가 달라지고, 따라서 정책유형에 따라 독특한 정치적 관계의 유형이 있을 것으로 가정하고 있다. 여기에서 정치적 관계는 정치구조, 정치과정, 엘리트 및 집단 사이의 관계를 의미한다. 그의 주장은 모든 정치체제에는 하나의 권력구조가 존재한다는 엘리트론자의 관점과 모든 정책이슈마다 권력구조가 다르다고 보는 다원론적 관점의 중간 지점에 해당한다(Lowi, 1964: 687). Lowi(1988: 725-28)는 분류의 목적이 "정책을 분류하는 한편, 각 범주별로 독특한 정치적 동태가 있을 것이라는 가정 하에 각 정책 범주와 연관된 정치적 동태를 확인하는 것"이었다고 후술하였다.

그림 3-1 Lowi의 강제의 유형, 정책유형 및 정치의 유형

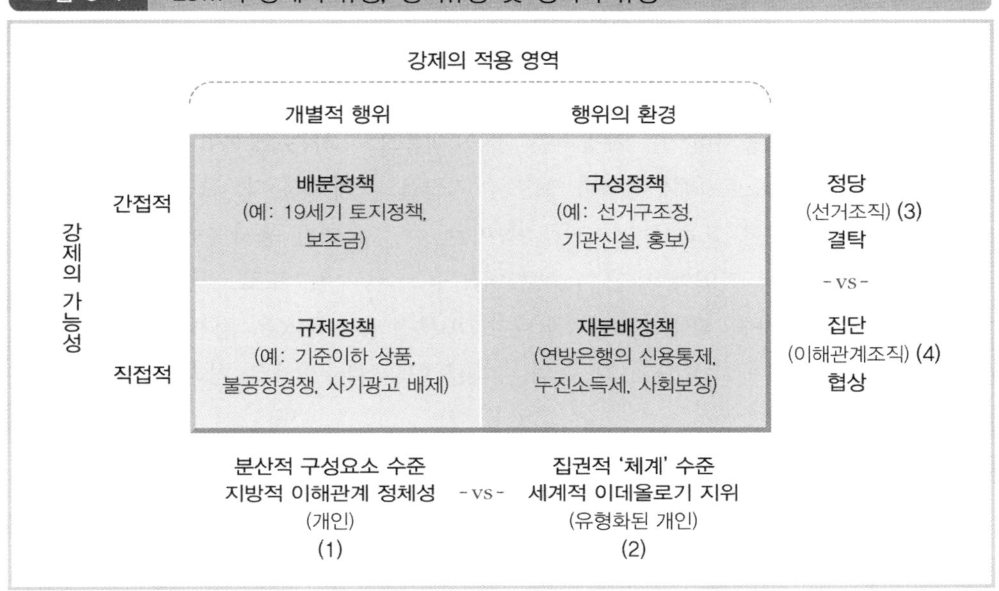

출처: Lowi. 1972. Four Systems of Policy, Politics and Choice. p. 300.

앙은행이 재할인율을 약간 변경하면 모든 사람의 투자성향에 직접 영향을 미친다. 이러한 정책에서는 정책결정자가 그 정책으로 영향을 받는 모든 개개인을 잘 알아야 할 필요는 없다.

이러한 두 가지 분류기준을 적용하여 배분정책, 규제정책, 재분배정책, 구성정책 등 정책의 유형을 네 가지 범주로 구분할 수 있다. 배분정책은 강제력이 개인의 행태에 간접적으로 적용되는 영역이고, 규제정책은 강제력이 개인의 행태에 직접 적용되는 영역이며, 재분배정책은 강제력이 행위의 환경에 직접적으로 적용되는 영역이다. 한편 1972년 추가된 구성정책(constituent policy)은 강제력이 행위의 환경에 간접적으로 적용되는 영역이다.

2) 범주별 정책영역의 특징

Lowi의 패러다임([그림 3-1])의 가장자리에는 강제력의 행사방법과 강제력의 적용방법의 차이에 따른 정치 유형의 차이가 예시되어 있다. 각 정책영역에서의 정치의 특징은 수직적 구분과 수평적 구분을 종합하면 확인할

수 있다.

(1) 배분정책

배분정책(distributive policy)은 정부가 적극적으로 국민이 필요로 하는 재화나 공공서비스를 제공하는 것을 내용으로 하는 정책이다. Lowi는 미국의 19세기 토지배분정책과 보조금 지급을 사례로 든다. 오늘날에는 국공립 학교를 통한 교육서비스 제공, 농어촌 주민에 대한 농사정보 제공, 연구 개발비 지원, 기업에 대한 수출보조금, 융자금 지원, 도로, 철도, 항만시설 등 사회간접자원 확충 등이 포함된다. 배분정책의 특징은 정책의 내용이 세부 단위로 쉽게 구분되고 각 단위는 다른 단위와는 별개로 처리될 수도 있다는 점이다.

배분정책의 영역에서 작용하는 정치의 특징은 강제력이 개별적 행위에 적용되기 때문에 나타나는 특징([그림 3-1]의 (1))과 강제력이 직접 적용되지 않기 때문에 나타나는 특징([그림 3-1]의 (3))이 결합되어 나타난다. 즉, 강제력이 개인의 개별적 행위에 적용되는 배분정책에 관한 정치에서는 분산적이고, 구성요소 또는 지방적 수준의 정책결정이 이루어지며, 이데올로기가 아닌 이해관계가 작용하고, 수혜자 개인의 정체성(identity)이 드러나게 된다. 배분정책의 결정 및 집행과정의 참여자들 사이에는 정면대결보다는 갈라먹기식 결정, 즉 결탁(log-rolling)이 이루어진다. 예를 들면, 도로건설 또는 포장을 둘러싸고 국회의원들 사이에 다툼이 벌어지는 경우에 타협에 의한 갈라먹기식 결정이 이루어질 수 있다. Lowi는 분배정책의 결정 및 집행과정에서 다툼을 벌이더라도 승자(수혜자)와 패자가 정면대결을 벌일 필요가 없다는 점을 강조한다.

(2) 규제정책

규제정책은 바람직한 경제사회질서의 구현을 위하여 개인이나 기업의 행위를 제한하는 것이 필요하다고 인정될 때 정부가 개입하는 것을 내용으로 하는 정책이다(최병선, 1992: 18-24).

Lowi는 규제정책(regulatory policy)의 사례로 기준이하 상품 규제, 불공정경쟁 규제, 사기광고 규제 등을 든다. 규제정책도 배분정책과 마찬가지로 구체적이며 그 영향이 개별적이다. 그러나 배분정책과 다른 점은 이를 세부

단위로 구분할 수 없다는 점이다. 여기에는 개인이나 기업 등 일부집단에게 비용을 부담시키거나 권리를 제한하여 반사적으로 많은 사람들을 보호하는 정책, 소비자보호를 목적으로 독과점적 횡포를 규제하는 정책, 생산자를 보호하기 위하여 과당경쟁을 규제하는 정책, 환경을 보전하기 위하여 공해배출업소를 규제하는 정책 등이 포함된다.

규제정책에서는 배분정책과는 달리 개인이나 집단의 행위를 통제하기 위하여 정부의 강제력이 직접 동원되는데, 강제력의 직접 동원이 바로 규제정책의 특징의 하나이다. 규제정책은 배분정책과는 달리 피규제자(피해자)와 수혜자가 명백하게 구분된다. 피규제자와 수혜자간의 이해관계가 정면으로 배치되기 때문에, 이들 집단 사이의 갈등 수준은 상당히 높은 편이다. 배분정책과는 달리 규제정책은 정책결정 및 집행자들이 결탁하여 갈라먹기식 결정은 할 수 없으며, 이해관계집단들의 협상을 통하여 정책이 결정된다.

(3) 재분배정책

재분배정책(redistributive policy)은 고소득층으로부터 저소득층으로 소득이전을 목적으로 하는 정책이다. 누진세를 적용하여 고소득층으로부터 보다 많은 조세를 징수하고 저소득층에게는 사회보장지출을 확대하여 소득재분배를 추구하는 정책이 대표적인 예에 해당된다. Lowi는 재분배정책의 사례로 누진소득세, 사회보장제도, 연방은행의 신용통제를 든다.

재분배정책 영역에서 나타나는 정치의 동태는 배분정책 및 규제정책과는 크게 다르다. 강제력이 행위의 환경에 적용되기 때문에 나타나는 특징([그림 3-1]의 (2))과 강제력이 직접 적용되기 때문에 나타나는 특징([그림 3-1]의 (4))이 결합되어 나타난다. 즉, 강제력이 행위의 환경에 적용되는 재분배정책에 관한 정치에서는 집권화되고, 체계수준에서 정책결정이 이루어지며, 정책문제가 다른 나라에서도 논의되므로 다른 국가의 정책과 영향을 주고 받는 세계적인 문제가 되며, 이해관계보다는 이데올로기가 작용한다. 수혜자 개인의 정체성(identity)보다는 집단관계에서 개인의 지위(status)가 중요시된다. 한편 규제정책과 마찬가지로 집단 사이의 갈등이 나타나므로 갈라먹기보다는 협상에 의하여 정책결정이 이루어진다.

재분배정책은 이해관계의 대립이 유산자와 무산자, 권력가와 소시민, 자본가와 노동자라는 대립관계에 있는 계급 사이에 나타나므로 계급대립적 성격을 가진 것이 가장 큰 특징이다. 재분배정책은 분배정책이나 규제정책에서와는 달리 재산권의 행사에 관련된 문제가 아니라 재산권의 소유, 평등한 대우가 아니라 평등한 소유를 문제로 삼고 있다는 데 특징이 있으며 정치적 갈등의 수준이 가장 높다.

(4) 구성정책

구성정책(constituent policy)은 헌정수행에 필요한 운영규칙(rule of game)에 관련된 정책으로 주로 정부기구의 조정과 관련된 정책이다. 구성정책의 범주는 Lowi가 1972년에 발표한 논문에서 추가된 것으로 선거구의 조정, 정부의 새로운 조직이나 기구의 설립, 공직자의 보수 등에 관한 정책이 포함된다. 대체로 미국과 같이 안정된 나라에서는 헌정의 기본틀이 확립되어 있기 때문에 헌정질서에 급격한 변동을 가져오는 새로운 정책은 거의 없는 편이다. 따라서 서구학자들은 구성정책을 크게 중요시하지 않았다. 그러나, 이러한 유형의 정책은 최근 신제도론자들의 주요 관심분야인 '제도'와 관련되는 것으로 상당한 관심이 기울여지게 될 것으로 생각된다.

표 3-1 Lowi의 정책영역과 정치적 관계 요약

정책영역	주요 정치 단위	단위간 관계	권력구조	구조의 안정성	주 요 결정정소	집 행
배분 정책	개인 기업 회사	결탁(log-rolling), 상호불간섭, 공통점이 없는 이해관계	지지집단을 가진 비갈등관계의 엘리트	안정적	의회의 위원회 또는 행정기관	기본적 기능단위로 집권화된 기관 (관청)
규제 정책	집단	이해를 공유하는 집단의 '연합', 협상	다원적, 다중추적 균형	불안정	고전적 의미의 의회	위임에 의하여 중앙으로부터 분권화된 기관, 혼합적 통제
재분배 정책	연합	정상연합, 계급, 이데올로기	갈등관계의 엘리트, 즉 엘리트와 대항엘리트	안정적	대통령과 정상연합	정상으로 향하는 집권화된 기관 (관청이상), 상세한 기준

출처: Lowi. 1964. American Business, Public Policy, Case-Studies, and Political Theory. *World Politics,* 16. p. 691. 그러나 당시 구성정책에 관한 것은 포함되지 않았다.

3) Lowi 분류의 수정보완론

1964년 Lowi의 분류가 발표된 이후 많은 학자들의 찬사와 비난을 동시에 받았다.[3] Lowi의 분류에 문제점과 개선의 여지가 있다고 생각한 학자들은 Lowi 분류의 수정을 시도하거나 새로운 분류를 제시하였다.

(1) 자본정책과 윤리정책

Frohock(1979: 12-15)은 Lowi의 배분정책, 규제정책, 재분배정책의 3분법을 토대로 자본정책(capitalization policy)과 윤리정책(ethical policy)을 추가한 5분법을 제시하였다.

자본정책은 배분정책이면서도 사회제도의 생산능력을 향상시키는 것을 목적으로 하는 자원의 배분을 의미하는 것으로 복지 프로그램의 소비적인 배분과 대조된다. 생산능력 향상을 위한 중앙정부의 경제 제도에 대한 지원에는 (1) 농민에게 현금을 보조하여 농업을 개선하는 방안, (2) 산업분야를 선별하여 연구개발과 생산을 촉진시키기 위한 조세감면, 그리고 (3) 지방자치단체에 대한 저리융자, 공공사업에 대한 재정지원 등이 포함된다. Frohock은 대규모의 배분정책 영역에서 소비자에게 재화와 서비스를 제공하는 프로그램과 생산목적을 극대화하기 위한 프로그램을 구분할 필요가 있다고 보는데, 이 중 자본정책은 후자를 지칭한다.

한편 윤리정책은 규제정책의 영역에 포함되면서 도덕적인 이슈를 다루고 있는 정책을 말한다. 예를 들면, 1973년 미 연방대법원은 임신 3개월 이내에는 청구에 의한 낙태는 합법적이라는 결정을 내렸다. 이 결정은 행위를 규제하는 것이 목적이지만 도덕적인 문제를 다루고 있다([Box 3-1] 참조). 1977년 미 상원이 통과시킨 윤리강령은 윤리 문제 자체를 직접 다루고 있다.

---

3) 예를 들면, Jenkins(1978: 102)는 그 분류는 '잘 해야 정신분열적(at best schizophrenic)'이라고 혹평하였다.

Box 3-1: 새로운 정책유형으로서 도덕정책

Lowi의 정책유형론에서 다루는 대부분의 정책이슈는 사회적 · 경제적 활동의 분배나 규제에 초점을 맞추고 있으며, 관련행위자들이 직 · 간접적으로 경제적 혜택을 얻거나 피해를 입을 수 있다. 그런데 1990년대 중반 이후 미국에서는 인간의 기본적인 도덕적 가치와 관련된 새로운 정책이슈가 관심을 끌기 시작했다. 낙태, 동성애 권리, 총기사용 통제, 존엄사, 사형제도, 외설물 등이 대표적인 도덕정책 이슈들이다.

이러한 이슈들을 체계적으로 연구하고 설명하기 위해 기존 Lowi의 정책유형과는 구별되는 새로운 정책유형을 필요로 했으며, 그러한 정책유형을 '도덕정책'(morality policy)이라 부른다. 도덕정책은 경제적 이익이 아니라 인간의 기본적인 도덕적 가치 또는 권리에 의해 구조화되는 정책이다. 우리나라에서는 도덕적 이슈에 관한 의견을 외부로 표출하는 것을 꺼려하는 문화적 전통 때문에 도덕정책이 활발하게 연구되지 못하였다. 최근 우리나라에서도 낙태, 존엄사, 동성애, 사형제도 등과 같은 도덕적 이슈들에 대한 대중의 관심이 점차 높아지고 있으므로, 이러한 이슈들이 도덕정책의 차원에서 체계적으로 연구되어야 할 것이다.

출처: 노종호. 2014. 새로운 정책유형으로서 도덕정책에 대한 이론적 고찰과 한국에서의 적용가능성 탐구: 낙태정책을 중심으로.

(2) 순수영역과 혼합영역

Spitzer(1987b: 675-689)는 Lowi가 제시한 네 가지 정책영역, 즉 배분, 규제, 재분배, 구성정책의 구분을 받아들이면서 각 영역을 순수 영역과 혼합 영역으로 구분하여 모두 8개 범주로 구분하자고 제안한다.

순수영역은 각 유형별 정책의 특징을 잘 나타내고 있는 영역이며, 혼합영역은 주어진 영역에 해당되면서 그 특징이 분명하게 나타나지 않는 영역을 말한다. 예를 들면, 재분배정책의 영역에서 순수한 정책은 계급간에 소득이전이 직접적으로 이루어지는 정책을 말하며, 혼합적 정책은 1965년과 1968년의 주택 및 도시재개발 정책과 같이 재분배정책과 재개발정책 등 다른 유형의 정책이 혼합된 정책영역을 말한다.

(3) 경제적 규제정책과 사회적 규제정책

Spitzer(1987a)는 Tatalovich & Daynes(1981; 1987) 등의 학자들과 더불어

규제정책을 경제적 규제정책과 사회적 규제정책으로 구분할 것을 제안한다.

이들은 낙태정책이나 총기규제와 같은 정책들은 규제정책의 영역에 포함되면서도 기존 규제정책 논의의 주류를 이루는 경제규제와는 성격이 다르다는 점을 지적한다. 따라서 이들은 경제적 규제(소위 '구' 규제)와 사회적 규제(소위 '신' 규제)를 구분한다. 일반적으로 경제적 규제정책은 가격이나 시장참여의 제한 등을 통해 대상집단을 규제하고, 대상집단의 범위가 국지적인 반면에 사회적 규제정책은 법률을 통하여 사회적 가치, 제도적 관행, 대인간 행태를 새로운 양식으로 변경하거나 대체하고자 하는 정책이며, 영향력의 범위가 매우 광범위하다.

Sparrow(2000: 7-8)는 사회적 규제는 보건, 위생, 복지, 작업조건, 그리고 환경과 같은 이슈를 다루는 반면, 경제적 규제는 시장이 건강하게 작동하는 것에 관심을 가지는 것으로 본다. 사회적 규제를 담당하는 기관은 특수한 위험(risks)이나 위협(threats)을 다루면서 그 업무범위에 모든 산업분야를 포함하는 경향이 있다. 반면에 경제적 규제를 담당하는 기관은 특정한 산업(예를 들면, 전기·수도·가스·전화 등 공익산업, 금융서비스, 교통 또는 통신)분야를 규제하며 적정한 경쟁, 능률적인 시장, 공정거래질서, 소비자 보호를 추구한다.

(4) 경쟁적 규제정책과 보호적 규제정책

Ripley & Franklin(1987)은 정책의 범주를 국내정책과 대외 및 국방정책의 두 가지로 구분한 다음, 국내정책을 다시 배분정책, 경쟁적 규제정책, 보호적 규제정책, 그리고 재분배정책으로 구분하였다. 대외 및 국방정책은 구조정책, 전략정책, 그리고 위기정책으로 구분된다.

여기에서는 규제정책을 경쟁적 규제정책과 보호적 규제정책의 두 종류로 구분한 것이 특이하다. 보호적 규제정책은 앞서 말한 규제정책의 일반적인 정의에 가까운 것으로 "소비자와 사회적 약자, 그리고 일반대중을 보호하기 위하여 개인이나 집단의 권리 행사나 행동의 자유를 제한하는 정책"이다. 경쟁적 규제정책은 "많은 수의 경쟁자들 중에서 몇몇 개인이나 집단에게 일정한 재화나 서비스를 공급할 수 있도록 제한하려는 정책이나 사업"이다. 승리한 경쟁자에게 공급권을 부여하는 대신 공공이익을 위해 서비스 제공의 일정한 측면을 규제하게 된다. 예를 들면, 여러 경쟁자 가운데에서 몇몇 기업에게 TV방영권을 부여하면서 방송윤리규정을 준수하게 하거나 KAL이나 ASIANA 등 항공회사에게 항공노선취항권을 부여하면서 서비스에 대한 여러 가지 규정을 지키도록 하는 것이다. 이 정책은 배분정책적 성격과 규제정책적 성격을 동시에 지니고 있는 잡종(hybrid)이지만, 그 목표가 대중의 보호에 있고 수단에 규제적인 요소가 많기 때문에 규제정책으로 보는 것이 일반적이다.

Lowi의 분류와 그 수정보완론들이 유일한 분류는 아니지만, 이들이 가장 영향력이 있는 것만은 사실이다(McCool, 1995: 244-245). 정책유형에 따라 독특한 정치적 관계의 유형이 있을 것이라는 가정하에서, 강제력의 행사방법과 강제력의 적용영역이라는 두 가지 기준을 적용하여, 배분, 규제, 재분배, 구성 정책의 네 가지 정책영역을 구분한 Lowi의 시도는 간명하면서도 정책영역에 따른 정치적 관계의 특성을 잘 부각시켰다는 점에서 높이 평가된다. Lowi의 분류에 대한 여러 가지 수정보완론은 대체적으로 애매모호한 영역을 해소하기 위해서 새로운 유형을 추가하거나 특정 유형을 분할하는 방법을 취한다. 이를 통하여 정확성은 증가되지만, 유형평가의 또 다른 기준인 간명성이 약화된다.

4. Wilson의 정책유형 분류

Wilson(1995)은 정책의 비용과 혜택이 소수 집단에게 집중되는지 아니면 다수의 국민에게 분산되는지에 따라 정책유형에 따른 정치적 상호작용의 형태가 어떻게 달라지는지 분석하였다. 〈표 3-2〉에 Wilson의 정책 유형 분류가 제시되었다.

첫째, 비용과 편익 모두 소수의 집단에 귀속되는 정책은 이익집단 정치(interest group politics)의 상황이 형성된다. 비용을 부담해야 하는 집단은 그 정책에 강력하게 반대하는 반면, 혜택을 보는 집단은 정책을 채택하라는 압력을 강력하게 행사할 것이다. 이러한 상황에서는 정책결정 과정에서 이익집단간의 첨예한 갈등이 나타날 것이다. Wilson은 직업안전 분야에서 노동계와 경제계의 투쟁을 예로 든다.

표 3-2 Wilson의 비용-편익 배분에 따른 정책유형

		편 익	
		소수에 집중	다수에 분산
비용	소수에 집중	**이익집단정치:** 편익을 얻는 집단과 비용을 부담하는 집단사이의 갈등. 제로-섬 게임으로 간주됨	**기업가적 정치:** 공익을 추구하는 집단과 지도자들이 공익을 위하여 정책결정자를 설득하지만 비용을 부담하는 집단의 강한 반대에 부딪힘.
	다수에 분산	**고객지향정치:** 정책결정자와 편익을 얻는 집단 사이에 긴밀한 '고객' 관계 형성	**다수결의 정치:** 비교적 느슨한 집단 또는 그들을 위해 일하는 지도자가 실질적 또는 상징적인 정책을 추진함. 때때로 약한, 모호한 정책을 채택하게 함.

출처: Wilson. 1995. *Political Organizations*. Princeton University Press.

둘째, 비용은 소수의 집단에 집중되지만 그 혜택은 일반 대중에게 널리 돌아가는 정책은 기업가 정치(entrepreneurial politics)의 특징이 나타난다. 비용을 부담하는 집단의 강한 반대를 극복하고 공익을 추구하는 집단과 지도자들이 정책결정자를 설득하여야 한다. 식품과 약품규제, 환경규제, 자동차 안전규제 등의 분야에서 이러한 유형의 정책이 나타난다. 이 경우 새로운 비용부담에 반대하는 조직화된 집단이 조직화하기 어려운 다수의 잠재적 수혜자를 쉽게 물리치는 경향이 있다(Stone, 1997: 222-223). 예를 들면, 식품제조업자들은 방부제 사용을 금지하는 새로운 규제의 도입으로 비용부담이 커질 경우 그 정책에 강력하게 반대할 것이다. 반면에 식품 소비자들은 건강한 식품 때문에 이익을 본다고 생각하겠지만 그같이 사소한 일생생활의 일 때문에 조직을 만들어 적극적으로 대응하려 하지는 않을 것이다.

셋째, 비용은 다수에 분산되고 혜택은 소수에 집중되는 정책은 고객지향적 정치(clientele-oriented politics)의 특징이 나타난다. 이러한 유형의 정책은 창도하기도 쉽고 채택도 가장 용이하다. 혜택을 받게 되는 소수 집단은 정책 채택을 위하여 강력하게 결집하는 반면, 비용을 부담하는 다수의 일반국민은 수동적이며 조직화하여 집단을 형성하기 어렵다. 예를 들면, 민간의료보험에 정신과치료 또는 불임치료 등과 같은 특수한 치료를 의무적으로 받도록 규정하여 의료보험료를 올리려는 정책을 생각해 보자. 보험업자나 관련 의사들은 이러한 정책을 강력하게 찬성하겠지만 비용을 부담해야 하는

다수의 보험가입자들이 전국에 흩어져 있어 조직적으로 반대하기는 어렵다.

마지막으로, 비용과 혜택 모두 다수에게 분산될 경우 다수결 정치(majoritarian politics)가 나타난다. Wilson은 '독점금지법'(Sherman Antitrust Act)의 사례를 들고 있다. 그 법은 기업이 반경쟁적인 '트러스트'(기업합동: 카르텔보다 강력한 기업집중의 형태로서 시장독점을 위하여 각 기업체가 독립성을 상실하고 합동하는 행위)를 새로 결성하는 것을 금지한다. 그런데 어떤 시점에서라도 트러스트를 결성할 준비가 되어 있는 기업은 거의 없다. 그러므로 기업들의 입장에서는 그 정책의 비용을 거의 느끼지 못한다. 또한 경쟁을 촉진할 경우 혜택도 분산되어 많은 사람들에게 그 혜택은 미미할 뿐이다. 이러한 정책에서는 대다수의 국민들이 실질적인 효과를 기대하기보다는 상징적인 차원에서 거대기업집단에 대한 견제를 원한다. 이러한 감정은 큰 반대없이 정책으로 전환되었는데, 그 이유 중 하나는 법률에 사용된 용어가 지나치게 모호하여 그 목적이 무엇인지 분명하게 알기 어려웠기 때문이다(Birkland, 2011: 217).

Wilson의 주장은 단순하다. 비용 또는 편익이 소수에게 집중될 경우 쉽게 조직화되며, 정치적 동원이 이루어지는 반면 분산될 경우 조직화가 어렵다는 것이다. 그런데 개인 또는 집단의 입장에서는 비용 또는 편익을 실제로 계산한 결과가 아니라 이를 어떻게 인식하느냐에 따라, 즉 사회적 구성(social construction)에 따라 행동한다. 즉 어떤 집단이 특정 정책의 비용을 부담하게 될 것으로 믿거나 인식할 경우 그 정책에 반대하게 될 가능성이 높다. 예를 들면, 방과후 서비스를 제공하여 청소년 범죄를 줄이려고 하는 정책에 대하여 효과가 분명하지 않은 정책에 높은 비용을 부담하게 될 것을 우려하여 많은 시민들이 반대할 수 있다. 이러한 사례는 정책을 실제 혜택과 연계시키기 어렵다는 점뿐 아니라, 편익과 혜택의 귀속은 회계적인 과제이면서 동시에 귀속자의 판단에 달려 있다는 점을 알려준다.

Ⅲ. 정책수단과 유형

1. 정책수단 개념

정책수단(policy instruments), 정책도구(policy tools), 또는 통치도구(governing instruments)란 정부 또는 정책결정자가 정책목적 달성을 위하여 활용할 수 있는 도구를 말한다. 즉 정부부처에서 정책을 집행할 때 실제 활용할 수 있는 수단 또는 장치(devices)이다(Howlett & Ramesh, 2003). Schneider & Ingram(1997)은 정책도구를 공공문제를 해결하기 위하여 정책대상집단의 행동을 변화시키고자 하는 의도를 가진 정책설계의 요소들로 본다.

정책수단에 관한 연구의 초기에는 각 도구들을 기술하는 데 그쳤지만 최근에는 다양한 정책수단의 목록을 작성하고, 각각의 장단점을 파악하면서 정책도구의 범주화를 위한 분류체계를 개발하고, 정부가 왜 특정 정책도구를 활용하는지 이해하려고 시도하고 있다.

2. 정책수단 유형 분류의 사례

정책결정자가 사용할 수 있는 정책도구는 매우 다양하다. 학자들은 이들 도구들을 확인하고, 이들을 의미있는 범주로 구분하고자 시도해 왔다. 가장 단순한 분류방법은 정책수단을 규제(regulation), 유인(incentives), 설득(persuasion)의 세 가지로 분류하는 방식이다. 대체로 이러한 수단을 정부가 직접 채택하여 집행하는 것으로 여겨져 왔다.

그런데 새로운 거버넌스의 대두에 따라 정부와 시장, 그리고 비영리기관과의 협력이 중시되면서, 정부가 직접 개입하는 경우는 물론 간접적으로 개입하는 경우가 늘어나고 있다. 정책수단의 혁신으로 새로운 정책수단이 끊임없이 등장하고 몇 가지 수단들이 결합된 수단조합(instrument mix)도 등장하고 있다(전영한・이경희, 2010). 그러므로 정부가 정책목적을 달성하기 위하여 어떠한 정책수단을 선택하는 것이 바람직한지 더욱 신중하게 고려하여야 한다. 여기에서는 전통적인 3분법을 살펴보고, 더욱 광범위한 정책수단을 포함시킨 Hood와 Salamon 등 대표적인 학자들의 정책수단 분류를 소개한 다음 이들을 종합하겠다.

1) 전통적 3분법

조직이 사용하는 권력을 강제적 권력, 보상적 권력, 규범적 권력으로 구분할 수 있다. 이러한 3분법에 근거하여 정책수단을 규제, 인센티브, 설득이라는 세 가지로 분류할 수 있다(정정길 외, 2010). Vedung(1998)은 규제도구, 경제적 도구, 정보도구를 각각 차별적 특성을 가진 독립된 도구범주로 구분하며, 각 범주의 특징을 상징적으로 표현하여 채찍(stick), 당근(carrot), 설교(sermon)라고 부른다. 정부는 정책목적을 달성하기 위하여 강제력을 행사할 수 있으며, 경제적 인센티브를 제공하거나, 또는 도덕적 설득을 시도할 수 있다. 강제력의 행사는 정부가 원하는 행동을 국민이 준수하도록 하기 위하여 법적인 의무를 부여하는 것이다. 경제적 인센티브 제공이란 정부가 국민들에게 재화와 서비스를 제공하거나 제공하지 않음으로써 특정 행동을 유도하는 것을 말한다. 설득은 강제력이나 경제적 인센티브를 개입시키지 않고 정보 및 지식의 전달을 통하여 국민의 행동변화를 추구한다. 예를 들면, 대기오염이 심각하여 이를 완화시키겠다는 목표를 설정할 경우, 그 수단으로 공해물질 배출을 강력하게 규제하거나, 배출업소나 시설에 보조금을 주어 억제장치를 부착시키거나, 또는 대대적인 캠페인을 통하여 공해배출을 억제하고자 노력할 수 있다. Vedung은 현재 정부가 사용하고 있는 모든 정책도구가 이러한 세 유형으로 수렴된다고 주장한다.

이러한 3분법은 몇 가지 문제점이 있다. 첫째, 이러한 3분법은 지나치게 추상적이라서 구체적인 수단을 파악할 수 없다. 둘째, 이들은 공공부문뿐 아니라 민간부문에도 적용될 수 있는 성격의 수단들이므로 정부가 사용할 수 있는 고유한 수단이 무엇인지 파악하기 어렵다. 셋째, 무엇보다도 가장 큰 문제점은 '새로운 거버넌스'의 대두에 따른 조직형태나 제도적 배치의 변화를 정책도구로 간주하지 않고 있다는 점이다(전영한, 2007). 최근 각국 정부는 정부의 직접 개입방식에서 탈피하여 준정부조직과 민간조직을 개입시키는 네트워크 방식의 거버넌스로 이행하고 있다. 그러므로 정책목적의 달성에 있어서 비정부조직과 준정부조직의 다양한 역할을 포함시킬 수 있는 정책수단의 유형론이 필요하다.

2) Hood의 통치자원 유형에 따른 분류

Hood는 정책도구를 정부와 외부세계가 접촉하는 지점에서 정부가 사회통제를 위하여 사용할 수 있는 수단으로 본다. 목수 또는 정원사가 가구를 만들고 정원을 관리하기 위한 도구세트를 가지고 있듯이 정부가 사용할 수 있는 정책도구의 세트를 생각할 수 있다(Hood & Margetts, 2007: 3). 정책도구는 탐지 또는 사회모니터링을 위한 도구와 실행 또는 사회변화를 위한 도구로 구분될 수 있다(Hood, 1986: 124-125; 전영한, 2007: 276; Hood & Margetts, 2007: 3). 탐지도구란 정부가 외부세계에 관한 정보를 획득하기 위하여 사용하는 도구를 말하며, 실행도구란 정부가 외부 세계에 영향을 미치기 위하여 사용할 수 있는 도구이다.[4)]

Hood & Margetts(2007)은 정부가 사용할 수 있는 통치자원을 네 가지 범주로 분류할 수 있다고 본다. 즉, 정부가 사회에 관한 정보를 획득하고, 국민의 행태 변화를 유도하기 위하여 사용할 수 있는 기본적 자원을 정부의 중심적 위치(nodality) 또는 정보(information), 권위(authority), 자금(treasure), 공식조직(formal organization)으로 분류하였다.[5)] 정부는 이러한 자원을 조합하여 활용함으로써 사회상황에 관한 정보를 수집하고 정책 대상집단의 행태를 변화시키고 조정할 수 있다는 것이다. 예를 들면, 이용가능한 정보와 자금을 제공하거나 회수하는 방법, 다른 행위자들로 하여금 정부가 원하는 활동을 하도록 강제력을 행사하는 방법, 또는 자체 인력과 전문기술을 가지고 정부가 원하는 것은 스스로 떠맡는 방법 등이다.

3) Salamon의 분류

Salamon(1981, 2002)은 일련의 연구를 통하여 정책수단 연구의 중요성

---

4) 탐지도구(detector)와 실행도구(effector)는 사이버네틱스 이론에서 나온 용어이며, 하나의 통제시스템이 외부세계와 접촉하는 지점에서 가져야 하는 필수적인 역량이다(Hood & Margetts, 2007: 4).

5) Nodality, Authority, Treasure, Organization의 영문 머리글자를 따서 NATO라고 부르기도 한다.

표 3-3 Salamon의 정책수단별 산출/활동, 전달수단, 전달체계 요약

	정책수단	정의	산출/활동	전달수단	전달체계
직접수단	정부소비	정부가 직접 지출하는 인건비와 물품구매를 위한 소비	재화, 서비스	직접제공	공공기관
	경제적 규제	가격, 산출량 또는 기업의 시장 진입과 퇴출 통제	가격	진입, 가격규제	규제기관
	직접대출	정부가 개인 또는 기관에 직접 대출하는 형식의 자금지원	현금	대출	공공기관
	정보제공	정부가 보유한 정보를 제공하여 개인의 행태변화를 유도	서비스	직접 제공	정부, 공공기관
	공기업	정부 소유 또는 통제하에 운영되는 준독립적 기업	재화, 서비스	직접제공, 대출	준공공기관
간접수단	사회적 규제	안전, 건강, 복지 및 환경보전 등을 위하여 개인, 기업의 행위 규제	금지	규칙	공공기관, 피규제자
	계약	민간계약자와 위탁계약을 통한 재화와 서비스 공급	재화, 서비스	계약, 현금지급	기업, 비영리기관
	보조금	조직과 개인의 행태변화를 유도하기 위하여 정부가 제공하는 자금	재화, 서비스	보조금 제공, 현금지급	지방정부, 비영리기관
	대출보증	민간은행의 개인과 기업에 대한 자금 대출을 정부가 보증	현금	대출	민간은행
	공적보험	상해·질병·노령·실업·사망 등 위험으로부터 국민 보호위한 강제보험	보호	사회보험	공공기관
	조세지출	특정 활동 또는 특정 집단에 조세체계에서 세제상 혜택 제공	현금, 유인기제	조세	조세기관
	사용료 과징금	정부기관이 제공하는 서비스 이용료 및 법령위반에 대한 금전적 제제	재정적 제재	조세	조세기관
	불법행위 책임법	물품 제조 또는 가공의 결함으로 입은 피해를 보상하는 규제	사회적 보호	손해배상법	사법제도
	바우처	특정 종류의 재화나 서비스를 구매할 수 있는 구매증서 제공	재화, 서비스	소비자 보조	공공기관, 소비자

출처: Salamon. 2002. *The Tools of Government*. p. 39, 표 1-11 및 p. 21, 표 1-5를 토대로 재구성함.

을 강조하였다.[6] Salamon(2002: 19-20)은 정책수단을 "공공문제를 해결하기 위하여 정부행동이 구조화되는 식별가능한 방법"이라고 정의한다. 이 정의에서 몇 가지 중요한 특징은 다음과 같다. 첫째, 정책수단은 이를 식별할 수 있는 공통적인 특징(common feature)을 가지고 있다. 이러한 공통적인 특징에는 산물/활동, 전달수단, 전달체제 등이 있는데, 정책수단의 유형에 따라 그 내용이 달라질 수 있다. 둘째, 정책수단은 정부의 행위를 구조화한다. 정책수단은 신제도론에서 의미하는 '제도'의 하나로 프로그램에 관여하는 사람, 그들의 역할 및 그들 간의 관계를 규정한다. 그러므로 정책수단은 정책집행단계의 중요한 고려사항들을 구체화한다. 셋째, 정책수단에 의해 구조화되는 행동은 공공 문제에 대응하는 것을 목적으로 하는 집합적 행동을 의미한다.

Salamon은 뉴 거버넌스의 대두에 따라 증가하고 있는 간접적 정부개입까지 포착하기 위하여 정책수단을 직접적 수단(direct tools)과 간접적 수단(indirect tools)으로 구분하였다(Salamon, 2002: 39; 김준기, 2007 참조).[7]

Salamon은 하나의 정책도구는 '패키지'로, 산출 또는 활동, 전달 수단, 전달체계 등의 구성요소가 포함된 것으로 보았는데, 각 도구별로 그러한 구성요소의 특성들을 요약하면 〈표 3-3〉과 같다.

3. 정책수단의 종합적 분류

여기에서는 Hood(1986), Hood & Margetts(2007) 및 Howlett & Ramesh (2003) 등의 통치자원 분류방식을 적용하여 정책수단을 조직에 기반을 수

---

6) 일찍이 Salamon(1981: 265)은 정부행동의 도구에 대한 분석에서 다루어야 할 주요 연구문제로 "도구의 선택이 정부 프로그램의 효과성과 운영에 어떠한 영향을 미치는지?" "어떠한 요인이 도구 선택에 영향을 미치는지?"라고 보았다. 이러한 문제제기에 따라 1980년대에는 정책설계(policy design) 논의가 활발하게 이루어진 바 있다(Peters & Nispen, 1998; Salamon, 1989, 2002).

7) 실제로 정책도구는 상당히 복잡하다. 하나의 정책도구는 여러 가지 구성요소를 포함하는 하나의 '패키지'이며, 여기에는 다음과 같은 요소가 포함된다(Salamon, 2002: 20-21). 첫째, 재화 또는 활동의 유형(예: 현금 또는 현물급여, 규제 또는 금지, 정보제공); 둘째, 이러한 재화 또는 활동의 전달 수단(예: 대부금, 보조금, 바우처, 서비스 직접제공, 조세제도); 셋째, 전달체계 즉 재화, 서비스, 활동을 제공하는데 관여하는 일련의 조직들(예: 정부기관, 비영리기구, 지방정부, 영리회사); 넷째, 전달체계를 구성하는 실체들 사이의 관계를 규정하는 일단의 공식, 비공식 규칙 등이다.

단, 권위에 기반을 둔 수단, 자금에 기반을 둔 수단, 그리고 정보에 기반을 둔 수단으로 분류한 다음, Salamon(2002), Howlett & Ramesh(2003), 노화준(2012) 등의 분류를 토대로 구체적인 정책도구를 분류하겠다.

1) 조직에 기반을 둔 정책수단

조직에 기반을 둔 정책수단은 정부가 국민이 필요로 하는 재화와 서비스를 제공하는 조직의 유형, 즉 서비스 전달체계에 관한 것이다. Salamon은 '새로운 거버넌스'의 핵심을 정책수행에 새로운 유형의 조직을 활용하게 된 것으로 본다(Salamon, 2002; Salamon & Lund, 1989). 즉 전통적으로 정부기관이 수행해 온 일들을 정부기관뿐 아니라, 공기업 또는 공사, 민간부분 계약자, 공-사 파트너십(public-private partnership, PPP)을 형성하여 수행할 수 있다는 것이다.

Howlett & Ramesh(2003)는 정부가 필요로 하는 재화와 서비스를 제공하기 위하여 정부기관, 공기업, 가족, 지역사회조직 및 자원조직 등 비정부기구(NGOs), 시장조직 등 다양한 유형의 조직을 활용할 수 있다고 본다. 한편 정부조직개편을 통하여 재화와 서비스 전달조직을 통폐합하거나 그 유형을 바꿀 수 있다.

(1) 정부기관

가장 기본적이고 광범위하게 활용되는 방식이다. 정부조직에 공무원들을 채용하여 정부재원으로 재화와 서비스를 직접 제공하는 것이다(Leman, 1989: 54, Leman, 2002; Howlett & Ramesh, 2003: 91-92). 국방, 외교, 경찰, 소방, 사회보장, 교육, 국유재산관리, 공원 및 도로 관리, 인구센서스와 지질조사 등과 같은 활동들이 대체로 이러한 방법을 통하여 이루어진다. 1960년대까지는 복지국가화가 진전되면서 세계 각국에서 새로운 행정수요가 발생하면 행정조직을 창설하여 필요한 재화와 서비스를 직접 제공하는 방식을 채택하였다.

직접 제공방식의 장점으로 Leman(1989: 60)은 비정부행위자의 활동을 끊임없이 모니터링하고 감독해야 하는 다른 방법보다 정보수집요구가 적고, 많은 유형의 거래(transactions)를 내부화시킬 수 있으므로 정책집행에 필요한 비용을 최소화시킬 수 있다고 보았다. 한편 그 단점은 정부실패가 나타날 수 있다는 것이다. 즉 관료제에 의한 프로그램 집행은 신축성이 적으며 따라서 비능률적이 될 수 있다는 것으로 전통적 거버넌스의 실패, 즉 정부실패에서 살펴 본 내용이다.

(2) 공기업

공기업(government corporations) 또는 정부소유기업(state-owned enterprises, SOEs)은 정부가 출자하여 운영 및 경영상의 책임을 지는 기업을 말하며 이들 기관을 통하여 공공서비스를 제공할 수 있다. 민간기업과 비교하여 공기업이 재화와 서비스를 제공할 경우 장점으로는 사회적으로 필요한 재화와 서비스를 전국 곳곳에 능률적으로 전달할 수 있다는 것이다. 예를 들면, 공기업에서 도서벽지까지도 전기, 고속인터넷, 우편서비스를 제공할 수 있다. 그 단점으로는 통제 또는 규제가 쉽지 않다는 점과 이윤이라는 도구가 없을 경우 비능률적일 수 있다는 점이다.

(3) 가족, 지역사회, 자원조직

필요한 재화와 서비스를 정부가 개입하지 않고 가족, 지역사회 자선단체, 비정부기구(NGO)가 제공하게 하는 방법이다. 미국의 경우 이러한 자선단체와 비영리조직이 제공하는 서비스의 양이 정부가 제공하는 것보다 더욱 많다고 한다.

(4) 시장조직 활용

정부가 해야 할 일을 시장조직을 활용하여 수행하는 방법이다. 이는 신공공관리 방식의 정부혁신에서 애용하는 방법으로 대두되었다. 구체적으로 다음과 같은 몇 가지 활용방법이 있다(Howlett & Ramesh, 2003: 98-102).

첫째, 재산권 경매(property-rights auctions) 제도의 도입이다. 예를 들면, 많은 나라에서 채택하고 있는 공해총량제의 경우 총량의 한도 내에서 공해배출권을 판매한다. 유사한 사례로 싱가포르에서는 시내 자동차 수 상한제를 채택하고 있는데 자동차 소유허가권이 시중에서 거래되고 있다. 자동차소유허가권은 싱가포르 달러로 5만 달러 정도이며 웬만한 자동차 값보다 더 비싸다고 한다.

둘째, 공기업을 민영화하는 것도 시장조직을 활용하는 범주에 해당된다.

셋째, 정부서비스의 민간위탁으로 민간영리회사와 계약을 통하여 서비스를 제공하도록 할 수 있다. 즉 과거 정부기관이 직접 서비스를 공급하던 방식이 아닌 민간 계약자와의 위탁계약을 통해 간접적으로 재화 및 서비스를 공급하는 방식이다(Salamon, 2002). 학교급식 서비스나 쓰레기 수거 등뿐 아니라 교도소 기능까지 민간에 위탁하는 사례가 나타나고 있다. 정성영·배수호·최화인(2015)은 생활폐기물 처리서비스의 민간위탁 방식은 인적 자원과 물적 자원 측면의 효율성을 증가시켰으나 비용절감 효과는 얻지 못한 것으로 나타나, 민간위탁에 관한 공식화된 절차와 제도 강화, 수탁기관의 통제시스템 구축이 중요하다고 보았다.

(5) 정부조직개편과 조직유형의 변화

정부부처의 조직개편, 부처의 신설, 통폐합 등 정부부처 조직개편뿐 아니라 일부 정부기능의 공기업화(예: 철도청의 철도공사화, 우정사업의 공사화), 공기업의 민영화, 또는 공공기관의 정부기관화(예: 방위사업청에 포함된 국방품질관리소) 등이 여기에 해당된다. 시대변화와 행정수요 변화에 대처하기 위하여 이러한 변화가 필요하며 수시로 이루어질 수 있지만, 정권교체와 같이 정책의 창(policy window)이 열릴 때 대대적인 개편이 이루어질 수 있다. 새로운 정부가 출범할 때 집권자의 입장에서는 정부조직개편으로 정부운영 또는 정책수단선택의 방향에 관한 가장 확실한 신호를 보낼 수 있다. 정부조직개편은 기존정책과정, 그리고 정부와 민간부문 행위자들 사이의 상호작용 유형에 커다란 영향을 미치게 된다.

조직개편으로 새로운 기구를 창설하거나 기존조직을 재배치할 수 있다. 의도적인 정부조직개편과 정부부처의 인사행정 변화는 오늘날 정책결정에서 매우 중요한 방식이 되어가고 있다(Aucoin, 1997). 조직개편으로 부처와 조정기관 사이의 관계, 부처간 관계, 부처내부 부서간의 관계를 변화시킬 수 있다.

정부부처의 조직개편은 기존의 정책과정, 그리고 정부와 민간부문 행위자들의 상호작용에 커다란 영향을 미치게 되므로, 인력 및 재정과 함께 강력한 정책수단의 하나로 활용될 수 있다.

중앙정부의 부처조직을 구성하는 방식은 국가에 따라 다양하다.[8] 우리나라 중앙정부조직은 국가의 기본기능을 담당하는 부처와 산업화 및 민주화의 요구, 남북관계의 특수성 때문에 추가된 부처로 이루어져 있다. 우리나라 중앙행정기관은 원칙적으로 정부조직법에 의해 설치된 부 · 처 · 청만을 의미하지만, 개별 법률에 의하여 중앙행정기관을 설치할 수도 있다. 우리나라의 경우 산업화 시대에 국가발전을 이끌어 가기 위해 정보통신부, 과학기술부, 해양수산부 등을 분화시킨 바 있다. 또한 새로운 이슈를 다루기 위한 부처를 신설할 수 있다. 지난 20여 년 동안 많은 국가에서 인권문제를 전담하는 새로운 부처가 창설되었다(Howe & Johnson, 2000). 우리나라에서도 민주화 이후 여성 권익향상을 위한 여성부와 소외계층의 인권보호와 국정운영의 투명성 제고 목적의 국가인권위 등 장관급 행정위원회가 신설되었다. 이러한 조직들이 전문성을 발휘하여 국가발전과 인권보호에는 크게 기여할 수 있지만 소규모 부처가 지나치게 많아져서 기능중복에 따른 조정문제와 복합 정책수요에 능동적인 대응이 어렵다는 문제가 제기되고 왔다. 그러므로 특수목적 부처들을 통합하여 대단위 다목적조직으로 통폐합할 수 있다.[9]

정부조직개편에는 나름대로 한계가 있다. 첫째, 개편 자체가 비용이 많이 소요되며 시간도 필요하다. 개편에 따른 인력과 사무공간 재배치 등 단기적 비용이 소요될 뿐 아니라 통합이 이루어진 후 성격이 다른 조직에서 일 해온 공무원들 사이에 융화가 필요하고 새로운 부처의 조직문화가 뿌리내리려면 상당기간이 소요되어 그 전환비용이 만만치 않다. 둘째, 부처통폐합으로 정부업무 추진에 있어서 전문성이 크게 약화되리라는 우려도 있다. 특히 우

---

8) 2007년 12월 현재 미국 연방정부 15개 부(Department), 영국 18부(Department, Office, Ministry), 호주 18개 부를 두고 있다. 한편 프랑스 15부(Minisêre), 독일 연방정부 14부(Bundes-Ministerium), 스페인 16부, 이탈리아 18부를 두고 있다. 한편 인력규모와 재정규모가 가장 큰 북유럽국가의 경우에도 핀란드 12부, 노르웨이 18부, 네델란드 18부, 스웨덴 12부, 덴마크 19부를 두고 있어 부처의 숫자는 많지 않다. 아시아 국가의 경우 일본 13府(부) · 省(성) · 委(위), 싱가포르 14부 등으로 부처수가 적은 국가가 있는 반면 중국 22부, 인도 48부 등 부처의 수가 비교적 많은 국가들도 있다.

9) 일본에서는 2001년 하시모토 개혁으로 22개 부처(1부 12성 8청)를 13개 부처로 통합하였다(마부치 마사루, 2007). 일본에서 이러한 대대적인 개혁은 1960년 이후 41년만에 이루어진 것이다. 영국의 경우에도 2001년도에 26부 · 성을 18부 · 성으로 통합시켰다. 2008년 이명박 정부는 대부처(大部處)주의를 채택하고 정부부처의 대대적인 통폐합과 재배치를 추진하였다.

리나라의 경우 공무원 인사에 있어서 짧은 보직기간과 영역을 뛰어넘는 순환보직의 관행 때문에 전문성이 취약하다고 비판받고 있다. 그러므로 부처가 통합될 경우에도 기능별 전문성을 유지하는 제도적 장치가 있어야 한다. 셋째, 정부조직 개편은 자주 시도될 수 없다. 그러므로 특정 시기의 정부가 채택할 수 있는 조직개편의 유형에는 헌법상 또는 관할권의 제약뿐 아니라 실질적인 제약도 뒤따르게 된다.

2) 권위에 기반을 둔 정책수단

권위에 기반을 둔 정책수단은 정부가 명령과 통제권을 행사하는 규제정책에 해당한다. 규제는 규칙, 표준, 허가, 금지, 법률, 행정명령 등과 같은 다양한 형태를 포함한다.

(1) 규제정책의 유형

규제정책은 규제의 유형에 따라 경제적 규제와 사회적 규제로 구분된다.

① 경제적 규제: 전통적 규제로서 시장 실패의 문제를 해결하기 위하여 정부가 시장에 개입하여 가격, 산출량, 시장진입 등을 통제하는 정부행동의 도구이다.

② 사회적 규제: 사회구성원들의 삶의 질을 향상시키고자 환경, 노동, 보건 등의 분야에서 규칙제정을 통해 시장행위자들로부터 발생하는 외부비용에 대한 책임을 규정하여 개인 및 기업의 사회적 행동을 규제하는 행위를 의미한다.

(2) 규제방법

규제방법을 기준으로 본다면 정부의 직접규제 방식, 규제를 위임하거나 또는 자율규제를 활용하는 방식, 민간위원회 또는 준자율적 비정부기구(QUANGOs)를 활용하는 방법으로 구분할 수 있다(Howlett & Ramesh, 2003: 103-108).

① 직접 규제: 정부기관이 직접 규제정책을 집행하는 경우이다. 범죄행위의 규제는 법률에 근거하여 경찰과 사법부에서 그 집행업무를 담당한다. 그러나 대부분의 규제는 위임입법에 따라 행정규정에 근거를 두며 정부부처나 또는 전문화된 준사법적 정부기관(미국에서는 독립규제위원회라고 부름)

에서 담당한다.

② 규제권한 위임과 자율규제: 정부가 직접 규제권한을 행사하지 않고 규제권한을 위임할 수 있다. 예를 들면, 의사협회와 변호사협회에 면허권 관리를 위임하여 자율적으로 규제하도록 하는 방식이 있다. 한편 공학인증, 경영학 인증과 같이 인증기관에 권한을 위임할 수도 있다. 이는 Kooiman의 자율거버넌스에 해당한다. 자율규제의 장점은 정부가 비용을 절감할 수 있다는 것이다. 그러나 자율규제를 선택할 경우 도덕적 해이 때문에 규제가 제대로 이루어지지 않을 수 있다.

③ 민간위원회 또는 준자율적 비정부기구 활용: 정부는 규제권한을 행사하는데 민간위원회, 공사파트너십(public-private partnership, PPP), 준자율적 비정부기구(Quasi Autonomous Nongovernmental Organizations, QUANGOs)를 활용할 수 있다. 민간위원회는 정부가 특정 이슈 영역, 예를 들면, 경제, 과학기술, 환경 등의 분야에서 민간부문의 대표자를 선정하여 해당 분야 규제정책의 결정과 집행과정에서 이들의 의견을 반영하는 방식이다. 우리나라의 경우 민간위원들과 관련부처 장관들이 참여하는 대통령 직속 규제개혁위원회에서 규제의 신설·강화 등에 대한 심사를 담당한다. 이러한 방식은 뉴거버넌스의 정책수단을 규제정책에 적용하는 것으로 정부가 특별한 정책행위자를 선별하여 정책결정에의 접근성을 높이고 규제정책에 그 목소리를 반영할 수 있도록 하는 것이다.

(3) 규제의 장점과 단점

정책수단으로서 규제는 몇 가지 장점을 가진다(Howlett & Ramesh, 2003: 104-105). 첫째, 규제를 설정하는 데 필요한 정보는 다른 정책수단과 비교하여 적은 편이다. 왜냐하면 자발적인 수단과는 달리 정부가 사전에 대상집단의 선호를 파악할 필요가 없기 때문이다. 예를 들면, 오염의 허용수치와 같이 허용되는 기준만 설정한 다음 순응을 기대하면 된다. 둘째, 음란비디오나 필름과 같이 전적으로 바람직하지 않은 활동의 경우에는 보다 양호한 재화와 서비스의 생산과 유통을 장려하는 방법을 고안하는 것보다 그러한 제작물의 소유 자체를 금지하는 규제를 설정하는 것이 쉽다. 셋째, 규제는 예측가능성이 있으므로 정부활동의 조정과 계획수립에 유리하다. 넷째, 예측가능성 때문에 즉각적인 반응이 필요한 위기시에 적합한 수단이다. 다섯째, 규제는 보조금이나 세금면제와 같은 다른 수단보다 비용이 덜 소요된다. 마지막으로 일반국민이나 정책시스템에서 정부 측에 즉각적이고 명확한 조치를 요구할 경우 규제가 정치적으로 매력적인 수단이다.

규제의 단점 또한 상당히 많다(Howlett & Ramesh, 2003: 105). 첫째, 규제는 자발적 활동 또는 민간부문의 활동을 왜곡시키며, 경제적 비능률을 초래할 수 있다. 가격규제와 직접 분배는 수요와 공급력의 작동을 제한하며 자본주의 사회에서 가격 메커니즘에 영향을 미쳐 때때로 시장에 예측하기 어려운 경제적 왜곡을 초래할 수 있다. 예를 들면, 특정 산업부문에 대한 진입과 퇴출을 규제하면 경쟁을 제한하여 가격에 부정적인 영향을 미친다. 둘째, 규제는 때때로 혁신과 기술진보를 제한할 수 있다. 셋째, 규제는 신축성이 적어 개별적인 환경에 대한 고려가 어렵기 때문에 규제에서 의도하지 않는 결정과 결과가 나타날 수 있다. 사회적 규제가 특히 문제가 많다. 많은 경우 규제에서 무엇이 허용되는지 정확하게 규정하는 것은 거의 불가능하다. 예를 들면, '안전하고 효과적인' 의약품과 같은 문구를 사용할 때 불확실성이 너무 많다. 넷째, 관리의 관점에서 본다면 모든 바람직하지 않은 활동에 규제를 설정하는 것이 가능하지 않다. 예를 들면, 오염원은 수백만 가지나 되는데 각각의 오염원 별로 특수기준을 설정하기 어렵다. 마지막으로 규제위원회에 의한 정책집행은 정보, 조사, 소송에 비용이 많이 투입되기 때문에 많은 비용이 소요된다.

3) 자금에 기반을 둔 정책수단

자금에 기반을 둔 정책수단은 정부의 재정자원과 정부의 자금조달 및 지불능력을 활용하는 방법이다. 민간부문의 행위자가 정부의 의도에 따르도록 재정적 인센티브 또는 재정적 제재를 사용한다.

(1) 재정적 인센티브 유형

재정적 인센티브는 바람직한 활동에 보상을 주어 사회의 행위자가 다양한 대안의 비용과 편익을 추정하는 데 영향을 미치고자 하는 것이다. 최종 선택은 개인 또는 회사에게 맡겨지지만 바람직한 선택이 이루어질 가능성은 재정적 보조 때문에 증가한다. 재정적 인센티브를 부여하는 방법에는 보조금, 대출, 지불보증, 조세지출, 바우처, 공적 보험 등이 포함된다.

① 보조금(grant): 특정 조직이나 개인의 행태적인 변화를 유도하기 위해 정부가 제공하는 자금을 의미한다. 포괄적인 의미에서 보조금은 중앙정부가 지방자치단체 및 비영리단체를 포함하여 기업, 가계에 교부하는 자금이다. 우리나라에서는 800여 건에 달하는 법률에서 보조금 지급근거를 마련하여 보조금을 지급하고 있다(권오성 · 박민정, 2009).

② 대출(loan): 정부기관의 자금으로 기업 등에게 직접 대출을 하는 형식의 자금지원을 말한다. 예를 들어, 정부가 2010년 1학기부터 도입한 학자금 대출제도는 학생이 학업에 필요한 학자금을 정부로부터 대출받아 재학기간 동안 원리금 상환 부담이 없이 학업에만 전념하고, 졸업 후 취업 등을 통해 소득이 발생한 시점부터 대출금을 분할하여 상환하는 제도이다.

③ 대출보증(loan guarantee): 기업 등이 시중은행에서 대출을 받을 경우에 정부가 보증인으로서 시중은행의 배상조건에 따라 책임지는 행위를 말한다. 예를 들어, 학생이 정부보증 학자금대출 제도를 이용할 경우 시중은행에 매월 소정의 이자를 갚아야 하고, 졸업 후 상환기간이 도래하면 원리금을 갚아야 한다. 대출과 비교할 때 대출보증의 이자율을 높지만 정부재정부담을 최소화하면서 교육수혜자의 폭을 넓히고, 저소득층의 부담을 완화할 수 있는 정책도구라고 알려져 있다(박정훈 · 정용운, 2010). 산업화시대에는 우리 정부의 지급보증을 받고 민간기업과 공기업이 국내외에서 차관을 도입하여 공장건설과 연구개발투자에 사용하였다(노화준, 2012: 297).

④ 조세지출(tax expenditure): 기존의 사회적 · 경제적 목적을 달성하기 위해 전통적인 조세시스템을 이용하여 특정 활동 또는 특정 집단에게 세제상의 혜택을 제공하는 행위를 의미한다. 조세지출, 즉 조세감면의 대상은 설비투자, 중소기업, 농어촌, 공공법인, 저축 등 매우 다양하다(김상헌, 2013: 106). 김민정 · 문명재 · 장용석(2011)은 정부가 유인수단으로 활용하는 조세지출과 연구개발 보조금이 모두 기업이 기술혁신을 시도하고 궁극적으로 기술혁신을 도입하는 데 긍정적인 영향을 미치지만 조세지출의 효과가 보다 크며 특히 창의성이 높은 기술혁신일수록 조세지출이 더욱 중요하다고 밝혔다.

⑤ 바우처(voucher): 사회보장제도에서 주로 이용되는 도구의 하나로 사

회보장제도의 수혜자가 정책 목적대로 행동하지 않을 것에 대비하여 고안한 제도로 수혜자에게 현금 지급 대신 특정 재화나 서비스를 살 수 있는 구매권을 발행하는 방식이다. 최근에는 바우처 방식이 시민의 선택권 확장, 공급자 사이의 경쟁 촉진, 형평성 제고차원에서 주목을 받고 있다.[10)]

⑥ 공적 보험(public insurance): 누진소득세와 함께 대표적인 재분배정책 수단인 공적 보험은 국민을 상해 · 질병 · 노령 · 실업 · 사망 등의 위협으로부터 보호하기 위해 국가가 법에 의하여 강제성을 띠고 시행하는 사회보험을 말한다.

⑦ 신고포상금: 신고포상금 제도는 특정위법사실에 대하여 신고한 시민에게 대가성 금전을 지급하는 제도이다(임도빈, 2013). 이 제도는 민간인에게 금전적 보상을 통하여 적발행위에 자발적으로 참여하도록 유도하고 피규

Box 3-2: 신고포상금 지급사례

국민건강보험공단이 지난 27일 '2016년도 제1차 부당청구 요양기관 신고 포상심의위원회'를 열고 개설기준위반의료기관, 건강보험급여비용 거짓 · 부당청구 요양기관을 신고한 24명에게 포상금 6억 8419만원을 지급했다고 밝혔다. 이번 신고포상금은 요양급여비용을 부당한 방법으로 지급받은 사무장병원 등을 신고받아 공단이 총 607억 485만원의 부당청구사실을 확인한 데 따른 방침이다. 부당청구유형으로는 사무장병원 18건, 무자격자진료 및 입원환자 식대산정기준 위반 5건, 의료인력 · 간호인력차등수가 위반 3건 등이다.

공단은 2005년 7월부터 '부당청구요양기관 신고 및 포상금지급제도'를 실시해 개설기준을 위반하거나 요양기관이 부당하게 청구한 1014억 8800만원을 환수했다. 이에 따른 포상금지급결정금액은 51억 5300만원에 달한다. 공단 급여관리실 김홍찬 실장은 "건강보험부당청구는 보험재정을 축내는 반사회적 범죄행위로 요양기관관계자의 지인과 공모하거나 의약담합, 의료인력편법운영 등으로 은밀하게 이뤄지고 있다"며 "'포상금지급제도'를 통해 신고인들이 적극적인 신고의식과 참여로 부당청구를 예방하는 데 많은 기여를 하고 있다"고 밝혔다.

출처: 헬스경향. 2016년 4월 28일. 신민우 기자. smw@k-health.com

10) 정광호(2007, 2008)는 한국과 미국을 중심으로 한 바우처 도입 현황과 쟁점을 정리하였다.

제자의 정책순응을 유도한다([Box 3-2] 참조). 우리나라에서는 2003년 교통법규 위반 차량에 대한 신고 포상금 제도에서 시작하여 그 종류가 급격하게 증가하였다. 신고포상금제도의 유형에는 교통법규위반 신고 등 공공질서에 관한 포상금, 공정거래위반 신고 등 행정집행편의를 위한 포상금, 부정부패 신고 등 정치행정체제 발전 관련 포상금 등이 있다(임도빈, 2013). 김나리 · 전미선(2020)은 중앙행정기관이 운영하는 104개 신고포상금제도가 성공적으로 운영되고 있다고 판단하기 어려운 실정이며, 정책성과를 높이려면 지급결정기준 완화, 적극적 홍보, 다양한 유인체계 설계, 신고자 보호제도 확립이 필요하다고 주장한다.

(2) 재정적 제재의 유형

재정적 제재는 개인 또는 다른 행위자가 특정행태에 따를 경우 부담하게 되는 비용을 높임으로써 처벌하는 방법이다. 여기에는 사용료, 교정적 부담금, 조세, 불법행위책임배상 등이 포함된다.

① 사용료: 특정 공공서비스의 이용비용을 민간에게 부담하게 하는 행위이다. 법률적으로는 공공시설 이용에 대한 반대급부가 사용료이며, 인적 서비스 이용비용을 수수료로 구분한다.

② 교정적 부담금: 정부가 금전적 부담을 부과하여 사회적으로 바람직하지 못한 행위를 감소시키기 위하여 사용하는 정책수단이다. 특정 행위를 불법행위로 규정하여 무조건 금지하는 대신 해당 행위를 하려면 행위량에 비례하여 부담금을 내도록 하는 것이다(김태일, 2009). 예를 들어, 환경오염 감축을 위한 배출부과금과 오염총량초과부과금, 교통혼잡 감소를 위한 혼잡 통행료와 교통유발부담금, 기타 정책목적을 달성하기 위한 토지개발부담금, 과밀부담금, 수질개선부담금 등이 있다.

③ 조세: 합법적으로 정부가 개인과 회사에 부과하여 강제적으로 징수하며 전통적으로 사용되어 온 재정적 수단이다.

④ 불법행위책임배상: 제조물책임법과 같은 불법행위책임법(tort liability law)을 근거로 물품을 제조하거나 가공한 자에게 그 물품의 결함으로 인해 발생한 생명 · 신체의 손상 또는 재산상의 손해에 대하여 배상의무를 부과함으로써 소비자를 보호하기 위한 규제 수단이다.

(3) 재정적 수단의 장점과 단점

정책수단으로서 재정적 인센티브는 상당한 장점이 있다(Howlett & Ramesh, 2003: 109-110). 첫째, 정부가 대상집단에 원하는 것과 대상집단의 선호가 일치할 경우 쉽게 사용할 수 있다. 만약 공장 현대화와 직원교육을 고려하는 회사가 세제상 혜택을 받을 경우 이들을 적극적으로 채택할 것이다. 둘째, 재정적 인센티브는 개별 참여자들이 스스로 어떻게 반응할지 결정하므로 관리가 쉬운 편이다. 또한 재정적 인센티브가 도움이 된다고 믿는 개인과 회사만이 참여하므로 지방과 영역별 특성을 반영할 수 있다. 셋째, 개인과 회사로 하여금 적절한 반응을 보이도록 하게 때문에 그들의 혁신을 촉진할 수 있다. 넷째, 혜택을 받겠다고 주장하는 사람에게만 부여하기 때문에 관리비용이 적다. 마지막으로 비용을 전 국민이 골고루 부담하고 혜택은 소수에게 집중되기 때문에 정치적으로 받아들여지기 쉽다. 즉 수혜자들은 강력하게 지지하지만 반대자들의 반대는 약한 경향이 있다(Wilson, 1995).

물론 재정적 인센티브의 단점도 많다. 첫째, 재정적 인센티브에는 재원조달이 필요하므로 공적인 예산과정을 통하여 채택하기가 쉽지 않다. 자금이 필요한 다른 정부 프로그램과 경쟁해야하는데 모든 프로그램은 각각 사회집단, 정치인과 관료로 이루어진 네트워크의 지지를 받기 때문이다. 둘째, 얼마나 많은 인센티브를 주어야 대상집단이 바람직한 행태를 선택하게 할 수 있는지에 관한 정보수집비용이 매우 높은 편이다. 시행착오를 거쳐 정확한 보조금의 수준에 관한 정보를 얻는 것은 정책을 집행하는데 많은 비용이 드는 방법이다. 셋째, 재정적 인센티브는 간접적인 방법이므로 정책효과가 나타나는데 상당한 시차가 있다. 그러므로 정책효과가 즉각적으로 나타나야 하는 위기 시에는 사용하기 어렵다. 넷째, 재정적 인센티브가 없을 경우에도 발생하게 될 활동에 지원하는 것은 쓸데없는 데 비용을 투입하는 것으로 수혜자에게는 뜻밖의 횡재가 될 수 있다. 다섯째, 국제무역에서 지방 산업에 보조금 지급을 금지하는 것과 같이 국제적 협약 때문에 보조금 지급이 금지될 수 있다.

4) 정보에 기반을 둔 정책수단

정보에 기반을 둔 정책수단이란 정부가 가지고 있는 정보를 활용하거나 정부가 정보네트워크에서 중심적 위치(nodality)에 있다는 것을 활용하여 대상집단의 행태변화를 유도하는 방법을 말한다(Howlett & Ramesh, 2003: 114-116). 정보제공은 정부가 달성하고자 하는 정책의 목표를 국민에게 전달하여 국민들이 스스로 이러한 목표에 반응하여 정보를 사용하게 하도록 하며, 나아가 그 정보를 숙지하고 행동으로 옮기도록 유도하는 방법이다 (Salamon, 2002). 정부활동이 얼마나 적극적인 지에 따라 이러한 수단을 공공정보 캠페인, 권고 또는 설득, 정보제공 의무화 방법으로 구분할 수 있다.[11)]

(1) 공공정보 캠페인

정부가 개인 또는 회사가 원하는 방향으로 행태를 변경할 것으로 기대하여 정보를 공표하는 수동적인 방법이다. 여기에서 정보는 대체로 일반적인 성격을 갖는 것으로 일반국민들이 지식을 더욱 많이 가지고 선택할 수 있도록 하겠다는 의도를 가지고 있다. 예를 들면, 정부가 관광, 보육 프로그램, 경제 및 사회 통계에 관한 정보를 공익광고를 통하여 전파하여 국민에게 결론을 내리고 반응하는 것을 맡기는 것이다. 한편 흡연피해에 관한 내용과 같이 특정 대상집단을 겨냥한 정보도 제공한다. 어느 경우에나 정보제공기관 또는 대상집단에게 특별한 의무를 부과하지는 않는다.

(2) 권고 또는 설득

권고 또는 설득은 정부 활동의 측면에서 단순한 정보제공보다 적극적인 방법이다. 독감예방접종권고, 위험지역 해외여행 자제권고와 같이 대상집단의 선호와 행동을 변경시키기 위하여 보다 종합적인 노력을 시도한다. 권고로 시작한 정부의 정보제공이 이후 강화되어 규제가 되는 경우도 많다. 자동차를 탈 경우 안전벨트 착용과 모터사이클을 탈 경우 헬멧 착용이 초기에는 권고사항이었지만 이후 규제사항으로 전환되었다(문명재, 2010).

정부 관료가 당사자들의 행태 변화를 유도하기 위하여 금융, 산업, 노동

11) 정부가 정보제공을 도구로 활용하는 방법은 다양한 형태를 취하고 있으며, 다른 수단과 혼합(mixing)되는 경우도 많기 때문에 분류방식도 다양하다(문명재, 2010).

분야 대표들과 협의(consultations)하는 방식도 설득의 한 형태이다. 그러나 위기상황과 같이 결과가 즉시 나타나야 할 경우에는 권고 또는 설득만으로 소기의 성과를 거두기 어렵다. 그러므로 보상을 제공하거나 제재를 부과하는 등 다른 정책수단과 결합하여 사용하기도 한다(문명재, 2010).

(3) 정보제공 의무화

특정영역에서 정책행위자들의 인식과 정책과정의 성격을 변화시키기 위하여 정부기관이 보유한 정보 또는 공공기관과 민간 기업들이 보유한 정보의 공개를 의무화할 수 있다.

UN 등 국제기구가 강조하고 있는 Good Governance의 핵심 중 하나가 투명경영 또는 윤리경영인데 정보공개 의무화가 그 수단으로 활용될 수 있다. 우리나라에서도 1996년 '공공기관의 정보공개에 관한 법률'과 '행정절차법'을 법제화하여 정부가 하는 일을 보다 투명하게 공개하려고 노력해 왔다. 2004년 정보공개법을 개정하여 정부가 국민의 알 권리를 충족시키도록 사전공보공개와 정보공표를 의무화하였다. 상당수의 국가에서 이러한 정보공표가 의무화되어 있다. 정보공개에 관한 법률은 정보접근의 공개와 특정유형의 정보 공개의 제약의 균형을 취하기 위하여 보통 프라이버시 법과 비밀문서에 관한 법과 동시에 적용된다. 한편 정부가 과거사 진상규명 등을 위하여 한시적으로 활동하는 조사위원회에서 취합한 정보를 종합하여 공개하도록 할 수도 있다.

정부기관이 보유한 정보뿐 아니라 공공기관과 민간기업이 보유한 정보를 국민에게 반드시 제공하도록 의무화할 수 있다(문명재, 2010). 국민이 자신의 건강과 복지에 관한 충분한 정보를 인지한 후 의사결정을 내릴 수 있도록 법률적 강제조항을 두는 것이다. 예를 들면, 국민의 건강을 위하여 의약품 및 식품에 관련된 '정보제공'(labelling) 또는 주류나 담배에 대하여 건강을 해칠 수 있다는 경고 문구를 소비자에게 알려서 소비자가 올바른 선택을 할 수 있도록 한다. 또한 대학 알리미 사이트에 모든 대학의 취업률과 교수충원율, 연구실적 등의 정보를 의무적으로 제공하도록 하여 학부모를 포함한 이해당사자들이 특정대학 및 학과의 상대적 성과를 쉽게 파악할 수 있도록 한다. 이러한 정보를 의무적으로 공개함으로써 정책대상 집단뿐 아니라 정보제공 주체인 관련기관, 부서, 공무원들의 행태도 바뀔 수 있다.

Ⅳ. 요 약

Lowi는 정부가 강제력을 행사한다는 점에 착안하여 강제력의 행사방법과 강제력의 적용대상을 기준으로 정책을 네 가지 유형, 즉 배분정책, 규제정책, 재분배정책, 그리고 구성정책으로 분류하였다. Lowi의 분류에 대한 수정보완론으로 Frohock의 자본정책과 윤리정책의 추가, Spitzer의 순수영역과 혼합영역의 구분, Spitzer, Tatalovich & Daynes의 경제적 규제정책과 사회적 규제정책의 구분, Ripley & Franklin의 경쟁적 규제정책과 보호적 규제정책의 구분 등이 제시되었다.

Wilson은 정책을 그 비용과 혜택이 소수의 집단에게 집중되는지 아니면 다수의 일반국민에게 분산되는지에 따라 정치적 상호작용의 형태가 어떻게 달라지는지 네 가지로 구분하였다. Wilson의 주장은 비용 또는 편익이 소수에게 집중될 경우 쉽게 조직화되며, 정치적 동원이 이루어지는 반면 분산될 경우 조직화가 어렵다는 것이다.

정책수단, 정책도구, 또는 통치도구란 정부 또는 정책결정자가 정책목적 달성을 위하여 활용할 수 있는 도구를 말한다. 정책수단의 전통적 분류방법은 규제, 유인, 설득의 세 가지로 분류하는 방식이다. 대체로 이러한 수단을 정부가 직접 채택하여 집행하는 것으로 여겨져 왔다. 그런데 새로운 거버넌스의 대두에 따라 정부와 시장, 그리고 비영리기관과의 협력이 중시되면서, 정부가 직접 개입하는 경우는 물론 간접적으로 개입하는 경우가 늘어나고 있다.

정책수단을 조직에 기반을 수단, 권위에 기반을 둔 수단, 자금에 기반을 둔 수단, 그리고 정보에 기반을 둔 수단으로 분류한 다음, 구체적인 정책도구를 분류하였다.

제 2 부

환경, 제도와 행위자

제1장에서는 거시수준의 요인들을
환경적 요인과 정치체제(또는 정치제도) 요인으로 나누어 고찰하고, 거시수준의
주요이론들을 살펴본 후, 제도와 정책의 관계를 고찰하였다.
제2장에서는 공식 행위자인 행정부와 정치집행부,
입법부, 관료제와 행정부처, 그리고 사법부를 살펴본 다음,
비공식 행위자인 일반국민, 이익집단, 시민사회단체, 정당,
싱크 탱크와 연구기관, 그리고 대중매체를 살펴보았다.
제3장에서는 권력관계의 고전적 모형 가운데
엘리트론, 다원론, 조합주의론,
그리고 계급이론과 관련된 경험적 연구문헌을 고찰하였다.
제4장에서는 정책결정에 참여하는 행위자 네트워크 구조의 유형과
거버넌스에 관한 논의를 살펴보았다.

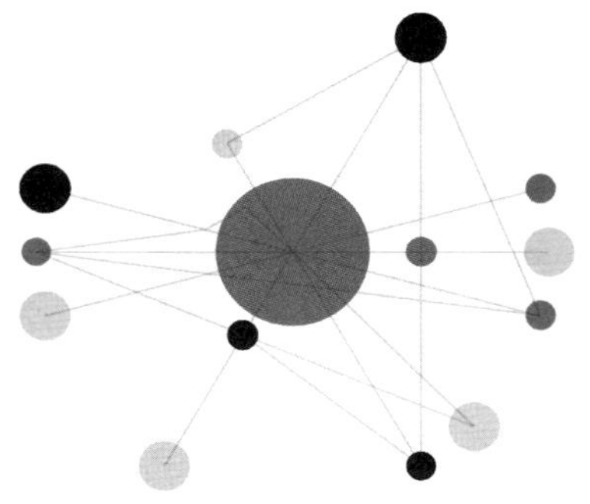

1 CHAPTER 환경, 제도와 정책

Environment, Institution and Policy

Ⅰ. 서　론

이 장에서는 거시수준에서 정책에 영향을 미치는 요인들을 살펴보기로 한다. 제2절에서는 거시수준에서 환경, 정치체제, 그리고 정책과의 관계를 이해하는 데 기초가 되는 체제의 개념과 정치체제론을 Easton의 정치체제 모형을 토대로 개관하겠다. 제3절에서는 정치체제의 구성요소와 정치제도의 주요 유형인 대통령제와 의원내각제, 이원집정부제와 한국정치체제의 특징을 고찰한다. 제4절에서는 개방체제인 정치체제에 영향을 미치는 환경의 특성을 정치적 환경, 경제적 환경, 사회적 환경, 과학기술적 환경, 그리고 국제적 환경으로 구분하여 살펴보겠다. 제5절에서는 정치체제의 투입-전환-산출-환류과정을 살펴보고 환경, 정치체제, 그리고 정책의 관계를 종합적으로 고찰하기로 하겠다. 제6절에서는 정책의 결정요인 연구와 거시수준의 이론들인 산업화 이론 또는 수렴이론, 정치적 민주화와 권력자원론, 국가의 자율성과 역량이론, 그리고 혁신의 확산과 종속이론을 소개하겠다.

Ⅱ. 체제의 개념과 정치체제론

1. 체제의 개념과 체제이론

Easton(1955, 1965)의 정치체제모형은 거시수준에서 정책환경, 정치체제, 그리고 정책과의 관계를 이해하는 데 기초가 된다. Easton의 정치체제모형은 일반체제 모형을 정치체제 분석에 적용한 것이므로 체제가 가지는 일반적인 속성을 공유하고 있다(이하 강신택, 1995: 474-483). 하나의 체제는 일련의 구성요소들(elements)로 이루어지고, 구성요소들 사이에는 밀접한 상호작용이 이루어진다. 체제를 구성하는 각 구성요소들은 다시 하위 구성요소들이 있으므로 이들을 하위체제(sub-system)로 볼 수 있다. 체제와 환경 사이에는 경계(boundary)가 존재하여 체제의 구성요소들과 환경이 구분된다. 즉 경계는 한 체제를 다른 체제로부터 분리시키는 영역이다. 여기서 경계는 물리적 구획만을 지칭하는 것이 아니고 규범과 같은 심리적 속성일 수도 있다.

체제와 환경 사이에 교환이 이루어지는 체제가 개방체제(open system)이며, 환경으로부터 격리된 체제인 폐쇄체제(closed system)와 비교된다. 개방체제에서 경계는 체제와 환경 간에 교환이 이루어지는 영역이다. 환경과 체제와의 교환은 투입과 산출로 구분할 수 있다.

투입(input)은 체제가 환경으로부터 흡수한 에너지 또는 체제에 도입된 정보이다. 체제는 환경으로부터 에너지를 받아들여야만 운영될 수 있는 활력을 갖게 된다. 만약 에너지 투입이 없거나 불충분하면 체제는 파괴되거나 손상을 입게 된다.

환경으로부터 투입된 에너지와 정보를 구성요소들이 결합, 분리, 비교하여 산출로 전환시킨다. 여기에서 전환(conversion)이란 체제의 구성요소들이 투입된 에너지와 정보를 가공하여 산출로 변화시키는 것을 말한다.

산출(output)은 체제의 구성요소들이 환경으로 내보내는 에너지, 정보 또는 산물이다. 환경(또는 상위체제)의 관점에서 보면 체제의 산출은 쓸모가 있는 것도 있고, 쓸모가 없는 것도 있다. 산출 중에서 쓸모있는 산출이 쓸모없는 산출보다 커야만 체제와 환경이 성장하고 생존이 지속될 수 있을 것이며, 그렇지 않을 경우, 체제와 환경은 해체되어 버릴 것이다.

환류(feedback)는 체제의 산출에 대한 환경의 반응으로서 차기 투입에 대한 통제를 말한다. 환류가 제대로 이루어져야 체제가 환경변화에 적응하고 성장해 갈 수 있다.

체제모형에서는 환경과 체제 사이에 투입→전환(conversion 또는 through-out)→산출→환류의 과정이 순차적으로 진행되는 것으로 보는데, 이들 중 가장 중요한 기능이 투입과 산출이므로 체제모형을 투입-산출 모형으로 부르기도 한다.

2. 정치체제론

Easton은 일반체제 모형을 정치체제 분석에 적용하여 정치체제 모형을 전개하였는데, 그 아이디어가 [그림 1-1]에 제시되었다. Easton의 요점은 정치체제가 환경 내에 위치하여 환경으로부터 여러 가지 영향을 받고 있는데, 정치체제가 지속하려면 환경적 영향에 반응할 수 있어야 한다는 것이다.[1)]

그림 1-1 David Easton의 정치체제 단순모형

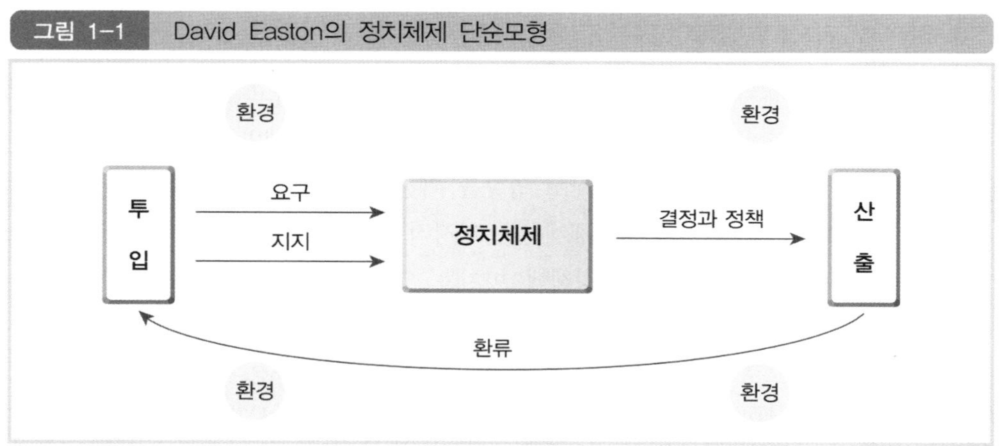

출처: Easton. 1955. *A Framework for Political Analysis*. p. 112.

---

1) 이하에서는 Easton이 전개한 정치체제이론을 소개한 강신택(1995: 491-519)을 참조하였다.

Easton에 따르면 정치체제는 개방체제의 일종이며 상호관계를 가진 일련의 요소들로 구성된다. 권위적으로 가치를 배분한다는 것이 정치체제의 특징인데, 이는 정책을 결정하고 집행한다는 것과 같은 의미라고 해석할 수 있다. 정치체제의 환경은 국내사회의 환경과 국제사회의 환경으로 구분된다.

Easton은 환경으로부터의 투입을 요구(demands)와 지지(supports)로 구분한다. 즉 정치체제에 대한 환경의 영향은 요구와 지지를 통하여 전달된다. 지지란 정치체제의 유지에 필요한 물질적·심리적 에너지를 제공하는 것이다. 한편 요구란 정치체제의 당국자에게 자원의 권위적 배분, 즉 정책의 결정과 집행에 관한 의견을 표명하는 것이다. 이러한 요구는 특정한 행동을 요청하는 경우도 있고, 체제구성원의 교체를 원하는 경우도 있다. 요구는 환경 상황에 관한 정보 중 정치체제에 투입되는 정보이다. 요구를 둘러싼 분쟁이 정치체제의 실질적 내용을 이루고 있다. 즉 요구가 없다면 정치체제가 사회를 위하여 결정을 내릴 계기가 없다.

정치체제 환경의 요구와 지지가 정책을 결정하는 정치체제에 투입되면, 이에 대하여 정치체제는 구성요소(하위체제)들의 상호작용을 통한 전환과정을 거쳐서 가치의 권위적 배분, 즉 정책의 산출이 이루어진다. 이러한 정책에는 "바람직한 환경, 즉 바람직한 사회 상태를 달성하려는 정책목표"가 포함되어 있으며, 이를 달성하기 위해 국가의 자원을 분배하고, 규제하며, 재분배하게 되어 환경에 영향을 미친다. 이는 환류작용(feedback)을 통하여 다시 차기의 투입으로 연결된다. 이같이 정책을 형성하고 채택하는 기능을 담당하는 정치체제는 불확실한 환경의 영향에 노출된 개방체제로서, 환경과 끊임없이 교호작용을 하며 서로 영향을 미친다.

이러한 Easton의 정치체제론은 거시적인 수준에서 정치체제의 구조와 제도, 정치체제의 환경이 정책에 미치는 영향, 즉 투입-전환-산출의 관계를 규명할 수 있는 연역적 개념 틀을 제공한다. 이하에서는 이러한 개념적 틀을 중심으로 정치체제의 구조와 제도, 여러 가지 환경, 그리고 투입-전환-산출-환류의 실제를 국내외 사례를 통하여 살펴보겠다.

Ⅲ. 정치체제의 구조와 제도

이 책에서 관심을 가지고 있는 정치체제의 주요기능은 정책을 결정하고 집행하며, 이를 평가하는 것이다. Easton(1971)은 이를 '가치의 권위적 배분'(authoritative allocation of social values)이라고 표현하였고, Lasswell(1935)은 '누가 무엇을 언제 어떻게 획득하는지'(who gets, what, when and how)를 결정하는 것으로 보았다. 정치체제의 이러한 기능 수행을 담당하는 구성요소(elements) 또는 하위체계를 어떻게 볼 것이며, 이들 간의 관계는 어떠한 특징을 갖는지 살펴보겠다.

1. 정치체제의 구성요소

정치체제의 구성요소를 어떻게 볼 것인가는 연구관점에 따라 달라질 수 있다. 예를 들면 Easton은 정책의 결정과 집행에 관련된 여러 가지 '정치활동'(activities) 또는 '행위'(action)를 정치체제의 구성요소로 본다(Easton, 1971). 여기에서는 정책과정에서 주요한 활동을 담당하는 조직이나 기관을 구성요소로 보겠다. 이렇게 보면 국회, 행정부, 대통령실 등이 모두 정치체제의 하위체제, 또는 구성요소가 된다. 그런데 정책과정에는 공식 행위자뿐 아니라 비공식 행위자도 참여한다(제2부 제2장 참조). 여기에서는 이러한 행위자 중에서 입법부, 행정부(정치집행부, 관료제와 행정기관), 사법부와 같은 공식 행위자만을 정치체계의 구성요소로 보겠다. 공식적으로 입법부에는 정책결정권한이 부여되어 있으며, 행정부는 정책집행을 담당한다. 한편 사법부에는 정책(법률)의 적용에 있어서 정부활동의 허용범위를 결정하는 권한이 부여된다. 이들 구성요소는 정치체제를 구성하는 하위체제이므로 다시 입법하위체제, 행정하위체제, 사법하위체제로 볼 수 있다.[2)]

---

2) 그런데 만약 행정하위체제에 초점을 맞춘다면, 각각의 행정기관들이 하위 구성요소가 되고, 정치체제는 상위체제로 볼 수 있으며, 입법하위체계와 사법하위체계는 행정체제의 범위를 벗어난 환경의 요소가 될 것이다.

뒤에서 살펴보겠지만 정당이나 싱크 탱크와 같은 행위자는 준공식적으로 정책과정에 참여한다. 동·식물이나 자동차와 같은 물리적 구조물의 경우에는 체제와 환경의 경계가 상당히 분명하다. 그러나 정책을 결정하는 정치체제와 환경의 경계는 고정된 것이 아니고, 분명하지도 않다. 공식 행위자만을 정치체제의 구성요소로 볼 경우 일반국민은 평상시에는 공식 행위자가 아니지만 선거가 있을 경우에는 유권자로써 투표권을 행사하므로 공식 행위자가 된다. 이 경우 유권자가 정치체제의 구성요소로 포함되어 정치체제의 경계가 확장되는 것으로 보아야 한다.

2. 정치체제와 정치제도의 유형

정치체제의 주요 구성요소, 즉 입법기구과 행정기구, 그리고 사법기구가 어떤 방식으로 구조화되었느냐에 따라 정치제도의 유형을 구분할 수 있다. 즉 정치체제의 구성요소들 사이의 총체적인 형태 또는 배열에 따라 절대군주제, 입헌군주제, 의원내각제, 대통령중심제, 인민의회제 등의 유형이 구분될 수 있다. 선진 민주국가의 정치제도 유형은 대통령제와 의원내각제, 그리고 이들을 절충한 이원집정부제가 주류를 이루므로 이에 대하여 살펴보기로 하겠다.[3] 구제도론적 접근방법에서는 이와 같은 제도의 유형을 매우 중요시하였다.

1) 대통령제의 특징

대통령제는 미국에서 시작된 것으로서 그 특징은 다음과 같다.

첫째, 행정부는 그 성립·조직과 존속·지위에 있어 입법부로부터 독립되어 있다. ① 행정부의 수장인 대통령은 국민에 의하여 선출되며 정부는 대통령의 자유의사에 따라 조직되는 것이 원칙이다. ② 대통령의 국회해산권(國會解散權)이 없는 대신 국회의 대통령불신임권(大統領不信任權)을 인정하지 아니한다. 따라서 대통령은 그 임기 동안은 국회에서 불신임될 염려 없이 명실상부한 행정부의 수장으로서 존재한다. 그렇기 때문에 행정부는 자연히

3) 여기에서의 대통령제, 의원내각제, 그리고 이원집정부제에 관한 기술은 네이버에서 검색한 ⓒ 두산백과사전 EnCyber & EnCyber.com을 기초로 수정한 것이다. 2008년 2월 10일 검색.

대통령을 중심으로 운영되고 적어도 대통령의 임기 동안은 동일정권이 유지되며, 이런 뜻에서 대통령중심제(大統領中心制)라는 제도가 유래된 것이다. 특히 미국에서는 대통령에 소속하는 내각(cabinet)도 법적으로는 대통령의 단순한 보조기관이나 자문기관에 지나지 않으며, 이런 의미에서 미국의 대통령은 명실상부한 독임제(獨任制) 행정부 수장이다.

둘째, 분립(separation) 또는 분리의 원리에 따라 입법부와 행정부의 조직이나 작용에서 가능한 한 양자를 분리시키고 있다. ① 입법부 의원과 행정부 공무원의 겸임은 원칙적으로 인정되지 않는다. 즉, 직업공무원은 물론 행정 각 부 장·차관과 같은 정무직 공무원도 국회의원의 겸임이 금지되는 것이 원칙이다. ② 행정부의 법률제안권(法律提案權)이 없고 행정부 공무원의 입법부에의 출석발언권도 인정되지 않는 것이 원칙이다. 미국의 예를 들면, 정부의 법률제안권은 인정되지 않는 것으로 해석되고, 행정부 공무원이 국회 본회의에 출석발언이 금지된 것은 권력분립을 존중한다는 정치적 입장에서 유래된 것이라 할 수 있다.

셋째, 입법부와 행정부 사이의 견제(checks)와 균형(balances)이 강조된다. 미국에서는 대통령이 법률안거부권을 가지는 대신, 국회의 상원은 조약(條約)의 비준과 고급공무원 임명에 대한 동의권을 가지며, 또 일반적으로 입법부는 행정기관의 설치와 활동에 관한 법률제정, 예산심의, 국정조사, 탄핵 등을 통하여 행정부를 견제하고 있다. 행정부 감독기능은 의회의 중요한 권한 가운데 하나이다(박찬욱, 1995). 의회가 법률을 제정할 때 세부사항까지 일일이 규정하지 못하므로 행정부에 상당부분을 위임하지만, 그 집행과정과 결과에 대한 감시기능을 철저히 행사하는 것이다. 최근 행정이 더욱 복잡해짐에 따라 행정권의 집행오류와 남용의 기회도 그만큼 커지게 되어 의회의 행정부에 대한 감독의 중요성은 더욱 커지고 있다.

대통령제는 무엇보다도 행정부와 국회의 상호 독립 또는 분리, 즉 권력분립을 그 본질적 요소로 한다. 그러나 오늘날 정당정치가 발전함에 따라 대통령제의 이러한 권력분립도 변화를 겪고 있다. 예를 들면, 미국에서는 양대 정당의 발달로 말미암아, 법적인 권력분립주의에도 불구하고 대통령 소속 정당과 국회 내 다수당이 같을 경우에는 정당을 통하여 실제로 권력 융화가 나타날 수 있다. 그러나 법적으로는 권력분립주의가 철저히 지켜지고 있으므로, 내각책임제와 판이할 뿐 아니라 대통령의 임기(4년)와 국회 양원 의원의 임기(상원의원 6년, 하원의원 2년)의 차이로 말미암아 대통령 소속 정당과 국회 내 다수당의 분포가 달라짐으로써 국정의 실제 운용에 있어서도 권력분립의 원리가 전형적으로 나타나는 때가 있다.[4)]

2) 의원내각제의 특징

의원내각제는 내각책임제 또는 의회정부제라고도 부르며 대통령제와 함께 현대 입헌민주국가의 양대 정치제도를 이루고 있다. 이 제도에서는 내각이 그 성립 및 존속에 있어 특히 하원의 신임을 필요로 하며, 국회(하원)의 내각불신임이 있을 때에는 내각은 총사직하거나 국회(하원)를 해산하여 국민에게 신임을 묻는 총선거를 실시하고 그 결과에 따라 진퇴를 결정하여야 한다.

이 제도는 입법부와 행정부에 관한 한, 대통령제와 같은 엄격한 권력분립의 원리가 적용되지 않는다. 오히려 '권력의 융화' 또는 '융화를 통한 의존'의 원리에서 국회(하원)가 내각을 조직·해산하는 권한을 가짐으로써 내각에 대한 국회(하원)의 법적 우위성을 인정하는 데 그 특징이 있다. 그리고 국회(하원)의 다수당 또는 연합함으로써 다수를 차지하는 연합정당들이 입법부인 국회(하원)를 지배한다. 동시에 행정부의 핵심인 다수당내각 또는

---

4) 대통령제의 장점을 보면 다음과 같다. ① 적어도 대통령의 임기 동안은 정국이 안정될 수 있다. ② 국회나 일반 국민의 행정부에 대한 경솔하고도 부당한 간섭을 막을 수 있다. ③ 참다운 민의(民意)를 반영하는 정당정치가 아직 실현되지 못한 후진국에서는 국회내 다수당에의 입법권과 행정권의 융화는 다수당 압제(壓制)의 폐단을 가져올 염려가 있으므로 이 제도로써 고전적(古典的)인 견제와 균형원리를 살릴 수 있다는 것이다. 한편 단점으로 다음과 같은 내용이 지적되고 있다. ① 이 제도가 18세기의 권력분립주의에 의한 입법부와 행정부 간의 독립과 견제를 그 원리로 삼고 있기 때문에 법률상 동격의 지위에 있는 양자 사이의 대립 및 억제로 인한 시간적·경제적 낭비를 가져와 정책을 빨리 시행할 수 없고, 국내외적으로 국가활동의 확대가 요구되는 현대국가의 요청을 만족시킬 수 없다. ② 민주정치가 발달하지 못하고 정당정치가 무르익지 못한 후진국가에서는 정부 독선 또는 대통령 독재를 가져올 염려가 있는데, 이것은 후진국가에서의 신대통령제(新大統領制: new presidential system)에 잘 나타나 있다. ③ 평화적·합법적으로 대통령을 임기 전에 바꿀 수 없으므로 무력혁명(武力革命)이 일어날 위험이 많은 동시에 대통령도 그 뜻에 반하는 국회를 해산할 수 없으므로 국회에 대한 불법적인 탄압, 국회의원 선거간섭, 심지어는 쿠데타까지도 서슴지 않을 염려가 있다. ④ 국정운영의 책임이 대통령과 국회에 나누어져 민주정치의 기본원리인 책임정치의 원리가 확립되지 못한다는 점 등이다.

연립내각을 조각(組閣)함으로써 정당을 통한 입법권과 행정권의 연대가 이루어진다. 이와 같이 이 제도는 국회의 내각신임에 의한 국회의 법적 우위성을 기초로 하는 입법권과 행정권의 융합을 그 원리로 한다. 그러나 이것이 국회의 법적인 절대우위성과 국회의 입법권 및 행정권의 집중을 의미하는 것은 아니다. 즉 국회와 내각은 별개의 국가기관이고, 국회는 내각의 행정권을 스스로 행사할 수 없을 뿐만 아니라 내각에 대한 지시통제권을 가지지 않는다.

또한 국회의 '내각불신임권'에 대하여 내각의 '국회해산권'이 인정되는 것이 원칙이다. 그러므로 이 제도는 입법권과 행정권의 융화와 분립을 조화시키고 있다. 이 제도는 국회의 법적 우위성을 원리로 하지만 그 실제적인 운영은 나라에 따라 다르다. 양당제도가 확립되고 정당의 기율이 강한 영국에서는 하원의 과반수를 차지하는 다수당의 총재 및 당 간부로 내각이 조직되고, 그 내각이 여당의원을 조종함으로써 국회(하원)를 그 뜻대로 움직인다.

따라서 사실상으로는 내각의 국회에 대한 우위성을 보여 주고 있으며, 하원의 내각불신임권은 사실상 행사되지 않고 하원의 해산은 총리의 선거전략에 따라 실시된다. 그러므로 영국은 의원내각제가 아니라 '내각정부제'라고 부르기도 하지만, 내각의 성립·존속이 하원의 신임을 필수요건으로 하는 점에서 역시 기본적으로 의원내각제에 속한다. 이에 비하여 군소정당이 난립하고 정당의 기율이 약하며 내각의 국회해산권이 사실상 행사되지 않았던 제 3·4 공화정의 프랑스에서는 법적으로는 물론 실제적으로도 '강한 국회에 약한 내각'이라는 현상을 나타냈다.[5)]

3) 이원집정부제

의원내각제와 대통령제의 단점을 보완하기 위해 절충하여 만든 제도가 이원집정부제이다. 즉, 통치권력이 대통령과 총리에게 이분화되어 있는 정체

5) 이 제도의 장·단점은 대통령제와의 비교에서 논의된다. 그 장점으로는 민선의원으로 조직되는 국회(하원)의 신임 하에 내각이 존속하므로 행정부에 민의반영이 잘 이루어진다는 점, 국회와 내각의 융화로 현대 복지국가의 '일하는 국가'의 요청에 더 적합하다는 점 등이다. 그 단점으로는 군소정당이 난립하는 국가에서는 내각이 약체이고 정국이 불안정하다는 점, 국회를 중심으로 한 정쟁(政爭)이 심하다는 점, 후진민주국가에서는 집권당의 압제 위험이 크다는 점 등이 지적되고 있다.

(政體)로 원칙적으로는 대통령이 국가원수로서 통치권을 행사하고 총리가 행정권을 행사한다. 이러한 의미에서 준(準)대통령제 또는 제약된 의원내각제라고도 한다. 그 대표적인 예로 바이마르헌법의 정부형태를 들 수 있는데, 당시의 독일은 의원내각제를 채택하면서도 민선 대통령에게 상당한 실권을 부여하는 대통령제적 요소를 강하게 가미하고 있었다.

이처럼 국가에 따라 운영에 차이가 있으나 이원집정부제는 일반적으로는 다음과 같은 특징이 있다. ① 대통령은 국민의 직접선거에 의하여 선출되어 의회로부터 독립되어 있다. ② 내각은 의회에 대하여 책임을 진다. 대통령은 총리지명권을 가지되 의회의 동의를 요하며, 의회는 내각불신임권을 가지고, 이에 대하여 내각은 연대책임을 지며 대통령은 의회를 해산할 수 있다. ③ 전시 또는 기타 국가비상시에 대통령은 긴급권을 발동하여 총리와 내각의 동의 없이 행정권을 직접 행사할 수 있다. 이 제도의 장점은 평상시에는 입법부와 행정부의 마찰을 피할 수 있고, 비상시에는 신속한 국정처리가 가능하다는 것이다. 그러나 대통령에 대한 내각과 의회의 견제수단이 마련되어 있지 않기 때문에 대통령의 비상대권의 행사는 의회기능의 축소를 가져올 우려가 있다는 단점도 있다.

3. 한국의 헌법과 정치체제 개관

1) 헌법과 정치체제의 역사적 고찰

우리나라 제헌헌법은 1948년 대한민국 정부가 수립되면서 채택되었다. 제헌헌법은 대통령제를 기반으로 의원내각제를 절충하였다. 즉, 대통령이 정부수반이며 국회에서 간접선거로 선출되며, 행정권을 내각과 공유하였다. 초대 이승만 대통령은 국회에서 간접선거로 선출되었다. 제헌헌법은 대통령제를 선호한 이승만 대통령과 국회의 다수당으로 내각제를 주장한 한민당 사이의 정치적 타협의 산물이다. 헌법 제정 이후 4년만에 이승만 대통령의 요청으로 대통령선거제도는 국회의 간접선거에서 직접선거로 변경되었다. 이승만 대통령은 1960년 부정선거와 독재정권에 항거하여 대학생과 지식인이 주도한 4월 혁명으로 권좌에서 물러나게 되었다.

그 결과 1960년 제2공화국 헌법은 순수내각제를 채택하였다. 그러나 장면 정부는 1961년 군사 구데타로 실패로 끝나게 되었다. 약 2년 6개월의 군사정부를 거쳐 1963년에 제정된 제3공화국 헌법은 대통령제로 복귀하였다. 박정희 대통령은 국민의 직선을 통하여 4년 임기의 대통령으로 세 번 연속 선출되었다. 1972년 대통령에 의하여 국가비상사태가 선포되고, 간접선거로 6년 임기의 대통령을 선출하는 제4공화국 유신헌법이 도입되었다. 1980년 도입된 제5공화국 헌법은 대통령 7년 단임제와 간접선거제도를 채택하였다. 1987년 민주화 투쟁 결과 5년 단임제 대통령을 국민이 직접 선출하도록 한 제6공화국이 출범하여 오늘에 이르고 있다.

2) 우리나라 정치체제 특징

우리나라의 정치체제는 대통령제를 기반으로 내각제 요소를 가미하고 있다. 즉, 전체적인 틀은 대통령제를 채택하고 있지만, 행정부와 입법부를 완전하게 분리하지 않고 상당 정도 연계시킨 것이다(〈표 1-1〉 참조).

첫째, 미국식 부통령 대신 국무총리를 두었다. 국무총리는 국회의 동의를 얻어 대통령이 임명하며, 행정에 관하여 대통령의 명을 받아 행정각부를 통할한다(헌법 제86조). 또한 국무총리는 국무위원 임용을 제청하며, 국무위원

표 1-1 우리나라 정치체제의 특징

대통령제적 요소	내각제적 요소
<**대통령**> • 유권자 직선의 국가원수인 동시에 정부의 수반 • 임기동안 탄핵을 제외하고 국회에 대해 정치적 책임을 지지 않고, 의회의 불신임 대상도 아님 • 법률안 거부권 • 대법원장 등 중요 공무원 임용제청권 <**국회**> • 대통령의 해산 대상이 아님 • 대통령에 대한 불신임결의 불가 • 대통령이 임명한 중요공무원에 대한 동의권 • 예산심의, 국정조사, 탄핵소추권	• 국무총리제 및 국무총리 임명에 대한 국회의 임명 동의 • 국무위원 임명에 국무총리 제정과 해임건의 • 국무회의의 정부 중요정책 심의 • 대통령의 국법상 행위에 국무총리와 관계 국무위원들의 부서 • 국무총리의 대통령 명에 의한 행정 각부 통할권 • 국회가 국무총리 및 국무위원에 대한 해임을' 대통령에게 건의 • 국회의원의 국무위원, 행정 각부 장관 겸직 가능 • 정부의 법률안 제출권과 국무총리, 국무위원 등은 국회에 출석 · 발언

출처: 양현모 · 박기관. 2015. 「대통령제 하에서 행정부와 입법부의 협력에 관한 연구」. 15쪽.

의 해임을 대통령에게 건의할 수 있다(헌법 제87조). 그러므로 헌법상 대통령과 국무총리가 행정부를 지휘하는 데 있어서 일정한 역할을 분담하는 것으로 규정되어 있다. 부통령 대신 국무총리를 둔 것은 대통령제보다는 의원내각제적인 요소를 도입한 것이다. 그러나 과거의 경험에 비추어 볼 때 국무총리의 실질적인 역할은 대통령의 신임과 권한위임 정도, 국무총리의 출신배경(정치인, 학자, 또는 관료 등), 정당간 국회의석분포에 따른 역학관계 등에 따라 크게 달라진다.

둘째, 심의기능을 담당하는 국무회의 제도를 도입하였다. 미국식 대통령중심제에서는 내각이 법적으로는 대통령의 단순한 보조기관이나 자문기관에 지나지 않지만, 우리나라에서는 국무회의가 정부의 권한에 속하는 중요한 정책을 심의(審議)한다(헌법 제88조).[6] 대통령은 국무회의 의장이며, 국무총리는 부의장이 되며, 국무위원은 15인 이상 30인 이하이다. 실질적으로 대통령이 직접 국무회의를 주재하는지 아니면 국무총리에게 위임하는지, 그리고 국무회의에서 어느 정도 활발한 심의가 이루어지는지는 대통령의 통치스타일에 따라 다르다.

셋째, 국회의원의 장관 겸직을 허용한다. 미국식 대통령제와는 달리 우리나라에서는 국회의원의 장관직 겸직을 허용하고 있는데 실질적으로 국회의원이 겸직하는 부처의 성격 및 그 수는 정치 상황에 따라 크게 달라져 왔다. 국회의원의 장관 기용은 입법부와 행정부의 긴밀한 연계를 유지한다는 장점도 있지만 한편으로는 국회의원 선거 또는 자치단체장 선거 때마다 장관의 교체요인이 발생하는 등 장관의 재직기간이 짧아지는 원인이 되기도 하였다.

---

6) 헌법 제89조에 의하면 다음 사항은 국무회의의 심의를 거쳐야 한다. 1. 국정의 기본계획과 정부의 일반정책, 2. 선전·강화 기타 중요한 대외정책, 3. 헌법개정안·국민투표안·조약안·법률안 및 대통령령안, 4. 예산안·결산·국유재산처분의 기본계획·국가의 부담이 될 계약 기타 재정에 관한 중요사항, 5. 대통령의 긴급명령·긴급재정경제처분 및 명령 또는 계엄과 그 해제, 6. 군사에 관한 중요사항, 7. 국회의 임시회 집회의 요구, 8. 영전수여, 9. 사면·감형과 부권, 10. 행정각부간의 권한의 획정, 11. 정부안의 권한의 위임 또는 배정에 관한 기본계획, 12. 국정처리상황의 평가·분석, 13. 행정각부의 중요한 정책의 수립과 조정, 14. 정당해산의 제소, 15. 정부에 제출 또는 회부된 정부의 정책에 관계되는 청원의 심사, 16. 검찰총장·합동참모의장·각군참모총장·국립대학교총장·대사 기타 법률이 정한 공무원과 국영기업체관리자의 임명, 17. 기타 대통령·국무총리 또는 국무위원이 제출한 사항.

넷째, 행정부에 법률안 제출권을 부여하였다. 미국식 대통령제에서는 법률안제출권은 입법부에만 있지만 우리나라는 정부가 법률안을 제안할 수 있다. 우리나라에서는 행정부에서 제출하는 법률안이 입법부에서 제출하는 법률안보다 훨씬 많다. 그 밖에도 장관들의 국회 출석 및 발언을 허용하는 등 국회와 정부를 연계시켜 의원내각제적 요소가 상당히 많다.

Ⅳ. 정치체제의 환경

대부분의 식물이나 동물들이 환경의 영향을 받고 또 환경에 영향을 주듯이 정부의 정책을 결정하는 정치체제도 개방체제이며 환경과 끊임없이 상호작용을 하게 된다. 여기에서는 정치체제와 정책형성에 영향을 미치는 국내환경의 요소를 정치적 환경, 경제적 환경, 사회적 환경, 그리고 과학기술적 환경으로 구분하고자 한다. 한편 최근에는 세계화가 빠르게 진행되면서 국제적 환경의 영향도 직접적으로 받게 되었으므로 국제적 환경을 별도로 살펴보겠다.

1. 정치적 환경

정책을 결정하는 정치체제와 환경의 경계는 고정된 것이 아니고, 그 경계도 분명한 것은 아니라고 지적한 바 있다. 여러 가지 환경 가운데 정치적 환경과 정치체제의 경계가 가장 모호하다. 이 책에서는 정치체제의 구성요소를 정책결정권한을 공식으로 부여받은 제도라고 보았다. 그러므로 제도적 행위자의 영역에서 발생하는 활동은 정치체제 내부 활동으로 보며 비공식행위자의 영역에서 발생하는 활동을 정치적 환경의 요소라고 보겠다.

정책의 결정요인(policy determinants) 논쟁에서 정치적 결정론자들은 정책의 내용과 수준을 결정하는 데 사회적 환경 또는 경제적 환경의 변수보다는 정치적 환경의 변수가 더욱 중요하다고 본다. 이러한 정치적 변수로는 정치적 민주화, 정치이데올로기, 정치문화, 정치제도 신뢰, 그리고 사회자본을 살펴보겠다.

1) 정치적 민주화

정치적 민주화를 중시하는 학자들은 민주적 제도와 절차가 일반 대중 및 이익집단의 의견반영을 원활하게 함으로써 정부의 정책에 영향을 미친다고 본다. 민주적인 정치체제가 권위적이거나 억압적인 정치체제와 비교하면 보다 발전된 정책을 채택하도록 한다는 것이다. 이러한 맥락에서 국민의 정치참여가 확대되고, 이익집단과 정당의 역할이 커질수록 정부의 정책에 미치는 일반국민의 영향력이 확대된다고 본다. 정치적 결정론자들은 정당간의 경쟁이 얼마나 치열한지, 주기적으로 정권교체가 이루어지는지 등도 또한 정부의 정책에 영향을 미친다고 본다. 우리나라의 경우에도 과거 권위주의적 정권하에서는 정부의 정책결정에 일반국민의 의사가 거의 반영되지 않았고, 집권자와 기술관료들의 주도하에 정부의 정책이 결정되었다. 그러므로 노동자의 노동조건과 일반국민의 복지에 관한 정책은 정부가 시혜를 베푸는 정도에 그쳤다. 그러나 민주화가 진전되고 유권자의 투표결과에 따라 실질적인 정권교체가 이루어지게 됨에 따라 노동자와 일반국민의 복지에 관한 정책이 진지하게 반영되게 되었다. 이와 더불어 정책결정과정과 정책집행과정의 투명성도 크게 향상되었다.

2) 정치이데올로기

자유주의, 보수주의, 사회민주주의와 같은 정치이데올로기가 정부의 정책에 영향을 미친다. 정치이데올로기와 관련하여 노동계급의 조직화(Korpi, 1989; Pierson, 1991)와 노동계급을 대변하는 좌파정당의 역할(Esping-Anderson, 1985)이 정부가 선택하는 정책에 영향을 미치는 요인이라고 본다. 이러한 관점은 특정방향의 정책을 지지하는 집단의 권력자원(power resources)의 크기를 강조한다는 점에서 집단이론의 연장선상에서 보아야 할 것이다. 이러한 입장에 따르면 국민들의 일인당 GDP 수준이 유사한 서구 자본주의 국가에서 사회복지와 노동정책에서 국가별 차이가 큰 것은 이러한 집권정당의 정치이데올로기가 작용하기 때문이라고 본다(Esping-Anderson, 1985). 이와 같이 정치적 요소를 강조하는 정치적 결정론자의 입장은 정부가 대응하여야 할 압력의 근원이 경제적인 것이라기보다는 민주적인 정치제도하에서의 조직화된 세력, 또는 정치이데올로기로부터 나온다고 주장한다. 예를 들어 미국이 오늘날까지 포괄적인 국민의료보험제도를 채택하지 못한 이유로 채택주도집단이 미국의사협회와 민간보험업자의 조직적인 반대를 극복할 수 있는 정치적인 힘을 결집하는 데 실패했다는 점(Laham, 1993), 그리고 미국이 전형적인 자유주의 이데올로기를 가진 국가라는 점이 지적된다.

3) 정치문화

정치문화(political culture)는 구성원들이 정치체제에 대하여 공유하는 가치, 신념, 인식 및 태도를 의미한다. Anderson(2002)은 정치문화의 개념을 정부의 정책에 관련시켜 "정부가 무엇을 해야 하고, 정부가 어떻게 운영되어야 하는지, 그리고 정부와 시민의 관계는 어떻게 설정되어야 하는지에 관한 가치, 신념, 태도"를 의미하는 것으로 본다. 미국의 정치적 가치와 신념의 중요한 특징은 개인의 자유, 정치적 평등, 자립, 자유로운 기업 활동 그리고 자본주의에 대한 강한 믿음을 포함한다(Birkland, 2011, 77-78). 미국의 정치문화 때문에 반자본주의적이거나 많은 사람들의 자유를 제한하는 정책은 법제화되기 어렵다. 우리나라의 경우에는 재벌기업의 성장과정에서 권위주의적 정부와의 정경유착, 비자금 조성과 부패정치자금 제공과 관련된 과거의 경험에 대한 인식 때문에 자본주의와 기업에 대한 국민의 의식과 태도가 미국의 경우와는 상당히 다르다.

한편 Almond & Verba(1989)는 비교정치 관점에서 여러 정치체제의 정치문화가 지방적 문화(parochial culture), 신민적 문화(subject culture), 참여적 문화(participant culture)의 세 가지 유형이 혼합된 것으로 본다. 지방적 정치문화에서는 구성원들이 정부나 정치체제의 존재를 거의 알고 있지 않다. 따라서 정치체제에 대한 요구도 없다. 신민적 정치문화에서는 구성원들이 정부에 대하여 피치자로서 수동적인 인식을 가지고 있다. 그러므로 정체체제에 적극적으로 참여하지는 않는다. 참여형 문화는 구성원들이 정치체제에 관하여 명확한 인식을 가지고 있으며 정치참여에 적극적이다. 그러므로 정책결정과정에 적극적으로 참여하고 활발하게 요구하게 된다. 그들에 따르면 영-미 민주주의 정치체제의 안정성을 가져오는 정치문화는 시민문화

(civic culture)이며 이는 세 가지 문화가 공존하는 가운데 참여형문화가 주류를 이룬다는 것이다(Almond & Verba, 1989).

우리나라의 경우에도 세 가지 문화가 공존하고 있는데 점차 참여적 성격이 강화되고 있다(정정길 외, 2010: 100). 김영삼 정부 이후 정부의 정통성에 대한 불신이 상당부분 해소되었고, 정치체제의 민주화와 시민의식의 성장에 따라 점차 참여형 정치문화가 자리를 잡아가고 있다. 때때로 노년세대의 신민형 정치문화와 젊은 세대의 참여문화가 충돌하는 현상이 발생하기도 한다. 2000년 이후 몇 차례 촛불시위에 많은 국민이 참여한 바 있으며, 2017년에는 촛불시위에 대규모로 참여하여 현직 대통령의 탄핵과 정권교체가 이루어지기도 하였다.

4) 정치제도 신뢰

정치제도 또는 정부에 대한 구성원들의 신뢰는 정부가 정책을 결정 및 집행하는데 정통성을 확보하고 시민사회의 지지를 이끌어내어 민주주의 체제를 안정적으로 유지하는 데 도움이 된다(이숙종 · 유희정, 2015). 국민의 정치제도 또는 정부에 대한 신뢰의 대상은 다양하게 구분할 수 있다(Easton 1965). 신뢰의 대상을 통치체제(regime) 또는 정치제도로 볼 것인가, 아니면 현재 정부를 운영하는 당국자(authorities)로 볼 것인가? 신뢰의 대상을 통치체제에 대한 정향과 정부기능에 대한 규범적 기대를 의미하는 것으로 볼 경우, 이를 '포괄적 지지'(diffuse support)라고 부른다. 한편 신뢰의 대상이 현재 정부를 운영하는 당국자들의 산출물 및 성과일 경우 이를 '구체적 지지'(specific support)라고 구분한다. 현실적으로 구성원들이 가지고 있는 주관적인 정부신뢰 수준을 파악할 때 '포괄적 지지'와 '구체적 지지'를 명확하게 구분하기는 어렵다.

왜 정책과정에서 정부에 대한 신뢰가 중요할까? 그 이유는 민주주의 정치체제의 정당성은 정부가 대부분 옳은 일을 하고 있다고 유권자가 믿는 범위에 의존하기 때문이다. 구성원들이 정부 또는 정치제도를 신뢰하지 않을 경우 정부는 구성원들의 정치적 지지와 복종을 이끌어 내기 어렵다. 사회자본(social capital)의 관점에서 본다면 신뢰는 구성원들 간의 상호작용과정에서 거래비용이 감소되고 집합행동의 딜레마를 해결할 수 있으며 협력행위를 촉진시킬 수 있다(류태건, 2014). 사회자본의 핵심적인 구성요소인 신뢰는 궁극적으로 민주주의, 경제발전, 사회안정을 촉진시키는 생산요소의 하나이다(Putnam, 1993; Coleman, 1988; Fukuyama 1995). 그러므로 정치제도 또는 정부에 대한 구성원의 신뢰는 정치체제의 활동 전반에 걸쳐 커다란 영향을 미친다.

표 1-2 주요국가의 중앙정부 신뢰수준, 2007년, 2018년 (단위: %)

국가		2018 (A)	2007 (B)	변화 (A-B)	국가		2018 (A)	2007 (B)	변화 (A-B)
아시아	한국	39	24	15	유럽대륙	독일	59	35	24
	일본	38	24	14		스페인	29	48	−19
영미권	캐나다	61	64	−3		이탈리아	21	30	−9
	미국	31	39	−8	북유럽	스웨덴	49	56	−7
	영국	42	36	6		노르웨이	68	68	0
	호주	47	53	−6		덴마크	63	59	4
	프랑스	38	36	2		핀란드	56	76	−20

Gallup 국가별 여론조사에서 중앙정부를 신뢰한다는 응답자의 비율이다.
OECD 평균: 2018년 45%, 2007년 44%
출처: OECD. 2019. *Government at a Glance*.
원자료: Gallup World Poll. 2018. https://doi.org/10.1787/888934033137

세계 각국 국민들의 중앙정부에 대한 신뢰수준의 Gallup 조사에 따르면 중앙정부에 대한 신뢰수준은 국가별로 상당히 다르고 시기에 따른 변화도 상당히 크다(〈표 1-2〉 참조). OECD 국가의 중앙정부에 대한 일반시민의 평균 신뢰수준은 2007년 44%, 2018년 45%로 나타났다. 한국의 경우 2007년에는 일반국민의 24%만이 중앙정부를 신뢰한다고 응답하였으나 2018년에는 38%가 신뢰한다고 응답하여 신뢰도가 높아졌지만 여전히 OECD 평균에 미치지 못한다.

정부 또는 정치제도에 대한 신뢰 이외에도 시민들 상호간의 신뢰도 정치체제 운영에 큰 영향을 미친다. Fukuyama(1995: 7, 33)는 사회에 내재하는 신뢰를 구성원들이 공유하는 규범에 기초하여 규칙적이고 정직하며 협동적

Box 1-1: 왜 국민은 정부를 신뢰하지 않는가?

Nye, Jr., Zelikow & King(1997)은 미국에서 1960년대 이후 연방정부에 대한 불신이 크게 증가한 원인을 다각도에서 살펴보았다. 1964년에는 미국인의 75%가 연방정부가 항상 올바른 일을 하고 있다고 신뢰하였는데 1995년에는 연방정부를 신뢰하는 미국인이 15%에 불과하였다. 이들은 미국인의 연방정부에 대한 신뢰가 감소한 이유를 설명하는 가설을 설정하고 그에 대하여 심층적으로 검토하였다.

이들의 연구에서 고려된 초기 가설은 17가지로 요약된다. 미국의 경우 가장 유망한 가설은 정부의 능력에 대하여 지나치게 커진 기대감(특히 2차 세계대전 이후 세대들), 언론의 변화된 역할, 권위에 도전하는 자유주의의 물결과 후기 물질주의 가치관 만연, 정치엘리트들과 일반 국민들간의 괴리를 야기시킨 정치과정 등이다. 1960년대와 1970년대 초 베트남 전과 워터게이트와 같은 역사적 사건이 미국 정부에 대한 신뢰 하락을 촉진하였다. 그 결과는 (1) 1960년 정점을 이룬 권위와 전통적인 사회질서에 대한 사회문화적 태도의 장기간에 걸친 세속적인 변화, (2) 정보혁명과 세계화에 따른 근본적인 경제변화, (3) 정치 활동가와 국민 사이의 거리감을 증가시킨 정치과정의 변화, 그리고 (4) 언론의 정부와 다른 기관들에 대한 지속적인 부정적 접근 등의 요인 때문에 그 영향력이 보다 광범위하고 오래 지속되었다. 이런 변화들이 한데 어우러져 정부를 나쁘게 보는 대중적인 문화가 고착화되었다.

우리나라에서도 정부신뢰가 매우 낮은 편인데 미국과 유사하게 정부에 대한 기대수준이 지나치게 빨리 증가하고 있다는 점, 언론이 정부에 대하여 부정적인 보도가 지속적으로 많다는 점, 그리고 정치인들이 이합·집산을 반복하는 과정에서 정당, 특히 집권여당에 대한 신뢰가 낮다는 점, 정보혁명과 세계화 이후 정부역할에 대한 기대가 크게 달라졌다는 점 등이 그 원인으로 보인다(남궁근 외, 2002).

인 행태를 보이는 공동체 내에서 발생하는 기대라고 정의하였다. Fukuyama는 신뢰수준이 높은 사회의 사례로 풍요하고 복합적인 시민사회를 매개로 가족회사를 벗어난 대규모 회사가 발달한 미국, 독일, 일본을 지적하였다. 한편 신뢰수준이 낮은 사회로 중국, 이탈리아, 프랑스를 지적하였는데, 중국과 이탈리아는 신뢰가 적기 때문에 가족회사가 많다는 것이고 프랑스는 중앙집권화된 국가에 의하여 풍요한 시민사회가 파괴되었다는 것이다. 그러나 최근 세계 가치관 조사에서 일반시민들 사이의 신뢰 수준을 비교하면, 독일과 미국과 비교하여 한국과 일본은 신뢰수준은 낮은 편이다(류태건, 2014:

203-204).[7)]

5) 사회자본

(1) 사회자본의 개념

정치공동체의 속성으로 사회자본(social capital)은 앞에서 살펴본 정치제도 신뢰라는 요소를 포함하면서 한층 더 포괄적인 용어이다. 거시적 차원에서 사회자본이란 특정 사회의 전통, 신뢰, 협동 등과 같은 호혜성에 기반을 두고 있는 가치와의 관계를 통하여 파악될 수 있다.[8)] 예를 들면, Putnam (1995a: 67)은 사회자본을 "조정과 협력을 촉진하는 네트워크, 호혜적 규범, 사회적 신뢰 등 참여자들이 공유하는 목표를 추구하기 위해 효율적으로 함께 일할 수 있도록 하는 조건"으로 정의한다.

Putnam의 정의를 기초로 학자들은 사회자본의 핵심 구성요소를 협력적 네트워크, 호혜적 규범, 사회적 신뢰라고 보는 데 대체로 합의하고 있다. 공동체를 구성하는 시민들 사이에 수평적으로 조직화된 협력적 네트워크는 그 연대가 강할수록 사회자본의 형성에 긍정적으로 작용한다. 그러나 후원자-고객관계 등 수직적으로 조직화된 네트워크는 그 연대가 강할수록 부정적으로 작용할 수 있다. 한편 호혜적 규범은 시민들 사이에 도움을 서로 주고받는 균형화된 호혜관계, 일반화된 호혜관계를 말한다. 어느 한 쪽이 일방적으로 주고, 다른 한 쪽은 받기만 하는 일방적 관계 또는 가족, 동창 등 특수한 집단 내에서만 서로 도움을 주고받고 다른 집단은 차별하는 특수화된 호혜관계는 공동체 전체의 사회자본의 형성에 부정적으로 작용할 수 있다. 사회적 신뢰는 공동체 구성원 사이에, 그리고 정부와 시민 사이에 형성된 신

---

7) 2010-2014년 주기 세계가치관 조사에서 대인신뢰의 대상은 1차집단에 해당하는 가족, 지인, 이웃사람에 대한 신뢰와 2차집단에 해당하는 타종교인, 외국인, 낯선사람에 대한 신뢰로 구분된다. 1차집단보다는 2차집단에 대한 신뢰가 일반신뢰에 해당된다. 그런데 한국, 일본, 미국, 독일에서 모두 1차 집단에 대한 신뢰가 일반신뢰보다 높았지만, 그 격차는 한국이 가장 크다. 한편 2차 집단에 대한 신뢰만을 가지고 판단하면 미국, 독일은 높은 편이고, 한국과 일본은 상대적으로 낮았다.

8) 사회자본에 대한 정의는 그것이 미시적 차원에서 개인의 속성을 나타내는 것인가, 아니면 거시적 차원에서 공동체의 속성을 나타내는 것인가에 따라 달라질 수 있다. 사회자본을 개인의 속성으로 본 Bourdieu는 "서로 알고 지내는 사이에 지속적으로 존재하는 관계의 네트워크를 통하여 얻을 수 있는 실제적이고 잠재적인 자원의 합계"로 정의한다(Bourdieu, 1986: 248; 유석춘 외, 2003: 19에서 재인용).

뢰를 말한다. 거시적 관점에서 보면 사회자본이 축적된 공동체는 그렇지 않은 공동체보다 더 안전하고 투명하며 부유하고 잘 통치되며 더 행복해질 것이라는 것이다(Woolcock, 1998; 유석춘 외, 2003, 210에서 재인용).

(2) 결속적 사회자본과 교량적 사회자본

사회자본의 여러 차원 중 사회자본이 집단 내의 특성인가 아니면 집단 사이를 연결하는가에 따른 결속적 사회자본(bonding social capital)과 교량적 사회자본(bridging social capital)의 구분이 중요하다(Putnam, 2000: 22-23). 결속적 사회자본이란 집단내부의 구성원들을 결속하게 해주는 사회자본을 말한다. 결속적 사회자본은 특수한 호혜관계를 뒷받침하고 연대의식을 결집시키는 데 유용하다. 예를 들면 소수민족 집단거주지의 두터운 네트워크는 공동체 내에서 불리한 위치에 있는 구성원들에게 창업자금과 신뢰할 수 있는 노동력을 공급하는 등 결정적인 사회적·심리적 후원을 제공한다. 결속적 사회자본은 강력한 내부 충성을 유도함으로써 구성원이 아닌 사람들에게 부정적 외부효과가 나타날 가능성도 있다. 한편 교량적 사회자본은 집단의 경계를 넘어서 다른 집단과의 관계를 이어주는 사회자본이다. 교량적 사회자본은 외부 자산과 연계하고 정보를 전파하는 데 유리하다.[9] Putnam은 대부분의 상황에서 결속적 사회자본과 교량적 사회자본은 모두 긍정적 효과를 가져온다고 보았다(Putnam, 2004: 23).

2. 경제적 환경

어느 국가에서나 경제적 환경의 다양한 특징들이 그 국가에서 형성되고 집행되는 정책의 유형에 영향을 미치는데, 여기에서는 경제발전과 부와 소득분배에 관하여 살펴보기로 한다.

9) 경제사회학자인 Granovetter(1973)의 지적에 의하면 직장을 구하거나 정치적 연대를 추구하는데 자신과는 서로 다른 써클에서 활동하는 사람, 즉 '약한 연대'(weak tie)를 맺고 있는 사람들로부터 얻은 정보가 자주 접촉하는 사람, 즉 '강한 연대'(strong tie)를 맺고 있는 사람들로부터 얻는 정보보다 더욱 중요하다. 그 이유는 강한 연대는 동원할 수 있는 정보의 내용이 중복되어 새 직장을 찾는 데 큰 도움이 되지 않는 반면, 약한 연대는 공유하는 정보의 내용이 중복되지 않아 큰 도움이 된다.

1) 경제발전

국가경제발전의 전반적인 수준, 즉, 부(wealth)의 상태가 정부가 선택할 수 있는 정책의 조합에 큰 영향을 미치는데 그 이유는 조세를 통하여 정부가 사용할 수 있는 자원의 총량은 현재의 경제수준은 물론 경제성장과 번영이 지속되는 정도에 영향을 받기 때문이다. 정책의 결정요인 논쟁에서 사회경제적 결정론자들의 주장은 이러한 논리에 기반을 둔다. 이들은 산업화의 결과 경제성장이 이루어져 국민들의 실질소득이 증가하게 되면 국민들의 조세부담능력도 커지게 되므로 국가가 정책에 투입할 수 있는 가용자원(available resource)이 증가하여 사회적 수요에 대응할 수 있다는 것이다.

실제로 일인당 국민소득 1천 달러인 국가와 5만 달러인 국가에서 국민의 조세부담능력에는 커다란 차이가 있으며, 그에 따라 정부가 사용할 수 있는 자원이 크게 달라질 수 있다. 일인당 소득뿐 아니라 경제의 총량규모도 정부가 선택할 수 있는 정책에 영향을 미친다. 일반적으로 총량경제규모가 큰 국가는 작은 국가에서는 추진할 수 없는 프로그램을 추진할 수 있다. 예를 들면 미국, 러시아, 중국은 우주 프로그램을 추진한다. 왜냐하면 이들 국가들은 일인당 GDP가 높은 룩셈부르크, 노르웨이, 스위스와 같은 국가보다 이용 가능한 자원을 더 많이 갖고 있기 때문이다(〈표 1-3〉 참조). 우리나라의 경우 2019년 일인당 GDP가 42,925달러(경상가격 ppp기준)이며, 국내총생산으로 본 총량 경제규모는 2조 2240억 달러에 이르고 있다. 그러므로 정부가 상당한 자원을 추출하여 사용할 수 있으며, 다양한 프로그램을 추진할 수 있는 기반을 갖추고 있다. 이같이 부와 소득의 문제가 중요하므로 경제성장 정책은 우선순위가 높은 정책이며, 각종 선거에서 매우 중요한 이슈가 되고 있다.

경제발전과 더불어 산업구조도 변화한다. 산업화가 진행되면서 1차 산업 위주의 사회에서 2차 산업 비중이 증가하는 사회로 이행되면서 공장노동자의 문제, 산업공해의 문제가 동시에 대두되게 된다. 2차 산업에서 3차 산업 위주로 재편되면서 또 다시 산업구조의 질적 변화가 이루어진다. 최근에는 4차 산업혁명의 주도권을 둘러싼 국가간 경쟁이 치열하게 전개되고 있다. 이러한 전환기에 정부와 기업관계를 어떻게 정립해야 하는지도 중요한 정책

표 1-3 OECD 국가의 국내총생산 및 1인당 GDP (2019년 US 달러, 경상가격, 경상PPP기준)

국가		국내총생산 (GDP) 10억 달러	1인당 국내총생산 (달러)	국가		국내총생산 (GDP) 10억 달러	1인당 GDP (달러)
아시아	한국	2,224	42,925	유럽	헝가리	331	33,975
	이스라엘	381	42,209		아이슬란드	21	60,180
	일본	5,459	43,279		아일랜드	436	88,496
	터키	2,325	28,270		이탈리아	2,664	44,140
북미	캐나다	1,929	51,342		룩셈부르크	75	120,980
	멕시코	2,603	20,703		네덜란드	1,032	59,512
	미국	21,427	48,745		노르웨이	357	66,831
남미	칠레	476	25,041		폴란드	1,299	33,844
유럽	오스트리아	524	59,120		포르투갈	374	36,411
	벨기에	1,929	54,545		슬로바키아	186	34,183
	체코	461	43,301		슬로베니아	84	40,640
	덴마크	347	59,646		스페인	1,987	42,193
	에스토니아	51	38,364		스웨덴	574	55,850
	핀란드	283	51,414		스위스	608	70,945
	프랑스	3,315	49,145		영국	3,257	48,745
	독일	4,659	56,079	대양주	호주	1,419	55,962
	그리스	336	31,413		뉴질랜드	216	43,774

출처: https://stats.oecd.org/ National Accounts, 2020년 8월 8일 검색.
2019년 이후 가입국가인 리투아니아, 라트비아, 콜롬비아 제외.

과제 중 하나이다.

2) 부와 소득의 분배

부와 소득의 총량과 더불어 분배문제도 정부의 정책에 매우 큰 영향을 미친다. 우리나라에서는 객관적인 소득분배 상황이 악화되고 있다. 부와 소득의 분배문제는 객관적인 분배 상태와 더불어 국민들이 그 상태를 어떻게 인식하느냐의 문제 또한 중요하다. 우리나라 사람들은 부와 소득이 공평하

게 분배되어 있지 않다는 의식이 강한 것으로 알려져 있다.[10]

자본주의 국가에서 정부는 시장에서 경제주체의 경제활동 결과로 발생하는 부와 소득 불평등 문제를 개선하기 위하여 상당한 자원을 투입하는데, 사회복지 정책 또는 재분배 정책이 이러한 영역에 해당된다. Peters(2013: 9)에 따르면 "미국 연방정부가 거둬들인 세금의 약 65%는 시민에게 이전지출(transfer payments)로써 경제로 다시 돌아간다."고 한다. 이전지출에는 농업보조금, 재난구조 지출 그리고 다양한 사회복지프로그램 지출 등이 포함된다. 우리나라의 경우 노인인구의 증가를 포함한 인구의 사회적 구성분포의 변화에 따라 선진자본주의 국가와 마찬가지로 재분배문제가 중요한 정책과제로 떠오르게 되었다.

3. 사회적 환경

사회적 환경은 사회를 구성하는 개인이나 집단의 인구통계학적 특성, 이들의 사고방식과 행동양식을 포괄적으로 지칭한다. 사회적 환경의 요소들은 정치체제가 해결하여야할 문제의 원천이 된다. 여기에서는 국가별로 정책문제의 원천이 되는 사회적 환경의 주요 특징을 인구통계학적 분포와 변화, 도시화와 인구집중, 여성의 사회참여, 문화적 다양성, 교육수준으로 나누어 살펴보겠다.

1) 인구통계학적 분포와 변화

사회발전에 따라 한 국가의 연령별, 지역별, 성별, 인종별 인구분포에 상당한 변화가 발생한다. 그러므로 모든 국가에서는 주기적으로 각종 센서스 등을 통하여 인구구성의 변화를 파악하려고 노력한다. 우리나라에서는 5년

10) 다음은 동아일보 2008년 2월 10일자 보도의 일부이다. "한국이 세계 주요 34개국 가운데 경제 양극화에 관한 불만을 느끼는 비율이 가장 높은 것으로 조사됐다. 일본 요미우리신문과 영국 BBC방송이 공동 실시한 여론조사 결과에 따르면 '국민 사이에 풍요로움이 충분히 공평하게 확산돼 있다고 보느냐'는 질문에 한국인 응답자의 86%가 '공평하지 않다'고 답했다. 이는 경제 양극화에 불만을 느끼는 비율의 전체 34개국 평균인 64%에 비해 훨씬 높은 수치다. '공평하지 않다'고 답한 비율이 높은 나라는 한국에 이어 이탈리아와 포르투갈이 각기 84%로 2위를 차지했으며, 최근 양극화 문제가 대두된 일본이 그 다음으로 높은 83%로 조사됐다. 주요 8개국(G8) 중 양극화에 대한 불만이 가장 적은 나라는 캐나다(39%)였으며 이어 미국(52%), 영국(56%) 순이었다." 도쿄=서영아 특파원 sya@donga.com

마다, 미국 경우에는 10년마다 인구센서스가 실시되어 엄청난 분량의 인구통계학적 자료들이 수집되어 분석된다.

최근 우리나라에서는 인구통계학적 변화 중 저출산과 고령화의 진전이 심각한 문제로 대두되고 있다. 한 국가의 인구가 줄지 않는 인구대체 출산율 수준은 2.1명이라고 한다. 우리나라는 여성 일인당 합계출산율이 1980년 2.83명을 기록한 이후 급격하게 감소하기 시작하여 2005년 1.08명, 2015년 1.24, 2018년 0.98명으로 세계적으로 보기 드문 '초저출산 국가'가 되었다.

산업화가 진전되고 여성의 경제활동 참여가 늘어나면서 출산율이 감소하는 것은 선진국에서도 나타났던 현상이지만, 이런 경향이 모든 국가에서 공통적인 것은 아니었다. 인구의 고령화 역시 급격하게 진행되고 있다. 한국은 이미 2000년에 65세 이상 고령인구가 총인구의 7%를 넘는 '고령화 사회'로 진입하였다. 통계청에 따르면 고령인구는 2015년 총인구의 12.8%인 654만명에서 2025년에 1,000만명을 돌파한 뒤, 2065년에는 총인구의 42.5%인 1,827만명까지 증가할 것으로 예상된다(통계청, 2016).[11] 출산율이 급격하게 저하하고 노인인구가 증가하는 데 비해 이들을 부양할 생산가능 인구가 감소하면 사회경제적으로 큰 부담으로 작용한다. 노인인구의 급증은 경제성장 둔화로 인한 세입기반 잠식은 물론 연금수급자의 증가와 노인진료비의 급등을 야기하여 사회보장 재정을 가중시킨다. 그러므로 저출산과 인구고령화 문제는 정부에 대하여 장기적이고 종합적인 대책을 요구하게 된다.

2) 도시화와 인구집중

어느 나라에서나 도시와 농촌, 지방과 수도권 인구분포의 변화는 새로운 행정수요를 유발한다. 우리나라의 경우 1960년대 이후 급격한 산업화를 거치면서 도시인구의 비중이 1960년 28%에서 오늘날 90% 이상으로 증가하였

---

11) 프랑스의 경우 1864년에 65세 이상 노령인구 비율 7%에 도달한 이후 1979년에 14%에 도달하여 115년이 소요되었고, 2018년에는 20%에 도달할 것으로 예측되어 14%에서 20%까지 39년이 소요될 예정이다. 영국의 경우 1929년 7%, 1976년 14%, 2026년 20% 도달예정으로 각각 47년과 50년이 소요될 예정이다. 노령화의 속도가 비교적 빠른 일본의 경우에도 1970년 7%, 1994년 14%, 그리고 2006년 20%에는 도달하여 각각 24년과 12년이 소요되었다. 한국은 2000년 7%, 2018년 14% 도달예정, 2026년 20% 도달예정으로 각각 18년과 8년이 소요될 것으로 예측되어 그 속도가 가장 빠르다. 자료: 일본 국립사회보장・인구문제연구소. 2005 인구통계자료집 참조.

다. 그와 더불어 인구의 수도권과 대도시 집중으로 주택 문제, 교통문제, 공해문제 등 해결해야 할 수많은 문제가 대두되었다. 우리나라에서는 인구의 과도한 수도권 집중문제를 완화하기 위하여 행정부의 세종시 이전, 공공기관의 지방이전이 이루어졌으나, 그 부작용도 나타나고 있어 여전히 중요한 정책문제가 되고 있다.

3) 여성의 사회참여

사회적 환경의 또 한 가지 주요 특징은 과거 남성들의 전유물이었던 여러 전문직과 사회적 역할들에 있어서 여성의 참여가 증가한 것이다. 미국에서도 한때 시민 취급을 받지 못했던 여성들이 오늘날에는 남성들보다 더욱 많은 비율로 대학에 다니고 있고, 남자들과 비슷한 비율로 법학전문대학원에 입학한다(Birkland, 2011: 32). 우리나라의 경우 최근 교사, 공무원, 의사, 법조계 등 전문 직종에 여성의 진출이 크게 증가하였다. 스포츠 분야에서는 여성들의 활동이 남성보다 훨씬 두드러지게 나타나 양궁, 쇼트트랙, 피겨스케이팅, 골프, 핸드볼 등에서 세계적인 선수가 많아졌다. 이들의 성공은 우리 사회의 여성에 대한 태도들을 변화시키는 가시적인 지표이다. 그러나 여전히 정치권과 정부의 정무직 및 고위공무원 등 정책결정 직위에는 여성의 참여가 절대적으로 부족하며 보수에 있어서의 불평등도 완전하게 해소된 것은 아니다.

4) 문화적 다양성

정치체제 구성원들의 문화적·종족적 다양성의 정도가 정치제체 운영에 미치는 영향도 크다. 미국과 중국의 경우 오래전부터 다인종 또는 다민족 사회라는 사실을 인정하고 국민통합을 위하여 적극적으로 노력하여 왔다. 단일민족 국가로 여겨왔던 우리나라에서도 세계화가 진전되면서 다문화 가정의 증가 등 일찍이 경험하지 못한 구성원의 문화적 다양성을 고려해야 하는 실정이다. 이러한 다문화 시대의 도래가 우리나라에 미치는 영향을 올바로 예측하고 이에 대비하는 것 역시 중요한 정책과제가 되고 있다.

5) 교육수준

국민의 전반적인 교육수준도 정부의 정책에 영향을 미치는 요인이다. 교육수준이 향상되고 문자해독이 가능한 인구가 많아지면 그에 따라 국민의 기본권에 대한 인식도 높아지게 된다. 우리나라에서도 교육수준의 향상과 더불어 국민들의 기본권에 대한 인식이 높아지고 사회의 다양한 목소리가 정치와 행정에 투입되고 있다. 그런데 조정과 타협, 양보라는 시민정신이 내재화되지 않은 가운데 다양한 이해관계가 표출되면서 대립과 갈등을 초래하는 경우가 많았다(유민봉, 2005: 74).

이상에서 살펴본 바와 같이 새롭게 등장한 다양한 사회집단의 욕구가 증가함에 따라 정책의 선호와 요구의 유형이 더욱 다양해지고 있다. 사회적 변화에 따라 발생하는 각종 문제를 해결하기 위하여 정책 수요는 계속 증가할 것이다.

4. 과학기술적 환경

과학기술적 환경에는 기술진보, 교통수단, 컴퓨터와 인터넷 등의 요소가 포함된다. 과학기술 분야의 비약적 발전은 세계 각국에 동시에 영향을 미쳐 세계화 또는 국제화가 가속화되는 원동력이 되고 있다. 전세계적으로 과학기술은 20세기부터 급격히 발전하였는데 그에 따라 인류역사상 가장 빠른 속도로 사회변화가 진행되고 있다. 오늘날 인공지능, 로봇기술, 생명과학이 주도하는 4차 산업혁명 시대에 진입하여 사회 전반에 걸쳐 커다란 변화가 이루어지고 있다.

과학기술의 발달이 사회변화에 미치는 영향과 관련하여 기술결정론(technological determinism)과 사회결정론(social determinism)의 견해가 대립하고 있다. 기술결정론은 과학기술이 사회변화의 독립변수가 된다고 보는 입장이다. 한편 사회결정론은 기술의 발달이 사회변화를 유발시킬 수는 있으나 기술 그 자체만으로는 사회적 관계나 제도를 변화시킬 수 없다고 본다. 사회는 단순히 수동적으로 기술발달의 결과를 받아들이거나 그에 적응하는 것이 아니라, 능동적으로 기술의 발달과 이용에 개입하게 되어 결국 사회경제적인 요인에 의해서 기술의 발달이 규정된다고 주장한다. 이러한 주장을 절충하게 되면 기술발달은 독립적으로 이루어지지만 사회의 필요에 의해 채택될 때 사회변화를 유발한다고 볼 수 있다.

이러한 맥락에서 정치체제의 과학기술적 환경은 정치, 사회, 경제 분야의 환경변화에 영향을 미칠 뿐 아니라(유민봉, 2005: 75), 정치, 사회, 경제 분야의 변화가 과학기술발전에 영향을 미친다고 보아야 할 것이다. 한편 과학기술분야의 발전정도는 정치체제의 운영방식에도 큰 영향을 미친다.

우리나라 과학기술분야의 비약적인 성장은 과거 정부주도의 과학기술 정책의 성과로 볼 수 있다. 한편 우리나라는 수준높은 과학기술 인프라를 구축하고 있어 정부운영방식에 큰 변화를 가져올 수 있었다. 즉 과학기술발전이 입법부의 전자투표제도 도입, 각급 정부기관의 전자정부 구축의 기반이 된 것이다. 우리나라 전자정부는 세계최고 수준으로 구축되어 정책결정과 정책집행 등 정책과정 전반에 걸쳐 혁명적인 변화가 이루어졌다.

5. 국제적 환경

컴퓨터와 통신, 그리고 교통수단이 비약적으로 발전하여 정책문제, 이슈, 그리고 정책들이 국경을 쉽게 넘나들게 되면서 국가간 상호의존성이 크게 증가하였다. 이같이 세계화가 진행되면서 정치체제의 대외적 환경이 그 정치체제의 정책에 상당한 영향을 미치게 되었다. 여기에서 대외적 환경은 정치체제(국가 또는 지방자치단체)의 물리적인 경계 외부에서 작용하는 요소를 말한다. 하나의 국가를 중심으로 보면 다른 국가들과 국제기구 등이 모두 국제적 환경의 영역에 존재한다.

최근 국제적 환경의 요소가 국내정책에 미치는 영향에 관한 인식이 증가하고 있다. 국제적 환경의 요소는 무역, 국방과 같이 당연히 국제적인 정책영역 뿐 아니라 보건의료정책과 연금정책 등 일차적으로는 국제적 연관성이 없어 보이는 영역에서도 상당한 영향을 미친다. 국제 시스템의 전반적 구조, 그 안에서 한 국가의 위치, 그리고 각종 정책영역에 존재하는 구체적인 레짐(regime)에서 국내정책에 영향을 미치는 국제적 환경의 요소들을 찾을 수 있다(Howlett & Ramesh, 2003: 55). 국제적 환경은 항상 정부의 정책에 영향을 미쳐 왔지만, 최근 그 범위가 확대되고 강도가 높아졌다. 이러한 추세는 세계화(globalization), 또는 국제화(internationalization)로 일컬어지는 현상의 결과이다. 어느 국가이든 새로운 정책을 도입할 경우에는 다른 국가들이 해당 분야에서 채택하고 있는 정책들을 유력한 대안으로 검토한다.

정부의 정책에 영향을 미치는 여러 가지 국제적 환경의 요소들을 파악하기 위하여 학자들은 '국제 레짐'(international regimes)이라는 개념을 사용하여 특정 정책 영역에서 제도화된 협정을 다루고 있다. Keohane & Nye (1989: 19)는 레짐을 '통치에 관한 일련의 협정들' 또는 '행태와 행태의 효과를 조직화하는 규칙, 표준, 그리고 절차의 네트워크'라고 정의한 바 있다. 대부분의 주요 정책 영역에서 다양한 형태의 레짐이 존재한다. 레짐은 그 형태, 적용 범위, 지지의 정도, 실행의 수단에 따라 상당히 다양하다. 어떤 레짐은 명시적인 협정에 기반하고 있는가 하면 어떤 것들은 단순히 반복되는 국제적 행동양식에 의해 발생한 관습에 기반하고 있는 경우도 있다. 어떤 레짐은 다양한 관련 쟁점을 포괄하기도 하지만 그 범위가 매우 좁은 경우도 있다. 공식적인 조직을 통해 대규모 예산과 인력에 의해 관리되는 레짐도 있으나, 윤리적 규범에 가까운 경우도 있다. 레짐은 특정 선택을 장려하거나 선택의 범위에 제약을 가하는 방식으로 정부의 정책에 영향을 미친다. 예를 들면 어떤 정부가 수출 보조금을 이용해 국내 생산자들을 보조하고자 할 경우, 공식 또는 비공식의 국제적인 제약조건 때문에 실행하지 못할 수도 있다.

국제무역 분야의 레짐을 살펴보자. 오늘날 국제무역 분야 레짐의 주춧돌은 1947년 출범한 관세 및 무역에 관한 일반협정(GATT)이며, 이는 1995년 세계무역기구(WTO)로 계승되었다. 세계무역기구에는 거의 모든 국가가 회원으로 가입하였으며 전 세계적으로 수출의 대부분이 그 규정에 의하여 관리되고 있다. 세계무역기구는 회원국들이 수입품에 대하여는 '내국인 대우'를 적용하고 수출품에 대한 보조금을 주지 않도록 하여 무역장벽을 낮추도록 요구한다. 이러한 조치를 통하여 국제적으로 경쟁력을 가진 생산자를 지원하고자 한다. 세계무역기구와 그 협정은 정부가 수입품에 대한 규제 또는 수출품에 대한 보조를 통하여 국내산업을 지원할 수 있는 선택권을 제약한다. 보건의료분야에는 세계보건기구(WHO), 노동분야에는 국제노동기구(ILO)

등과 같이 주요 정책영역별로 국제 레짐의 주도자들이 활동하고 있다.

한편 유럽국가의 경우에는 유럽연합(European Union)이 여러 정책영역에서 회원국가들의 정책 선택의 범위를 제약하는 기준들을 제시하고 있다. 이러한 기준은 명시적인 법령의 형태를 취하기도 하지만 권고기준을 마련하고 회원국가들이 오랫동안 검토하여 따르도록 하는 소위 개방형 정책조정(open method of coordination, OMC)을 활용하기도 한다(김상묵 · 남궁근, 2008 참조).

요약하면 국가들 간의 경제적, 환경적, 문화적, 그리고 정치적 상호의존성 증가에 따라 정부의 정책결정에 외국의 정책이 상당한 영향을 미치고 있으며, 여러 가지 정책 분야에 걸쳐서 국제 레짐을 주도하는 초국가기구에서 공통적인 기준을 확립하고, 이를 각국에 적용하는 과정에서 정부의 국내정책에 영향을 미치게 된다. 우리나라에서도 정책영역별로 차이는 있지만, 선진 외국의 정책을 준거기준으로 고려하고, 초국가기구에서 확립한 기준을 따라야 하는 경우가 많다.

6. 정치체제의 환경과 변화

위에서 정치체제가 작동하는 국내외 환경을 살펴보았는데, 최근 4차 산업혁명의 영향과 코로나 바이러스 감염병(COVID-19)의 영향으로 급격한 변화를 겪고 있다. 4차 산업혁명의 충격으로 세계 각국에서는 산업구조 개편, 생산수단과 소비재 공유, 자동화에 따른 대량실업 발생, 재택근무 중심의 노동환경 변화, 전자화폐 사용 등 대대적인 경제적 변화가 예상되었고, 소득 양극화에 따른 사회계층간 갈등 심화와 복지 수요 급증이 예견되고 있다. 이러한 상황에서 2019년 12월말 중국에서 최초로 발생한 코로나 바이러스 감염병(COVID-19)의 세계적으로 확산으로 COVID-19 이후 정치 · 경제 · 사회를 포함한 인류 사회 각 분야에서 불확실성이 한층 높아졌다. 각국의 정치체제는 이러한 급격한 변화에 대응하기 위하여 노력하고 있다([Box 1-2] 참조).

Box 1-2: COVID-19 충격과 국내외 환경변화

2019년 12월말 중국에서 최초로 발생한 코로나 바이러스 감염병(COVID-19)이 세계적으로 확산되었다. COVID-19 이후 정치·경제·사회를 포함한 인류 사회 각 분야의 흐름이 불확실한 가운데 확실한 것은 위기가 잦아든다 해도 그 이전시기로 완전히 돌아가기는 어렵다는 것이다. 이른바 '코로나 뉴 노멀' 시대의 개막이다.

COVID-19는 4차 산업혁명의 영향으로 산업의 '디지털 트랜스포메이션' 흐름이 본격화되고 있는 시점에서 발생했다. 코로나 19 이후 각국 정부는 강력한 '사회적 거리두기'와 '집에 머무르기'(stay home)를 강제 집행하거나 강력하게 권고하고 있다. 이제 사람들 사이의 잦은 만남과 물리적 접촉은 더 이상 미덕이 아닌 시대가 됐다. 공공과 민간 영역을 불문하고 정보통신기반 신기술을 활용한 비대면 업무처리와 재택근무가 증가하는 추세이다.

COVID-19는 탈세계화(deglobalization)에 따른 세계질서 재편을 가속화시키고 있다. 트럼프 미국 대통령의 '아메리카 퍼스트', 영국의 EU 탈퇴 등으로 대변되는 정치 분야의 탈세계화 경향이 경제 분야로 확대되었다. 1989년 독일 베를린 장벽 붕괴와 1991년 구소련 붕괴에 따른 동서냉전 종식 이후 30년 가깝게 진행되어온 세계화 추세가 뿌리부터 흔들리고 있다. 코로나 19로 상품과 서비스, 자본과 기술, 노동력의 자유로운 이동에 바탕을 둔 글로벌화된 생산방식과 공급망의 취약성이 드러나 글로벌 기업들의 생산기지가 국내로 복귀되고, 국제사회는 공조보다는 자국중심의 경쟁체제로 전환될 가능성이 크다.

가장 심각한 문제는 세계적인 경기침체와 대규모 실업 발생에 따른 양극화현상의 심화이다. 사회적 약자층이 COVID-19 감염병에 노출될 위험이 더욱 큰 것은 물론 자영업자, 소상공인, 일용직 근로자, 청년층을 포함한 취약계층에 경제적 피해가 훨씬 큰 것으로 나타났다. 국제노동기구(ILO)에 따르면 코로나19 유행 이후 청년층노동자 6명 가운데 1명 이상 실직하였고, 남성보다 여성이 더 많이 실직한 것으로 밝혀졌다. 우리나라 통계에서도 청년층과 여성, 임시·일용직이 코로나 19 영향을 더 받고 있으며, 특히 제조업 분야에서 취업자가 감소했다.

이같이 4차 산업혁명에 따른 대전환이 진행되는 과정에서 코로나 19의 충격이 가세하면서 인류의 생활양식이 송두리째 바뀌고 있다. 비대면 업무처리, 탈세계화 추세와 글로벌 공급망 붕괴, 인공지능(AI) 등 4차 산업혁명에 따른 노동수요 감소, 경제위기 심화와 취약계층 실업자 양산과 같은 우울한 상황에서 벗어나기 위하여 정부와 시민사회의 협력적 거버넌스가 작동되어야 한다.

출처: 남궁근, 코로나19 극복과 협력적 거버넌스. 서울대 총동창신문 2020.7.15. 명사컬럼.

Ⅴ. 투입-전환-산출-환류

1. 환경의 투입

앞에서 정치체제의 환경을 국내환경과 국제환경으로 구분하였다. 국내환경은 다시 정치적 환경, 경제적 환경, 사회적 환경, 과학기술환경으로 구분하였다. 한편 국제환경의 요소 중 외국의 정책, 그리고 국제기구 등 정책영역별 국제레짐이 정책에 영향을 미치는 것으로 지적되었다([그림 1-2] 참조).

이러한 특징을 갖는 환경은 투입을 통하여 정치체제에 영향을 미친다. 그런데 환경의 특성에 관한 정보가 그대로 정치체제에 투입되는 것이 아니라, 요구와 지지를 통하여 투입된다.

그림 1-2 환경, 정치제도, 정책의 관계 종합

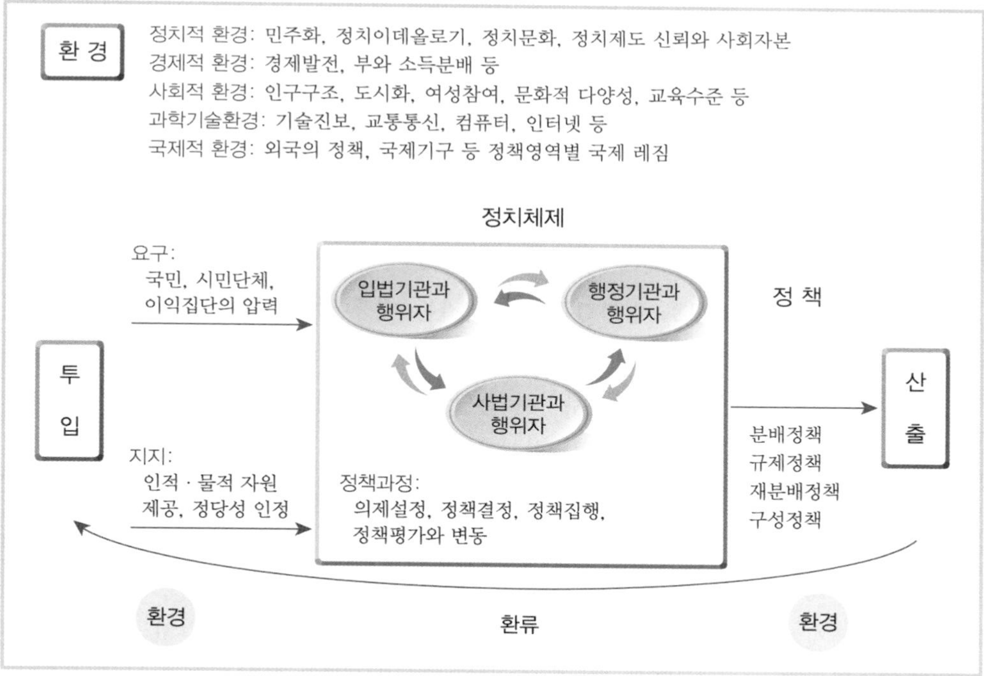

1) 환경의 요구

환경으로부터 정치체제에 대한 요구는 정치체제에 각종 정책문제를 해결하라는 압력의 형태를 취한다. 물론 국민들의 요구는 정치체제의 환경, 즉 사회, 정치, 경제, 과학기술, 그리고 국제환경의 특징을 반영하는 정보이다. 그러나 환경의 특징을 구성하는 정보가 모두 정치체제에 대한 요구가 되는 것은 아니다. 이러한 정보 중 특별히 정치체제의 행위자 또는 당국자에게 자원의 권위적 배분, 즉 정책의 결정과 집행에 관한 의견을 적극적으로 표명한 것만이 요구인 것이다. 요구가 없다면 정치체제가 사회를 위하여 결정을 내릴 계기가 없을 것이다. 그러나 현실적으로 이러한 요구의 총량은 정치체제가 처리할 수 있는 정도를 훨씬 초과하며 그렇기 때문에 요구를 둘러싼 분쟁이 정치체제 운영의 실질적 내용을 이루고 있다.

일반국민은 이러한 요구를 투표행위를 통하여, 또는 이익집단, 시민단체 활동을 통하여 표출한다. 예를 들면 노령화가 진행되면서 노인집단의 복지에 대한 요구가 강해진다거나, 정보기술발달에 따라 기업과 민원인들의 행정정보공유에 대한 요구가 증가하는 것 등이다. 이익집단과 시민단체를 통한 의견표명도 요구투입의 주요 통로이다. 일반 국민의 요구표명 과정에서 대중매체, 정당, 싱크 탱크와 연구기관들이 다양한 집단의 요구들을 종합적으로 요약하여 정치체제를 구성하는 입법, 사법, 행정기관 등 정부기관에 전달한다.

정치체제를 구성하는 정부기관과 공식 행위자의 입장에서는 국민들이 진정으로 요구하는 것이 무엇인지, 그리고 그 우선순위가 무엇인지 파악하여야 한다. 그러므로 정부기관과 당국자는 대중매체를 통하는 것뿐 아니라 갤럽과 같은 전문화된 여론조사기관을 통하여 고객의 만족도와 대중의 요구를 파악하고자 노력한다. 정부기관과 당국자의 입장에서는 정부의 정책에 대한 고객의 만족도를 측정하고, 정책에 대한 요구의 우선순위를 잘 파악하는 것이 정책을 결정하고 집행하는 데 중요한 정보가 되기 때문이다.

2) 환경의 지지

정치체제에 대한 환경의 지지는 정치체제가 환경이 요구하는 바를 충족하는 데 필요한 인적, 물적 자원을 투입하고 정치체제의 정당성을 인정하는 것이다. 이러한 지지가 없다면 정치체제는 원활하게 운영될 수 없다.

환경으로부터 정치체제로 투입되는 인적 자원에는 정부에서 일하는 공직자가 해당된다. 공직자에는 상당한 보수를 받고 일하는 정무직 공무원과 직업공무원뿐 아니라 징병제도에 따라 의무적으로 군에 복무하거나 전투경찰 등으로 대체 복무하는 사람들도 포함된다. 정치체제가 우수하고 유능한 인적자원을 확보하지 못할 경우 환경의 요구를 올바른 정책으로 제대로 전환시키기 어렵다. 그런데 정치체제가 활용하는 인적자원은 특별한 경우를 제외하고는 국내환경, 즉 일반국민들 중에서 선발되므로 공직자의 자질은 일반국민의 수준을 크게 벗어날 수 없다.

정치체제에 투입되는 물적 자원으로는 조세와 각종 공과금이 있다. 경제적 환경에서 살펴본 바와 같이 국민의 조세부담능력은 국가의 부 또는 소득수준의 범위 내에서 제약을 받는다. 즉 가난한 국가와 부유한 국가를 비교하면 부유한 국가에서 국민의 조세부담능력이 더욱 큰 것이다. 또한 국민이 정치체제가 사용하는 물적 자원을 어느 정도까지 부담할 것인가는 정부기관과 정책 담당자에 대한 신뢰수준과 상당한 관련이 있다.

이러한 관점에서 정치공동체, 제도 및 당국자의 정당성에 대한 인정이 중요한 지지 투입의 하나이다(Easton, 1965). 권위주의 정권이 국민으로부터 정당성을 인정받지 못할 경우 정치제체를 유지하기 위하여 과도한 비용을 지불했던 사례를 우리나라에서도 과거에 경험했고 오늘날 일부 후진국에서도 볼 수 있다. 이러한 점에서 정부의 공권력 발동에 대한 순응 역시 정치체제에 대한 지지에 해당된다.

2. 전환과정

정치체제 내의 정부기관들이 환경의 요구와 지지를 바탕으로 정책을 결정하고 집행하는 활동이 전환과정(conversion process, 또는 throughput)에 해당된다. 구제도론자들이 전환과정을 담당하는 정치제도의 특징을 중시했다는 점은 이미 지적한 바와 같다. 한편 신제도론자들은 전환과정을 담당하는 정치제도의 차이에 따라 정책이 달라질 수 있다는 점을 강조하고 있다.

전환과정은 흔히 블랙박스 내에서 이루어지는 것으로 정치체제의 경계 외부에 존재하는 일반국민들이 참여하는 활동은 아니다. 즉 정책결정과 집행에 관한 공식 권한이 부여된 입법기관, 행정기관, 사법기관 등 공적 행위자들 사이에 일어나는 활동이다. 최근에는 새로운 거버넌스가 대두함에 따라 정부부문 행위자와 시민사회부문 행위자들 사이에 공동결정과 공동집행이 이루어짐으로써 전환과정에도 비공식적 행위자가 참여하게 되었다. 그 과정에서 블랙박스 내에서 진행되는 활동이 일반국민들에게도 상당히 많이 알려지게 되었다. 이같이 블랙박스에 접근할 수 있게 된 것은 기록관리 의무화와 정보공개제도와 같이 정치제체 운영의 투명성을 제고하고 국민의 알 권리를 보장하는 제도적 장치들이 갖추어졌기 때문이다.

Box 1-3: 노인장기요양보험정책의 전환과정

노인인구가 급증함에 따라 고령이나 노인성 질병 등의 사유로 일상생활을 혼자서 수행하기 어려운 노인들이 많아지는 한편 맞벌이 부부의 증가에 따라 이들 노인에 대한 요양문제를 정부가 해결하라고 요구하게 되었다(투입으로서 요구).

보건복지부와 관련기관에서는 이를 정부가 관심을 가져야 할 문제라고 판단하였다(정책의제설정).

보건복지부와 관련연구기관에서 노인 장기요양 문제에 관한 선진국의 정책을 조사한 결과 그러한 서비스를 제공하는 재원부담방식이 재정방식(국가와 지방자치단체 부담)과 사회보험방식(사회적 연대원리에 따른 사회보험료 부담)으로 구분되는 것으로 파악하였는데, 우리의 실정에는 사회보험방식이 적합하다고 판단하여 국회의 입법과정을 거쳐 사회보험방식의 노인장기요양보험법을 통과시켰다(정책결정).

2008년 7월 7일부터 시행 중인 이 제도의 관리주체는 국민건강보험공단으로 하고, 구체적인 서비스를 담당하는 요양시설의 일부는 민간기관에 위탁하는 등 지역실정에 따라 공공요양시설 또는 민간기관이 실제 서비스를 담당하도록 하였다(정책집행).

일정한 기간 집행이 이루어진 후에는 그 성과에 대한 평가를 거쳐 시행상의 문제점을 개선하는 조치가 취해질 것이다(정책평가와 변동).

한편 전환과정은 정책연구에서 가장 중요한 부분의 하나인 정책과정, 즉 의제설정, 정책형성, 정책집행, 정책평가 및 변동에 해당되는 과정이다([Box 1-3] 참조).

정치체제의 전환과정에 해당하는 정책과정에 관하여는 제3부에서 구체적으로 살펴보기로 하겠다.

3. 산　출

정치체제가 환경의 요구에 대응하여 전환과정을 거쳐 환경에 내보내는 것이 산출이다. Easton은 이 산출을 정책과 행위라고 보고 있다. 정부가 수행하는 활동이 많은 만큼 이러한 정책은 여러 가지 유형으로 구분될 수 있음을 제1부 제3장에서 살펴 본 바 있다. 일반적으로 이러한 정책은 배분정책, 규제정책, 재분배정책, 그리고 구성정책으로 구분된다.

4. 환　류

정치체제의 산출은 환경에 일정한 영향을 미친다. 이러한 영향에 대한 환경의 반응으로서 차기 투입에 되돌아가는 것이 환류(feedback)이다. 이 환류과정은 정치체제에 대한 통제과정으로 산출에 대한 평가를 반영한다. 즉 국민들이 정부의 정책을 평가한 결과가 차기 투입으로 나타난다. 이러한 환류과정을 통하여 정치체제의 담당자, 즉 당국자가 선거를 통하여 교체되기도 한다. 일상적인 경우에는 정책의 유지, 변동, 종결에 대한 요구나 지지의 변동으로 나타난다.

Ⅵ. 거시수준의 주요이론

사회경제적 결정론과 정치적 결정론에서 촉발된 정책의 결정요인 논쟁의 전개과정에서 다수의 경험적 연구가 이루어졌다. 이러한 연구결과를 토대로 거시수준에서 작용하여 정책의 내용과 수준에 영향을 미치는 요인에 관한 다양한 이론이 제시되었다. 여기에서는 정책의 결정요인 연구를 개관한 후 산업화이론 또는 수렴이론, 정치적 민주화와 권력자원론, 국가의 자율성과 역량이론, 혁신의 확산과 종속이론과 같은 이러한 거시수준의 이론들과 그 주요논리를 간략하게 살펴보겠다.

1. 정책의 결정요인 연구

1) 결정요인 연구의 의미

정책의 결정요인 연구(policy determinants studies) 또는 정책산출 연구(policy output studies)는 환경과 정치체제의 특성이 정책에 미치는 영향에 관하여 실제 자료를 토대로 경험적으로 검증을 시도하는 연구를 말한다.[12] 그 기본적인 아이디어는 정책을 정치체제의 산출(output)로 본다면 그러한 정책은 정치체제의 특성, 그리고 정치체제 환경의 특성에 따라 달라질 수 있다는 것이다. 한 국가 또는 지방자치단체에서 채택되고 있는 특정분야의 정책, 예를 들면 교육, 보건의료, 사회복지, 과학기술, 국방정책의 내용과 수준을 생각해보자. 이러한 정책의 내용과 수준은 일반적으로 특정분야에서 프로그램의 제도화 여부, 예산투입정도(비중, 절대액수, 일인당 지출 등)로 측정된다. 이들을 장기간에 걸쳐 시계열적으로 파악할 경우에 변화가 있음을 알 수 있다. 또한 일정 시점에서 여러 국가와 지방자치단체의 정책의 내용과 수준을 파악해 보면 각각 차이가 있음을 파악할 수 있다.

2) 결정요인 연구의 쟁점

그러면 이러한 시계열적 변화 또는 국가 및 지방자치단체 사이에 나타나는 정책 내용과 수준의 차이에 영향을 미치는 요인 또는 변수는 무엇인가? 정치학자들은 정치체제의 특성 또는 정치적 환경의 요소가 영향을 미친다고 가정하였다. 즉 정치체제가 민주적인 체제인가 권위적(또는 억압적인) 체제인가? 국민의 참여는 어느 정도인가? 정권획득을 위한 정당간 경쟁은 어느 정도 이루어지는가? 사회민주주의 또는 좌파정권인가? 아니면 우파 보수 정권인가? 등의 변수가 그러한 변화와 차이를 가져오는 핵심 요인이라고 본 것이다. 반면에 재정학자와 경제학자들은 이러한 정책의 변화와 차이는 정치적 환경 또는 정치체제의 특성보다는 특히 경제적 환경과 사회적 환경의 영향을 받는다고 보았다. 즉 일인당 소득 등 경제발전의 정도, 도시화, 산업

12) 정책의 결정요인 연구는 학사과정 학생들은 읽지 않아도 될 것이다.

화의 정도, 주민의 교육수준이 어느 정도인지에 따라 정치체제가 채택할 수 있는 정책의 내용과 수준이 달라진다는 것이다.

3) 결정요인 연구의 전개

정책의 결정요인 연구는 1960년대 이후 소위 경제결정론자와 정치결정론자들의 논쟁, 즉 정치 대 경제(politics vs economics) 논쟁을 통하여 방법론과 이론이 동시에 발전되어 왔다.[13] 그러한 논쟁 과정에서 다양한 분석모형이 개발되었고, 다중회귀분석은 물론, 경로분석, 공분산구조분석 등 다양한 고급 통계분석방법이 적용되었다. 연구 대상이 되는 정책영역도 다양화되었다. 초기의 결정요인 연구는 사회복지정책 분야가 연구초점이었지만, 점차 통일정책, 국방정책(목진휴, 2003) 등의 분야로 정책분야가 확대되었다. 한편 경험적 연구의 대상도 다양해지고 있다. 1950년대와 1960년대의 결정요인 연구의 초점은 미국 주정부와 시정부의 예산규모의 차이에 어떤 요인이 영향을 미치는 가에 관한 것이었다.

같은 맥락에서 우리나라의 광역자치단체와 지방자치단체의 예산지출규모로 측정된 정책의 차이에 영향을 미치는 변수에 관한 연구도 시도되었다. 다른 한편으로는 정책의 국가간 차이에 초점을 둔 국가간 비교연구도 상당히 많다. 그런데 정책의 국가간 차이를 규명하는 경우에도 서구 선진자본주의 국가들을 대상으로 진행한 연구와 선진국과 후진국을 모두 포함하여 진행한 연구는 그 결과, 즉 경제변수와 정치변수 중 어떠한 요인이 상대적으로 영향력이 큰지에 대한 결론이 상당히 달라진다. 요약하면, 결정요인 연구는 분석모형과 변수선정, 국가간 비교 또는 지방자치단체간 비교 등 비교대상 분석단위와 연구에 포함되는 표본선정, 시계열 연구 또는 횡단면적 연구 등에 따라 다양한 연구설계가 이루어질 수 있다.

4) 다수사례 비교연구로서의 결정요인 연구

Blomquist(2007)는 다수사례 비교연구라는 관점에서 1960년대 이후 결

13) 정책의 결정요인 연구는 정정길 외(2010: 78-88), 노화준(2012: 166-171)에 비교적 상세하게 기술되어 있다. 그리고 결정요인 연구에 관한 12편의 국내외 사례연구가 노화준・남궁근(1993)에 소개되고 있다.

정요인 연구문헌을 재검토하고 있다. 즉 결정요인연구는 다수사례에 관한 통계분석적 연구라는 점에서 장점과 단점을 가지고 있다. 이러한 연구에서는 예를 들면 분배정책과 재분배 정책에서와 같이 정부지출수준으로 측정되는 종속변수와 관련 독립변수에 관하여 계량화가 가능한 영역에서는 정교한 분석이 가능하다. 그러나 규제정책과 구성정책과 같이 정책내용과 수준을 계량화하기 곤란한 분야에서는 적용하기 어렵다.

5) 우리나라의 결정요인 연구

우리나라에서도 지방정부의 예산지출을 대상으로 결정요인 연구가 이루어져 왔다. 그런데 1990년대 지방자치가 본격적으로 시행되기 이전과 이후의 연구결과에 상당한 차이가 나타나고 있다. 지방자치가 본격적으로 실시하기 이전의 연구인 강인재(1993)와 황윤원(1993)의 연구에서는 정치적 요인과 경제적 요인보다는 중앙정부변수가 가장 영향력이 큰 것으로 나타났다. 위의 두 연구결과는 우리나라에서 지방자치가 본격적으로 궤도에 오른 후 이루어진 연구결과와는 대조적이다. 예를 들면, 강윤호(2000)는 민선자치단체장이 선출된 이후 자치구에서는 사회복지비 비중이 증가하였고, 시와 군에서는 감소하였음을 밝혔다. 한편 이종수(2004)는 단체장과 공무원의 역할, 주민참여 등 정부제도와 정치적 변수가 지방정부 혁신에 중요한 요소임을 확인하였다. 자치단체간 정책의 차이를 파악하는데 있어 정부지출규모의 차이와 같은 전통적인 측정도구 이외에도 혁신지향성, 조례채택 등과 같은 다양한 측정도구를 사용하는 경향이 나타나고 있다.

2. 산업화 이론 또는 수렴이론

가장 먼저 등장하여 널리 주장되는 이론은 근대화이론(modernization theory), 산업화이론(industrialization theory) 등 다양한 이름으로 불리는 사회경제적 변수를 강조하는 이론이다. 이러한 관점을 수렴이론(convergence theory)라고 부르기도 한다(Kerr, 1983; Mishra, 1973; Wilensky, 1975).

1) 사회보장과 복지수요 증가

이 이론에서는 산업화의 결과로 산업화 이전에는 존재하지 않았던 새로운 사회문제가 야기되며, 따라서 보건의료서비스를 포함한 사회복지에 대한 사회적 필요 및 수요(social needs and demands)가 증가하므로 이에 대응하여 사회복지를 포함한 공공정책의 내용과 수준이 결정된다는 것이다. 산업화된 사회에서 사회적 필요와 수요를 증가시키는 구조적 변화는 2차 산업(비농업)부문 종사자의 증가(산업재해, 실업문제), 농업부문 종사자의 도시집중(주택문제, 도시빈민층의 문제), 노인인구의 증가 등이다. 실제로 비농업부문 노동자가 증가하게 되면, 이들 노동자들에 대한 보건 및 사회보장의 수요는 커지고, 이들 노동자 집단이 정치적 요구를 하게 될 가능성이 높아진다. 한편 도시화에 따른 인구의 도시집중은 주민의 건강을 손상시키는 상황을 야기하게 되어 보건 및 복지 분야에서의 정부개입의 필요성을 증가시킨다. 그리고 산업화와 더불어 국민의 교육수준이 증가하면서 정치과정에 대한 인식이 커지게 되고 보건 및 복지 분야에서 정부개입을 요구하는 집단의 크기가 커지게 된다.

이러한 변화가 이전에는 존재하지 않았던 새로운 사회적 욕구를 증가시켜서 사회 전반적으로 국가개입을 필연적으로 불러일으켰다는 주장이다. 즉 산업화를 통하여 정부의 사회서비스 제공이 필요한 새로운 인구집단이 창출되었고(사회적 수요의 증가), 또한 사회 프로그램과 서비스를 제도화하고 확장하도록 압력을 행사하는 집단이 창출되었다(정치적 요구의 증가).

2) 가용자원 기반확충

다른 한편으로는 산업화의 결과 경제성장이 이루어져 국민들의 실질소득이 증가하게 되어 국민들의 조세부담능력도 커지게 되므로 국가가 사회복지에 투입할 수 있는 가용자원(available resources)을 동원할 수 있기 때문에 사회복지의 수요에 대응할 수 있다는 것이다. 즉, 경제발전에 따른 자원의 이용가능성 증가는 사회보장프로그램과 서비스 제공에 투입할 수 있는 자원의 기반(resource base)을 확충하여 정책결정에 있어서의 제약조건을 완화시키게 되었다는 것이다. 이러한 논리에 따르면 사회적 요구가 증가하는 경우에도 가용자원이 부족한 경우에는 국가가 대응할 수 없다. 결국, 사회경제적 발전이론의 요체는 어떠한 국가이든 산업화가 이루어지게 되면, 정치이념과 정치문화가 전혀 다를지라도, 사회적 필요와 수요의 증가, 그리고 이러한 수요에 대응하여 이를 충족시킬 수 있는 자원을 동원할 수 있기 때문에 유사한 사회복지제도를 가지게 되었다는 것이다.

3) 종 합

이러한 논리의 연장선상에서 산업화의 단계를 지나 후기산업사회로 진입하면서 새로운 정책수요가 발생하게 되고, 이에 대응하여 새로운 정책이 필요하게 된다(Kumar, 1995). 한편 4차 산업혁명 시대에 접어들면서 새로운 수요와 이에 대응하는 정책이 필요한 것으로 볼 수 있다. 이들의 주장을 요약하면 각국의 공공정책의 내용과 수준은 해당국가의 산업화, 후기산업사회화 또는 4차 산업혁명시대 진입 정도 등 사회경제적 환경과 그 변화를 반영하여 결정된다는 것이다.

정책의 결정요인에 관한 경험적 연구들을 종합할 때, 발전의 초기단계에서는 산업화의 정도 또는 근대화의 정도가 사회복지 정책에 미치는 영향이 크지만, 선진국으로 진입한 이후에는 그 영향이 크게 감소되는 것으로 나타났다. 그러므로 오늘날에도 개발도상국에서는 여전히 사회경제적 변수가 정책의 내용과 수준을 결정하는 데 상당한 영향을 미친다. 한편 34개 OECD 국가를 대상으로 정부의 복지지출과 경제성장률의 관계를 분석한 최근 연구에 따르면(Kang, 2016), 복지지출이 큰 국가에서도 고등교육 및 R&D 지출이 많고 굿 거버넌스(good governance)가 결합될 경우에는 경제성장에 긍정적 영향을 미치는 것으로 밝혀졌다.

3. 정치적 민주화와 권력자원론

공공정책의 내용과 수준을 결정하는 데 있어서 “정치는 무관하다(politics does not matter).”고 주장하며 사회경제적 요인을 강조하는 이론과는 대조적으로 여러 가지 정치적 요소의 영향을 강조하는 이론이 제시되었다. 정치적 요소를 강조하는 이론에는 (1) 국민의 참정권의 확대와 일반대중의 이익을 대변하는 이익집단, 정당, 그리고 의회가 행사하는 권한의 강화를 강조하는 정치적 민주화이론(Stack, 1978; Pampel & Williamson, 1989), 그리고 (2) 노동계급의 조직화(Korpi, 1989; Pierson, 1991)와 노동계급을 대변하는 좌파정당의 역할(Esping-Anderson, 1985) 등의 요소를 강조하는 이론 등을 들 수 있다. 이러한 이론은 특정의 정책을 지지하는 집단의 권력자원(power resources)의 크기를 강조한다는 점에서 권력자원론(power resource theory)으로 부르기도 한다. 이와 같이 정치적 요소를 강조하는 이론에서는 국가가 대응하여야 할 압력의 근원이 경제적인 것이라기보다는 민주적인 정치제도하에서의 조직화된 세력, 또는 다수의 투표자로부터 나온다고 보는 입장이다.

예를 들어 미국이 오늘날까지 포괄적인 국민의료보험제도를 채택하지 못한 이유로 채택주도집단이 미국의사협회와 민간보험업자의 조직적인 반대를 극복할 수 있는 정치적인 힘을 결집하는 데 실패했다는 점이 지적된다(Laham, 1993). 정치적 민주화가 비영리부문 성장에 미치는 효과를 검증하기 위하여 2003년부터 2013년까지 11년간 68개 주요 국가의 자료를 토대로 분석한 연구(김유현, 2016)에 따르면 정치적 권리와 함께 시민들이 누리는 자유의 정도가 개별 국가들의 비영리부문의 성장에 영향을 미치고 있음을 확인하였다.

한편 복지국가 발전과정에서 정당이데올로기의 영향을 15개 선진복지국가의 1960-2000년 기간을 대상으로 분석한 연구(신현중, 2010)에 따르면, 중앙정부가 좌파성향이 크고, 의회 반대당 의석비율이 낮으며, 노동조합의 강도가 강할수록 복지지출규모가 큰 것으로 밝혀졌다. 한편 권력분점과 분권화의 정도가 큰 권력분산적 정치구조를 가지고 있는 국가에서는 그 역할이 약화되었다(신현중, 2011).

4. 국가의 자율성과 역량이론

사회경제적 변수와 정치적 변수를 강조하는 이론은 각각 산업화에 따른 기능적 필요성, 또는 이익집단이나 노동계층의 정치적 영향력의 증대, 즉 사회로부터의 압력에 국가가 피동적으로 대응하여 사회복지제도가 발전한 것으로 설명한다. 이와는 달리 국가의 자율성(state autonomy)과 국가역량(state capacity)을 강조하는 이론에서는 국가를 단순히 피동적인 존재로 보는 것이 아니라 국가가 가지는 적극적인 역할과 국가의 자율적인 성격을 강조한다(DeViny, 1984: 295-310; Orloff & Skocpol, 1984: 726-750; 윤성원 · 양재진, 2015).

1) 국가의 자율성

국가의 자율성(autonomy)이란 국가가 자기이익을 강조하는 이익집단들의 갈등적인 사회적 압력으로부터 벗어난 독립성의 정도를 말한다(Nordinger, 1981; Howlett & Ramesh, 2003: 60). 국가기관이 이익집단의 압력에 전적으로 의존하여 정책을 결정할 경우 다른 집단의 희생 하에 강력한 집단에 혜택이 과도하게 집중되는 결과가 발생하여 사회전체의 복지가 악화될 수 있다. 그러나 유럽의 조합주의 국가와 동아시아의 준-권위주의 정치체제에서는 정치제도가 사회 집단의 압력을 물리치고 경제성장과 동시에 형평성을 촉진할 수 있는 건전한 정책을 산출할 수 있었다는 것이다.

2) 국가의 역량

자율성과 동시에 국가는 장기적인 관점에서 정책을 효과적으로 기획 · 결정하고 집행할 수 있는 국가 역량(capacity) 또는 능력을 보유하여야 한다. 국가의 역량은 국가조직의 응집성과 전문성의 함수인데 응집성과 전문성이 정책기능을 수행하는 데 있어서 성패를 좌우하는 중요한 결정요인이다(Howlett & Ramesh, 2003: 61). 국가능력을 제고하는 핵심요소는 중앙정부와 지방정부를 포함한 모든 수준의 정부, 입법부와 행정부, 행정기관들 사이에 통일성이 있어야 하며 관료기구가 고도의 전문성을 갖추는 것이다. 행정부가 입법부와 항상 협상해야 하거나 정부부처들 사이에 자주 갈등이 있을 경우에 적절하게 정책기능을 수행하는 것을 기대하기 어렵다. 이와 유사하게 관료제도가 당면한 복잡한 문제를 해결하는 데 필요한 전문성을 가지고 있지 못할 경우에도 사회문제를 잘 해결하기 어렵다.

3) 강한 국가와 약한 국가

자율성과 역량을 촉진할 수 있는 정치제도를 가진 국가를 강한 국가(strong states)라고 부르며, 그렇지 않는 국가를 약한 국가(weak states)라고 부른다(Atkinson & Coleman, 1989). 산업화된 국가 중에서는 일본이 강한 국가의 전형적인 사례로 인용되고 있으며 미국은 약한 국가로 분류된다. 싱가포르, 한국, 대만 등 동아시아 국가들은 세계에서 가장 강한 국가로 여겨지고 있다(Howlett & Ramesh, 2003: 61).

강한 국가의 핵심은 집행부와 관료기구이다. 반면에 약한 국가는 입법부가 강력하며 이익집단이 정책결정을 주도한다. Orloff와 Skocpol(1984)은 19세기말과 20세기초 영국과 미국에서 사회복지 발전에 차이가 나타나는 이유는 미국에 비해서 영국은 전문관료기구가 확립되어 있고, 정치지도자들이 복지제도 확충의 필요성을 인지하고 추진하였기 때문이라고 본다. 한편 공공선택이론가들은 국가의 관료기구들은 자신의 이익을 극대화시키기 위해서 기구의 확대와 예산의 팽창을 추구하려는 경향이 있으며, 이러한 경향 때문에 사회집단의 압력이 없어도 새로운 복지프로그램의 개발, 기존 프로그램의 확대가 이루어진다고 본다. 이같이 국가의 자율성을 강조하는 입장에서는 사회복지의 발달이 사회로부터의 압력, 즉 외부적 요인에 의해서라기보다는 국가내부, 특히 정치인과 관료의 내부적 동기에 의해서 복지제도가 확대된다고 본다(DeViny, 1983; 1984).

정책을 연구하는 관점에서 살펴보면 국가를 강한 국가와 약한 국가로 구분하는 데 문제점도 적지 않다. 첫째, 강한 국가가 일부 집단을 위한 것이 아니라 사회전체의 관점에서 정책을 결정한다고 믿어야 할 이유가 분명하지 않다. 아시아, 아프리카, 그리고 남미의 권위주의적 정권에서 실제로 나타나고 있듯이 강한 국가에서는 일반국민의 희생하에 국가엘리트를 위하여 정책을 결정할 수 있다. 둘째, 국가를 강한 국가와 약한 국가로 정형화하는 것은 너무 일반적이므로 정책영역별로 적용할 경우에는 그 효용이 크게 약화된다(Atkinson & Coleman, 1989). 모든 정책영역에서 강한 국가는 없으며, 모든 정책영역에서 약한 국가도 없다. 약한 국가라고 분류되는 미국에서도 국방정책 분야에서는 강력한 역량을 가지고 있다. Howlett과 Ramesh(2003: 62)는 국가를 전반적으로 강한 국가 또는 약한 국가로 구분할 것이 아니라 구체적인 정책영역별로 정책과정에서 정부제도의 역량과 자율성을 경험적으로 검증하는 데 노력해야 한다고 주장한다.

국가의 역할은 상황에 따라 달라질 수 있다. 2008년 전세계에 영향을 미친 금융위기나 2020년 COVID-19 감염병과 같은 국가적 위기를 벗어나기 위하여 불가피하게 국가의 역할이 강화된다. COVID-19 상황에서 각국 정부는 방역조치 때문에 국민의 자유를 일부 제한하는 한편 일자리 창출을 위하여 재정적자를 무릅쓰고 재정지출을 확대하는 정책을 능동적으로 추진하였다.

4) 한국의 국가자율성과 역량

한국의 발전국가 시기에 국가자율성과 역량에 관한 연구들은 한국 관료기구들 중에서 특히 경제기획원(EPB)의 역할에 주목하였다(최병선, 1990).[14)] 그러나 이러한 높은 수준의 기관자율성과 역량을 우리나라의 모든 부처가 가지고 있는 것은 아니며, 경험적 연구에 따르면 부처에 따라서 상당히 달라지는 것을 확인할 수 있다(윤성원 · 양재진, 2015; 오재록, 2018).

5. 혁신의 확산과 종속이론

정책 연구자들은 초기에 비교적 단순한 것으로 이해되었던 대외적 요인들의 복합적인 특성, 시공간에 걸친 다양한 양상들, 그리고 각종 정책 영역과 국가에 그러한 요소들이 미치는 영향들을 인정하고 있다(Bennet, 1997; Brenner, 1999; Howlett & Ramesh, 2003). 이에 따라 연구자들은 보다 신중하게 국내 정책과정이 국제 시스템에 연결되어 있는 방식, 형태 및 메커니즘을 살펴보게 되었다(Coleman & Perl, 1999; Risse-Kappen, 1995). 이러한 연구에서 학자들에게 주어진 과제는 국제화에 의해 생긴 변화들을 국내 정책 과정과 결과에 대한 기존개념에 접목하는 것이다. 혁신의 확산이론과 한때 유행하였던 종속이론(dependency theory)은 대외적 요인의 영향을

14) 최병선(1990)에 따르면 경제기획원의 중요한 기관적 특성은 다른 정부기관과는 달리 특정 고객집단을 갖고 있지 않아서 사회의 특수이익집단으로부터도 상대적으로 자율적이었다. 정부에 고학력의 능력 있는 관료들이 본격적으로 충원되어 경제기획원의 기관 역량이 크게 신장했다. 또한 경제기획원은 거시경제정책에 대한 기획 권한과 예산권과 같은 중요한 권한들을 보유하고 있었다. 또한 당시 경제기획원의 수장인 부총리는 거시경제정책을 전반적으로 총괄하는 자리로 대통령과도 밀접한 관계를 유지하면서, 효과적인 거시경제정책을 입안할 수 있을 정도의 역량과 자율성을 보유하고 있었다.

강조하는 이론 중 비교적 잘 알려진 것이다.

1) 혁신의 확산이론

(1) 혁신의 확산과 국가간 비교연구

혁신과 그 확산에 관한 연구는 미시수준에서 개인의 혁신적 행태, 중위수준에서 조직의 혁신에 관한 내용을 중심으로 이루어져 왔다. 거시수준에서는 국가간 또는 지방정부간 비교연구를 통하여 정부가 새로운 프로그램을 개발하고 이러한 프로그램이 어떻게 다른 지역으로 확산되는지 규명하고자 하였다(Berry & Berry, 2007: 223-260).

사회복지 분야의 국가간 비교연구 사례를 살펴보면 각 국가들은 인접국가와 격리된 상태에서 존재하는 것이 아니므로 이웃국가의 사회복지제도를 모방하는 현상을 생각할 수 있다. 사회보장제도의 채택 및 확산에 관한 고전적인 연구인 Taira & Kilby(1969), Collier & Messick(1975)의 연구에서도 인접국가로의 확산효과를 지적하고 있다. 한편 Pilcher, Ramirez & Swihart(1968)는 국민연금제도의 내용(은퇴연령의 규정 등)을 결정하는 데 있어서 인접국가, 공통언어, 그리고 식민지 경험이 미치는 확산효과를 분석한 결과, 공통언어의 효과가 가장 뚜렷하였고, 인접국가와 식민지 경험의 영향은 그리 크지 않은 것으로 밝혔다. 혁신의 확산이라는 관점에서는 사회복지제도의 채택 발전을 각국에서 선발국가(pioneering nations)의 노력을 모방하는 과정에서 나타난 결과로 본다. 국민의료보험제도의 채택과 관련하여 두 가지 유형의 확산을 생각할 수 있다. 첫째는 선진산업국가인 선발국가(leaders)로부터 저개발지역의 추종자(followers)로의 전파를 의미하는 계층적 확산(hierarchical diffusion)과 이웃지역으로부터의 모방을 뜻하는 공간적 확산(spatial diffusion)이 그것이다. 한편 Naroll, Klingman 등의 학자들은 혁신적인 프로그램이 정착할 수 있는 기능적 기초가 전혀 없는 상태에서의 순수한 확산과정을 과도한 확산(hyper-diffusion)으로 부르는 반면, 그러한 기초가 갖추어진 사회에 국한하여 이루어지는 혁신의 확산을 준확산(semi-diffusion)으로 구분하고 있다(Naroll, 1965).

최근 고령사회 진입과 함께 연금개혁의 국가간 확산 메커니즘을 분석한 연구(허만형, 2012)에서 사회적 압력, 경제적 압력과 더불어 수평적 이웃효과가 상호작용을 하면서 정책확산이 이루어졌음을 확인하였다. 한국의 연구개발 기획체제를 베트남에 성공적으로 정착시킨 정책이전 또는 정책확산의 사례에 관한 연구(박상욱 · 박상희, 2013)에 따르면, 도입국과 제공국의 맥락을 고려한 이전의 적절성, 이전 활동을 통해 전달된 지식과 정보의 양과 질, 그리고 이전의 완전성이 정책이전의 성공에 미친 영향요인으로 보았다. 국가간 협약의 하나인 교토의정서 따른 정책이전 효과에 대한 연구(정창호 · 신현중 · 박치성, 2011)에서는 자발적 성격이 강한 정책이전의 경우 효과가 미미한 반면, 강제력이 발생하였을 때는 그 효과가 유의하다고 밝혀졌다.

(2) 지방정부간 확산연구

이러한 혁신의 확산에 관한 연구는 국가간 비교연구에서뿐 아니라 한 국가 내의 하위정부들간의 관계에서도 이루어지고 있다. 이러한 모방이 이루어지는 것은 각 정부의 정책결정자들이 그들의 정책결정과정을 단순화시키기 위해서 끊임없이 인접지역의 정부정책에서 계기를 찾기 때문이라고 지적된다. 미국의 경우에 주정부 사이에서 혁신의 확산현상에 관한 다수의 연구가 이루어져 왔다. Berry & Berry(2007: 223-260)의 문헌검토에 따르면 혁신의 확산에 관한 연구는 복권제도, 조세, 고등교육 등 광범위한 분야에 걸쳐 이루어져 왔다.[15] 우리나라에서도 지방자치단체가 행정정보공개제도를 채택하는 과정에서 이웃지역으로의 확산효과가 있음을 밝혀지고 있다(남궁근, 1994a). 최근에 우리나라 지방정부를 대상으로 출산장려정책(이석환, 2014; 조일형 · 권기헌 · 서인석, 2014), 사회적 기업지원 조례(이학연 · 박치성, 2012; 이대웅 · 권기헌, 2014), 갈등예방조례(장석준 · 허준영, 2016; 박범준 · 박형준 · 강문희, 2016), 저소득층 건강보험료 지원조례(하민지 · 서인석 · 권기헌, 2011), 지방정부의 세계화(정명은, 2012), 자살예방조례(정다정 · 문승민 · 나태준, 2018) 등의 정책확산 또는 정책이전에 관한 연구가 이루어졌다(남궁근, 2020: 155-156).

15) Berry와 Berry(2007: 259-260)의 부록에는 미국을 중심으로 이루어진 50건이 넘는 연구사례 목록이 제시되었다.

2) 종속이론

1980년대 한국에 소개되어 반미주의자들에게 인기가 있었던 종속이론(dependency theory)도 국제적 환경의 영향을 강조하는 이론이다. 종속이론에서는 주변부인 후진국의 정책과정에 영향을 미치는 핵심적 주체는 이른바 중심부인 선진자본주의 국가이며, 국내에서는 이들 선진국의 이익을 대변해 주는 대리인인 매판자본가라고 본다. 한편 세계체제론으로 불리는 Wallerstein의 주장은 중심부가 주변부를 착취한다는 측면이나, 정치적 단위인 국가가 아니라 자본이 핵심이라는 점에서 기존의 종속이론과 유사하지만 주변부가 중심부로 이행할 수 있다는 점에서 차이가 있다.

혁신의 확신이론과 종속이론은 그 영향력의 근원은 전혀 다른 것으로 보고 있지만 국가의 정책결정에서 대외적 환경이 영향을 미친다고 보는 관점에서는 유사한 점이 있다.

Ⅶ. 제도와 정책

정치제도가 정책에 미치는 영향은 신제도주의가 부활하면서 새롭게 주목을 받고 있다. 여기에서는 전통적 제도주의를 개관한 다음, 이를 비판한 행태주의를 살펴 보고, 역사적 제도론을 중심으로 신제도주의의 특징을 고찰하기로 한다.

1. 신제도주의 대두

1) 전통적 제도주의의 특징

전통적 제도주의 또는 '구' 제도주의는 1880년대부터 1950년대까지 정치와 행정연구의 주류를 형성하였던 접근방법이다(Rhodes, 1997: 68). 전통적 제도주의자들은 유형적 실체인 공식적 국가기구, 즉 의회, 대통령, 정부관료제, 사법부 등을 주된 연구대상으로 하였다. 예를 들면, 행정학의 창시자로 알려진 Wilson은 1887년 논문, A Study of Administration에서 미국 정부는 유럽국가 정부관료제의 효율적인 운영방식을 학습해야 한다고 주장하였다.[16] 이들은 역사적으로 진화된 패턴인 제도를 중심으로 국가, 사회, 경제가 구축되고 움직이는 것으로 보았고, 이러한 제도는 법률에 의하여 변경될 수 있는 것으로 생각하였다(Ethington & McDonagh, 1995: 88).

비판자들은 전통적 제도주의가 연구범위와 연구방법의 양면에서 제약이 있다고 보았다(Lowndes, 2002). 연구범위에서 정부의 제도에 관심을 가졌지만 정부의 공식적 구조에만 관심을 가졌을 뿐, 보다 넓은 범위에서 거버넌스에 관한 제도적 제약조건은 다루지 않았다. 연구방법에서는 주로 상이한 행정구조, 입법구조를 포함한 정치구조에 관한 병렬적인 기술에 그쳤기 때문에 실질적인 비교분석을 촉진하고, 설명이론을 진척시킬 수 있는 범주와 개념을 개발하지 못하였다.

2) 행태주의의 대두와 특징

전통적 제도주의를 비판하면서 1950년대와 1960년대에 행태주의 혁명이 대두되었다. 과학적 연구를 강조하는 행태론자들은 공식적인 법률, 규칙, 그리고 행정구조가 실제의 정치행태와 정책결과를 제대로 설명하지 못한다고 보았다. 즉, 정치를 이해하고 정치적 결과를 설명하려면 정부제도의 공식적 속성에 초점을 맞출 것이 아니라, 정치영역에서 개인과 집단의 태도와 정치행태, 그리고 권력의 실질적인 배분상태를 살펴보아야 한다고 주장하였다.[17] 행태주의 시대의 주된 연구대상은 유형적인 국가제도에서부터 무형적인 대

---

16) Wilson은 미국 대통령을 지낸 실천적 정치가로서 진보주의 운동(The Progressive Movement)의 지식인 지도자였다. 그는 미국 정부의 제도개선, 특히 당파주의의 해로운 영향을 제거하기 위하여 독립규제기관의 도입, 비당파적 선거 그리고 전문적인 행정관리를 지향하는 제도개선을 추진하였다. 이러한 진보주의 전통은 뒤에 시카고 대학의 행정정보교환센터(Public Administration Clearing House)와 같은 조직에 반영되었다. 이 집단에는 Charles Merriam, Louis Brownlow, Leonard White, 그리고 후일에 Herbert Simon과 같은 학자들이 소속하였으며, 전문적 시정관리인과 같은 개혁 아이디어를 전파하는 데 결정적인 역할을 하였고, 뉴딜정책이 잘 관리될 수 있도록 지원하였다.

17) 예를 들면, Bentley(1908: 176, 179-180)는 일찍이 정치학의 주요 연구대상은 공공의 제도가 아니라, 그들의 행위가 상호 영향을 미치는 사람들간의 관계가 되어야 한다고 주장하였다.

상인 개인과 집단의 '태도'와 '정치과정'으로 전환되었다. 즉, 행태주의자 시대에는 여론, 유권자의 투표행태, 이익집단과 정당의 태도와 행태가 주된 연구대상으로 대두하였다. 반면에 법률에 규정된 구조, 또는 정치제도의 역할은 무시되었다.

행태론자들은 엄격한 과학적 방법을 사용한다는 입장을 가지고 있었고, 검증방법과 연구결과의 복제가능성에 관하여 상당히 높은 기준을 지키려고 하였다. 또한 형식적-법률적 전통에 젖어 있는 구제도주의 학자들의 무이론적 연구와는 대조적으로 행태주의자들의 연구 프로젝트는 분명하게 이론적이었다(Thelen & Steinmo, 1992: 3-4). Peters(2005: 13-15)는 행태주의의 이론과 방법론의 특징으로 세 가지를 들고 있다. 첫째, 반규범적 바이어스인데, 규범적 분석에는 비판적이다. 둘째, 방법론적 개인주의(methodological individualism)의 입장에서 개인만이 연구의 주된 분석단위라고 보아 개인과 그 행태를 연구하고자 하였다. 셋째, 투입주의(inputism)로 사회로부터 정치체제에 대한 투입을 중시한다. 즉 Easton(1971) 등의 연구에서와 같이 산출인 정책에 영향을 미치는 요인으로서 투표, 이익집단의 활동, 정치적 요구 또는 자원의 투입과 같은 투입요소를 강조한다. Easton의 정치체계론에서 정부의 공식제도는 투입을 산출로 전환시키는 '블랙박스'로 격하되었다. Dye(1966), Sharkansky(1968)의 연구에서도 정부의 공식제도는 정책선택에 영향을 미치지 못하는 것으로 간주되었다.

행태주의 시대에는 이론형성을 강조하다 보니, '거대이론화'를 추구하는 경향이 있었으며, 다수국가를 대상으로 하는 국가간 비교연구가 크게 증가하였다. 전통적 제도주의에서의 개별 국가를 중심으로 하는 연구를 벗어나, 행태주의 시대의 비교연구자들은 국가간 비교 연구의 지침이 될 광범위하게 적용될 수 있는 개념과 변수를 모색하였다. 그 결과 행태주의 시대에 주장된 이론들은 매우 상이한 제도를 가지고 있는 여러 국가에 두루 적용될 수 있는 유사성과 수렴적 경향을 강조하였다. 예를 들면, Easton의 체계이론, Almond & Powell의 비교정치분석의 틀, 후진국행정체제의 특징, 발전행정론 등이 이러한 경향을 대변하는 대표적인 이론들이다(이에 대한 간결한 요약은 염재호, 1994: 12-13 참조).

3) 신제도주의의 대두

행태주의 접근방법에서는 정치와 행정현상에서 개별 국가의 특수성을 인정하지 않고, 보편성과 객관성을 강조하는 포괄적 이론을 개발하는 데 관심을 가졌다. 이러한 접근방법으로는 선진 산업국가들에서 동일 문제에 대한 각국의 상이한 정책대응방법이나, 동일정책을 채택한 경우에도 정책집행의 효과가 다르게 나타나는 현상을 설명하기 어렵다. 이러한 문제점은 1970년대 초반의 석유위기 이후 제기된 여러 가지 국내외 정책문제들에 대하여 선진 산업국가들이 독자적으로 대응하면서 분명하게 나타나기 시작하였다(Thelen & Steinmo, 1992: 5).

이에 따라 산업화된 국가들이 상이한 정책을 채택한 이유가 무엇인지를 찾게 되었는데, 각국이 채택한 정책의 차이를 설명할 수 있는 독립변수로서 '정치제도'가 다시 관심의 대상이 되었고, 따라서 제도주의가 부활하게 되었다. 이러한 관점에서 일찍이 March & Olsen(1984: 747)은 정치제도가 정치적 결과를 형성하는 데 더욱 독립적인 역할을 담당하며, 정치생활의 조직이 정책의 차이를 가져온다고 주장하였다. 관료기구, 의회위원회, 법원은 사회세력들이 경쟁하는 장소일 뿐 아니라 그 자체가 이해관계를 규정하고 방어하는 표준운영절차와 구조의 집합체라고 본다. 즉 이들 제도가 하나의 정치행위자인 것으로 보았다(March & Olsen, 1984: 738).

March & Olsen의 명제는 매우 흥미있는 질문을 제기하게 한다. 무엇이 '정치제도'를 구성하는가? 제도가 어떻게 이해관계를 정의하고 방어하는가? 제도가 어떻게 개인의 행위에 영향을 미치는가? 등이다. 이러한 문제에 대하여 다양한 분파의 '신제도주의자'들이 하나의 통일된 답변을 제시하지는 않았다.

2. 신제도주의의 유형과 특징

1) 신제도주의의 유형

신제도주의는 다양한 학파를 포함하고 있으며, 학파에 따라 제도의 의미, 제도의 중요성, 그리고 제도가 초래하는 차이가 무엇인지에 관한 견해가 다르다. 신제도주의의 다양한 흐름은 일반적으로 합리적 선택 제도주의, 역사적 제도주의, 그리고 사회학적 제도주의로 구분한다(Koelble, 1995: 231-245; Hall & Taylor, 1996; Immergut, 1998). 이러한 구분은 상당부분 경제학, 정치학, 사회학(조직이론) 등 신제도주의가 대두된 분과학문의 경계와 중첩되는 것이기도 하다.

(1) 합리적 선택 제도주의

Shepsle, Levi, North, Bates 등이 주도하는 경제학 분야의 신제도학파, 즉 합리적 선택 제도주의(rational choice institutionalism)의 주요 관심사는 행위자의 전략적 계산에 관한 것이다.18) 신제도학파의 경제학자로 1993년 노벨상 수상자인 Douglas C. North는 제도란 효용극대화를 추구하는 개인들이 분명한 의도를 가지고 창설한 것이지만, 일단 존재하면 개인의 행동에 한계를 설정한다고 가정한다. 제도는 합리적 행위자의 이기적 행태에 제약을 부과하는 전략적 맥락(strategic context)이다. 예를 들면 고전적인 죄수의 딜레마 게임에서는 규칙(즉, 제도)이 변경되면, 그 규칙이 죄수가 자기이익을 극대화하려는 선택의 구조를 변경하기 때문에 죄수의 선택(변절, 협력 등)도 따라서 변화한다.

현실 정치에 관심을 가진 합리적 선택이론가들은 정치제도 및 경제제도를 중요시하는데, 그 이유는 이러한 제도가 정치 행위자들이 자기이익을 추구하는 과정에서 취하는 전략을 규정하거나 제약하기 때문이다. 예를 들면 정부와 시장과 같은 제도는 일단 창설되면, 합리적 선택의 범위를 제약하는 맥락이 된다. 따라서 왜 어떠한 국가는 효율적으로 경제를 발전시킨 반면 다른 국가는 그렇지 못하였는지를 설명하는 중요한 요인이 된다는 것이다(예컨대, Cook & Levi, 1990 참조).

(2) 역사적 제도주의

Steinmo, Thelen, Skocpol, Immergut 등이 주도한 역사적 제도주의에서도 제도가 정치행위자들의 전략을 정의하고 이익을 추구하는 맥락을 제공한다는 점에 동의한다. 역사적 제도주의자들은 더 나아가 제도가 정치, 정책, 그리고 정치사를 결정하는데 더욱 큰 역할을 수행한다고 본다(Thelen &

18) 합리적 선택 신제도주의에 관하여는 정용덕 외. 1999. 「합리적 선택과 신제도주의」에 이론과 사례연구가 포함되어 있다.

Steinmo, 1992: 7).[19] 역사적 제도주의의 관점을 요약하면, 제도는 행위자들의 전략을 형성할 뿐 아니라, 그들 사이의 협력 및 갈등관계에 개입함으로써 정치상황을 구조화하고, 정치적 선택의 결과에 영향을 미친다. 정치행위자들도 제도가 가지고 있는 근본적 영향을 인식하고 있기 때문에, 제도를 둘러싼 경쟁은 매우 격심하다. 제도의 재배열을 통하여 정치행위자들은 동일한 문제에 대하여 반복적으로 투쟁하는 어려움을 덜 수도 있다. 예컨대 이러한 사실은 지역구의 경계를 둘러싼 의원간의 갈등이 왜 심각한지를 설명한다. 또한 정치과정에서 제도가 차지하는 중요성이 가공할 만큼 크다는 사실은 샤를르 드골과 같은 강력한 정치지도자들이 자신의 정치생명을 왜 특정 정책이 아니라 제도개편에 걸었는지를 이해할 수 있도록 한다.

(3) 사회학적 제도주의

사회학적 제도주의는 조직생활의 맥락에서 전개된 것으로 사회적 존재로서의 개인을 강조하며, 개인의 선호와 개인의 선택은 개인이 소속한 문화적 환경으로부터 분리하여 설명할 수 없다고 본다(하연섭, 2011: 112). 사회학적 제도주의에서 제도의 개념에는 공식·비공식적 규칙뿐 아니라 인간행위에 의미를 부여하는 상징과 인지적 스키마, 문화, 가치체계 등이 모두 포함된다 그러므로 사회학적 제도주의에서 정의하는 제도는 그 폭이 매우 넓다. 그들은 이러한 제도가 '행위자'의 행위를 규정한다고 주장한다. 예를 들면, 이혼을 원하는 사람은 자신의 배우자와 결별하기 위하여 이미 알려진 절차에 따를 뿐이며 새로운 규칙을 만들지는 않는다는 것이다. 대부분의 사람들은 본질적으로 보수적이며, 일단 규칙이 정해지면 이에 집착하는 경향이 있다는 것이다. 이들 학자들에 따를 경우 제도의 안정성, 타성 등의 현상을

---

19) 역사적 제도주의자들은 합리적 선택학파의 합리성의 가정을 지나치게 제한적인 것으로 생각하는데 구체적으로 다음 두 가지 점에서 대조적인 입장을 보이고 있다. 첫째, 합리적 선택학파와는 달리 역사적 제도주의자들은 정치행위자를 합리적 극대화론자가 아니라 규칙을 준수하는 만족화주의자(satisficer)라고 본다. 즉, 사람들은 자신들의 인생에서 경험하는 모든 선택에서 "무엇이 나의 이익을 극대화시킬 것인가?"라고 생각하는 대신 사회적 합의가 이루어진 규칙을 따르는 경향이 있다 것이다. 둘째, 합리적 선택학파와 역사적 제도주의자들이 선호형성을 보는 관점은 분명하게 대조된다. 합리적 선택이론에서는 정치행위자들이 합리적이며 자신의 이익을 극대화하기 위하여 선택한다고 가정한다. 반면에 역사적 제도주의자들은 정치행위자가 극대화하려는 것은 무엇인지, 특정 목적을 강조하는 이유가 무엇인지를 주어진 것으로 보지 않고, 역사적 기초를 토대로 규명하여야 할 대상이라고 본다.

설명하는 것은 문제가 없으나 제도의 변화를 설명하는 것은 매우 어렵다.

2) 구제도주의와 신제도주의의 차이점

1970년대 이후 다시 부활한 신제도주의와 구제도주의는 어떠한 차이가 있는가? 사실상 신제도주의에서 주장하는 새로움이 과연 무엇인가에 관한 회의론도 강하게 제기되고 있다.[20] 여기에서는 그 차이를 연구대상과 연구방법의 두 가지로 구분하여 살펴보기로 한다.

(1) 연구대상의 측면

구제도주의에서는 행정기관, 의회, 대통령, 법원 등 유형적인 개별 정치제도가 주된 연구대상인 반면에 신제도주의는 이러한 제도들의 동태적인 관계 또는 전체적 패턴을 연구대상으로 한다(Skocpol, 1995: 103-104). 즉, 구제도주의에서 제도의 개념은 법으로 규정된 유형적 정부기관인 반면, 신제도주의에서는 정부제도와 민간부문의 제도들의 역동적 관계를 포함하는 정치적 네트워크의 개념으로 무형적인 것까지를 포함한다(Skocpol, 1995: 105; Ostrom, 1996).[21] 예를 들면, 산업화 초기 미국의 노동운동을 연구할 때, 미국 노동자들이 입법적 해결을 위해서 동시에 협상해야 했던 정치제도는 독립된 법원과 분권화된 정당, 그리고 이들간 관계의 패턴을 포함한다.

(2) 연구방법의 측면

구제도주의의 연구방법은 제도에 관한 정태적 기술을 위주로 하는 반면, 신제도주의에서는 제도를 중심개념으로 정책현상 등 다른 변수들과의 인과

20) Nelson Polsby는 "정치학은 원래부터 제도 자체를 연구하여 왔는데 신제도주의의 새로움은 과연 무엇인가?"라고 반문하고 있다. 이는 1996년 필자가 안식년으로 UC Berkeley에서 연구하면서 Nelson Polsby와 여러 차례에 걸친 대화에서 제시한 의견이다. Polsby는 원래부터 의회나 대통령 등 제도의 연구가 정치학 연구의 핵심이 되어야 한다고 생각하고 있었다. 같은 맥락에서 Morris Fiorina(1995)는 신제도주의를 젊은 학자들이 자신들을 구세대와 차별하기 위해서 학문의 정상적인 발전과정에서 나타난 경향을 과대포장한 것으로 보고 있다. 그는 1960년대 이후 미국 정치학과에는 투표와 여론, 정당과 이익집단 등 행태를 연구하는 학자들과 의회, 대통령, 관료제, 사법부 등 제도를 연구하는 학자들이 고르게 분포되었다는 점을 지적한다. 다시 말하면 제도는 소위 '행태주의 시대'에도 중요한 연구대상이었다는 것이다.

21) 이같이 신제도주의자들은 제도의 개념을 유형적인 법적 제도를 넘어서는 것으로 보지만, 무형적인 대상인 절차, 관례, 습관, 문화 등을 어느 정도까지 포함시킬 것인가에 관하여는 상당한 이견이 존재하는 것도 사실이다.

관계 분석과 가설검증을 추구하고 있다. 신제도주의에서는 과학적 방법론을 적용하여 가설검증과 인과관계 분석을 추구한다. 예를 들면, 국가간 정책의 차이를 가져온 주요변수가 제도적 틀의 차이인 것으로 가정하고, 실증적 자료를 토대로 한 비교연구를 통하여 과학적으로 검증하려는 연구방법을 채택한다.

3. 제도와 정책

여기에서는 역사적 제도주의의 관점에서 제도가 어떻게 정의되고, 행위자의 선택에 영향을 미치며, 형성되고 변화되는지 살펴보기로 하겠다.

1) 제도의 개념

역사적 제도주의자들은 정치제도를 게임의 규칙(rules of the game)으로 이해한다(Immergut 1992a, 1992b; Lowndes, 2002). 널리 받아들여지고 있는 Hall(1986: 19)의 정의에 따르면 제도는 "정치적 조직체와 경제의 다양한 단위에서 개인간의 관계를 구조화하는 공식 규칙, 순응절차, 그리고 표준운영절차를 포함"한다. Hall의 '표준운영절차'(standard operating procedures, SOP)의 개념이 제도를 다른 사실과 구분하는 좋은 기준이다(Lowndes, 2002).

다양한 제도들의 관계는 하나의 계층적 구조를 이루고 있다. 즉, 거시수준의 상위제도들이 중위수준의 제도에 영향을 마치고, 이러한 제도들이 결합하여 개인 또는 집단 행위자들의 선택, 즉 정책에 영향을 미친다. 상위수준에서 제도는 헌법상의 규칙, 즉 대통령제 또는 의원내각제와 같은 정치제도와 생산수단의 사유화 규정 등 경제제도의 배열을 의미하며, 중위수준에서는 정책형성과 관련하여 정부기관과 노동조합, 경제단체, 정당제도 등과의 관계를 들 수 있다. 한편 하위수준에서는 공공기관의 표준화된 관행, 규정, 일상적인 절차 등을 의미한다. 그러므로 제도란 독립적으로 존재하는 개별적인 제도나 조직의 모습이 아니라, 다양한 조직과 제도가 결합되어 있는 조직과 제도의 복합적 모습, 즉 '조직과 제도의 망(network)'을 의미한다. 역사적 제도주의자들이 중위수준에서 정치제도에 초점을 맞추어 연구하는 것이 특징(하연섭, 2011: 45-46)이지만, 이 경우에도 연구자는 연구대상인 정책에 관련된 제도적 배열에 관련된 규칙을 찾아내야 한다.

2) 제도의 '역사'와 경로종속성

역사적 제도주의자들은 과거의 제도를 추적하여 이들이 후속되는 경로에 미치는 제약을 분석한다(Skocpol, 1995: 106). 제도의 역사적 맥락은 '경로종속성(path-dependency)'이라는 용어로 표현된다. 경로종속성의 개념에 따르면, 과거의 제도 및 구조가 정치행위자들로 하여금 이미 확립된 정책경로를 따르도록 하므로, 비점증적인 대규모 변화가 일어날 가능성이 희박하다는 것이다(Wildford, 1994: 251-283). 즉, t 시점에서 형성된 제도는 $t+1$ 시점에서의 선택과 변화방향을 제약하게 된다. 따라서 제도가 t 시점에서는 '종속변수'이지만 $t+1$ 시점에서는 '독립변수'의 의미를 지닌다(하연섭, 2011: 57). 이들은 제도가 일단 형성되면 상당기간 안정성을 유지한다고 가정하고 있다.

Pierson(2000: 251-267; 2004)은 경제학의 수확체증(increasing returns) 개념을 적용하여 경로종속의 원인과 결과를 설명한다. 수확체증과정에서는 퇴출 비용, 즉 과거 시점에는 그럴듯했던 대안으로 교체하는 비용이 크게 증가한다. 따라서 수확체증의 과정은 자기강화 또는 긍정적 피드백 과정이다. 초창기의 사건은 후반기의 사건보다 훨씬 중요하고, 따라서 발생순서가 상이할 경우 상이한 결과를 가져올 수 있다.

긍정적 피드백에 기초한 경로종속성 논증에 의하면 거대한 사건이 거대한 결과를 초래할 뿐 아니라 조그마한 사건도 적시에 발생할 경우 역시 매우 중요한 결과를 가져올 수 있다. 이러한 관점은 불확실성의 상황으로부터 질서와 패턴을 찾고자 하는 혼돈이론(chaos theory)의 논리(Prigogine & Strengers, 1984)와 유사하다. 즉, 단순회로 상에서 선형적인 변화를 전제로 하는 뉴턴적 결정주의 이론과는 달리, 혼돈이론에서는 변화의 방향과 과정에서 비선형성과 순환적인 과정을 전제로 하고 있으므로, 최종적인 결과가 초기조건에 극도로 민감하다.[22]

---

22) 초기조건의 작은 차이가 종국에는 대단한 변화를 일으킬 수 있다는 점은 Lorenz의 나비효과(butterfly effect)로 설명된다. 나비 한 마리가 북경에서 팔랑거리면 일정시간이 지난 후에 태평양에서 폭풍이 일어날 수 있다는 것이다.

정정길(2002a; 2002b)이 제안한 시차적 접근방법은 사회과학적 인과법칙에서 시간적 요소의 중요성을 새삼 강조한 이론으로 역사적 제도주의의 논리와 유사한 측면이 있다. 시차적 접근방법에서는 원인변수와 결과변수 사이의 인과관계에서 동일한 원인변수라고 하더라도 작동순서(sequence)의 차이에 따라 결과변수에 미치는 영향이 다르다는 점(정정길, 2002a), 동일한 원인변수와 결과변수라고 하더라도 그 변수들의 성숙단계와 변화경로에 따라 인과관계의 방향과 크기가 달라질 수 있다는 점(정정길, 2002b)을 강조하였다.

3) 제도가 행위자의 선택에 미치는 영향

역사적 제도주의자들은 제도가 행위자들의 전략과 목표에 영향을 미치고 그들의 협력 및 갈등관계에 개입함으로써 정치적 상황을 구조화하는 핵심변수라고 보았다(Thelen & Steinmo, 1992). 역사적 제도주의자들은 정치적 상호작용이 제도 내에서 발생하기 때문에, 제도는 정치적 상호작용이나 정치적 투쟁 자체의 유형과 성격에 커다란 영향을 미치는 제약요인으로 작용한다고 본다. 제도가 행위자의 선택에 미치는 영향과 그 관계를 구체적으로 살펴보면 다음과 같다.[23)]

(1) 제도적 배열과 행위자간 상호작용의 제약

제도는 정책과정의 행위자를 정의하고, 행위자들간의 상호작용을 제약한다. 즉 누가 정책결정과 집행에 참여할 것인지, 그리고 그들간의 상호작용을 어떠한 형태－협상, 투표, 위계적 결정, 상호 적응 등－로 나타내야 할 것인지 결정한다. 또한 제도의 특성에 따라 공식적인 거부점(veto points)의 위상과 숫자가 정해짐으로서 정책과정 전반의 특성에 영향을 미친다.[24)] 예를 들면, 영국이나 뉴질랜드 등 수상 중심의 내각제라는 제도적 배열은 정책결정의 권한이 단일 행위자(single-actor)에 집중되어 있는 반면, 미국과 같은 대통령제 국가의 제도적 배열은 다수의 독립적 행위자들이 상호 협상과 적응을 통해 정책을 결정한다. 다른 조건이 같다면, 다수 행위자 제도배열이

23) 이 부분은 엄석진(2008: 38-40)의 박사학위논문에서 정리한 내용을 요약하여 인용하였다.
24) 이들의 분석에서 거부점의 개념은 일찍이 Pressman & Wildavsky(1973)가 오클랜드 사례연구에서 정책집행의 실패원인의 하나로 지적한 거부점과 유사하다.

단일 행위자 제도배열보다 정책의 결정과 집행, 그리고 정책의 변화에 있어 속도가 느리고 범위가 좁다. 왜냐하면 거부점의 숫자가 많아지기 때문이다.

Pierson(1994)은 레이건 정부와 대처 정부에서 복지삭감정책의 성과분석에 거부점 분석을 적용하였다. 상원, 하원, 그리고 양원의 각종 위원회 등 거부점의 수가 많은 미국의 정치체제에서 레이건 행정부의 삭감제안은 상당부분 거부된 반면, 집권화된 영국의 정치체제에서 대처 행정부의 유사한 제안은 큰 저항없이 통과되었다. Immergut(1992a, 1992b)은 프랑스, 스위스, 그리고 스웨덴에서 보건의료에 관한 유사한 프로그램이 제안되었으나, 그 결과가 달라진 원인이 각국에서 법안의 통과에 필요한 절차를 의미하는 게임의 규칙, 특히 거부점의 위치와 수가 달랐기 때문이라고 보았다. 한편 1980년대 이후 영국, 미국, 스웨덴의 노령연금, 보건의료(보건의료서비스와 상병수당), 실업보험의 3개 영역에서 국가복지 축소조정을 위한 정책 및 성과를 비교한 결과 복지국가의 성장기에 제도화된 복지 프로그램의 특성, 즉 프로그램의 성숙도와 포괄성, 관리체제의 특성이 프로그램별 축소조정의 차이를 설명하는 강력한 변수였다(남궁근, 1999a). 복지국가의 위기에 대응한 해결방식은 각 프로그램의 특징을 토대로 결정되며, 바로 그 때문에 수렴적 경향보다는 다원적 경로가 존재하였다.

(2) 정책대안의 범위와 활용가능성 제약

제도는 활용가능한 정책대안의 범위와 내용을 제약한다(Scharpf, 2000). 즉, 국가별로 시대별로 정부의 제도에 따라 정책대안들의 범위와 내용이 달라진다. 최근에는 국제기구나 국제협약을 통해 구성되는 단위 국가의 범위를 넘는 제도에 따라 국내 정책이 제약된다.

한편 제도는 정책결정과 집행과정에서 요구되는 정책 아이디어의 채택과 활용에 영향을 미친다(Skocpol & Rueschemeyer, 1996). 즉, 제도적 배열에 따라 어떠한 정책 아이디어나 기술이 채택되거나 확산될 수도 있고, 그렇지 않을 수도 있다. 예를 들면, 영국, 캐나다, 프랑스의 경우, 신공공관리론적 행정개혁 아이디어의 채택 및 확산 속도에 있어 큰 차이가 있었다. 그 이유는 영국의 경우 신공공관리론적 아이디어와 그에 따른 정책프로그램들이 수상실이 주도하여 추진한 반면, 캐나다의 경우에는 의회의 회계감사원이, 프랑스의 경우에는 관료제가 주도하였기 때문이라는 것이다. 즉 어떤 제도적 배열이 정책아이디어와 결합되느냐에 따라 그 정책아이디어의 채택과 확산 양태에 차이가 나타난다는 것이다.

4) 제도의 변화

역사적 제도주의자들은 제도가 정치적 행위를 제약하는 것으로 보기 때문에 그 접근방법으로 제도의 변화를 설명하거나 예측하는 것이 어렵다. 이들이 대규모 변화가 전혀 불가능하다고 주장하는 것은 아니다. 역사적 제도주의자들은 제도의 변화를 설명하기 위하여 다음에 살펴볼 여러 가지 개념들을 사용하게 되었다.

(1) 외부의 충격과 단절적 균형

제도변화를 설명하기 위해서 Krasner(1984: 223-46)가 생물학으로부터 차용한 '단절적 균형'(punctuated equilibrium)이라는 모형을 사용한다. 제도는 상당기간 안정성을 유지하다가 비교적 급격한 제도의 변화를 가져오는 위기에 의하여 주기적으로 중단되며, 그 이후 다시 제도의 균형상태가 유지된다는 것이다. 크래즈너의 견해에 따르면 제도적 위기는 보통 전쟁이나 대공황과 같은 외부환경의 변화로부터 초래된다. 전쟁이나 공황이 제도의 변화를 초래하는 것은 사실이지만 그러한 외부적인 사건에 의한 중단이 제도변화의 유일한 원인이라고 볼 수 없고, 또한 가장 일반적인 것이라고 볼 수도 없다(Blyth, 2002: 301-302).

(2) 중대한 전환점과 제도의 학습

중대한 전환점(critical junctures)의 개념이 제도 변화를 설명하기 위하여 사용하기도 한다(Collier & Collier, 1991; Pierson, 2004: 134). 위기상황에서 위기에 대응하기 위하여 취한 행위가 제도를 변화시키고 재형성하는 역사적 계기가 된다는 것이다. 제도는 또한 학습을 통하여 변화될 수 있는데 새로운 정보에 대응하여 균형점을 변동시킬 수 있다. 그러한 정보는 다른 제도로부터 나올 수 있고, 자신들의 '경로'에 따라 진행하는 과정에서 나올 수도 있다(Peters, 2005: 78).

이러한 맥락에서 Thelen & Steinmo(1992: 16-17)는 '단절적 균형'론에서

진일보하여 외부 충격에 대하여 제도 내부의 행위자의 반응을 함께 고려하는 '제도적 역동성'과 '역동적 제약'의 논리를 제시하였다. 제도적 역동성은 외부적 요인에 의한 충격이 제도수준의 변화를 자극한다는 개념이다. 역동적 제약의 개념은 외부적 요인의 충격은 제도적 제약 내에서의 행위자의 전략을 변화시켜 궁극적으로는 제도의 변화가 일어날 수 있다는 것이다.

(3) 아이디어와 이데올로기

역사적 제도주의자들은 변화를 보다 만족스럽게 설명하기 위하여 '아이디어'에 관심을 가지게 되었다(Berman, 1998; Hall, 1992). 오늘날에는 세계화가 급속하게 진전되어 이러한 아이디어가 외국으로부터 전파될 수 있다. 1980년대 이후 전세계를 휩쓸었던 신자유주의와 신공공관리론, 그리고 1990년대 이후 새로운 거버넌스 또는 참여 거버넌스라는 이론도 제도의 변화를 촉진하는 새로운 아이디어의 일종으로 볼 수 있을 것이다.

(4) 제도의 모순과 균열

제도변화의 내적 동인으로 창안한 또 하나의 개념이 제도의 모순과 균열이라는 개념이다(하연섭, 2003: 158-161). 이들에 따르면 어떤 제도이건 제도는 단일한 논리나 요소들로 구성되어 있는 것이 아니라 복수의 이질적인 논리 또는 요소들로 구성되어 있는데, 이러한 요소들이 갈등을 일으키고 균열을 일으키면 제도가 변화한다는 것이다. 제도간의 균열은 다양한 차원에서 논의되었다. 즉 제도의 미시적 차원과 거시적 차원, 공식적 제도와 비공식적 제도(North, 1990; 사공영호, 2005), 제도의 동태적 측면과 정태적 측면(Clemens & Cook, 1999), 다양한 사회적 질서들 사이의 상충 즉, 아이디어와 제도, 그리고 정치적 질서의 관계도 조화와 균형의 관계가 아닌 부조화와 마찰의 관계이기 때문에 이와 같은 부조화의 관계가 제도변화의 계기를 만들어 준다고 한다(Lieberman, 2003). 한편 Streeck & Thelen(2005)은 제도 내부적인 모순과 균열에 따른 점진적인 제도변화를 제시하고 있다. 즉, 제도적 환경의 변화에 따라 기존에 잠재해 있던 하위제도들이 부각되거나(제도의 대체), 환경변화에 따라 제도의 변화가 이루어지지 않음으로서 겉으로는 제도가 유지되고 있는 것처럼 보이지만 실질적으로는 제도가 그 기능을 다하지 못함으로서 제도변화가 일어나는 경우(제도의 표류), 그리고 기존의 제도에 또 다른 제도적 요소들이 덧붙여지는 것(제도의 층화)도 점진적인 제도변화의 양태라 할 수 있다(엄석진, 2008: 46에서 재인용).

5) 우리나라의 제도 연구

국내에는 염재호(1994)가 처음으로 역사적 제도주의를 소개하였고, 이후 하연섭(1999)과 정용덕 외(1999)의 초기 연구이후 다수의 연구가 진행되었다. 하연섭(2011)의 「제도분석: 이론과 쟁점」은 신제도주의의 일반적 특징을 설명하고, 역사적 제도주의의 제도 개념과 응용사례를 담고 있다. 김태은(2015)은 국내에서 발표된 역사적 제도도의 연구사례 116편을 메타분석하여 연구경향을 파악하였는데, 최근에는 내생적 제도변화를 중심으로 제도변화에 관심이 많아졌다([Box 1-4] 참조).

Box 1-4: 한국의 역사적 제도주의 연구 메타분석

김태은(2015)은 1994년부터 2015년 7월까지 국내에서 발표된 116편의 역사적 제도주의 연구사례에 관한 메타분석을 실시하였는데, 이론적 관점의 연구경향은 다음과 같다.

첫째, 이론 전개과정은 이론소개 6편(5.2%), 적용 98편(84.5%), 대안모색 및 정교화 12편(9.4%)으로 나타났다.

둘째, 핵심 연구개념은 경로의존 42편(36.2%), 제약요인으로서 제도 16편(13.8%), 통합적 접근 15편(12.9%), 내생적 제도변화 14편(12.0%), 경로진화 7편(6.0%), 단절적 균형 6편(5.2%) 등 순서로 나타나 다양한 개념들이 연구되었다.

셋째, 독립변수로서의 제도연구가 108편(93.1%)으로 압도적이다.

넷째, 독립변수로서의 제도에 대한 연구물 가운데 행위자 변수를 독립변수에 포함시킨 연구가 30편(25.4%)이며 78편(67.2%)는 제도만을 독립변수로 다루었다.

다섯째, 독립변수로서 제도, 행위자뿐 만 아니라 '구조' 및 다양한 변수를 포함한 연구는 12편(10.3%)이었다.

여섯째, '제도의 지속성과 변화'와 관련하여 역사적 제도주의의 핵심주장인 제도의 지속성을 강조한 연구가 51편(44%)이며 제도변화에 초점을 둔 연구도 49편(42.2%)으로 나타났고, 최근에는 내생적 제도변화를 중심으로 제도변화에 관심이 많아졌다.

출처: 김태은. 2015. 역사적 제도주의 연구경향과 비판적 논의.

Ⅷ. 요 약

Easton의 정치체제론은 거시적인 수준에서 정치체제의 구조와 제도, 정치체제의 환경이 정책에 미치는 영향, 즉 투입-전환-산출의 관계를 규명할 수 있는 연역적 개념 틀을 제공하였다.

이 책에서는 정치체제의 구성요소, 즉 하위체제를 입법기관, 행정기관, 사법기관과 같은 공식 행위자를 정치체제의 구성요소로 보았다. 입법부와 행정부의 관계에 따라 현대국가의 정치제도의 유형을 대통령제, 의원내각제, 이원집정부제로 구분하여 고찰하였고, 우리나라의 정치체제의 특징을 살펴보았다.

정치체제의 환경은 크게 국내환경과 국제환경으로 구분하였다. 국내환경은 다시 정치, 경제, 사회, 과학기술 환경으로 구분하여 살펴보았다. 한편 국제환경의 요소 중 외국의 정책, 그리고 국제기구 등 정책영역별 국제레짐이 정책에 영향을 미치는 것으로 지적되었다.

이러한 특징을 갖는 환경은 투입을 통하여 정치체제에 영향을 미치는데 환경의 요구와 지지를 통하여 투입된다. 전환과정은 정치체제 내부에서 환경의 요구와 지지를 바탕으로 정책을 결정하고 집행하는 활동이다. 정책의 산출은 정치체제가 환경의 요구에 대응하여 전환과정을 거쳐 환경에 내보내는 것이다. 환류란 정책의 영향에 대한 환경의 반응으로 차기 투입에 되돌아가는 것이다. 이 환류과정은 정치체제에 대한 통제과정으로 산출에 대한 평가를 반영한다.

거시수준에서 작용하여 정책의 내용과 수준에 영향을 미치는 요인에 관한 다양한 이론이 제시되었다. 여기에서는 산업화 이론 또는 수렴이론, 정치적 민주화와 권력자원론, 국가의 자율성과 역량이론, 그리고 혁신의 확산과 종속이론을 살펴보았다.

정치제도가 정책에 미치는 영향은 신제도주의가 부활하면서 새롭게 주목을 받았다. 다양한 학파를 포함하고 있는 신제도주의를 합리적 선택 제도주의, 역사적 제도주의, 그리고 사회학적(또는 조직론적) 제도주의로 구분하였다. 역사적 제도주의를 중심으로 그 핵심용어에 해당하는 제도, 역사 및 경로종속성, 제도가 정책에 미치는 영향, 제도의 변화를 살펴보았다.

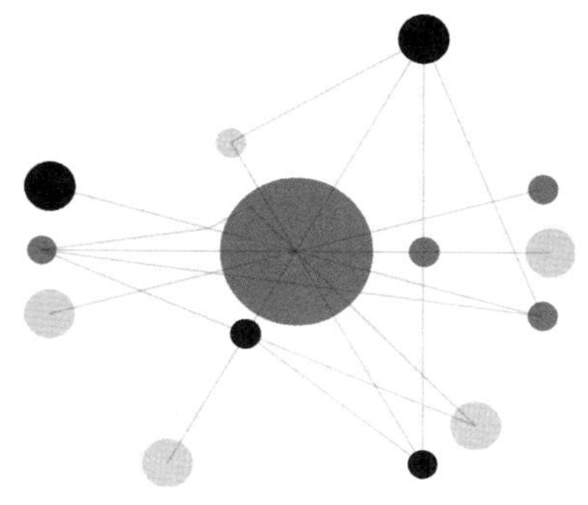

2 CHAPTER 정책과정의 행위자
Actors of Policy Process

Ⅰ. 서 론

정책과정에는 다수의 정치 행위자들이 참여하여 일련의 상호조정을 거쳐서 정책을 결정하게 된다. 정책문제의 해결방안에 따라서 상대적으로 피해를 보는 집단과 혜택을 보는 집단이 달라질 수 있으며, 또한 문제 및 해결방안을 보는 관점이 행위자들에 따라 다를 수 있기 때문에, 정책결정의 과정은 상이한 관점과 입장이 상호조정되고, 절충되는 과정이기도 하다. 그러므로 다원적 민주주의를 신봉하는 학자들은 정치 행위자들 사이의 상호조정과 절충을 통한 합의의 도출을 중요한 가치로 생각하고 있다. 정치적 상호작용과정의 참여자들은 종종 권력경기의 참여자로 비유되기도 한다.

정책과정의 정치성을 이해하기 위해서는 정부정책의 결정이 이루어지는 무대의 구성원(행위자)은 누구이고, 이들 행위자 사이의 상호관계는 어떠하며, 이들이 전체적인 정책과정에 어떤 방식으로 조화되고 있는가를 살펴보는 것이 중요하다. 이 장에서는 일반적으로 정책형성에 참여하는 행위자 집단을 간략히 논의하기로 한다. 정책과정에는 국내 행위자뿐 아니라 국제 체제의 행위자도 참여한다. 실제로 세계화와 국제화의 결과로 국제체제 행위자의 역할이 더욱 커지고 있다(Howlett & Ramesh, 2003: 54-60). 국제체제 행위자에 관하여는 제2부 제1장 'Ⅳ. 정치체제의 환경' 중 국제적 환경에서 간략하게 소개한 바 있으므로 여기에서는 국내 행위자들에 한정하여 다루기로 하겠다. 일반적으로 정책형성과정에 참여하는 국내행위자들은 정책결정에 참여할 수 있는 권한을 합법적으로 보유하고 있는 공식적 참여자 또는 공식행위자와 정책형성과정에 실질적인 영향력을 미치고 있지만 합법적인 정책형성권한은 가지지 못한 비공식적 참여자 또는 비공식 행위자로 구분된다(Kingdon, 1984; Anderson, 2002; 정정길 외, 2010: 111-226; Birkland, 2011: 92-167, Namkoong & Kim, 2017). Howlett & Ramesh(2003: 65-85)는 공식 행위자를 국가행위자로 부르고 비공식 행위자를 경제행위자 및 정치행위자로 구분한다. 제2절에서는 공식행위자인 행정수반과 정치집행부, 입법부, 정부기관과 공무원, 그리고 사법부를 살펴보겠다. 제3절에서는 비공식행위자인 일반국민, 이익집단, 시민사회단체, 정당, 싱크 탱크와 연구기관, 그리고 대중매체를 살펴보겠다.

Ⅱ. 공식 행위자

공식 행위자는 헌법과 법률에 의하여 정책결정과정에 참여할 권한과 책임이 부여된 공직자들이다. 초기 제도론자들은 헌법과 법률에 권한과 책임이 분명하게 제시된 공식 정부기관을 중요시했다. 이러한 제도주의적 전통은 행태주의적 연구방법론이 주류를 이루면서 한 때 후퇴했었으나 신제도론의 등장으로 그 중요성이 다시 확인되었다. 여기에서는 공식 행위자로 행정수반과 정치집행부, 입법부, 관료제와 행정부처, 그리고 사법부에 대하여 간략하게 살펴보겠다. 앞의 두 행위자는 선출직 공직자로 구성되며, 나머지 행위자는 신분보장을 받는 임명직 공직자로 구성된다.

1. 행정수반과 정치집행부

정치집행부(political executive)는 대통령제의 경우 선출된 대통령과 그가 임명한 정무직 공무원들로 구성되며, 의원내각제의 경우 의원이 겸직하는 수상과 각료들로 구성된다. 정치집행부는 최고의 행정권한을 가지며 정책을 수립하고 법률안을 의회에 제출한다. 정치집행부의 핵심은 국정운영의 최고책임자인 대통령 또는 수상이며, 이를 보좌하는 보좌기구의 역할도 중요하다.

1) 행정수반의 권한과 영향력

(1) 대통령 권한 우위의 원천

의원내각제나 대통령 중심제를 막론하고 국가의 행정수반은 일반적으로 정책과정에서 가장 강력한 권한을 행사한다. 대통령제 국가에서 대통령이 가진 정책결정의 권한은 여러 가지 이유에서 입법부보다 강력하다(Birkland, 2011: 106-107). 첫째, 대통령은 자신이 원하지 않는 법률안에 대하여 거부권을 행사할 수 있다. 거부권을 행사할 경우 입법부에서는 2/3 이상의 찬성을 얻어야만 법률안을 통과시킬 수 있으므로 현실적으로는 거부권이 행사된 법률안을 통과시키기는 쉽지 않다. 둘째, 대통령은 정부조직의 도움을 받을 수 있다. 정부조직은 예산, 인력, 정보 면에서 입법부와 비교하여 압도적으로 우위에 있다. 정부는 대통령의 지휘 하에 일사불란하게 운영되는 조직이라는 면에서 입법부와는 다르다. 오늘날 정부의 규모, 범위, 그리고 복잡성이 크게 증가하면서 전문가가 아닌 의원들이 정치집행부를 통제하기가 더욱 어려워지고 있다. 셋째, 행정수반과 국가원수인 대통령은 언론과 대중의 관심을 누구보다 많이 받을 수 있다. 이러한 유리한 점 때문에 대통령은 정책의제설정과 정책대안 선택에 매우 큰 영향력을 행사한다. Kingdon(1995)의 경험적 연구결과 미국의 대통령은 다른 행위자들보다 정책의제설정에서도 가장 강력한 영향을 행사하는 것으로 나타났다.

(2) 우리나라 대통령의 영향력과 변화

대통령제의 본 고장인 미국과 비교할 때 권위주의 시대의 한국에서는 대통령이 더욱 절대적인 영향력을 행사하여 왔는데 그 이유는 다음과 같다. 첫째, 미국과는 달리 삼권분립의 전통이 확립되어 있지 않기 때문에, 대통령이 여당을 통하여 국회에 영향력을 행사할 수 있었다. 둘째, 정당이 이합집산을 거듭하는 등 정치제도가 취약하여 대통령을 중심으로 강력한 제도적 권력이 형성되었다. 셋째, 건국 이후 산업화를 거치면서 행정부 주도의 국가 발전을 추구하는 과정에서 대통령의 역할이 매우 컸다. 넷째, 남북분단의 특수한 상황에서 대통령을 중심으로 하는 행정부가 국정을 주도할 필요성이 인정되었다. 다섯째, 연방제를 채택한 미국과는 달리 단일국가 체제를 채택하고 있어 지방자치단체와의 관계에서 중앙정부의 권한이 강한 편이다. 그러나 우리나라의 경우에도 행정부 주도로 강력한 산업화를 추진하였던 시기의 권위주의 정부와 비교하면 1987년 이후 민주화가 이루어지면서 정책과정에서 대통령의 역할이 크게 약화되었다. 특히 김영삼 정부, 김대중 정부, 노무현 정부를 거치면서 그러한 경향은 가속화되었다. 그러나 우리나라에서는 물론이고 미국에서도 대통령이 행사하는 실질적인 권한과 영향력은 개인에 따라 커다란 차이가 있다.

(3) 대통령의 설득력, 평판 및 명망과 영향력

대통령 연구의 대가인 Newstadt는 여러 가지 제도적 권한에도 불구하고 기본적으로 대통령의 권한은 '설득력'(power to persuade)에 근거한다고 주장한다(Newstadt, 1990). 미국은 헌법에 규정된 '권력분립'에 따라 현실적으로 '분리된 기관들이 권력을 공유하는 통치구조'를 가지게 되었다. 이러한 상황은 대통령이 행사하는 설득력의 한계를 설정한다. 권위를 공유하고 있는 일방 당사자는 상대방이 대통령일 경우에도 자신이 옳다고 생각하지 않으면 상대편의 요구에 따르지 않는다. 그는 많은 일화와 사례분석을 통하여 대통령은 단순하게 강압적으로 명령권을 발동하여 상대방을 따르게 하는 것이 아니라, 대통령직의 명성을 활용하여 상대방을 다각도로 설득하여 일을 할 수 있도록 하는 것이라고 밝혔다. 대통령으로서의 직위와 권위는 사람들을 설득할 수 있는 유리한 위치를 제공한다. 그러나 대통령이 영향력을 행사하고자 하는 사람들도 일정한 권력을 공유하는 구조 하에서 그들 나름대로 강점을 활용하여 대통령 쪽의 양보를 얻어내려 노력한다. 따라서 대통령의 설득력은 이러한 상황 하에서 타협점을 찾아낼 수 있는 능력이다(송하중, 2000: 155).[1)]

1) Newstadt의 대통령 권력론에 관한 간결한 소개는 송하중(2000: 153-159) 참조.

Newstadt는 설득력 이외에도 대통령이 영향력을 발휘하기 위한 또 다른 주요요소로 전문가적 평판(professional reputation)과 대중적 명망(public prestige)을 들고 있다. 대통령의 전문가적인 평판은 대통령이 설득하고자 하는 사람들, 즉 국회의원, 행정부 인사, 지방정부 지도자, 민간조직 대표, 언론인, 외국 지도자 등이 대통령을 어느 정도 신뢰하느냐에 관련된다. 만약 대통령이 취하는 조치들이 여러 차례 잘못된 것으로 평가되어 실수가 정형화될 경우 그의 다음 번 조치에 대한 신뢰감이 상실된다. 그럴 경우 대통령의 영향력은 줄어들게 된다. 대중적 명망은 평판과 마찬가지로 주관적인 판단의 문제인데 일반대중이 대통령을 얼마나 지지하느냐, 즉 대통령의 인기에 관한 것이다. 대통령의 인기와 대통령이 하고자 하는 일에 대한 지지가 반드시 일대일 대응관계인 것은 아니지만 대통령에 대한 대중의 지지도가 높을 때 대통령이 추진하고자 하는 정책의 설득력이 더욱 높아질 것이다.

(4) 대통령에 대한 신뢰와 추진정책 평가의 관계

국내외 연구에서 국민들의 대통령에 대한 신뢰, 리더십 또는 국정운영에 대한 평가가 정부가 하는 일에 대한 국민들의 믿음을 지속시키는 데 영향을 미치는 것으로 밝혀졌다(Citrin & Green, 1986; 이숙종 · 유희정, 2015). 우리나라에서도 대통령에 대한 일반적인 지지도와 구체적인 정책에 대한 평가 사이에는 상관관계가 높다. 일반적으로 대통령 취임초기에는 대통령에 대한 지지도가 상대적으로 높은 편이며 그에 따라 대통령이 추진하는 구체적인 정책, 예를 들면 행정개혁과 전자정부 개혁에 관하여도 긍정적으로 평가한다. 그러나 집권 후반기에 또는 대통령과 관련된 권력형 스캔들이 발생하여 대통령에 대한 지지도가 하락하면 동일한 정책에 대한 평가도 부정적으로 변화한다. 행정개혁시민연합이 김대중 정부에 대하여 행정학 전공학자, 시민사회단체 지도자 및 공무원을 대상으로 대통령 취임 이후 100일, 1년, 2년, 3년, 그리고 4년이 경과한 후에 실시한 다섯 차례의 설문조사에 따르면 대통령에 대한 신뢰와 정부의 개혁정책에 대한 평가결과가 유사한 변화패턴을 보이는 현상을 확인할 수 있었다(남궁근, 2002b). 특정시점에서 개별 응답자들의 응답결과에 대한 통계분석에서도 대통령에 대한 신뢰와 행정부의 개혁정책에 대한 평가결과 사이에 상관관계가 상당히 높은 편이었다.[2] 즉 전문가들의 경우에도 대통령에 대한 신뢰 정도가 정부가 추진하는 개혁정책에 대한 주관적 평가에 영향을 미친다는 것을 알 수 있다.

2) 행정수반과 보좌기구

국정운영과정에서 최고책임자인 대통령 또는 총리에게 조언과 지원을 상시적으로 전담하는 공식적인 보좌기구를 두고 있다.[3] 대통령 또는 총리가 직면하게 되는 국가 주요문제가 전문화되고 복잡해지는 사회에서 행정수반 혼자서 모든 정책을 직접 관할할 수는 없으며, 따라서 보다 효율적인 국정운영을 위해 대통령을 조직적으로 보좌해 줄 수 있는 유능하고 책임감 있는 참모와 보좌기구가 필요하게 되었다(함성득, 2002: 18). 대통령 또는 총리가 개인으로서 발휘하는 역량을 개인적 리더십이라고 한다면, 이들이 보좌관과 상호작용에 의하여 발휘하는 역량을 집단적 리더십이라고 부를 수 있다(이송호, 2002: 13-15).

미국의 경우 대통령 보좌기구는 백악관 비서실과 대통령부로 이원화되어 있다. 영국의 경우에도 총리실과 내각사무처가 이원화되어 있다. 이원집정부제를 채택하고 있는 프랑스의 경우 비서실과 국정총괄처 등 유사한 기능을 수행하는 대통령 보좌기구와 총리보좌기구가 중첩되어 있다.[4] 우리나라의 경우에도 내각제적 요소가 가미되어 대통령 보좌기구와 총리보좌기구가 제도적으로 분리되어 발전하여 왔다(유현종 · 이윤호, 2010).

우리나라의 대통령 비서실에는 대통령비서실장 밑에 비서관 · 선임행정관 및 행정관을 두며, 직원규모는 1960년대 중반 100명 내외에서 꾸준히 증가

---

2) 2002년 조사의 경우 시민사회단체 지도자 79명, 행정학회 회원 80명, 중앙부처 공무원 198명을 포함하여 총 357명을 대상으로 조사가 이루어졌다. 상관분석 결과 '대통령에 대한 신뢰정도'와 행정개혁 성과와의 상관관계 r값은 다음과 같았다. 전반적 개혁성과 .626, 구조개혁 성과 .495, 기반구조개혁 성과 .522, 예산 · 감사개혁 성과 .267, 운영시스템 개혁성과 .350, 전자 · 민원서비스 개혁성과 .308 등이다(남궁근, 2002b, 〈표 2-1〉 참조).

3) 대통령에게 조언 및 지원을 제공하더라도 상시적이 아니라 자신들의 고유 업무와 관련하여 부차적으로 조언하거나, 지원하는 집권당, 장관 및 관료 등은 보좌기구가 아니며, 흔히 말하는 비선조직이나 지인들로 구성된 집단도 보좌기구는 아니다.

4) 대통령 보좌기구로 비서실, 국정총괄처, 특별참모부(군사문제 담당)가 있고, 총리 보좌기구로 비서실, 군사비서실, 행정총괄처, 국방총괄처, 유럽총괄처가 있다. 단독정부에서는 국정이 대통령제적으로 운영되어 대통령이 대통령 보좌기구뿐 아니라 총리보좌기구의 도움을 받을 수 있다. 동거정부로 전환되면 총리가 의원내각제적 총리로서 실질적인 국정운영자가 되고 대통령은 행정부 활동에 직접 개입하지 않는다(이송호, 2002).

Box 2-1: 한국의 제왕적 대통령제 논란

우리나라의 경우 헌법에 내각제적인 요소를 도입하여 대통령의 권한을 제한하고 있기 때문에 대통령의 제도적 권한은 다른 나라보다 크지 않다. 또한 한국의 대통령에게는 미국 대통령의 행정명령이나 브라질 대통령의 포고령과 같이 국회의 교착상태를 돌파할 수 있는 수단이 없다(박용수, 2016). 그런데 실제로는 대통령의 권한 행사를 제대로 견제하지 못하여 '제왕적 대통령'(imperial presidency)이라고 비판받아 왔다.

제왕적 대통령이라는 용어의 기원은 슐레진저(Schlesinger, 1973)가 미국이 월남전에 개입하면서 존슨과 닉슨 두 대통령이 가히 '황제적 지위'에까지 올랐다고 규정하면서 사용한 것이다.

우리나라에서 제왕적 대통령제라고 비판받는 이유는 제도상 주요 국가정책의 공식적인 심의기관으로 국무회의가 있지만 실제로는 주요 정책의 결정이 청와대 수석비서관들을 중심으로 독점적으로 이루어졌으며, 이 과정에서 제도상 공식적인 기구인 국무총리나 국무회의는 유명무실해지는 결과를 초래하였고, 대통령비서실의 정책기획기능으로 인해 전반적인 정책결정 과정에 대한 청와대의 권한은 커진 반면, 이에 대한 책임은 주로 국무총리나 장관이 지는 관행이 만들어졌기 때문이다(김상묵, 2017). 즉, 한국 대통령은 공식 제도적 권한 행사보다 제도의 편법적 활용을 통해 견제받지 않는 권력을 행사할 수 있다.

한국에서 제왕적 대통령 현상은 대통령과 행정부의 행정입법인 시행령에 대한 재량권 행사에 대한 입법통제와 사법통제가 어렵고, 검찰이나 국정원과 같은 권력기관의 선별적 동원에 대한 견제가 어려울 때 가능하다(박용수, 2016). 이는 공식적인 정치제도 비교만으로 파악하기 힘든 비공식적인 제도 운영방식에 해당되며, 집권세력에게 유리한 세력균형과 역사구조적 조건이 뒷받침될 때 나타난다.

하여 2010년대 후반에는 500명에 이르고 있다.[5] 또한 대통령의 국정수행을 보좌하거나 자문에 응하기 위하여 특별보좌관과 자문위원을 둘 수 있다.[6] 이들은 물리적 거리와 의사소통의 관점에서 대통령과 가장 가까운 지점에서

---

5) 비서실장과 수석비서관은 정무직이며, 비서관 및 선임행정관은 고위공무원단에 속하는 일반직(별정직) 공무원으로, 행정관은 3급~5급 일반직 또는 3급~5급 상당 별정직 공무원으로 보한다. 2020년 3월 현재 대통령 비서실 443명, 국가안보실 43명으로 구성되었다. 행정안전부. 2020. 정부기구도표. 1-2쪽.

6) 또한 대통령의 명을 받아 대통령이 임명하는 행정부 소속 고위공직자, 대통령이 임명하는 공공기관·단체 등의 장 및 임원, 대통령의 친족 및 대통령과 특수한 관계에 있는 자 등에 대한 감찰업무를 수행하기 위하여 특별감찰반을 두도록 하였다.

근무하기 때문에 장관이나 청장급 공직자와 비교하여 비공식적인 정책결정 권한이 큰 것으로 여겨지고 있다.

2. 입 법 부

1) 입법부의 권한과 영향력

국민이 선거를 통하여 선출한 대표자들의 모임인 입법부에는 공식적으로 입법권(정책형성권)이 부여되어 있다. 입법권에는 법률 제정 및 개정에 관한 권한, 헌법개정에 관한 권한, 조약의 체결·비준에 관한 동의권이 포함된다. 입법권 이외에도 의회는 예산 등 국가재정에 관한 통제권, 헌법기관 구성원에 대한 선임권과 대통령의 헌법기관 구성원 임명에 관한 동의권 등 인사에 관한 권한을 가지고 있다. 대의 민주주의 국가에서 주요 정책의 골격은 의회에서 제정하는 법률의 형식으로 표현되므로 의회의 권한 가운데 입법권이 정책과정에 미치는 영향이 가장 크다(정정길 외, 2010: 114-115).

의원내각제와 대통령제에서 입법부의 실질적인 역할은 차이가 있다. 의회의 다수당이 행정부를 구성하는 의원내각제의 경우 입법부의 실질적 역할은 입법 활동보다는 행정부가 확실하게 국민에 대한 책임을 지도록 견제하는 것이다(Howlett & Ramesh, 2003: 66). 그 과정에서 정책에 영향을 미칠 수 있는 기회가 주어진다. 입법부는 사회문제가 집약되어 강조되고 이들을 해결할 수 있는 정책들이 논의되는 중요한 포럼이다.

의원들은 정부가 제출한 법안을 통과시키고 법안에 소요되는 예산을 심의하고 결정하는 과정에서 자신들의 의견을 표명하게 된다. 정책과정에서 입법부가 역할을 수행하는 데에는 입법부의 내부구조가 매우 중요한 영향을 미친다. 만약 정당의 규율이 엄격하고 결속력이 강하여 의원들이 정당의 지침에 따라야만 하는 경우 의원들이 독립적으로 법률안에 영향을 미치기는 어렵다. 이러한 현상은 의원내각제 국가에서 더욱 강하게 나타난다. 또한 의원내각제 국가에서도 다당제 연립정부보다는 하나의 정당이 다수당을 구성하는 경우에 의원이 법률안에 미치는 영향은 더욱 약하다.

대부분의 법률안은 행정부가 제안하며 국회에서 채택되는 경우가 많다. 의회다수당이 정부를 구성하는 의원내각제 국가에서는 행정부가 법률안을 제

Box 2-2: 국회선진화법

1987년 민주화 이행 이후 국회의 입법권한이 강화되고 주기적 선거에 의한 입법권력이 재구성되는 과정에서 집권당과 반대당 간의 원 구성을 둘러싼 갈등과 입법 주도권을 둘러싼 갈등이 반복되어 왔으며, 몸싸움과 집단 난투극, 해머와 전기톱의 등장, 최루탄이 터지는 사건 등으로 새로운 방식의 국회 운영을 제도적으로 보장할 필요성이 제기되었다. 2012년 5월 2일 제18대 국회 마지막 본회의에서 통과된 '국회선진화법'(일명 '몸싸움방지법', 국회법 일부개정안)'의 기본적인 목적은 합의제를 강화하여 국회 내의 물리적 충돌 등 국회의 파행적 운영을 방지하는 것이었다.

'국회선진화법'의 주요 내용은 다음과 같다.

1. 국회의장 본회의 직권상정 요건: 천재지변, 전시·사변 또는 이에 준하는 국가비상사태, 의장이 각 교섭단체 대표와 합의한 경우로 제한해 쟁점 법안의 일방적인 직권상정을 원천 봉쇄했다.
2. 안건조정제: 상임위 재적의원 3분의 1 이상이 쟁점 법안에 대해 안건조정위원회(안건조정위) 구성을 요구하면 여야 동수로 위원회를 구성해 최장 90일간 논의할 수 있다. 조정안 의결은 재적의원 2/3의 이상 찬성이 필요하다.
3. 안건신속처리제: 신속처리 대상 안건으로 지정할 수 있는 안건신속처리제도를 두었는데, 이는 재적 과반수 요구로 발의한다. 이후 재적 5분의 3 이상이 찬성으로 가결 시 의장이 해당 안건을 신속처리 대상 안건으로 지정하게 된다. 그러나 지정 후 각 상임위와 법사위의 심사기일을 채우기 위해 최장 270일을 기다려야 해 사실상 어렵다.
4. 필리버스터(합법적 의사진행 방해): 재적의원 3분의 1 이상이 원하면 최장 100일까지 무제한 토론을 할 수 있는 필리버스터 제도를 도입해 합법적으로 의사일정을 방해할 수 있도록 했다. 필리버스터의 종료는 재적 5분의 3 이상의 찬성이 필요하다.

그 결과 제19대 국회에서 폭력적 입법 갈등은 감소되었고, 법안 처리가 보다 타협적으로 이루어지게 되었다.

출할 때 이를 입법부가 지지할 것임을 기대하고 있기 때문에 이러한 경향이 더욱 심하다. 그러나 대통령제 국가에서는 행정부가 입법부와 협상해야 하거나 아니면 정책제안이 입법부에서 통과되지 못할 위험을 감수해야 하는 경우가 있다. 우리나라의 경우에는 민주화 이행 이후 대통령의 여당에 대한 영향력이 줄어들고 정당의 내부 결속력이 약화되면서 행정부가 제출한 법안이 국회를 통과하지 못하는 경우가 많아지고 있다. 특히 2012년 5월 해당 상임위원회 입법과정에서 여당과 야당이 합의 절차를 거치도록 하는 국회법 개정안인 '국회선진화법'(일명 '몸싸움방지법')이 통과되어 다수당의 일방적인 입법과정 주도와 소수당의 폭력적인 저지투쟁의 가능성이 현저하게 낮아졌다(Box 2-2 참조). 그 결과 입법과정에서 행정부에 대한 입법부의 우위현상이 강화되고 있다.

2) 우리나라 국회의 법률안 처리과정

우리나라에서 법률안은 정부가 제출하거나 또는 국회의원 10명 이상이 제안할 수 있다. 의원의 입장에서는 법률안 발의가 입법 활동의 성과로 간주되기 때문에 활발하게 의원발의가 이루어지고 있다. 최근에는 행정부가 법안을 준비한 다음, 규제영향분석 등 행정부 내부 절차를 거치는 데 소요되는 시간을 절약하기 위하여 의원입법으로 대체하는 경우가 늘어나고 있다. 대부분의 국가에서 입법부의 정책기능은 상임위원회에서 수행된다. 위원회는 기능별 또는 영역별로 구성되어 제안된 법률안을 심의한다. 우리나라 20대 국회의 경우 기획재정위원회, 외교통일위원회, 국방위원회, 행정안전위원회 등 상임위원회가 구성되어 있다. 상임위원회와 그 소속의원이 해당영역에서 상당한 전문성을 쌓은 경우에는 정책결정과 집행에 상당한 영향을 미칠 수 있다. 위원회 제도는 입법부가 업무를 분담하여 모든 의원들이 도입되는 모든 법률안을 검토하지 않아도 될 수 있도록 한다. [그림 2-1]은 우리나라 국회의 법률안 처리과정을 나타낸 것이다.

[그림 2-1]에 제시된 바와 같이 법률안이 발의되면 국회의장은 이를 의원에게 배부하고 본회의에 보고하며 소관 상임위원회에 회부하여 심사하게 한다. 상임위원회는 법률안이 위원회로 회부되어 오면 그 법률안을 심사하기 위하여 먼저 제안자로부터 법률안에 대한 취지 설명을 듣고 전문위원의 검토보고를 듣게 된다. 이어서 법률안에 대하여 제안자에게 질의하고 답변을 듣는 대체토론을 한다. 대체토론이 끝나면 법률안을 조문별로 읽어가며 심사하는 축조심사나 필요시 법안심사소위원회 심사를 거친 후 위원회는 원안대로 의결할 것인지, 수정의결할 것인지, 아니면 폐기하거나 대안을 채택할 것인지 여부에 대하여 표결하게 된다. 해당 상임위원회에서 법률안의 심사를 마치거나 입안한 때에는 법제사법위원회에 회부하여 체계와 자구에 대

그림 2-1 국회의 법률안 처리과정

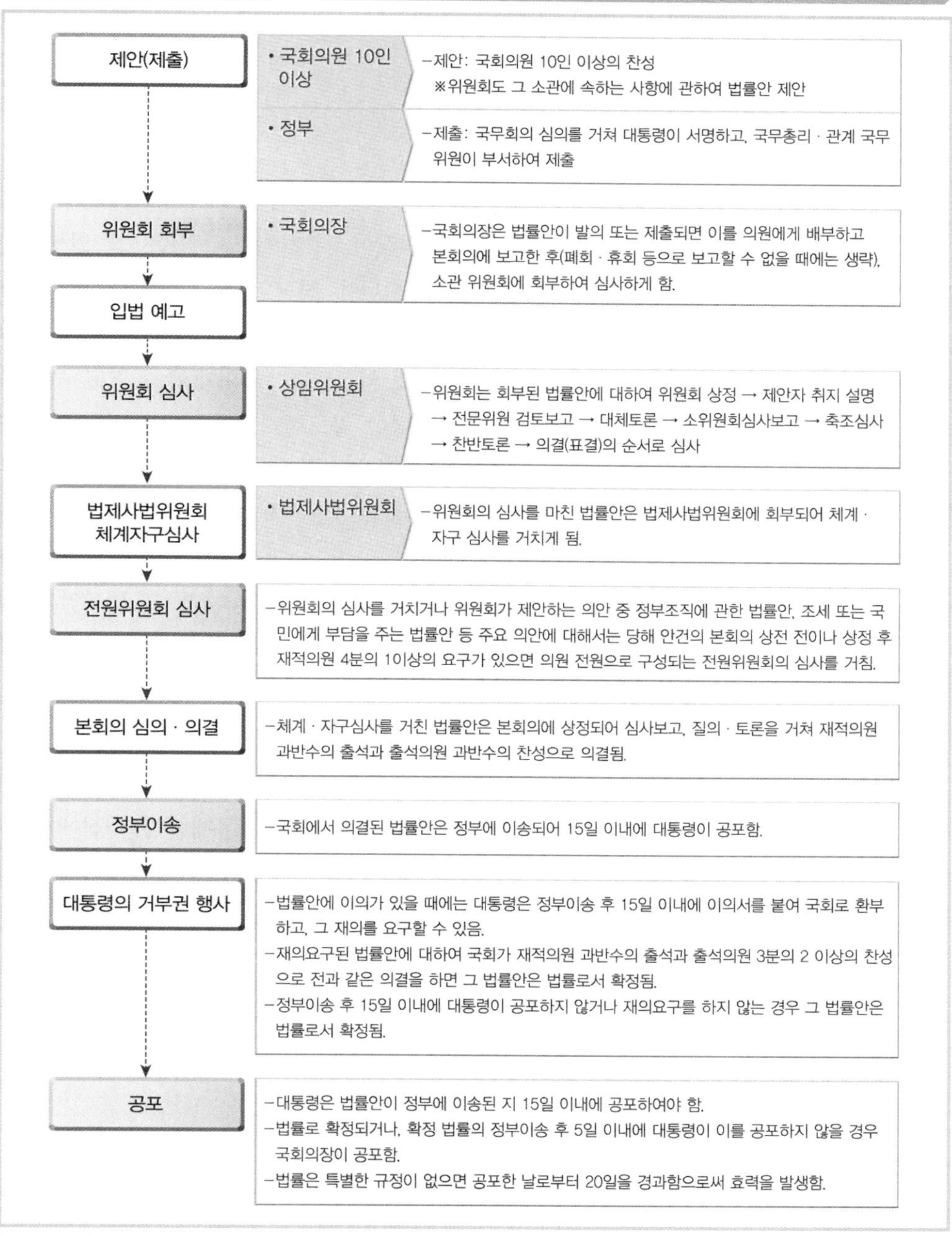

출처: 국회 홈페이지. 2020년 9월 30일 접근.
http://www.assembly.go.kr/views/cms/assm/assemact/legislation/legislation03.jsp

한 심사를 거쳐야 한다. 위원회의 심사를 거치거나 위원회가 제안하는 의안 가운데 정부조직에 관한 법률안, 조세 또는 국민에게 부담을 주는 법률안 등 주요 의안에 대해서는 당해 안건의 본회의 상정 전이나 상정 후 재적의원 4분의 1 이상의 요구가 있으면 의원 전원으로 구성되는 전원위원회의 심사를 거친다.

상임위원회에서 심사를 마친 법률안이 본회의에서 의제가 된 때에는 위원장(또는 위원회의 소속 의원 중 위원장이 지명하는 의원)은 그 법률안에 대한 위원회의 심사경과 및 결과를 본회의에 보고한다. 위원장의 심사보고를 들은 후 본회의는 법률안에 대하여 질의·토론을 거쳐 재적의원 과반수의 출성과 출석의원 과반수의 찬성으로 의결된다. 국회에서 의결된 법률안은 정부에 이송되어 15일 이내에 대통령이 공포한다. 대통령이 법률안에 이의가 있을 때에는 거부권(veto power)을 행사할 수 있다. 이럴 경우, 정부 이송 후 15일 이내에 이의서를 붙여 국회로 환부하고, 그 재의를 요구하여야 한다. 재의 요구된 법률안에 대하여 국회가 재적의원 과반수의 출석과 출석의원 3분의 2 이상의 찬성으로 전과 같은 의결을 하면 그 법률안은 법률로서 확정된다. 한편 정부이송 후 15일 이내에 대통령이 공포하지 않거나 재의요구를 하지 않은 경우 그 법률안은 법률로서 확정된다. 법률은 특별한 규정이 없으면 공포한 날부터 20일을 경과함으로써 효력이 발생한다.

국회 회기마다 많은 법률안이 제출되지만 대부분의 법률안은 상임위원회 검토단계에서 사장된다. 상임위원회 위원장은 의제를 통제한다는 점에서 상당한 영향력을 행사한다. Lowi 등의 정책유형론자에 따르면 입법부에서 의원, 상임위원회 및 상임위원장, 본회의의 상대적 영향력은 정책의 유형에 따라 달라진다고 한다(제1부 제3장 'Ⅱ. 정책의 유형' 참조). 예를 들면, 배분정책과 규제정책은 상임위원회의 영향력이 강하고, 재분배정책과 구성정책은 본회의가 강력한 영향력을 행사한다.

3) 우리나라 국회의 입법활동 현황

국회의 입법활동은 국민의 의사를 정책에 반영하는 수단이며, 이는 또한 행정부에 대한 의회의 견제기능이기도 하다. 〈표 2-1〉에 1972년부터 2020년까지 국회의 입법활동에 관한 자료를 두 기간으로 구분하여 제시하였다. 제

9대 국회(1973-1979)에서부터 제12대 국회(1985-1988)까지를 권위주의시기로, 13대 국회(1988-1992)부터 20대 국회(2016-2020)까지를 민주화시기로 보았다. 우리나라에서는 국회의원은 물론 행정부에서도 법안을 제출할 수 있는데, 행정부가 제출한 법안을 정부법안이라고 부른다.

권위주의 시기인 1972-1988년 사이에 국회에 제출된 법안의 총수는 1,633건이며, 연평균 102건 정도이다. 그 가운데 정부법안의 비율은 65%로 입법과정에서 행정부가 우위에 있었음을 알 수 있다. 행정부의 우위는 이 기간 동안 국회를 통과한 1,208개 법안 가운데 정부입법이 80%를 차지하는 데서도 나타난다. 그러므로 권위주의 시기에 국회는 대체로 입법에 주도권을 갖지 못하였고 행정부가 제출한 법안을 통과시키는 역할에 그쳤다.

우리나라의 정치체제가 민주화된 1987년 이후, 국회에 제출된 법률안의 수

표 2-1 우리나라 국회의 입법 활동, 1973-2020

		발의 법률안 수(A)	정부발의 비율	의원발의 비율	가결 법률안 수(B)	가결 법률안 비율 (B/A)	가결법안 의원발의 비율
권위주의 시기	9대(1973-79)	633	.76	.24	544	.86	.15
	10대(1979-80)	130	.96	.04	101	.78	.03
	11대(1981-85)	491	.58	.42	341	.68	.25
	12대(1985-88)	379	.44	.56	222	.59	.30
	소계	1,633	.65	.35	1,208	.73	.20
민주화 시기	13대(1988-92)	938	.39	.61	492	.52	.35
	14대(1992-96)	902	.64	.36	656	.73	.18
	15대(1996-00)	1,951	.41	.59	1,120	.57	.41
	16대(2000-04)	2,507	.24	.76	948	.38	.55
	17대(2004-08)	7,489	.15	.85	1,914	.26	.71
	18대(2008-12)	13,913	.12	.88	2,353	.17	.71
	19대(2012-16)	17,822	.06	.94	2,796	.16	.86
	20대(2016-20)	24,141	.05	.95	3,195	.13	.90

가결법안에는 원안가결과 수정가결이 포함됨.
출처: 국회의안정보시스템(http://likms.assembly.go.kr/bill/main.do) 자료에서 저자가 계산.

■ Box 2-3: 주요국가의 법률안 제출 건수 및 가결비율

주요 국가에서 국회의 입법활동, 즉 법률안 제출 및 가결 현황을 살펴보기로 하겠다(아래 표 참조). 미국의 경우 정부는 법률안을 발의할 수 없다. 미국에서 2007-2008년 연방의회의 가결률은 상원 3.4%, 하원 3.9%로 나타났다. 영국 2001-2005년의 경우 정부발의안 가결비율은 88.1%인데 비교하여 하원의 의원발의 법안의 가결률은 6.3%로 매우 낮다. 프랑스 2002-2007년의 경우 정부발의 법안의 가결비율은 40.1%, 하원 의원발의 법안 가결비율은 0.5%, 상원 의원발의 법안 가결비율은 10.9%이다. 독일 2005-2009년의 경우 가결비율은 정부발의 90.9%, 하원발의 33.7%, 상원발의 23.3%이다. 한편 일본 2005-2009년의 경우 가결비율은 정부발의 86.8%, 하원발의 36.4%, 상원발의 15.3%이다.

우리나라 2004-2008년의 경우 정부발의 51.2%, 의원발의 21.2%로 나타나고 있다. 의원내각제 국가인 영국, 독일, 일본에서 정부발의 안건의 가결비율이 월등하게 높아 행정부 주도로 입법활동이 이루어지는 것을 알 수 있다. 반면 이원집정부제인 프랑스나 대통령제인 우리나라에서 정부발의 안건이 가결되는 비율이 상대적으로 낮은 편이다.

표 각국 의회의 법률안 제출 및 가결현황

국가			미국 2007-08	영국 2001-05	프랑스 2002-07	독일 2005-09	일본 2005-09	한국 2004-08
정부발의		제출	–	143	965	537	357	1,102
		가결	–	126	387	488	309	56.3
		가결률	–	88.1	40.1	90.9	86.8	51.1
의원발의	하원	제출	7,340	369	5,166	264	165	6,387
		가결	287	25	24	89	60	1,352
		가결률	3.9	6.8	0.5	33.7	36.4	21.2
	상원	제출	3,741	16	330	104	72	
		가결	129	1	36	19	11	
		가결률	3.4	6.3	10.9	18.3	15.3	

출처: 국회입법조사처. 2010. 「지표로 보는 오늘의 한국」; 박용수. 2016. 한국의 제왕적 대통령론에 대한 비판적 시론. 37쪽, 표 1에서 재인용.

는 급격하게 증가하였다. 13대 국회(1988-1992)와 14대 국회(1992-1996)에 제안된 법률안의 수는 각각 938건과 902건이었다. 그런데 15대 국회(1996-2000)와 16대 국회(2000-2004)에 제안된 법률안의 수는 각각 1,951건과 2,507건으로 크게 증가하였다. 그 증가추세는 17대, 18대, 19대, 20대 국회에서도 지속되었고, 20대 국회에 제안된 법률안의 수는 24,141건으로 13대 국회의 제안된 법률안의 수와 비교하면 25배나 증가하였다.

국회에 제안된 법률안 가운데 의원발의안의 비율은 13대 국회(1988-1992)의 61%에서 20대 국회(2016-2020)에서는 95%로 증가하였다. 한편 국회본회의를 통과한 법률안 가운데 의원발의법안 비율은 13대 국회(1988-1992)의 35%에서 20대 국회에서는 90%로 증가하였다. 이러한 수치는 민주화 이후 시기에는 입법 활동에서 국회가 주도권을 가지게 되었음을 의미한다. 그러나 의원의 법률제안 건수나 통과비율이 바로 국회의원 활동을 비중을 그대로 나타내는 것은 아니다. 그 이유는 행정부서가 준비한 법률안이 규제심사를 회피하고 입법기간을 단축하려는 의도에서 여당 의원입법으로 제안되거나, 의원들이 입법활동 실적을 올리기 위하여 이미 제출된 법안과 크게 다르지 않은 법안을 제안하는 경우도 많기 때문이다.

요약하면, 민주화 이후 시기에 국회가 더욱 활발한 입법활동을 펼치고 있으며, 정부제출 법안을 대폭 수정하거나 폐기하는 경우도 많아지고 있다. 그러므로 권위주의 시기에 나타난 입법활동의 행정부 주도현상은 크게 약화되었고, 국회가 주도권을 가지게 되었다. [Box 2-3]에 제시된 미국, 영국, 프랑스, 독일, 일본, 그리고 우리나라에서 국회의 입법 활동 현황에 관한 자료를 비교할 경우에도 우리나라 의회의 입법 활동이 활발한 것을 알 수 있다.

3. 정부기관과 공무원

1) 정부기관의 권한과 공무원의 영향력

(1) 정부기관과 공무원의 역할

대의민주주의 모형에서 정부기관은 입법부와 정치집행부에서 결정된 정책의 집행을 담당하는 중립적 도구로 여겨지고 있다. 즉, 정부기관의 공식적인 역할은 의회와 정치집행부가 결정한 정책을 정치적 중립성과 전문성을 바탕으로 집행하는 것이다.

정부기관이란 국가행정사무를 담당하기 위하여 행정부에 설치된 기관이다. 우리나라의 경우, 중앙행정기관은 원칙적으로 정부조직법에 의해 설치된 부·처·청만을 의미하지만, 개별 법률에 의하여 중앙행정기관을 설치할 수도 있다.7) 중앙행정기관의 최상위층에는 정무직 공무원인 장·차관들이 임명되고, 그 지휘를 받아 직업 공무원들이 일하고 있다. 대부분의 직업 공무원들은 시험성적 등 실적에 따라 임용되어 신분보장을 받고 있는데 이들을 집합적으로 관료제(bureaucracy)라고 부른다. 공무원의 영문표기 'civil servants' 또는 'public servants'란 시민 또는 국민과 그 대표자에게 충실하게 봉사하는 사람이라는 의미를 가지고 있다. 그러나 오늘날 대부분의 국가가 당면하고 있는 사회문제는 복잡하고 다양하므로 그 해결방안을 모색하는 과정에서 고도의 전문성과 기술성이 요구된다. 그러므로 이러한 능력을 구비하고 있는 공무원이 단순한 봉사자(servants)의 역할을 넘어서 정책과정에서 핵심을 차지하고 있으며, 많은 정책하위시스템에서 중심적인 인물이 되고 있다(Kaufman, 2001; Howlett & Ramesh, 2003: 68).

관료제와 공무원들의 지위와 역할은 국가에 따라 차이가 있다. 프랑스, 한국, 싱가포르, 그리고 일본에서는 관료제가 특별한 지위를 차지하고 있으며, 정책과정에서 가장 중요한 역할을 담당하는 동질적인 엘리트 집단을 형성하고 있다(Howlett & Ramesh, 2003: 68). 이들 국가에서 공무원들은 장기간 전문적인 훈련을 받으며 정부에서의 근무를 평생 직업으로서 간주한다. 반면에 다른 국가에서는 관료제의 지위가 상대적으로 낮은 편이며 입법부와 사회집단의 압력에 저항할 수 있는 능력이 약하다.

(2) 우리나라 공무원 영향력의 원천

한국은 전통적으로 공무원을 명예로운 직업으로 여겨 왔으며, 직급이 상승할수록 높은 사회적 지위를 인정받아 왔다. 조선의 과거제도에 이어 대한

7) 중앙행정기관과 위원회에 대한 설명은 행정자치부 정부조직관리정보시스템(org.moi.go.kr) 참조. 개별 법률에서 중앙행정기관으로 명시한 기관은 방송통신위원회(방송통신위원회의 설치 및 운영에 관한법률), 공정거래위원회(독점규제 및 공정거래에 관한 법률)와 금융위원회(금융위원회의 설치 등에 관한 법률) 등이 있다.

민국 건국 이후 한국은 치열한 공개경쟁시험에 의하여 공무원을 충원하였다. 공무원 시험 합격자는 지식, 기술 및 능력 수준이 상당히 높았고, 직업공무원으로서 상당기간 훈련을 받아 왔다. 건국 초기의 혼란기를 거친 후, 1960년대에서 1980년대까지 급격한 경제발전 기간에 한국의 공무원 집단은 전문성과 경험을 축적하면서 실무 역량이 크게 향상되었다. 당시 공무원 집단이 사회에서 가장 뛰어난 인재들을 충원하였기 때문에 정책결정과 집행에서 공무원 집단의 역할이 매우 클 수 밖에 없었다.

다른 국가에서와 마찬가지로 한국에서도 의제설정과 정책형성을 포함한 정책과정에서 행정부처와 공무원들의 영향력이 상당히 큰 이유는 다음과 같다(Howlett & Ramesh, 2003: 69; Peters, 2008; 정정길 외, 2010). 첫째, 법령에서 행정부처와 공무원들이 일정한 주요 기능을 수행하도록 규정하고 있으며, 개별 공무원들이 국가를 대신하여 상당한 재량권을 행사할 수 있도록 한다. 둘째, 행정부처의 공무원들은 선거에 의해 선출된 대통령과 정무직 장관, 의회의 의원들보다 장기간에 걸쳐 업무를 수행하고 있다. 그러므로 이들 정치적 행위자들이 행정관료들의 정보와 경험에 의존할 수밖에 없다. 셋째, 공무원들이 전문성을 가지고 있다. 공무원들은 오랜 경험을 통한 전문성에 입각하여 정책문제에 대하여 잘 알고 있기 때문에 대안의 탐색에서 유리한 입장에 놓이게 된다. 넷째, 행정부처가 소관사항과 관련된 이익집단과 의회의 상임위원회와 일정한 관계를 유지하므로 정책의제설정과 정책결정에서도 상당한 영향력을 행사한다.

이러한 요인들이 결합되어 공무원들이 특정 정책의 입안 및 결정의 전 과정에 처음부터 끝까지 참여하는 행위자라는 점이 그 영향력을 크게 한다고 볼 수 있다. 정책결정과정에는 장기간이 소요되는데 소관부처의 공무원은 법률안의 입안에서 시작하여 통과한 후 이를 집행하는 데 이르기까지 주도적인 역할을 담당한다. 그런데 민주화 이후 국회의 역할이 확대되고 민간부문의 역량이 강화되면서 국가적 어젠다를 주도하고 집행하는 과정에서 관료제와 공무원의 역할은 상당히 감소하였다.

2) 행정부 내부의 입법절차

정책의 주무부처인 중앙행정기관이 그 소관사항에 대하여 입법이 필요한 경우에 법령안을 입안한다. 법령에는 법률, 대통령령, 총리령, 부령 등이 포함된다. 중앙행정기관이 법령안을 입안할 때에는 입법이 필요한지 여부(입법의 필요성), 입법이 필요하다면 헌법이념과 상위법에 위반되는지(입법내용의 정당성 및 법적합성) 및 다른 법령과 중복되거나 충돌되는지 여부(입법내용의 통일성 및 조화성) 등을 검토하여야 한다.[8]

정부기관의 내부조직은 계층제적인 구조를 가지고 있으므로 법령안의 입안과정에서 계층제 하층부의 실무담당자로부터 과장, 국장, 실장, 차관, 장관에 이르기까지 합의가 이루어져야 하는데 이러한 합의는 실무자가 기안한 문서를 상급자들이 순차적으로 결재하는 내부결재 절차를 통하여 이루어진다.[9] 그러나 실제로는 상급자의 의도가 여러 가지 공식·비공식적 절차를 거쳐 사전에 실무자의 제안에 반영되는 형태와 결합되게 된다.

〈표 2-2〉에 행정부처 내부에서 입안된 법령의 입법절차가 나타나 있다. 〈표 2-2〉에 제시된 바와 같이 입법과정은 법령의 형태, 즉 법률, 대통령령, 총리령에 따라 차이가 있다. 법률은 입법과정이 복잡하고 긴 반면, 대통령령, 총리령은 상대적으로 짧다. 국회의 심의를 거치지 않아도 되는 대통령령, 총리령의 경우에도 입안, 관계기관 및 당정 협의, 입법예고, 규제심사, 법제처 심의, 차관회의, 국무회의, 대통령 재가에 이르기까지 소요되는 기간이 상당히 길다.

행정부처 내부의 입법절차는 주무부처가 소관 사항에 관하여 입법이 필요하다고 판단할 때 법령안을 입안하면서 시작된다. 일반적으로 전문연구기관에 의한 조사·연구, 정책추진팀 또는 협의체의 구성 등을 통하여 정책의 내용에 관하여 심도있는 논의를 진행하게 되는데, 법령안은 이러한 과정에서 검토·정리한 결과를 토대로 작성한다. 〈표 2-2〉에서 소관부처 내에서

---

8) 법제업무운영시행규칙 제2조.

9) 내부결재 제도를 '품의제'라고 부르기도 한다(정정길, 2010: 148). 내부결재 절차 또는 품의제에 의한 의사결정 방법은 실무자의 제안을 상급자가 수용하는 형태로 진행되는 민주적인 절차로, 하급자와 상급자가 다같이 의사결정에 참여할 수 있다는 점. 그리고 최종 결정을 하기 이전에 관련 부서의 심사와 조정을 거치게 되므로 당해 행정기관의 방침을 통일 시킬 수 있는 장점이 있다. 반면에 여러 단계를 거쳐 의사결정이 이루어지는 결과 비능률적이며, 또한 책임소재가 불명확하여 서로 책임을 전가하거나, 이른바 레드 테이프(red tape)의 폐단을 낳을 우려가 있는 등 개선할 여지도 있다. 행정학용어표준화연구회. 2010. 「행정학용어사전」. 새정보미디어.

표 2-2 입법절차별 소요기간

입법절차	법률	대통령령	총리령·부령	소요 기간
법령안 입안	○	○	○	약 30-60일
사전 영향평가※	○	○	○	약 15-30일
관계기관과의 협의	○	○	○	약 10일 이상
입법예고	○	○	○	약 40일-60일
규제심사	○	○	○	약 15-20일
법제처 심사	○	○	○	약 20-30일
차관회의 심의	○	○	×	7-10일
국무회의 심의	○	○	×	약 5일
대통령재가 및 국회제출	○	○	×	약 7-10일
국회의 심의·의결 및 공포안 정부이송	○	×	×	30-60일 (국회심의 일정에 따라 달라짐)
국무회의상정	○	×	×	약 5일
공포	○	○	○	약 3-4일
총소요기간				대략 5-7개월 소요

※ 사전영향 평가는 행정기관이 법령을 제정·개정하려는 경우 법령에 내재하는 부패유발요인, 성평등에 미칠 영향, 지역인재 고용에 미치는 영향, 개인정보 침해요인, 정책과 제도의 집행·평가에 적합한 통계의 구비여부, 자치분권 원칙에 대한 적합성 등을 체계적으로 분석·평가하여 그에 대한 사전정비 및 종합적인 개선대책을 강구하는 과정임.
− 사전 영향평가, 관계기관과의 협의, 입법예고는 동시에 시작할 수 있음.

출처: 법제처 홈페이지. 2020년 9월 30일 접근.
https://www.moleg.go.kr/menu.es?mid=a10105020000

초안 작성과 관계부처 협의에 각각 약 30일에서 60일 정도 소요된다고 가정할 경우에도 행정부 내에서의 입법과정에 소요되는 기간은 5개월 내지 7개월이 걸리는 것이 보통이다. 입법추진과정에서 공청회 등 특별한 의견수렴의 과정을 거치거나, 부처협의 등에서 관계기관과의 협의가 지연되는 경우에는 기간이 훨씬 더 연장될 가능성이 높다. 그러나 예외적으로 정부에서 추진하는 시급한 정책의 추진과 관련이 있거나, 행정수반의 정책적 결단을 법제화하는 경우에는 심지어 1개월 만에 입법이 추진되어 국회에 제출되는 경우도 있었다.

〈표 2-2〉의 절차에 소요되는 시간은 정책이 어느 정도 공식화된 이후부터 계산한 소요시간이다. 이시원 외(2007)의 연구팀은 정책결정에 소요되는 실제 시간을 조사하였는데, 여기에서는 내부소요시간과 공식채택기간으로 나누어 조사하였다.[10] 연구팀은 '대통령지시사항' 목록과 '정책품질 관리대상 정책' 목록에 등재되어 있는 정책들 중 219개의 정책사례를 조사하였는데, 73개 법제화 과제(법령 제·개정과제)는 평균 488일(시안 확정 소요시간 평균 290일, 입법예고 소요시간 평균 88일, 국무회의-최종확정 소요시간 평균 86일) 또는 1년 4개월이 소요되었고, 131개 비법제화과제는 평균 306일(시안 확정 소요시간 평균 215일, 내부안 확정 소요시간평균 95일, 최종확정 소요시간 평균 23.5일) 또는 약 10개월이 소요된 것으로 조사되었다. 법제화 과제 중 법률 제·개정이 필요한 경우에는 국회논의 과정이 추가되므로 그 과정에서 소요기간이 훨씬 길어지게 된다.

여기에서 강조하고자 하는 것은 이같은 정책입안의 전 과정에서 소관부처의 주무국장과 과장을 포함한 공무원이 지속적으로 관여한다는 것이다. 학계 전문가, 매스 미디어, 이익집단, 대통령과 정무직 공무원 등 다른 행위자도 참여하지만 이들은 일부 단계에서만 관여하고 전 단계에서 주도적으로 참여하는 것은 공무원이다. 그러므로 공무원은 다음 장에서 살펴 볼 '철의 삼각'(iron triangle) 또는 '하위정부론'(subgovernment)에서는 이익집단 및 의회 상임위원회와 함께 주요 행위자로 여겨지고 있으며, 정책공동체에서도 이익집단, 의회 상임위원회 및 전문가 집단과 함께 주요 참여자로 간주되고 있다.

4. 사 법 부

1) 정책과정의 행위자로서 사법부

사법부는 신분보장을 받는 법관들로 구성된다. 사법부가 정책과정의 행위자에 포함되는지에 관하여는 학자들 사이에서도 논란이 있다. 초창기에는

10) 내부소요시간은 행정부처에서 정책이 구상되어 시안이 확정될 때까지를 말하며 계기발생, 내부회의, 자문, 연구용역, 부처협의를 거처 부처내부 시안 확정까지로 보았다. 한편 공식채택기간은 입법예고, 규제심사, 법제처심사, 국무회의를 거쳐 최종 확정까지로 보았다.

대부분의 공공정책 학자들이 법과 정치를 분리한다는 관념에 따라 사법부를 정책과정과는 독립적인 것으로 간주하였다. 예를 들면 Woodrow Wilson은 의회가 공공정책을 결정하고 관료제는 그 정책을 재량의 여지가 없이 집행한다고 주장하였다. Wilson의 주장에는 사법부는 중립적인 법의 원칙을 발견하는데 관여하므로 정책결정자가 될 수 없다는 의미를 함축하고 있다(Birkland, 2011: 122). 윌슨주의자의 관점은 정책을 형성하는 정치와 그러한 정책이 공정하게 집행되었는지 보장하는 법을 확실하게 구분하자는 것이다.

그러나 현실적으로 법원은 정책에 관하여 적용가능한 범위가 어디까지인지 분쟁이 있을 경우 판결을 내린다. 그러한 판결 자체가 정책의 범위를 설정하는 것이다. 입법과정에 내재하는 협상 필요성과 불확실한 상황에서 미래의 모든 가능성에 대처해야 하므로 선출직 공직자는 고의로 애매한 법률을 통과시킨다. 이러한 사실은 이러한 법률을 새로운 상황에 적용하려면 법원이 선택을 해야 하고, 법을 실제 세계에 성공적으로 적용할 수 있도록 하기 위해 법원이 미세 조정할 필요가 있다는 것을 말한다. 그러므로 "법은 입법기관이 정한 것이 아니라 법원이 구체적 사례에서 결정한 것"(law was not what the legislature ordered but the courts decided in concrete cases)이라는 것이다(Horowitz, 1977: 3). Dahl은 미국의 대법원을 엄격하게 법률기관으로만 보는 것은 미국정치체계에서 그 중요성을 과소평가하는 것이라고 주장하였다. 왜냐하면 대법원은 정치제도이며 국가정책의 논쟁적 문제에 관하여 결정에 도달하도록 하는 제도이기 때문이라는 것이다(Dahl, 1957; Birkland, 2011: 122-123에서 재인용). Dahl은 법원이 많은 영역의 정책 결정에서 중요한 역할을 했다는 사실을 인식하고 이러한 주장을 하게 된 것이다. 어느 나라에서나 사법부의 위헌법률심사와 대법원의 판례가 정책결정에 준하는 성격을 가진다.

2) 헌법재판소의 위헌법률심사와 탄핵심판

우리나라의 경우 권위주의 시대에는 행정부와 입법부에 대하여 사법부의 독립성이 제대로 보장되지 않았다. 사법부가 정책결정에 관여하는 핵심 수단인 위헌법률심사 권한은 헌법위원회(1948-1960, 1972-1988) 또는 대법원(1962-1972)에 부여되었지만, 실질적으로는 대통령과 행정부에 압도되어 사법부의 정책결정 참여는 유명무실하였다. 1948년과 1988년 사이에 위헌판결 사례는 10건에 불과하였고, 그 가운데 세 건의 법률만이 위헌판결을 받았다 (Lim, 2011: 5-6).

민주화 이후 사법부가 판결을 통하여 정책결정에 관여하는 사례가 크게 증가하였다. 특히 제6공화국 헌법에 의하여 설치된 헌법재판소는 국회 또는 행정부와는 독립적으로 결정을 내리는 중요한 기관이 되었다. 국가에 따라 헌법적 분쟁을 일반법원이 담당하는 유형과 독립된 헌법재판소가 담당하도록 하는 유형이 구분된다.[11] 미국과 일본 등은 전자에 해당되고 독일과 오스트리아 등은 후자에 해당된다. 헌법재판소는 법적 분쟁을 사법적으로 해결한다는 점에서는 일반법원과 같다. 하지만 정치적 파급효과가 큰 헌법적 분쟁을 대상으로 하며, 헌법을 최종적으로 유권 해석하는 위치에 있다는 점에서 일반법원과 구별된다. 한국에서는 1960년 제2공화국 헌법에 헌법재판소의 설치가 규정되었으나, 실제 구성되기 전에 5·16군사정변이 발발하여 그 설립이 무산되었다. 그 이후 법원 또는 헌법위원회가 헌법적 분쟁을 담당하다가 1987년 개정된 현행 헌법에서 다시금 헌법재판소제도가 도입되어 1988년 헌법재판소가 최초로 구성되었다.

우리나라 헌법재판소는 ① 법원의 제청에 의한 법률의 위헌여부 심판, ② 탄핵의 심판, ③ 정당의 해산 심판, ④ 국가기관 상호간, 국가기관과 지방자치단체 간 및 지방자치단체 상호간의 권한쟁의에 관한 심판, ⑤ 법률이 정하는 헌법소원에 관한 심판을 담당하며(헌법 111조 1항), 법관의 자격을 가진 자 중에서 대통령과 국회 및 대법원장이 각기 3인씩 선임하는 9인의 재판관으로 구성된다(111조 2-3항). 헌법재판소의 장은 국회의 동의를 얻어 재판관 중에서 대통령이 임명한다(111조 4항).

헌법재판소가 위헌법률 심판에서 특정 법률조항을 위헌인 것으로 판결하면, 그 조항은 법적 효력을 상실하며 일반 법원은 헌법재판소의 결정에 따라야 한다.[12] 1988년 이후 2014년 9월말까지 717건의 법률이 위헌판결을

11) 이하, [네이버 지식백과] 헌법재판소, 2017년 4월 18일 접근.

12) 헌법재판소의 결정에는 각하결정, 기각결정, 인용결정이 있다. 각하결정이란 심판청구가 이유 여부를 따져 볼 필요도 없이 법률이 정한 일정한 형식적인 요건을 갖추지 못한 경우 내리는 결정이다. 기각결정이란 심판사건의 본안판단(실질적인 심사)을 통하여 청구를 받아들일 수 없는 경우 내리는 결정이다. 인용결정이란 심판청구를 받아

받았다(Chon, 2015: 134). 다수의 위헌판결이 내려지는 것은 헌법재판소가 그 역할을 제대로 수행하고 있다는 증거이기도 하지만, 다른 한편으로는 입법부가 위헌적인 요소가 포함된 법률을 많이 양산한다는 것이기도 하다. 이러한 위헌판결은 정부정책과정 전반에 영향을 주게 된다. 예를 들면, 헌법재판소가 2004년 관습헌법을 근거로 행정수도건설특별법이 위헌이라는 판결을 내림에 따라 정부는 당초의 행정수도 이전계획을 상당히 수정하여 국회와 청와대를 이전대상에서 제외하고, 행정기관만 이전하는 방향으로 변경하였다([Box 2-4] 참조). 또한 헌법재판소가 1999년 12월 군복무자에 3-5%의

Box 2-4: 헌법재판소의 신행정수도특별조치법 위헌결정

2002년 대통령선거에서 노무현 대통령후보는 수도권 집중억제와 지역균형발전을 위하여 충청권에 행정수도를 건설하여 청와대와 중앙부처를 이전할 것을 공약사항으로 발표하였다. 참여정부는 신행정수도건설을 국정과제로 추진하였고, 수도이전을 내용으로 하는 '신행정수도특별조치법'은 2003년 12월 19일 국회 본회의를 통과하여 2004년 4월 17일부터 시행되게 되었다. 학계 · 언론계 · 원로정치인이 주축이 되어 결성된 국민포럼인 수도이전반대 국민연합은 서울시의원 50여명을 포함하여 169인의 청구인을 모집하여 2004년 7월 12일 헌법소원을 제출하였다.

헌법재판소 전원재판부는 2004년 10월 21일 "수도가 서울인 점은 관습헌법에 해당되고, 관습헌법 역시 헌법의 일부이므로 헌법개정절차에 의해서만 변경될 수 있는데, 「신행정수도건설을위한특별조치법」은 헌법 개정절차 없이 수도를 이전하는 것을 내용으로 하고 있으므로, 헌법개정안에 대한 국민투표권을 규정한 헌법 제130조에 위반한다."라는 결정문 요지를 발표하였다. 헌법재판관 8:1의 의견으로 내려진 위헌결정으로 특별조치법은 그 효력을 상실하였다.

이에 정부와 국회는 후속대책을 마련하여 여 · 야 합의로 2005년 2월 5일 「행정중심복합도시건설특별법」을 발의하였고, 이 특별법안이 본회의를 통과하여 3월 18일 공포되었다. 6월 5일 수도이전반대 국민연합에서는 행정중심복합도시건설특별법에 대하여 위헌확인 헌법소원을 제기하였다. 헌법재판소의 전원재판부에서는 11월 24일 청구인들의 심판청구를 각하한다는 결정문을 발표하였다. 이에 따라 행정도시 건설에 대한 법률적 논쟁에 마침표를 찍고 중앙행정기관이 이전하게 되었다.

출처: 국정홍보처. 2008. 「참여정부 국정운영백서 6: 균형발전」. 181-195쪽.

들이는 경우에 내리는 결정이다.

가산점을 부여하는 군복무 가산점 제도가 남성과 여성의 평등권을 침해한다고 판결함에 따라 군 가산점 제도가 효력을 상실하고 공무원채용정책의 변화를 불가피하게 만들었다(유민봉, 2005: 89). 그 결과 공무원 채용에서 여성의 비율이 크게 증가하였다.

우리나라 헌법재판소의 권한 가운데 탄핵의 심판과 정당 해산의 심판도 주요 정치행위자의 적격 여부에 관한 판단이라는 점에서 정치과정에 미치는 영향이 지대하다. 헌법재판소의 권한 중 하나인 정당해산심판은 어떤 정당의 목적이나 활동이 헌법이 정하는 민주적 기본질서, 예컨대 기본권의 존중, 권력분립, 의회제도, 복수정당제, 선거제도, 사유재산제도 등을 인정하지 아니하는 경우 정부의 청구에 의하여 그 정당을 해산할 것인지 여부를 심판하는 것이다. 헌법재판소는 2014년 12월 19일 정부가 청구한 통합진보당 해산심판 및 정당 활동 정지 가처분 신청사건에서 재판관 8 대 1의 의견으로 통합진보당 해산 결정을 내렸다. 헌재의 결정에 따라 통합진보당은 바로 해산됐으며, 향후 유사한 강령과 기조를 하는 정당의 창당이 금지되는 것은 물론 통합진보당이라는 명칭도 영구적으로 사용할 수 없게 되었다.[13] 한편 우리나라에서 탄핵(彈劾)은 대통령, 국무총리, 국무위원 등 정부의 고위공무원이 헌법이나 법률에 어긋나는 행위를 하였을 경우 국회가 소추(訴追)하고 헌법재판소가 심판하여 처벌, 파면하는 제도이다.[14] 2004년 3월 현직 대통령에 대한 최초의 탄핵안 국회에서 통과되어 당시 노무현 대통령이 탄핵심판을 받았으나, 5월 14일 헌법재판소가 탄핵심판 기각 결정을 내리면서 노

---

13) 헌재의 결정으로 정당이 해산된 것은 헌정 사상 최초다. 앞서 이승만 정부 시절인 1958년 죽산 조봉암 선생이 이끌던 진보당이 행정청 직권으로 강제 해산된 적이 있지만, 1962년 5·16 쿠데타 이후 정당 관련 조항이 헌법에 도입된 뒤 정부가 헌법 절차에 따라 정당의 강제 해산을 시도한 것은 처음이다. 출처: [네이버지식백과] 시사상식사전, 2017년 4월 18일 접근.

14) '탄핵소추'는 국회 재적의원 1/3 이상의 발의가 있어야 하고, 그 의결은 재적의원 과반수(137석)의 찬성이 있어야 한다. 다만 대통령에 대한 탄핵소추는 요건이 엄격하여 국회 재적의원 과반수의 발의와 재적의원 2/3 이상의 찬성이 있어야 한다. 탄핵소추가 의결되면 탄핵심판은 헌법재판소가 담당한다. 헌법재판소의 탄핵 결정은 9명의 재판관 가운데 6인 이상의 찬성이 있어야 한다. 절차상 하자 때문에 탄핵사유에 대한 심리의 필요성조차 없을 경우 내려지는 각하 결정이나, 재판부가 심리 결과 탄핵 이유가 없다고 판단할 때 내려지는 기각 결정이 날 경우에는 피청구인은 선고 즉시 모든 권한을 회복하게 된다. 한편 탄핵결정에 의하여 파면된 자는 결정 선고일로부터 5년이 지나지 않으면 공무원이 될 수 없다.

전 대통령은 즉각 직무에 복귀하였다. 2016년 12월 비선실세 국정농단 의혹으로 박근혜 대통령에 대한 탄핵소추안이 국회를 통과했으며, 2017년 3월 10일 헌법재판소가 재판관 8명 전원일치 의견으로 박 전 대통령에 대한 파면을 결정했다. 이에 따라 박 전 대통령은 대한민국 헌정 사상 임기 도중 탄핵으로 물러난 첫 번째 대통령이 되었다.[15]

3) 법원의 판결

법원의 판결, 특히 대법원의 판결이 정책과정에 영향을 미치는 경우가 있다. 법원이 당사자의 제소(提訴)에 의하여 구체적인 소송에서 내린 판단은 그 사건에 관하여서만 효력이 있는 것이고, 다른 사건에는 구속력이 없는 것이지만, 그 뒤에 같은 종류의 사건이 제소되어 법원이 재판을 할 때에는 먼저의 재판이 나중의 재판의 선례가 되어 사실상 구속력을 발휘하게 된다. 이처럼 선례가 되는 재판을 판례라고 한다.[16] 대법원에서 정책결정에 해당하는 판결이 종종 이루어지고 있다([Box 2-5] 참조). 예를 들면 '쟁의 중에는 무노동 무임금' 원칙이 적용된다는 2001년 대법원의 판결은 노동정책에 큰 영향을 미쳤다(노화준, 2007).

4) 정책행위자로서 사법부의 한계

이상에서 살펴 본 바와 같이 사법부는 구체적인 법의 해석을 통하여 정책에 큰 영향을 미치므로 정책과정의 행위자의 하나로 보아야 할 것이다. 우리나라의 경우에도 민주화 이후 국민들의 권리의식이 높아짐에 따라 법적 절차에 호소하는 경향이 증가하고 있으며, 헌법소원 등 적극적인 방법도 활용되고 있다. 특히 입법을 담당하는 국회의원들이 법률해석을 둘러싸고 법원에 제소하는 일이 많아지고 있으며, 2007년에는 노무현 대통령이 대통령 선거에서 대통령이 지켜야 할 공무원의 중립성의 한계에 관한 헌법소원을 낸 바 있다. 그러므로 사법부가 대통령과 행정부, 그리고 입법부와는 독자적

---

15) 출처: [네이버 지식백과] 탄핵심판, 시사상식사전, 2017년 4월 18일 접근.

16) 우리나라의 경우 대법원이 판례(해석 · 적용에 관한 의견)를 변경하려고 할 때에는 전원합의체에서 하도록 신중한 절차를 요구하고 있으며(법원조직법 7조 1항 3호), 또한 하급법원도 대법원에서 판례위반으로 파기될 만한 판결은 좀처럼 하지 않으므로, 판례의 실무상 구속력은 막중하다. [네이버 지식백과] 판례(두산백과), 2017년 4월 20일 접근.

Box 2-5: 대법원 판결: 학과폐지 이유로 교수해임 안 돼

사립대학에서 학과폐지를 이유로 구제노력 없이 해당학과 소속교수들을 해고할 수 없다는 대법원 판결이 나왔다. 대법원 1부(주심 김용덕 대법관)는 C대학교 이모 교수 등 3명이 학교재단 C학원을 상대로 낸 면직처분 취소소송에서 이들의 복직을 명령한 원심을 확정했다. 이번 판결은 향후 학과통폐합 등 대학구조조정 과정에서 침해될 수 있는 교권에 대해 사학법인의 자의적 재량권행사를 제한한 판례가 될 것이라는 점에서 주목된다.

C대는 지난 2009년 부교수·정교수이던 이들이 속한 ○○ 학과를 학교 경영상 이유로 폐지 결정했다. C대는 폐과가 만료되는 시점인 2013년 2월부로 이들을 면직하겠다고 통보했다. 이에 대해 교수들은 학문 성격이 유사한 다른 과로 자신들을 배치해달라고 했지만 학교 측이 기회를 주지 않고 면직을 강행했다며, 2013년 법원에 불복소송을 냈다.

법원은 1, 2심에서 "학교 측은 교수들을 다른 학과로 재배치하는 방법이 있었음에도 구제노력 없이 면직처분을 했다."며 "이는 객관적인 기준과 근거 없이 자의적으로 이루어진 것으로서 교원임명에 관한 재량권을 일탈·남용한 무효"라고 판결했다. 대법원도 "원심이 대학의 전문성, 폐과로 인한 교원의 학과 재배치, 사립학교 교원의 면직 및 재량권의 일탈·남용에 관한 법리를 오해하거나 판단을 누락한 바가 없다."며 재확인했다.

출처: 데일리한국. 2017년 1월 31일자. 송찬영 기자.

인 판단을 해야 하는 경우가 증가하고 있다. 이러한 과정에서 사법부의 역할이 대폭 증가하고 있다.

그러나 사법부는 정책과정에 주도적으로 참여하기보다는 수동적으로 참여할 뿐이며, 정책결정이 이루어진 후 그 해석에 개입하므로 일상적인 참여자로는 볼 수는 없다.

Ⅲ. 비공식적 행위자

비공식적 행위자들은 명백한 법적 권한은 없지만 정책과정에서 실질적 역할을 수행하는 행위자들이다. 여기에서는 비공식적 행위자들을 일반국민, 이익집단, 시민사회단체, 정당, 싱크 탱크와 연구기관, 그리고 대중 매체로 구분하여 살펴보겠다. 여기에서 살펴보는 순서가 비공식적 행위자의 영향력의 크기를 의미하는 것은 아니다. 정책문제가 인식되고 제기되는 과정에서 행위자의 개입순서에 따를 경우 일반국민, 이익집단과 시민사회단체, 정당의 순서가 될 것이다. 그 과정에서 싱크 탱크와 연구기관 및 대중매체는 보조적인 역할을 담당한다(제3부 정책과정, 특히 제1장 정책과정과 정책의제설정 참조).

1. 일반국민

1) 대의민주제와 투표참여

민주정치체제에서 국민은 대체로 개인이나 조직화되지 않은 대중으로 정책과정에 참여한다. 대의민주주의 국가에서는 일반 국민이 직접 정책을 결정하는 것이 아니라 특별한 행위자에게 정책의 범위와 내용을 결정할 수 있는 권한이 부여된 대의기관에서 담당한다. 그러므로 대의민주제에서 일반국민이 행사하는 가장 큰 역할은 투표를 통하여 대표를 선출하는 것이다. 투표는 정치참여의 가장 기본적인 수단이며 이를 통하여 국민은 간접적으로 정책과정에 참여한다. 투표를 통하여 국민은 정부를 선택할 수 있으며, 정당과 후보자들은 보다 많은 득표를 위하여 매력적인 정책패키지를 개발하려고 노력한다. 그러나 정책에 대한 유권자의 선택이 투표를 통하여 직접 반영되기는 어렵다. 대의민주제에서 정책은 유권자의 대표가 결정하는데, 대표가 일단 선출된 이후에는 유권자의 선호에 귀를 기울여야 할 의무가 없기 때문이다. 유권자 역시 후보자가 제안한 정책 한 가지만을 고려하여 투표하는 것도 아니다. 실제로 정치인이 관심을 가지는 것은 일반적인 여론의 흐름이며 정책을 고안할 때에도 그 흐름을 반영하고자 노력한다.

우리나라의 민주화 이전 시기의 선거에서 유권자들에게 이슈투표는 주목할 만한 현상은 아니었다. 1988년 국회의원 선거에서 대부분의 이슈는 정치체제의 특성 그리고 민주화 아니면 현상유지에 관한 내용이었다. 그러나 1992년 국회의원 선거 이후 경제성장의 전망, 보건 및 복지정책, 환경보전 등 정책 이슈가 중요시되기 시작하였다. 그러므로 선거가 정부의 정책성과를 심판하는 의미를 가지게 되었다.

2) 시민참여를 통한 대의민주제 보완

(1) 대의민주제 보완 필요성

대의민주제에서 정부의 주요 정책은 선출직 공직자를 중심으로 결정되고 이러한 정책이 관련 분야에 대한 전문성을 갖춘 관료들이 집행하여 왔다. 그런데 현대사회에서 사회적 난제들의 복잡성과 이들 사이의 역동적 상호의존성이 증가하면서 대의민주제에서의 전통적인 정책결정 및 집행방식의 문제점이 드러나게 되었다. 특히 선거에 의해 선출된 국회의원과 지방의원, 그리고 대통령과 단체장이 소속정당을 우선시하는 경향이 나타나 정책결정과 집행과정에서 선출직 대표와 국민의 의사가 불일치하는 현상을 바로잡아야 할 필요성이 대두되었다. 이에 따라 정책결정 과정에서 다양한 외부전문가와의 자문회의를 거치고, 관계 사회단체(기업, 시민단체 등)와의 협의과정을 거치는 것이 자연스러운 절차로 인식되기 시작하였다. 최근에는 정책의 사회적 수용성 및 정부신뢰제고, 갈등예방 필요성 등을 고려할 때 시민참여는 적극적으로 고려해야 하는 필수적 요소로 인식되고 있다(김지수 · 이재용, 2019; 채종헌 외, 2017). 우리나라의 경우 2016년과 2017년에 걸쳐 국민이 주도하여 대통령을 탄핵하고 새로운 정부의 시대를 열었던 경험이 국민 스스로 정부의 입법과 정책결정 영역에 보다 적극적으로 참여할 필요가 있음을 체감하는 계기가 되었다. 또한 높은 교육수준 및 생활수준, 정보통신기술의 발달과 유투브 등 1인 미디어 확산은 이같은 변화를 가속화하는 원인이 되었다.

(2) 시민참여의 개념과 유형

시민참여(citizen participation), 또는 주민참여란 시민들이 정부의 정책결정이나 집행 과정에 개입해서 영향력을 행사하는 일련의 행위를 의미한다.[17] 시민참여는 참여민주주의(participatory democracy)의 대두와 더불어 강조되고 있는데, 시민참여가 활성화될 경우 법적으로 정책결정 권한은 여전히 정부가 가지고 있지만, 그와 같은 결정에 시민이 미치는 실질적 영향력은 커진다. 참여민주주의가 제도화된 형태인 시민참여 또는 주민참여에는 여러 가지 유형이 있는데 국가마다 활용형태가 다르다. 주민참여제도가 비교적 잘 발달되어 있는 미국이나 스위스에서 실시하고 있는 형태로는 타운미팅, 공청회, 주민자문위원회, 주민투표, 주민발안, 주민소환 등이 있다.

우리나라에서 시민참여의 유형을 참여시민의 유형, 영향력의 정도, 의사소통 방향 등을 종합적으로 고려하여 유형화하면 다음 〈표 2-3〉과 같다(김지수 · 이재용, 2019: 24-25 참조). 참여시민의 유형은 일반시민, 특정쟁점의 이해관계자, 그리고 전문가로 구분할 수 있다. 의사소통방향은 한쪽으로 일방적인 정보 또는 의견전달이 이루어지는 '일방향'과 정부와 시민이 상호 의견을 교류하거나, 질의 및 응답과 토론방식으로 진행되는 '양방향'으로 구분할 수 있다. 참여자의 영향력은 시민의 의견이 정부의 정책결정에 크게 영향을 미치지 못하는 경우 '약함', 시민의 의견에 따라 정책이 결정되는 경우는 '강함', 그 중간단계에서 정치사회적인 구속력은 있으나 법적 구속력이 없는 경우를 '중간'으로 분류할 수 있다.[18]

〈표 2-3〉에서 전문가들이 주로 참여하는 자문위원회(advisory committee)는 특정 기관 또는 기관장의 자문에 응하기 위한 목적으로 위촉한 위원들로 구성된다. 중앙부처와 지방자치단체에 설치된 정책자문위원회가 그 대표적인 사례이다. 자문위원회에 의해 이루어진 결정은 실질적인 영향력은 있을 수 있어도 법적인 구속력은 없다. 우리나라에서는 민주화 이후 각 부처와 지방자치단체는 물론 공공기관에서도 정책 자문위원회를 광범위하게 활용하고 있다. 한편 조직화된 이해관계자들이 참여하는 민관협의회 또는 노사정

---

17) 여기에서는 영어의 'citizen participation'을 '시민참여'로 번역하여 쓰기로 한다. 국내의 지방자치 차원에서는 '주민참여'로, 중앙정부 차원에서는 '국민참여'로 쓰고 있다.

18) 시민이 미치는 영향력의 정도에 따라 참여 유형을 '소극적 참여'와 '적극적 참여'로 구분할 수 있고, 보다 구체적으로 '정보제공', '의견수렴', '자문협의', '공동결정', '시민결정'과 같이 다섯 단계로 구분할 수도 있다. 여기에서 '약함'은 '정보제공'과 '의견수렴'을 의미하며, '중간'은 '자문협의', '강함'은 '공동결정'과 '시민결정'을 포함한다.

표 2-3 우리나라의 시민참여 유형

참여시민 유형	의사소통 방향	약함	중간	강함
일반시민	일방향	여론조사, 국민제안	-	주민투표, 주민발의, 주민소환
	양방향	공청회, 설명회	숙의민주적 절차 (공론조사 등)	주민자치회, 주민참여예산
이해관계자	일방향	-	민원제기	-
	양방향	-	민관협의회	노사정위원회 등
전문가	일방향	-	-	-
	양방향	-	자문위원회 전문가패널 (공론조사 등)	-

출처: 김지수 · 이재용. 2019. 「주민주도의 숙의민주주의 실천방안」. 〈표 2-4〉에서 재구성.

위원회 등은 양방향으로 진행되며 참여자들의 영향력의 정도가 상당히 큰 편이다.

좁은 의미에서 시민참여는 조직화되지 않은 일반시민의 참여를 의미하는데, 〈표 2-3〉에서와 같이 다양한 유형이 있다. 일반적인 여론조사와 국민제안은 시민이 의견을 일방적으로 제시하지만 시민의 의견이 정부의 정책결정에 미치는 영향력이 미약하기 때문에 참여자의 영향력은 '약함'으로 분류된다. 여론(public opinion)이란 사회 문제와 정치적 쟁점에 대해 다수의 시민이 가지는 공통된 의견이나 태도를 말한다. 여론은 사회 구성원들의 욕구, 관심, 기대, 희망, 좌절, 분노 등을 나타내므로 정부가 결정하고 집행하는 정책의 방향과 내용에 영향을 미친다. 여론조사는 여론을 파악하는 가장 일반적인 방법이다. 그런데 여론조사에 응답하는 일반 시민들은 실제 사건 또는 현상을 직접 경험하지 못하거나 충분한 지식이 없는 상태에서 자신의 기존지식, 가치관, 선입견 등에 따라 피상적으로 응답하는 경우가 많다. 그러므로 여론조사로 파악된 여론은 다음에 살펴보게 될 숙의민주적 절차를 거친 공론과는 다를 수 있다. 또한 정부는 여론조사 결과를 참고할 뿐이며 반드시 따르지 않아도 되므로 그 영향은 대체로 약하다.

한편 쌍방향으로 진행되는 공청회(public hearing) 또는 설명회는 중요한 정책사안 등에 관해 해당 분야의 학식과 경험이 풍부한 전문가, 이해당사자, 그리고 일반시민의 의견을 듣기 위해 의회·행정기관·공공단체 등에서 개최하는 회의를 말한다. 우리나라에서도 국회 상임위원회, 행정부처, 지방자치단체에서 주요 정책이나 제도의 입안 및 개선을 목적으로 공청회를 빈번하게 실시하고 있다. 그런데 정부기관 주도로 이루어지는 공청회는 참여시민의 영향력이 약한 편이며 정책결정을 정당화하기 위한 형식적 절차 내지 행정 편의에 흐를 수 있다는 문제점도 있다.

공론조사(deliberative polling)를 포함한 숙의민주적 절차는 특정 문제에 관하여 일반시민이 참여하여 소정의 숙의절차를 거치는 양방향의 의사소통 구조이지만, 그 결과가 정부의 정책결정을 반드시 구속하는 것은 아니다. 숙의민주적 절차에 대하여는 별도로 살펴보겠다.

직접 민주주의가 제도화된 형태인 주민투표(referendum), 주민발의(initiative), 주민소환(recall)제도는 일반국민이 투표를 통하여 제시된 의사를 종합하여 그 결과에 따라 정책을 결정하므로 영향력이 강력한 참여 유형이다. 주민투표는 정책제안에 대하여 또는 정책집행 및 그 평가에 대하여 주민의 의사를 투표로서 묻는 제도이다. 이러한 투표제도는 지방정부에서뿐만 아니라 중앙정부에서도 사용할 수 있다. 주민발의는 주민들이 그 지역문제와 관련된 특정 사항을 정책으로 채택하거나 또는 제도화하도록 투표로서 결정해 줄 것을 정부에 청구하는 제도이다. 주민소환은 주민이 지방자치단체의 장 및 지방의회 의원을 임기를 마치기 이전에 소환할 수 있는 제도이다. 이러한 직접 민주주의 제도는 스위스를 비롯하여 미국 등 여러 나라에서 채택되고 있다. 우리나라에서도 주민투표, 주민발안 및 주민소환제도가 법적으로는 가능하도록 규정되어 있는데 요건이 엄격하여 실제 활용은 거의 없는 편이다.

주민참여예산제 또는 주민자치회는 토론을 거치므로 의사소통 면에서 양방향이기 때문에 주민투표와 차별화되는 양방향 시민참여 유형으로 볼 수 있다. 주민참여예산제는 「지방재정법」에 따라 2010년 전국의 기초자치단체에 확산되어 활발하게 운영되고 있다. 주민자치회는 읍·면·동 단위에서 주민자치를 활성화하자는 취지에서 2015년부터 자치단체별로 조례를 제정하여 운영하도록 했으나, 실제 운영은 지지부진한 편이다.

우리나라 시민참여제도 현황에 관하여 2019년 실시된 실태조사(김지수·이재용, 2019)에 따르면, 정부, 지방자치단체, 공공기관에서 신규로 도입하는 국민(시민)참여 절차는 노무현 정부 이후 지속적으로 증가한 것으로 나타났다. 즉, 법적으로 시민참여절차 활용을 강제하지 않더라도 정부의 일상행정에서 시민참여 절차를 다양하게 활용하고 있었다.

3) 숙의민주적 참여와 공론조사

(1) 숙의민주주의의 특징

20세기 후반 이후 대의민주제의 대안적 모델로 시민들의 정책과정 참여를 강조하는 참여민주주의(participatory democracy)와 더불어 숙의민주주의(deliberative democracy)가 대두하였다. 숙의민주주의는 정책을 결정하기 전에 시민들의 열린 소통과 이성적 토론 절차를 강조한다는 점에서 대의민주제 또는 참여민주주의와 차별화된다(채종헌 외, 2019). 즉, 숙의민주주의는 자유롭고 평등한 시민들이 토의를 거쳐 투표 대신 합의에 의한 결정을 내리는 것을 이상적이라고 보며, 숙의 과정에서 개인이 어떤 공적 이슈에 대해 원래 가지고 있던 생각이 바뀔 수 있다고 본다. 이를 위해 정보와 주장의 교환을 통해 시민의 선호가 상호간에 비판적으로 검토되고 최종판단이 내려지는 숙의의 통합적 기제를 강조한다(곽현근, 2020).

참여민주주의의 이상은 최대한 많은 시민들의 '참여'를 구현하는 것이므로, 모든 주민들이 주민투표를 통하여 정책을 결정한다면 그 이상이 실현되었다고 볼 수 있다. 그러나 정책결정 이전에 충분한 토론을 거치지 않고 주민투표가 진행되었다면 이를 숙의적 참여라고 볼 수 없다. 그런데 시민참여자 수가 많아질수록 숙의민주주의의 이상인 '이성적 토론'은 현실적으로 구현하기 어렵다는 점에서 '참여'와 '숙의' 사이에는 일정한 긴장 관계가 존재한다. 즉, 폭 넓은 참여와 깊이있는 토론은 양립하기 어렵다.

(2) 숙의민주적 참여방식의 유형

정책현장에서 숙의민주주의 실천방법은 일반시민의 참여와 숙의과정을 거친 의사결정이다. 참여와 숙의의 조합방법에 따라 현실적으로 다양한 숙의민주주의적 참여방식이 가능하다. 숙의가 가능하려면 참여자의 수가 제한될 수밖에 없으므로 한정된 규모의 참여자를 의미하는 '소규모 공중'(mini publics) 개념이 등장하였다. 소규모 공중은 일반국민을 대표할 수 있도록 무작위추출로 선발된 소수의 시민(Dahl, 1989)을 의미하지만 반드시 대표성이 보장될 필요는 없다는 견해도 있다. 오늘날 널리 알려진 숙의적 참여방식으로는 공론조사(deliberative polling), 시민배심원제(citizen's jury), 합의회의(consensus conferences) 등이 있다(채종헌 외, 2019; 김지수 · 이재용, 2019). 공론조사는 대표성을 보장하기 위하여 무작위로 추출된 100-500명의 참여자들의 숙의과정을 거친 여론조사이다. 시민배심원제는 미국의 사법배심원제도를 정책숙의에 적용한 것으로 무작위추출로 선발된 시민배심원 12-25명이 어떤 이슈에 대한 토론을 진행한 후에 사법배심원에서 평결(verdict)과 유사하게 공동으로 정책을 권고하는 방식이다. 합의회의는 층화 무작위추출로 선발된 10-25명의 시민들이 대략 2주간의 준비모임에서 선발된 전문가와 이익단체의 발표를 듣고 질의/응답 세션을 가진 후에 공동 보고서를 작성해 제출하는 방식이다.

(3) 숙의민주적 참여방식으로서 공론조사

공론조사는 미국의 Fishkin(1991)이 제안한 이후 영국을 시작으로 호주, 덴마크, 미국, 한국 등 세계 각국에서 다양한 분야의 공공정책결정을 위해 도입된 바 있다. 공론조사는 전통적인 여론조사가 이슈에 대한 시민들의 피상적 인식을 조사하는 한계를 보완하기 위해 숙의적 요소와 여론조사를 결합한 것이다.

〈표 2-4〉에서 공론조사는 크게 3단계 절차로 이뤄진다(채종헌, 2017; 채종헌 외, 2019; 김지수 · 이재용, 2019). 즉, 1차 설문조사를 실시하고, 토론참여자를 선정하여 이들에 대한 학습과 토론과정을 거친 후, 2차 설문조사를 통해 공론을 파악하는 절차이다.

1차 설문조사는 기존의 여론조사방법과 같다. 무작위 확률표본추출을 통해 조사대상 표본을 선정하고 설문지를 통해 조사를 진행한다. 1차 설문조사대상은 토론참여자 선정을 고려하여 충분한 숫자의 표본을 선정하여야 한다. 신고리 5 · 6호기 원전 공론조사의 경우 20,000명을 조사하였다. 1차 설

표 2-4 공론조사의 절차와 특징

절차	1차 설문조사(여론조사)	무작위로 추출된 표본을 대상으로 해당 이슈에 대한 토론이 없는 상태에서 설문조사 실시
	토론참여자 선발	공론조사결과의 대표성 확보를 목적으로 1차 설문조사 표본 중에서 인구학적 특성을 반영한 토론참여자 100-500명을 층화 무작위로 추출(표본대표성 확보)
	정보제공과 학습	참여자들에게 토론 이슈에 대한 찬반 양측의 입장과 근거 등을 균형있게 소개한 자료집 제공
	토론회 개최	찬·반 양측 전문가들로 구성된 전문가 의견청취, 일반 참여자들이 분임토의와 전체 토론회에서 해당 이슈에 대한 질의응답과 토론 실시(전문 진행자가 토론 진행)
	2차 설문조사(공론조사)	토론참여자 표본을 대상으로 2차 설문조사실시 1차 설문조사와 동일한 질문을 던짐
특징	– 2차 설문조사(공론조사)결과에서 1차 설문조사(여론조사)결과와 달라진 점을 토론참여자들이 학습과 토론을 통해 스스로 성찰함으로써 기존의 생각을 변경한 숙의의 효과로 간주함.	

문이 완료된 후 설문분석 결과를 토대로 의견분포를 고려하여 조사 응답자 중 대표성을 갖춘 토론참여자를 선정한다. 원전 공론조사의 경우 1차 조사 완료 후 참여희망자 5,981명 가운데 500명을 무작위 표본추출방법으로 선정하였다.

학습과 토론 단계에서는 선정된 토론참여자들에게 찬·반 양측의 자료를 균형있게 제공하고 조사 주제에 관한 전문가 패널 토론과 종합토론을 실시하여 새로운 정보를 취득하도록 한다. 또한 선정된 토론참여자들은 소그룹 분임 토론을 통해 조사 주제에 대한 토론을 진행할 수도 있다. 조사 설계에 따라 다른 그룹과도 토론할 수 있고 정보를 다른 사람과 자유롭게 논의할 수도 있다. 신고리 5·6호기 원전 공론조사의 경우 종합토론회 참석자는 471명이었다.

2차 설문조사는 1차 설문조사와 동일한 설문을 통해서 선호의 변화를 파악하는 것이다. 이때 조사 참여자들은 1차 조사 때와는 달리 조사주제에 관한 다양한 시각과 정보를 제공받고 충분한 토론과 숙의가 진행된 상태이므로 1차 설문조사와는 다른 의견을 가질 가능성이 높다. 공론조사의 특징은 동일한 설문으로 구성된 1차 설문조사와 2차 설문조사 간에 발생하는 통계적으로 유의미한 선호 변화를 확인할 수 있다는 점이다. 그러므로 정보가 충분하지 못한 상황에서 조사한 피상적인 여론과, 정보와 자료를 접한 후 충분한 학습과 토론을 통해 형성된 '공론'간에 어떤 차이가 있는 지 확인할 수 있다. 공론조사는 이른바 '여론 정치'를 극복하고 주요 고려사항들에 대해 충분히 토론하고 숙의했을 때 우리 사회가 선택할 수 있는 사회적 합의 내용에 대한 정보를 제공할 수 있다.

(4) 공론조사의 활용과 쟁점

최근 공론조사는 국내외에서 활발하게 활용되고 있다. 해외 공론조사 사례 47건을 심층 분석한 김정인(2018)은 각 국가들의 정치제도, 행정문화, 정책결정 시스템의 특성에 따라 공론화 적용 가능성이 다르다고 밝혔다. 최근에는 도시개발 · 교통 · 공동체 등 지역 생활형 정책이슈들과 같이 특정 집단에 편향되지 않으며, 참여자들의 정치적 평등이 확보되고, 정책이슈의 포괄성 등이 높을 때 공론화 적용 가능성이 높아졌다고 보았다. 국내 중앙정부 차원에서는 '신고리 5 · 6호기 건설중단 여부에 대한 공론조사'(2017년 7월-10월), '대입제도개편 공론조사'(2018년 4월-8월)가 이루어졌고, 지방정부에서는 '부산광역시 중앙버스전용차로제 시민공론화 사례'(김창수, 2019) 등 다수의 공론조사가 이루어졌다(채종헌 외, 2019).

공론조사는 과학적 조사방법에서의 준실험설계를 적용하여 모집단을 대표할 수 있도록 무작위추출방법으로 참여자를 선정하고, 학습과 토론 이전과 이후에 각각 설문조사를 실시하여 그 결과를 비교한다. 그러므로 과학적인 연구 절차를 단계별로 지켜야 하는 한편, 그 과정과 결과를 정치적 의사결정과 조화시켜야 한다. 공론조사의 쟁점은 참여자의 대표성 문제, 참여과정의 공정성 보장, 숙의과정 참여자들의 토론 역량 확보, 공론조사 소요비용과 시간 확보, 공론조사 결과의 활용 등과 관련된다.

첫째, 참여자의 대표성 문제는 모집단을 대표할 수 있는 통계적 표본추출의 대표성이 확보되고 유지되는지에 관한 것이다. 1차 표본조사 이후 일정장소에 집합하여 진행하는 공론조사에 참여희망자와 최종 선정된 참여자가 여전히 대표성을 유지하는지 점검해야 한다. 통계적 대표성이 확보된 경우에도 선출직 공직자의 대표성과의 관계가 쟁점이 될 수 있다(최태현, 2018). 둘째, 참여과정의 공정성 보장을 위하여 주관기관과 진행자는 토론참여자에게 양측의 자료를 균형있게 전달하고, 분임토론과 종합토론에서도 공정한 토론이 진행될 수 있도록 세심하게 배려하여야 한다. 셋째, 숙의과정 참여자들이 토론 역량을 확보할 수 있도록 학습할 수 있는 시간과 자료를 충분히 부여하여야 한다. 넷째, 공론조사를 진행하는 과정에서 준비기간을 제외하더라도 2-3개월이 소요되며, 상당한 규모의 비용이 투입되어야 한다. 마지막으로 공론조사 결과를 어떻게 활용할지도 쟁점이 될 수 있다. 국내외 사례에서 대체로 정부가 공론조사결과를 따르기로 했지만 2018년 제주도 국제영리병원 관련 공론조사 결과 개설 반대가 찬성보다 많았음에도 불구하고 허가를 내준 적이 있었다. 그러므로 공론조사는 이러한 쟁점들을 신중하게 검토한 후 실시하여야 한다.

2. 이익집단

1) 이익집단의 개념

이익집단(interest group)이란 집단구성원들의 공동 이익을 증진할 목적으로 결성된 단체를 말한다. 정책과정에서는 일반 국민 개개인보다는 이익집단의 역할이 더욱 중요하다. 정책결정은 원래 공식행위자의 영역이지만 오늘날 현실에서는 특수한 사회집단의 이익과 지위를 촉진하기 위하여 결성된 이익집단이 정책과정에서 중요한 역할을 담당하고 있다. 이익집단은 정책과정에서 정책결정권한을 보유한 공식행위자에게 영향력을 행사하기 위해 압력을 행사하므로 압력단체(pressure group)라고 부르기도 한다. 이익집단은 자신의 목적을 달성하기 위하여 공직자에게 영향력을 행사하고자 하지만 정당과는 달리 스스로 공직을 담당하거나 또는 정권을 장악하기 위하여 활동하지 않는 것이 일반적이다. 이 점에서 이익집단은 정당과는 구분된다. 미국의 경우 1960년대 이후 이익집단이 급증하였고(Birkland, 2011), 우리나라에서는 1987년 민주화 이후 이익집단이 제 기능을 찾아가고 있다.

2) 이익집단 영향력의 원천

이익집단이 정책과정에서 행사하는 영향력의 원천은 다음과 같다.

첫째, 이익집단의 가장 중요한 자원은 지식과 정보, 특히 다른 집단이 얻기 어려운 지식과 정보를 가지고 있다는 점이다(Howlett & Ramesh, 2003: 83). 특수 이익집단의 구성원은 해당 분야를 가장 잘 아는 경우가 많다. 정책결정과정은 고도의 정보집약적인 과정이므로 정보를 가진 행위자가 중요한 역할을 담당한다. 정치인과 관료들은 때때로 이익집단이 제공하는 정보에 의존할 때가 많다. 의사협회, 약사회나 변호사협회와 같은 단체들은 다른 행위자들보다 관련분야에서의 지식과 정보가 월등하게 많다.

둘째, 이익집단이 가지고 있는 또 다른 자원은 경제력 또는 재원이다. 이익집단은 선거운동과정에서 정당에 재정적인 기여를 할 수 있고, 자신들의 입장에 동조하는 후보들에게도 선거자금을 지원할 수 있다. 경제인연합회, 상공회의소와 같이 집단구성원들이 경제적으로 부유할 경우 풍부한 재원을 동원할 수 있다. 이러한 재원을 토대로 정책문제를 연구할 수 있는 전문가를 채용할 수 있고 연구기관에 구체적인 정책대안에 관련된 연구를 의뢰할 수 있다.

셋째, 이익집단의 규모가 클수록 영향력이 있다. 규모가 크고 응집력이 높은 집단은 선거에서 동원할 수 있는 유권자가 많기 때문에 강한 영향을 미칠 수 있다. 노동조합은 보통 그 규모가 크기 때문에 선거에서 미칠 수 있는 영향력이 크다.

넷째, 이익집단들을 구성원으로 하는 조직, 즉 정상연합(peak associations) 또는 정상조직(peak organizations)이 영향력이 크다. 예를 들면 산업별 노동조합보다는 그 연합체가, 지역단위 의사협회나 약사회보다는 전국 조직인 대한의사협회나 대한약사회가 정책결정에 대한 영향력이 크다는 것이다.

마지막으로 앞의 네 가지가 연관되어 나타나는 요소로 정부조직과 주요 정책결정자에 대한 접근가능성이 높을수록 영향력이 크다. 이러한 접근가능성을 높이기 위하여 이익집단이 퇴직한 공무원들이나 일선에서 물러난 정치인을 영입하기도 한다(정정길 외, 2010).

3) 정책과정에서 이익집단의 역할

이익집단은 구성원들을 위하여 정책대안을 제시하며, 이를 관철시키기 위한 이익표출활동과 로비활동을 통하여 정책결정에 영향을 미치려고 노력한다(Ainsworth, 2002; 정재영 · 윤홍근, 2006). 원래 로비활동이란 공공정책 이슈에 관한 투표에 영향을 미칠 목적으로 의회 구성원을 접촉하여 설득하려는 노력을 의미하였다. 로비라는 용어는 사람들이 그들이 선출한 대표와 공적인 문제를 토론하기 위하여 대기하였던 입법부 청사의 로비에서 유래하였다고 한다(Birkland, 2011). 3장에서 살펴보게 될 다원론(pluralism)은 이익집단이 자유롭게 결성되는 미국에서 대두되었는데, 회원자격의 중첩으로 집단 간 협력이 촉진되고 갈등이 조정되는 메커니즘을 가진 이익집단이 정책과정에서 가장 중요한 행위자임을 전제로 이론화되었다(Bentley, 1908; Truman, 1951; Dahl, 1961).

한편 유럽의 조합주의(corporatism)는 주요 공공정책을 사용자단체의 대표, 노동자 단체의 대표, 그리고 정부대표가 공동 결정(co-determination)하는 정책결정 양식으로 이익집단의 정상조직인 사용자단체와 노동자단체가 정책결정에서 핵심적인 행위자라고 본 것이다. 제4장에서 살펴보게 될 하위정부론(subgovernment) 또는 철의 삼각(iron-triangle)에서는 이익집단이 의회 상임위원회, 중앙부처와 협력하여 정책이 결정되는 것으로 본다. 또한 정책공동체(policy community) 내에서도 이익집단과 그 지도자들은 관료들과 소속행정기관, 의회, 그리고 정책전문가와 함께 핵심적인 역할을 담당하는 행위자의 하나로 여겨져 왔다. 이같이 정책행위자들 사이의 관계에 관한 여러 이론들에서 이익집단은 다른 행위자들과 함께 관련분야의 정책의제설정과 정책형성을 포함한 정책과정 전반에 걸쳐 강한 영향력을 행사하는 핵심 행위자로 보고 있다.

4) 이익집단의 유형

이익집단을 범주화하는 방법은 여러 가지가 있다.

첫째, 제도적 이익집단(institutional interest group)과 회원제 이익집단(membership interest group)의 구분이다. 제도적 이익집단은 대학교의 학생과 같이 그 회원이 특정 기관의 구성원일 경우이다. 회원제 이익집단은 회원이 선택하여 가입한 집단이다.

둘째, 경제적 이익집단 또는 사익집단 대 공익집단으로 구분할 수 있다. 경제적 이익집단은 회원들의 경제적 이익을 보호하기 위하여 형성된 집단으로 이익집단의 원래 정의에 가장 가까운 집단이다. 예를 들면 노동조합은 노동자들의 근로조건 개선이나 임금인상 등을 추진하고, 중소기업인 연합회는 중소기업의 이익증진을 도모하며, 의사협회는 의사들의 의료행위상 이익보호를 추구한다. 자본주의 국가의 이익집단 중에는 기업집단이 가장 강력하다. 자본주의 경제가 움직이는 원동력인 생산수단의 소유가 집중된 회사들로 이루어진 기업집단은 자본의 구조적 권력(structural power of capital)을 대변한다(Howlett & Ramesh, 2003: 71). 이러한 사실이 기업의 유례없는 권력의 뿌리인 것이다(Lindblom, 1977). 기업집단에는 못 미치지만 노동조합도 강력한 영향력을 행사한다. 그러나 개별기업도 상당한 영향력을 행사하는 기업과는 달리 노동계는 집합적인 조직인 노동조합을 통하여만 영향을 미칠 수 있다. 의사협회나 변호사협회와 같은 전문단체들은 그 영향력의 기반이 전문적인 지식과 정보라는 점은 이미 지적한 바와 같다.

5) 우리나라의 이익집단

우리나라의 경우 권위주의 시대에는 압축적인 경제발전을 추구하는 과정에서 이익집단에 대하여 국가의 통제가 이루어졌다. 이 기간 중 한국의 이익집단은 대체로 기능적 자율성이 없었고, 국가의 통제를 받아들였다. 예를 들면, 우리나라의 노동계를 공식적으로 대표하는 한국노총은 억압적인 노동법과 국가보안법을 포함한 여러 가지 법규의 제약을 받았다.

기업을 대변하는 이익집단은 노동계와 농민들보다 정부에 접근이 자유롭고 영향력도 강력하였다. 전국경제인연합회(전경련), 한국상공회의소, 무역협회와 같이 기업을 대변하는 복수의 정상조직들은 라이벌 관계가 아니라 역할을 분담한다. 전경련은 대기업집단(재벌)이 주도하고 있으며 영향력이 가장 크다. 회원의 수는 비교적 적지만 회비만으로도 독립적인 재정을 유지한다(윤홍근, 2015). 전경련은 독자적인 연구조직을 가지고 있으며, 이를 통하여 그 이익을 대변하기도 한다. 대기업은 집권당을 포함하여 정치인들에게 정치자금을 제공하는 주요 통로가 되어 왔기 때문에 정부와 기업이 유착관계인 것으로 비판을 받기도 하였다.

1980년대 민주화 이후, 이익집단의 역할은 급격하게 변화하였다. 이익집단 수의 가파른 증가로 이익집단의 정책창도가 폭발적으로 확대되었다. 특히 노동조합의 수자와 노조가입율이 극적으로 증가하였다. 노동자들은 보수인상과 노동조건의 개선을 위하여 적극적으로 투쟁하였고, 그 과정에서 친정부적인 한국노총과 경쟁하는 진보적인 노동단체인 민주노총이 결성되었다. 이러한 상황에서 권위주의 시대의 노동계에 대한 국가 통제는 사라지게 되었다.

1990년대 이후, 한국의사협회, 약사협회, 변호사협회 등과 같이 전문직업을 대변하는 이익단체들이 나타나게 되었다. 정부에서도 이들 이익단체들에 대하여 과거와는 달리 유연한 입장을 가지고 협상을 통하여 정책을 수정하기도 하였다. 예를 들면, 1999년 의약분업제도 도입 당시 주무부처인 보건복지부는 1998년 의료계 · 약계 · 언론계 · 학계 등으로 의약분업추진협의회를 구성하여 논의를 시작하였으나, 그해 12월 대한의사협회 · 대한병원협회 · 대한약사회가 의약분업 실시 연기 청원을 국회에 제출함으로써 1년간 시행이 연기되다가, 1999년 5월부터 9월까지 협의를 거쳐 시행방안을 최종 확정하고, 12월 7일 약사법 개정법률안이 국회를 통과함으로써 시행에 들어가게 되었다.

한편 공익집단은 환경단체와 같이 일반대중의 이익을 추구한다. 공익집단의 구성원이 아닌 일반 국민은 공익집단 활동으로 혜택을 받는 무임승차자(free-riders)가 될 수 있다. 공익집단은 시민사회단체로 따로 구분하여 살펴보기로 하겠다.

3. 시민사회단체

1) 시민사회단체의 개념과 특징

정부부문과 시장부문과는 구분되는 비정부, 비영리 영역에서 활동하는 조직들은 비정부기구(NGO), 비영리기구(NPO), 자발적 단체(VO), 시민사회단체(CSO) 등 다양한 명칭으로 불리고 있으며 이들 각각에 대한 개념정의 또한 다양하다.[19] 시민사회단체(Civil Society Organization, CSO) 또는 시민단체(Berry, 1999)라는 용어는 시민사회 영역에서 주요 행위자로 활동하는 단체들을 지칭하는 포괄적인 개념으로 사용된다.[20] 학자에 따라 강조점의 차이는 있지만 시민단체는 (1) 정부로부터의 거리 유지와 독립성을 강조한다는 의미에서 비정부적 또는 독립적 특성, (2) 이윤을 추구하지 않는다는 의미에서 비영리적 특성, (3) 공익을 추구한다는 의미에서 공익적 특성, (4) 기본적인 조직구조를 갖추고 정기적으로 활동한다는 의미에서 공식적 특성, (5) 조직구성원이 자발적으로 참여하고, 주요 재원 역시 자발적으로 충당한다는 의미에서 자원적 특성을 갖는 조직이다(Salamon & Anheier, 1997: 33-35; 주성수, 2005: 83-97; 정상호, 2006: 148-150).

2) 시민단체의 정책창도와 서비스 제공기능

시민단체가 수행하는 주요 기능은 정책창도와 서비스 제공이다. 정책창도를 위주로 활동하는 시민단체를 창도형 시민단체(advocacy organization)라고 부른다. 창도형 단체는 권익주창형 단체라고 부르기도 하는데 국가권력과 시장의 힘에 맞서 공공이익을 수호하는 역할을 담당하며, 권력감시와 부정부패 방지, 환경, 여성 등 정책영역별로 관련된 정책이슈를 의제화하고 정책대안을 제시한다. 한편 서비스형 단체는 정부를 대신하거나 보완하여 교육서비스, 사회서비스, 의료, 주택 등 공공서비스를 제공하는 역할을 담당한다. 미국과 유럽 등 선진 국가에서는 시민단체의 서비스 전달기능의 역사가 오래되었을 뿐 아니라 그 비중에 있어서도 창도형 단체를 압도하고 있다(Anheier, 2004: 4; 정상호, 2006: 189-190).[21]

3) 시민단체의 영향력 행사방법

시민사회단체는 영향력을 행사하기 위하여 이익집단이 통상적으로 사용하는 방법 이외에도 대중동원, 시위, 소송, 입법 청원과 같은 다양한 전략을 추가적으로 구사한다(Birkland, 2011: 141-142). 미국의 경우 대규모 대중

---

19) 이러한 개념들을 구분하여 정의하려고 시도한 대표적 문헌으로는 주성수(2005: 59-82) 참조.

20) 이 부분은 남궁근(2007b)을 일부 요약한 것이다.

21) OECD국가의 비영리기관 종사자는 총고용인력의 6% 정도를 차지하고 있으며, 자원봉사자를 포함하면 10% 정도라고 한다(Anheier, 2004: 4).

동원의 사례로 1963년 워싱턴에서 일어난 민권운동을 위한 대행진을 사례로 들 수 있다. 우리나라에서도 2002년 주한미군의 군사훈련 중 사고로 두 명의 여중생이 사망한 것을 계기로 시민단체를 중심으로 한미 주둔군지위협정(SOFA) 개정을 촉구하는 촛불집회 등 대규모 대중동원이 이루어졌다.

항의시위와 폭동 역시 정치참여와 정책과정에 영향을 미치기 위한 수단으로 활용된다. 항의시위는 합법적이지만 항의시위과정에서 종종 발생하는 폭동은 불법적이다. 한미자유무역협정(FTA) 반대 농민단체 시위, 천성산 터널공사 반대 환경단체 항의시위 등의 진행과정에서 공공시설과 기물을 파괴하는 불법적인 폭력사태가 발생하기도 하였다.

소송은 최후의 수단으로 간주되지만 나름대로 장점도 있다. 예를 들면 여성단체들을 중심으로 2000년 9월 '호주제 폐지를 위한 시민연대'를 발족시키고 11월 호주제 위헌소송을 제기하였다. 2005년 2월에는 헌법재판소에서 호주제 위헌 판결이 내려지고 그 후속조치로 호적제도가 폐지되고 대신 가족관계부로 대체되었다. 결과적으로 여성단체들의 입장에서는 소송이라는 방법을 사용하여 가장 원하는 결과를 성취한 것이다. 이같이 여성단체가 소송이라는 방법을 선택한 것은 관할기관 선택(venue shopping)의 중요한 사례이다. 관할기관 선택이란 바움가트너와 존스가 사용한 용어로 이익집단이 그들의 관심사를 가장 호의적으로 받아들이고 처리해 줄 것으로 생각하는 부처나 기관을 선택하여 로비하는 것을 말한다(Baumgartner & Jones, 1993; Pralle, 2003).

시민사회단체들은 국회에 입법 청원을 통하여 법안을 직접 제안하기도 한다. 우리나라에서 시민사회단체가 주도하여 입법에 성공한 사례로는 1999년 국민기초생활보장법, 2001년 부패방지법, 2001년 상가임대차보호법 등이 있다.

4) 우리나라의 시민사회단체

우리나라에서는 강력한 권위주의 체제가 유지된 1980년대까지 시민사회 영역과 시민단체의 역할은 크게 제약되어 있었다. 당시 시민사회를 대변하였던 민주화운동 단체들은 권위주의적 정권을 타도와 투쟁의 대상으로 설정하고 대화와 협력의 가능성을 배제하였다. 한편 정부는 이들 단체를 혹독하게 탄압하였다. 시민사회와 정부 사이의 이러한 관계는 1987년 6월 항쟁을 계기로 크게 변화되었다(남궁근, 2003b). 1989년 7월 경실련이 출범하면서 우리나라에서도 본격적으로 시민단체가 등장하였다. 김영삼 정부가 등장하면서 시민단체의 숫자도 크게 증가하였고, 그 역할도 한층 강화되었다. 시민단체의 폭발적 증가추세는 김대중 정부와 노무현 정부에서도 계속되었다.

우리나라 시민단체 활동은 서구국가와는 달리 기능과 역할 면에서 창도형 단체의 비중이 서비스 단체의 비중보다 압도적으로 크다. 특히 경실련, 환경운동연합, 참여연대, 함께하는 시민행동, YMCA 등 진보적 성향의 창도형 단체들이 시민단체 활동을 주도해 왔는데 이러한 현상은 우리나라 시민단체가 민주화운동의 연장선상에서 활동해 왔기 때문에 나타난 것이다. 최근 바른사회 시민회의, 한반도 선진화재단 등 뉴라이트 계열의 시민운동단체들이 등장하여 창도형 시민단체들이 이념적으로 분화되었다.

우리나라에서는 행정학자들도 상당수가 시민단체인 경실련, 참여연대, 함께하는 시민행동, 행개련에 참여하고 있다([Box 2-6] 참조). 경실련에는 출범 초기에는 일부 행정학자들이 참여하였고, 90년대 후반 경실련 내에 정부개혁위원회가 조직되어 활동을 시작하였는데, 이 조직은 오늘날까지 행정학자들이 주도적으로 이끌고 있다. 뒤이어 조직된 지방자치위원회, 예산감시위원회에도 각각 지방자치를 전공하거나 예산 및 재정관련 전공 행정학자들이 참여하게 된다. 1994년 설립된 참여연대에도 초창기에는 소수 학자들이 참여하였고 지금도 일부 행정학자들이 반부패활동과 행정감시운동에 관여하고 있다.

'함께하는 시민행동'에서는 행정학자들이 대표적인 예산낭비사례를 선정하여 '밑빠진 독'상을 수여하는 등의 예산감시 활동을 전개하고 있다. 행개련에는 중견학자들이 다수 참여하여 인사, 조직, 재정 · 세제, 전자정부, 지방자치 등의 분야에서 비판적인 관점에서 건설적인 정책대안을 정부에 제시하고 있다. 한국적 현실에서 특이한 현상은 시민사회단체에 참여한 행정학자들이 의제설정에 큰 영향을 미쳤다는 것이다. 많은 행정학자들이 투명사회와 반부패입법운동, 인사개혁, 예산감시, 지방자치운동 등을 주도하면서 이러한 영역에서의 의제설정에 상당히 영향을 미쳤다.

Box 2-6: 행정학자들의 시민단체 참여의 성과

행정학자들은 반부패개혁, 인사개혁, 예산개혁과 감시, 지방자치, 정치와 행정의 민주화 등 정부개혁을 추진하는 데 있어서, 아마추어 시민운동가들과는 달리 전문성을 살려 정책문제에 관련된 아이디어 제공뿐 아니라 구체적인 정책대안을 제시하고 채택하게 할 수 있었다. 김영삼 정부 출범 초에 강력하게 추진된 반부패정책, 즉 공직자윤리법 개정을 통한 공무원 재산등록 및 공개의 의무화, 금융실명제의 전격실시(1993. 8. 13., 대통령 긴급재정경제명령 제16호)와 부동산실명제 실시(1995. 3. 30), 공직선거 및 선거부정방지법 개정을 통한 정치부패 억제시도에 대하여는 시민단체들이 적극 지원하였다.

그런데 이러한 문제를 의제화하고 구체적인 대안을 제시하는 데 있어서는 시민단체에 참여한 행정학자들의 전문성이 상당히 기여할 수 있었다. 김대중 정부에서는 시민단체를 중심으로 국감모니터 및 낙천·낙선운동, 부패방지법 제정운동, 소액주주운동 등 그 활동영역이 확대되었다. 낙천·낙선운동이 부패정치인에 대한 인적청산을 목적으로 한 것인데 비하여 부패방지입법시민연대는 부패방지를 위한 제도 개혁을 성취하기 위하여 결성되었으며 중견 행정학자가 공동대표로 활약하였다. 참여연대와 경실련이 주도한 부패방지입법 시민연대에 참여한 시민단체들의 끈질긴 요청으로 2001년 6월 국회를 통과한 부패방지법은 반부패제도 개선에 있어서 정책적 전환점으로 평가된다.

김대중 정부와 노무현 정부에서도 인사, 예산, 지방자치 등의 분야에서 시민단체가 제안한 개혁조치들이 다수 정책대안으로 채택되었다. 인사개혁 분야에서는 개방형 임용제도 도입(1999), 순환보직 방지를 위한 전보제한제도와 보직경로제도, 고위공무원단 도입(2006년) 등 공직사회에서 반대하는 개혁조치들이 다수 도입되었다. 이러한 제도 도입에는 행개련과 같은 전문성을 가진 시민단체의 역할이 매우 큰 것으로 평가된다. 기관장 판공비 공개, 복식부기제도 도입, 디지털 예산회계 제도 도입과 같은 예산분야의 개혁에 있어서도 재정 및 예산전공 행정학자들이 참여하는 경실련, 함께 하는 시민행동 등 시민단체의 역할이 절대적이었다.

지방자치제도 활성화, 주민소환제도 도입 등 지방자치 영역에서도 시민단체에 참여하는 행정학자들의 역할이 상당히 컸다. 한편 노무현 정부에서는 시민단체에서 활동했던 행정학자들이 정부혁신지방분권위원회와 같은 국정과제위원회의 활동에 참여하면서 국정개혁 아젠다를 제안하고 종합하는 데 크게 기여하였다.

출처: 남궁근. 2007b. 행정학자의 시민단체 참여의 성과와 한계. 62쪽.

4. 정 당

1) 정당의 목적

정당은 정치적 이념을 같이 하는 사람들이 공직선거의 후보자를 추천하고, 정권획득을 목적으로 결성한 자발적인 결사체이다. 일찍이 Lasswell & Kaplan(1950: 169)과 Sartori(1976: 64)는 정당을 공직 선거에서 후보자를 추천하여 당선시키고자 하는 정치집단으로 보았다. 정당의 궁극적 목적은 선거에서 대통령 또는 의원을 당선시켜 정권을 획득하고, 선출된 공직자들이 소속정당이 추구하는 정치이념을 실현하기 위하여 정부정책의 내용과 집행에 영향을 미치는 것이다. 그러므로 정당은 대의 민주주의체제에서 선거와 불가분의 관계를 가지고 있다. 어느 나라에서나 정당은 대의민주정치체제의 핵심제도인 의회와 선거제도가 확립되지 않고서는 존립하기 어렵다.

2) 정당의 특징

정당은 자발적인 결사체라는 점에서 이익집단이나 시민단체와 같지만 설립목적이 다르다. 정당은 본질적으로 정치권력의 획득을 목적으로 공직선거에 후보자를 내세운다. 정당에서 내세운 후보자가 의회 의원이나 대통령, 도지사 또는 시장과 같이 행정부 대표로 선출될 경우 그 후보자는 정책과정에서 공식행위자의 지위를 차지한다. 그러므로 정당은 공식행위자와 비공식행위자의 경계영역에 존재한다. 이러한 점에서 공직선거에 직접 후보자를 내세우지 않는 이익집단(interest group) 또는 시민사회단체와는 차별화된다. 이익집단의 설립목적은 구성원들의 공동이익을 증진하는 것이며, 시민단체는 공공의 이익을 정책에 반영하는 것이다. 이에 따라 이익집단과 시민단체는 각각 자신들의 주장이 정책에 반영될 수 있도록 이익표명(interest articulation) 기능을 수행한다. 이와는 대조적으로 정당은 여러 이익집단들과 시민단체들이 표명한 이익을 수렴하는 이익집약기능(interest aggregation)을 담당한다(Almond & Powell, 1980). 이익집약이란 정치체제를 향해 표명되는 다양한 요구들을 종합하여 정책의제와 정책대안으로 전환시키는 것을 말한다.

3) 정책과정에서 정당의 역할

정책과정에서 각 정당은 다른 정당과 경쟁하여 공직후보를 당선시키고 정치권력을 획득하기 위하여 노력한다. 정당은 선거에서 공직후보자를 당선시키기 위하여 정치적 이슈를 제기하고 이것을 정책으로 공약화함으로써 유권자의 지지를 호소한다. 선거기간 중에 정당과 후보자는 유권자에게 호소력이 있다고 생각하는 정책패키지를 정당의 강령과 선거공약으로 제시한다. 각 정당은 강령과 선거공약을 정책의제화하기 위하여 끊임없이 노력한다. 집권당 또는 의회 다수당이 채택한 강령의 내용과 선거공약 뿐 아니라, 선거기간이 아닌 경우에도 정당이 추진하는 정책은 공식 정책의제로 진입하는데 상당히 유리한 위치에 있다.

정당이 입법부와 행정부의 공직후보자를 선정하는 역할은 그들이 결정하는 정책의 내용에 상당한 영향을 미칠 수 있도록 한다. 법적으로 정책결정의 권한은 공식적인 행위자인 국회, 대통령, 그리고 행정부가 가지고 있다. 그러나 대통령과 국회의원 등 선출직 공직자는 각자 소속 정당의 영향을 벗어나 독자적으로 결정권한을 행사하기는 어렵다. 그러므로 집권당 또는 의회 다수당은 공식행위자를 통하여 실질적으로 정책결정에 영향을 미칠 수 있다. 대통령제 국가에서는 집권당이 정치집행부를 구성하고 국정운영의 방향을 설정한다. 의회의 경우에도 의장 및 부의장, 그리고 상임위원장 선출, 그리고 위원회 구성에서 정당의 의석수 분포가 의회에서 이루어지는 법안과 예산안 처리방향에 결정적인 요소로 작용한다. 이러한 방식으로 정당이 매개가 되어 유권자의 이데올로기적 선호와 정치집행부 및 의회의 정책결정기구 사이에 개략적인 연계가 이루어진다. 이론적으로도 이러한 연계는 의회와 정치집행부의 민주적인 책임성을 제고시키는 방법이다.

오늘날 정당은 의제설정과 정책결정 단계에 영향을 미칠 뿐 아니라 국정조사와 국정감사과정에서 정부가 추진하는 개별 정책을 비판하고 감독함으로써 정책집행과정을 점검하고, 정책평가단계에서도 상당한 영향을 미친다.

4) 우리나라의 정당

(1) 개 관

우리나라의 정당은 제1공화국 이후 정치지도자를 중심으로 결성되었다. 예를 들면, 김영삼 또는 김대중과 같은 정치지도자가 새로운 정당을 창설하면 그 추종집단, 재원조달 및 정치적 지지기반까지 함께 이동하였다. 민주화 이행 이후 대통령의 임기가 끝난 후 집권당이 존속에 실패하면서 정당의 수명은 더욱 단축되었다. 우리나라의 경우 정당의 존속기간이 짧고, 이합집산이 심한 편이지만 중도우파의 보수정당, 중도좌파의 진보정당, 그리고 농민과 노동자를 대변하는 진보성향의 정당이 경쟁하고 있다. 유권자는 이러한 정당의 정책방향을 대체로 파악하고 있다.

우리나라의 경우 권위주의 시대에는 정당의 자율성이 매우 취약하였다. 정권이 바뀔 때마다 집권세력이 입법부와 행정부를 통제할 수 있는 선거규칙을 강요하였다. 집권당은 소속 의원들에게는 강력한 정당 규율을 적용하는 한편 소수당인 야당에게는 다수결 원칙을 적용하여 자신들의 정책을 반영하였다. 권위주의 시대에는 강력한 정당 규율의 규범이 지배하였다. 특히 집권당의 경우 파벌이 존재하는 경우에도 정당 규율은 강력하였다. 입법과정에서 중요한 이슈가 제기될 때마다 국회의원들은 지도부, 궁극적으로는 대통령의 지침에 추종하였다. 정당 지도부가 차기 선거의 공천권을 가지고 있기 때문에 의원들은 그 지침에 따르게 되며, 지도부는 소속의원의 충성을 확보할 수 있었다.

민주화 이후 선거규칙이 안정되었고, 야당도 선거에서 승리할 수 있는 공정한 기회를 가지게 되었다. 대통령 소속 정당이 국회의원 총선에서 과반수 의석 획득을 보장받지 못하게 되었다. 민주화 이후 대통령 소속 정당과 국회의 다수당이 서로 다른 분점정부 또는 분할정부도 경험하게 되었다.

(2) 정책과정에서 정당의 역할

앞에서 살펴본 바와 같이 우리나라 정당도 다른 나라의 정당과 마찬가지로 정강·정책과 선거공약 등의 형태로 정책의제설정에 영향을 미치고, 정당소속 의원과 행정부의 장을 통하여 입법과정에도 상당한 영향력을 행사한다. 한편 우리나라의 집권당과 야당은 상당히 다른 방식으로 정책과정에 관여한다. 우리나라는 대통령제를 채택하고 있음에도 불구하고 의원내각제적인 요소인 행정부와 집권여당이 정부의 주요정책을 협의하는 '당정협의'라는 독특한 제도를 가지고 있다([Box 2-7] 참조). 당정협의제도는 집권당과 정치집행부 사이에 조정 메커니즘에 해당된다. 집권당은 당정협의라는 제도적 장치를 통하여 현안의 정책의제 설정을 주도하고 정부가 추진하는 주요 정책의 결정과정에 영향력을 행사한다.

전통적으로 우리나라의 야당은 입법과정 및 예산안 심의과정 뿐 아니라 국정감사 및 국정조사권한을 행사하여 국정 운영과정의 부정행위와 비리, 예산낭비를 파악하고 실책을 비판하는 기능을 수행하여 왔다. 정책과정에서 야당의 영향력은 주로 국회를 통하여 행사되므로 행정부와의 관계에서 국회의 상대적인 권한에 따라 영향력의 정도가 달라진다. 권위주의 시대와 비교할 때 민주화 이후 국회의 상대적인 권한이 강화되었으므로 야당의 역할도 강화되고 있다. 소위 여소야대의 분점정부 상황에서는 국회의장과 다수의 상임위원장을 차지하는 야당이 입법과정의 주도권을 가지게 되므로 그 역할이 더욱 커진다. 앞의 [Box 2-2]에서 살펴본 바와 같이 2012년 '국회선진화법'이 통과된 이후에는 야당의 역할이 더욱 중요하게 되었다. 집권당이 다수

Box 2-7: 당정협의제도

1963년 권위주의 시대에 도입된 당정협의제도는 대통령과 행정부가 주요정책의 입법과정에서 집권당과 국회의 협조를 통하여 정책을 신속하고 효율적으로 추진하기 위하여 운영되었다.

권위주의 시대에는 행정부가 주도권을 행사하는 당정협의 과정에서 집권 여당이 능동적으로 정책의제를 제안하고 정책내용을 변경하기는 어려웠다. 민주화 이행 이후에는 권위주의 시대와는 달리 당정협의가 단순한 '정책협조'에서 실질적인 '정책협의'를 위한 기구로 성격이 전환되었다(김형곤, 2009).

집권당은 당정협의라는 제도적 장치를 활용하여 현안 정책의제 설정을 주도하고 정부가 추진하는 주요정책의 결정과정에 영향력을 행사하게 되었다. 그러므로 민주화 이행 이후 당정협의 제도는 집권정당과 행정부 사이에 정책조정을 위한 필수적인 절차로 정착되어 정당정치 발전에 의미있는 기여를 하게 되었다.

의석을 차지하더라도 안건신속처리제(소위 패스트트랙) 활용이 가능한 재적 의석 3/5을 확보하지 못할 경우 법안이 통과되려면 소수당과 법률안에 관한 여야 합의가 필수적이다. 이 경우에 집권당은 야당의 협력을 구하고 절충안을 마련해야 법률안을 통과시킬 수 있다. 그러므로 법률안 처리과정에서 야당의 영향력이 강화된 것이다.

5. 싱크 탱크와 연구기관

1) 싱크 탱크의 개념

정부가 당면한 문제가 복잡해지고 그 해결을 위해서 정부가 가지고 있는 것보다 높은 분석능력이 요구됨에 따라 전문적인 정책 연구자의 도움이 필요하게 되었다. 그러므로 대학, 연구기관, 그리고 특정 정책 및 이슈 영역에 관한 싱크 탱크에서 일하는 연구자들이 정책과정의 중요한 행위자로 등장하였다. 대학의 연구자들은 대체로 정책문제에 관하여 보다 이론적이며 철학적인 관점에서 연구하므로 그 결과를 직접 정책목적으로 사용하기 어려울 수 있다. 그러나 대학의 연구자들도 직접 정책토론에 참여하기 위한 연구를 담당할 경우 싱크 탱크와 유사한 기능을 수행하게 된다(Ricci, 1993; Howlett & Ramesh, 2003: 78).

싱크 탱크는 정책에 영향을 미치기 위하여 학제간 연구를 수행하는 독립된 조직이다(Simon, 1993: 492; 노화준, 2012). 이러한 조직들은 광범위한 정책문제에 관심을 가지고 종합적인 관점을 발전시킬 수 있도록 다양한 전문가를 채용한다. 싱크 탱크의 가장 중요한 두 가지 특성은 독립성과 비영리성이다. 싱크 탱크와 연구조직은 순수한 학술기관과 유사하게 정부와 정당으로부터 독립성과 자율성을 유지한다는 이미지를 가져야만 정책결정자가 그 연구결과를 진지하게 받아들이게 된다. 이런 특성은 지적인 토론에서 필수적으로 요구되는 기본적 요건이기도 하다.

미국의 경우 많은 싱크 탱크가 이데올로기적 입장과 연관되어 있다(Rich, 2004: 18-24). 예를 들면 브루킹스 연구소(Brookings Institute), 도시연구소(Urban Institute)는 중도-좌파, 미국기업연구소(American Enterprise Institute)와 헤리티지 재단(Heritage Foundation)은 우파 성향이다. 랜드 연구소는 방법론적 스타일과 연관되는데 다양한 공공문제를 분석하는 데 있어서 정교한 기법을 사용한다(Birkland, 2011: 143).

2) 정책과정에서 싱크 탱크의 역할

싱크 탱크와 대학 등 연구조직에 소속된 전문가와 지식인들은 문제해결을 위한 정책대안을 제시하거나 정책의 영향(효과와 비용)이나 정책의 내용에 대한 비판적 평가를 통하여 정책과정에 영향력을 행사한다. 전문가와 지식인은 전문지식을 근거로 문제해결을 위한 정책대안을 제시하고 정책대안이 추진되었을 때 나타날 결과를 예측한다. 또한 추진된 정책의 효과를 평가하거나 정책의 내용을 비평하는 것도 마찬가지이다. 이러한 전문지식 속에는 외국의 경험이나 과거의 정책에 대한 것도 있고 순수하게 이론에서 유추하는 것도 포함되어 있다.

Howlett & Ramesh(2003: 79)는 최근 싱크 탱크의 기능, 운영 및 영향력과 관련하여 다음과 같은 추세가 나타나고 있는 것으로 본다. 첫째, 정책토론의 복잡성이 증가하고 있다. 민주화와 다양화의 영향으로 역사적으로 국내문제와 국제문제에서 대표되지 않았던 여성, 원주민, 비정부기구 등이 정책과정에 관여하게 되었다. 이에 따라 새로운 전문 싱크 탱크와 공공정책연구기관이 등장하게 되었다. 둘째, 오늘날 많은 정책문제가 국제적 성격을 가지고 있어 싱크 탱크와 정책연구소의 국제적 네트워킹이 이루어지고 있다. 국제적 수준에서는 세계화와 국제화가 동시에 진행되면서 남반구와 북반구, 동양과 서양의 국가들을 연계시키고 있다. AIDS, 빈곤, 지구온난화와 같은 문제는 세계적 대응을 필요로 한다. 이러한 문제에 대응하기 위하여 일부 싱크 탱크는 초국가 조직이 되어가고 있으며, 각국의 연구기관들의 협력도 강화되고 있다. 셋째, 정부의 다운사이징으로 싱크 탱크들 사이에 재원을 둘러싼 경쟁이 심화되었다. 많은 국가에서 중앙정부와 지방정부가 정책연구재원을 감축하였다. 이에 따라 정책연구기관들이 민간부문으로부터 기금마련을 위한 경쟁을 포함하여 경쟁이 치열해지고 있다는 것이다.

3) 우리나라의 싱크 탱크

우리나라에서 싱크 탱크는 정부부처가 정책 아이디어를 개발하기 위하여 그들의 산하기관으로 정부출연 연구기관을 설치함으로써 출발하였다. 한국개발연구원(KDI)은 1971년 당시 경제발전계획 수립을 담당하였던 경제기획원이 설치하였다. 그 이후 한국교육개발원, 한국행정연구원, 지방행정연구원 등 각 부처마다 정책연구기관을 설치하게 되었다. 우리나라의 정부출연 연구기관들은 중·단기적인 실질적 정책개발에 많은 노력을 함으로써 정책과정에 상당한 영향을 미치고 있다. 그러나 정부의 재정지원에 의존하기 때문에 자율성의 요건을 충족하지 못하여 싱크 탱크로서 역할을 제대로 수행하지 못한다는 비판을 조직 내외에서 받기도 하였다(노화준, 2012). 1990년대에는 충청북도가 충북개발연구원들 설치하는 등 지방자치단체들도 산하연구기관들을 가지게 되었다.

1980년대에는 민간부문에서 싱크 탱크를 설립하기 시작하였다. 1981년에는 대표적인 기업이익집단인 전국경제인연합회가 한국경제연구소를 설립하여 기업이익을 대변하는 정책대안들을 제시하고 있다. 개별 재벌그룹들도 자체 연구소를 설립하기 시작하였는데, 1984년 대우그룹의 대우경제연구소를 시작으로 1986년에는 삼성그룹의 삼성경제연구소와 LG그룹의 LG경제연구원이 설립되었다. 1987년 민주화 이후에는 시민단체들도 자체 연구소를 설립하였는데, 참여연대의 참여사회연구소와 경실련의 경제정의연구소가 대표적이다. 예를 들면 참여사회연구소는 참여연대가 제안하는 정책대안들을 적극적으로 제시하고 있다.

요약하면, 정부출연연구기관이 상당히 큰 영향력을 발휘하는 가운데, 민간부문 연구소, 시민사회단체 연구소, 그리고 대학에 소속된 연구기관들이 서로 다른 관점에서 정책문제를 정의하고 해결방안을 제시하고 있다.

6. 대중매체

1) 대중매체와 여론형성

언론의 자유가 보장된 자유민주주의 국가에서는 신문, 라디오, TV, 인터넷 등 대중 매체가 정부에 대한 감시자(watchdog) 역할을 담당하면서 정책과정에서 중요한 기능을 수행하고 있다. 대중매체의 역할은 국내외에서 발생하는 사건들과 그에 대하여 정부가 어떻게 대응하는지 일반국민에게 알려주는 것이다(Birkland, 2011: 144). 선구적인 언론인들이 잘 알려지지 않은 정부와 기업의 문제를 심층 추적하여 국민의 관심을 불러일으키기도 한다. 미국에서 일어난 일이지만 1972년 워싱턴 포스트 기자들이 닉슨 대통령과 그 참모들이 대선과정에서 저지른 불법행위를 파헤쳐 1974년 결국 닉슨 대통령을 사직하게 한 워터게이트 사건은 널리 알려진 사례이다.

대중매체를 통하여 특정문제에 많은 사람들이 관심을 갖게 되어 여론(public opinion)이 형성되면 정책결정자가 무시하기 어렵다. 여론이란 특정 사회 문제와 정치적 쟁점에 대해 다수의 시민이 가지는 공통된 의견이나 태도를 의미한다. 일반적으로 대중매체의 보도는 여론 형성에 큰 영향을 미친다. 특정 이슈에 대한 대중매체 보도의 양과 질, 지속성은 여론 형성에 중요한 변수가 된다. 그밖에도 대중매체는 정보와 이미지 전달, 해설, 평가 등의 기능을 통해 여론 형성에 영향력을 발휘한다.

대중매체의 부정적인 영향도 고려하여야 한다. 대다수의 대중매체가 이윤을 추구하는 기업이므로, 그 매체의 회사운영과 연관하여 기사가 선정되기도 하는데 그 극단적인 사례가 상업광고와 관련된 뉴스를 제공하는 경우이다. 이러한 경우 기사 선정에서 바이어스가 작용하게 된다. 국내외에서 대중매체의 이데올로기적 성향도 기사선택과 보도 방향에 영향을 미치고 있다. 그러므로 대중 매체를 통하여 보도되는 내용은 객관적인 사실에 매체 관계자의 주관적인 인식이 반영된 것이다.

2) 대중매체의 의제설정 기능

정책과정에서 대중매체의 가장 중요한 기능은 의제설정(agenda-setting) 기능이다(McCombs & Shaw, 1972; Van Aelst & Walgrave, 2016). 이 책의 의제설정과정에 관한 논의에서 살펴보겠지만 Hillgatner & Bosk(1988)의 공공광장모형에서 묘사한 것과 같이 하나의 사회문제가 정책의제로 진입하려면 이에 대한 대중매체의 보도가 전제되어야 한다. 규모가 작은 집단에 관련된 사건도 대중매체의 주목을 받을 만큼 흥미가 클 경우 뉴스에서 다룰 수 있다. 그러므로 관련 집단은 끊임없이 대중매체가 자신들의 문제에 관심을 갖도록 촉구한다. 대중매체는 그 이슈를 좁은 범위의 집단으로부터 더욱 광범위한 사람에게 전파시켜서 관심의 범위를 확대시킬 수 있다(Birkland,

2011). 특정 문제를 다루는 매체가 많아지고 그 빈도가 높아지며 지속기간이 길수록 그 문제에 대한 공식 행위자의 관심이 높아져 정부의제가 될 수 있다. 그러나 항공기 충돌, 대형 범죄사건과 화재사고 등으로 인명피해가 발생할 경우에는 이러한 전략이 성공하기 어렵다. 왜냐하면 대중매체의 경우 시간과 지면이 가장 중요한 제약 조건이기 때문이다. TV와 라디오는 시간 제약 때문에, 신문은 지면제약 때문에 기사를 조심스럽게 취사선택한다. 이같이 일정시점에서 대중매체의 수용능력은 제한되므로 구체적 이슈가 대중매체의 관심을 끄는 기간도 한시적이다.

3) 우리나라의 대중매체

(1) 전통적 대중매체

권위주의 시대에 우리나라의 대중매체는 대체로 수동적이었고, 의제설정 기능은 매우 취약하였다. 정부기관에서 그들의 입장을 강화하기 위하여 선별된 정보를 대중매체에 제공하기도 하였다. 민주화 이후에는 정보통신기술의 급격한 발전과 결부되어 다양한 뉴스 매체가 나타났으며, 정책과정에서 정책문제와 해결방안에 관한 정보를 제공하는 역할을 하게 되었다. 전통적인 대중매체에는 종이신문, 텔레비전, 라디오, 잡지가 있다. 신문은 정치엘리트와 지식층의 독자들에게 여전히 영향을 미치고 있다. 전국 일간지뿐 아니라 지방신문도 지역문제에 관한 중요한 뉴스 제공자이다. 그러나 TV방송은 더욱 중요한 뉴스원천이 되고 있다. 기술진보에 따라 케이블 TV, 위성 및 지상파 DMB, IPTV가 등장하면서 채널이 다양화되었고, 실시간으로 뉴스를 전해 주는 뉴스전문채널이 나타났다. 라디오와 잡지 또한 일반 국민의 뉴스 이용에서 전통적인 대중매체의 역할을 수행하고 있다. 그런데 우리나라에서 전통적인 4대 매체의 뉴스 이용률은 전반적으로 하락하고 있으며, 특히 종이신문의 이용률 하락이 급격하게 진행되고 있다([Box 2-8] 참조).

Box 2-8: 전통적 대중매체의 뉴스 이용률 추이

4대 매체를 통한 뉴스 이용률 추이(2011-2019)를 살펴보면(그림 참조) 텔레비전을 제외한 종이신문, 라디오, 잡지에서 꾸준한 하락세를 보였다. 종이신문의 경우 2011년의 44.6%에서 2019년 12.3%로 하락하였으며, 라디오는 2011년 26.8%에서 2019년 10.1%로, 잡지는 2011년 4.4%에서 2019년 4.4%로 하락하였다. 한편 텔레비전 뉴스 이용률의 경우, 2011년 95.3%에서 2019년 82.8%로 하락하였지만 경쟁력은 유지하고 있다.

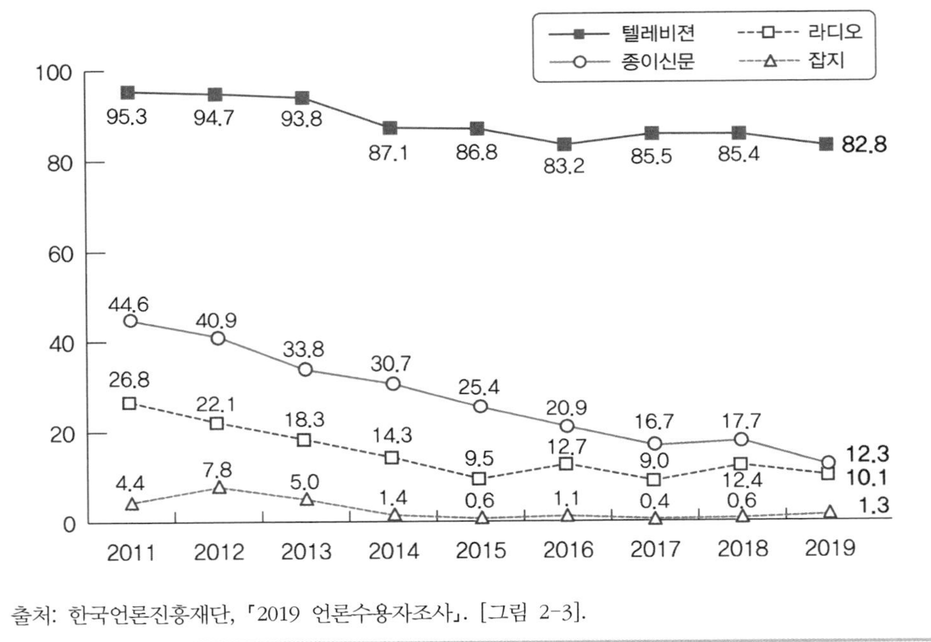

출처: 한국언론진흥재단, 「2019 언론수용자조사」. [그림 2-3].

(2) 인터넷 기반 대중매체

일상생활에서 인터넷 활용이 보편화되면서 인터넷 기반 대중매체의 역할이 확대되고 있다. 인터넷 매체에서는 가상공간(cyberspace)을 활용하여 독자들이 특정 정책문제에 관한 뉴스를 능동적으로 검색하여 확인하고, 이에 대한 의견을 댓글 형태로 자유롭게 개진하고 이에 대한 다른 독자들의 반응이 추가되어 이슈를 폭발적으로 증폭시키는 경우도 나타나고 있다.

2008년에는 포털사이트가 언론매체에 해당한다는 법원의 판결이 나와 우

Box 2-9: 우리 국민의 뉴스 및 시사정보 이용경로

뉴스와 시사정보의 주 이용경로는 텔레비전 53.2%에 이어 포털은 39.1%로 두 번째로 높은 비율을 차지하였고, 종이신문 1.8%, 온라인 동영상 플랫폼 1.5%, 인터넷뉴스 사이트 직접 접속 1.5%, 메신저 서비스 0.9% 라디오 0.8%, SNS 0.6% 등이다.

표 뉴스 및 시사 정보 주 이용 경로 (단위: %)

	사례수	텔레비전	인터넷 포털	종이 신문	온라인 동영상 플랫폼	인터넷 뉴스 사이트에 직접 접속	메신저 서비스	라디오	SNS	이용 안함	계
전체		53.2	39.1	1.8	1.5	1.5	0.9	0.8	0.6	0.7	100.0
20대	867	10.1	77.7	0.4	3.0	1.6	2.5	0.4	2.3	1.9	100.0
30대	834	25.4	66.0	0.5	2.0	3.0	1.3	0.8	0.7	0.2	100.0
40대	986	49.6	44.9	0.9	1.1	1.9	0.7	0.4	0.2	0.2	100.0
50대	1,025	68.8	23.5	3.4	1.3	0.9	0.3	1.6	0.1	0.2	100.0
60대이상	1,328	89.5	4.6	2.9	0.6	0.6	0.2	0.6	0.0	1.0	100.0

문: 귀하께서는 지난 1주일 동안 뉴스나 시사정보를 주로 어디에서 보거나 들으셨습니까? 가장 많이 이동한 경로를 하나만 응답해 주십시오. (n=5,040)

과거와 비교하여 주목할 만한 현상은 텔레비전의 상대적 경쟁 우위 유지, 포털뉴스의 위상강화, 종이신문의 추락, 메신저와 SNS의 상승세 주춤, 온라인 동영상 플랫폼의 괄목할만한 성장이다. 뉴스 주 이용경로가 50대 이상에서는 텔레비전인 반면 20대와 30대에서는 인터넷포털이라는 점도 대조적이다.

출처: 한국언론진흥재단, 「2019 언론수용자조사」. 〈표 1-1〉.

리나라에서는 전통적인 대중매체 이외에도 포털사이트가 대중매체로서의 기능이 법적으로 인정되었다.22) 인터넷 포털 뉴스(네이버, 다음, 구글 등)는 PC와 모바일로 접속하는데, 휴대가 간편한 모바일 기기를 통하여 뉴스에 접속하는 비율이 급증하는 추세이다.23) 전통매체와는 달리 포털뉴스 이용에서

22) 내일신문. 2008년 1월 21일자. 이경기 기자.

는 뉴스를 수동적으로만 이용하는 것이 아니라 적극적으로 관련 뉴스와 관련 인물 검색 서비스를 사용하는 경우가 많다. 포털 뉴스 이외에도 메신저 서비스(카카오톡, 페이스북 메신저 등), SNS(페이스북, 밴드, 인스타그램, 카카오스토리 등), 온라인 동영상 플랫폼(유튜브, 네이버TV, 아프리카 TV 등), 팟캐스트와 같이 인터넷 기반 대중매체가 다양화되고 있다. 전통 매체의 경우, 이용자가 상대적으로 다양한 채널로 분산돼있지만, 디지털 플랫폼은 특정 채널 쏠림 현상이 지배적이다. 포털에서는 네이버, 메신저에서는 카카오톡, SNS에서는 페이스북, 동영상 플랫폼에서는 유튜브가 절대적으로 이용을 선도하고 있다. 한편 한국언론재단의 2019년 조사에 따르면, 대중매체에 대한 일반국민의 신뢰도는 텔레비전 뉴스, 종이신문, 포털 뉴스의 순서로 높게 나타났으며, 메신저, SNS, 온라인 동영상 플랫폼 뉴스에 대한 신뢰도는 낮은 평가를 받았다. 일부 인터넷기반 대중매체의 신뢰도가 낮은 이유는 때로는 검증되지 않은 사실을 허위로 보도하거나(소위 가짜뉴스) 과장·축소·통제하여 왜곡하는 현상도 나타나기 때문이다.

이같이 우리나라에서 대중매체의 지형에 인터넷 기반이 추가되면서 대중매체의 문제점도 나타나고 있지만 젊은 층을 중심으로 일반국민의 적극적인 인터넷 기반 대중매체 참여가 크게 증가하였고, 대중매체가 여론형성에 더욱 커다란 영향을 미치고 있다([Box 2-9] 참조). 이에 따라 정책의제설정과정에서 대중매체의 역할에 대한 관심이 높아지고 있다(예를 들면, 박기묵, 2015; 이태준, 2016).

Ⅳ. 요 약

정책형성과정에 참여하는 국내행위자들은 정책결정에 참여할 수 있는 권한을 합법적으로 보유하고 있는 공식적 참여자 또는 공식 행위자와 정책형성과정에 실질적인 영향력을 미치고 있지만 합법적인 정책형성권한은 가지

23) 이하 한국언론진흥재단, 「2019 언론수용자조사」 결과 참조.

지 못한 비공식적 참여자 또는 비공식 행위자로 구분된다.

공식 행위자는 헌법과 법률에 의하여 정책결정과정에 참여할 권한과 책임이 부여된 공직자들이다. 공식 행위자로 행정수반과 정치집행부, 입법부, 관료제와 행정부처, 그리고 사법부에 대하여 살펴보았다. 앞의 두 행위자는 선출직 공직자로 구성되며, 나머지 행위자는 신분보장을 받는 임명직 공직자로 구성된다.

비공식적 행위자들은 명백한 법적 권한은 없지만 정책과정에서 실질적 역할을 수행하는 행위자들이다. 여기에서는 비공식적 행위자들을 일반국민, 이익집단, 시민사회단체, 정당, 싱크 탱크와 연구기관, 그리고 대중 매체로 구분하여 살펴보았다. 일반 국민은 정치참여의 가장 기본적인 수단인 투표를 통하여 국민은 간접적으로 정책과정에 참여하며, 또한 시민참여, 숙의민주적 절차를 통하여 정책과정에 참여한다. 정책과정에서는 일반 국민 개개인보다는 이익집단의 역할이 더욱 중요하다. 시민단체가 수행하는 주요 기능은 정책창도와 서비스 제공이다. 시민사회단체는 영향력을 행사하기 위하여 이익집단이 통상적으로 사용하는 방법 이외에도 대중동원, 시위, 그리고 소송 등 세 가지 전략을 추가적으로 구사한다.

정당은 공식 행위자와 비공식 행위자의 경계영역에 존재한다. 정당은 정강·정책과 선거공약 등의 형태로 정책의제설정에 영향을 미치고, 정당소속 의원과 행정부의 장을 통하여 입법과정에도 상당한 영향력을 행사한다. 정부가 당면한 문제가 복잡해지고 그 해결을 위해서는 정부가 가지고 있는 것보다 높은 분석능력이 요구됨에 따라 전문적인 정책 연구자의 도움이 필요하게 되면서 대학, 연구기관, 그리고 특정 정책 및 이슈 영역에 관한 싱크탱크에서 일하는 연구자들이 정책과정의 중요한 행위자로 등장하였다. 대중매체의 가장 중요한 기능은 의제설정 기능이며, 대중매체에서 다루게 되는 문제는 선출된 공직자와 관료들이 관심을 가지게 된다.

3 CHAPTER

권력관계의 고전모형

Classical Models of Power Relations

Ⅰ. 서 론

앞에서 정책과정에 참여하는 주요 행위자를 공식 행위자와 비공식 행위자로 구분하여 열 가지 범주의 행위자를 살펴보았다. 행위자에 따라 정책과정에서 실질적인 영향력이 다르므로 영향력이 큰 행위자가 누구인지를 찾기 위한 연구가 이루어져 왔다. 이러한 맥락에서 정치적 자원을 가장 많이 보유한 집단들과 이들 사이의 상호관계에 관한 이론화가 시도되었다. 이러한 이론을 일반적으로 행위자 사이의 권력관계에 관한 모형 또는 권력모형이라고 부르기도 한다(유훈, 2002; 정정길 외, 2010).

이 장에서는 고전적 이론에 해당하는 엘리트론, 다원론, 조합주의론, 신마르크스이론을 살펴보고, 다음 장에서 하위정부론, 정책공동체론, 이슈네트워크론 등 정책네트워크와 새로운 거버넌스에 관한 이론으로 묶어 살펴보겠다.

Ⅱ. 엘리트이론

1. 엘리트론의 전개과정

1) 고전적 엘리트론

(1) 지배엘리트의 필연성

엘리트에 관한 연구는 19세기말 20세기 초 이탈리아 사회학자인 Vilfredo Pareto(1848-1923)와 Gaetano Mosca(1858-1941)의 연구결과를 토대로 하나의 연구 분야로 확립되었다(Parry, 1969: 1).[1] 엘리트론의 핵심은 어느 사회를 막론하고 주요 결정을 담당하는 소수집단이 존재한다는 것이다.[2] Pareto와 Mosca는 사회과학자들이 발견한 정치의 법칙 가운데 하나가 지배엘리트 존재의 필연성이라고 보았다. 즉 소수지배가 역사의 모든 시점에서 확증되었고, 따라서 엘리트에 의한 지배가 여러 국가에서 역사적으로 증명된 하나의 법칙이라는 것이다. 고전적 엘리트 이론에서는 다수가 민주적으로 소수엘리트집단을 통제한다는 것은 기만에 불과하다고 본다. 민주주의 정치체제에서도 소수엘리트집단은 유권자를 매수하고, 협박하며, 교묘한 선전을 통하여 선거과정을 조종하여 자신의 목적을 달성할 수 있다고 본다. 그러므로 유권자는 엘리트 집단이 받아들일 수 있는 사람들 중에서 지도자를 선택하게 된다는 것이다.

(2) Pareto의 엘리트순환론

Pareto는 엘리트를 통치와 연관시켜서 통치엘리트와 비통치엘리트를 구분하였다.[3] 통치엘리트는 한 사회에서 직접・간접으로 정책결정에 참여하는

---

1) Pareto(1935)의 *The Mind and Society*, Mosca(1939)의 *The Ruling Elite*, Michels (1958)의 *Political Parties*가 엘리트론의 고전적인 저서로 알려져 있다. 이 책에서 고전적 엘리트론에 관한 소개는 Parry(1969)의 *Political Elites* 제2장을 토대로 한 것이다.

2) 소수집단이 지배적인 지위를 차지하는 방법은 군주제에서의 세습, 볼쉐비키 혁명과 같은 혁명, 징기스칸과 같이 군대를 동원한 무력정복뿐 아니라 선거에 의한 방법도 포함된다.

3) Pareto는 엘리트를 각 영역에서 최고 점수를 차지하는 인물이라고 규정하였다. 예를 들면 법률가 중 최고의 점수를 받은 법률가, 열차 강도 중에서 제일 뛰어난 강도라면

엘리트를 의미한다. 여기에는 직접 정치에 종사하는 정치엘리트와 간접적으로 관여하는 관료, 군부, 기업엘리트가 포함된다. 반면 비통치엘리트는 체스의 최고 경기자와 같이 정책결정에는 참여하지 않는 엘리트 구성원을 말한다(Parry, 1969: 46). Pareto는 엘리트계층의 구성원이 사회적 유동성에 의하여 바뀔 수도 있다고 본다. 즉 일반대중이 비통치엘리트나 통치엘리트로 상승하기도 하지만, 그와 반대로 엘리트계층에서 일반대중으로 내려가기도 하여 어느 정도 계층간 유동성이 존재한다. 그러므로 한 사회에서 핵심적인 정치권력을 장악하고 있는 통치엘리트에 대해 도전적인 위치에 있는 대항엘리트 사이에 공방이 전개되면서 정치사회에서 엘리트가 교체되고 순환된다는 것이다.

(3) 상위엘리트 계층과 하위엘리트 계층의 구분

엘리트론자들이 주장하는 엘리트 집단의 규모는 정치적으로 영향력이 있는 집단과 그렇지 않은 집단을 구분하는 기준에 따라 달라진다. Pareto, Mosca, Mills 등 엘리트 이론가들은 엘리트 집단 내에서 상위엘리트 계층과 하위엘리트 계층을 구분한다. 하위엘리트 계층을 두 번째 계층이라고 부르기도 한다. 이들은 정책결정 핵심부와 사회의 나머지 부문을 연결하는 다리 역할을 수행한다. 이들은 양 방향으로 정보를 전달하며 엘리트의 정책을 설명하고 정당화하는 기능을 담당하며 통치자와 피치자 사이에 개입한다. 이러한 계층은 또한 상위엘리트 계층으로 진입하는 원천이 되기도 한다. 하나의 사회에서 요구되는 다양한 범위의 리더십 기능을 수행하려면 상위엘리트 계층만으로는 그 숫자가 부족하다. 지도자의 결정과 법률은 사회구성원들에게 설명되어야 하고 정당화될 수 있어야 한다. 그러므로 하위엘리트 계층에서 이러한 과업을 수행하는 여론지도자가 나온다. 복잡한 사회에서는 관료제가 이러한 역할을 담당한다. Mosca는 관료제가 하위엘리트 계층으로부터 충원되는 것으로 본다. 공무원으로 진입하려면 일정한 교육을 받아야 하는데, 이러한 교육을 받는 데는 두 번째 계층 출신이 일반대중보다 유리하다는 것이다. 하위엘리트와 상위엘리트가 합쳐서 Mosca가 주목하는 정치계급(political class)을 구성한다.

엘리트가 된다고 보았다.

(4) Mosca와 Michels의 조직 접근방법

Mosca와 Michels는 조직 접근방법(organizational approach)을 채택하여 엘리트의 지위를 조직의 특성에서 찾고 있다. Mosca는 엘리트 통제의 핵심이 소수집단의 조직화 능력에 있다고 보았다. Mosca에 따르면 엘리트의 핵심부는 정당의 선거캠페인을 지휘하고 그에 따라 의회를 통제하는 정당의 보스로 구성된다. Mosca는 조직을 장악할 수 있는 능력이 엘리트와 비엘리트를 구분하는 기준이라고 생각하므로 생산수단의 소유여부에서 그 기준을 찾는 Marx와는 입장이 다르다.

(5) Michels의 과두지배 철칙

고전적 엘리트이론가 중에는 Michels가 가장 엄격한 방법론을 사용하였다. Michels는 모든 사회조직을 지배하는 가설로 '과두지배의 철칙'(iron law of oligarchy)을 설정하고 이를 검증하고자 하였다. 이러한 가설의 검증대상으로 그는 가설적 법칙에 가장 반대되는 사례를 선정하였다. 그가 연구한 조직은 유럽의 사회주의 정당, 특히 독일의 사회주의 정당이었다. 사회주의 정당은 내부조직에서 평등과 민주주의를 보전할 것을 강조하였고, 지도자를 대중정당의 단순한 대리인에 불과한 것으로 간주하였다. 그러한 맥락에서 사회주의 정당은 대표자를 당원이 선출하고 주기적으로 신임투표를 받게 하는 등 대표자를 견제할 수 있는 여러 가지 절차를 도입하였다. Michels가 검증하고자 한 가설은 이같이 엘리트에 의한 통제를 부정하는 사회주의 정당조직에 있어서도 '과두지배의 철칙'이 나타난다는 것이다.

Michels에 따르면 어떤 규모의 조직이든지 그 성공과 생존에 리더십은 필수적이라고 본다. 조직의 본질은 지도자에게 추종자가 견제할 수 없는 권력과 이점을 제공할 수밖에 없다는 것이다. 이러한 결과를 초래하는 요인은 조직적 요인과 심리적 요인으로 구분되는데, 조직적 요인이 절대적이라는 것이다. Michels에 따르면 지도자는 정당의 자금과 당보와 같은 정보 채널을 통제하며 의원후보자 선정에 영향을 미친다. 그들의 활동은 뉴스가 되며 반대하는 언론에 의해서도 대중에 알려진다. 사회주의 정당도 선거에서 승리해야 하므로 승리하기 위하여 여러 가지 전략을 구사한다. 이러한 요인들 때문에 사회주의 정당의 경우에도 궁극적으로는 정치체제의 계층적 구조를 반영한 계층구조를 채택할 수밖에 없다. Michels는 사회주의 정당을 대상으로 자신의 가설을 분석했지만 과두지배의 철칙은 국가를 포함한 모든 조직에 적용되는 것으로 보았다. 그러므로 Michels는 보통 선거권과 대중의 지배라는 신화에도 불구하고 대중은 결코 지배할 수 없다고 주장한다.

2) 미국의 엘리트론

고전적 엘리트론은 1950년대 미국 사회에서 엘리트의 지배를 실증적으로 연구한 Mills(1956)와 Hunter(1963) 등에 의하여 계승되었다. 이들은 미국 사회에 있어서 지배엘리트의 구체적인 존속형태와 지속성 그리고 정치기능을 실증적으로 분석하고자 하였다.

(1) Mills의 제도적 접근방법

Mills(1956: 4)는 현대 미국 사회에서 권력은 계급 또는 개인의 능력과 같은 속성이 아니라 제도에서 나온다고 보았다. Mills는 정치적으로 중요한 기관인 정부, 군대, 기업의 지도자를 엘리트로 보는 소위 제도적 접근방법(institutional approach)을 채택하였다. 미국에서는 거대회사들이 다양한 중소기업을 대체하였고, 연방정부가 주정부를 압도하며, 대규모 군부계층제가 주정부의 다양한 군사집단을 대신하여 성장하였다는 것이다. 마지막 단계에서는 이들 분야별 엘리트들이 연계된 통합된 권력이 미국을 위협한다고 보았다. 이들 엘리트들은 교육, 종교, 경제적 이해관계, 혈연관계 등을 통하여 강력하게 연계되어 있으며 분야별 엘리트 사이에 지위의 교환(interchange)이 자주 이루어진다. 예를 들면 전직 대통령과 군부지도자가 대기업에서 주요 역할을 수행하기도 하며, 대기업의 지도자가 정치인이 되기도 한다. Mills는 특히 군부엘리트와 산업엘리트 사이의 연계관계를 군-산 복합체(military-industry complex)로 표현하여 미국의 정책결정에서 핵심적인 역할을 담당하는 것으로 보았다.

Mills의 핵심적 주장은 과거 어느 때보다 현대 미국 사회에서 주요결정권한을 소수인사가 독점한다는 것이다. 그러한 권력은 역사를 변화시킬 수 있는 결정권, 즉 한 사람 또는 하나의 집단이 수많은 사람들의 생활을 현저하게 변화시킬 수 있는 결정권을 말한다(Mills, 1956: 20-21). 히로시마 원자폭탄 투하결정과 한국전 참전결정과 같이 지난 세대에 이루어진 미국 정부의 주요 결정사례는 정책결정권한이 제도적 지위를 차지하고 있는 극소수의 수중에 집중되어 있음을 보여 주었다. 2003년 3월 20일 미군과 영국군이 합동으로 이라크를 침공해 일어난 이라크 전쟁에서 수만 명이 사망했는데, 그 결정도 극소수 인사의 수중에서 이루어졌다.

(2) Hunter의 명성접근방법

Mills의 논의가 미국 사회 전체를 지배하는 권력엘리트를 대상으로 한 연구인 데 비하여 Hunter(1963)는 미국 조지아 주 애틀랜타 지역사회의 권력구조(community power structure)에 관하여 연구하였다.

Hunter는 애틀랜타 지역에서 지도적 위치를 차지한 40명의 최고지도자들이 서로 알고 있으며, 대다수의 지도자들이 각종 위원회에서 함께 일한다고 밝혔다. 더 나아가 이들 가운데 서로를 친구, 지인, 동료 위원으로 빈번하게 지명한 12명으로 구성된 내부집단(inner group)이 있음을 밝혀냈다. 이들 내부집단을 제외하면 다른 전문직과 시민지도자들 사이의 상호작용은 급격하게 감소하였다. Hunter는 이러한 결과를 지도자 계층과 전문적인 행정가 사이에 실질적인 장벽이 있는 것으로 해석하였다. Hunter는 명확하게 규정된 정책결정자 집단이 지역사회의 공적 생활을 지배한다고 결론을 내렸다. 지도자들의 뒷받침이 지역사회의 주요 프로젝트에 결정적이라는 것이다.

Hunter가 밝힌 지역사회 지도자 가운데 기업가는 과반수를 넘었다.[4] 이들 기업지도자들은 지역의 개발계획, 교통 통제, 판매세 도입과 같은 다수의 정책 결정을 주도하였다(Hunter, 1963: 81-82). 최고결정자들은 '거대 정책'(big policy)을 결정하고, 그러한 정책을 추진하는 과제는 변호사와 같은 전문가나 중소 기업인에게 위임하였다. Hunter의 결론은 지역사회를 응집력과 동료의식이 강하고 협력적인 기업 엘리트가 지배한다는 것이다.

4) Hunter가 애틀랜타 지역사회 엘리트 연구에서 명성 또는 평판접근방법에 따라 확인한 40명의 엘리트를 직업별로 보면 기업가 및 최고경영자(상업, 금융계, 제조업 분야) 23명, 노동지도자 2명, 변호사 5명, 시정부 고위공직자 4명 등이었다.

Box 3-1: Hunter의 명성접근방법과 비판

Hunter의 연구방법은 다음과 같이 몇 단계로 구성되었다. 첫 단계에서 시민단체, 상공회의소, 여성유권자연맹, 지역신문편집자 등으로부터 수집한 자료를 토대로 175명의 지도자 예비 명단을 작성하였다(Hunter, 1963: 62). 이들 중 일부는 정부, 대규모기업, 시민단체의 공식 지위를 차지하고 있었고, 일부는 이들을 추천한 사람들이 지도자로서 '명성'이 있다고 본 사람들이다. 다음 단계에서는 종교, 기업, 전문분야 종사자의 '대표'로 구성된 14명의 '전문가' 또는 '평가자' 패널을 선정하였다.

이 패널에는 남녀, 노소, 백인과 흑인이 골고루 대표되었다. 이 패널에게 요청하여 지도자 예비명단 175명 중 최고 지도자 40명을 선정하도록 하였다. Hunter는 다음 단계에서 최고지도자 40명 중 27명을 면담하여 40명 중 최고지도자 10명을 지명하도록 하였다. 지도자간 결속력의 정도를 파악하기 위하여 각 지도자에게 다른 지도자를 알고 있는지, 그들과 관련이 있는지, 위원회에서 얼마나 자주 함께 일하는지를 질문하였다.

Hunter의 연구는 두 가지 측면에서 비판을 받았다. 하나는 결정의 '범위'(scope)에 관한 것이고 다른 하나는 명성 있는 지도자의 명단을 제시한 전문 '평가자'의 선정에 관한 것이다. 비판자들은 Hunter의 연구가 지역사회 지도자가 권한을 행사하는 범위 또는 영역을 구분하는 데 실패하였다고 지적한다. 평가자에게 권한을 행사하는 영역과 영향력의 한계를 설정하지 않고 지역사회에서 최고 지도자 또는 정책결정자를 추천하라고 요청한 결과 지도자가 권한을 행사하는 영역이 구체화되지 못했다는 것이다. 한편 명성접근방법은 초기 단계에서 평가자의 선정에 크게 의존한다.

그런데 이 방법의 문제점은 다른 평가자 집단이 선정되었더라면 상당히 다른 연구결과가 나올 수도 있다는 것이다. 또한 Hunter는 몇 단계에 걸쳐 지도자의 수를 줄여 나가는 절차를 거쳤는데, 이때 사용된 기준도 분명하지 않다는 것이다. Polsby(1963: 48-49)가 지적한 것과 같이 40명을 선정한 기준이 명확하지 않으며, 마지막 단계에서 27명만 인터뷰한 점도 문제될 수 있다(Parry, 1969: 109).

(3) 다원론자의 반론과 무의사결정론

Dahl(1961)과 Polsby(1963)는 제도적 지위 접근방법이나 명성접근방법은 실질적인 정책결정사례에서 이들이 미친 영향을 규명하는 데에는 한계가 있는 연구방법이라고 비판하였다. 그 대신 정책결정사례를 중심으로 영향력을 행사한 인사들을 실증적으로 조사한 연구결과를 토대로 다원론을 주장하였다.

다원론의 비판에 대응하여 엘리트이론의 입장에 동조하는 Bachrach & Baratz(1970)는 무의사결정(nondecision-making)의 개념을 도입하여 엘리트론의 관점을 정당화시키려 시도하였다. 무의사결정론을 신엘리트론이라고 부르기도 한다. 그들에 의하면 권력은 두 얼굴(two faces)을 가지는데 첫 번째 얼굴은 권력을 가진 집단이 자신들에게 유리한 방향으로 정책결정이 이루어지도록 하게 하는 것이고, 두 번째 얼굴은 그들에게 불리하거나 바람직하지 않다고 생각되는 특정 이슈들이 정부 내에서 논의되지 못하도록 봉쇄하는 것이다. 엘리트 집단이 이러한 두 번째 측면에서의 권력을 행사하는 것이 무의사결정(nondecision-making)이다.

Bachrach & Baratz는 Dahl이 사용한 정책결정사례 접근방법은 정치권력 행사의 첫 번째 얼굴은 파악할 수 있지만, 두 번째 얼굴은 파악할 수 없다고 비판하였다. 두 번째 얼굴은 엘리트에게 불리한 문제가 처음부터 제기되지 못하도록 요구를 억압하는 것으로 은밀하고 비밀리에 행사되기 때문에 분명하게 드러난 결정사례에서 행위자의 영향력을 분석하는 Dahl의 방법론으로는 분석할 수 없다는 것이다.

(4) Dye의 엘리트론

엘리트론을 지지해 온 Dye(2001)는 저서 *Top Down Policy Making*에서 엘리트론을 재차 주장하고 있다. 그에 따르면 미국의 공공정책은 통치엘리트들의 가치, 이해와 선호를 반영한다. 공공정책이 '국민의 요구'를 반영하고 있다는 주장은 민주주의의 실제라기보다는 신화(myth)에 불과하다는 것이다. "이러한 신화를 국민들이 얼마나 믿고 있는지, 학자들이 얼마나 잘 변호하는지"와는 무관하게 현실에서는 공공정책이 하향식으로 결정된다고 본다(Dye, 2001: 1). Dye에 따르면 미국 사회에서 권력은 대규모 조직과 제도를 통제하는 비교적 소수의 사람들에게 집중되어 있다. Dye에 따르면 민주주의 국가에서도 정부, 기업, 비영리민간부문에서 직접 정책을 결정하는 사람들은 소수이다. 그러므로 정책결정의 엘리트가 존재한다는 것은 정치생활의 현실이라는 것이다.

(5) 미국의 엘리트론 종합

이상에서 살펴 본 미국의 엘리트이론(elitist theory)의 관점을 요약하면,

(1) 사회는 권력을 가진 소수엘리트와 대중으로 구분되며 소수엘리트만이 중요한 결정에 참여한다. (2) 엘리트의 이해와 대중의 이해는 일치하지 않으며 엘리트는 정책결정에서 대중을 대표하지 않는다. (3) 엘리트는 동질적인 집단으로 사회체제의 기본가치 및 체계보존에 합의하며, 엘리트는 이러한 현상이 유지되는 것을 선호한다. 즉 엘리트들은 보수적이며, 현재의 경제・정치체제가 유지되는 것을 원한다는 것이다.

여기에서는 비교적 Dye(2001)의 저서를 중심으로 엘리트의 구성, 엘리트가 정책에 영향을 미치는 과정, 그리고 무의사결정의 과정을 살펴보기로 하겠다.

2. 누가 엘리트인가?

Mills의 제도적 엘리트론에 의하면 미국 사회의 권력엘리트는 정부에서 중요한 위치를 차지하고 있는 지도자, 산업분야의 정상급 간부, 그리고 군의 장성급 지도자들이다. Mills는 미국의 정책결정에서 소위 군-산 복합체(military-industrial complex)가 중요한 역할을 담당하고 있다고 보았다. Dye(2001: 3)는 Mills의 제도적 엘리트론을 계승하여 미국의 국가엘리트는 사회의 자원을 배분하는 기관에서 권한을 소유하고 있는 개인들이라고 본다. 이들은 정부, 회사, 은행, 보험회사, 투자회사, 언론, 법률회사, 주요 연구재단, 대학, 영향력 있는 민간・문화단체 등에 자리잡고 있다. 특히 경제권력은 거대 기업의 소수 구성원으로 집중되는데(Dye, 2001: 16-25), 상위 50개 법인이 미국 산업자산의 60% 이상을 통제한다. 그런데 금융자산의 집중은 더욱 심하며, 12,000개 이상의 은행 중 24개 은행이 미국 은행자산의 절반을 통제하고 있다. 오늘날에는 경제권력의 세계화가 진행되어 세계적 엘리트(global elite)가 나타나고 있는데, 이들은 자원을 국경을 넘어 이동시키고 세계 각국 정부의 경제정책에 영향을 미친다. 이들 세계적 엘리트의 경제권력은 각국의 국가통치권의 개념에 도전하고 있다는 것이다.

3. 엘리트가 정책결정에 영향을 미치는 과정

Dye(2001)는 국가엘리트들이 의제설정 및 정책형성과정, 공직선출과정, 이익집단과정, 그리고 여론형성과정에서 자신의 가치관, 영향력, 선호를 공공정책으로 전환한다고 본다([그림 3-1] 참조). 분석의 편의상 그 과정을 분리하여 살펴 볼 수 있는데, 그 과정에서 주요 기관들 사이에 기능적 분화가 이루어졌지만, 이들은 또한 서로 얽혀 있으며, 엘리트의 정책선호는 각 과정을 통하여 동시에 전달된다는 것이다. 이하에서는 하향적 정책과정에 관한 내용을 중심으로 각 단계를 살펴보겠다.

그림 3-1 하향적 정책결정모형

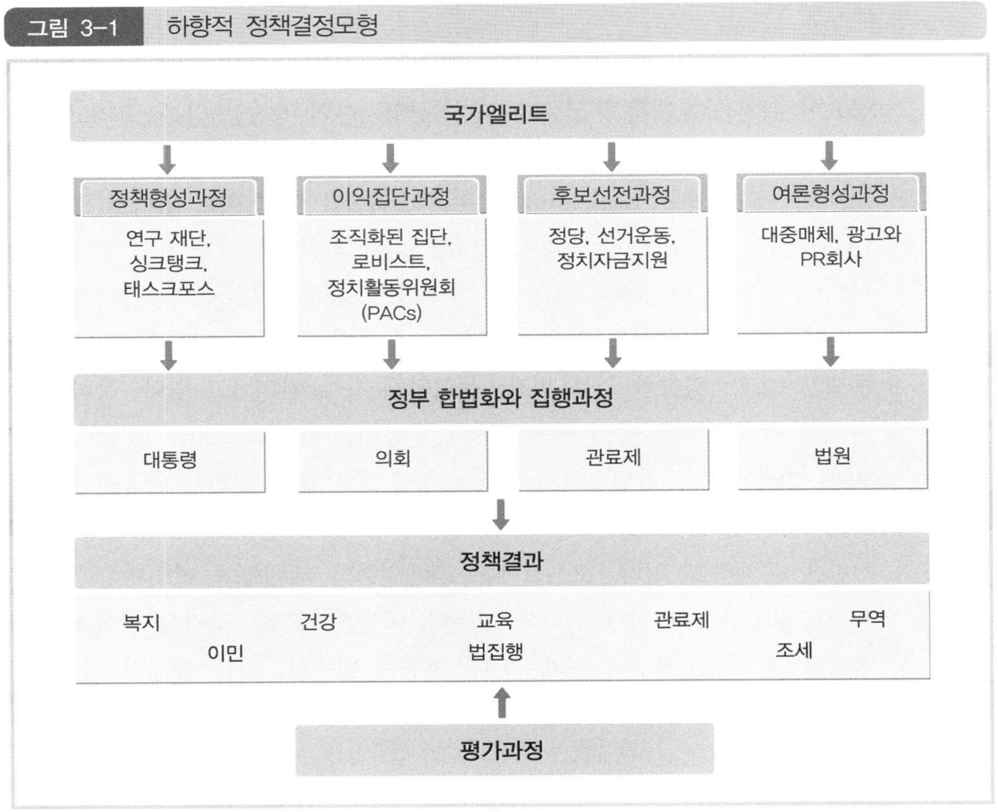

출처: Dye. 2001. *Top Down Policymaking*. p. 5.

1) 의제설정 및 정책형성과정

정책의제설정은 하향적 정책결정과정에서 첫 번째 단계이며 가장 중요한 단계이다. 사회에서 '문제'로 확인되지 않은 조건은 결코 이슈가 되지 않으며, '뉴스'가 되지도 않고, 정부 관료의 관심을 끌지도 못한다. 그러므로 무엇이 문제인지를 결정하는 것이 해결방안을 결정하는 것보다 더욱 중요하다(본서 제3부 제1장 참조).

Dye(2001: 4 및 제3장 참조)는 의제설정이 은행 및 회사의 이사회 회의실, 법률회사와 투자회사의 라운지, 거대 미디어의 편집실, 연구재단과 싱크탱크의 회의실에서 시작된다고 본다. 어떤 문제가 의제로 설정될 것인지는 엘리트들 사이의 접촉을 통한 합의에 따른다. 정책형성과정은 엘리트들의 관심이 싱크 탱크, 연구재단, 정책기획기구에 전달되면서 시작된다. 이들 연구재단, 싱크 탱크와 정책기획기구는 정책문제를 확인하고, 관련정보를 수집하여 정책대안을 고안하며, 이들을 종합하여 최고위층 엘리트가 무엇을 해야 할 것인가에 대한 합의를 이루어갈 수 있도록 협력한다고 본다.

2) 공직선출과정

미국에서는 돈이 선거정치를 좌우한다. 선거자금을 모금하지 못하면 의원과 대통령 당선을 목표로 경쟁할 수 없다. 선거운동비용은 선거 때마다 극적으로 증가한다. 2000년 선거에서는 의회의원과 대통령 후보가 총계 10억 달러 이상의 비용을 지출하였다(Dye, 2001: 5 및 제4장 참조). 그 비용은 미국 국가엘리트를 이루고 있는 기업, 은행, 보험회사, 법률회사, 미디어 재벌, 부유한 개인으로부터의 후원에 의존한다. 정치인들은 잠재적 기부자들이 안심할 수 있도록 하여야 한다. 당선될 경우 그들의 관심사항에 공감하여 들어주고, 현직에서는 기부자들의 관심사항을 충족시키려 노력하고, 장래 선거에서도 지속적인 재원을 지원하도록 이들을 묶어 두어야 한다는 것이다.

3) 이익집단과정

이익집단과정은 엘리트의 정책선호를 직접 전달하는 과정이다(Dye, 2001: 6 및 제5장 참조). 이익집단은 특혜, 보조금, 특권, 그리고 보호를 받기 위하여 정부의 정책에 영향을 미치려고 노력하는 집단이다. 이익집단의 로비활동은 로비스트들의 상상력만큼 다양하다. 로비활동은 의회청문회에서의 증언, 정부관료 접촉, 기술적 정보와 보고서 제출, 법률안 정보의 수집, 입법과정의 투입과 산출에 대한 추적 등 전통적 방법의 범위를 넘어선다. 여기에는 선거자금 모금활동, 여론의 호의적인 분위기를 발전시키고 유지하기 위해 고안된 홍보활동도 포함된다. 가장 중요한 활동은 선거자금을 모금하여 전달하는 것이다. 이익집단은 대통령과 의원 후보자의 정치활동위원회(PAC)를 통하여 정치자금을 지원하는데 이익집단의 선거기부금은 압도적으로 현직자에게 집중된다.

4) 여론형성과정

Dye(2001: 6 및 제6장 참조)는 미디어 엘리트가 하향적 정책결정에서 두 가지 역할을 수행한다고 보았다. 매스 미디어의 지도자는 그들 자신이 최고 기업가, 은행, 보험, 투자회사, 그리고 정부엘리트와 동등하게 국가엘리트의 주요한 구성요소이다. 미디어 엘리트는 엘리트의 견해를 정부의 정책결정자와 일반 국민들에게 전달하는 중요한 기능을 담당한다. 미디어의 주요 권력원천은 정책의제의 전달, 즉 선출직 공직자에게는 그들이 처리해야할 문제와 이슈를 알려주는 한편 일반 대중에게는 무엇에 관심을 가져야 할지 알려주는 것이다.

Dye는 미국에서 미디어 권력이 ABC, NBC, CBS, CNN 등 주요 텔레비전 네트워크와 New York Times, Washington Post 등 권위 있는 신문에 집중되어 있다고 본다. 또한 Viacom, Walt Disney, Time-Warner 등과 같이 텔레비전 네트워크, 신문, 잡지로부터 영화, 녹화음악, 스포츠, 엔터테인먼트까지 통제하는 미디어 제국이 등장하고 있다는 것이다.

5) 정책합법화

정책의 합법화는 의회, 대통령, 사법부 등 정부정책 결정자들의 기능이며, 이들이 직접 결정자이다(Dye, 2001: 7 및 제7장 참조). 이들의 활동은 하향적 정책결정과정의 마지막 단계에서 일어난다. 즉 정책결정의 의제가 설정되고, 정책방향이 수립되며, 지도자가 선출되고, 이익집단의 활발한 활동이 이루어지고, 매스 미디어가 그러한 이슈에 관심을 끌도록 한 이후에 정책합법화가 진행된다는 것이다.

실제로 직접적인 정책결정은 개방되고 공적인 과정에서 이루어진다. 이 단계의 정책결정과정에서 협상과 결탁, 설득과 타협, 이익집단 사이의 경쟁, 선출된 공직자의 경력관리가 이루어지므로 많은 학자들은 이러한 활동이 정책결정과정 전체의 특징으로 결론을 내리는 경향이 있다.

그러나 정책의제는 정책결정자가 그 과정에 관여하기 이전에, 정책변화의 주요 방향이 결정되기 이전에, 언론매체가 대중에게 정치행동을 준비시키기 이전에 설정된다는 것이다[무의사 결정(non-decision making) 참조]. 공식 법률결정과정에서 나온 결정은 누가 정치적 명예를 얻고, 어떤 정부기관이 프로그램을 집행하며, 예산이 얼마나 지출되는지 등에 관한 것으로 중요하지 않다는 것은 아니다. 그러나 직접 결정자의 이러한 결정은 공공정책의 목적이 아니라 그 수단에 관한 것이라는 것이다.

6) 관료제의 정책집행

결정된 정책은 정부의 집행부서로 이관되어 추진된다(Dye, 2001: 7-8 및 제8장 참조). 관료제는 헌법적으로 정책결정권한을 부여받지 않았지만 정책집행과정에서 정책을 결정하기도 한다. 사회의 규모와 복잡성이 증가함에 따라 관료제가 영향력을 행사하게 되었다.

관료들은 이익집단과 국회에 의해 통제 받는데, 이는 국가 엘리트들이 집행과정에서 정책이 변질되지 않는지, 법률의 취지가 관료의 활동에 반영되는지 확인하는 과정이라는 것이다.

7) 정책평가과정

국가엘리트들에게 [그림 3-1]의 하향적 정책결정모형에 제시된 동일 경로를 따라 정부정책의 효과가 피드백 된다(Dye, 2001: 9-10 및 제9장 참조). 정책평가과정은 공공정책의 효과를 확인하는 과정이다. 그 과정에서 공공정책의 효과가 원래 의도했던 것이었는지, 그 결과가 투입된 비용에 비추어 가치있는 것인지를 판단한다. 정부가 스스로 정책평가를 담당하기도 한다. 하향적 정책평가는 엘리트가 제공받은 정보를 토대로 스스로가 정책효과를 판단할 때, 또는 이익집단, 싱크 탱크, 연구재단으로부터 정책효과(비효율성, 낭비, 부패 등)에 관한 보고서를 받거나 대중매체가 정책효과에 관하여 보도할 때 이루어진다.

8) 비 판

Dye는 국가엘리트들이 정책형성과정, 후보선정과정, 이익집단과정, 여론형성과정, 정책합법화과정, 정책집행과정, 그리고 정책평가과정을 통제하기 때문에 소수의 국가엘리트가 정책과정을 거의 전적으로 지배하는 것이라고 주장한다. Dye는 누가 엘리트인지 파악하는 방법으로 1950년대의 엘리트론자인 Mills의 제도적 지위 접근방법을 채택하고 있는데, 이에 대하여는 Dahl과 Polsby가 이미 비판한 바 있다. 또한 Dye가 엘리트의 영향력 행사를 확인하는 방법도 구체적인 정책사례를 심층적으로 분석한 것이 아니라 전국단위의 통계자료를 제시하고 있어 방법론적으로는 매우 취약하다.

4. 불평등과 무의사결정

1) 불평등의 심화

Dye(2001: 25)는 글로벌 엘리트가 주도하는 정책 하에서 미국 경제의 성과가 매우 높다고 평가하였다. 글로벌 경제가 미국 대기업의 성장을 가져왔고 국가의 총수입을 증가시켰다. 그러나 그러한 성과의 혜택은 불균등하게 분배되었다. 우리나라와 마찬가지로 미국에서도 저숙련 근로자, 특히 청년의 경제적 어려움이 심각하다.

2) '무의사결정'으로서 불평등

Bachrach & Baratz(1970)가 무의사결정(nondecision-making)이라는 개념을 도입하여 엘리트론의 관점을 정당화시키려 시도하였다고 소개한 바 있다. 무의사결정은 소득, 부, 권력, 사회적 지위 등의 기존배분상태를 변경시키고자 하는 요구를 사전에 차단하거나, 정책결정무대에 도달하기 전에 사장시키거나, 또는 이러한 여러 가지 방법이 실패할 경우에 집행단계에서 파괴시키기는 수단을 의미한다고 정의된다. 이같은 무의사결정을 통하여 편익과 특권의 불공정한 배분이 영속화된다. 예를 들면 소득분배문제는 오랫동안 무의사결정(nondecision)의 문제였다고 본다. 엘리트계층은 소득분배라는 이슈가 제기됨으로서 그들의 현상이 역전되는 것을 원하지 않았고, 대중들도 기존의 분배 상태를 정당한 것으로 널리 받아들였다는 것이다.

Dye(2001: 31)는 불평등이 미국정치에서 전통적으로 무의사결정의 영역이라고 본다. 미국은 경제적 불평등에 대해 정치적 갈등이 없는 유일한 나라라는 것이다. Dye는 그 이유가 미국의 '정신'(ethos)은 기회의 평등(equality of opportunity)을 강조하며, 성공에 대한 인위적 장애요인은 제거하되 개인의 재능, 능력, 근면은 높은 소득으로 보상받아야 한다는 믿음이 강하기 때문이라고 본다. 절대적 평등이나 결과의 평등(equality of results)은 미국인에게는 호소력이 적다는 것이다.

3) 무의사결정의 방법

무의사결정의 개념을 제시한 Bachrach & Baratz(1970: 44)는 무의사결정의 방법을 다음과 같이 네 가지로 보았다. 첫째, 기존 질서의 변화를 주장하는 요구가 정치적 이슈가 되지 못하도록 폭력을 이용한다. 둘째, 변화를 주장하는 사람으로부터 기존에 누리는 혜택을 박탈하거나 새로운 혜택을 제시하여 매수한다. 셋째, 애국심과 윤리와 같은 정치체제 내의 지배적 규범이나 절차를 강조하여 변화를 주장하는 요구가 제시되지 못하도록 한다. 넷째, 정치체계의 규범, 규칙, 절차 자체를 수정하여 정책의 요구를 봉쇄하는 방법이다. 첫 번째 방법이 가장 직접적인 수단인 데 비하여 뒤로 갈수록 간접적이며 우회적인 방법이라고 볼 수 있다.

한편 Dye(2001: 33-38)는 미국에서 무의사결정이 작동하는 과정을 다음 세 가지로 요약한다.

첫째, 국가정신(national ethos)을 유지하는 것이다. 미국에서는 일반적으로 민간경제 영역과 공공정치영역을 구분한다. 미국인들은 민간경제영역에서 '일하여 얻은 공적'(earned deserts)의 원리를 인정한다. 즉 '일하여 얻은 공적'의 결과로 발생하는 불평등은 수용된다. 그러나 공공영역에서는 절대적 평등을 존중한다. 따라서 시민들 사이에 정치권력이 불균등하게 배분될 경우 이를 비난한다. 또한 정치생활과 공공 업무에서 이기적 행동을 보일 경우 부정·부패로 보아 엄격하게 처벌한다.

둘째, 총체적 경제성장을 유지하는 것이다. 국가엘리트들은 대중의 물질적 생활수준을 끌어 올리는 것이 불평등의 이슈를 잠재화시키는 것이라고 본다. 그러므로 국가엘리트는 경제성장의 유지에 관심이 많고 이를 적극적으로 추진한다. 대중의 물질적 복지가 정치적 안정을 유지하는 데 필수적이라고 이해하는 데 따른 것이다.

셋째, 사회적 이동성(social mobility)을 유지하는 것이다. 미국은 기회의 땅으로 알려져 있다. 즉 사회적 이동성이 미국을 서부 유럽과 구별하는 특징이며, 미국에서 부와 소득의 불균등은 앞으로 자신도 계층상승할 수 있다는 합리적 기대감이 있을 때 용인된다. 그러면 이러한 믿음은 정당한가? 라는 물음에 Dye는 '그렇다'고 대답한다. Dye에 따르면 가장 가난한 하위 20% 소득 그룹 중 약 1/3은 10년 이내에 상위 소득그룹으로 이동하며 가장 부유한 상위 20% 부자 중 1/3이 상위 범주에서 탈락한다는 것이다. 그러나 최근에는 이러한 이동성이 둔화되고 있는데 이동성의 개념이 흐려진다면 소득불평등의 잠재적 이슈는 뚜렷해질 수도 있다.

Ⅲ. 다 원 론

다원론(pluralist theory)에서는 일반대중들이 정책의제설정에 상당한 영향력을 행사하고 있다고 보는데, 그 중요한 제도적 통로가 이익집단과 주기적인 각종 선거라고 본다. 대의민주주의 정치제도에서 주요 공직자가 공식의제채택 및 정책형성과정에서 권한을 행사하는 것은 사실이지만 그들이 계속 정치적 지위를 유지하기 위해서는 다시 선출되어야 하므로 일반대중의 요구에 따라 그 권한을 행사하게 된다는 것이다.[5)]

5) 다원론은 남궁근. 2005. 공공정책: 김세균 외 편. 「정치학의 대상과 방법」. 513-516쪽을 고쳐 쓴 것임.

1. 다원론의 요점

다원론적 사고는 미국의 건국 기초자인 제임스 매디슨의 저작에서 발견되는데 이 이론은 1908년 Bentley(1908)에 의해서 공식적으로 발표되었다. 다원론은 정치과정에서 이익집단(interest group)의 중요성을 전제로 하여 전개되었는데, Bentley는 사회에서의 이해관계는 비슷한 관심을 가진 개인들로 구성된 여러 집단에 의하여 구체적으로 표현되므로 궁극적으로 사회 자체는 사회를 구성하는 집단의 다양성 그 자체라고 보았다. 그 이론은 그 이후 수정되고 정교하게 가다듬어 졌지만 Bentley의 기본적인 주장은 여전히 유효하다. 2차 대전 이후 Truman(1951), Dahl(1961), Polsby(1963) 등이 그 이론을 부활시켰다.

Truman(1951)은 집단과 이익 간의 일대일 대응관계를 수정하여 두 가지 유형의 이해관계 즉, 명시적 관계와 잠재적 관계가 두 가지 유형의 집단 즉, 잠재적 집단과 조직화된 집단의 설립으로 연결된다고 보았다. Truman은 대두과정에 있는 잠재적 이해관계가 잠재적 집단의 기초가 되고, 시간이 흐르면서 이는 조직화된 집단의 출현으로 이루어져 정치 그 자체가 Bentley가 주장했던 것보다 더욱 동태적인 과정이라고 보았다(Ainsworth, 2002: 11-14).

다원론에서 집단은 그 숫자가 많고 자유롭게 결성될 뿐만 아니라 회원자격의 중첩(overlapping of membership) 때문에 한 개인을 하나의 집단이 대의적으로 독점할 수 없다는 특징을 가진 것으로 본다. 다시 말하면, 똑같은 개인이 상이한 이익을 추구하기 위해 여러 집단에 소속될 수 있다. 예를 들면, 한 개인이 동시에 그린피스, 지방상공회의소, 지방식품회사 등에 소속될 수 있다.

이 이론에서는 회원 자격의 중복이 집단 간의 협력을 촉진하고 갈등을 조정하는 핵심적인 메커니즘이다. 또한 동일한 이해관계가 하나 이상의 집단에 의해서 대변될 수 있다. 예를 들면, 산업화된 모든 국가에서 환경보호는 기독교와 불교 등 종교단체, 환경단체, 소비자 보호단체 등 다수의 집단에 의해서 동시에 주장된다. 다원주의 관점에서 정치는 다양한 경쟁적인 이익들이 집단 사이에서 조정되는 과정이다. 그러므로 공공정책은 각각 자신의 집합적 이해관계를 추구하기 위해서 활동하는 집단 간의 경쟁과 협력의 결과라고 본다.

2. Dahl의 정책결정사례 연구

이러한 맥락에서 Dahl(1961)이 미국 코네티컷 주 New Haven시를 대상으로 정책결정의 참여자를 실증적으로 분석한 *Who Governs?*는 다원론을 대표하는 업적으로 알려져 있다. Dahl의 연구목적은 현대 민주주의에서 누가 지배하는가에 관한 몇 가지 가설을 검증하는 것이었다.

Dahl은 그러한 주장을 검증하는 유일한 방법은 지역사회에서 내려진 중요한 정치적 결정사례들을 상세하게 검증하는 것이라고 보았다. 검증을 위해서 다양한 분야의 사례를 선정하여 하나의 집단이 지역사회의 많은 영역에서 결정권을 행사하는지 확인해야 한다는 것이다. Dahl은 또한 연구에 역사적 차원을 도입하여 1780년부터 1950년대까지 약 170여년에 걸친 장기간을 대상으로 연구하여 사회의 변화에 대응하여 권력구조가 변화하였는지 확인하고자 하였다. Dahl의 연구결과를 요약하면 다음과 같다.

첫째, 지난 2세기에 걸쳐 뉴 헤이븐 지역사회가 과두제(oligarchy)로부터 다원주의(pluralism) 사회로 변화하였다(Dahl, 1961: 85-86). 뉴 헤이븐은 산업사회에 진입하면서 귀족의 과두제가 지배하였다. 1840년 이전에 뉴 헤이븐을 지배했던 귀족 엘리트는 종교, 경제와 공공생활에서 핵심 지위를 가진 최고의 사회적 지위, 교육수준과 부를 겸비한 극소수의 집단이었다. 그러나 이전에 평민이었던 집단이 고위층으로 대두하면서 정치적 자원의 분화가 가속화되었다. 경쟁적인 정치체제에서 이전의 평민들도 매우 귀중한 정치적 자원인 투표권을 가지게 되었다. 하나의 결집력을 가진 지도자집단이 지배했던 정치체제가 한 세기 이내에 각각 서로 다른 조합의 정치적 자원을 보유한 많은 집단이 지배하는 체제로 변화하였다. 요약하면 다원주의 체제로 변모한 것이다.

둘째, 1950년대 뉴 헤이븐의 정책결정구조는 정책결정을 담당하는 엘리트가 분야별로 다른 다원주의 형태이다. 이는 Dahl(1972)이 과두제와 구분되는 의미에서 다른 연구에서 사용한 다두제(polyarchy)와 유사하다. 다두제

Box 3-2: Dahl의 연구에서 영역별 정책결정 참여엘리트

Dahl은 가설적인 엘리트가 영향을 미치는 범위를 검증하기 위하여 세 가지 서로 구분되는 이슈 영역, 즉 '도시 재개발', '공공교육', '정당후보, 특히 시장후보 선출' 분야의 결정사례를 선정하였다. Dahl은 또한 잠재적인 지도자를 세 가지 범주, 즉 '특정 선출직 직위를 차지한 정치인', '사회저명인사', '경제저명인사'로 구분하였다. Dahl의 의도는 각 범주의 지도자들이 세 이슈 영역에서 모두 결정에 참여하는지 확인하려는 것이다.

Dahl(1961: 66)은 영향력의 증거로 한 사람이 다른 사람의 반대에도 불구하고 중요한 결정을 제안한 빈도, 또는 다른 사람이 제안한 정책에 거부권을 행사했는지, 그리고 다른 사람의 반대가 없는 정책을 제안했는지를 살펴보았다.

경제저명인사의 관심사는 주로 도시개발의 이슈에 집중되어 있다. 경제저명인사 중에서 공공교육과 관련된 공직을 가진 인사는 하나도 없으며, 정당의 직위를 가진 사람도 거의 없다. 그 주요한 이유는 공직에 진출하려면 뉴 헤이븐 시에 거주해야 하는데 이들 중 거주자가 별로 없기 때문이다.

사회저명인사는 기업보다는 전문직에 진출을 선호하며, 공직에 진출하는 비율도 매우 적었다. 또한 사회저명인사는 경제저명인사와 빈번하게 접촉하지도 않았다.

한편 공공교육 분야에서는 교사, 교육행정가, 학부모회의 영향력이 큰 것으로 나타났다.

정당후보자 선출과정에서 정치인들은 지지자가 필요하므로 집단들의 관심을 이끌어내려고 노력한다. 그러므로 정책을 제안하거나 거부권을 행사한다는 의미에서 영향력을 직접 행사하는 사람들은 소수에 불과하지만 이들 지도자에게는 많은 하위지도자와 추종자가 있다(Dahl, 1961: 163-164). 서로 다른 이해관계를 대표하는 집단들이 적극적으로 의견을 개진하며, 정치인들은 이들 집단의 지지를 얻기 위해 경쟁하므로 이들의 간접적인 영향력은 매우 크다.

에서는 영역별로 영향력을 행사하는 엘리트가 각각 다른데, 그 이유는 정치적 자원이 분산되어 있기 때문이다. 정치적 자원에는 부, 사회적 명성과 인기, 정부의 공직 등이 포함되는데 귀족 과두제와는 달리 특정 엘리트가 이들을 모두 가지고 있는 것이 아니라 각 엘리트 집단이 이들을 분산하여 소유하고 있다.

이러한 Dahl의 연구를 요약하면, 소수의 엘리트가 모든 이슈영역의 정책결정을 좌우하는 것이 아니라 영역별로 정책결정에 참여한 집단과 엘리트가 다르다는 것이다. 그런데 Dahl이 제기한 질문들의 범위가 너무 좁기 때문에 부의 분배와 같이 보다 거시적이고 근본적인 문제를 다룰 수 없다는 비판도 제기되었다(Berry & Wilcox, 2006). 이러한 비판은 무의사결정론을 주장한 Bachrach & Baratz가 제기한 비판과 같은 맥락에서 이해할 수 있다.

3. 다원론에 대한 비판

정책결정에서 집단의 영향을 강조하는 다원론은 Dahl의 연구에서 전성기를 구가하였다. 초기의 다원론자인 Bentley와 Truman은 정치과정의 핵심은 이익집단의 활동이며 정책은 이익집단들 사이의 경쟁과 타협의 산물이라고 보았다. 한편 Dahl은 하나의 지배적인 엘리트 집단이 모든 분야의 주요결정을 독점한다는 엘리트론자들의 주장은 잘못된 것이라고 보았다. 영역별로 서로 다른 엘리트가 정책결정에 참여하며, 권력은 서로 경쟁하는 엘리트에게 분산되어 있다는 것이다. 특히 공직을 차지하기 위하여 노력하는 엘리트는 대중의 선호에 민감하게 반응하기 때문에 정책과정이 지배엘리트의 이익에 부합되도록 전개되는 것이 아니라 다양한 대중의 선호가 반영된다는 것이다. 선거를 통하여 대중의 선호가 반영되는 과정에서 다양한 집단이 중요한 역할을 담당한다고 본다.

이같이 집단의 역할을 중시하는 다원론에 대하여는 다음에 살펴보는 바와 같이 미국 이외의 국가에는 적용되기 어렵다는 조합주의론자들의 비판이 제기되었다. 한편 미국의 정치과정을 설명하는 데에도 다원론은 몇 가지 문제가 있다는 비판도 제기되었다. 미국에서의 다원론에 대한 비판을 요약하면 다음과 같다.

첫째, 서로 다른 집단의 영향력에 관한 것이다. 모든 집단이 동등한 영향력을 가질 수 있는가? 또는 모든 집단이 정부에 동등한 접근기회를 가질 수 있는가? 다원론자들도 사실상 집단에 따라 이용가능한 재원 및 자원과 정부에 대한 접근 기회에서 상당히 다르다는 점을 인식하고 있다. 그러나 다원주의 이론가들은 집단의 서로 다른 역량이 정부의 정책결정에 어떻게 영향을 미치는지를 밝히지 못했다고 비판을 받는다(정정길 외 2010: 238; Ainsworth,

2002: 6-7).

둘째, 정부의 역할에 관한 것으로 정책결정에 있어서 정부의 역할이 분명하지 않다는 것이다(Howlett & Ramesh, 2003: 38). 초기 다원론자들은 정부를 여러 집단의 요구를 접수하고 집행하는 일종의 전달장치(transmission belt)라고 가정했다. 즉 정부를 하나의 실체라기보다는 하나의 장소(place)로서 경쟁하는 집단이 만나서 협상하는 곳으로 본 것이다. 그런데 이러한 견해는 정부가 실제로 하는 일과 일치하지 않는다는 비판에 따라 정부를 집단투쟁(group struggle)의 심판관(umpire) 또는 판정관으로 다시 개념화하게 되었다. 이러한 견해에서도 정부는 여전히 경쟁하는 집단들이 그들의 견해 차이를 해소하기 위해서 만나는 장소이지만 이 경우 정부는 집단갈등의 규칙을 설정하고 집단들이 규칙을 위반하지 않는 것을 보장하는 중립적인 심판으로 생각하게 되었다. 이러한 입장에 따라 Latham(1952)은 "어떠한 이슈에 관한 입법부에서의 투표는 힘의 구성, 즉, 투표시점에서 경쟁하는 집단 간의 권력의 균형을 대변한다고 본다. 즉 공공정책은 실제로 특정시점에서 집단투쟁에 의해서 도달된 균형상태를 말한다."는 것이다.

그런데 다원론자들이 보는 정부의 역할에 관한 견해는 과도하게 단순화한 것으로 국가 또는 정부기관, 그리고 공무원들이 자신의 이해와 야망을 가지고 있지 않은 것으로 본다. 그러나 공공선택론자들이 지적하는 것과 같이 공무원들도 정부 관료기구에 대한 통제권 행사를 통해서 실현하고자 하는 자신의 이해관계를 가지고 있으며, 국가 또는 정부도 여러 집단 중에서 특정집단과 특수한 결속을 유지하고 특정 이익집단의 설립과 활동을 지원하기까지 한다는 사실을 간과하고 있다. 사실상 상당수 비평가들이 지적한 바와 같이 관료정치는 정부의 정책에 매우 큰 영향을 미치고 있으며 널리 퍼져있는 현상이다. 또한 다원론자들이 보는 정부의 개념은 정부가 전정부적으로 목적과 행동의 통일성을 가지고 있다고 가정하는 잘못도 범하고 있다. 실제로 각 부처와 기관들은 상이한 이해관계를 가지고 있으며 동일한 문제를 서로 다르게 해석하고 이러한 차이가 어떻게 해소되느냐가 어떠한 정책이 채택되고 어떻게 집행되는가에 실질적으로 큰 영향을 미친다.

셋째, 다원론이 현상유지 편향을 가지고 있다는 것이다. Lowi(1979: 60)는 다원론이 현상유지를 정당화한다고 비판하였다. 이익집단을 통한 정부운영은 변화에 대한 저항을 가져오기 때문에 보수적이 되기 쉽다. 정부가 이익집단과 협상하여 정책을 결정하면, 사회의 다른 부분을 희생시키고 하나의 이익집단에 혜택을 주는 결과가 초래된다. 정부와 접근할 수 있는 혜택이 부여된 이익집단이 새로운 집단이 진입하는 것을 방해할 수 있다는 것이다.

4. 신다원론

다원론이 가지고 있는 문제점 즉, 이익집단의 중요성을 지나치게 강조한 점, 정부의 중립성을 가정한 점, 현상유지의 편향 등의 문제점에 대한 인식은 미국정치학계에서 신다원론(neo-pluralism)이라고 불리는 이론의 등장을 가져오게 하였다. 신다원론에서도 집단 간 경쟁의 중요성은 여전히 인정하고 있지만 집단 간의 대체적 동등성의 개념을 수정하여 특정 집단이 다른 집단보다 더욱 강력할 수 있다는 점을 분명히 인정하였다. 예를 들면, Lindblom(1977)은 기업이 다음과 같은 두 가지 이유에서 다른 집단보다 강력하다고 주장한다.

첫째, 자본주의 국가의 정부는 프로그램을 위해서 지출해야 할 과세의 기반과 자신들의 재선 기반으로 활용하기 위해서 번영하는 경제가 필요하다. 경제 성장을 촉진하기 위해서 정부는 기업의 신뢰를 유지해야 하는데 이는 기업 공동체의 요구에 정부가 특별한 관심을 기울여야 한다는 것을 의미한다.

둘째, 자본주의 사회에는 공공부분과 민간부문의 구분이 있는데, 공공부문은 국가의 통제 하에 있으며 민간부문은 기업의 주도 하에 있다. 민간부문을 기업이 주도한다는 것은 기업이 다른 집단에 비해서 특권적인 지위를 갖는 것으로 볼 수 있다. 그 이유는 대부분의 고용과 그에 관련된 사회 경제적 활동이 궁극적으로는 민간기업의 투자행태에 의존하기 때문이다. 고전적 다원주의자와는 달리 Lindblom은 기업계의 강점은 자본주의와 민주주의의 성격 그 자체에 달려있다고 본다. 그렇기 때문에 기업은 그 이해관계를 실현하기 위하여 정부에 압력을 행사하지 않아도 되며 정부 또한 자본주의의 원칙과 자체의 자기이익 추구과정에서 기업의 이익이 정부의 행동으로 부정적인 영향을 받지 않기를 원한다는 것이다.

고전적 다원론에 대한 비판을 수용하여 제시된 신다원론의 특징을 요약하면 다음과 같다(정정길 외, 2010; Howlett & Ramesh, 2003: 39-40).

첫째, 자본주의 국가에서 기업집단에 특권을 부여할 수밖에 없는 특성을 인정하였다.

둘째, 정부가 중립적인 조정자가 아닐 수 있음을 인정하였다.

셋째, 정부가 이익집단의 활동에 수동적이 아니라 능동적으로 반응한다고 본다.

넷째, 현상유지 편향과 불평등 구조의 심화를 방지하기 위하여 다원적 민주주의의 구조적 개혁이 필요하다는 것이다.

5. 우리나라 정책과정에서 엘리트의 특성

1) 중앙정부 정책과정의 엘리트 특성

행정부 주도형 정책의제를 중심으로 한국의 정책과정을 연구한 권향원(2019)은 미국의 '엘리트 관점'이 정부-의회-이익집단의 동맹구조에 초점을 두고 있으나, 한국은 정부-학계-의회-언론의 동맹구조를 가지고 있으며, 이익집단의 변수성은 잘 관측되지 않았다고 분석하였다([Box 3-3] 참조). 이 연구에서는 정부-학계-의회-언론의 동맹구조를 한국형 정책공동체의 형태라고 주장한다. 그런데 이 연구는 중앙부처가 다루는 정책의제들 가운데 행정부가 주도하는 의제만을 분석의 대상으로 삼았으며, '의원발의'를 통해 이루어지는 입법부 주도형의 정책에 관하여는 다루지 않았다. 한국에서는 민주화 이후 입법과정에서 입법부 우위가 나타나고 있는 상황에서 이익집단의 활동이 행정부보다는 국회에 초점이 맞추어져 있으므로 의회주도형 정책과정에서는 이익집단의 역할을 과소평가할 수는 없다. 그러므로 의회주도형 정책과정까지 분석할 경우에 정부-학계-의회-언론뿐 아니라 이익집단 지도자도 상당한 역할을 담당한 것으로 나타날 것이다.

Box 3-3: 한국 중앙부처 정책과정의 엘리트 연합

한국 중앙부처의 권력과정을 81명의 실무가들에 대한 인터뷰와 참여관찰을 통해 근거이론의 방법론을 적용하여 규명한 권향원(2019)의 진단결과, 한국의 정책결정과정은 ① 대통령과 청와대를 중심으로 가치와 이익을 함께 하는 정당, 관료, 기업, 학계, 언론 등의 '엘리트 연합'이 행정부를 통해 정책의제 결정을 주도하는 '엘리트 연합 주도형'의 특성을 보였다. 정책의제는 이후 사슬처럼 연쇄적으로 이어진 통제와 조정 메커니즘 및 명분게임을 통해 실제 정책으로 구현된다, 가령 ② '정부업무평가제도'의 메커니즘을 통해 '엘리트 연합'은 행정부를 통제 및 조정하고, ③ 행정부는 '정부보고서 용역발주'의 메커니즘을 통해 학계와 싱크 탱크를 통제 및 조정하여 '학술적 명분'을 취득하고, ④ 이러한 명분은 행정부-정당 간 (당정협의), 행정부-행정부 간(부처협의) 협상과 조율로 이어지며, ⑤ 이러한 학술적-과정적 명분(정당성)을 통해 행정부는 사회부문 이해관계자로부터의 지지를 이끌어 내는 동력을 얻는다. 이러한 분석결과는 서구의 기존 이론모형들로는 잘 보이지 않았던 "민주적 제도 틀 내에서 엘리트 연합이 오히려 제도를 활용하여 주도하는 명분게임"이라는 흥미로운 현실을 보여준다.

본 연구의 발견이 함의하는 바는 다음과 같다. 첫째, 한국의 정책과정은 "대통령과 청와대를 정점으로 하는 엘리트 연합이 서구의 민주적 관리제도를 정치적 정당성을 확보하기 위한 명분화의 도구로 변용하여 활용"하고 있다. 가령, 상임위원회제도, 성과평가제도 등을 원래의 취지와 다르게 사용하고 있는 상황들이 확인되었다. 연구자는 이를 '명분화 전략'이라고 명명하였다. 둘째, 미국의 '엘리트 관점'이 제시하는 설명은 정부-의회-이익집단의 동맹구조에 초점을 두고 있으나, 한국은 정부-학계-의회-언론이 동맹구조를 가지고 있으며, 이익집단의 변수성은 잘 관측되지 않았다. 한국의 동맹구조는 일종의 '문화적 우호구조'를 구축하여, 활동이 표면적으로 드러나지 않고 은밀하게 나타났다. 셋째, 한국의 정책과정은 학계 등 외부조력자를 통한 '정치적 명분화'를 중시하고 있다. 이 과정에서 정책의 '합리성' 보다 '정치성'에 대한 강조가 나타나고 있다. 이러한 경향을 특히 고착시키는 것은 한국의 대학과 연구기관이 약한 재원독립성을 가지고 있으며, 이에 정부에 대한 재원의존성이 높다는 데에 있다.

출처: 권향원. 2019. 중앙부처 정책과정의 이론적 모형화 연구: 근거이론적 접근. 123-155.

2) 지역사회 정책과정의 엘리트 특성

앞에서 살펴 본 바와 같이 미국을 중심으로 지역사회에서 주요결정을 담당하는 집단이 응집력을 가진 하나의 엘리트 집단인지 아니면 다원화된 엘

Box 3-4: 한국 도시정치의 지배구조

강문희(2010)는 우리나라 도시정치의 지배구조를 경험적으로 연구한 38편의 국내사례 연구들, 즉 우리나라 도시의 권력이 특정 정치·경제·행정엘리트 계층이나 집단에 집중되어 있는지 아니면 다양한 집단에 의해 분산되어 있는지에 관한 연구를 검토하였다.

연구대상 도시규모는 대도시가 13건, 중도시가 12건, 소도시가 11건, 그리고 세 가지 규모의 도시 모두를 포한 연구가 2건으로 나타나고 있어 도시규모 전반에 한 연구들이 골고루 분포되어 있다.

시기별로는 민선 3대가 모두 13건으로 가장 많았고, 민선 1대가 9건, 그리고 2대와 1-2대를 포괄한 연구가 13건으로 나타나고 있어 주로 민선 1대부터 3대에 이르는 시기에 연구가 집중되어 나타났다. 그러나 4대 이후에 관한 연구는 아직 발견되지 않고 있어 지배구조에 한 연구자들의 관심이 이 시기 이후 급격히 냉각되었음을 유추해 볼 수 있다.

38편의 연구를 총괄하여 살펴보면 우리나라 도시의 지배구조는 정치적으로 충원된 시장(mayer)에 의해 주도되고 있음이 밝혀지고 있다. 총 38편의 연구 중 24편의 논문이 시장을 지목하고 있으며, 6편이 엘리트, 4편이 중앙정부, 그리고 3편이 정책사례별로 다양한 이익집단이 영향력을 행사하고 있음을 밝히고 있고 이례적으로 전문관료의 영향력을 지목하고 있는 논문이 1편 발견되고 있다.

이를 다시 크게 묶어 보면, 시장과 엘리트, 그리고 전문관료가 모두 정치·행정·경제엘리트에 포함된다는 점에서 우리나라의 도시는 여전히 다원주의적인 지배구조가 아니라 엘리트들의 정책선호에 따라 지배되는 특성을 지니고 있으며, 그 중에서도 특히 공식적인 정치·행정엘리트의 지배력이 매우 강하게 나타나고 있다는 추론이 가능하다.

출처: 강문희, 2010. 한국 도시정치의 지배구조: 국내사례연구를 통한 조각그림 맞추기.

리트 집단인지에 관한 논의가 지속되었다. 이러한 문제의식을 가지고 우리나라의 지역사회의 권력구조에 관한 연구도 시도되었다. 그러한 연구 가운데 하나가 「한국의 지방정치와 도시권력구조」(박종민 편, 1990)이다. 박종민과 동료연구자들은 지방의 5개 도시인 성남, 부천, 평택, 청주, 진주를 선정하여 누가 지역사회를 다스리고 있는가를 정책결정사례 분석방법을 통하여 분석하였다. 이 저서에서 발견하고 있는 것은 우리나라 지역사회의 권력구조는 미국의 경우와는 전혀 다르며 미국에 적용된 권력구조에 대한 접근방법이 우리 사회를 분석하는 데에는 한계가 있다는 것이다. 우리의 경우에는 시장의 영향력이 압도적이며, 우리 사회를 분석하는데 적합한 모델은 집단에 기초한 이론보다는 사적 교환관계에 기초를 둔 후견주의(clientalism) 모형이라는 것이다.

한편 강문희(2010)는 우리나라 도시정치의 지배구조에 관한 38편의 사례연구를 종합하였다([Box 3-4] 참조). 이 연구에서 우리나라의 도시는 여전히 다원주의적인 지배구조가 아니라 엘리트들의 정책선호에 따라 지배되는 특성을 지니고 있으며, 그 중에서도 특히 시장과 전문관료 등 공식적인 정치·행정엘리트의 지배력이 매우 강하게 나타나고 있다고 추론하였다.

Ⅳ. 조합주의와 관료적 권위주의

1. 조합주의 이론

1) 조합주의의 개념

현대적 의미의 조합주의(corporatism)는 시장과 경제에 영향을 미치는 주요 공공정책을 기업가 단체의 대표, 노동자 단체의 대표, 정부 대표가 공동결정(codetermination)하는 정책결정 양식을 의미한다(정정길 외, 2010: Peters, 2006b; 윤홍근, 2006). 2차 대전 이후 중부유럽과 북부유럽 국가들은 이러한 협의체제를 통하여 민간부문과 자본주의 시장경제에 개입하였고 그에 대한 통제도 강화하였다. Schmitter는 이러한 현상을 조합주의 이론으로 발전시켰다. 슈미터에 의하면 조합주의는 국가에서 공인받은 소수의 유력한 이익조직들과 국가 사이에 독점적 이익표출과 정책순응이 정치적으로 교환되는 이익대표 체계를 의미하는 것이었다(Schmitter, 1979). 미국 이외의 국가에서는 집단을 결성할 자유가 있는 경우에도 실제로 형성된 집단의 수는 미국보다 훨씬 적으며 일단 형성된 조직은 더욱 영속적이고 공식화되는 경향이 있다. 이러한 이유 때문에 Schmitter(1977)는 다원주의는 집단체제가 발전할 수 있는 하나의 형태에 불과하며, 미국 이외의 국가에서는 다양한 변수와 역사적인 요인 때문에 다원주의적 조직보다는 조합주의적인 형태의 정치조직이 대두되기 쉬운 것으로 보았다. 조합주의는 다원주의와 대비되는 이익대표 또는 이익중재 체계라는 측면, 그리고 노·사·정이 합의하는 정책협의 또는 공동정책결정 체제라는 두 가지 특징을 가진다.

2) 이익대표 체계로서의 조합주의

이익대표의 체계 또는 정부-이익집단 간 중재(intermediation)의 체계로서 조합주의는 다원주의와 비교되고 대비하여야 정확하게 이해될 수 있다(Howlett & Ramesh, 2003). 다원주의에서는 복수의 집단이 구성원의 이해관계를 대변하기 위해서 존재하고 집단 구성원은 자발적으로 가입하며 국가개입이 없이 집단은 자유롭게 결성된다고 생각한다. 또한 다원주의에서의 집단은 정부로부터 승인받거나, 보조금을 받거나 통제를 받지도 않는다. 집단들은 서로 경쟁하는 관계이다. 집단은 정부에 로비활동을 하지만 정부와 이익집단은 독립적인 관계를 유지한다.

이와 대조적으로 조합주의에서는 집단이 자유롭게 형성되는 것이 아니라고 보며 집단들이 서로 경쟁하는 관계로 보지 않는다. 집단은 국가가 인정하고 지원하므로 자율적이라고 볼 수도 없다. 다원주의적 이익대표체계에 대한 대안적 이론으로 볼 수 있는 조합주의 모델의 특징은 다음과 같다(남궁근, 2005: 517).

첫째, 조합주의에서의 이익집단은 기능적으로 분화된 범주를 가지고 단일의, 강제적, 비경쟁적, 계층제적인 질서에 따라 조직화되었다. 이익집단들 사이에는 경쟁보다 협력이 이루어지고, 집단들의 상대적 중요성은 이들이 수행하는 역할의 기능적 중요도에 따라 달라진다.

둘째, 조합주의에서의 국가는 자체이익을 가지면서 이익집단의 활동을 규정하고, 포섭, 또는 억압하는 독립된 실체이다. 따라서 국가는 중립적이지 않으며 특정집단을 차별적으로 배제하며, 특정집단에게는 독점적인 이익대표권을 부여할 수 있다. 이익집단은 구성원의 이익 때문에 결성되지만 때로는 국가의 의도가 작용하여 결성되기도 한다.

셋째, 정책결정과정에서 국가(행정부)와 이익집단 사이에 합의가 이루어지며, 이러한 합의는 공식화된 제도 속에서 이루어진다.

넷째, 국가와 이익집단 사이에 이루어진 합의는 계층적으로 구조화된 정부와 이익집단의 하위단위들에 의하여 대체로 잘 지켜진다.

조합주의에서는 국가와 이익집단 사이에 편익의 상호교환 관계가 형성되어 있는 것으로 본다. 국가가 이익집단의 요구를 수용하고 독점적 이익대표권을 부여하는 한편, 국가는 이익집단의 활동범위를 제한할 수 있다. 즉, 조합주의를 이익대표의 체계로서 정의할 때 조합의 구성원들은 제한적, 강제적, 비경쟁적, 계층적 서열을 이루고 있으며, 국가에 의하여 인정 또는 허가를 받으며, 관련분야에서 독점권을 부여 받는 경우도 있다. 그러므로 완전한 조합주의 체제에서 조합과 정부 사이의 관계는 밀접하다.

3) 공동정책결정과 조정기제로서의 조합주의

Schmitter가 조합주의를 이익대표체계의 한 양식으로 이해한 것과는 달리 공저자인 Lehmbruch는 조합주의 양식을 정책결정의 양식이라는 측면에서 이해하고 있었다. 즉 “대규모 이익조직들 상호 간 그리고 이익조직과 정부당국 사이에서 이익표출 과정에서뿐 아니라 ‘가치의 권위적 배분’에 관한 정책결정, 정책집행과정에서 상호협력이 제도화되어 있는 정책형성 유형”으로 본 것이다(Lehmbruch, 1979; 윤홍근, 2006: 66에서 재인용). 사회조합주의적 정책형성 양식, 즉 정책협의제는 북유럽국가들뿐 아니라 오스트리아, 이탈리아, 스페인, 포르투갈 등 유럽전역에서 다양한 사례를 찾아 볼 수 있다.

북유럽의 국가들에서 전형을 찾을 수 있는 사회조합주의적 정책조정방식, 즉 정책협의제(policy concertation)는 다음과 같은 특징을 가지고 있었다.

첫째, 사용자 단체와 노동조합의 정상조직(peak organization)이 중앙 수준에서 협상을 통해 시장에 영향을 미치는 공공정책의 주요 내용을 결정하며, 정부 관료와 의회 의원들이 이 협상과정에 참여하여 주로 조정자로서의 역할을 담당한다.

둘째, 정상조직 산하 각 이익조직들은 산업별, 부문별 위계구조로 조직화되어 있으며, 중앙에서의 협상과정에서 부문 간 이해관계 조정을 위한 협의가 동시에 진행된다.

셋째, 정책협의의 주 대상이 되는 정책은 고용, 가격, 성장, 무역, 복지 등 경제정책과 사회정책에 관한 것들이다. 노동정책에 관한 한 중앙 협상의 결과는 산업별 협상 또는 개별 기업 차원에서 노조와 사용자의 협상을 제약하는 구속력을 갖는다.

Lehmbruch는 정책협의제가 다음과 같은 두 가지 제도적 차원을 포함하는 것으로 보았다(Lehmbruch, 1984; 윤홍근, 2006: 67에서 재인용). 첫째는 하위조직과 정상조직과의 통합 및 하위조직의 정상조직 정책결정 및 집행과정에의 참여양식(mode of participation)이다. 둘째는 정상조직과 정부 사이의 협의양식(modes of concertation)이다. 첫 번째 차원은 노조와 사용자 단체와 같은 이익조직 내의 이익집약 기제를 뜻하는 것으로, 조직 내부의 다양한 이해관계가 정상조직을 통해 수렴·집약될 수 있어야 한다는 것이다. 정상조직은 하위조직의 활동을 효과적으로 조정하기 위한 권위를 부여받고 있는 반면, 하위 단체들은 제한된 자율성을 갖는다. 두 번째 제도적 차원은 정상조직이 정부의 정책구상에 대하여 공식적으로 협의하는 절차가 마련되어 있어야 한다는 것이다. 이는 이익조직의 대표가 정책을 입안하거나 혹은 집행기능을 책임 맡은 정부기구에 주요 멤버로 참여할 수 있어야 함을 의미하는 것이다.[6] 또한 정책협의가 이루어지는 협의체 내부에는 참여집단들 사이에 타협과 합의를 유도하는 공식화된 의사결정의 기제와 절차가 마련되어 있어야 한다.

윤홍근(2006: 68)에 의하면 참여양식의 제도적 기제는 국가별로 각각 다르다. 어느 산업을 대표하는 인사가 협의체에 참여할 것인가 하는 문제부터, 협의체 내부의 의사결정 규칙에 이르기까지 정책협의제의 제도적 성격은 국가별로 차이가 있을 수 있다. 정책협의제의 제도적 특성에는 특히 그 나라 산업구조의 차이가 반영되어 있다. 이익조직 내의 의사결정과정에서는 참여단체나 기업 사이에 불균등한 영향력 관계가 존재하는데, 일반적으로는 그 나라의 경제적 성과에 지대한 영향력을 행사하고 있는 산업 부문이 소속 기업이나 단체를 통해 정상 조직 내부의 의사결정과정에서 더 큰 지배력 행사

6) 주로 정책입안을 담당하는 정부 위원회(commission)나 정책 집행을 담당하는 집행기구, 즉 통상적으로는 집행이사회(executive board)의 주요 멤버로 초청되는 것을 의미한다.

한다. 최근에는 아일랜드가 사회조합주의적 조정방식을 토대로 한 노사정 3자 협약을 통하여 경제위기를 극복하고 고도경제성장을 이룩하였다(신동면, 2005).

2. 사회조합주의 정책조정방식의 변화

1950년대부터 1970년대까지 스웨덴 모델 및 덴마크 모델의 정책조정방식은 정치적 안정과 경제성장을 가져온 모범적 사례로 찬양의 대상이 되어왔다. 그러나 1980년대 이후 사회조합주의적 정책조정방식, 즉 정책협의제에 상당한 변화가 이루어졌다. 사회조합주의적 정책조정방식은 어느 의미에서 정치화된 정책결정과정 혹은 정책결정과정의 정치화를 뜻하는 것이라 할 수 있다.

정책협의는 본질적으로 타협과 협상을 내포하는 정치적 과정이다. 여기에는 정책협의제의 제도적 취약성을 말해주는 두 가지 중요한 의미가 내포되어 있다(윤홍근, 2006: 69). 하나는 정책결정과정이 시장력에 상응하여 경제적 합리성 제고를 목표로 하는 것이라기보다는 정치적 협상을 통해서 시장력의 발현을 제어해 나간다는 점이다. 다른 하나는 정책협의제 하에서 조직화된 이익 사이에서 체결되는 협약은 당사자들 간의 일시적인 힘의 균형을 반영하고 있는 잠정적 타협책(modus vivendi)에 불과하다는 점이다. 그러므로 정책협의제는 여건 변화에 큰 취약성을 가지고 있는 제도이다. 경제조건이나 시장력 변화에 취약하고, 참여 집단의 역학관계의 변화에 취약할 수밖에 없다.

스웨덴과 덴마크에서의 정책협의제는 1970년대 이후 서서히 정점에서 내려와 변화를 모색하기 시작하였다. 이들 국가에서 정책협의제의 변화는 1970-80년대 양국에서의 보수 우익정부와 밀접하게 연계되어 있다.[7] 스웨덴과 덴마크에서는 1970년대 중반 이후 1990년대 초반까지 사민당 정부와 보수 우익 정부가 정권을 교체해 가며, 똑같이 신자유주의 경제사회정책을 시행해 나갔다는 점에서 공통점이 발견된다.

---

7) 스웨덴에서는 1976-1982년, 그리고 1991년 말-1993년까지 보수우익 정부(Buildt 정부)가 들어섰고, 덴마크에서는 1973-1976년, 그리고 1982-1993년 우익 연합정부(Poul Schluter)가 집권하였다.

양국에서 정책협의제 변화는 임금동결, 실업급여 삭감, 대대적인 디플레 정책, 탈규제와 민영화 등 신자유주의적 정책 추진을 배경으로 하고 있다. 스웨덴의 사용자단체 연합(SAF)은 정책협의제 유지에 드는 비용이 기대 편익을 능가한다고 믿어 정책협의제로부터의 이탈을 감행하였다. 반면 덴마크의 사용자단체(DA)는 정책협의제 및 중앙단체 교섭체제 유지비용이 기대편익을 능가한 것은 아니지만, 유지비용을 더 감축하기 위해서 분권화된 체제로 변모시킴으로써 절충점을 모색하였다(윤홍근, 2006). 이와 같이 1980년대 이후 스웨덴과 덴마크에서의 정책협의제는 서로 다른 방향으로 변화하였다. 스웨덴의 정책협의제는 명백하게 퇴조의 길로 접어들었고, 덴마크에서는 새로운 형태로 바뀌어져 여전히 협의제의 강력한 전통이 지켜지고 있다. 새로운 변화 가운데에서도 탈집중화, 분권화, 지방화라는 면에서 공통된 변화가 나타나고 있다.[8)]

3. 한국의 사회조합주의 조정방식 도입

민주화 이후 한국에서도 사회문제 해결을 위하여 사회조합주의적 정책조정방식을 도입하고자 노력하여 왔다. 그 대표적인 사례가 1997년 IMF 경제위기 이후 지속적으로 시도되고 있는 노사정 사회협약이다. 1997년 대통령 선거 직후 김대중 당선자가 노사정 합의체 구성을 제안하고 1998년 1월 14일 노사정이 이에 합의함으로써 제1기 노사정위원회가 출범하게 되었다. 제

8) 정책협의제 이탈 이후 스웨덴 사용자 단체연합(SAF)은 회원사에게 정보 등 서비스 제공과 로비활동에 주력하는 단체로 스스로를 탈바꿈시켜 나갔다. SAF는 1992-94년의 내부 조직개편을 단행하여, 협상담당 부서를 폐지하였으며, 정보생산 및 홍보활동 부서를 크게 확충하는 등 철저한 시장주의 집단으로 변모를 본격화해나갔다. 1980년대까지만 하더라도 스웨덴 정책협의제의 사용자측 대표로서 정부 및 노조와 함께 공공정책을 입안하고 집행하는 데 참여했던 당사자 집단으로 SAF는 이제 예외적으로만 정부나 노조의 간헐적 요구에 부응하여 이들과의 부수적인 협상에 참여할 뿐이다. 덴마크의 DA는 회원단체의 단체교섭에 대한 조정·승인권을 유지하고 있고, 중앙 및 지방의 정책협의제의 공식 대표로 됨으로써 여전히 정상조직으로서의 권위를 잃어버리지 않고 있다. 하지만 최근 덴마크의 DA도 스웨덴의 SAF와 마찬가지로 새롭게 활동방향을 재정립해 나가고 있음을 알 수 있다. 덴마크의 DA는 단체협상의 일선에서 물러나는 대신, 회원 단체들의 활동에 필요한 정보제공 등의 서비스를 제공해주는 단체로 전환을 도모하고 있다. 윤홍근은 SAF와 DA의 이러한 서비스 기구화는 세계화와 탈규제라는 경제적, 정치적 환경변화에 적응하기 위한 전략적 선택으로 보고 있다.

1기 노사정위원회에는 노동자측 대표로 한국노총과 민주노총 위원장, 사용자측은 전경련과 경총에서 각 1명씩, 정부측에서는 재정경제원 및 노동부 장관과 여야 4당에서 위촉한 대표 1명씩 참여하였다. 운영체계는 본 위원회, 실무회의, 전문위원회 등 3층 구조로 운영되었다. 1998년 2월 6일 주요 쟁점인 정리해고제도, 근로자 파견제도를 도입하고, 공무원 노조 및 교원노조를 합법화하기로 하는 등 10개 의제, 105개 항목에 대한 공식협약이 체결되었는데, 그 협약에는 경제개혁에서 고용대책에 이르기까지 한국사회의 전반적인 노동관련 현안들이 포괄되었다.

그러나 2·6 사회협약은 민주노총의 탈퇴, 노사정위원회의 잦은 중단과 공전, 합의사항 변질 및 지연, 빈번한 노사갈등현상 등으로 합의가 지켜지지 못하였다.

이같이 사회협약이 제대로 지켜지지 못한 것은 Lehmbruch가 지적한 정책협의제의 두 가지 제도적 차원이 충족되지 않았기 때문이다. 특히 하위조직과 정상조직과의 통합 및 하위조직의 정상조직 정책결정 및 집행과정에의 참여양식이 제대로 갖추어져 있지 못하여 정상조직과 정부사이의 협의가 지켜질 수 없었다. 한국의 노사정위원회를 중심으로 하는 사회협약에 관한 연구도 상당수 발표되고 있다(예를 들면, 양재진, 2007; 김영종, 2001; 박동, 2000 등 참조). 양재진(2007)은 한국식 사회협약의 실험지인 노사정위원회의 활동을 분석해 본 결과를 다음과 같이 요약하였다. 즉, 한국에서 사회협약의 실험은 세계화의 압력과 노사정의 전략적 참여유인이 가해지고 있음에도 불구하고 노사 정상조직이 각각 구성원을 규제할 수 있는 능력이 미약하고 의사결정의 민주적 절차를 확립하지 못하여 좌초 위기에 처해 있다는 것이다.

한편 2005년 1월부터 공공부문, 정치부문, 경제부문, 시민사회 등 4개 부문 대표들이 참여하여 반부패 투명사회협약을 체결하는 등 영역별로 사회조합주의적 정책조정방식의 도입이 시도되었다.

4. 국가조합주의와 관료적 권위주의

1) 국가조합주의

조합주의 모델에서 국가(정부가 아닌 국가, state not the government)는 다원주의 모델에서의 국가보다 적극적 역할을 수행한다. Schmitter는 국가의 역할이 얼마나 적극적인가에 따라 국가조합주의(state corporatism)와 사회조합주의(societal corporatism)을 구별한다. 국가조합주의에서는 국가(state)가 조합(corporation)을 지도하고 감독한다. 즉, 국가는 정책을 결정하고 조합이 이러한 정책을 집행하는 것이다. 국가조합주의는 유럽의 선진자본주의 국가에서 발전시켜온 사회조합주의와는 달리 국가가 민간부문의 집단들에 대하여 강력한 주도권을 행사하는 모형인데, 우리나라에서 1960년대 이후 산업화를 추구해 온 권위주의적 정부에 의한 정책결정과 집행방식을 잘 설명할 수 있는 모형이다. 이 모형은 후진 자본주의 사회의 권위주의적 국가의 이익대표 체계와 정책결정 및 집행체계에 적용될 수 있다.

2) 관료적 권위주의

관료적 권위주의(bureaucratic authoritarianism)는 국가조합주의 모형의 특수한 형태이다. 이는 O'Donnell(1973)이 브라질과 아르헨티나 등 중남미 국가에서 산업화를 추진하는 과정에서, 국가의 주요 정책이 민중의 참여가 배제된 채 기술관료 집단을 중심으로 권위주의적 방식으로 결정되는 현상을 설명하기 위하여 도입한 개념이다.

오도넬은 20세기 중반까지 중남미의 발전 경험을 토대로 "근대화와 민주주의의 관계를 상호보완적이고 조화로운 관계로 가정한 서구 중심의 근대화 이론(theory of modernization)"이 잘못되었다고 지적하고 양자간의 관계를 상호 충돌적인 관계로 규정하였다. 즉 중남미의 후발 자본주의 국가에서는 초기 산업화 단계(수입대체산업 육성단계)가 진행된 이후 중화학공업 등 기간산업을 육성하기 위하여 외국자본과 기술의 유치가 절대적으로 필요하였는데, 이를 유치하려면 정치적·사회적 안정이 그 선행 조건이었다.

당시 중남미 국가에서는 국민의식의 자각에 따른 정치참여가 급격하게 확대되었고, 민중주의적 민주주의가 확립되었다. 이러한 상황에서 중산층은 군부와 기술관료 집단과 연합관계를 맺고, 정치·사회적 불안정을 이유로 정치와 정책결정에서 민중들을 배제시키고자 하였다. 즉, 외국자본과 기술을 유치하기 위하여 민중을 배제하면서 대두된 중산층-군부-기술관료의 결합이라는 새로운 권력구조를 관료적 권위주의 체제라 부른다.9)

이 체제는 1980년대 초 민주화의 물결이 들이닥칠 때까지, 중남미 주요 국가들의 사회를 지배하였다. 이러한 체제는 노동자를 포함한 사회적 하위계층을 정치참여에서 배제시켰다는 의미에서 배제적 국가조합주의라고 부른다.

V. 마르크스 계급이론

1. 마르크스 계급이론

마르크스는 모든 사회에는 두 가지 계급이 있고 이들 계급이 정치권력과 경제권력을 차지하기 위해 경쟁한다고 보았다. 그의 역사적 유물사관에 따르면 계급체제는 궁극적으로 생산수단의 소유여부에 따라 구분된다. 이 모델의 논리에 의하면 사회는 생산수단을 소유한 계급과 그 소유자를 위해서 일해야 하는 노동계급으로 구분되고 두 집단 사이의 관계는 본질적으로 갈

9) 오도넬에 따르면 관료적 권위주의체제를 규정하는 특징은 다음과 같다. 첫째, 관료적 권위주의 체제는 주요한 사회적 기반을 대자본가에 두고 있으며, 이들에 의하여 행사되는 지배를 보증하고 조직한다. 둘째, 민중 부문의 정치적 배제와 비활성화를 통한 사회질서의 회복과 경제의 정상화를 과제로 삼는다. 셋째, 민중 부문이 정치에 영향을 미칠 수 있는 자율적인 사회조직은 철폐되며, 선거제도와 같은 민주적 정치과정은 왜곡되거나 폐지된다. 넷째, 민중 부문을 경제적으로 배제하여 사회적 자원의 분배에 있어서 불평등이 심화된다. 다섯째, 민중 부문의 경제적 배제와 경제의 정상화를 통하여 경제성장과 산업구조의 심화를 추구한다. 따라서 계획된 경제성장정책과 생산구조의 초국가화(超國家化)가 추진된다. 여섯째, 여러 가지 사회적 문제를 기술적 합리성과 효율성이라는 절충적이고 객관적인 기준으로 다루어 탈정치화(脫政治化)시키려고 노력한다. 마지막으로, 대중적·계급적 이익을 대변하는 통로 등을 차단시키며, 이 통로는 군부와 대규모의 독점기업에만 열려 있다. 두산백과, '관료적 권위주의', 네이버 지식백과, 2017년 5월 7일 접근.

등적이다. 마르크스는 자본주의 국가에서 정책형성의 주도권은 자본가 계급에 있고, 국가는 자본가 계급의 수단에 불과하다고 보았다.10)

마르크스주의 계급이론에서는 자본주의 사회의 공공정책이 자본가 계급의 이해를 반영하는 것으로 해석한다. 마르크스는 국가 기구를 자본가 계급의 업무를 관리하기 위한 하나의 위원회(committee)에 불과한 것으로 본다. 즉, 국가는 단순히 자본가들이 자본주의 체제를 유지하고 노동계급의 희생하에서 이윤을 증가시킬 목적으로 활용하는 수단이다. 이러한 가정을 국가의 수단이론(instrumental theory of the state)이라고 부른다(Howlett & Ramesh, 2003: 26-27).

2. 계급이론 비판

1930년대와 1940년대에는 이러한 분석이 많은 국가와 식민지에서 인기가 있었다. 그러나 1960년대 후반에 들어오면서 이 수단이론의 분석은 몇 가지 점에서 문제가 있는 것으로 지적되었다(Gough, 1975; Poulantzas, 1978; Therborn, 1977, 1986).

첫째, 하나의 정책이 자본의 이익에 봉사하는 것이 사실이라고 하더라도 그 정책을 자본가들이 결정하였다고 결론내리기 어렵다. 실제로 자본가들이 국가 관료가 충실하게 집행할 수 있는 지침을 제시했다는 것을 증명하기 어렵다. 더욱 중요한 것은 이러한 접근방법은 자본가들의 반대에도 불구하고 채택되는 정책을 설명할 수 없다. 예를 들면, 대부분의 자본주의 국가에서 많은 자본가들이 적극적으로 반대했음에도 불구하고 사회복지정책이 채택되었는데 마르크스주의의 관점에서는 이를 설명할 수 없다. 이러한 이론적인 문제를 인식하면서 마르크스 이론에서 국가의 역할에 대한 재평가가 이루어졌다.

둘째, 생산수단이 국가, 법률, 이데올로기의 기본구조를 구성한다고 보는 마르크스 주의의 관점에도 상당히 큰 문제가 있다. 왜냐하면 역사적으로 볼 때 여러 나라에서 국가가 경제를 조직화하고 생산양식을 형성하는 데 있어

10) 마르크스 계급이론은 남궁근. 2005. 공공정책: 김세균 외 편. 「정치학의 대상과 방법」. 511-512쪽을 고쳐 쓴 것임.

서 결정적인 역할을 담당하여 왔기 때문이다. 예를 들면 1950년대와 1960년대 서구자본주의 국가에서는 기업가들이 격렬하게 반대하는 가운데 케인지안 경제정책이 확산되었는데 이는 이데올로기적인 요소가 국가행태에 미치는 영향을 배제하면 설명될 수 없으며(Hall, 1989), 1980년대의 민영화와 규제완화를 촉진하는 정책도 자본가들의 이익에 전적으로 또는 직접적으로 일치한다고 보기 어렵다(Ikenberry, 1990).

3. 신마르크스 이론

이러한 반성에 따라 1960년대 이후에는 계급분석에서도 국가활동과 행태를 설명하기 위하여 제도적, 구조적 요인에 관심을 기울이게 되었다. 예를 들면, 자본가가 반대하는 국가 주도의 정책을 설명하기 위하여 국가의 '상대적 자율성'(relative autonomy)이라는 개념이 도입되었다. 다수의 신마르크스주의자들이 이러한 재해석에 기여했지만, 1970년대 초반 Poulantzas(1973)가 제시한 견해가 가장 널리 알려져 있다.

Poulantzas는 여러 분파의 자본가들 사이의 갈등이 비자본가 계급으로부터 충원된 관료들로 구성된 관료기구의 존재와 맞물려 국가가 자본으로부터 일정수준의 자율성을 부여받을 수 있었다고 본다. 이러한 자율성을 가진 국가는 정치적으로 회피할 수 없으며, 장기적인 사회적 안정에 기여한다면 노동계급에 호의적인 정책을 채택하게 된다. 그와 같은 조치가 단기적으로는 자본의 이익에 부합되지 않고 자본가들이 반대할 경우도 있지만 Poulantzas는 그러한 조치가 자본가들의 장기적인 이익과는 부합된다고 본다. 그 이유는 국가가 특정의 주요기능을 수행하지 않으면 자본주의가 생존할 수 없기 때문이다. 국가가 수행해야 할 기능에는 재산권의 보호, 평화와 질서유지, 지속적 이윤축적에 유리한 조건의 조성 등이 포함된다.

이러한 신마르크스주의자들의 '구조적 견해'(structural version)에 따르면 정책결정은 여전히 자본의 이익에 봉사하는 것으로 여겨지지만 초기 마르크스주의자와 같은 의미의 도구적 수단은 아니다. 예를 들면 복지국가의 대두는 자본의 필요에 직접 대응한 것이 아니라 노동계급이 행사한 정치적 압력의 결과라고 설명된다(Esping-Anderson, 1985; Esping-Anderson & Korpi,

1984). 그러나 여기에서도 자본주의의 구조적 명제가 무시되지는 않는데, 그것이 노동계급의 요구에 대응하여 국가가 개입할 수 있는 한계를 설정하기 때문이다. 그러므로 자본주의 국가에서 확립된 복지국가는 노동계급의 요구에 대응하면서도 근본적인 재산권 또는 이윤을 잠식하지 않는 방식으로 설계되었다는 것이다.

4. 한국에서의 신마르크스 이론의 적용

한국에서는 민주화가 이루어지기 이전인 1980년대에 신마르크스 이론 또는 네오마르크스 이론의 관점이 당시 국가의 성격을 규명하기 위해 활발하게 논의되었다. 이러한 관점은 당시 권위주의적 정부에 저항하였던 진보진영의 이론적 근거가 되기도 하였다. 그러나 한국의 민주화가 이루어진 이후에는 이러한 관점을 적용한 연구가 거의 없는 것으로 보인다.

Ⅵ. 요 약

엘리트이론의 핵심은 어느 사회를 막론하고 주요 결정을 담당하는 소수집단이 존재한다는 것이다. 고전적 엘리트론자인 Mosca, Pareto, 그리고 Michels는 지배엘리트 존재가 필연적이라고 보았다. 1950년대 Mills는 제도적 접근방법, Hunter 명성접근방법을 통하여 미국 사회에서 엘리트의 지배를 실증적으로 연구하였다. 엘리트이론의 입장에 동조하는 Bachrach & Baratz는 무의사결정이라는 개념을 도입하여 엘리트론의 관점을 정당화시키려 시도하였다. 엘리트론을 지지해 온 Dye는 국가엘리트들이 의제설정 및 정책형성과정, 공직선출과정, 이익집단과정, 그리고 여론형성과정에서 자신의 가치관, 영향력, 선호를 공공정책으로 전환한다고 본다.

다원론에서는 일반대중들이 정책의제설정에 상당한 영향력을 행사한다고 보는데, 그 중요한 제도적 통로가 이익집단과 주기적인 각종 선거이다. Bentley에서 시작하여 Truman, Dahl, Polsby 등이 주장한 다원론은 정치과정에서 이익집단의 중요성을 전제로 하여 전개되었다. Dahl이 뉴 헤이븐시의 정책결정사례를 연구한 결과에 의하면 1950년대 뉴 헤이븐의 정책결정구조는 다원주의 형태라고 보았다. 다원론에서 이익집단의 중요성을 지나치게 강조하고 이익집단 간 차이를 경시한 점, 정부의 중립성을 가정한 점, 현상유지의 편향 등의 문제점에 대한 인식은 미국정치학계에서 신다원론의 등장을 초래하였다.

현대적 의미의 조합주의는 주요 공공정책을 기업가 단체의 대표, 노동자 단체의 대표, 정부 대표가 공동결정하는 정책결정 양식을 의미한다. 슈미터는 국가의 역할이 얼마나 적극적인가에 따라 국가조합주의와 사회조합주의를 구별하였다.

마르크스주의에서는 '국가의 수단이론'을 통하여 자본주의 국가에서 정책형성의 주도권은 자본가 계급에 있고, 국가는 자본가 계급의 수단에 불과하다고 보았다. 1960년대 이후 국가의 상대적 자율성이라는 개념을 도입한 신마르크스주의자들의 '구조적 견해'에 따르면 자본주의 국가에서 확립된 복지국가는 노동계급의 요구 대응하면서도 자본가의 근본적인 재산권 또는 이윤을 잠식하지 않는 방식으로 설계되었다고 본다.

4 CHAPTER

정책네트워크와 거버넌스

Policy Network and Governance

Ⅰ. 서 론

일반적으로 정책결정은 특정의 정책영역, 즉 특정의 정책하위체계 내에서 이루어진다. 그러한 하위체계들은 서로 독립적으로 운영된다.[1] 하나의 하위체계 내에서의 정책과정에는 정부부문과 민간부문 행위자들이 관여하고 이들 사이에 상호작용이 이루어진다. 특정 정책영역에서 다양한 행위자들과 이들 사이의 상호작용의 특징을 나타내기 위하여 다원주의(pluralism), 조합주의(corporatism), 철의 삼각, 정책공동체 또는 이슈 네트워크와 같은 여러 가지 개념이 사용되어 왔다.

정책네트워크는 이러한 개념들을 포괄하는 의미로 사용된다. 정책네트워크라는 이미지는 정기적인 커뮤니케이션과 빈번한 정보교환을 통하여 행위자들 사이에 안정된 관계가 설정되고 상호 이익이 조정된다는 직관적으로 이해하기 쉬운 메타포를 제공한다(Adam & Kriesi, 2007: 129). 정책네트워크는 복수 행위자(조직 또는 개인)간의 관계를 다루고 있다는 점에서 뒤이어 살펴보게 될 거버넌스 이론과도 상당히 관련된다. 거버넌스 개념은 정부

1) 이 부분은 남궁근. 1999. 「비교정책연구」. 법문사. 제8장을 중심으로 고쳐 쓴 것이다.

중심의 전통적 거버넌스를 비판하고 정부와 민간부문의 협력을 강조하는 새로운 거버넌스 논의를 토대로 대두되었다. 정책네트워크와 거버넌스 논의를 토대로 부처간 정책갈등을 조정하는 정책조정 메커니즘에 관하여 살펴보겠다.

Ⅱ. 정책네트워크

1. 정책네트워크의 개념

학자들은 정책네트워크라는 개념을 상당히 다른 방식으로 사용한다. Adam & Kriesi(2007: 130)는 네트워크 개념을 사용하는 세 가지 접근방법을 구분한다. 첫째, 새로운 통치구조(governing structure)를 지칭하는 데, 앞으로 살펴보게 될 새로운 거버넌스와 같은 의미로 사용된다. 둘째, 정치적 의사결정과정에서 공공-민간부문 행위자들 사이의 복잡한 상호작용의 분석을 위한 네트워크 분석틀을 사용한다는 의미이다(Marin & Mayntz, 1991; Knoke et al., 1996; 고길곤, 2007). 셋째, 특정의 정책하위체계에서 공공 및 민간 분야의 행위자들 사이에 경험적으로 나타나는 가능한 상호작용 패턴의 다양한 형태를 찾아내고 분류하는 의미이다(Howlett & Ramesh, 2003: 148).

여기에서는 정책네트워크를 세 번째 의미, 즉 특정 정책하위체계의 정책결정과정에서 공공 및 민간부문의 행위자 사이에 이루어지는 다양한 상호작용의 패턴으로 보겠다. 특정영역의 정책결정에는 다양한 공공부문 및 민간부문의 행위자가 참여하며, 참여정도와 상호작용의 형태도 다양하다. 특정영역의 정책결정에 민간부문 행위자들과 정부 행위자들 사이에 정보교환이 이루어지고 이러한 정보교환을 토대로 특정영역에서 이해관계가 발생할 때 정책네트워크가 형성된다. 시민사회 집단과의 정보교환은 그 집단의 이름만 자문대상자 명단에 올라있는 정도로 최소한에 그칠 수도 있고 그 집단이 정부에 제도화된 접근통로를 가지고 정책개발의 세부사항까지 관여하는 경우도 있다. 정책네트워크는 이러한 새로운 현실을 표현하고 민간부문의 행위자와 공공부문 행위자들 사이에 존재하는 관계를 범주화하는 수단이다(Jordan & Schubert, 1992: 7-27; Miller, 1994). 이러한 관점에서 Jordan & Schubert(1992: 12)는 정책네트워크를 다음과 같이 정의한다.

> 하나의 정책네트워크는 행위자, 그들간의 연계, 그리고 그 경계로 이루어져 있다. 여기에는 주로 공공부문 및 민간조직의 행위자들로 구성되는 비교적 안정적인 세트의 행위자들을 포함한다. 행위자들간의 연계는 의사소통과 전문지식, 신뢰, 그리고 여타 자원을 교환하는 통로로서 작용한다. 하나의 정책네트워크의 경계는 공식기관들에 의하여 결정되는 것이 아니라 기능적 적합성과 구조적인 틀에 의존하는 상호인지의 과정으로부터 결정된다.

이러한 정의에서 정책네트워크 개념은 중립적인 용어로 사용된다. 정책네트워크에서 행위자는 정책결정에 참여하는 개인 또는 집단이다. 공공부문과 민간부문의 정책결정 참여자들은 국가에 따라, 정책영역에 따라 상이하다. 그리고 이들 간 관계의 유형은 지식 또는 정보의 교환을 중심으로 형성된다. "정보는 힘이다"라는 말에서 알 수 있듯이 행위자들 사이에 의사소통과 전문지식, 신뢰, 그리고 여타 자원의 교환을 통하여 정책결정과정에서 영향력과 권한이 행사된다.

Smith(1993)에 따르면 정책네트워크 개념은 미국에서 하위정부(subgovernment) 개념(Ripley & Franklin, 1980)과 영국에서 정책공동체(policy community) 연구(Richardson & Jordan, 1987)로부터 출발하였다. Ripley & Franklin은 미국에서 논쟁거리가 없는 대부분의 결정은 의회의 주요 위원회, 정부기관 그리고 이익집단을 포함하는 소수의 집단에 의하여 이루어진다고 보았다. 이와 비슷하게 Richardson & Jordan(1979: 74)도 영국에서의 정책결정은 분할(segment)되어 있으며, 정책결과를 설명하는 데 정당강령 또는 의회의 영향보다 정부부처와 시민사회 집단이 참여하는 정책공동체라는 개념의 설명력이 훨씬 크다고 주장한다. 정책공동체에서 통치자와 피치자 사이의 구별은 애매해지고 정책결정의 주도적인 스타일은 교섭과 합의가 된다. Smith(1993: 57-58)에 따르면 초기의 정책공동체와 하위정부 개념은 집단과 정부 사이의 관계를 기술하는 용어로 사용되었으며 정책결과에 어떻게 영향을 미치는지는 설명되지 않았다. 더 나아가서 이들은 공동체의 유형화를 시도하지 않았고 따라서 정책공동체라는 용어는 매우 자유롭게 모든 유형의 집단과 정부의 관계를 기술하는 수단으로 사용되었다.

2. 정책네트워크의 유형 분류

정책네트워크의 유형을 분류한 학자들 중 Rhodes와 Jordan의 견해를 살펴본 다음, 종합하기로 하겠다.

1) Rhodes의 분류

Rhodes(1988: 77-78)는 정책네트워크를 자원의존을 토대로 상호 연결된 조직의 클러스터 또는 복합체로 정의하고 자원의존의 구조가 다르기 때문에 구분될 수 있다고 보았다.[2] Rhodes는 이해관계, 구성원 자격, 상호의존성(수직적 또는 수평적), 그리고 자원이라는 네 가지 차원을 기준으로 정책네트워크를 여섯 가지 유형으로 구분하였다. 연속선의 한쪽에는 견고하게 통합된 정책공동체(policy communities)가 있고 다른 한쪽에는 느슨하게 통합된 이슈네트워크(issue network)가 있다. 그 중간단계에 전문가 네트워크, 정부간네트워크, 영토네트워크, 생산자네트워크가 위치하고 있다.[3] 이를 토

---

2) Rhodes가 제시한 유형분류의 시발점은 영국의 중앙-지방의 관계(central-local relations)를 권력의존이론으로 설명하려고 시도한 데서 비롯된다(Rhodes, 1981). Rhodes는 중앙-지방관계를 중앙과 지방의 참여자가 서로 우위를 차지하려는 '게임'으로 보았다. 그러나 분석수준의 관점에서 보면 정부간 관계는 거시수준(macro-level)의 분석으로 2차 대전 이후 영국 정부 전반에 걸친 변화의 특징을 파악할 수 있다. 그러나 정책네트워크 관점에서 관심을 갖는 정책영역별로 참여하는 공공부문과 민간부분의 집단들간의 관계는 중위수준(meso-level)의 분석에 해당된다. 한편 개인이든 집단이든 특정의 행위자에 관한 분석에 초점을 맞추게 되면 미시수준(micro-level)의 분석이 이루어진다.

3) 전문가집단이 지배적인 영향력을 행사하는 전문가 네트워크(professional network), 중앙정부 수준에서 지방자치단체가 대표되는 정부간 네트워크(intergovernmental network), 스코틀랜드, 웨일즈, 북아일랜드의 지역문제 해결을 위한 영토네트워크(territorial network), 그리고 경제집단이 주요한 영향력을 행사하는 생산자 네트워크(producer network)이다. 이러한 분류는 연속선상의 위치가 분명하지 않고, 지배적 이해관계에 따라 유형분류가 이루어졌다는 점에서 분류범주가 타당한지 의문이 제기된다. Rhodes 자신도 이러한 유형분류에 약점이 있다고 인정하였는데, 그 초점을 의도적으로 지방자치단체와 전문가 또는 준전문가를 포함하는 복지국가 서비스에 두고 있었다는 것이다(Rhodes, 1997). 그러므로 산업정책결정과 같은 영역을 분석하기에는 그 개념의 유용성이 한정된다고 인정하였다.

대로 Marsh & Rhodes(1992)는 구성원, 통합, 자원, 그리고 권력이라는 차원에서 정책네트워크의 특징이 분명하게 대조되는 정책공동체와 이슈네트워크라는 두 가지 유형으로 구분하였다.

2) Jordan의 분류

정책결정과정의 참여자에 관심을 가져온 Jordan(1981)은 정책네트워크라는 용어를 사용하지는 않았지만 미국 문헌들에서 논의되는 '철의 삼각동맹'과 '이슈네트워크', 그리고 서구유럽과 특히 영국에서의 논의되는 '조합주의'라는 세 가지를 하위유형을 제시하였다. 그밖에도 내각정부(cabinet government)를 또 다른 유형으로 포함시키고 있으나, 여기에서는 제외시켰다. 그는 세 가지 유형은 상당히 단순한 내용이므로 모형이라기보다는 이미지에 가까운 개념이라고 본다.

3) 종 합

네트워크 유형분류는 다양하게 이루어지고 있다. 정책네트워크에서는 각각의 정책 분야별(또는 정책하위체계별)로 정책결정의 참여자가 다르다고 가정하고, 정책분야별로 결정에 영향을 미치는 참여자들(집단 또는 개인)과 이들 간의 관계구조의 특징을 찾아내려고 한다는 점에서 그 분석단위가 중위수준(meso-level)이라고 볼 수 있다. 그런데 Jordan(1981)이 포함시킨 조합주의(corporatism)는 전정부적인 맥락에서 정책결정시스템을 보는 거시수준의 이론으로 볼 수 있다. 한편 다원론은 민간부문의 이익집단의 역할만을 강조하는 이론인데 비하여 정책네트워크론은 정부부문과 민간부문의 행위자들 사이의 관계를 강조한다는 점에서 성격이 다르다. 여기에서는 중위수준에서 정책네트워크의 구체화된 형태로 하위정부(또는 철의 삼각), 정책공동체, 이슈네트워크에 대하여 살펴보기로 하겠다. Howlett & Ramesh(2003)도 이러한 세 가지 유형으로 분류한다.

3. 유형별 정책네트워크의 특징

1) 하위정부 모형

(1) 하위정부 모형의 개념

하위정부 모형에서 참여자는 특정 정책분야에서 지속적 상호작용을 통하여 정책결정을 좌우하는 이익집단의 대변자, 입법가와 이들의 보좌관, 주요 행정기관의 행정관료들로 구성된다. 이 모형은 철의 삼각관계(iron triangles), 삼각동맹(triple alliances) 등 다른 명칭으로 불리고 있으나, 그 기본적인 아이디어는 같다. 즉, 소수의 엘리트 행위자들이 특정 정책영역에서 정책의 결정을 지배하고 있다는 것이다. 정책결정은 그 결정의 영향을 받게 될 당사자들간의 조용한 협상에 의한 합의를 통하여 이루어진다. 정당정치는 비교적 자율적이며 안정적인 배열을 교란시키는 데 큰 영향을 미치지 못한다.

하위정부 모형은 주로 미국 정치체제에서 정책결정구조의 특징을 기술하는 이론으로 제시되었는데, Cater(1964: 18)는 미국연방정부의 설탕 하위정부(sugar subgovernment)를 예로 들어 다음과 같이 기술하였다.

> 설탕 하위정부에서 정치권력은 주로 할당표를 작성하는 하원 농업위원회 의장에 부여되어 있다. 이러한 권력은 할당표라는 복잡한 판매계획을 작성하는 데 필요한 '전문가'적 조언을 제공하는 고참 공무원인 연방정부의 농업부 설탕국 국장과 공유한다. 더 나아가 워싱턴에 주재하는 국내 사탕무우 및 사탕수수 재배자들, 설탕정제업자들, 그리고 외국 생산자들의 대변자들이 조언한다.

이와 같이 하위정부는 참여자들이 각자 제공하는 상호 지지를 중심으로 구축된다. 이 모형에서 행정관료 역할은 특히 입법기관의 입법가와 그 보좌관들에게 필요한 전문가적인 지식과 조언을 제공하는 것이며, 이러한 지식과 조언을 바탕으로 정책결정의 권한을 공유한다. 이 모형에서는 각 정책영역별로 철의 삼각을 구성하는 입법부, 행정기관 및 이익집단이라는 세 부류의 행위자들간에는 빈번한 접촉을 통한 협력이 이루어지는 것으로 본다. 특히 각 정책영역별로 하위정부에 참여하는 이익집단들의 수는 많지 않으며, 공통된 이해를 반영하기 때문에 이들간의 관계도 갈등관계는 아닌 것으로 파악하고 있다.

(2) 하위정부 모형의 장점

하위정부 모형은 다음과 같은 장점 때문에 학자들로부터 폭넓은 지지를 받았다(Berry & Wilcox, 2006).

첫째, 이 모형은 제도분석의 한계를 벗어나게 해 주었다. 의회 또는 관료제 등 특정 제도만을 대상으로 하는 연구에서는 그러한 제도의 경계를 넘어서지 않고서는 정책결정과정의 전체적인 성격을 파악할 수 없기 때문이다.

둘째, 대다수의 연구자들은 개별적인 정책영역을 대상으로 연구를 진행하는데, 특정 정책이슈 영역을 연구하고자 하는 학자들에게 하위정부 모형은 연구의 지침이 될 수 있는 개념적 틀을 제공하였다.

셋째, 하위정부의 아이디어는 단순하고 설득력 있는 사례연구에 바탕을 두고 있기 때문에 학자들과 학생들이 쉽게 이해할 수 있었다.

넷째, 하위정부 모형은 미국 정부의 운영방법 및 성과에 관하여 비판적 관점을 제시하였다. 공공정책의 방향이 잘못되었다고 생각하는 사람들은 하위정부로 표현되는 정책결정체제의 폐쇄적 성격과 각 정책영역에서 주요 이익집단이 수행하는 결정적인 역할을 비판의 표적으로 삼았다. 즉 비판적 입장에서는 미국의 정책결정이 하위정부 모형에 따라 이루어지고 있기 때문에, 모든 중요한 이해관계가 협상테이블에 대변되지 못하는 실정이며, 공공의 이익이 무시된다고 본다. 다시 말하면 폐쇄적인 집단이 정책결정과정을 포획(capture)함으로써, 이들 집단들이 공공의 이익보다는 자신들의 이익을 우선 확보하게 되어 국민주권의 원칙에 위반된다는 것이다(Howlett & Ramesh, 2003: 148; 최병선, 2006).

(3) 하위정부 모형의 쇠퇴이유

이와 같이 하위정부 모형은 1960년대와 1970년대 미국의 정책네트워크에 관한 모형으로 상당히 인기가 있었다. 그러나 1980년대와 1990년대에 접어들면서 상당수의 학자들은 하위정부 모형이 미국 정부 정책결정과정의 복잡성을 적절하게 설명하지 못한다는 점에서 매우 비판적인 입장이다. 그러나 일부 학자들은 미국연방정부에서 대부분의 정책결정은 하위정부정치에 의하여 지배되고 있다고 주장하면서, 여전히 이 모형이 가치가 있다고 주장한다. 실제로 각 정책영역마다 자체의 속성을 지니고 있으므로, 어느 하나의 모형을 가지고 모든 정책영역의 움직임을 전적으로 그리고 정확하게 기술하기는 어렵지만, 하위정부 모형이 미국연방정부의 정책네트워크를 나타내는 가장 전형적인 모형으로서 위치를 잃어가고 있다.

그러면 미국에서 정책영역별 하위정부는 왜 쇠퇴하는 경향을 보이고 있는가? Berry & Wilcox(2006)는 그 이유를 다음과 같이 제시한다.

첫째, 하위정부의 쇠퇴에 영향을 미친 가장 중요한 요인은 이익집단의 급증현상이다. 예를 들면 오랫동안 다수 하위정부의 관료기구센터였던 농업부는 농업하위체제를 불안정화시킨 이익집단의 급증현상에 의하여 크게 변모되었다. 새로운 이익집단 대두의 직접적 결과는 행정관료와 입법가들이 자신들의 책임 영역에서 정책결정에 참여를 원하는 더욱 많은 수의 이익집단에 대처하여야 한다는 것이다. 그러므로 오랫동안 자율적인 하위정부를 지칭하기 위해 사용하였던 '철의 삼각'이라는 용어는 잘못된 용어가 되었다. 하위정부들은 참여에 대한 강력한 유인을 가지고 있는 행위자들의 참여를 저지하는 데 실패하였다. 하위정부는 경쟁적인 이익집단이 없는 곳에서 번창하였으나, 하위정부에 접근한 대다수의 새로운 이익집단은 하위정부가 이들을 배제하기가 어려울 정도로 자원을 보유하고 있었다. 이들 새로운 집단의 가장 중요한 자원은 근거지역의 지지자들이었으며, 이들을 지원하기 원하는 입법가들이 항상 존재하였다.

둘째, 이익집단의 급증현상에서 특별히 지적하여야 할 것은 시민집단의 수가 증가하였다는 것이다. 이들 집단은 워싱턴의 이익집단 정치에서 고질적으로 과소대표되었던 사람들을 대변한다. Gais, Peterson & Walker(1984: 166)의 연구에서는 "일단 이들 새로운 집단이 워싱턴에서 영속적 구성요소로 자리를 잡음에 따라 분권화된 하위정부 체제를 유지하게 하였던 상황이 근본적으로 변화하였다."는 결론을 내리고 있다. 이익집단의 수가 급증하면서 이익의 다양성은 더욱 증가하였다. 새로운 집단이 단순히 기존에 존재하던 이익집단의 복사판은 아니었다. 각각의 새로운 집단은 상이한 조합의 우선순위를 가지고 있으며 자신의 목적을 달성하기 위하여 공격적으로 정책결정자에게 요구하고, 다른 집단과의 연합을 추구한다.

셋째, 이익집단의 수가 증가함에 따라 정책결정자들은 많은 수의 고객집단을 모두 승자로 만드는 해결방안을 찾기 어렵기 때문에 그들간의 경쟁은 심화된다. 경쟁은 때때로 공개적 갈등으로 진입한다. 이는 기업과 노동 또는 기업과 공익집단 사이 등 전통적인 적대관계에서 더욱 분명하게 나타난다. 더 나아가서 동일 산업분야에서 기업집단들간의 갈등도 다수의 정책영역에서 나타나고 있다. 이러한 갈등을 촉진시킨 중요한 변화는 규제완화로의 움직임이다. 기업에 대한 규제의 장벽이 완화되면서, 규제를 더욱 완화시키려는 압력이 강화되고 있으며, 이러한 규제완화의 과정에서 기업간의 경쟁도 치열해지기 때문이다.

넷째, 미국에서 이러한 하위정부의 쇠퇴를 가져오게 된 또 하나의 요인은 제도적 변화이다. 의회는 그 권위구조를 분권화시키는 방향으로 제도를 변화시켰다. 이러한 제도변화의 하나로 소위원회 수가 증가하였고, 이는 다시 관할권의 중첩현상이 더욱 증가했음을 의미한다. 의회의 이러한 변화는 각 정책영역별 하위정부에 직접적인 영향을 미치게 되었다. 의회에서의 중첩되는 소위원회의 관할권은 위원회의 의장이 더 이상 그들의 정책영역에서 과거와 같은 분명한 권위를 행사할 수 없다는 것을 의미한다. 다수의 서로 다른 소위원회에서 하나의 정책분야에 관한 관심을 공유하고 있으며, 따라서 이익집단은 하나의 소위원회 또는 그 의장이 자신들의 견해에 비협조적일 경우, 정책에 영향을 미치기 위하여 다른 곳에 눈을 돌릴 수 있다.

이와 같이 미국에서는 이익집단의 급증, 시민집단의 증가, 집단 간 갈등의 발생, 그리고 의회구조의 변화 등이 안정적인 하위정부의 쇠퇴에 결정적인 영향을 미친 요인이었다. 이들 중 의회구조의 변화를 제외하고는 유럽의 각 국가뿐 아니라 우리나라에서도 모두 나타나는 현상이다. 우리나라에서도 이익집단이 급증하였고, 공해추방, 환경보존, 여권운동, 민권단체 등 많은 시민집단이 등장하였으며, 이에 따라 집단간 갈등도 증폭되고 있어 구미국가에서와 유사한 현상을 경험하고 있다.

2) 정책공동체 모형

(1) 정책공동체의 개념

폐쇄적인 하위정부 모형이 설명력을 상실하게 되면서 제시된 새로운 정책네트워크 모형의 하나가 정책공동체 모형이다. 정책공동체 모형에서도 대부분의 정책결정이 특정의 '하위무대' 또는 '전문화된 정책무대'에서 이루어진다고 보는 점에서 하위정부 모형과 유사하다. 즉 통상, 보건, 복지, 교육, 과학기술, 정보, 국방 등 실질적 정책분야별로 정책결정과정이 분산되고, 전문화되어 있다고 본다(Campbell et al., 1989). 그러나, 정책공동체 모형에서 가정하는 주요참여자는 하위정부 모형과 차이가 있다.

정책공동체의 주요구성원은 (1) 관료들과 그 소속행정기관, (2) 개개 정치인과 그들의 집단, (3) 조직화된 이익집단과 그 지도자 및 막료들, (4) 그리고 정책에 대하여 생각하고 연구하는 대학 및 기타 연구기관과 정부내의 '전문가'들이다. 그러므로 이 모형에서 제시하는 정책결정의 참여자는 하위모형의 참여자와 성격이 전혀 다른 것이 아니라 행정관료, 정치인, 이익집단을 주축으로 하면서 전문가(expert)집단을 추가한 것이다. 정책결정의 주요참여자의 하나로 전문가집단을 추가한 것은 정보·지식사회에서 비중이 점차 증가하고 있는 전문가의 역할을 정확하게 포착한 것으로 생각된다. 국내외를 막론하고 정책결정에는 학계와 연구기관의 전문가들이 참여하고 있다. 예를 들어, 우리나라의 경우에도 학계뿐 아니라 한국행정연구원, 지방행정연구원, 한국개발원 등 수많은 연구기관들이 정책영역별로 설립되어 이들 기관과 소속전문가들이 정책결정에 참여한다(남궁근, 1992: 8).

이 모형에 따르면 분야별 정책공동체의 구성원들은 관심사항을 공유하며, 서로 상대방이 유용하게 활용할 수 있는 자원을 보유하기 때문에, 정기적으로 상호접촉하며 그 과정에서 각기 자기의 정책분야 내에서는 어떤 문제가 중요한 문제인지 그리고 어떤 해결방안들이 바람직하고 실현가능한 것인지에 관한 일련의 공통된 이해와 공동체적 감정을 가지게 된다. 공동체의 구성원들은 정책문제가 공동체 내부에서 해결되어야 한다는 규범에는 동의하지만, 구성원들의 이해관계와 아이디어가 다르기 때문에 정책문제의 해결방안을 둘러싸고 갈등이 발생할 수도 있다고 본다. 따라서 이 모형은 참여자들간의 합의, 의견일치, 협력에 의하여 정책결정이 이루어진다고 보는 하위정부론과는 다른 입장을 견지한다.

정책공동체 모형에서 상정하는 행정관료의 역할은 전문지식과 정보를 제공한다는 점에서 기본적으로 하위정부 모형에서 제시하는 역할과 유사하다. 그러나 각 정책영역별로 실질적인 전문지식과 정보를 제공하는 전문가 집단이 추가됨으로서 전문지식 제공자로서의 행정관료의 역할은 축소되었으며, 관리적 지식제공자로서의 역할과 지식중개자로서의 역할에 관한 인식이 강조된 것으로 볼 수 있다.

(2) 정책공동체의 국가별 차이점

국가간 비교연구에 따르면 정책공동체 참여자들의 상대적인 결정권한은 정치체제 특성 및 국가에 따라서 다르다(Walker, 1989; Campbell, 1989). 예컨대, 권위주의 체제에서는 다원주의 체계와 비교할 때 조직화된 이익집단의 영향력이 상대적으로 약하다. 한편 미국은 이들 참여자들 중에서 정치인의 영향력이 강한 반면에 일본에서는 관료집단의 영향이 강한 것으로 알려져 있다. 우리나라의 정책공동체를 대상으로 한 체계적인 연구는 없었지만 Campbell(1989)이 일본의 정책공동체를 연구한 후에 내린 결론에서와 같이 행정관료의 실질적 영향력은 매우 강할 것으로 추측된다.

3) 이슈네트워크 모형

(1) 이슈네트워크의 개념

Heclo(1978: 88)는 하위정부 모형에 관한 비판을 토대로 이슈네트워크 모형(issue network model)을 제시하였다. 그는 하위정부 모형이 잘못되었다기보다는 매우 불완전하다고 지적한다. 폐쇄적 삼각관계만을 보는 경우, 정부결정에 미치는 영향이 더욱 커지고 있는 상당히 개방적인 사람들의 네트워크를 놓치게 된다는 것이다. 그러므로 Heclo는 정책결정이 규모가 훨씬 큰 이슈네트워크 내에서 이루어진다고 보는 것이 가장 적절하다고 주장한다.

이슈네트워크는 특정 이슈를 중심으로 이해관계나 전문성을 갖는 개인 및 조직으로 구성되는 네트워크로서 특정한 경계가 없다. 즉, 이슈네트워크는 공통의 기술적 전문성을 가진 대규모의 참여자들을 함께 묶는 지식공유집단을 말한다(Heclo, 1978: 103). 단순하고 분명하게 정의된 하위정부의 경계와는 달리 이슈네트워크의 경계는 가시화하기 어렵고, 잘 정의되지 않는다. 참여자들의 진입 및 퇴장은 매우 쉬운 편이며, 네트워크의 경계를 찾는 것은 거의 불가능하다. 그러나 이러한 네트워크의 구성원이 하위정부 모형 및 정책공동체 모형과 근본적으로 다른 것은 아니다. 왜냐하면 로비스트, 입법가, 입법보좌관, 그리고 정부기관의 관료 등이 여전히 행위자들의 대다수를 형성하고 있기 때문이다. 이들 이외에도 대통령의 참모진과 자문가들, 지식을 구비한 저명 개개인과 일반시민 등도 포함된다.

그러므로 이슈네트워크는 정책공동체와 비교할 경우에도 그 규모가 크고 신규 참여자의 접근가능성이 더욱 크다. 이슈네트워크의 구성원들은 쟁점에 관한 관심을 공유할 뿐 서로가 잘 알고 있다고 가정하지 않는다. 어느 하나의 이슈네트워크 경계가 분명하지 않다는 것은 한편으로는 이슈네트워크들간의 중복이 매우 크다는 것을 의미한다. 예를 들면 하나의 이슈네트워크에서는 주변적인 역할을 하는 행위자가 다른 이슈네트워크에서는 중심적인 역할을 수행할 수도 있다.

이슈네트워크 모형에서 가정하는 행정관료의 역할은 정책공동체 모형에서와 다를 바 없다. 그런데 이슈네트워크 모형에서는 모든 참여자의 전문가로서의 자질을 중요시한다. 정책결정이 보다 전문화되고 복잡해지며, 이슈네트워크 구성원들간의 경쟁이 매우 치열해지기 때문에 정책결정게임에서 전문성(expertise)은 더욱 중시된다. 여기에서 전문성이란 이슈에 관하여 단순히 친숙함의 수준을 넘어선 것으로 기술적 전문가로서의 정책영역에 관한 고도의 지식을 의미한다. 예를 들면, 보건의료, 원자력정책, 유독성폐기물정책, 산성비와 같은 정책결정에서 정책대안을 둘러싼 논란의 근저인 과학적 이슈에 관한 구체적 지식이 없이는 영향력을 발휘하기 어렵다. 또한 전문적 지식을 갖춘 새로운 행위자는 이슈네트워크에 쉽게 접근하여 중심적 역할을 수행할 수 있다. 그러므로 이슈네트워크에서 행정관료를 포함한 구성원들의 영향력은 현안 쟁점에 관한 전문성의 수준에 따라 정도가 결정된다고 본다.

(2) 미국에서 이슈네트워크의 대두배경

미국의 경우 정치체제의 많은 변화로 인하여 전통적인 하위정부 모형보다는 Heclo의 이슈네트워크 모형이 오늘날 연방정부의 정책결정을 더욱 잘 설명할 수 있는 모델이 되었다. 이러한 현상이 나타나도록 만든 미국정치체제의 주요변화는 다음과 같다(Berry & Wilcox, 2006). 이익집단에 관한 최근 연구에 의하면, 일반적으로 워싱턴의 이익집단은 각 정책분야에서 다른 로비집단과 공개적으로 장기간에 걸친 갈등관계에 있다는 것이다. 이러한 발견은 정책이 조용한 가운데 합의적 방식으로 결정된다고 보는 하위정부 모형과는 상반된다(Gais, Peterson & Walker, 1984: 172; Salisbury, Heinz, Laumann & Nelson, 1987: 1225-1228). 특히 기업조직과 시민집단의 갈등이 확산되었다. 한 조사에 의하면 회사의 70%와 노동조합의 66%가 시민집단의 수가 증가하기 때문에 자신들의 로비활동이 더욱 어려워졌다고 응답한 반면 기업집단들 사이의 갈등은 점차 감소한 것으로 밝혀졌다(Scholzman & Tierney, 1986).

또한 정책결정자에 대한 이익집단의 접근도에서 정권교체가 결정적인 영향을 미치는 것으로 나타났다. 원래 하위정부는 선거로 인한 정권교체의 영향을 받지 않으며 비교적 안정적일 것으로 간주되었다. 즉, 대통령은 취임하고 퇴임하지만 하위정부는 영속적으로 존속한다는 것이다. 그러나 이는 1980년과 1985년에 Peterson & Walker(1986: 172)의 서베이에서 발견한 것과 상당히 다르다. 즉, 카터 대통령이 레이건 대통령으로 교체될 때, 워싱턴의 이익집단이 누리던 접근로에 있어서 사실상 혁명이 일어났다. 과거에는 많은 집단이 선거결과에 관계없이 정치적으로 분리된 하위정부 또는 철의 삼각을 통하여 연방정부의 관료기구와 접촉을 유지할 수 있었다. 그러나 1980년대 이후에는 그 집단에 호의적인 프로그램을 중심으로 안전한 영지를 구축하는 것이 어려웠다. 레이건 행정부는 고도의 이데올로기적 의제를 가지고 예산상 성역을 삭감하는데 성공함으로써 워싱턴의 이익집단사회에 매우 강한 영향을 미쳤다. 과거 1976년 Jimmy Carter가 당선된 후에도 정책하위체제에 이와 유사한 변화가 있었는데, 그 변화추세가 레이건 행정부에서 가속화되었다.

이러한 변화를 반영하여 미국의 저소득층 식비지원(Food Stamp)정책 결정, 전반적 농업정책결정, 정보정책결정 등 분야별 정책결정에 관한 연구에서 하위정부 모형보다는 이슈네트워크 모형으로 설명하는 것이 더욱 적절하다고 밝혀졌다(Berry & Wilcox, 2006; Overman & Simanton, 1986: 584-589; Miller, 1994: 378-387).

한편 영국의 식품정책에 관한 사례연구에서 Smith(1990)는 폐쇄적 정책공동체에서 이슈네트워크로의 진화과정을 다음과 같이 밝히고 있다. 과거의 식품정책은 정책을 일련의 기술적 이슈를 취급하는 폐쇄된 정책공동체에 국한되었다. 그러나 1988년 달걀과 살모넬라중독간의 관계가 밝혀진 후 식품이슈의 정치화가 가속화되었다. 즉 과거 식품정책이슈를 독점하였던 농업관련 행위자들 뿐 아니라 환경론자, 소비자집단, 영양학자, 정부의 소비자부처, 판매업자, 식품제조업자, 그리고 대학의 과학자들이 이에 관심을 가짐으로써 이슈네트워크로 전환되었다.

4. 정책네트워크 유형의 특징 비교

앞에서 하위정부, 정책공동체, 그리고 이슈네트워크 모형의 순서로 그 특징을 살펴보았다. 그런데 현실적으로 특정시점의 특정영역에서 작동되는 정책네트워크는 어떤 유형에 해당되는가? Jordan(1981)의 유형분류를 살펴보고, 정책공동체와 이슈네트워크를 구분하는 특징을 종합적으로 살펴보겠다.

1) Jordan의 유형별 특징

정책네트워크 유형을 이미지로 본 Jordan(1981)이 제시한 유형분류기준은 다음과 같다. 즉 정책과정 참여자의 수, 이와 관련하여 행위자의 정책과정 참여가 얼마나 용이하며, 참여형태는 얼마나 안정적인가, 참여자간에 권력은 어떻게 배분되며, 의사결정은 어떻게 이루어지는지 등이다. 이러한 기준에 따르면 정책과정에서 철의 삼각동맹, 이슈네트워크, 그리고 조합주의라는 이미지의 특징은 〈표 4-1〉과 같다.

철의 삼각 또는 조합주의와는 달리 이슈네트워크에서는 정책결정이 이루어지는 영역과 하위체계를 예측할 수 없다. 철의 삼각 또는 이슈네트워크 모두 영역 사이에 발생하는 갈등을 약화시킬 방법이 없다. Jordan (1981)의 원래 의도는 미국과 영국의 정책결정시스템을 비교하고자 한 것인데 모든 정책이 한 가지 유형의 네트워크에서 결정되는 것은 아니라고 주장하였다.

2) 정책공동체와 이슈네트워크 비교

여기에서는 Marsh & Rhodes(1992)와 Smith(1993: 59-66)의 견해를 중심으로 정책네트워크의 유형인 정책공동체와 이슈네트워크를 구분하는 특징을 살펴보기로 한다(〈표 4-2〉 참조).

표 4-1 Jordan의 정책과정에서 유형별 이미지의 특징

	철의 삼각동맹	이슈네트워크	조합주의
정치적 제휴	안정적	불안정	안 정
의사 결정영역	분절됨(segmented)	분산됨(fragmented)	분절됨
참여자 수	제한됨	무제한	제한됨 (정점영역 한정)
중심적 권위	존재하지 않음	존재하지 않음	존재함
권 력	분해됨	매우 분해됨	제도적 배열에 의해 결집
최종적 의사결정점	각 부문별로 존재	존재하지 않음	중앙지시에 따라 영역별로 존재
집 단	자발적	자발적	강제적
의사결정과정에의 접근성	폐쇄적	개방적	폐쇄적
문제해결	해결됨	종종 해결되지 않음	해결됨

출처: Jordan. 1981. Iron Triangles, woolly corporatism, and elastic net: images of the policy process, 〈표 1〉에서 내각정부는 제외하였음.

(1) 참여자 수

정책공동체에서 참여자의 수는 제한된다. 여기에는 보통 하나의 정부기관 또는 그 정부기관 내의 한 부서가 포함된다. 정책공동체는 또한 하나 또는 둘 정도의 이익집단을 포함한다. 이러한 이익집단은 특수 이익을 대변하는 것으로 인식된다. 만약 하나 이상의 압력집단이 참여한다면 이들은 상호 경쟁적이 아니라 정책영역 내에서 서로 다른 이익을 대변한다. 예를 들면 식품생산자, 농민, 그리고 의사는 식품정책공동체에 관여하지만 각각 하나의 조직이 이들을 대변하였다.

특정의 정책공동체는 정부, 대학 또는 연구기관에서 정책에 관하여 연구하고 생각하는 전문가를 포함한다. 원자력과 같이 정책개발에서 과학자와 기술자가 중심적인 역할을 수행하는 기술적 영역이 여기에 해당된다. 의회도 정책공동체에 특별한 역할과 자원을 투입하는데 이는 위원회 제도를 통해서 이루어진다. 이같이 정책공동체에 대한 접근은 상당히 제한적이며, 정책공동체에 진입할 권리를 얻으려면 행위자가 준수해야 할 일련의 '게임규

표 4-2 정책공동체와 이슈네트워크 특징 비교

차 원	정책공동체	이슈네트워크
참여자수	매우 제한됨 일부 집단은 의식적으로 배제	다 수
상호작용 빈도	모든 집단이 빈번하고 높은 수준의 상호작용	접촉빈도와 강도가 유동적
참여자의 연속성	참여자, 가치 및 결과의 장기 지속	참여자 변화가 매우 유동적
참여자간 합의	모든 참여자가 기본가치를 공유하고 결과의 정통성을 수용	일정한 합의가 있으나 갈등이 역시 존재
참여자간 관계의 성격	모든 참여자가 자원을 보유함; 교환관계가 기본관계	일부 참여자가 자원을 보유하지만 제한적 합의관계가 기본
참여집단간 권력구조	집단간 균형. 정책공동체가 유지되려면 참여집단간 포지티브섬 게임	자원보유와 접근성의 불균등을 반영하여 권력이 균등하지 않음. 권력은 제로섬 게임(승자와 패자 있음)
참여집단내 권력구조	계층적 지도자가 구성원에게 자원을 배분하고 규제할 수 있음	집단구성원을 규제할 수 있는 자원이 부족하며, 구성원 통제가 어려움

출처: Marsh & Rhodes. 1992. Policy Communities and Issue Networks: Beyond Typology에서 재구성.

칙'(rule of the game)이 존재한다. 게임규칙은 참여자의 행동을 규제하는데, 그들이 합헌적으로 행동하며, 정부의 최종결정을 받아들이고, 정부가 신뢰할 수 있어야하며, 요구가 합리적이어야 한다는 것 등이 포함된다(Smith, 1993: 61).

결과적으로 하나의 정책공동체에서 급진적 집단은 쉽게 배제시킬 수 있다. 급진적 집단이 주의를 끌기 위해서는 항의집회와 같은 드러난 행동을 해야하는 데 그렇게 함으로써 그들은 게임의 규칙을 파괴하게 되고, 또한 배제된다(Saunders, 1975: 38). 더 나아가 정책공동체는 특정집단을 의도적으로 배제하는 수단으로 활용되는 제도적 기반을 가지고 있다. 대부분 정책공동체에는 정책과정에서 중심적인 역할을 수행하는 특정 제도가 존재하며, 이러한 제도의 멤버쉽은 정책공동체에 대한 접근권을 보장한다. 이러한 제도에는 자문위원회와 특정 문제를 해결하기 위하여 구성되는 임시 특별위원회 등이 포함된다.

Laumann & Knoke(1987: 229)는 정책공동체가 핵심부(core)와 주변부

(periphery)로 분화되는 경향 즉, 제일차적 공동체와 제이차적 공동체로 구분되는 경향을 지적한다. 제일차적이며 핵심적 공동체는 운영규칙을 설정하고, 구성원을 결정하며, 공동체의 주요 정책 방향을 결정하는 핵심 행위자를 포함한다. 그들은 매일 정책 과정에 관여한다. 제이차적 공동체는 게임 규칙을 따르지만, 정책에 지속적인 영향을 행사할 수 있는 충분한 자원을 가지고 있지 않다. 그러므로 제이차적 공동체는 특정 이슈에 대하여만 중요한 역할을 담당하는 반면, 정책 과정 전반에는 제한적인 접근통로를 가진 집단을 포함한다.

이슈네트워크의 참여자는 매우 많다. 여기에는 복수의 정부부처 및 기관, 의회 하위위원회가 포함된다. 참여집단이 수백 개인 경우도 있는데, 집단은 정책영역에 끊임없이 진입하고 퇴진하므로 참여집단은 계속 변화된다. Heclo (1978: 102)는 미국에서 대부분 정책결정영역은 다수의 참여자가 상당히 다른 정도의 참여의식을 가지고 있으므로 누가 주도적 행위자인지 분명하게 밝히는 것이 불가능하다고 본다. 즉 이슈네트워크에서는 '핵심부의 공동화' (hollow cores) 현상이 일어난다(Howlett & Ramesh, 2003: 150). 이슈네트워크에는 다수의 행위자가 비교적 제한된 자원을 가지고 참여하므로 네트워크에 접근이 매우 개방적이다.

(2) 참여자의 상호작용 빈도

정책네트워크의 두 번째 차원은 상호작용의 빈도이다. 정책공동체에서는 정부 기관과 핵심 이해당사자가 정책 과정에 끊임없이 참여하므로 상호 작용도 일상적으로 이루어지며, 그 수준이 높다. 이슈네트워크에서 참여자간의 상호작용의 빈도는 낮은 수준이며, 상호작용의 정도와 중요성은 수시로 바뀌고, 누가 누구와 접촉하는지 상호작용의 대상에 있어서도 변화가 많다.

(3) 참여자의 연속성

정책공동체 내의 행위자 수가 제한된다는 것은 장기간에 걸쳐 참여자가 안정적 경향이 있다는 것을 의미한다. 관련된 집단은 자주 바뀌지 않는다. 반면에 이슈네트워크에서는 집단이 그 영역에 쉽게 진입하고 퇴장하기 때문에 구성원이 끊임없이 바뀐다.

(4) 참여자간 합의 정도

정책네트워크의 네 번째 차원은 합의(consensus)의 정도이다. 정책공동체 내에서는 정책목표와 게임규칙에 관하여 높은 수준의 합의가 이루어진다. 공유하는 신념이 없을 경우 정책공동체는 존재하지 않는다. 사실상 정책공동체는 합의를 넘어서 공동체의 세계관을 결정하는 이데올로기를 가지고 있다. 이데올로기는 어떠한 정책대안이 이용가능한지를 규정할 뿐만 아니라 문제가 무엇인지도 결정한다. Laffin(1986: 12)에 따르면 정책공동체에는 합의 또는 이데올로기가 존재하기 때문에 타당한 형태의 논쟁이 전개되며, 정당화되고, 수용할 가능성이 있는 논증의 범위가 제한된다. 결과적으로 Laumann & Knoke(1987: 315)는 정책공동체 내에서 이슈는 탈정치화된다고 본다.

반면에 이슈네트워크에는 합의가 존재할 가능성이 거의 없다. 따라서 정책은 매우 정치적일 가능성이 높은데 그 이유는 정책 영역 내에 매우 상이한 문제정의와 해결방안을 가진 많은 집단이 존재하기 때문이다. 때로는 다양한 정부기구와 부처간에도 갈등이 존재한다. 갈등은 누가 정책 또는 이슈에 책임이 있는가, 누가 포함되어야 하는가, 어떠한 행동이 취해져야 하는지를 둘러싸고 발생한다. 정부기관 사이의 갈등이 이슈네트워크가 발전하는 중요한 이유가 된다. 정부기관 사이의 갈등은 문제를 정치화시키고 토론의 주제가 되도록 한다. 정부기관은 압력집단을 정책영역에 끌어들여 다른 기관에 대한 지위를 방어하고 그들의 정당성을 강화시켜야 한다. 결과적으로 그 영역은 정치성이 증가하고 더 많은 집단이 이 영역에 참여하게 된다. 이는 다시 합의의 가능성을 더욱 어렵게 한다.

(5) 참여자간 관계의 성격

정책네트워크의 다섯 번째 차원은 참여자간 관계의 성격이다. 정책공동체에서 그 관계는 교환관계일 가능성이 높다. 다시 말하면 참여집단은 그들이 교환할 자원을 가지고 있다. 이러한 자원은 정보, 정당성, 집행에 필요한 자원 등이며 이는 정책과정에서의 지위나 정책에 대한 통제권한과 교환될 수 있다(Knoke, Pappi, Broadbent & Tsujinaka, 1996: 27-28). 이슈네트워크에서는 일부 행위자가 자원을 가지고 있지만 이러한 자원은 제약될 가능성이 크다. 대다수의 이익집단은 교환할 정보가 적고 정책의 집행에 통제권도 약하다. 결과적으로 이들은 공개적인 로비 활동을 할 수밖에 없다. 또한 이슈네트워크에서는 특정의 정책영역에 독점권을 갖지 않는 정부 기관도 특정 이익집단에게 정책과정에서의 역할을 보장할 수 없다.

(6) 참여집단 사이의 권력구조

정책공동체에서는 참여행위자들 사이에 권력의 균형이 이루어져야 한다. 하나의 행위자가 지배적일 수는 있으나 정책공동체가 유지될 수 있으려면 패자가 없는 포지티브섬 게임이 되어야 한다. 이슈네트워크에서는 다양한 참여집단들의 자원보유 및 접근성이 균등하지 않으므로 이들의 권력 또한 균등하지 않으며, 이들 사이에 승자와 패자가 있을 수 있다.

(7) 참여집단내 권력구조

정책공동체가 유지되려면 이익집단의 지도자가 일단 동의하면 구성원들이 그 정책을 수용한다는 보장이 있어야 한다. 만약 지도자가 이를 보장할 수 없다면 정부기관과 압력집단 사이의 정책 합의는 붕괴된다. 그러므로 정책공동체에서는 계층적 지도자가 구성원에게 자원을 배분할 수 있고 구성원을 규제할 수 있다. 반면 이슈네트워크 내에서는 집단 구성원을 규제할 수 있는 자원이 부족하며, 따라서 구성원을 통제하기 어렵다.

(8) 종 합

정책공동체에서는 제한된 수의 집단이 장기간에 걸쳐서 안정적으로 정책의 경계에 동의한다. 그들은 협상에 기반을 둔 정책결정과정에서 교환할 자원을 가지고 있고, 일단 동의가 이루어지면 압력집단은 그 구성원이 그 결정을 지킨다고 보장할 수 있어야 한다. 정책공동체는 의식적 또는 무의식적으로 특정 집단을 배제시킨다. 집단은 의도적 결정을 통하여 특정 집단을 포함시키지 않기로 결정한다. 또한 이데올로기, 게임규칙 그리고 정책결정의 구조 때문에 특정 집단이 배제되기도 한다. 정책공동체는 특정의 공식·비공식 제도를 포함한다. 비공식 제도는 임시 특별위원회, 관료와 이익집단 지도자들간의 정규적 회합 그리고 비공식적인 일상적 접촉을 포함한다. 공식적인 제도에는 자문위원회와 특정 이익을 정부에 대변하기 위해서 구성된 다른 종류의 위원회들이 포함된다. 이러한 제도는 관료로 하여금 누가 공동체에 포함될 것인지 결정할 수 있도록 한다.

이슈네트워크에서는 일반적으로 공식적이고 제도화된 집단과 정부의 접촉이 결여되어 있다. 정책 문제와 이들이 어떻게 해결되어야 하는지에 관하여 거의 합의가 이루지지 않은 상태이다. 자원교환은 거의 없으며 특정 집단을 배제하는 경우도 없기 때문에 결과적으로 집단들은 정책영역에서 끊임없이 등장하고 퇴장한다. 이슈네트워크는 합의도출이 어려운 정치적으로 매우 중요한 영역에서 등장하거나, 이슈가 부차적인 것이라서 정부기관이 독점할 필요성과 특정 집단을 배제할 필요성을 느끼지 못하는 영역에서 대두한다. 이슈네트워크는 또한 어떠한 집단도 지배력을 확보하지 못한 새로운 정책 영역, 또는 특정집단을 강제적으로 배제할 만한 확립된 제도가 존재하지 않는 새로운 영역에서 나타난다.

마지막으로 강조해야 할 것은 정책공동체와 이슈네트워크는 연속선(continuum) 상에서 양 극단에 존재하는 이상형을 말한다. 그러므로 지금까지 살펴본 일곱 가지 차원에 모두 부합되는 특정의 네트워크를 발견하기는 어렵다(Rhodes, 1997: Howlett & Ramesh, 2003).

5. 영국과 미국의 정책네트워크 특징

정책네트워크의 개념과 유형을 토대로 기존 경험적 연구문헌에 나타난 영국과 미국의 정책네트워크의 특징과 차이를 살펴보겠다.

1) 영국의 정책네트워크 특징

Jordan & Richardson(1987: 181)은 영국의 정치체제가 안정적인 정책공동체의 형성을 고무하는 자연적인 성향을 가진다고 주장한다. 왜 정부기관은 특정의 이익집단과 매우 안정적이고 밀접한 관계를 형성하려고 하는가? Smith(1993: 66)는 그 이유를 다음과 같이 설명한다.

첫째, 영국의 정책결정 스타일이 자문 또는 협의(consultation)를 중요시하고, 협의가 이루어질 수 있도록 보장하는 수단으로서 정규적이고 제도적인 토론이 활성화되어 있다.

둘째, 정부로서는 협의를 거치는 것이 유리하다. 이는 정책결정이 갈등적이 아닌 합의적 상황에서 이루어짐을 의미한다. 정책공동체를 확립함으로써 정부는 정책영역을 탈정치화시키므로 정책공동체는 정치적인 위험을 감소시킨다.

셋째, 정책공동체는 정책결정을 예측가능하게 하고 따라서 정부에게 새로운 문제를 제시하지 않는다. 정책공동체를 통하여 정부기관은 참여할 가능성이 높은 이익집단과 그들이 제시할 가능성이 큰 요구사항, 그리고 잠재적인 해결방안을 알 수 있다. 그것은 과다부담(overload)의 가능성을 줄이고 해결방안을 발견하지 못할 가능성을 줄이게 된다.

넷째, 영국 정부는 부처중심적으로 운영된다. 정책공동체는 각 부처로 하여금 다른 부처가 정책결정에 관여하는 것을 막는 장벽이 된다. 정책 영역을 단편화하고 탈정치화시킴으로써 정부부처는 정책에 개입할 가능성이 있는 다른 행위자들을 배제하고 따라서 정책과정에 더욱 접근하기 어렵게 만든다. 정책공동체는 정부부처에 정보와 정치적인 지지를 제공함으로써 장관으로 하여금 부처간 투쟁에서 유리한 위치를 차지하도록 한다. 정부기관의 관점에서 볼 때 정책공동체가 가지는 장점에도 불구하고 그것이 모든 정책영역에서 자동적으로 형성되는 것은 아니다. 정책공동체가 발전하기 위한 특별한 환경이 존재하여야 하는데, 일정한 정도의 합의가 이루어져야 하고, 정부 내에 단일의 정책 결정 센터가 존재하여야 하며, 이익집단의 지도자가 구성원을 통제할 수 있어야 한다는 것 등이다.

2) 미국의 정책네트워크 특징

Heclo(1978), Berry & Wilcox(2006) 등은 미국에서 철의 삼각 또는 정책공동체가 붕괴되고 이슈네트워크로 바뀌는 경향이 있다고 주장한다. Heclo (1978)는 전통적인 철의 삼각은 다수 참여자가 정책과정에 진입함에 따라 개방되고 있다고 주장한다. 실제로 앞에서 살펴본 바와 같이 미국 정치체제의 여러 가지 특징이 이슈네트워크로 발전할 가능성을 높이고 있다.

첫째, 엄격한 권력분립, 그리고 지역적으로 분할된 다수의 정부가 존재한다는 것은 정부에 대한 수많은 접근통로가 존재한다는 뜻이다. 따라서 미국에 있어서는 시민사회의 집단이 정치영역에 접근하는 것이 훨씬 쉽다.

둘째, 이러한 접근의 용이성과 다수의 정책결정 센터가 존재한다는 사실은 정책결정에서 합의가 이루어지는 것을 어렵도록 한다. 때로는 특정 정책영역에서 누구에게 책임이 있는가를 둘러싸고 상당한 갈등이 있을 수 있다.

셋째, 의회의 막강한 권한은 입법부를 배제하기 어렵게 하고 이는 정책결정을 매우 정치적인 것으로 만든다. 영국에 비해서 미국은 정치 영역이 매우 개방적이며 이것이 정책공동체보다는 이슈네트워크가 발달할 가능성을 높인다.

3) 비 교

일반적으로 영국에서는 정책공동체 모형이 설명력이 큰 반면, 미국에서는 이슈네트워크 모형이 설명력이 큰 것으로 보인다. 그러나 이러한 경향에도 불구하고 영국과 미국에서 발달하는 네트워크의 유형은 정책영역에 따라 다르며 시대에 따라서 달라진다는 점에 유의하여야 한다. 미국의 경우에도 과거에는 하위정부 모형 또는 정책공동체 모형의 설명력이 큰 것으로 인식되었으나 점차 이슈네트워크 모형의 설명력이 큰 것으로 변모되었다. 그러므로 특정 국가에서 특정 시기의 정책네트워크의 특징은 비교연구를 통하여 계속 규명해 나가야 할 것으로 보인다.

6. 정책네트워크에 관한 경험적 연구의 경향

1) 정책네트워크의 특징에 관한 연구

특정분야의 정책네트워크에 대한 기술적인 재구성은 그 원천과 영향을 이해하는 전제조건이다. 정책네트워크에 관한 국내외 선행연구들을 검토한 결과(김경주, 2003; 이혜승, 2005; 신수범, 2007; 이연경, 2015; 박현희 · 홍성걸, 2016; 성욱준, 2014; 나태준 · 유승현 · 박여울, 2014), 가장 많이 다루고 있는 정책네트워크의 특징은 행위자, 상호작용, 그리고 네트워크의 구조 등이다. 행위자의 경우에는 행위자의 수와 행위자의 유형(행정부, 의회, 이익집단, 전문가, NGO 등)에 관한 연구가 이루어지고 있었다. 상호작용에 관하여는 협력 또는 갈등과 같은 상호작용의 형태, 그리고 상호작용의 빈도 등에 관한 연구가 주류를 이루고 있다. 한편 구조에 관하여는 개방의 정도, 연계와 의존이 수평적인지 계층제적인지 등이 다루어지고 있었다. 이러한 연구들이 다루고 있는 정책분야는 보건, 연금, 농업, 노동, 에너지, 정보통신, 환경, 교육, 지역축제 등 다양하다.

그런데 정책네트워크의 유형은 특정시점에서 특정영역의 네트워크의 특징을 가지고 판단하게 된다. 그러므로 특정영역의 네트워크가 역사적으로 어떻게 변모해 왔는지를 시계열적으로 다루기도 하고, 특정 시점에서 영역별 네트워크의 특징을 다루기도 하며, 특정 영역의 네트워크에 대한 국가별 비교를 시도하는 연구 등 여러 가지 방향에서 시도가 이루어지고 있다.

2) 정책네트워크 형성의 맥락

초창기의 경험적 연구가 특정분야의 정책네트워크의 특징에 대한 분석에 초점을 두고 있었다면 이러한 정책네트워크 형성에 영향을 미치는 요인을 파악하고, 이러한 요인이 정책네트워크의 특성과 어떻게 연관되는지에 관한 논의가 필요하다고 여겨지고 있다. 즉 정책네트워크의 출현과 형태에 영향을 미치는 요인에 관한 논의가 필요하다고 본 것이다. 그러한 요인은 연구대상이 되는 정책네트워크의 관할 영역과 기능적 특수성에 따라 달라질 수 있다.

정책네트워크는 초국가적, 국가적, 지역적, 지방적 수준에서 존재할 수 있으며, 대상영역의 범위에 따라 구분될 수 있다. Adam & Kriesi(2007)는 이러한 영향요인을 초국가적 맥락, 국가적 맥락, 구체적인 정책영역의 맥락의 요인들로 구분하여 살펴보고 있다.

(1) 초국가적 맥락

오늘날 세계화가 진행되고 있는 현실에서 정책네트워크의 출현과 형태를 설명하기 위하여 국내적 수준의 요인들만을 고려하는 것은 충분하지 못하다. 국제화된 정책 환경(Coleman & Perl, 1999: 700)은 자원을 재분배하고, 새로운 접근점을 제공하며, 새로운 초국가적 정책네트워크가 창출될 수 있는 기회가 제공된다. 유럽의 경우, 유럽연합(European Union)의 출현으로 과거에 유례가 없는 정치체제가 대두되었고, 이에 따라 유럽연합 소속국가들의 국내정책네트워크의 형태에 큰 영향을 미쳤다.

(2) 국가적 맥락

국가적 맥락에서는 몇 가지 요인이 정책네트워크에 영향을 미치게 된다.

먼저 공식적인 국가의 제도적 구조가 주요변수의 하나이다. Lijphart(1999)는 합의제 민주주의 국가와 다수결 민주주의 국가를 구분한다. 네트워크 행위자들간의 상호작용은 합의제 민주주의 국가에서 더욱 협력적일 가능성이 높고, 다수결제 민주주의 국가에서 더욱 경쟁적일 것이다.

국가적 맥락에서의 두 번째 요소는 이익집단과 국가의 행위자가 상호작용하는 맥락이다. 이러한 맥락은 한편으로는 국가의 자율성과 집권화의 정도, 다른 한편으로는 이익 연합의 체계에 달려 있다. 국가가 집권화되고 자율성이 강할수록 국가개입의 정도는 높아지게 된다. 이와 유사하게 정상의 이익연합이 집권화되고 그 구성원들로부터 자율성이 높을수록 다른 집단 및 국가의 대화상대자와의 협상력이 높아지고 구속력 있는 합의를 이끌어낼 가능성이 높다. Schmitter(1979)에 따르면 강력한 정상의 이익연합이 조합주의 모형의 핵심요소인 것이다.

이러한 국가적 맥락에도 불구하고 한 국가 내에서 정책영역별로 네트워크 구조는 상당한 차이가 있을 수 있다. 예를 들면, Atkinson & Coleman (1985)은 동일한 국가에서도 영역에 따라서 네트워크 구조가 다르다는 것으로 보여주고 있는데, 캐나다의 낙농업 분야에서는 코포라티즘적 네트워크가 확인된 반면, 의약업 분야에서는 다원주의적 네트워크의 특징이 나타나고 있었다. 따라서 연구자들은 각국에서 시기별로 정책영역별로 다른 네트워크 구조가 나타날 수 있다는 점에 유의하여야 한다.

(3) 정책영역의 맥락

특정의 정책영역에서 정책하위체계가 왜 출현하였는지, 왜 특정의 형태를 갖게 되었는지 설명하려면 정책영역에 관련된 요인도 고려하여야 한다. Adam & Kriesi(2007)는 정책네트워크의 구조와 변화에 영향을 주는 정책영역의 일반적 변수와 정책영역의 상황적 변수를 확인하여야 한다고 본다.

정책영역의 일반적 변수란 분석대상이 되는 정책이 어떠한 정책유형에 해당되는지, 즉 규제정책, 분배정책, 재분배정책 등과 같이 유형별 정책의 특징을 나타낼 수 있는 것들이다. 예를 들면 Schneider(1992: 126, Adam & Kriesi, 2007: 142에서 재인용)는 독일의 정보통신영역에서 나타나는 다원주의적 네트워크는 그 정책이 배분정책이라는 점과 그 이해관계 구조가 반영된 결과라고 주장하였다. 이연경(2015)은 '전통시장 활성화'라는 정책 목표는 동일하지만 정책 유형이 다른 '전통시장 시설현대화 사업'(배분정책)과 '대형마트 의무휴업제'(규제정책)의 정책네트워크를 분석하였다. 배분정책인 시설현대화사업은 행위자가 소수이며, 정부와 수혜집단 사이에 수직적, 집권적 구조가 나타난 데 비해 규제정책인 의무휴업제에는 규제권한자, 피규제자, 규제요구자 등 세 집단의 행위자가 다수이며, 어느 한 집단에 의해 정책과정이 주도되지 않고, 보다 수평적, 분권적 구조가 나타난 것으로 파악되었다. 한편 최용선(2014)은 정책유형, 즉 분배정책(BK21사업), 재분배정책(종합부동산세), 경제적 규제정책(IMT-2000 서비스 규제), 사회적 규제정책(GMO 안정성 규제)의 사례별로 정책네트워크의 구조(네트워크 범위, 권력구조, 관계패턴)를 실증 분석하였는데 분석결과 정책유형별로 구조에 일정한 패턴으로 차이가 나타나고 있음을 밝혔다. 즉, 분배정책인 BK21사업의 경우는 네트워크 구조와 밀도가 상대적으로 작고, 권력구조는 정부행위자(교육부)가 압도적으로 우위이며, 관계패턴은 정부조직을 중심으로 집중된 관계가 나타났다. 반면 재분배정책인 종합부동산세 사례와 사회적 규제정책인 GMO 안정성 규제사례는 네트워크 규모와 네트워크 밀도가 상대적으로 크다. 종합부동산세의 권력구조는 관련부처, 여당, 국회가 높은 순위이며, 대규모 이익집단도 비교적 순위가 높다. GMO 안정성 규제의 경우에는 관련부처, 국회, 시민단체가 비교적 균등한 수준의 영향을 나타냈다. 또한 종합부동산세 사례와 GMO 규제사례는 다양한 파당이 활발하게 형성되는 네트워크 구조이며, 소수 행위자에 대한 집중도는 낮다. 한편 경제적 규제정책인 IMT-2000 사례는 네크워크 규모는 상대적으로 크며, 밀도가 가장 높았지만(이 이유는 컨소시엄 구성이라는 사업의 특수성을 반영한 결과임), 정보통신부와 경쟁사업자들이 거의 대등한 수준의 권력구조를 가지고 있으며, 분배정책에 뒤이어 상대적으로 집중된 네트워크와 연계성을 가진 것으로 나타났다.

정책영역의 상황적 변수는 정책네트워크 내에서 변화가 발생하는 이유에 초점을 맞춘다. 경제적 · 기술적 진보는 비교적 안정적으로 유지되어온 정책네트워크의 유형에 영향을 미칠 수 있는 잠재적 요인이다. 예를 들면 Richardson, Maloney & Rüdig(1992, Adam & Kriesi, 2007: 142에서 재인용)은 영국 수자원 민영화 영역의 정책공동체는 수자원공급의 문제를 해결하기 위하여 제안된 기술적 요인 때문에 변형되었다고 주장하였다.

아이디어, 가치, 그리고 지식은 정책네트워크에 대한 외부충격의 또 다른 가능성의 원천이 될 수 있다. 새로운 아이디어, 지식 또는 가치는 정책네트워크내에서 행위자들 사이의 기존관계를 약화시키고, 새로운 행위자를 등장시키며, 기존의 행위자들이 새로운 이슈를 제기하게 할 수 있다.

3) 정책네트워크의 영향

정책네트워크 형성의 맥락이 네트워크에 선행하는 요인에 관한 연구인 반면 그 영향에 관한 연구는 네트워크가 정책결과 또는 정책변화와 연계하여 연구하는 것이다. 정책결과와 그 변화를 정책네트워크와 분리하여 이해하기 어렵다. 정책변화를 위한 압력은 경제적, 사회적, 이데올로기적, 정치적인 요소로부터 나오지만 변화의 유형과 발생한 변화의 정도는 정책네트워크의 특성에 의해 크게 영향을 받는다. Marsh & Smith(2000: 8)가 주장하는 바와 같이, 변화의 범위와 속도는 그러한 변화의 영향을 조정하고, 때로는 최소화시키는 네트워크의 역량에 좌우된다. 영향에 대한 연구에서 초기의 연구자들은 하위체계의 구조와 정책변화의 관계에 초점을 맞추었다. 철의 삼각은 그와 밀접한 특징으로 안정적이고 일상적인 정책결정과 연관된다. 반면에 이슈네트워크는 혁신적인 정책에 보다 개방적인 것으로 간주되었다.

후기의 연구자들은 이와 같은 구조와 변화의 관계에 대한 섬세한 조정을 시도하였다. 예를 들어 Atkinson & Coleman(1989: 60)의 연구에 따르면 산업정책에 있어서 다원주의 네트워크는 외부 환경에 반응하는 정책(reactive policies)을 산출하는 데 반하여 협력적인 조합주의 네트워크는 예견적 스타일(anticipatory style)의 정책산출과 밀접하게 관련되어 있다. Boase(1996)는 미국과 캐나다의 보건의료분야를 비교하면서 이와 유사한 결론에 도달하고 있다. 미국에서 전국민의료보험제도가 도입되지 못한 것은 다원주의적 네트워크내에서 약한 국가(weak state)의 위상 때문에 예견적인 정책의 추진은 불가능하고 반응적 정책만이 가능했기 때문이라는 것이다.

우리나라의 DMB사업자 선정에 관련된 정책네트워크를 연구한 신수범(2007)의 연구에 의하면 위성DMB와 지상파DMB사업자 선정에 관련된 네트워크는 각각 정책공동체와 이슈네트워크의 특징을 가지고 있는 것으로 분석되었다. 사업자 선정결과에 있어서 위성DMB는 TU미디어에 독점 허가되었고, 그 방송조건이 사업자에게 비교적 유리한 방향으로 결정되었다. 반면 지상파DMB는 6개 사업자(공중파TV 3사, 신규사업자 3사)가 최종 선정되었는데, 2개의 채널을 요청한 KBS의 주장이 받아들여지지 않았다. 방송조건도 상대적으로 사업자에게 불리한 조건이 포함되었다. 그같이 다른 결과가 나온 것은 네트워크의 특성이 달랐기 때문인 것으로 추론하고 있다. 즉 비교적 일찍 사업자선정이 이루어진 위성DMB와는 달리 지상파DMB의 경우 정보통신부와 방송위원회의 견해가 팽팽하게 맞선 가운데, 상당히 많은 시민단체들이 개입하여 공정한 선정, 시청자에게 유리한 결정을 촉구한 것이 그 결정에 영향을 미쳤다는 것이다.

정책집행에 관한 연구에서는 정책결정 네트워크의 특성이 집행에 영향을 미친다는 점이 잘 알려지고 있다. 예를 들면 조합주의 네트워크에서는 국가 행위자가 민간부문 집행의 부담을 공유하기 때문에 집행이 용이하다. 반면에 미국에서와 같이 정책결정과정에서 행위자들 사이에 경쟁과 갈등이 있을 경우, 집행과정에서도 그러한 현상이 나타날 가능성이 크다는 것이다.

4) 종 합

정책네트워크에 관한 경험적 연구는 공공부문의 행위자와 민간부문의 행위자들간의 관계에서 나타나는 특징을 연구하는 데에서 출발하였고, 초창기에는 그러한 네트워크가 형성되게 된 역사적 맥락이나 정책에 미치는 영향에는 관심이 없었다. 그러나 연구가 진행되면서 특정시점에서 특정 영역의 정책네트워크의 특징에 관한 연구뿐 아니라, 그 시계열적 변화, 영역간 비교, 국가간 비교 등에 관한 연구로 확대되었다.

더 나아가 최근에는 이러한 정책네트워크의 결정요인을 파악하고, 이러한 요인이 정책네트워크의 특성과 어떻게 연관되는지에 관한 논의와 함께 네트워크의 특성이 정책결과 또는 정책변화와 어떠한 영향을 미치는지에 관한 연구가 이루어지고 있다([그림 4-1] 참조).

그림 4-1 정책네트워크 접근방법 종합

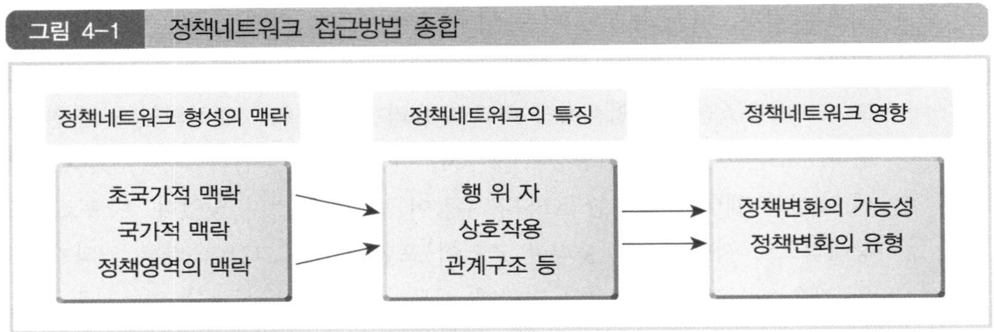

출처: Adam & Kriesi. 2007. The Network Approach. p. 148, [그림 5-3]에서 수정.

Ⅲ. 거버넌스 이론

1. 거버넌스 개념의 대두배경

1) 전통적 거버넌스의 실패

1980년대 이후 학자들은 거버넌스를 정부와는 구별되는 의미로, 즉 통치과정에 시민사회 행위자들이 포함되는 의미로 사용하기 시작하였다. 즉 거버넌스 개념에는 정부기관 또는 그 행위자만이 가치의 권위적인 배분을 담당하는 것이 아니라는 의미를 포함한다.

공공부문을 연구하는 학자들은 전통적으로 공공부문이 비정치적이고 계층제적으로 조직되며, 실적에 따른 충원과 승진체제에 따를 때 가장 효율적으로 작동한다고 가정하였다. 그러나 관료제의 병리현상과 비효율성을 지적하는 학자들은 전통적 관념에 도전하였다. 서구국가에서는 1970년대에 이미 전통적인 공공부문의 구조는 국가가 담당하게 된 새로운 과제에 적합하지 않다고 여기게 되었다(Kjær, 2004). 국가의 역할은 주로 법과 질서를 유지하고 기본적 인프라를 제공하는 질서유지국가에서 2차 대전 이후 그 영역이 교육, 보건, 연금, 실업보험 등 사회복지 분야로 크게 확대되었다. 그런데 공공부문은 표준화된 절차와 관료적 규칙으로 인해 그 구조와 기능이 경직되었으며, 따라서 고객의 요구에 민감하게 반응하고 효율적으로 전달해야 하는 서비스 제공에는 적절하지 않다는 것이다. 1970년대에 영국과 같은 국가에서는 국민의 기대수준은 크게 높아진 반면, 정부의 역량은 오히려 감소하여 정부가 과부하 상태에 있어 통치불능(ungovernability)의 문제가 대두되었다(King, 1975). Mayntz(1993)에 따르면 독일을 비롯한 서구 국가가 질서유지, 복지국가, 발전이라는 서로 관련된 세 분야에서 그 기능 수행에 실패하였다는 논의가 1970년대 이후 이루어져 왔다. 질서유지문제와 통치불능의 이슈는 정치적 리더십에 대한 수용도 저하와 순응수준의 하락 등의 문제와 관련된다.

핵심적인 문제는 전통적으로 사용되어온 정부관료제 중심의 정책수단에 내재하는 문제 때문에 국가가 이러한 경제적·사회적 문제를 해결하는 데 실패하였다는 것이다. 결과적으로 국가가 원하는 방향으로 사회를 발전시킬 수 없었기 때문에 중앙정부에 대한 기대수준을 낮출 수밖에 없으며 대안적인 수단이 모색되어야 하는데, 그 대안은 통치실패의 원인을 제거하거나 완화할 수 있어야 한다고 본다.

2) 중앙정부 공동화와 새로운 거버넌스의 확산방향

전통적 거버넌스의 실패는 서구국가에서 2차 대전 이후 복지국가화와 더불어 비대해지고 집권화된 중앙정부의 영역에서 나타났다. 그러나 새로운 거버넌스에서는 중앙정부의 역할이 크게 약화되는 경향이 나타나고 있다. 중앙정부의 역할이 축소되면서 수직적으로는 초국가기구와 지방정부 등 다른 수준의 거버넌스로 이전되는 한편 수평적으로는 시장과 시민사회 조직과 협력하는 방향으로 변화하였다(Nye, Jr., 2002: 4-5).

20세기의 거버넌스가 중앙정부를 중심으로 하는 구심력이 지배적이었다면 21세기의 거버넌스 활동은 중앙정부에서 분리되는 원심력이 더욱 크게 작용하는 방향으로 변화하고 있다. 대부분의 국가에서 분권화를 통하여 지방정부 기능이 크게 강화되었으며, 지방정부가 독자적으로 국제교류를 추진하는 등 지방수준의 거버넌스가 활발해지고 있다. 한편 국제기구의 역할과 초국적 기업의 활동도 경제활동의 세계화와 정보시대의 도래에 따라 크게 강화되었다. 또한 국내에서 활동하는 기업은 물론이고 시민사회 조직의 역량도 두드러지게 성장하였다(김선혁, 2003).

[그림 4-2]는 중앙정부의 활동이 이전되는 가능한 모든 방향을 나타내고 있는데, 그 구체적인 양상은 국가에 따라 정책영역에 따라 다양한 형태로 나타날 것이다. 많은 국가에서 1970년대 이후 이러한 변화가 나타나고 있다. Nye, Jr. (2002: 4-5)에 따르면 미국에서는 1962년부터 1995년 사이에 연방정부 공무원은 15% 증가에 그친 반면 주정부와 지방정부 공무원은 150% 증가하였다. 민영화를 통하여 공공부문의 많은 기능이 이전되었고, 비영리기관의 역할이 점점 증가하여 모든 유급근로자의 7%를 차지하고 있다. 국제비정부기구도 지난 20년간 약 10배 증가하였다.

그림 4-2 21세기 거버넌스 확산 방향

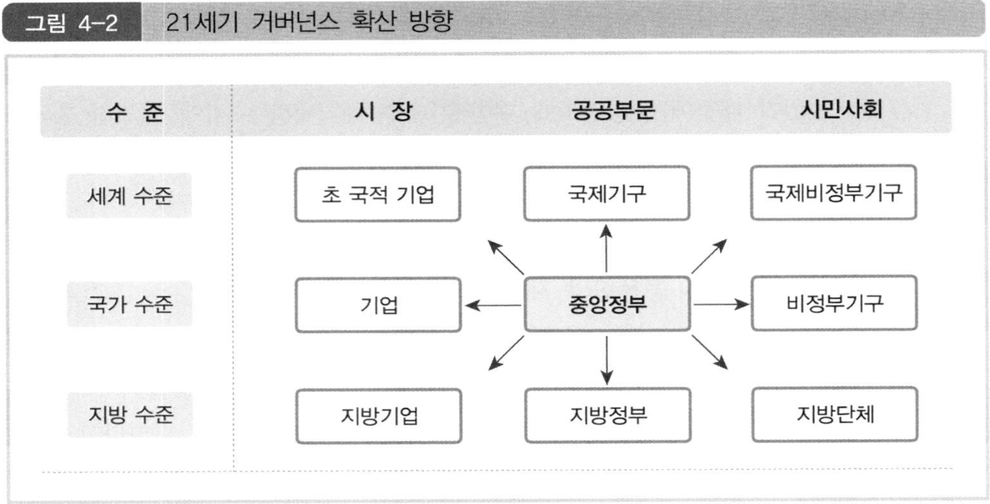

영국의 경우 중앙정부 역할의 축소경향은 1980년대 이후 보수당 대처 정부가 신자유주의적 개혁을 추진하여 더욱 뚜렷하게 나타났다. Rhodes(1996; 1997: 5장)는 영국에서 중앙정부의 역할과 기능이 크게 축소되는 현상을 '국가의 공동화'(hollowing out the state) 또는 '정부 없는 통치'(governing without government)로 표현하였다. 구체적인 변화는 (1) 민영화와 공공개입의 범위와 형태 축소, (2) 중앙 및 지방정부 부처의 상당한 기능이 책임운영기관(agencies)과 같은 대안적 전달시스템으로 이관, (3) 영국 정부의 기능 일부를 유럽연합 기구로 이전, (4) 신공공관리를 통한 공무원 재량권의 한계 설정, 특히 관리적 책임의 강조 및 정책과 관리의 구별을 통한 정치적 통제의 강화 등이다. 이러한 개혁을 통하여 국가가 공동화되었고 공공부문이 분절화되었으며, 특히 경력직 공무원집단의 역할이 축소되었다.

한국의 경우에도 서구국가와 비교하면 국가발전의 정도와 중앙정부의 상대적인 역할은 크게 다르지만 중앙정부 규모 축소라는 면에서 유사한 방향으로 변화하는 패턴을 찾아볼 수 있다. 제3공화국에서 국민의 정부 시기까지 공공부문의 변화에 관한 연구(안병영 외, 2007)에 의하면 한국의 중앙정부는 1960년대 국가 주도의 산업화가 시작되면서 조직, 인력, 재정 면에서 본격적으로 증가하기 시작하여 1980년대 초에 그 정점을 이루게 된다. 예를 들면 국가공무원 중 일반직 공무원은 1970년대에 그 규모가 절정이 이른 후 지속적으로 안정화를 이루는 반면에, 지방공무원과 교육 및 공안 등 기능분야에서 공무원 수가 꾸준히 증가하였다. 중앙정부만을 대상으로 볼 경우 1960년대 초부터 약 20년간 급격하게 성장하여 1980년대 초 정점에 도달했다가 제5공화국 정부에서부터 상대적으로 축소하는 경향이 나타났다.

2. 거버넌스의 개념

거버넌스의 어원은 조종(pilot or steer)을 의미하는 그리스어 동사 'kubernan'에서 유래하였다(Kjær, 2004: 3). 거버넌스(governance), 정부(government), 통치(governing)는 동일한 어원에서 나온 것인데, 사전적 의미로 거버넌스는 통치(governing)하는 행위나 방식을 의미한다. 한편 라틴어로는 그 어원이 'cybern'으로 조종(steering)을 의미하며 통제의 과학인 사이버네틱스와 같다(Pierre & Peters, 2000: 23).

이러한 배경에서 등장한 거버넌스 개념은 정부보다 광범위한 무엇인가를 포함하는 조종과 통치방식(mode of governing)에 관한 것이다. 즉, 거버넌스는 정부와 사회조직간의 새로운 상호작용의 형태이며, 중앙·지방정부 등 정부조직과 함께 정치 및 사회 단체, NGO, 민간 기업 등 다양한 구성원들로 이루어진 네트워크를 통한 정부업무처리방식을 강조하는 개념이다. 그러므로 거버넌스 개념은 정부와 민간부문이 과업과 책임을 공유하고, 공적인 문제를 정부가 단독으로 해결하기보다는 함께 해결하는 쪽으로 정부와 사회의 역할분담의 균형점이 이동한 것을 의미한다.

1) 거버넌스 개념의 다양성

거버넌스는 두 가지 의미를 가진다(Pierre, 2000: 3). 한편으로 거버넌스는 사회체제에서의 조정과정과 그 과정에서 국가의 역할에 대한 이론적 또는 개념적 묘사를 의미한다. 이론적으로 보면 거버넌스는 가치중립적인 개념으로 전통적인 행정모형을 포함하는 다양한 사회적 조정기제를 분석·비교하는 개념적 틀을 제공한다. 다른 한편으로 거버넌스는 국가가 20세기 후반에 대두된 외부환경의 변화에 적응해 가는 경험적 현상을 지칭한다. 경험적으로 관찰되는 현상으로 파악하면 최근 민주화의 진전과 시민사회의 성장에 따라 자연스럽게 출현한 특정 유형의 조정양식을 말한다(이명석, 2002). 후자를 '새로운 거버넌스'(new governance)라고 볼 수 있으며 전통적인 '구 거버넌스'(old govrnance)와 대비할 수 있다.

'새로운 거버넌스' 개념은 주로 중앙정부 단독으로 행사하여온 국정관리를 비판하면서 출발하였다. 그러나 오늘날 거버넌스 개념이 적용되는 현상은 국제관계, 중앙정부운영, 지방자치 등 공공부문뿐 아니라 민간부문의 기업경영에 이르기까지 다양하다. 한편 정책과정에 관하여도 정책형성, 정책집행과 정책평가 등 정책과정 전반에 걸쳐 거버넌스 개념이 적용되고 있다. 이같이 거버넌스 개념을 정의하는데 그 적용수준의 중층성, 영역별 다양성을 모두 포괄할 수 있는 개념정의를 내리기 쉽지 않다. 따라서 새로운 거버넌스 개념은 매우 다양한 의미로 사용될 수 있다.

이같이 거버넌스 개념을 다양하게 정의할 수 있으므로 학자들마다 강조하는 점이 다를 수 있다. 여기에서는 거버넌스 개념을 확산하는 데 기여한 대표적인 학자인 Rhodes, Frederickson, 그리고 Kooiman의 거버넌스 개념 정의를 소개한 다음 이들을 종합하기로 한다.

2) Rhodes의 정의

영국 학자인 Rhodes(1996)는 기존문헌을 검토한 후 거버넌스라는 용어가 적어도 여섯 가지 다른 의미로 쓰이고 있다고 보았다. 즉, 1) 최소국가, 2) 기업 거버넌스, 3) 신공공관리, 4) 좋은 거버넌스, 5) 사회-사이버네틱스 시스템, 6) 자율 조직적 네트워크 등이다. 몇 년 후 Rhodes(2000)는 기존문헌을 재검토한 후 여섯 가지 의미 가운데 '최소국가'는 제외시키고, '국제적 상호의존관계'와 '새로운 정치경제'라는 두 가지 의미를 추가시켜 모두 일곱 가지 의미로 쓰인다고 주장하였다.4)

Rhodes는 거버넌스를 '네트워크'로 보는 관점이 거버넌스에 대한 분석의 핵심으로 본다. 이러한 입장에서 Rhodes(1997)는 거버넌스를 '자기조직화하는 조직간 네트워크'라고 정의한다. Rhodes는 거버넌스의 다양한 의미 가운데 특히 최소국가, 사회-사이버네틱 시스템, 자기 조직화하는 네트워크의 가장 주목할 만한 요소들을 통합하여 거버넌스의 공유된 특징을 다음과 같이 조건적으로 정의한다(Rhodes, 1997: 52-53).

① 조직간 상호의존성: 거버넌스는 비정부행위자를 포함하는 조직간 상호의존적 관계로 정부보다 더 광범위하다. 정부 범위의 변화는 공공과 민간, 자원단체 부문 간의 경계가 바뀌거나 분명치 않음을 의미한다.

② 네트워크 구성원 간 지속적 상호작용: 자원을 교환하고 공유하는 목적에 관한 협상의 필요에 의해 구성원 사이에 지속적 상호작용이 일어난다.

③ 게임과 유사한 상호작용: 상호작용은 신뢰에 근간을 두고 네트워크참여자들에 의해 협상되고 동의된 게임의 규칙에 의해 규제된다.

④ 정부로부터 상당정도의 자율성: 네트워크는 정부에 책임을 지지 않으

4) 이에 관하여 간단하게 소개하겠다. '최소국가'라는 정의는 공공개입의 범위 및 형태, 공공서비스 제공에서 시장과 준시장(quasi-market)의 활용에 초점을 맞추어 정부의 변화를 지칭하는 포괄적 용어로 사용한다. '기업 거버넌스'로 보는 것은 민간기업에서의 사용방법을 공공부문에 적용하려는 입장이다. '신공공관리'로 보는 입장에서는 공공부문에 민간경영방법 도입과 시장경쟁과 같은 인센티브 구조를 공공서비스 영역에 도입하는 것을 강조한다. '좋은 거버넌스'(good governance)로 보는 관점은 국제연합(UN), 세계은행(World Bank), 또는 국제통화기금(IMF)과 같은 국제기구에서 제3세계 국가의 정부혁신의 방향으로 선호하는 것이다(Williams & Young, 1994; Leftwich, 1993). '좋은 거버넌스'를 요약하면 신공공관리와 자유민주주의를 결합시킨 것이다. 거버넌스를 '국제적 상호의존관계'로 보는 입장은 국제관계와 국제정치경제 분야의 문헌에 나타나는 것으로 국제적 상호의존이 크게 증가하면서 국가 권위가 잠식되고 국가의 공동화가 진행되는데 기여한다고 본다. 거버넌스를 '사회-사이버네틱스'로 보는 입장은 통치과정에서 하나의 지배적인 행위자는 없다고 보며, 거버넌스를 중심이 없는 사회(the centreless society), 다중심주의 국가(polycentric state)에서 사회적-정치적 행위자들 사이의 상호작용의 결과로 본다. 거버넌스를 '새로운 정치경제'로 보는 입장은 경계가 불분명해진 시민사회, 국가, 시장경제의 관계를 재검토하면서 시작하는데 여기에는 마르크스주의 영향을 받은 학자들도 포함된다.

며, 자기 조직화한다. 비록 정부가 특권적이고 지배적 위치를 차지하지 않지만 간접적으로 불완전하게 네트워크를 조종한다.

Rhodes는 이러한 조건적 정의를 토대로 영국 정부의 변화를 살펴보았는데 그 핵심은 시장과 계층제에 대한 대안적인 통치구조로서의 네트워크라고 보는 입장이다.

3) Frederickson의 정의

미국의 행정학자인 Frederickson(1996)은 거버넌스가 다음과 같은 네 가지 차원에서 다양한 의미를 가진다고 보았다.

첫째, 여러 조직들의 네트워크라는 의미, 특히 공공부문과 민간부분의 조직들이 파트너십을 형성하여 관리하는 협력관리시스템(cooperative management system)이라는 의미이다.

둘째, 다원주의를 이해하는 요소로 사용되는데, 다양한 이해관계자들을 결합시키는 접착제로서 거버넌스 개념이 사용된다.

셋째, 새로운 관리과정을 의미하는 것으로 조직의 내부관리과정이 아닌 수평적, 수직적 네트워크 환경에서의 관리과정을 말한다.

넷째, 마지막으로 창조적인 조직개념으로서의 거버넌스인데 계층제로 대표되는 관료제와는 다른 형태의 조직을 말한다. 다양한 참여자로 구성된 네트워크는 계층제와 시장 모두와 구분된다. 네트워크의 참여자는 계층제적 질서 속의 구성원보다 덜 종속적이며, 시장 체제의 구성원보다는 더 종속적이다.

4) Kooiman의 정의

Kooiman은 네델란드 학자로 새로운 거버넌스의 핵심을 정부와 사회 사이에서 이루어지는 상호작용의 새로운 패턴으로 보았다. 즉 사회복지, 환경보호, 교육, 국토계획 등의 영역에서 새로운 문제를 해결하거나 새로운 통치방식의 가능성을 찾기 위하여 공동으로 노력하는 새로운 패턴의 상호작용이 나타났다는 것이다(Kooiman, 1993a: 1-2). Kooiman은 민간부문과 공공부문의 공동조종, 공동관리, 공동생산 등 공동(co-) 노력을 새로운 상호작용을 핵심으로 본다. 그는 새로운 유형의 거버넌스가 필요하게 된 기본적 특성은 사회문제의 복잡성, 동태성, 다양성이며, 이러한 요인을 전통적 거버넌스의 통치불능에 기여하는 요인으로 볼 것이 아니라 새로운 통치가능성을 제고하는 유용한 요인으로 보아야 한다(Kooiman, 1993b: 36-43).

Kooiman은 2003년 출간된 *Governing as Governance*라는 저서에서 상호작용(interaction)이 통치의 중심개념이라고 본 기존의 관점을 더욱 발전시켰다(Kooiman, 2003). 다양하고, 동태적이며, 복잡한 사회적 이슈를 해결하기 위해서는 과거에는 관여하지 않았던 파트너인 시장과 시민사회의 행위자들의 참여와 이들 사이의 상호작용이 불가피하다는 것이다. 오늘날 대부분의 통치이슈는 공적인 성격과 사적인 성격이 혼재되어 있으며 통치활동은 사회의 모든 행위자들에게 확산되었고, 이들 사이의 관계도 끊임없이 변화한다. 복잡하고 다양한 문제들을 해결하는 데 필요한 모든 지식과 정보를 가진 단일 행위자는 없다. 어느 행위자도 필요한 효과적인 수단을 적용하는 데 충분한 전체적 관점을 가지고 있지 못하며, 일방적으로 우세한 행동 잠재력을 가진 단일 행위자는 없기 때문에 특정한 정책영역의 모든 행위자들은 서로를 필요로 한다. Kooiman은 이같이 사회부문의 행위자와 정치부문의 행위자들 사이의 상호작용을 요약하여 사회-정치적 거버넌스(socio-political governance)라고 부른다.

Kooiman은 거버넌스와 통치(governing)를 분리되는 개념으로 보았다. 즉, 통치는 사회 문제를 해결하고 사회적 기회를 창출할 목적으로 공공부문과 민간부문 행위자들이 참여하는 상호작용의 총체를 말하며, 거버넌스는 이러한 통치과정의 상호작용을 이론적으로 개념화한 것이다.

5) 종 합

이론적으로 볼 경우 거버넌스는 다양한 이해관계를 가진 행위자들 사이의 협상과 타협을 통한 사회문제 해결 및 조정과정을 말한다. 이같이 거버넌스를 사회문제 해결 및 조정과정으로 볼 경우 그 과정에서 정부가 주도적인 역할을 수행하는 '구 거버넌스' 또는 전통적 거버넌스 유형과 정부와 시장 및 시민사회 사이의 파트너십 및 네트워크가 주도적인 역할을 담당하는 '새로운 거버넌스' 유형이 구분될 수 있다. 새로운 거버넌스는 '정부 이외의 기관 및 행위자가 포함되는 상호협력적 네트워크를 통한 사회문제 해결 및 조정방법'이며, 그 과정에서 정부의 역할이 약화되고 시장과 시민사회 행위자들의 영향력이 증가하였다.

새로운 거버넌스를 이렇게 볼 경우, 네트워크를 통한 문제해결과 조정방식이 핵심개념으로 등장하는데(유재원 · 소순창: 2005), 이는 한편으로는 수직적으로 조직화된 계층제적 형태와 구분되면서 다른 한편으로는 수평적으로 조직화된 시장 구조와 구별된다. 새로운 거버넌스에서는 민간과 공공부문의 행위자들이 공동으로 협상하고 문제를 해결해 나가는 수평적, 자기조직적인 조정과정을 강조한다. 정부기관은 그 네트워크에서 그들의 의지를 일방적으로 관철시킬 수 없다. 그러나 정책결정과정에서 문제를 공동으로 해결하는 것을 촉진하기 위하여 상호의존적 관계를 관리하고자 시도할 수는 있다. 계층제적 조정 또는 시장에서의 조정과 비교하면 네트워크 관리는 교섭과 자문의 형태로 행위자들의 전략에 영향을 미침으로써 행위자들의 행태에 대한 상호조정을 시도하는 거버넌스의 형태이다.

3. 거버넌스 유형의 분류

거버넌스를 이론적으로 볼 경우 사회체제에서의 문제해결 및 조정과정과 그 과정에서 국가의 역할에 관한 개념적 분석틀로서 전통적인 행정모형을 포함하는 다양한 사회적 조정기제를 분석 · 비교할 수 있다고 지적한 바 있다. 여기에서는 대표적인 학자들의 유형분류에 관하여 살펴보기로 하겠다.

1) 구조에 따른 유형: 계층제, 시장, 네트워크

(1) 유형별 특징

넓은 의미의 거버넌스를 구조적 관점에서 분류하면, 계층제, 시장, 그리고 네트워크 등 세 가지 범주를 살펴 볼 수 있다(Rhodes, 1997; Pierre & Peters, 2000: Kjær, 2004). 이러한 분류가 가장 일반적인 분류방법이다. 〈표 4-3〉에 이념형으로서 시장, 계층제, 네트워크라는 세 가지 유형의 거버넌스 구조의 작동원리들이 비교되어 있다.

시장에서 행위자 사이의 관계의 기초가 되는 것은 계약과 사유재산권이다. 한편 계층제에서는 고용관계가 기초가 되며 네트워크에서는 자원의 교환이 기초가 된다. 행위자들 사이에 의존의 정도 역시 상이한데, 시장에서는

표 4-3 시장, 계층제, 네트워크 비교

	시 장	계층제	네트워크
관계의 기초	계약과 사유재산권	고용관계	자원의 교환
의존 정도	독립적	의존적	상호의존적
교환의 매개체	가 격	권 위	신 뢰
갈등해소 및 조정수단	흥정과 법원	규칙과 명령	교 섭
문 화	경 쟁	복 종	상호의존

출처: Rhodes. Introduction. xviii.

행위자들이 서로 독립적인 관계이며, 계층제에서는 의존적인 반면 네트워크에서는 그 관계가 상호의존적이다. 시장은 가격을 교환의 매개체로 하는 경쟁을 통하여 작동한다. 한편 계층제는 권위를 매개체로 사용하며 명령과 통제의 계통에 의존한다. 네트워크는 상호의존성과 신뢰에 근거한다. 시장에서의 갈등해소 및 조정수단은 일단 흥정을 통하여 해결하며 그러한 해결이 불가능하면 법원의 판결을 통하여 조정한다.

계층제에서는 규칙과 명령에 따르며, 네트워크에서는 교섭이 주요한 갈등해소 및 조정수단이다. 구성원들 사이에서 지배적인 문화도 다른데, 시장에서는 경쟁, 계층제에서는 복종, 네트워크에서는 상호의존이 지배적인 문화를 형성하고 있다. 계층제 거버넌스 구조는 대의민주주의 국가에서의 공공관료제 중심의 모형을 말하며 전통적인 모형이라고 부르기도 한다. 계층제는 고도로 표준화된 공공서비스, 포디즘적 경제, 민주적으로 통제된 시장, 그리고 경쟁자가 없는 국가권력의 맥락 하에서 잘 작동되는 조정방식이었다(Pierre & Peters, 2000). 그러나 20세기 후반의 새로운 환경에서 이러한 거너번스의 실패가 새로운 거버넌스를 필요로 하게 되었다는 점은 이미 지적한 바 있다.

시장거버넌스를 통한 문제해결을 선호하는 사람들은 정부가 최소화되어야 한다고 본다. 이 모형에서 관료제는 비효율적이고 관료들은 공익을 위하기보다는 자신의 이익을 위하는 지대추구자로 간주된다(Kjaer, 2004). 그러나 계층제 거버넌스가 지나치게 비관적으로 인식되는 것과 대조적으로 시장거버넌스는 그것이 실제 해결할 수 있는 것보다 많은 문제들을 해결할 수 있는 것으로 지나치게 낙관적으로 인식되고 있다(Pierre & Peters, 2000).

거버넌스로서의 계층제나 시장이 한계를 가지고 있다는 맥락하에 새로운 거버넌스의 대안으로 대두된 것이 네트워크 거버넌스이다. 계층제나 시장은 국가와 시장 또는 국가와 사회를 이분법으로 분리한 상태에서 논의를 전개하고 있다. 그러나 오늘날 국가와 사회가 상호침투하고 있으며 그러한 중간 영역을 설명할 수 있는 개념이 네트워크 거버넌스이다(배응환, 2003: 72). 실제로는 네트워크와 계층제 거버넌스의 장치들은 공존하거나 중첩될 수 있다. 또한 계층제 모형을 완전히 폐기하기 어렵고 또한 이를 유지해야 하는 데는 몇 가지 이유가 있다(Kjaer, 2004). 한 가지 분명한 이유는 여전히 계층제적 조정방식이 대의민주주의의 근거가 되는 공식적인 모형이라는 것이다. 거버넌스에 비정부행위자들이 점점 많이 관여하는 것은 사실이지만 정책은 여전히 대의기관의 승인이 필요하며 정부가 그것을 집행하는 데 책임을 진다. 그러므로 네트워크 거버넌스가 계층제적인 거버넌스를 완전히 폐기했다기보다는 그 모델을 보완한다고 볼 수 있다.

(2) 우리나라의 거버넌스 구조 논의

장지호 · 홍정화(2010)의 연구에 따르면 1997년 외환위기 이후부터 2009년까지 대표적 국내학술지 네 개에 발표된 115편의 거버넌스 관련 논문 연구동향을 분석한 결과 국가중심 거버넌스 논문은 21편 18.2%, 시장중심 거버넌스 논문은 32편 27.8%인데 비하여 시민주도 거버넌스 논문은 62편 53.9%으로 압도적으로 많았다. 한국적 거버넌스 논의에서 학자들의 관심이 시민사회 주도 거버넌스에 관한 논문에 편향된 이유로는 한국의 과거 권위주의적 통치방식의 폐단, 이로 인한 서구선진국가와 확연히 다른 급격한 민주화 과정, 그리고 1997년대 도래한 국가경제위기 상황의 영향으로 본다. 특히 경제적 위기에서 이루어진 정부개혁을 통한 사회 전반적인 변화는 정부운영방식에도 큰 변화를 가져왔고, 거버넌스가 새로운 국정운영원리에 관한 연구의 중심 개념으로 등장하는 결정적 계기를 마련해 주었다는 것이다.

학자들의 관심 변화와는 달리 실제로 현장에서 작동되는 거버넌스 유형의 변화 속도는 매우 느리다. 예를 들어 유재원 · 소순창(2005)은 1995년과 2001년에 걸쳐 기초단체 과장급을 대상으로 한 설문조사 결과를 토대로 한 국지방정부의 정책과정에 관한 한, 거버넌스보다는 정부패러다임이 정책현실에 대한 설명력이 높은 시각이라고 보았다. 또한 유재원 · 이승모(2008)는 서울시 구청공무원에 대한 설문조사결과 계층제는 여전히 핵심적 거버넌스 기제로 작동하며, 신공공관리의 영향력은 공공부문 관리방식 개선 차원에 국한되며, 구청공무원들이 계층제를 시장과 네트워크와는 구분되는 별개의 독립된 거버넌스 양식으로 인식하고 있지만, 시장과 네트워크를 다른 차원의 거버넌스 양식으로 구분하지 않는다고 한다.

그러나 2010년 이후 연구에서는 다른 결과가 나타나기 시작하였다. 예를 들어, 강제상 · 김영곤 · 고대유(2014)는 서울시의 대표적인 복지정책인 희망온돌사업과 시민복지기준사업을 대상으로 서울시 담당 공무원, 사업참여 시민위원, 서울시의원에 대한 질적 인터뷰 분석결과, 사업에 다양한 주체들이 참여하여 기존에 비해 많은 시민의 의견이 실제 사업에 반영된 것으로 나타났으며, 복지사각지대를 해소함에 있어서도 큰 성과를 거두었다고 밝혔다. 배봉준(2018)은 서산 가로림만 조력발전소사례를 분석하여 로컬거버넌스 특성을 연구하였는데 시간의 흐름에 따라 행위자는 초기 중앙정부주도에서 서서히 지방정부와 지역주민 및 주민조직 그리고 지역시민단체들로 다양화되고 있으며, 거버넌스 유형은 정부계층제에서 이슈네트워크로 변화하고 있다고 주장한다. 정용찬 · 하윤상(2019)도 서울지역 청년정책 형성 거버넌스인 서울청년정책네트워크는 청년 당사자들이 주도적으로 거버넌스를 운영하는 특수성을 보인다고 주장한다. 그러므로 2010년 이후에는 학자들의 관심은 물론 실제 현장에서 작동되는 거버넌스 유형도 다양화되고 있는 것으로 보인다.

그러나 현장에서는 정부가 주도하는 계층제 거버넌스가 가장 우세하며, 민간위탁과 같은 시장형 거버넌스와 시민사회와의 네트워크 거버넌스가 작동하는 경우에도 궁극적으로는 정부행위자들이 권한과 책임을 지는 것으로 볼 수 있다.

2) Kooiman의 유형 분류

Kooiman(2003)은 거버넌스 유형을 자율 거버넌스(self-governance), 공동 거버넌스(co-governance), 계층제 거버넌스(hierarchial governance) 등 세 가지로 분류하였다. 자율 거버넌스는 순수하게 사회적 행위자들 간의 자기조직적 네트워크 능력을 강조하는 개념이고, 계층제 거버넌스가 관료제 중심의 거버넌스를 강조하는 개념이라면 공동 거버넌스는 민관협력과 파트너십을 토대로 한 커뮤니케이션과 네트워크 조정을 강조하는 개념이다.

(1) 자율 거버넌스

자율 거버넌스(self-governance)는 사회적 독립체가 스스로 정체성을 개발하고 유지하는 데 필요한 수단을 마련할 수 있는 역량이 있음을 의미하며, 따라서 상당히 높은 수준의 사회적-정치적 자율성을 가지고 있다. 자율 거버넌스에서는 사회행위자들 간의 상호작용의 결과로 자기조직적 네트워크가 생성된다고 파악하며, 사회적 행위자들 사이의 상호작용과 자기조정능력을 중요시한다. 사회적 거버넌스의 한 유형으로서 자율 거버넌스에 대한 관심은 규제완화와 민영화를 통하여 공공 개입이 중단되는 경향과 일치한다. 그러나 많은 경우 규제완화 또는 자율규제라고 소개되는 것들은 재규제 또는 전통적 형태의 공공통제를 '원격 조종'의 형태로 전환한 것으로 볼 수 있다(Kooiman, 2003: 79).

Kooiman은 자율 거버넌스의 사례로 전문직 종사자와 공유재의 거버넌스를 들고 있다. 의사, 변호사 등과 같은 전문 직종은 육체노동자가 아니며 그 직종에 진입하기 위해 특수한 교육과 훈련이 필요하다. 그들은 서비스를 독점하면서 외부로부터 통제를 받지 않는 경향이 있다. 그들만의 폐쇄된 특성, 능력, 그리고 전문직업적 윤리에 기초하여 그들은 특별한 물질적 보상과 높은 사회적 위신을 갖고자 한다. 전문 직종은 시장, 시민사회, 그리고 국가의 교차지점에 위치하고 있는데, 각국의 사회적, 정치적, 문화적 전통에 따라 다르지만 상당한 정도의 자율 거버넌스 역량을 가지고 있다.

한편 자율 거버넌스는 공유재(the commons) 관리에 적용될 수 있다. Hardin(1968)은 '공유재의 비극', 즉 개인들이 공유재를 과다 사용하는 데 따른 고갈을 방지하기 위하여 민영화하거나 국가 규제를 주장하였다. 그러나 Ostrom(1990)은 공유재의 자율 거버넌스를 또 하나의 대안으로 제시하고 있다. Ostrom은 자연자원의 사용자들이 그 자원을 효과적이면서 지속가능한 방식으로 자율적으로 관리할 수 있도록 하는 제도를 개념화하고, 분석하고, 설계하려고 시도하였다. Kooiman(2003: 90)은 Ostrom이 이론화한 지속가능한 자율 거버넌스 제도에 관한 모형을 상당히 높게 평가하고 있다. [Box 4-1]에 2014년 9월 홍도유람선 좌초사고를 지역주민 스스로 극복한 자율거버넌스의 성공사례가 제시되었다.

Box 4-1: 자율거버넌스 성공사례

정수용・이명석(2015)은 2014년 홍도유람선 좌초사고 구조사례에서 '유람선좌초(재난)라는 사회문제에 대해 공동체 구성원들의 신속한 자율구조라는 대응이 어떻게, 왜 가능했을까?'라는 질문에 대한 답을 찾고자 하였다. 이 사례는 2014년 9월 30일 오전 9시 5분 홍도 인근 해상에서 유람선이 좌초되자 뒤따르던 다른 유람선 선원이 급박하게 구조 요청 신고를 하고, 이어서 마을에서는 싸이렌이 울리고 마을방송이 이루어져 주민 60여명이 정박 중인 어선과 유람선에 나눠 타고 현장해역으로 출동하여 사고신고 후 20여분 만에 110명을 전원 구조한 사례이다. 즉 '공동체의 재난상황'이라는 공동체가 직면한 공유재 문제(Hardin, 1968)를 자율거버넌스를 통하여 성공적으로 극복하였다.

연구자들은 주민자율구조 성공요인으로 1) 대안의 결핍, 2) 공동운명체 전통, 3) 사익과 공익의 연계성, 4) 유람선회사와 주민 중첩성, 5) 높은 신뢰도와 좁은 신뢰반경, 6) 협력의 진화라는 속성을 지적한다. 연구자들은 홍도 사례를 통하여 공동체가 달성해야 하는 공익이 개인의 사익과 적절히 연계되고, 구성원 간의 신뢰와 협력을 촉진하는 리더십 등 여러 촉진요소들이 존재하는 경우 협력이 가능할 수 있다는 사실을 발견하였고, 이러한 분석결과는 다양하고 복잡한 공동체 문제 해결을 위한 네트워크 거버넌스 구상에 많은 시사점을 줄 수 있을 것으로 기대된다고 주장한다.

출처: 정수용・이명석. 2015. 대안적 조정양식으로서의 네트워크 거버넌스: 홍도 유람선 좌초사고 민간자율구조 사례를 중심으로. 25-49.

(2) 공동 거버넌스와 공동생산

① 공동 거버넌스의 개념

많은 학자들은 공동거버넌스(co-governance)를 거버넌스 개념 그 자체로 보기도 한다. 공동 거버넌스는 다양한 형태의 공동 노력을 포함하는데, 그 핵심 요소는 상호작용하는 당사자들이 함께 추구하는 '공통점'을 가지고 있으며, 거기에 어떠한 방식으로든 자율성과 정체성의 이해관계가 걸려 있다는 것이다(Kooiman, 2003: 96). Kooiman은 공동 거버넌스의 아이디어를 진척시키는데 협력(collaboration) 또는 협동(co-operation)의 방식이 중요하다고 본다. 공동 거버넌스의 핵심은 정부부문과 민간부문 행위자들 사이에 이루어지는 상호작용의 개념이다.

공동 거버넌스는 현대 사회의 복잡성, 다양성, 동태성에 대응하여 사회 행위자들이 복잡하고 다양하게 변화하고 있기 때문에 거버넌스에서도 정부와 민간부문 행위자들이 다양한 형태의 협력과 네트워킹이 필요하다는 점을 강조한다. 따라서 공동 거버넌스에서는 정부와 민간부문 행위자들이 상호호혜의 원칙에 기초하여 원활한 의사소통을 통한 거버넌스를 중시한다.

② 공동생산

최근에 공동거너번스의 구체적인 형태를 포괄하는 우산개념(umbrella concept)으로 정책 공동생산(co-production)이라는 개념이 대두하였다. 국내외 학자들의 다양한 주장을 검토한 후 권향원·윤영근(2020)은 정책 공동생산을 "공공문제 해결을 위한 정책과 사업의 기획, 설계, 전달, 평가 등 각 단계에서 정부의 제한된 문제해결 역량의 한계를 극복하기 위하여 민간 전문가, 사회 활동가, 정책 이해관계자 등 참여자들과의 협업을 적극적으로 공동수행 하는 것"으로 정의한다. 참여자 간의 구조적 연결관계에 보다 주목하는 '참여적 거버넌스'에 비하여, 정책 공동생산은 구체적인 협력의 방법론을 고민한다는 점에서 좀 더 실천적이고, 과정적이며, 전략적인 개념이라고 본 것이다. '정책 공동생산'은 참여자들의 참여와 소통을 용이하게 하기 위한 제도화된 참여플랫폼으로서의 '정책 랩'(policy lab), 참여자 간 집단 지성을 통한 창의적인 솔루션 도출을 위한 '정책실험'과 '사회혁신'(social innovation), 참여자 간 소통을 효과적으로 이끌어가기 위한 다양한 '커뮤니케이션 방법론' 등 거버넌스 개념이 적극적으로 다루지 않았던 다양한 실천적, 전략적 개념들을 포괄한다고 보았다. 〈표 4-4〉에 정책의 기획단계, 집행단계, 그리고 평가단계별로 구체적인 공동생산의 구성개념의 유형과 이에 대한 설명이 제시되었다.

표 4-4 정책 공동생산(co-production) 구성개념 및 설명

	구성개념	설 명
기획단계	공동기획 (co-planning/ co-commissioning)	정부, 이해관계자(혹은 정책대상자), 전문가가 함께 정책 문제를 정의하고, '문제해결을 위한 방향성과 방법론' 및 '대안 간의 우선순위 등을 설정'하는 것을 의미. 주로 '참여형 위원회'의 형태로 운영.
	공동설계 (co-designing) 사회혁신 (social innovation) 공동혁신 (co-innovation)	기존의 정형화 된 해법이 한계를 갖는 공공문제 해결을 위해 기발하고 창의적인 대안 모색을 가능하게 하는 참여자들의 집단지성, 실험, 시제품화(prototyping) 등을 활용하는 것을 의미. 이 과정에서 해법설계 작업의 '공동적 성격'을 강조하는 경우 '공동설계'(co-design), 사회부문 행위자들의 혁신적 역량을 강조하는 경우 '사회혁신'(social innovation)이라고 부름. 사회혁신은 사회부문 행위자들의 지속가능한 문제해결 역량 배양까지 포괄하는 학습적 관점.
집행단계	공동집행 (co-implementation) 공동전달 (co-delivery) 공동자금조달 (co-financing)	효율성 혹은 생산성의 이유에서 정부가 직접 정책과 사업을 수행하지 않고, 외부의 민간(혹은 사회)부문 행위자의 도움을 받는 것을 의미. 경우에 따라 정부의 정책과 사업을 완전히 외부 행위자에게 위탁(commission)하는 경우도 있음. 공동자금조달의 경우 부족한 정부재원을 충당하기 위해 민간의 투자자금을 유치하는 방식이 일반적임.
	공동창출 (co-creation)	공공문제 해결 활동을 통해 사회부문에 부가적인 긍정적 영향(가치)을 적극적으로 창출하는 것을 의미. 가령, '공동설계'는 문제해결 그 자체를 과업으로 보고 있으나, '공동창출'은 주어진 문제해결을 모색하는 과정에서 부가적으로 창출할 수 있는 가치가 있다면, 이를 적극적으로 추구하는 것을 의미함.
평가단계	공동평가 (co-assessment)	정부, 이해관계자(혹은 정책대상자), 전문가가 함께 정책성과를 평가하고, 바람직한 개선안을 모색하기 위한 환류과정을 가지는 것을 의미.

출처: 권향원·윤영근. 2020. 공공문제해결을 위한 '정책 공동생산'(co-production)의 개념적 이해 및 사례의 유형화 연구. p. 4. 〈표 1〉.

(3) 계층제 거버넌스

막스 베버가 적절하게 묘사한 합리적, 관료제적, 계층제 거버넌스는 과거의 영광을 일부 상실하기는 했지만 여전히 사회적 거버넌스의 주요 유형으로 남아 있다. 계층제적 거버넌스는 국가관료제뿐 아니라 가톨릭 교회의 조직에서도 나타나고 있다. Kooiman은 계층제적 거버넌스라는 용어를 통치의 상호작용유형에서 하향적 특성을 강조하기 위하여 사용하고 있다. 사회적 상호작용의 형태 중에서 계층제 거버넌스는 가장 '수직적'이며 공식화된 형태이다.

계층제적 거버넌스에서 핵심적인 개념은 조종(steering)과 통제(control)인데, 조종이라는 용어가 정치적인 성격을 띠고 있는데 비하여 통제라는 용어는 행정적인 의미를 가진다. Kooiman은 국가는 공동화되는 경향이 나타나는 가운데에도 여전히 중심적이고 어디에나 존재하는 사회적 실체라고 본다. 공동거버넌스가 강조되는 경향에서도 국가의 역할 또는 계층적 거버넌스가 여전히 핵심적인 역할을 한다고 보는 입장은 Pierre & Peters(2000) 등의 주장에서도 나타나고 있다.

3) 거버넌스의 중층성과 메타거버넌스

(1) 중층 거버넌스와 다수준 거버넌스

거버넌스는 그 차원이 다양한 중층적(multi-order)인 개념이며 또한 수준이 다양한 다수준(multi-level) 개념이다.

① 중층 거버넌스

중층 거버넌스(multi-order governace)란 여러 차원의 거버넌스가 중첩되어 있는 상황을 의미한다. Kooiman(2003)은 1차 거버넌스, 2차 거버넌스, 그리고 메타(3차) 거버넌스를 구분한다. 1차 거버넌스는 구체적인 사회문제를 해결하고, 사회적 기회를 창출하기 위한 행위자 사이의 일상적인 상호작용을 말한다. 2차 거버넌스는 1차 거버넌스가 실행될 수 있는 맥락을 제공하는 제도를 작동하고 유지하는 것을 말한다. Kooiman의 2차 거버넌스는 제도의 중요성을 강조하는 신제도론자들의 주장과 유사하다. 즉 일상적인 실제 사회문제 해결을 위한 사회적 조정이 이루어지는 1차 거버넌스가 존재하고, 이러한 거버넌스를 조정하는 상위 거버넌스와 차상위 거버넌스가 존재하는 것으로 본다. 유사한 맥락에서 Lynn, Heinrich & Hill(2001: 35-37)은 거버넌스의 차원을 일상적인 업무수행 수준의 기술적 거버넌스, 조직 관리 수준의 관리적 거버넌스, 그리고 입법 활동 수준의 제도적 거버넌스로 구분하고 있다.

한편 Ostrom(1990)은 공유재의 자율 거버넌스에 대한 접근방법에서 상이한 수준에서 중층적인 규칙이 핵심적인 역할을 담당한다고 본다. 첫째, 운영적 수준에서 공유재의 사용자들의 일상적 선택에 관한 규칙, 둘째, 공유재를 관리하는 정책을 규정하는 것을 목적으로 하는 집합적 선택에 관한 규칙, 셋째, 거버넌스에 관한 판결과 변경을 조직화하는 헌법적 선택에 관한 규칙이 마련되어야 자율 거버넌스가 이루어질 수 있다고 본다. Ostrom이 주장한 중층적 거버넌스의 구조는 Kooiman(2003)과 Lynn, Heinrich & Hill(2001)의 거버넌스의 중층성에 관한 논의와 같은 맥락에서 이해할 수 있다.

② 다수준 거버넌스

다수준 거버넌스(multi-level governance)는 초국가, 국가, 지역 및 지방 정부가 영토 전반에 걸친 중요한 정책 네트워크에 어떻게 얽혀 있는지 기술하는 것으로, '영토의 여러 수준에서 중첩되어 있는 정부들(nested governments) 사이의 지속적 교섭'을 의미한다(Bache et al., 2016). 앞의 [그림 4-2]에서 살펴보았듯이 다수준 거버넌스 이론가들은 중앙정부수준의 역량은 약화되는 반면 초국가 수준과 지방정부 수준의 역할이 확대되고 있다고 주장한다. 이러한 상황에서 다수준 거버넌스는 특히 지방 수준 정부의 역할을 강조하면서 수직적 차원의 정부간 관계에 초점을 맞춘다. 다음에 살펴보게 될 정부부처간 정책조정이 한 수준의 정부내에서 조직간의 수평적 정책조정에 초점을 맞추는 것과는 대조적으로 다수준 거버넌스는 수직적 차원의 정부간 정책조정에 관심을 가진다.

(2) 메타 거버넌스

① 메타 거버넌스의 개념

메타 거버넌스는 거버넌스에 관한 거버넌스(governance of governance)로서 사회적 문제해결이 이루어지는 제도적인 틀에 관한 조정을 말한다. 메타 거버넌스는 Jessop(2003)이 제기했던 상위 차원의 거버넌스이기도 하다. 메타 거버넌스는 거버넌스의 세 유형인 계층제, 시장, 그리고 네트워크를 어떻게 조정할 것인가에 관한 것이다. 새로운 거버넌스인 네트워크를 통한 정책조정이 효율성과 책임성의 측면에서 항상 성공적인 것은 아니다. 정책의 혜택 또는 비용이 고도로 집중되어 있을 때 네트워크를 통한 정책조정은 공공의 이익을 등한시하고 소수의 강력한 이익집단에 유리하게 결정할 수 있다(Kjær, 2004). 즉, 계층제적 거버넌스뿐만 아니라 네트워크 거버넌스도 역시 효율성과 책임성의 측면에서 실패할 수 있다. 그러므로 계층제, 시장, 그리고 네트워크 거버넌스 또는 자율거버넌스와 공동거버넌스 등의 유형 가운데 특정 상황에 적합한 유형이 무엇인지 판단하여야 한다. 예를 들면 김병섭·김정인(2016)은 위험의 유형에 따라 위험의 사전예방과 사후복원에 적합한 거버넌스 대안이 달라져야 한다고 본다([Box 4-2] 참조).

이러한 관점에서 Jessop(2002)은 메타 거버넌스를 국가가 다양한 거버넌스 유형 중에서 선택하거나 혼합하여, 각 거버넌스 유형과 관련된 실패의 위험을 완화하고 거버넌스가 작동되고 운영될 수 있는 조건을 구조화시키는 권한을 행사하는 것으로 본다. 한편 Kooiman(2003: 171)은 메타 거버넌스의 핵심은 각 상황에 적합한 거버넌스 유형이 무엇인지 판단하는 규범과 기준을 설정하는 것으로 본다. 요약하면 메타 거버넌스 또는 전략적 거버넌스(strategic governance)는 여러 가지 유형의 거버넌스 배열 가운데 조정하는 규범과 기준을 설정하고, 특정 상황에서 이를 어떻게 활용해야 하는지 판단하는 것이다.

② 메타 거버넌스와 메타 조정자

메타 거버넌스는 구체적 상황에 적합한 거버넌스 대안이 다르다는 것을 전제로 특정 상황에 적합한 거버넌스 대안을 판단하는 것과 관련된다. 메타 거버넌스에서 핵심적인 질문은 궁극적으로 누가 메타 조정자(meta-governor)인가? 에 관한 것이다. 메타 거버넌스에 관한 문헌에서 누가 조정자인지 명확하지 않지만 조정권한은 공공부문 행위자뿐만 아니라 민간부문 행위자가 행사할 수도 있으며, 네트워크 참여자들이 집단적으로 행사할 수도 있다.

메타 거버넌스의 핵심을 특정 상황에 적합한 거버넌스의 규범과 기준을 설정하는 권한으로 볼 경우, 민주적인 거버넌스 네트워크에서 그 권한은 궁극적으로 선출된 정치인에게 있다(Sórensen, 2016: 424). 또한 선출직 공직자들은 거버넌스 네트워크에서 그들이 대표하는 사람들에게 책임도 함께 져야 한다.

한편 메타 거버넌스의 핵심을 다양한 거버넌스 유형 가운데 선택하는 권

Box 4-2: 위험유형에 적합한 거버넌스 대안

김병섭・김정인(2016)은 신종위험이 속출하는 위험사회에서 정부의 거버넌스 대안은 위험의 유형에 따라 달라져야 한다고 본다. 위험문제의 특성(불확실성과 예측불가능성이 낮음 vs 높음)과 위험대상집단의 규모(제한된 대상 vs 불특정다수)에 따른 네 가지 유형별로 적합한 거버넌스가 달라야 한다는 것이다.

표 위험유형에 따른 거버넌스

관련된 위험문제 특성 위험 대상집단		불확실성과 예측불가능	
		낮음	높음
대상집단의 제한성	제한된 대상	【위험 I 유형】 (예: 세월호 참사와 구의역 스크린도어 사망사고) 관료제적 거버넌스	【위험 II 유형】 (예: 후쿠시마 원전사고와 광우병 사태) 네트워크 거버넌스
	불특정 다수	【위험 III 유형】 (예: 교통사고) 시장적 거버넌스	【위험 IV 유형】 (예: 메르스와 미세먼지 사태) 네트워크 거버넌스

첫째, 세월호 참사와 구의역 스크린 도어 사망사고와 같이 대상집단이 제한되고 불확실성이 낮은 유형 I의 경우는 관료제적 거버넌스가 적합하다. 민간위탁의 경우에도(예: 구의역 스크린도어 사망사고) 관리・감독 기능을 철저히 강화해야 한다.

둘째, 후쿠시마 원전사고와 광우병과 같이 대상집단은 제한되지만 불확실성이 높은 II 유형의 문제를 해결하려면 위험과 관련된 정책공동체(policy community)를 형성하여 위험에 대한 지식과 경험을 공유하고, 상호 정보를 교환하는 것이 필요하다. 정부는 적극적인 중재자(arbitrator) 역할을 수행하여야 한다.

셋째, 교통사고와 같이 불특정 다수에게 적용되지만 위험에 대한 사전적 지식이 충분하고 불확실성이 낮은 유형 III의 경우 불특정 다수가 모두 위험을 줄일 수 있도록 신고포상금제 확대 등 시장적 거버넌스 구축 방안도 모색할 필요가 있다.

마지막으로 메르스와 미세먼지 사태와 같이 불특정 다수에 적용될 수 있고 사전지식과 예측가능성이 충분하지 못한 유형 IV의 경우 정부가 이에 대응하기가 쉽지 않기 때문에, 민간과의 협치가 불가피하다. 위험의 이해관계자들 사이에 네트워크 거버넌스를 구축하고, 일반국민과도 적극적으로 위험소통(risk communication)할 필요가 있다.

출처: 김병섭・김정인. 2016. 위험유형에 따른 정부 책임성과 거버넌스에서 요약.

한으로 볼 경우, 상호작용적 거버넌스 영역에서 그 권한을 행사하려면 메타 조정자(meta-governor)는 네트워크에서 중심적 위치를 차지하고, 민주적 정당성을 가져야 하며, 재정적 자원과 조직적 자원을 보유하여야 한다(Torfing, 2016: 533). 실제 메타 거버넌스의 상황에서는 네 가지 수단을 모두 보유한 공공관리자가 전형적인 조정자가 될 수 있다. 때로는 조정자 역할을 특정 거버넌스 네트워크 구성원들이 집합적으로 담당하거나 주요 조직 또는 전문 조력자(facilitator)에게 위임할 수 있다.

Ⅳ. 정부부처간 정책조정

1. 정책조정의 개념과 메커니즘

1) 정책조정의 중요성

국정이 갈수록 전문화되고 복잡해 짐에 따라 부처간 정책갈등의 폐해를 최소화하기 위한 정책조정 메커니즘의 구축과 운영은 어느 나라에서나 초미의 관심사가 되고 있다(이송호, 2008: 12). 부처간 갈등은 결정해야 할 정책문제가 여러 부처에 걸쳐 있을 경우에 발생한다.[5] 예를 들어, 지속가능발전이 주요 이슈로 등장한 환경문제를 둘러싸고, 이산화탄소를 배출하는 에너지원의 억제, 과학기술을 활용한 신재생에너지 생산, 저소득층에게 저렴한 에너지 공급의 필요성 등이 대두되어 환경부처, 에너지부처, 과학기술부처, 복지정책부처 등의 협력과 조정이 필요하다. 일반적으로 각 부처는 자율성(autonomy)을 가지고 운영되므로 타 부처의 정책문제에 자신의 부처가 관련이 없을 경우에는 타 부처의 관할권을 중시하여 원칙적으로 개입하지 않는다. 그런데 각 부처들이 자율적으로 운영되는 과정에서 부처할거주의가 작동하며, 여기에 부처별로 형성된 상이한 정책 지지집단과 수혜집단이 존재하므로, 부처간 정책갈등이 발생할 경우 자율적으로 조정하기가 어렵다.

---

5) 정부부처간 정책조정은 Namkoong. 2020. Coordination of Public Organization in South Korea의 일부를 우리말로 요약하였다.

신공공관리 개혁을 추진하면서 자율성을 강조하는 책임운영기관(agency)을 다수 설치한 영국, 호주, 뉴질랜드 등에서는 횡적 조화와 협조가 미흡하여 다부처 관련 문제의 해결 역량이 더욱 약화되었다. 즉, 부처별 목표와 책임을 강조하면서 수직적 능률성은 크게 향상되었으나, 부처간 칸막이 현상(siloization)이 공고화되어 부처간 조정이 더욱 어려워진 것이다(Bouckaert, Peters & Verhoest, 2010). 이들 국가에서는 새로운 국정운영의 방향으로 연계형 정부(joined-up government) 또는 총체형 정부(whole-of-government)를 강조하고 있는데 이는 정책영역별로 부처간 모순과 갈등을 조정하기 위한 네트워크와 정책조정기능이 강화되어야 한다는 것이다(Christensen & Lægreid, 2007).

2) 정책조정의 개념

(1) 개 념

이 책에서 관심을 가지는 정책조정(policy coordination)은 정책의 내용을 둘러싼 부처간 갈등과 입장을 조율하는 것이다. 학술적 의미에서 정책조정은 정책 및 결정이 이루어지는 과정(process), 그리고 그 과정의 결과(outcome)라는 두 가지 관점에서 논의되어 왔다(Alexander, 1995; Peters, 2013). 조정을 과정의 관점에서 정의한 Hall과 공저자(1977: 459)는 조정을 "하나의 조직이 자신의 활동에서 다른 조직의 활동을 고려하려고 노력하는 정도"라고 본다. 유사하게 Hayward & Wright(2002: 20)도 결과보다는 절차를 강조한다. 이들은 과정으로서 조정은 정책행위자들의 상호의존관계 맥락에서 통합이 필요한 갈등이 예상되거나 실제로 발생할 때 합의에 도달하지는 못하더라도 그 갈등을 관리하려는 노력이라고 본다. 한편 결과를 강조하는 관점에서 Lindblom(1965: 154)은 일련의 결정에서 "하나의 결정이 다른 결정에 미치는 부정적 결과를 어느 정도 회피, 감소, 상쇄, 또는 억제하는 조절(adjustments)이 이루어졌다면, 조정이 이루어진 것"이라고 보았다. 이러한 맥락에서 Peters(1998: 296)는 조정을 "정부의 정책과 프로그램에 중복성(redundancy), 비일관성(incoherence) 및 빈틈(lacunas)이 최소화된 최종상태(end state)"라고 정의한다.

이 책에서는 부처간 정책조정을 "공동의 목표를 달성하기 위하여 관련

부처의 정책결정 및 집행활동을 통합하려는 상호작용의 과정과 그 결과"라고 보겠다. 상호작용의 과정에 관련부처와 중재기관이 참여할 수 있다. 여기에서 통합이란 정책의 목표와 수단에 관한 관련 부처의 입장을 조율하고 조정하여 정책을 재구성하는 것을 의미한다. 유사한 맥락에서 이송호(2019: 44)는 정책조정을 "관련 정책입장들을 통합하거나 조화롭게 하기 위해 정책입장들의 구성요소를 재구성하는 작업"이라고 정의한다.

(2) 정책조정 성공의 판단기준

정책조정의 성공여부는 성공 또는 실패라는 이분법이 아니라 하나의 연속선상에서 특정 상태에 도달한 정도로 판단해야 한다. 예를 들면, Metcalfe (1994: 280-284)는 조정의 과정과 결과를 포함하는 조정역량(coordination capacities)의 척도를 ① 부처에 의한 독립적 결정, ② 타 부처와의 의사소통(정보교환), ③ 타부처와 협의(피드백), ④ 부처간 입장 차이의 해소, ⑤ 부처간 합의 모색, ⑥ 부처간 정책 차이의 중재, ⑦ 부처의 행위에 한계 설정, ⑧ 정부의 우선순위 설정, ⑨ 전정부적 전략 설정 등 아홉 단계로 구분한다. 즉 가장 낮은 단계인 부처의 독립적 결정은 사실상 조정의 부재 상태를 말하며, 가장 높은 수준에서 정부의 모든 영역을 포괄하는 전정부적인 전략은 모든 부처의 정책과 프로그램이 반드시 따라야 하는 전략적 결정을 말한다. 이러한 정책조정 척도에서 특정의 정책과 프로그램이 일정 척도수준의 조정역량에 도달할 경우에도 더 높은 척도수준의 조정역량에는 도달하지 못할 수 있다.[6]

3) 수직적 정책조정과 수평적 정책조정

여러 공공기관 사이의 상호작용이나 상호작용 부재와 관련된 정책 조정의 여러 차원(Boukaert et al., 2010: 19-25; Peters, 2015: 9-19) 가운데 수직적 조정과 수평적 조정에 관한 논의가 중요하다. 수직적 조정은 계층적 단계의 상위단위와 하위단위 사이의 조정을 의미한다. 여기에는 정부차원

---

6) Metcalfe(1994: 281-282)는 자신의 정책조정 척도를 거트만 척도의 일종이라고 주장하는데 거트만 척도란 척도상의 값들이 단일차원(uni-dimensional)에 배열되고, 누적적인 특징을 갖는다. 예들 들어 어떠한 정책조정이 정책조정척도에서 ⑥단계인 '부처간 정책 차이의 중재'에 도달했다면 그 이전 단계까지도 당연히 도달한 상태이지만, ⑧과 ⑨단계에는 이르지 못했다는 것이다. 거트만 척도에 관하여는 남궁근. 2017. 「행정조사방법론」. 452-454 참조.

사이의 수직적 정책조정과 하나의 정부수준 내에서의 수직적 조정이 포함된다. 정부차원 간에는 중앙정부가 여러 지자체의 활동을 조정할 수 있다. 한 수준의 정부 내에서는 상위부서가 여러 하위부서들의 활동을 조정할 수 있다. '다수준 거버넌스'(multi-level governance)가 일반화되면서 정부수준 간 수직적 조정이 더욱 중요해지고 있다(Bouckaert et al., 2010: 24). 이와는 대조적으로 수평적 조정은 동일 계층의 조직 또는 단위들 간의 조정 형태를 말한다. 수평적 조정은 자발적인 성격을 가지는데 이는 어떤 조직도 다른 조직에게 권위에 의존하여 결정을 강요할 수 없기 때문이다. 정부에서 수평적 조정문제는 장관급 부처사이의 경계 때문에 효과적인 정부 정책수립과 집행이 저해되는 '부처할거주의'(departmentalism) 문제라고 부르기도 한다(James & Nakamura, 2015: 395). 정부부처는 각기 다른 장관들이 지휘하며 재정자원은 정책 영역이 아니라 각 부처에 할당된다(Heclo & Wildavsky, 1981). 각 부처는 고유한 업무 문화가 있고, 각각 공공부문, 시민사회 및 민간기업의 이해관계자들과 광범위한 연결고리를 가지고 있기 때문에 각 부처에 특유한 의제설정 및 업무수행방법을 가지고 있다. 그런데 정책 문제는 때때로 부처의 경계를 넘어 확장되며 이러한 문제에 효과적으로 대처하고 부처가 서로 영향을 미치는 '외부효과'의 부작용을 해결하기 위해서는 다부처간 조정이 필요하다. 이 책에서는 한국 중앙정부 차원의 수직적 정책조정과 수평적 정책조정에 초점을 맞추어 정책조정을 살펴보겠다.

4) 정책조정 메커니즘의 유형

거버넌스 유형의 구분과 유사하게 정책조정의 기본적 메커니즘은 일반적으로 계층제, 시장, 그리고 네트워크로 구분된다(Bouckaert et al., 2010: 35).

(1) 계층제에 기반을 둔 조정

계층적 조정메커니즘은 정부중심부에서 나오는 위계적 권위와 권력에 기초하고 있으며 공공 부문에서는 가장 친숙한 유형이다. 권위는 정당성을 내포하고 있기 때문에 권위있는 정부는 큰 저항 없이 통치할 수 있다. 만약 정부가 권위를 가지고 있지 않다면, 그 목적을 달성하기 위해 강제력에 의존해야 할 수도 있다(Bouckaert et al., 2010: 37).

공공부문에서는 두 가지 측면의 계층제 활용이 구분된다(Peters, 2015: 47). 첫 번째 측면은 계층제에 관한 정치적 개념에 기초한다. 이 개념에 따르면 공공부문 조직은 정치지도자에 의해 관리되고 있거나 최소한 통제되어야만 한다. 두 번째 측면은 관료제에 관한 막스 베버의 개념에 기초한다. 즉, 민주정치체제의 궁극적인 권위는 선출된 정치지도자들로부터 나오며, 관료제는 공공정책을 만들고 실행하는 데 있어 선출직 공직자의 지휘에 따를 것이 기대된다.

이론적으로 정치집행부의 정치행위자는 예산도구, 조직개편, 그리고 입법에 대한 영향력과 같은 다양한 수단을 활용할 수 있다. 그런데 실제로 대통령과 국무총리가 사용할 수 있는 계층적 통제 수단이 생각하는 것보다 적다. 그러므로 가장 중요한 계층적 통제의 요소는 정치지도자와 행정부처 고위공무원 사이의 접촉점(interface)이다. 이러한 접촉점이 부처간 정책조정에서 결정적인 역할을 담당한다. 계층제에서 나오는 공식 권력과 권위가 때때로 다른 기초에서 나오는 권력과 충돌할 때 조정이 어렵다. 즉, 정부부처와 고위 공무원들은 보유한 정보가 많으며 고객집단과의 밀접한 관계 및 입법부와의 직접적 관계에서 나오는 다른 유형의 권위를 가지고 있다. 관료제적 계층적 통제는 공공조직이 규칙과 내부 권위에 의하여 통제되는 관료제라는 가정에 기초를 둔다(Bouchaert et al., 2010: 37). 막스 베버는 계층제적 관료제가 조정의 원천이라고 주장하지만, 이러한 낙관적인 인식이 공공관료제의 실제 운영에서는 입증되지 않았다. 오히려 정부에서 조정문제의 주요 원천은 '전문화'이기 때문에 관료제적 조직구조는 대체로 효과적인 부처간 조정활동을 저해한다(Peters, 2015: 47).

요약하면 계층제에 기초한 행정부의 조정수단은 핵심행정부의 행위자, 즉 대통령, 국무총리와 그 참모들의 권위와 권력에 의존한다. 계선기관을 감독하고 지원하는 조직을 의미하는 핵심행정기관이 조정을 가능하게 하는 가장 보편적인 메커니즘이다(Peters, 2018: 7).

(2) 시장에 기반을 둔 조정

경쟁과 인센티브는 시장에서 참여조직의 행태를 통제하는 기본 메커니즘이다. 시장형 조정에는 상위 목적을 달성하기 위한 참여조직들의 자원과 정보의 자발적 교환이 포함된다(Peters, 1998: 298). 공공선택이론(Niskanen, 1971)에 따르면 공공부문 내에도 시장과 유사한 메커니즘이 만들어질 수 있다. 이러한 이론적 관점에서는 공공부문 조직을 효율적으로 관리하는 수단으로 경쟁, 결과지향적 계약, 그리고 성과관련 인센티브의 중요성을 강조한다(Bouckaert et al., 2010: 42). 공공부문 내에서는 계약의 활용이 시장에 기반을 둔 정책조정의 핵심 요소로 간주된다. 계약 내에서 자금을 성과에 연결하여 조직성과를 높이는 인센티브가 중요하다. 예를 들어, 시장형 정책조정의 구체적 수단으로 조직의 자금이 조직의 예상성과 또는 과거성과와 연결되는 결과지향적 성과관리 시스템을 생각할 수 있다(Bouckaert et al., 2010: 43; Talbot, 2010; Lim, 2019 참조).

(3) 네트워크에 기반을 둔 조정

정부행위자들 사이에 존재하는 네트워크가 조정의 메커니즘으로 활용될 수 있다. 네트워크란 구체적 정책 이슈를 둘러싸고 상호 의존적인 행위자들 사에에 형성된 안정적인 패턴의 상호작용을 의미한다(Klijn & Koppenjan, 2000; Bouckaert et al., 2010: 44). 네트워크에 기반을 둔 조정은 일반적으로 참여조직들 사이에 상호의존성과 신뢰에 의존한다. 특히 직업공무원들 사이에 개인적인 네트워크가 중요한 조정의 통로이다(Peters, 2018). 네트워크에 기반을 둔 조정의 관점은 시민사회 행위자들의 역할에 보다 개방적이라는 장점도 가진다(Peters, 1998: 299). 자문위원회, 협의체 및 심의기구의 형태로 공무원과 시민사회 행위자를 포함하는 네트워크는 보충적인 정책조정의 수단으로 활용될 수 있다. 여러 부처와 관계를 맺고 있는 시민사회 행위자는 정부부처들 사이에 모순과 빈틈을 찾아낼 수 있고, 보다 나은 정책조정을 위하여 귀중한 정보를 제공할 수도 있다.

(4) 종 합

이상에서 계층제, 시장, 네트워크라는 세 가지 기본적인 조정 메커니즘을 살펴보았다. 그런데 앞으로 살펴보게 될 대다수의 구체적 조정수단은 세 가지 메커니즘 가운데 하나에만 분명하게 해당된다고 보기 어렵다. 대부분의 조정수단은 어느 정도까지는 하이브리드이며 상이한 메커니즘을 결합한 것이다(Alexander, 1995; Bouckaert et al., 2010: 56). 더 나아가 맥락에 따라 조정전략은 다른 방식으로 사용될 수 있다. 예를 들면, 전략적 기획과정은 하향식 과제배분의 방법으로 사용될 수 있지만, 다른 한편으로는 공동 전략을 수립하는 양방향 과정으로 활용될 수 있다.

2. 정책조정의 수단

한국에서 부처간 정책조정 메커니즘으로는 대통령과 보좌관, 국무총리(실), 국무회의, 관계장관회의, 부총리제, 거대부처, 조정전담장관제, 그리고 차관회의 등 다양한 메커니즘이 시도되어 왔다(이하 이송호, 2008: 17-27; 김상묵, 2017; 정정길, 2010: 264-277 참조). 여기에서는 한국의 중앙정부에서 활용되는 정책조정수단들을 중앙정부 핵심행위자에 의한 조정, 집합적 의사결정기구에 의한 조정, 정부업무평가에 의한 조정, 그리고 고위공무원 네트워크에 의한 조정으로 구분하여 살펴보겠다.

1) 핵심행위자에 의한 조정

(1) 대통령과 정책보좌관

대통령은 행정부의 최고책임자로서 정부부처 사이에 발생하는 정책갈등을 조정할 수 있는 공식적인 권위를 가지고 있으므로, 대통령이 관여할 경우 상대적으로 신속하고 효율적으로 부처간 갈등을 조정할 수 있다(정정길, 2010: 267). 그러나 국정을 총괄하는 대통령의 시간, 정보와 관심도 한정되어 있으므로 대통령이 주도하는 정책조정에도 한계가 있다. 대통령 정책보좌관들은 대통령의 국정운영 방향에 부합되는 정책개발을 주도하거나 부처들이 추진하는 정책들이 대통령의 국정기조와 일치될 수 있도록 부처간 이견을 조정하는 등 정책조정에 직·간접으로 개입한다(이송호, 2008: 24). 특히 정책 이슈가 국가발전이나 대통령의 정치적 입장에서 볼 때 중요할 경우 정책보좌관들이 개입한다. 그러나 갈등 당사자인 부처들이 정책보좌관의 정책조정이 공평하지 않다고 생각하면 부처간 합의에 시간이 소요되고 갈등이 합리성보다는 정치적 타협에 의하여 타결될 가능성이 높다. 경우에 따라서는 대통령 어젠다를 추진하기 위하여 한시적으로 존속하는 대통령 직속 위원회가 정책조정을 위하여 활용되어 왔다.

(2) 국무총리와 국무조정실

내각제적 요소가 절충된 대통령중심제 국가인 우리나라에서 국무총리는 대통령의 명을 받아 부처간 정책조정업무를 수행한다. 사실상 국무총리(실)의 모든 업무는 정책조정과 직·간접으로 긴밀하게 연관되어 있다. 국무총리(실)의 정책조정 권한은 국무총리의 '행정각부의 통할권'(헌법 제86조)과 국무회의 부의장(헌법 제88조)으로서 '국정의 기본계획 및 정부의 주요 정책' 및 '행정각부의 주요한 정책의 수립 및 조정' 등을 심의하는 권한(헌법 제89조) 등에 근거한다. 국무총리의 정책조정은 각 부처에 대한 자료제출 요구, 보고청취 및 의견수렴, 실무조정협의체로부터 상급 조정협의체까지 다양한 형태의 협의체, 국무조정실장이 위원장인 각종 위원회와 차관회의, 국무총리가 위원장인 각종 위원회와 국무회의 등 다양한 형식과 방법으로 수행되고 있다(권용식, 2016).

국무총리실의 정책조정 사례에 대한 실증분석 결과, 그 동안 국무총리실의 정책조정은 상당히 효과적이었다고 평가되기도 한다(권용식, 2016; 유종상·하민철, 2010; 하민철, 2013). 한편 국무총리의 정책조정이 형식적이고 실효성이 약하다는 비판도 끊임없이 제기되어 왔다. 그 이유로는 첫째, 국무총리에게는 예산, 조직, 인사, 감사에 관한 권한 등 독자적으로 행사할 수 있는 수단이 부족하다는 점, 국무총리가 국무조정실을 통하여 수행하는 정책조정이 청와대의 정책조정과 중복되며 그 범위가 분명하지 않다는 점, 국무조정실의 전문성이 취약하다는 점이 지적된다(정정길, 2010: 271). 정책조정과정에서 국무총리의 실질적인 영향력은 제도운영과정에서 대통령이 국무총리를 얼마나 신임하고 권한을 위임하느냐에 달려 있다.

(3) 부총리

부총리제는 부처간 갈등을 계층제적으로 해결하려는 제도이다. 즉, 업무상 관련성이 크기 때문에 갈등이 많은 부처들 가운데 그 업무분야 주무부처 장관을 부총리로 격상시켜 그로 하여금 부처간 갈등 이슈들을 해결하도록 하는 제도이다(이송호, 2008: 18-20). 부총리제도는 부처 수가 많은 공산주의 국가들에서 활성화된 적이 있으며, 우리나라에서도 활용되어 왔다. 부총리가 조정력을 발휘할 수 있으려면, 부총리가 대통령의 입장을 대변할 수 있을 만큼 신임과 위임을 받거나 정치적 역량을 갖추어야 하고, 관련부처를 통할할 수 있는 최소한의 메커니즘과 수단(예산배분권 또는 기획통제권)이 갖추어져야 한다. 그러나 이러한 조건을 갖추기 어렵기 때문에 부총리제도는 정책조정력 강화에 기대한 만큼 실질적으로 공헌하기 어렵다(이송호, 2008: 20).

우리나라의 경우에는 예산편성권을 가진 경제부총리의 경우에는 위의 두 조건을 어느 정도 갖추고 있어 상당한 조정력을 발휘할 수 있다. 한편 교육부총리, 통일부총리, 과학기술부총리 등은 이러한 조건을 충분히 갖추고 있지 않아 조정력을 발휘하기 어려웠다. 효과적인 정책조정을 위해 필요한 것은 부총리라는 직급보다는 명확한 권한위임과 효과적인 통제수단의 확보일 수 있다(전영한, 2012).

(4) 거대부처

거대부처(super-department)는 협력의 필요성과 갈등의 여지가 많은 2~3개 부처를 통합한 부처를 말한다. 거대부처를 만드는 이유는 기관 대 기관으로서 협의 조정하는 것이 쉽지 않아 단일부처를 만들어 부처 내부에서 계층제적으로 조정문제를 해결하고자 하는 것이다. 우리나라의 경우에도 김영삼 정부에서 경제기획원과 재무부를 재정경제원으로, 건설부와 교통부를 건설교통부로, 상공부와 동력자원부를 상공자원부로 통합한 경험이 있으며, 김대중 정부 출범시 총무처와 내무부를 행정자치부로 통합하였고, 이명박 정부는 교육부와 과학기술부를 교육과학기술부로 통합하는 등 정권이 교체될 때마다 거대부처가 탄생하기도 하였다. 거대부처는 정책조정의 측면에서는 유리하지만, 분야별 정책전문성과 자율성이 약화되고, 내부 비효율이 나타날 가능성이 크다.

(5) 조정전담장관제

조정전담장관제(coordinating minister)는 장관들 가운데 한 두명을 조정전담장관으로 임명하여 이들로 하여금 중립적인 입장에서 갈등 당사자 부처 사이를 오가면서 갈등을 중재 또는 조정하도록 하는 제도이다. 조정전담장관은 관할하는 부처조직이 없으며, 소규모 지원스탭만 거느린다. 조정전담장관은 갈등 당사자의 입장을 충분히 청취한 후 양보나 합의를 유도하거나 제3의 중재안을 제시하여 수용하게 하는 방식으로 갈등을 조정한다. 과거 우리나라에서 둔 적이 있는 무임소장관, 정무장관 또는 특임장관을 조정전담 장관으로 볼 수 있다. 조정전담장관제는 매우 신축적으로 운영될 수 있으나, 대통령이나 총리가 이를 어떻게 활용하느냐에 따라 성과가 달라진다.

2) 집합적 의사결정기구에 의한 조정

(1) 국무회의

모든 장관들로 구성된 국무회의 또는 내각회의(cabinet meeting)는 공식적으로 국가의 주요정책에 관한 부처간 이견을 조정하도록 되어 있다. 우리나라의 경우 국무회의는 정부의 권한에 속하는 중요한 정책을 심의하는 기구로 대통령이 의장이 되고, 국무총리 및 15인 이상 30인 이하의 국무위원으로 구성된다(헌법 제88조). 우리나라 헌법은 대통령이 국가 원수이자 행정부 수반으로서 해야 하는 일의 대부분에 대해 국무회의 심의를 반드시 거치도록 명확히 규정(헌법 제89조)하고 있다.

그러나 국무회의는 부처간 정책조정기구로서 실질적인 역할은 미흡하고 이미 조정되고 결정된 정책들을 사후에 최종 확정하여 정부정책으로서 정당성을 부여하는 기구로 성격이 변화하였다(이송호, 2008: 17-18; 전영한, 2012). 그 이유는 국무회의의 규모가 너무 확대되어 쟁점이슈들을 실질적으로 토론하고 조정하기 어려워졌다는 점, 부처간 쟁점 이슈들이 복잡해 짐에 따라 그 심의와 조정에 상당한 정보와 전문지식이 필요한데, 모든 장관들이 참여하는 국무회의에서 논의하기에는 비효율적이라는 점, 부처간 정책조정을 필요로 하는 쟁점 이슈들이 크게 증가하여 국무회의에서 적시에 처리하기 어려워졌다는 점, 국무회의 참석자들은 항상 시간부족에 시달리고 있다는 점 등이다. 그러므로 내각제 국가나 대통령제 국가에서나 국무회의가 실질적인 정책조정기구로서 위상을 대부분 상실하였다.

(2) 관계장관회의

관계장관회의는 유사한 정책 이슈들을 깊이 있고 효율적으로 논의하기 위해 소수의 관련부처 장관들로 구성된 회의체이다(이송호, 2008).[7] 관계장

7) 미국은 관계장관회의(Council), 영국은 내각위원회(Cabinet Committee), 프랑스에서는 관계장관회의(Conseil Interministériel)이라는 명칭을 사용한다.

관회의는 효율적인 토론이 가능하도록 통상 10명 이내의 장관들로 구성된다. 관계장관회의는 논의할 정책이슈와 직접 관련된 장관들로 구성되어 부처 간 합의를 이끌어내는 정책조정 기제이다.

우리나라에서 관계장관회의 시스템이 체계적으로 구축되기 시작한 것은 1960년대 초 당시 국정 현안인 경제개발의 추진과 북한 남침의 억제에 필요한 정책들을 심의 조정하기 위하여 경제장관회의와 국가안전보장회의를 설치하면서부터이다(이송호, 2008: 39). 그 이후 부처간 정책조정의 필요가 대두될 때마나 법률, 대통령령, 총리훈령 등을 근거로 다양한 형태의 관계장관회의가 설치·운영되어 왔다. 이러한 회의체는 상설여부에 따라 상설기구, 한시기구 또는 임시 기구로 분류할 수 있고, 업무의 범위에 따라 총괄 기구와 정책분야별 기구로 분류할 수 있다.

가장 대표적인 형태는 정책분야별 관계장관회의이며, 가장 긴 역사를 가진 경제관계장관회의, 국가안전보장회의 등이 여기에 해당한다. 경제관계장관회의는 정부의 경제정책을 총괄 조정하는 기구이다.[8] 국가안전보장회의는 국가안전보장에 관련되는 대외정책·군사정책과 국내정책의 수립에 관하여 국무회의의 심의에 앞서 대통령의 자문에 응하기 위하여 1960년대에 설치된 기구이다.[9]

한편 국정현안점검조정회의는 국무총리가 주재하여 국정 현안 가운데 시급한 해결을 요하는 갈등이슈들을 논의하고 조정하는 관계장관회의 기구이다([Box 4-3] 참조). 이 기구는 갈등당사자간 원활한 소통과 담론의 장을

8) 2013년 박근혜 정부가 들어서면서 개편된 정부조직법에 따라 과거 '경제정책조정회의'가 '경제관계장관회의'로 명칭이 변경되었다. 경제부총리 겸 기획재정부 장관 주재하에 각 부처 장관들이 모이는 경제관계장관회의에서 ① 재정·금융·세제 부문 가운데 금융생활과 연관을 미치는 사항, ② 재정 지출을 수반하는 부처 주요 정책이나 관련 중장기 계획 가운데 재정 지출과 관련된 사항, ③ 경제정책 관련 안건 가운데 부처 간 조정이 필요한 사항 등 우리나라 주요 경제정책들이 심의·조정된다. 출처: [네이버 지식백과] 경제관계장관회의, 2017년 4월 17일 접근.

9) 헌법에 명시된 헌법기관이었지만 대통령이 자문을 거치지 않고 바로 국무회의의 심의에 붙인 경우에도 효력에는 영향이 없어 오랫동안 사실상 사문화됐던 것을 국민의 정부 출범 후인 1998년에 상설화하였다. 국가안전보장회의는 대통령을 의장으로 하고, 국무총리와 국가정보원장, 통일·외교통상·국방부장관과 대통령 비서실장, 국가안전보장회의 사무처장(청와대 국가안보보좌관)등 8명으로 구성된다. 비서실장과 사무처장은 '국가안보회의 운영 등에 관한 규정' 제2조에 따른 참석멤버다. 출처: [네이버 지식백과] 국가안전보장회의, 2017년 4월 7일 접근.

Box 4-3: 국정현안점검조정회의

문재인정부의 국정현안점검조정회의(이하 조정회의)의 기원은 2003년 노무현 정부의 '국정현안정책조정회의'로 각종 사회적 갈등이슈들에 대하여 효율적으로 대응하기 위하여 국무총리 주재로 관련부처 장관들과 청와대 수석비서관들이 참여하는 일종의 비공식간담회로 출발하였다(이송호, 2008: 59-63).

노무현 정부에서 조정회의를 설치한 이유는 국정현안을 둘러싼 이해관계집단들 간의 갈등으로 사회불안이 가중되었음에도 불구하고 부처간 책임회피와 이견 때문에 효율적으로 대처하지 못하였기 때문이다. 예를 들어 2003년 초 두 차례에 걸친 화물연대 파업으로 물류가 마비되면서 산업생산이 일대 타격을 받고 심지어 포항이 마비되는 상황이 발생했음에도 불구하고, 관계부처인 행정자치부와 건설교통부 등 부처간 이견으로 문제를 해결할 수 없었다(김병준, 2016).

조정회의에는 당시 국무총리를 의장으로 현안 이슈와 관련된 부처장관들, 청와대 시민사회수석, 민정수석, 사회정책수석, 국무총리 비서실장과 국무조정실 차장들이 참석하였고, 2003년에는 주 2회, 2004년부터는 주 1회 개최되어 사회적 갈등이슈들에 관한 정책조정을 시도하였다.

조정회의는 '이명박 정부' 초기에 폐지되었다가 2008년 7월 '국가정책조정회의 운영에 관한 규정'(대통령훈령 221호)을 제정하여 상설기구화하였다. 문재인 정부는 이를 2017년 6월 '국정현안점검조정회의 규정'(대통령령 제28211호)으로 재정비하고 조정활동을 강화하였다. 조정회의는 국무총리를 의장으로 기획재정부장관·교육부장관·과학기술정보통신부장관·행정안전부장관·문화체육관광부장관·산업통상자원부장관·보건복지부장관·고용노동부장관·국토교통부장관 및 심의·조정 대상 안건 관련 중앙행정기관의 장, 국무조정실장, 대통령비서실의 정무를 보좌하는 수석비서관 및 심의·조정 대상 안건 관련 수석비서관으로 구성한다. 의장은 필요하다고 인정하는 경우 회의의 구성원이 아닌 사람을 회의에 참석하여 발언하게 하거나 배석하게 할 수 있다. 문재인 정부 출범 이후 매주 목요일 주 1회 개최를 원칙으로 운영되었으나, 코로나 19 사태 발생 이후 격주 개최하여 국정현안을 처리하고 있다.

조정회의는 정례적인 회의를 통해 국무총리의 행정각부 통할·감독기능 수행, 범정부적인 중요 국책사업 및 국가적 현안과제 해결, 국가전략 차원에서 수립되는 중장기계획 등을 조정하고 추진상황을 점검한다. 이 기구는 갈등당사자간 원활한 소통과 담론의 장을 제시하는 수평적 조정기제이자, 동시에 위계적·강제적인 조정수단의 활용을 통해 갈등을 권위적으로 조정·완화하는 수직적 조정기제로서의 의미도 가진다(권용식, 2016).

제시하는 수평적 조정기제이자, 동시에 위계적·강제적인 조정수단의 활용을 통해 갈등을 권위적으로 조정·완화하는 수직적 조정기제로서의 의미도 가진다(권용식, 2016).

관계장관회의는 다른 정책조정기제에 비하여 상대적으로 전문성이 뒷받침된 정책조정이 이루어지며 효율성이 높다는 장점이 있다(정정길 외, 2010: 275). 직접 관련된 소수의 관계장관들이 모여 정책사안에 대한 합의를 도출하기 때문에 국무회의에서 나타나는 논의의 비효율성을 방지할 수 있고, 충분한 전문지식을 소유한 정책갈등 당사자 부처들이 핵심 역할을 맡기 때문에 심층적 논의가 가능하다.

(3) 차관회의

우리나라에서 차관회의는 국무회의 안건의 사전 심의기구이다.[10] 국무회의는 국정주요 이슈들을 모두 심의·의결하여야 하기 때문에 각 쟁점 이슈마다 충분한 시간을 할당할 수 없다. 이를 해결하기 위하여 차관회의에서 장시간이 소요되는 쟁점 이슈들을 사전에 집중적으로 조정하여 왔다. 그 결과 차관회의가 상당기간 동안 국정에 관한 실질적 조정기능을 담당하여 왔다(이송호, 2008: 50). 차관회의에서 실질적인 정책조정이 이루어지는 점을 고려할 때, 국무회의의 정책조정 기능은 차관회의에 의해 보완되고 있다(전영한, 2012). 그러나 국정이슈들이 복잡해지고 정부 부처의 수도 늘어나 부처간 이견이 빈번해지고 첨예하여 짐에 따라 차관회의도 국무회의와 같이 실질적 조정자로서의 역할에 한계를 노출하게 되었다.

3) 정부업무평가에 의한 조정

한국에서 정부업무평가는 대통령 중심의 핵심행정부가 중앙부처의 정책을 조정하기 위한 도구로 이용되어 왔다(정부업무평가제도에 관하여는 본서 제3부 제4장 참조). 국무총리실이 각 중앙부처를 평가하는 특정평가의 4개 평가부문별로 상위목표와 평가방향은 핵심행정부가 설정한다. 국무총리실,

---

10) 차관회의를 소집하고 주재하는 의장은 장관급인 국무조정실장이 맡는다. 국무회의에 건의할 사항을 실무적으로 검토하고, 국무회의에서 지시된 사항을 심의해 부처 간 협조를 원활히 하는 게 주요 역할이다. 출처: [네이버 지식백과] 차관회의, 2017년 4월 17일 접근.

정부업무평가위원회 또는 평가주관부서에서는 부처별 성과를 점검하고 평가한다. 각 부처는 좋은 등급을 받기 위해 경쟁하는데, 경쟁의 이유를 두 가지로 볼 수 있다(Namkoong, 2020). 첫째, 정부업무평가결과는 일반국민에게 공개되고 국무회의의 안건으로 제출되어 대통령이 관심을 가지게 된다. 부처의 평가등급 공개는 대학, 프로야구 또는 프로축구단 순위의 공개와 유사하게 부처와 소속공무원들에게 커다란 영향을 미친다. 대통령과 국민은 각 부처의 평가등급이 장관과 소속공무원들의 성과를 판단하는 지표로 받아들인다(Oh, 2017). 그러므로 각 부처에 평가등급을 부여하는 목적은 부처순위를 평정하는 것은 물론 각 부처가 하위순위를 받기보다는 상위순위에 들어갈 수 있도록 노력하라는 취지이다(Talbot, 2010: 115). 둘째, 성과가 탁월한 부처와 공무원들에게 재정적 인센티브가 제공된다. A 또는 S등급을 받은 부처에는 포상금이 주어지고 공로가 있는 공무원들에게는 포상이 이루어진다.

정책조정수단으로서 정부업무평가제도는 계층적, 시장적 형태의 조정 메커니즘이 혼재된 것으로 볼 수 있다. 즉, 대통령을 포함한 핵심집행부의 강력한 계층적 조정 내에서 재정적 인센티브가 작동된다.

4) 고위공무원 네트워크에 의한 조정

전통적으로 한국에서 공무원의 경력기회는 대부분 단일 부처 내에 국한되었다. 이처럼 폐쇄형 인사행정제도는 부처간 갈등의 원인이 되고, 부처할거주의 또는 부처 편협주의를 강화한다. 인사행정제도를 보다 개방적이고 유연하게 만들기 위해 김대중 정부는 1999년 개방형직위제도(Open Position System, OPS)를 도입했다. 개방형직위제도의 목표는 공공 및 민간 부문에서 공정하고 공개적인 경쟁을 통해 유능한 인력을 채용하는 것이다(남궁근, 2007). 개방형직위제도에 따라 모든 부처에서 약 1,200명의 고위공무원 직위(국장, 1-3 등급) 중 20%를 개방형 직위로 지정하도록 하였다. 2000년에 130명의 고위직이 개방형 직위로 지정되었다.

노무현 정부는 개방형직위제도를 기반으로 2006년에 고위공무원단(Senior Civil Service: SCS)제도를 도입했다. 고위공무원단(SCS)은 여러 부처로 인사이동할 수 있는 고위공무원 집단이다. 한국형 고위공무원단에는 네 가지 중요한 특징이 있다(Cho, 2017). 첫째, 고위공무원 직위에 대한 개방과 경쟁을 강화하기 위하여 외부인사가 유입될 수 있는 개방형직위제도와 부처간 인사교류 및 조정을 촉진하는 직위공모제가 포함되었다. 둘째, 고위공무원단 제도는 역량평가, 교육·훈련 및 최소임용기간 설정을 통하여 고위공무원의 역량을 향상시키고자 하였다. 셋째, 자격심사 및 직무계약을 통해 고위공무원의 성과와 책임성을 확보하고자 한다. 넷째, 고위공무원이 소속 부서의 좁은 관점에서 벗어나 폭 넓은 관점에서 국익을 위해 직무를 수행할 수 있도록 하였다(Park & Cho, 2013).

개방형 직위는 2000년 130개에서 2019년 458개로 증가하였다. 부처 외부인사 임용비율도 2000년 16.9%에서 2019년 58.2%로 크게 증가했다. 2019년 외부 임용자 227명 가운데 민간부문에서 198명 또는 87.2%가 나온 반면, 타부처 출신은 29명 또는 22.8%이다.

이러한 방식의 공무원제도 개혁이 부처간 수평적 정책조정을 보장하지는 않지만, 고위공무원단과 개방형직위제도는 실제로 고위 공무원들에게 통합적인 범정부적 관점과 정부 전체의 상황을 보다 폭넓게 파악하도록 한다(Namkoong, 2020). 고위공무원단과 개방형직위제도의 창설되면서 대통령과 핵심집행부는 이 제도를 인사이동을 통한 정책조정에도 활용할 수 있게 되었다(Bouckaert et al., 2010: 219 참조).

정책 조정수단으로서 고위공무원단과 개방형직위제도는 대체로 네트워크 기반의 조정메커니즘이지만 제도도입과 실제 운영과정에서 계층적 메커니즘이 작동하기 때문에 하이브리드형 조정수단으로 볼 수 있다.

5) 종 합

한국 중앙정부의 정책조정메커니즘을 종합하면, 대통령중심제에서 1987년 민주화 이후에도 대통령의 권력과 권위가 여전히 정책조정의 핵심 원천이 되고 있다. 대통령과 참모들이 국무총리, 경제부총리와 함께 집행부 내의 계선부처 행위자들을 조정하는 데 핵심적인 역할을 담당하기 때문에 계층적 조정 메커니즘이 지배적인 것이 분명하다. 그럼에도 불구하고 중앙정부기관의 성과평가와 관련된 재정인센티브 등 시장에 기반을 둔 조정메커니즘 또한 확고하게 제도화되어 있다. 마지막으로 고위공무원단(SCS), 개방형직위제도(OPS) 등 네트워크 기반 메커니즘도 어느 정도 작동된다.

V. 요 약

정책네트워크 접근방법은 하나의 이론이라기보다는 분석적인 도구라고 볼 수 있다. 정책네트워크를 정책결정에 참여하는 행위자, 이들 행위자간의 연계와 그 경계로 구성된 것으로 파악하고, 정책네트워크의 구체적 유형인 하위정부, 정책공동체, 그리고 이슈네트워크에 관하여 살펴보았다.

하위정부로부터 정책공동체, 그리고 이슈네트워크의 모형으로 이동할수록 정책네트워크의 참여자가 다양화되는 것을 상정하고 있다. 또한 이들 행위자들간의 연계관계도 점차 복잡해지는 것으로 모형화되어 하위정부 모형에서는 안정적인 협력관계를 가정하였으나, 정책공동체와 이슈네트워크 모형에서는 참여자들간의 관계가 유동적이며 공개적인 갈등상황까지도 가정하고 있다.

우리의 경우에도 최근 국제환경의 변화, 민주화의 신장, 지방자치제도의 정착, 정보화의 전개 등 정책환경의 변화에 따라, 정책영역에 따라서는 이슈네트워크의 모형에 따른 정책결정이 이루어지고 있다. 영국과 미국을 비교할 때 영국은 정책공동체 모형, 미국은 이슈네트워크 모형이 현실을 더욱 정확하게 설명하는 모형으로 생각되고 있다. 그러나 구체적인 특징은 정책영역에 따라 그리고 시대에 따라 차이가 나타나고 있다.

거버넌스는 다양한 이해관계를 가진 참여자들 사이의 협상과 타협을 통한 사회문제 해결 및 사회적 조정과정을 말한다. 그 과정에서 정부가 주도적인 역할을 수행하는 '구 거버넌스' 또는 전통적 거버넌스 유형, 시장거버넌스 유형, 그리고 정부와 시장 및 시민사회 사이의 파트너십과 네트워크가 주도적인 역할을 담당하는 새로운 거버넌스 유형이 구분된다. 거버넌스는 그 차원이 다양한 중층적(multi-order)인 개념이며 수준이 다양한 다수준(multi-level) 개념이다. 거버넌스는 일상적 거버넌스와 메타 거버넌스로 구분할 수 있다. 메타 거버넌스는 계층제, 시장, 그리고 네트워크와 같은 거버넌스 유형 중 특정 정책에 적합한 유형이 무엇인지, 이를 어떻게 활용해야 하는지를 조정해 주는 거버넌스를 말한다.

국정이 갈수록 전문화되고 복잡해 짐에 따라 부처간 정책갈등의 폐해를 최소화하기 위한 정책조정 메커니즘의 구축과 운영이 중요한 과제이다. 거버넌스 유형의 구분과 유사하게 정책조정의 기본적 메커니즘은 일반적으로 계층제, 시장, 그리고 네트워크로 구분된다. 한국 중앙정부의 정책조정메커니즘은 계층적 조정 메커니즘이 지배적인 가운데, 재정인센티브 등 시장에 기반을 둔 조정 메커니즘과 고위공무원단(SCS), 개방형직위제도(OPS) 등 네트워크 기반 메커니즘도 어느 정도 작동된다.

제 3 부

정책과정

정책연구자들은 정책문제가 대두된 시점에서 정책이 종료될 때까지 생애주기(life cycle)에 따라 정책과정(policy process)의 단계를 구분하는데, 단계구분은 학자에 따라 상당히 다르다. 이 책에서는 정책과정을 의제설정(정책문제 대두 포함), 정책형성, 정책집행, 정책평가 및 정책변동으로 구분하기로 하겠다. 제1장에서는 정책과정을 개관하고 의제설정에 관하여 살펴보겠다. 정책형성 분야의 주요 이론과 쟁점에 관하여는 이 책 제2부에서 상당부분 다룬 바 있다. 그러므로 제2장에서는 제2부에서 다루지 않은 정책결정의 모형에 관한 내용을 집중적으로 다루기로 하겠다. 제3장에서는 정책집행단계의 주요이론과 쟁점을 살펴보겠다. 마지막으로 제4장에서는 정책평가와 정책변동에 관련된 내용을 살펴보겠다.

1 CHAPTER
정책과정과 정책의제설정
Policy Process and Agenda Setting

Ⅰ. 서 론

정책연구자들은 정책문제가 대두된 시점에서 정책이 종료될 때까지 생애주기(life cycle)에 따라 정책과정(policy process)의 단계를 구분하는데, 단계구분은 학자에 따라 상당히 다르다. 이 책에서는 정책과정을 의제설정(정책문제 대두 포함), 정책형성, 정책집행, 정책평가 및 정책변동으로 구분하기로 하겠다.

제2절에서는 주요 학자들의 견해를 중심으로 정책과정의 단계모형을 개관한 다음, 단계모형의 장점과 단점을 살펴보겠다. 제3절부터는 정책의제 설정분야의 주요 쟁점과 연구경향을 살펴보겠다. 정책형성에 관한 전통적 이론에서는 정책의제를 주어진 것으로 보고 그에 대한 해결방안의 탐색과정을 중점적으로 고찰하고자 하였다. 그런데 정책형성과정은 논의의 출발점이 되는 정책문제를 전제로 시작된다. 그러므로 의제설정연구에서는 정책의제 설정 자체를 매우 중요한 동태적 과정으로 본다. 제3절에서는 정책의제설정분야의 주요쟁점을 살펴보겠다.

제4절에서는 정책문제가 어떻게 사회적으로 구성되는지 살펴본 후, 정책

이슈의 의미를 파악한 다음, 정책의제의 의미와 유형을 살펴보겠다. 제5절에서는 정책의제 설정과정에서의 경쟁과 설정과정의 유형을 다루고 있다. 제6절에서는 의제설정의 주도적인 행위자에 대한 학자들의 견해를 살펴보고 의제설정의 촉발메커니즘과 그 유형을 살펴보겠다. 마지막으로 제7절에서는 정부의제 진입기회와 정책의 창에 관하여 다루고자 한다.

Ⅱ. 정책과정 개관

1. 정책과정의 단계 분류

1950년대 정책에 관한 연구가 시작된 이래 정책연구자들은 정책과정이 일련의 단계를 통하여 진행되는 것으로 생각하였다. 정책과정의 관점은 정책연구의 다양한 논의, 접근방법과 모형을 체계화하여 비교하며, 각 접근방법의 독자적인 공헌을 평가하기 위한 기본적인 틀을 제공한다. 동시에 이러한 관점에 대하여 이론적인 구성의 타당성은 물론 경험적인 타당성이라는 측면에서도 끊임없이 비판이 제기되었다. 여기에서는 정책과정의 단계를 개관한 다음, 정책과정론의 유용성과 한계를 살펴보기로 하겠다.

1) 단순한 분류

정책과정을 가장 단순한 형태로 분류하면 정책형성, 정책집행, 정책평가의 세 가지 단계로 구분할 수 있다. 즉 개인의 일상적인 생활에서 흔히 사용되는 계획(plan) → 집행(do) → 평가(see)의 과정을 정책과정에 적용하여 정책형성(policy formulation) → 정책집행(policy implementation) → 정책평가(policy evaluation)와 같이 구분하는 것이다. 이러한 구분은 정책과정의 특징을 파악하기에는 지나치게 단순하다. 이에 따라 정책과정을 보다 구체화한 모형이 제시되었는데 주요 학자들의 견해를 살펴보기로 한다.

2) Lasswell의 분류

정책연구의 창시자인 Lasswell(1951, 1971)이 정책과정을 단계라는 관점에서 모형화하고자 하는 아이디어를 최초로 제시하였다. Lasswell은 정책과정의 7 단계 모형, 즉 정보수집(intelligence), 주장(promotion), 처방(prescription), 행동화(invocation), 적용(application), 종결(termination), 평가(appraisal)로 구성된 모형을 제안하였다.

이 모형은 정책과정 연구의 기본적 틀을 제공하였고, 다양한 유형론의 출발점이 되었다. 1960년대와 1970년대에 정책학 분야가 성장하는 동안, 단계 모형은 양적으로 증가하는 각종 문헌과 연구를 조직화하고 체계화하는 데 기여하였다. 논란의 여지가 있지만 Lasswell이 이해한 정책과정 모형은 기술적이며 분석적이라기보다는 처방적이고 규범적인 측면이 강하였다(Werner & Weigrich, 2007: 43). Lasswell의 선형단계모형은 문제해결모형으로 제안되었으며 따라서 조직이론과 행정학에서 발전된 합리적 기획과 의사결정에 관한 처방적인 합리모형과 유사하다. 이 7단계 모형에서 평가단계 이전에 종결단계가 오는 등 순서가 논쟁이 되기도 하였다. 그 이후 Anderson(1975, 2002), May & Wildavsky(1978), Jones(1984), Dye(1972, 2007) 등이 나름대로 정책과정의 단계를 구분하였다. 이들 모형은 처방적이고 규범적인 모형이 아니라 정책이 진행되는 과정을 묘사하고자 하는 기술적 모형으로 볼 수 있다.

3) Anderson의 분류

Anderson(1975, 2002)은 정책과정을 다섯 단계로 구분한다.

① 문제규명: 정책문제란 무엇인가, 공공문제를 야기시키는 요인은 무엇인가, 그리고 이러한 문제가 어떻게 정부의 의제로 설정되는가 등이 주된 관심사항이다.

② 정책형성: 제기된 문제를 다루어 갈 대안들이 어떻게 개발되는가, 정책형성 단계의 참여자는 누구인지가 검토대상이다.

③ 채택: 채택단계의 관심사항은 어떻게 정책대안이 채택되고 법제화되는가, 정책이 채택되려면 어떠한 조건이 필요한가, 누가 정책을 채택

하며 어떤 과정을 거치게 되는가, 채택된 정책의 내용은 무엇인가 등이다.

④ 집행: 이 단계의 관심사항은 정책을 집행하여 결과를 얻으려면 누가 관련되고, 무엇이 이루어지며, 이것은 정책내용에 어떠한 영향을 미치는가 등이다.

⑤ 평가: 정책의 효과 또는 영향은 어떻게 측정되는가, 누가 정책을 평가하는가, 정책평가의 결과는 무엇인가 등이 관심사항이다.

4) Jones의 분류

Jones(1984)는 정책과정의 진행과정에서 민간부문과 정부부문 사이의 경계에 관심을 가지고 네 단계로 구분하였다.

① 정책문제의 정부귀속 단계: 민간부문의 외부집단이 사회문제를 인지한 후 정부에 문제해결을 요구하는 단계를 거쳐 정부가 이를 정책의제로 설정하면 문제가 정부에 귀속된다.

② 정부내의 행동단계: 정책결정이 이루어지는 단계이며 정책대안이 작성되고, 대안이 합법화(legitimation)되며, 예산이 배정된다. 이 단계는 정치체제 내부, 즉 블랙박스(blackbox) 내부에서 진행되는 과정이다.

③ 정부의 문제해결단계: 채택된 정책이 집행되는 단계를 말한다.

④ 추진정책(사업)의 재검토단계: 집행되는 정책의 평가, 수정 및 종결단계를 말한다.

5) Dye의 분류

Dye(1972, 2007)는 다섯 단계의 정책과정 모형을 제시하였다.

① 문제확인: 정부가 행동할 것을 바라는 국민의 요구를 확인한다.

② 정책대안 형성: 공공사업 계획안을 개발하고 수립하는 단계이다.

③ 정책합법화: 제안을 선택하고, 그에 대한 정치적 지지를 획득하고 하나의 법률적 형태로서 성격을 부여하는 단계이다.

④ 정책집행: 정책적용을 위하여 관료제를 조직하고, 보수를 지불하고, 서비스를 제공하며, 조세를 부과하는 단계이다.

⑤ 정책평가: 사업계획을 검토하고 산출과 영향을 평가하며, 변화와 조

정을 모색하는 단계이다.

요컨대 정책과정이란 문제의 확인, 정책형성, 합법화, 집행 및 평가를 거치는 일련의 정치적 활동이라는 것이다.

6) Dunn의 분류

Dunn(2018)은 정책분석론 제6판에서 정책과정이 8단계의 복잡한 정책사이클(policy cycle)로 구성된다고 보았다.

① 의제설정: 선출된 정책결정자와 임명된 공직자가 공공의제를 인식하여 정부의 정책의제로 채택한다.

② 정책형성: 전문가와 관료들이 문제를 해결하기 위해서 정책대안을 형성한다.

③ 정책채택: 정책대안이 입법부의 결정과 행정기관의 관리자나 사법부의 결정자들의 합의에 의해 채택되는 단계로 법안, 시행령 및 시행규칙의 형태로 통과된다.

④ 정책집행: 채택된 정책이 재정적 자원 그리고 인적자원을 동원하는 각 행정부처 단위에 의해서 수행된다.

⑤ 정책평가: 회계감사, 정책감사, 그리고 외부기관의 정책평가를 통하여 집행한 정책이 원래 정책목표를 달성하였는지 평가한다.

⑥ 정책적응: 감사부서나 평가부서가 잘못된 규제, 불충분한 자원, 적절치 못한 훈련 등으로 정책의 수정이 필요하다는 점을 정책의 형성·채택·집행에 책임이 있는 기관에 알려준다.

⑦ 정책승계: 정책평가 담당기관이 문제가 해결되어 어떤 정책이 더 이상 필요치 않다고 판단할 경우 그 정책을 종결하지 않고 정책목표를 다시 정의한다.

⑧ 정책종결: 기관들을 평가하고 감독하는 책임이 있는 기구가 특정 정책 또는 전체 기관이 더 이상 필요치 않아 종결되어야 한다고 결정한다.

Dunn(2018)은 '정책 사이클'의 각 단계가 전·후방 고리(loop)로 다음 단계와 연결되어 있으며, 전체 과정은 뚜렷한 시작과 끝이 없다고 보았다. 어떤 경우에는 정책이 먼저 채택되고 그 다음에 의제설정으로 되돌려 이를 정당화시키는 경우도 있다. 이는 정책에 맞추기 위하여 또는 정책을 정당화시키기 위하여 문제를 형성하거나 재형성하는 경우이다.

7) 이 책의 분류

위와 같이 정책과정을 단계별로 구분하여 연구하는 방법이 널리 사용되고 있으며 국내에도 잘 알려져 있다(예를 들면, 윤정길, 1987 참조). 이러한 학자들의 견해를 종합하여 이 책에서는 정책과정을 의제 설정, 정책형성, 정책집행, 정책평가와 정책변동의 과정으로 구분하겠다. 정책형성 단계에는 정책대안의 개발 및 채택 또는 합법화 단계가 포함된다. 이렇게 구분되는 정책과정의 각 단계별로 다양한 행위자가 참여하며 뚜렷하게 구분되는 정책활동이 전개된다.

〈표 1-1〉에 이 책에서의 단계 구분을 기준으로 앞에서 살펴본 Lasswell, Anderson, Jones, Dye, 그리고 Dunn의 단계 구분을 종합하여 비교하였다.

표 1-1 정책과정의 단계 구분 종합

본서의 구분	Lasswell	Anderson	Jones	Dye	Dunn
정책의제설정	정보수집	문제규명	정책문제의 정부귀속단계	문제확인	의제설정
정책형성	주장 처방	정책형성 정책채택	정부내 행동단계	정책대안형성 정책 합법화	정책형성 정책채택
정책집행	행동화 적용	정책집행	정부의 문제해결단계	정책집행	정책집행
정책평가와 변동	종결 평가	정책평가	추진정책의 재검토	정책평가	정책평가 정책적응 정책승계 정책종결

2. 정책과정 모형의 장점과 단점

1) 정책과정 모형의 장점

Anderson은 정책과정모형이 다음과 같은 장점을 가진 것으로 본다(Anderson, 2002; 이종수 · 이대희, 1985).

첫째, 실제의 정책과정은 단계별 활동과정을 순차적으로 밟고 있으며, 이러한 순차적 접근방법은 정책과정에서의 행동 흐름을 파악하는 데 도움이 된다.

둘째, 단계적 접근방법은 변화에 개방적이다. 경험적으로 필요하다고 판단되면 추가적인 단계가 도입될 수 있다. 다양한 자료수집과 분석방법이 순차적 접근방법과 결합될 수 있다.

셋째, 이러한 접근방법은 정책과정을 횡적·정적으로 보는 관점보다는 동적·발전적 관점으로 볼 수 있게 한다. 뿐만 아니라 이 방법은 단순하게 요소들을 나열하거나 분류도식을 개발하는 데 그치지 않고 정치현상들 사이의 관계를 강조한다.

넷째, 단계적 접근방법은 특정 문화에 구속되지 않기 때문에 외국의 정책결정 체제와 비교 연구하는 데 유용하다. 그러므로 이 접근방법은 각국에서 정책문제들이 정책의제로 채택되는 경로와 정책이 결정되는 경로들을 상호 비교할 수 있게 한다. 한편 Dye(2007)도 과정모형이 정책결정에 내포된 다양한 활동들을 이해하는 데 도움이 된다고 본다.

2) 정책과정 모형의 단점

이러한 단계모형에 대한 비판도 끊임없이 제기되었다. 비판의 초점은 정책과정의 단계가 서로 독립적이고 단절된 단계로 구분될 수 있는지에 관한 것이다. 특히 정책집행에 관하여 연구한 학자들이 정책형성과 집행을 뚜렷하게 구분하기 어렵다는 점을 지적하였다. 즉 정책형성 이후에 집행이 이루어진다는 계층적 또는 시간적 순서의 측면에서뿐 아니라 관련된 행위자의 관점에서도 형성과 집행이 구분되기 어렵다는 것이다. 정책과정의 단계모형은 비판적인 관점에서 교과서적 접근방법(textbook approach, Nakamura, 1987) 또는 단계발견적 방법(stage heuristic, Sabatier, 1999)이라고 부르기도 한다. Sabatier(1999, 2007: 7)는 1980년대 유행하였던 정책과정 접근방법이 다음과 같은 문제점을 가지고 있다고 비판한다.

첫째, 이 접근방법은 인과이론으로 볼 수 없다. 그 이유는 단계 내와 단계사이의 정책과정을 주도하는 인과적 동인(causal drivers)들을 확인할 수 없기 때문이다. 각 단계 내에서의 활동은 다른 단계와는 관련이 거의 없이 자체적으로 전개되는 것으로 여겨지고 있다. 더 나아가 인과적 동인이 없을 경우 단계와 단계사이에 일관성이 있는 가설을 설정할 수 없다.

둘째, 각 단계에서 상정한 순서에 관한 묘사가 때때로 부정확하다. 예를 들면, 기존 프로그램의 평가가 의제설정에 영향을 미치며, 관료들이 모호한 입법을 집행하는 과정에서 정책형성과 합법화 단계가 진행될 수 있다는 것이다.

셋째, 단계발견적 방법(stage heuristic)은 법률중심적이고, 하향적 바이어스를 가지고 있으며 그 초점이 주요 입법의 통과와 집행에 맞추어져 있다. 주요 입법에 초점을 맞출 경우 특정의 정책영역 내에서 다수의 입법들이 집행과 평가단계에서 상호작용하는 현상을 등한시하게 된다는 것이다.

넷째, 주요입법에 초점을 맞추어 하나의 정책 사이클이 있다는 가정은 다양한 수준의 정부에서 수많은 정책제안과 법령이 포함된 다수의, 상호작용하는 일상적인 과정을 지나치게 단순화한 것이다. 예를 들면 미국에서 임신중절을 찬성하는 활동가는 연방법원과 대부분 주 법원의 소송에 관여하며, 동시에 연방정부와 대부분 주정부에 새로운 정책제안을 제출하고, 연방정부와 주정부의 다른 정책들의 집행에 개입하며, 모든 형태의 프로그램과 제안된 프로그램을 평가하는 데 관여한다. 그들은 또한 지속적으로 문제의 개념화에 영향을 미치고자 노력한다. 일상적으로 일어나는 그러한 상황에서는 '정책 사이클'에 관심을 갖는 것이 큰 의미가 없다.

요약하면 Sabatier는 단계발견적 방법이 그 유용성에 한계가 있으므로 인과모형을 포함하는 대안적인 접근방법이 개발되어야 한다고 보았다. Sabatier 자신도 다양한 수준의 정부에서 이루어지고 있는 정책결정과 정책집행, 그리고 정책변동을 파악할 수 있는 정책옹호연합모형(advocacy coalition framework)을 제안하였다.

그러므로 정책과정의 단계모형의 유용성과 더불어 그 문제점도 충분하게 인식한 가운데 정책과정의 각 단계를 살펴보아야 할 것이다. 이 책에서는 정책과정을 의제설정(정책문제 대두 포함), 정책형성, 정책집행, 정책평가 및 정책변동으로 구분하여 살펴보겠다. 이 장의 나머지 부분에서는 정책의제설정 단계의 주요 쟁점을 살펴보고자 한다.

Ⅲ. 정책의제설정이론의 초점

1. 정책의제설정의 의미

정책형성과정은 논의의 출발점이 되는 정책문제를 전제로 시작된다. 즉 정책문제가 존재하는 것을 전제로 이를 해결하기 위하여 정책형성과정이 진행된다. 이때 정책결정자들이 문제해결을 전제로 토론하게 되는 정책문제를 정책의제(agenda)라고 부른다. 정책형성에 관한 전통적 이론에서는 정책의제를 주어진 것으로 보고 그에 대한 해결방안의 탐색과정을 중점적으로 고찰하였다. 즉 전통적인 연구에서는 정치체제에 의하여 받아들여진 문제만을 다루기 때문에 체제에 의해서 받아들여지지 않는 사회문제나 사회적 이슈들이 어떻게 억압되는가에 관하여는 적절히 설명할 수 없었다. 그런데 정책연구자들 사이에 체제에 의하여 받아들여지지 않는 문제까지 파악할 경우 정책현상에 대한 올바른 이해를 증진시킬 수 있다는 인식이 확산되면서 의제설정과정을 연구하게 되었다.

어떤 사회문제가 정책의제로 설정되는 것은 그 문제의 해결을 위한 대안을 모색하는 정책형성과정의 출발점일 뿐 아니라 채택된 정책의 집행 및 평가과정으로 연결된다. 그런데 무수한 사회문제들 중에서 일부만이 정부가 해결하고자 하는 정책의제로 채택되고, 나머지 대부분은 방치되게 된다. 따라서 어떤 사회문제가 정부의 정책의제로 채택되느냐 안 되느냐의 결정과정이 매우 중요한 관심사이다(Jones, 1984). 그러므로 의제설정연구에서는 정책의제 설정 자체를 매우 중요한 동태적 과정으로 본다.

2. 의제설정이론

1) 경험적 의제설정이론

정책의제설정에 관한 연구에서는 사회문제가 정책의제로 전환되는 과정, 정부에서 다루어지고 있는 사회문제와 다루어지지 않는 사회문제의 차이,

그리고 그 이유가 무엇인지를 설명하려고 시도한다. 의제설정이론(agenda setting theory)은 이른바 정책의제설정에 관한 경험적(또는 실증적)·기술적 연구에 해당되며 어떤 사회문제들이 어떠한 요인 때문에 정책의제로 설정되는지에 관하여 연구한다. 그러한 요인으로는 정치제도, 환경적 요인, 주도적 행위자의 역할, 그리고 행위자들 사이의 협상과 조정 등이 지적되고 있다.

2) 규범적 의제설정이론

이와는 대조적으로 사회문제가 의제화되는 과정의 규범적 측면에 역점을 두어 어떤 사회문제가 정책의제로 채택되는 것이 바람직한가, 즉 정책의제 선택의 기준과 방법을 규범적인 측면에서 분석하는 연구는 정책분석(policy analysis)의 한 분야이다. 규범적 정책의제설정에 관한 연구에서는 그 문제를 해결하면 어떤 사회적 가치가 획득되는가? 또는 방치하면 어떤 가치가 희생되는가? 구제받는 또는 희생되는 집단 또는 사회계층이나 지역주민은 누구인가? 등의 문제를 분석하고 판단한다. 이러한 판단은 본질적으로 가치체계에 대한 고려와 분석이 필요한 규범적인 연구에 해당된다.

합리적인 정책결정에 필요한 정보를 제공할 수 있는 일련의 절차와 그 절차에서 활용되는 분석기법에 주로 관심을 가지는 정책분석에서도 정책문제의 정의(problem definition) 또는 문제의 구조화(problem structuring)에 관한 관심이 커지고 있다(Dery, 1984; Dunn, 2018: 제3장 참조). 정책분석에서 이러한 관심은 정책과정론에서 의제설정의 중요성이 강조되는 경향과 맥락을 같이 하고 있다.

Ⅳ. 정책의제의 유형

1. 정책의제의 의미와 유형

1) 정책의제의 의미

원래 의제(agenda)라는 말은 의회에서 토의될 의안 또는 안건(item)을 지칭한다. 의회에서 토의될 안건은 결국 정책결정을 담당하는 공식 정책결정기관인 의회가 정책적 해결을 목표로 하여 채택한 문제이다. 행정국가화 현상이 두드러진 오늘날에는 중요한 정책문제가 의회뿐 아니라 행정부에서 의제로 채택되는 경우가 많다. 그러므로 정책의제란 의회, 행정부를 포함하여 공식적인 권한을 가진 정부당국에서 정책적 해결을 의도하여 선택한 정책문제를 말한다. 그런데 정책의제의 개념을 넓은 의미로 사용하면 '정부당국이 선택한 문제'뿐 아니라 많은 국민들이 '정부당국에서 처리해야 한다고 생각하는 정책문제'까지 포함한다. 후자를 공공의제라고 부른다.

2) 정책의제의 유형

(1) 의제화의 수준에 따른 분류

수많은 정책의제는 여러 가지 기준에 의해 분류될 수 있다. Birkland (2011: 169-174)는 의제화가 진행되는 수준에 따라 정책의제를 의제모집단(agenda universe), 공공의제(public agenda), 정부의제(government agenda), 그리고 결정의제(decision agenda)로 구분하였다([그림 1-1] 참조).

① 의제모집단

의제모집단이란 어떤 정치체제에서 의제가 될 가능성이 있는 모든 정책이슈와 공공문제를 말한다. 개인적인 문제들 중에서 많은 사람들이 영향을

그림 1-1 의제화의 수준에 따른 정책의제 유형

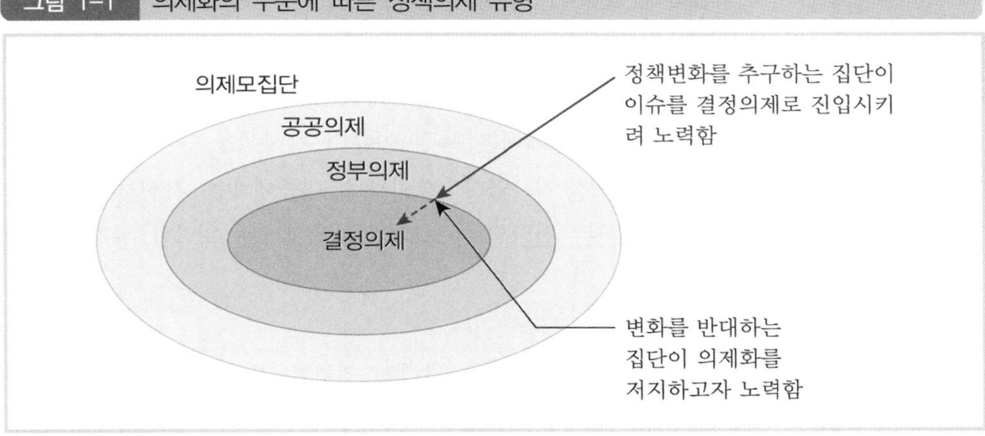

출처: Birkland. 2011. *An Introduction to the Policy Process.* 3rd ed. p. 171, 그림 6.1.

받는 문제를 공공문제(public problem) 또는 사회문제(social problem)라고 하는데, 의제모집단은 이러한 공공문제와 정책이슈들로 구성된다. 공공문제는 다수의 사람들에게 영향을 미치는 문제를 말하는데 그러한 문제는 헤아리기 힘들 정도로 많다.

② 공공의제

공공의제는 정치체제 구성원들의 가치판단에 따라 문제의 범위나 대중의 관심도 및 정부의 관할영역 등을 이유로 정부가 해결해야한다고 믿고 있는 정책이슈나 사회문제를 의미한다. Cobb, Keith & Ross(1976: 126), 그리고 Cobb & Elder(1983)에 따르면 공공문제 또는 정책이슈는 다음과 같은 세 가지 조건을 충족할 때 공공의제가 된다. (1) 많은 사람이 그 문제와 이슈를 알고 있거나 인식하고 있을 것, (2) 상당수의 사람들이 그 문제에 대하여 정부의 조치가 필요하다는 공감대가 형성되어 있을 것, 그리고 (3) 그 문제를 해결하는 것이 정부의 정당한 권한 범위내에 포함되어 있다는 인식을 공동체의 구성원이 공유할 것 등이다. 공공의제는 체제의제(Cobb & Elder, 1983) 또는 토론의제(Cobb, Keith, & Ross, 1976: 126)라고 부르기도 한다.

의제모집단에서 공공의제로 진입하기 위해서는 이를 지지하는 집단과 주도자의 노력이 필요하다. Cobb & Elder(1983)는 이를 이슈확산전략(issue expansion strategy)이라고 부른다. 하나의 이슈는 보다 많은 사람들의 관심을 끌어 일반대중에 확산될 때 공공의제가 된다. 특정 이슈를 공공의제로 전환시키고자 하는 집단은 그 이슈에 관련하여 자유, 인권, 국익과 같은 상징을 적극 활용하는 한편, 대중매체를 최대한 활용하여 공공의제로 진입시키는 전략을 활용한다. 대중매체는 특정 이슈의 가시성을 높이고 그에 대한 대중의 관심을 불러일으킬 수 있다. 그러므로 대중매체는 자신들의 문제를 공공의제로 만들고자 하는 집단과 주도자의 입장에서는 유력한 무기가 된다(박천오, 2000: 411).

③ 정부의제

정부의제(government agenda)는 공식적 권한을 가진 정책결정자가 신중하고 적극적으로 검토하는 문제들로 구성된다. 정부의제는 제도의제(institutional agenda), 또는 공식의제(formal agenda), 공적의제(official agenda)라고 부르기도 한다. 좁은 의미에서 정책의제란 바로 정부의제를 의미한다. 공공의제에 포함된 문제를 해결하기 위한 적절한 행동이 취해지려면 반드시 그 의제가 권한을 가지고 있는 정부기관에 도달되어야 한다. 그런데 정부의제에는 반복적으로 다루어야 하는 구의제들이 상당히 많기 때문에 공공의제가 새로운 정부의제로 진입하는 것은 쉽지 않다. 그러므로 특정 문제를 지지하는 집단은 공공문제가 된 이후에도 그 문제를 정부의제로 진입시킬 수 있도록 노력하여야 하는데, 가장 일반적인 방법은 대중의 관심을 동원하는 것이다. 한편 이를 반대하는 집단은 정부의제화를 저지하려고 노력한다. 다음에 살펴볼 무의사결정(non-decision)은 엘리트 계층이 자신들에게 불리한 사회문제가 정부의제로 진입하는 것을 저지하는 전략이다.

정책결정의 권한을 가진 기관이 다양하므로 제도적 의제는 의회, 대통령, 행정부, 그리고 법원의 의제 등으로 구분될 수 있다. 지지집단의 입장에서는 자신들의 입장에 가장 우호적일 것으로 여겨지는 정부기관을 선택하는 '관할기관 선택'(venue shopping)을 시도할 수 있다.

공공의제와 정부의제는 성격이 크게 다르다(박천오, 2000: 409). 공공의제는 문제를 확인하는 데 그치고 문제의 극복방안이나 대안을 담고 있지 못하는 경우가 많다. 이와 비교하여 정부의제는 보다 구체적이고 안건의 수가 공공의제의 경우보다 적다. 그리고 이들의 우선순위가 반드시 일치하지 않는다. 민주적인 정치체제에서 이상적으로는 공공의제가 그 중요도에 따라 정부의제로 선택되는 것이 바람직하다. 그런데 어떤 이유 때문에 현실적인 정책의제 채택과정에서 양자 사이에 격차가 발생하고 또한 그 격차가 크다면 이는 바람직하지 못하다. 만약 이러한 불일치가 한계수준을 넘어 지나치게 커지는 경우 정치체제는 정통성을 상실하게 되고, 극단적으로는 붕괴될 수도 있다. 그러므로 민주적인 정치체제의 정책결정자들은 국민 다수의 집약적인 선호를 반영하는 공공의제를 정부의제로 수용하고자 노력하게 된다.

④ 결정의제

결정의제(decision agenda)는 법률적으로 결정권한을 가진 기관에서 구체적인 대안을 마련하여 결정을 앞두고 있는 의제를 말한다. Kingdon(1995: 4, 166)은 정부당국자가 관심을 가지고 있는 주제의 목록인 정부의제와 그 목록 중 유효한 결정을 앞두고 있는 의제의 목록인 결정의제를 구분하였다.

즉 결정의제란 의회의 결정을 앞두고 있는 제안, 대통령과 부처 장관이 결정하기 위해 검토하고 있는 의제를 말한다. 참여자의 관점에서 보면 결정의제는 정부당국자가 그 이슈에 가장 뜨거운 관심을 보이는 단계이다. 그러므로 결정의제가 정부의제보다 훨씬 진전된 상태임은 말할 것도 없다.

하나의 문제가 정부의제라고 하여 그에 대한 해결책이 즉각적으로 강구될 것이라는 보장은 없다. 정부의제가 된 다음에도 수년이 지나서야 그에 대해 어떤 조치가 내려지는 경우가 적지 않다(박천오, 2000). 당해 문제에 강력한 소수집단이 반대하는 경우에는 더욱 그러하다. 국회에 제출된 법률안은 정부의제이지만 소관 상임위원회에서 계류 중에 회기가 종료되어 자동 폐기되는 경우가 있다. 그러므로 결정의제가 모두 입법화된다거나 관료들이 모두 호의적인 결정을 하리라는 보장은 없다. 결정의제가 공식 행위자의 결정에 의하여 부결되는 경우도 있다.

(2) 정부의제 또는 제도의제의 분류

정책결정의 권한을 가진 기관이 다양하므로 제도적 의제는 의회, 대통령, 행정부 및 법원의 의제 등으로 구분될 수 있다. 또한 제도적 의제는 정기적으로 설정되는 구항목(old items)과 새로 설정되는 신항목(new items)으로 구분할 수 있다. 또한 이들은 절차적 의제와 실질적 의제, 대내적 의제와 대외적 의제, 배분정책 의제, 규제정책의제, 그리고 재분배정책의제 등 다양한 기준에 따라 분류할 수 있다.

2. 무의사결정과 숨겨진 의제

1) 엘리트론자와 다원론자의 논쟁

현실적으로 수많은 사회문제 중에서 일부만이 정부의제로 채택된다. 사회문제가 정부의제로 채택되면 그 문제의 해결을 위한 정책결정활동이 시작되고 정책대안이 채택되면 그 집행을 위한 자원이 동원되어야 한다. 한편 정부의제로 채택되지 못한 문제에 대하여는 정부가 아무런 행동을 취하지 않기 때문에 그 상황은 그대로 방치된다. 따라서 무엇이 정책의제가 되어야 하는가를 결정하는 것이 무엇이 그 해결대안이어야 하는가를 결정하는 것보다 훨씬 중요한 문제이며, 따라서 정책의제설정단계는 정책결정에서 가장 중요한 단계이다.

정책의제설정에 관한 엘리트론자와 다원론자들 사이의 논쟁의 핵심은 의제설정에 일반대중의 의견이 반영되는지 여부에 관한 것이다. 그런데 현실적으로 정책문제가 정부의제에 진입하여 그 해결방안에 관한 활발한 토론이 벌어지는 경우, 여론으로 나타나는 일반대중의 의견이 반영되는 경우가 많다. 따라서 정부의제에 진입한 정책문제의 경우, 그 해결방안에 일반대중의 의견이 반영된다는 점에서 다원론들자의 주장이 타당하다고 보겠다.

2) 무의사결정과 숨겨진 의제

엘리트론과 다원론의 논쟁이 전개되는 가운데 엘리트이론의 입장에 동조하는 Bachrach & Baratz(1963, 1970)는 무의사결정(nondecision-making)이라는 개념을 도입하여 정책의제채택에 관한 엘리트론의 관점을 정당화시키려 시도하였다.

Bachrach & Baratz(1963, 1970)는 정부의제로 설정된 정책이슈를 중요하게 취급하는 다원주의적 논점을 반박하고, "보이지 않은 힘이 작용하여 실질적으로 중요한 이슈를 사장(un-issueness)시키고 대신 엘리트의 이익에 안전한 문제만을 등장시키는 관행"을 부각시킨다(김인철, 2000: 297-304). 무의사결정은 정부의제가 선정되기 이전 단계에서 엘리트 집단이 의도적으로 이슈를 선별하는 과정에서 나타난다. 즉 심각한 사회적 쟁점으로 부각되고 있는 이슈라 할지라도 엘리트 집단이 논의 자체를 반대할 경우에는 정부의제로 등장하지 못하도록 보이지 않는 권력을 행사한다. 이같이 무의사결정은 중요한 공공의제 또는 체제의제라 할지라도 왜 정부의제 또는 제도의제로 진입하는 데 실패하는지 그 이유를 설명한다. 무의사결정에 따라 중요한 공공의제가 사장되어 정부의제로 진입하지 못하게 된다는 것이다. 이같이 사장된 의제를 '숨겨진 의제'(hidden-agenda)라고 부르기도 한다(Gerston, 2004: 65-69).

결국 무의사결정은 다수 일반대중의 요구에도 불구하고 특정 이슈가 정부의제로 진입하지 못하는 '제한된 의제설정'의 실상을 나타내고 있다. 무의사결정의 관점은 일찍이 Schattschneider(1960)가 다원론을 비판하고 민주주의 국가에서도 일반 대중의 실질적인 참여의 폭은 매우 좁고 정치체제는 현상유지의 편견을 강화하는 방향으로 운영된다는 주장을 토대로 한 것이다. 무의사결정론에는 소수의 권력집단이 협력하여 의제설정과정을 좌우한다는 음모의 개념(conspiracy concept)이 포함되어 있다(Gerston, 2004: 67). 그런데 Gerston(2004: 68-69)은 '무의사결정' 또는 '숨겨진 의제'의 개념은 계량화하기 어렵고 따라서 입증하기 곤란하기 때문에 무의사결정이 실재(reality)인지 신화(myth)인지 그 성격이 분명하지 않다고 주장한다.

Ⅴ. 정책의제의 설정과정과 유형

1. 정책의제의 설정과정

정책의제 설정과정은 정치체제와 그 환경과의 관계에서 환경의 요구가 투입되는 과정으로 이해될 수 있다. 정책의제설정 과정은 사회문제나 요구가 정치체제에 투입되는 과정(노화준, 2007: 193), 즉 사회문제가 정부의제 또는 제도의제의 목록으로 진입하는 과정이다.

정부당국자의 관점에서 본다면 정책의제 설정과정은 정부가 해결해야 할 문제를 인식하는 과정이다. 이러한 맥락에서 Jones(1984)는 의제설정과정을 문제가 정부에 귀속되는 과정이라고 보았다. Jones는 정책의제설정과정에서 나타나는 기능적 활동을 문제의 인지(perception), 문제의 정의(definition), 결집(aggregation), 조직화(organization), 그리고 대표(representation)로 구분한다. 문제의 인지란 정치체제의 구성원들이 시정조치 또는 구제방안이 필요한 욕구, 조건, 또는 상황을 알게 되는 것을 말한다. 이어서 문제의 정의란 객관적인 상황과 그 영향을 해석하여 해결해야 할 문제를 규정하는 것이다. 이러한 문제의 정의를 토대로 그러한 문제에 영향을 받는 사람들을 결집하여 조직화한다. 그 결집과 조직화 과정에서 문제에 영향을 받는 사람들의 수, 결집한 사람들의 범위, 그리고 결집을 주도한 조직의 형태와 구조 등이 정책의제화 여부는 물론 그 후속 과정인 정책형성에도 영향을 미칠 것이다. 마지막으로 대표란 공공문제의 정책의제화를 주도하는 집단이 활용할 수 있는 대정부 접근통로를 말한다. 대정부 접근통로를 통하여 정부당국자에게 그 문제의 심각성과 중요성을 설득하여 해결방안 모색이 필요하다는 것을 인식시킬 수 있으면 그러한 문제는 정부의제로 진입할 수 있다.

2. 정책의제설정과정에서의 경쟁

어떤 정치체제에 있어서이건 잠재적인 사회문제의 수는 그 문제를 처리하는 정부기관의 능력범위를 훨씬 초과한다. 공공문제를 주도하는 집단의 입장에서 보면 그 문제가 공공의제의 위치에 올라갈 수 있도록 다른 문제의 당사자들과 경쟁을 벌여야 한다. 이러한 경쟁과정을 기술하는 모형으로 Hilgartner & Bosk의 공공광장(public arenas) 모형과 Downs의 이슈관심주기론을 살펴보겠다. 공공광장 모형이 일정 시점에서 공공의제의 위치로 진입하기 위한 경쟁을 묘사한 데 비하여 이슈관심주기론은 특정 이슈에 대하여 시간의 흐름에 따른 관심의 변화에 초점을 맞추고 있다.

1) 공공광장 모형

Hilgartner & Bosk(1988)는 사회문제가 발생하여 정부의제로 진입하는 과정을 공공광장모형으로 묘사하였다. 이 모형은 사회문제의 정의가 이루어지는 무대 또는 광장(arena)을 강조한다. 이들은 사회문제를 공적 담론과 행동(public discourse and action)의 광장에서 문제로 추정되는 조건이나 상황이라고 정의한다. 즉 사회문제는 단순히 객관적인 문제 상황을 반영한 것이 아니라 공공광장에서 대중의 관심을 확보하고 대중이 이를 문제로 여겨야 한다. 그런데 대중의 관심은 공공광장에서 경쟁을 통해 배분되는 희소자원이다.

공공광장의 수용능력(carrying capacities)은 제한되어 있다. 즉 주어진 기간 내에 받아들일 수 있는 공공문제의 수가 한정되어 있다. 그런데 잠재적 사회문제는 수없이 많다. 공공광장의 수용능력이 작아서 모든 잠재적 사회문제를 수용할 수 없으므로 사회문제는 공공광장에서 공간(space)을 확보하기 위하여 서로 경쟁한다. 사회문제들 사이의 경쟁은 두 단계에서 동시에 이루어진다. 즉 사회문제들 사이에 공간을 차지하기 위한 경쟁이 이루어지는 한편 실질적 분야에서 문제의 정의(definition)를 둘러싼 경쟁이 이루어진다. 공공광장은 입법부, 사법부, 행정부 등과 같은 공식 정책결정기관 뿐 아니라 영화, 정치캠페인 조직, 시민단체, 사회적 이슈를 다루는 서적, 종교기관, 대중매체 등 여러 가지를 포함한다. 그런데 가장 일반적인 공공광장은 대중매체이다. 신문은 지면이 한정되어 있으며, TV뉴스는 시간 제약이 있으므로 대중매체에서 다룰 수 있는 사회문제의 수는 한정될 수밖에 없다. 그러므로 대중매체에서 다루어지는 문제들도 가능한 많은 지면과 시간을 확보하기 위하여 경쟁한다.

2) 이슈관심주기론

(1) 개 념

Downs(1972)의 이슈관심주기론(또는 이슈생존주기론)은 사회문제에 대한 대중의 관심은 시간이 지남에 따라 역동적으로 변화한다고 본다. 구체적인 이슈가 공공의 관심을 끄는 기간은 한시적이다. 그 기간 중 정부의 행동을 이끌어내지 못하면 관심이 사라지는 것이다. 그 까닭은 다른 새로운 이슈가 관심을 끌기 때문이다. Downs(1972)는 사회문제는 태어나서 사라질 때까지 다섯 단계를 거치는 생존주기(life cycle)를 가진다고 보았다. 즉 사회문제는 일정한 기간을 거쳐 사회문제로 대두하게 되고, 서서히 국민적 관심을 끌기 시작하게 되며, 시간이 경과함에 따라 국민적 관심의 정도가 증가하여 절정에 도달하게 된다는 것이다. 국민적 관심이 절정에 도달한 시기에 정부는 그 문제를 해결하려고 시도한다. 그런데 정부의 대처가 시작되거나, 아니면 문제의 성격상 쉽게 해결될 사안이 아니라고 판단되면 그 문제에 대한 국민적 관심은 서서히 사라진다. 한편 그 문제에 오랫동안 관심을 집중했던 국민들은 새로운 이슈로 눈을 돌리기 시작한다는 것이다. 이런 까닭에 민주주의국가에서 어떤 사회문제에 대중의 관심이 증가하고 감소하는 현상은 주기적인 패턴으로 나타난다.

그런데 Downs는 모든 문제가 이러한 주기를 따르는 것은 아니라고 보았다. 이슈관심주기에 영향을 받기 쉬운 문제는 다음과 같은 세 가지 특징을 공유하는 문제이다. 첫째, 소수 주민에 불리한 영향을 미친 문제, 둘째,

다수주민에게 이익을 준 프로그램의 부작용으로서 생긴 문제, 셋째, 대중매체의 극적 관심을 이끌어낼 수 있는 문제 등이다.

(2) 경험적 연구

국내외에서 이슈관심주기를 경험적으로 검증하려는 시도가 이루어졌다. 예를 들면 Peters & Hogwood(1985)는 Gallup여론조사에서 측정된 대중의 관심 변동과 미국 연방정부내 조직변동 또는 기관형성의 변동간의 관계를 평가하였다. 12개의 행정조직 개편사례를 검토한 결과 7개 사례는 대중 관심의 최고점에서 변화가 이루어져 Downs모델의 기대를 충족시켰다. 그러나 4개 사례는 공중 관심의 최고점이 지난 이후에 개편이 이루어졌고, 1개 사례는 최고 관심 이전에 개편이 이루어졌다. 결론적으로 Downs 가설은 부분적으로 지지되었다.

국내문헌에서도 하나의 이슈가 사회적 이슈로 발전하는 과정이 비교적 상세하게 소개되었고(송근원, 1994; 노화준, 2007; 박기묵, 2000; 정익재, 2010), 국내 사례에 대한 경험적 연구도 다양하게 시도되었다. 예를 들면 하나의 공공이슈가 새로운 이슈로 등장으로 인해 감소된 사회적 관심의 변화를 운형함수(spline function)를 이용하여 계량화한 연구(박기묵, 2002)가 이루어졌는데, 1995년과 2001년 사이에 사회적 관심을 끌었던 실제적 이슈 중에서 뚜렷한 경쟁의 흔적이 있는 14개 사례들에 적용하였다. 한편 17대 총선과정에서 정치적 이슈들 사이의 경쟁이 정당지지도에 미치는 영향에 관한 연구(박기묵, 2005)와 무상급식논쟁(왕재선 · 김선희, 2013)에도 적용되었다. 한편 이태준(2016)은 전통적인 언론매체 환경과 새로운 디지털 미디어 환경에서 밀양 송전선로 공공갈등사례(2007-2014년)의 이슈관심주기를 분석한 결과 두 가지 다른 매체환경에서 이슈관심주기는 유사하게 나타났으며, 매체환경의 특수성에 영향을 받지 않았다고 밝혔다.

3. 의제설정과정의 유형

Cobb, Ross & Ross(1976: 126-135)는 공공의제(또는 체제의제)와 정부의제(또는 제도의제)사이에 의제설정의 네 가지 중요한 국면을 지적하였다. 먼저 이슈가 제안되고, 그 해결책이 구체화되고, 그 이슈에 대한 지지가 확산되어 성공하면 이슈가 정부의제로 편입된다는 것이다. 그 과정에서 외부주도모형(outside initiative model), 동원모형(mobilization model) 및 내부접근모형(inside access model)의 의제설정이 구분된다. 한편 May(1991)는 이러한 세 가지 모형에 네 번째 모형인 공고화모형(consolidation model)을 추가하였다. 〈표 1-2〉에 이러한 네 가지 유형이 제시되었다.

표 1-2 의제설정과정의 네 가지 유형

구 분		대중의 관여정도	
		높 음	낮 음
의제설정의 주도자	민간	외부주도(outside-initiation)	내부접근(inside-access)
	정부	공고화(consolidation)	동원(mobilization)

출처: May. 1991. Reconsidering Policy Design: Policies and Publics. pp. 187-206; Howlett & Ramesh. 2003. *Studying Public Policy.* p. 140.

1) 외부주도모형

외부주도모형은 민간집단에 의해 이슈가 제기되어 먼저 성공적으로 공공의제에 도달한 후 최종적으로 정부의제에 이르는 유형을 말한다. 즉, 공식 정부기구의 바깥에서 활동하는 외부집단에 의해 그들의 일반적인 고충이 문제로 제기되어, 구체적인 요구로 전환된다. 외부집단은 새로운 집단을 끌어들이거나 기존 이슈에 연결시켜서 동조세력을 규합한다. 이슈의 확대에 성공하여 비교적 다수의 집단이 그것을 공식적인 행위가 필요한 문제로 여기게 되면 공공의제가 된다. 공공의제로부터 정책결정자의 진지한 관심을 끌게 되면 정부의제로의 전환된다. 한 가지 주의해야 할 점은 정부의제의 지위를 확보했다고 하여 당연히 정부당국의 최종결정이나 실제의 정책집행이 원래 고충집단(grievance group)이 의도했던 바대로 이루어진다고 보장되는 것은 아니며, 문제와 해결방안이 변형될 수 있다는 점이다.

2) 동원모형

동원모형은 정책결정자가 제기하여 자동적으로 정부의제가 되고, 그 성공적인 집행을 위하여 공공의제로 전환되는 유형을 말한다. 새로운 프로그램이나 정책이 저명한 정치지도자에 의해 제기될 경우에 자동적으로 정부의제가 되는데 지도자의 발표가 구체적인 경우는 거의 없으므로 관련 정부기관에서 국민의 협조와 지지, 물적 자원의 획득, 그리고 행태유형의 변화를 유도하기 위하여 구체화된 프로그램을 제시하게 된다. 상당수의 국민이 정부 프로그램을 중요한 문제에 대한 대책으로 인식하게 되면 정부의제가 공공의제로 전환된다. 이같이 정부당국자가 정부의제를 공공의제로 전환시키려 노력하는 이유는 새로운 프로그램이 집행에 성공하려면 일반대중의 지지를 획득해야 되기 때문이다.

3) 내부접근모형

제 3의 유형인 내부접근모형에서 정책은 정부기관 내부의 집단이나 정책결정자와 빈번히 접촉하는 집단에 의해 제안된다. 이들은 상당한 전문적 지식과 이해관계가 있는 전문가 집단이거나 정부기관이다. 이 모형에서는 정책제안이 정부의제의 위치로 올라갈 정도로 충분한 압력을 정책결정자에게 행사하기 위해 제안을 구체화하고 확대하지만 그러한 확대의 범위는 정책의 통과나 집행에 영향을 미치는 특정 소수집단에 한정시킨다. 즉 정책의 주창자들이 공공의제로 전환시키려 하지 않고 비밀을 유지하려하기 때문에, 일반 대중이 광범위하게 관여하지 않는다.

위와 같이 정책의제 채택과정을 세 가지 유형으로 분류한 Cobb 등에 의하면 평등주의적(egalitarian)인 사회일수록 외부주도모형의 의제채택의 비중이 높으나, 정치지도자와 국민 사이의 사회적 거리가 먼 대부분의 개발도상국에서는 동원모형이 지배적이라고 본다. 한편 부와 지위가 집중된 사회일수록 내부접근모형의 정책의제채택의 비중이 높다고 주장한다.

4) 공고화모형

정책의제설정에서 주요한 관심사는 ① 정책문제와 관련된 정책하위체제의 성격, 즉 정부부문 행위자 또는 민간부문의 행위자 중 누가 과정을 주도하는지, ② 그 해결방안에 대하여 대중이 어느 정도 지지하는지에 관한 것이다. 위에서 살펴본 의제설정의 세 가지 기본모형에 추가하여 May(1991)는 새로운 패턴인 공고화모형을 추가하였다.[1] 네 번째 의제설정의 유형인 공고화모형은 이미 대중의 지지가 높은 정책문제에 대하여 정부가 그 과정을 주도하여 해결을 시도하는 유형이다. 이러한 사례에서는 정부가 이미 존재하는 대중의 높은 지지를 공고화하여 정책결정단계로 나아가면 된다(May, 1991; Howlett & Ramesh, 2003: 141). 정부가 이같이 대중의 지지를 결합하고자 하는 것은 그 정책이 결정된 이후 집행이 유리하기 때문이다.

〈표 1-3〉에 네 가지 모형의 특징을 요약하여 제시하였다. 외부주도모형은 자유민주주의 국가에서 민간집단이 주도하는 유형이다. 민간집단에서 이슈가 제안되고 확산되어 먼저 공공의제가 되고 뒤이어 정부의제에 이른다. 동원모형은 일당제 국가에서 정책결정자가 주도하는 모형이다. 정부에 의해 이슈가 정부의제에 오른 다음, 일반 대중에게 확산된다. 내부접근모형은 관료적 권위주의 국가에서 상당한 전문적 지식과 이해관계가 있는 전문가 집단 또는 정부기관이 주도하는 모형이다. 정책결정에 특별한 접근권이 있는 영향력을 가진 집단이 정책을 제안하지만 그 범위가 공개적으로 확대되고 경쟁하는 것을 바라지 않는다. 마지막으로 공고화모형은 국가의 유형과는 무관하게 정책결정자가 주도하는 모형이지만 이미 민간집단의 광범위한 지

표 1-3 의제설정의 네 가지 모형의 특징 요약

모 형	내 용
외부주도모형	자유민주주의 국가: 시민집단 주도 민간집단에서 이슈가 제안되고 확산되어 먼저 공공의제가 되고 뒤이어 정부의제에 이른다.
동원모형	일당제 국가: 정책결정자 주도 정부에 의해 이슈가 정부의제에 오른 다음, 일반 대중에게 확산된다.
내부접근모형	관료적 권위주의 국가: 상당한 전문적 지식과 이해관계가 있는 전문가 집단 또는 정부기관 주도 정책결정에 특별한 접근권이 있는 영향력을 가진 집단이 정책을 제안하지만 공개적으로 확대되고 경쟁하는 것을 바라지 않는다.
공고화모형	국가의 유형과 관계없음: 정책결정자 주도 민간집단의 광범위한 지지가 형성된 이슈에 대하여 정책결정자가 지지의 공고화를 시도하여 동시에 정부의제와 공공의제로 설정된다.

1) 노화준(2007: 140)은 consolidation model을 굳히기모형으로 표현하고 있다.

지를 받고 있다는 점에서 동원모형과는 대비된다. 민간집단의 광범위한 지지가 형성된 이슈에 대하여 정책결정자가 지지의 공고화를 추진하여 동시에 정부의제와 공공의제로 설정된다.

Ⅵ. 의제설정의 행위자와 촉발메커니즘

1. 의제설정과정의 주도적 행위자

제2부 제2장에서 정책과정의 행위자를 공식 행위자와 비공식 행위자로 구분하여 살펴본 바 있다. 그런데 의제설정과정에서 주도적인 역할을 담당하는 행위자는 누구인가? 정책형성과정의 주도적인 행위자와는 차이가 있는가? 이러한 질문에 대한 답변은 학자에 따라 다르다. 앞에서 살펴본 Cobb 등의 의제설정과정이론, Hilgartner & Bosk의 공공광장 모형, Downs의 이슈관심주기론, 그리고 Bachrach & Baratz의 무의사결정론에서도 의제설정과정의 주도적인 행위자를 밝히려고 노력하였다.

1) 외부주도집단과 대중매체

의제설정의 외부주도모형과 Hilgartner & Bosk의 공공광장모형에서는 사회문제와 관련된 외부집단과 대중매체가 주도적 행위자라고 본다. 즉 외부주도모형에서는 사회문제로 피해를 입게 된 사람들이 그 문제의 정책적 해결을 정부에 요구하면서 의제설정과정이 시작된다. 외부주도집단의 정치적 영향력의 원천은 그 집단이 동원할 수 있는 지식과 정보, 경제력 또는 재원, 규모와 응집력 등이다. 다른 조건이 같다면 피해를 입는 사람의 숫자가 많을수록 그 사회문제는 정책문제화되기 쉽다. 그런데 직접적인 피해를 입는 사람이 아니더라도 정책문제의 해결에 동조하고 이를 지지하는 집단이 있을 수 있다. 그러므로 주도집단이 이러한 동조자를 많이 규합할수록 정부의제화의 가능성이 높아진다. 지식인과 여론지도자, 그리고 시민사회단체를 동조자로 끌어 들이게 되면 의제화의 가능성은 더욱 높아진다.

Cobb & Elder는 이러한 전략을 이슈확산전략이라고 부른다. 그 과정에서 Downs가 이슈관심주기론에서 지적한 바와 같이 대중매체가 지속적으로 관심을 가질 경우 정부의제화에 유리한 상황이 형성된다. 그러므로 대중매체도 외부주도모형의 의제설정과정의 주도적인 행위자로 볼 수 있다. 그러나 어떤 문제가 해결되면 상대적으로 피해를 보는 집단이 있을 수 있다. 사회문제가 해결될 경우 피해를 입는 집단은 의제화를 저지하려고 노력한다. 그러므로 어떤 사회문제가 정부의제, 나아가서 결정의제로 진입하려면 외부주도집단이 반대집단의 저지를 물리치고 정부의 정책결정자에게 영향력을 행사할 수 있는가에 달려 있다. 외부집단과 대중매체가 주도하는 외부주도모형의 의제설정과정은 자유민주주의 국가에서 전형적으로 나타나는 의제설정 유형으로 생각되고 있다.

2) 정치적 행위자와 전문가집단

Cobb 등의 동원모형과 공고화모형에서는 정부 측 행위자가 그 과정을 주도하고, 내부접근모형에서는 전문가집단이 주도적 역할을 담당한다고 보았다. 한편 Kingdon(1995)은 1970년대 미국 연방정부의 보건정책과 교통정책분야의 정책의제설정과 정책대안의 선택과정을 주도면밀하게 연구한 결과 두 단계의 행위자가 다르다는 점을 밝히고 있다.

Kingdon(1995: 199)에 따르면 의제설정과정은 정치적 행위자가 주도하며, 대안선택은 전문가들이 주도적 역할을 한다고 밝히고 있다. 그의 분석에 의하면 의제설정에 있어서는 선출직 공무원과 그가 임명한 참모들이 직업공무원뿐만 아니라 이익집단과 전문가와 같은 외부참여자보다 훨씬 중요한 역할을 한다는 것이다. 그는 이러한 현상을 민주주의가 작동하는 증거라고 본다. 선출직 공무원 중에는 대통령의 역할이 가장 크고, 그가 임명한 비서진, 정당지도자와 주요 상임위원회 위원장 등과 같은 의회의 유력한 지도자가 의제설정을 주도한다. 의제설정에서 여러 참여자의 역할을 묘사하는데 있어서 상위에 선출직 공직자가 영향력을 행사하는 하향적 모형(top-down model)이 현실을 잘 설명한다는 것이다. 그러므로 미국과 같은 다원주의적 국가에서도 외부 집단은 능동적으로 새로운 의제를 설정하는 것이 아니라 선출직 공직자에게 압력을 행사하는데 그친다고 볼 수 있다. 따라서 어떤 주제가 정부의제로 진입할 기회를 높이려면 선출직 공직자에게 압력을 행사하여야 한다.

3) 의제설정과 정책형성 주도집단 구분

한편 의제가 설정된 이후, 구체적인 정책대안과 해결방안을 선택하는 과정에서는 선출직 공직자보다는 전문가들이 주도한다(Kingdon, 1995: 200). 이러한 전문가집단에는 학자, 연구자, 컨설턴트, 직업관료, 의원보좌관, 그리고 이익집단을 위하여 일하는 분석가들이 포함된다. 상대적으로 일반대중에게 잘 알려지지 않은 전문가들은 느슨하게 결합된 정책공동체를 형성한다. 이러한 공동체에서 아이디어들이 활발하게 논의된다. 문제해결과 관련된 여러 가지 제안이 다양한 방법－연설, 법률안 제안, 의회청문회, 언론보도, 논문회람, 대화 등－을 통하여 시험된다. 이들 중 일부가 채택되기도 한다.

정책의제설정과 정책형성단계에서 참여자가 달라진다는 점은 우리나라의 선도기술개발사업(G7) 사례연구(홍성걸 외, 2006)에서도 나타나고 있다. 통칭 G7 프로젝트라고 불리는 선도기술개발사업은 1992년부터 2002년까지 10년 동안 과학기술부를 중심으로 8개 정부부처가 특정제품 또는 기술분야에서 세계 7대 과학기술 선진국 수준의 기술경쟁력을 확보하고자 추진한 국가연구개발사업이었다. 그 사업에 따른 연구결과의 대표적인 사례로는 차세대 평판 표시장치 개발, 초고집적 반도체 개발, 고선명 TV 개발, 고속전철 개발, 환경공학기술 개발 등이 있다. 홍성걸 외(2006)의 사례연구에서는 이 사업의 정책형성과정을 정책의제설정과 정책목표 및 정책수단 결정의 2단계로 분리하여 보았다. 이 사업의 성립배경과 정책의제 설정은 선구자적 시각을 가진 당시 과기부 장관, 청와대 정무 및 경제수석, 민간기업인 등 몇 사람에 의하여 주도되었다. 한편 구체적인 정책결정과정에서는 공무원들보다는 출연연구소와 대학 등 산·학·연 전문가들의 역할이 훨씬 큰 것으로 나타났다.

4) 우리나라 의제설정의 주도적 행위자

우리나라 정책의제 설정에서 전통적 행위자는 대통령, 의회, 언론 등이다. 대통령, 의회, 언론, 그리고 대중의 상대적 영향력과 상호작용 양태변화를 경제, 교육, 국토개발, 노동, 보건복지의 5개 정책영역의 시계열자료를 분석(원인재 · 김두래, 2020)한 바에 따르면 정책영역에 따라 의제설정의 거시동학은 차별화되었다. 의제설정 단계에서 전통적 비정부부문 행위자인 언론의 역할에 관한 사례연구(박기묵, 2015) 뿐 아니라 인터넷 사용의 보편화와 확산에 따른 외부주도형 의제설정사례(조화순 · 송경재, 2004; 정익재, 2010), 인터넷을 통한 집단지성의 역할(박치성 · 명성준, 2009), 전자거버넌스의 역할(황성수, 2011; 임준형, 2006), 시민단체를 통한 지역정책의제 설정(정용찬 · 배현회, 2018)에 관한 사례연구결과도 발표되어, 주도적 행위자가 다양화되고 있음을 알 수 있다. 이러한 경향은 다음에 살펴보게 될 우리나라 정책선도자 유형에서도 유사하게 나타났다(372쪽 [Box 1-1] 참조).

2. 의제설정의 촉발메커니즘

1) 촉발메커니즘의 개념

촉발메커니즘(triggering mechanism)은 일상적인 문제를 많은 사람들이 공유하는 공적 반응으로 전환시키는 결정적인 사건 또는 사건의 집합을 말한다(Gerston, 2004: 23). 촉발메커니즘은 정책의제 설정과정의 초기단계에서 의제설정이 원활하게 이루어지도록 하는 촉매제로서 작용한다. 촉발메커니즘은 민간부문과 정부부문 정책결정자들의 의식을 재정립하는 데 있어서 매우 중요한 계기가 된다. 예를 들면 우리나라에서는 자연재해의 한 유형인 지진에 관한 대책을 가지고 있지 않다가 1995년 일본 고베 지진을 계기로 지진에 대한 대책을 수립하였다(Namkoong, 2003). 미국은 2001년 9 · 11테러를 계기로 국토안보부를 창설하는 등 대테러대책을 종합적으로 수립하였다.

2) 촉발메커니즘의 유형

촉발메커니즘으로 작용할 수 있는 사건은 정치체제를 둘러싼 환경에서 발생한다. 정치체제의 환경을 국내환경과 대외적 환경으로 구분할 수 있는데 사건 역시 국내환경에서 발생할 수 있으며, 대외적 환경에서도 발생할 수 있다.

국내 촉발메커니즘으로는 태풍, 지진 등과 같은 자연적 재해; 재정위기, 외환위기, 은행권의 붕괴 등과 같은 경제적 곤경; 자동차 발명, 컴퓨터 보급, DMB와 같은 기술 진보; 빙하시대, 수질오염, CFO 방출 등과 같은 환경적 변화; 그리고 여권운동 등과 같은 사회적 변화에서 나타날 수 있다.

대외적 촉발메커니즘으로는 전쟁, 국가 간 간접적 갈등, 국가간 경제대결, 신무기 개발에 따른 세력균형의 변화과정에서 나타날 수 있다. 촉발메커니즘으로 작용하는 사건은 언제 발생할지 예측하기는 어렵지만 정책의제 설정과정뿐 아니라 더 나아가서 정책과정 전반의 출발점이 될 수 있다.

3) 촉발메커니즘의 영향을 결정하는 요소

어떤 사건 또는 사건의 집합이 정책의제설정의 촉매제로서 영향을 미치는 촉발메커니즘의 가치는 범위(scope), 강도(intensity), 지속시간(time), 그리고 자원(resources)이라는 네 가지 요소의 상호작용에 따라 결정된다(이하 Gerston, 2004: 25-28; 노화준, 2007).

(1) 범 위

범위란 촉발메커니즘에 의하여 영향을 받는 지리적 영역 내의 사람의 수를 말한다. 만약 어떤 사건이 상당수의 사람들에게 큰 영향을 미칠 경우, 그에 대한 조치를 요구하는 기반이 넓어질 것이다. 그러나 사건이 비교적 소수에게만 영향을 미친다면, 그러한 소수가 변화를 주도할 능력을 가진 정치적 행위자들로 인정받기 어려울 것이다.

범위가 설정되는 데는 사건의 물리적 요소와 정책의 관할권역이 영향을 미치게 된다. 예를 들어 한 도시에서 독성화학약품 유출사고가 발생했다고 하자. 그 이슈가 그 지역에서는 매우 심각하겠지만 다른 지역과 국가지도자는 비교적 관심이 덜 가지게 것이다. 그러나 유사한 유출사고가 다른 지역에서도 발생하거나 아니면 전국토의 상당부분을 통과하는 강에서 발생한 경우에는 그 사건의 범위가 달라진다. 예컨대 한강상류에서 그러한 유출사고가 발생하면 서울과 인천 등 인구밀집지역을 통과해야 하며, 구미에서 페놀 유출사고가 발생하면 대구와 부산 등지의 많은 사람들이 영향을 받는다. 이와 유사하게 태풍이 사람이 별로 거주하지 않는 동해안 바닷가를 지나가는 경우와 인구밀집지역인 내륙지역을 강타하는 경우는 영향을 받는 사람들의 범위가 크게 달라진다.

(2) 강 도

촉발메커니즘의 영향을 결정하는 두 번째 요소는 대중들이 인지하는 그 사건의 강도이다. 만약 예기치 않은 사건에 대한 국민의 인지강도가 낮을 경우, 그 사건을 계기로 정책의 변화를 요구할 만큼 강력한 영향을 미치지 않을 것이다. 그러나 그 사건이 대중의 관심, 특히 공포와 분노 형태의 관심을 표명할 경우 정책결정자가 관심을 가질 가능성이 높다. 그러한 사례가 미국에서 2001년 9월 11일이 테러공격 이후 나타났다. 뉴욕시, 워싱턴 DC, 펜실배니아 서부지역에서 인명 및 재산 피해 이외에도 그 사건은 미국 국민들의 커다란 슬픔과 분노를 유발하여, 대다수 국민이 국가자도자로 하여금 테러리스트를 찾아서 보복하라고 요구하였다.

테러리스트에 대한 대응과는 대조적인 사례가 일반대중이 지구온난화에 대한 대응에 관한 것이다. 100년이 넘게 과학자들이 이산화탄소 배출이 대기에 미치는 영향에 대하여 경고하였다. 그러나 그 문제는 그 동안 잠복해 있다가 최근인 1997년 교토의 국제회의에서 다루어졌다. 산성비, 삼림파괴, 만년설의 해빙 등과 같은 형태로 나타나는 지구온난화의 결과에 대한 경고가 이루어졌음에도 불구하고 미국정부는 배출기준에 합의한 178개국의 결정에 합류하기를 거절했다. 간단하게 말하면 대중의 관심에도 불구하고 관심의 강도가 낮았던 것이다.

(3) 지속시간

결정적인 사건이 전개되는 시간의 길이가 촉발메커니즘의 영향에 있어서 세 번째 요소이다. 어떤 요소들은 즉시 사라지지만, 어떤 요소들은 상당기간 유지된다. 일반적으로 촉발메커니즘의 지속기간이 길수록 유리하다. 앞에서 살펴본 이슈관심주기론에서 살펴 본 바와 같이 상당기간 지속되면서 대중의 관심이 최고조에 이를 때 의제화되기 쉽다. 그러나 짧은 지속기간에도 불구하고 강력한 영향을 미치는 경우가 있다. 미국의 경우 Three Mile 섬의 원전 방사능 누출사고는 짧은 지속시간에도 불구하고 큰 영향을 미쳤다. 한편 AIDS 퇴치문제는 1980년대 이후 10년 이상 꾸준하게 문제가 제기된 이후에야 의제화되었다.

(4) 자 원

네 번째 요소는 촉발메커니즘과 관련된 자원의 규모이다. 문제를 방치할 경우에 지불하게 될 화폐비용이나 인명 손실과 같은 비용이 영향을 미친다. 미국의 경우 9·11 테러로 막대한 인명과 재산피해를 보았다. 방치할 경우 손실이 클수록 의제화가 유리하다. 그러나 9·11 테러사태는 복구에도 역시 천문학적인 비용이 투입되었다. 일반적으로 복구에 많은 비용이 투입될 경우에는 정부의 관심이 사라질 수도 있다.

(5) 종 합

이상에서 촉발메커니즘의 영향을 결정하는 네 가지 구성요소를 살펴보았다. 그런데 어떤 사건이 촉발메커니즘으로서 작용할 가능성이 어느 정도인지는 이러한 네 가지 요소가 어떠한 방식으로 결합되는지에 따라 다르다. Gerston(2004: 30)은 미국에서 몇 가지 사건을 사례로 제시하고 있다. 예를 들면 1941년 일본함대의 진주만 공격사건은 영향을 받는 사람들의 범위가 넓고, 그 피해의 강도가 크고, 단기간에 진행되었지만, 피해의 규모가 엄청나게 크기 때문에 즉시 촉발메커니즘으로서 작용하였다. 그러나 1960년대부터 오늘날까지 지속적으로 제기되어온 지구온난화 문제는 영향을 받는 사람들의 범위는 넓지만, 그 피해의 강도가 약하고, 시간상으로 점진적으로 진행되었고, 그 대책을 세우는 데 엄청난 자원이 투입되어야 하므로 촉발메커니즘으로 작용할 가능성은 낮았다고 평가하였다.

Ⅶ. 정부의제 진입과 정책의 창

1. 정책과정의 다중흐름과 정책의 창

공공문제 또는 공공의제가 정부의제로 진입하기 위하여 치열한 경쟁이 이루어진다는 점은 이미 살펴 본 바 있다. 그런데 정부의제로 진입하는 기회는 항상 열려있는가? 그 기회가 열리고 닫히는 데 영향을 미치는 요인은 무엇인가?

1) 정책과정의 다중흐름과 참여자

Kingdon(1995)은 이에 대한 답변을 정책과정에서의 다중흐름(multiple streams)과 관련하여 제시하고 있다. Kingdon의 다중흐름 모형은 다음에 살펴 볼 March & Olsen의 의사결정의 쓰레기통 모형(garbage can model)을 발전시킨 것이다. Kingdon은 정책과정을 다음과 같은 세 가지의 서로 독립적인 흐름으로 개념화할 수 있다고 보았다([그림 1-2] 참조). 한편 Kingdon은 이러한 세 가지 흐름에 주도적인 참여자가 각각 다르다는 점을 밝혔다.

그림 1-2 Kingdon의 다중흐름모형 분석틀

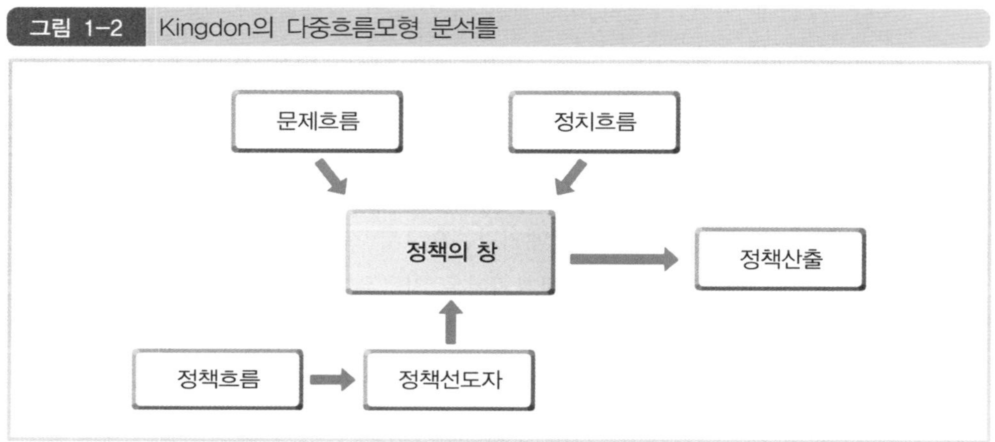

출처: Zahariadis. 2014. Ambiguity and Multiple Streams. p. 31에서 재구성.

(1) 문제흐름

문제흐름(problem stream)은 현실세계의 정책문제들과 이에 대한 기존 정부개입의 효과에 관한 정보로 구성된다. 정책결정자들은 정책문제를 구성하는 사회적 조건에 관하여 정책지표의 변화, 초점이 되는 사건의 발생, 기존의 정책개입의 효과에 관한 정보의 피드백 등을 통하여 알게 된다(Zahariadis, 2014: 32-33). 문제 흐름에서 주요참여자는 대중매체와 정책이해당사자들이다.

(2) 정책흐름

정책흐름(policy stream)은 정책문제를 분석하고 가능한 정책대안을 분석한 정보의 흐름이다. 즉 정책 흐름이란 어떤 정책문제에 대한 해결책인 정책대안의 흐름이다. 어떤 정책문제가 이슈화되어 정책의제가 되는 것과는 상관없이 학자, 분석가, 그리고 직업관료들이 계속 연구하면서 일정한 흐름을 형성하고 있다. 그러므로 정책 흐름의 주요 참여자는 학자, 연구자, 정책주창자, 직업관료, 그리고 정책전문가들이다.

(3) 정치흐름

정치흐름(political stream)은 선거, 입법부의 지도적 지위의 경선 등의 정치적 사건들에 의해서 형성된다. Zahariadis(2014: 34)는 정치의 흐름이 국가적 분위기, 압력집단의 캠페인, 그리고 정권 교체 등 세 가지 요소로 구성된다고 본다. 국가적 분위기는 국민 대다수가 공통적으로 생각하는 이념과 분위기를 말하며 시간의 흐름에 따라 바뀐다고 본다. 국가적 분위기와 유력한 압력집단의 지지 또는 반대를 감지한 공직자들은 그러한 안건을 의제화하려고 노력한다. 한편 입법부에 새로운 얼굴이 대거 진입하거나 정권교체가 이루어질 때 정치의 흐름이 가장 극적인 방법으로 변화된다. 정치흐름의 주요참여자는 대통령, 의회의 지도급인사, 정당지도부, 이익집단의 대표자들이다.

2) 정책의 창과 정책선도자의 역할

(1) 정책의 창과 합류의 중요성

Kingdon에 의하면 ‘정책의 창’(policy windows)이 열리면서 정책과정의 흐름들이 합류할 때에 정책의제 채택 및 정책대안의 선택이 이루어진다고 본다([그림 1-2] 참조). 정책의 창이란 “제안의 주창자들이 자신이 선호하는 해결방안을 채택하게 하거나, 자신들의 정책문제에 관심을 가지게 하는 기회”를 말한다(Kingdon, 1995: 165). 그런데 의제설정(agenda setting)과 대안선택(alternative specification)은 약간 다른 흐름에 의해서 좌우된다. 정부의제(government agenda)의 설정은 문제흐름과 정치흐름이 합류할 때 이루어진다. 한편 문제, 정치, 정책의 세 흐름이 모두 합류한다면 결정의제(decision agenda)가 될 가능성이 크게 높아진다(Kingdon, 1995: 178-179). 정책흐름 근처에서 정책대안들이 끊임없이 제시되고, 토론되며 수정된다. 문제가 제기된 이후 그 해결책을 고려하는 문제해결 모형과는 달리 정부 주변에는 정책대안들이 그 대안에 잘 어울리는 문제를 찾아다니고 또 그 대안의 채택가능성을 높여주는 정치적 사건이나 여건을 기다리며 떠돌게 된다. 만약 세 흐름 중 하나라도 빠지게 되면 그 주제는 결정의제가 되기 어렵다. 만약 정부의제의 지위에서 결정의제의 지위로 진입하지 못하게 되면 정책의 창은 닫히고 관심은 다른 주제로 옮겨가게 된다.

의제설정과정의 주도적 행위자는 문제 흐름과 정치 흐름을 주도하는 대중매체와 이익집단, 그리고 대통령, 의회지도자, 정당지도자들이다. Kingdon은 특히 의제설정과정에서 공식 행위자인 대통령이 주도적인 역할을 담당하고 있음을 밝히고 있다. 한편 정책대안 선정에서는 정책흐름을 주도하는 학자, 분석가, 그리고 직업관료들이 상당한 영향력을 행사한다는 것이다.

Kingdon의 이론은 의제설정의 기회에 관한 이론이면서 또한 참여자에 관한 이론이기도 하다. Kingdon은 정책의제설정을 좌우하는 요인을 ① 문제의 특성, ② 정치의 특성, 그리고 ③ 정치적 참여자의 특성으로 구분한다. 한편 대안선택을 좌우하는 요인으로는 전문적 참여자(hidden participants: specialists)와 정책 흐름(policy stream)을 들고 있다. 다시 말해서 Kingdon은 정책과정에서 의제설정과정과 대안형성과정을 시간적 선후관계로 보지 않았다. 그 과정이 서로 다른 참여자들에 의해 나타나는 별개의 흐름으로 구성되는 것으로 파악하였으며, 이들 세 가지 흐름이 서로 만날 때 '정책의 창'(policy window)이 열리고, 이때 정책결정이 이루어지지 않으면 정책의 창이 닫히게 되고, 세 개의 흐름은 제각각 흘러간다.

(2) 의제설정과 정책선도자의 역할

정책선도자(policy entrepreneurs)는 문제, 정치, 정책의 세 흐름을 합류시키는데 주도적인 역할을 담당하는 사람이다(Kingdon, 1995: 179-182; 조일홍, 2000: 420-421; Zahariadis. 2014: 35; Cohen, 2016).[2] 정책선도자는 자신이 가진 시간 · 에너지 · 명성 · 재력 등의 자원을 기꺼이 투자하는 정책 주창자라고 정의된다. 그들은 투자의 대가로 미래에 나타날 물질적, 정치적

---

2) 여기에서 policy entrepreneurs를 정책선도자로 번역하기로 한다. 학자에 따라서는 정책기업가, 정책선도가 또는 정책사업가로 번역하여 사용하기도 한다.

이윤을 기대한다. 정책선도자는 정치인, 관료, 전문가, 시민단체 또는 이익집단의 대변자 등 개인일 경우가 많지만 경우에 따라서는 특정 정책을 추진하는 조직 또는 기관일 수도 있다.

정책선도자는 다음과 같은 세 가지 자질을 갖추어야 한다. 첫째, 다른 사람들이 그 사람의 의견에 귀를 기울여 줄 수 있는 사람이어야 한다. 그러한 요소로 전문지식, 다른 사람을 대변하는 능력, 또는 의사결정을 내릴 수 있는 공식 지위를 들 수 있다. 둘째, 정책선도자는 훌륭한 정치적 네트워크와 협상기술을 가지고 있어야 한다. 만약 전문지식과 두 번째 자질을 복합적으로 가지고 있다면 그 영향력은 한 가지만 가지고 있을 때와는 비교가 안 될 정도로 강력해 질 수 있다. 셋째, 인내력과 끈기가 세 번째 자질이다. 정책선도자는 끊임없는 토론, 의견서 개발, 중요한 위치에 있는 사람과의 연락, 입법안 초안 작성, 상임위원회에서의 증언 등으로 그들이 선호하는 정책대안이 채택될 수 있도록 노력해야 한다. 인내력과 끈기만으로 성공할 수 없지만 다른 자질들과 결합되면, 엄청난 영향력을 행사한다. 정책선도자의 정의와 연결되어 생각하면 인내력과 끈기란 자신이 가진 모든 것을 기꺼이 투자할 수 있는 열정을 말한다.

(3) 경험적 연구에 나타난 우리나라 정책선도자의 유형과 특징

한국의 정책의제설정과정에서 Kingdon의 다중흐름모형을 적용한 경험적 연구사례에는 국가재정제도 개혁과정(최정묵, 2016), 노인 일자리사업의 정책변동(지은정, 2016), 검찰개혁과정(권석천 · 장현주, 2015), 대외원조정책결정(임다희 · 권기헌, 2015), 기초연금법 입법과정(전성욱, 2014), 원자력규제정책(김영준 · 이찬구, 2018) 등이 있다. [Box 1-1]에 Kingdon의 다중흐름모형을 적용하여 한국의 정책변동과정과 정책선도자를 연구한 국내 선행연구논문 69편의 93개 사례의 메타분석(장현주, 2017)에서 나타난 정책선도자의 유형, 역할과 전략이 요약되었다. 한국적 정책환경 아래에서는 대통령, 지방자치단체장, 장관 등 행정부의 선출직 또는 임명직 고위 정책결정자들이 정책선도가로 가장 많이 나타났다(대통령, 지방자치단체장, 장관을 포함한 정책결정자 26.2%, 관료집단 24.6%, 전문가집단, 이익집단, 시민단체 등 비공식행위자 17.5%, 국회의원 및 여당 각각 12.7%, 야당 6.3%). 정책선도

Box 1-1: 한국의 정책변동과정에서 정책선도자의 유형, 역할과 전략

장현주(2017)는 2000년 이후 다중흐름모형을 국내 정책변동과정에 적용한 69편의 선행연구들을 메타분석하여, 여기에 나타난 총 93개의 정책사례에서 유의한 정책선도자가 누구이며, 이들의 역할 및 정책의 창이 열렸을 때 이들이 취한 주요 전략들을 분석하였다. 분석결과, 다원주의적 속성이 낮고 선출직 정책결정자들이 정책결정을 할 수 있는 많은 권한과 기회가 주어진 한국적 정책환경 아래에서는 대통령, 지방자치단체장, 장관 등 행정부의 선출직 또는 임명직 고위 정책결정자들이 정책선도자로 가장 많이 나타나고 있었다(대통령, 지방자치단체장, 장관을 포함한 정책결정자 26.2%, 관료집단 24.6%, 전문가집단, 이익집단, 시민단체 등 비공식행위자 17.5%, 국회의원 및 여당 각각 12.7%, 야당 6.3%). 정책선도자들은 자신이 선호 또는 지지하는 특정 대안의 선택을 주창하는 이슈주창의 역할을 주로 수행하고 있었으며(이슈주창 78.6%, 정책중개 21.4%), 정책의 창이 열렸을 때 세 흐름들의 결합을 위해 혁신적인 아이디어로 문제를 정의하여 대중과 다른 정책행위자를 설득하고 지지를 이끌어내는 프레이밍을 가장 많이 활용하고 있었다(프레이밍 39.1%, 점진적 협상 21.1%, 감정점화 20.5%, 상징 19.3%).

정책변동을 성공적으로 이끄는 데 가장 큰 영향력을 미치는 정책선도자는 국회의원이며, 입법기능을 가진 공식적 의사결정지위와 주민대표라는 리더십을 통해 자신이 선호 또는 지지하는 대안을 강력히 주창하는 역할과 인내력을 갖고 대안들이 대립할 때 제3의 대안을 통해 중개하는 역할을 할 경우 정책변동이 성공적으로 이루어질 가능성은 더 높아진다. 한편 정책변동에 영향을 미칠 가능성은 정책선도자가 비공식행위자(전문가집단, 이익집단, 시민단체)일 경우 선출직 또는 임명직 정책결정자에 비해 더 큰 것으로 나타났다. 이는 우리 사회가 정책과정의 민주성, 투명성, 효과성을 제고하기 위해 협치(governance)와 협업(collaboration)을 강조하면서 전문가집단, 이익집단 및 시민단체의 정책과정 참여가 증가하면서 나타난 현상으로 보인다.

출처: 장현주. 2017. 한국의 정책변동과정에서 나타난 정책선도가의 유형, 역할과 전략은 무엇인가? Kingdon의 다중흐름모형에 대한 메타분석에서 요약. * 장현주는 정책선도자 대신 정책선도가라는 용어를 사용한다.

자가 주로 선출직 정책결정자 또는 임명직 고위관료라는 Kingdon의 주장과는 달리 한국의 경우 비공식행위자(전문가집단, 이익집단, 시민단체)도 정책선도자로 영향력이 있었다. 한국의 정책선도자들은 이슈주창의 역할을 주로 수행하면서 다른 정책행위자의 지지를 얻어내기 위하여 프레이밍 전략을 주로 사용하였다. 한편 정책변동에 영향을 미칠 가능성은 정책선도자가 비공식행위자(전문가집단, 이익집단, 시민단체)일 경우 선출직 또는 임명직 정책결정자에 비해 더 큰 것으로 나타났다. 이는 우리 사회가 협치(governance)와 협업(collaboration)을 강조하면서 전문가집단, 이익집단 및 시민단체의 정책과정 참여가 증가하면서 나타난 현상으로 보았다.

2. 정책의 창의 열림과 닫힘

정부의제설정은 앞에서 논의한 문제 흐름과 정치 흐름이 합류하면서 정책의 창이 열려야 이루어진다. 그런데 정책의 창은 매우 좁고 희소한 자원이다. 정책의 창은 오래 열려 있지 않고, 곧 닫힌다. 아이디어가 반영될 수 있는 시간은 오지만 곧 가버린다는 것이다. 정책의 창이 열릴 경우에도 아무런 행동없이 지나치게 되면, 그 창은 오랫동안 다시 열리지 않을 수도 있다.

1) 정책의 창이 열리는 이유

기본적으로 정책의 창은 정책과정의 세 흐름 중 정치흐름과 문제흐름의 변화에 의해 열리는데, 정치흐름에 의하여 열리는 경우가 가장 많다(Kingdon, 1995: 168-169: 조일홍, 2000: 416-417). 예를 들면 정권교체, 의회 내 정당 의석분포 변화, 이데올로기적 경향 변동, 국민여론의 변동 같은 정치흐름의 변화가 정부고위관료나 정책결정과정에 가까운 사람들로 하여금 새로운 문제에 주의를 기울이게 하여 정책의 창이 열리게 한다. 이 중에서도 정권교체가 가장 현저하고 광범위한 영향을 미치는 정치흐름의 변화이다. 우리나라에서도 정권교체가 이루어지면 대통령직 인수위원회가 조직되고 그 위원회에서 정치, 사회, 경제, 문화, 교육, 과학기술 등 모든 정책영역에 있어서 새로운 정책의제를 발굴한다.

정책의 창은 문제 흐름에 의해 열리기도 한다. 즉 정책의 창은 앞에서 살펴본 촉발메커니즘과 같은 우연한 사건에 의해 열릴 수도 있다. 우연한 사건은 특정 정책문제의 심각성을 인식하게 한다. 정책주창자들에게는 그 문제에 대하여 그들이 개발해 놓은 정책대안을 해결책으로 제시할 수 있는 절호의 기회가 되는 것이다. 예를 들면 석유가격이 급격하게 상승하면 에너지 부족문제에 정부의 관심이 집중될 수 있다. 이 경우 여러 이익집단들은 버스, 철도, 지하철과 같은 대중교통수단이나 원자력, 태양열과 같은 새로운 에너지자원 개발과 같이 자기들이 개발한 정책대안을 에너지 자원부족이라는 문제에 대한 최선의 해결책으로 포장하여 제시한다. 또 다른 예를 들면 대형 비행기사고가 발생할 경우 안전한 항공운항에 관심이 있는 집단에게는 또 하나의 정책의 창을 열리게 된다. 만일 그들에게 준비되어 있는 대안이 있을 경우 그 정책대안이 채택되고 집행될 수 있는 절호의 기회를 맞게 되는 것이다.

2) 정책의 창이 닫히는 이유

정책의 창은 몇 가지 이유 때문에 닫히게 된다(Kingdon, 1995: 169-170; 조일홍, 2000: 417-418). 첫째, 정책과정의 참여자들이 그들의 관심대상인 정책문제가 어떠한 정책결정이나 입법에 의해 충분하게 다루어졌다고 느낄 때이다. 설령 그 문제가 충분히 다루어지지 않은 경우에도 정부의 행동이 어떤 형태로든지 취해지면 당분간 그 정책문제에 대한 정책의 창은 닫히게 된다.

둘째, 정책과정의 참여자들이 어떤 형태로든지 정부의 행동을 유도하지 못했을 경우에 정책의 창은 닫히게 된다. 일단 한번 실패하면 다음 번 기회가 올 때까지 그들은 그들의 시간, 정력, 정치적 자산, 그리고 다른 종류의 자원들을 투자하기를 꺼린다. 하나의 법률을 의회에서 통과·제정시키려는 노력이 실패하면 정부고위관료의 관심은 너무 자연스럽게 다른 문제로 쏠리게 된다.

셋째, 정책의 창을 열게 했던 사건이 정책의 장에서 사라지는 경우도 종종 있다. 어떤 위기상황이나 폭발사태 같은 것들은 본질적으로 그 수명이 단기간일 수밖에 없다. 일반국민이 대형 비행기사고나 철도사고에 뜨겁게 흥분하고 그 결과에 대해 예리하게 주시할 수 있는 기간은 한정된 기간일 뿐이다. 정책의 창을 열리게 했던 주변 여건 또한 아주 단기간만 그 상태를 그대로 유지할 수 있다. 가령 새 정부가 들어서면 의회와 밀월기간을 갖게 되는데 그 기간도 몇 달 지나지 않아 끝나게 된다.

넷째, 만약 인사이동이 정책의 창을 열게 하는 계기가 되었다면, 또 다른 인사이동이 '정책의 창'을 닫게 하는 계기가 될 수 있다. 특정 정책문제를 담당하는 고위관료가 그 문제에 관한 정책대안을 가지고 의회상임위원회 위원들을 설득하기 위해 일정기간이 필요한 경우, 그 일정기간에 고위관료가 경질된다든지 상임위원회 위원 구성에 변동이 있다면 그 정책의 창은 자연스럽게 닫히게 될 것이다.

다섯째, 어떤 경우에는 문제에 관한 대안이 존재하지 않기 때문에 정책의 창이 닫히는 경우가 있다. 대개 정책의 창이 돌발적으로 열리는 경우 정책주창자들이 문제의 정의와 대안에 관하여 충분한 토론과 분석이 되어 있지 않은 상태에서 정책과정에 참여하게 되는데, 단기간에 모든 요소들을 응집시킬 수 있는 정책대안의 제시에 실패하면 정책의 창은 닫히게 된다.

이같이 정책의 창이 아주 짧은 기간에만 열리게 된다는 사실은 '쇠는 뜨거울 때 쳐야한다'는 속담의 유용성을 절실하게 느끼게 한다. 앞에서 살펴본 Bosk & Hilgartner의 공공광장론이나 Downs의 이슈관심주기론도 같은 맥락에서 이해될 수 있다.

3. 정책의 창의 유형

1) 규칙화의 정도에 따른 분류

정책의 창이 때로는 규칙적으로 열리며, 따라서 예측이 가능한 경우가 있다(Kingdon, 1995: 186-190). 예를 들면 주기적으로 이루어지는 선거, 즉 대통령선거, 국회의원선거, 지방선거가 실시될 경우 선거운동의 일환으로 여러 가지 공약을 제시하게 된다. 선거 결과 정권이 교체되거나 정당의석분포가 바뀔 경우 정책의 창이 열리게 된다. 또한 국회의 예산주기, 정기회기 개회 등도 규칙적인 정책의 창으로 볼 수 있다.

한편 우연한 사건, 위기, 또는 사고에 의하여 정책의 창이 열리는 경우는 불규칙적인 것으로 볼 수 있으며 따라서 예측할 수 없다. 이러한 불규칙적인 정책의 창은 사건이나 사고뿐 아니라 정책선도자의 활동이나 이데올로기 변화 또는 국민적 분위기의 변화에 따라 열릴 수 있다.

2) 주도적 흐름의 유형에 따른 분류

정책의 창은 문제 흐름 또는 정치 흐름에 따라 열린다(Kingdon, 1995: 173-175). 문제 흐름과 관련된 정책의 창은 성수대교 붕괴나 숭례문 화재와 같이 새로운 사건이 발생하거나 북핵문제, 이라크 사태 등 대외문제가 발생할 때 열린다. 한편 정치 흐름과 관련된 창은 선거, 이데올로기 변화, 정권교체, 국가적 분위기의 변화 등을 말한다.

그런데 정책의 창이 열리는 데 문제 흐름과 정치 흐름 가운데 어떠한 흐름이 주도적인 역할을 담당했느냐에 따라 정책흐름에서 찾게 되는 정책대안이 달라질 수 있다. 만약 정책결정자가 문제의 심각성 때문에 정책대안을 찾는다면 문제를 중심으로 가장 효과적인 해결방안을 정책대안으로 찾을 것이다. 그러나 만약 정책결정자가 자신의 재집권 또는 재선에 도움이 되는 정책대안을 찾는다면 문제해결보다는 그러한 정치적 목표에 가장 부합되는 대안을 찾으려 할 것이다. 그러나 문제 흐름과 정책 흐름은 항상 연결되어 있다. 문제의 심각성 때문에 가장 효과적 해결방안으로 선택된 정책일지라도 의회와 행정부의 지지를 받지 못하면 정책의 장에서 궁극적으로 통과될 수 없다. 또한 정치적으로 수용가능성이 매우 높은 정책대안인 경우에도 문제해결능력에 결함이 있거나 한계를 드러낸다면 최종 정책 대안으로 채택될 가능성은 낮아진다. 결론적으로 어떤 하나의 흐름이 정책과정을 지배하지는 못한다. 각 흐름마다 나름대로 역할, 수명, 그리고 운동법칙을 가지고 있기 때문이다. 각 흐름의 상황변화와 그 흐름이 어떻게 합류하느냐에 따라 최종 산물인 정책이 결정된다.

3) 의제설정의 파급효과

정책의 창이 어떤 정책의제를 위해 열리면 그와 비슷한 성질·형태의 정책의제를 위해서 정책의 창이 열릴 확률이 높아진다(Kingdon, 1995: 190-194; 조일홍, 2000: 421-422). 이러한 현상을 파급효과(spillover)라고 할 수 있다. 일단 한번 열려진 창을 잘 이용한다면 미래에 다가올 정책의제에 관한 토론을 주도할 수 있는 원칙이 확립될 수 있다.

정책의 변화는 대개 점진적이며 단계적으로 완만하게 이루어진다. 그러나 가끔 분수령이 될 만한 법안의 제정이나 선례가 되는 대통령의 결정 등으로 전혀 새로운 원칙이 확립되는 경우도 있다. 일단 새로운 원칙이 확립되면 그 분야의 공공정책은 전혀 새로운 모습을 나타내고 그 이후의 변화는 그 원칙을 출발점으로 이루어지게 된다. 그리고 그 원칙의 기본방향을 변화시키기는 좀처럼 어렵게 된다.

새로운 원칙을 확립한다는 사실의 중요성은 일단 새로운 원칙이 확립되면 그 정책을 둘러싼 미래의 논쟁은 종래와는 전혀 다른 전제조건 하에서 이루어진다는 사실로 설명될 수 있다. 과거의 원칙을 고수하려던 연합세력(coalition)이 붕괴됨에 따라 그 정책을 둘러싼 논쟁은 새로운 양상을 띠게 된다는 면에서도 그 중요성은 인정되어야 한다.

일단 선례가 확립되면 그것은 다른 분야에서의 유사한 변화가 이루어지는데 이용될 수 있다. 미국에서는 항공분야의 규제완화조치가 이루어지자 정책주창자들은 그 경험을 트럭이나 철도 같은 다른 형태의 교통수단에 대한 규제완화를 위해 이용할 수 있었다. Ralph Nader가 주창한 자동차 안전입법이 통과되자 그 여파는 아동복·장난감 등 여러 분야의 안전관계 입법으로 연결되었고 작업안전과 건강에 관한 입법으로 이어진 것이 파급효과의 좋은 사례이다.

파급효과가 일어나는 또 다른 이유는 새로운 원칙이나 선례가 확립되도록 하는 입법과 정부의 조치들이 특정 정책분야를 둘러싼 연합세력의 구조와 영향력의 분포를 근본적으로 바꾸어 놓기 때문이다. 일단 과거의 정책을 고수하려던 연합세력이 패배하여 붕괴하게 되면 새로운 정책의 변화를 시도하기 위해 결집한 연합세력이 새로운 정책분야에 투입될 수 있는 중요한 정치적 자원으로 이용될 수 있다. 소위 Ralph Nader그룹이 자동차 안전입법에서 승리한 이후 전반적으로 안전과 소비자보호정책 분야에서 맹활약한 것은 이러한 현상을 대변해 주고 있다. 첫 번째의 성공이 대단히 강력한 파급효과를 갖게 된 것은 한번 성공을 거둔 정책선도자들이 적극적인 태도로 다음 번 정책의제에 도전하게 되고, 일단 형성된 연합세력을 그대로 동원할 수 있으며, 처음에 사용했던 논리·비유·전략 등을 그대로 이용할 수 있기 때문이다.

Ⅷ. 요 약

이 장에서는 정책과정을 의제설정(정책문제 대두 포함), 정책형성, 정책집행, 정책평가 및 정책변동으로 구분하고, 각 단계를 개관한 다음 정책의제설정 분야의 주요 쟁점과 연구경향을 살펴보았다.

정책연구의 창시자인 Lasswell이 제시한 7단계 모형은 정책과정의 연구분야에 대한 기본적 틀을 제공하였고, 정책과정에 대한 다양한 유형론의 출발점이 되었다.

정책의제설정에 관한 연구에서는 사회문제가 정책의제로 전환되는 과정, 정부에서 다루어지고 있는 사회문제와 다루어지지 않는 사회문제의 차이, 그리고 그 이유가 무엇인지를 설명하려고 시도한다.

의제화의 수준에 따라 정책의제를 분류하면 의제모집단, 공공의제, 정부의제, 결정의제로 구분된다. 결정의제는 정책결정자가 결정을 앞두고 있는 의제이며 가장 진전된 상태이지만 문제를 제기한 집단에 호의적인 결정이 내려지라는 보장은 없다.

공공문제를 주도하는 집단의 입장에서 보면 그 문제가 공공의제의 위치에 올라갈 수 있도록 다른 문제의 당사자들과 경쟁을 벌여야 한다. 한편 의제설정과정은 정부부문의 행위자와 민간부문의 행위자 가운데 누가 주도하는지, 대중이 어느 정도 지지하느냐에 따라 외부주도모형, 동원모형, 내부주도모형, 공고화모형으로 구분된다.

Kingdon은 1970년대 미국 연방정부의 보건정책과 교통정책분야의 정책의제설정과 정책대안의 선택과정을 주도면밀하게 연구한 결과 의제설정과정은 정치적 행위자가 주도하며, 대안선택은 전문가들이 주도적 역할을 한다고 밝히고 있다. 의제설정의 촉발메커니즘이란 일상적인 문제를 많은 사람들이 공유하는 공적 반응으로 전환시키는 결정적인 사건 또는 사건의 집합을 말한다. 촉발메커니즘의 영향력은 범위, 강도, 지속시간, 그리고 자원이라는 네 가지 요소의 상호작용에 따라 결정된다.

Kingdon의 '정책의 창'(policy window)이론에 따르면 정치 흐름과 문제흐름이 합류할 때 정책의제가 설정되고, 정책 흐름에 의해서 만들어진 정책대안은 문제흐름과 정치흐름과 합류할 때 결정의제가 될 기회를 갖게 된다고 보았다. 세 흐름이 합류하려면 주도적 역할을 담당하는 정책선도자의 노력이 중요하다고 보았다.

2 CHAPTER
정책결정모형
Models of Policy Making

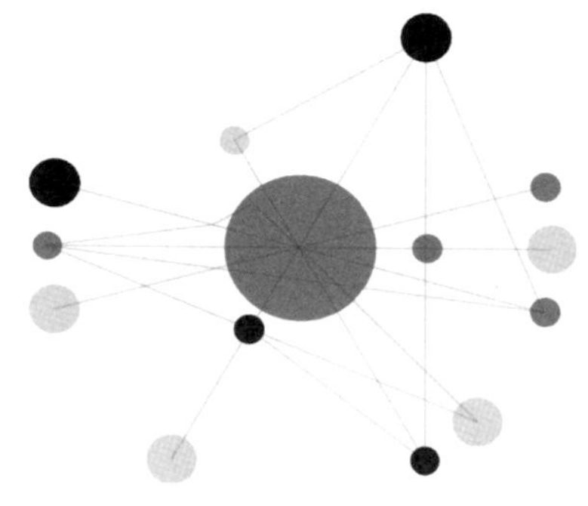

Ⅰ. 서 론

정책결정이란 정책문제를 해결하기 위하여 정책목표와 정책수단을 선택하는 과정이다. 정책목표와 수단의 선택행위는 정책연구의 핵심 주제 가운데 하나이다. 정책결정모형은 이러한 선택행위에 누가 참여하고 어떠한 절차를 거쳐 선택이 이루어지며 선택한 결과는 어떠한 특징을 가지는 지 모형화한 것이다. 넓은 의미의 정책결정모형에는 거시수준에서 정책환경, 제도 또는 맥락이 정책선택에 미치는 영향에 관한 모형과 중위수준에서 정책형성(의제설정 포함)의 행위자와 그들의 상호작용이 선택에 미치는 영향에 관한 모형도 포함된다. 본서 제2부 환경, 제도와 행위자에서 거시수준과 중위수준에서 전개된 여러 이론에 관하여 이미 살펴보았다. 여기에서는 미시수준에서 정책결정자 개인의 인지 및 정보처리역량과 관련된 정책선택을 중심으로 살펴보겠다. 이러한 선택이 어떠한 과정 또는 단계를 거쳐서 이루어지는지, 정책결정이 과연 내용적으로 합리적인 것인지에 관하여 여러 가지 관점과 모형이 제시되어 왔다. Lasswell이 주창한 공공정책에 관한 연구는 예산낭비를 줄이고 합리적인 정책결정을 위한 지식을 탐구하기 위해서 등장하였던 측면도 있으므로 정책결정의 합리성(rationality)은 정책연구에서 주요관심사 가운데 하나이다.

제2절에서 합리성의 의미, 그리고 정책결정의 일반적 절차를 살펴본 다음, 제3절에서 현실세계에서의 정책결정이 목표의 극대화를 추구한다는 의미에서 합리적인가 아니면 여러 가지 이유 때문에 합리성의 제약(bounded rationality)이 존재하는가에 관한 기존 이론 또는 모형을 살펴보기로 한다. 이같은 의미에서 정책결정론의 범주에 들어가는 모형으로 합리모형, 만족모형, 점증모형, 쓰레기통모형, 사이버네틱스 모형을 살펴보기로 한다. 이어서 두 모형을 결합하고자 시도한 혼합모형인 혼합탐색모형과 최적모형을 살펴보겠다. 제4절에서는 정책결정현상을 다차원적으로 이해하기 위하여 등장한 Allison의 다원적 관점 모형(multiple perspective model)을 소개하겠다.

정책결정 모형의 주요내용을 개략적으로 소개하면서 그에 대하여 간략하게 평가하겠다. 주요 평가기준은 기술적 타당성과 처방적 타당성이다. 그리고 이론으로서의 독창성을 보완적인 기준으로 적용하고자 한다. 기술적 또는 실증적 측면의 타당성이란 그 이론이 현실세계에서 이루어지는 정책결정현상을 얼마나 객관적으로 잘 묘사할 수 있느냐 하는 것이다. 즉 현실세계에서 일어나는 정책결정의 특징을 잘 묘사할 수 있으면 타당성이 높은 이론이고 그렇지 않으면 타당성이 낮은 이론이 된다. 타당성이 높은 이론일 경우에는 미래에 이루어질 정책결정의 결과를 비교적 정확하게 예측할 수도 있을 것이다. 한편 처방적 타당성은 그 모형에서 제시하는 결정절차나 분석기법에 따를 경우에 정책결정의 질이 어느 정도 개선될 수 있느냐 하는 것이다. 따라서 기술적 타당성과 처방적 타당성의 평가기준은 상당히 다르다. 제5절에서는 정책결정모형을 몇 가지 기준에 따라 분류하고 평가하기로 한다.

Ⅱ. 정책결정의 일반적 절차와 합리성의 의미

1. 정책결정의 일반적 절차 또는 단계

정책이 결정되는 과정 또는 단계는 여러 가지로 구분할 수 있다. 일반적으로 정책이 결정되는 과정은 다음과 같이 구분된다. ① 정책문제의 정의와 정책수요의 측정, ② 정책목표의 설정과 구체화, ③ 대안적 행위노선(alternative courses of action)의 설계, ④ 대안적 행위노선이 초래할 결과의 예측, ⑤ 행위노선의 선택 등이다(Mayer & Greenwood, 1980: 9, 58).

1) 정책문제의 정의와 정책수요의 측정

정책문제의 정의단계는 정책을 통하여 해결하여야 할 문제가 무엇인지를 정확하게 규정하는 것이다. 이 단계에서는 정책수요를 정확하게 추정하여야 한다. 정책수요의 추정이란 사실 확인절차(fact finding procedures)를 거쳐서 현재상황이 정책목적에 반영된 바람직한 상태와 얼마나 차이가 나는지, 즉 바람직한 상황과의 편차의 정도를 추정하는 것을 의미한다. 정책수요의 측정단계는 정책목표의 구체화와 병행하여 이루어진다. 왜냐하면 현실상황의 어느 측면을 다루어야 하는가를 결정하여야 정책수요를 측정할 수 있는데, 이는 정책목표의 구체화 단계에서 규정되기 때문이다. 마찬가지로 정책수요의 측정단계에서 파악되는 정책관련 상황의 범위를 알지 못하고는 구체적인 정책목적을 설정하기가 어렵다.

2) 정책목표의 설정과 구체화

정책목표란 정책의 실현을 통하여 달성하고자 하는 바람직한 미래상태를 의미한다. 정책목표의 구체화단계는 계획의 기간과 자원의 범위 내에서 달성될 수 있는 구체적 목표(specific targets)를 설정하여 조작적·계량적 용어로 표현하는 단계이다. 목표의 구체화단계에서 1) 시정하고자 하는 조건 또는 달성하고자 하는 상태, 2) 그와 같은 조건이 존재하는 한정된 모집단

(finite population), 3) 목적달성에 필요한 기간(time frame), 그리고 4) 목표로 설정된 변화의 정도와 방향 등 네 가지를 확인하여야 한다.

3) 대안적 행위노선의 설계

이 단계는 구체적인 정책목적을 달성할 수 있는 여러 수단을 개발하고 확인하는 단계로서 정책과정 중에서 가장 창조적인 단계이다. 정책결정과정에 들어가기 전에 대안들이 이미 정해져 정책결정자는 단순히 확인만 하면 되는 경우도 있다. 그러나 목표지향성이 강하거나 장기적인 시계(time horizon)를 갖는 정책결정의 경우에는 이미 알려진 정책대안들만 고려하는 수준에서 훨씬 더 나아가 새로운 대안들을 탐색하고 개발하게 된다. 고려해야 할 대안의 적정범위가 어느 정도여야 하는지는 정책 및 기획이론에서 아직도 해결되지 않은 이슈이다. 이와 관련하여 합리모형, 점증모형, 만족모형 등 정책결정 또는 의사결정의 여러 가지 이론이 있으며 다음 절에서 간략하게 논의하기로 하겠다.

4) 대안적 행위노선의 결과예측

이 단계는 각각의 대안적 행위노선을 집행했을 때 나타나는 긍정적·부정적인 효과(effects)를 분석하는 단계이다. 결과는 항상 현상에 관한 기존지식이나 그에 관한 합리적인 가정에 근거를 두고 추정된다. 이 단계에서 대안적 행위노선과 그 목표 사이에 추정된 인과적 관계를 검증하는 연구를 진행하여야 하는데, 보통 시간부족으로 생략하기가 쉽고, 이성적인 판단에 의존하는 경우가 많다.

5) 행위노선의 선택

정책결정자가 목표를 달성하는 데 가장 바람직하다고 생각하는 대안을 선택하는 단계이다. 선택된 대안은 앞 단계에서 분석된 둘 또는 그 이상의 대안들의 조합으로 이루어질 수도 있다. 때로는 선택단계에서 정치적·경제적·기술적 실현가능성(feasibility)을 분석하기도 한다.

2. 합리성의 개념과 유형

1) 합리성의 일반적 의미

일반적으로 합리성이란 이성적 과정(reasoning process)을 거친 판단, 즉 심사숙고한 판단을 의미한다. 영어에서 합리성을 의미하는 rationality의 어원은 비(比) 또는 비례를 뜻하는 'ratio'이다. 서양에서의 합리성은 비례와 관련되며 비례를 계산하거나, 계산이 가능하다는 뜻을 내포하고 있다.[1] 행정학에서는 전통적으로 합리성을 주어진 목표를 달성하기 위한 수단의 적합성을 의미하는 것으로 쓰고 있다. Max Weber는 이를 수단적 합리성 또는 형식적 합리성이라고 부르며 관료제가 형식적 합리성이 가장 높은 조직이라고 평가하였다. 정책연구에서는 합리성의 개념을 경제학에서 빌려와 목표의 극대화 또는 과업의 최적화로 이해하였다(김영평, 2000: 10). 즉 목표의 존재를 전제로 목표성취에 가장 부합되는 수단을 선택하고 이에 따르는 행위를 합리적인 행위라고 본 것이다.

합리성을 목표의 극대화로 이해하려면, 목표의 존재가 전제되어야 한다. 그런데 현실적으로 다수의 행위자가 참여하는 정책결정의 상황에서는 목표가 주어지지 않은 경우도 많다. 이러한 상황에서는 무엇이 합리적인가? 오늘날에는 다양한 형태의 합리성이 존재한다고 여겨지고 있다.

2) Simon의 내용적 합리성과 절차적 합리성

(1) 내용적 합리성

Simon(1976, 1978)은 내용적 합리성(substantive rationality)과 절차적 합리성(procedural rationality)을 구분한다(김영평, 1991; 2000: 10-18; 정정길 외, 2010: 441-442). Simon은 목표의 극대화에 기초를 둔 합리성을 내용적 합리성이라고 부른다. 즉 주어진 조건과 제약요인의 한계 안에서 주어진 목표의 성취에 적합한 행동은 내용적으로 합리적이다. 내용적 합리성은 단 한

---

1) 수학에서 rational number(유리수)는 비(ratio)로 나누어지는 수, 즉 정수의 분수형태로 표현되는 1/3, 3/5, 3/10과 같은 수이다. 한편 irrational number(무리수)는 정수로 나누어지지 않는 수를 말하는데, 원주율 파이(π)가 대표적이다. 원주율 파이는 보통 3.14라는 근사치를 사용한다.

가지 기준, 즉 설정된 목표에 비추어 결정된다. 목표가 주어졌을 때, 그에 대한 정확한 해답을 찾아야 하므로 내용적으로 합리적인 해답은 오직 한 가지가 있을 뿐이다. 내용적 합리성에 도달하려면 다음 두 가지 가정이 충족되어야 한다. 첫째, 행위자는 효용극대화 또는 이윤 극대화라는 목표를 가지고 있다. 둘째, 행위자는 합리적 선택을 할 수 있는 지식과 능력을 보유하고 있다. 그러므로 행위자는 내용적으로 합리적인 대안을 선택할 수 있는 존재이다. Simon은 이 가정에 의문을 제기하지 않는 한 인간의 실제적 선택과 인간의 인지능력에 관심을 기울일 필요가 없다고 본다.

(2) 절차적 합리성

현실적으로 목표가 주어지지 않은 경우가 많고 모든 행위자가 선택에 필요한 지식과 능력을 갖춘 것은 아니다. 그러므로 Simon은 내용적 합리성과 대비되는 절차적 합리성의 개념을 제안하였다. 절차적 합리성이란 심리학적 개념으로 사유과정의 산물이며 의사결정과정에 중점을 둔다. 인간이 당면한 문제를 해결하기 위하여 여러 가지 정보를 수집하고, 처리하는 과정에서 적절한 절차를 거쳐 선택했을 때, 절차적으로 합리적이라고 보는 것이다. 절차적 합리성의 일차적 관심은 선택의 결과에 있는 것이 아니라 선택의 과정에 있다. 합당한 행위노선에 도달하기 위하여 다양한 정보를 수집해야 하고 그 정보를 여러 가지 방법으로 처리해야만 하는 문제 상황에서 절차적 합리성이 필요하다. 절차적 합리성의 관점에서 보면 문제해결보다는 해결책을 발견하는 데 사용되는 과정과 방법에 관심이 있다. 이러한 관점에서 보면 비합리적인 행동이란 이성적인 추론과정을 거치지 않고, 감성, 충동, 본능 등에 근거한 행동을 의미한다.

절차적 합리성의 관점에서는 문제해결을 담당하는 체계의 능력에 관한 가정으로 질문이 전환된다(김영평, 2000: 11). 전지전능한 존재에게는 선택과정의 계산효율에 대한 문제는 제기되지 않으므로 절차적 합리성은 필요하지 않다. 심리학 연구에 의하면 불확실성과 위험에 직면한 사람들이 내용적으로 합리적인 선택을 하지 못한다는 사실이 밝혀지고 있다. 사람들은 순차적이고 부분적으로 현상을 이해한다는 것이다. Simon은 실제로 사람들은 목표달성을 극대화하려는 실질적 합리성을 포기하고 있으며, 절차적 합리성을 추구하여 만족할만한 대안을 선택하고자 한다고 주장한다. 그 이유는 사람의 인지능력의 제약, 대안탐색과 선택을 위해 소모되는 시간과 비용의 제약 때문에 규모가 크고 복잡한 문제에서 내용적 합리성을 찾는 일은 불가능하기 때문이라는 것이다. Simon이 제시한 절차적 합리성의 개념은 다음에 살펴보게 될 만족모형의 논리적인 근거가 된다.

3) Diesing과 Dunn의 분류

합리성을 창도적 주장을 제시하고 변호하기 위해서 이성적 진술(reasoned arguments)을 사용하는 의식적인 과정이라고 한다면, 대다수 정책선택의 저변에는 다양한 합리성의 기초가 자리잡고 있다(Dunn, 2018: 195). Diesing (1962)과 Dunn(2018: 195-196)의 견해를 종합하여 합리성을 구분하면 다음과 같다.2)

① 기술적 합리성(technical rationality): 기술적 합리성은 공공문제에 대한 효과적인 해결방안의 선택을 의미한다. 즉 여러 가지 대안 중 목표를 잘 달성할 수 있는 수단을 선택하면 기술적 합리성이 높다.

② 경제적 합리성(economic rationality): 경제적 합리성은 공공문제에 대한 능률적인 해결방안의 선택을 말한다. 즉 목표달성뿐 아니라 비용과 편익의 관계에서 보다 적은 비용을 투입하여 보다 큰 결과를 얻을 때 경제적 합리성이 높다. 의료보장체제의 대안들을 사회에 대한 총비용과 총편익이라는 관점에서 비교한 후 선택한다면 이는 경제적 합리성의 특징을 반영한 것이다.

③ 법적 합리성(legal rationality): 법적 합리성은 확립된 법규과 선례에 대한 법적 일치성(legal conformity)에 따라 대안을 선택하는 것을 말한다. 어떤 회사가 인종 및 성차별을 금지하는 법률에 순응하고 있는지의 여부에 따라 공공계약을 체결하는 것을 법적 합리성의 예로 들 수 있다.

④ 사회적 합리성(social rationality): 사회적 합리성은 가치있는 사회제도의 유지 및 개선능력 즉, 제도화(institutionalization)의 촉진능력에 따라 대

---

2) Diesing은 합리성을 기술적 합리성, 경제적 합리성, 사회적 합리성, 법적 합리성, 그리고 정치적 합리성으로 구분한다. 한편 Dunn(2018: 195-196)은 기술적 합리성, 경제적 합리성, 법적 합리성, 사회적 합리성, 실질적 합리성으로 구분하고 있다.

안을 선택하는 것을 말한다. 사회적 합리성이란 사회를 구성하는 여러 요소들 사이에 상호의존성과 결속성의 질서체계라 할 수 있다(백완기, 2006: 160). 사회적 합리성의 사례로 업무에 있어 하위직 공직자와 고객의 민주적 참여 권리를 신장시키는 대안의 선택을 들 수 있다. 그러므로 사회적 합리성은 목적·수단의 개념이나 비용·효과의 비교개념과는 다른 차원의 합리성이다.

⑤ 정치적 합리성(political rationality): 정치적 합리성은 정책결정구조의 합리성을 말한다(백완기, 2006: 160). 즉 정책결정구조가 개선될 때 정치적 합리성이 개선된다는 것이다. 보다 개선되고 올바른 정책을 결정할 수 있는 구조적 장치가 마련될 때 정치적 합리성이 나타나게 된다.

Ⅲ. 정책결정의 합리모형과 제한된 합리성 모형

정책결정의 모형은 합리 모형과 합리성의 제약을 인정하는 모형으로 구분할 수 있다. 합리모형이란 '합리적인 개인'이 해결해야 할 문제와 자신이 선택한 결과에 대한 완전한 지식을 가지고 앞에서 살펴 본 정책결정의 일반적 절차를 순차적으로 거쳐서 결정하는 것을 말한다. 오늘날 이러한 모형은 신화(myth) 또는 실질적으로는 존재하지 않은 유령(ghost)이라고 여겨지고 있다(Morcöl, 2007: 3). 즉 합리모형은 실제 상황에서는 직접 적용되지도 않고, 강력한 제안자도 없다. 그럼에도 불구하고 합리모형은 정책결정과 의사결정에 관한 이론적 논의에서 준거기준이 되고 있다. 여기에서는 합리모형과 그 비판을 간단하게 살펴본 다음 합리성의 제약을 인정하는 만족모형과 점증모형을 살펴보겠다.

1. 합리적-종합적 모형

1) 주요내용

합리모형이란 의사결정자가 목표달성의 극대화, 또는 문제해결의 최적화를 구하는 것을 전제로 할 때 따라야 할 과정이나 절차를 의미하는 것으로 쓰인다. 의사결정의 합리적−종합적 모형의 핵심에는 개별 의사결정자의 특성에 관한 두 가지 전제가 있다(Morcöl, 2007: 5). 첫째, 이들은 자기이익을 추구하며 자신들의 이해관계와 선호가 의사결정 상황 이전에 설정된 원자화된 존재이다. 둘째, 이들은 자신의 결정기준(선호, 목표, 가치, 또는 효용함수)과 대안적 행위노선을 분명하게 확인하고 우선순위를 매길 능력이 있으며 또한 그 행위의 결과를 확실성을 가지고 예측할 수 있는 능력을 가지고 있다. 이와 같은 전제하에서 합리모형에 따른 정책결정의 절차는 대체로 다음과 같다.

① 해결해야 할 문제의 내용을 완전히 파악하고 달성할 목표를 분명하게 정의한다.
② 문제를 해결하고 목표를 달성할 수 있는 대안들을 광범위하게 탐색한다.
③ 대안들이 선정되어 실행되었을 때 나타나는 모든 결과를 완전하게 예측한다.
④ 대안들을 비교·평가하는 대안선택의 명확한 기준이 존재한다.
⑤ 대안선택의 기준을 적용하여 최선의 대안을 선택한다.

위와 같은 절차에 따라 정책결정이 이루어지면 내용적으로 합리적인 정책결정, 즉 최적대안이 선택될 수 있다는 것이다. 그러나 어떠한 이론적 관점에서도 이러한 가정과 절차를 모두 받아들이고 있지는 않다. 신고전파 경제학자들과 합리적 선택이론가들의 가정이 합리적−종합적 모형의 가정과 가장 가깝다(Morcöl, 2007: 5). 그러나 이들도 모든 개인이 의사결정의 전체 과정을 통하여 자신의 결정기준(선호, 목표, 가치, 또는 효용함수)과 대안적 행위노선을 분명하게 확인하고 우선순위를 매길 능력이 있다고 보지 않으며 또한 그 행위의 결과를 확실성을 가지고 예측할 수 있다고 보지도 않는다.

2) 평 가

(1) 기술적 타당성 평가

Morcöl(2007: 5)은 합리적−종합적 모형이 의사결정에 관한 학술적 논의에서 준거기준으로 남아있는 이유 중 하나는 최근 수십 년 동안 학계와 정책학 분야에서 신고전파 경제학 및 합리적 선택이론이 대중성을 가지고 있기 때문이라고 보았다. 또 다른 이유는 그 모형에 결점이 있으며 비현실적이라는 점이 알려졌음에도 불구하고 일관성있고 종합적인 대안이 없다는 것이다. Etzioni(1992: 90)는 합리적 인간(rational man)의 가정은 인간의 본성에 관한 분명하고, 간결하며 단순한 개념을 제시하고 있으며, 또 다른 간명한 설명을 제시하는 대안이 제시될 때까지는 이론화와 토론의 중심이 될 것이라고 주장한다. Simon(1979)은 또 다른 이유를 제시한다. 그는 합리모형이 경험적으로는 잘못된 것으로 밝혀졌지만, 전능한 합리성을 전제로 하는 고전적 이론은 컴퓨터의 보급과 수리 모형의 발전으로 부활했다는 것이다. 새로운 세대의 연구자들은 그 핵심가정을 주장하면서 동시에 의사결정의 불확실성을 인식하고 있다. 그런데 통계적 의사결정론과 게임이론의 발전이 불확실성을 의사결정모형에 확률로 포함시키는 데 기여했다는 것이다.

합리적-종합적 모형은 어떠한 비판을 받고 있는가? 행태론적 접근방법을 채택한 인지심리학자들이 초창기에 가장 강력한 비판을 제기하였다. 행태과학자와 인지심리학자들은 실제로 사람들이 어떻게 결정을 내리는지를 알고자 하였다. 이들은 합리모형의 가정을 준거기준으로 삼고, 사람들이 그로부터 어떻게 일탈하는지, 그리고 의사결정과정에서 사람들이 보여주는 바이어스를 찾아내고자 하였다. 특히 Simon(1947)은 합리적-종합적 모형의 문제점을 지적하고, '합리성의 제약'(bounded rationality)이라는 대안적 개념모형을 발전시켰다.[3] Simon은 인간의 객관성과 완전한 합리성이라는 합리모형의 기본가정을 비현실적인 것으로 보았다. 즉 실제의 의사결정과정에서는 사전에 달성할 목표가 정의되기가 어렵고, 대안탐색에 있어서도 한정된 수의 대안만을 탐색하며, 그 결과도 몇 가지만 예측하는 등의 과정을 거치기 때문에 최선의 대안이 선택되기 어렵다는 것이다. 다시 말하면 합리모형은 기술적 실증적 이론으로서 타당성이 부족하다는 것이다. 여기에 관하여는 Simon, Cyert, March 등의 학자, 그리고 Lindblom과 Wildavsky 등 점

---

3) Simon은 1947년 출간한 「행정행태론」(*Administrative Behavior*) 등 일련의 저술에서 합리성의 제약에 관한 이론을 제시하였는데, *Administrative Behavior*는 1997년 제4판이 발간되었다. 이시원(2005)은 이 책을 「관리행동론」으로 번역하였는데, 여기에서는 널리 알려진 대로 「행정행태론」으로 쓰기로 한다.

증주의 계열 학자들이 동의하고 있다.

(2) 처방적 타당성 평가

한편 합리모형이 처방적 측면에서는 어떠한 평가를 받고 있는가? 대체로 학자들은 합리모형에서 바람직한 정책결정이 이루어질 수 있는 절차를 제시하고 있다고 보고 있다. 이러한 절차에 따르는 것이 현재에는 어렵다고 하더라도, 앞으로는 실현될 가능성이 높아지고 있다. 실제로 각종 정책분석기법이 개발되고 있고 계속 발전하고 있는 컴퓨터, 통신기술 등을 활용한다면 합리모형에서 주장하는 절차에 근접하게 될 수도 있을 것으로 보인다. 김병조・은종환(2020)은 합리모형 이상실현의 현실적 한계에도 불구하고 머신러닝과 딥러닝 등 인공지능기술을 적용할 경우 분석대상과 목표가 사전에 잘 수립된 구조화된 문제에서는 기계가 인간의 의사결정보다 뛰어난 성과를 보인 연구결과를 소개하였다. 그러나 해당분야가 머신러닝으로 구현해도 될 구조화된 문제 영역인지 또는 인간의 판단이 필수적인 메타의사결정 영역인지에 대한 사람의 판단이 필요하다고 보았다.

그런데 Lindblom이나 Braybrooke과 같은 점증주의 계열 학자들은 합리모형의 전제나 절차가 인간에게는 불가능할 뿐 아니라 처방적 측면에서도 바람직하지도 않다고 주장한다. 왜냐하면 그들은 분석적 절차적 합리성보다는 관련 당사자들간의 합의가 더욱 소중한 가치라고 믿기 때문이다.

2. 제한된 합리성(1): 만족모형

1) 주요 내용

Simon의 만족모형(satisficing model) 또는 합리성의 제약(bounded rationality)이론은 앞에서 살펴본 행태과학자 및 인지심리학자의 합리적-종합적 모형에 대한 비판, 그리고 절차적 합리성의 제안 등과 같은 맥락에서 제시되었다. Simon은 1940년대 이후 유행하였던 논리적 실증주의와 행태론적 관점에서 인간의 의사결정을 연구하였다. Simon(1947)은 의사결정자인 인간의 정보처리능력에는 한계가 있다는 점과 의사결정자가 완전한 대안탐색 및 완전한 분석을 수행하는데 필요한 시간 부족 등과 같은 합리성의 제약을 지적하면서 만족모형을 합리적-종합적 모형의 대안으로 제시하였다. Simon

(1947)은 실제 정책결정자의 정책결정과정에서는 정보처리능력 내지는 인지능력의 한계 때문에 최적의 대안이 아니라 만족할 만한 대안이 선택될 수밖에 없다고 본다. Simon에 의하면 정책결정자는 목표달성을 극대화하는 대안을 선택하기 보다는 만족할 만한 대안을 선택하는 데 그친다는 것인데 그 이유는 대략 다음과 같다.

정책결정의 과정에서 정책결정자는 모든 대안을 탐색하는 것이 아니라 소수의 대안만을 무작위적이고 순차적으로 탐색하게 된다. 즉 어떤 대안이 탐색된 경우에 그 대안이 가져올 결과를 예측해 본 다음, 그 결과가 만족스럽지 못할 경우에 다른 대안을 떠 올려서 그 대안의 결과를 예측하는 식으로 대안탐색이 계속된다. 그러다가 결정자가 만족하기에 충분한 대안이 떠오르면 그 대안을 선택하여 결정을 끝낸다.[4] 이때 정책결정의 기준은 결정자의 주관적인 만족인 것이다.

그러면 만족화(satisficing)란 구체적으로 무엇인가? 만족화란 개별 의사결정자가 특정문제의 해결방안을 찾을 때 적용하고자 하는 최소한의 기준 — 구체적으로 열거했는지 하지 않았는지를 불문하고 — 을 말한다(Mingus, 2007: 63). 대안적 해결방안을 검토할 때 최소한의 기준을 충족하는 첫 번째 해결방안이 채택된다. 이 경우 더 이상 다른 대안을 탐색하는 일은 중단된다. 실제로 개인은 합리적－종합적 접근방법에서는 결정적인 단계로 여겨지는 대안의 목록을 작성하지 않는 경우가 많다. 그 대신 요구되는 기준을 충족할 때까지 대안을 하나씩 검토한다. 그러므로 만족화를 추구하는 인간은 순차적 정보처리시스템을 가지고 있는 것으로 간주된다. Simon의 연구는 행태주의 혁명에 기초를 두고 있다(Mingus, 2007: 64). Simon(1955: 99)은 종합적인 합리성의 요구조건을 충족하는 데 필요한 정보가 과다하고 인간의 분석적 능력은 너무 낮기 때문에 관리자가 경제적 인간(economic man)으로서 합리적 결정을 내리는 것은 불가능하다고 보았다.

---

4) satisficing이란 *satisfy*와 *sufficing*의 합성어로 '만족하기에 충분한 정도'라는 뜻이다.

2) 평 가

(1) 기술적 타당성 평가

만족모형은 합리모형에 따른 정책결정이 이루어지기 어렵다는 점을 체계적으로 지적한 최초의 이론으로 평가된다. 그리고 그 이유를 정책결정자인 인간의 인지능력 내지는 정보처리능력의 한계, 시간 및 비용의 부족 등을 들고 있는데, 이것이 실제로 의사결정이 일어나는 현상을 비교적 정확하게 기술하고 설명하고 있다는 평가를 받고 있다. 따라서 기술적 설명적 이론으로는 상당한 타당성을 인정받고 있다.

(2) 처방적 타당성 평가

규범적 · 처방적 측면에서는 평가가 상당히 부정적이다. 규범적 · 처방적 측면에서 만족모형의 약점으로 지적되고 있는 것은 다음과 같다(정정길 외, 2010: 446-447). 첫째, 그렇지 않아도 책임회피의식과 보수적 사고방식에 젖기 쉬운 정부공무원들에게 의사결정에서 만족모형을 적용하라고 권할 수는 없다. 둘째, 만족 여부는 결정자의 주관적인 기대수준에 달려 있는데, 이러한 기대수준은 의사결정자에 따라서 다르고, 같은 결정자라고 하더라도 유동적이다. 따라서 만족화의 기준이 실천적 · 처방적 규범적 의사결정의 기준으로는 바람직하지 않다는 것이다.

만족모형이 있는 그대로 처방적 모형으로 활용되기는 부적절하지만, 이 모형이 시사하는 중요한 처방적인 교훈으로는 다음과 같은 점을 들 수 있다. 첫째, 인간의 인지능력에 한계가 있기 때문에 합리적인 결정이 이루어지기 위해서는 이와 같은 능력의 보완이 필요하다. Simon은 그 보완책을 인공지능(artificial intelligence)이나 컴퓨터의 도움을 얻는 MIS나 DSS 등에서 찾고 있다(Simon, 1969). 둘째, 합리적 의사결정이 이루어지려면 시간과 비용이 든다는 점을 분명히 밝히고 있어서 정보수집의 비용과 시간을 중요한 요소로 고려해야 한다는 점을 시사한다.

3. 제한된 합리성(2): 점증주의 모형

1) 주요내용

점증주의 모형은 Lindblom이 합리모형의 절차에 따른 정책결정이 적용되기 어렵다는 점을 지적하고, 현실적으로 이루어지는 정책결정현상을 설명하고 이해하는 모형으로 제시하였다. 여기에는 Lindblom 이외에도 Braybrooke, Wildavsky 등이 가세하였는데, 이들은 실제 정책의 결정이 점증적인 방식으로 이루어질 뿐 아니라 점증적으로 결정되는 것이 다원적 정치체제에서 바람직하다는 입장을 견지한다(Dahl & Lindblom, 1953; Lindblom, 1959, 1965, 1979; Braybrooke & Lindblom, 1963; Hayes, 2007).

점증주의 모형은 합리모형의 비현실성을 지적한 점에서는 만족모형과 공통점이 있으나, 만족모형에서는 주로 개별적인 정책결정자의 인지능력의 한계에 초점을 맞추고 있는 반면에, 점증주의에서는 다수의 정책결정자들로 구성되는 정책결정의 상황적 특성에 초점을 맞추고 있다는 점에서 분명히 구분된다. 점증주의에 따르면 의사결정에서 선택되는 대안은 기존의 정책이나 결정에서 크게 이탈하지 않고 조금씩 수정해 나가는 대안이며, 한꺼번에 완전한 정책의 결정이 이루어지는 것이 아니라, 의사결정은 부분적·순차적으로 이루어진다. 정책결정의 합리모형과 대비되는 점증주의적 정책결정론의 특징적 내용은 다음과 같다.

① 달성해야 할 목표를 결정하는 것과 그 달성을 위한 정책대안을 선정하는 것이 별개로 뚜렷하게 구분되지 않고 밀접하게 관련되어 있다. 즉 정책대안의 선택에 앞서 목표나 가치기준을 설정하는 것이 어렵기 때문에 대부분의 경우에 목표와 수단이 동시에 선택된다. 때로는 수단이 선택되어야 목표가 분명해 지는 경우도 있다.

② 목표와 그 달성수단이 뚜렷하게 구분되지 않기 때문에 목표-수단분석은 부적절하다.

③ 어떤 정책대안이 좋은 대안인지를 판단하는 기준은 정책관련자들의 합의사항(agreement)이다. 따라서 정책대안의 판단기준으로서 분석

적 · 기술적 합리성보다는 정책관련자들의 동의가 중요시된다. 어떤 경우에는 정책목표에 대한 합의가 없이도 정책 수단에 대한 합의가 이루어지는 경우도 있다.

④ 정책결정자의 지적능력과 정보의 제한 때문에 대안에 관한 포괄적 분석은 제한된다.

⑤ 정책대안의 비교와 선택은 부분적, 순차적으로 이루어진다. 즉 정책결정이 한꺼번에 이루어지는 것이 아니라 정책문제의 일부분에 대한 정책결정이 이루어지며(piecemeal-disjointed policymaking), 또한 시행착오를 통한 계속적인 수정과 보완이 이루어진다.

2) 예산결정 점증모형의 경험적 연구

예산결정의 분야에서 점증주의 모형이 타당한지에 관한 경험적 연구가 이루어져 왔다. 예산결정을 연구한 점증주의자들은 정책참여자들 사이의 타협과 조정 필요성 그리고 정책결정자들의 인지능력의 한계 때문에 예산이 과거의 지출수준을 토대로 결정된다고 본다. 즉 예산결정자들은 과거의 경험을 토대로 복잡한 문제를 단순화시켜서 전년대비 소폭의 변화를 가져오는 범위내에서 예산을 결정하게 된다는 것이다(Wildavsky, 1979: 8-16).

Wildavsky(1979: 16-18)는 예산결정의 문제를 단순화시키려는 예산결정의 규칙과 관행으로 '기초'(base)와 '공정한 몫'(fair share)이라는 개념을 제시하는데 이들이 예산결정의 점증성을 설명하는 주요한 개념적 도구가 된다. 예산결정에서 기초란 예산과정의 참여자들이 기관 또는 사업에 대한 예산이 기존의 지출수준과 매우 비슷한 수준에서 결정될 것이라고 하는 기대를 말한다. 예산과정의 참여자들은 각자의 기초에 근거하여 협상과 타협 등의 상호조절작용을 통해 예산을 결정하고자 한다. 한편 예산담당자들은 기초라는 개념 이외에도 공정한 몫이라는 개념을 가지고 예산결정을 위한 협상과 타협에 임하게 된다. 공정한 몫이란 총예산의 증감부분 가운데 일정비율만큼 자기부처의 예산도 증감되도록 배분받아야 한다는 기대를 말한다. 이같이 예산결정에서 기초와 공정한 몫이라는 개념이 지배하게 되면, 복잡한 예산결정의 문제를 단순화시킬 수 있게 되며 결과적으로 소폭의 예산변화가 이루어진다는 것이다([Box 2-1] 참조).

Box 2-1: 예산결정분석에서 점증주의의 개념 및 조작적 정의

예산결정의 분석에서 다양한 개념적·조작적 정의가 사용되어 왔다.

첫째, 가장 단순한 방법은 전년도 예산 대비 예산변화 정도로 측정한다.

둘째, 예산 수준의 점증성 모형은 당해년도 예산수준이 전년도 예산수준의 함수로 표현되는 정도를 측정한다. 이 정의는 단순화된 결정규칙이 적용되면 예산결정에 전년도 예산수준의 영향이 클 것임을 전제로 한다.

셋째, 예산변화의 체계적 패턴 또는 유형을 파악하기 위해 기초예산모형, 공정배분모형, 고정증가모형이 사용된다. 기초예산모형은 문제의 복잡성을 단순화시키기 위해 사용되는 규칙의 하나인 기초(base)라는 개념에 따라 예산결정이 이루어졌는지 파악한다. 공정배분모형은 Wildavsky의 '공정한 몫'이라는 관념을 반영하여, 한 지출단위가 총지출 증가 또는 감소의 일정비율을 공평하게 배분받을 것이라는 기대를 모형화한 것이다. 고정증가모형에서는 예산배분상의 변화가 매년 동일한 비율로 증가 또는 감소하는 특징을 갖는 것으로 가정한다.

표 점증주의에 대한 조작적 정의의 사례

구성요소	조작적 정의	비 고
1) 예산변화 정도	전년도대비 예산변화정도	점증적: 1-15% 증가 상대적: 15-30% 증가, 0-10% 감소 비점증적: 31% 이상 증가, 11% 이상감소
2) 예산수준 점증성	$Y_{it} = \beta Y_{it-1}$	단, Y_{it} 및 Y_{it-1}는 총예산 및 분야별 예산의 일인당 지출액, β는 회귀계수
3) 변화 유형		
(1) 기초예산모형	$Y_{it} = \beta Y_{it-1}$	단, Y_{it} 및 Y_{it-1}는 총예산 및 분야별 예산이 총예산에서 차지하는 비율(%), β는 회귀계수
(2) 공정배분모형	$\Delta Y_{it} = \beta \Delta TY_{it}$	단, ΔY_{it}는 분야별 예산의 전년대비 증가율 ΔTY_{it}는 총예산의 전년대비 증가율, β는 회귀계수
(3) 고정증가모형	$\Delta Y_{it} = \beta \Delta Y_{it-1}$	단, ΔY_{it}와 ΔY_{it-1}는 총예산 및 분야별 예산의 전년대비 증가율, β는 회귀계수

출처: 남궁근. 1994b. 지방정부 예산결정에서의 점증주의와 환경결정론. 118쪽.

1960년대 이후 이러한 개념을 적용하여 미국, 영국과 우리나라의 중앙정부와 지방정부의 예산결정결과를 분석하기 위한 계량분석이 시도되었다(예를 들면, Bailey & O'Connor, 1975: 60-66; Danziger, 1976: 335-350; 신무섭, 1985; 나중식, 1992; 남궁근, 1994b). 이들 연구결과를 살펴 보면 예산결정의 결과를 설명하기 위한 도구로서 점증주의의 설명력은 지역별, 분야별, 사업별로 각각 다른 것으로 나타났다. 예를 들면, [Box 2-1]에 제시된 점증주의의 다양한 조작적 정의를 적용하여 1987년부터 1992년까지 지방정부 유형별(광역, 시, 군, 자치구)로 총예산 및 기능분야별 예산을 분석한 결과(남궁근, 1994b), ① 전년대비 예산의 소폭변화를 의미하는 결과적 점증주의 관점의 설명력은 매우 낮았고, ② 금년 예산수준이 전년 예산수준의 영향을 받는다는 예산수준의 점증적 경향성 모형은 상당한 설명력이 있는 것으로 나타났으며, ③ 점증주의적 결정규칙을 구체적으로 모형화한 기초예산모형, 공정배분모형, 고정증가모형의 설명력은 상대적으로 낮았다. 점증주의자인 Wildavsky(1986)도 예산결과를 설명하는 도구로서 점증주의의 설명력이 국민소득으로 측정되는 부(wealth)의 정도 및 재원의 예측가능성, 그리고 정치문화에 따라 달라진다는 점을 인정하였다. 한편 최근에도 예산결정에서 점증주의적 경향이 나타나는지에 관한 학술논문이 발표되고 있다. 김철회(2005)는 1958-2003년 사이 한국 중앙정부의 기능별 지출항목 중에서 일반행정비, 국방비, 경제사업비, 주택 및 지역사회개발비, 기타지출 등의 변동패턴이 비점증적인 것으로 밝혔다. 최태현 · 임정욱(2017)은 2007년부터 2015년 사이 중앙정부 14개 부처의 일반회계예산을 핵심예산(인건비, 물건비, 자산취득 등), 순관청예산(민간이전, 해외이전, 출연금, 출자금), 순사업예산(보전금, 자치단체이전, 전출금 등)으로 분류하여 점증성을 분석하였다. 분석결과 핵심예산의 전체기간 변동률 평균은 12.36%, 순관청예산의 변동률 평균은 23.79%, 순사업예산의 변동률 평균은 30.58%로 나타나, 핵심예산의 점증성이 사업예산성격이 강한 순관청예산과 순사업예산보다 강하다는 것을 경험적으로 확인하였다.

3) 평 가

(1) 기술적 타당성 평가

위와 같은 특징을 갖는 점증주의 모형을 기술적 모형과 처방적 모형의 측면에서 평가해 보기로 한다. 먼저 기술적 모형으로서 점증주의를 평가해 보자. 점증주의는 특히 미국과 같은 다원주의 국가에서의 정책결정의 실상을 비교적 정확하게 기술한다고 평가하는 견해도 있다(Frohock, 1979: 49-52). 그러나 실제로는 점증주의가 Lindblom이 생각했던 것만큼 널리 적용되지는 않는다(Hayes, 2007: 39, 43-48). Lindblom은 합리적 정책결정이 이루어질 수 있는 두 가지 조건으로 참여자 사이의 목표에 대한 합의와 다양한 대안이 초래할 결과를 정확하게 추정할 수 있는 지식기반을 지적하였다. Lindblom은 실제 상황에서 이러한 조건이 충족되기 어렵기 때문에 점증주의가 정책결정과정을 정확하게 묘사한다고 주장한다. Hayes(2007: 43)는 이들 두 조건의 충족 여부를 변수로 보아야 한다고 본다. Hayes는 정책결정의 환경을 정책결정 참여자들 사이의 목표에 대한 일치 여부, 수단적 지식에 관한 합의 여부에 따라 네 가지로 분류한다(〈표 2-1〉).

표 2-1 정책결정 상황의 분류

	목표의 갈등	목표의 합의
수단적 지식의 갈등	(A) 정상적 점증주의 영역	(C) 순수한 지식기반의 문제
수단적 지식의 합의	(B) 순수한 가치갈등의 문제	(D) 합리적 의사결정의 영역

출처: Hayes. 2007. Policymaking through Disjointed Incrementalism. p. 44.

Hayes에 따르면 〈표 2-1〉에 제시된 네 가지 상황 중 점증주의가 정상적으로 적용되는 영역은 하나의 영역, 즉 정책결정자들 사이에 목표에 대한 합의가 이루어지지 않았고, 수단에 관한 지식기반도 역시 갈등상황인 경우(A)밖에 없다. Lindblom이 지적한 바와 같이 참여자들 사이에 중요한 가치를 둘러싼 갈등이 표출될 경우 당파적 상호조정과정을 통한 다수파 형성(majority building)이 불가피하며, 그 결과는 전형적으로 점증적인 결정으로 나타난다. 이 경우에는 점증적이지 않은 대안은 입법과정에서 제외될 수밖에 없다.

한편 순수한 가치갈등의 문제가 제기되는 영역 (B)에서도 결과는 점증적이겠지만, 그 과정에서 Lindblom이 생각했던 것보다는 훨씬 복잡한 갈등상황이 전개된다. 사회보장 개혁의 문제와 같이 각 대안이 초래할 재분배 효과가 비교적 명확하게 알려져 있는 경우가 여기에 해당되는데, 사회보장 시스템 개혁의 비용을 누가 부담할 것인가에 관한 투쟁이 발생한다.

목표에 관한 합의는 이루어졌지만 수단이 불확실하여 순수한 지식기반의 문제가 발생하는 영역 (C)의 경우에는 다음에 살펴보게 될 사이버네틱스 모형에 따른 정책결정이 이루어진다(Hayes, 2007: 45). 즉 안정적인 목표를 가진 정책결정시스템이 환경으로부터 정보를 모니터하여 변화하는 환경에 적응하여 가는 것이다.

그러나 목표에 대한 합의가 이루어졌고, 수단에 대한 지식도 풍부한 경우(D)에는 합리적 의사결정이 이루어질 수 있다. 이러한 두 조건이 모두 충족되는 경우는 비교적 기술적이고 행정적인 문제가 포함된 것이다. 이 경우에는 비점증적인 큰 변화가 이루어질 수 있다.

위에서 살펴 본 바와 같이 Hayes는 점증주의 모형이 적용되는 영역이 한정된다고 보았다. 한편 점증주의 모형은 선례도 비교적 적고 정치체제도 불안정한 발전도상국의 경우에는 적용되는 영역이 더욱 제한적이다.

(2) 처방적 타당성 평가

처방적 모형으로서 점증주의를 살펴보자. Lindblom & Wildavsky와 같은 학자는 민주주의 사회에서 정책이해관계 당사자들간의 합의가 가장 중요한 기준이라는 점을 지적하고, 점증주의적 정책결정이 처방적으로 바람직한 모형이라고 주장하고 있다. 그런데 점증주의가 좋은 정책을 산출하기 위해서는 두 가지 조건이 충족되어야 한다. 첫째, 정책이슈에 이해관계가 있는 모든 당사자가 효과적으로 대표되어야 하고, 둘째, 정책결정에 영향을 미치고자 하는 여러 집단이 이용가능한 자원에서 대체적인 균형이 이루어져야 한다. 이러한 조건은 고전적 다원론이 효율적으로 작동되기 위한 조건과 유사하다. 그런데 이러한 조건이 갖추어지기 어렵다는 점은 이미 지적한 바 있다. 즉 실질적으로는 대표되지 못하는 집단이 많으며, 집단들 사이에 자원이 균등하지 않다는 것이다.

Hayes(2001: 161-166; 2007: 57)는 이러한 상황을 개혁하기 위한 두 가지 방향을 제시하였다. 첫째, 현재 제대로 대표가 이루어지지 않은 집단의 조직화를 장려하기 위해서 직접 보조금 제공 또는 조세제도 개혁을 포함하는 조치가 취해져야 한다는 것이다. 둘째, 조직화된 집단들 사이에 자원의 불균형을 개선하기 위해 노력해야 한다. 특히 Lindblom도 자본주의 사회에서 기업집단이 어느 정도 특권적 위치를 누릴 수 있다는 점을 인정하고 있다(Lindblom & Woodhouse, 1993: 90-103). 그러므로 이러한 상황을 개선할 수 있는 조치가 필요하다.

이러한 상황에서 점증주의를 처방하는 것은 타협과 협상을 통한 주먹구구식 정책결정이 마치 지적으로 합리적이고 정치적으로 민주적인 것처럼 미화한 측면이 강하다(정정길 외, 2010). Dror는 점증주의 이론은 타성과 반지성적인 정책결정행태에 젖어 있는 공무원들에게 분석적·합리적 결정에 대한 노력을 등한시하게 하는 이론적 무기가 될 수 있다고 보았다. 한편 정치적인 측면에서도 점증주의는 현상유지를 옹호하는 이론으로 작용하게 된다. 요약하면 점증주의 이론은 현존정책을 옹호하는 경향을 보여주고 정책결정자의 분석적 노력을 제약한다는 측면에서 바람직스럽지 못한 측면이 강하다고 볼 수 있다.

4. 쓰레기통 모형

1) 주요내용

쓰레기통 과정모형(Garbage Can Process Model)은 Cohen, March & Olsen(1972)이 조직구성원 사이의 응집력이 아주 약한 상태, 즉 조직화된 무정부상태(organized anarchy) 하에서 의사결정이 이루어지는 과정을 설명하려고 시도한 대표적인 기술적 모형 가운데 하나이다. 쓰레기통 모형은 고도로 불확실한 조직상황에서 의사결정이 어떻게 이루어지는지를 기술하고 설명하고자 하였다. 이들은 컴퓨터 시뮬레이션을 통하여 이러한 상황에서 어느 정도 결정이 이루어지는지, 결정은 어떠한 특징을 갖는지 밝혀 보고자 하였다.

(1) 조직화된 무정부 상태의 특징

이들은 대학과 같이 불확실성이 지배적인 상황을 조직화된 무정부 상태라고 규정하고, 이러한 상태에서는 다음과 같은 세 가지 특징이 나타난다고 보았다(Cohen, March & Olsen, 1972: 1; 1982: 25).

① 문제성 있는 선호(problematic preferences): 이 모형에서는 조직의 목표와 가치가 사전에 명확하게 설정되어 있는 것이 아니고 조직구성원들마다 '선호'가 상당히 다르다고 본다. 의사결정 참여자들이 무엇이 바람직한지에 관한 선호가 분명하지 않은 상태에서 결정에 참여한다. 조직의 목표가 분명하지 않고 의사결정 참여자의 선호가 분명하지 않은 상황을 문제성 있는 선호라고 부른다.

② 불명확한 기술(unclear technology): 목표와 수단 사이의 인과관계가 명확하지 않다는 것이다. 조직은 시행착오를 겪으면서, 과거의 경험과 필요에 의해 개발된 실용적 방법에 따라 운영된다. 구성원들은 수단이 정책목표 달성에 어느 정도 기여하는지 분명하게 알지 못한다.

③ 유동적 참여자(fluid participants): 의사결정에 참여하는 사람의 구성이 변동된다. 의사결정참여자들은 시간이 지남에 따라 바뀔 수 있으며, 그들이 의사결정에 몰입하는 정도는 의사결정의 '영역'(domains)에 따라 상당히 다를 수 있다. 조직에서 의사결정 참여자의 범위와 그들이 투입하는 에너지는 유동적이다.

이들 학자들은 조직화된 무정부상태라는 특징이 나타나고 있는 조직이 상당히 많으며, 특히 공공조직, 교육조직, 그리고 비합법적인 조직에서 많이 나타나고 있다고 본다.

(2) 의사결정의 요소

어떠한 상황에서도 의사결정이 이루어지려면 문제, 해결방안, 참여자, 선택기회 등 네 가지 요소가 필요하다(Cohen, March & Olsen, 1972: 2-3). 이들은 선택기회를 쓰레기통으로 보며 참여자가 문제와 해결책을 쓰레기통에 투입할 때 결정이 이루어지는 것으로 본다(Cohen, March & Olsen, 1982: 6). 쓰레기통 모형에서 이러한 네 가지 요소는 다음과 같은 특징을 지니며 이들 요소들이 서로 독자적인 흐름을 형성한다고 본다.

① 문제(problem): 문제는 조직 내외 사람들의 관심사이다. 이러한 문제들은 생활방식, 가족·업무에 따른 좌절감, 경력, 조직내 집단관계, 지위·업무 및 자금의 배분, 이데올로기, 대중매체가 해석한 인류의 위기 등과 같은 이슈를 둘러싸고 제기된다. 문제는 선택과는 다르다. 그리고 선택이 이루어지고 난 후에도 문제가 해결되지 않을 수 있다(Cohen, March & Olsen, 1982: 26).

② 해결방안(solution): 해결방안은 누군가의 작품이다. 컴퓨터는 보수관리라는 문제를 해결하기 위한 해결방안만은 아니다. 때로는 해결방안이 그러한 해결방안을 필요로 하는 문제를 적극적으로 찾아다닌다. "문제를 제대로 형성하지 못하면 해결방안을 찾을 수 없다"는 속담과는 달리, 해결방안을 찾을 때까지 조직의 문제가 무엇인지를 모르는 경우도 있다.

③ 참여자(participants): 참여자는 진입하고 퇴장한다. 참여자의 시간과 에너지는 희소한 자원이다. 참여자의 참여정도는 상당부분이 참여자에 대한 다른 업무의 요구 정도에 따라 달라진다.

④ 선택기회(choice opportunity): 선택기회란 조직이 결정을 내릴 것으로 기대되는 시점을 말한다. 예를 들면 대학에서는 교무회의, 각종 위원회 회의 등이 이에 해당한다. 모든 조직은 선택할 수 있는 기회를 가지고 있다.

(3) 쓰레기통의 과정

위의 네 가지 흐름은 상당히 독립적인 흐름을 형성하고 있다. 조직에서의 선택은 이러한 네 가지 흐름이 우연히 합류할 때 이루어진다. 그러므로 선택은 이들 흐름의 패턴에 상당히 영향을 받아 이루어진다.[5)]

(4) 쓰레기통 속의 의사결정 스타일

대학행정의 상황을 가정한 시뮬레이션 결과를 토대로 할 때, 쓰레기 통 모형에서 나타나는 결정의 스타일(decision style)은 다음과 같은 세 가지이다(Cohen, March & Olsen, 1972: 8; 1982: 33).

---

5) 저자들은 컴퓨터 시뮬레이션 모형에서 다음과 같은 네 가지 요소를 고려하였다(Cohen, March & Olsen, 1972: 2-3). 즉 선택기회의 흐름(stream of choice), 문제의 흐름(stream of problems), 해결책 흐름의 속도(a rate of flow of solution), 참여자의 에너지 흐름(a stream of energy from participants) 등이다. 그런데 이러한 흐름과 결정방식은 조직구조, 즉 결정구조와 접근구조가 계층제적 구조인지, 전문화된 구조인지, 아니면 분화되지 않은 구조인지에 의해 영향을 받는다.

① 문제해결(by resolution): 하나의 선택기회에서 일정한 기간 동안 작업이 이루어진 후 문제가 해결되는 경우이다. 문제에 따라 걸리는 시간은 달라지지만 이러한 결정스타일에서는 문제가 정상적인 절차를 거쳐 해결된다.

② 끼워넣기(by oversight): 하나의 선택기회에서 그 문제가 제기되지 않았는데도(그 문제는 다른 선택기회에서 처리하도록 예정되어 있었는데), 의사결정자들이 다른 문제들을 결정하고 남은 에너지를 가지고 그 문제의 해결방안을 재빨리 선택하는 경우를 말한다. 예를 들어, 회의에 상정된 정식안건들이 예상보다 빨리 처리되어, 기타 사항으로 상정되지 않은 안건을 갑자기 처리하는 경우가 있다. 이럴 경우 그 문제에 충분한 시간과 에너지를 투입하지 못하여 제대로 된 해결방안이 선택되었는지 알 수 없으며, 문제 자체가 미해결인 채로 남아있는 경우가 많다.

③ 미뤄두기(by flight): 어떤 선택기회에 너무 많은 문제를 처리하게 되어 있는 경우, 의사결정자들이 그 문제들을 실질적으로 해결할 수 없는 상황이 된다. 그러한 경우 상당수의 문제들에 대한 의사결정은 이루어지지 않으며 다른 선택기회로 넘겨진다. 그러므로 실제로 문제는 해결되지 않고 남아있게 된다(the decision resolves no problems).

저자들은 대규모이면서 부유한 대학, 대규모이면서 가난한 대학, 소규모이면서 부유한 대학, 소규모이면서 가난한 대학 등 네 가지 유형의 대학에서 상황이 좋은 경우와 나쁜 경우 등 다양한 상황에서 시뮬레이션을 해 본 결과 결정 가운데 문제해결의 비율은 대학 유형 및 상황에 따라 크게 달라졌다(Cohen, March & Olsen, 1972: 17, Table 5 참조). 문제해결이 이루어지는 비율은 대체로 21%에서 68% 사이로 낮은 편이었다. 나머지 문제들은 끼워넣기 또는 미뤄두기로 문제가 해결이 되지 않은 채 남아있다.

(5) 쓰레기통 의사결정의 특징

시뮬레이션 결과 나타난 쓰레기통 의사결정의 특징은 다음과 같다(Cohen, March & Olsen, 1982: 34-36).

첫째, 문제해결이 가장 일반적인 결정방법이 아니다. 예외적으로 미뤄두기가 심각하게 제약되거나 작업량이 매우 적을 경우에만 문제해결이 일반적인 결정방법이다. 대체로 끼워넣기와 미뤄두기가 그 결정과정의 가장 중요한 특징이다.

둘째, 그 과정은 작업량의 정도에 아주 민감하다. 의사결정시스템에 작업량이 증가하면 문제 활동, 의사결정자 활동, 결정의 어려움이 증가하고 따라서 끼워넣기와 미뤄두기 스타일의 활용이 늘어난다.

셋째, 의사결정자와 문제는 선택기회를 통하여 서로 뒤를 쫓는다. 의사결정자와 문제는 모두 하나의 선택기회에서 다음 선택기회로 움직이는 경향이 있다. 결과적으로 의사결정자는 항상 똑같은 문제를 약간 다른 맥락에서 다루지만 대부분 만족할 만한 결과는 얻지 못한다. 문제도 마찬가지로 어디를 가나 똑같은 사람을 만나지만 결과는 비슷하다.[6)]

2) 평 가

(1) 일반적 평가

이 모형의 주창자들은 전통적이고 규범적인 합리적 선택 모형과 비교하면 쓰레기통 모형이 병리적으로 보이지만, 쓰레기통 모형에서의 결정이 대학과 같은 조직에서 실제로 일어난다고 강조한다. 즉 조직의 목표가 모호하고, 목표간 갈등이 존재하며 조직 내외에서 제기되는 문제에 대한 이해가 부족한 상황에서, 의사결정자가 다른 업무에도 마음을 두고 있는 상황에서도 결정이 이루어지고 문제가 해결된다는 것 자체가 상당한 성취라고 본다 (Cohen, March & Olsen, 1982: 7). 이 모형의 주창자들은 조직구조의 설계와 정책결정에서 쓰레기통 과정의 현실이 존재함을 인정하여야 한다고 주장한다. 쓰레기통 모형의 과정은 이해할 수 있고, 또 어느 정도까지는 예측도 가능하다. 그러나 그 과정과 결과가 의사결정자의 의도와는 밀접한 관계가 없다. 결과는 결정자의 의도보다는 외재적으로 결정되는 타이밍과 같은 요

---

6) 그 밖에도 저자들은 다음과 같은 특징들을 지적한다. 넷째, 결정과정의 능률성 측면에서 문제 활동, 문제의 잠재성, 결정시간 사이에는 상당히 밀접한 관련이 있다. 다섯째, 의사결정과정은 서로 영향을 미치는 경우가 많다. 여섯째, 중요한 문제는 중요하지 않은 문제보다 해결될 가능성이 높다. 또한 일찍 투입된 문제는 나중에 투입된 문제보다 해결될 가능성이 높다. 일곱째, 중요한 선택기회에서는 중요하지 않은 선택기회보다 문제가 해결될 가능성이 낮다. 중요한 선택기회에서는 끼워넣기와 미뤄두기 스타일에 의한 결정이 많고, 중요하지 않은 선택기회에서는 문제해결이 많이 이루어진다. 여덟째, 선택이 이루어지는 경우도 있지만 선택에 실패하는 경우가 많다. 선택의 실패는 매우 중요한 선택과 가장 중요하지 않은 선택에 집중되어 있으며, 그 중요성이 중간정도인 사안에서 거의 항상 선택이 이루어진다.

소의 영향을 받는다.

이들의 모형은 후일 Kingdon(1995)이 '정책의 창'(policy window) 모형 또는 '다중흐름모형'(multiple stream model)으로 발전시켰다. 또한 쓰레기통 모형은 사회학적 신제도주의의 고전문헌 가운데 하나로 여겨지는 March & Olsen(1989)의 *Rediscovering Institutions*의 내용에도 상당한 영향을 미쳤다.

(2) 비판적 검토

의사결정의 쓰레기통 모형은 1972년 발표된 이래 그 문제점에 관한 검토와 비판이 거의 없었는데, Bendor, Moe & Shotts(2001)가 비판적으로 검토하였다. 쓰레기통 모형의 주요 문제는 쓰레기통 모형을 문장으로 표현한 언어모형 또는 비공식 모형(informal model)과 컴퓨터 시뮬레이션 모형 또는 공식모형(formal model) 사이에 차이가 너무 많다는 점, 그리고 모형에 쓰인 개념 가운데 일부의 의미가 분명하지 않아 개념상 혼란을 초래한다는 점이다. 이러한 문제들 때문에 잘 알려진 쓰레기통 모형의 속성 가운데 두 가지 수정이 불가피하다고 보았다.

첫째, March & Olsen(1989: 13)은 "조직화된 무정부상태에서는 결정을 내리는 스타일 가운데 '문제의 해결'이 가장 보편적인 것은 아니다. '미뤄두기'나 '끼워넣기'에 의한 결정이 더욱 자주 이루어진다."고 주장하였고, 이는 쓰레기통 모형의 널리 알려진 속성이 되었다. 그런데 Bendor 등은 '미뤄두기'나 '끼워넣기'의 경우에 결정이 실제로 이루어진 것은 아니며, 사실 아무것도 일어나지 않았다고 본다. 일상적인 용어에서 결정(decisions)은 대안들 가운데 선택하는 것을 포함한다. 그런데 쓰레기통 모형에서는 실제로는 공허한 사건을 '결정'이라고 명명하여 일반적인 정의에 비추어볼 때 잘못되었다.

둘째, 쓰레기통과 관련되어 널리 알려진 또 하나의 속성은 의사결정자와 문제가 서로 뒤쫓는다는 것이다. 그러나 실제로는 이같이 뒤쫓는 현상(tracking phenomenon)은 시뮬레이션 가운데 일부에서만 이론적으로 가능하다. 그러므로 뒤쫓는 현상이 쓰레기통 모형의 일반적이고 핵심적인 속성이라는 주장은 오해를 불러일으킬 수 있다.

5. 사이버네틱스 모형

1) 사이버네틱스 모형의 대두

사이버네틱스는 인공두뇌학을 말하며 그 창시자인 Wiener(1948, 1961)에 따르면 사이버네틱스는 동물과 기계에 있어서 커뮤니케이션과 제어에 관한 이론을 의미한다. Wiener는 사람을 포함한 동물의 특징을 학습능력과 번식(재생)능력을 가진 것으로 보았고, 정보의 획득과 환류에 의한 제어가 학습과 재생의 핵심 메커니즘이라고 보았다. 사이버네틱스는 동물의 특징을 연구하여 학습능력과 재생능력을 갖춘 기계를 만들려고 하는 학문으로 제2차 세계대전 전후에 시작된 Wiener의 연구에 기반을 두고 있다. Wiener의 사이버네틱스 연구는 Ashby(1956)에 의해 계승되었다. 오늘날에는 컴퓨터의 비약적인 발전으로 인조인간(cyborg, cybernetic과 organism의 합성어)이 탄생하였고, 심화학습이 가능한 인공지능 바둑 프로그램 '알파고', 인공지능 의사 '왓슨'도 등장하여 그러한 꿈이 어느 정도까지는 현실화되고 있다.

Steinbruner(1974)는 사이버네틱스를 응용하여 정부 관료제에서 이루어지는 정책결정을 묘사하고자 하였다. 정부의 정책결정 활동에 있어서 핵심적인 과제는 복잡한 정책문제를 어떻게 처리해 나가는가에 관한 것이다. Steinbruner는 정책결정 현상을 바라보는 시각을 전통적인 분석적 패러다임(analytic paradigm)과 사이버네틱 패러다임(cybernetic paradigm)으로 구분하고 있다. 그런데 전통적인 분석적 패러다임이란 합리적 분석을 통하여 의사결정이 이루어진다는 것으로 합리모형과 동일한 시각이라고 할 수 있다. 그러므로 여기에서는 분석적 패러다임에 관한 논의는 생략하고 사이버네틱 패러다임에 관하여 살펴보기로 하겠다.

2) 사이버네틱스 의사결정 모형의 특징

사이버네틱 패러다임의 기본 전제는 실제로 대부분의 결정이 비교적 단순한 의사결정 메커니즘에 의해 이루어지며, 단순한 메커니즘에 의해 결정이 이루어지는 경우에도 대개의 정책문제들이 성공적으로 해결된다는 것이다(김정수, 2000: 250). 그러면 사이버네틱 패러다임에서 실제 정책결정과정이 어떻게 단순한 원리 및 과정을 통하여 이루어진다고 생각하는지 살펴보겠다.

(1) 적응적 의사결정 – 주요변수의 유지

사이버네틱 의사결정 모형에서는 시스템이 주요 변수를 일정한 상태로 유지하기 위하여 적응하는 데 초점을 맞춘다. Ashby(1956)는 의사결정자가 주요변수를 일정한 범위 내에서 유지하려고 하는 데 관심을 가지며, 고차원의 목표나 가치를 성취하려고 노력하는 것은 아니라고 본다. 사이버네틱 메커니즘의 대표적인 사례인 자동온도조절장치를 보자. 자동온도조절 장치의 작동원리는 실내의 온도를 모니터하여 미리 설정된 실내온도의 범위(예를 들면, 20°-25°C)보다 낮아지면 난방기구가 작동되고, 올라가면 냉방기구가 작동되도록 하는 것이다. 실내 온도가 일정한 범위로 유지되도록 사전에 프로그램된 메커니즘이 작동하여 의사결정이 이루어지는데 그 초점은 실내온도의 상태를 유지하는 것이다. 결국 사이버네틱스 메커니즘의 핵심은 주어진 규칙에 단순히 따라감으로써 결정이 내려지게 되고, 많은 경우 이러한 단순한 방식에 의한 결정이 상당히 성공적으로 문제를 해결한다는 것이다. Ashby는 이를 비목적적 적응모형(non-purposive adaptation model)이라고 부른다. 그러므로 사이버네틱스 모형은 달성하고자 하는 목표나 가치의 극대화가 아니라 현상유지를 추구한다.

(2) 반응목록(response repertory)에 의한 불확실성 통제

그러면 사이버네틱스 의사결정자는 어떻게 복잡한 문제를 해결하는가? 즉 사이버네틱스 원리에 의한 정책결정은 어떻게 이루어지는가? 사이버네틱스 원리에 준거한 의사결정이란 미리 준비되어 있는 레퍼토리들 가운데 적합한 것을 골라 거기에 명시된 절차에 따라 단계를 거치면 어떤 결정이 자동적으로 나오는 것이다. 사이버네틱 패러다임에서 강조하는 것은 비목적적인 적응(non-purposive adaptation)으로 의사결정의 궁극적 목적은 생존(survival)이라 할 수 있다(김정수, 2000: 255).

사이버네틱 패러다임에서는 불확실성을 어떻게 통제하는가? 사이버네틱 패러다임에 의한 정책결정에서는 매우 한정된 범위의 변수에만 관심을 집중하고 나머지 수많은 정보들은 무시함으로써 불확실성을 통제하게 된다. 의사결정자는 미래 어떤 결과가 나타날 것인가에 관하여 심각한 계산을 하지 않으며 주요 변수에만 관심을 집중하여 이미 가지고 있는 반응규칙 또는 결정규칙(decision rule)에 따라 결정한다. 즉 의사결정자는 사전에 설정된 주요변수의 범위를 살펴보고 그에 대하여 사전에 설정된 레퍼토리에 따라 결정하며 다른 정보는 무시한다는 것이다.

대규모 조직에서는 어떻게 의사결정이 이루어지는가? 대규모조직은 하위부서를 두고 있으며, 하위부서들이 반응목록을 관리한다. 조직의 각 부서들이 일상적으로 따르는 문제해결절차를 표준운영절차(Standard Operating Procedure, SOP)라고 부른다. 정부조직의 경우 각 하위부서마다 표준운영절차의 집합인 많은 프로그램을 가지고 있다. 조직은 복잡한 문제에 직면하면 문제를 부문별로 분해하여 각 하위기관들에게 할당하여 처리하게 한다. 정책결정은 결국 하위부서의 수준에서 각각 이루어진다. 여기에서 사이버네틱 의사결정자들은 미리 정해진 일정한 변수에 대하여만 집중적으로 모니터한다. 그리하여 허용할 만한 수준(acceptable level)에 미달하는 경우가 발생하면 일상적인 표준운영절차를 검토하여 수정하게 되고 새로운 해결방식을 모색하게 된다는 것이다.

(3) 표준운영절차(Standard Operating Procedure, SOP)의 중요성

사이버네틱스 의사결정에서 결정의 질은 사전에 설정된 표준운영절차(Standard Operating Procedure, SOP)가 존재하는지, 그 절차가 얼마나 정교한지에 의해 결정된다. 환경이 복잡할수록 결정규칙과 표준운영절차를 모아놓은 문제해결의 레퍼토리가 다양하게 준비되어 있어야 하며, 이는 곧 문제에 성공적으로 대응하기 위해서는 그만큼 고도의 적응능력이 있어야 한다는 것을 의미한다. 그런데 조직이 직면하는 문제가 원래 가지고 있는 SOP를 가지고는 대처하기 어려운 경우, 즉 SOP를 벗어난 일탈상태가 발생할 경우 새로운 대안이 마련되어야 한다.

(4) 사이버네틱스 모형에서의 학습

기존의 SOP를 가지고 처리할 수 없는 문제에 직면할 경우 새로운 SOP를 개발하여 추가해야 한다. 이 모형에서 학습은 SOP를 수정・변경・추가하거나 또는 프로그램 레퍼토리를 바꾸는 것이다. 그런데 그 과정은 상당히 느리게 진행된다. 프로그램 목록이나 SOP는 좀처럼 쉽게 변경되지 않는다.

3) 평 가

이상에서 살펴본 사이버네틱스 패러다임의 장점은 복잡한 환경에도 불구하고 단순한 의사결정 메커니즘에 의하여 어떻게 적응성이 매우 높은 결과가 나타나는지 설명하는 데 있다. 여기에서 성공적인 적응여부는 결국 복잡한 환경을 어떻게 안정적인 하위시스템으로 분해할 수 있는가에 달려 있다. 그런데 환경의 여러 가지 상호작용을 분할하기 어려울 만큼 복잡한 문제가 제기될 수 있다. 이러한 경우 사이버네틱 패러다임으로는 더 이상 문제를 효과적으로 해결하기 어렵다. 이러한 상황에서도 정책결정자는 어떻게든 결정을 해야 한다. 이때에는 결국 사람의 마음(human mind)에 의하여 해결될 수밖에 없다.

Steinbruner(1984)는 이같이 사이버네틱스 패러다임의 한계를 보완하여 의사결정자인 사람이 의지에 따라 결정하는 경우를 인지과정적 패러다임(cognitive process paradigm)이라고 부른다. 요컨대 불확실한 상황을 주관적으로 해석하여 복잡한 문제를 분해가능한 것과 같이 구조화함으로써 사이버네틱 메커니즘이 작동될 수 있도록 한다는 것이다.

사이버네틱스 패러다임의 큰 장점은 정부관료제에 의한 정책결정의 실제 양상이 합리모형에서 상정하는 것과는 현실적으로 상당한 거리가 있음에도 불구하고 많은 경우 성공적으로 문제해결이 이루어진다는 점을 잘 설명할 수 있다는 점에서 그 의의가 인정될 수 있다. 그러나 문제의 복잡성이 심각하여 하위문제들로 분해될 수 없을 경우에는 사이버네틱스 패러다임으로는 결정할 수 없다. 그런데 현실적으로 정말 중요한 문제들은 대개 매우 어렵고 복잡한 문제라는 점을 전제로 한다면, 사이버네틱스 패러다임보다는 이를 보완하는 의미에서 Steinbruner가 제시한 인지적 패러다임이 더욱 의의가 있다. Steinbruner도 정부 정책결정을 이해함에 있어 가장 중요한 것은 정책결정자의 마음이라고 주장하고 있다(김정수, 2000: 258).

[Box 2-2]에 사이버네틱스 접근방법을 적용하여 1997년부터 2007년까지 의료보험수가결정을 분석한 사례가 제시되었다.

Box 2-2: 사이버네틱스 접근방법을 적용한 의료보험수가결정 분석

김주환(2010)은 1997년부터 2007년까지의 건강보험수가결정이 소비자물가 인상률을 추종하는 현상을 사이버네틱스 이론을 통하여 분석하였다. 건강보험수가는 정부가 수가고시제에 의하여 결정하다가 2000년 이후 국민건강보험공단이 수가계약제에 따라 결정하는 것으로 변경되었다. 분석결과 건강보험수가 결정에 다음과 같은 특징이 존재하고 있었다.

첫째, 수가조정기준으로 소비자물가 인상률이 작용하였고 이는 물가안정(수가고시제)과 재정건전성(수가계약제)을 달성하기 위한 것이다.

둘째, 수가고시제에서는 정부를 중심으로 후행적 제어를 통해 항상성이 추구된 반면, 수가계약제에서는 건보공단을 중심으로 선제적 제어방식이 활용되었다.

셋째, 고시제에서는 단계적 건강보험 적용확대와 약가마진이 수가조정에 대한 압력을 흡수한 반면, 계약제에서는 상대가치점수의 변칙인상과 의약품 선택권을 통한 가외적 수입이 충격을 완화시켰다. 전자와 후자 모두 계층적 구조, 전자의 '원가분석 → 정부 내 협의'의 2계층구조와 후자의 '각 주체별 협의 → 양자간 협상 → 건강정책결정심의위(협상실패시)'의 3계층 구조적 특성이 항상성을 확보할 수 있도록 하였다.

넷째, 2000년 '의료대란'을 거치며 기존 정부중심의 수가고시제는 그 기능을 상실하였으며, 이는 당사자 참여방식의 수가계약제를 통해 수가결정체제가 복원되었다.

출처: 김주환. 2010. 의료수가 결정과 변화에 대한 사이버네틱스 접근방법에 의한 연구.

6. 혼합탐색모형

합리모형은 지나치게 비현실적이고, 만족모형과 점증모형은 지나치게 보수적이라는 비판을 토대로 두 이론의 장점을 결합한 혼합모형이 시도되었다. 이와 같은 혼합모형의 대표적인 사례가 Etzioni의 혼합탐색모형(mixed-scanning model)과 Dror의 최적모형(optimal model)이다.

1) 주요 내용

Etzioni(1967: 385-392)는 합리모형은 지나치게 이상적이며 비현실적이고 점증모형은 지나치게 근시안적이고 보수적이라고 비판하고, 양자를 변증법적으로 통합한 제3의 모형으로서 혼합탐색모형을 제시하였다. 이 모형에서는 공공정책의 결정을 근본적 결정(fundamental decision) 또는 맥락적 결정(contextual decision)과 세부적 결정(bit decision) 또는 세목적 결정(item decision)으로 구분한다. 근본적 결정은 전반적이고 근본적인 방향을 올바르게 설정하려는 목적을 지닌 것이고, 세부적 결정은 근본적 결정에서 설정된 맥락 하에서 '점증적'으로 결정하는 것이다.

Etzioni가 설명하는 혼합탐색모형의 특징은 다음과 같다.

① 혼합탐색모형의 결정전략은 먼저 특정한 정책결정에 관련이 될 가능성이 있는 넓은 영역을 개괄적으로 탐색하고, 그 가운데에서 특별한 주의를 기울여야 할 좁은 영역을 고른다. 이것이 근본적 결정에 해당한다. 다시 선정된 좁은 영역 내를 면밀하게 탐색한 결과를 토대로 결정한다. 이것이 세부적 결정에 해당된다. 반면에 합리모형에서는 넓은 영역을 빠짐없이 탐색하여 결정할 것이고, 점증모형에서는 처음부터 좁은 영역에 한정된 탐색 후에 결정할 것이다.

② 개괄적인 광역탐색과 뒤이은 면밀한 소역탐색은 한 차례에 국한되지 않는다. 즉 구체적인 정책결정의 상황에 따라서 여러 차례 탐색을 되풀이 할 수도 있다.

③ 각 단계의 탐색에 어느 정도의 시간과 자원을 투입하여야 할 것인가 하는 문제는 여러 가지 요인을 고려하여 융통성 있게 해결하여야 할 전략적인 문제이다.

④ 혼합탐색의 틀 속에서 기본적 결정과 세부적 결정의 결정 전략은 구분된다. 즉 기본적 결정은 중요한 대안을 포괄적으로 검토하되, 그 주요결과만을 개괄적으로 예측하며(개괄적인 광역탐색), 세부적 결정은 근본적인 결정의 테두리 내에서 소수의 대안만을 검토하되, 그 대안이 초래할 결과를 세밀하게 분석하여 결정한다(면밀한 소역탐색). 혼합탐색모형의 두 가지 요소라 할 수 있는 기본적 결정과 세부적 결정은 상호보완적인 것이다. 즉 점증적 결정에서 상세한 것을 검토해줌으로써 기본적 결정에서 상세한 것을 검토하지 않아도 무방하게 해 주는 반면에, 기본적 결정에서 장기적인 대안을 고려해줌으로써 점증적 결정의 보수성을 어느 정도 극복할 수 있게 해 준다.

Etzioni(1968: 76-77 및 94-113)는 혼합탐색모형이 합리모형이나 만족모형과 같이 인간의 결정행태에 국한되는 것이 아니라 능동적 사회의 사회지도체계(societal guidance system)의 조직원칙이라고 주장하였다. 그에 따르면 합리모형은 결정권한이 집중되어 있고 통제·계획지향적 속성을 가지는 전체주의적 사회체제에 적합하며, 점증모형은 다원적이고 합의지향적인 민주주의 사회에 적합한 모형이다. 한편 혼합탐색모형은 이른바 능동적 사회(active society)에 적합한 모형이라고 본다. 능동적 사회에서는 전체주의적 사회체제가 추구하는 합리주의적인 것뿐 아니라 동시에 민주주의 사회가 옹호하는 점증주의적인 것을 혼합하는 전략이 필요하다는 것이다.

2) 평 가

(1) 기술적 타당성 평가

기술적 모형으로서는 혼합탐색모형이 타당하다고 보기는 어렵다. 왜냐하면 현실세계의 정책결정이 Etzioni가 설명한대로 이루어지는 것도 아니고, Etzioni도 현실세계의 정책결정이 이루어지는 과정을 설명하려는 것을 목적으로 이론을 전개하지도 않았기 때문이다.

(2) 처방적 타당성 평가

혼합탐색모형의 평가는 주로 처방적 모형으로서 어느 정도 타당하며 적실성을 갖고 있는지 판단하여야 한다. 처방적인 관점에서 Etzioni의 모형을 평가한다면 비현실적인 것으로 평가받는 합리모형의 절차를 좀 더 현실에 가깝게 실현할 수 있는 전략을 제시했다는 점에서 높게 평가된다. 이 실현전략은 정책결정의 문제를 근본적인 결정의 문제와 세부적인 결정의 문제로 결정의 수준을 분리시킴으로서 가능해졌다. 혼합탐색모형은 합리모형과 점증모형의 혼합이라기보다는 합리모형을 현실에 맞게 변형한 것으로 볼 수 있다(정정길 외, 2010). 한편 학문세계에서는 이론의 독창성이 학문적 명성 평가의 주요 기준인데 이러한 점에서 혼합탐색모형은 점증모형이나 만족모형에 떨어진다고 하겠다.

7. 최적모형

1) 주요 내용

Etzioni와 마찬가지로 Dror(1967, 1968)도 합리모형과 점증모형의 양자에 모두 불신을 가지고, 새로운 이론으로서 최적모형(optimal model)을 제시하였다. Dror(1967)는 Lindblom의 점증주의, 특히 'muddling through'가 과학이라기보다는 '타성'(inertia)을 정당화한다고 비판하였다. 합리모형과 점증모형을 재검토한 이후 그가 제시한 최적모형의 주요 특징은 다음과 같다(Dror, 1967; 안해균, 1984: 341-342).

① 가치, 목표, 그리고 결정의 기준을 명백하게 제시한다.

② 대안탐색에서 새로운 대안발견을 위해 의식적인 노력을 기울이며, 창조적이고 혁신적인 대안이 나올 수 있도록 의식적으로 자극을 가한다.

③ 위험최소화전략(a strategy of minimal risk) 또는 혁신전략(a strategy of innovation) 가운데 어떤 전략이 바람직한 지에 관하여 결정하고 여러 가지 대안에 투입되는 기대비용을 사전에 평가한다.

④ 위험최소화전략이 바람직한 것으로 평가될 경우, 계속하여 한정된 비교전략을 채택해야 한다. 한편 혁신전략이 바람직한 것으로 평가될 경우에는 유용한 지식과 직관(intuition)에 입각해서 각 정책대안이 초래할 모든 가능한 결과를 예측하고, 중요한 기대결과를 발견하는 작업이 뒤따라야 한다.

⑤ 전체 정책결정의 네 단계에 대한 솔직하고 충분한 논의가 이루어진 후에 합의를 통하여 최적의 정책을 검토한다.

⑥ 당면문제가 보다 광범위한 분석이 필요할 정도로 중요한 문제인지를 결정하기 위한 의식적 노력이 필요하다.

⑦ 이론과 경험, 합리성과 초합리성을 동시에 고려하여 정책을 결정하며, 어느 것을 얼마정도 고려할 것인지는 정책과 관련하여 갖는 유용성과 문제의 성격을 검토한 후 결정한다.

⑧ 정책결정의 질을 높이기 위해 과거의 경험에 의한 체계적 학습과 이

니셔티브, 창의성을 자극하는 한편, 지적능력을 고취시키는 일련의 작업이 이루어져야 한다.

이러한 특징을 갖는 최적모형은 사회체제 전체의 입장에서 정책형성체제가 어떻게 전반적으로 합리적으로 운영되어 '최적화'(optimization)된 결과가 나타날 수 있게 하느냐에 관심을 가진다. Dror(1968)는 또한 최적화가 가능하려면 정책형성체제가 전체적으로 잘 설계되어 있어야 한다고 보았다. 그러므로 Dror의 모형은 정책결정자 개인차원의 결정문제에 초점을 맞춘 Simon의 모형이나, 정책결정체제 내에서 정책결정의 특징을 설명하려한 Lindblom과는 달리 정책결정체제 전반을 그 모형 속에서 취급하고 있다. 그는 넓은 의미의 정책결정을 크게 세 단계(stages)로 나누고 이들을 다시 세분하여 18개 국면(phase)으로 나누었다.[7] 첫째 단계는 상위정책결정(meta-policymaking), 둘째 단계는 정책결정(policymaking), 셋째 단계는 정책결정 이후(post-policymaking) 단계이다.

첫 번째 상위정책결정단계는 7개 국면으로 구성되는데 정책결정체제를 어떻게 설계할 것인가에 관한 결정이 이루어진다. Dror 자신의 표현대로 상위정책결정은 정책결정에 관한 결정인데 크게 세 가지 내용이 포함되어 있다. 첫째, 정책문제와 관련된 가치와 이용가능한 자원을 확인하고 확보하는 것에 관한 결정이다. 둘째, 정책결정체제를 설계하고 정책문제와 가치, 그리고 자원을 정책결정단위에 배분하는 것이다. 셋째, 정책결정의 전략을 결정한다. 이때의 목표는 바람직한 정책을 결정하기 위한 전략을 결정하는 것이다.

한편 정책결정단계는 합리모형에서의 결정과정과 유사한 절차를 거치는

---

7) Dror(1967; 1968)가 제시하는 정책결정의 18단계는 다음과 같다.
첫째, 상위정책결정단계(meta-policy making stage): ① 가치처리, ② 현실처리, ③ 문제처리, ④ 자원에 대한 조사, 처리 및 개발, ⑤ 정책결정체제에 대한 설계, 평가, 재설계, ⑥ 문제, 가치 및 자원의 배분, ⑦ 정책결정의 전략에 대한 결정, 둘째, 정책결정의 단계(policymaking stage): ⑧ 자원의 하위배분, ⑨ 우선순위에 입각한 구체적 목표설정, ⑩ 우선순위에 입각한 여타 중요가치의 설정, ⑪ 좋은 대안을 포함한 주요대안의 마련, ⑫ 각 대안이 초래할 주요 편익과 비용에 대한 신뢰성 높은 예측, ⑬ 각 대안이 초래할 기대편익과 비용의 비교 및 최선의 대안 확인, ⑭ 최선의 대안이 초래할 편익과 비용에 대한 평가 및 그것이 좋은 것인지 결정, 셋째, 정책결정이후 단계(post-policymaking stage): ⑮ 정책집행을 위한 동기부여, ⑯ 정책의 집행, ⑰ 집행 후의 정책평가, 넷째, 의사전달과 피드백 단계(communication and feedback stage): ⑱ 모든 단계가 상호 연결되는 의사전달과 피드백 통로.

7개 국면(국면 ⑧부터 국면 ⑭까지)으로 구성된다. 정책결정 이후 단계는 정책결정단계에서 결정된 정책이 집행되고 평가되는 3개 국면(국면 ⑮에서 국면 ⑰까지)으로 구성되며, 마지막으로 ⑱번째 국면은 모든 단계가 상호 연결되는 의사전달과 피드백 통로이다.

이러한 단계를 거치면서 최적화가 이루어지려면 정책결정자 개개인의 합리성 뿐 아니라 정책결정자의 직관(intuition), 통찰력(insight)과 판단(judgement) 등과 같은 초합리성(extra-rationality)도 중요하다는 것이다.

2) 평 가

Dror의 최적모형에 대한 평가도 역시 Etzioni의 모형에 대한 평가와 유사하다. 기술적 모형으로서는 부적절하다는 평가를 받을 수밖에 없다. 처방적 관점에서 몇 가지 공헌한 점은 다음과 같다. 첫째, 정책결정이 이루어지는 기본적인 틀인 정책결정체제에 대한 결정의 중요성을 부각시켰다. 둘째, 영감, 직관, 통찰력과 같은 초합리적 요소가 합리적 분석에 못지않게 중요하다는 점을 부각시켰다. 직관이나 통찰력 등도 훈련에 의해 어느 정도 길러진다는 점을 생각한다면 Dror는 바람직한 정책결정을 위하여 Brainstorming, Policy Delphi 등 질적인 정책분석 기법의 중요성을 지적한 것으로 판단된다. 그러나 초합리적이라는 요소가 너무 강조될 경우에 바람직한 결정이 이루어질 수 있는가는 의문이고, 또한 최적이라는 의미가 애매하다는 평가를 받고 있기도 하다(정정길 외, 2010).

Ⅳ. Allison의 다원적 관점 모형

앞서 살펴 본 이론들은 하나의 개념적 틀을 통하여 정책결정 현상을 설명하거나 정책결정에 관한 처방을 시도하였다. 다원적 관점의 이론 또는 모형은 기술 또는 처방을 위한 유일 최선의 개념틀(single best framework)은 없다는 전제하에서 여러 가지 관점에서 하나의 정책결정현상을 분석·설명하고 처방하려고 시도한다. 합리모형과 점증모형을 절충한 Etzioni의 혼합모형, Dror의 최적모형 등도 이중적 접근방법(two-fold approach)이라는 점에서 다원적 관점과 일맥상통한다. Graham T. Allison은 쿠바미사일 위기에 대한 케네디 행정부의 대응방안의 결정을 설명하기 위하여 다원적 관점을 본격적으로 도입하였다(이하 Allison, 1971; Allison & Zelikow, 1999; 박광국, 2000; 김태현 역, 2005 참조).[8)]

1. 쿠바미사일 위기와 Allison의 주장

1) 쿠바미사일 위기 개요

쿠바미사일 위기란 1962년 10월 16일부터 28일까지 13일간 미국과 소련이 핵전쟁 위기까지 갔다가 멈춘 사건이다. 사건은 미국 CIA가 1962년 10월 4일 U-2기 정찰을 통하여 미국에서 불과 120여 킬로미터 떨어진 쿠바에 소련이 사정거리 1,700-3,500킬로미터에 핵탄두를 탑재할 수 있는 중거리 탄도미사일 기지를 비밀리에 건설 중인 것을 발견한 데에서 시작한다. 이에 미국은 쿠바 주위에 해상 봉쇄선을 설정하고, 쿠바에 대한 전면공격태세를 갖춘 다음 소련에 24-48시간 이내에 미사일을 철수할 것을 요구하는 '최후통첩'을 보냈다. 당시 미국의 케네디 대통령은 그러한 결정을 내리면서 전쟁의 확률이 1/3과 절반 사이라고 판단하였다. 소련이 미사일을 철수함으로써 핵전쟁의 위기는 해소되었다.

2) 연구 질문

쿠바미사일 위기에 관하여 Allison이 의문을 가지고 명쾌한 해답을 얻으려고 시도한 핵심질문은 다음과 같다(Allison, 1971: 1-2).

첫째, 소련이 쿠바에 공격용 전략 미사일을 배치한 이유는 무엇인가? 소련이 그들의 전통적 신중한 외교정책노선을 벗어나 그렇게 과감하고 위험한 정책을 취한 목적이 무엇인가? 둘째, 미국은 왜 쿠바로 향하는 소련 해군함

---

8) Allison의 모형은 1971년 *Essence of Decision: Explaining the Cuban Missile Crisis*라는 제목으로 출판된 이후 28년이 지난 1999년 Philip Zelikow와 공저로 제2판을 출간하였다. 개정판의 세 가지 모형은 초판에 비해 그간의 연구성과를 반영하여 한 단계 높은 체계를 갖추었고, 비밀 해제된 문서들을 종합하여 사례연구의 완성도가 높아졌다.

대의 해상봉쇄를 하는 것으로 대응하였는가? 셋째, 소련은 왜 결국 미사일들을 철수했는가? 넷째, 미사일 위기가 주는 '교훈'은 무엇인가? 이 사건이 핵 문제의 대치에 대해 우리에게 시사하는 것은 무엇인가? Allison은 이러한 질문에 답하기 위하여 세 가지 개념 모형을 설정한 다음, 각 모형의 관점에서 요구되는 자료를 수집하여 답변을 시도하였다. 여기에서는 두 번째 질문, 즉 미국이 해상봉쇄로 대응한 이유에 관한 내용을 중심으로 살펴보기로 하겠다.

3) 개괄적 논의

Allison이 연구결과를 토대로 책에서 제시하는 개괄적 논의는 다음과 같은 세 가지 명제로 요약된다(Allison, 1971: 2-7).

첫째, 정책결정자들과 일반시민, 그리고 전문가들은 외교 및 군사정책문제를 생각할 때 묵시적이지만 일종의 개념적 모형에 비추어 생각한다. 분석가와 일반인들은 "무슨 일이, 왜 일어났는가? 그리고 앞으로 어떻게 될 것인가?"라는 질문을 던지고 대답하는 준거의 기본틀 또는 개념적 모형을 구성한다는 것이다.

둘째, 대부분의 분석가들은 '합리적 행위자 모형(Rational Actor Model: RAM 또는 제1모형)' 또는 '전통적 모형'이라고 부르는 하나의 기본적인 개념적 모형을 이용하여 정부의 행위를 설명하고 예측한다. 합리적 행위자모형에서는 외교사건을 통합된 중앙정부의 의도적 행위로 이해하려고 한다. 예를 들어 "왜 소련이 쿠바에 미사일을 설치하기로 결정했는가?"라는 문제제기에 대한 이 모형의 추론규칙에 따르면 소련의 전략적 목표에 비추어 볼 때 쿠바에 미사일을 설치하는 것이 합리적 행위라는 것을 입증함으로써 그 '사건'을 설명하고자 한다. 예측도 같은 논리에서 이루어진다. 즉 "주어진 목표에 비추어 볼 때 합리적 행위는 이러이러한 행위이므로 그 나라는 그러한 행위를 하거나, 했을 것"이라는 식의 예측이 이루어진다.

셋째, 다른 두 가지 개념적 모형, 즉 '조직행태모형'(제2모형)과 '정부정치모형'(제3모형)은 설명과 예측을 향상시킬 수 있는 기반을 제공한다. 그러므로 합리적 행위자 모형에 추가하여 정부와는 다른 행위단위, 즉 정책과정에 관련된 관료조직과 정치적 행위자들에 초점을 두는 다른 준거의 틀로 보완되어야 한다.

조직행태모형의 기반을 제공하는 것은 조직이론이다. 이 이론은 정부를 구성하는 많은 거대조직들에 고유한 논리, 조직의 능력, 문화, 그리고 절차를 강조한다. 이 조직행태모형에 따르면 제1모형에서 말하는 '행위'나 '선택'은 정형화된 행위규칙에 따라 작동되는 거대조직의 산출물(output)에 지나지 않는다. 소련이 쿠바에 미사일을 설치한 것과 관련하여 이 모형이 던지는 질문은 다음과 같다. 즉 어떠한 조직적 맥락, 압력, 그리고 절차에 따라 이 결정이 이루어졌는가? 여기에서 관심의 대상이 되는 개념들은 기존의 조직구성, 각 하부조직의 기능, 정보를 획득하고 대안을 규정하고 집행하는 각 과정에서의 표준운영절차(standard operating procedures, SOP)이다. 이 모형에서 적용하는 추론규칙은 다음과 같다. 관료조직이 특정시점에서 특정한 종류의 산출물을 가져왔으면 그것은 이미 존재하는 조직의 구조와 절차, 그리고 이용가능한 행위목록에서 나온 것이다. 이 모형에서 '설명'은 그와 같은 산출물을 낳은 소련 내부조직과 그 조직들에 고유한 절차와 프로그램을 언급함으로써 이루어진다. 또한 예측도 기존 조직과 그 조직들에 고유한 절차와 프로그램을 반영하는 일종의 추세를 언급함으로써 이루어진다.

정부정치모형(제3모형)은 정부 내부의 정치행위와 과정에 초점을 둔다. 이 모형에 따르면 외교문제는 정부가 마치 하나의 개인인 것처럼 내린 선택의 문제도 아니고 조직이 일련의 과정을 통해 배출한 산출물도 아니다. 문제의 사건은 한 정부 속에서 여러 행위자들이 참가하여 연출한 협상게임의 결과물이다. 쿠바 내 소련미사일의 경우, 이 모형을 신봉하는 분석가가 던지는 의문은 "어떠한 행위자들이 어떠한 게임에 참여하여, 어떠한 결과를 도출하여 이러한 행위가 나왔는가?"로 정리된다. 관심의 초점이 되는 개념들은 문제의 사안에 영향을 미치는 경기자들, 각 경기자들의 문제인식 및 입장을 결정하는 요인들, 서로 경쟁하는 입장들을 종합하는 절차 또는 행위채널, 그리고 각 경기자들의 게임능력 등이다. 추론규칙은 다음과 같다. 한 국가의 정부가 어떠한 행위를 하면 그 행위는 게임에 참가한 경기자들 간의 흥정의 결과이다. 이 모형이 제공하는 '설명'은 문제의 행위가 나오기 위해 누가 누구에게 어떠한 일을 했는지를 밝힘으로서 가능하다. 예측은 문제가 되는 게임, 경기자, 경기자들의 힘과 협상기술 등을 찾아냄으로써 가능하다.

Allison은 이러한 세 모형이 외교문제를 넘어 보다 개인의 일상적인 행위는 물론 국내정책의 사례에도 폭 넓게 적용될 수 있다고 본다. 또한 설명하고, 예측하고 평가하는 과정에서 단순화는 불가피하고 따라서 하나가 아닌 복수의 대안적 단순화가 필요하다는 것이다(김태현 역, 2005).

2. 세 가지 모형의 기본가정 비교

1) 분석의 기본단위

합리적 행위자모형, 조직행태모형, 정부정치모형은 정책사례를 보는 서로 다른 개념적 인식의 눈(conceptual lenses)으로 정부의 정책을 보는 기본가정이 상당히 다르다. 첫 번째 모형인 합리적 행위자 모형에서는 정부의 정책적 행위를 정부라는 하나의 행위자의 선택으로 인식한다. 즉 정부의 정책활동은 목표, 대안, 결과, 선택 등을 포괄하는 단합된 행위자로 구성된 블랙박스 내의 활동의 결과로 보는 것이다. 두 번째 모형인 조직과정모형에서는 정부의 정책을 느슨하게 독립된 조직들로 구성된 권력 집단들의 조직적 활

표 2-2 엘리슨의 세 모형과 개념 요약

패러다임	모형 I 합리적 행위자모형	모형 II 조직과정모형	모형 III 정부정치모형
	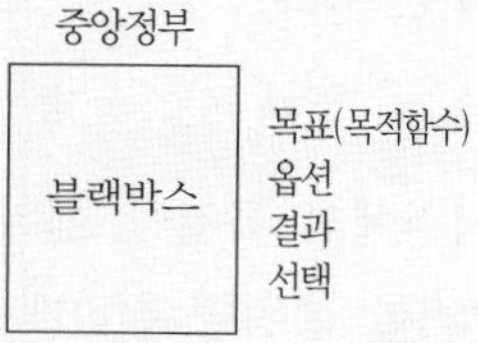 중앙정부 [블랙박스] 목표(목적함수) 옵션 결과 선택	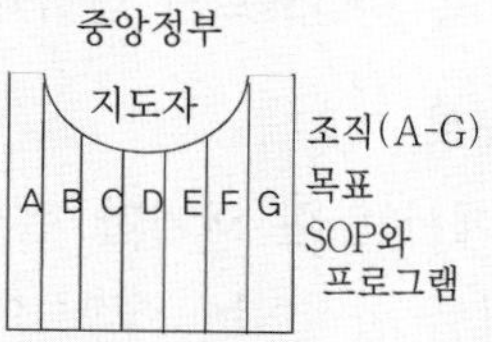 중앙정부 [지도자 / A B C D E F G] 조직(A-G) 목표 SOP와 프로그램	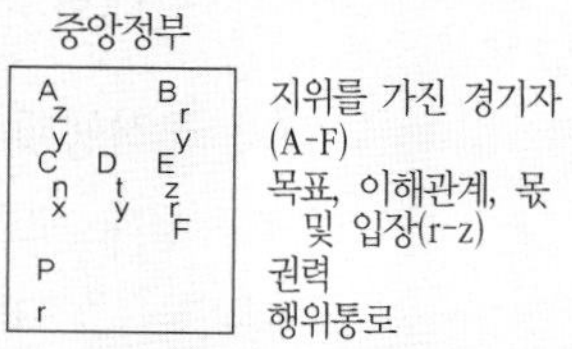 중앙정부 [A z y, B r y, C n x, D t y, E z r F, P r] 지위를 가진 경기자 (A-F) 목표, 이해관계, 몫 및 입장(r-z) 권력 행위통로
분석의 기본단위	선택으로서의 정부행위	조직의 산출물로서의 정부행위	정치적 결과물로서의 정부행위
지배적 추론유형	국가적 행위= 목표와 관련된 선택	국가적 행위(단기)= 산출물이 기존의 표준 운영절차와 프로그램에 따라 대부분 결정됨 국가적 행위(장기)= 산출물이 조직 목표, 표준운영절차 등에 의해 영향 받음	국가적 행위= 협상의 결과물

출처: Allison. 1971. *Essence of Decision*. p. 256에서 발췌.

동의 산출물로 인식한다. 정부는 여러 조직들(A-G)이 느슨하게 연결되어 있고 이를 총괄하는 리더로 구성되며, 이들이 각 조직의 목표와 표준운영절차(SOPs) 및 프로그램에 의거하여 활동한 결과라고 본다. 마지막 세 번째 모형인 정부정치모형에서는 정부의 정책을 각자 지위를 가진 여러 분야의 경기자(player in position)간의 정치적 결과물로 인식한다. 즉 정부는 권력을 가진 여러 경기자들로 구성되고(A-F), 다양한 목표와 이익, 몫과 입지를 가지는데(r-z), 정책은 이들이 권력과 행위경로(action-channel)를 통한 게임의 결과 또는 힘겨루기(power game)의 결과라고 본다.

〈표 2-2〉에 세 가지 모형에서의 분석의 기본단위와 지배적 추론유형이 요약되어 있다.

2) 지배적 추론유형

합리적 행위자 모형, 조직행태 모형, 정부정치 모형에서는 각각 지배적인 추론 패턴을 가지고 있다.

(1) 합리적 행위자 모형

합리적 행위자 모형에서는 한 국가 또는 그 나라의 대표가 특정한 행위를 취한다면 그 행위는 그 국가 또는 행위자의 목적을 달성하는데 있어서 가치를 극대화시키는 수단으로서 선택되었다고 본다.

(2) 조직행태 모형

조직행태 모형에서는 한 국가가 현재 시점에서 특정한 행위를 취한다면 그 행위는 그 국가를 움직이는 조직들이 그러한 행위를 취하게 하는 프로그램을 작동한 것이다. 특정 시점(t)에서 정부는 이미 존재하는 다양한 조직들의 연합체로 구성된다. 정부행위의 특징은 정부조직들이 이미 존재하는 절차와 프로그램 중 어느 것을 선택하느냐에 따라 결정된다. 그러므로 (t) 시점에서 조직의 행위를 가장 잘 설명하는 것은 ($t-1$) 시점에서 그 조직이 취한 행위이다. 제2모형의 설명력은 조직의 산출물을 가져오게 하는 특별한 역량, 레퍼토리, 그리고 다양한 조직의 절차를 찾아내는 데 있다.

(3) 정부정치 모형

정부정치 모형에 따르면 한 국가가 현재 시점에서 특정한 행위를 취한다면 그 행위는 그 정부 내의 개인들과 집단들 사이에 벌어진 흥정의 결과물이다. 제3모형의 설명력은 그 결과물을 낳은 흥정게임의 내용, 즉 행위채널, 경기자들, 그들의 정책선호와 그들 사이의 밀고 당기기를 보여줌으로써 생겨난다. 만일 결과가 한 개인 또는 한 집단이 승리한 결과라면 그와 같은 승리를 가능하게 한 게임의 모습을 논리적으로 서술해야 한다.

3. 미국의 해상봉쇄 선택에 관한 설명

Allison은 위와 같은 세 가지 개념적 모형을 적용하여 세 가지 연구 질문에 관한 답변을 시도하였다. 세 가지 질문은 첫째, 소련이 쿠바에 공격용 전략 미사일을 배치한 이유는 무엇인가? 둘째, 미국은 왜 쿠바로 향하는 소련 해군함대의 해상봉쇄를 하는 것으로 대응하였는가? 셋째, 소련은 왜 결국 미사일들을 철수했는가? 등이다. 여기에서는 두 번째 질문에 대한 답변을 간략하게 요약하겠다(Allison, 1971; 김태현 역, 2005: 460-467).

1) 합리적 행위자모형의 설명

합리적 행위자 모형(제1모형)의 입장에서 볼 때 미국이 소련의 도전에 해상봉쇄로 대응한 것은 케네디 행정부의 이성적 추론과 결정의 결과이다. 즉, 해상봉쇄가 다른 대안들의 장단점에 대한 면밀하고도 충분한 검토 후에 미국의 가치를 극대화할 수 있는 최적의 정책대안이기 때문에 전략적으로 선택되었다. 당시 케네디 행정부는 소련으로 하여금 쿠바에서 미사일기지의 설치를 중단시켜야 한다는 정책목표를 설정하고 구체적으로 이를 실천하기 위하여 다음과 같은 여섯 가지 정책대안을 고려하였다. 미국의 정책결정자들이 고려한 대안은 ① 아무 대응책도 마련하지 않는 방안, 즉 무대응, ② 쿠바의 카스트로를 비밀리에 만나 소련과의 관계를 단절하도록 설득하는 방안, ③ 소련과의 공식 외교교섭을 통하여 소련에게 압력을 가하는 방안, ④ 해상봉쇄를 통한 간접적인 군사행위방안, ⑤ 공중폭격을 통하여 기지를 폭파하는 방안, 그리고 ⑥ 쿠바를 무력으로 전면 침공하는 방안 등이다. 케네디와 참모진은 위의 여섯 가지 정책대안 중에서 해상봉쇄라는 정책대안을 선택하였고, 이같은 대응방안에 굴복하여 결국 소련은 미사일 기지의 설치를 중단시켰다.

케네디 대통령에게 옵션은 그 시점에서 쿠바문제를 놓고 소련과 핵대결을 벌일 것인지, 아니면 한달 후 보다 불리한 상황에서 베를린 문제를 놓고 핵대결을 벌일지 여부였다. 쿠바를 공격하면 베를린에서의 반격을 초래할 수 있었다. 그러므로 봉쇄는 논리적으로 중간노선이었다. 미국은 미사일의 철수를 요구하는 동시에 현장에서의 우세한 군사력을 이용하여 그 의지를 과시하였지만 직접적인 공격은 하지 않았다. 제1모형의 입장에서 볼 때 미국의 단호한 의지가 분명한 이상 소련이 미국의 요구에 굴복한 것은 군사력 균형을 고려하면 논리적으로 당연한 결과였다. 요약하면 여섯 가지 대안 중 해상봉쇄가 미국 측에서는 목표를 달성하는 가장 효과적인 대안이었다.

2) 조직과정모형의 설명

해상봉쇄는 결정에 관여하는 여러 정부조직체들 — 예를 들면, 의회의 위원회, 국방부, 백악관, 중앙정보부, 해군, 합참본부 등 — 이 추구하는 서로 다른 목표들, 그리고 이들 조직들이 미리 마련된 표준운영절차(SOPs)들에 영향을 받아 결정된 산출물이다. 마지막 단계에서 경합하였던 두 가지 주요 대안은 해상봉쇄와 미공군에 의한 공중폭격 방안이었다. 그런데 조직과정모형(제2모형)의 관점에서 보면 공중폭격 대신에 해상봉쇄가 선택된 이유를 제1모형과는 다른 측면에서 제시할 수 있다. 제2모형의 입장에서 보면 케네디가 여러 대안 중 봉쇄를 선택한 것은 대규모의 조직이 사전에 구축한 역량 때문이다. 공군은 케네디가 원했던 방식의 폭격을 할 수 없었던 반면 해군은 케네디의 목적을 달성할 해상봉쇄를 조직할 수 있었던 것이다.

한편 공군에게 불리한 상황은 다음과 같다. 소련이 미사일 기지를 설치하는 것을 발견했던 쿠바 서쪽 상공에 대한 U-2기 정찰은 CIA와 미 공군의 관할권 싸움 때문에 10일 이상 지연된 후에 이루어졌다. 또한 미 공군의 군사편람에 따르면 쿠바영내에 설치된 중거리탄두미사일(MRBM)은 이동식 미사일로 분류되어 미 공군의 공중폭격을 통하여 제거하기 어렵다고 되어 있었다는 것이다.

3) 정부정치모형의 설명

정부정치모형(제3모형)에 따르면 해상봉쇄의 선택도 다르게 해석된다. 해상봉쇄라는 대안은 상이한 목표와 정보 및 자원을 가지고 정책결정에 참여하는 대통령을 포함한 여러 행위자들 사이의 정치적인 타협과 흥정의 산물이다. 당시 미사일 위기 대응방안 마련에 참여한 주요 경기자는 케네디 대통령, CIA 책임자 Jone MaCone, 국방장관 McNamara, 법무장관 Robert Kennedy, 대통령 특별보좌관 Sorensen 등이다. 대안선택과 관련하여 국방장관 McNamara, 법무장관 Robert Kennedy, 대통령 특별보좌관 Sorensen 등은 온건파로 외교적 해결을 선호하였다. 케네디 대통령은 강력한 대안, 즉 공군에 의한 공습을 선호하였다. 해상봉쇄가 케네디의 주목을 끈 대안으로 등장하기까지는 며칠이 걸렸다. 결국 케네디 대통령은 반대론자의 연합주장에 굴복하여 위험성이 상대적으로 적은 해상봉쇄 대안이 채택되었다.

4) 요약 및 함의

Allison 모형의 요체는 인간 및 세계에 대한 가정이 서로 다른 여러 가지 개념적 모형을 적용할 때 현실적인 정책결정 현상을 좀 더 정확하게 설명하고 이해할 수 있다는 것이다. 즉 왜 해상봉쇄라는 대안이 선택되었는가에 대하여는 합리모형으로 설명되는 측면이 있지만, 조직행태모형과 정부정치모형이라는 개념적 틀을 적용하여 좀 더 설명을 보충할 수 있고 미래 예측의 정확성도 보완될 수 있다는 것이다. 이같은 주장은 최근에 사회과학의 연구방법론 분야에서 대두되는 비판적 다원주의(critical multiplism) 또는 다원적 방법론과 유사한 맥락이라고 볼 수 있다. 한편 여러 가지 정책결정사례를 설명하기 위하여 Allison의 세 가지 모형을 적용한 연구결과에 따르면 정책이슈에 따라서 세 가지 모형의 설명력이 각각 다른 것으로 나타났다. 결국은 어느 한 모형의 설명력은 정책분야에 따라서 달라질 수 있기 때문에 여러 관점에서 설명을 시도하는 것이 종합적인 이해를 위해 바람직하다고 볼 수 있다.

V. 정책결정모형의 분류 및 평가

앞서 살펴본 정책결정모형은 여러 가지 분류기준에 따라서 나누어 볼 수 있을 것이다. 이론의 주된 목적에 따라서 기술적 모형과 처방적 모형으로 분류할 수 있고, 분석단위의 수준에 따라 개인 차원, 집단 차원, 그리고 정책결정체제 차원의 모형 등으로 분류할 수 있다. 한편 모형에서 가정하는 합리성의 여부에 따라서 합리모형과 인지모형으로 분류될 수 있다.

1. 기술적 · 실증적 모형과 처방적 · 규범적 모형

기술적 또는 실증적인 모형으로는 의사결정자의 인지능력 또는 정보처리 능력의 한계를 정확히 인식하고 이론을 전개한 Simon & March의 만족모형, 그리고 대학 등과 같은 조직화된 무질서 상태속에서 조직의 의사결정행태를 설명한 Cohen, March, & Olsen의 쓰레기통 모형, 사이버네틱스 모형 등이 있다. 물론 기술적 이론이라 하더라도 설명하고자 하는 정책결정 현실의 측면이 다를 수 있기 때문에 이론의 설명력(explanatory power)을 평면적으로 비교할 수는 없을 것이다.

한편 처방적 모형에 해당하는 것으로는 합리모형, 더욱 정확하게는 합리모형의 절차와 합리모형에서 사용되는 체제분석, 비용편익분석, 의사결정나무 분석 등 여러 가지 예측 및 분석기법들을 들 수 있다. 또한 합리모형을 정(thesis)으로 점증모형을 반(anti-thesis)으로 보아 이 양자를 변증법적으로 통합(synthesis)하여 정책결정의 합리성을 제고하는 전략으로 제시된 Etzioni의 혼합모형, 그리고 동태적이고 변화하는 사회적 상황 하에서 정책결정체제를 최적화의 상태로 운영하면서 합리적인 정책결정을 할 수 있는 처방을 제시하려 한 Dror의 최적모형도 처방적 이론의 범주에 속하는 것이다.

그런데 점증모형 주창자들은 그 모형이 실제 정책결정의 과정 및 결과를 가장 잘 설명하는 모형일 뿐 아니라 다원주의적 민주사회에서 가장 바람직한 정책결정 방법이라고 주장한다. 물론 현실에 대한 정확한 이해를 바탕으로 타당성 있는 정책처방이 제시될 수 있겠지만, 단 하나의 이론적인 틀로서 가장 정확한 기술과 바람직한 처방을 동시에 추구한다는 것은 모순이라고 하겠다.

2. 개인, 조직, 그리고 정책결정체제 수준의 모형

정책결정모형이 초점을 두고 있는 분석단위가 개인적 차원의 의사결정인 경우도 있고 집단 차원의 의사결정에 관한 분석인 경우도 있다. 만족모형은 의사결정자 개인의 행태에 초점을 둔 모형이며, 합리모형은 그 모형이 조직체나 정부부처의 집단적 의사결정에 적용되는 경우에도 참여자나 참여조직들 사이에 갈등이 없는 하나의 합리적 의사결정자를 가정하기 때문에 개인 차원의 결정행태의 분석에 준한다고 볼 수 있다. 불확정적인 상황 하에서 집단적 의사결정의 문제를 다루고 있는 쓰레기통 모형, 사이버네틱스 모형 등은 조직단위의 정책결정 현상에 관심을 가진 이론이라고 볼 수 있다.

한편 Lindblom, Braybrooke, 그리고 Wildavsky 등이 주장하는 점증모형은 다원주의적인 정치체제 내에서의 정책결정이라는 정책결정체제 차원을 전제로 한다고 하겠다. 또한 Etzioni의 혼합모형도 그가 말하는 '사회지도체계(societal guidance system)'의 수준에 관한 이론이다. 즉 Etzioni에 의하면 혼합모형은 그가 말하는 능동적 사회(Active Society) 또는 자율적 사회에 적합한 사회지도체제의 조직원칙이자 정책결정의 전략인 것이다. 이와 유사하게 Dror의 최적모형(optimal model)도 역시 체제론적 입장에서 동태적이고 변화하는 사회적 상황 하에서 정책형성체제 전체가 어떻게 최적화의 상태로 운영되면서 합리적인 정책결정을 할 수 있느냐에 관심을 갖기 때문에 분석단위라는 측면에서 본다면 정치체제 전반에 관한 내용이라고 볼 수 있다.

3. 합리성을 중심으로 한 분류 — 합리모형과 인지모형

합리모형은 의사결정자가 목표달성의 극대화, 또는 문제해결의 최적해를 구하는 것을 전제로 하는 이론이다. 한편 현실적으로 인간의 불완전한 정보처리능력 등의 이유 때문에 목표달성의 극대화가 제약을 받는다는 전제하에서 전개된 이론을 인지모형이라고 지칭한다. 합리모형에 속하는 것으로는 흔히 합리적 종합적 모형(rational comprehensive model), 총체적 방법(synoptic model), 또는 근본적 방법(root method)으로 지칭되는 이론 외에도, 혼합모형, 최적모형이 포함된다고 볼 수 있다. Lasswell과 Dror 등 초기에 정책과학(policy sciences)의 확립을 위해 애쓴 학자들이 합리모형의 분석기법의 중요성을 강조한 학자들이다. 한편 앞서 말한 만족모형, 점증모형, 쓰레기통모형, 그리고 사이버네틱스 모형 등은 인간의 인지과정상 정보처리 능력의 한계를 전제로 의사결정행태를 설명하려한 인지모형에 해당된다.

Ⅵ. 요 약

이 장에서는 정책결정의 일반적 절차와 합리성의 의미를 살펴본 다음, 현실세계의 정책결정이 합리적인가 아니면 여러 가지 이유 때문에 합리성의 제약(bounded rationality)이 존재하는가에 관한 기존의 이론 또는 모형을 살펴보았다.

현실세계에서의 정책결정이 목표의 극대화를 추구한다는 의미에서 합리적인지 아니면 여러 가지 이유 때문에 합리성의 제약(bounded rationality)이 존재하는지에 관한 기존의 이론 또는 모형으로 합리모형, 만족모형, 점증모형, 쓰레기통모형, 사이버네틱스 모형을 살펴보았다.

합리모형은 지나치게 비현실적이고, 만족모형과 점증모형은 지나치게 보수적이라는 비판을 토대로 두 이론의 장점을 결합한 혼합모형이 시도되었는데, 이러한 혼합모형의 대표적인 사례가 Etzioni의 혼합탐색모형과 Dror의 최적모형이다. 혼합탐색모형과 최적모형을 살펴본 이후, 정책결정현상을 다차원적으로 이해하기 위하여 등장한 Allison의 다원적 관점 모형(multiple perspective model)을 소개하였다. Allison 모형의 요체는 인간 및 세계에 대한 가정이 서로 다른 여러 가지 개념적 모형을 적용할 때 현실적인 정책결정 현상을 좀 더 정확하게 설명하고 이해할 수 있다는 것이다.

정책결정이론들은 주된 목적이 무엇인가에 따라 기술적·실증적 모형과 처방적·규범적 모형으로 분류하였고, 분석단위의 수준에 따라 개인, 조직, 그리고 정책결정체제 수준의 모형으로 분류하였다. 또한 합리성을 중심으로 합리모형과 인지모형을 구분하였다.

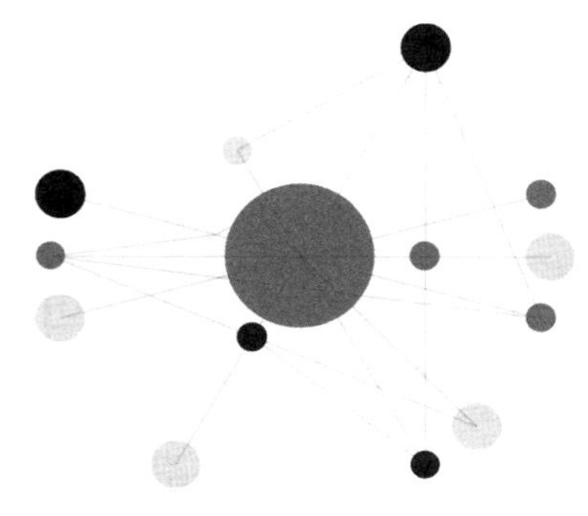

3 CHAPTER
정책집행론
Policy Implementation

Ⅰ. 서 론

이 장에서는 정책집행연구의 성과를 살펴보고자 한다. 제2절에서 정책집행의 의미와 중요성을 살펴본 후 제3절에서 정책집행연구의 전개과정을 살펴보겠다. 제4절에서는 정책집행연구의 하향적 모형과 상향적 접근방법을 대표적인 학자들의 모형을 중심으로 살펴보고, 두 가지 접근방법을 비교하겠다. 제5절에서는 통합모형 또는 통합적 접근방법을 제시한 대표적인 학자들의 모형을 살펴본 후 집행연구의 방향을 살펴보겠다. 제6절에서는 정책집행에서 순응 또는 불응의 유형을 살펴 본 후 국내외의 경험적 연구경향을 고찰하겠다.

Ⅱ. 정책집행의 의의

1. 정책집행의 의미

정책집행이란 결정된 정책의 내용을 실현시키는 과정이다. Nakamura & Smallwood(1980)는 집행을 "권위있는 정책지침을 실천하는 과정"이라고 본다. 정책내용은 정책목표와 정책수단으로 구성되는데 정책수단의 실현이 그 핵심이다. 정책집행이란 정책수단을 실현하여 소기의 정책목표를 달성하고자 하는 과정을 말한다. 정책결정은 입법부에서 법안의 통과, 행정부의 행정규칙, 사법부의 판결 등과 같은 형태로 이루어진다. 결정된 정책이 자동적으로 집행되어 소기의 목표가 달성되는 것은 아니다. 개인의 경우와는 달리 정책과정에서는 정책을 결정하는 사람과 집행하는 사람이 다르다.

정책집행은 주로 일선관료기구가 담당하는데, 최근에는 공사화, 민간위탁 등으로 공공기관, 비영리기관, 그리고 영리를 목적으로 하는 회사들이 집행에 참여하게 되었다. 대부분의 경우 정책의 집행은 다수의 집행자들이 참여하는 복잡한 체계에서 진행된다. 집행단계는 정책에서 설정한 목표에 도달하기 위하여 정책집행자들의 지속적이고 의도적인 학습이 필요한 과정이다(Sandfort & Moulton, 2015: 12). 그 과정에서 정책결정자의 의도를 집행담당자가 이해하지 못할 경우가 있으며, 전달과정에서 그 내용이 왜곡될 가능성도 있다(류지성, 2007: 391). 정책결정자의 의도를 충분히 이해한 경우에도 자원이나 능력부족 등 여러 가지 이유 때문에 집행과정에서 차질이 발생할 가능성은 항상 존재한다.

2. 정책집행의 중요성

정책과정에서 정책집행단계가 중요한 이유는 몇 가지로 요약된다(정정길, 2010: 512-514).

첫째, 정책집행이 이루어져야 정책의도가 실현될 수 있다. 즉 정책이 집행되지 않고서는 의도했던 정책목표가 실현될 수 없다. 예를 들면 태풍이나 지진으로 파괴된 항구시설이나 공항, 철도시설을 복구하기로 결정한 경우, 후속조치로 자원과 인력이 투입되어 공사가 이루어지지 않으면 그러한 시설을 다시 사용하려던 목표를 달성할 수 없다.

둘째, 실질적 정책내용이 집행단계에서 결정된다. 항구시설이나 공항을 재건할 경우에 과거와 똑같은 디자인을 사용할 수가 있고, 새로운 디자인을 사용할 수도 있다. 디자인과 공법이 달라질 경우 과거와는 전혀 다른 이미지와 기능을 수행하는 시설이 될 것이다. 정책을 결정할 때 정책내용을 정책집행자에게 위임하거나 전가하는 경우가 많은 데 이러한 경우 집행단계에서 실질적 정책내용이 결정된다.

셋째, 국민생활과 직결되는 활동이다. 정책결정은 정부내부 활동, 즉 블랙박스 내부에서 이루어지는 활동인 반면에 정책집행 활동은 정부가 문제를 해결하는 단계에서 이루어지는 활동이다(Jones, 1984). 정부가 정책의 대상집단과 직접 접촉하기 때문에 국민이 피부로 느끼게 된다. 배분정책의 경우에는 수혜집단이 직접 서비스를 제공받게 되고, 규제정책의 경우에는 피규제집단이 정책의 내용에 따라 행태에 제약을 받게 된다. 그러므로 결정된 정책이 소기의 성과를 달성할 수 있는지는 집행단계에서 대상집단의 순응(compliance) 여부가 큰 영향을 미친다.

3. 정책집행의 과정

정책집행과정은 정책형성 단계이후 즉, 정책채택 또는 정책의 합법화가 이루어진 후에 진행된다. 정책채택(또는 합법화) 단계에서 정책의 목적과 정책수단, 그리고 담당조직에 관한 일반적인 사항들이 결정된다. 집행단계에서는 담당조직이 정책 프로그램을 구체화하고 필요한 자원을 확보한 후에 전달 활동이 이루어진다. Ripley & Franklin(1986)은 이러한 집행단계를 자원확보, 해석 및 기획, 조직화, 편익과 서비스의 전달 등 4단계로 구분한다.

첫째, 자원확보단계는 정책집행의 담당기관이 정책집행에 필요한 예산·인력·장비 등과 같은 인적·물적 자원을 확보하는 단계이다.

둘째, 해석 및 기획단계는 정책 또는 법률의 내용에 의거하여 구체적인 지침이나 규칙 등을 제정하고 계획을 세우는 단계이다.

셋째, 조직화단계는 정책집행을 위해 기구를 설치하고 업무처리 방법을 마련하는 등 각종 활동을 조직화하는 단계이다.

마지막 단계에서 정책집행기관이 수혜집단에게 편익과 서비스를 제공하거나 규제대상 집단에게 필요한 규제를 적용한다.

이러한 단계 구분대로 정책집행이 진행되는 것은 아니지만 최종 단계에서 편익과 서비스 또는 규제활동이 대상집단에 전달될 수 있으려면 지침개발, 자원확보, 조직화가 이루어져야 한다(유훈, 2007 참조).

4. 성공적 정책집행의 기준

1) 정책목표의 달성

고전적 정책집행론 학자들은 정책목표가 달성될 경우에 정책이 성공적으로 집행되었다고 본다. 정책의 '목표 달성'을 주된 성공기준으로 보면서, 목표달성의 '소요 시일'과 집행이 원활하게 이루어졌는지를 의미하는 '원활성'을 추가적 기준으로 보기도 한다(유훈, 2007). 현실적으로 정책집행단계의 활동을 통하여 정책결정자가 의도한 정책의 목표가 적시에 달성되는 것은 쉽지 않다. 무엇보다도 집행활동이 제대로 이루어지지 않으면 정책결정자가 의도한 목적을 달성할 수 없다. 정책집행과정에서 집행활동이 이루어지지 않을 경우 이를 부집행(non-implementation)이라고 부른다. 정책집행활동이 충실하게 이루어질 경우에도 항상 소기의 목적이 달성되는 것은 아니다. 정책수단과 정책목표 사이에 인과관계가 존재하지 않았거나 정책집행과정에서 문제가 발생하여 원래 의도하였던 정책목표가 달성되지 않을 수 있다.

2) 집행자의 순응과 집행체제 운영 변화

정책의 공식적인 목표가 분명하지 않을 경우, 정책목표 달성을 정책집행의 성공기준으로 보기 어렵다. 여러 가지 이유 때문에 정책의 공식 목표가 분명하지 않거나 추상적일 경우가 많다. 정책목표를 의도적으로 모호하게 설정하여 집행현장에서 해석하고 평가할 수 있도록 남겨놓는 경우도 있다. 이같이 목표가 추상적일 경우에는 집행현장에서 집행 활동의 기준으로 사용하기는 어렵다.

이러한 상황에서 관료를 포함한 정책집행자가 정책에 순응(compliance)하면서 정책집행활동을 루틴화된 활동으로 받아들여야 집행이 원활하게 이루어질 수 있다(Ripley & Franklin, 1982). 궁극적으로는 정책과 프로그램에서 요구하는 집행활동이 집행체제의 일상적인 운영과정에 통합되어야 정책집행이 성공적이라고 볼 수 있다(Sandfort & Moulton, 2015: 14-15).

3) 대상집단의 만족과 행태변화

정책집행기관은 수혜집단에게 편익과 서비스를 제공하거나 규제대상 집단에게 필요한 규제를 적용한다. 정책이 성공하려면 편익과 서비스를 제공받은 수혜집단이 만족하고, 규제대상집단의 지지를 이끌어내야 한다(Nakamura & Smallwood, 1980). 궁극적으로는 대상집단의 행태 또는 조건이 정책에서 의도한 방향으로 변화하여야 한다(Sandfort & Moulton, 2015: 14-15). 새로운 정책은 기존의 관행과 행태의 변화를 시도한다. 예를 들어, 2016년 9월부터 시행된 '금품수수 및 청탁금지에 관한 법률', 소위 '김영란법'에서는 누구나 직접 또는 3자를 통해 공직자 등에게 부정청탁을 해선 안 된다고 규정하고, 부정청탁 대상 직무를 인·허가, 인사 개입, 수상·포상 선정, 학교입학·성적 처리 등 총 14가지로 구분하였다. 이는 과거 관행적으로 이루어지던 여러 가지 행태를 크게 제약한 것이다. 그런데 민원인과 공직자의 행태가 이 법에서 규정한 방향으로 변화가 이루어져야 이 법이 성공적으로 집행되었다고 볼 수 있다.

4) 종 합

이상에서 살펴본 성공적인 집행의 기준, 즉 정책목표달성, 집행자의 순응과 집행체제 운영 변화, 대상집단의 만족과 행태변화는 각각 독자적으로 적용될 수 있고, 상호보완적으로 적용될 수도 있다.

Ⅲ. 정책집행연구의 전개과정

1. 고전적 행정모형과 집행관

정책집행에 관한 연구는 1970년대에 본격적으로 시작되었다. 프레스만과 윌다브스키의 집행론(Pressman & Wildavsky, 1973)이 현대적 집행연구의 출발점으로 여겨지고 있다. 1970년대 이전에 정책집행에 관한 연구가 전혀 없었던 것은 아니다. Waldo(1980)는 행정학의 연구가 바로 정책집행에 관한 연구라고 보며, 현대적 집행론을 집행에 관한 새로운 시각이라고 이해하였다. 전통적 행정학의 주요관심사가 조직, 인사, 재무관리 등 전반적인 정부관료제 관리의 내부과정에 초점을 맞추고 있는 것과 비교하면 정책집행론은 특정 정책에 초점을 맞추어 정부관료제와 정책대상집단과의 관계를 강조한다는 점에서 차이가 있다.

1) 고전적 행정학의 특징

1970년대 이전까지 정책집행에 관한 본격적인 연구가 이루어지지 않았던 이유를 Nakamura & Smallwood(1980: 7-12)는 고전적 행정학의 다음과 같은 특징에서 찾고 있다.[1] 고전적 행정 모형은 행정을 기계론적 또는 기계라는 관점에서 보는 경향으로 다음과 같은 세 가지 기본개념이 그 형성에 기여하였다.

(1) 계층제적 조직구조

고전적 행정학에서 정부조직의 구조에 의한 설명은 Max Weber의 관료제 이론이 기초가 되고 있다. 그의 이념형적 관료제 이론의 주요개념은 계층제, 중앙집권, 합법적 지배 등이다. 정책결정자와 정책집행자 사이에는 엄

---

1) Nakamura & Smallwood(1980)는 그들의 저서 *The Politics of Policy Implementation* 제1장에서 1970년대 이후 1980년까지 정책집행의 연구경향을 잘 정리하였다. 이 책은 필자와 동료들의 번역으로 1985년 국내에 소개되었다(김영기·남궁근·유낙근·최용부 공역. 1985. 「정책집행론」. 법문사). 여기에서는 번역본 제1장을 중심으로 소개하였다.

격한 상하계층의 구분이 있고, 정책결정권한은 상위직에 주어져 있으며, 하위직 공직자는 상위직의 명령을 받아 법규에 정해진 집행방식대로 신속하게 정책을 충실하게 집행할 때 가장 이상적인 관료제가 된다. Weber의 이념형 관료제는 고전적 행정모형의 조직구조에 관한 틀(organizational framework)을 구성한다.

(2) 정치·행정이원론

고전파 행정학은 정치와 행정이 엄격하게 분리된다는 정치 · 행정이원론에 근거하고 있다. 행정학의 창시자로 알려진 Wilson(1887)의 유명한 논문, The Study of Administration의 주제는 명확하다. 즉, 정치와 행정은 별개로 분리되고 구분되는 활동이며 또한 그래야 한다는 것이다. Nakamura & Smallwood(1980)는 윌슨이 고전 모형에 기여한 점으로 행정은 독립적, 가치중립적, 전문직업적, 비정치적 활동으로 과학적 합리성의 객관적 원리에 기반을 두고 수행될 수 있다는 확신을 제공한 점이라고 보았다.

(3) 과학적 관리와 능률성

고전파 행정학에서는 행정이 기초해야 할 과학적 · 객관적 합리성의 기준으로 능률성을 중시한다. 고전파 행정학의 능률성 개념의 모체가 된 것은 노동자의 생산성을 시간 및 동작으로 측정하였던 F. Taylor로 대표되는 과학적 관리였다(Taylor, 1911). Taylor는 능률성의 기초로 3S, 즉 전문화(specialization), 표준화(standardization), 단순화(simplification)원칙을 강조하였다(안해균, 1984).

위의 세 가지 개념들이 종합되어 1930년대의 고전파 행정학이 대두되었는데 이들이 Gulick & Urwick(1937)이 편집한 저서, *Papers on the Science of Administration*에 충실하게 정리되어 있다. Gulick(1937: 12-13)의 POSDCORB(planning, organizing, staffing, directing, coordinating, reporting, budgeting의 약어)론은 집행과정에서 행정관리자의 기능으로 제시된 것이다.

2) 고전파 집행관의 잘못된 가정

Nakamura & Smallwood(1980: 8)는 고전적 행정모형이 정책과정에서 정책집행의 중요성을 극소화시킨다고 보았다. 왜냐하면 이 모형은 하급행정가에게는 자유재량이 없고 또한 정치적 재량도 없는 하향적 명령구조에 근거하고 있기 때문이다. 이 모형에서는 일단 정책이 만들어지면 자동적으로 집행되게 마련이고, 집행의 결과도 정책결정자가 기대했던 바와 크게 다를 바 없을 것이라는 보고 있다(Nakamura & Smallwood, 1980: 8). 이러한 고전파 행정학은 정책결정과 정책집행과의 관계에 대하여 다음과 같은 잘못된 가정을 하고 있다(Nakamura & Smallwood, 1980: 10).

① 정책결정과 정책집행은 구분되고 분리될 수 있으며 순차적이다.
② 정책결정자와 정책집행자 사이에는 다음과 같은 세 가지 점에서 경계가 존재한다. ① 정책결정자는 목표를 설정하고, 정책집행자는 그러한 목표를 달성하는 일을 수행한다. ② 정책결정자는 상이한 목표들 사이의 우선순위에 관하여 합의에 도달할 수 있으므로 정책결정자는 정책을 결정하고 그것을 분명하게 제시할 수 있다. ③ 정책집행자는 정책결정자에 의해 구체화된 정책을 수행해 나가려는 기술적 역량, 충성심과 의지를 가지고 있다.
③ 정책결정자와 정책집행자는 모두 위와 같은 업무상의 한계를 인식하고 있기 때문에 정책결정이 먼저 이루어진 후 정책집행이 순차적으로 이루어진다.
④ 정책집행과정에서의 결정은 본질적으로 비정치적이며, 기술적인 것이다. 정책을 중립적, 객관적, 합리적, 과학적 방법으로 수행되도록 하는 것은 정책집행자의 책임이다.

3) 고전적 행정모형 및 집행관 비판

고전적 행정모형과 그에 따른 집행관은 정책과정을 지나치게 단순화시킨 것으로 연구가 진전됨에 따라 다음과 같은 세 가지 측면에서 고전파 행정학의 가정들이 재검토되어야 한다고 보게 되었다(Nakamura & Smallwood, 1980: 10-12).

첫째, 정책결정에 관한 많은 연구를 통하여, 정책형성이 고전모형에서 보여주는 것보다 훨씬 복잡하다는 점이 지적되었다. Lindblom은 실제의 정책결정과정은 점증적 과정을 거쳐 이루어진다고 비판하였다. 즉 실제 정책결정은 너무 복잡하기 때문에 고전 모형의 특성으로 지적되는 명확한 우선순위 선정과 목표의 구체화가 어렵다.

둘째, 행정과 조직행태에 관한 연구에서 정책과정의 중간단계인 정책집행이 과거에 생각한 것보다 훨씬 복잡하다는 것이 밝혀졌다. Appleby(1949: 8)는 *Policy and Administration*이라는 저서에서 행정가들이 정책을 구체화시킬 때 정책결정과정에 관여하기 때문에 정치와 행정의 이원론은 정확하지 않다고 주장하였다. 또한 사이먼 등의 행정행태 연구에서는 행정과정이 정치생활에 내재하는 복잡하게 뒤얽힌 다양한 심리적 규범과 관료제적 압력 등으로 혼합된 과정이라는 점이 밝혀졌다.

셋째, 미국의 경우 1960년대 중반 이후 행정실무 분야에서 행정의 고전모형에 대한 비판이 제기되었다. 케네디 대통령의 뒤를 이어 1964년 대통령에 당선된 민주당 존슨 대통령은 빈곤, 실업, 도시문제, 인종차별, 남녀차별 등 각종 사회문제에 대한 대책으로 정부개입을 강화하는 많은 법률을 의회에서 통과시키는 데 성공하였다. 이러한 법률은 구체성이 부족한 경우가 많았는데, 모호한 정책을 통과시키는 것보다 효과적인 정책수단을 활용하여 그러한 정책을 집행하는 것이 더욱 어렵다는 사실이 분명해졌다. 당시 존슨행정부나 수혜예정자들이 모두 관계법률안이 의회를 통과할 때마다 만족스러워 하였지만 정책집행이 이루어지지 않자 그러한 법령에 대한 기대가 무너지게 되었다. 여러 학자들은 집행사례연구에서 일관성이 결여된 존슨행정부의 사회법령이 정책집행자들에게 굉장한 부담을 주고 있다는 현실을 밝혀냈다.

고전적 행정모형이 비판을 받으면서, 고전파 행정학에서의 정책결정과 정책집행의 관계에 관한 가정도 비판을 받게 되었다.

첫째, 정치와 행정이 뚜렷하게 구분된다고 보기 어렵다. 정치·행정 일원론자들의 주장에서 알 수 있듯이 행정 관료들도 실질적으로는 정책결정에 관여하고 있다. 여러 가지 이유 때문에 정책결정자가 추상성이 높은 정책을 결정하고, 실질적 내용은 집행과정에서 구체화되므로 현실적으로 정책결정과 집행의 관계는 고전파 행정모형이 가정하고 있는 것보다 훨씬 복잡하다. 그러므로 정책결정과 집행상의 의사결정은 본질적으로 차이가 없으며 정도의 차이에 불과하다.

둘째, 정책결정자와 정책집행자의 역할이 엄격하게 구분된다고 볼 수 없다. 공식적 정책결정자의 역할과 공식적 정책집행자의 실질적 역할을 구분하는 것이 모호하다.

셋째, 정책결정과 정책집행은 시간적 선후관계에서 단일방향적(unidirectional)이라고 보기 어렵다. 집행과정에서 정책내용이 결정되므로 순환적(circularity)이라고 보아야 한다.

넷째, 정책집행단계에서 이루어지는 결정도 정치적인 성격을 가지고 있다.

4) 정책집행의 정치적 성격의 의미

정책집행과정에 관한 연구를 통하여 결정된 정책의 집행은 기계적, 자동적으로 이루어지는 것이 아니고, 집행과정도 정치적인 상호작용과 절충이 이루어지는 정치적 과정이라는 점이 밝혀지고 있다. 정책집행과정에 정치성이 작용한다는 것은 대체로 다음과 같은 사실에 기초를 두고 있다.

(1) 집행과정에서 구체적 정책내용의 결정

정책의 집행과정에서는 사전에 분명하게 결정된 정책의 내용이 단순하게 집행되는 것만은 아니며, 정책의 내용을 분명히 하고 또한 수정·보완하는 정책결정의 성격을 가진 활동이 빈번하게 이루어진다. 정책결정과정에서 여러 가지 이유 때문에 일반적·추상적으로 결정된 정책내용이 정책집행과정에서 보다 실질적이고 구체적으로 결정되는 경우가 많다. 이러한 맥락에서 Lindblom(1980: 65)은 "정책집행은 항상 정책을 결정하거나 정책을 수정한다."고 주장하여 정책결정과 정책집행의 구분이 사실상 무의미하다고 보았다. 따라서 일부 학자들은 결정된 정책이 아니라 정책집행 후에 나타난 상태를 실질적인 정책의 내용으로 보아야 한다고 주장한다. 이러한 측면에서 정책집행의 정치성은 집행과정에서도 실질적인 정책내용의 결정이 이루어진다는 의미이다.

(2) 이해당사자간의 협상과 타협에 의한 집행

정책의 집행은 진공상태에서 이루어지는 것이 아니라 집행과정을 둘러싼 환경과 상호작용 속에서 이루어진다. 정치·행정이원론으로 대표되는 고전적 행정학의 관점에서는 정치권에서 결정된 정책의 집행을 담당하는 행정부

관료기구는 정치권과 유리된 가운데 결정된 정책을 성실하게 집행하는 것으로 생각하였다. 그러나 정책결정이 이루어질 때 이해관계가 상반되어 치열한 정치적 로비활동을 전개했던 이익집단들은 자신들에게 유리한 방향으로 집행이 이루어질 수 있도록 집행단계에 개입한다. 결국 정책집행이 정치적 과정이라는 것은 그 과정에서 조직내외의 관련 집단들과의 협상과 타협을 내포한 정치과정을 통하여 집행이 이루어진다.

(3) 공식집행자의 실질적 결정권 행사

정책집행과정의 정치성은 공식 정책집행자의 실질적 역할이 어떠한 가의 측면에서 설명되기도 한다. 공식 정책집행자란 헌법이나 법률에 의하여 공식적으로 정책집행자로서의 지위가 인정된 개인이나 기관을 말하며 주로 관료나 행정부처를 지칭한다. 이와 대조적으로 정책결정권한이 부여된 대통령이나 국회의원 등은 공식적 정책결정자에 해당된다. 그러나 공식적인 역할분담에도 불구하고 실질적으로 정책의 주요내용을 결정하는 권한을 집행자로 규정된 행정부처의 관료가 장악하고 있는 경우가 있다. 우리나라에서도 정보와 지식이 풍부한 관료집단이 행정부 제출입법 등의 수단을 통하여 실질적으로 정책을 결정하는 경우가 많다.

2. 현대적 집행연구의 배경과 전개과정

1) 미국의 현대적 집행연구의 등장배경

미국에서 1970년대 정책집행에 관한 연구가 활발하게 이루어진 배경은 다음과 같다(유훈, 2007: 120-122; 정정길 외, 2010).

(1) 1960년대 사회문제에 관한 입법의 영향

1960년대 Johnson 행정부가 '위대한 사회'(Great Society)라는 캐치프레이즈를 내걸고 사회문제에 관한 많은 법률을 통과시키는데 성공했다. 그러나 사회문제에 관한 법률 중에는 입법과정에서 타협의 필요성이나 정책문제의 불확실성으로 인해 그 내용이 모호한 법률이 많았다. Lowi(1969)는 정부가 사회문제의 분야까지 개입함에 따라 정책집행을 담당하는 사람들의 행동지침이 될 수 있는 엄격한 법적 기준을 마련하는 것이 매우 어려울 것으로 보았다. 법이 모호하고 추상적이면, 그러한 법은 이익집단 자유주의(interest group liberalism)라고 하는 다원론적 혼란에 의하여 각 집단이 자신에게 유리한 방향으로 해석한다. 이러한 법령은 정책집행자에게 커다란 부담이 되며, 정책집행과정에서 예기치 않은 난관에 봉착하기도 하였다. 이같이 각종 사회복지정책의 실패와 그 원인을 둘러싼 학문적·실무적 논란이 정책집행에 관한 연구의 중요성을 부각하게 한 근본적인 배경으로 작용하였다.

(2) 엄격한 권력분립

미국에서 정책집행에 관한 연구가 시작된 계기는 1960년대 말 사회문제에 관한 입법이었지만, 근본적인 문제는 엄격한 권력분립과 연방제라는 미국 정치체제의 특성에서 나온 것이다. 미국은 대통령제 국가이며 권력분립의 원칙이 비교적 잘 지켜지고 있다. 대통령제는 무엇보다도 행정부와 국회의 상호 독립 또는 분리, 즉 권력분립을 그 본질적 요소로 한다. 그러므로 주요정책의 결정은 의회가 담당하며 행정부가 그러한 정책의 집행을 담당한다. 그런데 입법부가 자체 내의 정치적인 사정으로 모호한 법률을 많이 제정해 원천적으로 정책집행에 많은 문제가 제기되었다.

(3) 연방제의 특성

미국의 정치체제가 연방국가라는 점이 정책집행을 어렵게 하는 또 하나의 이유가 되었다. 사회정책은 연방정부가 수립하고, 그러한 정책의 집행에 필요한 재원도 연방정부에서 나온다. 그런데 정책의 집행은 주정부나 지방자치단체에서 담당하는데 문제가 있다. 이들은 연방정부가 설정한 목표의 달성보다는 자신들의 입장에서 정책을 보는 경향이 있다. 이같이 연방정부, 주정부 및 지방자치정부가 권력을 나누어 가질 경우 정책집행 단계가 길어지고 각 단계가 거부점(veto-point)으로 작용할 수 있다. 또한 미국과 같이 인구는 많고 자치단체의 규모가 작은 경우에는 연방정부의 보조금을 받는 집행단위의 수가 지나치게 많아 연방정부의 통제가 어렵다는 것이다.

2) 우리나라의 상황

1970년대 이후 정책집행에 관한 사례연구가 폭발적으로 증가했던 미국과 비교할 때 한국은 여러 가지 상황에서 상당한 차이가 있다. 한국은 단일국가이며, 1980년대 후반까지는 지방자치가 이루어지지 않았고 권위주의적 중앙정부의 영향력이 비교적 강한 국가이므로 정책집행과정에서 입법부와 행정부 또는 중앙정부와 지방자치단체의 갈등은 대체로 크지 않았다.

그러나 우리나라의 경우에도 1990년대 이후 지방자치가 본격적으로 실시되었으며, 지역주민의 NIMBY(Not In My Backyard) 또는 PIMBY(Please In My Backyard) 의식 확산으로 정책집행이 여의치 않게 되었다. 특히 쓰레기 소각장, 화장장, 방사성폐기물처리장 등 소위 혐오시설의 입지를 둘러싸고 지역주민 및 지방정부와 중앙정부의 갈등이 빈발하게 되었다. 한편 공원, 대학과 같은 편의시설은 서로 유치하려고 지방정부 사이에 경쟁이 치열하다. 또한 사회복지정책과 문화정책 등의 집행에서 민영화와 민간위탁이 많아지면서 정책집행에 관심이 커지게 되었다.

3) 현대적 집행연구의 전개과정

(1) Pressman & Wildavsky의 사례연구

현대적 집행론은 Pressman & Wildavsky(1973)의 Oakland 사례연구를 계기로 폭발적으로 증가하였다.[2] 이 책은 미국 연방정부 경제개발청(Economic Development Administration)이 미국 캘리포니아 주 Oakland 시에서 시행한 실업자 구제정책의 실패를 다루고 있다.[3] 경제개발청은 시범사업으로 1966년 4월 Oakland시에 약 2천 5백만 달러를 투입하여 3,000여 개의 일자리를 창출하겠다고 발표하였다. 그러나 사업이 착수된 지 4년의 세월이 흘렀는데도 계획

2) Pressman & Wildavsky의 *Implementation*은 1973년 초판간행 이후, 1979년 second edition, 1984년 third edition이 간행되었다. second edition에는 제8장 Implementation as Evolution, third edition에는 9장 What should evaluation mean to implementation, 10장 Implementation as mutual adaptation, 11장 Implementation as Exploration이 추가되어 총 11개 장으로 이루어졌다.

3) 이 책의 주요내용은 전상경(2000: 433-445)에 요약되었다. 이 책의 상당히 긴 부제목인 "어떻게 워싱턴의 커다란 기대가 오클랜드에서 사라졌는지; 또는 왜 연방정부 프로그램이 작동한다는 것이 놀랄만한지, 부서진 희망의 토대 위에서 교훈을 찾으려는 동정적인 두 관찰자가 들려주는 경제개발청의 이야기(How Great Expectations in Washington Are Dashed in Oakland; Or, Why It's Amazing that Federal Programs Work at All, This Being a Saga of the Economic Development Administration as Told by Two Sympathetic Observers Who Seek to Build Morals on a Foundation of Ruined Hopes)가 저자들의 의도를 잘 표현하고 있다.

된 건설사업인 공공시설(항만시설, 비행기 격납고)의 건설도 이루어지지 않았고 마련된 일자리는 몇 개 되지 않았다.

Pressman & Wildavsky(1979: 143-162)는 경제개발청의 시범사업의 집행과정을 분석한 후에 주요 실패이유를 다음과 같이 제시하였다.

① 참여기관과 참여자가 과다하여 문제가 발생하였다. 연방정부 집행책임자와 그 참모진, 그리고 Oakland시의 시장과 공무원, 흑인대표 등 다양한 집단이 정책집행에 관여하였는데 이들이 정책 내용에 대한 이해정도, 이해관계 및 지지정도가 다르기 때문에 공동활동의 복잡성(complexity of joint action)이 증가하고 이것이 다음과 같은 두 가지 문제를 발생시켰다. 첫째, 참여집단의 동의를 얻어야하기 때문에 의사결정점(decision point) 또는 협의점(clearance points)이 많아지고 이러한 의사결정점은 거부점(veto-point)이 될 수 있었다.[4] 의사결정점에서 정책의 내용이 수정되고 변경될 가능성이 크다.

② 리더십의 지속성 문제이다. 중요한 지위에 있는 지도자가 교체되어 집행에 대한 기존의 지지와 협조를 무너뜨렸다.

③ 부적절한 정책수단의 선택이 문제가 되었다. 취업하는 실업자에게 임금을 보조하는 방법을 선택하는 대신에 Oakland 사업에서는 공공시설(항만시설, 비행기 격납고)의 건설을 통하여 일자리를 창출하려 하였다.

④ 부적절한 집행기관을 선정하였다. 경제개발청은 경기가 좋지 않는 지역의 경기회복을 담당하는 기관이었는데, 경기가 전반적으로 호황이

---

4) Oakland Project에는 그 사업이 실행되기 위하여 참여자와 조직이 의사결정을 내리고 합의를 이루어야 하는 의사결정점을 무려 70개나 가지고 있었다. Pressman과 Wildavsly는 각각의 의사결정점을 통과할 수 있는 확률을 80%, 90%, 95%, 99%의 네 가지로 설정하고 각각의 의사결정점들은 상호독립적이라고 가정하고 모든 의사결정점을 통과할 확률을 계산하였다. 70개의 의사결정점을 모두 통과할 확률은 하나의 의사결정점을 통과할 확률이 99%인 경우에 0.489, 95%인 경우에 0.00395, 90%인 경우에 0.000644, 80%인 경우에는 0.000000125가 된다. 전체적인 성공확률이 50%를 유지하려면 통과해야할 의사결정점의 수를 (1) 각 의사결정점의 통과확률이 99%이면 68개, (2) 95%이면 14개, (3) 90%이면 7개, (4) 80%이면 4개라고 계산되었다. 이러한 결과에 비추어 볼 때, 어떠한 프로그램이 성공하려면 각 의사결정점에서의 통과확률이 상당히 높아야 한다는 것을 알 수 있다. 그러므로 공공사업이 성공한다는 것이 오히려 놀라운 일이라고 지적하였다.

었던 Oakland 지역의 실업자 구제정책을 맡게 되어 관습적으로 공공시설 확충이라는 부적절한 정책수단을 채택하였다.

이러한 분석결과를 토대로 Pressman & Wildavsky(1979: 143-162)는 다음과 같은 일련의 처방적 교훈을 제시하였다.

① 정책설계(policy design)와 정책집행의 밀접한 상호관계가 강조되어야 한다. 집행은 정책으로부터 분리되어서는 안 되며 정책설계 이후에 일어나는 과정으로 보아서는 안 된다.

② 정책입안자는 보다 적절한 정책집행기관을 고려하여야 한다. 경제개발청의 시범사업은 너무 많은 중간집행자(intermediaries)를 활용했기 때문에 차질이 발생하였다. 정책과 집행을 보다 밀접하게 연결시키는 두 번째 방법으로 실행을 담당한 조직을 창설하는 데에도 관심을 가져야 한다.

③ 행위의 기저에 있는 정책이론을 신중하게 고려하여야 한다. 여기에서 정책이론이란 정책목표와 정책수단의 관계를 말한다. Oakland지역에서 경제개발청의 고용창출 프로그램 시행과정에서 드러난 많은 장애 뒤에는 이론상 결함이 있었다. 임금을 보조하기 보다는 기업체에 자금지원을 추구했기 때문에 경제이론이 잘못되었다.

④ 리더십의 지속성이 성공적인 집행을 위해 중요한 요건이다. 오클랜드 프로젝트를 추진했던 상부무 차관보 폴리(Eugene C. Foley)의 사임이 그 프로그램을 엉망으로 만들었다.

⑤ 정책의 단순화(simplicity)가 바람직하다. 복잡한 정책프로그램은 차질이 발생할 가능성을 증가시킨다.

프레스맨과 윌다브스키의 사례연구는 집행과정에 관한 명쾌한 이론적 모형을 구축하려고 시도한 것은 아니었지만, 그들의 처방에 정책집행에 관련된 핵심요소들이 포함되어 있다. 이들은 정책이 먼저 형성된 이후 집행이 이루어진다는 의미에서 하향적 접근방법(top-down approach)을 채택하고 있지만 정책설계와 정책집행 사이에 밀접한 상호관계를 강조하고 있다.

(2) 정책집행의 유형화

Pressman & Wildavsky의 집행론 출간 이후 정책집행의 실패를 다룬 상당수의 사례연구가 발표되었다. 이들 연구에서는 면접, 관찰 등을 통하여 왜, 어떻게 정책이 실패 또는 성공했는지 연구하였다. 그런데 소수사례 연구의 문제점은 그러한 사례연구결과를 일반화시키는 것이 어렵다는 점이다. 그러므로 여러 사례를 관찰한 후 집행과정에서 관련 집단 사이의 상호작용 행위를 유형화하여 분류를 시도한 연구가 등장하였다. 여기에서는 이들 중 McLaughlin(1976)과 Nakamura & Smallwood(1980)의 유형분류를 소개하겠다.

① McLaughlin의 상호작용 유형분류

McLaughlin(1976)은 Implementation as Mutual Adaptation이라는 논문에서 Rand 연구소가 수행한 연방정부 교육프로그램에 관한 293개의 사례연구로 부터 나온 자료를 토대로 정책집행과정에서 정책결정자와 정책집행자 사이에 존재하는 상호작용의 유형을 세 가지, 즉 상호적응(mutual adaptation), 코업테이션(co-optation), 부집행(non-implementation)으로 분류하였다. 상호적응 유형은 정책형성자와 정책집행자가 협의하면서 서로 적응하여 정책집행이 성공하는 유형이다. McLaughlin은 정책형성자와 정책집행자 사이의 개인적인 상호관계(inter-personal relationships)에 관심을 가졌으며, 정책집행이 성공하기 위해서는 집행자의 관심과 지지, 그리고 헌신이 중요하다는 사실을 지적하였다. 코업테이션(co-optation)은 정책집행자가 자금만 사용하고 본래의 정책의도와는 다른 용도로 지출한 경우이다. 부집행은 아예 집행이 이루어지지 않은 경우를 말한다.

② Nakamura & Smallwood의 분류

Nakamura & Smallwood(1980: 111-144)는 정책결정체제의 행위자(공식적 정책결정자)와 정책집행체제의 행위자(공식적 정책집행자)간의 연계관계(linkage)를 중심으로 정책집행의 유형화를 시도하였다.[5] 그들은 공식적인 정책결정자와 공식적인 정책집행자간의 권력관계의 성격을 기초로 정책집행

5) 여기에서는 김영기 · 남궁근 · 유낙근 · 최용부 공역. 1985. 「정책집행론」. 제7장을 요약하였다.

표 3-1 Nakamura & Smallwood의 정책집행의 유형

집행유형	정책결정자	정책집행자	차질가능성
고전적 기술 관료형	a. 정책결정자가 구체적 목표를 설정한다. b. 정책결정자는 목표달성을 위해 집행자에게 '기술적 문제'에 관한 권한을 위임한다.	집행자는 정책결정자가 설정한 목표를 지지하며 이러한 목표를 달성하기 위해 기술적 수단을 강구한다.	a. 수단의 기술적 실패
지시적 위임형	a. 정책결정자가 구체적 목표를 설정한다. b. 정책결정자는 집행자에게 목표달성에 필요한 수단을 강구할 수 있도록 행정적 권한을 위임한다.	집행자는 정책결정자가 설정한 목표를 지지하며 집행자 상호간에 목표를 달성하기 위한 행정적 수단에 관하여 교섭이 이루어진다.	a. 수단의 기술적 실패 b. 교섭의 실패 (복잡성, 교착상태)
협상형	a. 정책결정자는 목표를 설정한다. b. 정책결정자는 집행자와 목표 또는 목표달성수단에 관하여 협상한다.	집행자는 정책결정자와 목표 또는 목표달성수단에 관하여 협상한다.	a. 수단의 기술적 실패 b. 협상의 실패(교착, 부집행) c. 코업테이션, '기만'
재량적 실험가형	a. 정책결정자는 추상적 목표를 지지한다. b. 정책결정자는 집행자가 목표달성수단을 구체화시킬 수 있도록 광범위한 재량권을 위임한다.	집행자는 정책결정자를 위하여 목표와 수단을 구체화시킨다.	a. 수단의 기술적 실패 b. 모호성 c. 코업테이션 d. 책임부재
관료적 기업가형	a. 정책결정자는 집행자가 설정한 목표와 목표달성수단을 지지한다.	집행자가 정책목표를 설정하고 정책목표의 실행수단을 강구한 다음 정책결정자를 설득하여 목표와 수단을 받아들이게 한다.	a. 수단의 기술적 실패 b. 코업테이션 c. 책임부재 d. 정책의 선제

주: 여기에서 정책결정자란 용어는 정책을 형성할 수 있는 공식적 권한과 정당성을 보유하고 있는 개개인을 말한다. 이러한 정의상의 구분은 일상적인 정책형성업무 수행에서 집행자가 실질적인 정책결정자가 되는 다섯 번째 유형에서도 타당하다.

출처: Nakamura & Smallwood. 1980. *The Politics of Policy Implementation*. pp. 114-115; 김영기·남궁근·유낙근·최용부 공역. 1985. 「정책집행론」. 163쪽.

의 유형을 다섯 가지로 분류하였다. 〈표 3-1〉에 제시된 바와 같이 다섯 번째 유형으로 갈수록 공식적인 정책집행자가 정책의 결정권한을 실질적으로 행사하게 된다. 그와 더불어 집행에 차질이 발생하여 실패가능성도 높아진다.

a) 고전적 기술관료형

정책결정자와 집행자의 관계에 관한 고전적 기술관료형의 기본가정은 다음과 같다. ① 정책결정자는 명확한 목표를 제시하며 정책집행자는 그 목표를 따른다. ② 정책결정자는 계층제적 명령구조를 확립하고 자신이 설정한 목표달성을 위해 특정 정책집행자에게 기술적 권위(technical authority)를 위임한다. ③ 정책집행자는 그러한 목표를 달성할 수 있는 기술적 역량을 가지고 있다.

이 유형에 있어서 정책결정자는 다른 유형에서의 정책결정자들에 비해 가장 강력한 통제력을 정책집행자에게 행사하고 있으며, 정책집행자는 약간의 기술적 재량만을 가지고 있을 뿐이다. 다시 말해서 이러한 정책집행유형에 있어서 정책과정을 장악하고 있는 것은 정책결정자이며 정책집행자는 그의 지휘하에 있다. 이러한 유형의 정책과정에서 정책집행이 실패하는 까닭은 정책집행자가 정책을 수행하는 데 필요한 기술적 능력이 부족하기 때문이지 정책집행자가 정책에 대하여 정치적으로 반대하기 때문인 것은 아니다. 이러한 유형의 정책집행이 성공한 사례로 케네디가 1960년 대통령에 당선되면서 발표한 달착륙 계획을 실행하기 위하여 미항공우주국(NASA)을 창설하고 결국 우주비행사 암스트롱과 앨드린이 1969년 7월 20일 달 표면에 착륙하여 성공적으로 집행한 것을 들 수 있다. 그러나 고전적 기술관료형에 해당되는 정책이 모두 성공적으로 집행되는 것은 아니다. 예를 들면 1954년 미국의 원자력법에 의한 원자력발전 계획은 집행과정에서 1979년 Three Mile 섬 원자력발전소 누출사고 등 기술적 문제가 발생하여 차질을 빚었다.

b) 지시적 위임형

지시적 위임형 정책집행에서는 정책결정자가 정책목표를 달성하는데 필요한 규칙을 포함하여 각종의 행정적 조치를 취할 수 있는 일반적인 권한을 위임하려고 하는 유형으로 기본가정은 다음과 같다. ① 정책결정자는 명확한 목표를 제시하며 정책집행자는 그 목표가 바람직하다는 데 의견을 같이 한다. ② 정책결정자는 정책집행자 집단에게 목표를 달성하도록 지시하며 그 정책집행자에게 재량적 행정권한을 위임한다. ③ 정책집행자는 그러한 목표를 달성하는 데 필요한 기술적·행정적 협상능력을 가지고 있다.

이 유형에서도 정책결정자가 정책형성에 대한 통제권을 가지고 있으나, 집행자는 정책결정자가 수립한 목표달성에 사용할 수단을 결정할 재량권을 가지고 있다. 그 결과 여러 가지 차질가능성은 더욱 증가한다. 첫째, 다른 유형에서와 마찬가지로 집행자가 과업수행에 필요한 전문성이나 기술을 보유하지 못한 경우 기술적 차질이 발생할 수 있다. 둘째, 여러 집단의 집행자가 있을 수 있으므로 그들 사이에 정책결정자가 설정한 목표를 달성한 수단이 무엇인지를 둘러싸고 분쟁이 일어날 수 있다. 마지막으로 정책결정자의 지시가 모호한 경우, 정책결정자의 실제 의도가 무엇인지, 그리고 그 목표달성수단이 무엇인지에 관하여 정책집행자들 사이에 분쟁이 일어날 가능성이 있다. Nakamura & Smallwood(1980: 120)는 다수의 집행기관이 목표달성 수단에 관한 교섭의 실패로 차질이 발생한 사례로 경제개발청의 Oakland 실업자 구제정책의 사례를 제시하였다.

c) **협상형**

협상형에서는 정책결정자와 정책집행자 사이에 정책목표나 정책목표의 달성수단에 관하여 반드시 합의를 보고 있지는 않다. 이 모형의 기본가정은 다음과 같다. ① 공식적인 정책결정자가 정책목표를 설정한다. ② 정책결정자와 정책집행자들 사이에 목표가 바람직하다는 점에 반드시 의견이 일치하고 있지는 않다. ③ 집행자들과 정책결정자들 사이에 또는 다른 집행자들 사이에 목표와 목표달성수단에 관하여 협상이 이루어진다.

이 유형에서는 집행자가 정책결정자와 동일한 목표를 추구하는 것이 아니므로 그들은 복종하지 않거나 집행하지 않겠다고 위협함으로써 상당한 영향력을 행사할 수 있다. 따라서 집행자의 정책결정자에 대한 권력관계에서 위치가 극적으로 강화된다. 그 결과 협상형에서는 여러 가지로 정책집행에 차질이 빚어질 가능성이 있다. 첫째, 다른 유형에서와 마찬가지로 방법상의 기술적 실패가능성이 있다. 둘째, 교섭의 실패에 따른 집행 지연, 교착상태 또는 불만을 품은 집행자 측의 부집행 등의 차질이 발생할 수 있다. 끝으로 집행자가 정책결정자의 목표에 동의할 필요가 없으므로 그들은 스스로 설정한 목표를 달성하기 위하여 정책결정자를 속이고 자원만 확보할 수도 있다. 다시 말하면 정책집행자는 자신이 설정한 목표달성에 사용하기 위한 자금을 확보하기 위해 겉으로만 정책목적을 따르는 체 하면서 실제로는 정책결정자를 기만(cheating)할 수도 있다는 것이다.

정책결정자와 집행자 사이의 협상의 최종결과는 이들 두 집단사이에 권력행사수단의 상대적 배분상태에 따라 달라진다. Nakamura & Smallwood는 정책결정자의 권력이 우위에 있는 사례로 1962년 미국 철강제품 가격인상을 둘러싸고 케네디 대통령과 미국철강회사(US Steel Co.) 회장 간의 다툼을 들었는데 대통령의 권력에 철강회사가 굴복하여 가격인상을 철회하였다. 집행자의 힘이 정책결정자보다 강한 사례로 유훈(2007: 161)은 우리나라 자동차산업정책 사례를 들고 있다. 승용차 생산을 현대자동차로 일원화한다는 정부의 정책이 현대자동차와 GM의 교섭이 여의치 않아 집행되지 못했다는 것이다.

d) 재량적 실험가형

재량적 실험가형의 관계는 정책결정자가 구체적인 정책을 수립할 능력이 없고 따라서 집행자에게 광범위한 재량권을 기꺼이 위임하려 할 경우에 채택된다. 이 모형에 내재하는 기본가정은 다음 세 가지이다. ① 공식적인 정책결정자는 추상적인 정책목표를 지지하지만 지식의 부족 또는 기타 불확실성 때문에 목표를 분명하게 제시할 능력이 없다. ② 정책결정자는 정책집행자에게 목표를 구체화시키고 목표달성수단을 강구할 수 있는 광범위한 재량권을 부여한다. ③ 집행자는 이 과업을 기꺼이 수행하려 하며, 또한 수행능력도 가지고 있다.

이 네 번째 접근방법은 정책결정자로부터 정책집행자에게 권한의 대폭적인 위임을 포함하고 있다. 재량적 실험가형이 때로는 훌륭한 결과를 가져오는 경우도 있으나, 여러 가지 차질이 발생할 가능성이 있다. 예를 들면 ① 집행자의 불충분한 전문성 및 지식 부족에 기인하는 기술적 실패, ② 모호한 정책에서 초래되는 혼란, ③ 집행자 측의 '기만'과 코업테이션, ④ 이 유형에서 발생할 수 있는 책임분산의 결과로 발생하는 집행자와 정책결정자 양측의 책임회피 등이다. Nakamura & Smallwood(1980: 133)는 이러한 형태의 연계관계가 위험스럽기는 하지만, 불확실한 분야에서는 가장 혁신적인 집행방법이라고 보고 있다.

e) 관료적 기업가형

관료적 기업가형은 고전적 접근방법과는 뚜렷하게 대조된다. 이 유형에서는 집행자가 정책결정의 권한을 장악하고 정책과정의 통제권을 행사하는데 여기에서 작용하는 기본원칙은 다음과 같다. ① 집행자가 스스로 정책목표를 수립하고 공식정책결정자가 이 목표를 받아들이도록 확신시킬 수 있는 충분한 권한을 보유하고 있다. ② 집행자는 정책결정자와 교섭하여 그들의 정책목표를 달성하는 데 필요한 수단을 확보한다. ③ 집행자는 그들의 정책목표를 달성하려고 노력하며 달성할 능력도 보유하고 있다.

이같이 정책결정자로부터 정책집행자로 권한이 이양되는 것은 여러 가지 원인 때문에 초래된다. 첫째, 집행자가 정책형성에 필요한 정보를 산출하고 통제할 수 있는 능력을 보유한 경우에 정책과정을 지배할 수 있다. 둘째, 정부관료제에 내재하는 안정성과 지속성으로 인해 집행자는 정책결정자보다 오래 자리를 지키고 정책결정자를 지치게 할 수 있다. 마지막으로 개별 집행자가 기업가적인 기술과 정치적 능력을 발휘하여 정책형성과정을 지배할 수 있다. 기업가형의 이니셔티브는 여러 가지 재능에 기반을 두고 발휘된다.

집행자가 정보를 독점하거나 관료제를 활용하여 실질적인 정책형성권한을 행사하는 사례는 우리나라에서도 많이 찾아볼 수 있다. Nakamura & Smallwood(1980: 136-137)는 개별적인 정책집행자가 여론을 관리하여 정책형성에서 중요한 역할을 담당한 사례로 1924년부터 1972년 사망할 때까지 미국 연방수사국(FBI) 책임자로 일한 후버(Edgar Hoover)를 들고 있다. 후버는 1917년 법무부에 들어가 당시 팔머 법무부 장관이 실시했던 제1차 대전 이후 공산주의 용의자에 대한 수색활동에서 세운 공로가 인정되어 1924년 29세의 젊은 나이에 연방수사국 국장이 되었다. 그러나 공산주의자의 공포가 사라지면서 FBI는 할 일이 별로 없어 해체가 논의되었다. 그런데 1932년 국민적 영웅으로 숭배받던 비행사 린드버그의 어린 아들 납치사건과 1933년 캔자스 시에서 연방수사국 직원이 갱들에게 사살되는 사건이 발생하자 후버는 그 기회를 포착하여 연방수사국의 권한을 확대하는 6개 법률을 통과시켰다. 1930년대에는 갱단 체포활동, 1940년대에는 대간첩 작전, 1950년대는 다시 한번 공산주의 혐의자 색출 등으로 교묘하게 언론을 활용하였다. 후버는 8명의 대통령 치하에서 연방수사국장으로 재직하였다. 종국에는 치안유지 분야에서 정책집행자로서뿐 아니라 정책결정자로서 지대한 영향력을 발휘하였다.

관료적 기업가형에서는 정책집행의 차질이 빚어질 가능성이 가장 크다. 앞에서 살펴본 ① 수단의 기술적 실패, ② 코업테이션, ③ 책임부재뿐 아니라 정책집행자가 정책의 선제(policy preemption), 즉 정책을 미리 만드는데 따른 차질가능성까지 존재한다. 그러므로 집행자가 실질적 정책결정권한을 행사할수록 정책집행이 실패할 가능성을 더욱 커지게 된다.

(3) 현대적 집행론 개관

Pressman & Wildavsky의 집행론은 현대적 집행연구의 출발점으로 여겨지고 있다. 이 책 출간 전후 정책집행을 다룬 상당수의 사례연구가 이루어졌다. Hargrove(1975)는 집행연구를 '잃어버린 고리'(missing link)로 표현하면서 정책집행에 관한 체계적·분석적 연구의 필요성을 지적하였다. 1970년대 이후 이루어진 집행연구를 Goggin과 동료들(1990)은 3세대로 구분할 수 있다고 보았다.

집행연구의 초기인 제1세대의 집행연구는 1970년대에 이루어진 단일사례 연구들로 그 특징은 정책집행을 비관적인 관점에서 실패가능성이 높은 것으로 본 것이다(Pülzl & Treib, 2007: 89). 집행실패를 다룬 대표적인 사례연구에는 Pressman & Wildavsky(1973)의 연구 외에도 Derthick(1972)과 Bardach(1977)의 연구가 있다. 제1세대 집행연구자들의 공헌은 정책집행의 이슈를 학자공동체뿐 아니라 일반국민들에게 확산시킨 것이다.

1970년대 후반부터 시작된 제2세대 집행연구자들은 이론적 틀과 가설을 제시하면서 이론형성을 추구하였다. 이 기간 중 하향적 접근방법과 상향적 접근론자들 사이에 논쟁이 전개되기도 하였다. Van Meter & Van Horn(1975), Nakamura & Smallwood(1980), 그리고 Mazmanian & Sabatier(1983) 등으로 대표되는 하향적 집행론자들은 정책집행을 상층부에서 정의한 정책의도를 계층적으로 집행하는 것으로 보았다. Lipsky(1971, 1980), Ingram(1977), Elmore(1980), 그리고 Hjern & Hull(1982)로 대변되는 상향적 접근방법에서는 정책집행을 일선 관료들의 일상적 문제해결전략으로 구성되는 것으로 보았다.

제3세대 집행연구자들은 하향식 접근방법과 상향식 접근방법을 결합하여 이론적 모형을 구축하려고 시도하였다. 동시에 제3세대 연구에서는 그 이전보다 더욱 과학적인 집행연구를 추구하고자 하였다(Goggin et al., 1990: 18). 제3세대 연구자들은 분명한 가설을 구체화하고, 이러한 가설을 검증하기 위한 적절한 조작적 정의와 경험적 관찰을 강조하였다.

정책집행에 관한 대부분의 연구는 미국에서 이루어졌다. 그러나 제2세대 연구부터는 Hanf, Widhoff-Héritier, Hjern, Mayntz 또는 Scharpf와 같은 유럽학자들이 커다란 이론적 기여를 하였다(Pülzl & Treib, 2007: 90). 유럽학자들은 또한 유럽통합의 맥락에서 집행문제에 관심을 보이고 있다. 다음 절에서 하향적 모형과 상향적 모형, 그리고 이들을 종합하려는 시도를 살펴보기로 한다.

Ⅳ. 정책집행연구의 하향적 모형과 상향적 모형

1. 개 관

집행연구의 역사를 살펴보면 다음과 같은 세 가지의 뚜렷한 이론적 접근방법이 구분될 수 있다.

1) 하향적 모형(top-down model)에서는 정책결정자가 분명한 정책목적을 제시하고 집행단계를 통제할 수 있는 능력이 있다는 점을 강조하였다. 즉 정책결정자가 설정한 정책목표에서 출발하여 이를 달성할 수 있는 조건과 전략을 찾고자 하였는데 정책결정기구에서 결정한 정책내용, 상부집행기구의 집행지침, 일선집행현장의 집행활동의 순서로 앞으로 나가면서 연구하였으므로 이를 전방향적 연구방법(forward mapping)이라고 부른다.

2) 상향적 모형(bottom-up model)에서는 하향적 모형을 비판하면서 일선 관료를 정책전달의 주요 행위자로 보며 정책집행을 집행자의 네트워크 내에서의 교섭과정으로 보았다. 이들은 집행현장에서 집행문제가 처리되는

과정을 객관적으로 기술하고자 하였는데, 일선집행현장에서 일선관료와 대상집단의 행태연구에서 시작하여 상부집행기구의 집행지침, 정책결정기구에서 결정한 정책내용을 파악하는 방식을 채택하므로 후방향적 연구(backward mapping)이라고 부른다.

3) 통합 모형에서는 하향적 접근방법과 상향적 접근방법 사이의 차이점을 극복하고 이들 두 접근방법뿐 아니라 다른 이론 모형들의 주요요소를 통합하려고 시도하였다.

[그림 3-1]에 하향적 모형, 상향적 모형, 그리고 통합 모형과 각 모형에 기여한 주요학자들이 제시되었다. 이 절에는 이들을 순서대로 살펴보기로 하겠다.

그림 3-1 하향적 모형, 상향적 모형 및 통합 모형과 주요 학자

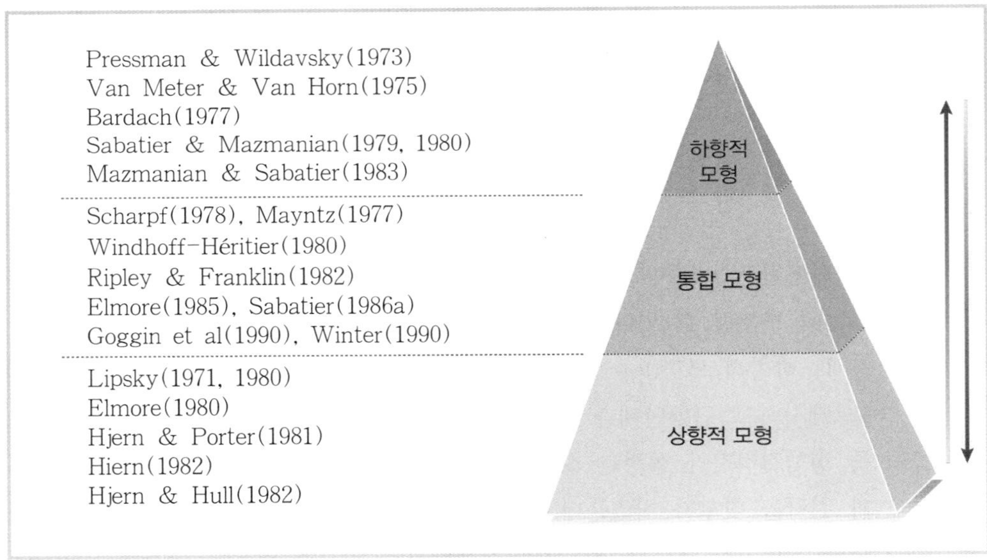

출처: Hill & Hupe. 2002. p. 82; Pülzl & Treib. 2007. Implementing Public Policy. p. 91에서 재구성.

2. 하향적 접근방법

1) 하향적 접근방법의 주요내용

하향적 접근방법(top-down approach)은 정책결정자 또는 정책설계자 중심의 정책집행연구로 정책설계(policy design)의 중요성을 강조하므로 정책중심적 접근방법으로 부르기도 한다. Birkland(2011)는 하향적 접근방법의 주요가정을 다음과 같이 다섯 가지로 요약하였다.

① 정책은 성과를 측정할 수 있는 명확히 정의된 목표를 가지고 있다. 그러므로 "하향식 집행전략은 정책목표를 명확하고 일관되게 정의될 수 있게 하는 능력에 크게 의존"한다.
② 정책은 목표의 실현을 위한 명확하게 정의된 정책수단을 가지고 있다.
③ 정책은 단독법령 또는 다른 권위 있는 정책의 진술로 표현된다.
④ 최상부에서 정책메시지가 시작되고 그 안에서 집행이 이루어지는 '집행연계조직'(implementation chain)이 존재한다.
⑤ 정책설계자들은 집행자의 능력과 헌신에 대해 충분한 지식을 가지고 있다.

정책집행론 연구의 창시자로 여겨지는 Pressman & Wildavsky(1973)의 연구도 정책결정자의 의도를 강조하는 하향적 집행론에 해당된다. 그들의 연구과제는 정책에서 설정한 목표의 달성을 어렵게 만드는 요인이 무엇인가를 찾는 것이었다. Pressman & Wildavsky가 지적한 주요변수는 행위자의 수와 의사결정점, 그리고 인과이론의 타당성이었다. 하향적 집행론의 관점 형성에 기여한 주요 학자로는 Van Meter & Van Horn(1975), Bardach (1977), Sabatier & Mazmanian(1979, 1980), Mazmanian & Sabatier(1983)를 들 수 있다. 여기에서는 하향론 연구의 대표적인 업적에 해당되는 Van Meter & Van Horn(1975), Bardach(1977), Sabatier & Mazmanian(1979, 1980)의 모형을 살펴보겠다.

2) Van Meter & Van Horn의 집행연구

미국의 학자인 Van Meter & Van Horn(1975)은 프레스맨과 윌다브스키 등의 집행사례 선행연구를 검토한 후 선행연구에서는 집행현상을 설명할 수 있는 이론적 관점이 결여되었음을 지적하고, 집행모형 구축의 필요성을 강조하였다. 이들은 정책 집행을 정책이 결정되어 산출로 이어지는 연속적 과정으로 파악하고 그 과정에서 발생하는 일들을 모형화하여 설명하고자 하였다. 그들의 모형은 [그림 3-2]에 나타난 바와 같이 정책집행의 성과(performance)를 설명하는 여섯 개 범주의 변수로 구성된다.

그림 3-2 Van Meter & Van Horn의 정책집행 과정모형

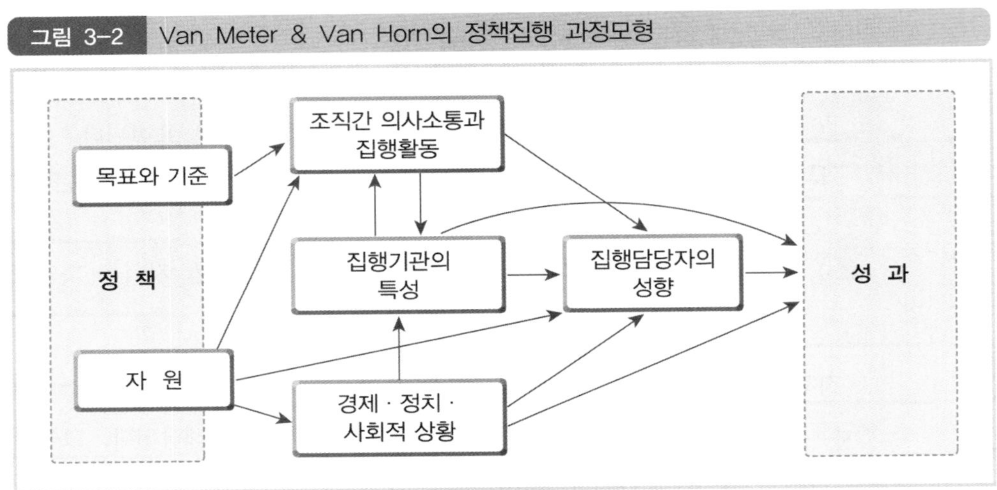

출처: Van Meter & Van Horn. 1975. The Policy Implementation Process. p. 463.

① 정책의 목표와 기준: 정책의 목표와 그 목표를 실현시키기 위한 구체적인 집행기준이 첫 번째 범주의 변수이다.

② 가용자원: 정책을 집행하는 데 사용가능한 자원과 정책집행기관에 제공할 수 있는 인센티브가 두 번째 범주의 변수이다.

③ 조직간 관계: 정책집행을 담당하는 조직간 의사소통과 집행활동이 세 번째 범주의 변수가 된다.

④ 집행기관의 특성: 네 번째 범주인 정책집행을 담당하는 기관의 특성

에는 조직의 통제방법 뿐 아니라 조직간 관계의 관점에서 집행기관과 정책형성기관 그리고 일선전달기관 사이의 공식 · 비공식 관계가 어떻게 형성되었는지가 포함된다(Van Meter & Van Horn, 1975: 471).

⑤ 경제·정치·사회적 환경의 특징: 집행의 맥락을 형성하는 경제 · 정치 · 사회적 환경의 주요 요소를 말한다.

⑥ 집행자의 성향 및 반응: 정책집행을 담당하는 집행자의 성향과 반응에는 세 가지 요소가 포함되는데 첫째, 그들의 정책에 대한 인지, 파악 및 이해, 둘째, 그에 대한 반응의 방향(수용, 중립, 반대), 그리고 셋째, 그러한 반응의 강도이다.

Van Meter & Van Horn 모형의 여섯 개 변수는 정책과 성과의 관계에 영향을 미치는 변수들로서 조직의 역량과 계층적 통제와 관련된다. 이들의 모형에서는 하향적 집행론의 주류와는 약간 다른 주장도 포함된다. 이들은 정책변화의 정도가 효과적 집행의 가능성에 결정적인 영향을 미친다고 보며, 목표에 대한 합의 정도 역시 중요하다고 보았다. Van Meter & Van Horn의 모형은 정책결정자에게 정책집행을 위한 처방을 제공하는 것보다는 정책집행연구자에게 집행연구에 관한 청사진을 제공하고자 하는 것이었다.

3) Bardach의 집행게임

Bardach는 1977년 *Implementation Game*이라는 저서를 출간하였다. 이 책의 부제목은 "법안이 법률로 통과된 이후 어떤 일이 있었는가"라는 것으로 정책이 결정된 이후 집행단계에 관심을 가졌다. 그는 이 책에서 1967년 통과된 미국 캘리포니아 주의 정신장애자의 치료 및 시민권 회복을 위한 개혁법안의 집행과정에 대한 사례연구를 토대로 효율적인 정책집행을 저해하는 다양한 '집행게임'을 유형별로 정리 · 분석한 다음, 이를 극복할 수 있는 전략을 제시하였다(하태권, 2000: 454-463). Bardach는 특히 "정책의 성공적인 집행을 위하여 다양한 행위자들의 상호 연관된 행위를 어떻게 통제하고 지도할 것인가?"에 연구의 초점을 두었다. 이 문제가 바로 그가 말하는 집행게임의 핵심이 된다.

Bardach(1977: 55-58)는 집행과정을 느슨하게 연관된 '게임'이 실행되는 과정으로 보았다. 집행게임에는 참여자들이 있는데 각 참여자들은 나름대로 전략, 전술, 게임에 활용할 자원을 가지고 있으며 게임의 규칙에 따라 게임을 진행하게 된다. 그는 정책집행과정을 궁극적 결과와 전략적 이익을 얻기 위해 서로 책략을 사용하는 수많은 행위자들이 지배한다는 의미에서 '게임'이라는 개념을 사용하였다. 집행과정에는 수많은 게임이 진행되며 이들 게임의 상당수는 상호 연결되어 있다. 그러므로 한 게임의 결과는 다른 게임에서의 행위자들의 전략에 영향을 미치게 된다. Bardach는 성공적 정책집행에 장애가 되는 게임, 즉 정책집행에 필요한 사업요소들을 조립하는 과정에 부정적인 영향을 미치는 다양한 게임을 네 가지 유형으로 분류하고 있다. 첫째, 자원의 전용으로 특정 사업요소를 획득하거나 창출하는 데 사용되어야 할 자원, 특히 예산을 잘못 사용하는 경우를 말한다. 둘째, 목표의 왜곡으로 집행단계에서 원래의 목표가 축소 또는 왜곡되거나 새로운 목표가 추가됨으로서 본래의 목표달성을 어렵게 하는 경우를 말한다. 셋째, 정책집행기관이 명목적으로만 기여하는 등 여러 가지 방법으로 통제를 회피하는 유형이다. 넷째, 에너지 분산으로 생산적인 행동으로 부터 개인 또는 조직의 에너지를 유출시키는 일련의 게임을 말한다. 이같이 집행게임과정에서 다양한 유형의 정책지연과 실패가 나타났다.

사례연구결과를 토대로 Bardach(1977: 250-283)는 정책설계자에게 다음과 같은 두 가지 점을 조언하고 있다.

첫째, 다양한 집행 상황에서 나타나는 어려운 문제에 대처하기 위해 '시나리오 작성'(scenario writing)을 통하여 원하는 목표를 달성할 수 있는 방향으로 게임을 구조화할 것을 제안한다.

둘째, 집행과정에서 '게임의 조정'(fixing the game)을 처방한다. 즉 정책집행이 성공하려면 강력한 권한과 권위를 가진 정책조정자(fixer)가 완벽한 후속조치(full follow-through)에 관심을 가지고 게임을 수정해 가야 한다는 것이다. 정책조정자의 역할은 전형적으로 정책의 채택에 깊이 개입한 영향력있는 의원이나 행정부의 고위공무원이 담당하여야 한다.

4) Sabatier & Mazmanian의 집행과정 모형화

Sabatier & Mazmanian이 공동으로 수행한 일련의 연구(Sabatier &

Mazmanian, 1979, 1980; Mazmanian & Sabatier, 1981, 1983)에서 하향식 접근방법의 대표적인 모형을 제시하였다. 이들의 정책집행모형에서 집행에 영향을 미치는 요소는 '문제의 용이성'(tractability of problem), '법령의 집행구조화능력'(ability of statue to structure implementation), '비법률적 변수'(non-statutory variables) 등 세 가지 범주의 변수들로 나누어진다. 즉 정책문제 자체가 가지는 특성, 정책을 구성하는 법령의 내용, 그리고 정책과 직접 관련이 없는 여러 가지 상황요인이 정책집행의 성공 또는 실패에 영향을 미친다고 본 것이다. 이들은 다시 16개 변수로 구성되는데 구체적으로 살펴보면 다음과 같다([그림 3-3] 참조).

그림 3-3 Sabatier와 Mazmanian의 정책집행과정과 영향요인

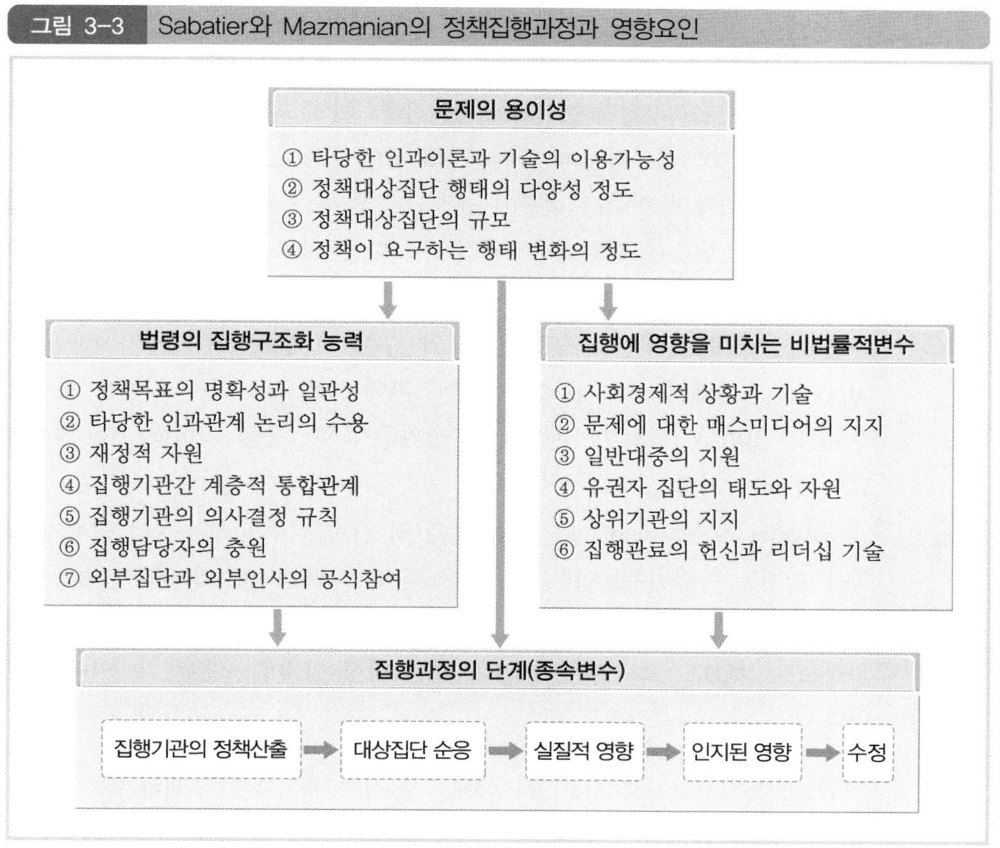

출처: Mazmanian & Sabatier. 1981. *Effective Policy Implementation*. p. 7.

첫째, 정책집행 과정은 정책문제를 해결하는 과정인데, 정책문제 자체가 해결하기 어려운 문제도 있고 비교적 쉽게 해결할 수 있는 문제도 있다. 이러한 차원을 묶어서 '문제의 용이성'이라고 불렀다. 구체적으로는 다음과 같은 네 가지 요소, 즉 ① 기술적 난이도, ② 정책대상집단 행태의 다양성 정도, ③ 정책대상집단의 규모, ④ 정책이 요구하는 행태 변화의 정도 등이다. 이러한 요소들이 해결해야 할 문제의 난이도를 결정하고, 두 번째와 세 번째 영역에도 영향을 미친다.

둘째, 법령의 집행구조화능력이란 법령에 규정된 정책의 내용에 관한 것이다. 즉 정책설계단계에서 정책의 내용이 충실하게 잘 갖추어진 경우에는 집행에 성공할 가능성이 높은 반면 그렇지 못할 경우에는 실패할 가능성이 높다는 것이다. 구체적으로는 일곱 가지 요소가 포함되는데, ① 정책목표의 명확성과 우선순위, ② 인과관계 논리의 타당성, ③ 확보된 재원, ④ 집행기관 내의 계층적 협조와 수평적 협력관계, ⑤ 집행기관의 의사결정 규칙, ⑥ 집행담당자의 충원, ⑦ 외부집단과 외부인사의 참여 등이다.

셋째, 비법률적 변수는 법률에 규정되지 않은 요소들로서 정책집행에 영향을 미치는 변수를 말한다. 구체적으로 다섯 가지 변수를 포함하는데 1) 사회경제적 상황과 기술(technology), 2) 정책에 대한 일반 대중의 지지, 3) 유권자 집단 또는 후원자 집단의 태도와 자원, 4) 상위기관의 지지(sovereign support: 여기에서 상위기관이란 집행기관에서 필요로 하는 자원을 통제할 수 있는 입법부, 행정부, 사법부 등 상위행정기관 등을 의미함), 5) 집행관료의 헌신과 리더십 기술 등이다.

Sabatier & Mazmanian은 위와 같은 세 가지 범주의 변수들이 집행에 영향을 미치는 독립변수들이라고 보았다. 한편 이러한 변수의 영향을 받는 종속변수인 집행과정의 단계 또한 다양한 집단과 변수들이 작용하는 동태적인 과정으로 보았다. 그 단계는 다음과 같은 다섯 가지로 구분될 수 있다고 보았다.

① 집행기관의 정책산출: 이 단계는 공식 정책목표를 구체화하는 규칙을 만들어 가는 과정이다. 규제기준설정, 표준운영절차, 특정행위나 허가의 자격기준 설정 등이 해당된다.

② 정책대상집단의 순응: 집행기관의 정책산출에 대하여 정책대상집단이 어떻게 반응하는 가에 따라 순응(compliance) 또는 불응(non-compliance)으로 나타난다. 정책집행이 성공하기 위해서는 대상집단의 순응이 반드시 필요하다.

③ 정책산출의 실질적 영향: 정책집행을 통하여 정책목표가 실질적으로 어느 정도 달성되었는지를 나타낸다. 실질적인 영향은 다음과 같은 기준에 의하여 평가될 수 있다. 즉 집행결과가 법으로 규정된 목표와 어느 정도 일치하는지, 정책대상집단이 정책에 어느 정도 순응하는지, 정책이 요구하는 변화와 정책에 의해 실제로 초래된 정책대상집단의 행태 변화와 어느 정도 관련되는지 등이다.

④ 정책산출의 인지된 영향: 정책결정자와 관련 집단이 인지하는 정책영향은 실질적 영향과는 반드시 일치하지 않는다. 정책결정자가 정책영향을 어떻게 인지하느냐가 다음 단계에서 법령에 대한 수정 또는 변화의 토대가 된다.

⑤ 정책의 수정: 정책결정자가 정책의 집행결과에 대한 인식을 토대로 당초의 정책을 재구성하거나 수정・보완하는 단계이다.

Mazmanian & Sabatier의 모형은 원래 규제정책의 집행과 관련된 연구에서 제시되었다. 이들의 모형에서 정책집행에 영향을 미치는 요인을 모두 망라하려고 노력한 결과 상당히 많은 수인 16개 독립변수를 제시하였다. 이렇게 많은 변수를 제시하여 '간명성의 기준'에서 보면 문제가 있다고 지적되었고, 이들 중 어떤 변수가 상대적으로 더욱 중요한지, 그리고 변수들 사이의 상호관계에 관한 분석이 부족하다는 비판을 받았다(유훈, 2007: 187).

Mazmanian & Sabatier(1981)는 효과적인 정책집행(effective implementation)을 위한 조건을 보다 간단하게 여섯 가지로 요약하였다.

첫째, 정책집행이 효과적으로 이루어지기 위해서는 정책목표가 분명하고 일관성을 가져야 한다. 이러한 조건은 정책목표가 그로 인해 야기될 수 있는 갈등을 해결할 수 있는 실질적 기준이 될 수 있어야 한다는 것이다.

둘째, 정책집행수단은 정책목표를 달성할 수 있도록 인과성을 가져야 한다. 집행수단과 정책목표 사이의 인과적 관계는 정책대상집단은 물론 집행관료, 사법부, 입법부 등과 같은 정책관련집단에게도 충분히 이해되어야 한다는 것이다.

셋째, 집행기관 사이의 조화, 집행기관과 정책대상집단의 정책에 대한 공감대 형성, 충분한 재원, 정책에 대한 지지 등이 갖추어져야만 효과적인 정책집행을 기대할 수 있다.

넷째, 집행기관의 장은 정책목표를 성취시키는 데 도움이 될 수 있는 정치적 역량을 가지고 있어야 한다.

다섯째, 정책집행을 위한 세분화된 프로그램에 대한 사법부, 입법부, 행정부의 지지가 확보되어야 한다.

여섯째, 효과적인 정책집행이 이루어지려면 경합 또는 대립되는 정책에 의해 집행될 정책목표의 우선순위가 변화되지 않아야 하며, 또한 사회·경제적 조건의 변화에 따라 집행수단과 목표 사이의 인과관계가 변화하지 않아야 한다는 조건도 만족시켜야 한다.

5) 우리나라의 정책집행에 영향을 미치는 요인 연구

(1) 정책집행에 영향을 미치는 요인 종합

하향적 집행 연구자들은 정책집행의 성공 정도를 입법자의 의도를 얼마나 잘 충족시켰는지, 또는 정책에서 설정한 목표를 얼마나 달성했는지 등과 같은 객관적 기준으로 측정할 수 있다고 본다. 위에서 살펴 본 학자들 이외에도 정책집행이 성공적으로 이루어지기 위하여 충족되어야 할 조건을 하향적 관점에서 제시한 학자들은 상당히 많다.[6] 우리나라 학자들이 이들 변수를 종합하는 방식도 다양하다.

예를 들면 정정길 외(2010: 531-549)는 이러한 변수를 ① 정책의 특성과 자원, ② 정책결정자 및 정책관련집단의 지지 및 정책유형별 차이, ③ 집행조직과 담당자, ④ 정책집행에 대한 순응 등 네 가지 범주로 구분한다. 첫 번째 범주인 정책의 특성과 자원에서는 세부적으로 ⓘ 정책내용의 명확성과 일관성, ⓘⓘ 정책내용의 소망성, ⓘⓘⓘ 정책집행수단 및 자원의 확보, ⓘⓥ

---

6) 유훈(2007: 171-184)은 T. B. Smith, G. C. Edwards, Larson 등이 제시한 집행변수에 관하여 비교적 상세하게 소개하고 있다.

정책의 기타 특성(정책의 중요성과 행태변화정도, 문제상황의 특성) 등 네 가지를 들고 있다. 두 번째 범주인 정책결정자 및 정책관련집단의 지지 및 정책유형별 차이에서는 ⅰ 정책결정자의 지지 및 태도, ⅱ 대중 및 매스컴의 지지, ⅲ 정책대상집단의 태도 및 정치력, ⅳ 정책유형별 정책집행 차이 등 네 가지를 들고 있다. 세 번째 범주인 집행조직과 담당자에서는 ⅰ 집행주체의 능력과 의욕, ⅱ 집행조직의 관료규범과 집행절차, ⅲ 집행체제의 특성 등 세 가지 변수로 구분하고 있다. 마지막 네 번째 범주인 정책집행에 대한 순응을 좌우하는 요인으로 ⅰ 정책내용과 관련된 요인, ⅱ 정책결정 및 집행기관과 관련된 요인, ⅲ 순응주체와 관련된 요인 등 세 가지를 지적하고 있다. 세부변수는 14가지인데, 각 세부변수별로 더욱 구체적인 하위변수를 제시하였다.

한편 유훈(2007: 191-212)은 정책집행에 영향을 미치는 요인을 ① 정책변수, ② 집행변수, ③ 환경적 및 맥락적 변수, ④ 정책문제의 성격 등 네 가지 범주로 구분한다. 첫 번째 범주인 정책변수는 ⅰ 정책목표의 명확성, ⅱ 인과이론의 타당성으로 구분한다. 두 번째 범주인 집행변수는 ⅰ 집행기관의 내부구조, ⅱ 집행기관의 규정, ⅲ 집행기관 책임자의 적극성과 리더십, ⅳ 집행 담당기관 공무원의 성향, ⅴ 집행기관상호간의 관계, ⅵ 외부인사의 참여, ⅶ 재원 등 일곱 가지를 들고 있다. 세 번째 범주인 환경적 및 맥락적 변수로는 ⅰ 사회경제적 상황, ⅱ 지배기관의 지원, ⅲ 관련이익집단의 적극성과 자원, ④ 대중의 관심과 지지 등 네 가지를 들고 있다. 네 번째 변수인 정책문제의 성격에 관한 것으로는 ⅰ 대상집단 행태의 다양성, ⅱ 대상집단의 규모와 구조, ⅲ 요구되는 행태변화의 정도, ⅳ 타당한 이론 및 기술의 활용 가능성 등 네 가지를 들고 있다. 그러므로 세부변수는 총 17가지로 구분된다.

(2) 정책집행에 영향을 미치는 요인의 경험적 연구

1990년대 이후 우리나라에서 정책집행에 영향을 미치는 요인들에 관한 다수의 경험적인 연구가 이루어졌다([Box 3-1] 참조). 그런데 시기와 정책유형에 따라 강조되는 집행 변수에 상대적으로 차이가 있었다(이혜영 · 고효진, 2015). 1990년대의 연구에서는 정책집행의 환경요인이 많이 다루어진 반면에 2000년대 이후에는 대상집단 요인, 즉 대상집단의 행태, 대상집단의 신념, 이해관계, 정책대상자 인센티브, 대상집단의 능력과 관료의 특성이 강조되는 추세가 나타났다. 규제정책의 집행사례에서는 정책내용 요인(정책의 명료성, 적절성)과 대상집단 요인(대상집단의 행태, 능력 및 자금, 규모)의 영향이 높게 나타났고, 분배정책의 집행사례에서는 관료 및 조직요인(리더십, 집행가능성 및 실효성)이 중요한 것으로 나타났다.

Box 3-1: 한국의 정책집행에 영향을 미치는 요인

이혜영・고효진(2015)은 1990년대 이후 이루어진 우리나라의 집행연구 55개를 대상으로 한 메타분석적 연구에서 정책집행에 영향을 미치는 요인들을 정책내용, 추진방식 및 절차, 집행관료 및 조직, 조직간 관계, 정책대상자, 환경 요인으로 분류한 후 그 특징을 찾고자 하였다. 우리나라 집행 연구에서 특히 중요하게 나타난 세부 집행요인은 정책의 명확성, 일관성, 관료의 전문성 및 역량, 리더십, 예산 등의 집행 자원, 타조직과의 협업, 대상집단의 행태와 이해관계, 환경의 지지 요인 등이었다. 또한 시기와 정책유형에 따라 강조되는 집행 변수에 상대적으로 차이가 있었다.

시기별로 특징을 파악해 보면 1990년대의 연구에서는 정책집행의 환경요인, 즉 시민의 지지, 언론・이익집단・정당의 지지와 정치, 사회, 경제, 기술적 여건 등이 많이 다루어졌다. 반면에 2000년대 이후에는 대상집단 요인, 즉 대상집단의 행태, 대상집단의 신념, 이해관계, 정책대상자 인센티브, 대상집단의 능력과 관료의 특성이 강조되는 추세가 나타났다. 규제정책과 분배정책의 집행에 영향을 미치는 요인도 달랐는데, 규제정책의 집행사례에서는 정책내용 요인(정책의 명료성, 적절성)과 대상집단 요인(대상집단의 행태, 능력 및 자금, 규모)의 영향이 높게 나타났는데, 이는 규제정책의 권리제약이라는 속성상 정책대상자의 이해관계와 순응에 영향을 받기 때문이라고 보았다. 한편 분배정책의 집행사례에서는 관료 및 조직요인(리더십, 집행가능성 및 실효성)이 중요한 것으로 나타났다.

출처: 이혜영・고효진. 2015. 한국의 정책집행 사례에 대한 메타분석적 연구.

6) 하향적 접근방법의 평가

이상에서 살펴 본 하향적 접근방법의 장점은 다음과 같다(Sabatier, 1986: 26-29; 정정길 외, 2010: 571-572; Birkland, 2011).

① 정책결정자가 설계한 정책을 중심으로 정책집행의 전체적인 틀을 체계적으로 파악할 수 있다.
② 하향적 집행론자들이 제시한 변수들은 일종의 체크리스트로서 집행과정을 점검하는데 사용할 수 있다.
③ 정책목표와 그 달성을 중시하는 접근방법으로 객관적인 정책평가가 가능하다.

한편 단점으로 지적되는 점은 다음과 같다(Sabatier, 1986: 29-31; 정정길 외, 2010: 572-573).

① 일선집행관료의 능력과 대상집단의 반응, 반대세력의 전략과 입장 등 집행현장에서 중시되는 요소를 소홀히 할 가능성이 크다.
② 이 모형은 단독법령 또는 다른 권위 있는 정책의 진술로 표현되는 경우에 적용할 수 있는데 그러한 경우가 오히려 적기 때문에 이 모형의 적용가능성이 제한된다.
③ 목표와 목적에 대한 분명한 합의가 없을 경우에 성과를 제대로 평가하기 어렵다. 예를 들면 미국에서 오랫동안 지속된 55mph 속도제한법의 경우 주목적이 연료절감(경제속도)인지 교통사고로 인한 인명피해방지인지 분명하지 않은데, 이 경우 그 성과를 평가하기 어렵다.
④ 정책집행자(주정부, 지방자치단체)의 반대가 있을 경우에 집행의 어려움을 간과하였다. Goggin 등(1990)은 집행담당자의 전략적 지연(strategic delay)이 나타날 수 있다고 지적한다.
⑤ 너무 많은 요소를 나열하여 그들 간의 우선순위를 잘 알 수 없다.

3. 상향적 접근방법

1) 상향적 접근방법의 주요내용

상향적 접근방법(bottom-up approach)은 일선집행자와 정책대상집단의 관점에서 시작하는 정책집행의 연구를 말한다. 상향적 연구방법을 채택한 대표적인 학자로는 Lipsky, Elmore, Hjern & Hull 등이 있다. 집행연구의 상향적 접근방법은 하향적 집행방법에 대한 비판에서 시작되었다. 즉 정책결정자의 관점에서 집행과정을 연구하게 되면 다음과 같은 문제가 있다(Sabatier, 1986: 30).

① 하향식 접근방법에 의한 집행연구는 정책 대상집단과 일선관료의 영향을 간과함으로써 정책집행현상을 총체적으로 살펴보기 어렵다.
② 결정된 정책의 집행을 주도하는 집단이 없거나, 정책집행이 다양한 주도기관에 의하여 집행되는 경우 하향식 접근방법에 의한 설명이 어렵다.
③ 하향식 접근방법에 따른 정책연구는 일선 집행관료나 정책대상집단이 집행과정에서 자신들에게 유리하게 정책을 변화시키려는 전략을 간과하는 경향이 있다. 다시 말하면, 하향식 접근방법에 의한 정책연구는 정책집행에 영향을 미칠 수 있는 요인들을 무시하거나 간과하는 경향이 있다.
④ 하향식 접근방법은 정책형성 과정과 정책집행과정을 분리하고 있는데, 이들을 분리하는 것은 실질적으로 어려울 뿐 아니라 실익이 없다. 이같이 정책결정과 집행을 분리하는 것은 단일조직이 정책을 결정하고 집행하는 모든 과정에 관여할 수 있음을 간과한 것일 뿐 아니라, 일선집행기관과 정책대상집단들이 때로는 중앙정부 차원에서 결정된 사항을 무시하거나 간과한다는 사실을 설명하지 못한다.

상향식 집행연구자들은 정책집행을 이해하기 위해서는 일선집행관료와 대상집단의 행태를 고찰하여야 한다고 본다. 여기에서는 대표적인 상향적 집행론자들의 주장을 살펴보기로 하겠다.

2) Lipsky의 일선관료제

Lipsky(1971, 1980)는 정책집행을 담당하는 일선관료(street-level bureaucrats)들의 업무환경과 그들이 불확실성과 업무스트레스를 극복하기 위해 고안한 장치들에 관하여 논의하였다. Lipsky는 자신이 상향적 집행론자라고 스스로 밝힌 것은 아니지만 여러 가지 측면에서 상향적 접근방법의 창시자라고 여겨지고 있다(Hill & Hupe, 2002: 51). Lipsky의 아이디어는 1971년 발표한 논문에서 제시되었으며, 1980년 출간한 저서, *Street Level Bureaucracy: Dilemmas of the Individual in Public Service*로 널리 알려지게 되었다. 일선관료들이란 교사, 일선경찰관과 법집행공무원, 사회복지요원, 보건요원 등 일반 국민들과 직접 접촉하는 공무원들이며(Lipsky, 1980: 3), 유사한 업무 환경에서 일하기 때문에 공통점이 많다.

Lipsky(1980: 13-25)는 일선관료들이 사실상 재량권을 많이 행사하기 때문에 이들이 실질적인 정책결정자라고 본다. 그런데 이들의 업무환경은 다음과 같은 특징을 가진다(Lipsky, 1980: 27-28). 즉, (1) 일선관료들이 수행할 것으로 기대되는 업무와 비교하면 자원이 만성적으로 부족하다. (2) 서비스 수요는 증가하는 경향이 있다. (3) 일선관료들이 업무를 수행하는 기관에 대한 목표기대는 애매하고, 모호하며, 갈등적이다. (4) 목표달성을 지향하는 성과의 측정이 불가능한 것은 아니지만 매우 어렵다. (5) 고객들은 대체로 비자발적이다.

이러한 불확실한 업무환경에 대처하기 위한 일선관료들의 일반적 반응은 세 가지이다(Lipsky, 1980: 82-83). 첫째 이들은 그들이 직면하는 자원제약의 범위 내에서 해결방안을 도출할 수 있도록 업무를 조직화한다. 둘째, 그들은 자신들의 일에 대한 개념을 수정하여 목표를 낮추거나 제한하여 가용자원과 달성할 목표 사이의 격차를 줄일 수 있도록 한다. 셋째, 그들은 자신들의 고객에 대한 개념을 수정하여 목표와 성취한 것 사이의 격차를 받아들일 수 있도록 만든다. 다시 말하면 일선관료들은 복잡한 문제와 불확정성의 상황에 대처하기 위하여 적응메카니즘을 개발한다는 것이다. 일선관료들이 개발하는 메커니즘은 단순화(simplication)와 상례화(routinization)이다. 단순화란 복잡한 환경을 자신이 이해하고 다룰 수 있는 환경으로 구조화시켜서 인지하여 복잡한 상황을 관리하는 것이다. 상례화란 업무수행방식을 규칙적이고 습관적인 것으로 만들어가는 것이다. 그런데 일선관료들이 적응메커니즘으로서 단순화와 상례화를 시켜나가는 데 가장 큰 영향을 미치는 요소가 고객에 관한 고정관념(stereotypes)이다. 고정관념의 가장 기본을 이루는 것은 유형화 또는 분류인데, 예를 들면 가난한 사람과 부유한 사람을 구분하고, 전과자와 그렇지 않은 사람을 구분한다는 것이다. 일선관료들이 고정관념을 반영하여 정책을 집행하게 되면 사회에 자리잡고 있는 차별을 더욱 공고하게 할 수 있는 문제가 있다(정정길 외, 2010: 583-584).

Lipsky의 주장을 요약하면 일선관료들은 상당한 재량권을 행사하는데 불확실성과 업무스트레스를 극복하기 위하여 업무를 단순화하고 상례화한다. 그러므로 일선관료들이 실질적으로 집행되는 정책내용에 영향을 미친다.

그런데 왜 Lipsky를 집행연구에서 상향적 접근방법의 핵심인물로 생각하는가? Hill & Hupe(2002: 53)은 다음과 같은 두 가지를 지적하고 있다. 첫째, Lipsky가 일선관료의 역할을 핵심적인 것으로 초점을 맞추었는데 이는 정책투입보다는 일선집행자의 업무에 초점을 맞추고자 하는 상향적 집행연구자들의 방법론적 전략을 정당화시켰다. 둘째, 더욱 중요한 것은 정책결정자의 의도에 초점을 맞춘 하향적 접근방법이 실제로는 핵심에서 벗어났다는 점을 지적한 것이다. Lipsky에게 정책집행이란 일선관료가 엄청난 압력 아래서 재량권을 행사하는 것이다. 그러므로 상층부에서 그들을 계층제적으로 통제하려고 시도하면 할수록 일선관료들의 고정관념이 강해지고 고객들의 요구를 더욱 무시하게 된다는 것이다. 그러므로 집행자의 책임성을 확보하려면 새로운 접근방법이 필요하며 정책이 영향을 미치고자 하는 시민을 포함한 지방수준의 사람들의 기대를 충족시킬 수 있는 접근방법이 필요하다는 것이다.

3) Elmore의 후방향적 집행연구

Elmore(1980)는 집행연구에서 후방향적 연구(backward mapping)을 제안하였다. 후방향적 연구는 전방향적 연구(forward mapping)와 대조되는 접근방법이다. 전방향적 접근방법은 앞에서 살펴 본 하향적 접근방법과 유사한 것으로 정책결정자의 의도를 파악하는 데에서 연구를 시작하여 정책집행단계를 분석한 다음, 최종적인 집행성과를 원래 의도한 정책목표와 비교하는 연구방법이다. 반면 Elmore가 제시한 후방향적 집행연구는 집행과정의 최하위수준인 집행현장에서 발생하는 상황과 일선관료의 행태에 관한 분석에서 집행연구를 시작한다. 최하위수준에서 집행관련 현황이 파악되면 차상위 단계로 올라가면서 필요한 재량과 자원을 파악한다.

Elmore(1980)는 사례연구로 연방정부의 청년층 고용 및 훈련프로그램을 검토하여, 집행체계가 과연 문제해결을 위하여 효과적인 것인가를 다루었다.

이 프로그램의 경우 집행의 성공요인들이 정부의 직접통제권 밖에 있음을 밝혀냈다. 즉 서비스 대상인 청년, 서비스 공급자인 지역학교 및 고용훈련조직, 그리고 민간고용주 사이의 상호작용이 중요하다는 것이다. 즉, 누가 어떻게 서비스를 받을 것인가에 대한 공급자의 결정, 훈련 및 직장의 유형에 대한 서비스 대상자인 청년들의 결정, 그리고 고용에 대한 기업주의 결정이 정책집행의 효과에 큰 영향을 미치게 된다. 그런데 이러한 결정은 전통적 행정장치를 통하여 표준적으로 관리·통제될 수 없는 해당 집단의 재량사항이라는 것이다.

따라서 정책결정자의 임무는 그러한 결정이 고용효과를 증가시킬 수 있는 방향으로 내려지도록 재량권을 부여하는 것으로 본다(박경효, 2000: 496-497). 그 이유는 정책문제에 가장 근접해 있는 사람들의 직접적인 선택이 사업의 효과를 잘 보장해 주기 때문이다. 서비스 전달에 관련된 집단과 그들의 의사결정에 관한 정확한 분석없이는 적절한 문제해결방안을 제시하기 힘들기 때문에 정책형성과정은 일선집행현장의 주요 요소들에 대한 이해로부터 시작되어야 한다는 것이다. 이러한 의미에서 정책효과가 나타나는 일선의 실제적 상황을 기초로 하여 정책결정을 내려야 한다는 것이 후방향적 접근방법의 핵심논리인 것이다.

그러므로 후방향적 접근에서 정책집행의 성공의 핵심요소라고 여기는 것은 일선집행관료들의 지식과 전문성이 충분하게 발휘될 수 있도록 적절한 재량권과 자원을 부여하는 것이다.

4) Hjern과 동료들의 집행구조 연구

Hjern은 스웨덴 학자로 독일의 연구기관에서 유럽의 고용 및 훈련프로그램에 관하여 연구하면서 상향적 접근방법을 활용하였다(Hjern & Porter, 1981; Hjern & Hull, 1982). Hjern은 David Porter, Chris Hull 등 동료들과의 공동연구를 통하여 자신의 아이디어를 활용하였다. Hjern과 동료들의 방법론에서는 집행현장에서 복수 조직들의 상호작용을 중시한다. 이러한 점에서는 Pressman & Wildavsky의 연구와 유사하다. 이들은 집행과정에서 나타나는 제도적 배열(institutional arrangement)을 파악하는 것이 집행연구의 급선무라고 생각한다. 즉 집행구조(implementation structure)가 집행연구의 새로운 분석단위가 되어야 한다고 본다. 집행구조란 특정분야의 정책집행과 관련된 모든 행위자들, 행위자들이 사용하는 자원, 전략, 협상, 계약 등을 포함한 개념이다. 정책집행은 단일 조직에 의해 수행되는 것이 아니라 복수의 기관에 의하여 다양한 정책관련집단들의 동태적 관계 속에서 이루어진다.

정책집행은 다양한 차원의 정부간 관계, 정책과 관련된 집단의 총체적 구조에 의해 이루어지기 때문에 집행연구는 '집행구조'를 분석단위로 이루어져야 한다고 본다(Hjern & Porter, 1981). 그런데 이러한 집행구조는 하향적으로 설계되는 것이 아니라 집행하게 될 정책과 관련하여 현장에서 자생적으로 형성된다는 것이다. 집행네트워크에는 공공부문만 포함되는 것이 아니라 민간부문의 기관도 포함된다(Hjern & Hull, 1982). 실제로 고용 및 훈련 프로그램의 집행현장에서는 특정의 지배적인 정책프로그램은 존재하지 않으며, 서로 다른 초점을 가진 상당히 많은 정책들이 존재한다. 이러한 경우에는 특정 정책프로그램을 분석단위로 설정하여 하향적으로 접근하는 연구방법을 적용하는 것이 사실상 어렵다. 그러므로 집행현장에서 귀납적 방법을 통하여 연구가 시작되어야 한다고 본다. 일단 파악된 관련기관의 관계자를 조사한 후, 이들과 같이 일한 사람들을 눈덩이 표본추출방법(snow-ball sampling)을 통하여 찾아서 조사해야 한다는 것이다. 이들에 대한 조사를 통하여 현장에서 집행자들의 우선순위를 파악할 수 있다. 또한 정책대상집단에 대한 조사를 통하여 동일한 정책문제를 다루는 복수의 집행기관들의 상대적인 문제해결능력도 파악할 수 있게 된다는 것이다.

5) 우리나라의 정책집행 구조 연구

우리나라에서 개발연대인 박정희 시대의 대표적인 정책프로그램인 각종 운동(가족계획 운동, 새마을운동 등 81개 운동)의 집행을 연구한 윤견수·박진우(2016)에 따르면 당시 정책집행의 전과정은 관료제가 주도하지만 외형적으로는 다양한 행위자들을 동원하여 경쟁을 유도한 관료적 거버넌스로 특징지워지며, 제도의 경로의존성을 받아들일 때 이는 오늘날 한국행정의 원형이라고 본다. 박진우(2017)는 청주·청원 통합사례에서 민주화와 지방자치 실시 이후에도 국가관료제의 관료적 거버넌스가 작동하고 있다고 보았다.

민주화 이전인 11대 국회(1981-1985)와 민주화 이후인 17대 국회(2004-

Box 3-2: 우리나라 법률상 집행구조 분석

우리나라의 지배적인 정책집행구조가 단일기관에 의한 계층제 구조인지 복수기관이 참여하는 네트워크 구조인지 확인하기 위하여 송성화·전영한(2012)은 11대 국회(1981-1985)와 17대 국회(2004-2008)의 가결법안 341건과 1,193건 가운데, 정책프로그램을 실현하고 집행하는 목적을 가진 법률(11대 국회 44건, 17대 국회 206건)만을 대상으로 집행구조를 분석하였다.

법률상 집행구조의 내용분석결과 다수기관이 집행에 참여하는 네트워크 집행구조가 두 기간 모두 70% 이상으로, 단일기관에 의한 위계적 집행구조보다 많았다.

표 법률상 집행구조

	11대 국회 (1981–1985)	17대 국회 (2004–2008)	합계
단일기관	13(29.55%)	61(29.61%)	74(29.6%)
다수기관	31(70.45%)	145(70.39%)	176(70.4%)
합계	44(17.6%)	206(82.4%)	250(100%)

다수기관이 정책집행에 참여하도록 규정된 법률 176건을 분석한 결과, 지방정부가 참여하도록 규정된 법률은 113건으로 전체의 64.2%를 차지하였고, 민간조직의 참여는 72건, 42.04%, 다른 부처의 참여는 49건, 27.84%, 그리고 준정부조직의 참여는 32건, 18.18%로 나타났다. 그러므로, 우리나라 정책집행 네트워크의 구체적 형태는 공공-민간부문의 경계를 넘나드는 네트워크가 아니라 공공부문의 다양한 기관이 참여하는 공공부문 내부네트워크 구조가 우위를 차지하고 있다.

표 다수기관 정책집행의 구체적 형태

	11대 국회	17대 국회	합계
다른부처	9(29.03%)	40(27.59%)	49(27.84%)
지방정부	17(54.84%)	96(66.21%)	113(64.2%)
준정부조직	5(16.13%)	27(18.62%)	32(18.18%)
민간조직	12(38.71%)	62(42.76%)	74(42.04%)

주: 다수기관 집행 법률 중에서 각 행위자가 집행에 참여하는 법률의 비율을 나타내었다.
출처: 송성화·전영한. 2012. 계층제인가? 네트워크인가? 한국의 정책집행구조에 관한 법률분석.

2008)의 가결법안 가운데 정책 프로그램을 실현하고 집행하는 목적을 가진 법률만을 대상으로 법률상 정책집행구조를 분석한 결과([Box 3-2] 참조), 단일기관에 의한 위계적 집행구조보다 다수기관이 집행에 참여하는 네트워크 집행구조가 압도적으로 많은 것으로 나타났으며, 민주화 이전과 민주화 이후를 비교할 경우에 그 차이는 거의 없었다(송성화 · 전영한, 2012). 우리나라 정책집행 네트워크의 구체적 형태는 공공-민간부문의 경계를 넘나드는 네트워크가 아니라 공공부문의 다양한 기관이 참여하는 공공부문 내부네트워크 구조가 우위를 차지하고 있다.

6) 상향적 접근방법의 평가

상향적 접근방법의 장점은 하향적 접근방법의 약점을 극복할 수 있다는 것으로 대체로 다음과 같다(Sabatier, 1986: 33-34; 정정길 외, 2010: 592; Birkland, 2011).

① 정책집행과정의 상세한 기술과 집행과정의 인과관계 파악이 가능하다. 예를 들면 집행현장에서 네덜란드 공해억제정책을 연구한 Hanf에 따르면 공해억제정책보다 에너지정책 및 에너지 가격이 공해방지 활동에 더욱 강한 영향을 미친 것으로 파악되었다. 집행현장연구를 통하여 실질적 집행효과, 복수의 집행업무를 담당하는 집행자의 우선순위와 집행전략, 반대세력의 전략과 입장, 집행의 부작용 및 부수효과를 파악하는 것이 가능하다.

② 정책집행현장을 연구하면서 공식적 정책목표 외에도 의도하지 않았던 효과를 분석할 수 있다.

③ 공공부문과 민간부문의 조직 등 다양한 집행조직의 상대적 문제해결 능력을 파악하는 것이 가능하다.

④ 집행현장에서 다양한 공공프로그램과 민간부문의 프로그램이 적용되는 집행영역을 다룰 수 있다.

⑤ 시간의 경과에 따른 행위자들 간의 전략적 상호작용과 변화를 다룰 수 있다.

한편 상향적 접근방법의 단점은 하향적 접근방법의 강점을 살릴 수 없다는 것이다(Sabatier, 1986: 33-34; 정정길 외, 2010: 592-594). 즉 '나무'는 보되 '숲'을 보지 못하는 문제점이 있다는 것으로 대체로 다음과 같다.

① 일선집행관료의 영향을 지나치게 강조하고 집행의 거시적 틀의 중요성을 경시한다.
② 집행실적의 객관적 평가가 어려워진다는 것으로 공식적 정책목표의 달성도를 파악하기 어렵다. 일선관료를 중시하는 집행지상주의에 빠지면 공식적 정책목표의 실현이라는 기본명제를 도외시할 수 있다.
③ 일선집행요원들이 쉽게 느낄 수 없는 사회적, 경제적, 법적 요인들이 무시되기 쉽다. 집행관료와 대상집단의 인지 중심으로 연구가 진행되면 그들의 인지능력을 벗어난 거시적인 정치, 사회, 경제 및 법적 요인과 국제환경의 동향 등이 소홀히 다루어질 수 있다는 것이다.
④ 선거직 공무원에 의한 정책결정과 책임이라는 고전적 대의민주주의 원칙에 위반된다.
⑤ 일관된 분석틀을 구성하기 어렵다.

4. 상향적 접근방법과 하향적 접근방법 비교

이상에서 살펴본 하향적 접근방법과 상향적 접근방법은 여러 가지 측면에서 그 특성을 비교할 수 있는데 〈표 3-2〉에 그 특성을 간략하게 요약하여 제시하였다.

첫째, 하향적 접근방법의 연구전략은 새로운 법률이나 법률개정과 같이 정부가 결정한 정책의 내용에서부터 연구를 시작하여 일선 집행담당기관과 민간부문의 위탁기관, 그리고 정책대상집단으로 내려가는 연구전략을 채택한다. 반면 상향적 접근방법에서는 일선집행현장에서 정책을 전달하는 개별관료와 정책대상집단에서 출발하여 일선 집행네트워크를 파악하고, 정부의 정책과 정책결정 집단으로 올라가는 연구전략을 사용한다.

둘째, 하향적 집행연구자의 분석목표는 집행에 관한 일반이론에 도달하는 것이다. 이러한 이론은 개별 법률이 효과적으로 집행될 수 있을지 아닐

표 3-2 하향적 접근방법과 상향적 접근방법의 특성 비교

	하향적 접근방법	상향적 접근방법
연구전략	정치적 결정으로부터 행정적 집행으로	개별 관료로부터 행정네트워크로
분석목표	예측/정책건의	기술/설명
정책과정의 모형	단계주의자 모형	융합주의자 모형
집행과정의 특징	계층적 지도	분권화된 문제해결
민주주의의 모형	엘리트 민주주의	참여 민주주의
평가기준	- 공식목표달성에 초점 - 정치적 기준과 의도하지 않은 결과도 고찰하지만 이는 선택적 기준	- 분명하지 않음. 평가자가 선택한 정책이슈와 정책문제 - 공식목표는 중요하지 않음
전반적 초점	정책결정자가 의도한 정책목표를 달성하기 위해 집행체계를 어떻게 운영하는지	집행네트워크 행위자의 전략적 상호작용

출처: Pülzl & Treib. 2007. Implementing Public Policy. p. 94. 표 7-1.; Sabatier. 1986. Top-down and Bottom-up Approaches to Implementation Research. pp. 32-37; 유훈. 2007. 정책집행론, 143-144쪽에서 종합.

지를 예측할 수 있을 정도로 간명하여야 한다(Pülzl & Treib, 2007: 93). 나아가서 그러한 이론은 집행이 개선될 수 있는 견해를 가지고 정책결정자에게 권고할 수 있어야 한다. 이와는 대조적으로 상향적 접근방법의 목적은 정책전달에 관여한 행위자들의 문제해결전략과 상호작용에 관하여 정확하게 경험적으로 기술하고 설명하는 것이다. 대부분의 상향적 연구는 집행자들에게 주어진 상당한 재량의 여지에 관하여 묘사하는 기술에 그치고 있다. 그러나 일부 연구에서는 이러한 묘사를 넘어서 집행이 이루어지는 네트워크 구조 또는 '집행구조'(implementation structures)에 관한 복잡한 교시적 모형(heuristic model)을 제시하기도 한다(Hjern & Porter, 1981).

셋째, 두 학파가 기반을 두고 있는 정책과정에 관한 모형이 다르다. 하향적 집행연구자들은 정책과정에 관한 교과서적 개념의 영향을 받았다. 이러한 단계주의자 모형은 정책과정이 몇 개의 분명하게 구분될 수 있는 국면으로 분할될 수 있다고 가정한다. 그러므로 하향적 분석에서는 전체적 정책과정에 초점을 두는 것이 아니라, "법안이 법률로 통과된 이후 어떤 일이 있었는가"(Bardach, 1977)에 관심을 가진다. 이와 대조적으로 상향적 집행연구자들은 정책집행은 정책형성과 분리될 수 없다고 주장한다. 이러한 융합주의자 모형에 따르면 정책결정은 정책과정의 전 단계에서 진행된다. 그러므로 상향적 연구자들은 정책과정의 어느 한 단계에만 관심을 가지지 않는다. 그 대신 이들은 정책이 어떻게 정의되고, 형성되며, 집행되고, 재정의될 가능성이 있는지 전 과정에 관심을 가진다.

넷째, 두 학파는 집행과정의 특징에 관하여 매우 다른 견해를 가지고 있다. 하향적 집행연구자들은 집행을 "기본적 정책결정을 이행하는 것"으로 이해한다. 이러한 견해에 의하면 집행은 비정치적이고, 행정적인 과정이다. 권력은 궁극적으로 중앙의 정책결정자에게 있으며, 이들이 분명한 정책목표를 정의하고 이러한 목표를 실천에 옮기는 과정을 계층적으로 지도할 수 있는 것으로 본다. 한편 상향적 연구자들은 계층적 지도의 아이디어를 거부한다. 그들의 견해에 따르면 명쾌한 정책목적을 가진 법률을 만들고 집행과정을 하향적으로 통제한다는 것이 불가능하다는 것이다. 이 모형에서는 집행자가 항상 많은 재량권을 가진다고 본다. 상향적 연구자들은 집행과정은 상당히 정치적인 과정이며 정책이 집행 단계에서 결정적으로 구체화된다는 것으로 본다. 그러므로 초점은 계층적 지도가 아닌 지방 행위자의 분권적 문제해결에 있다.

다섯째, 두 접근방법은 성격이 전혀 다른 민주주의 모형에 기초하고 있다. 하향적 접근방법은 대의 민주주의의 전통적, 엘리트주의적 개념에 뿌리를 두고 있다. 이러한 견해에 따르면 선출된 대표자가 모든 시민을 위하여 구속력를 가진 결정을 내릴 수 있는 사회의 유일한 행위자이다. 그러므로 이러한 결정이 가능한 최대로 정확하게 집행할 수 있도록 보장하는 것이 민주적 거버넌스에 적합하다고 본다. 다시 말하면 중앙에서 결정된 정책목적에서 벗어나는 것은 민주적인 기준을 위반하는 것이다. 상향적 집행론자들은 이러한 개념에 이의를 제기한다. 그들은 지방의 관료, 영향을 받는 대상집단, 그리고 민간부문의 행위자의 관심사를 고려하는 것도 또한 정당한 것으로 본다. 그러므로 중앙에서 정의된 정책목적에서 일탈하는 것이 민주적 원칙에 위배되는 것이 아니라는 것이다. 이러한 각도에서 보면 정당화될 수 있는 민주적 거버넌스는 정책형성에서 특정 결정에 의하여 영향을 받는 사람들(하급 공무원, 이익집단, 민간행위자 등)을 포함하는 민주주의의 참여모형에 의하면 가능해 진다.

여섯째, 두 접근방법은 평가기준이 다르다. 하향적 접근방법에서는 공식적 목표의 달성도가 주된 평가기준이 된다. 그 밖에서 정치적으로 중요성을 지니는 기준이나 의도하지 않았던 결과도 염두에 두는 경우도 있으나, 이는 선택적 기준에 불과하다. 한편 상향적 접근방법에서는 평가기준이 분명하지 않다. 정부의 공식적 결정은 평가기준으로서 중시되지 않으며, 연구자가 정책이슈와 정책문제와 관련이 있다고 생각하는 것이 평가기준이 된다.

일곱째, 연구의 전반적 초점이 다르다. 하향적 접근방법에서는 정책결정자가 의도한 정책목표를 달성하기 위해 집행체계를 어떻게 운영하는지에 관심을 가진다. 반면 상향적 접근방법에서는 집행네트워크 행위자들 사이의 전략적 상호작용에 초점을 두고 있다.

이상에서 살펴 본 두 접근방법의 비교에서 알 수 있는 바와 같이 하향적 접근방법과 상향적 접근방법은 단순하게 정책집행의 동인에 관한 경험적 묘사에 관한 논쟁에 그치는 것이 아니라 여러 가지 차원에서 대조적이다. 그러나 두 접근방법이 자신들의 입장을 지나치게 과장하고 있는 것도 사실이다(Sabatier, 1986; Pülzl & Treib, 2007: 95). 즉 하향적 접근방법 주창자들은 정책결정자들이 명쾌한 정책목표를 설정하고 집행과정을 정확하게 통제할 수 있는 능력을 과장하고 있다. 한편 이러한 법률입안자의 관점을 비판하는 상향적 집행론자들은 지방 관료들의 재량권의 정도를 과대평가하고 따라서 '상층부'에 대한 '하층부'의 자율성을 지나치게 과장한다. 학자들이 두 접근방법 모두 적실성을 가지고 있다는 보다 많은 경험적 증거를 수집하게 되면서, 동시에 중앙의 조종과 지방의 자율성에 관심을 갖는 집행의 이론모형을 받아들일 수 있다는데 의견이 모아지게 되었다(예를 들면, O'Toole, 2000: 268). 이에 따라 다음 절에서 살펴볼 몇 가지 통합모형이 나오게 되었다.

V. 통합모형 또는 통합적 접근방법

정책집행연구를 위한 통합적 접근방법(synthesizers) 또는 절충이론(hybrid theories)은 하향적 접근방법과 상향적 접근방법의 개념적 취약점을 회피하기 위하여 두 모형의 요소들을 종합하여 집행과정을 연구하는 방법을 의미한다. 통합적 접근방법을 주장한 학자들은 Elmore(1985), Sabatier(1986), Goggin et al.(1990), Scharpf(1978), Windhoff-Héritier(1980), Ripley & Franklin (1982), Winter(1990) 등이다. 이들은 하향적 접근방법의 관심사인 효과적인 정책집행을 출발점으로, 상향적 접근방법과 다른 이론의 요소를 그들의 모형에 통합하려고 시도하였다.

1. 주요 통합모형

1) Elmore의 통합모형

앞에서 살펴본 바와 같이 Elmore는 후방향적 접근방법을 채택하여 상향적 연구방법을 주도한 학자로 잘 알려져 있다. 그는 일찍이 Organizational Models of Social Program Implementation(1978)에서 Allison(1971)의 쿠바 미사일 위기 분석에서 계기를 찾아, 복수의 이론적 모형을 사용하여 집행을 설명하고자 하였다. 즉 '시스템 관리'로서의 집행, '관료적 과정'으로서의 집행, '조직발전'으로서 집행, '갈등과 협상'으로서 집행을 대조하고 설명하고자 시도하였다(박천오, 2000: 464-474 참조).

그가 정책집행을 네 가지 모형으로 분류하여 살펴보고자 한 이유는 집행과정을 목표가 결과로 연계되는 평면적인 과정으로 보지 않고, 복잡하고 다양한 요인들이 연계되어 영향을 주고 받는 과정으로 볼 경우 집행과정에 관한 보다 타당성이 높은 설명이 가능하다고 보았기 때문이다. 결정된 정책의 목표가 집행과정에서 어느 정도 성취되었는지 설명하고 집행과정에서 야기된 문제들을 해결하여 목표를 효과적으로 달성하려면 집행과정에 관하여 '시스템 관리'와 '관료적 과정' 관점의 연구가 도움이 된다. 한편 집행과정에 영향을 미칠 수 있는 '일선기관'과 '정책대상집단'의 행위에 초점을 맞추어 보면 정책집행을 '조직발전' 측면과 '갈등과 협상'과정으로 취급할 필요가 있다(류지성, 2007: 430). 이러한 관점에서 Hill & Hupe(2002: 58)은 Elmore가 다양한 방법의 사용을 강조하였기 때문에 종합적 방법을 시도한 최초의 학자로 보아야 한다고 주장한다.

Elmore는 1985년 논문에서 후방향적 연구의 개념을 전방향적 연구의 아이디어와 통합하고자 하였다(Elmore, 1985). 그는 프로그램 성공은 두 가지 모형의 요소를 종합하는 데 달려 있다고 주장한다. 즉 정책결정자는 정책변화를 위하여 정책수단과 가용자원을 고려하는 데서 출발하여야 한다(전방향적 접근). 그러나 또한 집행자와 대상집단의 인센티브 구조를 확인하여야 한다는 것이다(후방향적 접근).

2) Ripley & Franklin의 정책유형별 정책집행

집행될 정책의 유형은 하향적 집행론과 상향적 집행론의 논쟁에서 전혀 다루어지지 않았던 측면 중의 하나이다. Ripley & Franklin(1982)는 Lowi (1972)의 정책유형 분류를 기초로 배분정책, 규제정책, 그리고 재분배정책을 구분하고, 각 유형에는 서로 다른 이해관계자 집단이 관여하며 집행단계에서 갈등의 유형 및 수준도 다르다고 주장하였다. 즉 정책집행과정도 다른 과정과 마찬가지로 정치적 성격이 강하므로 그러한 차이가 나타난다는 것이다. 이들의 주장을 요약하면 다음과 같다.

첫째, 서비스를 제공하는 배분정책의 집행에서는 집행에 개입하는 자들의 핵심이 수혜자들이고, 또 집행에 개입하는 자들이 집행에 대한 반대가 거의 없으므로 원만하게 집행이 이루어진다.

둘째, 규제정책의 집행에서는 정책 때문에 피해를 입는 피규제자들이 가장 활발하게 집행과정에 개입하고 있으며, 이들이 정책집행에 계속 저항하며, 정부규제를 축소·완화하려는 활동을 주도한다. 따라서 집행을 추진하는 행정조직과 계속 마찰과 갈등을 일으키기 때문에 원만한 집행이 어렵다는 것이다.

셋째, 재분배정책도 정책에 반대하는 세력들이 계속 집행에 개입하여 이념논쟁도 일으키고 혜택도 줄이고, 세금도 감소하자고 주장하면서 집행에 반대하기 때문에 집행이 어렵다는 것이다. 그런데 정정길 외(2010)는 재분배정책의 이러한 특성은 미국이 1960년대 후반에 추진한 재분배정책의 특수성 때문에 그럴 수도 있으며 모든 나라에 일반화되기는 어렵다고 보았다.

한편 Windhoff-Héritier(1980)도 유사한 주장을 하고 있다(Pülzl & Treib, 2007: 95-96에서 재인용). 그녀는 분배정책과 재분배정책을 구분하였다. 규제정책의 경우 규제프로그램에 분명하게 확인할 수 있는 승자와 패자가 있느냐에 따라 분배정책과 재분배정책의 범주 중 하나로 분류할 수 있다고 보았다. 배분정책은 어떠한 집행구조에서도 쉽게 집행될 수 있지만 재분배정책은 효과적으로 집행되려면 계층제적인 집행구조가 필요하다는 것이다.

3) Scharpf, O'Toole, Jr., Kickert et al. 정책집행 네트워크

Scharpf(1978)는 비교적 일찍이 중앙정부에 의한 정치적 조종(political steering)의 아이디어와 상향적 집행론자들의 주장, 즉 목표를 행동으로 전환하는 것은 서로 다른 이해와 전략을 가진 다수의 행위자들의 상호작용에 달려있다는 주장을 조화시키려고 시도한 학자이다. 그는 정책집행연구에 정책네트워크의 개념을 도입하여 독립적이지만 상호의존적인 행위자들 사이의 조정과 협력이 이루어지는 과정을 중요시하였다.

O'Toole은 정책집행을 집행을 담당하는 조직내 특성과 정부조직간 네트워크라는 관점에서 연구한 대표적인 학자이다(Montjoy & O'Toole, 1979; O'Toole & Montjoy, 1984; O'Toole, 1988; 1997). 대부분의 정부정책은 일반적으로 정부기관이라는 조직을 통하여 집행된다. 그러므로 Montjoy & O'Toole(1979)은 집행문제를 조직과 관련된 요인에서 찾을 수 있다고 보았다. 기존의 조직이론 문헌을 검토한 결과 Montjoy & O'Toole은 그러한 요인을 조직내 문제(intra-organizational problem)과 조직간 문제(inter-organizational problem)로 구분할 수 있었다. 조직내적인 문제는 새로운 명령이 특정 행정기관에 부과될 때 조직내 개인에게 요구되는 새로운 행동유형이 기존의 유형과 경쟁관계에 놓일 때 발생한다(박광국, 2000). 한편 새로운 명령을 집행할 때 둘 이상의 행정기관이 참여하게 되는 경우 기관간 조정문제를 놓고 조직간 집행문제가 발생된다. Montjoy & O'Toole (1979)은 초기에는 조직내의 문제가 정책집행에 미치는 영향을 다루었다. 그 이후에는 정책

집행을 위한 조직간 과정(inter-organizational process)에 관한 모형을 구성하고 계량적인 경험적 연구를 통하여 검증하고자 시도하였다(O'Toole & Meier, 1999; Meier & O'Toole, 2001).

한편 네델란드 학자들인 Kickert, Klijin & Koppenjan(1997)이 편집한 저서 *Managing Complex Networks: Strategies for the Public Sector*에서도 집행에서 네트워크 관리의 중요성을 강조하고 있다.

4) Sabatier의 통합모형

Mazmanian과 공동으로 대표적인 하향적 집행모형을 개발하였던 Sabatier(1986)는 정책집행에 관한 통합모형을 제안하였다. Sabatier(1986)는 하향적 모형과 상향적 모형의 장점과 단점을 평가한 후 그 한계를 극복할 수 있는 두 가지 접근방법을 제시하였다.

첫째는 비교우위접근방법(comparative advantage approach)으로 양 접근방법 가운데 상대적으로 적용가능성이 높은 조건을 발견한 후, 그러한 조건에 따라 하나의 접근방법을 개별 집행연구의 틀로 사용하자는 것이다. 예를 들면 특정의 정책분야에서 단일의 법령이 지배적으로 작용하는 경우는 하향식 접근방법을 채택하는 것이 바람직한 반면, 지배적인 정책이나 법규가 없고 공공부문과 민간부문의 다양한 참여자들이 존재하는 경우에는 상향식 접근방법을 채택하는 것이 바람직하다는 것이다. 어떠한 전략을 채택할 지는 연구자가 사용가능한 시간과 자원(연구비, 연구인력)과도 관계된다. 이러한 자원이 충분하지 않을 경우 하향식 접근방법을 채택하는 것이 현실적으로 유리하다.

두 번째는 두 접근방법을 실질적으로 통합(synthesis)하는 것이다. Sabatier의 통합적 접근방법은 정책옹호연합모형(advocacy coalition framework, ACF)이라고 부르는데 Jenkins-Smith와 함께 개발하였다(Sabatier & Jenkins-Smith, 1993). 이 모형에서는 정책과정의 단계모형을 거부하고 정책변화를 전체적인 관점에서 설명하고자 한다. 이들의 모형은 1993년 제시된 이후 몇 차례 수정을 거쳤다(Sabatier & Weible, 2007: 189-220 참조). 기본적인 방법은 상향적 접근방법의 분석단위를 채택하고, 여기에 영향을 미치는 요인으로 하향적 접근방법의 여러 가지 변수와 사회경제적 상황과 수단들을 결합시킨 것이다. 즉, 기본적인 분석단위를 정책하위시스템(policy subsystem)으로 설정하였는데, 정책하위시스템 내에는 공공부문과 민간부문의 행위자로 구성되는 복수의 정책연합들이 존재한다.

특정 정책을 지지하는 지지연합과 이를 반대하는 연합이 있을 수 있으며, 집행과정에서 이들 사이에 갈등과 타협을 분석할 수 있다. 한편 정책하위시스템 참여자들의 활동에 영향을 미치는 요인을 하향적 접근방법에서 도출하고자 하였다. 이들은 크게 두 가지 범주로 구분되는데 하나는 상대적으로 안정적인 변수로 문제영역의 기본 속성, 자원의 배분, 사회문화적 가치와 사회구조, 법률의 기본구조가 포함된다. 다른 하나는 하위체제 외부의 사건인데 사회경제적 조건과 기술변화, 지배연합의 변화, 다른 하위체제로부터의 영향 등이 포함된다.

그런데 이들의 정책옹호연합모형은 그 초점이 정책집행에 있다기보다는 10년~20년 단위에서 정책변동을 조명할 수 있는 틀로 제시된 것이다. 물론 그 과정에서 집행현장에 영향을 미치는 요인을 파악할 수 있으므로 집행분석모형이라고 볼 수 있다. 이 책에서는 이 모형을 정책변동 부분에서 다루고자 한다.

5) Goggin과 동료들의 통합모형

Goggin과 그의 동료들(1990)은 1970년대 이후 정책집행연구를 되돌아보면서 1970년대 초반이후 단일집행 사례중심의 연구를 제1세대 정책집행연구, 1970년대 후반 이후 정책집행에 영향을 미치는 요인을 찾고자 했던 연구를 제2세대 집행연구라고 부른다. Goggin(1986)은 과거의 집행연구가 단일사례연구를 중심으로 진행되어 소위 '지나치게 소수사례에 지나치게 많은 변수'의 문제, 즉 둘 이상의 변수가 종속변수의 변이를 똑같이 설명하게 되는 문제를 가지고 있다고 비판하였다. 즉 단일사례연구에서는 제3변수를 통제할 수 없으므로 집행이론을 개발하기 어렵다는 것이다.

그러므로 Goggin은 관찰사례수를 증가시킬 수 있는 비교사례연구 또는 통계적 연구설계의 바탕위에서 이론의 검증을 시도하는 제3세대 집행연구를 주장하였다. 이들은 집행연구를 기존의 접근방법보다 '과학적'으로 수행하여야 한다고 본 것이다. 이들의 주장에 의하면 제3세대 집행연구란 "설명하고 예측할 수 있는 중범위 집행이론을 개발하고 검증하는 연구"를 말한다

그림 3-4 Goggin과 동료들의 정부간 정책집행의 의사소통 모형

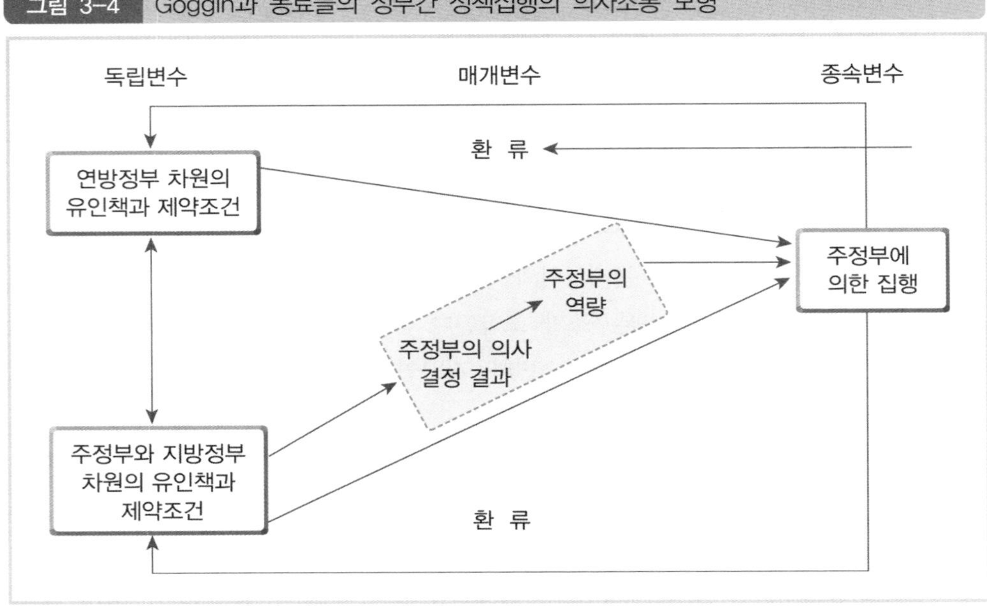

출처: Goggin et al. 1990. *Implementation Theory and Practice: Toward a Third Generation.* p. 32.

(Goggin et al., 1990: 15). 이들은 제3세대 접근에서 '과학적'이란 다음과 같은 맥락에서 이해될 수 있다고 본다. 첫째, 집행과정을 묘사할 때 사용하는 중심개념들을 분명하게 정의한다. 둘째, 다양한 정책집행사례를 충분히 검토할 수 있도록 '행태와 유형'을 범주화시키는 것이다. 셋째, 정책집행모형을 구성하는 다양한 변수와 요인들을 측정이 가능하도록 조작화함으로써 정책집행모형으로부터 유추된 가설을 검증하는 것이다.

이러한 맥락에서 Goggin과 동료들은 정책집행을 과학적으로 접근할 수 있는 중범위 이론으로 정책결정자와 집행자 사이의 의사소통모형(communication model)을 제시하였다. 이들은 정책 설계자와 집행자들 사이에 오가는 메시지 중요성을 지적하고, 집행은 명령하는 문제이며 또한 교섭과 의사소통의 문제라고 보았다.

그들의 집행모형은 미국 연방체제 아래서 연방정부의 결정을 주정부와 지방정부가 어떻게 집행하는지에 초점을 둔 모형으로 [그림 3-4]에 제시되었다. Goggin과 동료들의 정책집행모형에서 정책집행에 영향을 미치는 독립

변수는 두 가지 범주로 분류된다. 하나는 연방정부 차원에서 집행을 위해 사용하는 '유인과 제약요인'이며, 다른 하나는 주정부와 지방정부 차원에서 사용하는 유인과 제약요인이다. 연방정부와 주정부의 유인과 제약요인이 정책집행에 영향을 미치는 독립변수로 작용한다는 것이다.

한편 정책집행에 영향을 미치는 매개변수로 세 가지 범주를 지적하고 있다(Goggin et al. 1990, 제8장).

첫째는 집행을 담당하는 조직의 역량(organizational capacity)이다. 즉 집행을 담당할 정부조직의 전문성, 집행에 필요한 충분한 시간과 자원의 조달 등과 같은 조직의 역량이 집행에 큰 영향을 미치는 매개변수가 된다.

둘째, 정책집행을 담당하는 기관의 생태적 역량(ecological capacity)이다. 생태란 조직의 환경을 말하는 것으로 집행을 담당하는 정부가 처해 있는 정치 · 경제 · 사회적 조건들과 관련된다.

셋째는 환류와 정책재설계(policy redesign)이다. 연방정부와 주정부가 원활한 정책집행을 위해 사용하는 각종 유인과 중앙과 지방의 특성으로부터 야기되는 제약요인에 관한 정보는 환류를 통하여 정책을 재설계하는데 사용된다. 이러한 변수로부터 17가지의 가설이 도출되었으며, 각 가설에는 세부가설이 포함되어 있다. 가설의 예를 들면 다음과 같다.

주정부와 지방정부의 유인과 제약요인으로부터 나온 가설:

가설 5: 주정부 공무원의 눈으로 볼 때 메시지를 보낸 주정부 또는 지방정부 발신자가 정당하고 믿을만하다고 생각할수록, 주정부 집행자가 수정 없이 신속하게 진행할 가능성이 높다(Goggin et al., 1990: 179).

조직의 역량으로부터 나온 가설:

가설 7: 주정부가 프로그램을 집행하는 데 더 많은 인원을 투입할수록, 수정 없이 신속한 집행이 이루어질 가능성이 높다.

위에서 살펴 본 바와 같이 이 분석에서는 연방정부, 주정부, 지방정부 사이의 의사소통에 관한 이슈가 매우 중요하다. Goggin과 동료들은 미국의 연방정부와 주정부 관계의 맥락에서 연방정부의 정책메시지를 주정부가 어떻게 받아들이고 집행하는지에 관심을 가졌다. 이들의 연구에 따르면 주정부가 연방정부의 정책을 신속하게 집행하지 않고 전략상 지연(strategic delay)시키는 경우에도 일부 주정부가 실제로 혁신, 정책학습, 단체교섭과 같은 것을 통해서 궁극적으로는 정책집행이 개선될 수 있었다. 다른 연구에서 Lester & Goggin(1998)은 간명하면서도 완전한 정책집행이론이 필요하다고 주장하였는데, 커뮤니케이션이론, 레짐이론, 합리적 선택이론, 그리고 상황이론을 종합한 메타이론이 개발될 수 있다고 보았다. 이들은 또한 집행연구의 종속변수로는 산출 또는 결과보다는 집행과정에 초점을 맞출 것으로 주장하였다.

그러나 Goggin과 동료들이 제시한 대로 통계적 조사설계를 채택하여 엄격한 과학적 연구를 실제로 진행하는 것은 쉽지 않다. 그러므로 deLeon (1999: 318)과 O'Toole(2000: 268)이 지적한 바와 같이 이러한 경로를 따른 경험적 연구는 그리 많은 편이 아니다. 한편 Goggin과 동료들의 모형은 미국과 같은 연방국가를 염두에 두고 개발된 것으로 단일 국가에서는 얼마나 적용가능성이 있는지 의문이 제기되기도 하였다(Hill & Hupe, 2002: 68).

6) Winter의 통합모형

Winter(1990; 2003a)는 일련의 연구를 통하여 통합집행모형(Integrated Implementation Model)을 제안하였다. Winter(2006: 155)는 하향론과 상향론적 관점을 진정으로 종합(synthesis)하려 하기보다는 수많은 개별적인 집행연구 중에서 그 원천을 따지지 않고 가장 효과적인 이론적 요소들을 통합하여 하나의 결합모형(joint model)로 만들고자 시도했다.

이 모형에서는 종속변수인 집행과정의 결과를 평가하는 기준으로 공식적인 정책목표와 관련된 성과(performance)와 결과(outcome)에 초점을 맞추고 있다. Winter는 이러한 기준을 민주적 관점에서 선정하였다고 주장하는데, 그 이유는 의회와 법률에서 형성된 목표가 특별히 정당성을 인정받는 지위에 있으며 정부가 책임성을 유지하도록 하는 데 적합하기 때문이라는 것이다(Winter, 2006: 155). 집행결과에 영향을 미치는 요소들을 두 가지 범주, 즉 정책형성과정(policy formulation process)과 정책설계(policy design), 그리고 집행과정에 영향을 미치는 요소들로 범주화하였다([그림 3-5] 참조).

그림 3-5 Winter의 통합모형: 집행과정과 집행결과의 결정요인

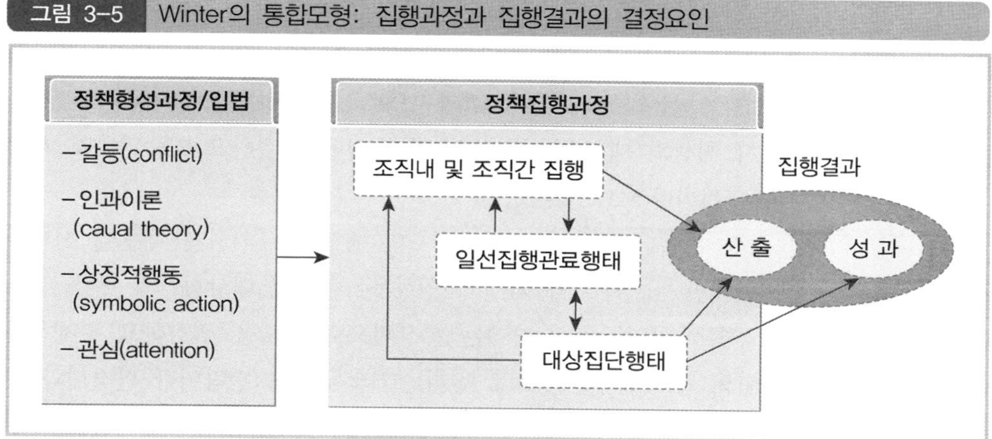

출처: Winter. 1990. Integrating Implementation Research. p. 20.

첫 번째 범주의 요소인 정책형성과정과 정책설계 요소를 살펴보자. Winter는 집행문제의 근원은 그 이전의 정책형성과정에서 발견될 수 있다고 보았다. 예를 들면, 정책형성과정에서의 갈등 때문에 모호한 정책목표와 그리고 목표와 수단 사이의 연계가 결여되어 타당성이 없는 인과이론을 갖는 정책설계가 이루어질 수 있다. Bardach(1977)가 지적한 바와 같이 정책형성 단계의 갈등이 정책집행과정에서도 지속되는 경우가 있다는 것이다. 갈등뿐 아니라 법률을 통과시킨 연합 파트너들의 관심부족도 집행실패에 이르게 할 수 있다(Winter, 1986b).

한편 하나의 정책설계에는 전형적으로 일단의 목표, 이러한 목표달성을 위한 수단의 조합, 그리고 목표달성의 책임이 부여된 정부기관 또는 비정부기관의 지정, 그러한 과제 수행에 소요되는 자원 배정이 포함된다(May, 2003). 1980년대 이후 정책설계와 정책수단에 관한 연구의 핵심주장은 어떠한 정책도 하나 또는 비교적 제한된 수의 일반적인 정책수단의 조합으로 분해될 수 있다는 것이다. 정책설계는 여러 가지 방식으로 정책집행과 그 결과에 영향을 미친다. 정책설계는 필수적인 과제를 수행하는 중간집행자의 인센티브에 영향을 미치는데, 특히 그들의 헌신과 역량, 그리고 바람직한 행위에 관한 신호를 보냄으로서 그들에게 영향을 미친다. Winter(2006: 155)는 정책수단을 정책목표에 연결시키는 인과이론의 타당성이 매우 중요한데

도 불구하고 수단의 효과에 대한 연구 성과는 여전히 미흡하다고 본다. 그 이유 중 하나는 집행에 대한 수단의 영향이 때로는 정치적 맥락을 포함한 맥락의 영향을 받는다는 것이다. 결과적으로 좋은 정책을 설계한다는 것은 교량 건설시 최선의 재료를 선정하는 것과 같은 단순하고 기술관료적 과정은 아니라는 것이다(May, 2003).

또한 특정의 수단은 특정의 집행구조의 형성에 유리하기 때문에 선택된 수단이 전반적인 집행구조와 과정에 영향을 미친다. 대상집단의 행태 규제를 목표로 하는 법령(mandate)에는 통상적으로 법령을 점검하고 강제하는 직원과 일단의 강제조치를 필요로 한다. 그러나 정보 전략이나 환경세와 같은 경제적 인센티브를 활용하면 상대적으로 보다 적은 직원으로 집행할 수 있다. 휘발류 판매량에 따른 환경세 부과와 같이 비교적 자동적으로 쉽게 징수할 수 있는 세금이 있는가 하면 공해방출에 대한 세금과 같이 점검과 강제집행에 상당한 직원이 필요한 세금도 있다.

비효율적인 정책설계가 항상 정책설계자의 지식 부족 때문에 나타나는 것은 아니다. 수단과 조직구조의 정책설계는 무엇보다도 정치적인 과정이며, 이 과정에서 정책지지자와 반대자를 포함한 정치적 행위자들이 집행과정의 장기적 통제를 극대화할 수 있는 집행구조 선택을 포함하여 자신의 이해관계를 극대화하고자 노력한다는 것이다(Moe, 1989).

두 번째 범주의 요소는 집행과정이 결과에 어떻게 영향을 미치는가에 관한 것이다. 집행과정은 헌신과 협조의 정도가 서로 다른 조직과 조직간 행태(organizational and inter-organizational behavior)라는 특징을 가지고 있다. 집행 조직간 관계는 Pressman & Wildavsky(1973)가 의사결정점 또는 거부점으로 '공동활동의 복잡성'을 지적한 이래 더욱 중요한 요소로 부각되었다. 집행 가능성은 또한 참여기관의 자원의존의 형태에도 좌우된다. '공동활동의 복잡성'은 집행을 담당한 한 조직이 그 투입자원을 다른 조직의 산출에 의존하는 순차적(sequential) 관계일 경우에 가장 잘 적용된다. 그러나 두 조직이 서로 투입자원을 의존해야 하는 상황인 호혜적(reciprocal) 관계일 경우에는 두 기관 모두 협력해야 하는 인센티브가 있으므로 거부점의 가능성을 줄어든다. 복수의 조직이 집행산출을 독립적으로 생산하고 전달하는 관계에서는 협조가 최적인 것은 아니지만 비교적 좋은 집행결과가 나올 수 있다. O'Toole

(2003) 그리고 May(2003)는 조직간 조정관계의 문제점들이 집행자들이 헌신할 수 있도록 하고, 공동이익을 구축하고 활용하며 교환을 통한 협력을 촉진하는 정책설계를 통하여 어떻게 감소될 수 있는지 예시하고 있다.

Winter는 일선집행관료의 행태는 Lipsky가 지적한 바와 같이 대부분의 정책의 집행에서 매우 중요하다고 생각하여 이를 모형에 포함시켰다. 일선집행관료는 시민과 회사를 직접 접촉하면서 중요한 재량적 결정을 내린다. 이들 관료들이 제한된 자원을 가지고 과다한 요구에 대응해야 하므로 이들이 실제로 사용하는 대응방안이 집행에 영향을 미친다는 것이다.

통합집행모형에서는 공공정책의 대상집단, 즉 시민과 기업이 정책의 결과뿐 아니라 일선집행관료의 성과에도 영향을 미친다고 본다. 마지막으로 사회경제적 맥락이 집행의 중요한 맥락적 조건을 구성한다. 예를 들면 고용정책에 있어서 전달 행태(제공되는 고용의 형태)와 결과는 경기순환의 호황과 불황에 큰 영향을 받는다.

Winter(2006: 156)는 통합집행모형이 하나의 인과모형이라기 보다는 집행산출과 결과에 영향을 미치는 주요 요소와 메커니즘을 제시하는 하나의 준거틀이라고 생각한다. 실제의 집행연구에서는 각각의 요소에서 더욱 구체적인 가설이 설정될 수 있을 것으로 본다.

2. 통합모형에 대한 평가

통합모형은 정책집행연구에 두 가지 측면에서 중요한 기여를 하였다(Pülzl & Treib, 2007: 97).

첫째, 하향적 집행론과 상향적 집행론 사이의 양극화된 논쟁의 약점을 극복하게 했다는 점이다. 그러한 논쟁의 규범적인 측면에 관하여는 논외로 하고 양측의 주장을 실용적으로 혼합하여 중앙에 의한 조종과 지방의 자율성을 동시에 받아들일 수 있는 모형을 개발하고자 하였다.

둘째, 일부의 통합이론에서는 지금까지는 거의 관심을 가지지 않았던 중요한 요소를 지적하였다. Sabatier 또는 Winter와 같은 학자들은 정책형성과정을 고찰하지 않고서는 정책집행을 분석하기 어렵다는 점을 일깨웠다. Sabatier는 집행과정(또는 일반적인 정책변화의 과정)을 고립적으로 보아서는 안 된다는 점을 강조하였다. 그의 정책옹호연합모형은 외부적인 경제발전 또는 다른 정책영역의 영향이 동시에 고려되어야 한다고 보았다. Ripley & Franklin, 그리고 Windhoff-Héritier 등과 같은 학자들은 정책유형이 정책이 집행되는 방식에 영향을 미친다는 점을 지적하였다.

그러나 종합론자들이 간과한 것은 정책과정을 어떻게 개념화하는 것이 타당한지 그리고 민주적 이론의 관점에서 정책결과를 결정하는데 어떻게 권한을 배분하는 것이 정당한 것인지에 관하여 양측이 근본적인 차이가 있다는 점이다. 그러므로 두 모형의 통찰력을 일부 결합할 수는 있지만, 일부 차이점은 너무나 근본적인 차이점이기 때문에 두 접근방법을 완전하게 종합하려는 시도는 마치 '같은 표준으로 잴 수 없는 패러다임'(incommensurate paradigms)을 종합하려는 것과 같다는 것이다(Parsons, 1995: 487; deLeon, 1999: 322-23). 앞에서 지적한 바와 같이 하향적 접근방법과 상향적 접근방법은 성격이 전혀 다른 민주주의 모형에 기초하고 있다. 하향적 접근방법은 대의민주주의의 전통적, 엘리트주의적 개념에 뿌리를 두고 있는 반면 상향적 집행론자들은 일선 관료, 영향을 받는 대상집단, 그리고 민간부문의 행위자의 관심사를 고려하는 것도 또한 정당한 것으로 보는 것이다.

결국 하향적 접근방법과 상향적 접근방법은 각각 다른 논리에 입각해 있기 때문에 통합적 모형을 완벽하게 구축하기는 어렵다는 결론에 도달하게 된다. 정정길 외(2010: 605-607)는 하향적 모형은 도구적 합리성의 관점에 입각하여 정책결정자가 설정한 정책목표를 달성하는 수단선택에 있어서 가장 합리적(최소비용, 최대효과)인 대안을 선택하는 데 관심이 있는 반면, 상향적 모형은 합리성의 제약(bounded rationality)을 인정하는 관점으로 순응의 확보전략, 일선관료에 대한 재량권 범위 설정 등에 도움이 된다고 보았다.

3. 집행연구의 방향

Pülzl과 Treib(2007: 97-99)는 이상에서 살펴본 접근방법은 하향적 모형에서 통합모형에 이르기까지 다음과 같은 두 가지 공통점을 가지고 있다고 본다. 첫째, 이러한 연구들은 집행과정을 국제적인 수준이 아니라 국가 내부에서 이루어지는 과정으로 보았다. 둘째, 이들은 존재론과 인식론에서 공통

적으로 실증주의 세계관을 공유하고 있다는 것이다. 이들은 유럽연합의 정책집행연구를 소개하면서 기존 국가내 연구의 제약을 벗어나 국제적 수준의 집행연구를 유망한 연구 분야의 하나로 소개하고 있다. 한편 실증주의적 방법론에 의한 정책집행 연구 외에도 정책집행연구에 해석적 접근방법을 적용하는 것도 새로운 방향의 하나로 소개하고 있다.

Winter(2006: 157-163)는 Goggin과 동료들(1990)이 제안한 통계적 방법에 기초를 둔 비교연구 설계와 통계적 연구설계에 공감하면서도, 그들이 제안한 방법에 따른 연구가 이루어지려면 지나치게 많은 변수가 포함되어야 하고, 다루어야 할 정책유형도 많으며, 연구대상기간도 10년이 넘고, 내용분석, 전문가 패널, 엘리트 서베이, 설문조사와 인터뷰 자료 분석 등 연구의 부담이 너무 많다는 것이다. 그러므로 보다 부담이 적은 방향으로 다음과 같은 방향에서 연구가 이루어져야 한다고 보았다. 즉 ① 이론적 다양성의 제공, ② 집행의 일반이론보다는 부분이론에 초점을 맞출 것, ③ 개념적 명확성의 추구, ④ 종속변수로 집행산출(집행자의 성과)에 초점을 맞출 것, ⑤ 성과에 대한 연구를 포함시킬 것, ⑥ 비교연구설계 및 통계적 연구설계를 더 많이 활용할 것을 제안하고 있다.

Ⅵ. 정책집행과 순응

1. 순응의 개념과 중요성

1) 개 념

정책이 정책결정자의 의도대로 자동적으로 집행되지 않고 여러 가지 제약요인, 특히 정책집행과정에서 집행자와 대상집단의 행태에 따라 차질이 발생할 수 있다는 점은 이미 지적하였다. 이같이 정책집행과정에 대한 연구의 핵심과제 가운데 하나가 정책집행자와 정책대상집단의 순응(compliance) 또는 불응(non-compliance)에 관한 것이다.[7]

7) 이 부분은 남궁근. 1991. 불응과 정책집행. 「고시계」 417: 84-92쪽을 고쳐 쓴 것이다.

정치학자인 Young(1979: 4)에 의하면 순응(compliance)이란 특정의 행동규정에 일치하는 행위자의 행동을 말하며, 불응이란 그러한 규정과 일치하지 않는 행동을 의미한다. 이러한 논리를 정책과정에 적용할 때에 정책집행에 있어서 순응(compliance)이란 정책결정자가 결정한 정책의 내용 및 지침과 일치하는 정책집행과정의 참여자, 즉 정책집행자 및 정책대상집단의 행태를 의미한다. 한편 불응(non-compliance)이란 일치하지 않는 행태를 말한다. 즉, 순응은 정책지시와 정책지침에서 설정한 행동규정과 집행과정에서 요구되는 여러 가지 기준을 집행자와 대상집단이 이의없이 받아들이고, 기존 행태의 변화를 감수하며, 행동규정이 요구하는 방향으로 행동을 변화시키는 것을 말한다. 일반적으로 순응은 내면적 가치관의 변화까지를 포함하지는 않는다. 즉 마음속으로 어떻게 생각하는지를 따지지 않고 외면적인 행동이 정책이나 법규에서 요구하는 것에 따르면 순응으로 보는 것이다(하상근, 2006: 14).

결국 순응이란 정책이나 법규에서 요구하는 행태를 정책집행자나 정책대상집단이 따르는가의 문제인데, 현실적으로 완전한 순응이냐 또는 완전한 불응이냐의 양자택일적인 문제가 아니라 연속선상에서 순응 정도(degree of compliance)의 상대적인 차이로 나타난다(안해균, 1984: 468).

순응은 복종(obedience)과 구별된다. 순응은 일반적인 행위규범이 구체적 상황에 적용되었을 경우 행위자의 그러한 행위규범에 대한 반응을 말한다. 그러므로 행위자는 주어진 상황에서 특정한 규율과 사회적 규범에 따를지 여부를 판단한다. 한편 복종이란 구체적 상황에서 신분이 분명한 권위를 가진 인물이 내리는 명령에 대한 반응이다. 여기에서 한 행위자는 다른 행위자에게 무엇을 하도록 하거나 금지하는 명령을 내리고 대상행위자는 그러한 명령에 복종할 것인지 거역할 것인지를 판단하게 된다.

2) 중요성

어느 나라에서나 정부의 주요정책에 대하여 정책집행을 담당한 요원들이나 대상집단의 구성원들이 제대로 따르지 않는 경우가 많다. 예를 들면, 납세의무자의 탈세 및 세무공무원의 묵인행위, 고속도로 속도제한규정의 위반 및 이에 대한 교통경찰관의 느슨한 단속행위, 지방의회의원, 국회의원 등 각종 공직 입후보자가 법정선거비용의 한도를 훨씬 초과하는 선거운동비용을 지출하는 행위, 환경규제기준을 초과하는 공장의 폐수방류행위 등 정책집행자와 정책대상집단의 불응사례는 이루 헤아릴 수 없이 많다.

앞서 말한 정책불응사례에서 알 수 있듯이, 어떤 정책이든지 정책결정자가 결정한 일반적 처방(general prescription)을 토대로 좀 더 구체적인 정책지침을 마련하고 또한 이를 집행하는 집행담당요원과 그와 같은 정책지침에 따라서 세금을 낸다든지, 속도규정을 지키는 등의 행태변화가 요구되는 정책대상집단이 존재한다. 물론 정책에 따라서 집행담당자 및 대상집단의 수와 규모, 그리고 요구되는 행태변화의 정도는 달라진다. 그런데 어떤 정책이든지 정책집행과정의 참여자, 즉 집행담당자와 대상집단의 순응을 확보하지 못한 상황에서 의도했던 정책의 효과가 실현되기를 기대할 수는 없다. 더 나아가서 정책의 집행과정에서 모든 참여자의 완전한 순응을 확보하는 경우에도 원래 정책결정자가 의도한 결과를 초래한다고 보장할 수는 없다. 왜냐하면 Wildavsky & Pressman(1973)의 연구에서 밝혀진 것처럼 집행과정에서 참여자의 행태변화가 특정한 결과를 초래하리라는 가정 또는 이론 자체에 결함이 있는 경우도 있기 때문이다.

정책이 의도한 목적을 달성하려면 다음과 같은 조건이 충족되어야 한다. 첫째, 정책집행과정의 참여자, 즉 정책집행자 및 대상집단이 정책결정자의 의도대로 행태를 변화시켜야 하며, 둘째, 이와 같이 행태의 변화가 원래 의도한 효과를 나타낼 것이라는 인과관계의 이론에 결함이 없어야 한다. 따라서 정책집행에 있어서 참여자의 순응은 정책효과가 나타나기 위한 충분조건(sufficient condition)은 아니지만, 효과가 나타나기 위하여 꼭 있어야 하는 필요조건(necessary condition)인 것이다(Van Horn & Van Meter, 1975: 46; Coombs, 1981: 54). 결국 정책집행과정의 참여자들로 하여금 정책지침을 준수하게 하는 순응의 확보는 정책집행과정에서 가장 핵심적인 과제라고 할 수 있다.

2. 순응의 주체

정책형성과정과 마찬가지로 정책집행과정에도 다양한 행위자가 참여한다. Nakamura & Smallwood(1980: 46-53)는 정책집행과정의 참여자를 정책결정자, 정책집행자, 중간집행자, 로비스트와 유권자 집단, 수혜자와 소비자, 미디어, 그리고 평가자로 분류하였다. 그런데 이들 참여자 가운데 정책집행과정에서 순응 또는 불응의 가장 중요한 주체는 정책집행자와 정책대상집단으로 구분할 수 있다. 그런데 뉴 거버넌스의 대두와 더불어 정책집행에 민간부분의 각종 중간매개집단(intermediary groups)이 개입하게 되는 경우가 많아졌다. 그러므로 여기에서는 순응의 주체를 공식 정책집행자, 중간매개집단, 그리고 정책대상집단으로 구분하기로 한다.

1) 공식 정책집행자

공식 정책집행자는 행정부 영역의 행위자로 구성되는데 이들은 정책지시를 이행할 수 있는 합법적인 권위, 책임, 그리고 공공 자원을 공개적으로 부여받고 있다(Nakamura & Smallwood, 1980: 47). 이러한 공식 집행자에는 중앙정부 각 부처의 공무원과 지방정부 공무원이 포함된다.

공식 정책집행자들은 집행과정에 관여하는 다양한 행위자들의 활동을 조정해 나가면서 정책을 효율적으로 집행해 나가야 할 책임을 부여받고 있다. 그러므로 정책을 성공적으로 집행하고 정책목표를 효율적으로 달성하려면 공식 정책집행자들의 순응이 확보되어야 한다. 그런데 정책집행과정에 있어서 이들 공식 정책집행자들로부터 뜻하지 않은 저항과 도전을 받아 원래의 정책의도가 좌절되는 경우가 발생하기도 한다.

정책집행과정에서 공식 정책집행자가 불응하게 되는 상황은 첫째, 공식 정책집행자가 능력의 부족 등으로 인해 정책지시의 내용을 잘 이해하지 못하거나, 둘째, 정책의도를 파악하고 있으나 이를 실행할 수 없을 때, 셋째, 정책집행에 고의적으로 저항하는 경우를 들 수 있다. 일반적으로 공식 정책집행자의 불응은 세 번째의 경우에 해당되며, 정책집행자가 정책지시나 상관의 명령에 순응할 것인지 불응할 것인지에 대한 선택권이 주어진 상황에서 고의적으로 저항하여 불응이 발생하는 상황이다(박호숙, 2000: 3-9; 하상근, 2006: 20).

이들 공식정책집행자가 나타내는 불응의 형태를 다음과 같이 유형화할 수 있다(안해균, 1984: 472-473; 박호숙, 2000; 하상근, 2006: 21-23 참조).

(1) 고의적인 의사전달의 조작

정책집행자가 자신이 원하지 않는 정책지시나 그 수행에 필요한 정보를 관련 집행부서나 담당자에게 전달하지 않거나 또는 선별 전달하는 등 의사전달체계를 왜곡시키는 불응의 행태를 말한다.

(2) 집행의 지체·연기

특정 정책에 대한 집행을 계속 유보하거나 매우 느리게 정책의 집행을 진척시키는 불응의 행태를 말한다. 이러한 유형은 정책결정자의 임기가 종료되기 직전이거나 정책집행자가 곧 자리를 옮기게 되는 경우에 나타나기 쉽다.

(3) 정책의 임의변경

정책집행은 동태적 과정이며 정책이 수정되거나 변경될 가능성이 항상 존재한다. 정책의 임의변경이란 정책집행자가 주어진 재량권을 이용하여 정책목표나 이를 실현하는 데 필요한 수단 및 절차를 변경하는 불응의 행태를 말한다.

(4) 부집행

정책지시나 명령을 받았지만 정책집행자가 이를 무시하여 아예 정책을 집행하지 않는 불응의 행태를 말한다. 이러한 현상은 다양한 요인에 의하여 발생할 수 있다. 그런데 정책집행자의 관점에서는 정책결정자가 자신이 내린 정책지시나 명령의 집행을 원하고 있다고 생각하지 않을 경우 이러한 행태가 나타날 수 있다. 따라서 이러한 경우에는 정책집행자가 정책결정자의 의도를 정확하게 파악하는 것이 무엇보다도 중요하다.

(5) 형식적 순응

형식적으로는 정책집행자가 정책적 지시사항에 순응하고 있지만 실제로는 순응하지 않는 불응의 행태를 말한다. 형식적 순응은 순응의 요소와 불응의 요소를 동시에 가지고 있으며, 순응으로 볼 것인지 불응으로 볼 것인지 판단하는 것이 매우 어렵다.

(6) 정책의 취소 시도

가장 적극적인 불응의 행태로서 정책집행자가 정책을 집행하는 노력을 기울이지 않고 오히려 정책자체를 없애 버리려고 하는 경우이다. 정책집행자는 전문지식과 기술을 최대한 활용하여 정책과 관련된 새로운 정보를 수집하고, 분석하여 그 자료를 정책의 취소를 위한 수단으로 활용한다. 정책집행자들이 정책을 취소하도록 시도하는 노력은 다양하게 나타난다. 예를 들면 기존 정책의 문제점을 지적함으로써 여론에 공론화시킬 수 있고, 다른 대안을 제시할 수 있으며 새로운 결정을 요구할 수 있다. 이러한 시도는 정책결정자와 정책에 대한 명백한 불응으로 심각한 불응 행태이다.

2) 중간매개집단

중간매개집단(intermediaries)이란 공공정책의 집행을 돕기 위하여 공식 정책집행자로부터 집행의 책임을 위임받은 개인 및 집단을 말한다(Nakamura & Smallwood, 1980: 47). 중간매개집단은 2차 집행자, 제3섹터 조직 등 다양한 이름으로 불린다. 만약 중앙정부의 부처가 정책집행기관일 경우 중간매개집단은 지방정부의 공무원, 공공기관 및 집행을 위임받은 민간부문의 행위자가 해당된다. 그런데 지방정부의 정책을 집행할 경우에는 지방공무원은 공식 정책집행자이며 중간매개집단은 지방공공기관 및 집행을 위임받은 민간부문의 행위자가 해당된다. 그러므로 중간매개집단에는 공식 정책집행자로부터 집행책임을 위임받고 독립성을 유지하면서 정책집행을 돕는 정부기관, 공공기관, 비영리기관 및 영리기관이 포함될 수 있다.

그런데 집행책임을 위임받는 중간매개집단이 많아지거나, 위임받는 집행책임을 재위임하는 경우에는 이들의 순응을 확보하는 것이 매우 중요한 과제로 등장한다. Pressman & Wildavsky(1973)의 연구 이후 이루어진 집행연구에서 중간매개집단의 순응확보가 쉽지 않다는 것을 보여주고 있다. Nakamura & Smallwood(1980: 60-61)는 중간집행자의 순응문제가 복잡한 이유는 중앙정부와 독립적으로 존재하는 지방정부와 민간기관에 부정적인 강제의 위협이 통하지 않기 때문이라고 본다. 예를 들면 중앙정부의 정책지시를 이행하는데 실패한 지방정부나 민간기관을 폐쇄하는 것이 불가능하다. 또한 이러한 지시를 거부하는 지방정부와 민간기관의 직원을 해고하는 것도 사실상 불가능하다. 이러한 자율성 때문에 민간기관 또는 지방정부와 같은 중간매개집단이 중앙정부의 정책지시를 무시하면서도 처벌받지 않을 수 있다.

3) 정책대상집단

정책대상집단 또는 정책대상자란 정책의 적용을 받는 집단이나 사람들을 의미한다. 정책은 일반적으로 사회문제의 해결을 목표로 하는데 사회문제를 해결하려면 그 문제의 해결과 관련된 정책대상집단의 행태변화가 필수적이다. 즉 정책대상집단의 행태변화를 위하여 정책수단이 마련되고 이를 집행하게 되는데, 정책대상집단의 행태변화가 수반되지 않으면 정책집행이 실패하게 되는 것이다. 이와 같이 정책대상집단이 정책결정자가 의도한 대로 행태를 변화시키지 않는 경우가 정책대상집단의 불응이다.

정책대상집단의 불응 정도는 정책유형에 따라 상당히 다르다. 즉 정책대상집단이 주로 수혜자인 배분정책의 경우에는 정책집행과정에서 불응의 문제가 상대적으로 덜 심각하다. 일반적으로 정책대상집단이 피규제자가 되는 규제정책의 경우에 불응문제가 심각한 문제로 대두된다. 한편 재분배정책의 경우에는 정부재정으로부터 혜택을 받는 저소득계층을 포함한 수혜계층의 불응 문제는 거의 없지만 비용을 부담하는 집단의 불응이 문제가 되고 있다. 예를 들면 납세자의 불응과 국민연금과 의료보험 등 사회보험 가입자의 보험료 납부와 관련한 불응이 발생하고, 따라서 이에 대한 연구가 상당히 많은 편이다.

3. 불응의 원인과 대책

그러면 왜 정책집행요원이나 정책대상집단이 정책결정자가 의도한 지침에 따르지 않는 현상이 발생하는가? 이는 결국 정책결정자의 정책지침에 따르도록 행태의 변화를 요구받는 집단이 그에 따를 것인지의 여부를 결정하는 이유를 묻는 것이다. 일반적으로 학자들이 순응을 좌우하는 요인, 또는 순응에 영향을 미치는 요인으로서 설명하고 있다. 예를 들면, 정정길 외(2010: 552-555)는 순응 또는 불응의 정도를 결정하는 요인을 1) 정책의 내용과 관련된 요인으로 정책의 소망성, 그리고 정책의 명료성 및 일관성, 2) 정책결정 및 집행기관과 관련된 요인으로 정책집행자의 태도와 신뢰성, 정책결정기관과 집행기관의 정통성, 그리고 중간매개집단 및 집행관료의 인식, 3) 순응주체와 관련된 요인으로 순응주체의 능력부족과 순응의욕부족으로 나누어 고찰하고 있다. 그런데 여기에서는 순응보다는 불응에 초점을 맞추어 정책대상집단이 정책지침에 따르지 않는 불응의 원인을 5가지로 분류하고, 각각의 원인에 대하여 대책을 설명하고 있는 Coombs(1981)의 견해를 중심으로 살펴보겠다.

1) 불분명한 의사전달에 기인한 불응

정책의 내용이 정책집행의 참여자 개개인에게 명료하게 전달되지 못했기 때문에 불응이 발생하는 경우이다. 정책결정자로부터 정책집행자 및 대상집단에 대한 의사전달과정에서 차질이 발생할 가능성은 (1) 발신자의 왜곡된 전달, (2) 수신자의 잘못된 이해, 그리고 (3) 전달체계의 붕괴나 과다한 정보량(overload) 등의 세 가지로 나누어 생각할 수 있다(Nakamura & Smallwood, 1980). 한편, 정책과정에서 정책의 통과에 필요한 다양한 정치세력을 연합시키기 위하여 의도적으로 정책의 주요 내용을 추상적이고 애매하게 규정하는 경우도 있다. 이유가 무엇이든지, 정책결정자의 의도가 대상집단에게 분명하게 전달되지 못한 경우에 기대했던 대로 대상집단의 행태변화가 나타나지 않을 것은 당연한 것이다. 미국에서의 세법 위반은 법의 내용이 복잡하고 모호한데 기인하는 경우가 많다(Coombs, 1981: 55).

이와 같은 유형의 불응에 대한 대책으로는 좀 더 분명한 정책내용을 좀 더 효과적인 전달수단을 사용하여 대상집단이 이해하기 쉽게 전달하는 것이다. 그러나 앞서 말한 정치적 연합형성의 고려나, 집행기관에게 자율성을 더 부여하기 위한 방법으로 의도적으로 정책의 내용을 추상적으로 규정하는 경우도 있으므로, 이에 대한 대책도 사안별로 고려하여야 할 것이다.

2) 부족한 자원에 기인한 불응

대상집단이 정책의 요구사항을 분명하게 전달받은 경우에도, 순응에 필요한 자금, 능력, 시간, 또는 에너지 등 자원이 부족하여 불응하는 경우가 있다. 예를 들면 이러한 유형의 불응은 필요한 자원의 조달능력을 고려하지 않고 대상집단에게 의무를 부과시키는 법률안을 국회에서 제정하는 경우에 발생한다. 개인, 기업체, 학교, 그리고 정부기관 등 대상기관이나 집단에 정책지침에 따르는 데 필요한 자원이 부족한 경우에 집행이 제대로 이루어질 리가 없다. 이 경우에 자원이란 재정적 자원만이 아니라, 기술, 에너지의 소요, 그리고 대상집단의 지적 능력 등을 포함한다.

이와같은 유형의 불응에 대한 대책은 필요한 자원이 공급될 수 있을지를 파악하는 것이다. 자금이 불충분한 경우에는 충분한 예산지원이 필요하며, 인력이 부족할 경우에 적절한 훈련대책이 세워져야 한다. 이와같은 자원을 공급할 수 없을 때에는 정책 자체가 현실을 좀 더 반영하여 수정되어야 할 것이다.

3) 정책에 대한 회의에 기인한 불응

대상집단이 정책자체에 대하여 의혹이 있을 때에 불응하는 경우를 말한다. 이러한 유형의 불응은 다시 두 가지로 구분되는 데, 첫째는 대상집단이 정책의 목표에 동의하지 않거나, 동의한다 하더라도 그 목표의 우선순위를 아주 낮게 평가하는 경우이다. 두번째는 목표 자체에는 동의하지만 목표달성을 위해 채택된 수단이 그와 같은 목표를 달성하리라고 생각하지 않는 경우에 발생한다.

위의 두 경우는 불응이 모두 정책자체에 기인한다는 공통점이 있지만 그 대책은 전혀 다르다. 첫 번째 목표에 동의하지 않는 경우는 가치관 또는 기본원칙이 문제가 되며, 따라서 단기적으로 대상집단의 행태를 변화시키기가 매우 어려운데, 대다수의 시민불복종(civil disobedience)이 이러한 유형의 불응에 속한다. 한편 수단에 대하여 거부하는 경우는, 가치관의 충돌이 문제가 되는 것이 아니라, 규정된 행태의 효과에 대한 믿음이 문제가 된다. 이러한 유형의 불응은 규정된 행태와 정책효과간의 인과관계에 관한 정책결정자의 가정을 지지하는 새로운 증거를 제시하거나 전문가의 설득을 통하여 완화될 수 있다. 만일 그와 같은 가정을 지지하는 증거제시에 실패할 경우에는 대상집단의 행태변화를 기대하기 힘들게 된다.

4) 순응에 수반하는 부담에 기인한 불응

정책대상집단이 정책의 목표와 그 달성수단에 대하여 동의하는 경우에도, 정책에 순응하는 경우에 지불해야 하는 희생 또는 부담이 큰 경우에 불응하게 된다. 대부분 정책에 순응하기 위하여는 경제적 비용이 뒤따르게 되는데, 이같은 부담 때문에 정책지침을 따르지 않게 되는 경우가 많다. 박천오·유병복(1999: 341)은 이를 손익계산에 기인한 불응이라고 부르는데 효용성의 측면에서 불응의 기대가치가 순응의 기대가치보다 능가하게 되면 불응을 하게 된다는 것이다. 예를 들면 공장주가 환경보호법을 위반하면서 유독성 화학물질을 공장 부근의 하천에 쏟아 붓는 행위의 저변에는 합법적 폐기물 처리에 수반되는 추가적인 비용을 부담하지 않으려는 계산이 깔려 있다.

이러한 논리를 합리적 선택모형(rational choice model)이라고 부른다. 이 모형에서는 사람들이 경제적인 복지의 관점에서 순응 여부를 선택하는 것으로 본다. 사람들은 순응으로부터 얻은 이익과 대비하여 불응시 적발될 확률을 고려한 벌금이 적을 경우 법에 따르지 않는다는 것이다. 조세부담의 맥락에서 본다면 납세자는 순응하여 세금을 납부하든지 세금을 회피하든지 선택할 수 있다. 순응을 하게 되면 납세자는 납부한 세금만큼 손실이 발생한다. 그러나 조세를 회피할 경우 적발되지 않는다면 그만큼 이익을 보게 된다. 그러나 조세회피가 적발되어 벌금을 물면 더 큰 손실이 발생한다. 합리적 선택모형에 따르면 납세자가 순응 여부를 판단할 때, 이러한 위험을 계산한다는 것이다. 그러므로 합리적 선택모형 주창자들은 개인과 회사가 당국의 규칙과 결정은 엄격한 제재와 벌금이 부과될 경우에만 순응한다고 생각한다.

이러한 유형의 불응, 즉 경제적 비용에 기인하는 불응의 대책으로는 순응에 대한 유인(incentives)이 필요하다. 즉 순응할 경우에는 조세감면과 같은 보상을 약속하고, 불응할 경우에는 벌금을 부과하거나 유치장에 감금하는 등 제제하겠다고 위협하는 것이다. 이와같은 보상과 제제는 다른 유형의 불응보다는 이러한 형태의 불응에 가장 효과적인 대책이라고 판단된다.

5) 권위에 대한 불신에 기인한 불응

정책에 대한 불응의 이유가 정책자체의 공과와는 무관한 정치체제, 입법부, 행정기관, 또는 정책을 결정하거나 집행하는 공직자와 관련된 유형이 권위에 대한 불신에 기인한 불응이다. 정책결정 및 집행기관의 정통성이 약하면, 일반국민은 아무런 이유없이 정책에 순응하지 않으려는 경향이 발생하고, 정책대상집단은 특히 자신들에게 불이익을 주는 정책에 불응하는 경향이 크다. 미국의 경우에 워터게이트 사건으로 정통성이 약화된 닉슨행정부가 1974년 OPEC의 석유수출통제기간 동안에 추진한 에너지 절약정책에 대하여 국민들이 제대로 순응하지 않은 사태가 발생한 바 있다. 우리의 경우에도 1970년대 당시 정통성이 약했던 박정희 대통령의 집권시에 각종의 치안관계 및 보안관계 정책의 집행과정에서 정책대상집단의 불응을 초래한 바 있었다.

6) 종합적 논의

이상에서 불응의 원인과 이에 대비하여 순응을 확보하기 위한 대책에 대하여 살펴보았다. 그런데, 위의 다섯 가지 불응의 원인 가운데 가장 보편적인 유형이 네번째의 경우, 즉 순응에 따르는 심리적 거부감이나 경제적인 부담 때문에 불응하게 되는 경우이다. 이를 극복하기 위한 수단을 Etzioni가 조직구성원들에게 사용하는 세 가지 통제수단의 분류에 따라 물리적 권력(강압적 권력), 물질적 권력(공리적 권력), 또는 상징적 권력(규범적 권력)으로 분류하거나(Etzioni, 1964: 59-60; 윤정길, 1987: 229-230), 도덕적 설득, 유인 또는 보상, 처벌 또는 강압으로 분류하여(정정길 외, 2010) 특별히 강조하고 있는 학자들이 있다.

최근에는 앞에서 살펴본 합리적 행위자 모형에서 주장하는 것과 같이 순전히 경제적 계산뿐 아니라 정책대상집단의 정책결정자와 정책집행자에 대한 신뢰, 도덕성과 정당성이 순응 여부에 영향을 미친다고 생각하게 되었다. 이와 같은 유형의 불응에 대한 대책으로는 국민들로 하여금 권위에 대한 존중의식과 정부정책의 정당성에 대한 믿음을 가질 수 있도록 하고, 권위의 소재와 범위에 관하여 국민적 합의를 도출하여야 한다. 단기적으로는 강제적인 권력을 동원하여 위에서 말한 합의를 대신할 수도 있다. 그러나 장기적으로는 시민과 공직자 모두가 정책이 정당하기 때문에 복종한다는 믿음을 가질 수 있도록 정교하고도 효율적인 사회화의 과정을 개발하여야 한다.

4. 순응 또는 불응에 대한 경험적 연구

1980년대 후반부터 국내외에서 정책불응에 관한 연구가 꾸준히 발표되었다. 학술연구의 주제도 농촌주민의 소외감과 불응(김인철, 1990), 자동차 속도규제 불응(박상주, 1999), 병원이용자의 불응(박천오 · 유병복, 1999), 국민연금정책 불응(이시원 · 하상근, 2002; 하상근, 2010), 성과급 제도에 대한 불응(하상근, 2005), 조세 및 지방세 순응(김준홍, 2012; 임영규 · 김영락, 2016; 김기성 · 김종순 · 홍근석, 2014), 흡연규제 불응(김홍주 · 이은국 · 이강래, 2015), 지방교부세 인센티브제도에 대한 지방자치단체의 순응(최정우 · 신유호, 2017; 최정우, 2020)에 이르기까지 다양하다. 예를 들면, 최정우(2020)은 지방재정에 있어 큰 수입원인 지방교부세가 지방자치단체의 재정운용의 건전성과 효율성을 확보하기 위한 수단으로 인센티브 제도를 포함하는데, 2012년부터 2018년의 자료를 바탕으로 기초자치단체의 정책순응을 분석한 결과, 인센티브 제도에 있어 인센티브 보다는 패널티에 보다 적극적인 정책순응을 보이고 있는 것을 확인하였다.

외국에서는 다양한 유형의 정책불응 가운데 조세불응(또는 조세회피)에 관한 경험적 연구가 상당한 비중을 차지한다. 조세회피의 원인을 과거에는 합리적 선택모형(rational choice model)에 기초하여 설명하고자 하는 시도가 많았다. 한편 정부기관의 결정과 규제에 대한 순응여부에 신뢰가 영향을 미친다는 경험적 연구결과가 제시되고 있다(예를 들면, Braithwaite & Makkai, 1994; Kim & Mauborgne, 1993; Scholz & Lubell, 1998; Murphy, 2004). 이들 연구에서는 특히 신뢰가 정책대상자들의 정부조직의 규칙과 결정의 수용성과 신뢰에 영향을 미치는 것이 확인되었다. 예를 들면, Murphy(2004)는 조세회피자로 고발된 2,392명에 대한 설문조사결과를 토대로, 규제기관과 규제담당자가 일을 공정하게 처리한다고 생각할수록, 그들의 동기를 신뢰하며, 그들의 결정에 자발적으로 따른다는 점을 밝혔다. 따라서 정책집행자와 대상집단 사이의 불신 수준을 낮추는 전략이 자발적인 순응을 확보하는 데 기여할 것으로 보았다.

Ⅶ. 요 약

정책집행에 관한 연구는 1970년대부터 본격적으로 시작되었다. 고전파 행정학에서는 정책이 만들어지면 자동적으로 집행되게 마련이고, 집행의 결과도 정책결정자가 기대했던 바와 크게 다를 바 없을 것이라는 보았다.

현대적 집행론은 Pressman & Wildavsky(1973)의 Oakland 사례연구를 계기로 폭발적으로 증가하였다. McLaughlin(1976)과 Nakamura & Smallwood (1980)는 집행과정에서 정책결정자와 정책집행자 사이의 상호작용행위를 유형화하였다.

정책집행연구의 하향적 모형에서는 정책결정자가 설정한 정책목표에서 출발하여 이를 달성할 수 있는 조건과 전략을 찾고자 하였는데 정책결정기구에서 결정한 정책내용, 상부집행기구의 집행지침, 일선집행현장의 집행활동의 순서로 앞으로 나가면서 연구하였으므로 이를 전방향적 연구방법이라고 부른다. 정책집행연구의 상향적 모형에서는 일선 관료를 정책전달의 주요 행위자로 보며 정책집행을 집행자의 네트워크 내에서 교섭과정으로 보았다. 정책집행연구의 통합적 접근방법 또는 절충이론은 하향적 접근방법과 상향적 접근방법의 개념적 취약점을 회피하기 위하여 두 모형의 요소들을 종합하여 집행과정을 연구하는 방법을 의미한다.

정책집행에서 순응(compliance)이란 정책결정자가 결정한 정책의 내용 및 지침과 일치하는 정책집행과정의 참여자, 즉 정책집행자 및 정책대상집단의 행태를 의미하며, 불응이란 일치하지 않는 행태를 말한다.

4 CHAPTER 정책평가와 정책변동

Policy Evaluation and Policy Change

Ⅰ. 서 론

넓은 의미의 정책평가는 실제로 집행되고 있는 정책들이 의도한 성과를 내고 있는지, 그리고 그 정책들이 추구하는 목적을 달성하기 위해 채택된 수단들이 효과가 있었는지를 발견하는 과정들을 지칭한다. 정책평가의 결과는 정책학습과 정책변동으로 연결된다.

정책평가의 결과는 정책과정의 다른 단계로 환류되며, 많은 경우에 의제설정 단계로 되돌아간다. 따라서 정책과정은 반복적으로 순환되는 것으로 볼 수 있다. 정책평가의 결과는 정책환류를 통하여 정책학습과 정책변동의 토대가 된다.

제2절에서 정책평가의 의의, 역사 및 목적을 검토한 이후, 제3절에서는 정책변동과 관련된 쟁점을 다루었다. 정책환류와 정책변동의 의미를 살펴본 다음, 정책학습의 유형, 그리고 정책변동의 유형을 살펴보겠다. 마지막으로 정책변동의 요인과 과정에 관한 이론 가운데 Sabatier & Jenkins-Smith가 제안한 정책옹호연합모형(Advocacy Coalition Framework)과 그 경험적 연구를 살펴보겠다. 제4절에서는 정책평가제도의 역사와 한국, 미국, 영국, 프

랑스, 스웨덴의 성과관리제도를 고찰하겠다. 한편 정책평가연구의 방법에 관한 내용은 제4부 제3장에서 따로 살펴보기로 하겠다.

Ⅱ. 정책평가

1. 정책평가의 의의

1) 정책평가의 개념

일상적인 의미로 사용할 때 평가란 어떠한 것의 장점과 가치를 판단하는 일반적인 과정을 말한다. 일반적으로 정책평가는 정책 또는 프로그램의 가치를 판단하는 과정으로 정의된다. 예를 들면 Suchman(1967: 28-31)은 평가를 정책 또는 프로그램의 가치(worthwhileness)를 판단하는 일반적 과정으로 이해한다. 같은 맥락에서 Vedung(2006: 397)은 정책평가를 진행 중인 또는 종료된 정부개입의 내용, 관리, 산출, 결과의 장점과 가치를 판단하는 것으로 정의한다. 정부의 정책은 공공이익의 실현을 위하여 정부가 수행하는 활동이므로, "과연 그 정책이 의미있는 것인가"라는 정책의 당위성, "정책집행의 결과로 어떠한 결과가 나타나게 되었는가"라는 정책의 영향과 효과, "달성할 것으로 기대하였던 바를 달성하였는가"라는 목표의 달성 정도, "그러한 결과를 가져 오는데 더 나은 방법은 없는가"라는 정책대안의 식별 등은 바로 정책의 성격에서 유래하는 정책평가의 이슈들이다(노화준, 2007: 483).

2) 정책평가의 행위자

정책과정에는 정책결정자, 정책집행자, 일반국민, 이익집단, 시민단체, 그리고 정책과정을 학문적으로 연구하는 연구자 등 입장과 관점을 달리하는 여러 사람들이 관심을 가지고 참여하거나 그 결과를 이용한다. 입장과 관점이 다른 집단은 정책평가를 서로 다른 의미로 사용할 수 있으며, 그에 따라 평가기준도 상당히 달라질 수 있다(Nakamura & Smallwood, 1980: 67-84).

사실상 정책평가에는 정책하위체계에서 활동하고 있는 주요 행위자가 모두 포함되어 정책결과와 정책과정을 평가하고 비판하는 다양한 공식·비공식 통로를 구성하고 있다(Howlett & Ramesh, 2003). 한편으로는 부처 내부 또는 행정부의 전문부서에서 일하는 정책분석가들이 프로그램의 산출을 계량적으로 측정하고 프로그램이 초래한 결과를 정확하게 평가하기 위하여 비용편익분석과 같은 성과 측정도구를 적용할 수 있다. 다른 한편으로는 그 프로그램의 영향을 받는 이익집단이 제기하는 공적인 항의도 기존 정책에 대한 평가라고 할 수 있다. 이러한 평가는 사후적이며, 비공식적이며, 외부집단이 제기하는 평가이다. 그러한 비판에는 정책의 내용뿐 아니라 절차에 대한 비판도 포함할 수 있다. 이러한 비판에 대응하여 국민의 정보에 대한 접근가능성을 증가시키거나 또는 감소시키는 등 행정조직의 절차를 변경할 수 있다. 이러한 양극단 사이에 사법부와 입법부의 행위자들을 포함하여 수많은 행위자와 정책평가의 수단들이 존재한다. 선거를 통하여 선출된 정책결정자는 유권자의 입장에서 정책평가를 보는 경향이 있으며, 정책집행자는 그들이 담당하는 정책과 프로그램에 대한 정책결정자의 지지를 유지시키거나 확대하는 데 관심을 가진다. 한편 학술적으로 정책과 프로그램을 연구하는 직업적인 평가자(professional evaluators)는 과학적으로 타당한 평가결과를 산출하는 데 관심을 가진다.

3) 정책평가연구의 개념

정책평가연구(evaluation research)는 정책의 결과를 이해하고 그 가치를 따져 보기 위하여 사회과학에서 발전시킨 여러 가지 연구방법과 원리를 정책 또는 프로그램 평가에 응용하는 일종의 응용연구라고 할 수 있다(노화준, 2007: 484). Wholey는 정책평가를 현재 집행 중에 있는 프로그램이 목표를 달성하는 데 효과가 있는지를 따져 보는 것으로, 그 프로그램의 효과를 그 상황에 작용하는 다른 요인들의 영향으로부터 분리·구분하기 위하여 조사방법의 연구설계 원리에 의존하며, 현재 운용하고 있는 프로그램을 수정함으로써 프로그램을 개선하고자 하는 것을 목적으로 하는 의도적인 노력을 말하는 것으로 정의한다(Wholey et al., 1976: 23-24). 그러므로 정책평가연구는 과학적인 연구방법이나 기법을 정책평가를 목적으로 사용하는 것을 말한다.

4) 정책평가와 정책평가연구의 차이점

정책평가는 특정한 정책 또는 프로그램의 가치를 판단하는 과정을 의미하는 데 비하여, 정책평가연구는 과학적인 연구방법을 관심의 대상이 되고 있는 정책의 평가과정에 도입하여 연구하는 응용연구를 말한다. 정책평가에서 정책의 가치에 대한 판단을 내리는 과정도 나름대로 논리나 합리성에 기초를 두고 있는 것이지만 반드시 이러한 판단을 입증할 수 있는 객관적인 증거를 제시하기 위한 체계적 절차를 거쳐야 하는 것은 아니다. 이에 비해 정책평가연구는 과학적 연구방법이나 기법을 평가목적으로 활용하는 경우에 한정되는 것이며, 그 중점은 어디까지나 연구에 두게 된다는 점에서 한정적인 의미로 사용된다(노화준, 2007: 484; 정주택 외, 2007: 6).

2. 정책평가의 목적

정책평가의 구체적 목적은 평가대상 정책의 내용, 성격, 집행단계 등에 따라 달라질 수 밖에 없으므로 일률적으로 말하기는 어렵다. 노화준(2015: 19)은 일반적인 정책평가의 목적을 지식의 관점, 관리의 관점, 그리고 책무성의 관점 등 세 가지로 집약시킬 수 있다고 보았다. 한편 정정길 외(2010: 629-633)는 그 목적을 정책결정과 집행에 필요한 정보제공, 정책과정상 책임성 확보, 이론구축에 의한 학문적 기여 등으로 구분하였다. 여기에서는 책무성 확보, 정책정보의 환류, 지식의 축적 등으로 구분하고자 한다.

1) 책무성 확보

국민이 지불한 세금으로 각종 정책과 사업을 실시하고 있는 정부는 정책형성과정에서 국민의 동의를 받아야 할 뿐 아니라, 수립된 정책의 집행과정 및 집행결과에 대하여 궁극적으로 국민에게 책임을 져야 한다. 오늘날 정부는 모든 영역에서 국민생활에 영향을 미치는 다양한 활동을 수행하고 있다. 국민은 정부의 활동이 과연 국민의 생활에 기여하고 있는지에 관심을 가지고 있으므로, 정부는 자신의 활동이 과연 정당한 것인지 증명해야 한다(정주택 외, 2007: 7).

책무성(accountability)이란 공직자가 정책결정과 예산지출 등 직무수행의 내용을 정당화해야할 책임을 의미한다(Scriven, 1981).[1] 즉 정책형성과 집행을 담당하는 공직자가 자신의 의무를 충실하게 이행했는지, 권한을 적절하게 행사했는지 판단해야 한다는 것이다. 책무성은 민주주의 정치체제에서 정부를 관리하고 운영하는 집단은 국민에게 책임을 져야한다는 민주원리에 입각하고 있는데, 공직자의 계층과 수행 업무에 따라 세 가지로 구분된다.

첫째, 법적 책무성과 회계적 책무성으로 일선 집행요원들의 집행활동이 법규나 회계규칙 등에 합치되어야 한다는 것이다. 이러한 목적을 달성하고자 하는 평가는 감사(audit)활동과 유사하며 기본적으로 통제역할을 담당한다.

둘째, 행정적 책무성으로 관리자의 관리활동이 효율적으로 이루어질 수 있도록 자극 · 유도 · 강제하자는 것이다. 이러한 목적은 주로 집행과정의 평가를 통하여 달성될 수 있다.

셋째, 정치적 책무성으로 정책결정자의 책무성을 확보하고자 하는 것이다. 정책의 목표가 잘못 설정되었거나, 사업을 방만하게 집행하여 낭비가 심할 경우, 다음 번 선거에서 정권교체가 이루어질 수 있으며, 그 정책을 담당한 정무직 공무원의 정치적 책임을 물어 사임시킬 수도 있다.

2) 정책정보의 환류

정책의 집행과정과 정책집행으로 초래한 결과에 관한 평가정보는 정책결정자, 정책관리자, 일선집행자에게 환류(feedback)되어 유용한 정보로 활용될 수 있다.

정책결정자에게 환류된 평가정보는 정책 또는 프로그램을 수정하고 보완하거나 종결하는 등 합리적 결정을 내리는 데 활용될 수 있다. 또한 정책결정자들은 이러한 정보를 다른 정책을 설계하는 데 참고할 수 있다. 정책관리자의 입장에서는 평가 결과로 확보된 자료를 토대로 관리의 효율성을 제고하는 데 활용할 수 있다(노화준, 2015). 즉 정책설계 단계에서는 미처 예

1) Scriven(1981)에 따르면 행정에서의 책임성(responsibility)이란 개인이나 기관에 부여된 직무를 잘 수행하여야 한다는 측면을 말하며, 책무성(accountability)은 직무수행의 내용을 정당화시킬 책임을 말한다.

상하지 못했던 집행과정상의 가정 변경에 따른 수정, 집행과정에서 주의 깊게 감독하고 조정해야 할 주요변수 식별, 정책집행을 감독하고 조정하는 데 필요한 정보수요 결정 등과 같이 결정된 정책을 집행하는 데 있어서 효율성을 제고할 수 있는 여러 가지 전략과 방안을 모색할 수 있는 정보를 얻을 수 있다는 것이다. 일선집행자들은 프로그램의 어느 한 국면만을 담당하므로 제한된 숫자의 일부 정책대상 집단을 접촉하게 되는 경우가 대부분이다. 이들에게는 평가를 통하여 프로그램을 운용하면서 느끼는 경험, 애로사항 등을 토대로 이러한 애로사항을 타개해 주고 그들의 경험을 잘 활용하도록 하는데 도움이 되는 정보를 얻을 수 있다.

한편 정책결정자와 집행자들은 각각 평가과정에서 커다란 정치적 이해관계를 가지고 있다(노화준, 2015). 즉 정책결정자나 정책집행자들은 그들의 권한이나 프로그램을 유지하거나 확대하는 데 관심을 가지고 있기 때문에 이들은 정책평가를 이러한 그들의 목표를 달성할 수 있는 수단으로 보려는 경향이 있다(Nakamura & Smallwood, 1980: 68-72).

요약하면, 정책평가결과 얻게 된 정책관련 정보는 정책결정이나 집행과정에서 그 효과성과 능률성을 제고시키기 위한 환류 메커니즘에서의 활용과 아울러 정책결정자나 집행자들이 지위를 유지하고 자원을 동원하려는 메커니즘에서의 활용이라는 양면적인 목적이 있다는 것이다(노화준, 2015).

3) 지식의 축적

관심의 대상이 되고 있는 정책이나 프로그램의 평가를 통하여 사회현상에 관한 새로운 지식이 추가되어 결과적으로 지식의 축적이 가능해지며, 학문의 발전에도 기여할 수 있다. 정책은 달성하여야 할 목표와 이를 달성할 수 있는 수단을 포함하고 있다. Pressman & Wildavsky(1973)가 지적한 바와 같이 수단과 목표의 관계는 일종의 인과이론으로 볼 수 있다. 정책결정자들은 정책설계에 포함된 정책수단이 차질없이 집행될 경우 의도된 정책목적이 달성되리라고 가정한다. 그러므로 모든 정책은 이론을 함축하고 있다.

평가연구의 관점에서 보면 설계된 정책에서의 정책수단과 정책목표의 관계는 경험적으로 검증되지 않은 연구가설로 생각할 수 있다. 정책이 집행된 이후 소기의 목표를 달성했는지를 판단하는 정책평가연구는 연구가설을 수용할 것인지 아니면 기각할 것인지를 검증하는 과정으로 볼 수 있다. 그러므로 정책평가연구는 가설검증을 위한 연구의 특수한 형태인 응용연구로 분류된다. Pressman & Wildavsky(1973)가 밝혔듯이 경제개발청(EDA)은 미국 Oakland 지역의 실업자구제라는 목표를 달성하기 위해 공공시설 확충이라는 수단을 선택하였다. 일반적으로 이 수단은 지역경제가 전반적으로 좋지 않은 지역, 즉 불황인 지역에서는 타당성이 검증된 것으로 알려졌다. 그러나 그 정책수단은 Oakland와 같이 전반적인 경기는 호황이었고 실업자가 흑인 등 저소득층에 집중된 지역에서는 목표달성에 실패하였다. 그러므로 "공공시설 확충이라는 수단으로 실업자를 구제할 수 있다."는 인과이론은 Oakland 지역과 같은 특성을 가진 지역사회에는 적용될 수 없다는 것이 밝혀졌다. 이와 같이 특정지역에 적용하기 위하여 기존 이론을 토대로 설계된 정책의 타당성을 정책평가연구를 통하여 검증할 수 있으며, 검증결과에 따라 그 이론이 일반화될 수 있는 범위가 파악될 수 있다. 즉 정책평가연구를 통하여 농촌지역에서 성공적인 정책수단을 도시지역에서도 적용할 수 있는가? 미국에서 타당성이 입증된 이론이 한국에서도 타당한가? 등과 같은 질문에 답변할 수 있다. 물론 이러한 답변이 이루어지려면 엄격한 과학적 방법론에 기초하여 평가연구가 설계되어야 하며, 평가연구의 자료수집, 분석 및 해석에 있어서도 각별한 주의가 필요하다. 이러한 평가연구의 결과로 사회현상에 관한 지식이 축적되며, 궁극적으로는 학문의 발전에도 기여할 수 있다.

4) 책무성의 유형에 따른 정책평가의 분류

정책평가의 목적 중 하나가 책무성을 확보하는 것이다. 정책평가의 유형은 확보하고자 하는 책무성(accountability)의 유형에 따라 분류할 수 있다. Howlett & Ramesh(2003: 210-216)는 책무성의 유형에 따라 정책평가를 행정적 평가(administrative policy evaluation), 사법적 평가(judicial policy evaluation), 정치적 평가(political policy evaluation)의 세 가지의 영역으로 구분하였는데, 각 영역별로 평가방법, 행위자, 그리고 평가결과가 달라질 수 있다.

(1) 행정적 평가

행정적 책무성이란 정책집행자가 효율적으로 정책과 프로그램을 관리했는지가 주요 관심사이다. 이러한 관점에서 행정적 평가는 정부서비스가 능률적으로 전달되었는지를 심사하고, 비용 투입에 따른 가치(value for money)가 달성되었는지를 판단하고자 하는 평가를 말한다. 즉 정책집행과정에서 최소의 비용으로, 개인들에게는 최소의 부담으로 설정된 목표를 달성했는지 분석하고자 하는 것이다. 행정적 평가가 제대로 이루어지려면 비용 및 산출을 시계열적으로 또는 서로 다른 정책영역에서 비교할 수 있어야 한다. 그러므로 프로그램 전달(program delivery)에 관한 정확한 정보가 표준화된 방식으로 수집되고 편집되어야 한다. 정책평가에 관한 대부분의 학술서적과 논문의 초점은 행정적 평가에 관한 것이다. 그러므로 좁은 의미에서 정책평가는 행정적 평가를 의미하는 것으로 이해되고 있다.

(2) 사법적 평가

법적 책무성이란 정책집행자의 활동이 법규와 회계규칙에 일치했는지가 주요관심사이다. 이러한 관점에서의 평가는 궁극적으로는 사법부가 담당하게 된다. 사법부는 개인 또는 조직이 행정관청에 대해 소송을 제기할 때에 정부행위를 재검토할 수 있는 권한을 부여받았다. 재판관은 정책이 정당한 법 절차(due process)와 승인된 행정법규에 따라 자의적이 아닌(non-arbitrary) 방법으로 집행되었는지를 검토하고 평가한다. 영국, 호주, 캐나다 등 의원내각제를 채택한 국가에서 사법부는 소송 사건의 평가에서 절차적 이슈에 한정하여 판단하는 경향이 있다. 행정관청이 그들의 관할권 범위 내에서, 기본적 정의와 정당한 법 절차에 따라 정책을 결정하고 집행하는 한 그들의 결정은 뒤집혀지지 않는다.

반면에 대통령제 국가에서 사법부는 입법부와 행정부의 행위를 평가하는 데 있어서 더욱 적극적인 역할을 수행한다. 그들은 행정부의 행태를 평가하는 데 있어 법률적 오류뿐 아니라 사실적 오류도 고려하여 판결을 내린다.

(3) 정치적 평가

정치적 평가는 정치적 책무성을 확보하기 위하여 정책결정자의 정치적 판단을 평가하는 것이다. 행정적 평가와 사법적 평가와는 달리, 정치적 평가는 체계적이지 않고 또 기술적으로 정교함을 필요로 하지 않는다. 많은 정치적 평가는 본래부터 당파적이고, 편파적일 수도 있다. 민주정치에서 가장 중요한 기회의 하나가 선거인데, 선거에서 시민들은 정부성과에 대하여 판단을 내릴 기회를 가진다. 투표결과는 정부의 정책과 사업의 효율성 및 효과성에 대한 유권자들의 비공식적 평가를 표현하고 있다. 그러나 대부분 민주국가에서 특정 정책에 대한 국민투표(referendum 또는 plebiscite)가 이루어지는 경우는 드물다. 국민들이 선거에서 그들의 선호와 의견을 표현할 때, 정책평가는 주로 특수한 정책의 효과성 또는 효용성에 관한 것보다 오히려 정부 활동기록 전반에 관한 집합적 판단으로서 이루어진다.

많은 국가에서 정부 행위에 대한 정치적 평가는 제도화된 시스템을 통하여 이루어지고 있는데, 예를 들면 의회가 감독위원회(oversight committees) 형태로 관여하는 방식이 대표적이다. 미국에서는 이러한 평가가 주기적으로 이루어지지만, 캐나다에서는 주기적인 것은 아니다. 우리나라에서는 국정감사의 형태로 이루어진다.

Ⅲ. 정책변동

1. 정책과정에서의 환류와 정책변동 개관

정책평가 단계에서의 평가결과는 정책과정의 다른 단계로 환류되며, 많은 경우에 의제설정 단계로 되돌아간다. 따라서 정책과정은 반복적으로 순환되는 것으로 볼 수 있다. 정책평가의 결과는 정책환류(policy feedback)를 통하여 정책학습(policy learning)과 정책변동(policy change)의 토대가 된다.

1) 정책환류

정책환류란 일정 시점(t)에서 정책과정의 각 단계의 활동 결과 얻게 되는 정보가 다음 시점($t+1$)에서 이전단계의 활동에 투입되는 것을 의미한다.

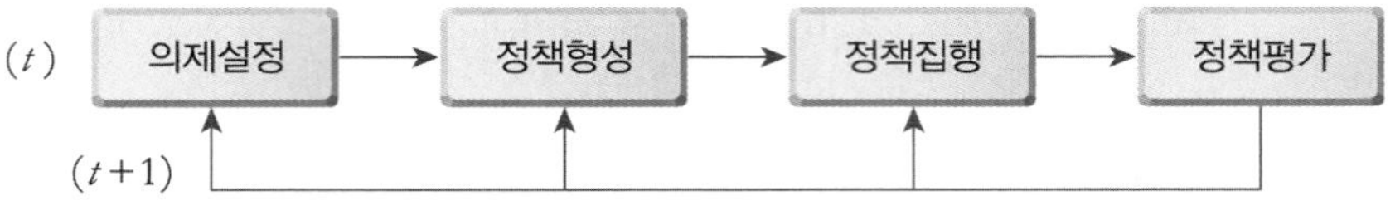

정책정보의 환류가 이루어지면 정책문제의 정의와 해석, 잠재적 해결방안의 실현가능성 검토, 대상집단의 특성에 대한 판단에 영향을 미칠 수 있다. 그러므로 정책이 형성되고 집행되는 조건을 변경시키게 된다.

2) 정책학습과 정책변동

정책학습이란 정책을 수행하는 과정에서 시행착오(trial and error)를 통한 시정활동을 말한다. 정책변동은 정책환류와 정책학습의 결과에 따라 정책내용(목표, 수단, 대상집단 등)과 정책집행 방법에 변화가 발생하는 것은 말한다. 실제로는 환류를 통한 변동이 잘 이루어지지 않아, 적절한 시기(timing)를 놓치는 경우가 많다. 예를 들면, 우리나라에서 산아제한정책으로부터 출산장려정책으로의 변동이나, 분식장려정책으로부터 쌀소비 장려정책으로의 변동이 시기를 놓친 정책에 해당된다. 이같이 시기를 놓치는 이유로는 1) 정책상황의 인지가 부정확한 경우도 있으며, 2) 이해관계자들의 반대나 저항 때문인 경우가 있다.

2. 정책학습

1) 정책학습의 의미

사람은 스스로 시행착오를 거친 경험을 통하여 학습하기도 하고, 부모, 교사, 동료 등 다른 사람들로부터 학습하기도 한다. 학습의 기본적 원칙은 환류에 대한 적응이다. 그 결과가 긍정적이면 그와 연관된 루틴을 반복하거나 재생할 확률이 높아지고, 부정적이면 감소된다는 것이다. 학습에 관한 이론은 원래 개인 차원에 대한 관심에서 발전되어 왔다. 정부의 정책학습에 관한 관심은 1960년대 이후 사회적, 정치적, 경제적, 기술적으로 광범위한 변화가 진행되는 시기에 이루어졌다(Howlett & Ramesh, 2003). 초기에는 확산(diffusion) 또는 전파(transfer), 학습(learning)이란 용어를 뚜렷하게 구분하지 않고 사용하였다.

(1) 확산 또는 전파

전통적으로 확산 또는 전파라는 아이디어는 어떤 국가나 자치단체의 관습, 정책, 프로그램을 다른 국가 또는 다른 지방자치단체에서 후속하여 또는 순차적으로 채택하는 것을 말한다. 농촌사회학, 의료사회학, 인류학, 언론학, 마케팅, 지리학 등 여러 학문분야의 경험적 연구문헌을 검토한 후, Rogers (2003)는 확산을 "하나의 혁신이 사회체계의 구성원 사이에, 시간을 두고, 특정의 경로를 통하여 소통되는(*an innovation is communicated* through certain *channels over time* among the members of a *social system*[강조는 저자])" 과정으로 정의하였다. 이러한 확산의 정의(여기에서는 학습과 동일시됨)는 이미 알고 있는 사람과 알고 있지 못한 사람 사이의 관계를 가정한다. 즉 새로운 기술, 절차, 또는 정책에 관하여 알고 있는 A라는 개인이 그것을 B에게 전달한다. 만약 성공적으로 전달되었다면 학습이 이루어진 것이라고 말할 수 있다는 것이다.

Dolowitz & Marsh(2000)는 세 가지 유형의 전파를 구분하였다. 첫째, 자발적 전파로 기존정책에 대한 불만 때문에 자발적으로 새로운 정책을 받아들이는 것이다(다음에 살펴 볼 Rose의 교훈학습 참조). 둘째, 직접적 강제전파는 국제기구나 초국가기구가 부과하는 의무조항으로 반드시 받아들여야 하는 경우를 말한다. 셋째, 간접적 강제전파는 에너지위기와 같은 세계적인 환경문제 또는 경제문제 등의 제약 때문에 의무적인 것은 아니지만, 어떠한 조치를 받아들여야 하는 경우를 말한다. 최근에는 비영리민간기구나 싱크탱크 등이 정책전파에 주도적인 역할을 수행하는 경우가 많아지고 있는데, 이러한 현상을 Stone(2000)은 '정책전파의 민영화'(privatization of policy transfer)라고 부른다.

(2) 학 습

학습이란 학습주체가 시행착오를 토대로 목표와 수단을 수정하고 보완해 나아가는 과정을 말한다. 앞에서 살펴본 수렴 또는 확산이라는 용어는 학습주체의 역할을 피동적인 것으로 본 반면에 학습이라는 용어는 학습주체의 역할을 능동적인 것으로 본다는 점에서 큰 차이가 있다. 조직학습에 관하여 연구한 Schön(1984)은 확산 또는 전파라는 아이디어로 표현되는 학습을 중심부－주변부 모형이라고 비판하였다. 왜냐하면 확산되게 될 혁신안이 전파가 이루어지기 이전에 완전한 형태로 이미 존재하는 것을 전제로 하여, 최종 사용자에게 단순히 이동되는 것을 의미한 것이기 때문이다. 중심부－주변부 모형에 따라 새로운 제품 또는 절차를 도입하는 것은 기술적, 경제적, 사회적 및 정치적 측면 등 여러 측면에서 사회체계의 안정성을 전제로 이루어진다.

Schön(1984)은 불안정성, 불확실성 및 복잡성의 상황 하에서 일어나는 학습과 변화에 관심을 가졌다. 이러한 입장에서 그는 확산의 대안적 모형을 구성하였다. Schön은 정책이 확산되는 과정에서 사실상 창조되는 것으로 보았다. 이러한 관점에서 그는 새로운 아이디어가 등장하여 수용되고 집행되는 '학습체계로서의 정부'(government as learning system)를 논의하였다. 그는 새로운 아이디어는 유동적이며 변하기 쉽고 그 환경도 계속 변한다고 보았다. 이러한 상황에서 Schön은 학습주체의 능동적인 역할을 강조하였다.

정책학습은 조직학습의 한 과정으로 볼 수 있다(노화준, 2007). 조직학습 현상에 관하여는 여러 가지 정의가 제시되었는데 고전적인 정의로 널리 알려진 것이 Cyert & March의 정의이다. Cyert & March에 의하면 조직은 조직의 경험에 의하여 조직목표를 바꾸고(목표의 적응), 조직의 관심을 변경하며(이용규칙의 적응), 조직의 탐색절차를 변경(탐색규칙에 있어서의 적응)하면서 변화에 적응·발전해 간다는 것이다(Cyert & March, 1963: 114-126). 한편 Argyris는 학습이 오류를 발견하고 이를 수정할 때 일어난다고 보았다. 오류는 어떤 행동이 산출해 내고자 의도한 것과 그러한 행동을 실제로 수행할 때 나타나는 것 간의 차이, 즉 처음에 의도한 것과 실제 이룩한 결과 간의 차이이며, 이들 의도와 결과 간의 차이를 일치시키려고 노력할 때 학습이 이루어진다는 것이다(Argyris, 1993: 3). Argyris에 의하면 시스템의 유지, 성장에 기여했던 반응 및 행동들은 반복되고, 그렇지 못한 반응 및 행동들은 중단되거나 수정되어야 한다. 이때 반응이나 행동들만을 수정해 가면서 기존의 시스템목표를 달성하려는 활동을 일차학습 또는 적응학습이라고 부르고, 시스템의 목표 그 자체까지도 수정하는 학습을 이차학습 또는 생성학습이라고 부른다(Argyris, 1995). 이들 가운데 일차학습은 일상적이고 반복적인 문제의 학습에 적절한 방법이고, 이차학습은 복잡하고 프로그램화할 수 없는 문제의 학습에 보다 더 적절하다고 본다.

정책학습 또는 정책지향적 학습이란 정책과정에 참여하는 개인이나 조직이 특정한 정책목표나 수단의 효과성과 적절성 또는 효율성 등과 관련된 경험이나 체계적 사고를 통하여 목표와 수단을 바꾸어 나가는 과정이라고 할 수 있다(노화준, 2007).

2) 정책학습의 주체

정책학습의 주체는 정책을 결정하거나 집행을 담당하는 개인이나 조직 또는 정책창도연합체일 수 있고, 정책집행의 대상이 되는 개인이나 조직일 수도 있다(노화준, 2007).

정책학습이라는 용어는 주로 정책형성 및 집행과정에 참여하는 개인, 조직 또는 정책창도연합체의 활동을 지칭한다. 이러한 학습주체의 학습활동은 정책대안들을 개발하고 이들 대안들을 비교 분석하는 정책분석 과정, 정책집행결과를 평가하여 정책목표의 설정이나 정책수단의 효율성 여부를 검토하는 과정, 이러한 분석·평가 자료 및 정보들을 토대로 정책을 수정·보완하거나 종결할 것을 검토하는 과정, 그리고 새로운 정책의 창도를 뒷받침하기 위하여 어떤 주장이나 논리를 사용하는 과정에서 이루어진다. 뒤에 살펴보겠지만 Sabatier는 이것을 분명히 나타내기 위하여 정책지향적 학습이라는 용어를 사용하고 있다.

3) 정책학습의 유형

(1) 내생적 학습과 외생적 학습

Howlett & Ramesh(2003: 221-22)는 정책학습이 특정의 정책하위체계 내부 정책결정자 수준에 의하여 이루어지는지 아니면 일반대중을 포함한 보다 광범위한 공동체 수준에서 이루어지는지에 따라 내생적 학습과 외생적 학습을 구분하였다(〈표 4-1〉 참조).

내생적 학습은 비교적 규모가 적은 특정 정책하위체계 또는 정책네트워크 내에서 이루어진다. 즉 정책하위체계 내의 정책결정자들이 과거에 취했던 행동에 비추어 그들의 정책을 세련화하고 적응시키려고 하는 시도로써

표 4-1 내생적 정책학습과 외생적 정책학습의 특성

	내생적 학습	외생적 학습
학습의 주체	소규모적이며, 기술적으로 전문화된 정책 네트워크	대규모적이며, 누구나 참여하는 정책 커뮤니티
학습의 대상	정책의 환경(setting) 또는 정책의 수단들	문제에 대한 인지(perception) 또는 정책목적, 그리고 아이디어

자료: Bennet & Howlett. 1992. The Lessons of Learning. p. 289, 그림 1 및 Howlett & Ramesh. 2003. *Sudying Public Policy*. p. 221, 그림 9-1에서 필자가 재구성.

정책학습이 이루어지는 것이다. 학습의 대상은 정책의 환경들(policy settings) 또는 정책의 수단들이다.

한편 외생적 학습은 보다 광범위한 공동체에서 이루어지며, 문제에 대한 해석 또는 그것을 달성하기 위해서 설계된 정책의 목적들에 대한 의문을 포함한다. Hall(1993)은 영국의 경제정책결정에 관한 연구에서 정책의 '해석적 프레임워크'(interpretative framework)에 관심을 가졌는데, 이는 정책의 목표와 수단 및 정책이 다루고자 하는 문제의 성격에 대한 구성원들의 공통적 이해를 의미한 것이다. 구성원들의 공통적 이해가 바뀌면 새로운 정책이 시도된다. 이러한 관점에서 Hall은 영국의 경제정책이 어떻게 케인즈주의적인 거시경제정책으로부터 통화정책으로 변경되었는지를 밝히고 있다.

(2) 교훈얻기와 사회적 학습

Rose는 교훈을 다른 지역에서 운영 중인 프로그램 및 프로그램들에 대한 행위지향적인 결론이라고 본다. 교훈이란 다른 지역에서의 경험을 토대로 원인-결과 모형의 형태로 어떻게 프로그램을 설계하는지를 보여줄 수 있어야만 창도자의 관할지역에서 채택할 수 있다. 교훈얻기(lesson-drawing)의 과정은 다른 지역에서 효과가 발생한 프로그램을 조사하는 데에서 시작하여, 이 프로그램을 자기 지역으로 이전해서 채택한다면 어떠한 결과가 나올지 미리 평가하는 것으로 종료된다. 이러한 유형의 학습은 공식적인 정책 네트워크 내에서 시작되고, 정책결정자들이 그들의 목적들을 달성하기 위한 수단이나 테크닉을 선택하는 데 영향을 미친다(Rose, 1993: 3-30).

한편 사회적 학습은 정책과정 외부에서 시작되며, 정책결정자가 사회를 바꾸거나 변화시키는 데 제약으로 작용하거나 그러한 능력을 신장시키는 데 영향을 미친다. 사회적 학습의 개념은 Hall(1993)이 제안한 것으로 앞에서 살펴본 외생적 학습과 같은 맥락에서 이해할 수 있다. 사회적 학습은 목적들 그 자체에 대한 학습이므로 가장 근본적인 유형의 학습이다. 이 학습은 정책의 밑바탕에 깔려 있는 사고방식의 변화에 의하여 발생하게 된다. 지난 1997년 경제위기 이후 신자유주의 시장원리에 의한 민영화정책과 인플레이션에 대한 고려가 실업문제보다 더 심각한 문제라고 인식한 것이 사회적 학습의 좋은 예이다.

3. 정책변동의 유형

Hogwood & Peters(1983: 26-29)는 정책평가에서 생산된 정보를 바탕으로 정책이 변동되는 경우를 정책혁신(policy innovation), 정책유지(policy maintenance), 정책승계(policy succession), 정책종결(policy termination) 등 네 가지로 구분하였다.

1) 정책혁신

정책혁신은 정부가 관여하지 않고 있던 분야에 개입하기 위해 새로운 정책을 도입하는 것을 의미한다. 하나의 정책이 새로 만들어지는 것이므로 엄격하게 보면 정책의 변동이 아니라 새로운 정책을 만드는 것이다. 정책혁신으로 채택된 정책을 집행하려면 그에 따른 프로그램, 예산, 조직이 추가되어야 한다.

정책혁신이란 정책을 채택하는 국가의 입장에서 볼 때 새로운 프로그램을 의미한다. 그러므로 어떤 정부가 다른 지역의 정부에서는 수년전부터 시행하고 있는 프로그램을 도입하면, 이를 혁신으로 본다는 것을 의미한다. 이러한 정의에 따르면 혁신은 새로운 정책아이디어를 통하여 최초로 채택하는 정책창안(policy invention)과는 구분된다. 한 국가에서의 정책창안은 수많은 국가와 지방정부에서의 정책혁신을 촉진할 수 있다. 즉 다른 국가나 지방자치단체에서 창안하여 이미 시행되고 있는 정책을 도입할 경우에도 후발채택자의 입장에서는 정책혁신인 것이다. 서울시 영등포구청에서는 관급공사의 부실공사를 예방하기 위하여 웹카메라를 사용한 품질관리 시스템을 창안하였는데, 상당수의 자치단체에서 벤치마킹하였다. 다음은 그 주요내용을 간추린 것이다(김형수 · 박홍식, 2008).

> 관급공사 품질관리시스템이란 관급공사 전체 공정의 진행상황을 등록 · 관리하는 시스템이다. 이 시스템은 영등포구청이 2005년 5월 13일 혁신과제로 채택하여 2006년 10월에 시스템 및 매뉴얼 개발을 완료하였다. 2억원 이상 관급공사에 대하여 구청 홈페이지와 연계하여 사업단계별로 주민의 의견을 수렴하고 공사현장에 Web카메라를 설치하여 실시간으로 공사현장을 확인할 수 있게 하였다. 주민들에 대한 설문조사결과 관급공사 품질관리시스템이 시행된 이후 구행정의 신뢰도, 투명성, 부패방지, 책임성 등에 대하여 긍정적으로 평가하였다. 영등포구의 관급공사 품질관리시스템은 2008년 8월 현재 5개 기관(양주시, 광양시, 포항시, 여수시, 완주군)에서 이미 도입하였고 10여개 기관에서 도입을 검토 중이다.

위의 사례에서 영등포구청에서는 관급공사품질관리시스템이라는 정책을 창안하였고, 이를 5개 기관에서 도입하여 정책혁신을 채택하였고, 10개 기관에서 고려 중인 것으로 이해할 수 있다. 이같이 과학기술의 발전과 더불어 끊임없이 변화하는 환경에 대응하기 위하여 하나의 국가 또는 지방정부에서 새로운 정책을 창안할 경우, 이러한 정책은 이웃 국가나 지방자치단체에 상당히 빠른 속도로 전파되게 된다. 농업사회에서 산업사회로 전환되면서 어떤 국가가 세계 최초로 창안하여 채택한 의료보험, 산업재해보상보험, 연금보험제도, 가족수당 등이 세계 각국으로 확산되었다. 한편 산업사회에서 정보사회로 진입하면서 인터넷, 정보시스템 등에 따라 발생한 새로운 정책문제에 대한 대책이 필요하게 되었다. 우리나라에서도 사이버범죄에 대응책을 마련하기 위한 범죄수사대 창설이나 청소년들의 인터넷 중독이 많아지면서 인터넷 중독을 치료하기 위한 정책이 창안되었다. 상담제도 등을 통하여 청소년 인터넷 중독자를 치료하는 정책은 우리나라에서 세계 최초로 도입한 것(정책창안)으로 다른 나라에서 벤치마킹하고 있다.

정책창안이든 정책혁신이든 그와 같은 정책을 집행하려면 그에 따른 프로그램, 예산, 조직이 추가되어야 한다는 점에서 공통점이 있다.

2) 정책유지

정책유지는 현재의 정책(목표와 수단)을 기본적으로 유지하면서 정책수단의 부분적인 변화만 이루어지는 경우를 말한다. 정책유지의 경우에는 정책, 프로그램, 조직이 이전과 같이 지속된다. 정책유지는 정책평가 결과로부터 나오는 전형적인 환류과정이다. 오늘날 국가에서 대부분의 정책결정은 경로종속성을 따르게 되므로 이에 따라 기존의 정책이 유지되는 경향이 나타나기 때문이다. '역사적 제도주의'에서 살펴본 바와 같이 경로종속성의 개념에 따르면, 현재의 제도 및 구조가 정치행위자들로 하여금 이미 확립된 정책경로에 따르도록 하게 때문에, 비점증적인 대규모 변화가 일어날 가능성이 희박하다는 것이다(이 책 제2부 제3장 참조). 경로의존성은 외생적, 내생적인 변화의 추동력을 제한하게 되며, 이에 따라 정책결정자들이 후속되는 결정에서 가지는 선택의 성격과 범위가 제한된다. 정책학자들은 이것을 정책의 유산(policy legacies)이라고 부르기도 한다.

Howlett & Ramesh(2003)는 정책유지가 다음과 같은 다양한 방식으로 나타날 수 있다고 보았다.

① 관성에 따른 결과: 이전의 정책이 평가되지 않고 따라서 변화되지 않는 경우이다.

② 명백한 결론에 따른 결과: 정책평가가 이루어진 후 이전의 정책이 합당하다고 여겨져 계속 수용되는 경우를 말한다.

③ 정책종결의 실패에 따른 결과: 정책평가가 이루어진 후 정책종결이 필요하다고 판단되었지만 그 시도가, 의제 설정, 정책결정, 집행 단계에서 실패한 경우를 말한다.

④ 정책승계의 실패에 따른 결과: 정책평가가 이루어진 후 정책승계가 필요하다고 판단되었지만 이전의 정책을 변경하는 시도가 실패했을 경우, 당연한 결과로 이전의 정책을 계속하게 된다(정책승계의 실패로 정책폐지가 요구되는 경우는 제외).

3) 정책승계

(1) 정책승계의 개념과 특징

정책승계(policy succession)는 동일한 정책문제와 관련되는 영역에서 정책목표는 유지되지만 이전의 프로그램과 조직이 새로운 것으로 대체되는 것을 말한다. 즉 동일한 문제의 영역에서 정책의 목표는 크게 변하지 않은 가운데, 그 수단만 크게 변경하는 경우를 말한다. 이 경우에는 프로그램, 예산, 담당조직이 변경된다. 예를 들면 국가경찰이 담당하던 치안업무를 자치경찰에 이관할 경우에는 지방자치단체가 이를 담당할 수 있는 부서를 만들고 필요한 예산과 프로그램을 구축하여야 한다. 과거에는 각 부처별로 분산하여 관리하였던 정보시스템을 통합관리하기 위하여 통합전산센터라는 조직을 만들어 운영하거나, 각 부처별로 구축한 주민등록, 호적, 토지대장, 건축물 대장 등 데이터 베이스를 토대로 발급하여 제출했던 민원서류를 행정정보공유시스템에서 통합관리하면서 전산으로만 확인하여 그 목적을 달성하게 하는 경우도 정책승계에 해당된다.

공공정책 분야에서 획기적인 정책혁신이나, 정책종결이 스포트라이트를 받기 때문에 종종 정책승계의 중요성을 간과하기 쉽다. 그러나 대부분의 정책설계는 사실 이전의 정책을 유사한 범위 내에서 변경하는 정책승계이다. Howlett & Ramesh(2003)는 정책승계를 각국의 정책형성과정의 공통된 특징으로 보는 데는 세 가지 이유가 있다고 본다.

첫째, 공공부문의 확대에 따라 일어난 현상이다. 그동안 정부는 정치적인 활동영역을 계속 늘려왔고, 완전히 새로운 영역의 문제란 거의 남지 않았다. 따라서 어떤 영역의 정책을 수립할 때 기존의 유사한 영역의 정책을 집적·조합·수정하기 때문에 그 영향을 받게 된다는 것이다.

둘째, 첫째 이유와 관련하여 기존의 정책 자체가 정책이나 프로그램 변화에 관련된 조건을 만들어 내기도 한다는 것이다. 즉 특정의 정책 자신이 다른 정책의 원인이 된다. 예를 들면 '가난의 덫'에 관한 정책이 하나의 사례이다. 영세민으로 생활보호비를 지급받던 사람이 직장을 갖게 되어 약간의 소득을 올리게 되면, 그로 인해 생활보호비를 받지 못하고 세금을 내게 되면, 여전히 가난한 상태를 벗어나지 못하게 된다. 이 경우는 복지관련 정책과 조세정책이 서로 모순을 빚은 현상이라 할 수 있다. 이러한 문제를 해결하기 위하여 약간의 소득에 세금도 부과하지 않고 생활보호비의 혜택도 또한 완전히 없애지 않는 정책, 소위 '마이너스 소득세(negative income tax)'정책이 나오게 되었다.2) 이같이 과거의 정책은 새로운 정책이 고려해야 할 중요한 요건 중의 하나다.

셋째, 정책승계가 정책과정의 공통된 특징으로 간주되어야 할 이유로 경제성장과 함께 정책분야는 확대되어 왔고, 수십 년 전과 다르게 우리는 '미리 계획되어진 사회'에서 살고 있다는 점이다. 그러므로 이전의 정책기획자들에 의해서 세워진 정책에서 크게 다른 새로운 정책이 문제를 해결하기는 어려워졌다. 따라서 정책을 종결시키고 새로 만드는 작업보다 이들을 승계・조정하여 대체하는 것이 더 일반적인 현상이 되었다는 것이다.

(2) 정책승계의 유형

정책승계의 유형은 다양하고 이에 따라 최종적으로 발생되는 형태도 달라진다.

① 선형승계

이는 가장 순수한 형태의 정책승계이다. Hogwood & Peters는 기존 정책 프로그램이 완전히 폐지되고, 새로운 것이 같은 목표, 혹은 새로운 목표를 위해 세워지는 형태를 선형승계(linear succession)라고 부른다. 선형승계를 정책대체(policy replacement)라고 부르기도 한다. 공공부문에서 직접 수행하였던 청소업무 또는 경비업무를 민간위탁으로 전환할 경우 선형승계로 볼 수 있다. Hogwood와 Peters는 이같이 서비스 전달체계의 변동에 따른 정책승계 사례에 주목하였다. 최근 정보통신기술의 발달로 인력 대신 장비를 투입하는 정책대체가 많아지고 있다. 예를 들면, 과속운전 단속을 위하여 교통경찰관을 투입하다가 감시카메라 설치로 대체하는 것, 전철요금이나 고

---

2) 근로장려세제[勤勞獎勵稅制, EITC: Earned Income Tax Credit]는 사회보험・국민기초생활보장제도를 받지 못하는 차상위계층을 지원하는 제도이다. 저소득 근로자에게 정부가 현금을 지원하는 제도로, EITC라고도 한다. 정부가 납세자들에게 생계비를 보조해 주므로 미국 등 선진국에서는 마이너스소득세라고도 한다. 1975년 미국에서 처음 도입한 뒤 여러 선진국에서 운영 중이며 한국에서는 2008년도 소득을 기준으로 2009년부터 지급되기 시작하였다.

속도로 통행요금을 현금으로 받다가 스마트카드 기능이 내장된 카드로 대체하여 결과적으로 인력을 감축하는 것을 들 수 있다.

② 정책 통합

보다 복잡한 형태의 정책승계는 둘 이상의 정책이나 프로그램이 전체적이나 부분적으로 종결되고 새로운 정책이 기존의 정책과 유사한 목표를 달성하기 위해 수립될 때 일어난다. 하나의 정책을 추진하기 위해서는 그에 따른 세부 프로그램, 예산, 조직이 필요하다. 그리고 이러한 정책에는 대상집단과 서비스 공급자들이 있다. 둘 이상의 정책을 통합한다는 것은 프로그램, 예산, 조직의 통합을 의미한다. 예를 들면, 2008년 이명박 정부의 조직개편으로 교육인적자원부와 과학기술부가 통합되어 교육과학기술부가 되었다. 그에 따라 대학의 연구개발을 지원하는 과학기술부의 부서와 대학행정을 지원하는 교육부의 부서가 통합되었다. 그런데 과거 과학기술부에서 연구개발비를 지원받았던 이공계 교수들을 중심으로 이러한 정책통합에 반대의견을 제시한 바 있다. 이같이 둘 이상의 기존정책의 대상집단이나 서비스 공급자들이 변화에 대항하기 위해 제휴할 때 문제가 발생할 수 있다. 그 통합과정에서 일시적으로 또는 영구적으로 손해를 입는 개인과 집단이 반대할 수 있기 때문이다. 그러므로 정책통합(policy consolidation)이 이루어질 경우에는 특별한 문제가 발생한다고 보아야 하므로 대책이 마련되어야 한다.

③ 정책분할

정책분할(policy splitting)은 하나의 정책이 두 개 이상으로 분리되는 것으로 정책통합과는 반대의 경우이다. 정책분할은 조직분할과 관련되며 하나의 정책담당기관이 두 개 이상으로 분리되는 경우에 관련하여 정책이 분할되는 경우이다. 그런데 정책담당기관이 분리되면 정책의 성격에도 커다란 변화가 일어날 수 있다고 한다(정정길 외, 2010: 708). 예를 들면 과거 재정경제원에 있던 공정거래위원회가 분리되면서 공정거래에 관련된 독과점 규제, 경쟁촉진정책이 강화되는 사례를 들 수 있다.

4) 정책종결

정책종결(policy termination)이란 정책(목표, 수단 등)을 완전히 종료하는 것으로 이를 담당하는 프로그램, 예산, 조직이 없어지는 경우를 말한다.

즉, 정책을 완전히 종료하면서 이를 대체하는 새로운 정책도 없는 정책변동을 의미한다. '정책종결'이 선택되면 하나의 문제영역과 관련된 정책이나, 프로그램, 조직이 일제히 폐지된다. 실제로 개입을 완전하게 중단하는 것은 매우 어렵고 저항도 심하다. 예를 들면 우리나라에서 과거 중학교 입학시험 폐지, 야간통행금지 폐지와 같은 경우를 들 수 있다.

5) 정책변동 유형 종합 및 관계

(1) 종합적 논의

위에서 살펴본 정책 유형별로 기본성격, 법률, 조직, 예산의 측면에서 가지고 있는 특징이 〈표 4-2〉에 요약되었다. 정책혁신은 정책결정자가 의도적으로 채택한 새로운 정책이므로 새로운 법령을 제정하는 형태이며, 이에 따라 새로운 조직이 추가되고 신규 예산이 편성된다. 정책유지는 기존 정책을 환경의 변화에 적응하려는 의도를 반영하여 기존 법령, 조직과 예산이 유지된다. 정책승계의 경우 목표만 유지되고 수단이 대폭 교체되므로 이에 따라 법령 개정, 조직개편, 예산조정이 이루어진다. 정책종결의 경우에는 정책이 완전히 종료되므로 기존법률, 담당조직과 예산이 폐지된다.

표 4-2 Hogwood &Peters의 정책변동 유형별 특징

구 분	정책혁신	정책유지	정책승계	정책종결
기본성격	의도적 성격	적응적 성격	의도적 성격	의도적 성격
법령측면	법률 신규제정	기존 법률 유지	제정 및 기존 법률의 개정	기존 법률 폐지
조직측면	조직 추가	기존 조직 유지, 정책상황에 따라 조직보완 가능	기존 조직의 개편	기존 조직 폐지
예산측면	예산 신규편성	기존 예산 유지	기존 예산 조정	기존 예산 폐지

출처: 양승일. Hogwood와 Peters의 정책변동유형론. 「온라인 행정학사전」에서 수정함.

(2) 유형간 관계

정책변동 유형 사이의 관계를 살펴보면, 정책이 최초로 채택되는 정책혁신(정책창안 포함) 이후 환경변화에 따라 정책목표는 유지하되 정책수단의

그림 4-1 정책변동 유형 간 관계

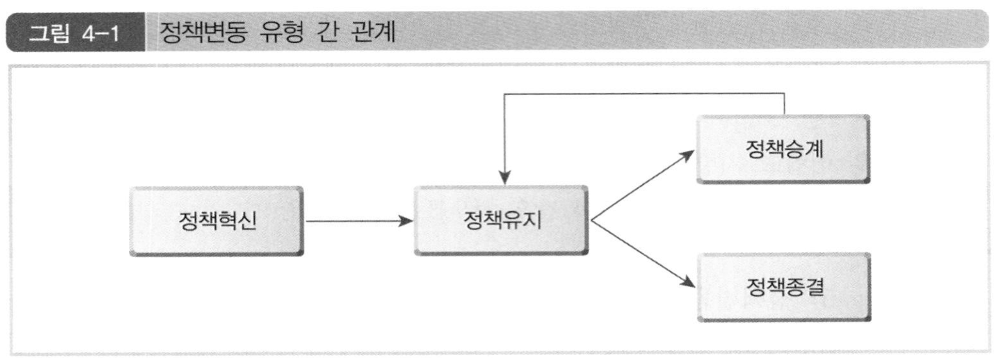

수정 · 보완이 이루어지는 정책유지 단계로 나아가는 경우가 많다. 이후 환경의 새로운 변화에 따라 정책이 대폭 수정 · 변경되는 정책승계 단계로 진행되거나 또는 정책종결이 이루어질 수 있다. 한편, 승계된 정책은 다시 환경변화에 따라 정책이 유지되는 과정을 거칠 수 있다([그림 4-1] 참조).

양승일(2015)은 Hogwood & Peters의 정책변동 흐름 모형을 4대강 정비사업에 적용하여 분석하였는데, 4대강 정비사업이 정책혁신, 정책승계, 정책유지의 흐름을 보였다고 보았다. 최초 대운하사업이라는 정책혁신으로 출발한 4대강 정비사업은 반대하는 측으로부터 강력한 저항에 직면하여 대운하사업을 대폭 수정한 4대강 정비사업이라는 정책승계로 변동되었고, 이를 유지한 것으로 보았다. 한편 성욱준(2014a)은 인터넷에서 게시판 문화를 순화하기 위하여 정부가 2007년 7월 새로운 정책으로 채택한 '인터넷 실명제'(제한적 본인확인제도)가 유지되다가 5년 후인 2012년 사실상 폐지로 돌아서게 되었고, 이후 헌법재판소의 위헌결정과 함께 폐지를 결정하여 정책이 공식적으로 종결된 과정을 분석하였다.

4. 정책변동의 모형

1) 개 요

앞에서 정책변동의 유형을 살펴보았다. 그러면 정책변동에 영향을 미치는 요인은 무엇이며 정책변동은 어떠한 과정을 거쳐서 이루어지는가? 정책변동의 유형으로 살펴 본 정책혁신, 정책승계와 정책종결이 이루어질 경우 사실상 새로운 정책을 채택한 것으로 볼 수 있다. 그러므로 제2부에서 살펴본 정책형성 또는 정책 채택에 영향을 미친 요인과 과정에 관한 이론적 고찰이 정책변동의 모형으로 활용될 수 있다. 정치체제론의 관점에서 볼 경우 정책변동은 여러 가지 정책환경의 변화에 따른 환경의 요구와 지지의 변화를 반영한 것이다. 한편 정책행위자의 역할을 중요시하는 관점에서 볼 경우, 정책변동은 정책을 둘러싼 행위자들의 권력과 영향력의 변화를 토대로 한다.

따라서 정책변동의 모형으로 정책형성과 채택에 관한 여러 가지 이론을 고려할 수 있다.[3] 예를 들면, 신제도론에서 '제도변화'의 원인에 관한 논의, 정책네트워크 이론, Kingdon의 '다중흐름 모형' 또는 '정책의 창' 모형은 정책변동을 설명하는데 적용되기도 한다. 여기에서는 정책변동의 모형으로 Sabatier & Jenkins-Smith가 제안한 '정책옹호연합모형'(Advocacy Coalition Framework, ACF)을 살펴보기로 하겠다.[4]

2) 정책옹호연합모형의 분석단위

(1) 분석단위로서 정책하위체계

정책옹호연합모형은 Sabatier & Jenkins-Smith가 복잡한 정책문제를 다루기 위하여 개발한 정책과정과 정책변동의 분석틀이다(이하 Sabatier, 1993: 16-20, Sabatier & Weible, 2007; Jenkins-Smith, Nohrstedt, Weible, Sabatier & 2014 참조).[5] 이 모형에서 분석단위는 정책하위체계이며 하위체계 내에서 복수의 정책옹호연합들 사이의 상호작용이 이루어진다.

(2) 정책하위체계와 정책옹호연합의 특징

정책하위체계와 정책옹호연합의 특징은 다음과 같다.

---

3) Dunn(2012: 45-52)은 정책변동의 모형으로 종합적 합리성, 차선의 합리성, 분절적 점증주의, 제한된 합리성, 혼합탐색, 문답식 합리성, 비판적 합류, 평형의 중단과 같이 일반적으로는 정책결정의 모형으로 다루어지는 모형들을 소개하였다.

4) Advocacy Coalition Framework를 제2판에서는 '창도연합모형'으로 표기하였으나, 여기에서는 다수의 국내학자들이 사용하는 '옹호연합모형'으로 표기하였다. '지지연합모형'으로 쓰기도 한다.

5) 이 모형은 원래 1988년 Policy Sciences라는 학술지에 발표되었는데(Sabatier & Jenkins-Smith, 1988), 이후 몇 차례에 걸쳐 수정과 보완이 이루어졌다(Sabatier & Jenkins-Smith, 1993; Sabatier & Weible, 2007; Jenkins-Smith, Nohrstedt, Weible & Sabatier, 2014 참조).

첫째, 정책과정과 정책변동을 분석하기 위한 기본적인 분석단위는 정책하위체계이다. 정책하위체계는 특정의 정책 주제와 영토적 범위, 하위체계의 정책문제에 직·간접적으로 영향을 미치고자 하는 행위자들로 정의된다(Jenkins-Smith, Nohrstedt, Weible & Sabatier, 2014: 189).[6)]

둘째, 정책하위체계는 다양한 수준의 정부에서 활동하는 행위자들을 모두 포함한다. 즉 우리나라의 경우 중앙정부와 지방정부 수준의 행위자들이 포함되며, 미국의 경우 연방정부 수준의 행위자뿐 아니라, 주정부와 지방자치단체 수준의 행위자가 포함된다.

셋째, 정책하위체계 내에는 정책신념을 공유하는 옹호연합들이 있으며, 이들 옹호연합들이 자신의 신념체계에 따른 정책을 추진하고자 노력한다. 옹호연합이 신념체계를 공유하는 연합이라는 점에서 이익 또는 이해관계를 중시하는 공공선택이론과는 차별적이다.

넷째, 정책변동의 과정과 정책지향적 학습의 역할을 이해하려면 상당한 기간이 필요한 것으로 보아 분석의 시계를 10년 이상의 장기간으로 설정한다.[7)]

3) 정책옹호연합모형의 분석틀

(1) 정책옹호연합의 신념체계 및 자원

[그림 4-2] 오른쪽 Box에 연합 A 및 연합 B로 표기한 바와 같이 하나의 정책하위체계 내에는 복수의 대립적인 옹호연합들이 존재한다. 옹호연합은 정책핵심신념을 공유하는 행위자들로 구성되는데, 전통적인 '철의 삼각' 구성원인 입법부 의원, 행정기관 공무원, 그리고 이익집단 지도자뿐 아니라, 그 정책영역을 전공하는 연구자와 언론인, 그리고 사법부 관계자도 포함된

---

6) ACF 연구 프로젝트에서 가장 중요한 과제 중 하나가 하위체계의 적정한 범위를 확인하는 것이다. 적정한 범위를 확인할 때 상호작용이 구조화되는 기관들의 실질적 범위와 지리적 범위에 초점을 맞추어야 한다. 예를 들면 Zafonte & Sabatier(2004)는 미국에서 자동차배출오염통제 하위체계가 대기오염통제 하위체계와는 분리되어 존재하는지 확인하고자 하였다. 그들이 확인한 결과 자동차배출오염에 관하여는 대기오염방지법(Clean Air Act)에 독립된 조항이 있으며, 미국 환경보호청(EPA)에 대규모 부서가 있고, 캘리포니아 주 대기자원위원회(Air Resources Board)에도 하위부서가 있으며, 산업부문에도 매우 다른 이익집단이 있고, 상당히 뚜렷한 연구집단이 존재하므로 상당히 독립적인 정책공동체가 별도로 존재한다는 것이다.

7) Weiss(1977) 등은 정책결정자가 정책연구결과를 토대로 자신이 사고와 개념적 인식의 틀을 변경하는 것을 정책연구의 계몽적 기능이라고 불렀다.

그림 4-2 정책옹호연합모형의 분석틀

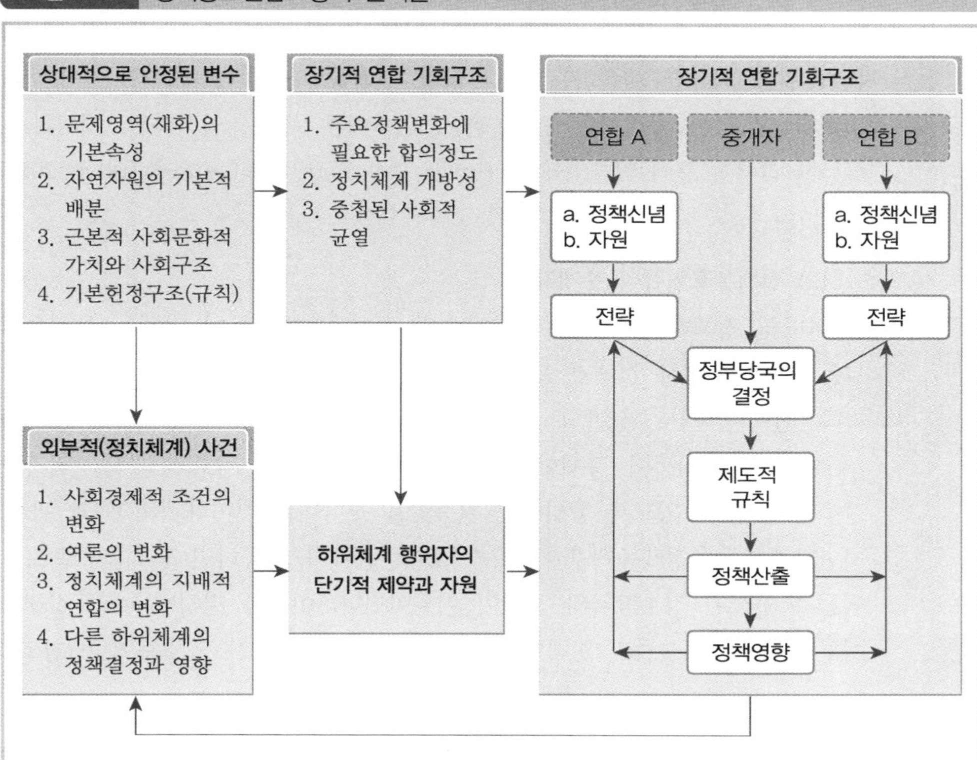

출처: Sabatier & Weible, 2007. p. 202; Jenkins-Smith, Nohrstedt, Weible & Sabatier. 2014. p. 194.

다. 행위자의 신념을 형성하는 데 과학적 · 기술적 정보가 큰 영향을 미치기 때문에 전문가의 역할이 중요시된다.

옹호연합들은 그들의 신념을 정책 또는 프로그램을 통하여 실현하기 위하여 노력한다. 옹호연합 참여자들의 신념체계는 기본핵심신념(deep core beliefs), 정책핵심신념(policy core beliefs), 부차적 신념(secondary beliefs) 또는 도구적 신념 등 세 개의 계층구조로 구성된 것으로 본다(Sabatier & Wieble, 2007: 194).[8)]

---

8) 가장 상위수준의 신념체계는 기본핵심신념으로 인간의 본성에 관한 근본적인 규범적, 존재론적 가정, 자유 및 평등과 같은 근본적인 가치의 상대적인 중요성, 서로 다른 집단의 복지에 관한 상대적 우선순위, 시장과 정부의 적정한 역할, 정부의 정책결정에 누가 참여해야 하는지 등에 관한 신념을 포함한다. 기본핵심신념의 수준에서 전통적인 좌파와 우파의 구분과 같은 척도가 작용한다. 기본핵심신념은 유아시절 형성된

'신념의 동질성'(belief homophily)을 기초로 형성된 옹호연합은 자신들의 신념을 정부의 정책과 프로그램에 반영시키려고 자신들이 동원할 수 있는 자원을 최대한 이용하는 등 다양한 전략을 구사한다. 자원에는 정책을 결정할 수 있는 공식적인 법적 권위, 일반여론, 정보, 인적자원, 재정자원, 유능한 리더십 등이 있다(Jenkins-Smith, Nohrstedt, Weible & Sabatier, 2014: 205).

(2) 정책옹호연합의 중개자

하나의 정책하위체계 내에서 복수의 정책옹호연합들이 자원을 동원하여 그들의 신념체계를 정책과 프로그램에 반영시키기 위해 노력하는데, 이들이 각각 선택한 서로 상반되는 경쟁적인 정책대안들을 제3자인 정책중개자(policy brokers)들이 중재할 수 있다. 정책중개자의 주요관심사는 심각한 갈등을 줄일 수 있도록 합리적인 절충안을 찾아내는 것이다. 정치인과 관료, 시민단체 등이 정책중개자가 될 수 있다. 중재가 성공하면 몇 개의 프로그램들로 구성된 정부당국의 결정이 이루어진다. 이러한 결정에 따라 집행이 이루어지고 정책산출과 정책영향이 발생한다([그림 4-2] 오른쪽 박스 참조).

(3) 정책하위체계에 영향을 미치는 요인

대부분의 정책은 하위체계 내에서 형성되며, 하위체계 내의 전문가들 사이에 교섭이 이루어진다. 그런데 이들의 행태는 두 가지 유형의 외부적 요인의 영향을 받는데, 하나는 매우 안정적이고 다른 하나는 매우 동태적이다([그림 4-2] 왼쪽 박스 참조).

사회화과정의 산물로서 그 변경가능성은 희박하다. 정책핵심신념은 기본핵심신념을 정책하위체계에 적용한 것이다. 정책옹호연합은 신념체계 중 정책핵심에 관한 이슈를 중심으로 합의를 형성하여 구성된 것이다. 정책하위체계에서 하위체계에 관련된 정책제안을 둘러싸고 선호를 달리하는 정책연합 사이에 타협하기 어려운 논쟁이 이루어지는 경우가 있다(예를 들면 북극의 야생생물 보호지역에서의 해저탐사 확대 대 금지). ACF에서는 이러한 선호를 정책핵심 정책선호라고 부르는데 이는 정책하위시스템에 관한 규범적 신념으로 연합의 전략적 행태의 지침이 되며, 자기편을 결속시키고 반대편과 구분하는 비전을 제시한다. 부차적 신념은 범위가 좁고, 구체적 프로그램의 상세한 규칙과 예산지출 등 수단적인 사항에 관한 신념을 말한다. 부차적 신념은 정책핵심신념보다 범위가 좁기 때문에 쉽게 변화할 수 있다.

① 상대적으로 안정적인 변수

상대적으로 안정적인 변수는 정책집행의 하향적 모형에서 도출한 것이다. 여기에는 1) 문제 영역(또는 재화)의 기본속성, 2) 자연자원의 기본적 배분상태, 3) 근본적 사회문화적 가치와 사회구조, 4) 기본헌정구조(규칙) 등이 포함된다. 이러한 요인은 실현가능한 대안의 범위를 제약하거나 하위체계 구성원들의 자원과 신념체계에 영향을 미친다.

② 정책하위체계 외부의 사건

정책하위체계의 외부적 변수는 수년 또는 10년 정도의 기간에 걸쳐 실질적인 영향을 미칠 수 있다(Sabatier, 1993: 22-23). 외부적인 변수는 1) 사회경제적 조건의 변화, 2) 여론의 변화, 3) 정치체계의 지배적 연합의 변화, 4) 다른 하위체계의 정책결정과 영향 등이다.[9] 외부적 변수의 변화 또는 충격은 하위체계 행위자들이 직면하고 있는 제약조건과 기회를 바꾸기 때문에 정책변동에 영향을 미치는 주요한 동태적 요소를 형성한다. 정책하위체계 행위자들은 이러한 요소에 대하여 자신들의 기본적인 신념과 이해관계에 부합되는 방향으로 부단하게 대응해야 한다.

(4) 매개변수

[그림 4-2]의 가운데 부분에 제시된 매개변수인 장기적 연합 기회구조는 미국과는 다른 유럽국가의 정치체제의 특성을 반영하고자 추가한 변수이다.

---

9) 첫째, 사회경제적 조건과 기술의 변화는 기존정책의 인과적 가정을 잠식하거나 여러 옹호연합의 정치적 지지를 크게 변경시킴으로써 정책하위체계에 실질적 영향을 미칠 수 있다. 예를 들면, 1960년대 후반 환경악화에 대한 대중의 관심이 극적으로 커지면서 1970년 대기오염방지법 통과에 중요한 역할을 담당하였다. 그러나 1973-74년 아랍국가의 석유수출금지조치는 미국 자동차 생산의 급격한 감소를 가져왔다. 이에 따라 엄격한 대기오염방지프로그램을 지지하였던 미국자동차 노조원들이 지나친 자동차 배출오염 통제를 반대하게 되었다. 둘째, 여론의 변화가 정책하위체계에 실질적 영향을 미칠 수 있다. 셋째, 정치체계의 지배적 연합의 변화, 즉 '극적인 선거'의 사례는 미국의 경우 동일한 연합이 집행부와 의회의 양원을 동시에 장악하는 것이다. 이러한 체계차원의 지배적 연합의 변화는 흔하게 발생하지 않는다. 보다 제한된 변화가 자주 나타나는데 그 영향의 범위도 제한적이다. 넷째, 다른 하위체계의 정책결정과 영향도 특정 정책하위체계에 영향을 미치는 동태적인 요소이다. 미국의 예를 들면 1900년대 중반 '에너지 독립(energy independence)'을 모색하면서 닉슨 행정부와 포드 행정부가 연료를 천연가스로부터 국내에 풍부한 석탄으로 변경하자 오염방지정책에 반전이 일어났다.

여기에는 1) '주요정책변화에 필요한 합의'의 정도, 2) '정치체제의 개방성'의 정도, 3) 중첩된 사회적 균열 등의 변수가 포함되었다. 또 하나의 매개변수인 하위체계 행위자의 단기적 제약과 자원은 옹호연합들이 하위체계 외부의 변동을 단기적 기회로 활용하는 것을 의미한다(Jenkins-Smith, Nohrstedt, Weible & Sabatier, 2014: 194).

4) 정책변동의 핵심 경로

옹호연합 모형의 주목적의 하나는 정책이 왜 변동되는지 이해하는 것이다. 정책변동이란 정부 프로그램의 정책핵심 구성요소의 변동, 프로그램 종결, 새로운 프로그램의 도입 등으로 나타난다. 옹호연합모형에서는 정책변동의 핵심적 경로를 외부적 충격, 정책하위체계 내부의 사건, 정책지향적 학습, 교섭된 합의 등 네 가지로 보았다(Sabatier & Weible, 2007; Jenkins-Smith, Nohrstedt, Weible & Sabatier, 2014: 202-204).[10]

(1) 외부적 충격

외부적 충격은 분석틀에서 살펴본 하위체계 외부의 동태적인 사건 또는 충격을 말한다. 외부적인 충격은 정책의제를 변경시킬 수 있고, 일반대중의 초점을 변경시키고, 주요 정책결정자들의 관심을 끌 수 있다. 외부적 충격은 지배적인 옹호연합의 정책핵심신념의 구성요소를 바꿀 수 있다. 예를 들면 경기후퇴시에는 규제찬성집단이 강력한 규제가 대상집단에 미치는 부정적인 경제적 효과를 고려하여 규제가 완화되어야 하는 것으로 신념이 바뀔 수 있다(Zafonte & Sabatier, 2004).

(2) 내부적 충격 또는 사건

이는 관심을 가지고 있는 정책하위체계 내부에서 발생한 충격과 사건을 말한다. 예를 들면, 한국과 미국의 에너지 정책하위체계에서 OPEC의 급격한 산유량 감축 결정은 외부적인 사건이다. 반면에 태안 앞바다 원유수송선 기름유출사고 또는 미국 내 원유수송선 기름유출사고와 같이 자국의 에너지정책 하위체계 내에 소속된 행위자가 일으킨 사고는 내부적인 충격 또는 사건이다.

10) 초기에는 정책지향적 학습과 외부적인 사건의 두 가지 요소만을 제시하였으나, 2007년 이후에 정책하위체계 내부의 사건과 교섭된 합의를 추가하였다.

Sabatier는 내부적 사건 또는 충격은 하위체계 구성원의 신념에 직접 영향을 미친다고 본다. 외부적 사건과 내부적 사건은 모두 정책변화에 영향을 미칠 수 있다.

(3) 정책지향적 학습

ACF에서 정책지향적 학습이란 경험을 토대로 정책옹호연합의 신념체계가 수정되는 것을 의미한다. 정책지향적 학습은 "신념체계 규범의 달성 또는 수정과 관련된 개인 또는 집단의 경험 때문에 초래되는 사고 또는 행태적 의도의 영속적 변경"이라고 정의된다(Jenkins-Smith, Nohrstedt, Weible & Sabatier, 2014: 198). 옹호연합 모형에서는 정책학습에 의해 신념체계가 변경될 수 있으므로, 정책학습이 장기적이고 점진적인 정책변동을 촉진하는 원동력으로 파악하고 있다.

정책지향적 학습이 신념체계와 정책변동을 가져올 수 있는 역량은 옹호연합 신념체계의 수준에 따라 달라진다. 보다 규범적인 기본핵심신념과 정책핵심신념은 새로운 정보에도 불구하고 변화되기 어렵다. 한편 부차적 신념 또는 도구적 신념은 그 범위가 좁기 때문에 정책지향적 학습을 받아들여서 비교적 쉽게 변경될 수 있다. 외부적인 충격 때문에 하위체계의 구조와 개인의 정책핵심신념이 급격하게 바뀔 수 있는 반면, 정책지향적 학습은 10년 이상의 장기간이 소요될 수 있으며, 정책핵심신념보다는 융통성이 있는 부차적 신념에 더욱 큰 영향을 미칠 수 있다.

(4) 교섭된 합의

'교섭된 합의'란 정책하위체계 내에서 수십년 동안 서로 싸워 오던 정책찬성옹호연합과 정책반대옹호연합이 교섭을 통하여 현상을 크게 벗어날 수 있는 합의에 도달하는 것을 말한다. Sabatier는 옹호연합모형이 조합주의와 같은 협동적인 레짐의 연구에도 적실성을 가지려면 이러한 변동경로가 추가되어야 한다고 보았다.

5) 정책옹호연합모형 경험적 연구사례

(1) 개 관

국내외에서 정책옹호연합모형을 적용한 다수의 연구사례가 발표되었다.

옹호연합모형과 관련된 경험적 연구의 주제는 신념체계가 서로 다른 정책옹호연합들의 형성과정, 정책하위체계 외부환경의 변수 규명, 정책지향적 학습, 동태적 정책변동의 분석, 정책중개자의 역할 등 다양하다. 정책하위체계 내에서 옹호연합 참여자들의 신념체계를 확인하기 위해서 질적 방법과 양적 방법을 사용할 수 있다. Liftin(2000) 등은 심층면접과 같은 질적 방법을 통하여 신념체계를 파악하였고, Weible, Sabatier & Lubell(2004)은 설문지 자료를 양적으로 분석하였으며, Zafonte & Sabatier(2004) 등은 공공문서의 내용분석방법을 적용하여 신념체계를 양적으로 분석하였다(Weible & Sabatier, 2007: 196에서 재인용).

(2) 국내 정책변동과정 연구사례

국내에서도 정책의 변동과정을 옹호연합모형(Sabatier, 2007)을 적용하여 분석한 다수의 경험적 연구가 이루어졌다. 예를 들면, 경유승용차 판매허용 정책변동(장지호, 2004), 소수자로서의 비정규직근로자의 정책변동(서혁준·전영평, 2006), 인터넷 제한적 본인확인제 정책변동(성욱준, 2014a), 후쿠시마 원전사고와 원자력정책 변동(권태형·전영준, 2015), 외국인 고용허가제 도입과정(유정호·김민길·조민효, 2017), 감정노동자 보호 정책의 변동(원숙연·이혜경, 2018) 등이다. Sabatier(2007)는 경쟁적인 옹호연합이 형성되게 된 기초가 신념의 동질성(belief homophily)이라고 가정하지만, 국내에서는 그 기초가 집단간 경제적 이해관계 또는 지역간 갈등인 연구사례도 있다. 예를 들면, 제주 해군기지 정책변동과정(고종협·권용식, 2009), 의약분업 및 의료보험 통합 논쟁사례(김순양, 2010), 세종시 정책사례(박용성·최정우, 2011) 등이다. 정책변동에 관한 경험적 연구에서 옹호연합모형의 설명력의 한계를 보완하기 위하여 정책네트워크 모형 또는 다중흐름 모형과 결합한 분석틀을 적용한 로스쿨정책과 노동개혁정책사례(이재무, 2016), 의료민영화 정책변동사례(전진석·이선영, 2015), 의료영리화 정책사례(이현정·김선희, 2015), 김영란법의 정책사례(정기덕·정주호·김민정·조민효. 2017) 연구도 찾아볼 수 있다. 한편 정지원·박치성(2015)은 옹호연합모형과 인과지도방법론과 결합한 분석틀을 적용하여 정책변동에 대한 맥락적 인과경로를 탐색할 수 있다고 보았다.

(3) 한국에서 정책변동의 핵심 경로와 정책중개자의 특징

국내연구들에서 정책변동의 핵심 경로는 정책지향적 학습, 외부적 충격, 정책중개자의 역할 또는 이들 경로들의 조합인 것으로 나타났으며, 내부적 충격에 따른 정책변동사례는 매우 드물었다. 옹호연합모형에서는 경쟁적인 정책대안들을 제3자인 정책중개자들이 중재할 수 있다고 본다. 한국에서 정책중개자의 역할에 관한 27편의 논문 50개 사례를 대상으로 한 메타연구(서인석 · 조일형, 2014)에 따르면 NGO와 전문가가 제3자의 역할을 수행하여 상대적으로 큰 정책변동을 일으키는 행위자로 나타난 반면 정책결정자는 중개자 역할을 수행하지 않은 것으로 나타나, 고위공무원 또는 국회의원이 주로 정책중개자 역할을 담당하는 미국(Sabatier, 2007)과는 대조된다. 한국에서 NGO와 전문가는 협상이나 조율과 같은 역할을 통하여 정책변동을 이끌어내기는 어렵지만 정보제공을 통하여 정책변동을 이끌어내는데 긍정적으로 기여했다는 것이다.

Ⅳ. 정책평가와 성과관리제도

1. 정책평가 및 프로그램 평가제도의 역사

정책 및 프로그램 평가제도가 도입된 배경과 방식은 국가마다 다양하다. 선도적으로 정책 및 프로그램 평가를 도입한 국가들은 내부의 필요성에 의해 도입하였고, 후발국가들은 보다 선진적이고 일반적인 관리방식으로서의 제도를 외국으로부터 받아들이는 것이 일반적인 형태였다.11)

특정사업의 평가에 엄격한 사회조사연구방법을 적용하여 그 효과를 측정한 사례는 1930년대까지 거슬러 올라간다. 우리에게도 잘 알려진 미국 Western Electric 회사의 Hawthrone공장에서의 실험은 1927년부터 1932년까지 진행되었다. 실험의 목적은 물리적 작업환경의 변화가 생산성에 어떠한 영향을

11) 이 부분은 남궁근. 2009. 재정사업 성과평가의 발전과정과 각국의 제도: 미국과 스웨덴의 사례. 「지방세와 재정연구」. 22호. 20-36쪽의 일부임.

미치는지 알아보고자 하는 것이었다. 이 실험의 결과 연구자들은 생산성에 보다 많은 영향을 미치는 것은 조명이나 환기시설과 같은 물리적 환경보다는 작업집단의 사회적 관계라는 결론을 도출할 수 있었다(Hicks & Gullett, 1975: 195-196, 정주택 외, 2007: 15에서 재인용).

Wollmann(2003)에 따르면, 지난 40여 년 동안 공공부문에서 정책 및 프로그램 평가는 3단계에 걸쳐서 발전되어 왔다. 제1기 평가의 물결은 1960년대와 1970년대, 제2기 평가의 물결은 1970년대 중반에 시작되었고, 제3기 평가의 물결은 신공공관리(NPM)운동과 관련되어 1990년대에 시작되었다.

1) 1960년대 제1기 평가

서구 선진국가에서는 1960년대 복지국가로 진입하면서 정치와 행정구조의 현대화를 통하여 정책을 능동적으로 결정할 수 있는 국가 능력의 제고라는 개념이 대두되었다. 여기에서 기획과 평가능력의 제도화 및 채택이 전략적으로 중요한 수단으로 대두하였다. 개념적으로는 정책결정과 기획, 정책집행 및 정책평가라는 정책과정(policy cycle)의 전제 아래, 정책평가를 정책결정에 활용할 수 있는 정보를 수집하고 피드백하는 수단으로 간주하였다. 이상적으로 보면 정책평가는 완벽한 사회과학적 방법론에 기초하여 수행되어야 하며, 실질적인 정책의 산출과 성과를 측정하는 것으로 이해되었다. 기획시대의 개혁 무드와 낙관주의에 배태된 정책 및 프로그램 평가는 규범적으로 볼 때, 정책결과를 개선하고 산출의 효과성을 극대화하는 것을 의미하였다. 이같은 초기단계의 정책평가를 평가의 첫 번째 물결(first wave of evaluation)이라고 부른다(Wollmann, 2003). 1960년대 중반 이후 전세계적으로 정책평가의 선구자인 미국과 유럽의 스웨덴 및 독일이 평가의 첫 번째 물결의 선두주자였다.

선도적으로 프로그램 평가를 도입한 국가의 경우, 호황이었던 1960년대 경제상황에서 예산이 큰 폭으로 확대되면서 정부는 비용소요가 큰 복지, 보건, 교육 등 사회정책을 실시하였다. 이러한 상황에서 미국과 스웨덴 등에서는 사회프로그램을 확장하는 과정에서 프로그램을 개선하는 것을 평가제도의 목표로 설정하였다. 예산기능의 범위 자체도 확장적으로 이해되어 예산기능 내에서 계획기능이 강조되었다. 계획기능과 예산기능의 통합이 시도되는 과정에서 평가를 통하여 사회정책의 효과에 관한 정보를 제공할 필요가 있었고, 나아가 평가가 계획 시스템의 일부로 간주되기도 하였다.

미국의 경우 1960년대 중반 미국 존슨 행정부가 소외계층의 빈곤퇴치를 위하여 도입한 다양한 사회복지프로그램이 평가에 본격적인 관심을 가지게 된 계기가 되었다. 초기에는 이러한 빈곤퇴치 프로그램에 대한 투자가 어떠한 효과를 가져왔는지 밝혀야 한다는 필요성 때문에, 다음에는 이들 프로그램들의 비용을 절감시키고자 하는 관심에서, 그리고 그 후에는 평가정보를 이용함으로써 프로그램의 능률을 향상시키고자 하는 노력 등에 의하여 정책평가가 발전되어 왔다(노화준, 2006). 1960년대 후반에는 정책평가의 개념과 방법론에 대한 저술도 출간되기 시작하였다. 이 시기에 평가의 유형과 방법론을 폭 넓게 논의한 Suchman(1967)의 Evaluation Research, 사회실험을 주장한 Campbell(1969)의 선구적 논문, Reforms as Experiments 등이 간행되었다.

한편 이 시기에 존슨 대통령의 사회정책프로그램들이 엄청난 재원을 투입하고도 소기의 목적을 달성하지 못했다는 평가연구결과가 발표되면서 보수주의자들의 사회정책프로그램에 대한 비판의 목소리가 높아지게 되었다. 대표적인 사례가 오하이오 주립대학교와 웨스팅하우스 조사연구소가 발표한 무료유아원프로그램(Head Start Program)의 효과에 대한 평가보고서이다(정정길 외, 2010: 622). 무료유아원프로그램의 사업목표는 저소득계층 자녀의 인지적·정의적 능력개발(cognitive and affective development)로 유아를 대상으로 하는 프로그램이다. 머시맬로우 실험12) 등에서 3-4세의 어린 나

12) 머시맬로우 실험이란 미국 스탠포드 대학의 월터 미셸(Walter Mischell) 박사가 아동들의 정서 기능을 측정하고자 행한 실험이다. 실험 재료로 머시맬로우(marshmallow: 사탕과자의 한 종류)가 쓰여서 통상 머시맬로우 실험이라고 불린다. 정서 지능이 얼마나 중요한 능력인지를 보여주기 위해서 4세 아동을 대상으로 다음과 같은 실험을 했다. 아무 장식도 없는 널찍한 방에 4세 아동들을 모아놓고 아이들이 좋아하는 달콤한 머시맬로우 한 봉지씩을 나누어 주면서 이렇게 말했다. “이것을 지금 당장 먹어도 괜찮다. 하지만 내가 나갔다가 돌아올 때까지 이것을 안 먹고 기다리고 있으면 한 봉지씩 더 주겠다.” 일부 아이들은 먹어치웠고, 나머지는 먹는 것을 참아내었다. 15년 후, 고등학교를 졸업하고 대학을 갈 즈음 먹고 싶은 욕구를 참지 못했던 아이들은 작은 어려움에도 쉽게 굴복하고 좌절하며, 여러 가지 면에서 스트레스를 많이 받고 친구도 없는 외톨이로 학교생활을 보냈다. 그러나 먹고 싶은 욕구를 잘 참아냈던 아이들은 학교나 가정에서 인정받고 적응도 잘하고 적극적인 성격을 갖고 있었으며, 학교에서도 이른바 ‘인기 있는 사람’이 돼 있었다고 한다.

이에 형성된 인지적·정서적 능력의 차이가 미래의 생활수준 차이와 직결된다고 밝혀진 바 있다. 그런데 미국에서 유아를 대상으로 하는 교육은 의무교육이 아니므로 중산층 이상은 자녀를 사립유아원에 보내서 교육을 받게 하는데, 그 비용이 상당히 많이 든다. 경제적 형편 때문에 사립유아원 교육을 받을 수 없는 빈곤계층 자녀들은 어린 나이에 인지적·정의적 능력을 개발하지 못하여 빈곤이 세습된다고 생각하게 되었다. 이러한 문제를 해결하기 위하여 연방정부가 예산을 지원하여 빈곤층 자녀를 대상으로 무료유아원 프로그램(Head Start Program)을 시작하였다. 이 프로그램은 유아들에게 학습 활동뿐 아니라 급식서비스와 박물관, 동·식물원 견학 등 다양한 서비스를 무료로 제공하여, 저소득층 자녀들에게 사립 유아원 교육을 받고 있는 중·상류층 자녀와 같은 정도의 인지적·정의적 능력개발을 목표로 하는 프로그램이다.

오하이오 주립대학교와 웨스팅하우스 조사연구소가 발표한 평가연구에 따르면 이 프로그램이 혜택을 받은 유아들의 인지적·정의적 능력개발에 기여하지 못했다는 것이다(Circirelli, 1977). 이러한 연구결과가 발표되자 이 사업을 반대하였던 보수주의자들이 유아원 교육프로그램뿐 아니라 유사한 사회복지 프로그램의 폐지를 강력하게 주장하였다. 이러한 비판을 계기로 미국에서는 일정한 조건에 해당하는 중요한 사업은 반드시 평가를 받도록 제도화되었다(Rossi & Freeman, 1982: 31-32).

경제적 상황과 함께 정치적인 구도도 중요한 요소로 간주된다. 경제적으로 호황이었던 1960년대에 평가가 시작되었던 나라들은 개혁적인 성향이 강한 정부들(스웨덴 사민당, 미국의 민주당, 독일의 사민당, 캐나다의 자유당)이 여러 가지의 개혁정책을 실시하였고, 사회과학적인 방법론을 활용하여 정책평가를 수행하는 것에 호의적인 태도를 가지고 있었다(윤희숙·박현, 2005).

2) 1970년대 제2기 평가

1973년 첫 번째 석유위기에 의하여 촉발된 전세계적인 경제 및 재정위기의 와중에서 1970년대 중반 이후, 재정축소와 비용절약의 필요성이 정책결정에 압도적인 영향을 미쳤다. 결과적으로 정책 및 프로그램 평가의 수요가 재정의되어 평가의 과제가 정책사업의 숫자를 줄이고, 투입의 효율성을 극대화하는 것으로 변화되었다. 즉 정책 및 프로그램 평가가 행정부 내부의 관리 수단이라기보다는 예산과정의 합리화와 책임성 강화를 통하여 행정부에 대한 의회의 역할을 강화하는 수단으로 활용된 것이다(이윤식 외, 2006: 128). 발전론의 관점에서 보면, 이 단계가 정책평가의 '제2의 물결'이다. 유럽국가들 가운데에는 영국이 이 물결의 전형이 되는 국가이다(Derlin, 1990 참조). 이 시기에 노르웨이, 네델란드, 덴마크, 핀란드, 프랑스 등이 평가제도를 도입하였다.

영국의 경우 1979년 대처 수상이 내각을 이끌게 되면서 공공부문의 구조개혁을 위하여 성과관리제도가 본격적으로 도입되었다. 1979년에는 능률전략(Efficiency Strategy), 1982년에는 재무관리개혁(Financial Management Initiative)이 도입되었다. 재무관리개혁은 정부의 모든 부처관리자들이 목표를 분명하게 정의하고, 목표에 관련된 산출과 성과를 측정할 수 있는 수단들을 구체화하고, 자원의 활용에 대한 책임을 명확하게 설정하고, 이러한 책임을 이행하는 데 필요한 정보와 자문을 받을 수 있도록 하기 위한 제도이다. 1997년 블레어 정부가 수립된 이후, 재정지출과 공공서비스 품질 제고를 보다 분명하게 연결시키기 위하여 한층 강화된 성과관리제도가 도입되었다(이윤식 외, 2006: 129). 3개년 예산을 편성하고, 미집행예산을 차기 연도로 이월할 수 있도록 한 포괄적 세출심사제도(Comprehensive Spending Reivew)가 시행되었고, 재무부와 각 부처가 사업별 성과관리를 위하여 공공서비스 협약(Public Service Agreement)을 체결하도록 하였다. 2000년에는 공공서비스 협약을 구체화하고 보완하기 위한 서비스 전달협약(Service Delivery Agreement)을 도입하였다.

영국의 사례에서 알 수 있는 바와 같이 정책 및 프로그램 평가의 제2의 물결에서 강조점은 예산배분과정을 합리화하는 것이다. 그러므로 재정당국과 전반적인 예산규모와 내부구조에 관심을 가진 정책부처들이 정책 및 프로그램 평가에 참여하게 되었다(윤희숙 · 박현, 2005: 14-15). 이들은 특정 정책 및 프로그램의 평가결과가 부정적으로 나올 경우, 이 결과를 토대로 그 프로그램의 종료 또는 규모축소를 추진하였다.

1970년대에는 정책평가 또는 프로그램 평가가 정착되었을 뿐 아니라 평가이론이 뚜렷한 학문분야의 하나로 정착된 시기라고 볼 수 있다. 한 가지 특기할 것은 Poland(1971: 201-202)가 평가를 행정과정의 중요한 요소로 인식하고 이를 행정학에서 본격적으로 취급할 것을 주장한 일이다. Poland는 Gulick(1937: 12-13)이 제안하여 행정관리자들이 수행하여야 할 기본적 기능으로 알려진 POSDCORB(planning, organizing, staffing, directing, coordinating, reporting, budgeting의 약어)에 Evaluation의 첫 문자인 E를 포함시켜 POSDECORB로 만들 것을 제창하였다. 김명수(2003: 4)는 행정학계에서 평가에 본격적으로 관심을 기울이기 시작한 것은 이 때부터라고 본다.

3) 1990년대 제3기 평가

평가의 세 번째 물결은 1980년대 후반과 1990대 초반에 밀려왔는데, 이 시기는 많은 국가에서 재정위기가 더욱 심화되었고, 국제적인 토론과 실제에서 신공공관리론(New Public Management)이 유행하는 시기였다. 신공공관리론은 민간부문의 관리개념과 관리도구에 기초를 두고 있다. 제2의 물결 시기의 평가와 제3의 물결 시기의 평가에 있어서 차이점은 평가의 주체와 관련된다(Wollmann, 2003). 제2의 물결 시기에 이루어진 평가의 촛점은 대체로 외부평가가 주류를 이루었으며, 확장적이고 비용이 과다하게 소요되는 복지국가 프로그램을 점검하고 축소하는 것인 반면, 제3의 물결 시기의 평가는 내부 평가의 성격으로 기관의 성과 평가, 자기평가절차 및 보고가 주류를 이루므로, '공공관리 패키지'의 일부를 형성한다(Fuburo & Sandahl, 2002: 19 이하 참조). 그러므로 '제3의 물결' 시기의 평가는 내부평기기관과 도구중심적 평가라는 특징을 가진다.

제3의 물결 시기의 평가는 신공공관리론(NPM)의 이념을 반영하여 정책 및 프로그램을 축소하고 정부지출을 줄이는 근거를 제공하는 것이 중요한 역할이 되었다. 그런데 이 시기에 평가를 통하여 실제로 정책 및 프로그램 축소를 합법화하는 역할을 수행하였는지는 의문시되고 있다(윤희숙·박현, 2005: 16). 보통 재원을 축소하는 결정은 정부가 정책 및 프로그램 비용을 충당할 수 없을 때 이루어지므로, 정책 및 프로그램에 대한 평가결과가 좋을 경우에도 정치적 지원이 약화되거나, 정부의 관심이 줄어들 경우 그 사업은 불가피하게 축소되기 때문이다.

1980년대 이후 세계은행 등의 개발원조를 받는 국가들은 원조의 전제조건이나 업무수행과정의 일부로 평가제도를 도입하도록 강제되었다. 후발국가들의 경우 외부적인 압력 때문에 제도를 도입하는 것이 일반적이었던 셈이다. 우리나라의 경우는 정치적이고 행정적인 의사결정과정을 개방함으로써 민주주의를 강화하는 자연스러운 과정 속에서 평가에 대한 내부적인 수요가 형성된 경우이면서, 1990년대 이후 이미 널리 확산된 공공부문의 관리방식인 신공공관리(New Public Management)를 받아들여 글로벌 기준에 부합하려는 노력의 일환이기도 하다(윤희숙 · 박현, 2005). 그러므로 우리나라에는 미국과 영국, 그리로 호주와 같이 신공공관리론의 영향이 강한 국가의 평가제도가 도입되었다.

우리나라에서는 1980년대에 접어들면서 학계에서 정책평가에 관한 저술이 발간되었다(노화준, 1983; 김명수, 1987; 정정길 외, 1987). 또한 1981년 정책평가기능이 국무총리 기획조정관실에서 경제기획원으로 이관되어 종전의 심사분석을 예산과 연계시키려 하는 등 정부의 평가노력이 크게 강화되었다. 1990년대는 '평가의 연대'라고 특징지을 수 있을 정도로 이론 면에서뿐 아니라 실제에 있어서도 많은 진전이 이루어졌다(정주택 외, 2007: 19). 우리나라에서는 1991년에는 '한국정책분석평가학회'가 창설되었고, 이듬해인 1992년에는 '한국정책학회'가 창설되었다. 한편 1992년부터 중요국책사업에 대한 정책평가가 의무화되는 등 정부에서도 정책평가를 중요시하게 되었다.

2. 우리나라의 성과관리와 정책평가제도

현재 우리나라 정부의 정책평가는 크게 보아 행정부와 국회에 의하여 수행된다.

1) 행정부의 정책평가

(1) 정부업무평가제도 개관

우리나라 정부부문에서 정책평가 관련업무는 1961년 국무총리 기획조정실 심사분석제도까지 거슬러 올라간다. 정책평가제도는 수차례에 걸쳐 변경되어 오다가 1998년 김대중 정부에서 중앙정부에 기관평가제도가 도입되었

그림 4-3 우리나라 정부업무평가 추진체계

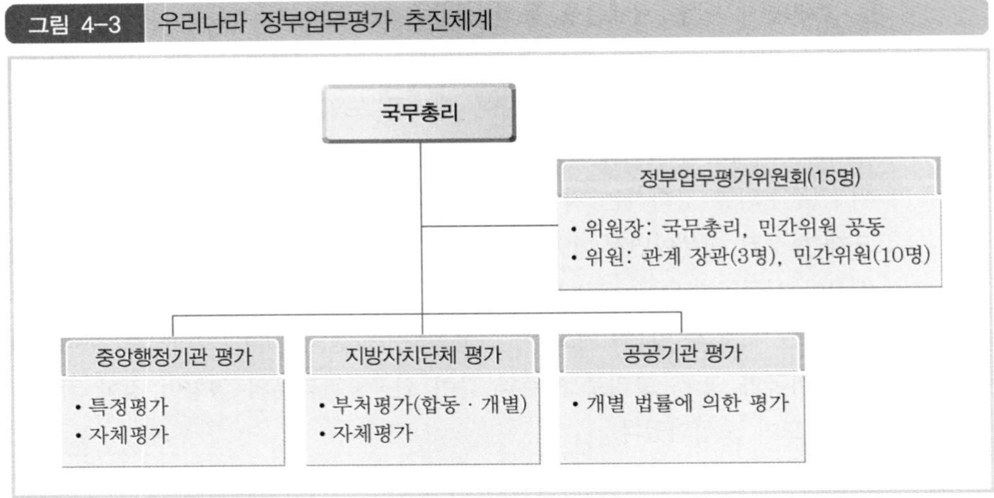

다(노화준, 2007: 513). 즉 1998년 새로운 정부 출범과 더불어 정부업무의 심사평가 및 조정에 관한 규정을 개정하였는데, 이 때 기관평가제도를 도입한 것이다.

오늘날 정부업무평가제도는 2006년 3월 국회를 통과한 「정부업무평가기본법」에 담겨져 있는 '통합국정평가제도'를 토대로 한다. 정부업무평가의 실시와 평가기반의 구축을 체계적 · 효율적으로 추진하기 위하여 국무총리 소속하에 정부업무평가위원회를 설치하고 있다. 정부업무평가위원회는 국무총리와 민간위원장의 공동위원장 체제로 운영되며 위원은 관계부처 장관 3명(행정안전부, 기획재정부, 국무조정실)과 10명의 민간위원으로 구성된다. 정부업무평가는 중앙행정기관평가, 지방자치단체평가, 공공기관 평가의 세 가지 큰 축으로 구성된다([그림 4-3] 참조).

[그림 4-3]의 정부업무평가 종합체계도에서 알 수 있듯이, 세부대상별로 다소 복잡한 여러 가지 유형의 평가제도가 운영되고 있다.

첫째, 중앙행정기관평가는 특정평가와 자체평가로 구성된다. 특정평가는 국무총리가 중앙행정기관을 대상으로 국정을 통합적으로 관리하기 위하여 필요한 정책 등을 평가하는 것(정부업무평가법 제2조의 4)이며, 자체평가는 중앙행정기관 또는 지방자치단체가 소관정책 등을 스스로 평가하는 것(정부업무평가법 제2조의 4)를 말한다.

표 4-3 정부업무평가 종합 체계도 (2019년도 기준)

대상	평가유형	평가부문		근거법률	평가주관
중앙행정기관	특정평가 (43개 부처)	일자리 · 국정과제(65점)		정부업무평가기본법	국조실 등
		규제혁신(10점)			
		정부혁신(10점)			
		정책소통(15점)			
		지시이행(±3점)			
	자체평가 (44개 부처) * 43+국조실	주요정책(성과관리)		정부업무평가기본법	국조실
		재정사업	일반재정사업	국가재정법	기재부
			R&D평가	연구성과평가법	과기정통부
			재난안전	재난안전법	행안부
			균형발전	국가균형발전법	지역위
		행정관리역량	조직	정부업무평가기본법	행안부
			인사		인사처
			정보화		행안부
지방자치단체	부처평가	합동평가(19개 부처)		정부업무평가기본법	행안부 등
		개별평가(51개 사업)			주관부처
	자체평가	중앙행정기관과 동일		정부업무평가기본법	지자체장
공공기관	공기업(35개)			공공기관운영법	기재부
	준정부기관(93개)				
	기금(존치평가 23개, 자산운용평가 40개)			국가재정법	기재부
	과학기술분야 연구기관 (46개)	과기연 소관(25개)		과학기술기본법 과기출연기관법	과기연
		과기정통부 산하(16개)			과기정통부
		해수부 산하(3개)			해수부
		원안위 산하(1개)			원안위
		방사청 산하(1개)			방사청
	경제 · 인문사회분야 연구기관(26개)			정부출연기관법	경인사연
	지방공기업(270개)			지방공기업법	행안부

자료출처: 국무조정실. 「2019 정부업무평가시행계획」.

둘째, 지방자치단체 평가는 부처평가와 자체평가로 구성되는데, 부처평가는 다시 합동평가와 자체 평가로 구분된다. 합동평가는 행정안전부 장관이 관계 중앙행정기관장과 합동으로 국가위임사무를 평가하는 것이고, 자체평가는 자치단체장 책임하에 고유사무 전반을 평가하는 것이다. 그밖에도 중앙행정기관장은 정부업무평가위원회와 협의하여 개별평가를 실시할 수 있다.

셋째, 공공기관평가는 개별법률에 의한 평가와 「정부업무평가기본법」에 따른 소관 중앙행정기관에 의한 평가로 구분할 수 있는데, 「공공기관 운영에 관한 법률」 등 개별법률에 근거하여 공공기관의 경영성과를 평가하고, 그 대상이 아닌 공공기관에 대해서는 소관 중앙행정기관의 장이 정부업무평가위원회와 협의하여 평가를 실시한다.

(2) 국무총리의 중앙행정기관 평가

국무총리가 중앙행정기관을 대상으로 국정을 통합적으로 관리하기 위하여 필요한 정책 등을 평가하는 것을 '특정평가'(정부업무평가법 제2조의 4)라고 부른다.

특정평가는 대통령 중심의 핵심집행부가 중앙행정기관이 따라야 할 전략방향과 정책과제를 제시한 후 국무총리가 그 집행과정을 주기적으로 점검하고 평가하는 포괄적 정책조정수단으로 볼 수 있다. 2019년 기준 중앙행정기관(장관급 24개 기관, 차관급 20개 기관)이 평가대상인 국무총리 주관 특정평가의 평가부문과 비중은 일자리·국정과제 65%, 규제혁신 10%, 정부혁신 10%, 정책소통 15%이다. 비중이 가장 큰 국정과제(national agenda)는 대통령이 국정 전반에 걸쳐 자신의 임기 중에 반드시 성취해야 할 중요한 과제 및 업무를 통칭한다(김선혁 외, 2013: 12; 강정석 외, 2018), 이는 미국의 대통령의제(presidential agenda) 또는 대통령관리과제(presidential management agenda)와 유사하다.[13] 국정과제는 대통령선거에서 승리한 후보자와 집권세

---

13) 미국의 경우 대통령의제(Presidential Agenda: PA)는 대통령이 국내정치 및 외교 차원에서 정책우선순위를 설정하는 기준인 정치적 의제이며, 대통령관리의제(Presidential Management Agenda: PMA)는 행정부 차원의 국정평가시스템의 과제이므로, 우리나라의 국정과제는 대통령관리의제(PMA)에 해당한다. 참고로 트럼프 행정부의 Presidential Agenda는 ① 미국우선 에너지 정책, ② 미국우선 외교정책, ③ 일자리와 성장의 복원, ④ 강한 군대 재건, ⑤ 법질서 회복, ⑥ 모든 미국인을 위한 무역협정이며 백악관이 관장한다. 한편 PMA는 연방정부중점목표(CAP)-기관우선목표(APG) 등으로 체계를

력이 선거공약을 바탕으로 선정한다(김선혁 외, 2013). 선정된 국정과제에 대해 핵심집행부가 우선순위를 부여하고 정책으로 구체화하여 중앙행정기관들이 집행을 담당한다. 과제점검 및 평가단계에서는 국정과제의 총괄 관리기관인 국무총리와 정부업무평가위원회가 국정과제 추진의 성과를 점검・평가하고 그 결과를 국정과제시스템 과정으로 환류시켜 개선한다.

정부업무평가제도를 도입한 노무현정부에서는 특정평가의 평가대상을 관리대상업무(혁신관리, 정책홍보관리, 법적의무사항, 정보공개, 규제개혁, 청렴도, 위기관리), 고객만족도, 특정시책으로 범주화하였다. 이 가운데 특정시책 평가를 국정과제평가의 기원으로 볼 수 있다(국무조정실, 2007: 87-88). 이명박 정부에서는 정책과제의 범주에 핵심과제, 녹색성장과제, 일자리과제를 포함하여, 국정운영기조와 국정과제 달성을 뒷받침하였다(국무조정실, 2012: 52-53). 박근혜정부에서는 역대정부 최초로 대통령선거 당시 공약을 기초로 선정한 국정과제 전체를 특정평가의 핵심으로 자리 잡도록 하였다(국무조정실, 2016: 44-49).[14] 이러한 과정을 거쳐서 문재인정부에서 국정과제의 평가가 65% 비중을 차지하여 특정평가의 핵심영역으로 확고하게 자리잡게 되었다.

(3) 중앙행정기관의 자체평가

중앙행정기관이 소관정책 등을 스스로 평가하는 것(정부업무평가법 제2조의 4)을 말하는 자체평가 부문은 주요정책평가(성과관리), 재정사업(일반재정사업, R&D평가, 재난안전평가, 균형발전평가), 행정관리역량평가(조직, 인사, 정보화)로 구성된다. 자체평가는 핵심부처(core ministries)인 평가주관부서(국무조정실, 기획재정부, 행정안전부, 인사처 등)가 매년 자체평가의 기준이 되는 평가지표를 설정한 후 계선부처(line ministries)가 이에 따라 자체평가를 실시한 후, 평가주관부서는 각 부처의 자체평가가 적절했는지

갖추어 관리하며 대통령부 소속 관리예산처(Office of Management and Budget: OMB)가 관장한다(강정석 외, 2019).

14) 국정과제 전체에 대해 평가를 통하여 부처별 국정과제 이행노력과 성과를 평가하고, 환류를 통해 정책 추동력을 확보하고 국정성과 창출을 유도하고자 하였다. 2013년 5월 발표한 박근혜정부 국정과제는 '희망의 새시대' 국정비전과 경제부흥, 국민행복, 문화융성, 평화통일 기반구축의 4대 국정기조, 그리고 이를 달성하기 위한 14대 추진전략과 140개 국정과제로 구성되었다.

점검 · 평가하는 절차를 거친다. 그러므로 자체평가에서도 평가부문별로 핵심부처의 계선부처에 대한 정책조정이 이루어지는 것으로 볼 수 있다.

2) 국회의 정책평가

국회에서 수행되는 거의 모든 업무가 정책평가와 관련된다고 볼 수 있지만 우리나라 국회에서 정책평가와 가장 밀접하게 관련되는 기구는 국회예산정책처이다. 국회예산정책처는 국가의 예산결산 · 기금 및 재정운용과 관련된 사항에 관하여 연구 · 분석 · 평가하고 의정활동을 지원하는 것을 주요 업무로 하고 있다(국회법 제22조의 2).

국회예산정책처는 2003년 7월에 국회법 개정과 아울러 국회예산정책처법(제정 2003.7.18 법률 제6931호)이 제정됨으로써 설립되었다. 국회예산정책처는 국가의 예산결산 · 기금 및 재정운용과 관련된 사항에 관하여 연구 · 분석 · 평가하고 의정활동을 지원하기 위하여 설립된 기관이다(국회법 제22조의 2, 2003.7.18 신설).

국회예산정책처는 미국의 의회예산처(Congressional Budget Office)와 같이 주로 국회의 행정부에 대한 재정통제기능의 강화를 주목적으로 설립되었지만, 동시에 미국의 GAO와 같이 정책평가기능을 주로 담당하는 부서로서 예산정책처 내에 사업평가국을 두고 있다. 사업평가국의 업무는 "국가의 주요사업에 대한 분석 · 평가 및 중 · 장기 재정소요분석, 국가의 주요사업의 집행에 대한 점검 · 평가, 이러한 업무와 관련되는 위원회 또는 국회의원 요구사항의 조사 · 분석 및 지원"이라고 할 수 있다.

사업평가국이 수행하는 정책평가의 유형을 살펴보면 다음과 같다. 첫째는 주요정책 사업평가로서, 주요정책 및 사업의 타당성을 평가하고 문제점을 진단하며 개선방안을 모색하는 것이다. 둘째는 '주요사업 진행평가'인데, 이것은 정책이나 사업의 집행계획, 집행절차, 집행활동, 투입자원, 산출물, 파급효과 등을 점검하는 것이다. 셋째는 '주요부문 사업중장기 재정소요 분석'이다.

국회예산정책처법에서는 "처장은 의장의 허가를 받아 국가기관, 그 밖의 기관 · 단체에 대하여 직무수행에 필요한 자료의 제공을 요청할 수 있다. 이 경우 요청을 받은 자는 특별한 사유가 없는 한 이에 응하여야 한다."(제10

조)라고 규정하고 있어서 국가기관, 그 밖의 기관・단체에 대한 국회예산정책처 처장의 자료제출 요청권을 규정하고 있다.

3. 미국의 정책평가 및 성과관리제도

1) 개 관

미국에서는 1960년대 각종 사회문제에 대한 정부의 해결책이 효과적인가에 대하여 의문을 갖기 시작하면서 정책평가의 중요성이 강조되어 왔다.15) 미국의 정책평가제도는 제도적으로 보아 행정부와 의회가 정책평가기능을 공유하는 이원화 체제를 이루고 있다. 행정부에서는 대통령 소속의 관리예산처(Office of Management and Budget, OMB)가 정책평가를 주도하고 있으며, 의회에서는 회계감사원(Government Accountability Office, GAO)이 정책평가를 주도한다.16)

(1) 클린턴 행정부의 정부성과결과법

1993년 클린턴(Clinton) 행정부 출범과 더불어 정부업무평가 및 성과관리제도의 체계화된 기본 틀을 마련하기 위하여, '정부성과결과법'(Government Performance and Result Act, GPRA)을 제정・시행하였다(이하 이광훈, 2015: 11-28). 당시 납부하는 세금에 비해 적절한 공공 서비스를 제공받지 못하는 것으로 인식한 시민들의 연방정부에 대한 불신이 팽배하였다. 이러한 상황에서 GPRA는 대국민 책무성을 제고할 수 있도록 성과기획 단계부터 성과보고 단계에 이르는 정부 성과관리의 전 과정을 의회에 보고하도록 의무화하였다. GPRA 하에서 각 부처는 관리예산처(OMB)가 제공한 가이드라인에 따라 전략기획 단계로부터 성과기획, 성과측정 및 성과보고 과정을 수행하고, 이에 대하여 회계감사원(GAO)이 신뢰성 제고를 위해 점검・감독을 실

15) 미국의 평가제도는 남궁근. 2009. 재정사업 성과평가의 발전과정과 각국의 제도: 미국과 스웨덴의 사례. 「지방세와 재정연구」 22호. 20-36쪽; 이광희 외. 2015. 「주요국 정부업무평가제도 동향 연구: 미국, 영국, 호주, 뉴질랜드, 일본사례를 중심으로」. 한국행정연구원. 가운데 '제2장 미국의 정부업무 성과관리제도'(이광훈 집필)의 내용을 요약하여 소개하였다.

16) 현재 회계감사원의 영문 명칭인 Government Accountability Office는 1921년 미 의회에 설치된 이후 83년 동안 존속하였던 General Accounting Office이 2004년 7월 7일 기준으로 명칭을 변경한 기관이다.

시하여 그 결과를 의회에 보고하도록 하였다.

(2) 부시 행정부의 대통령관리과제

부시 행정부는 대통령관리과제(President Management Agenda, PMA)를 도입함으로써, 범정부적 관리과제에 초점을 두고 기관 간의 협력을 강조하였다. PMA는 GPRA와는 달리 별도의 독립된 법률을 근거로 하지는 않았고, 부시 대통령의 정부개혁안에 근거를 두었다. 부시 행정부는 PMA의 다섯 번째 원칙인 예산과 성과의 통합을 실현하기 위해 도입된 사업성과평가도구(The Program Assessment Rating Tool, PART)를 활용하여, 개별사업 단위 중심의 성과분석을 실시하였다. PART는 2002년 OMB에 의해서 개발된 질문지 형식의 측정도구로서, 연방정부 프로그램들의 성과정보를 관리하도록 설계되었다.

부시 행정부의 PART를 통한 정부업무 평가는 사업단위에서 사업성과와 예산간의 연계, 분기별 각 기관의 사업 진행과정 보고 의무화, 평과결과의 적극 공개 등을 특징으로 하였다. 클린턴 행정부와 달리 부시 행정부에서는 행정부인 OMB 주관으로 하향식 접근을 통한 개별 사업단위중심의 평가로 성과측정 및 평가도구 개발에 관심을 갖고 PART를 개발·운영하였다.

(3) 오바마 행정부의 정부성과결과 현대화법

오바마 행정부에서는 사업단위 중심에서 확대하여 연방정부 기관들의 성과를 연계시킴으로써 범정부적인 성과관리제도를 구축하고자 정부성과결과 현대화법(GPRA Modernization Act of 2010, GPRAMA)을 입법화하였다. GPRAMA는 GPRA 이후 17년 동안 축적된 경험을 바탕으로 기관의 계획, 사업, 성과정보간의 연계성을 높이고, 정부구조를 구체적으로 규정하여 성과관리 체계를 보다 정교하게 만들고자 한 것으로, 오바마 행정부에서는 GPRA 현대화법(GPRAMA)을 토대로 통합성과관리체계를 구축하였다.

2) 미국 정책평가 및 성과관리제도의 시사점

(1) 범부처 국정과제와 기관단위 목표간 체계적 연계

GPRAMA는 범부처우선순위 목표(Cross-Agency Priority Goals)에 대한 성과관리를 강화하고 있다(이하 이광훈, 2015: 116-120). 즉 각 기관이 개별적으로 수행하는 사업에 대해 범정부적 차원의 공통 목표달성을 위해 협업 체계를 강화함과 동시에, 개별 사업에 대한 평가보다는 각 사업의 연계성을 강조하고 범정부적인 성과 목표를 달성하는 방향으로 성과관리체계를 연계하도록 요구하였다. 이를 위해 GPRAMA는 특정 연방정부기관이 기관 자체 목표뿐만 아니라 관련된 연방정부 우선순위 목표를 달성하기 위하여 어떻게 기여할 수 있는지 그리고 다른 기관과 어떻게 협력하는지를 기관전략계획서에 반드시 포함하도록 규정하고 있다. 우리나라에서도 범부처에 걸쳐 있는 국정과제와 각 기관의 목표가 상호 긴밀히 연계된 관리체계의 확립이 필요하다.

(2) 성과관리 주체의 명확한 설정을 통한 책임성 확보

미국 성과관리제도는 리더의 역할 및 책임을 분명하게 규정함으로써 성과 향상을 유도하고 있다. 오바마 행정부에서는 부처 고위급의 관심 및 의지를 이끌어 내기 위해 리더의 역할 및 책임을 명확화하고, 리더의 역할·책임과 연계된 결과중심적 우선순위 목표를 설정하여, 이러한 목표에 대한 고위급 주도의 주기적 검토를 수행하도록 하였다. GPRAMA는 성과향상위원회와 성과향상담당관 등과 같은 성과관리담당 조직과 인력 및 역할을 구체적으로 규정함으로써 성과관리 감독 및 통제 체계를 제도화하였다.

(3) 성과평가 결과의 공개를 통한 성과정보의 활용 및 환류

GPRAMA에서는 성과관리 단계 중 특별히 성과평가 결과의 공개를 확대하고 평가결과의 활용 및 환류를 강조하고 있다. 또한 관련 전문가, 이해관계자 및 의회와의 협의를 통한 성과관리를 시도함으로써 시민에 대한 책무성을 강조하면서, 범부처우선순위목표와 기관우선순위목표, 기관전략계획, 기관성과계획, 기관성과보고 등에 대한 정보를 웹사이트에 게시하고, 의회와의 협의사항에 대한 반영 정도를 공개하고 있다.

(4) 중장기적 성과관리시스템 구축 및 운영

GPRA에서는 5년 단위의 전략계획을 중심으로 연간성과계획과 연간성과보고가 이루어지도록 하였으나, 오바마 대통령은 GPRAMA에서 전략계획 수립의 주기가 대통령 임기와 조율되도록 하였다. 일관성을 지녀야 할 부처의 중장기목표가 대통령의 국정방향에 따라 자주 변경되는 현상을 방지하기 위해 대통령 임기에 맞추어 부처의 전략목표를 설정하는 것은 물론이고 성과측정 및 보고에서도 일관성을 유지하도록 하였다.

4. 영국의 정책평가 및 성과관리제도

1) 개 관

영국에서 체계적으로 정부평가제도가 운영된 시기는 1970년대 초반부터이다. 성과관리의 성격을 가지게 된 것은 대처(Margaret Thatcher) 수상이 공공부문 개혁을 위한 수단으로 정책평가제도를 활용한 시점으로 볼 수 있다(이하 이창길, 2015: 123-129).[17]

(1) 대처 보수당 행정부 재무관리개혁(FMI)과 넥스트스텝 개혁

대처 행정부는 1982년 재무관리개혁(Financial Management Initiative, FMI)을 통해 정부부처 내 모든 계층의 관리자에게 사업을 계획하고 관리할 수 있도록 사업목표를 분명하게 명시하고, 목표의 달성정도를 측정할 수 있는 성과지표를 제시하고 그 비용을 설명하도록 하였다. 이러한 성과지표의 설정은 전정부적으로 확산되었다. 1988년에는 넥스트 스텝개혁(Next Steps Initiative)의 시행을 통해 부처 내 정책기능과 구분하여 집행 또는 서비스 제공기능을 별도로 분리시키도록 개혁의 초점이 변화하게 되었다. 넥스트스텝 개혁의 주된 내용은 전통적인 부처 구조로부터 집행 또는 서비스 제공기능을 분리하여 책임운영기관(Agency)을 만드는 것이다. 책임운영기관은 분명한 목적과 목표를 가지고 자율적인 서비스 집행 기능을 가진다. 부처의 장관과 책임운영기관장의 관계는 계약에 의해 규정되고 있고, 계약내용으로서 책임운영기관장이 성취해야할 성과목표가 규정되며, 지출 및 인력관리상의 재량권을 가진다. 정부는 이를 통해 궁극적으로는 대 시민 서비스의 질을 향상시키고 특정서비스 제공에 있어서 민간기업과의 경쟁을 촉진시키고자 하였다.

---

17) 영국의 평가제도는 이광희 외. 2015. 「주요국 정부업무평가제도 동향 연구: 미국, 영국, 호주, 뉴질랜드, 일본사례를 중심으로」. 한국행정연구원. 가운데 '제3장 영국의 정부업무 성과관리제도'(이창길 집필)내용을 요약하여 소개하였다.

(2) 블레어 노동당 행정부 공공서비스 협약(PSA)

1997년 블레어(Tony Blair) 노동당 정부는 1979년 대처 정부의 집권 이후 18년만에 집권하게 되면서 정부혁신 및 개혁의 수단으로 공공서비스 협약제도(Public Service Agreement, PSA)를 도입하여 결과중심의 성과관리를 강조하였다. PSA는 이에 근거하여 모든 부처들이 당해 부처의 향후 3년간에 걸친 목표 및 목적, 자원, 성과목표치를 구체적이고 계량적으로 제시할 수 있도록 하는 통합된 매뉴얼이라 할 수 있다. PSA의 목적은 결과중심의 성과관리체계 강화, 기존의 자율적 부처 중심 평가체계에서 중앙과의 협약을 통한 통제강화와 통일성 확보라고 할 수 있다.

(3) 캐머런 보수당 행정부 비즈니스 플랜(Business Plan)

캐머런 행정부에서는 2010년 비즈니스 플랜(Business Plan) 체계를 도입하여 부처의 자율성을 중시하고, 실제 국민을 위한 활동과 국민에 의한 평가가 이루어지도록 투명성을 강화하고자 하였다. 캐머런 행정부는 개별부처가 스스로의 권한을 가지고 통제할 수 있으며, 국민의 참여의 폭을 넓힘으로써 신뢰를 받을 수 있는 투명성이 강화된 공공기관으로의 변화를 강조하였다. 기존 PSA의 경우 운영주체는 재무부(HM Treasury), 총리실 산하의 전달팀(Delivery Unit), 전략팀(Strategy Unit)이었으나, 비즈니스 플랜은 개별부처가 자율적으로 평가업무를 수행하는 주체가 된다. 개별부처는 각 부처의 성격과 특성에 맞추어 자율적으로 평가를 수행한다. 비즈니스 플랜에서는 기존의 정보공개의 수준을 넘어서 국민이 직접 해당부처의 업무평가를 할 수 있도록 하여 국민이 핵심 주체가 되도록 하였다.

2) 영국 정책평가 및 성과관리제도의 시사점

(1) 수요자 중심 성과관리체계로의 변화

영국의 성과관리제도의 가장 큰 변화는 부처의 자율적 성과관리를 통한 역량향상과 국민에 대한 신뢰 확보, 기존 공급자 중심 성과관리체계의 한계성 극복 등이다(이하 이창길, 2015: 160-166). 이는 국민에게 신뢰받는 공공기관으로의 변화를 꾀하는 수요자 중심의 성과관리체계로의 변화를 의미한다. 비즈니스 플랜에서는 국민의 체감도 평가를 통해서 국민의 입장에서 파악할 수 있는 투입 및 영향 지표를 구체적인 언어로 제시하고 있다. 비즈니스 플랜에서는 이전의 설문조사를 기반으로 하는 만족도 중심의 평가내용에서 실제로 공무원들의 행동을 평가대상으로 하고 있다. 만족도를 높이기 위해서 실제적으로 수행한 활동들을 지표화하여 평가하는 특징을 가지고 있다.

(2) 전략기획 기반의 목표·지표의 체계적 정렬

각 부처의 성과관리는 조직의 임무와 목표에 대한 규명과 이에 대한 의사소통, 실천을 위한 활동의 구체적 서술을 포괄하는 전략기획을 기반으로 하고 있다. 전략기획을 바탕으로 조직목표를 성취하기 위한 구성원의 활동들을 정렬함으로써 전략집중형의 기업적인 문화를 창출하고 있다. 각 부처의 미션-비전-전략목표-성과목표-성과지표는 연계성을 가지고 정렬(cascading)된다.

(3) 평가주체의 협업과 기관의 자율성 확보

영국의 경우 PSA를 도입하고 시행하는 과정에서 이미 협업의 중요성을 강조하여, 국가적 차원에서 전략과 연계된 업무의 기관간 역할배분 및 협력이 이루어졌다. 비즈니스 플랜의 시행 이후에는 이러한 기관간의 합의에 기반한 기관의 성과목표가 보다 명확히 구분되었다. PSA와 비즈니스 플랜 모두 기본적으로 정부의 효율성 증진을 목표로 하고 있으나, 비즈니스 플랜에서는 부처의 자체적인 평가와 국민참여를 통한 확대된 자율성을 보다 강조하고 있다.

5. 프랑스의 정책평가 및 성과관리제도

1) 개 관

프랑스의 정부업무평가와 성과관리제도는 대통령의 교체나 정부의 이념적 성향에 따라 변하기보다는, 역사적으로 제도의 비중과 중요성이 꾸준하고 지속적으로 증대되는 방향으로 발전되었다(이하 손영우, 2016: 81-90).[18)]1958년 법률명령을 통해 시행되던 평가제도가 1990년 총리령을 통해 공고

---

18) 프랑스의 평가제도는 이광희 외. 2016. 「주요국 정부업무평가제도 동향 연구: 캐나다, 프랑스, 스웨덴, 일본사례를 중심으로」. 한국행정연구원. 가운데 '제3장 프랑스의 정부업무 성과관리제도'(손영우 집필) 내용을 요약하여 소개하였다.

히 되고, 2001년 재정관련 조직법이 제정되면서 오늘날의 기본 틀이 형성되었다. 또한 2008년에는 그 핵심내용이 헌법에 명시되면서 평가제도가 국가운영의 기본적인 원리로 자리 잡았다.

프랑스에서 정부업무평가는 주로 '공공정책평가'로 사용되며, 공공정책평가란 "성과지표를 통해 공공정책의 효용성을 측정하여 그 정책의 타당성을 검토하는 것"으로 정의된다. 즉, 프랑스에서는 평가대상이 기관 자체가 아니라, 기관이 수행하는 정책 혹은 사업에 맞추어져 있다. 평가 역시 구체적인 사업 목표에 따라 평가가 진행되고 있어 '기관평가'가 아니라 '정책평가'라는 특징을 가진다. 프랑스에서는 2001년 제정된 '재정법에 관한 조직법'(LOLF)이 2006년부터 적용되면서 성과관리에 근거하여 재정을 관리하는 새로운 공공관리방법을 시행하고 있다.

2) 프랑스 정책평가 및 성과관리제도의 정책적 시사점

(1) 헌법상 공공정책평가 명시

헌법은 공공정책평가를 의회의 역할로 규정하고, 관련사항을 재정법에 관한 조직법(LOLF)으로 규정하고 있다(이하 손영우, 2016: 120-124). 그리하여 공공정책평가를 중심으로 한 성과관리제도가 정부나 대통령의 교체에 따른 변화와는 독립적으로 지속적이고 안정적인 방식으로 진행된다.

(2) 성과관리제도와 사업예산 배정 연계

프랑스에서는 2006년 1월부터 시행된 재정법에 관한 조직법(LOLF)에 따라 국가재정운영과 정부정책의 성과관리가 연결된다. 성과관리를 참고하여 국가재정을 운영하고 예산이 배정된다. 성과관리가 사업의 성패, 그리고 사업의 진행과 긴밀하게 연결된다. 그렇다고 해서 성과관리가 재무적 측면에서만 이루어지는 것이 아니라, 시민 관점, 납세자 관점, 이용자 관점에서 종합적으로 진행된다.

(3) 성과관리의 핵심주체로서 의회

프랑스에서는 재정법 예비법안에 성과관리를 포함시킴으로써 재정법 제정의 주체인 의회가 성과관리의 주체가 되었다. 이에 따라, 정부의 성과관리가 의회의 회기와 일정에 맞추어 진행되고, 의회는 성과계획서와 보고서를 참조하여 정부 프로그램 예산 배정을 조정하는 실질적인 권한을 가지고 정부의 성과관리과정을 관리한다. 또한 이를 위해 회계감사원을 비롯한 전문기관들이 의회의 요청에 따라 업무를 지원하며, 관련 자료와 정보가 의회에 제공된다. 성과관리에 있어 지난 2년간의 성과결과와 내년도 예측, 그리고 3년 이후의 예측에 근거하여 진행함에 따라 장기적 성과와 예측이 정책에 반영될 수 있는 구조이다.

(4) 공공정책 중심의 평가

정부업무평가 및 성과관리는 공공사업(공공정책) 중심으로 진행된다. 개인이나 기관이 평가나 성과관리의 대상이 아니라 미션과 프로그램이 대상이다. 미션마다 다년도 목표를 두고 진행함으로써 다년도 정책에 대한 관리에 효율적이다. 또한 미션을 중심으로 평가가 진행됨에 따라 다부처 미션의 경우 부처 간 협력이 필수적이다. 국가사업의 책임자는 프로그램의 목표, 이의 실현정도를 확인하는 성과지표를 통해 프로그램 실행주체들과 프로그램에 참여하는 이해관계자 간의 교류와 대화를 활성화한다.

(5) 이해관계자와의 협의

공공정책의 전략적 목적과 성과지표가 프로그램 책임자, 프로그램 시행 예산책임자, 시행단위 책임자로 이어지는 종적 체계 간의 운영토론을 매개로 소통되고, 이들을 중심으로 각각 수준에서 횡적 체계를 통해, 사업과 관련된 다양한 이해관계자와 협의된다. 이를 통해, 정치권에서 결정한 전략적 목표가 행정부 전체에 확산되어 사업담당자들에게 목표 실행을 위한 유도장치로 자리 잡는다. 또한 공무원을 넘어서, 참여 중인 민간 시행자와 사업 관련 다양한 이해관계자에게도 영향을 미치게 된다.

6. 스웨덴의 정책평가 및 성과관리제도

1) 개 관

(1) 1960년대 행정업무 및 재정평가제도 도입

1960년대 초 당시 에르란데르 수상이 이끈 정부 때부터 국가예산의 효율적 운영을 위한 예산심사제도 개혁을 주도하기 시작하였다(이하 홍희정,

2016: 127-137).[19] 개혁의 골자는 예산집행결과와 정책목표에 초점을 둔 예산정책으로의 이행이었다. 기존 예산의 지출항목을 중심으로 신청하는 방식에서 벗어나 결과와 목적에 부합된 예산안의 작성을 통해 예산항목들의 명확한 지출평가에 대한 것이 가능하게 되었다. 또한 매년 예산산정을 3년 단위로 계획을 세우게 함으로써 단기 및 중장기 계획을 예산에 반영할 수 있도록 유도하고자 하였다. 1961년 국가행정사무처(1682년 설립)와 국가조직원(1941년 설립)을 통합하여 국가행정감사원을 설립하였다. 또한 국가재무국(1921년 설립)과 국가특수회계국을 통합해 국가감사원을 설립하였다. 이 두 조직은 스웨덴의 행정업무 및 재정 평가에서 중요한 한 획을 긋는 역할을 부여 받았다. 이때부터 국가행정의 다양한 활동에 대한 평가가 제대로 이루어지기 시작하였다.

(2) 1996년 예산법 제정

1960년대 개혁 이후 1996년에 또 한 번의 변화가 이루어졌다. 1991년 재정위기로 인해 복지재정의 축소, 예산의 효율적 운용이 정부의 시급한 과제가 되면서 1996년 새로운 예산법(Budgetlagen)이 제정되었다. 이 예산법의 제정 이후 각 부처별로 배정된 예산의 집행과 목표이행에 대한 결과를 체계적으로 평가하고 그 평가의 기초 위에서 새해 예산을 재배정하는 방식이 원칙으로 적용되기 시작하였다. 예산절차가 부처별로 자체평가를 중심으로 중앙부처에서 재심사와 평가를 통해 부처별 예산을 재구성하는 방식으로 진행되도록 하였다. 따라서 새로운 예산법의 시행 이후 스웨덴의 정부 성과평가제도는 부처의 효율성, 효과성, 그리고 경제성까지 올리는 획기적 계기가 되었다.

스웨덴에서는 2006년에서 2016년까지 두 번에 걸쳐 정권교체가 이루어졌다. 2006년 9월 선거 결과 사민당 단독내각에서 우익 4개당의 연립내각으로 교체되었고, 2010년 선거에서는 우익연립내각이 선거에서 승리해 4년 동

---

19) 스웨덴의 평가제도는 남궁근. 2009. 재정사업 성과평가의 발전과정과 각국의 제도: 미국과 스웨덴의 사례. 「지방세와 재정연구」. 22호. 20-36; 이광희 외. 2016. 「주요국 정부업무평가제도 동향 연구: 캐나다, 프랑스, 스웨덴, 일본사례를 중심으로」. 한국행정연구원. 가운데 '제4장 스웨덴의 정부업무 성과관리제도'(홍희정 집필)내용을 요약하여 소개하였다.

안 집권기간을 연장할 수 있었다. 2014년 선거에서 사민당과 녹색당이 좌익 계열 연립정권을 수립해 2016년 현재까지 집권하고 있다. 정권별로 정책방향은 달라졌지만 업무 성과관리 및 성과평가 방식에는 큰 변화가 없었다.

(3) 스웨덴 정책평가제도의 특징

스웨덴은 종합평가와 공식평가가 보편화되었고, 평가에 대한 높은 관심과 지식을 가지고 있으며 평가에 대한 기대 수준도 매우 높다(남궁근, 2009). 따라서 미국 및 노르웨이와 함께 평가활동에서 비교적 높은 점수를 받는 국가이다(Derlin, 1990). 그러나 미국과는 대조적으로 엄격한 과학적 평가설계를 적용하지는 않는다. 반면 프로그램과 정책의 개발에 참여한 주요 이해당사자가 사업의 평가에 깊숙하게 관여한다(윤희숙 · 박현, 2005).

스웨덴의 평가문화에서는 전통적인 '특별 정책위원회 시스템'(ad hoc policy commission system)이 가장 특징적인 요소이다. Vedung(1997)은 특별정책위원회를 이해관계자 모형(stakeholder model)이라고 불렀는데, 이 모형에서는 이해관계자가 평가를 담당하고 그 결과에 책임을 진다. 이해관계자 모형에서는 정부개입에 이해관계가 있거나 영향을 받은 모든 사람들의 관심사를 중시한다. 정부개입에 대한 이해관계자의 목록(Vedung, 1997: 70-71)에는 프로그램 이해관계자와 평가이해관계자가 포함된다.[20] 스웨덴 정책 및 프로그램 평가의 전형적인 특징은 사후적 평가가 사전적 정책분석과 결합되는 방식이다. 스웨덴에서는 1960년대부터 1980년대까지 사실상 모든 중요한 정책 및 프로그램에 대한 평가와 입법안이 특별하게 임명된 정책위원회의 활동을 통하여 이루어졌다. 그러나 정책위원회의 영향력도 과거의 전성기와 비교하면 많이 약화되었다. 최근에는 이해관계자 모형에 따른 평가보다는 엄격한 사회과학에 기초한 평가의 요구가 증가하여, 미국에서와 유사한 평가수요가 나타나고 있다.

---

20) 프로그램 이해관계자에는 시민, 정책결정자, 정치적 반대자, 국가기관 관리자, 프로그램 관리자, 지역기관 관리자, 민간 개입자(private intermediaries), 일선지방 기관, 일선관료, 고객, 인근기관, 프로그램 경쟁자, 연구공동체 등이 있다. 한편 평가 이해관계자에는 평가자, 평가발주자, 평가공동체 등이 있다.

2) 스웨덴 정책평가 및 성과관리제도의 시사점

(1) 부처 자율적 성과관리

스웨덴의 정부업무 성과관리는 각 부처에 의해 자율적으로 시행되며, 평가는 국가행정사무처에서 독립적으로 이루어지고 있다(이하 홍희정, 2016: 156-159). 각 부처의 장은 정부업무 성과관리에 있어 상당한 자율성을 부여받지만 그 대신 결과에 대한 엄격한 책임을 요구하기 때문에 각 사업에 대한 목표는 반드시 달성될 수 있도록 하고 있다.

(2) 성과관리와 성과평가기관의 분리

스웨덴의 성과관리와 성과평가 기관은 엄격하게 분리되어 있다. 따라서 정부업무 평가에서 외부 압력이나 정치적 결정 등으로부터 자유롭기 때문에 공정하고 엄격한 평가를 실시할 수 있도록 되어 있다. 스웨덴의 정부업무 평가는 국가행정감사원이 전적으로 책임지고 있으며, 정기 평가가 아닌 수시 평가를 실시함으로써 별도의 평가기간이 정해져 있지 않다. 따라서 그 해 큰 이슈가 되었거나 평가가 필요하다고 판단되는 몇 몇의 사업에 대해서만 평가를 실시하기 때문에 평가를 받기 위한 사전 준비가 별도로 필요 없다. 국가행정감사원에는 해당 사업에 대한 연례보고서만 제출하면 되기 때문에 업무 시간을 방해받지 않고, 효과적으로 활용할 수 있는 장점이 있다. 정부업무 평가 외에 재정 및 회계 관련 업무는 재정감사원에서 별도로 관리하고 있다.

한편 스웨덴의 기초자치단체는 지방자치법에 근거하여 중앙정부와 별개로 독립된 자체평가 체제를 구축하고 있으며, 지방분권에 입각한 자체평가가 가능하도록 하고 있다.

(3) 정성평가 위주의 성과지표

스웨덴은 각 부처에서 장과 팀장이 모여 각 사업에 대한 정부지침서를 자세하게 작성한다. 정부지침서는 정성적 평가기준과 정량적 평가기준을 명확하게 제시하는데, 스웨덴은 정량적 평가보다 정성적 평가에 더 많은 비중을 두기 때문에 특정 사업에 대한 다양한 이해관계자들의 인터뷰 자료를 자세하게 기록하도록 하고 있다. 따라서 사업과 관련된 이해관계자들 및 기관

담당자들을 중심으로 진행하는 인터뷰 질문이 상세하게 지표로 제시된다. 성과 목표 달성과 공정한 평가를 위해서 정량적 평가기준으로 제시된 지표는 반드시 다루어져야 하고, 그 결과는 반드시 보고서에 기록되어야 한다.

다른 나라에는 없는 스웨덴의 특징 중 하나로 국가의 중요 사안이 발생하면 특별위원회를 조직하여 그 사건과 관련된 모든 자료 및 토론 과정을 기록하여 보고서로 발간한다. 이 보고서는 정부공식조사보고서(Government Official Investigations, Statens Offentliga Utredningar, 약칭 SOU)이며, 전국에 걸쳐 모든 자치단체와 주요 도서관에서 볼 수 있기 때문에 모든 이해당사자, 시민, 그리고 매스미디어가 접근할 수 있다. SOU 시리즈는 스웨덴 사회생활의 거의 모든 국면에 대한 정책 관련 연구의 가치있는 원천이다(남궁근, 2009).

(4) 국민과 외부전문가의 성과평가 참여

스웨덴은 성과평가 요소 중 외부 전문가 그룹의 의견을 반드시 반영하도록 하고 있고, 이 때 나누는 모든 내용은 기록으로 남기게 되어 있다. 그리고 해당 사업과 관련된 기관이나 사업대상자, 사업수혜자 등과의 논의 및 협의 과정을 거치도록 되어 있기 때문에 수평적 정보교환이 활발하게 이루어질 수 있는 장점이 있다. 그리고 스웨덴은 정책 사업에 대한 만족도 조사를 충실히 시행하고 있기 때문에 사업의 대상자 및 수혜자들의 의견을 반드시 수렴하도록 하고 있다. 만족도 결과는 국가행정감사원에 제출하는 보고서에 모두 공개하도록 되어 있고, 만족도 조사 결과가 향후 어떻게 반영될 것인지에 대한 기관 평가 자료도 모두 확인 할 수 있도록 하고 있다. 이는 업무 효율성 및 투명성을 높이는 중요한 행위가 된다.

V. 요 약

정책평가는 특정한 정책 또는 프로그램의 가치를 판단하는 과정을 의미하는데 비하여, 정책평가연구는 과학적인 연구방법을 관심의 대상이 되고 있는 정책의 평가과정에 도입하여 연구하는 응용연구이다. 정책평가의 목적은 책무성 확보, 정책정보의 환류, 지식의 축적으로 구분된다.

정책환류란 일정 시점(t)에서 정책과정의 각 단계의 활동 결과 얻게 되는 정보가 다음 시점(t+1)에서 이전단계의 활동에 투입되는 것을 의미한다. 정책정보의 환류가 이루어지면 정책이 형성되고 집행되는 조건을 변경시키게 된다.

정책학습 또는 정책지향적 학습이란 정책과정에 참여하는 개인이나 조직이 특정 정책목표나 수단의 효과성과 적절성 또는 효율성 등과 관련된 경험이나 체계적 사고를 통하여 목표와 수단을 바꾸어 나가는 과정이다. 정책학습의 주체는 개인, 조직 또는 정책옹호연합체가 될 수 있다.

정책학습은 내생적 학습과 외생적 학습, 교훈학습과 사회적 학습으로 구분된다. 정책평가에서 생산된 정보를 바탕으로 정책이 변동되는 경우는 정책혁신, 정책유지, 정책승계, 정책종결 등 네 가지로 구분된다.

Sabatier & Jenkins-Smith가 제안한 옹호연합모형(Advocacy Coalition Framework, ACF)은 복잡한 정책문제를 다루기 위하여 개발한 정책과정과 정책변동의 분석틀이다. ACF 모형의 분석단위는 정책하위체계이며 정책채택 및 변동이 정책옹호연합의 신념체계를 반영한 것으로 본다. 정책옹호연합의 신념체계와 정책 변동에 영향을 미치는 요인은 외부적인 사건 또는 충격, 내부적인 충격 또는 사건, 정책학습, 그리고 '교섭된 합의' 등 네 가지이다.

지난 40여 년 동안 공공부문에서 정책 및 프로그램 평가는 3단계에 걸쳐서 발전되어 왔다. 제1기 평가의 물결은 서구 선진국에서 복지, 교육, 보건 프로그램이 확장된 1960년대와 1970년대, 제2기 평가의 물결은 복지국가의 재정위기가 본격화된 1970년대 중반에 시작되었고, 제3기 평가의 물결은 신공공관리(NPM)운동과 관련되어 1990년대에 시작되었다.

우리나라에는 1990년대에 미국과 영국, 그리로 호주와 같이 신공공관리론의 영향이 강한 국가의 평가제도가 도입되었다. 정부의 정책평가는 크게 보아 행정부와 국회에 의하여 수행된다. 행정부에서는 정부업무평가의 실시와 평가기반의 구축을 체계적·효율적으로 추진하기 위하여 국무총리 소속하에 정부업무평가위원회를 설치하고 있다. 국회예산정책처는 국가의 예산결산·기금 및 재정운용과 관련된 사항에 관하여 연구·분석·평가하고 의

정활동을 지원하는 것을 주요 업무로 하고 있다. 미국, 영국, 프랑스와 스웨덴은 각자 독자적인 정책평가 및 성과관리제도를 발전시켜온 가운데 운영하고 있다.

제 4 부

정책분석 · 평가방법

정책분석·평가에서는 정책과정 내에서 이루어지는 정책분석가와 정책평가자의 지적·분석적 활동인 정책분석 및 정책평가의 구체적 방법을 살펴보겠다. 제1장에서는 정책분석의 범위를 개관한 다음, 정책문제구조화의 방법을 다루었다. 제2장에서는 정책분석의 과정 또는 절차에 따른 목표설정 및 대안분석방법을 살펴보았다. 제3장에서는 다양한 기준에 따른 정책평가유형을 고찰하고, 과정평가와 영향평가의 방법을 고찰하였다.

1 CHAPTER

정책분석과 문제구조화

Policy Analysis and Problem Structuring

Ⅰ. 서 론

정책분석(policy analysis)은 정책 및 정책과정을 개선하는 데 도움이 되는 정보를 생산하는 과정 및 그 산물을 말한다. 제2절에서는 정책분석의 개념과 범위를 고찰하고, 제3절에서는 정책분석가들이 업무수행과정에서 지켜야 할 윤리의 기준을 다룬다. 제4절에서는 정책문제의 특징과 정책이슈의 본질을 살펴본 후 제5절에서 정책문제 구조화의 개념과 절차를 살펴보겠다. 제6절에서는 정책모형의 활용을 살펴 본 후, 제 7절에서는 정책문제 구조화의 방법을 문제구성요소와 메타문제 파악이 주목적인 방법(분류분석, 계층분석, 유추법, 경계분석)과 이해당사자간 갈등분석이 주목적인 방법(복수관점분석, 내러티브 정책분석, 가정분석)으로 구분하여 고찰하겠다.

Ⅱ. 정책분석의 개념과 범위

1. 정책분석의 개념

1) 미래지향적 분석과 과거지향적 분석

정책분석(policy analysis)은 정책 및 정책과정을 개선하는 데 도움이 되는 정보를 생산하는 과정 및 그 산물로 정의될 수 있다. 좁은 의미에서 정책분석이란 정책결정이 시작되기 이전(before)에 정보의 생산과 전환이 이루어지는 미래지향적 형태의 분석에 국한된다. 이러한 의미에서 Williams (1971: 8)는 정책분석을 "정책결정을 위한 하나의 기초나 지침으로써 정책대안들과 그 우선순위를 도출해 내기 위하여 비교가능하고 예측가능한 양적·질적 방법으로 정보를 종합하는 하나의 수단"으로 정의한다. 한편 정책의 사후분석을 의미하는 정책평가는 정책이 집행된 이후(after)에 정보의 생산과 전환이 이루어지는 과거지향적 정책분석을 의미한다. 실제로는 정책행위가 이루어지기 이전과 이후로 구분되는 사전분석과 사후분석에서 활용되는 방법론은 유사하다.

2) 학자들의 개념정의

정책분석은 구체적인 내용과 범위에 관하여 학자들 사이에 합의가 이루어지지 않은 상태에서 다양한 의미로 사용되고 있다. 대표적인 학자들의 정책분석에 관한 정의를 살펴보면 다음과 같다. Dror(1971: 223)는 "복잡한 정책문제와 관련된 바람직한 대안을 식별하고 고안하기 위한 접근방법과 방법론"으로 본다. MacRae & Wilde(1979)는 "여러 대안들 가운데 최선의 정책을 선택하기 위해 이성적인 사고와 실제적인 증거를 활용하는 방법"으로 정의한다. Munger(2000: 6)는 정책분석을 "하나 이상의 목표 또는 가치를 충족시키는데 얼마나 유용한지를 기초로 대안들을 평가하여 결정하는 과정"이라고 정의한다. Dunn(2012: 2)은 "정책을 이해하고 개선하는 데 도움이 되는 정보를 생산하고, 이를 비판적으로 평가하며, 전달하고자 설계된 종합

학문적 탐구과정"으로 정의한다. 정책분석의 방법론은 실제 문제들의 해결 방안을 발견하도록 유도하는 문제지향적 탐구과정이라는 것이다. Weimer & Vining(2005: 23-24)은 정책분석을 "공공결정에 관련된 고객지향적 조언이며, 사회적 가치를 제시하는 것"으로 정의한다. 이들은 정책분석의 핵심이 고객에게 유용한 조언을 제시하는 것이므로, 다양한 정책분석 기법의 학습과 정치과정에 관한 이해의 중요성이 자연스럽게 뒤따른다고 보았다. 한편 정책분석에서 사회적 가치는 매우 중요한 요소이며, 정책분석가는 고객뿐 아니라 다른 사람의 복지에도 묵시적으로 가치를 부여한다는 것이다. 그러므로 훌륭한 정책분석에서는 정책의 결과와 사회적 가치에 관한 종합적인 관점이 채택되어야 한다고 보았다.

3) 이 책에서의 정의

이러한 정의를 종합하여 여기에서는 정책분석을 "정책에 관련된 이론, 방법 및 기법을 연구하고 이들을 구체적인 정책사례에 적용하여 데이터와 정보를 생산하고 조언을 제공하는 정책분석가의 지적, 분석적 활동"을 의미하는 것으로 정의하고자 한다. 즉, 정책분석의 핵심적인 구성요소는 1) 정책에 관련된 이론, 방법, 기법 등의 방법론(methodology), 2) 정책사례에 관한 구체적인 데이터와 정보를 생산하는 지적, 분석적 활동, 3) 정치적 행위자들에게 도움이 되는 정보와 조언을 제공하는 정책분석가의 활동이라고 보기로 한다.

첫째, 방법론의 관점에서 올바른 정보를 생산하고 조언하려면 정책 관련 이론, 방법 및 기법에 정통해야 한다. 그러므로 대학 및 대학원에서 정책분석의 방법론에 관한 체계적인 교육과 훈련이 필요하다. 방법론으로서 정책분석은 기본적으로 과학적 방법에 기초를 두고 있지만, 또한 예술(art)과 기예(craft)에도 의존한다(Wildavsky, 1979). 즉, 강의실에서 습득한 과학적 방법뿐 아니라 현장에서 수많은 정책사례를 경험하면서 체득하게 된 예술적 판단 및 기예도 필요하다는 것이다.

둘째, 정책분석은 기본적으로 분석적이며 지적인 활동으로, 정책과정 안에서 이루어지는 정치적 이해당사자들 사이의 타협이나 협상과 같은 정치적 활동과는 구분된다.

셋째, 분석활동을 수행하는 정책분석가는 정책결정과 집행을 실제로 담당하는 정치적 행위자와는 개념적으로 구분된다. 정책분석가는 대학 및 비영리연구기관은 물론 이익단체부설 연구기관이나 정부기관에 소속된 경우도 있다. 전문가인 정책분석가는 정치적 행위자인 고객와의 관계에서 나름대로 지켜야 할 윤리적 기준이 있다.

2. 정책과정론과 정책분석론

1) 정책과정 내에서의 정책분석

정책분석은 본질적으로 정책과정 안에서 이루어지는 분석적이며 지적인 활동이다. 정책분석가는 상황에 따라 정책과정의 각 단계에 적절한 정보를 산출하여 정책결정자에게 조언을 제공할 수 있다.

이같이 정책과정과 정책분석은 밀접한 관련이 있음에도 불구하고, 오늘날까지 정책과정론과 정책분석론은 각각 독자적으로 발전되어 왔다. 이러한 현상을 정책분석-과정 이원론(policy analysis-process dichotomy)이라고 부르기도 한다(이해영, 2016). 즉, 정책학의 양대 산맥을 형성하고 있는 정책과정론과 정책분석론이 정책학이라는 하나의 학문적인 체계나 이름으로 통합 발전되지 못하고, 각각의 이론적 영역과 방법만이 정책학의 중심이라고 주장해 왔다는 것이다. 정책과정론은 단계모형(stage model)을 중심으로 정책학의 탄생에서부터 지금까지 정책학 이론의 근간을 형성하여 왔다. 단계모형이 정책학의 지배적인 패러다임으로 발전되었기 때문에 이를 교과서적 접근방법(textbook approach)으로 부르기도 한다. 한편 정책분석에서는 계량적이고 기술적인 이론 및 방법에 관한 지식이 요구되며, 경제학, 관리과학, 시스템분석, 통계분석 등 분석방법이 주류를 이루어 왔다.

2) 정책과정과 정책분석 연구의 통합 필요성

문제의 핵심은 이와 같이 각각 발전하고 있는 정책과정론과 정책분석론이 하나의 정책학으로 체계화되지 못했다는 점이다(이해영, 2016). 양자가 각자의 영역과 방법론을 독립적으로 발전시킬수록 정책학이라는 하나의 영역으로 통합하고 조화시키려는 노력이 부족했다는 비판을 받아 왔다.

정책과정과 정책분석을 통합시켜야 할 필요성도 꾸준히 제기되었다. Lindblom(1980)은 정책형성의 연구에서 핵심적인 두 가지 문제는 실질적으로 사회문제를 해결하는 데 효과적인 정책을 형성하는 방법에 관한 것과 더불어 국민의 기대에 부응하고, 민중통제가 확보되는 방향으로 정책을 형성하는 방법에 관한 것이라고 보았다. 전자는 정책형성의 분석적 측면에 역점을 둔 정책결정의 합리성과 관련된 문제이고, 후자는 정책과정 참여자들 사이의 협상과 조정, 민중통제 등을 포함하는 정책결정의 정치성에 관한 논의이다. 일찍이 강신택(1980: 93-98)은 통합을 위한 제3의 관점으로서 정책형성의 정치성과 동시에 좁은 의미의 합리성이 여러 가지 제약점을 가지고 있다는 것도 인정하면서, 집합체로서의 정치체제가 능동적인 의지를 가지고 자기전환(self-transformation)을 위한 자율규제라는 좀 더 높은 차원의 정책을 형성함으로써 부분적인 하위정책을 조정 통제할 수 있다는 주장 하에 그것을 가능케 할 수 있는 여러 가지 상황, 조건 및 개혁방안을 제시한 Etzioni (1968)와 Dror(1971a; 1971b)의 입장을 소개한 바 있다. Etzioni의 혼합탐색모형과 Dror의 최적모형은 이 책에서 이미 살펴보았다.

3. 정책분석의 범위

정책분석을 정책과정 안에서 이루어지는 지적 활동으로 볼 경우, 그 범위는 정책과정의 어느 단계까지 해당되는 것으로 보느냐에 따라 달라진다. 정책분석을 좁게 정의할 경우에는 정책이 채택되기 이전까지, 즉 정책에 관한 사전적 분석만을 정책분석에 포함시키고, 사후적 분석인 정책평가(policy evaluation)로 구분한다. 정책분석을 넓게 볼 경우에는 정책 채택이전과 이후를 모두 포함하는 것으로 정의할 수 있다. 이에 관한 학자들의 견해를 살펴보기로 하겠다.

1) Weimer & Vining의 견해

Weimer & Vining(2005)은 정책분석을 문제 분석과 해결방안 분석의 두 단계로 구분한 다음, 문제분석단계를 3가지 하위단계로, 해결방안 분석단계를 5가지 하위단계로 세분하였다([그림 1-1] 참조).

그림 1-1 Weimer & Vining의 합리적 정책분석의 단계

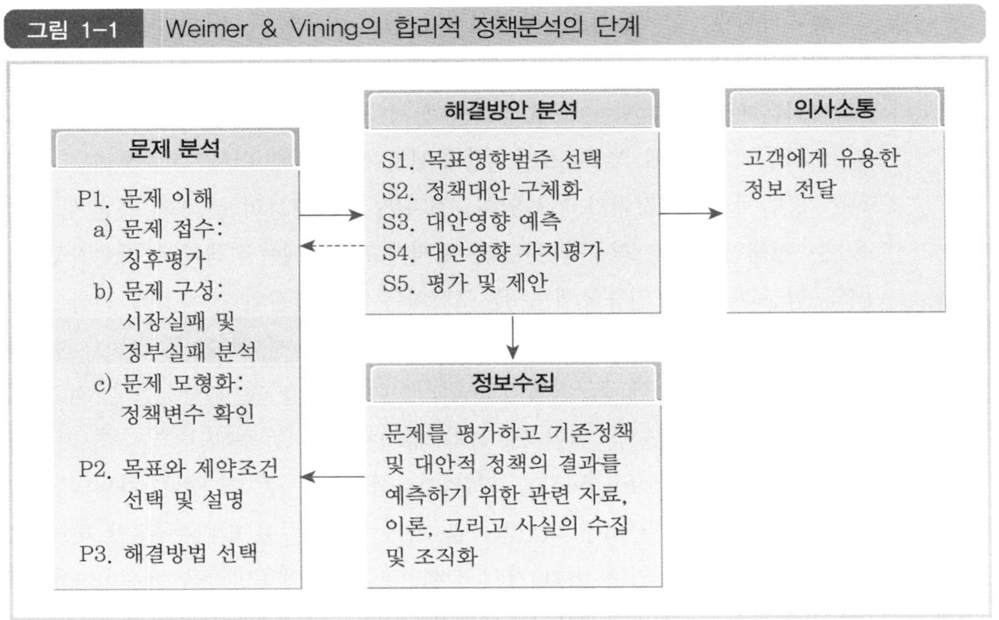

출처: Weimer & Vining. 2005. *Policy Analysis*. p. 328, 그림 14-1.

첫째, [그림 1-1] 왼쪽 편에 표시된 문제분석 단계는 1) 문제의 이해, 2) 목표와 제약조건의 선택 및 설명, 그리고 3) 해결방법 선택이라는 세부 단계가 포함된다. 문제이해 단계는 3가지 차하위단계로 구분되어 a) 징후평가를 통한 문제의 접수(receiving problem), b) 시장실패 및 정부실패 분석을 통한 문제의 구성(framing problem), c) 정책변수들의 확인을 통한 문제 모형화(modelling problem)라는 단계를 포함한다.

둘째, [그림 1-1] 가운데 윗편에 표시된 해결방안 분석의 단계는 (S1) 목표 영향 범주 선택, (S2) 정책대안 구체화, (S3) 대안 영향의 예측, (S4) 대안 영향의 가치평가, 그리고 (S5) 평가 및 제안의 다섯 가지 차하위단계로 이루어진다.

셋째, [그림 1-1] 가운데 아래 편에 표시된 바와 같이 Weimer & Vining은 문제분석과 해결방안 분석에 공통적으로 해당되는 정보수집 단계를 따로 범주화하였는데, 이는 문제를 평가하고 기존정책 및 대안적 정책의 결과를 예측하기 위한 관련 자료, 이론, 그리고 사실들을 수집하고, 이들을 조직화하는 단계이다.

넷째, [그림 1-1] 오른쪽 편에 표시된 마지막 단계인 의사소통단계에서 해결방안 분석결과 도출된 유용한 정보를 고객에게 전달하는 것으로 보았다.

2) Dunn의 견해

Dunn(2012: 8)은 정책과정의 단계에 따라 정책분석의 절차를 1) 문제구조화, 2) 예측, 3) 처방, 4) 모니터링, 5) 평가의 다섯 단계로 구분하였다. [그림 1-2]에 다섯 가지 분석절차와 그러한 절차를 적용하여 산출하는 정책관련정보의 유형이 제시되었다.

첫째, 문제구조화(problem structuring)는 의제설정(agenda setting)을 통하여 정책결정과정에 도달한 문제의 정의에 내재하는 가정들에 도전하는 정보를 제공하기 위한 분석절차이다. 문제구조화 방법을 적용하여 정책문제에 관한 정보가 산출된다. 문제구조화는 숨겨진 가설을 찾아내고, 문제의 원인을 진단하며, 가능한 목표들을 식별하고, 상충되는 견해를 종합하며, 새로운 정책옵션을 설계하는 데 있어서 도움이 되는 정보를 산출한다.

그림 1-2 Dunn의 정책분석의 절차와 정책정보의 유형

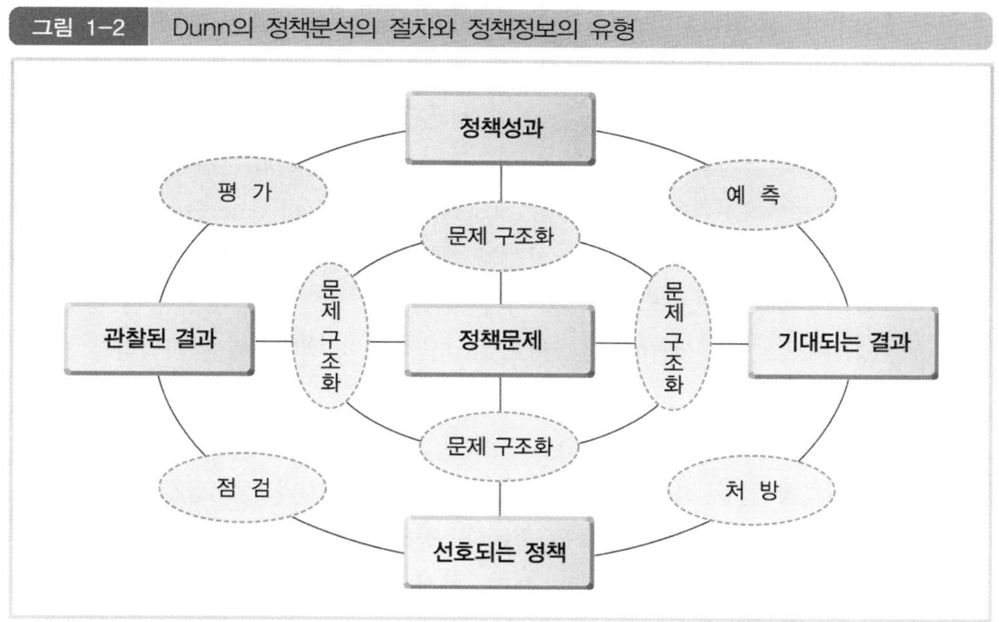

주: 타원형은 정책분석의 절차, 직사각형은 이러한 절차를 적용하여 산출하는 정책관련정보를 의미함.
출처: Dunn. 2018. *Public Policy Analysis*. 6th ed. p. 6, 그림 1.1. 및 p. 55, 그림 2.2.

둘째, 예측(forecasting)은 정책형성(policy formulation)의 단계에서 고려되고 있는 대안들(현상유지 포함)이 채택될 경우, 그 결과 발생하게 될 가능성이 큰 미래상태에 대한 정책관련정보를 제공한다. 예측절차를 거쳐서 '기대되는 정책결과'(expected policy outcome)에 관한 정보가 산출된다. 기대되는 정책결과는 문제를 해결하고자 고안된 정책이 초래할 개연성이 높은 결과를 말한다. 예측은 개연적, 잠재적, 그리고 규범적으로 가치있는 미래를 검토할 수 있고, 현재의 정책 그리고 새롭게 제안된 정책이 초래할 결과를 추정하며, 목표를 달성하는 데 있어 미래에 발생가능한 제약조건을 구체화시키고, 여러 가지 옵션의 정치적 실현가능성(지지와 반대)을 추정하는 방법이다.

셋째, 처방(prescription)은 예측을 통하여 추정된 정책대안들의 미래결과의 편익과 비용에 관한 정책관련정보를 산출하여, 정책 채택(policy adoption) 단계에서 정책결정자들에게 '선호되는 정책'(preferred policy)에 관한 정보를 제공하는 분석 절차이다. 선호되는 정책은 문제에 대한 잠재적 해결방안이다. 처방은 위험과 불확실성의 정도를 추정하고, 외부효과와 부작용을 식별하며, 선택을 위한 기준을 구체화하고, 나아가서 정책의 집행을 위한 행정적 책임을 부여하는 데 필요한 정보를 제공한다.

넷째, 점검(monitoring)은 이미 채택된 정책의 관찰된 결과에 관한 정책관련정보를 산출하여, 정책집행(policy implementation)단계에서 정책결정자를 보조한다. '관찰된 정책결과'(observed policy outcome)는 선호된 정책을 집행하여 나타난 과거 또는 현재의 결과이다. 점검은 순응의 정도를 평가하고, 정책과 프로그램의 의도하지 않은 결과를 발견하며, 집행상의 장애요인과 제약조건을 식별하고, 정책으로부터 이탈의 책임소재를 파악하는 데 도움이 된다.

다섯째, 평가(evaluation)는 기대된 정책성과와 실질적 정책성과 사이의 불일치에 관한 정책관련지식을 산출하여 정책과정의 정책평가 및 정책변동의 단계에서 정책결정자들을 돕는다. 정책성과(policy performance)는 관찰된 정책결과가 가치, 목표, 또는 목적의 달성에 기여한 정도를 말한다. Dunn(2018)은 평가를 정책결과의 가치(value) 또는 값어치(worth)에 대한 정보를 생산하는 것을 의미하는 것으로 본다. 정책결과가 실제로 가치를 가지고 있다는 것은 결국 정책결과가 추구하고자 하는 목표나 목적에 기여하고 있기 때문이라는 것이다. Dunn은 평가절차가 문제가 완화된 범위에 관한 결론을 내리고, 정책을 지배하는 가치를 명료화하고 비판하는 데 기여하고, 정책의 조정과 재형성을 보조하며, 문제를 재구성하기 위한 기초를 제공하는 것으로 본다.

3) Munger의 견해

Munger(2000: 6)는 정책분석을 실행하는 제안자와 실제 정책결정의 담당자는 구분되며, 정책의 집행은 제3의 행위자가 담당하는 것으로 본다. 정책분석의 과정은 1) 문제형성, 2) 기준 선택, 3) 대안 비교와 정책의 선택, 4) 정치적 및 행정적 제약조건 고려, 5) 프로그램의 집행과 평가 등 다섯 가지 절차로 이루어지는 것으로 보았다(Munger, 2000: 6-22).

첫째, 문제형성은 해결하여야 할 정책문제의 재정의(redefinition) 또는 재진술(restatement)을 말한다. 대부분의 경우에 문제형성에는 인과관계의 이론적 모형이 명시적 또는 묵시적으로 포함된다. 분석가에게 중요한 과제의 하나는 기존대안의 나열뿐 아니라 새로운 대안이 활용될 수 있도록 문제를 재정의하거나 창조적으로 재진술해야 한다는 것이다.

둘째, 기준(criteria)은 판단 또는 선택의 기초이며 대안적 해결방안을 비교하고 평가할 수 있는 수단을 제공한다. 기준은 분석의 전제로서 하나의 대안이 다른 대안보다 우월하다는 것을 판단할 수 있도록 한다. 그런데 한 가지 기준에서 어떤 대안이 다른 대안보다 우월할 경우에도, 다른 기준에서는 그렇지 못한 경우가 있다. 그러므로 기준 선택 단계에서 분석가는 관련된 기준의 목록을 구체화한 다음, 그러한 기준들 사이의 상충관계와 상대적 중요성을 규정하여야 한다.

셋째, 대안(alternatives)이라는 용어는 최소한 두 가지 행동경로를 함축하고 있다. 대안들을 비교할 때, 선택기준 사이의 상충관계에 관한 가정이 필요하다. 이러한 상황을 해결하기 위하여 기준-대안 매트릭스(criteria-alternative matrix, CAM)를 작성한 후, 각 기준에 가중치를 부여하여, 대안들을 평가할 수 있다. 평가가 이루어진 대안들을 비교한 이후 선택이 이루어진다.

넷째, 정책분석가가 정책을 제안할 때, 다른 참여자들이 정책을 수용할지에 관련된 두 가지 유형의 '제약조건'을 고려하여야 한다. 하나는 정치적 실현가능성(political feasibility)인데, 선출된 공직자들이 그 제안을 받아들여 입법조치를 할 것인가?이다. 다른 하나는 행정적 실현가능성(organizational feasibility)으로 임명된 공직자들이 그 법령을 지지하여 성공할 수 있는 방향으로 집행할 것인가?이다.

다섯째, 프로그램의 집행과 평가는 정책분석의 마지막 단계로 처음 네 단계를 통하여 얻은 정책제안이 소기의 목적을 달성했는지 평가하는 것이다. Munger(2000: 17-18)는 사회적 과정에 정착된 시장 책무성(market accountability), 정치적 책무성(political accountability), 전문가 분석(expert analysis) 등 세 가지 유형의 평가를 지적하고 있다. 시장 책무성은 시민들이 한 회사의 제품을 구매할지 또는 하지 않을지 판단하여 회사를 평가하는 과정이다. 정치적 책무성은 유권자, 이익집단, 또는 정치지도자 등 정치행위자들이 투표권과 같은 그들의 정치권력을 사용하여 하나의 정책 또는 프로그램을 평가하는 과정이다. 전문가 분석은 과학적 기반이 확고한 기준들을 적용하여 하나의 정책 또는 프로그램을 평가하는 과정이다. 전문가 분석은 객관적인 것으로 간주된다.

4) 노화준의 견해

노화준(2017)은 정책분석의 절차를 1) 정책문제의 정의, 2) 목표의 설정과 대안의 탐색·개발 및 설계, 3) 효과성 측정수단의 형성, 4) 효과성 측정수단에 의한 대안의 평가, 5) 최적대안의 건의 등 다섯 가지 기본절차로 이루어진다고 보았다. 이에 따라 다섯 가지 기본 절차별로 관련된 정책분석기법에 관하여 독립된 장을 편성하여 설명하였다. 또한 정책결정이 국민 전체에 미치는 영향이 심대하고 장기적이므로, 정책결정을 위한 합리적 정보를 산출하여 제공하는 정책분석에서도 윤리의 문제가 중요하다고 보아 정책분석의 윤리문제를 독립된 장으로 다루었다.[1)]

---

1) 한편 강근복(1994)은 정책분석의 단계를 (1) 문제의 분석과 목표설정, (2) 대안의 탐색과 개발, (3) 대안의 예비분석, (4) 대안결과의 예측, (5) 대안결과의 비교평가, (6) 분석결과의 제시 등 여섯 단계로 구분하였다. 이성우(2008: 66-67)는 정책분석의 절

5) 이 책의 입장

제3부에서 살펴본 바와 같이 정책과정의 단계는 상호의존적인 일련의 활동, 즉 의제설정, 정책형성, 정책집행, 정책평가와 정책변동으로 구분할 수 있다. 〈표 1-1〉에 정책과정의 각 단계에서 활용할 수 있는 정책분석의 절차에 관하여 앞에서 살펴본 국내외 학자들의 견해를 종합하여 소개하였다. 〈표 1-1〉에 제시된 바와 같이 Weimer & Vining(2005)과 노화준(2017)은 정책분석의 범위를 정책의제설정과 정책형성단계까지 정책관련정보를 제공하고 조언하는 정책의 사전분석에 국한시키고 있다. 이들 학자들은 정책집

표 1-1 국내외 학자의 정책분석 절차 요약

정책과정의 단계	정책분석의 절차와 범위			
	Weimer & Vining	Dunn	Munger	노화준
정책의제 설정	**문제 분석** 1. 문제 이해 2. 목표와 제약조건 선택 및 설명 3. 해결방법 선택	정책문제 구조화	문제형성	문제의 정의
			기준선택	목표설정과 대안의 탐색・개발 및 설계
정책형성	**해결방안 분석** 1. 목표영향 범주 선택 2. 정책대안 구체화 3. 대안영향 예측 4. 대안영향 가치평가 5. 평가 및 제안	예측	대안 비교와 정책 선택	효과성 측정 수단의 형성
		처방	정치적 및 행정적 제약 조건 고려	효과성 측정 수단에 의한 대안의 평가
				최적대안의 건의
정책집행		모니터링	프로그램 집행과 평가	
정책평가 및 변동		평가		

출처: Weimer & Vining. 2005. *Policy Analysis*. 4th ed. p. 328, 그림 14.1; Dunn. 2018. *Public Policy Analysis*. 6th ed.; Munger. 2000. *Analyzing Policy*. p. 6; 노화준. 2017. 정책분석론. 15쪽.

차를 (1) 정책문제의 정의, (2) 정책목표의 설정과 대안선택의 기준설정, (3) 정책대안의 탐색 및 개발과 설계, (4) 정책대안의 결과추정, (5) 정책대안의 비교평가, (6) 정책대안의 선택 등 여섯 단계로 구분한 다음, 여섯 가지 절차별로 사용되는 구체적인 기법과 방법론을 소개하였다.

행, 그리고 정책평가 및 변동 단계에서 분석을 통한 정책관련정보 산출 및 제공을 정책평가(policy evaluation)로 보는 것으로 이해된다. 한편 Dunn (2018)과 Munger(2000)는 정책분석을 넓게 정의하여 정책집행단계의 모니터링과 정책평가 및 변동단계의 정책평가 절차를 정책분석의 범위에 포함시키는 입장이다.

이 책에서는 정책분석의 범위를 넓게 정의하여, 정책채택 이전과 이후의 정책관련정보 산출 및 조언을 모두 포함하는 것으로 보기로 한다. 정책관련 정보는 정책형성단계뿐 아니라 정책과정의 초기단계인 정책의제설정에서부터 정책집행과 정책평가 및 변동 단계에 이르는 정책과정 전반에 걸쳐 필요하다. 즉, 넓은 의미의 정책분석은 정책이 가져오거나 가져온 사실상 또는 잠재적인 영향을 체계적으로 식별, 검토, 평가함으로써 정책의제설정, 정책형성, 정책집행, 정책평가 및 변동과정에서 발생하는 여러 가지 과제에 정치·행정체계 내의 정치적 행위자들이 대처하는 데 필요한 객관적이고 합리적인 정보를 제공하고 조언하는 절차이다.

그러므로 넓은 의미에서 정책분석은 정책과정 전체에 걸쳐 필요한 것으로 본다. 정책분석의 필요성을 정책과정의 단계, 즉 의제설정, 정책형성, 정책집행, 정책평가와 정책변동으로 구분하여 살펴보면 다음과 같다.

(1) 의제설정단계와 정책문제 정의 및 구조화 방법

의제설정단계는 선출된 정책결정자와 임명된 공직자가 정책문제를 인식하여 정부의 정책의제로 채택하는 단계이다. 어떤 정책문제가 정부의제로 전환되기를 원하는 정치적 행위자(선출된 정책결정자, 임명된 공직자, 이익집단, 시민단체 등)는 정책문제의 본질이나 그 중요성에 관한 정보를 필요로 한다. 정책문제는 농업, 상공, 보건, 복지, 교육, 정보, 국방 등 다양한 영역에서 발생하는데, 정책문제는 객관적인 문제 상황에 대하여 정책이해관계자들이 주관적으로 문제라고 인지할 때 제기된다. 그런데 사건이나 상황에 대한 인지는 사람마다 다르기 때문에 문제의 인지과정은 주관적인 측면이 강하고, 따라서 문제의 성격을 어떻게 파악하고 정의하느냐 하는 것이 후속의 결정과정에 중요하게 작용한다. 그러므로 정책분석가는 객관적 문제상황, 정책이해관계자, 이들의 인식을 파악하여 정치적 행위자에게 정보를 제공할 수 있다. 정책분석가가 활용할 수 있는 정책문제구조화의 방법은 문제구성요소들 및 메타문제를 파악하기 위한 방법과 이해당사자간 갈등을 종합하기 위한 방법으로 구분할 수 있다.

(2) 정책형성단계와 대안비교분석

정책형성단계는 정책문제를 해결하기 위해서 정책대안을 형성하고, 바람직한 정책대안을 입법부의 결정과 행정기관의 관리자나 사법부의 결정자들의 합의에 의해 채택하는 단계이며 법률, 시행령 및 시행규칙의 형태로 통과된다. 정책형성단계에서 필요로 하는 정보를 산출하는 정책분석의 과정 또는 절차는 다음과 같이 구분할 수 있다. ① 정책목표의 설정과 구체화, ② 정책대안의 탐색과 설계, ③ 정책대안이 초래할 결과의 예측, ④ 대안의 가치평가와 비교 및 제안 등이다. 정책분석가는 각 절차별로 정책결정자에게 도움이 되는 정보를 산출하기 위하여 다양한 방법들을 활용할 수 있다.

(3) 정책집행단계와 점검방법

정책집행단계는 채택된 정책이 재정적 자원 그리고 인적자원을 동원하는 각 행정부처 단위에 의해서 수행되는 단계이다. 정책집행단계에서 정책분석가는 투입, 활동, 산출의 과정에 관한 모형을 작성하고, 형성평가 및 모니터링을 통하여 정책결정자 및 정책집행자에게 도움이 되는 정보를 제공할 수 있다.

(4) 정책평가 및 변동단계와 평가연구방법

정책평가 단계는 회계감사, 정책감사, 그리고 외부기관의 정책평가를 통하여 집행한 정책이 원래 정책목표를 달성하였는지 평가하는 단계이다. 정책분석가(좁은 의미로는 정책평가자)는 영향평가를 통하여 정책이 과연 바람직한 결과 또는 영향을 가져왔는지에 관한 정보를 정책결정자에게 제공한다. 영향평가의 핵심과제는 첫째, 효과의 발생여부를 판단하고, 둘째, 정책의 영향에 따른 효과와 다른 원인의 영향을 분리하는 것이다. 이를 위해서 정교한 정책평가연구의 설계가 필요하다.

〈표 1-2〉에 본서에서 다루고자 하는 정책과정의 단계별 정책분석의 절차와 주요내용을 소개하였다.

표 1-2 본서의 정책분석 절차와 주요 내용

정책과정의 단계	정책분석의 절차	주요 내용
정책의제설정	정책문제의 구조화	문제구성요소 및 메타문제파악 방법 분류분석, 계층분석, 유추법 경계분석, 브레인스토밍 이해당사자간 갈등종합 방법 복수관점분석, 내러티브정책분석 가정분석
정책형성	정책목표 설정	목표의 명료화 우선순위설정 목표의 구체화
	대안선택기준 설정	소망성 기준 효과성, 능률성, 형평성, 대응성 실행가능성 및 제약조건 정치적 제약조건, 행정적 제약조건 예산상 제약조건, 기술적 제약조건 법적 제약조건
	정책대안의 탐색과 개발	기존정책 타정부로부터 정책학습 과학적 지식과 모형활용 주관적 판단
	정책대안의 결과예측	추세연장의 방법 이동평균법, 지수평활법, 선형경향추정, 전통적 시계열분석, 비선형시계열 모형작성기법 질적 방법 브레인스토밍, 델파이기법, 정책델파이, 교차영향분석, 시나리오작성
	정책대안의 가치평가, 비교 및 제안	비용편익분석, 질적 비용편익분석 사회적 비용편익분석, 비용효과 분석 복수기준분석
정책집행	집행과정평가	형성평가, 모니터링 사후적 과정평가
정책평가 및 변동	영향평가	진실험설계 준실험설계 비실험설계

Ⅲ. 정책분석가의 윤리

1. 개 관

정책분석가는 정책행위 이전과 이후에 "정책을 개선하는 데 도움이 되는 정책관련정보의 생산 및 전환"을 담당하는 행위자를 말한다.[2] 정책분석 및 평가 활동의 주체는 정책분석가이고 정책분석 및 평가의 윤리성을 확보한다는 것은 곧 이들이 윤리적 기준을 지키면서 업무를 수행한다는 것이다(홍준현, 2004). 윤리는 다층적인 개념이며, 절대론과 상대론, 의무론과 목적론 등 여러 차원으로 구성된다. 그러므로 정책분석가에게 요구되는 윤리의 기준도 이들을 두루 포괄하는 광범위한 계층적 다원구조를 형성하고 있다(Bowman et. al., 2001: 199; Brady, 2003: 526; 송희준, 2006: 414).[3] 여기에서는 정책분석가의 윤리를 전문가로서 전문직업윤리, 고객에 대한 책임성, 공공봉사자로서 사회적 책임성으로 분류한 후 그 내용을 살펴보기로 한다.

2. 전문가로서 전문직업윤리

전문가 집단이 추구하여야 하는 중요한 가치는 진실성(integrity) 또는 정직성이다. 의사와 변호사 등 전문가집단의 윤리강령은 전문직종의 윤리기준

---

2) 정책분석가의 윤리는 남궁근. 2010. 정책분석평가와 윤리. 「한국정책분석평가학회보」. 20(4): 37-56쪽의 일부를 옮긴 것이다.

3) Weimer & Vining(2005: 41-44)은 정책분석가의 윤리를 객관적 기술자로서 분석적 성실성, 의뢰인에 대한 책임, 분석가 개개인의 좋은 사회(good society) 개념의 고수라는 세 가지 가치의 차원으로 구분한다. 이와 유사하게 송희준(2006: 415-421)은 정책분석가 윤리의 통합성을 강조하면서 객관적 기술자의 분석적 정직성, 고객옹호자의 대고객 책임성, 쟁점옹호자의 좋은 사회구현 의지라는 세 가지 요소를 강조한다. Kernaghan(2003: 712)은 공공서비스 윤리의 원천을 사회윤리(좋은 사회 구현), 공공윤리(고객에 대한 민주적 책임성), 전문 직업윤리(과학적 분석), 인간성 등 네 차원으로 분류하기도 한다. 한편 홍준현(2004: 154-157; Patton & Sawicki, 1993: 44-45 참조)은 외부전문가로서의 정책분석가에게 요구되는 윤리의 내용을 네 가지 차원, 즉 정책분석가로서 자신과 관련된 윤리, 의뢰인과 관련된 윤리, 동료와 직업에 관한 윤리, 일반국민과 관련된 윤리로 구분한다.

을 공식화한 것으로 문제가 발생할 경우에 판단의 지침이 된다(Neuman, 2005: 101). 정책관련정보를 생산하는 전문직업적 정책분석가의 가장 중요한 윤리적 토대는 연구진실성에 기초한 분석적 정직성이다(송희준, 2006: 418). 연구자의 전문직업윤리를 정책분석평가 공동체의 구성원들에게 적용할 경우, 정책분석가들은 다음과 같은 윤리기준을 지켜야 할 것이다(김신복, 1989; 김규일, 1995; 문태현, 1995; 홍준현, 2004; 송희준, 2006 참조).

첫째, 정책분석가는 분석 및 평가방법의 타당성과 산출정보의 신뢰성을 확보할 수 있는 엄격한 절차 및 기준을 준수하고, 그들이 채택한 방법의 타당성을 검증받아야 한다. 방법을 선택하는 데 있어서 분석가가 활용할 수 있는 시간, 경비, 기술 등 가용자원의 범위 내에서 최선의 방법을 선택해야 하며, 표본추출, 자료수집, 측정, 예측 등에 관한 방법론상의 기본사항을 준수해야 한다. 또한 자료분석 및 해석에도 편견이 개입되지 않도록 객관성 및 공정성을 기해야 한다.

둘째, 자료수집시 조사대상자의 개인적 비밀을 지키고, 자료원을 보호하여야 한다(Royse, Thyer & Padgett, 2016: 42-47). 설문조사나 면접을 할 때 조사대상자의 이름이나 신분이 드러나지 않도록 하고, 자료의 신빙성을 입증해야 할 상황에 대비해서 원자료를 상당기간 보존해야 할 필요가 있다(강근복, 2000: 288; 김신복, 1989: 222). 정책분석과정에서 특히 사람을 대상으로 하는 정책실험이 수반되는 경우에 정책분석가의 윤리가 특히 중요시된다. 정책실험이나 정책대안에 대한 정책대상 집단의 반응을 조사할 경우 연구의 목적을 숨기는 것이 필요할 때가 있다. 그러나 사후에 충분한 설득과 해명이 있어야 하고, 정직하게 대응함으로써 불이익을 받게 되는 일이 없도록 하여야 한다(김신복, 1989: 222). 반대로 편익이 따르는 실험의 경우에는 특정한 대상자들에게만 자원을 배정해야 하는 기준을 명시해야 한다(홍준현, 2004).

셋째, 정책분석가에게 분석적 수월성과 더불어 지속적인 혁신과 창의적인 노력은 매우 중요한 가치이다(송희준, 2006: 419). 정책분석가는 새로운 분석 및 평가방법론을 지속적으로 습득하여 분석·평가정보의 타당성과 신뢰성을 확보하여야 한다.

넷째, 정책분석가는 자신의 가치관과 관점, 분석의 전제, 분석방법, 평가

기준, 내용과 결과, 그리고 분석의 한계 등에 대해 명확하게 공개하여야 한다. 분석과정 및 결과의 공개와 이에 대한 토론을 통해서 무엇을, 어떤 관점에서, 어떻게 분석했는지를 명백히 드러나게 함으로써 정책분석가가 분석의뢰자뿐만 아니라 다른 사람이나 집단에 대한 일정한 사회적 책임을 이행하도록 촉구할 수 있다(강근복, 2000: 287). 이를 통해 분석결과를 잘못 해석하거나 과신하여 이를 토대로 한 그릇된 정책주장이 나오지 않도록 하여야 한다(Nagel, 1984: 149-150; 홍준현, 2004). 특히 정책관련정보는 전문가가 아닌 정책결정자들이 그 연구결과를 해석해서 활용할 것으로 기대되기 때문에 자신이 채택한 연구설계나 분석방법에 대해서 충분한 설명과 제한점을 밝혀야 할 의무가 있다(김신복, 1989: 217).

다섯째, 자신이 수행한 분석평가의 한계를 숨기고 유용성을 과시하기 위해, 또는 자신이 선호하는 정책대안을 부각시키기 위해, 분석결과를 일부러 모호하게 밝히거나 부당하게 분석내용과 결과 등을 누락하거나 날조, 위조 또는 왜곡해서는 안 된다(김신복, 1989: 217, 219, 222; 홍준현, 2004). 즉, 연구부정행위를 저질러서는 안 된다.

3. 고객에 대한 책임성

정책분석가는 대체로 고객(주로 정부, 국회, 정당 등)과 계약을 토대로 정책분석 및 평가활동을 수행한다. 정책분석가는 고객과의 관계에서 신뢰의 원칙에 입각하여 고객에 대한 책임성을 다하는 한편 고객의 지나친 요구에는 단호히 거절하는 등 다음과 같은 윤리기준을 지키도록 노력하여야 한다.

첫째, 신뢰의 원칙에 입각하여 정책분석평가 활동을 수행하여야 한다. 전문가와 고객간 관계의 핵심은 신뢰이다. 정책분석가들은 주어진 여건 속에서 가장 타당성이 높은 분석결과를 얻을 수 있도록 최선의 노력을 다해야 하고 가능한 한 연구에 투입되는 자원을 절약하여 예정된 기간 내에 정책분석 평가활동을 효율적으로 완료해야 한다(강근복, 2000: 289; 김신복, 1989: 223; 홍준현, 2004).

둘째, 고객의 의뢰를 받은 정책분석 평가의 결과는 그 내용을 상세하게, 정확하게, 그리고 예정된 기간 내에 제시되어야 한다. 특히 재정적 지원을 받았을 경우에는 분석결과의 객관성과 책임의 한계를 명확히 하기 위해 누구로부터 연구자금을 지원받았는지, 그리고 재정지원 기관과는 어떤 관계에 있는지를 명시해야 한다(강근복, 2000: 289; 김신복, 1989: 223).

셋째, 정책분석가는 청렴하고 정직하여야 한다(송희준, 2006: 420). 여기에는 이익충돌, 퇴직 후 고용, 공직을 이용한 사익추구, 특수고객 처우 등에 관련된 가치가 포함된다. 정책분석가는 특히 고용조건이나 금전적 이익을 둘러싼 이익충돌(conflicts of interest, COI) 상황을 회피하여야 한다. 이익충돌이란 "정책분석가가 추구하여야 할 직무상의 공적 이익과 자신에게만 귀속되는 사적 이익간의 충돌"을 말한다(윤태범·남궁근, 2010: 272-274; 박흥식: 2008). 정책분석가가 사적 이익을 추구할 경우 공적 이익이 손상될 가능성이 크다. 이익충돌은 그 자체로는 부패가 아니지만, 과정상 부패로 전환되기 전단계로 이해할 수 있다(박흥식, 2008: 243). 예를 들면, 정책분석가가 평가대상이 되는 정책이나 사업의 설계를 위한 연구를 수행 또는 자문하거나 이해 당사자로 참여한 경우에는 공정한 평가가 어렵고, 평가 결과를 수용하는 데에도 한계가 나타날 수 있다. 따라서 분석가는 분석대상과 관련된 어떤 형태의 이익충돌도 사전에 통제할 필요가 있다. 이해충돌의 회피는 정책분석가의 의사결정이나 행동에 있어서 공정성을 확보하기 위한 전제조건의 하나이다.

넷째, 분석활동의 중립성을 확보하여야 한다. 고객 중립성은 고객들을 동등하게 대우하는 불편부당과 공평무사를 의미하는 웨버식 관료제도의 직업윤리이다(김영평, 1988: 377). 이러한 중립성은 언론의 자유, 참여, 투명성, 알 권리와 평가정보 공개 등 정책과정에 대한 이해당사자의 참여를 통하여 보장될 수 있다(송희준, 2006). 평가대상집단에 대하여 공정하고, 동등하게 처우하는 평가의 중립성(neutrality)은 평가 결과의 수용성에 결정적인 영향을 미친다. 자체평가 또는 상위평가의 민간평가위원으로 각종 정부업무평가에 관여하는 평가위원의 경우에 중립성과 불편부당성이 업무수행과정에서 지켜야 할 중요한 윤리기준 가운데 하나이다. 여러 기관을 평가하는 입장에서 평가자가 중립성과 불편부당성의 기준을 지키지 못할 경우 평가결과가 왜곡되며, 피평가기관에서 수용하기 어려울 것이다.

정책분석 또는 평가과제를 수탁하는 단계에서 객관성과 중립성이 보장되지 않으면 이를 회피하는 것이 바람직하다(김신복, 1989: 221). 구체적으로 어떤 기관이나 집단의 이익과 주장만을 대변하기 위한 과제나 의뢰기관이 내부적으로 이미 결정한 정책대안을 합리화시키는 데만 분석활동이 한정되는 과제, 의뢰자가 분석에 필요한 정보의 접근을 제한하거나 산출된 분석결과의 발표를 부당한 이유로 제한하는 과제 등에 대해서는 정책분석가가 연구를 거절하여야 한다(Dror, 1971: 120). 정책분석 및 평가에서 산출된 정보가 과학이라는 이름으로 윤리문제나 가치문제를 억누르는 위장된 이데올로기로 사용되어서는 안 된다(Tribe, 1972). 객관성과 중립적인 조건이 보장되지 않을 경우 전문직업적 정책분석가가 일상정치의 도구로 사용될 수도 있다. 정책분석 및 평가과제를 수행하는 과정에서도 고객의 부당한 압력에 의해 분석 및 평가결과가 왜곡될 경우에는 연구를 중단하는 등의 조치를 취할 수 있어야 한다.

다섯째, 과제의 성격과 요구되는 질적 수준에 비추어 연구기간, 연구비, 그리고 분석가의 역량이 크게 부족하다고 판단될 경우에도 그 과제의 연구를 사양하는 것이 윤리기준에 부합된다(강근복, 2000: 286; 김신복, 1985: 87; 1989: 221; 홍준현, 2004). 미국 평가학회의 윤리강령에도 보유역량의 범위 내에서 평가업무를 수행하고 그 한계 밖의 평가는 거절하도록 하며, 거절이 어려울 때 초래될 평가의 한계를 명확하게 할 것을 규정하였다.

4. 공공봉사자로서 사회적 책임성

정책분석가들이 산출한 정책관련정보의 궁극적인 고객은 국민이다. 공공문제의 분석과 평가에 관한 정보를 산출하는 정책분석가는 공공봉사자의 일원으로서 공익을 우선시하여야 하는 사회적 책임성(social responsibility)을 가지고 있다. 정책분석가의 사회적 책임성은 인간의 존엄성을 보다 충실하게 실현하기 위한 민주주의 정책학을 창도한 Lasswell(1951)과 Dror(1971)의 의도와 부합한다. 사회적 책임성은 사회윤리의 범주에 해당되며 신체 또는 재산에 관한 기속력을 갖고 있는 법률의 적용을 받기 이전 단계에서 윤리적, 도덕적으로 적용되는 공동체적 규범이다(송희준, 2006). 정책분석가는 사회적 책임성의 차원에서 다음과 같은 윤리기준을 지켜야 한다.

첫째, 정책의 분석과 평가는 좋은 사회를 구현하는 데 필요한 공익을 최대한 반영하는 방향으로 이루어져야 한다. 즉 공익은 특정 이해 당사자의 요구나 이해를 뛰어 넘어 일반이익을 보호하는 방향으로 행동하는 공리주의적 결과론과 평가의 편익과 비용의 공정하고 형평적인 배분 즉, 배분적 정의론을 포함한다(송희준, 2006). 정책문제를 구조화하고 정책목표를 설정할 때 인간의 존엄성과 공익이 최대한 실현될 수 있도록 함으로써 정책분석가는 전문직으로서의 사회적 책임을 이행하여야 한다. 그러므로 정책분석가는 자신의 역할을 지나치게 기술적인 차원에 한정하여 결과적으로 공익을 저해하는 데 기여해서는 안 되며, 정책목표와 수단을 함께 분석하여 그것들이 우리 인간에게 어떤 영향을 미치게 될 것인지에 대해 진지하게 고려할 수 있어야 한다(강근복, 2000: 286-287; 김신복, 1998: 221). 이러한 관점에서 특정의 소수집단을 위하여 대중의 이익을 저해할 가능성이 있는 대안은 배제하여야 한다.

둘째, 정책분석가들은 민주주의 원리를 최대한 존중하여야 한다. 정책과정에서 민주성은 정책과정의 공개, 자유로운 참여와 토론, 합의의 중시 등이다. 최근 Lasswell이 창도한 민주주의 정책분석가의 역할에 관한 재조명이 시도되고 있다(예를 들면, Farr et al., 2006; 2008; Brunner, 2008 참조). deLeon 등(deLeon, 1997; deLeon & Weible, 2010)은 Lasswell이 창도한 민주주의 정책학을 보다 충실하게 실현하기 위하여 참여적 정책분석(participatory policy analysis)을 제안하였다. 그들에 의하면 참여형 정책분석의 세 가지 기본원칙은 다음과 같다. 즉, ① 민주주의는 정부의 결정에 영향을 받는 시민들(affected citizens)을 참여시켜야 한다. ② 영향을 받는 시민들의 참여는 정부와 비정부 부문의 인사들의 사회화를 촉진시킬 것이다. ③ 영향을 받는 시민들로부터 나온 맥락적 지식은 다른 형태의 지식, 특히 기술적 및 과학적 패러다임에서 나온 지식을 보완할 것이다. deLeon(1997)의 핵심적인 주장은 참여형 정책분석을 통하여 정부가 결정하는 데 보다 적실성이 높은 제안을 할 수 있고, 사회자본을 재생시키고, 정부에 대한 불신을 감소하고, 종국적으로는 민주주의를 강화시킨다는 것이다.

이같이 정책분석가들은 참여형 정책분석을 통하여 이해관계자들과 일반국민의 의사를 충분히 수렴하여야 할 뿐 아니라 정책에 관련된 정보를 국민에게 알리기 위하여 최선의 노력을 다하여야 한다.

Ⅳ. 정책문제와 정책이슈

1. 정책문제 정의와 유형

1) 정책문제 정의를 보는 관점

일반적으로 문제(problem)는 시정조치 또는 구제방안이 필요한 욕구, 조건, 또는 상황을 말한다. 몸무게가 많이 나가는 사람이 활동하는데 불편을 느끼게 되어 체중을 줄여야겠다고 생각했다면 그 사람은 체중초과를 문제로 여기는 것이다. 다른 측면에서 보면 문제란 행위(action)를 통해서 성취할 수 있는 실현되지 않은 가치(value) 또는 기회(opportunity)를 의미한다. 표준체중유지를 바람직한 가치로 여기는 사람은 다이어트 또는 운동프로그램이라는 행위를 실천에 옮겨서 체중초과 문제를 해결할 수 있는 기회를 가질 수 있다. 어떤 사회에서 많은 사람들이 비만을 문제로 생각한다면 이는 사회문제 또는 공공문제가 된다. 이같이 문제에는 순전히 개인문제가 있는가 하면, 많은 사람들에게 공통적인 공공문제가 있다. 한편 비만이 공공문제가 되는 사회가 있는가 하면 굶주림이 공공문제가 되는 사회도 있다.

정책문제의 정의란 정책문제의 성격, 구성요소, 원인, 결과 등을 규명하여 해결하여야 할 문제가 무엇인지를 규명하는 것이다. 그런데 문제의 실체를 어떻게 보느냐, 문제를 어떻게 정의할 것인가에 관하여 객관주의적 관점과 구성주의적 관점이 구분된다. 즉, 이러한 문제가 객관적인 조건, 또는 실재(reality)를 의미하는가 아니면 이에 대한 주관적 사고의 산물을 의미하는지에 관하여는 논란이 있다(Dery, 1984: 강근복, 1994: 53-54).

(1) 객관주의적 관점

객관주의적 관점은 정책문제가 객관적 실재(objective reality)라는 전제하에서, 그 실체를 규명하는 것이 문제정의의 핵심이라고 본다. 객관적 실재란 존재의 실제적 기반(the actual bases of existence)을 말한다. 예를 들면 어떤 사람이 비만인지 아닌지는 그 사람의 체중을 측정한 다음, 표준 체중과 대비하여 환산한 비만정도를 가지고 판단할 수 있다.[4] 유사한 맥락에서 정책문제를 객관적 실체로 보는 경우 이는 범죄, 환경오염, 빈곤문제 등 문제상황(problem situation)에 관한 객관적인 정부통계 수치로 파악할 수 있다. 즉 정책문제는 무엇이 사실인가를 판단함으로써 그 존재가 입증될 수 있는 객관적 조건 또는 상태로 본다는 것이다.

이러한 관점을 기능적 접근방법(functional approach)이라고 부르며 정책문제를 바람직한 상태와 현재 상태 간의 차이(discrepancies)로 규정한다(노화준, 2017). 바람직한 상태는 사회구성원들이 널리 공유하고 있는 규범적 표준(normative standards)으로부터 도출된다.

'문제 상황'에 관한 객관적 묘사에서 더 나아가서 문제의 원인을 규명하여야 한다고 주장하는 학자들도 있다. 이 입장에서 정책문제 정의의 핵심은 객관적 실체를 가진 문제의 원인을 규명하는 것이다(Dery, 1984; 강근복, 1994).

(2) 구성주의적 관점

인지 심리학자들은 '객관적 실재'와 '현상학적 실재' 또는 '주관적 실재'를 구분한다. 실재의 본질에 관한 객관주의자의 소박한 견해는 똑같은 사실(예컨대 신장과 대비한 체중, 범죄, 환경오염, 빈곤이 증가하고 있다는 것을 보여주는 정부통계)을 여러 정책관련자들이 종종 상당히 다르게 해석한다는 것을 간과한 것이다(Dunn, 2018). '현상학적 실재'는 객관적 실재를 토대로 각자의 사고, 인식, 느낌을 통하여 '구성한 실재'를 말한다. 그런데 객관적 현실과 현상학적 또는 주관적 현실이 일치하지 않을 경우가 있다. 예를 들면 객관적 기준으로는 비만인 사람이 이를 전혀 문제로 여기지 않을 수 있으며, 표준체중인 사람이 자신을 비만으로 여겨 다이어트를 하는 경우가 있다.[5]

Berger & Lukerman의 저서, 「실재의 사회적 구성」(*The Social Construc-*

---

4) 일반적으로 표준체중을 구하는 공식은 표준체중(kg) = [신장(cm) − 100] × 0.9이다.

5) 외부에서 보면 성공한 것으로 보이는 인기연예인이나 고위공직자가 실패를 비관하여 자살하는 경우도 일반적, 객관적 현실과 현상학적이고 주관적 현실이 일치하지 않기 때문에 발생하는 것으로 볼 수 있다.

tion of Reality)은 현상학적 지식사회학의 대표적인 저작으로 개인이나 집단이 모두 객관적인 실재를 해석하여 주관적인 실재를 구성한다고 본다(Berger & Lukerman, 1966). 이러한 주관적 해석의 준거는 어린 시절부터 경험하는 사회화 과정에서 형성되는데, 사회화는 특정의 구조적 상황 속에서 이루어진다. 사회생활의 경험이 많아짐에 따라 해석의 준거와 주관적인 실재는 수정되고 변화될 수 있는 가능성을 가지고 있다. 이같이 현상에 대한 주관적 인식을 강조하는 입장은 포스트모더니즘(postmodernism)에서 더욱 발전되고 있다. 포스트모더니즘적 분석의 기본적 방법은 통일된 전체로 보이는 현상을 '해체' 또는 '탈구성'(deconstruction)을 통하여 그러한 현상에 숨겨진 다름과 모순됨을 노출시키는 것이다. 포스트모더니즘은 원래 문학과 철학분야에서 발전하여 사회과학분야로 이전되었다. 포스트모더니즘의 관점에서는 문제와 쟁점을 이해당사자들이 어떻게 정의하게 되는지를 연구해야 한다고 본다.

사회적 구성의 관점을 공공문제를 이해하는 데 응용하면 정책이해당사자들은 정책문제에 관한 객관적 조건과 상황을 토대로 이를 해석하여 정책문제를 정의한다(Rochefort & Cobb, 1994: 5-7). 즉 정책문제는 객관적인 문제상황(problem situation)에 대하여 정책이해당사자가 이를 문제로 인지하게 될 때 사회적으로 구성(social construction of policy problem)된다.[6] 그러므로 정책문제는 정의하는 사람들의 주관적 상황판단과 당위적 가치판단에 따라 달라질 수 있는 인공적 구성물이다. 정책문제뿐 아니라 일반적으로 대부분의 행정 현상도 사회적으로 구성된 것으로 볼 수 있다(Jun, 2006).

Fischer(2003: 53-55)는 사회적 구성주의 접근방법이 두 가지 이유 때문에 정책학에 특별한 관련이 있다고 본다. 첫째, 과학에서의 사실도 경험적 관찰 결과뿐 아니라 과학공동체 구성원들 사이의 합의과정을 거친 개념과 이론에 기초하고 있다. 둘째, 마약남용 또는 범죄와 같은 사회문제는 객관적인 외부 조건을 가지고 판단하는 것이 아니라 정치집단 또는 사회집단의 활

---

6) 일반적으로 정책대상집단에 대한 인식도 정책문제 인지에 영향을 미친다. Ingram, Schneider & deLeon(2007: 102)에 따르면 군인, 아동, 어머니, 중소기업가, 주택소유자는 긍정적으로 인식되는 반면, 범죄자, 테러리스트, 게이와 레즈비언, 대기업, CEOs, 노동조합, 오염산업, 극우파, 환경론자 등은 부정적으로 인식된다고 한다.

동에 따른 해석의 산물로 받아들여지고 있다는 것이다. 그러므로 동일한 정책관련 정보를 토대로 이해당자사들 간에 문제의 정의에서 갈등이 발생할 수 있으며 실제로 갈등이 자주 일어나고 있다. 이러한 갈등은 문제를 구성하는 사실에 일관성이 없기 때문이라기보다 정책관련자들이 인간의 본질, 정부의 역할, 그리고 정부개입을 통한 사회변화에 대하여 다른 시각을 가지고 있기 때문에 발생한다(Dunn, 2018).

이러한 문제정의의 관점을 가치갈등 접근방법이라고 보기도 한다(노화준, 2017). 범죄·공해·인플레이션 등에 관한 동일한 정보에 대하여 정책결정자나 이해관계당사자들이 다르게 해석하여 서로 다른 문제정의에 도달하는 경우가 많다. 이는 문제상황에 관한 사실 그 자체가 일관성이 결여되었기 때문이 아니라, 정책결정자, 이해당사자, 그리고 정책분석가들이 상황을 보는 준거틀이 다르기 때문인 것이다. 어떤 상황에 관하여 개인이나 집단이 서로 다른 가치기준을 적용할 경우, 사회적 갈등을 가져올 수 있다. 예를 들면, 4대강 사업을 수자원 보존사업으로 보는 집단과 환경이 파괴되는 사업으로 보는 집단간의 갈등이 심각하다. 정책문제가 이해당사자에 의하여 구성된다고 보는 입장에서는, 이해 당사자들마다 어떤 문제상황을 보는 개념(또는 모형)을 가지고 있다고 본다. 문제를 보는 개념 또는 모형을 정책프레임(policy frame)이라고 부른다. 이해당사자는 물론 정책분석가도 자신의 정책 프레임을 가지고 있다. 문제상황에 관한 정책분석가의 모형 또는 정책프레임이 잘못될 경우에는 그가 개념화한 정책문제에 대한 해결방안은 실제로 존재하는 문제를 해결할 수 없는 것일 수도 있다(노화준, 2017).

(3) 이 책의 관점

여기에서는 정책문제는 사회적 구성의 관점에서 정의되어야 한다고 본다. 우리가 경험하는 것은 문제 상황(problem situation)이지 문제 그 자체는 아니다. Dunn(2018)은 문제를 일으키는 외부조건이 이해관계자에 의하여 선택적으로 정의되고 분류되며 설명되고 평가된다고 본다. 오염의 예를 들어보자. 오염의 수준은 대기 중에 있는 기체와 입자의 수준으로 객관적으로 정의될 수 있다. 그러나 오염에 관한 똑같은 자료를 정책관련자들이 다르게 해석할 수 있다. 그러므로 정책문제는 환경에 대하여 작용하는 사고의 산물이며, 해석을 통하여 그러한 상황으로부터 추상화된 문제상황의 요소이자, 개념적 구성물이다. 그러므로 정책문제를 이해하려면 객관적인 문제 상황과 함께 그에 대하여 이해당사자들이 어떻게 해석하는지도 파악하여야 한다. 즉, 정책분석가는 정책문제의 정의과정에서 객관적인 문제 상황에 대한 객관적인 기술과 더불어 이에 대한 다양한 이해당사자들의 주관적인 입장을 종합하여 해결하여야 할 정책문제의 성격, 구성요소, 원인과 결과를 규명하여야 한다.

2) 정책문제의 특성

정책문제의 특성을 충분히 이해하여야 정책문제 정의 및 분석단계에서 오류를 줄일 수 있다. Dunn(2012: 69-70)은 정책문제의 특성으로 상호의존성(interdependence), 주관성(subjectivity), 인공성(artificiality), 불안정성(instability)의 네 가지 요소를 지적한다. 강근복(1994)은 주관성, 가치판단의 함축성, 상호연관성, 복잡성, 가변성, 중요성, 심각성, 차별적 이해관계성, 정치성 등 일곱 가지 요소를 지적한다. 한편 이성우(2008)도 유사한 맥락에서 주관성, 가치내재성, 가변성, 중요성, 차별적 이해관계성, 정치성, 복잡성을 지적하고 있다.

여기에서는 정책문제의 특성을 불확실성, 주관성, 가치함축성, 역동성, 상호관련성의 다섯 가지 요소로 구분하여 살펴보기로 하겠다.

(1) 불확실성

불확실성(uncertainty)은 정책문제, 그리고 더 나아가 정책결정의 기본속성이다. 정책결정 상황에서 사회 및 자연 상태에 관하여 정책결정자가 가지고 있는 정보가 어느 정도 정확한지에 따라 ① 확실성, ② 위험(risk), ③ 불확실성, ④ 무지(ignorance)의 네 종류로 분류할 수 있다. 첫째, 확실성은 무엇이 일어날지 확정적으로 알고 있는 경우를 말한다. 둘째, 위험은 무엇이 일어날지 확정적으로는 알 수 없으나, 일어날 수 있는 상태는 알고 있으며, 또 그 확률분포(確率分布)도 알고 있는 경우를 말한다. 셋째, 불확실성은 일어날 수 있는 상태는 알고 있으나, 그 확률분포를 알지 못하는 경우를 말한다. 마지막으로 무지란 무엇이 일어날지, 어떠한 상태가 일어날지, 전혀 예견할 수 없는 경우를 말한다. 한편, 넓은 의미에서 불확실성이란 위험, 불확실성, 무지의 범주들을 모두 포함한다. 그러므로 넓은 의미에서 정책문제의 불확실성은 지식의 부족으로 문제 상황을 정확하게 파악하지 못하는 데에서 나타난다.7)

김영평(1991: 25-28)은 정책문제의 불확실성을 그 원천에 따라 환경적 불확실성, 구조적 불확실성, 인과적 불확실성으로 구분하였다. 첫째, 환경적 불확실성이란 문제 상황의 환경이 어떻게 변화할 지 알 수 없기 때문에 나타난다. 어떤 환경에서는 문제가 아닌 상황이 다른 환경에서는 중요한 문제가 될 수 있으며, 하나의 공동체에서도 시간이 흐름에 따라 환경이 변화될 수 있다. 예를 들면, 비만 또는 굶주림이 정책문제가 되는 환경과 그렇지 않는 환경이 있다. 둘째, 구조적 불확실성이란 정책문제의 구성요소와 이해당사자들이 불확실하기 때문에 나타난다. 즉 문제 상황을 주어진 것으로 볼 경우에도 그 상황의 구성요소들과 이해당사자들의 범위와 그 관계를 알 수 없을 때 구조적 불확실성이 나타난다. 셋째, 인과적 불확실성이란 원인과 결과의 관계에 대한 지식의 부족 때문에 나타난다. 인과적 불확실성은 과학적 지식의 증가에 반비례하여 감소할 것으로 기대된다. 그러나 과학적 지식에 의존한 기술적 해결방안이 증가하면 정책 환경은 더욱 복잡하게 된다. 복잡한 환경에서 정책의 불확실성은 더욱 커지기 때문에 과학적 지식이 축적된다고 하여 반드시 불확실성이 감소하는 것은 아니다. 불확실성을 완화시키려는 노력이 오히려 복잡성을 더욱 증가시킬 수 있다(Roe, 1994).

(2) 주관성

구성주의자의 관점에 의하면 정책문제는 문제상황에 대하여 주관적인 준거기준을 적용하여 구성한 것이다. 정책문제는 문제시되는 객관적인 문제상황 그 자체가 아니라 그러한 상황에 대한 판단(상황 판단)과 바람직한 상태에 대한 판단(규범판단)이 복합적으로 이루어져 이해당사자가 주관적으로

7) 이같은 개념의 대체적인 구성은 1920년대에 경제학자 나이트가 처음으로 발표하였으며, 1940~1950년대에 걸쳐서 수학자 노이만, 경제학자 모르겐슈테른, 통계학자 왈드 등이 제창하였다. 나이트, 노이만, 모르겐슈테른은 기업행동과 인간행동의 해명을 위해서, 왈드는 통계적인 추정이론(推定理論)의 구축을 위해서 제출한 개념이었다. 이 개념은 현재 불확실성하의 의사결정이론의 기초가 되고 있다. 출처: [네이버 지식백과]. 불확실성(不確實性, uncertainty). 2011년 8월 4일 접근.

구성하는 것이다(강근복, 1994: 58).

정책문제가 주관적 구성물이기 때문에 문제상황에 관련된 이해당사자들 사이에 문제정의를 둘러싸고 갈등이 나타날 수 있다는 점은 이미 지적하였다. 이러한 갈등은 양극화(polarization) 경향 때문에 더욱 심각해질 수 있다. 양극화란 정책문제 및 정책이슈에 관련된 개인과 집단들이 양극단으로 분화하면서 견해가 극명하게 대립되는 현상을 의미한다(Roe, 1994). 예를 들면, 2011년 7월말 집중호우로 우면산 산사태가 발생하여 상당수의 사상자가 발생하였고, 주변 주택단지에 큰 피해가 발생하였는데 그 원인을 둘러싸고 지역주민은 인위적 재난, 행정당국(서울시와 서초구)은 자연 재해라고 주장하여 견해가 극명하게 양극화되는 현상이 나타났다.

(3) 가치함축성

정책문제는 그 정의 속에 가치판단이 함축되어 있다. 정책문제는 바람직하다고 여겨지는 가치와 현재 상태 간의 차이(discrepancies)를 포함한다. 즉 정책문제는 이해당사자의 불만을 초래하는 문제 상황으로 공공행위를 통하여 성취될 수 있는 실현되지 못한 가치(value)로 정의되기도 한다(Dunn, 2012: 67). 그러므로 정책문제는 가치판단이 개입된다. 정책문제의 정의가 당위적인 가치관과 연관됨으로서 보다 근본적인 문제를 다룰 수 있고, 사회의 질적 변화를 도모할 수 있다(강근복, 1994: 58).

(4) 역동성

문제와 해결방안은 유동적이다(Ackoff, 1974; Dunn, 2018). 즉, 어떤 문제가 항상 일정한 내용을 가지고 있는 것은 아니다. 문제 상황도 변화하고, 문제인식의 기초가 되는 현실에 대한 해석과 바람직한 상태를 규정하는 당위적인 가치판단의 기준도 변화한다(강근복, 1994). 심각한 문제가 시간이 흐르면서 전혀 문제가 되지 않기도 한다. 그 문제가 계속하여 문제로 남아 있는 경우에도 현실과 가치관이 변함에 따라 처음에 정의된 문제와는 전혀 다른 새로운 문제로 정의될 수 있다. 정책문제의 역동성을 가변성이라 부르기도 한다(강근복, 1994: 59-60; 이성우, 2008: 192). 정책문제의 역동성 또는 가변성 때문에 정책문제는 불완전할 수 밖에 없으며, 정책과정 속에서 끊임없이 재정의(redefinition)되어야 한다.

(5) 상호의존성

어떤 문제이든지 그 발생 원인이나 해결방안, 해결의 영향 등이 다른 문제들과 연계되어 있다. 그러므로 특정문제를 해결할 경우, 다른 문제를 악화시킬 수 있으며, 또 다른 정책문제 해결에 도움이 되기도 한다. 어떤 문제 하나만을 따로 떼어서 해결하기보다는 오히려 상호 관련된 문제들 몇 가지를 동시에 해결하는 것이 훨씬 쉽고 바람직한 경우도 많다. 그러므로 특정문제를 분석하거나 이를 해결하고자 할 때 다른 문제들과의 연관성을 파악하는 것이 중요하다. 고등학교 학군제를 보완하여 고교선택제를 확대할 경우, 학생들의 통학거리가 늘어나 등교시 교통체증이 심화될 수 있다. 자녀의 등하교시 교통문제 때문에 고통을 받게 된 학부모들이 명문고교 주변으로 이사할 경우 주택수요에 영향을 미쳐 주택문제를 심화시킬 수 있다.

이같이 한 영역(예, 에너지)에서의 정책문제들은 종종 다른 영역(예, 보건과 실업)의 정책문제에 영향을 미친다. 그러므로 실제 정책문제는 독립적 실체가 아니라 혼잡한 문제(messes)로 묘사되는 문제들의 전체체제의 부분들이다(Dunn, 2018). 문제의 체제(혼잡한 문제)는 분석적 접근법(즉, 문제를 구성요소나 부분으로 분해하는)을 사용함으로써 해결하는 것이 어렵거나 불가능하다. 왜냐하면 문제들은 상호 독립적으로 정의되고 해결되는 것이 거의 드물기 때문이다. 때때로 "하나의 문제 그 자체를 해결하는 것보다 상호 관련된 열 개의 문제를 동시에 푸는 것"이 보다 더 쉬울 수 있다. 상호의존적인 문제체제는 총체적(holistic) 접근방법, 즉 문제를 서로 관련된 부분들의 전체체제와 따로 분리될 수 없고 측정될 수 없는 것으로 보는 접근방법으로 해결하여야 한다. 문제의 체제가 가지는 중요한 특성은 전체는 그 부분들의 단순한 합계와 질적으로 크게 다르다는 것이다.

> 인간은 글을 쓰거나 달릴 수 있지만 그 부분들은 그럴 수 없다. 더구나 체제에 소속된 구성원은 각 구성요소의 능력을 증가시키거나 감소시킨다. 예를 들어, 생명이 있는 육체의 일부가 아닌 두뇌(brain)나 그 대체물은 기능을 발휘할 수 없다. 국가나 회사에 소속된 개인은 그 구성원이 아니라면 할 수 있는 것들을 할 수 없게 된다. 한편 구성원이 아니었으면 할 수 없었던 다른 것들을 할 수 있게 된다(Ackoff, 1974: 13; Dunn, 2018: 73에서 재인용).

정책문제의 불확실성, 주관성, 가치함축성, 역동성, 상호의존성에 대한 인식은 정책문제의 정의 또는 구조화가 매우 중요한 과제라는 것을 일깨워 준다.

3) 정책문제의 유형

정책문제는 기준에 따라 여러 가지 유형으로 구분할 수 있다. 앞에서 살펴본 정책문제의 특성들 가운데 불확실성, 주관성, 상호의존성 등이 얼마나 강하게 나타나느냐에 따라 '구조화가 잘 된', '구조화가 어느 정도 된', '구조화가 잘 안 된' 문제의 세 유형으로 구분할 수 있다(Mitroff & Sagasti, 1973; Dunn, 2018: 75-77). 세 가지 문제유형의 차이는 그것들의 공통요소에 있어서의 차이를 고려함으로써 잘 예시될 수 있다(〈표 1-3〉).8)

표 1-3 세 가지 정책문제 종류의 구조에 있어서 차이점

요 소	문제의 구조		
	구조화가 잘 된	구조화가 어느 정도 된	구조화가 잘 안 된
정책결정자	1 인	소 수	다 수
대 안	고 정	제 한	무제한
효용성(가치)	의견의 일치	협 상	갈 등
결 과	확 실	불확실	위 험
확 률	결정론적	추산가능	추산가능

출처: Dunn. 2018. *Public Policy Analysis*. p. 76, 표 3.1.

(1) 구조화가 잘 된 문제

구조화가 잘 된 문제(well-structured problems)는 의사결정자가 한 사람 또는 2-3인이며 소수의 정책대안이 고려된다. 효용(가치)에 대한 의견의 일치가 존재하고 의사결정자의 선호 순서에 따라 명백하게 순위가 매겨진다. 각 대안의 결과는 완전한 확실성(결정론적으로), 또는 받아들일 수 있을 정도의 오차 범위 내에서 알고 있다. 구조화가 잘 된 문제의 원형은 완전하게 전산화된 의사결정의 문제이며, 모든 정책대안의 모든 결과는 미리 프로

---

8) 여기에서 정책문제의 세 유형에 관한 설명은 Dunn(2018: 75-78)을 중심으로 요약한 것이다.

그램화되어진다. 공공기관에서 상대적으로 하위계층의 운영문제는 구조화가 잘 된 문제의 예이다. 예를 들어, 정부기관의 차량을 교체하는 문제는 노후 차량의 평균수리비용과 신차량의 구입 및 감가상각비용을 고려하여 노후차량을 신차량으로 교체해야 하는 적정시점 발견과 관련된 상대적으로 간단한 문제이다.

(2) 구조화가 어느 정도 된 문제

구조화가 어느 정도 된 문제(moderately structured problem)는 소수의 의사 결정자가 관련되고, 상대적으로 제한된 수의 대안을 포함하는 문제이다. 효용(가치)에 관한 의견의 불일치는 관리가능하고 흥정과 상호 조정에 의하여 해결될 수 있다. 그럼에도 불구하고 대안의 결과는 불확실하다. 구조화가 어느 정도 된 문제의 원형은 정책모의실험 또는 게임, 즉, '죄수의 딜레마'(prisoner's dilemma)가 그 예다(Rapoport & Chammah, 1965). 죄수의 딜레마 게임의 사례는 결과가 불확실할 때 의사결정의 어려움을 보여줄 뿐만 아니라, 개인적으로는 합리적인 선택일 경우에도 소집단, 정부 기관 및 회사 상황에서는 오히려 집단적 비합리성에 기여할 수 있다는 것을 보여준다.

(3) 구조화가 잘 안 된 문제

구조화가 잘 안 된 문제(ill-structured problem)는 다수의 의사결정자를 포함하고 그들의 효용(가치)은 알려지지 않았거나, 일관성 있게 순위를 매기는 것이 불가능하다. 구조화가 잘 안 된 문제의 주요 특성은 서로 대립되는 목표 간의 갈등이다. 정책대안과 그 결과는 알려지지 않을 수 있으며 확률적으로 추정될 수 있는 위험부담에 좌우된다. 선택의 문제는 알려진 결정론적 관계를 밝히는 것이나 정책대안에 따른 위험부담 및 불확실성을 계산하는 것이 아니고 오히려 문제의 본질을 정의하는 것이다. 구조화가 잘 안 된 문제의 원형은 완전하게 비이행적인(intransitive) 결정의 문제, 즉 기타 모든 대안에 우선하여 선호되는 유일한 정책대안을 선택하는 것이 불가능한 결정을 말한다. 구조화가 잘 되거나 구조화가 어느 정도 된 문제는 이행적(transitive) 선호, 즉 만약 대안 A_1이 대안 A_2보다 선호되고 대안 A_2가 대안 A_3보다 선호된다면, 대안 A_1이 대안 A_3보다 선호되는 반면, 구조화가 잘 안 된 문제는 비이행성 선호서열을 갖고 있다.

많은 중요한 정책문제들은 구조화가 잘 안 되어 있는 경우가 많다. 예를 들어, 동일한 선호(효용)를 가진 1인이나 소수의 의사결정자가 존재한다고 가정하는 것은 현실적이지 못하다. 왜냐하면 공공정책은 오랜 기간 동안 많은 정책관련자에 의하여 만들어지고 영향을 받은 서로 관련된 결정들의 집합이기 때문이다. 의견이 일치하는 경우는 드믄데, 그 이유는 공공정책 결정은 전형적으로 서로 대립하는 이해관계자 사이의 갈등을 포함하기 때문이다. 마지막으로 문제들에 대한 모든 가능한 해결대안을 식별하는 것은 거의 불가능한데, 정보획득의 제약과 만족할 만한 문제의 형성에 도달하는 것이 항상 힘들기 때문이다. 많은 사회과학자들이 구조화가 잘 안 된 문제가 공공정책분석에서 매우 중요하다는 점을 지적하고 있다(예: Mason & Mitroff, 1981; March & Olsen, 1984: 739-49).

2. 정책문제와 정책이슈

1) 정책이슈의 개념

정책문제는 주관적으로 정의되므로 동일한 문제상황에 대하여 이해관계자들이 문제의 본질과 잠재적 해결방안에 관하여 서로 다른 해석을 하는 경우가 많다. 정책이슈란 이같이 문제의 본질과 그 해결방안에 관하여 이해관련자의 견해가 대립되는 정책문제를 말한다.

정책이슈는 실제적, 잠재적 행동노선에 관한 의견의 불일치를 내포하고 있을 뿐만 아니라 문제의 본질 그 자체에 관한 서로 대립되는 견해를 반영하고 있다. 명확한 정책이슈, 예를 들어, 정부가 산업부문에 대기의 질에 관한 표준을 시행해야 할 것인가 하는 것은 전형적으로 오염의 본질에 관한 가정들의 갈등결과이다. 환경오염을 소비지향적인 자본주의 경제체제가 운영되는 과정에서 발생하는 불가피한 희생이라고 볼 경우, 그에 대한 강력한 규제방안을 채택하기는 어렵다. 그러나 환경오염이 자본주의와 사회주의와는 관계없이 회사 관리자들의 관리소홀 때문에 나타난 것으로 본다면 강력한 규제정책을 채택하는 방향으로 정책대안이 마련될 것이다.

하나의 정책문제에 대하여 특정의 해결방안이 채택될 경우 그 해결방안은 여러 계층이나 집단에게 서로 다른 영향을 미칠 수 있다. 특정의 해결방안이 적용될 경우 특정집단은 상대적으로 혜택을 보는 반면 다른 집단은 피해를 입을 수 있다. 자유무역협정(FTA)의 사례를 생각해 보자. 2008년 우리나라는 칠레와 자유무역협정을 체결하여 비준하였고, 노무현 정부에서 체결한 미국과의 자유무역협정을 2011년 국회에서 비준하였다. 한편 유럽연합과는 자유무역협정을 2010년 이미 비준하였다. 자유무역협정이 체결될 경우 상대방 국가에 대한 수출이 늘어나는 산업분야 종사자들이 상대적으로 혜택을 받는 반면, 수입이 늘어나는 산업분야의 종사자들은 상대적으로 피해를 입을 수 있다. 우리나라의 경우 FTA가 체결되면 자동차 산업 등 제조업은 상대적으로 유리하고 농업은 상대적으로 불리하다. 이러한 입장의 차이 때문에 제조업 분야 종사자들은 자유무역협정에 찬성하는 반면에 농업종사자들은 적극 반대하는 입장을 표명하고 있다. 협정 상대국에서는 이러한 입장의 차이가 정반대로 나타난다. 그런 까닭에 자유무역협정은 이해당사자들 사이에 갈등이 큰 정책이슈 중 하나이다.

2) 정책이슈의 유형

(1) 조직수준에 따른 분류

정책이슈의 복잡성은 그것들이 조직의 어느 수준에서 형성되었는가를 고려함으로써 파악할 수 있다([그림 1-3]). 정책이슈는 정부조직의 계층구조에 따라 주요, 2차적, 기능적, 세부이슈로 분류될 수 있다. 주요이슈는 전형적으로 정부조직의 최상부에서 당면한 것들이고, 기관의 임무, 즉 정부조직의 본질과 목적에 관한 질문을 포함한다. 보건복지부가 빈곤을 발생하게 하는 조건을 제거해야만 하는가 하는 이슈는 행정기관의 임무에 관한 질문이다. 2차적 이슈는 정부사업의 수준에서 존재하는 것들이고 사업계획간 우선순위와 대상집단 및 수혜자 설정을 포함한다. 빈곤가정을 어떻게 정의내릴 것인가의 이슈는 2차적 이슈이다.

위와는 대조적으로 기능적 이슈는 사업계획과 세부사업의 수준에서 제기되는 것으로 예산, 재무, 조달과 같은 문제에 관련된다. 마지막으로 세부이슈는 주로 구체적 세부사업수준에서 발견되는데 인사, 충원, 직원의 편익, 휴가시기, 작업시간, 표준운영절차 및 규칙을 포함한다.

그림 1-3 정책이슈 유형의 계층구조

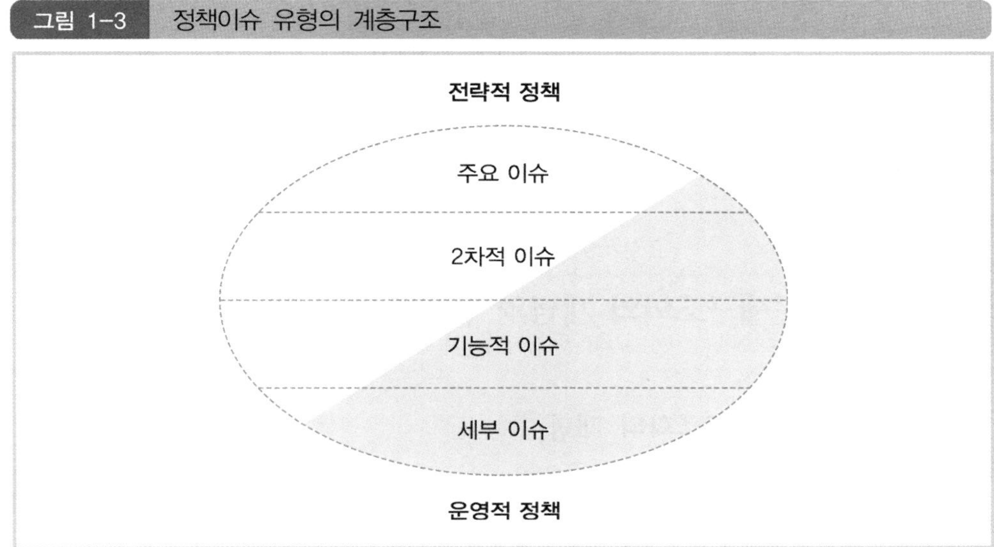

출처: Dunn. 2018. *Public Policy Analysis.* p. 74, 그림 3.2.

(2) 운영적 이슈와 전략적 이슈

정책이슈 유형의 상층부로 올라감에 따라 문제는 더욱 더 상호의존적, 주관적, 역동적이다. 여러 수준의 이슈들은 상호의존적이지만 어떤 이슈는 전략적인 정책을 요구하고 어떤 것들은 운영적 정책을 요구한다. 전략적 정책은 결정의 결과가 반전되기 어려운 비가역적인 것이다. 개방형 임용제 도입, 또는 고위공무원단 도입과 같은 이슈는 행동의 결과가 수년 동안 반전될 수 없기 때문에 전략적 정책을 요구한다. 이와 대조적으로 결정의 결과가 비교적 쉽게 반전될 수 있는 운영적 정책은 상부수준에 존재하고 있는 위험부담이나 불확실성이 포함되지 않는다. 한편 모든 형태의 정책은 상호의존적이지만(예를 들어, 행정기관의 임무실현은 부분적으로 인사실무의 적절성에 의존한다) 정책의 복잡성과 비가역성은 정책이슈 형태의 계층을 올라감에 따라 증가한다.

(3) 상징적 이슈와 실질적 이슈

정책이슈는 실질적 이슈와 상징적 이슈로 나눌 수 있다(노화준, 2015). 실질적 이슈는 사회에 영향을 미치는 실질적 영역에서의 의견불일치 또는 논쟁이다. 예를 들면 경부대운하를 건설하여야 하는지, 군 복무자 가산점을 부활하여야 하는지 등과 같이 국민생활에 실질적으로 영향을 미치는 이슈이다. 한편 상징적 이슈는 국민정서나 애국심 또는 자존심에 영향을 미치는 영역에서의 의견불일치를 말한다. 예를 들면 국민교육헌장이나 국기에 대한 맹세의 내용을 바꿀지에 관한 논쟁을 사례로 들 수 있다.

V. 정책문제구조화의 개념과 절차

1. 정책문제구조화의 개념

정책문제의 구조화는 문제의 본질과 심각성에 관한 다양한 정책이해관계자의 인식을 토대로 해결해야 할 정책문제를 정의하는 과정을 의미한다. '구조화가 잘 된 문제'를 정의하기 위한 방법 또는 절차는 '구조화가 잘 안 된 문제'의 정의를 위한 방법과는 다르다. '잘 구조화된 문제'의 정의에는 전통적 방법을 사용해도 무방하나, '구조화가 잘 안 된 문제'는 정책분석가가 문제의 본질 그 자체를 정의하는 데 적극적이고 의식적으로 노력할 필요가 있다. 정책분석가는 문제 상황에 깊숙하게 파고들어야 하며 또한 성찰적 판단과 통찰력을 발휘하여야 한다.

2. 정책문제구조화와 정책문제 해결

정책분석은 문제구조화 방법과 문제해결방법을 포함하는 역동적인 다차원의 과정이다. 그럼에도 불구하고 정책분석은 문제해결의 방법론으로 여겨져 왔다. 정책분석을 문제해결로 보는 이미지는 정책분석가가 문제를 형성하기 위하여 사전에 상당한 노력과 시간을 투입하지 않고서도 문제 해결방안을 성공적으로 식별하여 평가하고 제안할 수 있다고 암시하는 잘못을 범하고 있다.

정책분석에서 문제구조화의 방법은 문제해결의 방법에 우선한다. 정책분석과정은 명확히 정의된 문제에서 시작되는 것이 아니라 널리 퍼져 있는 불만과 스트레스의 초기 징후를 감지하는 데에서 시작된다. 그러한 초기 징후는 문제가 아니라 정책분석가와 이해관계자들이 감지하는 문제 상황(problem situation)이다. 정책문제는 문제상황에 관한 사고의 산물이고, 구조화를 통하여 추상화된 문제상황의 요소이다(Ackoff, 1974: 21; Dunn, 2018: 77). 정책문제의 구조화를 통하여 문제의 본질, 범위, 심각성에 관한 정의가 이루어진다. 이같이 정의된 정책문제를 어떻게 해결할 것인가는 다음 단계의 과제이다. 그러므로 문제구조화는 정책분석의 중앙지도체계이며 조종장치에 해당된다. 동일한 문제 상황에 대하여 관점에 따라서 다양한 문제가 구성될 수 있다. 그러므로 구조화와 문제해결은 차원이 다른 문제이며, 문제구조화가 이루어진 다음에 문제해결이 시도되어야 한다. 예를 들면, 의사의 진단활동과 치료활동은 차원이 구분된다. 진단활동을 통하여 병의 원인이 밝혀지면, 다음 단계에서 그 원인을 제거할 수 있는 처방 중에서 가장 효율적인 처방을 선택하게 된다.

3. 정책문제구조화의 절차

Dunn(2018: 78-80)은 문제의 구조화를 네 개의 관련된 단계를 갖는 과

그림 1-4 문제구조화의 단계와 산출된 정보

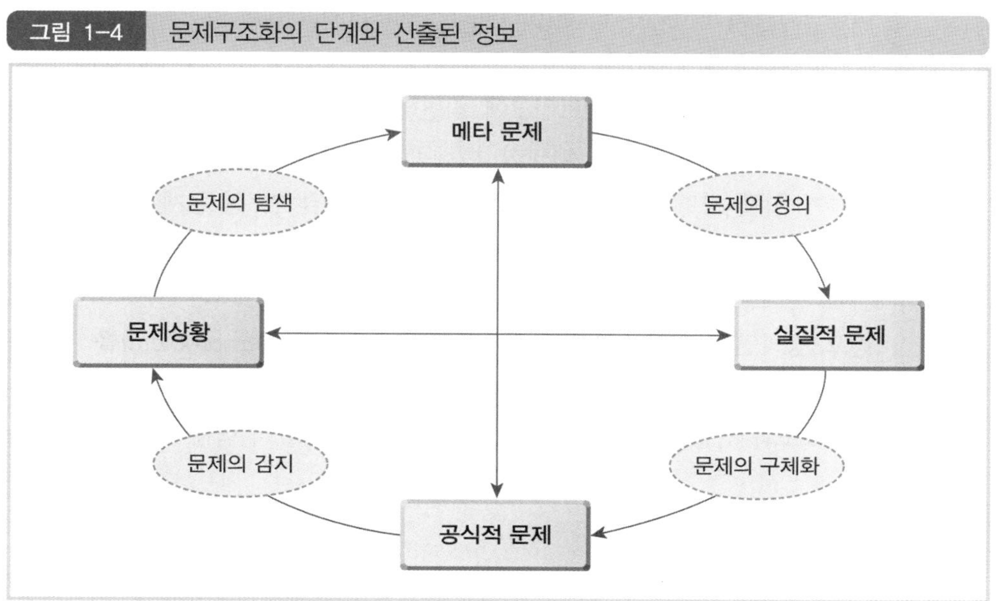

출처: Dunn. 2018. *Public Policy Analysis*. p. 79, 그림 3.3.

정, 즉 문제감지(problem sensing), 문제탐색(problem search), 문제정의(problem definition), 문제구체화(problem specification) 단계로 구성된 것으로 보았다(이하 Dunn, 2018: 78-80 참조). 그 과정에서 산출된 정보가 각각 문제상황(problem situation), 메타문제(meta-problem), 실질적 문제(substantive problem), 공식적 문제(formal problem)이다. [그림 1-4]에 그 과정과 산출된 정보가 제시되었다.

1) 문제감지

문제구조화의 전제조건은 문제 상황이 존재한다고 느껴야 한다. 이해당사자는 문제감지를 통하여 문제 상황의 존재를 인식하게 된다.

2) 문제탐색

문제상황을 인식한 이해당사자는 스스로 무엇이 문제인지 탐색할 수 있지만, 전문가에게 문제탐색을 요청할 수도 있다. 요청을 받은 분석가는 문제탐색단계에서 문제구조화에 관여하게 된다. 문제탐색 단계에서 분석가의 목표는 하나의 문제발견이 아니라(예를 들어, 고객 또는 분석가의 문제) 복수 이해당사자의 많은 문제표현(problem representation)을 발견하는 것이다.

대부분의 경우 분석가는 동태적이고, 사회적으로 구성된 문제표현들이 서로 얽혀진 대규모의 네트워크에 직면하게 된다. 결과적으로 분석가는 메타문제(meta problem) — 다양한 이해관계자가 보유한 문제표현의 영역이 다루기 힘들 정도로 거대하기 때문에 '구조화가 잘 안 된 문제'들의 문제 — 에 직면하게 된다. 이 단계에서 분석가의 핵심 과제는 메타문제 즉, 모든 1차적 문제들(first-order problems)의 집합(이때 문제는 그 구성요소이다)이라고 정의될 수 있는 하나의 2차적 문제(second-order problem)를 구조화하는 것이다. 이러한 두 가지 수준이 분명하게 구별되지 않으면 분석가는 구성요소와 집합을 혼동함으로써 틀린 문제를 형성할 위험에 봉착하게 된다.

3) 문제정의

이 단계는 메타 문제로부터 실질적 문제(substantive problem)를 정의하는 단계이다. 분석가는 메타문제에 포함된 문제들 가운데 가장 기본적이며 일반적인 용어로 문제를 정의하려고 시도한다. 예를 들어, 분석가는 문제가 경제학, 사회학, 정치학, 또는 공학 등의 문제들 가운데 하나라고 결정하여야 한다. 만약 실질적 문제가 경제문제인 것으로 개념화되면 분석가는 그것을 재화와 용역의 생산, 분배와 관련된 요인과 관련하여 — 예를 들어, 시장가격을 공공사업의 비용과 편익의 결정요인으로서 — 취급한다. 그러나 문제가 정치적이거나 사회적인 것으로 보여지면, 분석가는 서로 대립하는 이해관계집단, 엘리트, 기타 사회계층 간에 권력과 영향력의 배분과 관련하여 접근하게 될 것이다.

4) 문제구체화

문제구체화는 실질적 문제를 보다 상세하고 구체적인 공식적 문제(formal problem)로 구성하는 과정이다. 이 단계에서 실질적 문제를 공식적, 수학적 표현인 정책모형으로 발전시킬 수 있다. 정책모형을 사용하여 문제상황을 단순화시킬 경우 어려움이 따를 수 있다. 즉, '구조화가 잘 안 된' 실질적 문제와 그 문제의 '공식적 표현' 사이의 관련성이 분명하지 않을 수 있다. '구조화가 잘 안 된 문제'를 공식적, 수학적 표현을 써서 구체화하는 것이 시기상조이거나 부적절할 경우도 있다. 분석가의 핵심과제는 정확한 수학적 표현방안을 얻는 것이 아니라 문제 그 자체의 본질을 정의하는 것이기 때문이다.

4. 제3종 오류(E_{III})

문제구조화단계의 주요 이슈는 "실질적, 공식적 문제가 원래의 문제상황과 실제로 얼마나 잘 일치하느냐"라는 것이다. 만약 문제상황이 문제들의 전체체제(mess)를 포함한다면, 정책분석의 핵심요구조건은 그러한 복잡성을 적절하게 표현하는 실질적이고 공식적 문제를 형성하는 것이다. 제3종 오류는 문제구조화 과정에서 오류가 발생하여 원래 문제상황과 문제정의 결과에 따른 실질적·공식적 문제가 일치하지 않는 것을 말한다.[9]

9) 제3종 오류는 의사결정이론가 Howard Raiffa가 제시한 개념으로 통계적 의사결정에서 사용되는 제1종 오류와 제2종 오류와 대비된다. 통계적 의사결정에서 연구자는 소

문제구조화 과정에서 제3종 오류는 다음과 같은 경우에 발생할 수 있다. 첫째, 탐색과정에서 메타문제의 경계를 잘못 추정하여 발생할 수 있다. 분석가가 문제탐색에서 탐색수행에 실패하거나 탐색을 조기에 중단할 경우 메타문제의 경계선을 축소하여 선택할 위험에 처하게 된다. 메타문제의 중요한 영역, 예를 들면, 정책의 집행을 책임진 또는 책임질 사람들이 가진 문제형성을 메타문제의 경계선 내에 포함시키지 못할 수 있다.

둘째, 문제정의과정에서 잘못된 개념적 틀을 적용할 경우 발생할 수 있다. 예를 들면, 분석가는 문제상황을 개념화할 때 정치문제로 보는 것이 타당한 문제를 경제문제로 정의하는 잘못을 범할 수 있다.

셋째, 문제구체화 과정에서 회귀방정식을 과도하게 단순화시켜서 핵심적인 변수가 정책문제의 공식적 표현인 모형에서 제외될 수 있다.

제3종 오류를 범할 경우, 분석가는 문제해결단계에서 잘못 정의된 문제, 즉 틀린 문제를 푸는 오류를 범하게 된다.

Ⅵ. 정책모형의 활용

1. 정책모형의 개념과 장단점

1) 개 념

모형은 현실세계의 특징을 부각시키면서 현실세계를 질서있게 정돈하고 단순화한 것이다. 정책모형(policy model)은 모형의 일반적 의미를 정책문

위 영가설(null hypothesis)을 채택하든지, 기각하든지 결정하여야 한다. 제1종 오류는 영가설이 옳은데 이를 기각할 때 발생하는 오류이며, 제2종 오류는 영가설이 거짓인데도 이를 채택할 때 발생하는 오류이다. 연구자들은 통계적 의사결정에서 제1종 오류와 제2종 오류 사이에 균형을 취하여야 한다고 훈련을 받는다. 한편 제3종 오류는 영가설 자체가 잘못 설정되어, 틀린 문제를 푸는 것을 말한다. Raiffa는 "실무자들이 너무 자주 제3종 오류(틀린 문제를 푸는 것, 즉 영가설을 잘못 설정한 것)를 범한다."고 지적한다(Raiffa, 1968: 264; Dunn, 2018: 81에서 재인용). 유사한 맥락에서 Kimball(1957)은 제3종 오류를 "틀린 문제에 대한 옳은 해답을 냄으로써 범하는 오류"라고 정의한다.

제의 특징을 나타내는 데 적용한 것으로 문제상황을 단순화시켜서 표현한 것이다.[10] 문제상황은 문제의 범위, 원인, 잠재적 해결방안, 정책가치 등에 관한 다양한 이해당사자의 인식 등 복잡한 구성요소를 포함한다. 정책모형은 복잡한 문제상황을 선별한 구성요소들로 단순화시켜 표현한 것이다. 정책모형은 문제상황에 대한 경험을 창의적으로 정리하고 해석하기 위한 인공적 고안물이다. 정책모형은 개념, 도형, 그래프, 수학방정식 등으로 표현될 수 있다. 정책모형은 문제상황의 요소를 기술하고 설명하고 예측하는 데 사용될 수 있을 뿐만 아니라, 특정 문제를 해결하기 위한 행동노선을 제안함으로써 문제상황을 개선하는 데 사용될 수 있다.

2) 장 점

정책모형은 다음과 같은 장점을 가지고 있다. 첫째, 정책상황의 복잡성을 감소시켜서 정책문제를 단순화시킨다. 둘째, 문제상황의 비본질적 특징으로부터 본질적인 특징을 구별하고, 중요한 요인 또는 변수들 사이의 관계를 조명하고 정책 선택의 결과를 설명하고 예측하는 데 도움을 줄 수 있다. 셋째, 정책분석가의 가정을 보다 분명하게 드러냄으로써 자기비판적 역할을 수행할 수 있도록 한다.

3) 단 점

한편 정책모형은 다음과 같은 단점을 피하기 어렵다. 첫째, 문제상황을 단순화함으로써, 현실을 선택적으로 왜곡시킬 수 있다. 둘째, 모형 그 자체는 본질적 및 비본질적 질문을 어떻게 구별하는지 말해 줄 수 없으며, 설명하고, 예측하며, 평가하고, 제안할 수 없다. 즉, 모형으로 표현된 현실의 양상을 해석하는데 필요한 가정들은 분석가가 제공한 것이므로, 그러한 역할은 모형이 아니라 분석가의 판단에 달려 있다. 마지막으로 정책모형(특히 수학적 형태로 표현된 것)은 정책결정자와 이해당사자의 결정을 돕기 위하여 고안되었지만, 그들이 수학적 기호 등 정책모형을 이해하지 못할 경우 의사소통이 오히려 어려워질 수 있다.

---

10) 정책모형은 Dunn(2018: 81-89)을 중심으로 요약한 것이다.

2. 정책모형의 유형

정책모형은 여러 가지 기준에 따라 분류될 수 있다. 여기에서는 목적에 따른 분류와 표현방식에 따른 분류를 살펴보겠다.

1) 목적에 따른 분류

(1) 기술적 모형

기술적 모형(descriptive model)의 주된 목적은 정책선택의 원인과 결과를 설명하고 예측하는 것이다. 기술적 모형은 정책행동의 결과를 점검(monitor)하거나 정책성과를 설명하고 예측하기 위하여 사용된다. 예를 들면, 국민권익위원회는 청렴도 측정모형을 활용하여 매년 공공기관의 청렴도를 점검한다. 2016년도의 경우 청렴도 측정 대상기관은 중앙행정기관, 자치단체, 교육청, 그리고 공직유관단체 등 733개 기관이다.[11] 청렴도 측정모형은 외부청렴도(민원인/공직자의 입장에서 주요 대민업무의 청렴도 평가), 내부청렴도(소속직원의 입장에서 해당기관의 내부업무와 문화의 청렴도 평가), 정책고객평가(전문가·업무관계자·주민의 해당기관의 정책 등 업무전반의 청렴도를 평가)로 구성되며 부패행위 징계직원의 현황과 신뢰도 저해행위를 파악하여 감점 반영한다.

(2) 규범적 모형

규범적 모형(normative model)의 목적은 설명과 예측뿐만 아니라 효용(가치)의 성취를 최적화하기 위한 규칙을 제공하는 것이다. 정책분석가들이 사용하는 규범적 모형에는 서비스 능력의 최적 수준(대기행렬모형), 서비스와 수리의 최적타이밍(교체 모형), 주문의 최적 수량과 타이밍(재고관리모형), 공공투자의 최적수익(편익-비용 모형)을 결정하는 데 도움이 되는 모형이 있다.

규범적 의사결정 모형은 보통 "정책결정자가 변화시키고자 원하는 결과변수 값으로 측정되는 최대효용(가치)을 산출할 수 있는 조작 가능한 변수

11) 이하 국민권익위원회. 2017.「공공기관 청렴도 측정기본계획」참조.

(정책변수)의 값을 찾아라."라는 형태를 취한다. 친숙한 규범적 모형 중의 하나는 복리계산이다. 복리계산의 분석모형은 다음과 같다.

$$S_n = (1+r)^n S_0$$

여기서 S_n은 주어진(n) 기간 후에 축적될 예금총액이고, S_0는 최초의 예금액이다. 그리고 $(1+r)^n$은 투자에 대한 고정수익율(constant return) 즉, 1 더하기 주어진 기간(n)에서의 이자율(r)이다. 만약 개인(정책결정자)이 여러 예금기관의 이자율을 알고 예금에 대한 이윤을 최적화하기 원한다면 이러한 간단한 규범적 모형은 또 다른 중요한 고려사항(예를 들어, 예금의 안전성 또는 고객에 대한 특혜) 등이 없다고 가정했을 때 최고의 이자율을 제공하는 기관을 즉각적으로 선택할 수 있을 것이다.

2) 표현방법에 의한 분류

규범적 모형과 기술적 모형은 언어, 기호, 절차 등 세 가지 방법으로 표현될 수 있다.

(1) 언어모형

언어모형(verbal model)은 일상언어로 표현된다. 기호논리(if $p>q$ and $q>r$, then $p>r$)나 수학언어($\log_{10}10{,}000=4$)과 비교하여 언어모형은 전문가들은 물론 문외한들도 비교적 쉽게 이해할 수 있다. 언어모형을 표현하기 위한 주요 수단인 공공토론과정에는 상당히 많은 시간과 노력이 소요된다.

(2) 기호모형

기호모형(symbolic model)은 정책문제의 특징이라고 여겨지는 주요 변수 사이의 관계를 기술하기 위하여 수학적 기호를 사용한다. 기호모형은 정책결정자를 포함하여 문외한들이 이해하기 어렵고 전문가들 내에서조차 모형의 기본요소에 관한 오해가 있을 수 있다.

규범적 목적(복리계산)을 위하여 설계된 단순한 기호모형을 앞에서 살펴보았는데, 일차적 목적이 기술인 기호모형들이 많다. 가장 흔히 사용되고 있는 모형은 단순한 선형방정식이다.

$$Y = a + bX$$

여기서 Y는 분석자가 예측하고자 하는 변수의 값이고 *X*는 정책결정자가 조작가능한 정책변수의 값이다. *X*와 *Y*의 관계는 선형함수로서 알려져 있고 그것은 *X*와 *Y*의 관계가 [그림 1-5] 그래프에 나타난 것처럼 직선형태가 됨을 뜻한다. 이 모형에서 기호 *b*는 *X*의 변화에 따른 *Y*의 변화률을 나타내고 직선의 기울기로 표시될 수 있다. 기울기가 가파를수록 *X*의 *Y*에 대한 효과는 더 커진다. 기호 *a*(절편)는 *X*가 0일 때 수직선 또는 Y축과 만나는 점을 나타낸다. [그림 1-5]에서 *Y*의 모든 값은 점선(즉 $Y=0+0.5X$)를 따른 *X*값들의 1/2이고 반면 실선에서는 그 값이 같다(즉 $Y=0+1.0X$).

그림 1-5 기호모형

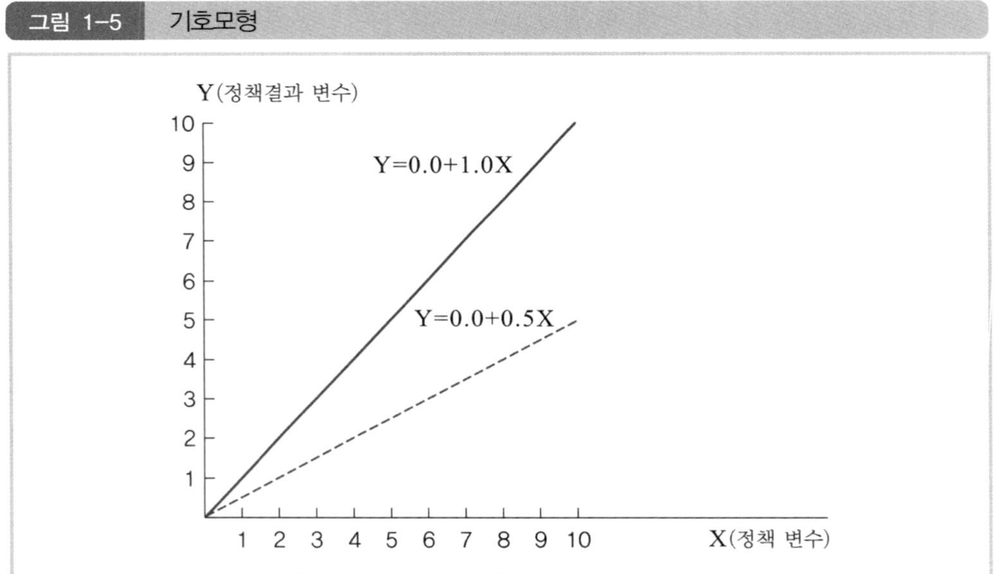

출처: Dunn. 2018. *Public Policy Analysis*. p. 85, 그림 3.4.

이러한 선형모형은 분석가로 하여금 주어진 결과변수(Y)의 값을 만들기 위하여 정책변수(X)를 얼마나 많이 변화시켜야 하는가를 결정할 수 있도록 한다.

(3) 절차모형

절차모형(procedural model)은 정책문제의 특징으로 여겨지는 변수들 사이의 동적인 관계를 나타낸다. 절차모형 또한 기호표현방식을 사용한다. 기호모형과 절차모형의 중요한 차이점은, 기호모형이 정책 및 결과변수 사이의 관계를 추정하기 위하여 실제 자료를 사용하는 반면, 절차모형은 그러한 관계를 가정한다는 점이다. 절차모형은 어느 정도 비기술적인 언어로 쓰여질 수 있어서 문외한들도 이해가 가능하다. 절차 모형의 강점은 창의적 모의실험과 탐색을 가능케 하는 반면 약점은 모형의 가정을 정당화하는 자료나 논증을 찾기가 어렵다는 것이다.

절차 모형의 단순한 형태는 의사결정나무(decision tree)인데, 이는 정책결정과 그에 따른 가능한 결과를 미래에 투사(project)함으로써 만들어진다. [그림 1-6]은 여러 정책 대안이 공해를 줄일 확률을 추정해 놓은 간단한 의사결정나무를 예시한 것이다. 의사결정나무는 기존 자료에 기초하여 위험부담 및 불확실성을 계산하기 어려운 조건하에서 다양한 정책선택에 대한 가능한 결과의 주관적인 추정치를 비교하는 데 유용하다.

그림 1-6 모의실험모형

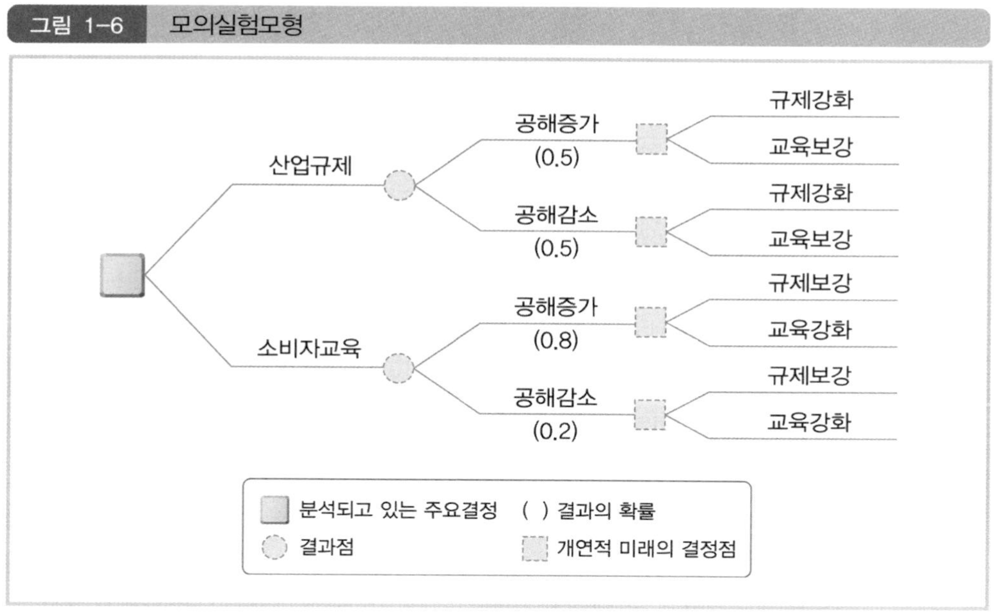

출처: Dunn. 2018. *Public Policy Analysis*. p. 85, 그림 3.5.

Ⅶ. 정책문제구조화의 방법

1. 정책문제구조화의 과제

정책문제구조화 단계에서는 정책문제의 원인과 결과, 정책결정자와 이해관계집단이 추구하는 가치를 종합적으로 검토하여야 한다. 검토해야 할 구체적인 요소들은 다음과 같다(강근복, 1994: 76-79).

첫째, 문제 상황의 배경, 즉 과거 및 현재의 상태와 조건을 파악하고 그 상황이 어떻게 변화되어 왔는지 분석하여 문제를 포괄적으로 이해한다.

둘째, 정책문제의 원인을 분석한다. 문제의 원인을 분석한 후, 그 원인이 통제가능한 것인지 여부를 파악한다.

셋째, 정책문제의 결과를 파악한다. 이는 주로 문제로 인한 피해를 파악하는 것인데, 피해를 보는 집단의 규모가 어느 정도인지, 피해의 파급범위가 얼마나 넓은지, 그리고 얼마나 심각한지 파악하는 것이다.

넷째, 정책문제 관련집단을 파악한다. 문제로 인해 피해를 보는 집단은 물론 그 문제를 방치함으로써 이익을 누리는 집단이나 계층, 그리고 그들이 가지고 있는 문제의식을 파악한다.

다섯째, 정책결정자 및 요구집단의 가치를 분석한다. 문제는 현재상태에 관한 인식과 미래에 바람직하다고 여겨지는 상태에 대한 가치판단에 기초하여 정의된다. 그러므로 문제의 본질을 파악하려면 정책결정자와 문제해결을 요구하는 집단이 바람직하다고 생각하는 상태와 가치를 파악하여야 한다.

정책문제구조화를 위하여 다수의 방법이 개발되어 왔다. 그런데 각 방법은 주된 목적이 다르고, 구조화단계의 한정된 국면에만 적용할 수 있는 것들이다. 문제구조화 단계에서 수행하여야 할 과제가 많기 때문에 하나의 방법으로 모든 과제를 수행하기는 어렵다. 여기에서는 이러한 방법들을 문제구성요소와 메타문제 파악이 주목적인 방법들과 이해당사자의 갈등적 가치관을 종합하는 방법으로 구분하여 소개하겠다.[12]

2. 문제구성요소와 메타문제 파악이 주목적인 방법

1) 분류분석

분류분석(classificational analysis)은 문제상황을 정의하고 분류하는 데 사용되는 개념을 명백하게 하기 위한 기법이다(O'Shaughnessy, 1973: 22-30; Dunn, 2018: 93-96 참조). 분류분석은 두 가지 중요한 절차, 즉 논리적 분할과 논리적 분류에 기초한다. 논리적 분할(logical division)은 문제와 관련된 특정 집단 또는 계급(class)을 선택하여 그 구성요소들을 하위집단 또는 하위계급의 범주로 분할하는 과정이다. 논리적 분류(logical classification)는 그 역의 과정으로 구성요소(대상 또는 사람)들을 보다 큰 집단이나 계급으로 결합하는 과정이다.

분류의 기초는 분석가의 목적에 따라 다르며, 문제상황에 관한 실질적 지식에 의존한다. 예를 들어, 〈표 1-4〉에 제시된 국민기초생활보장 수급자 및 수급가구의 규모를 생각해 보자. 기초생활보장 수급자는 소득수준이 최저생계비 이하인 계층으로 국가의 보호를 받고 있는 대상을 의미한다.[13] 기초생활보급자 수와 총인구 대비 비율은 2002년 135만명, 2.8%에서 2010년 155만명, 3.1%로 증가하였으나, 그 이후 감소추세를 보여 2014년에는 약 133만명, 2.6%를 차지하고 있다. 이러한 자료만 볼 경우에는 우리나라에서 기초생활보장 수급자는 점진적으로 감소하고 있다는 결론에 도달할 것이다. 그러나 구체적으로 살펴보면 2010년부터 사회복지통합관리망을 통한 각종 소득 및 재산정보의 연계관리가 본격화되었기 때문에 수급자 수가 감소추세일 가능성도 고려하여야 한다.

한편 기초생활보장 수급가구(세대)를 기준으로 살펴 볼 경우 2002년 69만 세대에서 2014년 81만 세대로 상당히 증가하였다. 기초생활보장 수급가

12) 여기에서 소개하는 정책문제구조화 방법은 내러티브 정책분석을 제외하면 모두 Dunn (2018: 89-107)에서 요약한 것이다. Dunn은 브레인스토밍을 정책문제구조화의 한 방법으로 소개하고 있는데, 여기에서는 다음에 살펴 볼 미래예측방법의 하나로 소개하기로 하겠다.

13) 2000년 국민기초생활보장법에 따라 소득인정액이 최저생계비 이하이고, 부양의무자가 없거나 있는 경우에도 부양능력이 없기 때문에 정부가 생계, 주거, 교육, 해산, 장제 급여 등의 비용을 지원하는 계층을 말한다.

표 1-4 국민기초생활보장 수급자수 및 가구유형(2002-2014)

	2002	2006	2010	2014
수급자 수(1,000명)*	1,351	1,550	1,550	1,329
수급률**	2.8	3.2	3.1	2.6
세대 합계	691,018	831,692	878,799	814,184
노인세대	235,893	242,470	243,708	236,548
소년소녀가장세대	13,638	14,713	11,565	5,882
모자세대	65,132	81,189	85,970	74,925
부자세대	17,289	19,963	20,879	18,362
장애인세대	104,009	144,747	173,322	178,397
일반세대	216,645	288,945	291,774	251,333
기타	38,412	39,665	51,581	48,737

출처: 통계청, e-나라지표.
* 기초생활보장 수급자는 가구(세대)단위로 급여하는 것을 원칙으로 하며, 특히 필요하다고 인정하는 경우 개인단위 급여 실시.
** 수급률은 총 인구대비 비율을 의미.

구를 분할하여 노인, 소년소녀가장, 모자, 부자, 장애인, 일반, 기타 범주로 구분하여 살펴보자. 소년소녀가장세대만 2002년 13,638가구에서 2014년 5,882가구로 감소하였을 뿐, 여타 범주의 수급가구 규모는 모두 증가하였다. 특히 장애인가구와 모자가구의 규모가 큰 폭으로 증가하여, 국가의 생계비 지원을 가장 필요로 하는 계층이라는 점을 알 수 있다.

분류체계가 문제상황과 관련 있고 동시에 논리적 일관성을 보장하기 위하여 도움을 주는 몇 가지 규칙이 있다.

① 실질적 관련성(substantive relevance): 분류의 기준은 분석자의 목적이나 문제상황의 본질에 따라 설정되어야 한다. 이 규칙은 계급과 하위계급이 문제상황의 '현실'과 가능한 한 가깝게 일치하여야 한다는 것을 의미한다.

② 총망라성(exhaustiveness): 분류체계에 쓰이는 범주는 총망라적이어야 한다. 즉, 분석가의 관심대상인 모든 구성요소들이 빠짐없이 총망라될 수 있어야 한다.

③ 분절성(disjointedness): 모든 범주는 상호배타적이어야 한다. 각 구성요소들은 하나의 범주 또는 하나의 하위범주에만 속해야 한다.

④ 일관성(consistency): 각 범주와 하위범주는 하나의 분류원리에 입각하여야 한다. 이러한 규칙을 위반할 경우 중복되는 하위계급이 발생하는데 이를 중복분할의 오류라고 한다. 실제로 이 규칙은 총망라성과 분절성 규칙을 연장한 것이다.

⑤ 계층적 독특성(hierarchical distinctiveness): 한 분류체계(범주, 하위범주, 하위-하위범주)에서 수준(level)의 의미는 조심스럽게 구분되어야 한다. 어떤 집합체의 모든 구성요소를 포함하는 것은 그 집합체의 구성요소가 될 수 없다.

2) 계층분석

계층분석(hierarchy analysis)은 문제상황의 가능성 있는 원인을 식별하기 위한 기법이다(O'Shaughnessy, 1973: 69-80; Dunn, 2018: 96-99). 계층분석은 분석가가 세 가지 종류의 원인을 식별하는 데 도움을 준다. 첫째, '가능성 있는 원인'(possible causes)은 주어진 문제상황의 발생에 기여할 가능성이 있는 사건이나 행위들이다. 예를 들어, 근무거부, 실업, 엘리트간의 권력과 부의 배분은 모두 빈곤의 가능성 있는 원인으로서 취급될 수 있다. 둘째, '개연성 있는 원인'(plausible causes)은 과학적 연구나 직접적 경험에 입각하여 문제라고 판단되는 상황의 발생에 중요한 영향을 끼쳤다고 믿어지는 원인이다. 앞의 예에서, 근무거부는 경험 있는 관찰자들이 가난의 개연성 있는 원인으로 보지는 않을 것이다. 반면 실업과 엘리트간 권력배분은 개연성 있는 원인이 될 수 있다. 마지막으로 '행동가능한 원인'(actionable cause)은 정책결정자에 의하여 통제 또는 조작대상이 되는 원인이다. 그런데 엘리트 사이의 권력과 부의 배분은 '행동가능한 원인으로 보기 어려울 것이다. 왜냐하면 빈곤문제 해결을 위하여 의도된 어느 한 정책이나 정책의 집합은 전체 사회의 사회구조를 바꿀 수 없기 때문이다. 이 예에서 실업은 빈곤의 개연성 있는 원인이면서 또한 행동가능한 원인이다.

[그림 1-7]은 화재의 가능성 있는, 개연성 있는, 행동 가능한 원인에 적용되는 계층분석의 간단한 예를 제공한다.

그림 1-7 화재원인의 계층분석

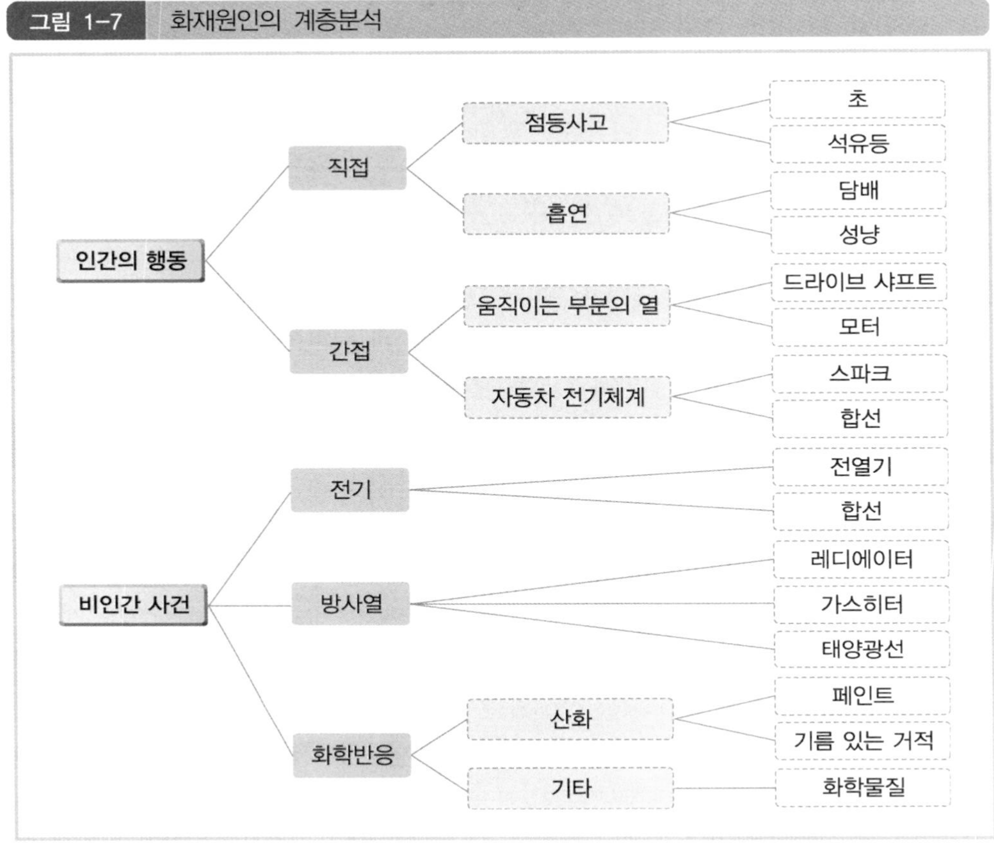

출처: John O'Shaughnessy. 1973. *Inquiry and Decision*. p. 76; Dunn, 2018. *Public Policy Analysis*. p. 98, 그림 3-14에서 재인용.

계층분석을 수행하기 위한 규칙은 분류분석을 위해 사용한 규칙과 같다. 즉 실질적 관련성, 총망라성, 분절성, 일관성, 계층적 독특성이다. 마찬가지로 논리적 분할과 분류의 절차는 또한 두 분석방법에 모두 적용된다.

3) 유추법

유추법(synectics)은 유사한 문제의 인식을 촉진하기 위하여 고안된 방법이다(Gordon, 1961; Dunn, 2018: 99-100). 유추법은 문제들 사이에 유사한 관계를 인지하는 것이 분석가의 문제해결 능력을 크게 증가시킬 것이라는 가정에 기초한다. 새로운 문제처럼 보이는 것이 실제는 과거의 문제이고 과거의 문제는 새로운 것처럼 보이는 문제에 대한 잠재적 해결방안을 포함할 수 있다. 정책문제를 구조화하는 데 있어서 분석가는 네 가지 형태의 유추를 활용할 수 있다.

① 개인적 유추(personal analogies): 분석가는 다른 정책이해관계자, 즉 정책결정자 또는 고객집단이 문제를 경험하고 있는 것처럼 상상한다. 개인적 유추는 특히 문제상황의 정치적 차원을 파헤치는 데 중요하다.

② 직접적 유추(direct analogies): 분석가는 두 개 이상의 문제상황 사이의 유사한 관계를 탐색한다. 예를 들면, 약물중독의 문제를 구조화하는 데 있어서 분석가는 전염병의 통제 경험으로부터 직접적 유추를 구성할 수 있다.

③ 상징적 유추(symbolic analogies): 분석가는 주어진 문제상황과 어떤 상징적 과정 사이에 유사한 관계를 발견하려고 한다. 예를 들어, 여러 종류의 자동제어장치(자동온도조절기, 자동항법장치)와 정책과정 사이에서 상징적 유추가 도출될 수 있다.

④ 환상적 유추(fantasy analogies): 분석가는 문제 상황과 가상의 세계 사이에 유사성을 탐색한다. 예를 들면, 국방정책분석가는 핵공격에 대한 방어문제를 구조화하기 위하여 SF 소설이나 판타지 영화의 장면을 상상하는 환상적 유추를 사용할 수 있다.

4) 경계분석

문제구조화 단계에서 주요 과제의 하나는 메타문제(meta-problem)라고 불리는 개별적 문제형성들의 체제가 상대적으로 완전한 것인가를 추정하는 것이다. 경계분석을 적용한 문제형성의 상대적 완결성은 다음 세 단계 과정을 써서 추정될 수 있다(Dunn, 1988: 720-737; Dunn, 2018: 89-92).

① 포화표본추출(saturation sampling): 이해관계자의 포화(또는 눈덩이) 표본을 다단계 과정을 통하여 추출한다. 처음에 어떤 정책에 관하여 의견이 다른 개인 및 집단을 선정하여 대면, 또는 전화로 접촉한다. 접촉한 이해관계자에게 다른 이해관계자를 추천해 주도록 요청한다. 더 이상 새로운 이해관계자가 나타나지 않을 때까지 그 과정을 계속한다.

그림 1-8 파레토 차트 – 문제의 경계추정

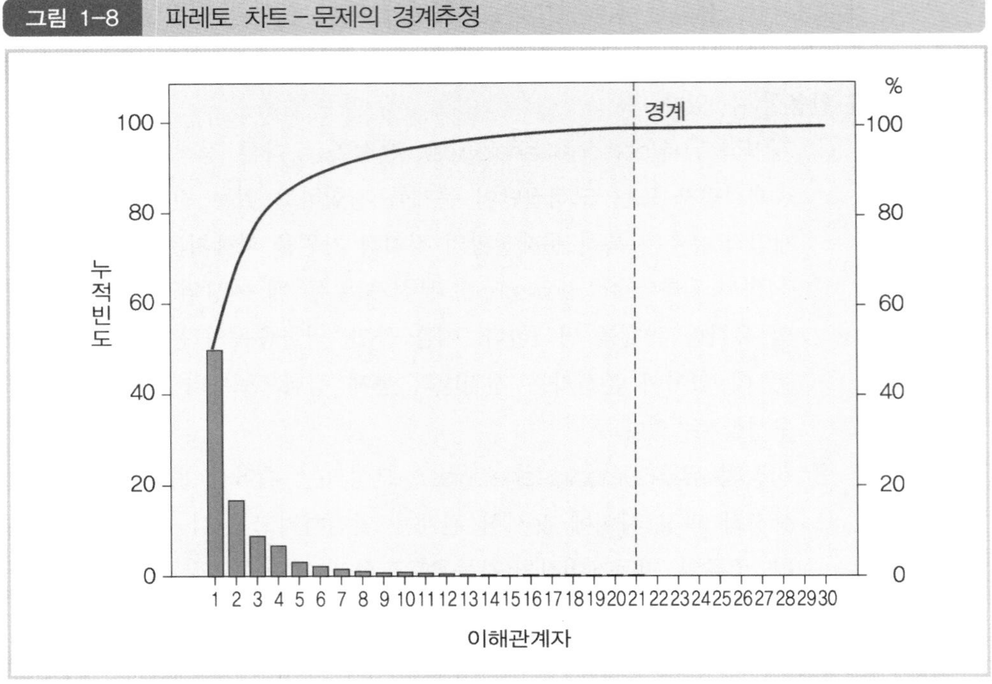

출처: Dunn. 2018. *Public Policy Analysis*. p. 92, 그림 3-9.

② 문제표현의 도출(elicitation of problem representation): 이해관계자로부터 대안적 문제표현 또는 사건에 의미를 부여하는 해석체계를 도출한다. 이러한 문제표현을 특성화하는 데 필요한 증거는 면 대 면 면접 또는 포화표본추출단계에서 이해관계자에게 요청한 전화대화나 서류로부터 얻는다.

③ 경계추정(boundary estimation): 세 번째 단계에서 메타 문제의 경계를 추정한다. 분석가는 이해관계자를 수평축에 배열하고 이해관계자가 제시한 새로운 문제요소—아이디어, 개념, 변수, 가정, 목표, 정책—의 숫자는 수직축에 표시하는 누적도수 분포표를 작성한다([그림 1-8]). 각 이해관계자가 제시한 중복되지 않고 새로운 문제요소를 점으로 표시한다. 그러므로 커브의 기울기는 각기 다른 변화율을 나타낸다. 최초의 급격한 변화율 다음에는 느린 변화가 따르고, 궁극적으로는 커브가 평평하게 되는 정체점에 이른다. 정체점에서 메타 문

제의 경계가 추정되었으므로 더 이상 문제의 본질에 관한 추가정보 수집은 없는 것으로 볼 수 있다.

다른 문제구조화 방법 및 기법과 함께 이러한 경계추정절차는 정책분석에 있어서 제3종 오류의 가능성을 감소시킨다.

3. 이해당사자간 갈등 종합이 주목적인 방법

1) 복수관점분석

Linstone과 동료들(Linstone et al., 1981; Linstone, 1984)이 고안한 복수관점분석(multiple perspective analysis)은 문제상황에 개인적, 조직적, 기술적 관점을 체계적으로 적용함으로써 문제와 잠정적 해결방안에 관한 통찰력을 얻기 위한 방법이다(이하 Dunn, 2018: 102-104). 이 방법은 Allison이 쿠바 미사일 위기를 설명하기 위하여 활용한 다원적 모형, 즉 합리적 행동가 모형, 조직과정 모형, 정부정치 모형을 정책문제구조화와 문제정의에 활용하고자 개발되었다. 복수관점분석은 정책분석에서 절대적으로 강조되었던 합리적-기술적 접근방법에 대한 대안으로 '구조화가 잘 안 된' 정책문제를 정의하기 위하여 세 가지 관점을 도입한 것이다. 세 관점의 가장 중요한 특징은 다음과 같다.

① 기술적 관점(technical perspective): 기술적(T) 관점은 최적화 모형의 입장에서 문제와 해결방안에 접근하며, 확률이론, 비용-편익과 의사결정분석, 계량경제학, 체제분석에 기초한 기법을 채택한다. 과학기술적 세계관에 기초한 기술적 관점은 인과관계적 사고, 객관적 분석, 예측, 그리고 최적화를 강조한다.

② 조직적 관점(organizational perspective): 조직적(O) 관점은 문제와 해결방안을 하나의 조직상태에서 다른 조직상태로 질서있게 진행하는 과정의 일부로 본다. 표준운영절차, 규칙, 제도적 상례(routine)는 O 관점의 중요 특징이고, 그것은 자주 T 관점에 대해 저항적이며, 목표달성이나 성과향상에는 큰 관심을 갖지 않는다.

③ 개인적 관점(personal perspective): 개인적(P) 관점은 문제와 해결방

안을 개인적 지각, 욕구, 가치관과 관련하여 본다. 개인적 관점의 중요 특징은 정책과 그 영향을 좌우하는 요인으로서 정책결정자의 직관, 카리스마, 지도성, 이기심을 강조한다.

복수관점모형은 사회기술적 문제(socio-technical problem)를 분석하는 데 유용하게 활용될 수 있다. Linstone과 그의 동료들은 복수관점분석을 적용하는 데 활용될 수 있는 몇 가지 지침을 제시하였다.

① 패러다임간 혼합(interparadigmatic mix): 학문분야간 혼합보다는 패러다임간 혼합에 근거하여 팀을 형성하라. 팀을 구성할 때 T, O, 그리고 P 관점의 진가를 발견하는 기회를 최대화할 수 있도록 패러다임간 혼합이 선호된다.
② 관점 사이의 균형(balance among perspectives): 정책분석활동이 이루어지기 이전에 T, O, 그리고 P 관점을 어느 정도 강조할지 결정하기 어렵다. 활동을 시작할 때에는 동등한 배분이 선호된다. 팀이 작업을 진행하면서 세 가지 관점에 대한 적절한 균형이 이루어질 것이다.
③ 불균등한 반복성(uneven replicability): T 관점은 전형적으로 반복될 수 있는 방법(예를 들면 실험설계)을 채택한다. O와 P 관점은 반복이 불가능하다. 비일상적인 고위층의 결정 또한 반복이 불가능하다.
④ 적절한 의사소통(appropriate communications): 의사소통 매체를 메시지에 적응시켜라. 요약문, 구두 브리핑, 시나리오, 삽화 등은 O나 P 관점을 가진 자와 의사소통하기에 적당하다. 모형, 자료, 변수일람, 분석적 관례는 T 관점을 가진 자에게 적당하다.
⑤ 통합유예(deferred integration): 관점의 통합을 고객이나 정책결정자에게 맡겨라. 그러나 T, O 그리고 P 관점 사이의 연계와 그것들이 산출하는 새로운 결론을 지적하라.

2) 내러티브 정책분석

(1) 내러티브 정책분석의 의의

내러티브 정책분석은 Roe(1994)가 불확실성(uncertainty), 복잡성(complexity), 그리고 양극화(polarization)라는 특성을 가진 문제상황에서 정책분석을 수행하기 위하여 고안한 절차이다. Roe는 불확실성이 엄격하게는 위험 및 무지와 구분되지만 넓은 의미에서는 당면과제에 관한 분석가의 지식 부족을 의미하는 것으로 본다. 복잡성은 문제 상황 내부요소들 사이의 뒤얽힘과 함께 다른 정책이슈와의 상호의존성 때문에 나타난다. 양극화란 이슈에 관련된 집단들이 양극단으로 극명하게 분화될 때 나타난다. 복잡성과 양극화가 불확실성을 가져오고, 불확실성과 양극화를 완화시키려는 노력이 그 이슈의 복잡성을 증가시키는 경우가 많다.

Roe는 불확실하고, 복잡하며, 양극화된 상황에서는 정책결정자들과 그 비판자들 사이에 합의가 이루어지기 어렵다고 보았다. 이러한 상황에서 분석가는 정책결정자들과 그 비판자들이 주장하는 서로 다른 '스토리'들을 점검할 필요가 있다는 것이다. 내러티브 정책분석은 갈등적 스토리들을 비교평가하여 새로운 메타내러티브를 만들어 내는 방법이다.

(2) 내러티브 정책분석의 단계

내러티브 정책분석은 다음과 같은 네 단계로 진행된다(Roe, 1994. 3-4; 155-162).

첫째, 정책 내러티브를 확인한다. 불확실성과 복잡성이 높은 정책이슈에서 분석가는 스토리의 전통적 정의와 부합되는 정책 내러티브를 확인한다. 만약 내러티브가 시나리오 형태의 스토리일 경우에는 발단, 전개, 결말을 가지고 있다. 만약 스토리가 논변(arguments)의 형태를 취할 경우, 전제와 결론을 가지고 있다. 여기에서 정책 내러티브란 이슈의 불확실성, 복잡성 또는 양극화에 직면하여 하나 또는 그 이상의 당사자가 정책결정의 가정으로서 택하고 있는 '스토리'－시나리오 또는 논변－로 정의할 수 있다.

둘째, 정책이슈에 관하여 지배적인 정책 내러티브에 반대하는 다른 내러티브들을 확인한다. 스토리는 하나만 있는 것이 아니다. 지배적인 정책 내러티브에 반대하는 다른 스토리가 '반대스토리'(counterstories)이다. 반대하는 내러티브들 가운데 스토리의 조건을 갖추지 못한 경우도 있으며, 이를 '비스토리'(nonstory)라고 부른다. 예를 들면, 순환적 주장(circular argument)은 그 자체의 발단, 전개, 결말을 가지고 있지 않기 때문에, 내러티브 정책분석에서 비스토리로 취급된다.

셋째, 분석가는 두 종류의 내러티브(한편으로는 스토리와 다른 한편으로는 반대스토리)를 비교한 후 이를 토대로 '메타내러티브'(meta-narrative)를 구성한다. 메타내러티브는 새로운 정책내러티브로서 기존의 정책 내러티브들 사이의 갈등이 너무 커서 정책결정을 마비시킬 수 있는 이슈에 관하여 이해당사자들이 정책결정의 가정에 동의하는 내러티브이다. 또한 메타내러티브는 서로 양극단에 위치한 두 가지 내러티브들이 어떻게 동시에 사실일 수 있는지 설명하는 '인터텍스트'(intertext)이다.

넷째, 내러티브 정책분석의 마지막 단계에서 메타내러티브를 토대로 문제를 재구성하여 경제분석, 조사방법, 통계학, 조직이론 및 공공관리 등의 전통적인 정책분석도구로 문제를 처리할 수 있을지 판단한다.

내러티브 정책분석의 장점은 적대적인 두 진영의 가치와 이해관계가 근본적으로 달라서 그 사이에 타협할 수 있는 중간지점이 없는 고도로 양극화된 정책 논쟁에서도 정책에 활용할 수 있는 메타내러티브를 찾아내는 것이다. 내러티브 정책분석의 목표는 계속되는 불확실성, 복잡성, 양극화에도 불구하고 안정적인 정책결정의 가정에 기초한 메타내러티브를 이끌어내는 것이다. 그럼으로써 메타내러티브를 통하여 반대자들이 여전히 동의하지 않음에도 불구하고 이슈에 대하여 행동할 수 있는 공통 가정의 세트(set of common assumptions)를 발견할 수 있다.

(3) 내러티브 정책분석의 진행절차

내러티브 정책분석의 이상적 진행절차는 다음과 같다(Roe, 1994: 158-162). 분석가는 논쟁의 주된 행위자들에 대한 인터뷰를 통하여 자료를 수집한다. 인터뷰 대상자가 자신들의 스토리를 말할 수 있도록 인터뷰는 개방형으로 진행되어야 한다. 인터뷰 진행자 선정에 주의하여야 하며 모든 질문은 중립적으로 할 수 있어야 한다. 인터뷰를 완료한 후 각 인터뷰 대상자들의 기록물(transcript)을 작성한다. 모든 인터뷰 대상자들의 기록물을 분해하고 코딩하여 문제진술(problem statement)들을 추출한다. 모든 문제진술들을 대상으로 집계한다. 집계결과를 토대로 빈도분포표와 인과관계 네트워크를 작성한다. 예를 들면, 빈도분포표에서 어떤 문제진술이 공통적으로 가장 많이 언급되었는지 알 수 있다. 한편 인터뷰 대상자들의 진술에서 그들이 주장하는 인과경로의 네트워크를 확인할 수 있다. 빈도분포표와 인과관계의 네트워크를 토대로 분석가는 이해관계자들이 공통적으로 지적하는 주요문제와 주요 인과경로를 확인할 수 있을 것이다. 이러한 자료를 토대로 보다 많은 이해관계자들이 동의할 수 있는 인과경로와 메타내러티브를 구성할 수 있다.

3) 가정분석

(1) 가정분석의 의의

Mason & Mitroff 등(Mason & Mitroff, 1981; Mitroff, Mason & Barabba, 1983; Mitroff & Emshoff, 1979; Dunn, 2018: 104-106)이 발전시킨 가정분석(assumptional analysis)은 정책문제에 관한 서로 대립되는 가정의 창조적 종합을 목표로 하는 방법이다. 가정분석의 가장 중요한 특징은 '구조화가 잘 안 된 문제' 즉, 정책분석가, 정책결정자, 이해관계자들이 문제를 어떻게 형성하는가에 관하여 합의에 이를 수 없는 문제를 명백하게 취급하도록 고안되었다는 것이다. 문제형성의 적정성을 평가하는 주요기준은 문제상황에 관한 서로 대립되는 가정이 표면화되고, 도전받고, 창조적으로 종합되는가라는 것이다.

(2) 가정분석의 절차

가정분석은 순차적으로 이용되는 다섯 가지 절차를 이용한다.

① 이해관계자 식별(stakeholder identification): 첫 단계에서 정책이해관계자가 식별되고, 등급이 매겨지며, 우선순위가 매겨진다. 이해관계자의 식별, 등급부여, 우선순위 결정은 그들의 영향력과 정책과정에 의하여 영향을 받는 정도에 대한 평가에 기초를 둔다. 이 절차는 이견을 가진 행정가나 고객과 같이 일반적으로 정책문제의 분석에서 제외되는 집단을 포함하는 이해관계자들을 식별함으로써 완료된다.

② 가정표출(assumption surfacing): 두 번째 단계에서 분석가는 제안된 해결방안으로부터 시작하여 거꾸로 그 제안을 뒷받침하고자 선택된 자료세트, 그리고 자료세트와 결합하여 제안의 기초가 되는 가정을 찾아낸다. 분석가는 정책이해관계자들이 제시한 각 해결방안에 명시

적 또는 묵시적으로 깔려 있는 가정의 목록을 포함시킨다. 모든 가정의 목록을 작성함으로써 — 예를 들어, 빈곤은 역사적 사건, 엘리트의 지배, 실업, 문화적 박탈의 결과 등 — 각 제안으로 다루고자 한 구체적 문제가 분명해 진다.

③ 가정도전(assumption challenging): 세 번째 단계에서 분석가는 제안의 세트와 그 기본 가정을 비교하고 평가한다. 이는 가정들과 최대로 상이한 대립가정들(counter assumptions)을 체계적으로 비교함으로써 이루어진다. 이 과정에서 이전에 식별된 각 가정은 대립가정에 의하여 도전을 받게 된다. 만약 대립가정이 개연성이 없으면 고려대상에서 제외시키고 개연성이 있으면 그것을 문제의 새로운 개념화와 해결책을 위한 기반으로서 사용될 수 있을지 검토한다.

④ 가정집계(assumption pooling): 가정도전이 끝나게 되면 이전 단계에서 다양하게 제안된 해결방안을 집계한다. 여기서 가정들은 상이한 이해관계자들에 대한 상대적 확실성과 중요성의 관점에서 우선순위가 설정되도록 절충되게 된다. 가장 중요하고 불확실한 가정만이 집계된다. 그 궁극적 목적은 최대한 많은 이해관계자가 동의하고 받아들일 수 있는 가정의 목록을 만드는 것이다.

⑤ 가정종합(assumption synthesis): 마지막 단계는 문제에 대한 종합적 해결방안의 창출이다. 받아들일 수 있는 가정의 세트는 문제의 새로운 개념화를 창조하는 데 기초가 될 수 있다. 이 시점에서 문제의 개념화 그리고 그 잠정적 해결책을 둘러싼 이슈에 대해 합의가 이루어지면, 이해관계자의 행동은 협조적이고 생산적일 수 있다.

(3) 가정분석의 특징

가정분석의 마지막 네 단계는 [그림 1-9]에 나타나 있는데 이것은 이 기법의 중요한 특징을 시각화하는 데 도움을 준다.

첫째, 이 방법은 가정 그 자체보다 문제에 대한 제안된 해결방안으로부터 시작된다. 이것은 대부분의 정책이해관계자가 제안된 해결방안은 알고 있지만 그 밑바탕이 되는 가정은 거의 인식하지 못하고 있기 때문이다. 제안된 해결방안으로부터 출발함으로써 이 방법은 이해관계자에게 가장 친숙

그림 1-9 가정분석의 과정

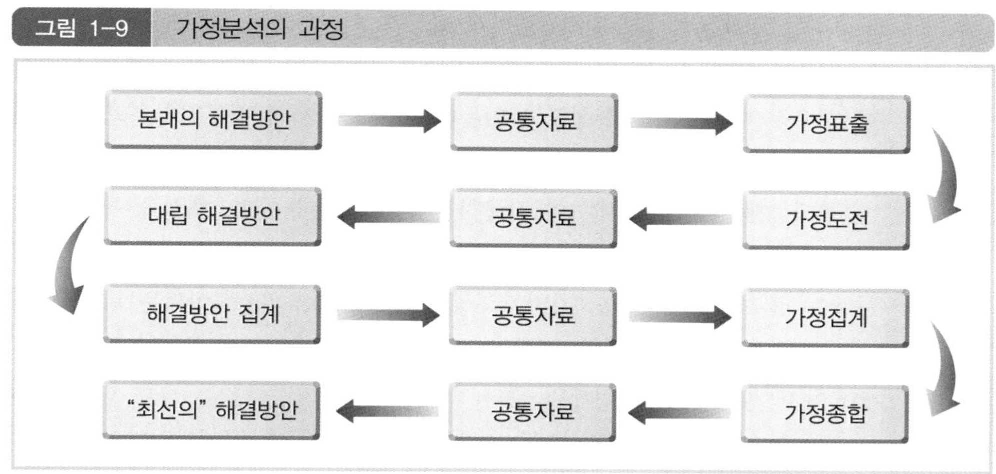

출처: Mitroff & Emshoff. 1979. On Strategic Assumption-Making: A Dialectical Approach to Policy and Planning에서 발췌; Dunn. 2018. *Public Policy Analysis*. p. 105, 그림 3-15에서 재인용.

한 점에 기초하고 있으며, 그 다음 단계에서도 밑바탕이 되는 가정의 준거점으로서 이해관계자가 친숙한 해결책을 계속 사용하도록 한다.

두 번째 특징은 상이한 이해관계자들이 가능한 한 같은 자료나 정책관련 정보에 초점을 맞추도록 한다는 것이다. 그 이유는 정책문제의 개념화를 둘러싼 갈등은 '사실'의 문제보다는 같은 자료의 서로 대립되는 해석의 문제 때문에 발생한다는 것이다. 자료, 가정과 제안된 해결방안은 서로 관련이 있지만 문제의 개념화를 좌우하는 것은 문제상황이 아니라 분석가와 이해관계자가 문제상황에 가져온 가정들이다.

마지막 특징은 가정분석이 정책분석의 핵심 문제를 체계적으로 다루고 있으며, 갈등을 창의적으로 다루기 위한 일단의 절차를 적용한다는 것이다.

Ⅷ. 요 약

정책분석(policy analysis)은 정책에 관련된 이론, 방법 및 기법을 연구하고 이들을 구체적인 정책사례에 적용하여 데이터와 정보를 생산하고 조언을 제공하는 정책분석가의 지적, 분석적 활동을 의미한다.

정책분석가들이 분석업무 수행과정에서 지켜야 할 윤리의 기준은 광범위한 계층적 다원구조를 형성하고 있는데, 전문가로서의 전문직업윤리, 고객에 대한 책임성, 공공봉사자로서 사회적 책임성으로 구분할 수 있다.

정책문제는 환경에 대하여 작용하는 사고의 산물이며, 해석을 통하여 그러한 상황으로부터 추상화된 문제상황의 요소이자, 개념적 구성물이다. 정책문제는 불확실성, 주관성, 가치함축성, 역동성, 상호의존성이라는 특징을 가지고 있다. 이러한 특징에 대한 인식은 정책문제의 정의나 구조화가 매우 중요한 과제라는 것을 일깨워 준다.

정책이슈란 문제의 본질과 그 해결방안에 관하여 이해관련자의 견해가 대립되는 정책문제를 말한다. 정책문제의 구조화는 문제의 본질과 심각성에 관한 다양한 정책이해관계자의 인식을 토대로 해결해야 할 정책문제를 정의하는 과정을 의미한다. 정책모형은 복잡한 문제상황을 선별한 구성요소들로 단순화시켜 표현한 것으로 문제상황에 대한 경험을 창의적으로 정리하고 해석하기 위한 인공적 고안물이다.

정책문제구조화 단계에서는 정책문제의 원인과 결과, 정책결정자와 이해관계집단이 추구하는 가치를 종합적으로 검토하여야 한다. 정책문제구조화 방법들은 문제구성요소와 메타문제 파악이 주목적인 방법들과 이해당사자의 갈등적 가치관을 종합하는 방법으로 구분할 수 있다.

2 CHAPTER
목표설정과 대안분석
Setting Goals and Analyzing Alternatives

I. 서 론

정책형성단계는 정책문제를 해결하기 위하여 정책결정자들이 정책목표를 설정하고 정책을 채택하는 단계이며 정책은 법률, 시행령 및 시행규칙 등의 형태로 나타난다. 정책형성단계에서 필요로 하는 정보를 산출하는 정책분석의 과정 또는 절차는 1) 정책목표의 설정, 2) 정책대안 선택기준 설정, 3) 정책대안 탐색과 설계, 4) 정책대안이 초래할 결과예측, 5) 대안의 가치평가, 비교 및 제안 등으로 구분할 수 있다. 제2절에서는 정책목표의 설정 및 구체화 과정을 살펴보겠다. 제3절에서는 대안선택기준을 소망성 기준과 실현가능성 기준으로 구분하여 고찰한다. 4절에서는 정책대안의 탐색과 개발방법을 고찰한다. 5절에서는 정책대안의 결과예측 방법을 추세연장 방법, 모형작성 기법, 질적 방법으로 구분하여 고찰한다. 6절에서는 정책대안의 가치평가와 비교분석에 활용되는 비용편익분석, 비용효과분석, 계층화분석 등을 살펴본 후 정부에서 실제 적용하고 있는 예비타당성조사, 환경영향평가, 규제영향분석을 고찰한다.

Ⅱ. 정책목표의 설정

1. 정책목표의 설정과정

정책분석에서 적합한 목표를 설정하는 것은 매우 어렵다. 대부분의 경우 정책목표의 특징은 복수이고, 갈등적이며, 모호하다는 것이다(Weimer & Vining, 2005: 332). 목표를 구체화하는 것은 규범적으로 원하는 가치를 설정하는 것이다. 이는 가치체계에 관한 분명한 입장을 밝혀야 하기 때문에 본질적으로 논쟁적이다. 그러므로 정책분석가는 분석과정에서 목표의 모호성, 복수성, 그리고 목표간 갈등을 다루어야 한다는 점을 받아들여야 한다.

1) 모호한 목표의 명료화

고객이 분석을 의뢰할 때, 고객이 목표를 분명하게 제시하지 못하는 경우도 있으며, 자신이 추구하는 목표가 무엇인지 명료하게 알고 있지 못한 경우도 있다. 한편 고객이 더 많은 사람들로부터 지지를 얻기 위해 정책목표를 분명하게 제시하기를 꺼리는 경우도 있다. 이러한 상황에서 정책분석가들이 정책목표를 설정하여야 하는 것이다. Weimer & Vining(2005: 332-333)은 분석가들이 초기단계에서는 고객들로부터 목표를 이끌어내려는 노력이 다음과 같은 이유 때문에 성공하기 어렵다고 본다.

첫째, 복잡한 정책결정의 상황에서 고객은 문제의 징후에는 민감하게 관심을 가지는 반면, 사전에 결정된 목표가 없는 경우가 많다. 즉, 목표에 관하여는 모호하지만, 문제상황 또는 정책의 구체적 영향 또는 징후는 분명하게 인식한다. 예를 들면, "심야시간에 택시를 기다리는 시간이 너무 길다", "음주운전 사고가 너무 많다" 등이다. 이럴 경우 분석가는 그러한 문제에 관심을 가진 정책결정자와 다른 이해관계자이 가능한 한 최대로 많은 '영향' 및 '징후'들을 기술하도록 하여야 한다. 분석가의 역할은 이러한 '영향' 또는 '징후'를 목표범주로 전환시키는 것이다.

둘째, 목표를 결정한 경우에도 이를 분명하게 밝히려 하지 않는다. 목표를 어느 정도 결정한 경우에도 목표들간의 상충관계를 고려한 우선순위는 미리 생각하지 않았을 경우가 많다. 특히 목표를 분명하게 밝힐 경우에는 갈등과 반대를 유발할 수 있으므로 현명한 정책결정자는 정책분석가에게 논쟁적이지만 가치있는 목표를 발표하게 하고 설명하는 대리인이 되기를 기대한다.

이러한 상황에서 분석가는 여러 사람 또는 집단이 상이한 목표를 추구할 때, 누구의 목표가 적합한 것인지 판단하는 것도 중요하다. 그 목표가 현재 또는 가까운 미래에 달성하고자 하는 목표인지, 아니면 상당히 먼 미래에 달성하고자 하는 목표인지를 분석하는 것, 즉 시간선호(time preference)를 분석하는 것도 필요하다.

2) 목표간 관계와 우선순위 설정

대부분의 경우 하나의 정책에서 복수의 정책목표를 추구하게 된다. 현실적으로 다음과 같은 이유 때문에 복수의 정책목표를 추구하는 경우가 많다(노화준, 2017). 첫째, 대부분의 정책문제에는 이해관계나 입장을 달리 하는 여러 집단이 관련되어 있다. 이들 집단은 문제를 보는 시각도 다르고 따라서 그들의 주장도 다를 수 있다. 이러한 이질적인 주장들을 반영하려면 복수의 목표를 설정하는 것이 불가피할 수 있다. 둘째, 하나의 정책문제에 서로 추구하는 조직목표가 다른 여러 행정기관들이 관련되는 경우가 있다. 이 경우 각 기관들이 동일한 문제를 해결하여 서로 다른 정책목표들을 달성하려고 시도할 수 있다.

이러한 이유 때문에 정책목표는 모호하고, 다양해지며, 이들 사이에 갈등이 발생할 수 있다. 그러므로 분석가는 목표들간의 관계를 분명하게 정리하고, 복수의 목표들 사이에 우선순위를 설정해야 할 필요가 있다. 복수의 목표들의 관계가 종적인 경우와 횡적인 경우로 나누어 살펴보기로 하겠다.

(1) 목표들 사이의 종적인 관계: 목표－수단의 계층구조 파악

종적인 면에서 목표개념은 목표-수단의 계층구조(means-ends hierarchy)라는 관점에서 이해되어야 한다. 즉 목표체계는 상위목표와 하위목표, 즉 목표와 수단을 포용하는 여러 개의 목표계층구조(goal hierarchy)가 있음을 전제로 하는 것이다. 목표체계를 논의하면서 주의해야 할 것은 시각의 수준에 따라서 목표가 수단으로 이해될 수도 있고 수단이 목표로 이해될 수도 있다는 점이다. 이러한 관계는 목표개념의 이해에 자칫 혼란을 주기 쉬우므로 구체적인 정책에 관한 목표논의에서 목표계층의 어느 수준에 초점을 맞추고 있는가를 분명하게 밝힐 필요가 있다.

목표의 계층구조는 주요목표, 기능적 목표, 세부 목표로 구분할 수 있다. 주요목표는 정부조직의 본질과 목적에 관한 목표이며, 기관의 최상부에서 수행하는 역할과 관련된다. 예를 들면, 보건복지부가 차상위 빈곤계층의 복지개선에 개입할 것인가? 국민연금과 공무원연금을 통합할 것인가? 등과 같이 보건복지정책의 본질에 관련된 목표를 말한다. 한편 기능적 목표는 국민연금이나 영세민 지원 프로그램 등의 프로그램 목표, 즉 지원 대상 및 액수, 상담횟수 등에 관한 구체적 목표를 말한다. 세부목표는 담당직원의 목표와 행동규칙 등과 같이 조직운영의 세부 사항에 관련된 목표이다.

(2) 목표들 사이의 횡적인 관계: 우선순위 설정

하나의 정책에 포함된 복수의 정책목표들 가운데 동일한 수준에 있는 목표들 사이에는 다음과 같은 세 가지 유형의 관계가 있을 수 있다. 첫째, 하나의 목표가 추구하는 가치의 실현이 다른 목표의 달성에 기여하는 보완적 관계이다. 둘째, 어떤 정책목표 달성이 다른 목표달성을 저해하는 충돌·갈등 관계가 있다. 셋째, 경쟁관계인데 이는 정책목표 달성에 필요한 인적·물적 자원이 한정된 경우, 그 획득을 위해서 목표들 사이에 경쟁을 벌이는 경우이다.

복수의 정책목표들 사이에 어떤 정책목표가 다른 정책목표보다 더 중요한지를 결정하는 것이 용이한 일은 아니다. 여러 집단과 여러 기관이 관련되어 있는 정책의 목표들간 우선순위 결정과정은 일종의 정치과정이다. 정책분석가는 우선순위를 결정하는 데 사용할 수 있는 평가기준을 도출하여 정책결정자들이 우선순위 결정에 보다 유용하게 사용할 수 있는 정보를 제공할 수 있다.

정정길 외(2010: 352)는 복수의 정책목표 사이의 우선순위결정에 사용할 수 있는 이상적인 기준으로 1) 정책목표달성이나 문제해결로서 얻게 되는 효과, 2) 정책목표달성이나 정책문제해결을 위한 비용, 3) 정책효과와 정책비용의 배분, 4) 목표달성가능성이나 문제해결가능성을 제안한다. 즉, 정책목표들 가운데 달성불가능한 것은 제외시키고, 실현가능한 정책목표 가운데 능률성과 공평성 등을 고려하여 여러 가지 목표들의 달성수준을 설정하자는 것이다.

한편 노화준(2017)은 1) 그 정책만이 추구할 수 있는 고유한 가치를 가장 우선적으로 고려하고, 2) 이해관계를 가진 대상집단이나 행정기관의 우선순위보다는 다수국민의 필요성과 수요를 반영하여 사회전체적인 공익 증진을 주요기준으로 사용하며, 3) 보다 상위의 목표달성을 위한 전략적 효과성의 관점을 고려하고, 4) 실행가능성 여부를 따져야 한다고 본다. 그런데 당면하고 있는 문제의 성격에 따라서 네 가지 기준들의 우선순위는 달라질 수 있으므로, 우선순위설정과정에서 선택적으로 활용하여야 한다고 보았다.

(3) 종 합

현실적으로 이러한 기준을 적용하여 정책목표들의 우선순위를 판단하기는 매우 어렵다. 즉 목표달성에서 얻게 되는 결과나 이에 따르는 비용을 측정하여 비교하기 어렵고, 목표의 우선순위를 판단하는 평가기준 가운데 어느 기준에 더 큰 비중을 두어야 할지를 결정하기 어렵다. 더구나 여러 목표들이 성격이 다른 정책효과를 산출할 때 어떤 효과가 더 중요한지 파악하기 어렵다.

그러므로 이상적인 방법을 적용하는 대신 현실적으로 적용가능한 방법은 여러 목표들 가운데 일부를 제약조건으로 취급하여 다른 목표의 달성을 극대화하는 방법이다(강신택, 1976: 51-55; 강근복, 1994). 예를 들면, 물가안정과 경제성장이라는 상호 갈등관계에 있는 목표를 동시에 추구한다고 할 때, 물가상승률을 연 3% 이내로 억제하면서 이 범위 내에서 경제성장율을 극대화하는 것과 같다. 논리적으로 보면 정책비용의 범위 내에서, 즉 정책비용의 제약조건하에서 어떤 정책목표를 극대화시키는 것과 유사하다(정정길 외, 2010: 353). 이 방법에서는 제약조건으로 취급되는 목표의 달성수준을 어느 선에서 결정하느냐가 어려운 과제이다. 결국 현실적으로는 정책결정 참여자들의 판단에 의존할 수밖에 없다(강근복, 1994: 99).

2. 목표의 구체화

정책의 목표를 고려할 때, 목표와 세부목표를 대비해 보는 것이 유용하다. 목표와 세부목표가 모두 미래지향적이지만 목표는 넓은 의미이고 세부목표는 목표를 구체화한 것이다. 정책목표의 구체화단계는 계획의 기간과 자원의 범위 내에서 달성될 수 있는 구체적 목표를 설정하여 조작적·계량적 용어로 표현하는 단계이다. 목표의 구체화단계에서 첫째, 시정하고자 하는 조건 또는 달성하고자 하는 상태, 둘째, 그와 같은 조건이 존재하는 한정된 집단, 셋째, 목적달성에 필요한 기간, 그리고 넷째, 목표로 설정된 변화의 정도와 방향 등 네 가지를 확인하여야 한다.

〈표 2-1〉에서 보건의료분야의 사례에서 목표와 세부목표를 대비하였다. 목표는 조작적 정의의 형태로 표현되는 경우가 드물고 세부목표는 조작적 정의로 표현된다. 조작적 정의란 측정에 필요한 조작을 구체화하는 정의이기 때문에, 목표는 계량화할 수 없지만 세부목표는 계량화할 수 있다. 목표에 대한 진술은 대개 정책이 소망하는 결과를 성취할 것으로 기대되는 기간을 명시하지 않지만, 세부목표에 대한 진술은 이 기간을 명시한다. 마지막으로 목표에서는 대상집단을 넓게 정의하고, 세부목표에서는 대상집단을 구체적으로 정의한다.

표 2-1 목표와 세부목표의 비교

특 성	목 표	세부목표
목표의 구체화	광범위하게 진술(예: 보건의료의 수준을 높인다)	구체적으로 진술(예: 의사의 수를 10% 증가시킨다)
용어의 정의	공식적(예: 보건의료의 수준은 의료진료의 접근가능성을 말함)	조작적(예: 보건의료의 수준은 인구 10만명당 의사수를 말함)
기 간	구체화되지 않음(예: 장차)	구체화 됨(예: 2011-2020년)
측 정	비계량적(예: 적당한 의료보호)	계량적(예: 1,000명당 의료보험가입자 수)
대상집단	광범위하게 정의(예: 보건의료가 필요한 사람들)	구체적으로 정의(예: 연소득이 2,000만원 이하인 가정)

출처 : Dunn. 2018. *Public Policy Analysis*. p. 214, 표 5.4에서 수정.

Ⅲ. 대안선택기준 설정

1. 선택기준의 의미와 유형

1) 선택기준의 의미와 요건

(1) 선택기준의 의미

기준(criteria)은 판단 또는 선택의 기초를 말한다. 기준은 하나의 대안이 다른 대안과 비교하여 우월한지 판단하는 기초가 된다. 정책대안의 선택기준은 한 세트의 정책대안들 가운데 최선의 정책대안을 식별하려고 정책대안들을 저울질하기 위하여 사용되는 측정을 위한 일종의 척도라고 할 수 있다(노화준, 2017).

(2) 선택기준의 요건

정책대안의 평가기준에는 여러 가지가 있을 수 있으나, 공통적으로 갖추어야 할 기본적 요건들이 있다.

첫째, 비교기준은 명료하게 진술되어야 한다. 평가기준이 방향만 제시하는 데 그쳐서는 곤란하다. 각 기준은 분석가가 당면하고 있는 문제해결에 기여하는 정도에 따라 계량적인 값을 부여할 수 있는 절차까지 구체화되어야 한다.

둘째, 비교기준은 고려되고 있는 모든 대안들이 비교평가될 수 있도록 보편성을 갖추어야 한다(노화준, 2017). 즉, 특정의 대안들에게만 적용될 수 있는 기준은 바람직하지 않다는 것이다. 보편적인 기준은 광범위한 대안들을 비교평가할 수 있는 장점이 있다. 정책문제에 관련된 구체적인 기준을 사용할 수 있지만 초점은 그 문제의 해결대안으로 고려되고 있는 모든 대안들을 비교할 수 있는 기준이어야 한다.

셋째, 복수의 비교기준을 사용하여 모든 이해관계자의 다양한 관심사를 반영할 수 있어야 한다(MacRae, 1993: 301-302). 대안들의 평가에서 균형을 유지하려면 하나의 기준보다는 여러 기준을 사용하는 것이 바람직하다.

예를 들어 어떤 프로그램을 지지하는 집단은 그 프로그램이 가져올 편익을 기준으로 생각하고, 반대하는 집단은 그 비용을 기준으로 평가하기를 원할 수 있다. 한편 또 다른 집단은 비용 또는 편익이 어떻게 분배되는지를 중시할 수 있다. 복수의 기준을 활용할 경우 하나의 기준에서 우월한 대안이 다른 기준에서 보면 우월하지 않을 경우도 있다. 그러므로 분석가는 먼저 적합한 기준의 목록을 작성한 다음, 그러한 기준들 사이의 상충관계 또는 상대적 우선순위를 설정하여야 한다.

이는 여러 가지 측면에서 순전히 분석적인 문제라기보다는 윤리적 문제이다. 기준과 그 상대적 중요성은 분석가 또는 분석가가 봉사하는 사회의 윤리적 세계관에 관한 진술인 것이다(Munger, 2000: 8).

2) 선택기준의 유형

정책대안의 가치는 그것이 채택되어 실행되었을 경우, 얼마나 가치있는 결과를 가져올 것인지, 그리고 정책대안이 실행될 수 있을지에 따라 결정된다. 일반적으로 선택기준의 유형은 소망성(desirability)과 실행가능성(feasibility) 기준으로 구분된다. 소망성이란 그 대안이 초래할 결과가 얼마나 가치있고 바람직한 것인지를 측정하는 기준이다. 실행가능성이란 그 대안이 채택되어 집행될 수 있는 가능성을 의미한다. 그런데 실행가능성은 각종 자원의 제약(resource constraints) 범위 내에 있는지가 핵심이므로 제약조건(constraints)이라고 보아야 할 것이다.

2. 소망성 비교기준

정책대안의 소망성을 판단하는 대표적인 기준으로는 효과성, 능률성, 형평성, 대응성이 있다.

1) 효과성

효과성(effectiveness)이란 목표달성의 정도를 의미한다. 효과성 기준은 정책대안이 목표달성에 어느 정도 기여할 수 있는지를 측정하고자 한다. 여기에서 투입된 비용은 고려하지 않고, 목표달성 정도가 높을수록 바람직한 대안으로 보는 것이다. 목표달성정도는 대체로 산출물과 서비스 단위 또는 화폐 가치로 측정된다(Dunn, 2018). 만약 원자력발전기가 태양집열장치보다 더 많은 에너지를 생산한다면 원자력발전기는 가치있는 결과를 더 많이 생산하였기 때문에 더 효과적인 것으로 간주된다. 이와 유사하게 양질의 의료보장을 정책목표로 설정한다면 효과적인 정책대안은 더 많은 사람에게 양질의 의료보장을 제공해 주는 대안이다.

효과성 기준은 목표와 대안이 초래할 결과가 계량화되었을 때는 적용에 큰 문제가 없으나, 그렇지 못할 경우 적용하기 어렵다. 최근 성과지표 또는 산출지표가 많이 개발되었고, 계량적 자료수집이 용이하게 되어 효과성 기준을 적용할 수 있는 경우가 늘어나고 있다(이성우, 2006: 228). 예를 들면, 국방 및 외교정책 분야에서는 국가이익을 위해서 비용은 크게 중시되지 않을 수 있다. 명문 프로축구 구단이나 프로야구 구단은 우승이라는 목표달성을 더욱 중시하여 비용에 구애되지 않고 선수를 영입할 수 있다. 그러나 일반적으로 효과성 기준은 비용을 고려하지 않기 때문에 적용되는 경우가 그리 많지 않다.

2) 능률성

(1) 능률성의 개념

능률성(efficiency)은 투입 대비 산출의 비율, 비용 대비 편익의 비율로 정의된다. 어떤 일을 성취하는 데 있어서 투입이 동일하다면 산출이 많을수록 더 능률적이고, 산출이 동일하다면 투입이 적을수록 더 능률적이다. 만약 투입과 산출이 동시에 변화한다면 투입 대비 산출의 비율이 높을수록 더 능률적이다.

① 파레토 최적기준

19세기 이탈리아 경제학자 Pareto에 의해 확립된 후생경제학의 기본 원리인 '파레토 최적'(Pareto optimality)은 능률성 기준을 사회전체적인 자원배분에 적용한 것이다. 파레토 최적이란 하나의 자원배분상태에서 다른 사람에게 손해가 가도록 하지 않고서는 어떤 한 사람에게 이득이 되는 변화를 만들어내는 것이 불가능한 상황일 때 이러한 배분상태를 말한다. 반면에 파레토 비효율은 '파레토 개선'(Pareto improvement)이 가능한 상태를 말한다. 어떤 배분이 파레토 비효율적이라는 것은 어느 사람에게도 손해가 가지 않게 하면서 최소한 한 사람 이상에게 이득을 가져다 줄 수 있는 파레토 개선이 가능하다는 뜻이다. 어떤 정책을 집행한 결과 아무에게도 손실을 끼치지 않고 어느 한 사람이라도 더 좋은 상태를 만들 때, 이러한 변화를 파레토 개선 또는 파레토 최적변화라고 부른다. 그러므로 어떤 정책의 집행으로 파레토 최적변화가 일어날 수 있으면, 그러한 정책은 능률성이라는 기준에 비추어 바람직한 정책이라고 할 수 있다.

② 칼도-힉스 기준

그런데 현실적으로 보면 이러한 파레토 기준은 매우 제한적으로 적용될 수밖에 없다. 왜냐하면 경제적인 피해를 일체 받게 하지 않거나 피해자의 손실을 완벽히 복구해 줄 수 있는 프로그램은 찾기 어렵기 때문이다. 이러한 한계점을 보완하여 칼도-힉스 기준(Kaldor-Hicks criterion)이라 불리는 '잠재적 파레토'(potential Pareto)의 개념이 사용된다.

칼도-힉스 기준이란 어떤 분배 상태에서 다른 상태로 이동하면서 어떤 행위자가 희생되더라도 사회전체에 효용증대가 나타난다면 이를 사회적 후생이 증대된 것으로 판단하는 것이다. 즉, 효용이 증대된 행위자가 효용이 감소한 행위자에게 보상(compensation)을 하고도 효용증대가 나타난다면 사회적 후생이 증대된 것이라 보는 것이다. 즉, 능률면에서 순이익(총편익－총비용)이 있고, 그 이익을 얻은 집단이 손해를 본 집단에게 보상을 할 수 있다면 그 사회상태는 이전의 사회상태보다 낫다는 것이다. 그러나 이 기준은 실질적인 이유 때문에, 즉 손실자가 실제로 보상받을 것을 요구하지는 않기 때문에, 형평성의 쟁점을 회피하고 있다고 하겠다. 칼도－힉스 기준은 전통적인 비용편익분석의 기초 중 하나이다.

③ 능률성과 효과성의 차이

능률성은 목표달성도를 의미하는 효과성과는 구분된다.[1] 즉, 능률성은 효과성과 투입된 노력 간의 관계를 말하며, 노력은 보통 화폐비용으로 측정

---

1) 영어 efficiency는 능률성 또는 효율성으로 번역하여 사용하고 있는데, 자원배분과 관련하여는 효율성이라는 용어를 선호하기도 한다. 그러므로 능률성과 효과성은 분명하게 구분되지만, 능률성과 효율성은 동일한 개념이다.

될 수 있다. 그러므로 능률성은 산출물이나 서비스 단위당 비용(예를 들면, 관개용수 톤당 비용, 건강진단 건당 비용)을 계산하거나, 단위 비용당 재화나 서비스의 양(예를 들면, 1백만원으로 생산할 수 있는 관개용수의 수량, 1백만원으로 제공할 수 있는 건강진단 건수)을 계산함으로써 결정된다. 최소비용으로 최대의 효과성을 달성하는 정책이 바로 능률적인 정책이다.

실제로 능률성의 기준을 대안비교에 적용할 경우 정책대안에 투입되는 비용과 정책대안의 기대되는 효과를 어떻게 측정할 수 있는지에 따라 구체적인 방법은 달라질 수 있다. 일반적으로 정책대안을 실행에 옮기고자 할 경우 투입되는 인적·물적 자원은 화폐가치로 환산할 수 있는 경우가 많다. 그러나 기대되는 효과를 화폐가치로 환산할 수 있는 경우와 그렇지 않은 경우로 구분된다. 비용과 편익을 모두 화폐가치로 환산할 수 있을 경우에는 비용편익분석(cost-benefit analysis)을 사용할 수 있다. 그런데 편익을 화폐가치로 환산할 수 없고 목표달성의 정도만을 계산할 수 있을 경우 비용효과분석(cost-effectivenenss analysis) 또는 비용효용분석(cost-utility analysis)을 사용하게 된다.

(2) 능률성 기준의 적용유형

한편 비용과 목표달성도로 측정되는 능률성은 비용 또는 기대되는 목표달성의 정도가 사전에 정해졌는지에 따라 네 가지 유형으로 구분할 수 있다(〈표 2-2〉 참조). Dunn은 이를 충족성(adequacy)이라는 별도의 기준으로 제시하고 있다(Dunn, 2018: 197-200). 이러한 기준은 후술하게 될 정책대

표 2-2 능률성 평가의 비용과 효과 기준: 네 가지 유형

	비 용	
목표달성수준	고 정	가 변
고 정	유형 Ⅳ (고정비용－고정효과성)	유형 Ⅱ (가변비용－고정효과성)
가 변	유형 Ⅰ (고정비용－가변효과성)	유형 Ⅲ (가변비용－가변효과성)

출처: Dunn. 2018. *Public Policy Analysis*. p. 198, 표 5.2에서 수정.

안의 가치평가방법 가운데 비용편익분석 또는 비용효과분석 및 비용효용분석의 분석기준에 사용된다.

① 고정비용 유형

이 유형의 정책문제(유형 I)는 고정비용의 제약 하에서 목표달성 정도를 극대화하는 대안을 선택하는 것이다. 최대한 허용되는 예산지출이 고정비용이 될 때, 이용가능한 자원의 한계 내에서 목표달성을 극대화시키는 대안을 선택하여야 한다. 예를 들면, 보건의료프로그램에 투입할 예산이 10억 원으로 고정되었을 경우, 보건정책분석가는 지역사회 의료보장의 질을 최대한 향상시키는 대안을 선택하여야 할 것이다. 이러한 유형의 문제에 대한 응답을 동일-비용 분석(equal-cost analysis)이라 부르는데, 그 이유는 비용을 동일한 것으로 간주하고 목표달성의 수준이 다른 대안들을 비교하기 때문이다.

② 고정효과 유형

이 유형의 정책문제(유형 II)는 목표달성도 또는 편익의 수준이 사전에 정해진 경우, 가장 저렴한 비용 또는 예산으로 이를 실현할 수 있는 정책대안을 선택하는 방법이다. 최소비용기준이라 불리기도 한다. 예를 들면, 공공교통시설이 적어도 매년 10만 명에게 교통서비스를 제공해야 한다면, 문제는 고정된 편익의 수준을 최소비용으로 달성할 수 있는 대안—버스, 모노레일, 또는 지하철—을 식별하는 것이 된다. 이러한 유형의 문제에 대한 응답을 동일-효과성분석(equal-effectiveness analysis)이라 부르는데, 그 이유는 분석가들이 목표달성의 수준을 동일한 것으로 간주하고 비용만 다른 대안들을 비교하기 때문이다.

③ 가변비용 – 가변효과 유형

이 유형의 정책문제(유형 III)는 비용과 목표달성 수준에 특별한 제약이 없는 경우이다. 예를 들면, 어느 기관의 목표달성을 극대화하기 위한 최적예산의 선택에 관한 문제가 이 유형에 속한다. 이러한 유형의 문제에 대한 응답을 가변비용-가변효과성분석(variable-cost variable-effectiveness analysis)이라 부르는데, 그 이유는 비용과 효과성의 수준에 제약이 없기 때문이다. 여기서 가장 적합한 정책대안은 비용 대비 효과의 비율을 최대로 하는 것이다. 비용편익분석에서 대안선택의 기준으로 많이 활용되는 편익비용비(benefit-cost ratio: B/C ratio)는 이러한 유형의 문제에 적용된다.

④ 고정비용 – 고정효과 유형

이 유형의 정책문제(IV)는 비용과 목표달성 수준 모두 특별한 제약이 부과된 경우이다. 이 유형의 문제는 특히 해결할 수 있는 정책대안을 찾기 어려운 경우가 많다. 분석가는 비용이 일정 수준을 초과해서는 안 된다는 제약과 대안이 미리 설정된 목표달성의 수준을 만족시켜야 한다는 제약을 동시에 받는다. 예를 들면, 공공교통시설이 최소한 10만 명에게 서비스를 제공해야 하는데 비용은 비현실적인 수준에 고정되어 경우이다. 두 제약조건을 모두 만족시키지 못하면 그 대안은 기각되어야 한다. 어떠한 대안도 이러한 조건을 충족시키지 못한다면 남는 대안은 아무것도 하지 않는 것이 될 것이다.

3) 형평성

(1) 형평성의 개념

① 배분적 정의 기준으로서 형평성

형평성(equity)은 재화와 서비스, 부와 수입, 건강과 질병치료, 기회 등 사회적으로 가치 있는 자원을 배분하는 데 적합한 비교기준에 관한 것이다. 형평성은 공정성(fairness) 또는 사회정의(social justice)와 같은 의미로 사용되며 '배분적 정의'의 기준을 의미한다. '배분적 정의'의 문제는 두 명 이상의 사람들에게 비용과 편익이 배분되는 정책대안을 제안할 때마다 발생할 수 있다. 그러므로 배분적 정의의 기준은 고대 그리스 시대부터 광범위하게 논의되어 왔다.[2] 정치의 본질은 "누가 무엇을 언제, 어떻게 얻는지"(who gets what, when, and how)를 결정하는 것이므로(Lasswell, 1935), 가치배분을 둘러싼 갈등은 항상 치열하게 전개되어 왔다. 그러나 가치배분의 공정한 기준에 관한 가치판단은 사람, 시대, 이데올로기, 국가에 따라서 달라진다.

② Rawls의 배분적 정의 원칙

행정학 분야에서 형평성의 기준을 본격적으로 도입한 것은 1970년대 신행정론자들이다. 신행정론자들이 사용하는 사회적 형평성은 배분적 정의와 동일한 의미를 가진다.[3] 즉, "형평성은 인간과 인간의 상호작용을 규제하는

---

2) 배분적 정의에 관한 개념의 변천은 마이클 샌델의 「정의란 무엇인가」에 잘 정리되어 있다.

공정성과 정당성, 그리고 올바른 처우(right dealing)의 정신과 습관을 의미한다"(Frederickson, 1980: 38)는 것이다. 신행정론자들의 사회적 형평성에 관한 논의는 Rawls의 정의론에 기초하고 있다. Rawls의 정의론은 사회적 효용의 총량을 중시하는 고전적 공리주의자들의 정의관과는 대조된다. 공리주의자들은 사회전체의 효용 총량을 극대화하는 데 초점을 맞추며, 효용의 불평등은 관심의 대상이 아니었다. 그러나 Rawls는 권리의 동등성을 해치는 불평등의 문제를 정의론이 다루어야 할 핵심적 과제라고 보았다. Rawls(1971: 302-303)는 배분적 정의를 구현할 수 있는 원칙을 다음과 같이 제시한다.

제1원칙: 모든 사람은 다른 사람의 자유와 상충되지 않은 범위 내에서 가장 광범위한 자유를 누릴 수 있는 동등한 권리를 갖는다.
제2원칙: 사회적, 경제적 불평등은 다음 두 가지 경우에 인정된다.
(a) 최소수혜자에게 최대의 이득이 되는 경우
(b) 공정한 기회균등의 조건에서 직무와 직위가 개방되어 있는 경우

정의의 제1원칙은 시민의 균등한 자유를 규정하고 보장하는 것으로, 정치적 자유, 언론과 집회의 자유, 양심과 사상의 자유, 재산권의 자유 등의 동등한 보장을 의미한다. 제2원칙은 소득 및 재산의 분배, 그리고 권한, 책임 및 명령계통 등에 있어서 불평등에 관한 것인데, 그러한 불평등은 (a) 최소수혜자(the least advantaged)에게 이익이 되고, (b) 불평등과 관련된 직책과 직위는 누구에게나 개방되는 방향으로 조정되어야 한다는 것이다. (a)는 차등의 원칙, (b)는 기회균등의 원칙으로 불린다.

Rawls는 최악의 상태에 있는 사회구성원의 복지에 이익을 가져오는 분배상태의 변화는 이전의 사회상태보다 더 개선된 것으로 본다. Rawls는 '원초적'(original) 상태, 즉 시민사회가 아직 확립되지 않은 상태에서 직위, 지위, 자원 등에 대한 미래의 배분상태에 관하여 '무지의 장막'(veil of ignorance)에 싸여있는 상황에 처해있는 사람들은 이러한 원칙에 합의하리라고 보았다. '원초적' 상태에서 개인은 앞에서 기술한 재분배기준에 기초한 사회질서를 선택할 것인데, 그 이유는 누구든지 자신이 최악의 상태에 속해있지 않

3) 국내에서는 임의영(2003; 2009)이 형평성과 정의의 개념을 잘 정리하였다.

은 사회를 수립하는 것이 자신의 이해관계와 일치하기 때문이다. 이러한 '원초적' 상황을 가정함으로써 하나의 공정한 사회질서에 대한 합의에 도달할 수 있게 된다. 이 '원초적' 상황은 기득권적 이익 때문에 정의의 의미에 관한 합의에 도달할 수 없는 현재의 사회적 상황과 비교되어야 이해될 수 있다.

③ Rawls의 배분적 정의론 비판

Rawls의 배분적 정의론은 사회적 약자를 정책적으로 배려하는 평등주의적인 입장이므로 근본적으로 복지국가의 이념을 정당화하려는 성격을 갖는다. Rawls 이론의 단점은 갈등을 지나치게 단순화하거나 회피하는 데 있다. Rawls의 분배기준은 잘 구성된 문제에는 적합하지만 정책결정자들이 흔히 직면하는 유형의 문제에는 적합하지 않다. 선택상황에서 Rawls의 기준을 사용할 수 없다는 것은 아니지만 그 기준이 사회복지를 정의하는 유일한 기준에 도달한 것은 아니다.

예를 들면 Rawls에 비판적인 Nozick은 자유주의적 관점에서 배분적 정의의 기준을 제시하는데, "소유권은 정당한 노력의 대가이며, 자유로운 처분권을 포함하는 정의의 근본개념이므로, 재분배는 개인의 자유로운 선택에 의하여 이루어져야 한다는 원칙"을 주장하여 Rawls의 분배기준과는 상당히 다르다.

(2) 수평적 형평성과 수직적 형평성

① 수평적 형평성

배분적 정의의 논의과정에서 학자들은 형평성의 기준을 수평적 형평성(horizontal equity)과 수직적 형평성(vertical equity)으로 구분하여야 한다고 본다(예를 들면, MacRae & Wilde, 1979: 64-69). 수평적 형평성은 "동등한 여건에 있는 사람을 동등하게 취급"하는 원칙으로 정의된다. 일정한 연령 이상의 사람에게 똑같이 한 표의 투표권을 부여한다든지, 동일한 일에 동일 임금을 지불한다든지, 모든 어린이들에게 동일한 의무교육을 시킨다든지, 일정한 연령에 도달한 남자들에게 일정기간 병역의무를 부과한다든지, 동일소득자에게 동일 금액의 세금을 부과하는 것이 좋은 예이다.

② 수직적 형평성

수직적 형평성은 "동등한 여건에 있지 않은 사람들을 서로 다르게 취급"

하는 원칙이다. Rawls의 기준을 적용하면 서로 다른 상황에 처해 있는 사람들을 보다 평등하게 만드는 것이 수직적 형평성에 부합된다. 소득수준이 다른 사람들에게 서로 다른 누진율을 적용한다든지, 근로소득과 금융소득 및 재산임대소득을 합산하여 종합소득세를 누진적으로 부과한다든지 하는 것이 그 사례이다.

일반적으로 정책대안의 비교기준으로서 형평성은 수직적 형평성을 의미하는 것으로 이해되고 있다. 즉, 정책비용을 상대적으로 부유한 집단 또는 계층이 많이 부담하고, 사회적으로 취약한 집단 또는 계층, 노인, 어린이, 영세민에게 더욱 많은 정책혜택을 부여할수록 형평성의 기준에 부합된다는 것이다. 형평성을 이와 같이 보게 될 경우 효과성 또는 능률성 기준과는 상충관계(trade-off)가 발생할 수 있다. 효과성과 능률성 기준에서는 사회전체적인 관점에서 부담하는 정책비용과 정책효과를 고려하지만 형평성 기준에서는 이러한 정책비용을 부담하는 집단 또는 계층과 정책수혜집단이 누구인지를 중시하기 때문이다.

③ 형평성 기준과 평등

형평성 기준과 밀접하게 관련된 개념이 평등(equality)이다. 평등의 개념도 매우 다양한 의미로 사용된다(Stone, 2002; 노화준, 2017 참조). 일반적으로 평등의 개념은 기회의 평등(equality of opportunity)과 결과의 평등(equality of results)로 구분된다. 기회의 평등이란 모든 개인에게 공직임용시험, 대학입학시험 등에서 기회를 평등하게 부여하는 것이다. 그러나 기회를 평등하게 주었을 경우에도 능력의 차이 때문에 결과적으로는 개인들 사이에 소득격차 등 격차가 나타나게 된다. 지식정보사회에서 이러한 격차는 더욱 확대되는 경향이 있다. 정부가 개입하여 영세민 생활보호, 의료보호, 무상급식 등 사회복지정책을 실시하는 것은 이러한 결과의 격차를 줄이고자 하는 것이며, 이와 같이 결과의 불평등을 시정하는 것이 수직적 형평 기준의 핵심내용이다.

4) 대응성

대응성(responsiveness)이란 정책대안이 수혜집단의 요구나 선호, 가치를 충족시켜주는 정도를 의미한다. 대응성의 기준은 그 정책으로부터 편익을 받기로 예정된 수혜집단의 실제 요구를 어느 정도 반영하였는지에 관한 것이다. 어떤 정책대안이 효과성, 능률성, 그리고 형평성 등 다른 기준을 충족시키지만 대응성에서 낮은 점수를 받을 수도 있다. 예를 들면 공원에 레크리에이션을 위한 편의시설을 설치하여 일반주민들이 공평하게 활용할 수 있도록 하는 정책대안이 특정 수혜집단(예를 들면, 노인)의 요구에는 대응적이지 못할 경우가 있다. 그러한 편의시설을 가장 많이 활용하는 노인집단의 요구로 편의시설을 설치하고자 하는데 노인집단이 활용하기에 불편하다면 대응성이 낮은 것이다.

5) 소망성 기준들 사이의 관계

정책대안을 비교하는 소망성의 기준으로 효과성, 능률성, 형평성, 대응성을 살펴보았다. 정책대안들을 비교할 때 이러한 기준들은 상충되는 경우가 많다. 특히 능률성과 형평성이 상충관계에 있다는 점은 일반적으로 인정되고 있다(Okun, 1975). 실제 정책대안의 선택을 위하여 대안을 비교 평가할 때 정책분석가는 일단 모든 기준을 동시에 고려해 본 후, 어떤 기준을 우선적으로 고려해야 할지 심사숙고하여야 한다. 어떤 기준들이 적용되어야 하는지, 그 가운데 우선적으로 적용되어야 할 기준이 무엇인지에 관한 표준적인 해답은 없다. 일반적으로는 복수의 기준들의 조합으로 이루어진 복합기준에 의하여 정책대안을 비교하게 된다. 분석가는 비교기준에 가중치를 부여하기 위하여 분석적 계층화 절차(AHP)를 사용할 수도 있다. 그런데 어떤 기준이 우선하는지, 가중치는 어떻게 부여하여야 할지는 궁극적으로는 가치판단의 문제이므로 민주주의 원리에 따라서 다수의 의사가 반영되어야 할 것이다.

3. 실행가능성 또는 제약조건

1) 개 념

일반적으로 실행가능성은 어떤 정책대안이 채택되어 집행될 수 있는 가능성을 의미한다. 그러므로 실행가능성은 정책대안의 채택가능성과 집행가능성의 두 가지 요소로 구성된다. 채택가능성은 어떤 정책대안이 법률, 또는 시행령 등의 형태로 제안되었을 때 정치적 의사결정과정에서 정책결정자들에 의하여 채택될 수 있을지에 관한 것이다. 따라서 채택가능성은 주로 정치적 실현가능성의 문제로 볼 수 있다. 한편 정책으로 채택되었을 경우에도 채택된 정책이 집행될 수 있는지는 별개의 문제이다. 정책을 집행하려면 집행주체인 집행조직과 집행에 소요되는 예산, 기술 등 넓은 의미의 자원이 확보될 수 있어야 한다. 또한 채택된 정책의 내용이 타법령, 특히 상위법령에 위배되는 경우에도 집행이 어려울 수 있다.

채택가능성과 집행가능성을 내용으로 하는 실현가능성은 그 가능성의 정도를 가지고 판단하기보다는 정책대안이 실현가능한 범위 내에 있는지, 아니면 범위를 벗어나는지를 기준으로 판단하게 된다. 그러므로 실행가능성은 정책의 실현을 제약하는 요인이나 조건들을 의미하는 제약조건(constraints)이라고 보는 것이 적절하다. 실현가능성이 있으려면 제약조건상의 가능한 범위 내에 포함되어야 한다. 이러한 맥락에서 Dunn(2018: 228-230)은 정책대안들을 비교하기 이전에 제약조건들의 지도작성(constraints mapping)이 필요하다고 본다. 제약조건 지도작성은 정책과 프로그램의 목표를 달성하는 과정에서 방해가 되는 제약과 장애요인을 확인하고 분류하는 절차이다.

소망성과 실행가능성이라는 기준을 동시에 적용하려 할 경우, 우선 실행가능한 대안들 가운데 소망성의 기준을 적용하여 가장 바람직한 대안을 선택하는 절차를 적용할 수 있다. 그런데 현 상황에서는 실행이 불가능한 것으로 여겨지는 정책대안일지라도 상황의 변동에 따라 실행가능한 대안이 될 수 있다. 따라서 실현불가능한 대안일 경우에도 예비분석 단계에서는 소망성의 정도를 평가하는 것이 바람직하다.

2) 제약조건의 유형

실행가능성 또는 제약조건은 다양하게 분류된다. 여기에서는 정치적 요인, 행정적 요인, 예산상 요인, 기술적 요인, 법적 요인으로 분류하겠다. 대부분의 경우 실현가능성은 대안평가에서 제약조건으로 작용한다.

(1) 정치적 제약조건

정책은 우선 채택될 수 있어야 이를 집행하여 소기의 성과를 달성할 수 있다. 소망성의 기준에서 바람직한 정책대안일 경우에도 강력한 정치적인 반대 때문에 채택될 가능성이 없다면 비교대상에서 배제할 수 밖에 없다. 정치적 실행가능성 또는 제약조건은 정책결정자, 정책집행자, 그리고 영향력을 가진 이해관계집단과 일반 시민들이 정책대안을 수용할 것인지를 기초로 판단하게 된다(노화준, 2017). 정책대안에 대한 정치적 반대가 심할 경우 정책이 채택될 경우에도 집행단계에서 상당한 제약이 된다.

정치적 실현가능성이 고정불변인 것은 아니며, 당시 지배적인 이데올로기와 의회, 집권정당, 주도적인 이해당사자의 입장을 반영하는데, 이러한 조건은 시간이 흐르면서 변화될 수 있다. 그러므로 정책분석가는 정책대안이 현재의 정치적 조건하에서 채택되기 어려운 경우에도, 그러한 조건들이 장차 변화될 수 있는지, 더 나아가서 변화를 가져오기 위해서 어떤 조치를 취해야 할지 심사숙고가 필요하다.

분석가는 정책대안의 정치적 실현가능성을 평가해볼 수 있다. 정치적 실현가능성 평가기법은 정치적 갈등이 존재하고 권력이나 기타 자원들의 배분이 동등하지 않은 조건하에서 정책대안을 채택하려고 할 때 예상되는 결과를 가늠하는 문제에 특히 적합하다. 정치적 실현가능성의 평가절차는 다음과 같다(Dunn, 2018: 176-180; Weimer & Vining, 2005: 264-268 참조).

첫째, 주요 이해관계자를 식별한다. 실현가능성 평가의 목적이 정치적 갈등이라는 조건하에서 이해관계자의 행태를 예측하는 것이므로, 가능한 한 대표성 있고 강력한 이해관계집단을 모두 식별하는 것이 중요하다. 분석가는 구성원이 다양하고 정책결정과정에서의 역할이 다르고 자원규모가 다른 다양한 조직의 이해관계자들을 식별하여야 한다. 예를 들어, 급증하는 도시 대중교통수요에 소요되는 재원 확보를 위하여 지방세를 인상하고자 한다면, 공식 정책결정자인 시장 및 시의회 의원, 경제인 단체, 납세자 단체, 교통관련 시민단체, 언론 등의 이해관계자가 관여할 것이다.

둘째, 식별된 이해관계자들의 이슈에 대한 입장(issue position)을 파악한다. 즉 여러 이해관계자들이 각 정책대안에 대해 지지하거나 반대하거나 혹은 무관심할 확률을 추정한다. 이들의 입장을 파악하려면 그들의 동기(motivations)와 신념(beliefs)을 알아야 한다. 이들의 입장이 분명한 경우도 있지만, 불분명한 경우도 있다. Weimer & Vining(2005: 266)은 분석가가 이들의 동기와 신념을 파악하기 위하여 그들의 입장에서 생각해 볼 것을 권하고 있다.

셋째, 이해관계자들이 각각 자신의 입장을 추구하는 데 이용가능한 자원들을 추정한다. 가용한 자원에는 사회적 영향력, 재정규모, 인적 자원, 정보에의 접근성 등이 포함된다. 이해관계집단은 어떤 하나의 정책에만 관심을 가진 것이 아니라 여러 정책에 관심을 가지는 경우가 많다. 그러므로 특정 정책을 지지하거나 반대하기 위하여 자신들이 가진 총자원의 일부만 사용할 것이다. 그러므로 이용가능한 자원은 총자원의 일부로 표현되고 총자원을 1이라고 한다면 0부터 1까지의 값을 갖는다.

넷째, 이해관계자들의 상대적 영향력을 평가한다. 각 이해관계자의 이용가능한 자원에 따라 그의 상대적 서열을 정한다. 각 이해관계자가 갖고 있는 '권력'(power)이나 '영향력'(influence)의 척도인 이용가능한 자원의 상대적 서열을 평가하여, 이들이 이용가능한 정치적 자원과 조직적 자원의 크기를 파악할 수 있다.

다섯째, 어떤 정책대안의 지지집단들이 이용가능한 총자원의 양과 반대집단들이 이용가능한 총자원의 양을 종합하여 정치적 실현가능성을 평가할 수 있다. 즉 반대집단들이 이용가능한 총자원의 양이 지지집단보다 많을 경우 채택될 가능성은 없는 것으로 평가한다.

정치적 실현가능성 평가기법은 각 단계마다 주관적인 판단에 의존하게 되므로 그에 따른 한계를 가지고 있다. 또한 각 이해관계자의 입장이 서로 독립적이고, 각각 입장이 같은 시기에 표명된다는 것을 가정하고 있는데 이는 현실성이 부족하다(강근복, 1994: 186). 현실적으로는 서로 입장을 달리하는 이해관계자들 사이에 타협이 이루어질 수도 있으며, 한 집단이 입장을 바꾸면 다른 집단의 입장에도 영향을 미칠 수 있다. 그러므로 정치적 실현가능성 평가결과에 지나치게 집착하지 않아야 할 것이다.

(2) 행정적 제약조건

새로운 정책이나 프로그램이 채택되었을 경우, 그 정책을 집행하는데 필요한 집행조직과 집행요원이 부족할 경우 의도한 성과를 거둘 수 없다. 행정적 실현가능성 또는 제약요인은 정책대안을 집행하는 데 필요한 조직과 인력의 이용가능성을 말한다. 집행조직이 정해질 경우에도 조직의 리더십이 문제시되거나 전문성을 갖춘 인력이 부족할 경우 집행이 지지부진할 수 있다.

(3) 예산상 제약조건

정책대안을 집행하는 데 필요한 재원을 확보할 수 있는지 여부를 의미한다. 재원이 투입되지 않고 실행할 수 있는 정책은 거의 없다. 정부예산은 한정된 희소자원이므로 새로운 정책을 추진하는 데 필요한 재원을 확보하기란 쉽지 않다. 그러므로 확보할 수 있는 예산의 범위 내에서 가장 바람직한 정책대안을 선택하여야 된다. 이는 앞에서 살펴본 능률성 기준의 적용 유형 가운데 고정비용의 제약 하에서 목표달성 정도를 극대화하는 대안을 선택하는 것과 같은 논리이다.

(4) 기술적 제약조건

기술적 제약조건이란 현재의 기술 수준으로 제안된 정책대안을 실행할 수 있느냐 여부를 의미한다. 이는 사회 전반적인 과학기술 발전의 수준, 그리고 정부 조직 내에서 그 정책대안, 특히 정책수단을 성공적으로 수행할 만한 과학기술인력을 확보할 수 있는지 여부와 밀접하게 관련된다(노화준, 2017). 나로호 발사에 관한 다음 내용을 살펴보기로 하자.[4)]

> 당초 2005년에 발사되기로 되어있던 우리나라 최초의 우주발사체인 나로호는 2009년 8월 25일 발사되었다. 발사이륙 9분 뒤 고도 306㎞에서 과학기술위성 2호와 분리됐어야 했지만, 페어링 분리실패로 고도 340㎞ 상공에서 분리된 것으로 나타나 예상한 고도보다 약 36km 정도 더 올라가서 분리되었다. 결과적으로 과학기술위성 2호 발사는 실패했다. 2010년 6월 10일 나로호 2차 발사가 이루어졌다. 그러나 이륙 137.19초 고도 70km 지점에서 페어링 분리가 확인되지 않았고 통신두절되었다. 정부는 러시아에서 개발한 나로호 1단이 연소되는 구간에서 폭발한 것으로 보고 나로호 공동개발 계약에 따른 나로호 3차 발사를 준비할 예정이다.

이 사례에서 한국의 과학기술수준으로는 우주발사체를 제작할 능력, 즉 기술적 실현가능성이 없기 때문에 러시아에서 개발한 나로호를 국내에서 조립하여 발사체로 사용하였다. 그런데 우리나라에서 제작한 과학기술위성이

4) 위키백과에서 '나로호'로 2011년 8월 24일 검색한 내용을 요약한 것이다.

제대로 분리되지 않아 위성궤도에 진입하는 데 실패하였다는 것이다. 이같이 기술적 실현가능성은 현재 이용가능한 과학기술수준의 영향을 받는다. 에너지문제 해결을 위하여 태양열을 활용하고자 하는 정책대안은 현재의 태양 에너지 기술의 발달이 낮은 수준에 있기 때문에 제약되고 있다. 그런데 앞으로 기술진보에 따라서 더 이상 기술적 제약조건이 아닐 수도 있다.

한편 기술적 실행가능성이 정책목표와 정책수단 사이에 인과관계가 존재하느냐의 의미로 사용되기도 한다. 위성발사체는 한국의 현재 기술수준으로는 제작이 불가능한 경우이지만, 정책수단이 기술적으로 실행가능한 경우에도 그 정책수단이 집행되었을 때 정책목표를 달성할 수 없으면 그 정책수단의 기술적 실현가능성이 없다는 것이다. 이러한 의미에서 Wildavsky & Pressman(1979)은 집행론에서 Oakland 실업자 구제정책 실패원인의 하나로 부적절한 정책수단의 선정문제를 지적하였다. 취업하는 실업자에게 임금을 보조하는 정책수단을 선택하는 대신에 공공시설의 건설이라는 수단을 선택한 것은 목표달성 가능성, 즉 기술적 실현가능성이 없다는 것이다. Cohen, March & Olsen(1972)이 쓰레기통 모형에서 조직화된 무정부상태의 하나로 본 '불분명한 기술'(unclear technology)도 목표와 수단 사이의 인과관계가 명확하지 않다는 의미로 쓰인 것이다. 그러나, 이러한 의미의 기술적 실행가능성은 엄격하게 구분한다면 실행가능성의 범주가 아니라 소망성의 범주로 분류되어야 한다. 즉 목표달성도가 낮은 대안, 또는 비용 대비 효과가 적은 대안으로 평가되는 것이 타당할 것이다.

(5) 법적 제약조건

정책대안이 집행될 수 있으려면 그 내용이 다른 법률의 내용과 충돌하여 집행과정에서 법적 제약을 받지 않아야 한다. 정책은 법령의 형태를 취하는 경우가 많은데, 그러한 정책을 추진하는 소관부처가 아닌 다른 부처 소관 법률의 제약을 받을 수 있다. 예를 들면 환경부에서 에너지환경 전문인력을 양성하기 위하여 관련 대학설립을 추진하였는데, 교육과학기술부의 대학설립기준이나, 국토해양부의 수도권정비법의 제약 때문에 추진에 제동이 걸리는 사례를 찾아볼 수 있다.

Ⅳ. 정책대안의 탐색과 개발

1. 정책대안의 의미

1) 의 의

일반적으로 대안이란 목표를 달성할 수 있는 수단이나 방법을 의미한다. 이러한 의미에서 정책대안(policy alternatives)은 정책문제 해결과 정책목표 달성을 위하여 채택가능한 여러 가지 수단 또는 도구들을 지칭하는 것이다. 보다 넓은 의미에서 정책대안의 개념은 정책목표와 정책수단의 조합으로 이해되기도 하는데, 이러한 관점에서는 정책목표와 이를 실현하는 특정 정책수단 또는 도구와의 배합을 정책대안이라고 부른다.

2) 정책목표·대안 매트릭스

하나의 정책에서 하나의 목표만을 가지고 있는 경우는 드물다. 복수의 정책목표를 달성할 수 있으려면 각 정책대안에는 각각의 정책목표를 달성할 수 있는 수단들의 조합을 포함하게 된다. 복수의 정책대안이 제안되는 것은 목표달성의 방법 또는 수단에 대한 관점이 다양하기 때문이다. 제1부 제3장 정책수단에 관한 논의에서 살펴 본 바와 같이 환경오염을 방지한다는 동일한 목표를 달성하기 위하여 규제수단을 쓸 수도 있고, 재정적 인센티브를 활용할 수도 있다. 즉, 상이한 범주의 정책수단들을 교환적으로 사용할 수 있다는 것이다. 그러므로 정책대안을 설계하는 과정에서 목표의 달성과 관련하여 동일한 유형의 수단 또는 도구만 고려되는 것이 아니라, 상이한 유형이지만 문제 해결에 기여할 수 있는 수단 또는 도구를 고려할 수 있다.

Weimer & Vining(2005: 343-348)은 복수의 정책목표를 달성할 수 있는 복수의 정책대안들을 체계적으로 비교하려면 정책목표/정책대안 매트릭스를 작성하는 것이 편리하다고 보았다.

〈표 2-3〉과 같은 매트릭스를 작성하게 되면, 정책대안 탐색단계뿐 아니라, 후속되는 단계인 정책대안의 결과 예측, 그리고 정책대안의 가치평가

표 2-3 단순한 정책목표/대안매트릭스 예시

목 표	세부목표	정책대안			
		정책대안 I (현상유지)	정책대안 II	정책대안 III	정책대안 IV
목표 A	세부목표 A1	예측결과 가치평가	예측결과 가치평가	예측결과 가치평가	예측결과 가치평가
	세부목표 A2	예측결과 가치평가	예측결과 가치평가	예측결과 가치평가	예측결과 가치평가
	세부목표 A3	예측결과 가치평가	예측결과 가치평가	예측결과 가치평가	예측결과 가치평가
목표 B	세부목표 B1	예측결과 가치평가	예측결과 가치평가	예측결과 가치평가	예측결과 가치평가
	세부목표 B2	예측결과 가치평가	예측결과 가치평가	예측결과 가치평가	예측결과 가치평가
목표 C	세부목표 C1	예측결과 가치평가	예측결과 가치평가	예측결과 가치평가	예측결과 가치평가

출처 : Weimer & Vining. 2005. *Policy Analysis*. p. 344, 표 14.1에서 수정.

(valuation)결과를 기록하여 대안을 비교하는 데에도 도움이 된다.

여러 가지 정책대안들을 비교하고 평가하려면 우선 중요한 대안들을 가능한 한 많이 찾아내고 개발하여 비교 평가의 대상으로 삼아야 한다. 정책대안의 탐색과 개발에는 이미 시행되었거나 현재 시행되고 있어 이미 알려져 있는 기존의 정책대안을 발견하는 탐색활동은 물론 그것을 변형시킨 정책대안이나, 창의적인 정책대안을 설계하는 활동까지 포함하는 개념이다.

2. 정책대안의 탐색 및 개발방법

정책대안의 탐색단계에서 이론적으로는 가능한 모든 정책대안을 탐색하여 주요 정책대안이 평가에서 제외되지 않도록 하여야 한다. 그러나 Simon이 적절하게 지적한 바와 같이 현실적으로 대안탐색은 여러 가지 요인에 의하여 제약된다. 실제로 분석을 요청한 고객의 관심범위와 분석가의 시간제약 때문에 고려되는 정책대안은 현상유지를 포함하여 세 가지에서 일곱 가지의 범위가 합리적인 숫자이다(Weimer & Vining, 2005: 348).

정책대안의 탐색단계는 분석가들의 창의성이 요구되는 단계로 알려져 있다. 정책대안의 개발과정에서 분석가들에게 창의력과 혁신이 중시되는 이유는 기존의 정책을 넘어서는 새로운 대안을 고안해야 하기 때문이다. 정책대안 탐색의 원천을 기존정책, 타정부의 정책, 과학적 지식과 모형 활용, 그리고 주관적 판단으로 구분하여 살펴보겠다.

1) 기존 정책

과거에 시행되었거나 현재 시행중인 정책은 정책대안 탐색의 가장 중요한 원천이 된다. 특히 현상유지(*status quo*), 즉 현재 시행되고 있는 정책은 진지하게 고려되어야 한다(Weimer & Vining, 2005: 345). 그 이유는 현재의 정책은 과거에 다른 분석가들이 정책문제를 해결하기 위한 바람직한 대안으로 제안했을 가능성이 크기 때문이다. 과거 또는 현재 시행 중인 정책 가운데에는 정부가 문제해결을 위해 적극적 행동을 취하는 경우도 있고, 문제 해결방법이 없다거나 또는 정부의 개입이 부적절하여 아무것도 하지 않는 경우도 있다.

분석가는 아무런 행동을 취하지 않는 대안(no-action alternative) 또는 현상유지 대안을 구체적으로 발전시키고, 그 결과들을 예측함으로써, 다른 모든 대안들의 결과를 측정할 벤치마크를 제공할 수 있다. 현상유지 대안을 분석하는 중요한 이유 가운데 하나는 유용한 기저선 대안(baseline alternative)을 창안하기 위한 것이다(노화준, 2017). 즉 어떤 계획이나 프로그램이 없을 경우에 도달하는 상태를 알고자 하는 것이다.

현재 직면하고 있는 정책문제뿐 아니라, 유사한 문제를 해결하고자 고려하였던 정책대안에서도 정책대안을 찾을 수 있다. 여성의 균등한 고용기회를 증가시키기 위하여 활용되었던 여성채용목표제를 유추하여 장애인을 배려하기 위한 장애인채용목표제 또는 지방대학출신 학생들을 배려하기 위한 지방인재채용목표제와 같은 정책대안을 마련할 수 있다.

정부내의 개인이나 조직들은 정책문제해결을 위해 이전에 사용하였던 정책들 가운데 비교적 만족할만한 결과를 가져온 정책대안들을 기억장치 속에 보관하기도 하는데, 이렇게 보관된 것이 정책목록(program repertory)이다(정정길 외, 2010). 정책목록은 동일한 문제 또는 유사한 문제에 대하여 과거에 채택하여 보았던 정책들의 집합이다. 최근에는 각 정부부처와 행정기관이 지식관리시스템(Knowledge Management System, KMS)을 구축하여 조직 내에 축적되는 각종 지식, 경험, 그리고 노하우를 효율적으로 관리하고 이를 상호 공유할 수 있도록 하고 있다. 지식관리시스템을 이용하면 조직이 보유한 정책목록을 일정한 데이터 베이스에 보관하였다가 필요한 경우 언제든지 활용할 수 있다. 그러므로 지식관리시스템에 저장된 정책들 하나하나가 동일한 문제 또는 유사한 정책문제가 등장했을 때 사용할 수 있는 정책대안이 될 수 있다.

2) 타 정부로부터 정책학습

다른 정부의 경험, 즉 다른 정부의 정책목록들도 정책대안의 원천으로 활용할 수 있다. 여기에서 다른 정부는 한 국가 내의 다른 지방정부인 경우도 있고 또 다른 국가의 중앙정부나 지방정부인 경우도 있다. 소위 우수사례 벤치마킹을 통하여 다른 정부가 사용하는 정책을 도입하는 것이다. 최근 직위공모제도, 고위공무원단과 같은 인사개혁정책, 또는 복식부기제도 등 재정개혁정책 등 다른 국가나 다른 자치단체의 정책 또는 프로그램을 정책대안으로 고려하여 채택하는 사례가 증가하고 있다. 이를 정책확산(diffusion), 정책전파(transfer) 또는 정책학습(learning)이라고 부른다. 학습(learning)이란 학습주체가 시행착오를 토대로 목표와 수단을 수정하고 보완해 나아가는 과정을 말하는 것으로 정책학습에서는 학습주체의 역할을 능동적인 것으로 본다.

정책학습의 관점에서 다른 정부정책을 현실에 맞도록 변형(tinkering)하고 보완하여 새로운 정책대안을 만들 수 있다. 변형이라는 아이디어는 하나의 대안을 핵심적 요소들로 분해하여, 그러한 요소의 상이한 설계를 확인한 후, 그러한 설계를 재조립하여 자신의 지역현실에 적합한 정책대안으로 재구성하는 것이다(Weimer & Vining, 2005: 345-346).

예를 들면, 이웃 시정부에서 쓰레기 분리수거정책이 잘 작동되는 것을 알았다고 하자. 쓰레기 분리수거는 네 가지 구성요소, 즉 ① 주민이 그들의 쓰레기에서 신문과 유리병을 분리한다. ② 주민이 이들을 네거리에 시청에서 설치한 수거함에 지정된 수집날짜에 가져다 준다. ③ 시 청소부서에서 이들을 수집한다. ④ 청소부서에서 이들을 포장하여 재사용업자에게 판매한다. 이러한 각 구성요소들의 변형을 쉽게 상상할 수 있다. 주민들에게 신문과 유리병뿐 아니라 플라스틱 병과 금속 병을 분리하도록 요구할 수 있다. 수거함에 가져다 주는 대신 재활용 센터에 가져다 주도록 할 수 있다. 민간업자에 요청하여 수집하도록 할 수 있다. 이와 같이 변형된 구성요소들을 재조립하여 새로운 정책대안을 만들 수 있다.

3) 과학적 지식과 모형 활용

과학적 지식과 기술 및 모형을 활용하여 새로운 정책대안을 개발할 수 있다. 그 이유는 과학적 지식이나 이론이 정책목표와 정책수단 사이에 인과관계를 내포하기 때문이다. 예를 들어, 학습에 대한 사회심리학이론들이 미국에서 조기유아교육프로그램(예: Head Start Program)의 원천이 되었다. 복잡한 현실상황에서 정책대안을 창출할 경우에는 이론이나 지식의 내용을 토대로 모형을 구성하는 경우가 대부분인데, 모형은 정책문제를 발생시킨 원인을 찾아내고 그 원인을 제거하는 방안을 찾아내는 데에도 도움이 된다.

4) 주관적 판단에 의한 대안 개발

주관적 판단에 의한 대안의 개발방법은 주로 개인 또는 집단의 권위, 판단력, 직관, 통찰력 등을 활용하는 대안개발방법이다. 일반적으로 앞에서 살펴본 브레인스토밍, 정책델파이 등의 방법을 사용할 수 있다. 어떤 집단의 주관적 판단을 활용하느냐에 따라 다음과 같이 세 집단으로 구분할 수 있다.

(1) 전문가의 권위

문제해결을 위한 대안을 탐색할 때 분석가가 그 분야에서 권위(authority)를 인정받고 있는 전문가에게 도움을 요청할 수 있다. 예를 들면, 전문가들로 구성된 대통령소속 사회통합위원회 위원들의 지식이 세대간, 지역간, 계층간 갈등문제를 해결할 수 있는 정책대안의 원천으로 이용될 수 있다.

(2) 지식인의 통찰력

분석가는 어떤 문제에 관하여 특히 통찰력이 있다고 믿어지는 사람들의 직관, 판단, 혹은 묵시적 지식 등에 호소할 수도 있다. 보통의 의미에서 전문가가 아닌 '지식인들'(knowledgeables)의 통찰력(insight)이 정책대안의 중요한 원천이 될 수 있다. 예를 들면, 보건복지부의 노인복지부서에 관련된 여러 정책관련자들은 노인복지분야의 정책대안에 관한 식견 있는 판단을 제공하는 원천으로서 이용될 수 있다.

(3) 이해관계자의 욕구

이해관계자의 신념, 가치, 욕구 등이 정책대안의 원천이 될 수 있다. 특정 정책문제 때문에 고통을 당하고 있는 집단은 나름대로 독특한 정책대안을 제시할 수 있다. 그러므로 정책문제에 이해관계를 가진 개인이나 집단의 대표자들에게 자문을 구하거나 이들이 의견을 개진할 통로와 기회를 제공할 경우 문제해결에 효과적인 대안들을 자연스럽게 제안할 수 있다. 이 과정에서 유의하여야 할 점은 현재 상태에서 고통을 당하고 있는 집단뿐 아니라, 문제를 해결하는 과정에서 새롭게 이해관계를 가지고나 피해를 입을 것으로 예상되는 집단들도 대안개발과정에 참여시켜서 그들의 욕구가 대안개발에 반영되도록 해야 한다는 점이다(노화준, 2017).

Ⅴ. 정책대안의 결과예측

1. 정책대안 결과예측의 의미

정책대안들이 개발되면 각 정책대안이 가져올 결과들을 예측 또는 추정하여야 한다. 정책대안을 채택하여 집행하게 될 경우 나타나게 될 미래의 결과에 대한 사전적인 예측능력은 정책결정의 질을 향상시키는 데 있어서 아주 중요한 요소이다.[5] 정책의 미래예측(forecasting)이란 정책문제에 관련된 사전정보를 토대로 미래의 사회상태에 관한 사실적 정보를 산출하는 절

5) 정책대안의 미래예측부분은 남궁근 외 역. 2018. 「정책분석론」. 제6판(원저. W. N. Dunn. 2018. *Public Policy Analysis,* Pearson). 법문사; 남궁근. 1993. "정책의 미래예측", 「고시계」. 439호를 중심으로 요약한 것임. 또한 남궁근. 2017. 「행정조사방법론」. 제5판. 제8장 제4절에 주요 내용이 소개되었다.

차를 말한다(Dunn, 2018: 119). 예측을 통하여 얻은 정보를 토대로 정책결정자는 능동적으로 미래를 바람직한 방향으로 변화시켜 갈 수 있으며, 공해나 환경오염 등 부정적인 결과를 회피할 수 있는 정책대안을 마련할 수 있다. 정책대안의 선택은 앞으로 다가올 미래를 이해하고 그것을 바람직한 방향으로 통제하기 위하여 이루어지는 작업이라고 볼 때, 미래에 대한 정확한 예측 없이 올바른 정책대안을 선택하기 어렵다.

2. 미래의 유형과 예측목적

1) 미래의 유형

미래의 상태는 세 가지 형태, 즉 잠재적 미래(potential future)와 개연적 미래(plausible future) 및 규범적 미래(normative future)로 구분할 수 있다([그림 2-1] 참조).

그림 2-1 미래상태의 세 가지 유형 : 잠재적, 개연적, 규범적 미래

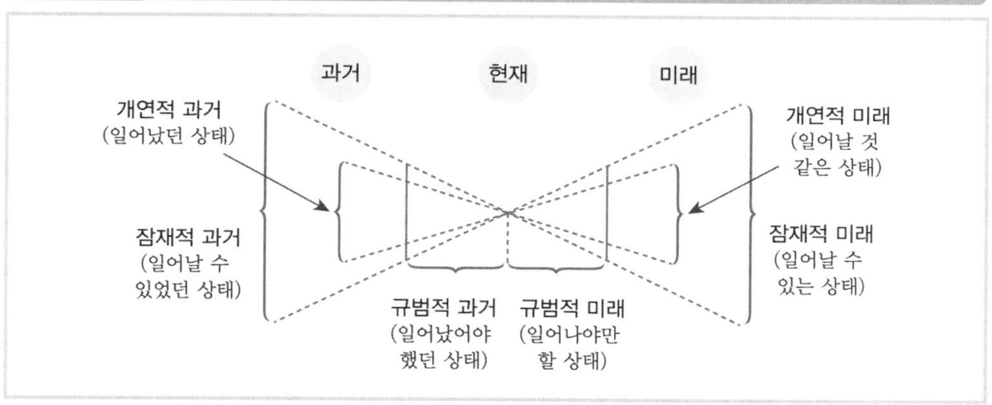

출처 : Dunn. 2018. *Public Policy Analysis*. p. 124, 그림 4.2.

1) 잠재적 미래는 실제로 발생하게 되는 미래의 사회상태가 아니라 발생 가능한 미래의 사회상태를 말한다.

2) 개연적 미래는 만약 정책결정자가 방향전환을 시도하지 않는다면 자연히 도달하게 될 가능성이 가장 큰 미래상태를 말한다. 정책분석의 관점에서 본다면 개연적 미래는 현상유지(*status quo*), 즉 아무것도 하지 않는 대

안(no action alternative)이 가져올 미래 상태에 대한 예측결과를 말한다. 그러므로 개연적 미래는 다른 정책대안이 초래할 결과와 비교할 수 있는 기준선이 되는 상태(baseline state)를 나타낸다.

3) 규범적인 미래는 정책결정자들이 미래에 있어서의 욕구나 가치를 토대로 판단할 때 그렇게 되는 것이 바람직하다고 생각하는 미래를 말한다. 규범적 미래를 구체화한다는 것은 정책을 통하여 달성하고자 하는 미래상태, 즉 정책목적과 목표를 구체화하는 것을 의미한다. 그런데 규범적인 미래상태는 잠재적으로 발생이 가능한 미래의 범위 내에서 설정되어야 할 것이다.

2) 미래예측의 목적

정책분석에서 미래예측의 목적은 사회적·물리적 환경을 이해하고 통제하려 한다는 점에서 여러 사회과학적 연구의 목적과 유사하다. 그런데 정책분석절차에서의 예측은 미래에 발생할 가능성이 있는 사회상태 중에서도 정책수단을 통하여 특별히 통제하고자 하는 부분에 대하여 이루어지게 된다. 정책분석에서의 예측의 목적은 정책결정자가 여러 가지 정책대안이 초래할 결과를 파악할 수 있고, 미래의 불확실성과 변화에 대처할 수 있도록 정보를 제공하는데 있다. 그러므로 정책결정자가 정책수단을 통하여 통제 및 조작이 가능한(controllable and manipulable) 미래의 사회상태에 관한 정보와 그렇지 않은 정보 중에서 전자가 관심의 대상이 된다. 정책결정자가 미래의 사회상태를 통제할 수 있기 위하여는 어떤 형태의 미래가 보다 바람직한 것인가에 관한 정보와 그와 같은 상태를 달성하기 위한 정책수단에 관한 정보가 제공되어야 한다.

3) 불확실성과 예측오차

정책문제를 둘러싼 정책상황의 가장 큰 특징은 불확실성(uncertainty)이다. 넓은 의미에서 정책문제의 불확실성은 지식의 부족으로 문제 상황을 정확하게 파악하지 못하는 것이다. 문제상황이 불확실할 경우 어떠한 예측방법을 선택하든지 미래상태를 정확하게 예측하는 것이 어렵다. 즉 예측결과에는 항상 오차가 따를 수 있다는 것이다. 실제로 한 변수의 추세연장에 기초한 비교적 간단한 예측방법은 물론 수백 개의 변수들을 포함하는 모형에 기초한 비교적 복잡한 예측방법에서도 예측의 정확성은 제한되어 있다(Dunn, 2018: 122-123).

예측의 방법뿐 아니라 예측대상기간도 예측의 정확성에 영향을 미친다. 시간 간격이 길어질수록 예측의 정확도는 떨어지게 된다. 또한 역사적 맥락이 예측의 정확성에 영향을 미친다. 과거와 비교하면 현대사회에서 과학기술의 발달과 국가간 상호의존성이 증가하면서 정책상황의 불확실성과 복잡성이 더욱 증가하기 때문에 예측기법의 발달에도 불구하고 예측의 정확성은 더욱 낮아진 것으로 알려지고 있다.

급변하는 상황에도 불구하고 예측모형의 개발자나 이용자들은 분명히 받아들이기 어려운 과거의 가정(assumption)에 매달리는 경향 때문에 예측오차가 더욱 확대될 수 있다. 이러한 경향을 '가정견인'(assumption drag)이라 부르는데(Ascher, 1978), 예를 들어, 산유국 정부의 가격정책과 행동이 안정적으로 유지될 것이라는 가정과 같은 것이다.

그러므로 분석가들은 복수의 예측기법을 사용하여, 예측오차의 크기를 비교한 후, 예측오차가 적은 예측기법을 활용할 수 있어야 한다.

4) 미래예측방법의 분류

정책분석에서 활용되는 미래예측의 방법은 매우 다양하다. 미래예측의 방법은 크게 양적 방법과 질적 방법으로 분류할 수 있다. 양적 방법은 다시 추세연장방법 또는 투사법과 모형작성기법으로 구분할 수 있다.

3. 추세연장 예측방법

1) 추세연장방법의 의의

추세연장(extrapolation)의 방법은 현재 및 과거의 역사적 자료를 토대로 미래에 있어서의 사회적 변화를 투사할 수 있게 해주는 절차를 총칭한다. 추세연장의 범주에 해당되는 기법들은 대개 시계열자료 분석의 형태를 취하여 개연적인 미래(plausible future) 상태를 투사하여 예측한다. 즉, '아무것도 하지 않는 대안'이 가져올 미래 상태를 예측하여 다른 정책대안이 초래할 결과와 비교할 수 있는 기준선이 되는 상태를 파악할 수 있다. 시계열자료는 연도별 도매물가지수, 경제성장율, 인구증가율, 월별 소비자물가지수, 행정기관의 업무량 등 수없이 많다. 이러한 자료를 시계열자료라고 하며, 이 자료를 분석하는 것을 시계열 분석이라고 한다. 그러므로 추세연장적 분석 또는 시계열 분석은 시간의 경과에 따라 순서대로 관측되는 값인 시계열 자료(time series data)를 대상으로 이들의 추세, 변동요인 등을 파악하여 자료의 패턴을 유추함으로써 미래상태를 예측하는 기법이다.

추세연장적 예측은 지속성(persistence), 규칙성(regularity), 자료의 신뢰성(reliability)과 타당성(validity)의 가정이 충족되는 것을 전제로 한다. 지속성과 규칙성의 가정은 사회적 현상에서도 물리학에서 이야기하는 관성(inertia)이 존재한다는 것이다. 예를 들어 인구변화라는 현상에 관성이 존재한다는 말은 인구가 과거와 비슷한 모습으로 미래에도 변화할 것이라는 것을 의미한다(안문석, 1993: 58). 추세연장의 범주에 속하는 기법들에는 이동평균법, 지수평활법, 최소자승경향추정, 전통적 시계열분석 등이 포함된다.

추세연장적 예측기법은 이같이 상당히 다양한 방법들을 포함하므로 예측에 따른 예측오차를 계산하여 예측오차가 가장 작은 방법을 선택하는 것이 바람직하다. 예측오차의 측정방법으로 오차제곱의 평균(Mean Squared Error, MSE)을 가장 많이 사용한다.

2) 추세연장의 방법

(1) 이동평균법

이동평균법(moving average)은 비교적 간단한 시계열자료 분석방법으로 최근 몇 개의 관찰값의 단순평균값을 다음 기간의 예측값으로 추정하는 방법이다. 이동평균을 계산하려면 과거자료의 개수(k)를 결정하여야 한다. 일반적으로 불규칙변동이 심하지 않을 경우에는 k 값을 적게, 불규칙변동이 심할 경우는 많은 수의 k 값을 선정한다. 또한 예측오차(MSE)를 비교하여 그 오차가 작은 값을 선택하는 것이 좋다.

(2) 지수평활법

지수평활법(exponential smoothing)이란 과거의 모든 자료를 사용하여 평균을 구하되 최근의 자료에 가중치를 높게 부여하는 방법이다. 시간의 지수함수에 따라 자료에 가중치를 부여하므로 지수평활법이라고 한다. 지수평활법에서 평활계수 $\alpha(0<\alpha<1)$는 가중치 역할을 하는데 예측값을 구하는 공식은 다음과 같다(Hanke, Wichern & Reitsch, 2001: 107).

$$\text{예측값} = [\alpha \times (\text{당기관찰값}) + [(1-\alpha) \times \text{과거 예측값})]$$

불규칙 변동이 큰 자료에서는 작은 값의 α를, 불규칙 변동이 작은 자료에서는 큰 값의 α를 적용하는데, 통상 0.05와 0.3 사이의 값을 사용하는 것이 일반적이다. 이동평균법과 마찬가지로 예측오차(MSE)를 비교하여 그 오차가 작은 α 값을 선택하는 것이 좋다.

(3) 선형경향추정

선형경향추정(linear trend estimation)은 회귀분석을 이용하여 시계열의 관찰값을 기초로 미래사회상태에 대하여 통계적으로 신뢰할 수 있는 추정치를 얻는 절차이다. 선형회귀를 이용하려면 시계열상의 관찰값들이 곡선형태가 아니어야 한다. 최소자승 선형경향추정이 미래를 예측하는 데 있어서 정확성이 높기는 하지만 나름대로의 제약성을 가지고 있다. 첫째는 시계열에 있어서의 값이 경향선(trend line)을 따라서 꾸준히 증가하거나, 꾸준히 감소하는 선형(linear)이어야 한다는 점이다. 관찰된 시계열상의 값이 비선형(nonlinear)일 때에는 적용하기가 어렵고 다른 방법을 적용하여야 한다. 둘째는 과거에 있어서의 일반적인 경향이 앞으로도 같은 형태로 계속될 것이라는 설득력있는 근거가 있어야만 한다. 셋째는 시계열이 보여주는 유형이 규칙적이어야만 한다. 다시 말하면 주기적인 파동이나 갑작스러운 불연속 등이 없어야 한다.

(4) 전통적 시계열분석

추세연장을 위한 방법의 하나가 고전적인 의미의 전통적 시계열분석방법을 사용하는 것이다. 전통적으로 시계열자료는 장기적 추세, 순환적 파동, 계절적 변동, 불규칙변화 등 네 가지 요소를 가지고 있는 것으로 간주된다.

장기적 추세는 시계열 자료에서 장기간의 시간흐름에 따른 움직임의 추세로 지속적 상승 또는 하강 등으로 나타난다. 예를 들어 서울시내 주택가격이 정기적으로 상승세에 있을 경우, 이를 상승 추세라고 볼 수 있다([그림 2-2]). 순환적 파동(cyclical fluctuations)은 장기적인 추세선의 주위에서 어느 정도의 주기를 가지고 순환적으로 상승과 하락을 반복하는 변동을 말한다. [그림 2-2]에서 가상적 주택가격은 상승추세선의 주위에서 순환적인 변동을 보여주며 정점(peak)과 바닥(valley)을 확인할 수 있다.

계절적 변동은, 1년을 주기로 반복해서 나타나는 시계열상의 변동이다. 계절적 변동의 가장 좋은 예는 기후조건이나 휴가철의 변화에 따라 증감하는 현상이다. 사회복지, 보건, 공공소비재 등을 담당하는 기관의 업무량도 기후조건이나 휴가의 결과로 종종 계절변동을 나타낸다. 마지막으로 불규칙변동은 규칙적인 방식이 없어 보이는 시계열상의 예측할 수 없는 변동을 말한다. 이러한 불규칙 변화는 많은 요인의 복합작용으로 일어나게 된다. 시계열자료를 분석하여 계속적 경향, 계절적 변동, 순환적 파동의 요소를 찾아내기 위하여 자기회귀누적이동평균(ARIMA)모형 또는 박스-젠킨스(Box-Jenkins) 분석기법을 사용하는데, 이는 고급통계기법에 속한다.

그림 2-2 가상적 주택가격 시계열자료에서 추세와 순환적 요소

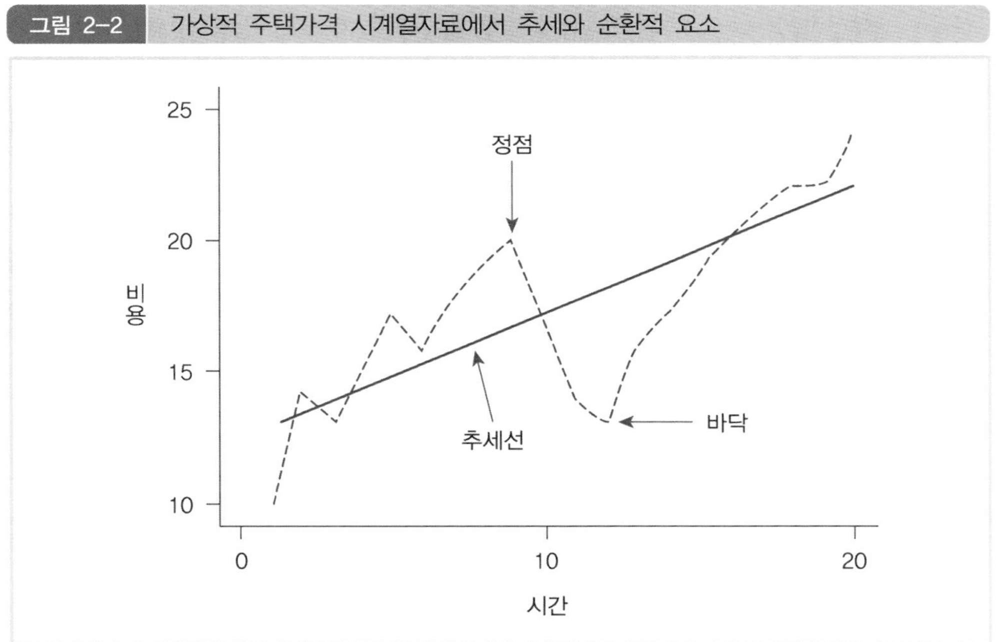

출처 : Hanke, Wichern & Reitsch. 2001. *Business Forecasting*. p. 55, 그림 3.2.

4. 모형작성기법

새로운 정책대안을 도입할 경우에 발생할 정책목표의 미래상태를 예측하는 경우에는 정책수단(독립변수)과 정책목표(종속변수)와의 관련성 분석이 선행되어야 한다. 이 경우에는 정책수단과 정책목표를 연결하는 인과모형을 작성하고 이를 검증해야 한다. 즉, 몇 가지 이론적 가정을 토대로 모형을 작성하고, 모형에 포함된 변수에 관하여 자료를 수집한 다음, 그 자료를 분석하여 미래를 예측한다. 역사적인 상황이 다시 반복될 것이라는 가정아래 행해지는 추세연장의 방법과는 달리 모형작성기법에서는 여러 이론들 속에 포함되어 있는 인과관계에 관한 각종의 가정을 근거로 예측이 이루어진다. 추세연장의 논리가 근본적으로 귀납적인데 반하여 모형작성기법에서는 변수들간의 관계를 연역적으로 추론하여 인과모형을 작성한다.

정책대안분석에서 예측을 위하여 흔히 사용되는 모형으로는 인과모형(causal models), 선형계획 모형(linear programming models), 투입-산출모형(input-output models), 계량경제분석 모형(econometric models), 체제동태 모형(system dynamic models) 등이 있다.

모형작성단계는 모형작성기법을 적용한 예측의 가장 핵심적 부분이라고 할 수 있다. 모형이란 현실의 추상적인 표현이라고 이해된다. 즉 복잡한 현실을 완벽하게 나타내는 것이 아니라 필요하고도 중요한 측면만을 선택하여 이것들을 간단명료하게 표현한 것이 모형이다. 그렇다면 어떤 요소들을 모형 속에 포함시키고 다른 요소들을 제외시키는가? 이에 대한 답변은 모형작성을 통하여 무엇을 예측하는가에 달려 있다. 즉 예측하고자 하는 변수와 직접 관련이 있다고 생각되는 중요한 요소들을 모형에 포함시켜야 한다.

모형작성방법의 장점은 분석가들이 예측에 사용하게 되는 각종의 인과적 관계에 관한 가정을 분명하게 밝힐 수 있다는 것이다. 2020년대의 우리나라 인구를 예측하기 위한 모형을 작성할 경우에 인구변동에 영향을 비친다고 생각되는 국민소득, 보건의료기술수준, 복지지출, 인구정책 등의 요인을 찾아낸 다음 그들 간의 관계에 대한 일련의 가정을 토대로 모형을 작성한다.

모형의 검증을 위한 경험적 통계자료분석에는 회귀분석이 많이 사용된다. 회귀분석은 하나의 종속변수와 몇 개의 독립변수들 사이에 존재하는 선형관계의 유형 및 정도를 추정하는 통계분석 방법이다. 회귀분석은 단순히 하나의 독립변수만을 포함하고 있을 때는 단순회귀분석, 두 개 이상의 독립변수를 포함하고 있을 때를 다중회귀분석이라고 한다. 그런데 정책대안분석에서 예측을 필요로 하는 문제는 대개 다중회귀분석방법을 사용하게 된다.

여러 변수들간에 원인과 결과의 관계가 복잡하게 작용할 것으로 생각되는 경우에는 인과적 모델링에 의해서 인과경로모형을 작성하고, 경로분석(path analysis)을 통하여 변수들간의 인과관계의 경로에 관한 가설을 검증하는 방법을 사용하기도 한다.

5. 질적 방법에 의한 미래예측

미래예측을 위한 양적인 방법이 시계열 자료에 대한 계량적 분석을 토대로 하는데 비하여 질적인 방법은 관계자와 전문가의 주관적 판단에 의존하는 방법을 취한다. 여기에서는 이러한 방법 중에서 브레인스토밍과 델파이 기법 및 정책델파이 기법, 교차영향분석, 그리고 시나리오 예측에 관하여 살펴보기로 한다.[6]

1) 브레인스토밍

브레인스토밍은 원래 Osborn이 창안한 것으로 문제해결방안을 고안하는 과정에서 창의성을 향상시키기 위한 수단으로 고안되었다. 브레인스토밍은 정책대안의 개발 및 창출 단계뿐 아니라 정책목표 및 정책대안의 결과에 관한 미래를 예측하는 방법으로 사용된다. 일반적으로 브레인스토밍은 다음과 같은 절차를 거친다.

(1) 브레인스토밍 집단의 구성

브레인스토밍은 집단적 토의를 통하여 미래를 예측한다. 그러므로 첫 단계에서 정책대안과 관련된 상황에 관하여 특별한 지식이 있는 사람을 선발

---

6) 브레인스토밍, 델파이, 정책델파이, 교차영향분석은 Dunn. 2018. *Public Policy Analysis.* 6th ed. pp. 164-176 및 남궁근 외 역(2018) pp. 224-239에서 요약한 것이다. 브레인스토밍, 델파이 및 정책델파이는 또한 남궁근. 2017. 「행정조사방법론」. 제5판. pp. 351-358에도 소개되었다.

Box 2-1: 학문분야를 넘어선 브레인스토밍: 엘리베이터 문제

대형 사무실 건물의 관리자는 특히 러시아워 동안 엘리베이터 서비스에 대한 불평을 많이 받고 있었다. 관리자는 서비스가 나아지지 않으면 퇴거하겠다는 입주민들의 위협을 받고 엘리베이터 설계와 장착을 전문으로 하는 일단의 기술자에게 자문을 요청하였다. 상황을 조사한 기술자들은 ① 엘리베이터 추가 설치, ② 빠른 엘리베이터로 대체, ③ 신속한 엘리베이터 서비스를 위한 컴퓨터 통제 장치 설치 등 세 가지 대안을 제안하였다. 경제학자와 협동하여 기술자들은 세 가지 대안에 대한 비용편익분석을 실시하였고 세 가지 대안이 모두 상당한 서비스 향상을 가져올 것이라는 것을 알았다. 그러나 세 대안의 비용은 모두 빌딩 임대의 금전적 편익을 초과한다는 것을 알게 되었다. 관리자는 어떤 대안도 선택할 수 없기 때문에 딜레마에 직면하였다.

그는 직원회의를 소집하여 브레인스토밍 회의의 일부로 이 문제를 제시하였다. 많은 제안이 나왔고 버려졌다. 토론은 속도가 늦어지고 중단되었다. 휴식시간에 그동안 잠자코 있었던 인적자원과의 젊은 신입 직원이 모든 사람들을 즉시 사로잡을 제안을 하였다. 수 주후 관리자는 약간의 투자를 하였고 문제는 사라지게 되었다.

각 층마다 엘리베이터 벽에 전신 거울이 설치되었다.

인적자원과의 젊은 심리학자는 기다리는 시간은 실제로 꽤 짧았다고 관찰하였다. 그는 불평은 기다리는 지겨움 때문이라고 추리하였다. 시간이 길게 느껴졌을 뿐이다. 그는 사람들에게 할 일을 주었다. 즉 자신들과 다른 사람들(특히 이성)을 슬며시 보도록 하자. 이것이 그들을 사로잡았다.

출처: Dunn. 2018. *Public Policy Analysis*, 6th ed., p. 116-117, 사례 3-2.

하여야 한다. 여기에는 관련분야의 전문가뿐만 아니라 독창성이 있는 사람, 그리고 정책으로부터 직접 영향을 받게 되는 관련자를 포함시키는 것이 바람직하다. 이러한 집단은 보통 5명에서 12명의 소규모로 구성된다.

(2) 아이디어 개발

다음 단계는 아이디어를 개발하는 과정이다. 아이디어 개발단계에서는 미래에 발생할 가능성이 있는 사건들의 목록을 작성한다. 이 단계는 가능한 한 개방적인 분위기를 유지하여 창의적인 아이디어가 많이 나올 수 있도록 하여야 한다. 아이디어의 개발과정은 후속하는 평가과정과 엄격하게 분리시켜야 하는데 그 이유는 평가과정에서 핵심적인 비판적인 토론을 조기에 도입하면 아이디어 개발이 제약될 수 있기 때문이다.

(3) 아이디어 평가

모든 아이디어가 총망라된 다음에 아이디어의 평가단계가 시작된다. 아이디어 평가단계에서는 개발단계에서 작성된 미래에 일어날 사건의 목록중에서 중요한 사건은 무엇인지, 그 사건이 발생할 확률은 어느 정도인지에 대하여 판단이 이루어진다.

이상의 절차에 따라 이루어지는 브레인스토밍 활동은 집단토론의 초점을 분명하게 하기 위하여 몇 가지 장치를 도입하면 상대적으로 잘 조직화할 수 있다. 예를 들면 의욕적인 전문가들로 팀을 구성하여 수년 동안 자주 만날 수 있는 연속적 세미나를 도입하는 방법이 있다. 이러한 장치를 도입하면 전통적인 위원회와 같은 제한적 분위기를 피할 수 있다.

[Box 2-1]에 브레인스토밍의 간단한 사례가 제시되었다.

2) 델파이 기법

델파이 기법은 1948년 미국 랜드연구소의 연구진에 의하여 개발되어 공공부문이나 민간부문의 예측활동에 이용되어 왔다. 원래 이 기법은 군사전략문제에 적용되었지만 점차 다른 분야의 예측에도 확대하여 적용되고 있다. 현재 이 기법은 교육, 기술, 판매, 수송, 대중매체, 의료, 정보처리, 연구개발, 우주탐사, 주택, 예산편성, 생활수준 향상 등의 분야에 적용되고 있다.

델파이 기법은 위원회나 전문가 토론, 또는 다른 형태의 집단토론에서 나타나는 여러 가지 왜곡된 의사전달의 원천을 제거하기 위하여 고안되었다. 즉 소수인사에 의하여 토론과정이 지배되는 현상, 동료집단의 견해에 따라야 한다는 압력, 개성 차이와 참여자들 사이의 갈등, 권위있는 지위에 있는 사람들의 의견에 공공연하게 반대하는 데 따르는 어려움 등 여러 가지 문제를 피하기 위해 설계되었다. 이러한 문제점들을 해결하기 위해서 델파이기법의 적용에서는 다음과 같은 다섯 가지 기본원칙이 강조된다.

① 익명성: 전문가와 참여자들은 익명성이 엄격하게 보장된 개인으로서

답변한다.

② 반복: 개개인의 판단은 집계하여 몇 회에 걸쳐 참가한 모든 전문가들에게 다시 알려주고, 이렇게 함으로써 사회학습의 기회를 제공하고 이전의 판단을 수정할 수 있도록 한다.

③ 통제된 환류: 질문지에 대한 응답을 요약수치로 나타내어 종합된 판단을 전문가와 참여자들에게 전달한다.

④ 응답의 통계처리: 개인들의 응답을 요약하여 최빈수, 중위수 또는 평균 등 중앙경향값, 사분편차 등 산포도, 막대그림표, 도수다각형 등 도수분포의 형태로 제시된다.

⑤ 전문가 합의: 예외는 있지만 이 기법의 주요목표는 전문가들 사이의 합의가 도출될 수 있는 조건을 마련하여 합의된 의견을 찾아내는 것이다.

3) 정책델파이기법

정책델파이는 델파이 기법의 한계점을 건설적으로 극복하여 정책문제의 복잡성에 맞는 새로운 절차를 만들어 내려는 시도로서 창안되었다. 정책델파이는 반복과 통제된 환류라는 전통적 델파이의 두 가지 원칙에 기초를 두고 있지만 다음과 같은 몇 가지 새로운 원칙을 추가하고 있다.

① 선택적 익명성: 정책델파이의 참가자들은 예측의 초기단계에만 익명으로 응답한다. 정책대안들에 대한 주장들이 표면화된 이후에는 참가자들로 하여금 공개적으로 토론을 벌이게 하는 것이다.

② 식견있는 다수의 창도: 참가자들을 선발하는 과정은 '전문성' 자체보다 이해관계와 식견이라는 기준에 바탕을 둔다. 따라서 델파이 집단을 구성할 때 연구자는 특정상황에서 가능한 식견있는 창도자 집단을 대표할 수 있도록 노력하여야 한다.

③ 양극화된 통계처리: 개인의 판단을 집약할 때, 불일치와 갈등을 의도적으로 부각시키는 수치가 사용된다. 중위수, 범위, 표준편차 등 전통적인 측정치가 사용될 수도 있지만, 정책 델파이에서는 개인간 또는 집단간의 차이를 나타내는 여러 가지 수치를 보충하여 사용한다.

④ 구성된 갈등: 참여자간의 갈등이 정책이슈에 내재된 정상적인 모습이라는 가정에 입각하여, 대안과 결과를 창조적으로 탐색하는 데 있어서 의견상의 차이를 이용하려는 시도가 이루어진다. 또한 대립되는 입장에 내재된 가정과 논증을 표면화시키고 명백하게 하기 위하여 노력한다. 따라서 정책델파이의 결과는 특정한 제한이 없다. 즉 합의가 이루어질 수도 있고 갈등이 계속될 수도 있다는 뜻이다.

정책델파이는 사안의 내용과 이 기법을 사용하는 사람의 솜씨나 재주에 따라 여러 가지 다양한 방법으로 수행될 수 있다. 정책 델파이는 하나의 중요한 연구 활동이므로 표본추출, 질문서 설계, 신뢰도와 타당도, 자료의 분석과 해석 등 조사방법의 일반적 절차에 따라야 한다(Turoff, 1970; Linstone & Turffs, 1975: Dunn, 2018: 166-172).

4) 교차영향분석

전통적인 델파이기법을 개발해냈던 랜드연구소 연구진들에 의해 개발된 교차영향분석은 관련된 사건의 발생 여부에 따라 어떤 사건이 앞으로 발생할 가능성에 대해 주관적 판단을 이끌어내는 기법을 말한다.

교차영향분석에 쓰이는 기초적인 분석도구는 교차영향행렬(cross-impact matrix)인데 이것은 행과 열에 잠정적으로 관련되어 있다고 생각되는 사건들의 목록을 대칭적으로 작성한 것이다. 예를 들면 휘발유값의 상승(E_1), 교외거주자들의 시중심부로의 이동(E_2), 범죄건수의 증가(E_3), 단거리용자동차의 생산량(E_4) 등을 상호관련된 사건의 목록으로 볼 수 있다. 여기에서 휘발유값이 30% 상승했을 때, 교외거주자가 시중심부로 이동한 확률은? 만약 교외거주자의 50%가 시내로 이주했을 때에 범죄건수는 얼마나 증가할 것인가? 등 하나의 사건이 다른 사건의 발생에 미치는 영향의 정도를 추정하는 절차를 거치게 된다.

교차영향분석에서는 조건부 확률(conditional probability)을 적용하여 사건의 발생가능성을 추정하는데 조건부 확률이란 한 사건의 발생 확률이 다른 사건의 발생 확률에 영향을 받는 경우이다.[7] 이 기법은 전통적인 델파이

7) 조건부 확률은 통계분석의 확률이론에서 다루고 있다.

기법을 보완하기 위해 개발되었고, 조건부 확률을 계산하는 데 전문가의 주관적 판단에 의존한다는 점에서 양적 방법이라기보다는 질적 방법으로 분류된다.

5) 시나리오 예측

(1) 시나리오 예측의 의의

시나리오란 미래에 발생할 수 있는 여러 가지 상황을 연극의 대본과 같이 '스토리'(story)형식으로 전달하여 미래의 다양한 모습을 쉽게 이해할 수 있도록 도와주는 예측기법이다. 시나리오는 복잡한 요인들이 얽힌 이슈와 관련된 미래의 모습에 이해당사자, 환경적 변화 요인, 정책당국의 잠재력 등이 어떻게 영향을 미치는지를 쉽게 이해할 수 있도록 도와주는 효과적인 전략적 도구로 활용되고 있다. 시나리오를 작성하는 데 해당 분야의 전문가들의 토론 또는 워크숍과 같은 절차를 활용하기도 한다.

시나리오는 제2차 세계대전 당시 미 공군에서 적군의 행동을 예측하고 이에 대처할 수 있는 전략을 세우기 위하여 마련한 군사계획으로 처음 사용하였다. 현대적인 의미의 시나리오 예측의 출발점은 허만 칸(Herman Kahn)이 시나리오 분석기법을 개발하고 랜드연구소에서 실행한 군사전략이다(임현 외, 2010). 허만 칸은 1960년대 중반 허드슨연구소(Hudson Institute)를 설립하고, 시나리오 예측의 적용범위를 군사전략 분야에서 미국의 공공 정책과 기업의 전략수립 등 다른 분야들로 확장시켰다. 1970년대 전세계적인 석유파동이 발생하자 이에 대응하기 위하여 석유회사인 로얄더치셸이 기업의 입장에서 시나리오를 전략의 도구로 폭넓게 활용하였다. 그 이후 스탠포드연구소와 허드슨연구소와 같은 조직을 통하여 기업과 정부에서 폭넓게 활용하고 있다.

(2) 시나리오의 분류

① 전방향 시나리오와 후방향 시나리오

전방향 시나리오는 현재 상태에서 출발하여 미래에 "무엇이 발생할 것인가"라는 질문에 해답을 구하는 형식이다. 정책 예측에서는 이러한 시나리오 작성과정을 전방향 매핑이라고 하는데 현재의 정책대안에서 시작하여 바람직하다고 생각하는 결과를 연결하는 연쇄관계의 형태를 구체화하고 이에 관한 질문을 제기하는 것이다(Weimer & Vining, 2005: 280). 대안과 결과를 연결하는 연쇄관계의 구체화과정에서 누가 주체가 되어야 하는지, 어떠한 행위가 이루어져야 하는지 분명하게 드러나야 한다.

후방향 시나리오는 미래 일정시점에서 바람직하다고 생각하는 결과에서 시작하여, 역으로 그 결과들을 산출하는 데 필요한 행위와 활동이 무엇인지를 규명하는 형식이다. 이러한 시나리오 작성 방법이 후방향 매핑이다. 실제 시나리오 작성에서는 이들 가운데 반드시 하나만을 사용하지는 않으며 두 가지 접근을 결합하여 사용하기도 한다.

② 미래전망의 유형에 따른 분류

미래는 불확실하고 환경과 정책 상황의 변화가 어떤 방향으로 전개될 것인지 알기 어렵다. 그러므로 미래의 다양한 가능성을 고려하여 복수의 시나리오를 작성하게 된다. 낙관적 시나리오는 미래 상황이 유리하게 전개될 경우에 나타나게 될 이야기를 담게 된다. 예를 들면, 정책에 투입되게 될 자원도 충분히 확보되고, 정책행위자들 사이에 갈등이 거의 발생하지 않아서 협상과 절충의 필요성도 최소화된다는 전제에서 예상되는 시나리오이다. 반면에 비관적 시나리오는 정책 환경과 행위자들 사이의 관계 등이 상상할 수 있는 가장 나쁜 방향으로 흘러가는 경우를 전제로 한다. 비관적 시나리오의 바탕에 깔려있는 아이디어는 잘못될 수 있는 모든 일들에 대하여 체계적으로 생각할 수 있게 해 주고, 가능한 위험에 대한 경고에 대한 통찰력을 발전시키며, 이러한 징조가 식별되면 고객이 그에 따른 손실을 최소화할 수 있도록, 그러한 파국이 어떠한 모습으로 나타나게 될 것인지 생각할 수 있도록 한다는 것이다. 이들 두 가지 시나리오는 미래 전망의 스펙트럼에서 가장 낙관적인 경우와 가장 비관적인 경우의 양 쪽 끝에 해당된다. 그 사이에 수많은 중간단계의 시나리오들이 가능하며, 다른 가능한 결과들에 대한 유용한 정보들을 제공해 줄 수 있다.

(3) 정책시나리오 작성 단계

정책결과를 예측하는 데 활용되는 시나리오는 정책 대안을 채택할 경우 어떠한 결과가 나타날 것인지 분석하기 위하여 작성한다. 시나리오는 정책대안이 채택되어 집행되는 미래세계의 상태를 기술하고, 이 과정에서 발생할 수 있는 문제점들을 파악하며, 어떻게 문제를 회피할 수 있을 지 조언하는데 사용된다. 시나리오를 작성하려면 철저한 자료 준비가 필요하다. 먼저 일반적인 정책 상황에 관하여 기술한 후 대안들을 상세하게 기술하여야 하며, 적절한 행위자들과 핵심적인 이익집단들 및 집단들 사이에 타협이 이루어져야 할 쟁점들을 기술하여야 한다. 시나리오 작성은 (1) 초안작성, (2) 초안의 비판, (3) 시나리오 수정·보완 단계를 거친다(Weimer & Vining, 2005: 281-283; 노화준, 2017).

① 시나리오 초안 작성

시나리오는 정책과 관련된 사람들이 보는 미래에 관한 내러티브이다. 시나리오는 핵심적인 행위자들이 등장하는 이야기의 줄거리(plots)로 연결되는 시작과 끝이 있다. 줄거리는 행위자들의 동기 및 역량과 맥락이 일치되어야 한다. 이 줄거리들은 정책을 집행하는데 관련된 주요 고려요인들을 충분하게 전달할 수 있어야 한다. 이야기의 줄거리는 상호 연결된 행위들로 구성되어 있다. 이야기에는 각 행위들에 대하여 네 가지의 질문에 답변이 포함되어야 한다. 즉 행위는 무엇인가? 누가 행위를 실행하는가? 언제 행위를 실행하는가? 왜 그러한 행위를 실행하는가? 대부분의 사람들은 이야기를 좋아하므로 잘 읽을 수 있는 시나리오를 작성하면 이를 통하여 학습할 수 있으므로 고객과 동료들의 관심을 받을 수 있다.

② 시나리오에 대한 비판

비판의 핵심은 그 시나리오가 개연성이 높은지 검토하는 것이다. 즉, 시나리오는 가능한가? 등장하는 모든 행위자들은 이야기의 줄거리가 요구하는 행위들을 실행할 능력이 있는가? 만약 그렇지 않다면 시나리오의 줄거리는 다시 작성되어야 한다. 시나리오 작성자가 가능한 줄거리를 구체화할 수 없을 경우, 그 정책이 실패할 운명이라는 것은 거의 확실하다. 시나리오 가능성에 관한 더 중요한 테스트는 행위자들의 동기를 검토하는 것이다. 즉 행위자들이 이야기의 줄거리에서 요구하고 있는 사항들을 기꺼이 수행하고자 원하는지 검토한다. 만약 행위자들이 순응하지 않을 것으로 생각되면 순응을 강제하거나 유도할 수 있는 조치가 무엇인지 찾아야 한다.

③ 시나리오에 대한 수정

비판적 검토를 토대로 시나리오를 다시 작성한다. 시나리오를 토대로 바라는 결과에 도달할 수 없다면, 줄거리를 수정하여야 한다. 결과에 도달할 수 있도록 시나리오가 수정되었다면 정책결정자는 집행계획의 기초를 확보하였다고 볼 수 있다.

Ⅵ. 정책대안의 가치평가와 비교분석방법

1. 정책대안 가치평가의 의의

예측은 "무엇이 발생할 가능성이 높은가?"라는 형태의 질문에 답변할 수 있지만, 기대되는 정책결과가 왜 다른 것보다 더 가치있는가에 관하여 명백한 이유를 제공할 수 없다. 특정 정책대안을 제안하려면 그 정책대안이 왜 가장 가치있는 대안인지 판단하여야 한다. 즉, 정책대안을 통하여 도달하고자 하는 예측된 결과가 나타나야 할 뿐 아니라, 예측된 결과를 개인, 집단, 또는 사회전체가 가장 가치있는 것으로 평가하여야 한다. 정책대안의 가치평가(valuation)란 정책대안이 개인, 집단, 또는 전체로서의 사회에 가치있는 결과를 가져올 가능성에 관한 정보를 생산하는 것을 말한다. 정책대안 가치평가의 방법은 이미 살펴본 대안선택의 기준을 보다 구체적으로 조작화한 것이다.

그런데 정책대안의 가치평가와 정책평가는 어떻게 다른가? 좁은 의미의 정책분석은 사전적 분석(ex ante analysis), 즉 정책이 도입되기 이전(before)에 이를 평가하는 것을 말한다. 정책이 집행된 이후(after), 즉 정책 성과의 사후분석(ex post analysis)은 정책평가 또는 프로그램 평가로 부르며 집행된 정책결과의 가치(value) 또는 값어치(worth)에 대한 정보를 생산하는 것을 의미한다. 그러므로 정책대안의 사전 가치평가와 사후 정책평가는 여러 가지 측면에서 밀접하게 관련된다(Weimer & Vining, 2005: 338). 첫째, 사전 가치평가는 정책대안들을 구체화된 목표, 영향, 그리고 가치평가기준의 관점에서 비교하는 것이므로, 동일 목표, 영향, 그리고 가치평가기준을 사용하여 실제로 집행된 대안에 대한 사후 프로그램평가를 실시하여 얻은 정보는 매우 큰 도움이 된다. 둘째, 분석하고자 하는 정책대안과 유사한 프로그램의 사후분석은 그 정책대안이 가져올 결과에 관한 신뢰할 수 있는 정보를 제공하기 때문에 매우 중요한 투입정보라고 볼 수 있다.

2. 정책대안 가치평가방법의 분류

정책대안이 가져올 가치와 영향을 사전에 예측하는 분석기법에는 어떤 것들이 있는가? 정책대안의 선택기준에서 살펴본 바와 같이 정책대안의 가치는 그것이 채택되어 실행되었을 경우, 얼마나 가치있는 결과를 가져올 것인가에 따라 결정된다. 선택기준의 유형을 소망성(desirability) 기준과 실행가능성(feasibility) 기준으로 구분한 바 있는데, 실행가능성은 자원의 제약(resource constraints) 범위를 판단하는 것이므로, 정책대안의 가치평가에서 핵심은 소망성 기준에 의한 평가라고 보아야 할 것이다.

소망성 비교기준을 효과성, 능률성, 형평성, 대응성으로 구분하였다. 또한 실제로 정책대안을 비교・평가하는 과정에서 복수의 기준을 사용하는 것이 일반적이라고 지적한 바 있다. 그러므로 구체적인 정책대안의 가치평가에 사용되는 방법은 1차적으로는 정책대안의 소망성 비교기준이 능률성이라는 하나의 기준인지, 복수의 기준이라면 어떠한 기준들의 조합이 활용되는지에 따라 구분될 수 있다. 2차적으로는 정책대안의 비용과 편익을 계량화할 수 있는지, 그리고 화폐가치로 환산할 수 있는지 여부에 따라 달라질 수 있다.

정책대안의 가치평가방법을 소망성 비교기준의 유형, 그리고 계량화 및 화폐가치 환산가능성에 따라 구분하면 다음 [그림 2-3]과 같다.

[그림 2-3]에 제시된 바와 같이 정책대안 비교기준에 따라 대안의 가치평가방법은 크게 세 가지로 구분된다. 첫째, 능률성 하나만을 기준으로 하여 가치평가를 하는 경우이다. 둘째, 능률성과 형평성 기준이 사용되는 경우이다. 셋째, 능률성과 형평성 및 대응성 등 셋 이상의 기준이 사용되는 경우이다. 그러므로 정책대안 비교기준의 수와 유형에 따라 대안 가치평가방법을 1) 비용편익분석, 2) 질적 비용편익분석, 3) 사회적 비용편익분석 등 수

정비용편익분석, 4) 비용효과분석 및 비용효용분석, 5) 복수기준분석 등 다섯 가지로 분류할 수 있다. 여기에서는 이러한 분석방법을 사전분석에 활용하는 경우를 중심으로 살펴보겠다. 이러한 분석방법을 사후분석에 사용할 경우에는 정책평가 또는 프로그램평가방법이 된다.

그림 2-3 정책대안 가치평가방법의 종류

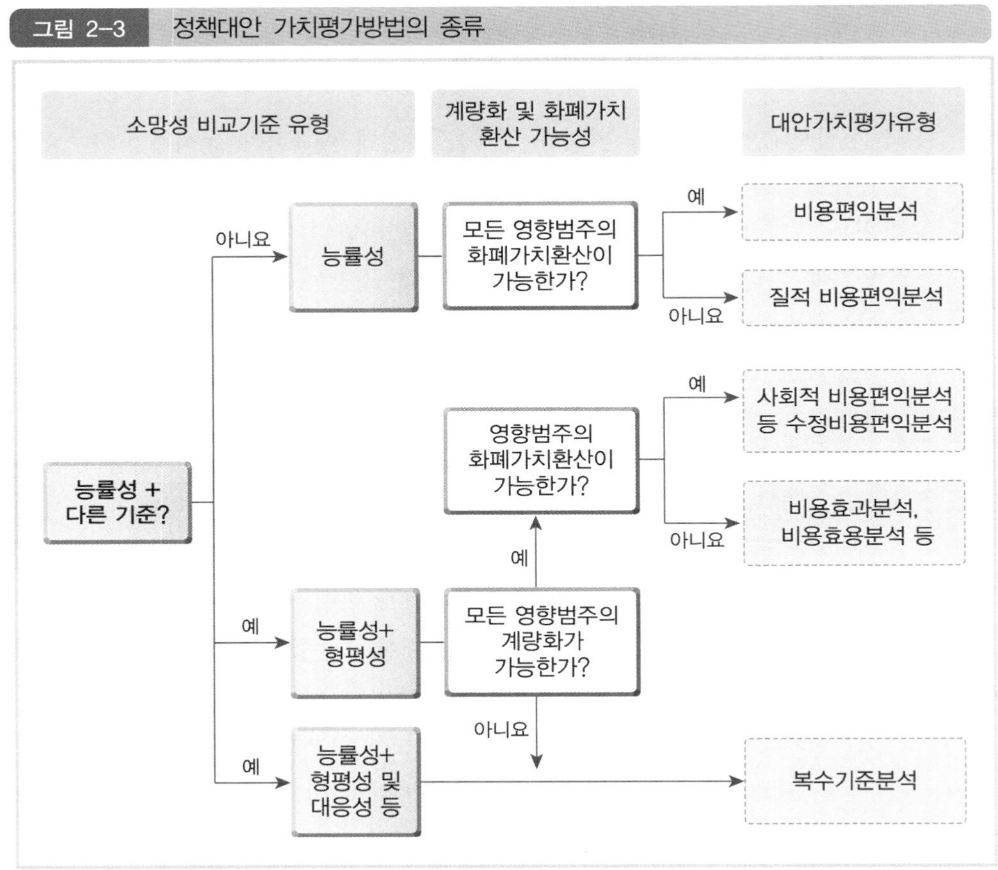

출처: Weimer & Vining. 2005. *Policy Analysis*. 4th ed. p. 339, 그림 14.3을 기초로 수정.

3. 비용편익분석

1) 비용편익분석의 개념

비용편익분석(cost-benefit analysis)은 정책대안의 총화폐적 비용과 총화폐적 편익을 계량화하여 비교하는 접근방법이다. 즉, 정책대안이 얼마나 바람직한지 그 정도를 평가하기 위하여 정책대안에 관련된 모든 비용들과 편익들을 화폐가치로 환산하여 비교한다. 비용편익분석은 다양한 종류의 공공프로그램이나 프로젝트에 적용되어 왔다. 초기에 비용편익분석은 댐건설과 수자원제공 분야에서 수력발전, 홍수조절, 관개, 레크레이션의 비용과 편익을 분석하는데 적용되었다. 최근에는 교통, 보건, 인력훈련, 도시재개발 등에도 많이 적용되고 있다. 정책대안의 가치평가를 위한 비용편익분석의 특징은 다음과 같다.

첫째, 비용편익분석은 정책대안이 가져오게 될 모든 비용과 편익을 측정하려고 하는데, 여기에는 화폐적 비용이나 편익으로 쉽게 측정할 수 없는 무형적인 것도 포함된다.

둘째, 비용편익분석은 능률성을 요약해서 나타낸다. 어떤 정책대안이나 프로그램의 순편익(즉, 총편익-총비용)이 0보다 크고 또한 다른 대안적인 공공투자 또는 민간투자에서 발생하는 순편익보다 많을 경우 그 정책대안이나 프로그램을 능률적이라고 말한다.

셋째, 비용편익분석은 정책대안 또는 공공프로그램의 제안을 위한 출발점으로 민간시장(market place)을 활용한다. 공공투자의 기회비용은 흔히 민간부문에 투자했을 경우에 얻을 수 있는 순편익을 근거로 해서 계산된다.

2) 비용편익분석의 장점과 단점

(1) 장 점

비용편익분석은 다음과 같은 장점이 있다.

첫째, 비용과 편익은 모두 가치의 공통단위인 화폐가치로 측정된다. 이것은 분석가로 하여금 비용효과분석에서는 불가능한 과업인 편익에서 비용을 뺄 수 있도록 해준다.

둘째, 비용편익분석은 하나의 정책이나 프로그램의 제한된 범위를 뛰어넘어 편익을 사회 전체의 소득과 연결시킬 수 있도록 한다. 이런 일은 개개의 정책이나 프로그램의 결과가 원칙적으로 화폐단위로 표현될 수 있기 때문에 가능한 것이다.

마지막으로 편익의 순능률성이 화폐단위로 표현되기 때문에 분석가들은 비용편익분석을 통해 전혀 다른 분야(예, 보건과 교통)의 프로그램을 상호 비교할 수 있다. 이는 효과가 서비스의 단위로 측정될 때에는 불가능한 일이다. 예를 들면, 의사의 치료를 받은 사람들의 수와 킬로미터로 나타낸 건설된 도로를 직접 비교할 수는 없기 때문이다.

(2) 단 점

비용－편익분석은 다음과 같은 단점을 가지고 있다.

첫째, 능률성을 배타적으로 강조하므로 형평성의 기준이 무의미하거나 적용될 수 없다. 실제로 칼도－힉스기준(Kaldor-Hicks criterion)은 재분배적 편익의 문제를 무시하고 있다. 파레토기준(Pareto criterion)도 능률성과 형평성 사이의 갈등을 해결하는 경우는 거의 없다.

둘째, 화폐적 가치는 대응성(responsiveness)을 측정하기에 부적합한 측정수단인데, 왜냐하면 소득의 실제가치가 사람마다 다르기 때문이다. 예를 들면, 100만원의 초과소득이 발생하였을 경우 빈곤층 가계의 가구주에게는 매우 큰 의미가 있지만 백만장자는 이를 대수롭지 않게 생각할 것이다. 이 같은 '사람간 비교의 한계'(limited interpersonal comparisons) 문제는 소득이 때로는 개인의 만족과 사회적 후생을 측정하기에는 부적합한 수단이라는 것을 의미한다.

셋째, 중요한 재화(예, 깨끗한 공기 또는 보건서비스)에 대한 시장가격을 이용할 수 없을 경우 비용편익분석결과가 왜곡될 수 있다. 분석가들은 흔히 잠재가격(shadow prices) 즉, 시민들이 재화와 서비스를 위해 기꺼이 지불하고자 하는 가격의 주관적인 추정치를 측정하여야 한다. 그런데 이러한 주관적인 판단은 실제 가치를 왜곡할 수도 있다.

3) 비용편익분석의 절차

비용편익분석의 절차는 대체로 다음과 같이 구분할 수 있다(Dunn, 2018, 209-217; 노화준, 2017: 제9장 참조).

(1) 대안식별

정책문제가 정의되고, 목표가 구체화된 다음 정책대안을 탐색한다는 점은 이미 살펴보았다. 목표가 구체화된 후 분석가가 설정한 문제의 원인과 잠재적인 해결방안에 대한 가정을 토대로 목표를 달성하기 위한 정책대안들을 식별한다.

(2) 정보의 탐색·분석 및 해석

이 단계에서 과제는 정책대안의 결과를 예측하는 데 적합한 정보의 소재를 파악하여 분석하고, 해석하는 것이다. 예측의 기본적인 목표는 정책대안의 비용과 편익을 계산하는 데 있다. 이러한 정보는 유사한 기존 프로그램의 비용과 편익에 관한 이용 가능한 자료로부터 획득할 수도 있다.

(3) 희생집단과 수혜집단의 식별

이해관련자(stakeholder) 분석을 통하여 정책이슈에 이해관계를 가진 모든 집단을 확인한다. 이해관계자는 정책대안이 채택되어 집행될 경우 부정적 또는 긍정적으로 영향을 받게 되는 희생집단과 수혜집단을 말한다. 희생집단은 새로운 규제 또는 정책의 도입으로 자유 또는 자원의 일부를 상실하는 집단이다. 예를 들면 여성의 임신중절선택권을 제한하는 규제정책의 경우 여성, 새로운 조세계획으로 조세부담이 증가되는 중산층이 이에 해당된다. 반면 수혜집단은 정책대안의 채택과 집행으로부터 혜택을 받게 되는 집단을 말한다.

(4) 비용과 편익의 추정

비용-편익분석에서 가장 어려운 과제는 희생집단과 수혜집단이 겪게 될 가능성이 있는 모든 비용과 편익을 화폐단위로 환산하는 것이다. 정책대안의 비용 항목에는 프로그램에 투입될 인건비와 시설비 예산 등 유형의 직접 및 간접적 비용뿐 아니라 정책대상집단의 순응을 확보하는 데 필요한 순응비용 등 무형의 직접 및 간접적 비용도 함께 포함시켜야 한다(노화준, 2017). 정책을 추진하고자 하는 정부기관의 입장에서는 자체적으로 투입하는 재원만을 비용으로 계산하고 간접비용 또는 다른 기관이나 부처에서 부담하게 되는 비용을 제외시켜 결과적으로 정책비용이 과소 계상되는 경향이 나타날 수 있다.

정책대안의 편익은 직접적인 편익(예: 서비스 생산성 증가)과 간접적 편익(예: 비용절약), 그리고 유형의 편익(예: 시간절약)과 무형의 편익(예: 구제된 생명) 등으로 구분된다(노화준, 2017). 간접적인 편익을 측정하기 위하여 '지불하고자 하는 의사'(willingness to pay, WTP), 또는 '보상을 받아들이려는 의사'(willingness to accept, WTA)를 통하여 추정하기도 한다. 그런데 공공정책의 많은 분야에서 실제적으로 모든 비용과 편익을 평가하기란 어려울 뿐만 아니라 거의 불가능한 경우도 있다. 예를 들면, 안전벨트착용 의무법, 자동차 검사 의무조항, 그리고 유방암 검진 프로그램 등의 도입으로 감소된 사망자를 금전적 편익으로 환산하는 것을 둘러싸고 광범위한 논쟁이 야기되었다. 특히 이러한 사망예방정책에 소요되는 비용을 구조된 것으로 추정된 인간생명 편익으로부터 공제하고자 할 때에는 논란이 더욱 심각하다. 실제로 비용편익분석의 질은 바로 비용과 편익이 얼마나 타당하고 신뢰성있게 측정되었는가에 따라 달라지기 때문에 비용과 편익의 분석과정에서 가장 역점을 두어야 할 작업과정이다(노화준, 2017).

(5) 비용과 편익의 할인

비용과 편익은 현재뿐 아니라 미래의 시점에서도 발생하므로, 이를 현재가치(present value)로 환산하여야 한다. 미래의 비용과 편익의 실질적 가치를 현재가치로 측정하는데 할인율(discounting rate)을 적용한다. 할인율은 이자율과 유사한 것으로 금전의 시간적 가치를 환산하는 데 적용한다. 할인율의 선택이 잘못되면 프로그램이나 프로젝트 대안에 대한 올바른 평가가 이루어지기 어렵다. 왜냐하면 미래에 발생하게 될 비용과 편익의 추정결과가 동일할 경우에도 할인율에 따라 동일한 정책대안의 채택여부가 달라질 수 있다.

공공분야에서 정책프로그램과 프로젝트를 평가하는 데 적용되는 할인율을 사회적 할인율(social rate of discount)라고 부르며, 기회비용 접근방법과 가치판단(또는 사회적 시간선호) 접근방법을 통하여 결정한다.

(6) 결정 기준의 선택

이 단계에서 과제는 서로 다른 비용과 편익의 조합을 가지고 있는 둘 이상의 대안 중에서 하나를 선택하기 위한 결정기준(criterion) 또는 규칙(rule)을 구체화하는 과정이다. 공공사업의 비용편익분석에서 널리 쓰이는 일반적인 기준은 순현재가치(net present value, NPV), 편익비용비(benefit cost ratio), 내부수익율(internal rate of return, IRR) 등이다. 순현재가치는 편익의 현재가치에서 비용의 현재가치를 뺀 초과분의 크기를 말한다. 순현재가치가 0보다 클 경우 편익의 현재가치가 비용의 현재가치를 초과하므로 이론적으로 받아들일 수 있다. 이 기준에 따르면 순현재가치의 값이 가장 큰 대안을 선택하여야 한다. 편익비용비(B/C ratio)는 편익의 현재가치를 비용의 현재가치로 나눈 값으로 편익비용비가 1보다 크다면 일단 받아들여질 수 있다. 이 기준에 따르면 B/C ratio의 값이 가장 큰 대안을 선택하여야 한다. 내부수익율은 순현재가치가 0이 되도록 하는 할인율이다. 내부수익율의 개념은 공공프로젝트를 평가하는 데 적용할 적절한 할인율이 알려져 있지 않을 경우 유용하게 사용될 수 있다.

이러한 기준들 가운데 편익비용비가 가장 널리 알려져 있으나, 전문연구기관에서는 순현재가치 기준을 권장하고 있다.

(7) 위험 및 불확실성의 추정과 민감도 분석

지금까지 분석은 분석모형의 패러미터의 값이 확실하게 알려진 것을 전제로 한 것이다. 즉, 편익과 비용의 추정, 할인율이 확실하게 알려진 것을 전제로 하였다. 그런데 실제로 위험과 불확실성이 큰 정책상황에서 미래에 발생할 비용과 편익의 크기가 달라지거나, 할인율이 달라질 경우 대안의 분석결과에 어떤 영향을 미칠 것인가? 라는 의문이 제기될 수 있다. 이러한 가상적인 의문에 대답하기 위하여 각 패러미터 값들을 원래 분석에 사용했던 값들과는 다른 값을 사용하여 분석한 후 이것이 정책대안의 가치평가와 비교에 미치는 영향을 검토하게 되는데 이러한 분석이 민감도 분석(sensitivity analysis)이다. 예를 들면 할인율을 당초 5%로 설정하고 분석한 결과와 미래상황의 변화가능성을 고려하여 할인율을 4% 또는 6%로 변경하여 분석한 결과, 정책대안의 우선순위에 변화가 있었는지 알아본다. 할인율 조건의 변경에도 최적대안의 우선순위에 변화가 없다면 보다 확신을 가지고 그 정책대안을 선택할 수 있다.

(8) 제 안

비용편익분석의 마지막 단계는 둘 이상의 정책대안 중에서 하나를 선택

Box 2-2: 가상적 두 보건프로그램의 편익비용분석 사례

두 가지 보건 프로그램(대안 Ⅰ과 대안 Ⅱ)의 비용과 편익의 흐름, 그리고 할인율 5%일 경우에 현재가치요소(present worth factor)는 다음 표와 같다.

(단위: 1억원)

프로그램		연 도						
		현재(t)	t+1	t+1	t+3	t+4	t+5	합계
대안 Ⅰ	비용	50	10	10	10	10	10	100
	편익		10	20	30	40	50	150
대안 Ⅱ	비용	10	10	20	20	20	20	100
	편익		10	20	30	40	50	150
할인율 5%일 때 현재가치요소*			.952	.907	.864	.823	.784	

* 현재가치요소란 미래 일정시점에서의 비용과 편익을 현재가치로 환산하는 데 적용되는 요소를 말하며, 그 값은 이자율 및 기간에 따라 달라진다.

1. 할인율이 5%일 때

1) 각 대안의 비용과 편익의 현재가치는?

대안 Ⅰ

비용의 현재가치: 50+10×.952+10×.907+10×.864+10×.823+10×.784=93.30

편익의 현재가치: 10×.952+20×.907+30×.864+40×.823+50×.784=125.7

대안 Ⅱ

비용의 현재가치: 10+10×.952+20×.907+20×.864+20×.823+20×.784=87.08

편익의 현재가치: 10×.952+20×.907+30×.864+40×.823+50×.784=125.7

2) 각 대안의 순현재가치(NPV)와 편익비용비(Benefit-Cost ratio)는?

대안 Ⅰ의 순현재가치: 편익의 현재가치−비용의 현재가치=125.7−93.30=32.4

편익비용비: 편익의 현재가치÷비용의 현재가치=125.7÷93.30=1.347

대안 Ⅱ의 순현재가치: 편익의 현재가치−비용의 현재가치=125.7−87.08=38.62

편익비용비: 편익의 현재가치÷비용의 현재가치=125.7÷87.08=1.444

3) 두 가지 대안 중에서 어느 대안이 바람직한가? 그 이유는?

대안 Ⅱ가 바람직하다. 그 이유는 대안 Ⅱ의 순현재가치는 38.62억원으로 대안 Ⅰ의 순현재가치 32.4억원보다 크다. 또한 대안 Ⅱ의 편익비용비는 1.444로 대안 Ⅰ의 1.347보다 크다.

하여 제안하는 것이다. 실제로 대안의 선택이 분명하거나 이론의 여지가 없는 경우는 거의 없으므로 제안의 개연성에 대한 비판적인 추가 분석이 필요한 경우도 있다.

[Box 2-2]에 가상적인 두 보건 프로그램에 대한 편익비용분석 사례가 제시되었다.

4. 질적 비용편익분석

정책대안의 비교기준으로 능률성이라는 하나의 기준을 사용하는 경우에도 발생하는 비용과 편익을 모두 화폐가치로 환산하기 어려운 경우가 있다. 특히 편익을 화폐가치로 환산하기 어려울 경우가 많다. 이러한 경우에 질적 비용편익 분석(qualitative cost-benefit analysis)을 사용하는 것이 적절하다(Weimer & Vining, 2005: 340-341). 이 방법은 일반적인 비용편익분석의 절차와 마찬가지로 비용과 편익요소를 예측하는 데에서 출발한다. 정책의 편익 가운데 화폐가치로 환산하기 어려운 편익들(예: 시간의 절약, 환경오염물질 양의 감소, 인명의 손실과 건강에 미치는 위험의 감소 등)은 물질적 또는 자연적 단위(예: 일수로 표현된 기간, ppm으로 표현된 오염물질의 양 등)로 표현하고, 자연적 단위로도 계량화가 어려운 편익(예: 아름다운 경치)은 질적 표현, 즉 언어적 표현으로 묘사한다. 이러한 편익요소들이 있을 경우에는 화폐가치로 환산된 총편익을 계산할 수 없다. 대신에 다양한 질적 편익들의 크기의 순서에 관한 질적 주장(qualitative arguments)을 제시하여야 한다.

편익을 화폐가치로 환산하는 것이 이론적이나 기술적으로 가능한데도 실제로는 자료 부족, 시간 부족, 그리고 기타 자원의 부족 때문에 화폐가치로 환산하기 어려운 경우가 있다. 계량화 및 화폐가치 환산에 매우 뛰어난 실력을 가진 전문가일 경우에도 많은 시간과 자원이 요구되는 화폐화의 노력을 직접 시도하기보다는 이론에 근거하여 간접적으로 시도하거나 질적인 판단을 하는 경우가 있다.

간접적 화폐화 또는 질적 판단을 위하여 이미 계량화가 이루어진 비용편익분석의 연구결과들을 활용하는 방법이 자주 이용된다. 다른 연구 분야의 결과들을 비용편익분석의 계량적 추정을 위한 자료 원천으로 사용하거나 또는 질적 영향의 규모를 추정하는 지침으로 사용될 수 있다. 그러므로 새로운 정책 분야에서 비용편익분석을 시도하려면 유사한 분야의 비용편익분석 결과를 잘 이해하는 것이 현명한 방법이다.

정책대안의 비용과 편익요소들 가운데 일부는 화폐가치로 환산할 수 있지만, 일부는 환산하기 어렵고 질적 판단만이 가능한 경우, 화폐가치로 환산한 요소와 비화폐적인 요소들을 분리하여 분석하는 것이 바람직하다. 이러한 경우 정책대안의 가치평가방법은 아래에서 살펴보게 될 복수기준분석(multi-criteria analysis)의 논리를 적용할 수 있다.

5. 사회적 비용편익분석

정책대안의 주된 비교기준이 형평성인 경우가 있다. 비교기준, 즉 정책의 주된 목적이 능률성 추구가 아닌 경우에는 어느 정도의 능률성 손실, 즉 사중손실(deadweight loss)을 감수하게 된다. 그런데 형평성을 추구하는 복지정책이나 소득재분배정책을 설계하는 경우에도 사중손실을 최소화하는 정책대안을 찾아야 한다. 그러므로 형평성이라는 기준을 활용하는 경우에도 능률성이 보완적인 비교기준으로 사용되어야 하며, 따라서 형평성과 능률성의 두 가지 기준을 적용하는 것으로 볼 수 있다.

정책대안의 주된 비교기준이 형평성인 경우, 사회적 비용편익분석(social cost-benefit analysis) 즉 분배를 중시하여 가중치를 부여한 비용편익분석(distributionally weighted benefit-cost analysis)을 사용할 수 있다. 이 방법에서는 정책의 영향을 받게 되는 희생집단과 피해집단들을 파악하여 서로 다른 소득집단들로 구분한 후, 각 집단들에 발생하는 비용과 편익에 가중치를 부여한 후 비용편익분석을 수행한다. 이 방법의 장점은 재분배를 고려하여 집단별로 부여한 가중치를 비용편익분석에 포함하여 정책대안을 직접적으로 비교하는 것이다. 그런데 비교단위를 달리하여 가중치를 강제적으로 부여하는 과정에서 논란이 발생할 수 있다. 그러므로 정책분석가는 가중치 산정에 유의하여야 하며, 분석에서 사용된 가중치의 의미를 정책결정자에게 분명히 알려야 한다.

6. 비용효과분석

1) 비용효과분석의 개념과 특징

(1) 개 념

비용효과분석(cost-effectiveness)은 정책대안의 비용은 화폐단위로 측정되지만, 그 효과는 재화단위나 서비스단위 또는 기타 가치 있는 효과단위로 측정될 수 있을 때 이들을 비교하여 평가하는 방법이다. 즉, 투입물 또는 비용은 금전적 화폐가치로 환산되나, 산출물 또는 효과는 화폐가치로 환산될 수 없는 경우, 비용편익분석을 대신하여 사용하는 분석방법이다. 화폐가치로 비용과 편익의 모든 요소를 측정하려고 하는 비용편익분석과 대조적으로 비용효과분석에서는 두 개의 각각 다른 가치단위를 사용한다. 비용효과분석에서 비용편익비는 계산할 수 없지만 비용-효과비나 효과-비용비는 계산할 수 있다. 예를 들면 비용 대 보건서비스 단위의 비라든지 보건서비스 단위 대 비용의 비 등은 계산할 수 있다.

이러한 비율은 비용-편익비와 상당히 다른 의미를 갖는다. 효과-비용비나 비용효과비는 사용된 화폐단위당 얼마나 많은 재화나 서비스가 산출되었는가, 또는 그에 대신하여 산출된 단위당 어느 정도 화폐가 사용되었는가에 대해 알려준다. 한편 편익-비용비는 비용에 비해 몇 배나 많은 편익이 산출되었는지 알려줄 수 있다. 비용편익분석과는 대조적으로 비용효과분석은 후생경제학 분야가 아니라 1950년대 초반 미국 국방부의 업무에서부터 시작되었다. 초기의 비용효과분석은 대부분 주로 랜드연구소가 군사전략과 무기체제의 대안을 평가하기 위한 프로젝트설계에서 수행된 것이다. 같은 시기에 비용효과분석은 미국 국방부의 프로그램 예산편성에 적용되었고, 1960년대에 다른 정부부처로 확대되었다. 그 이후 형사재판, 인력훈련, 교통, 보건, 국방 등의 영역에 있어서 대안적 정책이나 프로그램을 제안하는 데 활용되었다.

(2) 특 징

비용효과분석이 공공부문의 정책대안분석에 사용될 때는 다음과 같은 특징이 있다.

첫째, 비용효과분석은 효과를 화폐단위로 측정하는 문제를 피하기 때문에 비용편익분석보다 훨씬 쉽게 적용될 수 있다.

둘째, 비용효과분석은 시장가격에 거의 의존하지 않기 때문에 민간부문에서의 이윤극대화원리에 덜 의존적이다. 예를 들면, 비용효과분석은 편익이 비용을 초과하는지 여부, 또는 민간부문에서의 대안적 투자가 더 이윤을 많이 낼 수 있을 것인지 등을 판단하려고 시도하지 않는 경우가 많다.

셋째, 비용효과분석은 측정의 공통단위인 화폐로 표시하기가 곤란한 외부효과(externality)나 무형적인 것(intangible)의 분석에 적합하다.

2) 비용효과분석의 장점과 단점

(1) 장 점

비용효과분석의 장점은 적용이 비교적 용이하며, 시장가격으로 그 가치를 측정할 수 없는 집합재(collective goods)나 준집합재(quasi-collective goods)를 다룰 수 있다는 것이다. 또한 외부효과와 무형적인 것을 분석하는 데 적합하다. 일반적으로 정부의 정책과 사업은 대개의 경우 목표가 특정화되어 있고 잘 이해할 수 있으며, 투입되는 비용도 어느 정도까지는 측정할 수 있지만, 그 편익을 정확하게 인식하고 측정하기는 어려운 경우가 많다. 비용효과분석은 편익을 화폐로 변환시켜야 하는 분석가들의 부담을 경감시켜 줄 수 있다.

(2) 단 점

반면 비용효과분석의 단점은 분석결과를 전체적인 관점에서 사회적 후생의 문제와 쉽게 관련시킬 수 없다는 데 있다. 비용과 편익의 측정단위가 다르기 때문에 특정 정책의 비용이 편익보다 큰지 여부를 판단할 수 없다. 즉, 비용과 효과가 서로 다른 단위로 측정되기 때문에 총효과가 총비용을 초과하는지 여부에 관한 직접적인 증거를 제시하지는 못한다. 효과를 측정하려는 노력은 주어진 문제나 관할구역, 또는 대상집단에 한정되므로, 공동체의 전체 구성원들에게 미친 효과를 계산할 수 없다. 따라서 비용효과분석은 특정 대안이 사회 전체적으로 바람직한가의 여부에 대한 판단근거를 제공하기 어렵다.

3) 비용효과분석의 대안 선택기준

비용효과분석의 절차는 두 가지를 제외하고 비용편익분석의 경우와 비슷하다. 첫째, 비용효과분석에서는 비용만이 현재가치로 할인된다. 둘째, 대안선택기준이 다르다. 비용효과분석에서는 주로 다음과 같은 두 가지 기준이 사용된다.

(1) 고정효과 또는 최소비용기준

달성하여야 할 목표, 효과 또는 편익의 수준이 사전에 설정되어 있을 때 가장 저렴한 비용 또는 예산으로 이를 실현할 수 있는 정책대안을 최선의 대안으로 선택하는 기준이다. 최소비용기준(least-cost criterion)으로도 불린다. 고정된 효과수준에 못 미치는 프로그램은 제외되고, 고정된 효과수준을 달성할 수 있는 정책대안들의 비용이 비교된다. 최소비용으로 목표를 달성할 수 있는 정책대안이 선택된다.

(2) 고정예산 또는 최대효과기준

사전에 주어진 비용 또는 예산 하에서 정책목표, 효과 또는 편익을 최대로 달성할 수 있는 대안을 최선의 대안으로 선택하는 기준이다. 최대효과기준(maximum-effectiveness criterion)으로도 불린다. 허용할 수 있는 비용의 상한선(일반적으로 예산제약)을 확정한 후, 비용이 상한선을 넘는 정책대안은 제외된다. 같은 비용이 소요되는 정책대안들을 비교하여 고정된 비용수준으로 최대의 효과를 낼 수 있는 정책대안이 선택된다.

4) 비용효용분석과 위험편익분석

비용편익분석의 기본적 틀 속에서 편익을 효용(utility)으로 측정하는 경우가 비용효용분석(cost-utility analysis)이다. 그런데 화폐가치로 편익의 측정보다 주관적 효용을 정확하게 측정하는 것이 더욱 어렵다.

한편 위험편익분석(risk-benefit analysis)은 비용을 위험으로 측정하는 경우이다. 위험편익분석은 특정 행위의 위험과 그 행위의 편익의 경제적 가치를 비교하기 위한 기법이다. 위험편익분석은 생명이나 신체의 상실의 위험 등과 같이 비용을 평가하는 데 적합한 방법이 없는 경우에 사용될 수 있는 특수한 형태의 비용편익분석이다.

Box 2-3: 비용효과분석의 사례

만성 실업자의 취업을 위한 두 훈련기관의 프로그램을 비교해 보자. 직업훈련기관 A와 B는 동일 대도시 지역에 소재하며 각각 독자적인 훈련 프로그램을 제공한다. 만성실업자인 고객의 학력은 대부분 고교 졸업 이하이며, 취업하려면 일정한 기술을 습득하여야 한다. 두 기관 모두 취업에 필요한 기술 교육과 태도 교육을 제공한다. 마지막 단계에서는 잠재적 고용주에게 현장훈련(on the job training)의 일환으로 인턴 기회를 제공하고, 고용주가 전임직원으로 채용할지 여부를 결정한다. 다음 표에 두 훈련기관이 제공하는 프로그램의 비용 및 훈련이수자의 취업에 관한 정보가 제시되었다.

두 훈련기관의 총비용을 비교하면 기관 A에 비하여 기관 B가 더 많은 비용이 투입된다. 또한 훈련생의 이수비율을 살펴보면 기관 A의 이수비율이 64%로 기관 B의 40%보다 높다. 여기까지 비교한다면 기관 A가 더 효과적인 것으로 볼 수 있다. 그러나 인턴 기간이 종료된 후 전업직원 취업자수는 기관 A가 48명인 것과 비교하여 기관 B가 73명으로 더 많았다. 취업 고객 1인당 훈련비용으로 기관 A에 5,729만원이 투입된 반면, 기관 B는 4,726만원이 투입되었다. 그러므로 취업자 1인당 비용을 평가할 경우 기관 B가 기관 A보다 비용대비 효과성이 높았다.

표 두 훈련기관 프로그램의 비용-효과성 비교

	훈련기관 A	훈련기관 B
총훈련비용	27.5억원	34.5억원
훈련생 이수비율	64%	40%
전업직 취업자 수	48명	73명
취업자 1인당 비용	5,729만원	4,726만원

출처: Royse, Thyer & Padgett. 2016. *Program Evaluation.* 6th ed. p. 286을 기초로 재구성.

7. 복수기준 분석

1) 복수기준 분석의 개념

(1) 개 념

복수기준 분석(multi-criteria analysis)은 셋 이상의 분석기준을 사용할 경우 적절한 정책대안의 비교방법이다. 또한 비용과 편익의 일부를 계량화하는 것이 불가능한 경우에도 적절히 이용할 수 있다. 복수기준분석을 다목적분석(multi-goal analysis), 다속성분석(multi-attribute analysis) 등으로 부르기도 한다. 앞에서 살펴본 바와 같이 정책목표는 복수인 경우가 많으며, 정책대안을 비교하는 기준도 복수인 경우가 많다. 그러므로 복수기준분석이 정책대안들을 비교하고 평가하는 데 가장 일반적인 방법이며, 비용편익분석을 포함한 방법들은 이 방법의 특수한 형태로 볼 수 있다. 그러므로 [그림 2-3]에서 제시된 여러 방법들 중 하나의 방법을 사용할 수 있는 조건들이 확인될 때까지는 복수기준 분석을 사용하는 것으로 보아야 한다. 합리주의적 의사결정모형에 입각한 복수기준 분석의 방법은 기준들 가운데 일부를 제약조건으로 전환하는 방법을 포함한다.

(2) 복수기준 분석이 필요한 문제

복수기준 분석이 필요한 문제는 두 가지 종류가 있다. 첫째, 정책목표와 기준이 복수인 경우가 있다. 둘째, 비용편익분석에 사람들의 다양한 주관적인 선호가 반영되어야 할 경우로서 다양한 이해관계집단의 개입하는 문제와 관련되어 있다. 다음에 살펴보게 될 예비타당성조사에서도 경제성, 정책성, 지역균형발전 등 복수기준 분석을 규정하고 있다.

2) 계층화 분석방법

여기에서는 Saaty(1994; 2012)가 개발하여 복수기준 분석방법으로 널리 사용되고 있는 계층화분석방법(Analytic Hierarchy Process, AHP)에 관하여 간략하게 살펴보겠다(노화준, 2017: 291-312 참조).

(1) 상대적 우선순위 설정의 필요성

정책목표 또는 대안의 선택 기준이 복수일 경우, 이들 간에 상대적 우선순위가 설정되어야 한다. 예를 들어 C_1, C_2, C_3라는 3개 선택기준이 있을 경우, 중요성의 순서에 따라 $C_1=3$, $C_2=2$, $C_3=1$과 같이 상대적 서열을 부여할 수 있다. 이같이 상대적 서열을 부여할 경우에는 C_1은 C_2보다 1.5배, C_3보다 3배 중요하다고 보기 어렵다. 한 단계 더 나아가 가중치의 합계를 1.00으로 보고, C_1 = .60, C_2 = .30, C_3 = .10 등과 같이 가중치를 부여한다면 상대적 중요도를 보다 정확하게 파악할 수 있다. 그런데 비교하여야 할 기준들이 많아지고, 각각의 기준에 비추어 평가하여야 할 대안들이 많아질 경우, 대안들의 상대적 중요도를 쉽게 계산하여 가중치를 파악하기 곤란하다.

(2) 분석적 계층화방법의 기본구조

계층화분석방법(AHP)은 요소들(기준, 대안) 사이의 상대적 중요도를 파악하기 위하여 각 요소들을 둘 씩 짝지어 이원비교(또는 쌍대비교, pair wise comparison)한 다음, 이들을 종합하는 방법이다. 하나의 정책문제에 대하여 가장 간단한 개념적 계층구조는 다음 [그림 2-4]와 같이 나타낼 수 있다.

그림 2-4 정책문제의 개념적 계층구조

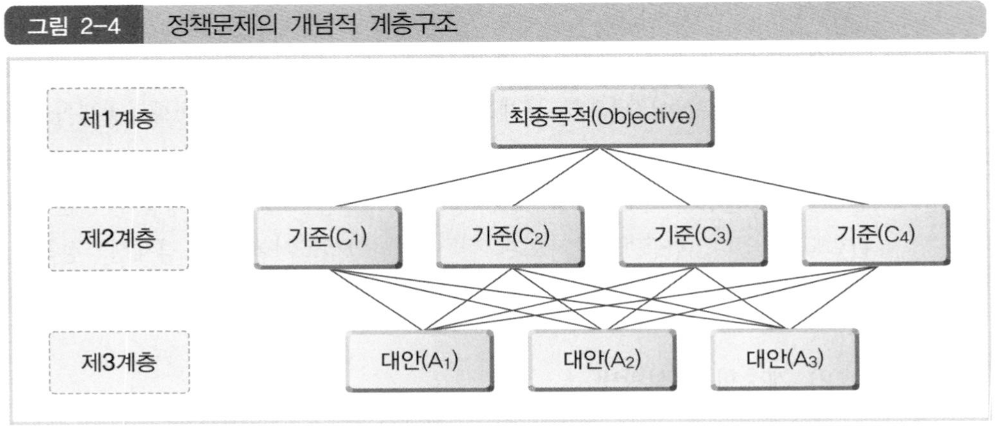

(3) 분석적 계층화 절차 적용과정

[그림 2-4]의 정책문제의 개념적 계층구조에 분석적 계층화 절차의 적용과정은 다음과 같다.

1단계: 제1계층 최종목적에 비추어 제2계층의 네 가지 기준, C_1, C_2, C_3, C_4의 상대적 중요도를 비교하여 각각 가중치를 부여한다.

2단계: 제2계층 네 가지 기준 각각에 대하여 제3계층 세 가지 대안, A_1, A_2, A_3의 상대적 기여도나 중요도를 평가한다.

3단계: 제1단계와 제2단계의 비교 평가결과를 종합하여 최종 대안을 선택한다.

이러한 3단계 계층구조를 확장하여 4단계, 5단계 등으로 계층구조를 구성할 수 있다.

(4) 상대적 가중치 부여

① 이원비교(또는 쌍대비교)

하나의 계층에 포함된 요소들을 비교할 때 둘씩 짝지어 비교한다. 즉, 어느 요소가 더 중요한가, 더 큰 영향을 미칠 것인가, 발생가능성이 높은가, 바람직한가? 등의 질문에 대하여 C_1을 기준으로 C_1과 C_2, C_1과 C_3, 그리고 C_1과 C_4를 각각 비교한다. 이어서 C_2를 기준으로 C_2과 C_1, C_2과 C_3, 그리고 C_2과 C_4를 각각 비교한다. 그후 C_3와 C_4를 기준으로 각각 동일한 절차를 진행한다.

② 비교척도로 정수와 역수의 사용

이원비교에서 두 요소 i와 j의 상대적 중요성을 비교하는데 1에서 9까지 범위 내에서 정수를 사용한다. 즉 i와 j가 동등하게 중요할 경우에는 1, i가 j보다 절대적으로 중요할 경우에는 9를 부여한다. 한편 i가 j보다 n배 중요한 경우, j의 i에 비교한 중요도는 그 역수, 즉 1/n의 값을 가진다. 예를 들어, C_1이 C_2보다 9배 중요하다고 여겨질 경우, C_2는 C_1과 비교하여 1/9의 값을 가진 것으로 여겨진다.

③ 상대적 가중치의 계산방법

요소들의 이원비교를 토대로 각 요소들의 가중치를 수작업 또는 계산기를 사용하여 계산할 수 있으나, 비교하여야 할 요인들의 숫자가 많아지고, 상대적 기여도에 관하여 해당분야 전문가들의 응답을 토대로 계산하여야 할 경우에는 전문 컴퓨터 소프트웨어인 Expert Choice를 활용할 수 있다.

8. 정책대안 가치평가방법의 실제 적용

1) 개 관

정부가 정책을 채택하기 이전에 정책대안의 가치평가(valuation), 즉 사회에 미칠 영향을 평가하여 그 결과를 정책채택에 반영하도록 하는 '정책영향평가' 또는 '정책영향분석'이 제도화되고 있다. 1980년대 이후 이데올로기나 종교 등이 정책결정에 지나치게 큰 영향을 미친다는 반성과 함께 객관적인 증거를 중시하는 '증거에 기초한 정책분석'(evidence-based policy analysis), 또는 '증거에 기초한 정책결정'(evidence-based policy making)의 요구가 증가하였다. 즉, 정부의 정책결정이 환경영향평가, 규제영향평가 등 프로그램의 효과에 관한 각종의 과학적인 평가연구에 기반을 두고 이루어져야 한다는 것이다.

우리 정부에서도 예비타당성조사, 정책영향평가 또는 영향분석에 관한 여러 제도를 도입하고 있다. 1999년 도입된 예비타당성조사제도는 국책예산사업의 경제성 분석(비용편익분석)과 정책적 분석, 지역균형발전분석을 종합적으로 고려하도록 하였다. 환경영향평가, 교통영향평가, 재해영향평가, 인구영향평가 등 개별법으로 규정되었던 각종 영향평가제도는 1999년 12월 31일 기존의 각종 영향 평가제도를 포괄하는 통합 법률 '환경·교통·재해 등에 관한 영향평가법'이 제정·공포되어 2001년 1월 1일부터 시행되었다.[8] 그런데 2009년 1월 1일부터 통합 법률을 분리하여 환경영향평가에 관한 내용은 「환경영향평가법」으로, 교통영향분석에 관한 내용은 「도시교통정비 촉진법」으로, 재해영향평가에 관한 내용은 「자연재해대책법」으로 이관되었다. 한편 1997년부터 행정규제기본법에서 규제영향분석제도를 도입하였다. 국민권익위원회에서는 2006년부터 부패영향분석제도를 운영하고 있는데, 이는 법령을 제·개정할 때 과도한 재량이나 불투명한 행정절차가 내재되어 있는지를 분석해 부패가 생길 수도 있는 '부패유발요인'을 사전에 방지하자는 의도에서 도입되었다. 즉 법령에 내재된 과도한 재량이나 불투명한 행정절차를 체계적으로 분석·평가해 객관적이고 공정한 판단 기준을 제공한다는 것이다.[9] 여성가족부는 정책의 성차별적 요소를 제거하기 위한 '성별영향평가'[10]와 정부 예산이 여성과 남성에게 미치는 영향을 평가하고 이를 반영함

8) 1999년 12월 26일 규제개혁위원회에서 개발사업으로 인하여 발생할 수 있는 부정적인 영향을 예방하기 위하여 시행하는 환경·교통·재해·인구영향평가 등 유사평가제도가 별도로 시행됨에 따른 사업자의 부담을 경감하고 평가제도에 내실을 기할 수 있도록 각종 영향평가제도를 통합하도록 의결함에 따라 1999년 12월 31일 기존의 각종 영향평가제도를 포괄하는 통합 법률 「환경·교통·재해 등에 관한 영향평가법」이 제정·공포되어 2001년 1월 1일부터 시행되었다. 그런데 2009년 1월부터 다시 분리되었다.

9) 국민권익위원회는 부패영향분석제도의 구체적인 운용사례를 담은 '투명한 법, 공정사회로!'(2010 부패영향평가 사례집)을 발간한 바 있다. 국민권익위원회는 2010년 중앙행정기관의 제·개정 법령안 1,269개를 평가해 403건의 부패유발요인을 발굴·개선하였다.

10) 근거는 여성발전기본법 제10조(정책의 분석, 평가 등)이며, ① 국가와 지방자치단체

으로써 예산에 의해 뒷받침되는 정책과 프로그램의 성별 형평성을 담보하기 위하여 성인지예산(gender sensitive budget)[11]을 도입하여 운영하고 있다.

이와 같은 각종 영향평가 또는 영향분석은 공통적으로 다음과 같은 특징을 가지고 있다. 첫째, 정책이 채택되기 이전에 이루어지는 정책대안의 사전(ex ante) 가치평가(valuation)이다. 가치판단의 기준은 경제성, 환경영향, 규제영향, 교통영향, 부패영향, 성별영향 등 다양하지만 정책이 채택되기 이전에 새로운 정책이 특정영역에 미칠 영향을 평가하고 분석한다는 점에서 사전 가치평가라고 볼 수 있다. 둘째, 그러한 영향평가 또는 영향분석의 결과는 특정대안을 최적대안으로 선정하기 위한 용도로 활용되는 것이 아니라, 평가 또는 분석기준을 고려하지 않았거나 기준에 미달할 경우, 이를 시정하여 개선하도록 권고하는 용도로 활용된다. 그런데 이러한 평가 또는 분석절차를 통과하지 못할 경우 절차상의 문제 때문에 정책을 채택할 수 없게 되므로, 일종의 제약조건(constraints)으로 보아야 할 것이다.

여기에서는 이들 가운데 예비타당성조사, 환경영향평가, 규제영향평가에 관하여 살펴보기로 한다.

2) 예비타당성조사

예비타당성조사제도는 주요 국책사업의 예산편성 기초자료로 사용할 수 있도록 경제성 분석과 정책성 분석절차를 도입한 것이다.[12] 효율적인 자원배분을 위해서는 총예산의 범위 내에서 사업의 우선순위를 전체적인 시각에서 고려할 필요가 있다. 타당성에 대한 충분한 검토 없이 추진된 정책이나 사업은 수요가 없거나 경제성이 없는 사업이 될 가능성이 많으며, 예기치 않는 사업비 증액과 잦은 사업계획 변경 등을 초래할 우려가 있다. 또한 경제적·기술적 측면에서 타당성이 있다 하더라도 전반적인 재정운용이라는 정책적인 측면에서 문제가 제기될 수도 있다.

는 소관 정책을 수립·시행하는 과정에서 그 정책이 여성의 권익(權益)과 사회참여 등에 미칠 영향을 미리 분석·평가하여야 한다.

11) 법적근거는 국가재정법 제26조(성인지예산서의 작성)로 ① 정부는 예산이 여성과 남성에게 미칠 영향을 미리 분석한 보고서(이하 "성인지 예산서"라 한다)를 작성하여야 한다.

12) 정부는 1999년 예산회계법시행령을 개정하여 제9조 2항에 500억 원 이상인 사업으로서 건설공사가 포함된 대규모 개발사업에는 예비타당성조사→타당성조사→설계→보상→착공의 순으로 사업예산이 편성되도록 하였다.

예비타당성조사는 본격적인 타당성 조사 이전에 국민경제적인 차원에서 사업의 추진 여부를 판단하도록 한 것이다. 과거 타당성 조사는 사업추진을 기정사실화하고 기술적인 검토와 예비설계 등에 초점을 맞추었으나, 예비타당성조사는 그 이전 단계에서 재정운용의 큰 틀 속에서 대상사업의 정책적 의의와 경제성을 판단하고 사업의 효율적이고 현실적인 추진방안을 제시하는 데 목적이 있다. 예비타당성조사는 경제성 분석, 정책적 분석, 지역균형발전 분석에 대한 평가결과를 종합적으로 고려한다.

첫째, 경제성 분석은 예비타당성조사 대상사업의 국민 경제적 파급효과와 투자적합성을 분석하는 핵심적 조사과정으로서 비용편익분석(Cost-Benefit Analysis)을 기본적인 방법론으로 채택하여 분석한다.13) 비용편익분석을 위해서 사업 시행에 따른 수요를 추정하여 편익을 산정하고, 총사업비와 해당 사업의 운영에 필요한 모든 경비를 합하여 비용을 산정하도록 하였다. 경제성 분석 과정에서 민간주도의 사업 추진 필요성이 제기되고 민간투자가 가능할 것으로 판단되는 경우 등에는 재무성 분석을 실시할 수 있다. 한편 순수 R&D사업 및 기타 비투자 재정부문 사업 등 비용편익분석이 적합하지 않다고 판단되는 사업의 경우에는 경제사회적·과학기술적 파급효과 등을 산출하고 이를 통해 비용효과분석(Cost-Effectiveness Analysis)을 실시할 수 있도록 규정하고 있다.

둘째, 정책적 분석은 해당 사업과 관련된 정책의 일관성 및 추진의지, 사업 추진상의 위험요인, 사업 특수평가 항목 등의 평가항목들을 정량적 또는 정성적으로 분석한다.14) 정책성 분석을 수행함에 있어 재원조달위험성, 문화재가치 등 개별사업의 특성을 고려할 필요가 있을 경우에는 제1항의 규정에 의한 사업 특수평가항목에 반영하여야 한다.

셋째, 지역균형발전 분석은 지역간 불균형 상태의 심화를 방지하고 지역간 형평성 제고를 위해 고용유발 효과, 지역경제 파급효과, 지역낙후도 개선 등 지역개발에 미치는 요인을 분석한다.15)

사업 타당성에 대한 종합평가는 평가항목별 분석결과를 토대로 복수기준

---

13) 기획재정부. 2019「예비타당성 조사 운영지침」. 제43조 참조.
14) 기획재정부. 2019.「예비타당성 조사 운영지침」. 제44조 참조.
15) 기획재정부. 2019.「예비타당성 조사 운영지침」. 제45조 참조.

분석의 일종인 계층화분석법(Analytic Hierarchy Process, AHP)을 활용하여 계량화된 수치로 도출하도록 되어 있다.[16]

제도 도입 20년이 경과한 시점에서 경제 · 사회여건 변화를 반영한 제도 개편 필요성이 대두되었다.[17] 즉, 지역균형발전과 다양한 사회적 가치에 대한 실현 요구가 증대하고 있으나 경제성이 예비타당성조사 통과의 결정적 요소로 작용하였다는 비판이 제기되었고(2015년 이후 「B/C<0.9 & AHP≥0.5」인 사업은 단 한 건에 불과함), 당초 예비타당성조사 대상이었던 SOC 외에 복지사업 등에도 '적부(시행 · 미시행)' 평가방식을 적용하는 것은 적절하지 않다는 것이다. 이에 따라 정부는 2019년부터 경제 · 사회적 변화를 반영해 경제성과 지역균형, 다양한 사회적 가치를 균형 있게 평가하고 사업특성에 부합하도록 평가체계를 다음과 같이 개편하였다.

첫째, 종합평가 비중을 조정하였다. 현재까지 모든 지역을 동일한 기준으로 평가하였으나, 지역균형발전 필요성을 반영하여 종합평가(AHP)에서 수도권과 비수도권의 평가비중을 달리 적용하고 평가가중치를 조정하였다. 즉, 수도권은 경제성(60-70%)과 정책성(30-40%)만으로 평가하고, 비수도권은 균형발전평가를 강화(+5% 포인트)하고, 경제성을 축소(-5% 포인트)하였다. 또한 비수도권 지역의 균형발전 평가시 지역낙후도를 '가감점'에서 '가점제'로 운영하도록 하였다. 이에 따라 종합평가에서 지역간 형평성이 제고될 것으로 기대된다.

둘째, 정책성 평가의 주요 항목으로 다양한 사회적 가치를 분석할 수 있도록 "정책효과" 항목을 신설하였다. 여기에서 주민 '삶의 질'에 기여하는 ① 일자리 창출효과(현행 직접 고용효과와 함께 간접 고용효과도 포함) ② 주민생활여건 영향(공공서비스 접근성, 건강 · 생활불편 개선 등), ③ 환경성(현행 부정적 환경영향과 함께 수질 · 대기질 개선 등 긍정적 환경영향도 포함), ④ 안전성(재난 · 재해 대응 가능성, 안전사고 가능성, 정보보안 등)을 평가하도록 하였다.

셋째, 복지 · 소득이전 사업 평가방식을 개편하였다. 즉, '적부(시행 · 미시행)'의 평가방식이 적절하지 않다는 지적에 따라 수혜계층 · 전달체계 개선

16) 기획재정부. 2019. 「예비타당성 조사 운영지침」. 제50조 참조.
17) 관계부처 합동. 2019. 「예비타당성조사 제도 개편방안」 참조.

등 적극적인 대안제시에 중점을 두도록 하였다.

2019년도 개편을 반영한 종합평가의 구성요소와 비중은 [그림 2-5]와 같다.

그림 2-5 2019년 평가체계 개편 이후 종합평가의 구성요소와 비중

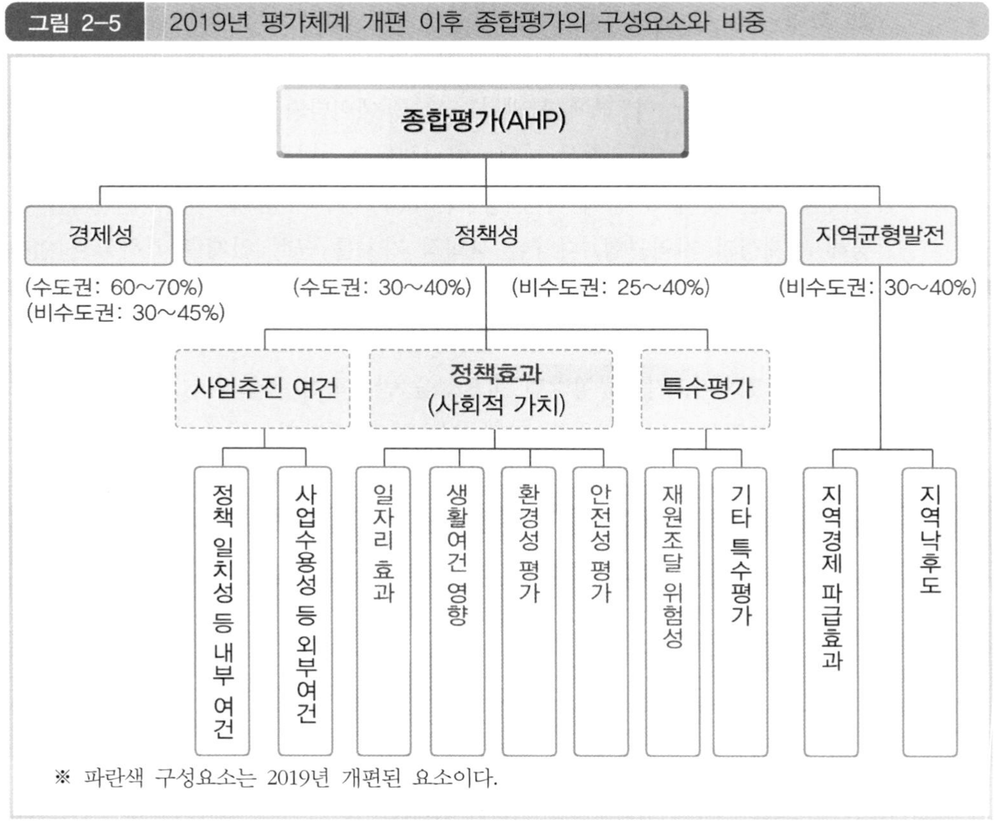

※ 파란색 구성요소는 2019년 개편된 요소이다.

예비타당성조사는 국책사업의 가치를 평가하는데 비용편익분석으로 대변되는 경제성(즉 능률성)뿐만 아니라, 정책적 분석과 지역균형개발 분석을 통하여 형평성과 대응성의 기준도 반영하므로, 복수기준에 의한 평가절차를 제도화한 것으로 볼 수 있다. 매년 실시되는 사업들의 예비타당성조사 결과는 기획재정부의 예산편성과정에서 사업우선순위 선정에 실제로 반영된다. 1999년 도입이후 20년간(1999-2018) 총 849개 사업(386.3조원)의 예비타당성조사를 수행하였는데, 이 가운데 300개 사업(35.3%, 154.1조원)이 타당성

이 낮은 것으로 조사되어 불필요한 대형사업 추진에 제동을 걸고, 재정효율화에 기여하였다.

3) 환경영향평가

환경영향평가(environmental impact assessment)는 1960년대 말 환경운동의 압력에 대한 반응으로 UN에서 먼저 시작되었다. 미국이 1969년 「국가환경정책법」에 처음 도입한 이후 캐나다(1973년), 오스트레일리아 · 독일(1974년) 등이 뒤를 이었고, 현재는 세계 100여 개 국가가 시행 중이다. 우리나라에서는 1979년 12월 개정된 환경보전법 제5조에 환경영향평가를 명문화하였다. 환경영향평가의 주된 목적은 어떤 프로젝트의 가치를 평가하는 데 있어서 경제적 측면을 지나치게 강조함으로써 오게 될지 모르는 생물학적 · 물리적 환경파괴를 완화 내지 방지하기 위하여 어떤 프로젝트 수행이 가져오게 될 환경적 영향을 사전에 명시적으로 반영시키고자 하는 데 있다(노화준, 2017). 환경영향평가제도는 환경에 중대한 영향을 미치는 국가정책 · 계획 및 개발사업 등이 환경에 미치는 부정적인 영향을 미리 예측 · 분석하고 그에 대한 저감방안을 강구하는 계획과정의 일환으로 정책결정자의 정책결정을 지원하는 역할을 한다.

우리나라에서 환경영향 평가결과는 특정 정책대안의 선정에 참고자료로 활용될 뿐이며, 사업 그 자체의 가부를 결정하는 것은 아니다. 즉 환경에 해로운 영향을 미칠 것으로 예측된 경우에도 이는 해로운 환경을 저감하는 방안을 강구하는 과정으로 여겨진다. 또한 우리나라에서는 환경영향평가의 주체가 사업자 또는 그 대행자로 되어 있어 사업자 측에 유리한 평가가 내려질 가능성이 많다. 주민의견 수렴을 위한 설명회 또는 공청회 개최를 의무화하고 있지만 주민들의 의견을 실질적으로 반영하기 어렵다. 따라서 우리나라 환경영향평가제도는 사업이 초래할 환경위해적 결과를 사전에 예측하여 그 저감방안을 강구한다는 당초 취지를 실질적으로 달성하기 어려운 것으로 평가되고 있다.

4) 규제영향분석

새로운 규제를 도입하거나 기존 규제를 수정할 경우에, 이들 규제가 가져올 결과들을 사전에 분석하여 정책결정자들이 활용할 수 있도록 하여야 한다. 규제영향분석(Regulatory Impact Analysis, RIA)은 규제대안의 효과들을 체계적·실증적 방법으로 분석하여 정책결정의 객관적 증거를 정책결정자에게 전달하는 과정(김태윤·김상봉, 2004: 165)으로 정의되기도 한다. 즉, 객관적이고 과학적인 방법을 사용하여 규제로 인해 나타날 영향을 미리 예측·분석함으로써 규제의 타당성을 판단하는 기준을 제시하는 분석기법이다. 규제영향분석은 불필요하고 불합리한 규제의 신설을 방지하고 합리적인 규제수단과 대안을 탐색하여 기존규제의 합리적 개선을 유도하기 위한 목적으로 실시된다. OECD에서는 회원국가들에게 규제의 품질을 높이기 위하여 규제자문메커니즘과 규제영향분석을 활용할 것을 권고하고 있다(노화준, 2017).

우리나라의 규제영향분석은 1997년 제정된 행정규제기본법에 그 시행이 의무화되면서 본격적으로 도입되었다. 행정규제기본법에서는 규제영향분석을 "규제로 인하여 국민의 일상생활과 사회·경제·행정 등에 미치는 제반 영향을 객관적이고 과학적인 방법을 사용하여 미리 예측·분석함으로써 규제의 타당성을 판단하는 기준을 제시하는 것"으로 정의하고 있다.[18]

우리나라의 규제영향분석 대상은 신설규제뿐 아니라 기존규제의 강화가 모두 포함된다. 규제영향분석에서는 다음과 같은 사항들을 종합적으로 고려하여야 하며, 규제영향분석을 완료한 후에는 그 내용들을 규제영향분석서를 작성할 것을 규정하였다.[19] 즉, ① 규제의 신설 또는 강화의 필요성, ② 규제목적의 실현가능성, ③ 규제외 대체수단의 존재 및 기존규제와의 중복여부, ④ 규제시행에 따라 규제를 받는 집단 및 국민이 부담하여야 할 비용과 편익의 비교분석, ⑤ 규제의 시행이 「중소기업기본법」 제2조에 따른 중소기업에 미치는 영향, ⑥ 경쟁제한적 요소의 포함여부, ⑦ 규제내용의 객관성과 명료성, ⑧ 규제의 신설 또는 강화에 따는 행정기구·인력 및 예산의 소요, ⑨ 관련 민원사무의 구비서류·처리절차 등의 적정여부이다. 행정규제기본법 및 동법 시행령에서는 입법예고기간 동안 규제영향분석서를 관보에 게재하거나 부처 인터넷 홈페이지에 게재하는 등의 방법으로 공표할 것을 의무화하였다.[20] 이를 통해 규제관련 정보를 일반국민에게 충분하게 제공하

18) 행정규제기본법 제2조 제1항 5호 참조.

19) 행정규제기본법 제7조 제1항 참조.

고자 한 것이다.

우리나라 규제영향분석의 특징은 일반적인 정책분석의 과정에 따라 신설 규제나 기존규제의 강화를 위한 타당성 검토를 수행하도록 하면서, 비용편익분석을 가장 핵심적인 분석방법으로 사용하도록 하고 있다는 점이다(노화준, 2017). 즉 모든 평가요소들이 병렬적으로 나열되어 있으나 비용편익분석 결과가 규제의 채택여부 결정에 가장 큰 영향을 미치는 핵심요소이다.

그런데 우리나라 정부는 아직 규제영향분석을 본격적으로 실시한 경험이 부족하고, 규제영향분석을 효율적으로 시행할 절차를 마련하여 시행하지 못하고 있다. 그러므로 미국과 같이 이러한 절차를 마련하여 시행하고 있는 외국정부기관의 규제영향분석절차에 관한 규정을 벤치마킹할 필요가 있다(노화준, 2017).

Ⅶ. 요 약

정책형성단계에서 필요로 하는 정보를 산출하는 정책분석의 과정 또는 절차는 ① 정책목표의 설정, ② 정책대안 선택기준 설정, ③ 정책대안 탐색과 설계, ④ 정책대안이 초래할 결과예측, ⑤ 대안의 가치평가, 비교 및 제안 등이다.

정책분석과정에서 모호한 목표의 명료화, 목표간 관계와 우선순위 설정, 목표의 구체화 작업이 진행되어야 한다. 정책대안 선택기준의 유형은 소망성과 실행가능성 기준으로 구분된다. 소망성을 판단하는 대표적인 기준으로는 효과성, 능률성, 형평성, 대응성이 있다. 정치적 요인, 행정적 요인, 예산상 요인, 기술적 요인, 법적 요인 등 실현가능성은 대안평가에서 제약조건으로 작용한다. 정책대안 탐색의 원천은 기존정책, 타정부의 정책, 과학적 지식과 모형 활용, 그리고 주관적 판단으로 구분된다.

정책분석에서 활용되는 예측기법을 크게 양적 방법과 질적 방법으로 분

20) 행정규제기본법 제7조 제2항 참조.

류되고 양적 방법은 다시 추세연장방법 또는 투사법과 모형작성기법으로 구분된다. 이러한 예측기법들은 상호보완적이므로 예측의 정확성은 여러 가지 형태의 예측기법과 자료를 혼합 사용하여 그 결과를 종합할 때 확보될 수 있다.

정책대안의 가치평가방법은 ① 비용편익분석, ② 질적 비용편익분석, ③ 사회적 비용편익분석 등 수정비용편익분석, ④ 비용효과분석 및 비용효용분석, ⑤ 복수기준분석 등 다섯 가지로 분류할 수 있다.

우리 정부에서는 주요 국책사업의 예산편성 기초자료로 사용할 수 있도록, 경제성 분석과 정책성 분석절차를 도입한 예비타당성조사제도, 환경영향평가제도, 규제영향분석제도 등을 도입하였다.

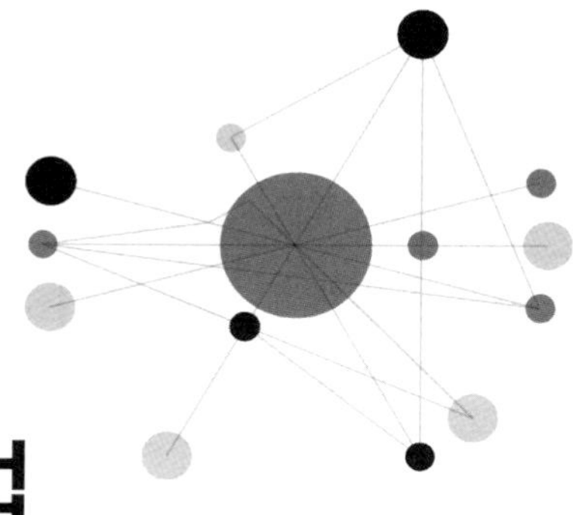

3 CHAPTER 정책평가연구의 방법
Methods of Policy Evalution

Ⅰ. 서 론

정책평가연구는 정책집행단계와 정책평가단계에서 도움이 되는 정보를 산출한다. 정책집행단계에서는 점검(monitoring)을 통하여 집행상의 장애요인과 제약조건을 식별하고, 정책집행이 원활하지 못할 경우 책임소재를 파악하는 데 도움이 되는 정보를 산출한다. 정책집행이 종료된 이후에는 소기의 정책목적이 달성되었는지 평가활동이 이루어진다. 정책평가 단계에서 정책결과의 가치(value) 또는 값어치(worth)에 대한 정보를 필요로 한다. 이 단계에서 정책성과(policy performance)에 관한 정보, 즉 관찰된 정책결과가 가치 증진, 또는 목표 달성에 기여했는지에 관한 정보를 산출하여 정책결정자에게 도움이 될 수 있다.

이 장에서는 평가목적으로 과학적 연구방법과 기법을 활용하는 정책평가연구를 중심으로 평가에 관련된 이슈를 살펴보기로 하겠다. 2절에서는 평가연구의 유형을 고찰한다. 3절에서는 프로그램이론과 프로그램 논리모형을 다룬다. 4절에서는 정책영향평가의 방법을 고찰한 후, 5절에서는 정책평가결과의 활용을 살펴본다.

Ⅱ. 정책평가연구의 유형

정책평가는 다양한 기준에 의하여 분류할 수 있다. 여기에서는 평가의 주체, 평가단위의 수준, 평가의 시점, 평가의 목적, 평가의 대상에 따른 분류를 개괄적으로 살펴보기로 한다. 이어서 정책평가의 핵심을 구성하는 과정평가와 총괄평가에 관하여 살펴보겠다.

1. 평가의 주체에 따른 분류

정책평가는 평가자가 정책집행기관 내부에 소속되었는지 아니면 외부에 소속되었는지에 따라 내부평가(inside evaluation)와 외부평가(outside evaluation)로 구분된다(Wollmann, 2007: 395-396).

1) 내부평가

내부평가란 정책집행기관 내부에 소속된 평가자에 의한 평가를 말하며 이를 자체평가라고 부르기도 한다. 보통 중앙부처의 기획관리담당부서 또는 감사담당부서에서 수행한다. 최근에는 내부평가에서도 성과지표를 바탕으로 하는 모니터링과 통제가 강조되고 있다.

2) 외부평가

외부평가는 정책집행기관의 외부기관 또는 계약을 통한 외부전문가 집단에서 수행하는 평가를 말한다. 의회나 감사원에 의한 평가가 전형적인 외부평가에 해당한다. 정책집행부처들에 대하여 총리실 또는 조직 또는 예산담당 부처에서 수행하는 평가도 외부평가로 분류할 수 있다. 최근에는 위탁계약을 맺고 평가업무를 수행하는 외부연구기관뿐 아니라 시민단체들이 자발적으로 평가에 관여하는 경향이 있다.

2. 평가단위의 수준에 의한 분류

1) 평가단위의 수준 구분

정책에 관련된 평가는 평가단위의 수준에 따라 기관평가(agency evaluation), 정책평가(policy evaluation), 프로그램 평가(program evaluation)로 구분할 수 있다. 더 나아가 국정성과의 국가간 비교의 경우에는 기관단위를 뛰어 넘어 국가 전체를 하나의 평가단위로 볼 수도 있다(Bouckaert & Halligan, 2008).[1] [그림 3-1]에 하나의 기관 내에서 평가단위 수준에 따른 평가유형을 예시하였다. [그림 3-1]에 제시된 바와 같이 평가단위는 개인과 집계단

그림 3-1 평가단위의 수준에 따른 평가유형

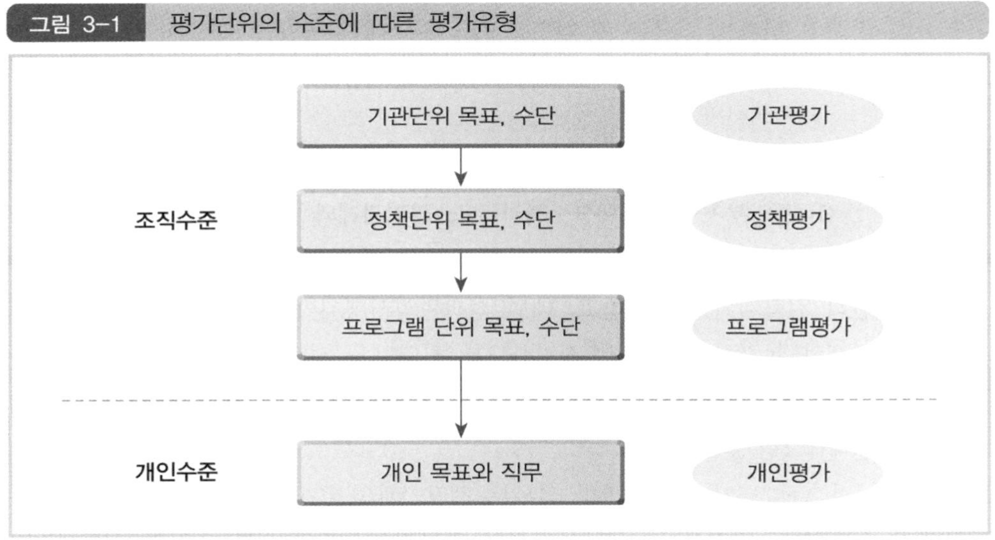

1) 예를 들면 Bouckaert & Halligan(2008: 11-34)은 호주, 캐나다, 네델란드, 스웨덴, 영국, 그리고 미국을 대상으로 국가 차원의 성과를 비교분석하면서, 국가 전체를 하나의 평가단위로 설정하였다. 이들 학자들에 따르면 분석단위가 국가 또는 정부전체(government-wide)일 경우 거시수준(macro-level), 분석단위가 교육, 보건, 환경, 안전과 같은 정책분야인 경우를 중위수준(meso-level), 그리고 공공부문의 개별기관일 경우를 미시수준(micro-level)로 보았다. 이들은 각 수준별로 성과관리의 구성요소들을 투입 → 활동 → 산출 → 효과/결과 → 신뢰로 구분하고, 이들을 통합하는 성과분석의 틀을 제시한다. 성과관리의 구성요소들은 다음에 살펴볼 프로그램 논리모형의 과정과 산출과 기본적으로 유사한 것으로 논리모형의 구성요소들이 프로그램 수준뿐 아니라 보다 상위차원에도 적용될 수 있음을 알 수 있다.

위인 조직수준을 구분될 수 있다. 정책평가에서는 원칙적으로 개인을 평가단위로 설정하는 경우가 없다.

기관평가란 중앙정부의 부처 단위, 지방정부의 기관단위로 이루어지는 평가를 말한다. 일반적으로 하나의 기관에서는 복수의 정책을 추진한다. 기관평가는 하나의 기관에서 추진하는 복수의 정책이 집행되는 상황에 관한 평가내용을 종합한 것이다. 중앙부처와 같이 대규모의 기관인 경우에는 주요정책들을 전략목표라는 명칭아래 몇 개로 범주화하기도 한다. 각 기관에서는 전략목표를 설정하고 그러한 전략목표를 달성할 수 있는 여러 정책을 추진한다. 각각의 정책에 대하여 복수의 프로그램이 마련된다. 그러므로 기관의 목표와 수단의 계층구조(means-ends hierarchy)에서 정책은 상층부에 해당되고, 프로그램은 하층부에 해당된다. 여러 가지 프로그램으로 구성된 정책의 평가는 결국은 각각의 프로그램에 대한 평가를 합산한 것이다. 그러므로 정책평가와 프로그램 평가는 혼용되는 경우가 많다.

2) 중앙부처의 성과관리 사례

(1) 중앙부처의 전략목표, 성과목표, 관리과제와 성과지표

우리나라 정부업무평가 체계에서는 중앙정부 각 부처별로 5년 단위 성과관리 전략계획을 수립하고, 매년 성과관리시행계획을 작성하며 여기에 성과지표와 목표치를 사전에 제시하도록 하였다.[2] 성과관리 시행계획에서는 기관의 임무－전략목표－성과목표－관리과제의 계층구조에 따라 목표를 설정한다([그림 3-2] 참조).

[그림 3-2]에서 기관의 임무는 해당기관의 존재이유(목적)와 주요기능을 의미하며, 비전은 장기적인 목표와 바람직한 미래상으로 조직의 방향설정과 구성원에 대한 동기부여의 기능을 수행한다. 한편 전략목표는 국정지표, 국정전략, 기관의 임무와 비전 등을 감안하여 해당 기관이 중점을 두고 지향하거나 추진해야할 내용으로 제시해야 한다. 전략목표는 전략계획의 계획기간 동안 성과의 개선수준을 확인할 수 있을 정도로 명확하게 제시하여야 한다.

2) 이하 국무조정실. 「2020년도 정부업무 성과관리 운영지침」 참조.

그림 3-2 성과관리시행계획의 부처 목표와 성과지표의 계층 구조

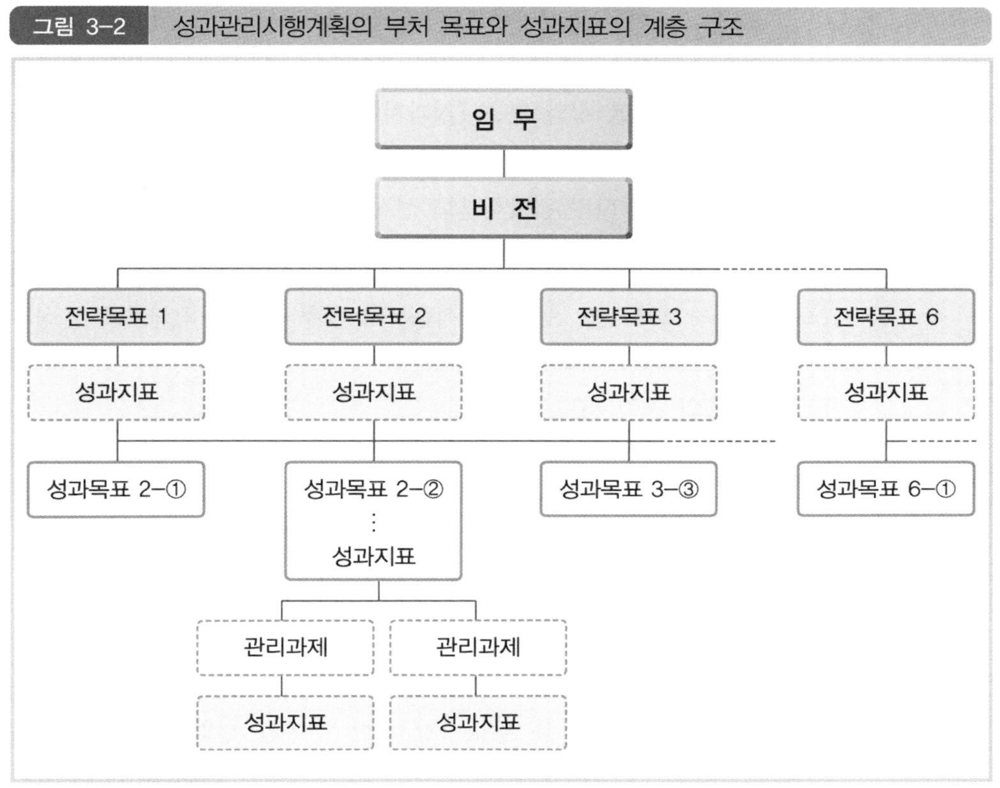

[그림 3-2]에서 성과목표는 전략목표를 구체화하는 하위목표로서 전략목표를 실현하기 위해 계획기간내에 달성하고자 하는 내용으로 설정한다. 성과목표를 달성하고자 하는 계획연도와 목표수준 등을 명확하게 제시하여 정책방향 파악이 용이하도록 해야 한다. 한편 관리과제는 성과목표를 달성할 수 있는 수단으로서 개별 정책 또는 사업 단위를 의미하는데, 예산·비예산 정책(사업)을 포괄한다. 즉, 관리과제는 전략목표 및 성과목표 달성을 위해 성과관리가 필요한 정책·사업을 대상으로 선정한다. 그러므로 전략목표와 성과목표 및 관리과제 사이에는 연계성이 확보되어야 하고, 기관의 정책-수단의 계층구조를 이루어야 한다.

한편 성과지표는 전략목표, 성과목표, 그리고 관리과제 수준별로 각각 선정되어야 한다. 2019년 이전에는 성과지표가 성과목표와 관리과제 수준에서만 선정하도록 하였는데, 2019년부터 전략목표 수준에서도 성과지표를 선정

하도록 하였다. 그 이유는 성과목표와 관리과제가 전략목표 달성에 기여한 정도를 파악하는 한편, 전략목표 차원의 성과 추이를 시계열적으로 파악하기 위한 것이다.[3)] 한편 성과목표별 성과지표는 전략목표 성과지표, 관리과제 성과지표와 구별되는 대표성 있는 성과지표를 제시하고, 관리과제별 성과지표는 부처 상황에 따라 자율적으로 선정한다.

(2) 농림축산식품부의 사례

[그림 3-3]에 2020년도 농림축산식품부의 임무－비전－전략목표와 성과목표 및 성과지표의 일부가 제시되었다.

① 전략목표와 전략목표 성과지표

전략목표의 수는 부처규모에 따라 다른데, 농식품부는 '농식품산업 지속가능성 제고', '농업인 소득안정', '누구나 살고 싶은 농촌공간 조성', '안전하고 건강한 먹거리 공급체계 구축' 등 4개의 전략목표를 설정하고, 5개의 전략목표 성과지표를 선정하였다.

② 성과목표와 성과목표 성과지표

성과목표는 모두 14개인데 예를 들어, 두 번째 전략목표인 '농업인 소득안정'(성과지표: 농가소득액)을 달성하기 위한 수단인 성과목표는 ① 식량수급안정(성과지표: 쌀 수요대비공급 비율, %), ② 농업 관련 재해 대응 강화(성과지표: 농작물재해보험 경영안정지수, %), ③ 농산물 수급 안정 및 유통 효율화(성과지표: 농축산물 신유통경로, %), ④ 농가 경영 안전망 확충(성과지표: 5개년 평균 증가율 이상의 농가소득 증가, 천원)의 네 가지이다. 이들을 포함하여 14개 성과목표의 성과지표는 총 17개가 선정되었다.

③ 관리과제와 관리과제 성과지표

한편 성과목표 달성을 위해 성과관리가 필요한 정책·사업 46개가 관리과제로 선정되었고, 관리과제의 성과지표는 모두 138개이다. 예를 들어 농업인소득안정(전략목표 Ⅱ)－식량수급안정(성과지표: 쌀 수요대비공급 비율, %)의 관리과제는 ① 쌀 수급안정 도모, ② 잡곡류 생산 및 수요 기반 확충, ③ 간척지 활용 등을 통한 농업생산기반 구축 등 3개이다. 이 가운데 세 번째

3) 전략목표별 성과지표 설정기준으로 ① 전략목표가 추구하는 핵심 결과상태 반영, ② 중장기 성과관리 지원, ③ 국민 체감도 제고, ④ 신뢰성 확보(신뢰도·만족도 등 주관적 인식조사보다는 객관적인 통계치 사용)를 고려하도록 하였다.

그림 3-3 2020 농림축산식품부 성과관리 시행계획 목표체계

임 무	농업과 농촌의 지속가능한 발전을 도모하고, 국민에게 안전한 농산물과 품질 좋은 식품을 안정적으로 공급하며, 농업인의 소득과 삶의 질을 향상시켜 국민 행복과 국가발전에 이바지한다.
비 전	걱정없이 농사짓고 안심하고 소비하는 나라

전략목표	I. 지속가능한 농산업	II. 농업인 소득안정	III. 살고 싶은 농촌	IV. 안전하고 건강한 먹거리
성과지표	친환경 농업지구 조성(개소, 누계), 스마트농업확산지수	농가소득액	농촌생활 만족도	식품 · 외식분야 취업자수(천명)

성과목표	식량 수급안정	농업 관련 재해 대응 강화	농산물 수급 안정 및 유통 효율화	농가경영 안전망 확충
성과지표	쌀 수요대비공급 비율(%)	농작물재해보험 경영안정지수(%)	농축산물 신유통경로(%)	5개년 평균 증가율 이상의 농가소득 증가(천원)

관리과제	쌀 수급안정 도모	잡곡류 생산 및 수요 기반 확충	간척지 활용 등을 통한 농업생산기반 구축
관리과제 성과지표	① 정부양곡판매량(천톤) ② 쌀 해외원조실시(천톤) ③ 논 작물전환실적(천ha) ④ 공공비축 매입 품종 일치율(%) ⑤ 쌀 · 쌀 가공식품 호감도(%)	① 잡곡류 재배면적(천ha) ② 잡곡류 수입물량(천톤)	① 배수개선 완료지역 침수 피해 해소율 ② 간척농지 조성률 ③ 간척농지 이용률 ④ 간척지 타작물재배 이용률 ⑤ 치수능력확보율

전략목표	전략목표 성과지표	성과목표	성과목표 성과지표	관리과제	관리과제 성과지표
4	5	14	17	46	138

출처: 농림축산식품부. 「2020 성과관리시행계획」에서 재구성.

관리과제인 간척지 활용 등을 통한 농업생산기반 구축의 성과지표는 ① 배수개선 완료지역 침수피해 해소율, ② 간척농지 조성률, ③ 간척농지 이용률, ④ 간척지 타작물재배 이용률, ⑤ 치수능력 확보율 등 다섯 가지이다.

④ 성과관리 목표체계

위에서 살펴본 바와 같이 농림축산식품부의 성과관리 목표체계는 '임무'와 '비전'에서 출발하여 '전략목표'–'성과목표'–'관리과제'에 이르기까지 목표–수단의 계층구조를 이루고 있으며, '전략목표'–'성과목표'–'관리과제' 수준별로 별도의 성과지표가 선정된다. 그러므로 정책평가의 초점이 어느 수준에 맞추어 있는지에 따라 평가절차와 내용이 달라질 수 있다. 앞으로 살펴보게 될 프로그램 논리모형은 부처의 성과관리체계에서 관리과제(정책 또는 사업) 수준에 적용되는 것으로 볼 수 있다.

3. 평가의 시점에 따른 분류

정책과정에서 평가가 이루어지는 시점에 따라 사전평가(ex-ante evaluation), 진행평가(ongoing evaluation), 그리고 사후평가(ex-post evaluation)로 구분될 수 있다(Wollmann, 2007: 393-395).

1) 사전평가

사전평가는 정책결정이 이루어지기 이전에 이루어지는 것으로, 계획된 정책과 행위의 효과 및 결과를 미리 추정하고자 하는 것이다. 일반적으로 사전평가는 정책분석이라고 부른다.

2) 진행평가

진행평가는 정책이 집행되는 도중에 이루어지는 평가를 말한다. 즉 정책의 집행과정에서 집행과정을 개선하려는 목적으로 실시하는 평가이다. 예를 들면 찌개를 끓이면서 장맛을 살펴본 다음 그 결과에 따라 양념을 추가하는 것과 같다. 이를 형성평가(formative evaluation) 또는 동반평가(accompanying evaluation)라고 부르기도 한다. 모니터링도 역시 진행 중인 프로그램에 대한 평가로 적절한 지표를 활용하여 진행 중인 활동의 효과를 측정하고자 하는 것이 주된 목표이다. 최근 신공공관리론에서는 모니터링에서 성과지표를 중시하고 있다.

3) 사후평가

사후평가는 정책집행 종료 후 평가가 이루어지는 것으로 정책집행이 종료된 이후에 주로 정책의 영향을 판단하는 활동이다. 이를 총괄평가라고 부른다.

4. 목적에 초점을 둔 분류

1) 기술적 평가연구

기술적 평가연구는 프로그램 대상집단의 특징을 파악하는 등 정책프로그램과 관련된 현상을 정확하게 파악하는 것이다. 예를 들면, 대상집단이 빈곤선 이하 가정의 학생들인 경우, 기술적 평가에서는 이들의 영양상태, 전반적 건강상태, 가족구조, 주거상태, 언어 및 수리능력 등을 평가할 수 있다. 요구 평가(needs assessment)는 잠재적 고객인 대상집단을 기술하는 전형적인 기술적 프로그램 평가의 유형이다. 이러한 유형의 평가에는 프로그램 자체의 특징을 기술하는 경우도 포함된다. 예를 들면 프로그램의 평균예산은 어느 정도인지, 프로그램 관리자는 정부기관인지 아니면 계약자인지 등이다. 기술적 프로그램 평가의 대상은 프로그램 투입, 활동, 산출물, 고객의 특성 등 다양하다.

기술적 평가연구에서 가장 중요하게 고려해야 할 사항은 정확성(accuracy)이다. 그러므로 오류를 극소화하고 수집된 증거의 신뢰성(reliability)을 극대화할 수 있는 정책평가연구설계가 필요하다.

2) 인과적 평가연구

인과적 평가연구의 주목적은 프로그램과 그 성과 사이에 인과관계를 검증하는 것이다. 즉, 프로그램이 원하는 산출과 성과를 가져왔는가, 그리고 바람직하지 않은 산출과 결과를 회피할 수 있었는가?와 같은 유형의 질문에 대한 해답을 추구하는 평가연구이다. 인과적 가설을 검증하기 위한 연구에서는 오류를 줄이고 신뢰성을 증진시킬 수 있을 뿐 아니라 인과성(causality)에 관한 추론을 가능하게 하는 절차가 필요하다(남궁근, 2017). 실험설계가 그러한 요건을 충족시키는 데 적합하지만 인과적 관계에 관한 가설검증을 위한 평가가 모두 실험의 형태를 갖추고 있는 것은 아니다. 인과적 연구질문의 사례는 다음과 같다.

농촌주택개량사업을 통하여 농가주택의 질은 향상되었는가?
실업률이 낮은 경우에도 직업훈련프로그램은 실업자의 취업을 증가시켰는가?
평균수명이 증가한 것이 의료보험제도의 도입에 기인한 것인가? 아니면 소득수준의 향상 때문인가?

이러한 세 가지 연구질문은 독립변수인 정책개입과 종속변수인 정책목표 간에 인과적 관계의 가능성에 관한 질문이다.

5. 평가초점에 따른 분류: 과정평가와 영향평가

평가의 초점이 프로그램 집행과정에 관한 것인지, 아니면 산출 또는 영향에 관한 것인지에 따라 과정평가(process evaluation)와 영향평가(impact evaluation) 또는 총괄평가(summative evaluation)로 구분할 수 있다. 뒤에서 살펴볼 프로그램 이론주도 평가에서 표준적인 논리모형의 어느 부분이 평가대상인가에 따른 구분과 일치한다. 과정평가는 정책의 집행과정에 대하여 평가하는 활동을 말한다. 즉 집행의 절차, 방법 등 관리전략을 평가하는 활동인데, 집행과정에서 이루어질 수 있고(형성평가), 집행종료 후에도 이루어질 수 있다. 영향평가는 정책집행의 결과 또는 영향을 평가하는 것이다. 영향평가도 집행과정에서 이루어질 수 있고, 집행종료 후에도 이루어질 수 있으나, 집행종료 후에 이루어지는 것이 일반적이다. 형성평가와 과정평가는 분리되는 개념이지만 그에 대한 상대적 개념인 총괄평가 또는 영향평가는 엄격하게 구분하지 않는 것이 관례이다. 정책평가론의 핵심은 영향평가에 있고 주로 그 방법을 학습하게 된다. 과정평가와 영향평가에 관하여는 아래에서 따로 살펴보기로 한다.

6. 과정평가

1) 과정평가의 의미와 유형

과정평가는 집행과정을 대상으로 한 평가를 말한다. 과정평가는 형성평가(formative evaluation), 모니터링, 그리고 사후적 과정평가로 구분할 수 있다. 형성평가는 정책집행도중의 평가로서, 정책의 집행과정에서 집행전략이나 집행설계의 수정 및 보완을 위한 평가를 말한다. 그러므로 본격적 집행이 이루어지기 이전에 실시되어야 한다. 정책모니터링 또는 집행분석(implementation analysis)은 정책이 의도했던 대로 집행되었는지 확인·점검하는 평가를 말한다. 한편 사후적 과정평가는 정책집행 이후에 관리절차, 관리전략, 인과관계경로 등을 평가하는 것을 말한다.

2) 형성평가

형성평가(formative evaluation)는 프로그램이 집행과정에 있으며, 여전히 유동적일 때 프로그램의 개선을 위하여 실시되는 평가이다. 프로그램의 개념화와 설계를 위하여 사용되기도 한다. 형성평가는 정부개입의 성공을 극대화하기 위하여 새로운 프로그램을 설계하고 개발하기 위한 검증도구이며, 평가의 초점은 어디까지나 프로그램 자체이다. 형성평가는 그 자체가 독립적으로 수행되기도 하고, 또는 다른 유형의 평가와 병행하여 수행되기도 한다. 이러한 의미의 과정평가가 독자적으로 수행될 때, 그 평가의 목적은 일반적으로 관리의 전략, 작업과정, 비용, 고객과 실무자들의 상호작용 등 집행되고 있는 프로그램 활동들의 과정을 기술하고 분석함으로써 이들 과정의 제 요소들을 개선하고자 하는 데 그 목적이 있다. 한편 다른 유형의 평가, 즉 성과평가와 아울러 실시할 경우에는 이 과정평가의 목적은 성과평가의 설계에 도움을 주거나 성과평가에 의하여 발견된 사실들을 설명하는 데 도움을 주고자 하는 목적들이 포함되어 있다.

3) 모니터링

모니터링은 집행의 능률성과 효과성을 확보하기 위한 평가라는 점에서 형성적 평가와 구분된다. 모니터링은 집행의 모니터링과 성과의 모니터링으로 구분된다(노화준, 2015).

(1) 집행 모니터링

집행 모니터링은 프로그램 투입 또는 활동을 측정하고 이들을 사전에 결정되거나 기대하였던 기준값과 비교한다. 그 목적은 프로그램이 구체적으로 지정된 대상집단이나 지역에 도달되고 있는지, 그리고 프로그램 활동은 프로그램 설계에 구체적으로 명시된 바 그대로 수행되고 있는지 판단하는 데 있다.

모니터링이 필요한 이유는 국민들의 세금으로 지원하는 프로그램이 과연 설계대로 진행되고 있는지 경험적 증거가 필요하다는 데 있다. 실제로 프로그램의 원래 설계된 대로 집행되지 않은 경우도 있다. 프로그램을 진행하는 데 필요한 인력이나 장비가 부족한 경우도 있으며, 때로는 정치적 이유 등으로 프로그램 관리자가 원활하게 의도한 대로 업무를 수행하기 못할 수도 있다. 어떤 경우에는 프로그램 집행자들이 업무지침에 따라 일할 능력을 갖추지 못했거나, 그대로 수행하고자 하는 동기를 가지고 있지 않은 경우도 있다.

그러므로 집행의 모니터링은 프로그램이 당초 설계된 대로 운영되고 있는지, 그리고 그것이 구체적으로 명시된 대상집단에 도달하고 있는지, 그리고 그 프로그램을 원래 서비스하기로 되어 있었던 요구(needs)가 아직도 존재하고 있는지 여부를 체계적으로 검토하여 수정·보완하고 개선하기 위하여 수행되는 것이다. 집행모니터링 또는 집행분석의 주요 질문은 다음과 같다.

계획된 양과 질의 자원(인적·물적 자원)이 계획된 시간에 투입(input)되었는가?

원래 집행계획에서 수립한 활동(activity)들이 제대로 이루어졌는가?

서비스가 원래 의도한 정책대상집단에게 전달(coverage)되었는가?

정책집행자가 관련된 법률이나 규정에 순응(compliance)하였는가? 등이다.

우리나라에서 과거에 많이 활용되었던 심사분석은 주목적이 분기별로 사업진행 상황을 점검하는 것으로 성격상 모니터링 또는 집행분석에 가깝다.

(2) 성과 모니터링

성과 모니터링의 초점은 산출물들을 측정하고, 프로그램 성과들을 사전에 설정되었거나 기대되었던 기준과 비교하는 것이다. 프로그램 성과 모니터링의 1차적 목적은 프로그램이 그 목표를 향하여 진행되어가는 성과를 주기적으로 측정하고자 하는 것이다. 성과의 모니터링 시스템은 프로그램 목표와 중요한 부수적 효과를 밝혀내고, 프로그램 성과를 사전에 설정하였거나 기대된 성과와 비교함으로써 현재의 상태에 관한 정보를 산출하여 제공하며, 프로그램 목표들을 향하여 성취해 나가고 있는 과정에서 프로그램 활동의 분석에 중점을 둔다. 대부분 정부 프로그램들에 있어서 프로그램 성과의 모니터링은 가장 실행가능성이 높고 또 유용한 평가방법이기 때문에 가장 널리 채택되어 실행되고 있다.

4) 사후적 과정평가

사후적 과정평가는 정책집행 이후에 관리절차, 관리전략, 인과관계경로 등을 평가하는 것을 말한다. 이같이 사후적 과정평가는 정책수단과 정책효과간의 인과관계의 경로와 매개변수를 검증하고 확인하기 위한 평가이다. 이러한 평가의 주요 질문은 다음과 같다.

정책효과는 어떠한 경로를 거쳐 발생하게 되었는가?
정책효과가 발생하지 않을 경우, 어떤 경로에 잘못이 있었는가?
보다 강한 영향을 미치는 경로는 없었는가? 등이다.

5) CIPP 모형

(1) 개 념

Stufflebeam이 주도적으로 개발한 CIPP 모형은 프로그램의 자원 투입이 산출에 도달하는 과정을 묘사하고자 한 모형의 하나이다(Stufflebeam et al., 1971; Stufflebeam, 2007). CIPP 모형은 맥락(context), 투입(input), 과정(process), 산출(output)의 앞 글자를 딴 것으로, 사업 추진 전 과정에 걸쳐 평가를 진행한다. 이 모형은 1960년대 후반 미국의 교육 프로젝트에 대한 평가에서 유래되었는데, 적용분야도 교육 외의 일반 프로그램 분야로 확대되었다(Stufflebeam, 2007). 이 모형은 평가실행과정에서 확인되는 오류를 고쳐나가며 학습한다는 것을 기본정신으로 하고 있다. 따라서 CIPP모델에서 평가의 가장 중요한 목적은 증명하는 것이 아니라 개선하는 데 중점을 두고 있다(Stufflebeam et al., 1971).

(2) CIPP 모형의 중점평가 분야

프로그램 등 평가 대상은 핵심가치를 중심으로 이를 구현하기 위한 목적(goals), 계획(plans), 활동(actions), 성과(outcomes) 등 4가지 중점 평가분야(evaluative foci)로 나눠질 수 있다. CIPP 모형은 이들 4가지 중점분야에 대해 각각 평가유형(type of evaluation)을 제공하는 것으로 맥락 평가는 목적, 투입평가는 계획, 과정평가는 활동, 그리고 마지막으로 산출평가는 성과 분야에 대응되고 있다(Stufflebeam, 2007). [그림 3-4]는 이들을 정리한 것이다.

그림 3-4 CIPP 모형 구성과 프로그램 연관도

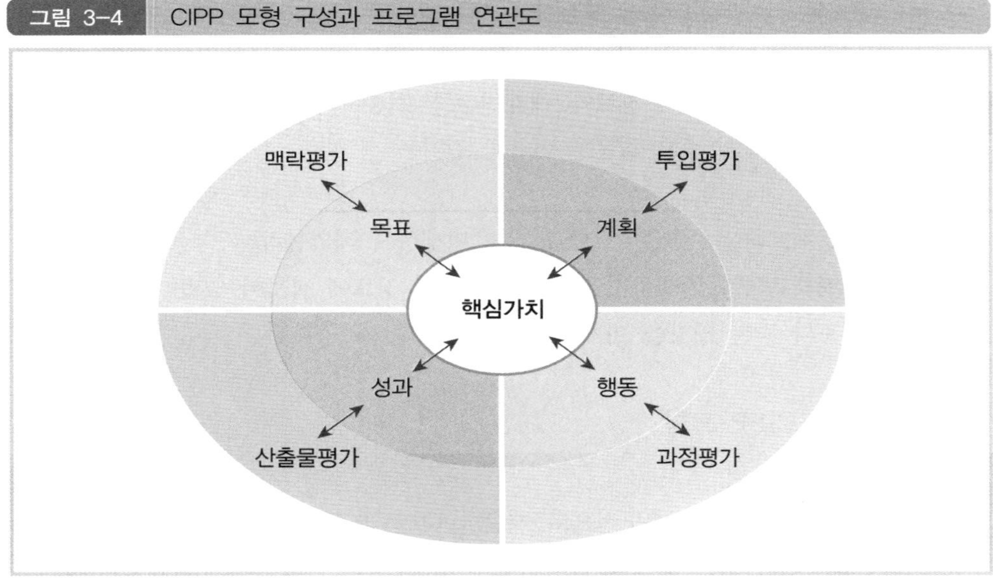

출처: Stufflebeam. 2007. Daniel Stufflebeam's CIPP Model for Evaluation. p. 333에서 수정.

그러므로 CIPP 모형은 특정 환경 및 배경을 고려해서 목적을 제대로 설정하고 사업을 계획하고 실행하는 전 과정에서 이를 달성하기 위한 분석틀의 성격을 띠고 있다. 이러한 특징은 복잡한 사회 환경 하에서 정책을 추진할 때 사업의 가치를 정확히 파악하고 사업의 전 과정을 통해 지속적인 개선을 추구함으로써 정책의 성과를 확보하는 데 강점이 있다. Stufflebeam (2007)은 통제된 실험심리학 분야나 의약분야의 이중 눈가림 실험, 농업분야의 분리 수확 실험과 달리 역동적이고 변화하기 쉬운 조건 하에 놓여 있는 사회현실에 적용하기 위해서는 포괄적이고 구조적인 CIPP 모형이 적합하다고 지적하고 있다. 이같이 CIPP 모형은 사업추진 단계별 접근에 중점을 두고 있는 과정 중심의 접근방법이다.

(3) 형성평가와 총괄평가에서 CIPP 모형의 역할

CIPP 모형은 사전 형성평가와 사후 총괄평가에 모두 적용될 수 있다. 사전 형성평가를 통해 사전 기획과 집행이 제대로 될 수 있도록 의사결정을 하는 데 도움을 줄 수 있고, 사후 총괄평가를 통해 형성평가에서 도출된 계획이 제대로 집행되었는지를 검토할 수 있다. 〈표 3-1〉은 맥락, 투입, 프로세스, 산출의 개념, 그리고 형성평가 및 총괄평가의 역할을 정리한 것이다.

표 3-1 CIPP 모형의 개념과 역할

구 분	맥 락	투 입	과 정	산 출
개 념	사업목적, 우선순위 판단: 필요(needs), 문제점, 자산/기회 요인 파악	접근방법, 실행계획, 인력 및 예산계획	집행계획 평가	성과평가
형성평가 역할	개입 필요성 평가, 목표 및 우선순위 설정	프로그램 선택, 전략 수립, 실행계획 평가	운영계획과 실행계획 세부내역 평가	성과와 부작용에 근거하여 계획의 지속, 수정, 종료여부 평가
총괄평가 역할	파악된 필요, 문제점, 자산, 기회에 근거하여 목표와 우선순위 평가	사업의 전략과 구성, 예산을 다른 경쟁자의 경우와 대비하고 수혜자의 필요에 맞는지 평가	실제 과정과 원가를 기술, 사전계획과 대비	목표 및 필요 대비 성과와 부작용 비교, 경쟁사업과 비교, 결과의 해석

출처: Stufflebeam. 2007. Daniel Stufflebeam's CIPP Model for Evaluation. p. 329에서 수정.

(4) 경험적 연구사례

이홍재·차용진(2015)은 CIPP 모형을 활용하여 개인정보보호 교육의 효과성을 검증하기 위한 경로모형을 구성하고 개인정보보호 교육을 이수한 지방자치단체 공무원 367명을 대상으로 실시한 설문조사 결과를 분석하였다.[4] 실증분석 결과 개인정보보호 교육의 투입-과정, 투입-효과성, 과정-효과성 간의 경로계수는 각각 통계적으로 유의미한 것으로 나타나, 개인정보보호 교육에 관한 예산과 인력, 그리고 교육에 적합한 시설이 구축되어 있을수록 개인정보보호 교육의 운영은 물론 교육에 한 만족도와 학습을 통한 실천 효과가 높아진다는 것을 확인하였다. 한편 맥락변수로 설정한 개인정보보호 교육에 관한 기관장의 관심이 교육의 투입과 효과성 간의 관계를 긍정적으로 조절하는 것으로 나타나, 개인정보보호 교육의 효과성에 관한 투입의 효과는 기관장의 관심이 높다고 인식한 집단이 낮다고 인식한 집단에 비하여 더욱 강하게 나타났다.

7. 영향평가

1) 영향평가의 개념과 과제

(1) 개 념

영향평가는 정책이 집행되고 난 이후 정책이 사회에 미친 결과를 추정하는 판단활동을 말한다. 영향평가는 총괄평가(summative evaluation), 결과평가(results evaluation), 성과평가(performance evaluation)라고 부르기도 한다. 일반적으로 정책평가라고 하면 영향평가를 의미할 정도로 가장 널리 활용되고 있는 정책평가의 방법이다.

---

4) 설문조사에서 투입에 관한 측정문항은 1인당 개인정보 보호 교육예산의 충분성, 개인정보보호 교육 강사의 전문성, 교육프로그램의 다양성, 개인정보보호 교육 시설의 적절성 등 4개 문항, 교육과정에서 교육운영의 적절성을 측정하기 위하여 교육일정과 교육내용의 적절성, 교육방법의 효과성, 교육시간의 충분성, 교육후 평가실시 정도 등 5개의 문항, 교육의 효과성을 파악하기 위하여 교육에 대한 만족도(4개 문항)와 교육을 통해 습득한 내용의 실천정도(2개 문항)을 측정하였다. 한편 맥락요인으로 기관장의 관심정도를 측정하고 이를 조절변수로 보았다.

(2) 정책산출과 정책영향의 구분

정책집행 이후 나타나는 결과를 판단하는 데 있어서 정책산출(policy output)과 정책영향(policy impact) 또는 정책결과(policy outcomes)를 구분하여야 한다. 정책산출이란 대상집단과 수혜자들이 받는 재화와 서비스 및 자원을 말한다. 예를 들면 일인당 복지비 지출, 무료급식서비스 수혜를 받는 아동의 수, 인구 1천명당 병상수 등을 들 수 있다. 이러한 정책산출은 단기적이며 측정이 비교적 용이하다.

한편 정책영향 또는 정책결과란 정책산출로 인한 대상집단과 수혜자의 행동이나 태도에 있어서 실제로 일어난 변화를 말한다. 예를 들면, 정부가 지급하는 복지비를 받은 복지수혜자가 실제로 생활에 어려움이 줄었는지, 무료급식서비스를 받은 아동이 실제로 배가 고프지는 않은지, 병상수가 늘어 환자들이 기다리지 않고 입원할 수 있는 기간이 줄어들었는지 등이다. 정책영향은 장기적이며 측정하는 것이 쉽지 않다. 또한 정책영향을 파악할 때에는 의도된 효과(intended effects)뿐 아니라 부수적 효과(side-effect)도 파악해야 하는데, 부수적 효과는 부정적인 성격일 경우가 많다. 예를 들면 토지공개념 제고를 위하여 공한지세를 집행하는 과정에서 부작용으로 가건물 건축 붐이 일어나는 경우를 들 수 있다.

정책산출과 정책영향을 판단할 때, 대상집단과 수혜자가 반드시 일치하지 않을 수도 있다는 점을 인식하여야 한다(Dunn, 2018). 대상집단이란 정책과 프로그램을 통하여 영향을 미치고자 하는 개인, 지역사회, 조직 등을 말하는 반면, 수혜자들(beneficiaries)이란 정책의 효과를 유익하고 가치있는 것으로 느끼는 집단을 말한다. 예를 들면 미국 직업안전 및 보건처(Occupational Safety & Health Administration, OSHA)가 관장하는 연방정부 프로그램의 대상집단은 산업체와 제조회사들이지만, 수혜자는 그곳에 근무하는 근로자들과 가족들이다.

(3) 핵심과제

영향평가의 핵심과제는 1) 효과의 발생여부를 판단하는 것이고, 2) 정책의 영향에 따른 효과와 다른 원인의 영향을 분리하는 것이다. 이를 위해서 정교한 평가연구의 설계가 필요하다는 점은 앞에서 지적한 바 있다.

2) 평가성 사정

(1) 평가성 사정의 의의

평가성 사정(evaluability assessment)은 프로그램 효과에 대한 영향평가 또는 총괄평가를 실시하기 위한 준비작업으로서 영향평가의 실행가능성은 있는지(예를 들면 측정가능한 성과지표를 설계할 수 있는가?), 영향평가를 실시해야 할지 여부 등 공식 영향평가의 유용성을 검토하기 위하여 실시된다. 그러므로 평가성 사정은 일종의 예비평가라고 볼 수 있다. 예비평가의 성격을 가진 평가성 사정의 수요가 증가하고 있다는 사실은 영향평가를 포함한 각종의 평가를 실시하는데 소요되는 비용과 얻을 수 있는 편익의 비교에 대한 관심, 그리고 프로그램 성격과 관련하여 공식적 평가노력의 필요성에 관한 인식을 반영한 것이다.

(2) 평가성 사정의 활용

평가성 사정을 통하여 프로그램이 평가될 수 있을지 여부를 결정할 뿐 아니라 프로그램 성과가 적절한지, 그리고 프로그램 평가가 성과를 증진시키는 데 유용한 도구가 될지 여부를 판단하기도 한다(노화준, 2015). 평가성 사정의 정보를 토대로 프로그램의 책임을 맡고 있는 정책결정자들이나 관리자들은 프로그램 활동들과 목표들을 유지할 것인지 아니면 변경할 것인가에 관한 의사결정을 내릴 수 있다. 한편 평가자들은 평가성 사정 결과 얻은 정보를 측정척도의 유지 또는 변경, 하나 또는 그 이상의 평가방법의 선택 등에 관한 의사결정을 내리는 데 활용할 수 있다.

(3) 평가성 사정의 절차

평가성 사정은 대체로 다음과 같은 여섯 가지 절차를 거쳐 수행된다(Wholey, 2004: 36-42; 노화준, 2015: 34-36; 정주택 외, 2007: 63-67).

① 이해관계자 식별과 참여

평가자와 정책결정자, 프로그램관리자, 담당요원 등 정보활용 예정자들이 참여하여 필요한 정보가 무엇인지 식별한다. 평가자와 평가의뢰자 및 평가대상과의 상호작용은 정책평가자가 생각한 평가설계가 주요 이해관계자들의 기대 및 정책운영 현실과 부합하도록 도와주는 기능을 수행한다. 그러므로 평가성 사정의 초기단계에서 주요 이해관계자를 식별하고 이들을 평가성 사정과정에 참여시키는 것이 중요하다. 특히 평가정보의 잠재적 활용자들이 반드시 포함되어야 한다.

② 프로그램 목표와 사업구조 확인

정책결정자, 관리자, 서비스 전달자 및 기타 이해관계자들의 관점에서 프로그램의 의도가 무엇인지 명료하게 정의한다. 이 단계에서 사업의 범위를 파악하고, 정책의 논리구조(목표와 수단의 연쇄관계)를 명확하게 규명하고, 정책목표와 목표측정수단에 관하여 합의를 거친다. 정책목표에 대하여 정책결정자와 정책집행자의 관점이 다를 수 있으므로, 이들 사이에 정책목표에 대한 개념 일치를 유도하고, 그 목표달성정도를 측정할 수 있는 조작적 지표에 합의하며, 그러한 측정자료들을 합리적 비용으로 획득할 수 있도록 하여야 한다.

③ 프로그램 목표의 실현가능성과 측정가능성 파악

프로그램 목표의 실현가능성과 측정가능성을 포함한 프로그램 현실을 파악한다. 정책의 실현가능성 파악은 정책목표와 하위목표들 사이에 목표와 수단의 연쇄관계의 현실성 여부를 점검하는 것이다. 실현가능성 점검을 위하여 '실현가능한 모형(evaluable model)'을 작성하는 것이 도움이 된다(정정길 외, 2010). 실현가능한 모형은 첫째, 사업모형에 나타난 활동들이 실현될 수 있고, 둘째, 활동들과 중간목표들 사이, 그리고 중간목표와 사업목표 사이에 존재하는 인과관계가 타당한 것으로 믿을 수 있을 경우의 사업모형이다. 사업모형에 포함된 투입, 활동 및 산출, 중간목표와 사업목표에 관련된 질문들을 작성한다. 측정가능성을 파악하기 위하여 실제 본 평가를 실시할 경우 질문에 포함된 각 요소들의 측정가능성을 검토한다.

④ 프로그램 수정의 필요성 합의

프로그램 목표나 활동에 어떤 변화가 필요한지에 관하여 합의한다. 정책인과모형의 논리구조에 대한 질문에 관하여 평가성 사정을 통하여 문제가 발견된다면, 그 원인을 잘 파악하여야 한다. 문제의 원인이 잘못 설정된 목표에 있다면 목표를 다시 설정하여야 하며, 논리구조에 있다면 정책내용을 수정하여야 한다. 한편 문제의 원인이 투입 또는 정책활동이 충분하지 않았기 때문이라면 그러한 투입과 활동을 강화시켜야 할 것이다. 이 단계에서 평가자가 주요 정책결정자와 합의를 통하여 문제의 진단과 처방을 내려야만 실제 정책내용 수정이나 정책활동 강화가 가능하며, 본 평가시에도 반영될 수 있다.

⑤ 대안적 평가설계 탐색

본 평가에 활용될 수 있는 여러 가지 평가설계 대안들을 탐색한다. 평가성 사정을 통하여 계획한 평가설계의 실행가능성 및 유용성이 확인되었을 경우 본 평가에서도 동일한 평가설계를 사용하는 것이 바람직하다(정주택 외, 2007: 66-67). 그러나 평가성 사정과정에서 정책의 독특한 성격이나 평가목적 때문에 평가설계의 실행가능성 및 유용성의 기준에 미흡할 경우 대안적 평가설계를 탐색하거나 본 평가 자체의 취소 여부를 결정할 수 있다. 평가성 사정의 결과를 토대로 평가활동 중단, 집행모니터링, 성과모니터링, 집중적 평가 등의 대안 가운데 하나를 선택할 수 있다(Wholey, 1979: 117; 김명수, 2003: 88-89). 실제로는 정책의 성격과 정책평가 목적, 평가성 사정의 결과로 얻은 정보를 토대로 하여 보다 신축성을 가지고 본 평가의 평가방법을 선택할 수 있다.

⑥ 본 평가의 우선순위와 평가정보 활용방안 합의

정책평가자가 정책결정자 및 정책관리자와 함께 본 평가 시행시 평가의 우선순위에 대한 합의와, 본 평가 시행 이후 평가정보의 활용방안에 관한 합의를 추구하는 단계이다. 평가성 사정을 통하여 얻은 정보를 토대로 본 평가의 평가방식에 합의하였다면 이는 잠정적으로 평가의 우선순위와 평가정보의 활용방안에 관하여 어느 정도 합의하였음을 의미한다. 한편 평가자는 추가적인 평가옵션, 그리고 이들 옵션의 비용 및 잠재적 효용이 무엇인지 분명하게 해 둘 필요가 있다.

3) 평가기준에 따른 영향평가의 유형

영향평가는 여러 가지 기준에 따라 구분할 수 있지만 평가의 주된 목적, 즉 평가기준에 따라 효과성 평가, 능률성 평가, 형평성 평가, 대응성 평가로 구분할 수 있다. 정책평가 또는 프로그램 평가는 정책이 집행된 이후 성과의 사후분석(ex post analysis)이며 집행된 정책결과의 가치(value) 또는 값어치(worth)에 대한 정보를 생산하는 것을 의미한다. 정책의 사전분석 단계에서 선택기준의 유형을 소망성(desirability)과 실행가능성(feasibility) 기준으로 구분한바 있다. 소망성이란 그 대안이 초래할 결과가 얼마나 가치있고 바람직한 것인지를 측정하는 기준이다. 정책영향의 평가기준은 정책대안 사전평가의 기준과 적용시점만 다를 뿐 동일한 것이로 보아야 할 것이다. 그러므로 제4부 제2장에서 살펴본 정책대안 평가의 소망성 기준이 그대로 정책영향평가의 기준이 된다. [그림 3-5]에 간략한 논리모형의 요소들 사이의 관계가 영향평가기준과 어떠한 관련이 있는지 소개하였다.

그림 3-5 평가기준의 유형

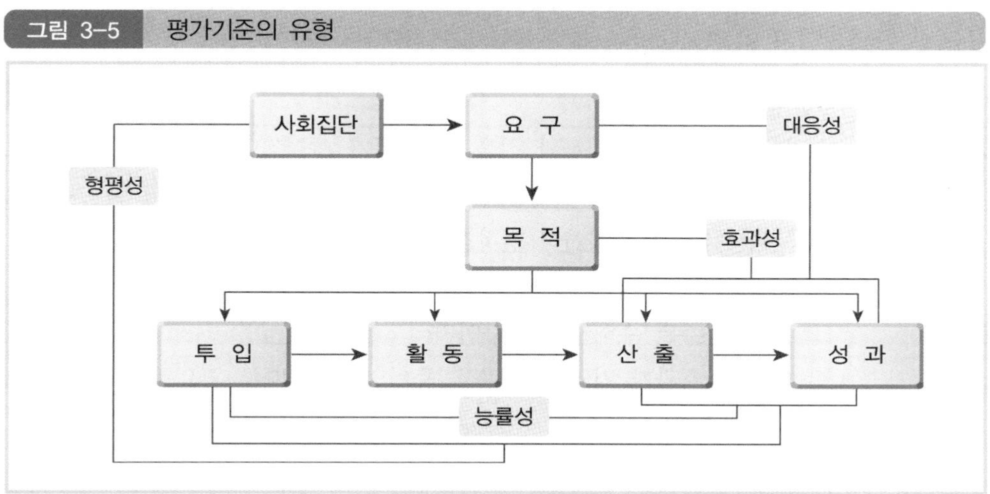

출처: Stufflebeam. 2007. Daniel Stufflebeam's CIPP Model for Evaluation. p. 333에서 수정.

(1) **효과성 평가**

효과성 평가는 정책집행의 결과에 따른 산출 또는 성과와 원래의 정책목적과 비교한다. 즉 당초 제시한 정책목적이 어느 정도 달성되었는지를 판단하기 위한 평가이다. 예를 들면, 실업자구제정책의 집행에 따라 실업자들의 취업이 이루어졌는지, 무료유아원 사업으로 아동들의 지적·정의적 능력이 향상되었는지 판단하는 것이다. 효과성 평가의 결과에 따라 정책의 중단과 확대 등 판단의 기초자료로 활용할 수 있다. 예를 들면 정책문제가 해결된 경우나, 전혀 정책효과가 없는 경우에는 정책을 중단하는 것이 바람직하다. 한편 정책효과가 있으나 정책문제해결에는 미흡한 경우에는 정책을 확대할 수 있다.

(2) 능률성 평가

능률성 평가는 정책집행결과에 따른 산출 또는 성과와 투입된 자원과 대비하는 평가를 말한다. 원래 능률성은 투입과 산출의 비율로 표시된다. 즉 정책사업의 비용과 산출 또는 성과를 대비시키는 것이다. 이는 정책이나 사업의 효과를 화폐적 가치로 표현한다는 것을 전제로 하며 비용－편익분석에 의존한다. 그러므로 사회불안, 갈등해소 등 그 달성도를 화폐적 가치로 측정하기 어려운 정책을 평가하기는 어렵다. 능률성 평가는 효과성 평가에서는 고려되지 않은 정책비용의 문제를 고려한다는 장점이 있다.

(3) 형평성 평가

형평성 평가는 투입비용과 산출 및 성과가 사회집단 간(소득계층, 성별), 지역 간에 공평하게 배분되었는지 여부를 평가한다. 형평성 평가는 대체로 다음과 같은 내용을 포함한다(정정길 외, 2010: 638).

① 정책의 주된 수혜자는 누구인지?
② 정책의 효과가 지역별, 계층별 등이 기준에 따른 필요를 적절하게 충족시켰는지?
③ 정책의 비용이 분담되는 경우, 부담능력에 따른 적절한 분담이 이루어졌는지?

형평성 또는 공평성 평가는 정책학자와 행정학자들이 특히 공헌할 수 있는 분야로 여겨지고 있다. 능률성 평가가 주로 경제학자들에 의하여 발전된 것이라면, 공평성 평가는 행정학자와 정책학자들이 기여할 수 있는 부분이라는 것이다(정정길 외, 2010: 638).

(4) 대응성 평가

대응성이란 정책산출 및 성과가 외부집단의 요구, 선호, 가치를 얼마나 만족시켜 주었는지의 정도를 말한다. 대응성은 외부집단과 정책의 고객이 어떤 혜택을 받았으며, 그 집단의 요구에 제대로 대응하였는지를 평가하는 기준이다. 이 기준은 병원, 교도소, 학교, 사회사업기관 등과 같은 봉사기관에서 더욱 중요한 의미가 있다(정주택 외, 2007: 26-27). 일반적으로 대응성은 고객과 관련 외부집단이 얼마나 만족하는지를 측정하여 평가한다(Nakamura & Smallwood, 1980: 149-150). 만족도는 계량적인 지표를 사용하여 측정하는 것이 아니며, 주관적이며 질적인 피드백 정보에 의존한다.

Ⅲ. 프로그램이론과 프로그램 논리모형

1. 프로그램 이론

1) 대두배경

정책채택 이전의 정책대안은 정책수단이 정책목표를 달성할 것이라는 가설적 관계를 전제로 한다. 정책이 집행된 이후 정책평가는 이러한 가설적 관계가 실제로 나타났는지를 수집된 자료를 토대로 검증하는 과정이다. 평가연구의 핵심과제는 프로그램 활동과 목표, 그리고 활동과 목표 사이의 매개과정 및 인과관계를 이해하는 것이다(Schuman, 1967; Weiss, 1972; Wholey, 1983).

프로그램 평가이론의 역사를 살펴본 후 Shadish et al.(1991)은 평가의 중점이 세 단계에 걸쳐 변화되어 왔다고 보았다. 첫 번째 단계에서는 진실(truth)에 초점을 맞추었고(대표적인 학자는 Michael Scriven 및 Donald Campbell), 두 번째 단계에서는 활용(use)이 강조되었으며(대표적인 학자는 Joseph Wholey, Robert Stake, 그리고 Carol Weiss), 세 번째 단계에서 통합이론(integrated theory)이 중시되었다는 것이다(대표적인 학자는 Lee Cronbach와 Peter Rossi).

프로그램 이론은 평가이론의 발전 단계에서 세 번째 단계 이후 중요시되어 왔다. 프로그램 효과를 검증하려면 인과관계의 경로에 관한 보다 정교한 이론 또는 모형이 도움이 될 수 있다. 프로그램 이론에서 '이론'이라는 용어를 사용하지만 사회과학에서 사용되는 인과관계의 이론이라기보다는 프로그램에 내재되어 작동하는 논리(program logic)라는 개념에 더 가깝게 사용되고 있다(이석민, 2010: 321).

2) 프로그램 이론의 정의

프로그램 이론에 관한 학자들의 정의를 살펴보면 다음과 같다. "프로그램이 어떻게 작동하도록 추정되었는지에 관한 개연성이 높고 실용적인 모형의 구축"(Bickman, 1987), "의도한 목표를 달성하기 위해 요구되는 활동, 의도하지 않았지만 예상되는 영향, 그리고 이들 목표와 영향이 어떻게 발생되는지에 대한 진술"(Chen, 1990), "투입을 산출로 전환하는 과정에서 블랙박스 안에서 진행되는 일, 즉 처리 투입(treatment inputs)을 통하여 어떻게 좋지 않은 상황으로부터 개선된 상황으로 전환되는지에 관한 명제들의 세트"(Lipsey, 1993), "프로그램 구성요소가 결과에 영향을 미치도록 추정된 과정과 이러한 과정들이 작동될 수 있을 것으로 믿어지는 조건"(Donaldson, 2001) 등이다.

이러한 정의를 토대로 할 때, 프로그램 이론(program theory)이란 프로그램 활동이 작동하여 의도한 결과에 도달하는 과정 및/또는 활동과 결과와의 관계를 묘사한 이론으로 볼 수 있다(노화준, 2014; 김동립·이삼열, 2010 참조). 프로그램 이론은 행태과학 또는 사회과학이론이나, 선행연구에 뿌리를 두고 있거나, 최소한 이들과 일관성을 가지는 것이 바람직하다(Donaldson, 2007: 22). 그러나 관심을 가진 문제와 관련된 확립된 이론을 찾을 수 없는 경우도 있다. 이러한 경우에는 프로그램 이론을 개발하기 위하여 다른 유형의 정보들을 활용하여야 하는데, 여기에는 프로그램의 작동과 가장 밀접한 사람들이 가지고 있는 암묵적인 이론, 시행 중인 프로그램의 관찰, 프로그램 작동에 관한 기록문서, 핵심가정을 검증하는 탐색적 연구 등이 포함된다.

3) 프로그램 이론의 유용성

프로그램 이론의 유용성에 관하여 연구자들마다 조금씩 강조점이 다르지만 이를 종합하면 크게 네 가지로 정리할 수 있다(김동립·이삼열, 2010). 첫째, 프로그램의 목표와 구조, 구성요소, 목표 달성의 논리를 가시화함으로써 관계자들이 공통된 인식과 기대를 가질 수 있다. 둘째, 프로그램의 핵심적 목표와 연계된 평가이슈, 평가지표를 인식하고, 이론 실패(theory failure)와 집행 실패(implementation failure)를 구분할 수 있게 함으로써 평가의 타당성을 제고할 수 있다. 셋째, 이론모형의 개발과정이 관계자들간 의사소통과 참여적 학습의 장이 되며, 구조적 문제의 발견 및 보완을 통해 프로그램 개선을 도모할 수 있는 계기가 된다. 넷째, 프로그램 자체에 대한 평가나 개선과는 별도로, 개발된 프로그램 이론은 사회과학적 지식 축적에 기여한다.

2. 프로그램 논리모형

1) 프로그램 논리모형의 개념

일반적으로 프로그램 논리모형은 프로그램 이론을 도식화하여 시각적으로 표현한 것으로 이해되고 있다.[5] 즉 프로그램의 작동을 뒷받침하는 프로그램 이론을 이해하기 쉽도록 도표 등의 형태로 표현한 것으로 보는 것이다(김동립 · 이삼열, 2010).

대표적인 학자들의 프로그램 논리모형에 대한 정의를 살펴보면, "프로그램이 어떻게 작동하도록 의도되었는지에 대한 설득력있고 현상을 잘 반영하는 모델"(McLaughlin & Gretchen, 1999), "프로그램의 자원, 활동, 결과 사이의 관계에 대한 이해관계자들의 인식을 표현하는 체계적이고 시각적인 방법" (W. K. Kellogg Foundation, 2004), "프로그램 활동, 프로그램 결과, 활동과 결과간의 관계에 대해 프로그램 관계자들이 갖고 있는 가정을 표현하는 흐름도"(Wholey, 2004), "프로그램의 자원, 활동, 결과들 사이의 관계를 나타내며, 프로그램 저변의 이론과 가정을 나타내는 시각적 표현"(Kaplan & Garrett, 2005), "프로그램이 참여자들이 원하는 결과를 성취하기 위하여 어떻게 작동해야 하는지에 관하여 개념적으로 또는 이론적으로 기술한 다이어그램"(Royse, Thyer & Padgett, 2016: 122) 등이다.

이러한 견해들을 종합하면, 프로그램 논리모형이란 프로그램의 진행과정을 순서에 따라 배열하여 정리한 것으로 자원의 투입으로부터 활동을 거쳐 산출 및 결과로 연결되는 과정을 시각적으로 나타낸 것이다. 프로그램 논리모형은 정부와 공공기관이 시행하는 프로그램의 성과를 명확하게 평가하기

5) 프로그램 이론과 프로그램 논리모형의 유사점과 차이점에 관한 견해의 차이는 김동립 · 이삼열(2010)의 논문에 잘 정리되어 있다.

위하여 성과가 발생하는데 필요한 요소들을 논리적으로 배열한 모형이다.

2) 프로그램 논리모형의 구성요소

모형의 주요 요소는 투입(input) 또는 자원(resources), 활동(activities), 산출(outputs), 서비스가 전달된 고객, 결과(outcome, 단기, 중기 및 장기), 관련된 외부 요인(relevant external influences) 등으로 구성된다(McLaughlin & Gretchen, 1999; Royse, Thyer & Padgett, 2016: 122-125). [그림 3-6]은 프로그램 논리모형의 주요 요소를 나타낸 것이다.

그림 3-6 프로그램 논리모형의 구성요소

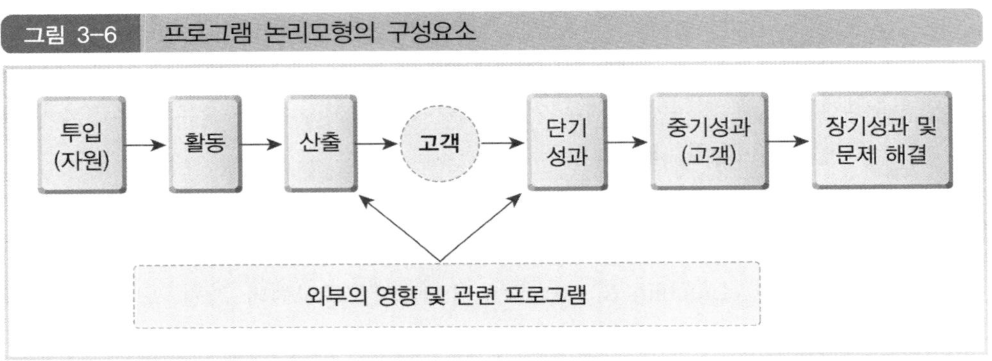

출처: McLaughlin & Gretchen. 1999. Logic Models. p. 64.

(1) 투입 또는 자원

투입 또는 자원은 인력 및 자금, 그리고 프로그램 진행에 필요한 다른 투입요소(예를 들면 고객 필요에 대한 정보 등)를 모두 포함한다. 즉, 산출과 결과를 가져오기 위하여 사용되는 조직의 인적, 물적, 기술적 자원을 모두 포함한다.

(2) 활 동

활동은 프로그램을 추진하여 산출물을 도출하는 데 필요한 모든 활동을 가리킨다.

(3) 산 출

산출은 프로그램에 직접적으로 영향을 받는 고객들에 제공되는 제품, 재화 및 서비스를 말한다. 즉, 산출은 그 프로그램에서 고객 또는 대상집단에게 전달된 편익과 부담을 말한다.

(4) 고 객

고객은 해당 프로그램으로부터 도출된 산출을 직접적으로 사용하거나 적용받는 사람인데, 고객의 개념을 명확히 함으로써 프로그램의 성과와 인과구조가 명확해질 수 있다.

(5) 성 과

성과 또는 결과(outcome)는 산출과 직접 연결되는 단기 성과, 이를 통해 얻게 되는 중기 성과, 그리고 궁극적으로 달성하게 될 수 있는 장기 성과로 구별된다. 장기적인 결과를 영향(impacts)이라고 부르기도 한다.

(6) 외부 영향 및 관련 프로그램

프로그램의 성공에 중대한 영향을 미치지만 내부적으로는 통제하기 어려운 외부요인과 관련 프로그램을 포함한 중요한 맥락적 요인(key contextual factors)을 고려하여야 한다(McLaughlin & Gretchen, 1999).

3) 프로그램 논리모형의 사례

프로그램 논리모형은 자원, 활동, 산출, 결과로 구분되는 도표나 경로모형 형태를 갖는 것이 가장 일반적이다(McLaughlin & Jordan, 2004; W. K. Kellogg Foundation, 2004). 그러나 실제로는 표현의 형태나 구체성 측면에서 많은 차이가 있으며, 프로그램이론의 개발과 활용에 있어서 놀랄 만큼의 다양성이 존재한다(김동립 · 이삼열, 2010).

〈표 3-2〉에 휴먼서비스 프로그램의 논리모형의 사례가 제시되었다. 〈표 3-2〉에서 투입(input)은 돈, 인력, 자원봉사자, 시설, 장비 및 보급품, 예산 등으로 나타낼 수 있다. 한편 활동의 사례는 피신처, 훈련, 교육, 상담, 멘토링과 같은 서비스 활동, 광고디자인 및 테스트, 광고제작, 광고시간 구입 등이다. 산출의 사례에는 배부된 교재, 서비스 전달시간, 참여자수, TV 광고실시, 서비스를 받은 총 거주지역의 수 등이 있다.

단기적 결과는 프로그램 산출에 의하여 유발된 즉각적인 효과 또는 변화를 말하며, 프로그램 산출이 전달되어 발생하는 고객 또는 대상집단의 태도, 행태, 지식, 기술 또는 기능수준의 변화를 말한다. 이러한 변화는 보통 프로

표 3-2 휴먼서비스 프로그램의 논리모형 사례

단계	투 입 (inputs)	활 동 (activities)	산 출 (outputs)	결과(outcomes)		
				단 기	중 기	장 기
	자원	서비스	산물	학습	행위	상황
주요 내용	- 돈 - 인력 - 자원 봉사자 - 시설 - 장비 및 보급품	- 피신처 - 훈련 - 교육 - 상담 - 멘토링	- 교육시간 - 상담회수 - 배부된 교재 - 서비스 전달시간 - 참여자수	- 지식 - 기술 - 태도 - 가치 - 의견 - 동기 등의 변화	- 행태 - 실제 - 결정 - 사회적 행위 등의 변화	- 사회적 - 경제적 - 시민사회 - 환경적 상황 등의 개선
금연 캠페인 사례	- 예산 - 자원 - 작업	- 광고디자인 및 테스트 - 광고제작 - 광고시간 구입	- TV 광고 실시	- 시청자가 광고를 봄	- 시청자의 태도변화 - 시청자의 흡연량 감소	흡연관련 질병발생률 감소
시정 서비스 사례	공중보건 공무원과 설비 금전 지출	공무원들의 사기	서비스를 받은 총 거주지역수			거리가 청결해짐

출처: Hatry. 1999. *Performance Measurement*. p. 24; Biggs & Helms. 2007. *The Practice of American Policy Making*. p. 255; Dunn. 2018. *Public Policy Analysis*. 6th ed. p. 256, 표 6.1에서 종합.

그램 수혜자의 개인적 수준으로 표현된다. 예를 들면, 공익광고를 본 다음 어린이들이 마리화나를 피우는 것을 한 번 더 생각한다든지, 또는 어떤 가정에서 신문을 재활용하기로 생각했다든지 등이다.

중기적 결과는 단기적 결과가 축적되어 행태, 습관, 개인적 결정이 변화했는지에 관한 것으로, 일반적으로 중기적 결과는 6개월에서 2년 정도의 기간에 걸쳐 측정된다(Biggs & Helms, 2007: 240). 예를 들면, 그 어린이가 아직도 마리화나를 피우지 않는가? 그 가정에서는 여전히 신문을 재활용하는가? 등이다.

장기적 결과는 프로그램 산출이 보다 대단위의 사회, 경제, 정치 및 환경에 미친 영향을 말한다. 장기적 결과는 대체로 프로그램이 운영된 이후 3년에서 10년 정도에 걸쳐 기대되는 결과를 말한다. 예를 들면, 수년 후에 마약사용자의 비율이 감소했는가? 쓰레기 봉투의 양이 줄어들었는가? 프로그램 산출로 사회 전체가 개선되었는가? 등이다.

4) 국내 프로그램 논리모형의 연구사례

[Box 3-1]에 우리나라에서 2001년부터 전국 보건소 정규인력을 통하여 전면적으로 실시된 '맞춤형 방문건강관리사업'을 평가하기 위하여 논리모형의 기준에 따라 이석민(2010)이 작성한 평가설계 모형이 제시되었다.

Box 3-1: 맞춤형 방문건강 관리사업 프로그램 논리모형 사례

맞춤형 방문건강관리사업은 "보건기관의 전문인력이 지역주민의 자기관리 능력을 개선하여 건강수준을 향상시키고자 하는 사업"이다.

표 맞춤형 방문건강 관리사업 프로그램 논리모형

단계	투 입	활 동	산 출	결 과		
				단 기	중 기	장 기
주요 내용	- 예산 - 보건전문 인력(방문 간호사 등) - 물품 및 장비	- 직접서비스: 방문을 통한 건강문제 스크리닝, 결과에 따른 상담과 1차간호 및 건강관리, 건강교육 및 상담, 정보제공과 지지 등 - 간접서비스: 의뢰-사회적 자원과의 연계 등 - 운영: 지역단위 서비스 제공체계	- 관리되는 취약가구 수 - 방문 및 상담회수 - 방문후 외부기관을 통해 치료받은 환자수	- 취약가구 관리율 증가 - 만성환자 자기관리율 증가 - 서비스제공후 건강 상태변화 (생리적 지표 변화)	- 건강관리 능력 향상 - 삶의 질 향상	- 건강수명 연장 - 취약계층 건강형평성 도모 - 건강지지적 환경 제공 건강국가

투입단계에서는 간호사, 물리치료사, 영양사 등 보건전문인력이 투입되며, 의료장비나 교육도구도 투입된다. 적정예산이 투입되고 있느냐가 중요한 사항이다.

활동단계에서 서비스 방법은 방문을 통한 건강문제 스크리닝, 결과에 따른 상담과 1차간호 및 건강관리, 건강교육 및 상담, 정보제공과 지지 등 직접서비스; 그리고 서비스 의뢰-사회적 자원과의 연계 등 간접서비스; 지역단위 서비스 제공체계 운영 등으로 구성된다.

산출단계에서는 한해 동안 관리된 취약가구 수, 방문 및 상담회수, 방문후 외부기관을 통해 치료받은 환자 수 등이 결과물이라고 볼 수 있다.

결과단계를 보면, 단기결과로는 관리되는 취약 가구 수 증가, 만성환자 자기관리율 증가, 건강생활습관 개선 등이 있다. 중기결과로는 건강관리능력 향상 등, 장기결과로는 건강수명 연장 등이 있다.

출처: 이석민. 2010. 사회서비스 사업에 대한 '프로그램 이론주도 평가모형'의 적용에 관한 연구.

3. 프로그램 이론주도의 평가

1) 프로그램 이론주도 평가의 의의

(1) 개 념

1990년대 전후 프로그램에 관련된 실질적 지식에 근거한 프로그램이론 또는 개념적 틀을 평가노력의 지침으로 사용하자는 주장이 대두되었다. Chen & Rossi(1983, 1987)는 무이론적이며 방법주도의 평가(method-driven evaluation)에서 벗어나자는 운동을 주장하였고, 프로그램 평가는 보다 엄격하고 사려깊은 과학적 노력으로 보아야 하고, 그와 같이 되어야 한다고 보았다. 1990년대 이후에는 이론주도평가(program theory-driven evaluation)에 관한 서적들이 출간되었다(Chen, 1990; Rossi, Lipsey & Freeman, 2004; Weiss, 1998; Donaldson, 2007).[6] 이론주도평가 또는 프로그램이론 주도평가는 그간 여러 갈래로 진행되어온 프로그램 평가기법들을 프로그램이론을 중심으로 통합하여 평가하자는 것이다. Rossi(2004)는 이론주도평가를 중심으로 통합을 촉진하기 위하여 다음 세 가지 근본적인 개념을 제시하였다.

① 종합적 평가(comprehensive evaluation): 정책개입, 그 집행, 그리고 그 효용성의 설계와 개념형성을 연구한다.

---

6) 프로그램이론주도 평가는 이론지향평가(theory-oriented evaluation), 이론기반평가(theory-based evaluation), 이론주도평가(theory-driven evaluation), 프로그램이론평가(program theory evaluation), 개입메커니즘평가(intervening mechanism evaluation), 이론 적합적 평가연구(theoretically relevant evaluation research), 프로그램이론(program theory), 프로그램논리(program logic), 논리모델링(logic modeling) 등 다양한 용어로 사용되고 있다(Donaldson, 2007: 9).

② 맞춤형 평가(tailored evaluation): 평가질문과 연구절차는 그 프로그램이 혁신적인 개입인지, 기존노력의 수정 또는 확장인지, 또는 잘 확립된 안정적인 활동인지에 따라 달라진다.
③ 이론주도평가(theory-driven evaluation): 프로그램이 어떻게 작동하는지에 관한 모형을 구축하고, 이 모형을 질문형성과 자료수집의 지침으로 사용한다.

이러한 세 가지 개념은 프로그램 이론주도 평가에서 기본개념이 되고 있다. Donaldson(2007: 9)에 따르면 "프로그램이론 평가 과학이란 사회, 교육, 보건, 지역사회, 그리고 조직 프로그램과 같은 평가대상(evaluands)의 장점, 가치, 중요성을 판단하고, 개선하며, 지식을 생산하고 피드백하기 위하여 탐구대상인 현상에 관한 실질적 지식과 과학적 방법을 체계적으로 사용하는 것"이다.

(2) 프로그램 이론주도 평가의 절차

프로그램이론 평가는 대체로 다음과 같은 3단계 절차를 걸쳐 진행된다(Donaldson, 2007: 10).

① 프로그램 영향이론의 개발
② 평가질문의 형성 및 우선순위 설정
③ 평가질문에 대한 답변

단순화시켜서 살펴보면, 평가자는 이해당사자와 함께 프로그램이 어떻게 관심대상이 되는 문제를 해결하도록 설계되었는지에 관한 공통의 이해를 개발한다. 사회과학이론과 선행연구(만약 존재한다면)가 이러한 토론과정, 그리고 프로그램과 의도한 단기, 중기, 장기 결과와의 관계의 실현가능성을 평가하기 위하여 사용된다. 공통의 이해 또는 프로그램이론은 평가자와 이해당사자들이 평가질문을 확인하고 우선순위를 설정하는 데 도움이 된다. 가장 관심이 큰 평가질문에 대하여 평가맥락의 제약조건 내에서 이용가능한 가장 엄격한 과학적 방법을 사용하여 해답을 구한다.

이와 같이 프로그램 이론 및 이에 근거한 이론주도평가는 프로그램에 대해 이해관계자들의 공통된 이해의 폭을 넓히고, 프로그램이 왜, 어떻게 작동하거나 작동하지 않았는지를 파악할 수 있다는 등의 장점으로 인해 공공부문과 비영리기관을 중심으로 활용이 확대되어왔다.

(3) 프로그램 과정이론과 영향이론의 구분

Donaldson(2007: 23-39)은 프로그램 이론의 내용을 프로그램 과정이론(program process theory)과 프로그램 영향이론(program impact theory)으로 구분하였다([그림 3-7] 참조). 이는 앞에서 살펴본 표준적인 프로그램 논리 모형을 과정과 영향의 두 부분으로 분리한 것이다.

그림 3-7 표준 프로그램 논리모형과 프로그램이론의 관계

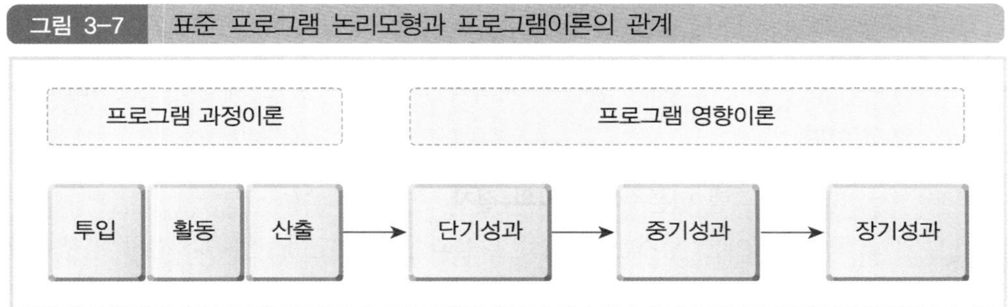

출처: Donaldson. 2007. *Program Theory-Driven Evaluation Science*. p. 25, 그림 2.3.

[그림 3-7]에 나타난 바와 같이 논리모형 가운데 투입, 활동 그리고 산출에 관한 부분은 프로그램 과정이론으로 묘사되며, 단기, 중기, 장기 성과에 관한 부분은 프로그램 영향이론으로 볼 수 있다. 프로그램 과정이론과 영향이론은 모두 건전한 프로그램 평가를 설계하고 실행하는데 실질적으로 도움이 된다. 프로그램 과정이론은 프로그램의 설계를 이해하고, 프로그램이 실제 의도한 바 대로 집행되었는지를 판단할 수 있는 평가질문을 작성하는데 특히 유용하다. 만약 프로그램이 의도대로 집행되지 않았다면, 성과평가는 잘못될 수 있다. 예를 들면, 프로그램 평가의 결과가 만족스럽지 못할 경우, 그 이유가 프로그램이 적절하게 집행되지 않았기 때문인데도(예: 참여자가 참여하지 않았거나, 서비스가 빈약한 경우), 프로그램 설계의 성격(예: 그 프로그램이 전혀 좋은 아이디어가 아니다) 때문인 것으로 돌릴 수 있다. 일반적으로 프로그램 영향이론에서 묘사된 성과평가를 실시하기 이전에 프

로그램 과정모형에서 구체화된 바와 같이 프로그램이 적절하게 집행되었는지를 확인하는 것이 중요하다.

(4) 프로그램 영향이론의 표현

프로그램 영향이론은 [그림 3-7]에 제시된 것보다는 훨씬 구체적이고 복잡하다. 프로그램 영향이론의 주요 구성요소는 프로그램, 단기적 성과, 장기적 성과, 그리고 요소들 사이의 관계의 강도와 방향에 영향을 미치는 매개요인과 조절요인 등을 포함한다. 프로그램 영향이론은 변수(구성개념)들 사이의 선형관계는 물론 비선형관계, 상호영향관계 등 다양한 가능성을 모두 포함한다.

참여형 프로그램 이론주도 평가에서는 관심을 가진 프로그램을 어떻게 하면 가장 잘 대변하는 논리모형을 구성할 수 있을지 이해관계자와 협력하여 결정한다. 프로그램 영향이론을 시각적으로 표현하는 방법은 여러 가지이지만 변수지향적 프로그램 영향이론이 가장 널리 사용된다. 변수지향적 이론은 변수 또는 구성개념들 사이의 관계가 다음 세 가지 기본유형, 즉 ① 직접 또는 주효과, ② 간접 또는 매개관계, ③ 조절관계로 구성된다고 본다. 프로그램 영향을 나타내기 위한 변수지향적 접근방법은 연구와 평가 사이에 중요한 가교역할을 수행한다.[7)]

2) 프로그램 이론주도 평가의 사례

여기에서는 미국 캘리포니아주에서 실업자 및 불완전 취업자의 재고용을 위한 구직훈련프로그램인 WNJ(Wining New Job)프로그램에 대하여 프로그램이론주도 평가방법을 적용한 사례(Donaldson, 2007: 60-80)의 일부를 요약하여 소개하고자 한다.

WNJ 프로그램의 원래 미션은 캘리포니아 주에서 4년간 재정지원을 통하여 10,000명의 실업자 및 불완전 취업자에게 구직훈련을 제공하는 것이었다. 이 프로젝트는 미시간에서 개발되고 검증된 프로그램을 기초로 캘리포니아 남부지역 Los Angeles 카운티 교육청, 북부지역 실리콘 밸리 민간회사

---

7) 주효과, 간접 또는 매개관계, 조절관계 등에 관하여는 조사방법론 교재(예: 남궁근, 2017), 또는 프로그램평가 교재(예, Donaldson, 2007: 26-32) 참조.

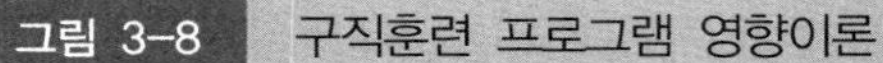
그림 3-8 구직훈련 프로그램 영향이론

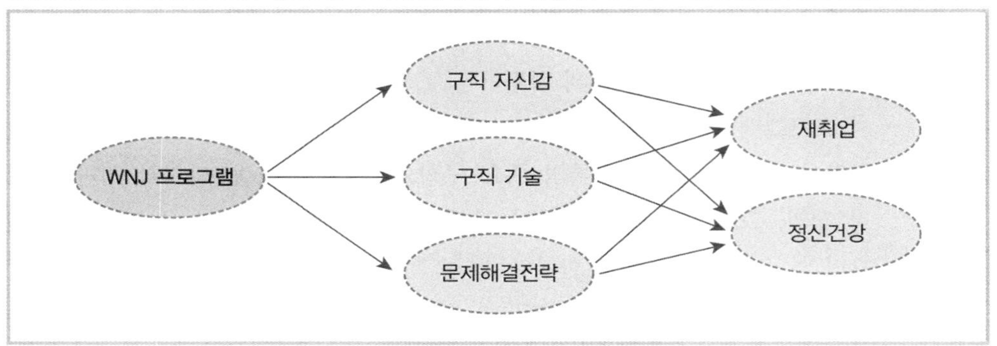

출처: Donaldson. 2007. *Program Theory-Driven Evaluation Science*. p. 62, 그림 5-1.

인 NOVA, 중부지역 비영리기관인 Proteus 등 3개 지역에서 상이한 유형의 서비스기관에 의하여 집행되었다.

평가팀은 프로그램 제공자들과 함께 협력하여 WNJ 프로그램 참여자들이 영향이론을 개발하였다. [그림 3-8]에 WNJ 프로그램 평가의 지침이 될 핵심 프로그램 영향이론이 제시되었다. 참여자들은 1주일에 5일간 반일(half-day) 워크숍에 참석한다. 이 워크숍은 프로그램 참여자들의 구직 자신감, 구직기술, 좌절을 극복할 수 있는 예방접종을 포함한 문제해결전략의 개선을 의도한 것이다. 이러한 기술과 심리적 요인이 재취업을 촉진하고 정신건강의 수준을 향상시킬 것으로 가정되었다.

더 나아가서, WNJ 프로그램의 영향은 다양한 수준에서 나타날 것으로 가정되었다. 즉, 그 영향이 참여자 개인(예: 구직 증가, 자기 효능감, 그리고 재취업), 서비스기관(예: 직원 기술 발전, 조직명성 상승), 지역사회(예: 구직 서비스에 대한 접근성 증가), 그리고 정책환경(예: 프로그램 지속을 위한 재정지원) 등에서 나타날 것이라고 본 것이다.

프로그램 이해당사자들과 협력하여 WNJ 프로그램에 대한 위와 같은 개념을 개발하고 다음과 같은 평가질문들이 우선순위가 높다는 데 동의가 이루어졌다.

① 정책집행: 미시간에서 개발된 프로그램이 캘리포니아 주의 상이한 유형의 서비스 기관에 의하여 집행될 수 있는가? 집행은 어떤 모습을

가지게 될 것인가? 집행의 주요과제와 성공요인은 무엇인가?

② 프로그램 서비스: 각 지역에서 서비스를 제공받는 고객은 누구인가? 즉 서비스 수혜자의 인구통계학적 특성은? 각 지역에서 얼마나 많은 사람이 서비스를 받는가?

③ 단기적 성과: WNJ 프로그램은 사람들이 새롭게 습득했거나 보강된 구직기술을 사용하는 능력에 대한 자신감을 얼마나 증가시켰는가?

④ 재취업 성과: 사람들이 취업했는가? 사람들의 취업상황은 어떠한가?

⑤ 프로그램 지속가능성과 복제가능성: WNJ가 보조금 지급이 종료된 이후에도 프로그램의 지속가능성에 필요한 자원을 발생시켰는가? 캘리포니아 주의 다른 조직들이 WNJ에 관하여 학습하고 이를 채택하였는가?

위와 같은 평가질문에 대하여 자료수집과 분석을 통하여 해답을 얻을 수 있다. 그런데 자료수집과 분석 등에 필요한 사항은 표준적인 조사방법을 적용하면 되므로 이에 대한 소개는 생략하기로 한다.

Ⅳ. 정책영향평가의 방법

1. 인과적 추론의 의의

정책영향평가의 핵심은 정책프로그램과 그 집행결과 사이에 인과관계가 존재하는지 검증하는 것이다.[8] 그러면 원인이 되는 현상 또는 사건과 그 결과 사이에 구체적으로 어떠한 조건이 갖추어졌을 때 인과관계가 존재한다고 판단할 수 있는가? 오늘날까지 과학자들 사이에 널리 받아들여지고 있는 인과관계 추론의 조건은 J. S. Mill이 제시한 다음과 같은 세 가지의 원칙이다.

첫째, 원인은 결과보다 시간적으로 앞서야 한다. 둘째, 원인과 결과는 공동으로 변화하여야 한다. 셋째, 결과는 원인변수에 의해서만 설명되어져야 하며 다른 변수에 의한 설명가능성은 배제되어야 한다. 첫째 원칙은 원인이

8) 이 절은 남궁근. 2017. 「행정조사방법론」. 제5판. 제6장을 요약한 것이다.

되는 사건이나 현상은 결과보다도 시간적으로 먼저 발생해야 한다는 것으로 '시간적 선행성의 원칙'이라고도 부른다. 두번째는 원인이 되는 현상이 변화하면 결과적인 현상도 항상 같이 변화해야 한다는 '상시연결성의 원칙' 또는 '공동변화의 원칙'이다. 마지막 원칙은 '경쟁가설의 배제원칙'이라고 부르는데, 결과변수의 변화가 추정된 원인이 아닌 제3의 변수 또는 허위변수에 의해 설명될 가능성이 없어야 한다는 것이다.

2. 정책평가 연구설계의 타당성

1) 연구설계 타당성의 의미

인과적 평가연구의 핵심적 과제는 추정된 정책변수(X)와 결과변수(Y) 사이에 인과관계가 실제로 존재하는지의 여부를 추론하는 것이다. 어떤 정책수단이 정책목적의 달성에 기여했는지의 여부를 확인하기 위한 정책평가 연구를 생각해 보자. 이 때 연구자는 "정책수단(X)의 집행을 통하여 정책목표(Y)가 달성된다. 즉, 정책수단이나 프로그램을 집행함으로써 대상집단과 정책환경적 상황 및 조건에 의도했던 변화가 발생한다"라는 정책결정자의 논리를 검증되지 않은 하나의 가설로 간주하게 된다. 이와 같은 가설의 진위를 검증하기 위해서는 인과적 평가방법에 따른 실증적인 연구가 필요하다. 따라서 정책평가연구는 본질적으로 인과적 연구에 해당하는 것이며, 정책평가의 타당성의 문제도 인과적 가설검증의 타당성이라는 맥락에서 검토되어야 한다. 이러한 인과적 평가연구의 핵심은 정책수단(X)과 정책목표(Y) 사이에 인과관계가 존재하는지의 여부를 경험적으로 검증하는 것이다. 이러한 연구에서 인과관계의 추론이 정확하게 이루어지면 그 평가연구는 타당성이 높다고 할 수 있다.

인과적 정책평가 연구설계의 주요관심사는 연구절차와 결론의 타당성이다. 타당성이란 기본적으로 방법론의 건전성 또는 적합성을 의미한다(Graziano & Raulin, 2009). 즉, 타당한 정책평가 연구설계는 그 설계를 통하여 검증하고자 하는 것을 검증할 수 있으며, 타당한 측정도구는 그 도구를 적용하여 측정하고자 하는 것을 측정할 수 있다. 좁은 의미로 타당성은 측정의 타당성을 의미한다. 그런데 넓은 의미에서 인과적 평가연구에서 타당성은 "경험적 평가연구를 통하여 인과관계를 얼마나 진실(truth)에 가깝게 추론하느냐"의 정도를 나타내는 개념이라고 할 수 있다(Cook & Campbell, 1979: 37). 즉 경험적 연구를 통하여 추정된 원인변수(정책평가연구에서는 정책수단 또는 프로그램)와 추정된 결과변수(의도했던 상황 및 조건의 변화)간의 인과관계에 대하여 얼마나 정확한 정보를 창출하였는가를 말한다. 검증하고자 하는 인과관계를 진실에 가깝게 추론해 낸 경우에 그 평가연구의 타당성은 높고, 그 반대의 경우에 타당성은 낮다. 그러므로 인과적 평가연구의 타당성은 평가연구의 어느 한 과정, 예컨대 측정의 타당성만을 지칭하는 것이 아니라, 모든 단계에 걸쳐 문제가 된다. 정책평가 연구설계 단계에서부터, 자료의 수집, 분석, 해석 및 연구결과의 일반화 등 연구의 전 과정에 걸쳐서 인과적 추론을 왜곡하는 요인이 배제되었을 때 연구의 타당성은 높아진다.

2) 타당성의 유형

인과적 평가연구의 타당성은 그 종류를 크게 내적 타당성(internal validity)과 외적 타당성(external validity)으로 구분한다. 내적 타당성이란 평가연구의 설계 및 분석과정에서 추정된 원인과 결과의 관계에 대한 인과적 추론이 어느 정도 정확했는지에 관한 것이고, 외적 타당성은 그 평가연구의 결론을 다른 형태의 측정수단을 사용했을 때, 또는 다른 모집단, 상황 및 시점에 어느 정도까지 일반화시킬 수 있는지 하는 범위에 관한 것이다. Cook & Campbell은 1979년의 저서에서 내적 타당성을 세분하여 통계적 결론의 타당성을 추가하고, 외적 타당성을 세분하여 구성개념의 타당성을 추가하였다. 통계적 결론의 타당성은 표본자료의 통계적 검증에서 도출한 결론이 얼마나 정확한지 그 정도를 의미한다. 한편 구성개념 타당성은 연구에 사용된 측정

표 3-3 타당성의 유형

유 형	의 미
통계적 결론의 타당성	표본자료의 통계적 검증에서 도출한 결론의 정확성
내적 타당성	종속(영향)변수와 독립(정책)변수의 인과관계에 관한 추론의 정확성
구성개념 타당성	측정도구(또는 측정수단)와 이론적 구성개념의 일치 정도
외적 타당성	특정 상황, 시기 및 집단에서 얻은 연구결과의 일반화 범위

도구(또는 측정수단)가 이론적 구성개념과 일치하는 정도를 말한다.

〈표 3-3〉에 네 가지 유형의 타당성과 그 의미가 간략하게 소개되었다.

(1) 통계적 결론의 타당성

통계적 결론의 타당성은 추정된 원인(정책이나 프로그램)과 추정된 결과(정책환경적 상황 및 조건의 변화) 사이에 관련이 있는지에 관한 통계적인 의사결정의 타당성을 말한다. 통계학에서 말하는 제1종 오류(Type Ⅰ Error)와 제2종 오류(Type Ⅱ Error)를 범하게 되면 통계적 결론의 타당성은 낮아진다.[9] Cook & Campbell이 내적 타당성을 논의하기 전에 통계적 결론의 타당성을 먼저 언급한 것은, 정책과 상황변화간의 통계적 관계의 존재가 내적 타당성의 전제조건이 되기 때문이다.

(2) 내적 타당성의 의미와 위협요인

① 내적 타당성의 의미

인과적 평가연구에서 내적 타당성이란 추정된 원인(정책 또는 프로그램)과 그 결과 사이에 존재하는 인과적 추론의 정확성을 의미하는 개념이다. 인과적 추론의 정확성을 기하기 위해서는 원인으로 추정된 이외의 것으로 결과에 영향을 미친다고 생각할 수 있는 제3변수(또는 경쟁가설)의 영향을 분리하거나 배제할 수 있도록 연구를 설계할 필요가 있다.

제3변수(또는 경쟁가설)를 통계학적인 용어로 표현하면 허위변수(spurious variable) 또는 혼란변수(confounding variable)라고 부르기도 한다. 여기에서 허위변수란 원인 및 결과의 두 변수가 전혀 관계가 없는데도 이들 두 변수 사이에 어떤 상관관계가 있는 것 같이 나타나도록 두 변수 모두에 영향을 미치는 변수를 말한다. 한편 혼란변수란 이들 두 변수가 관계가 있기는 있으나, 이들 두 변수 모두에 영향을 미쳐서 상관관계가 크거나 작은 것처럼 보이게 하여 관계를 왜곡시키는 변수를 말한다(Suchman, 1967: 122-123). 정책평가 연구설계를 진실험적 설계(true-experimental design), 준실험적 설계(quasi-experimental design), 그리고 비실험설계(non-experimental design)로 구분할 때, 내적 타당성의 저해요인은 특히 준실험설계나 비실험설계를 사용할 때 다양하게 나타날 수 있다.

---

9) 제1종 오류와 제2종 오류에 관하여는 조사방법론 및 통계분석 서적을 참고할 것.

표 3-4 내적 타당성의 위협요인과 통제방안 요약

유 형	의 미	통제방안
성숙요인	시간의 경과에 따른 대상집단의 특성변화	• 통제집단 구성 • 실험(조사)기간의 제한 • 빠른 성숙을 보이는 표본회피
역사요인	실험기간 중 일어난 사건에 의한 대상집단의 특성변화	• 통제집단 구성 • 실험(조사)기간의 제한
선발요인	실험집단과 통제집단이 다르기 때문에 나타나는 차이	• 무작위배정 • 사전측정
상실요인	실험기간 중 실험대상의 중도포기 또는 탈락 때문에 나타나는 차이	• 무작위배정 • 사전측정
회귀요인	실험대상이 극단적인 값을 갖기 때문에 재측정시 평균으로 회귀하려는 경향 때문에 나타나는 차이	• 극단적인 측정값을 갖는 집단 회피 • 신뢰성 있는 측정도구 사용
검사요인	사전검사에 대한 친숙도가 사후측정에 미치는 영향에 따른 차이	• 사전검사를 하지 않는 통제집단과 실험집단 활용(예: 솔로몬 4집단 설계) • 사전검사의 위장 • 눈에 띄지 않는 관찰방법
측정수단요인	측정기준과 측정수단이 변화함에 따라 나타나는 차이	• 표준화된 측정도구 사용

출처: 남궁근. 2017. 「행정조사방법론」. 제5판. 224쪽, 표 6-2.

② 내적 타당성의 위협요인과 통제방안

내적 타당성의 위협요인은 평가 또는 실험결과 연구대상에서 변화가 있는 것으로 나타났지만, 실제로는 그 변화가 추정된 원인변수나 정책변수가 아닌 다른 요인 때문에 나타났을 경우, 실제로 원인이 되었던 요인을 말한다. 그러한 위협요인은 성숙요인, 역사요인, 선발요인, 상실요인, 회귀요인, 검사요인, 측정수단 요인 등으로 구분된다. 이러한 개별적 요인들이 상호작용을 통하여 더욱 커다란 내적 타당성의 위협요인으로 작용할 가능성도 있다. 각 요인별로 적절한 통제방안이 있으므로 연구자는 이에 각별히 유의하여야 한다. 〈표 3-4〉에 일곱 가지 내적 타당성의 위협요인의 의미와 그 통제방안이 요약되어 있다.[10]

10) 이에 관한 보다 구체적 설명은 남궁근. 2017. 「행정조사방법론」. 제5판. 213-223쪽 참조.

(3) 구성개념의 타당성과 위협요인

① 구성개념 타당성의 의미

구성개념의 타당성(construct validity)[11]이란 평가연구에 사용된 이론적 구성개념(theoretical construct)과 이를 측정하는 측정도구(또는 측정수단)가 얼마나 일치되는지의 정도를 나타내는 개념이다. 실험 또는 정책평가연구에서는 원인변수인 프로그램 또는 정책처리(treatment)를 나타내는 구성개념과 결과변수로서 정책 대상집단의 속성이나 정책 환경적 상황 및 조건을 나타내는 구성개념들을 사용한다. 이들을 조작적으로 정의하여 구체적인 측정지표 또는 설문항목으로 개발하여 자료수집에 사용한다. 여기에서 문제가 되는 것은 자료수집의 결과가 원래 의도하였던 구성개념을 정확하게 반영한 것인가라는 것이다. 구성개념 타당성은 측정이론에서 매우 중요한 과제로 다루고 있는데, 실험 또는 정책평가연구뿐 아니라 기술적 평가연구에서도 마찬가지로 중요시된다.

② 구성개념 타당성의 위협요인과 통제방안

실험 상황에서 조작적으로 정의된 실험(정책)변수가 원래 의도하였던 원인변수만을 반영하였을 경우 구성개념의 타당성이 높다고 할 수 있다.[12] 그런데 실험기간 내에 발생한 사건 때문에 정책변수의 측정결과가 정확한 것인지 의문이 발생할 경우, 정책변수의 구성개념 타당성이 낮아진다. 인위적으로 진행되는 실험과정에서 실험집단 또는 통제집단의 행동과 성과가 정책변수가 아닌 다른 사건의 영향을 받았을 경우, 이들이 오염(contamination)되었다고 말하는데, 이같은 사건이 발생하면 구성개념타당성이 낮아진다. 실험집단이 오염된 경우와 통제집단이 오염된 경우가 구분되는데, 〈표 3-5〉에 그 의미와 가능한 통제방안이 소개되었다.[13]

---

11) construct를 개념으로 번역하여 개념 타당성이라고 부르기도 한다.

12) Cook & Campbell에 따르면 구성개념의 타당성은 넓은 의미에서는 외적 타당성의 일부로 취급하고 있다. 이러한 관례에 따라 상당수의 학자들이 이곳에서 논의하는 문제를 외적 타당성의 저해 요인의 일부로 설명하기도 한다. 예를 들면, Monette, Sullivan, & DeJong(1998: 275-279) 참조. 한편 구성개념의 타당성을 내적 타당성의 문제로 보는 견해도 있다. 예를 들면, Neuman(2000: 236-239) 참조.

13) 구체적인 설명은 남궁근. 2017. 「행정조사방법론」. 제5판. 225-233쪽 참조.

표 3-5 실험 구성개념 타당성과 가능한 통제방안

유 형	의 미	가능한 통제방안
A. 실험집단의 오염		
1. 실험자의 기대	• 관찰된 효과는 실험자가 연구대상의 행태에 영향을 미친 것임	• 눈가림배정, 표준화 등 방법으로 실험자를 통제함 • 연구대상이 가설을 인식하고 있는지 체크함
2. 실험대상의 반응	• 관찰된 효과는 연구대상이 연구의 의미에 대한 단서의 해석에 반응하려는 동기 때문에 나타남	• 가짜약 통제집단 활용 • 연구대상 눈가림배정 • 자연적 상황에서 눈에 띠지 않는 관찰 • 속임수 연구목적 알림 • 연구대상이 가설을 인식하고 있는지 체크함
B. 통제집단의 오염		
1. 보상적 오염	• 효과가 없는 것으로 나타난 관찰결과는 통제집단이 실험 처리 또는 이와 동등한 것을 취득하였기 때문임	• 연구대상의 눈가림배정 • 통제집단의 엄격한 관리 • 만족할 만한 가짜약 처리 • 통제집단의 행태에 대한 면밀한 관찰
2. 과장적 오염	• 효과가 있는 것으로 나타난 관찰결과는 실험처리를 받지 못한 것을 의식하여 통제집단이 특이한 행태를 보이기 때문임	• 연구대상의 눈가림배정 • 배정절차의 설명과 추후 실험처리 약속 • 통제집단에 대한 사기저하를 막기 위한 통제집단 반응의 모니터링

출처: 남궁근. 2017. 「행정조사방법론」. 제5판. 233쪽, 표 6-3.

(4) 외적 타당성과 위협요인

① 외적 타당성의 의미

외적 타당성이란 연구의 결과로 밝혀진 독립(정책)변수의 효과에 대한 결론을 일반화시킬 수 있는 범위를 의미한다. 기본쟁점은 실험으로부터 알게 된 연구결과가 자연적인 상황에서도 그대로 적용될 수 있는지에 관한 것인데, 이는 실험의 상황과 일상생활에서 접하게 되는 상황이 유사한지에 관한 것이다. 진실험은 내적 타당성이 매우 높은 설계이지만, 그 결과는 그 실험의 대상과 상황에만 적용될 뿐 외적 타당성이 낮을 수도 있다. 정책실험을 채택할 경우 자연적 상황에서는 발생하지 않을 수도 있는 상황을 연구

표 3-6 외적 타당성의 의미와 통제방안

유 형	의 미	통제방안
A. 일반화가 가능한 상황과 맥락		
1. 실험상황	관찰된 X의 효과는 실험상황 배열의 요소와 결합되어 나타남	• 상호작용의 검증을 위하여 복수의 집단을 실험에 포함시켜 확인함
2. 맥락	관찰된 X의 효과는 사회적 또는 물리적 환경의 요소와 결합되어 나타남	• 다른 유형의 상황에 대한 반복연구를 통하여 확인 • 상황의 사실성(realism)을 제고함
B. 일반화가 가능한 모집단 범위	관찰된 X의 효과는 특정 연구대상 표본의 특성과 결합되어 나타남	• 표본의 대표성 제고, 다른 모집단의 표본에 대한 반복연구를 통하여 확인
C. 일반화가 가능한 시기	관찰된 X의 효과는 최근의 특정사건 또는 특정 시기와 결합되어 나타남	• 다른 시기에 반복연구를 통하여 확인함

출처: 남궁근. 2017. 「행정조사방법론」. 제5판. 240쪽, 표 6-4.

자가 인위적으로 발생하게 하므로, 연구대상이 되는 표본의 모집단에 대한 대표성의 문제 이외에도 몇 가지 외적 타당성의 문제가 제기될 수 있다.

② 외적 타당성의 위협요인과 통제방안

외적 타당성의 위협요인은 다음 세 가지 유형으로 구분된다.14)

ⓐ 일반화가 가능한 상황이나 환경: 실험 또는 시범적인 프로그램의 운영에서 나타난 효과를 토대로, 실제의 상황이나 환경하에서 시범 프로그램에서와 같은 효과가 나타날 수 있느냐 하는 것이다.

ⓑ 일반화가 가능한 대상집단의 범위: 특정한 모집단으로부터 추출한 표본을 대상으로 실시한 연구의 결과를 다른 모집단, 예를 들면 다른 연령집단, 다른 사회계급, 다른 문화집단 등에 대하여 일반화할 수 있느냐 하는 것이다.

ⓒ 일반화가 가능한 시기: 특정한 시기에 집행된 독립(정책 또는 프로그

14) 외적 타당성의 위협요인과 그 통제방안에 관한 것은 남궁근. 2017. 「행정조사방법론」. 234-239쪽 참조.

램)변수의 효과에 대한 결론을 토대로 유사한 정책이나 프로그램을 다른 시기에 실시하여도 유사한 결과에 도달할 수 있느냐에 하는 것이다.

〈표 3-6〉에 외적 타당성의 의미와 통제방안이 소개되었다.

3. 진실험설계에 의한 정책평가

1) 고전적 실험설계의 원리와 구성요소

(1) 실험설계의 원리

인과관계를 설명하는 것을 주목적으로 하는 평가연구의 설계에서 추정된 원인, 즉 정책변수(X)와 결과, 즉 영향변수(Y) 사이에 인과성이 존재한다는 것을 입증하기 위해서는 세 가지 작업이 이루어져야 한다.[15] 즉, 1) 변수 X와 Y가 공동변화(covariation)한다는 사실을 입증하고, 2) 현상 발생의 시간적 선후관계(time order)를 분명하게 밝혀야 하고, 3) 허위관계(spurious relation)의 가능성을 배제시킬 수 있어야 한다. 이상의 세 가지 조건을 모두 충족시켜야 변수 X와 Y 사이에 인과관계가 존재한다고 주장할 수 있으며, 이들 조건 중에서 하나라도 충족되지 못하는 경우에는 인과관계를 입증한 것으로 주장하기가 어렵다.

(2) 핵심 구성요소

실험설계의 핵심적인 구성요소는 1) 연구대상을 실험집단과 통제집단에 무작위적으로 배정하고, 2) 실험집단에는 독립변수(정책프로그램이나 개입방법)를 도입하는 반면에 통제집단에는 도입하지 않고, 3) 실험집단과 통제집단의 종속(영향)변수 값의 변화정도를 비교하는 것이다. 이와 같은 진실험설계의 원리가 [그림 3-9]에 나타나 있다.

이 그림에서 알 수 있는 것처럼 실험설계의 주요 구성요소는 실험집단과 통제집단의 비교(comparison), 실험변수(정책변수)의 조작(manipulation), 그리고 제3변수의 통제(control)임을 알 수 있다. 즉 비교는 공동변화(co-variation)를 증명할 수 있게 해주며, 조작은 사건들 간의 시간적 선후관계

15) 이 부분은 남궁근. 2017. 「행정조사방법론」. 제5판. 제7장을 요약한 것이다.

그림 3-9 고전적 실험설계의 원리

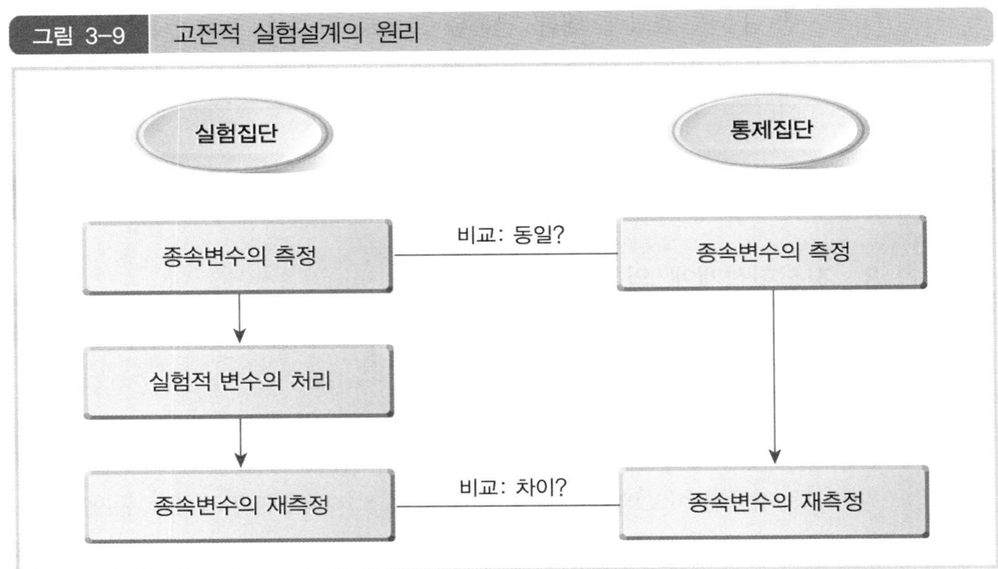

출처: Rubin & Babbie. 2001. *Research Methods for Social Work*. 4th ed. p. 304.

를 입증할 수 있게 해주며, 마지막으로 통제는 관찰된 관계가 허위관계인지의 여부를 결정할 수 있게 해준다.

2) 사회실험의 사례

사회실험 또는 현지실험은 자연과학 분야에서 행하는 전통적인 실험실내 실험에서 사용되는 절차에 기초를 두고 있다(Campbell & Stanley, 1966). 이러한 사회실험은 아직 검증되지 않은 정책 프로그램에 대량 투자를 하기 전에 그 결과를 미리 평가해 봄으로써 사회문제에 대한 해결방안을 검증하는 하나의 방법으로 창도되고 있다(Dunn, 2012). 사회실험은 신중하게 선정된 소규모의 집단에서 정책대안들의 차이점을 의도적으로 극대화하여 실행한 다음 그 효과를 평가하고자 한다.

사회실험은 미국에서 1930년대 뉴딜시대 이후 공공정책의 집행결과를 평가하는 방법으로 창도되어 왔다. 제2차 세계대전 이후 사회실험은 공공보건, 보충교육, 복지, 형사치안, 약품 및 알코올 중독, 인구억제, 영양, 고속도로 안전, 주택 등 많은 공공정책 분야에서 수행되어 왔다. 가장 잘 알려진 사회실험 중의 하나는 미국에서 사회복지 제도의 개혁을 둘러싼 논쟁에 답하

표 3-7 등급별 근로유인실험에 사용된 정책처리의 내용

소득보장 (빈곤선 대비 %)	마이너스 소득세율(%)		
	30%	50%	70%
50%	X	X	
75%	X	X	X
100%		X	X
125%		X	

주: 'X'가 있는 셀(cell)은 실험대상이 배정된 것을 나타냄.

기 위해 경제기회청(Office of Economic Opportunity)이 주도하였던 뉴저지-펜실베니아 주의 등급별 근로유인실험(New Jersey-Pennsylvania Graduated Work Incentive Experiment)이다. 이 실험의 목적은 저소득층에 대한 소득보장(income maintenance)과 마이너스 소득세(negative income tax) 제공이 저소득층 근로자들의 근로 의욕에 미치는 영향을 검증하는 것이었다.[16)]

실험 당시 기존 복지제도는 비용이 과다하게 소요되고 가난한 사람들이 빈곤에서 탈출하려는 의욕을 낮춘다고 생각되었던 까닭에 불만이 매우 높았다. 일할 능력이 있는 남성이 가장인 가정은 복지제도에서 대체로 배제되었고, 복지수혜자가 일하여 얻은 소득에는 무거운 세금이 부과되어 복지수혜자가 일하고자 하는 유인이 거의 없다는 것이다(Johnson & Reynolds with Mycoff, 2008: 143). 1965년에 마이너스 소득세(negative income tax)가 제

16) '소득보장'이란 정부가 빈곤선 이하의 가구에 지급하는 일정 액수의 생계비를 말한다. '마이너스 소득세'(negative income tax)란 정부의 생계비를 받는 사람이 추가소득을 올렸을 경우 기존의 생계비 지급액 중 추가소득을 고려하여 일부를 삭감하고 지급하는 보조금을 말한다. 예를 들어 무소득자에게 월 30만원의 생계비를 보조할 경우 소득보장액은 30만원이다. 그런데 정부로부터 월 30만원을 지급받는 사람이 월 15만원의 추가수입을 올렸다고 하자. 이 경우 정부가 그 사람의 추가수입인 15만원을 제외하고 15만원만 생계비를 지급하였다면, '마이너스 소득세율'은 100%이고 마이너스 소득세로서 지급하는 보조금은 없는 셈이다. 그런데 이 경우 '마이너스 소득세율'로 30%를 적용하면 삭감액수는 다음과 같이 계산된다. 삭감액수는 15만원(추가소득)×30%(마이너스 소득세율)=4.5만원이다. 그러므로 정부는 생계비 30만원 지급액 중 4.5만원을 삭감한 25만 5천원을 지급한다. 따라서 그 사람의 총소득은 정부의 생계비 지원 25만 5천원과 자신의 소득 15만원을 합하여 40만 5천원이 된다. 마이너스 소득세율이 100%인 경우와 비교할 때 정부가 10만 5천원을 보조금으로 추가지급한 셈이 된다.

안되었는데 이는 모든 가정에 최소한의 비과세 수당을 제공하고, 가난한 사람이 일하여 얻은 소득의 상당부분도 수혜자가 사용하도록 하여 근로의욕을 유지시키자는 것이다.17)

이 실험설계에는 두 가지의 실험요인이 포함되었다. 하나는 빈곤선에 대한 백분비로 표현된 소득보장수준이다. 이 수준은 다른 소득이 없을 경우에 가족이 받게 될 지원액의 액수를 말한다. 다른 하나는 근로소득에 부과하는 마이너스 소득세율이다. 이 실험에는 뉴저지 주의 3개 도시와 펜실베니아 주의 한 도시 저소득 가구 중 15-58세의 건강한 남자 가구주를 대상으로 무작위로 표본 추출한 1,357가구가 참여하였다. 표본으로 추출된 대상 중에서 일부 가구에는 다양한 조합의 '소득보장'과 '마이너스 소득세' 보조금을 제공한 반면 일부 가구에는 아무런 혜택도 제공하지 않았다(〈표 3-7〉 참조).

실험 대상은 〈표 3-7〉에서 '소득보장액수'와 '마이너스 소득세율'의 등급을 조합하여 'X' 표로 표기된 8개의 집단과 통제집단에 무작위로 배정하였다. 이 실험에서는 두 개의 실험적 요소, 즉 소득보장과 마이너스 소득세가 고려되었다. 소득보장은 4개의 수준(빈곤선 대비 50%, 75%, 100%, 125%)이 고려되었고, 마이너스 소득세율은 3개의 수준(30%, 50%, 70%)이 고려되었다. 그러므로 이 실험설계는 4×3 요인설계에 해당된다. 그러나 가능한 12개의 범주에 모두 실험대상을 배정하지 않고 8개의 범주에만 실험대상을 배정하였으므로 불완전요인설계(incomplete factorial design)에 해당된다.18)

이 실험에는 약 3,400만 달러의 예산이 투입되었는데 그 1/3이 실험대상의 소득보장과 마이너스 소득세에 따른 보조금으로 지급되었다. 사회복지제도의 개혁을 반대했던 사람들은 소득보장으로 인하여 저소득 가구의 근로의욕이 줄어들 것이라고 예상했었다. 그런데 동 실험결과 이러한 예상은 빗나가고 말았다. 즉 실험 전후의 소득변화를 통하여 본 결과 실험집단(일정 소득보장)과 통제집단(소득보장 없음)간에는 고용행태에 있어서 유의미한 차이를 보이지 않았다. 실제로 실험집단의 소득이 통제집단의 소득에 비하여 약간 증가했을 뿐이었다. 이같이 사회실험은 어떤 정책대안(예, 소득보장)이 어떤 결과를 가져올 것인가를 정확하게 알려주는 잠재력을 갖고 있다.

---

17) 마이너스 소득세는 우리나라에 근로장려세제라는 명칭으로 2009년에 도입되었다.

18) 요인설계에 관한 구체적 설명은 남궁근. 2017. 「행정조사방법론」. 제5판. 제7장 참조.

이러한 사회실험은 외적 타당성의 측면에 있어서는 매우 취약하다. 외적 타당성이란 실험이 행해진 특정상황 이외의 다른 상황에도 실험에서 나타난 인과관계의 추론을 일반화시킬 수 있느냐 하는 것이다. 이는 사회실험이 수행된 상황이 다른 곳에 비하여 비정형적이거나 비대표적인 경우에 문제가 된다. 예를 들어 뉴저지와 펜실베니아에서의 상황이 샌프란시스코, 시애틀, 앵커리지 등 미국의 다른 지역이나 한국 등 다른 나라의 상황과 다르다면 그 결과를 그대로 일반화시키는 데에는 문제가 있다는 것이다.

3) 무작위 대조실험의 사례

최근 전 세계적으로 증거기반 정책(evidence-based policy)이 강조되는데, 이에 부합되는 증거를 정책결정자에게 제공할 수 있도록 한국에서도 무작위 대조실험(randomized controlled trail, RCT), 정책랩(policy lab), 리빙랩(living lab) 등을 활용한 현지실험 연구가 늘어나야 할 것이다.[19] [Box 3-2]에 무작위 대조실험의 사례로 2019 노벨경제학상 수상자인 아비지트 배너지와 에스테르 뒤플로가 인도 우다이푸르에서 실시한 '콩 제공과 예방

19) 정책설계에 필요한 증거를 확보하기 위하여 2000년대 초반부터 여러 나라에서 다양한 형태의 실험실인 '정책랩'과 '리빙랩'을 운영해 왔다. 정부랩이라고도 불리는 정책랩은 정부부처 내부에 설치된 '정책실험을 위한 조직'인데, 대표적인 사례가 영국의 Policy Lab, 덴마크의 MindLab, 핀란드의 Sitra Lab 등이다. 예를 들면, 총리를 보좌하는 내각사무처에 설치된 영국의 Policy Lab은 공무원과 여러 분야의 연구자, 디자이너, 정책입안자 등으로 구성된 소규모 전문조직이지만 프로젝트별로 관련부처 및 집행기관 공무원, 정책대상자인 이해관계자와 주민들과 협력하여 공공문제 해결을 위한 경험적 증거를 정책실험을 통하여 확보하고 해결방안을 설계한다. 지금까지 치안, 주택, 교통, 보건 및 직장, 육아 등 다양한 정책 분야에 걸쳐 50개 이상의 프로젝트를 수행했으며, 여기에 7,000명 이상의 공무원들이 참여했다. 해외사례에 비추어보면, 정책랩은 정책대상자, 정책 및 현장전문가, 정책실무자 및 결정자의 상호작용을 기반으로 운영되므로 이들 간 협력과 소통을 극대화하면서 정책설계에 필요한 데이터와 증거를 확보하여야 한다. 정책실험에서 수집된 현장의 자료와 함께 정부기관이 축적한 행정데이터를 포함한 빅데이터가 결합되어야 적실성이 보다 높은 증거를 확보할 수 있다. '리빙랩'은 살아있는 실험실, 일상생활 실험실, 마을 실험실 등으로 불리며, 사용자인 주민이 직접 나서 자신들의 문제를 해결해 나가는 '주민 참여형 실험공간'이다. 해외에서는 일찌감치 리빙랩 프로젝트를 활성화해 지역 문제를 해결하는데 활용하여 왔다. 예를 들면, 노르웨이, 덴마크, 스웨덴과 아이슬란드 등 북유럽 국가들은 2010년부터 에너지 절약을 주제로 리빙랩 프로젝트를 공동으로 진행하여 주민들은 전기 사용 비용을 절감했고, 참여 기업들도 부가서비스를 판매하고 부대비용을 줄이는 효과를 얻었다. 남궁근, '이데올로기에 휘둘리지 않는 정책이어야,' 국민일보, 여의도포럼. 2019.12.19.

Box 3-2: '콩 제공과 예방접종' 무작위 대조실험

무작위 대조실험(randomized control trial, RCT)은 의학을 포함한 임상실험에서 새로운 처리(또는 치료방법)의 효과를 검증할 때 사용하는 과학적(종종 의학적) 실험의 일종이다. 그 절차는 피실험자를 두 개 이상의 집단에 무작위로 배정하고 이들을 각각 다르게 처리한 다음 측정된 반응을 비교하여 이루어진다. 한 집단(실험 집단)은 '개입' 또는 '치료'가 이루어지는 반면, 다른 집단(통제집단 또는 대조군이라고 부름)은 '위약'(placebo) 또는 '개입 없음'과 같은 대체적 처리를 받는다. 실험 개입(또는 치료)의 효과를 측정하기 위하여 실험설계의 조건 하에서 집단들이 모니터링되며, 개입의 효과는 통제집단 또는 대조군과 비교하여 평가된다. 둘 이상의 처리집단 또는 통제집단이 있을 수 있다.

2019년 노벨경제학상 수상자인 아비지트 배너지와 에스테르 뒤플로가 15년간 40여 개 개발도상국가의 빈곤현장을 누비며 실시한 수많은 무작위대조실험 가운데 가장 대표적인 실험은 인도 우다이푸르에서 실시한 '콩 제공과 예방접종' 실험이다. 그 지역에서는 정부와 원조기구가 예방접종의 효과를 적극적으로 알리고 무료로 예방접종을 해준다고 해도 접종률은 형편없이 낮았다. 부모들이 아이를 보건소에 데려오지 않았기 때문이다. 이 지역에는 "아이가 한 살 전에 밖에 나가면 악마의 눈길을 받아 죽는다."는 뿌리 깊은 미신이 있었다. 많은 전문가들이 이 미신에 대한 주민의 생각을 바꾸지 않을 경우, 어떤 방법도 소용이 없을 거라고 믿었다.

이런 상황에서 배너지 · 뒤플로 부부는 어떻게 하면 아이들을 보건소에 오게 할 수 있는지 객관적으로 알아내기 위해 현장에 연구팀을 구성하였다. 연구팀은 무작위로 마을을 선정한 뒤 이들을 세 개의 그룹으로 나누었다. 첫 번째 그룹에는 변화를 주지 않았고, 두 번째 그룹에서는 간호사들이 예방접종을 독려하도록 하였다. 세 번째 그룹에서는 아이들에게 예방접종을 시킬 경우, 콩 2파운드(구매력 환산 1.83 달러)를 주고, 필수 예방접종 다섯 가지를 모두 받으면 스테인리스 쟁반세트를 주도록 하였다. 6개월 뒤 접종률을 확인한 결과, 변화를 주지 않은 그룹에서는 6%, 간호사들이 독려한 그룹에서는 17%, 콩과 쟁반을 나누어준 그룹에서는 무려 38%가 접종을 완료하였다. 콩과 쟁반을 제공하여 기본접종률을 6%에서 38%로 끌어올린 것이다.

예방접종을 받는 조건으로 콩을 지급하는 것과 같이 적은 인센티브로 행동을 미루는 것보다 당장 행동할 이유를 부여하는 방식은 '넛지'(사람들의 옆구리를 슬쩍 찌르는 방식)이다. 그 관건은 상황에 맞는 넛지를 고안하는 것이다.

출처: 배너지 · 뒤플로 지음, 이순희 옮김. 2012. 「가난한 사람이 더 합리적이다」에서 재구성.

접종' 실험 사례가 제시되었다. 연구팀은 무작위로 마을을 선정한 뒤 이들을 세 개의 그룹으로 나누었다. 첫 번째 그룹에는 변화를 주지 않았고, 두 번째 그룹에서는 간호사들이 예방접종을 독려하도록 하였다. 세 번째 그룹에서는 아이들에게 예방접종을 시킬 경우, 콩 2파운드(구매력 환산 1.83 달러)를 주고, 필수 예방접종 다섯 가지를 모두 받으면 스테인리스 쟁반세트를 주도록 하였다. 6개월 뒤 접종률을 확인한 결과, 변화를 주지 않은 그룹에서는 6%, 간호사들이 독려한 그룹에서는 17%, 콩과 쟁반을 나누어준 그룹에서는 무려 38%가 접종을 완료하였다. 콩과 쟁반을 제공하여 기본접종률을 6%에서 38%로 끌어올린 것이다.

4. 준실험설계에 의한 정책평가

준실험설계(quasi-experimental design)는 무작위배정에 의하여 실험집단과 통제집단의 동등화를 꾀할 수 없을 때 사용하는 설계방법이다(이하, 남궁근, 2017: 281-305). 즉, 무작위배정에 의한 방법 대신에 다른 방법을 통하여 실험집단과 유사한 비교집단을 구성하려고 노력하는 설계를 의미한다. 진실험설계에서는 연구자가 사전에 계획하여 실험집단과 통제집단을 무작위적으로 배정할 수 있기 때문에 미래지향적(prospective)인 성격이 강하다. 반면에 준실험설계는 연구자가 과거에 발생한 실험처리의 효과를 추정하기 위한 연구가 많기 때문에, 과거지향적(retrospective)인 경우가 많다. 정책이 집행된 후에 이루어지는 정책평가는 기본적으로 회고적이며 따라서 실험설계보다는 준실험설계에 의하여 평가가 이루어지는 경우가 대부분이다. 이러한 준실험설계에는 여러 가지 유형이 있는데 인과적 추론이 비교적 가능한 준실험설계와 인과적 추론이 어려운 준실험설계로 구분된다. 여기에서는 인과적 추론이 비교적 가능한 준실험설계로 많이 사용되는 대표적인 세 가지 유형만을 살펴보기로 한다.

1) 비동질적 통제집단설계

(1) 기본원리

비동질적 통제집단설계(non-equivalent control group design)는 무작위

배정에 의한 실험집단과 통제집단의 동질화를 꾀할 수 없는 상황에서 짝짓기를 통하여 실험집단과 유사한 비교집단을 구성하는 방법을 활용한다. 실험집단에는 정책변수를 처리하고 비교집단에는 정책변수를 처리하지 않고 사전측정과 사후측정을 실시하는 설계이다. 기본적으로 고전적인 실험설계와 유사한 설계이나 실험집단과 통제집단이 무작위배정을 통한 동질화가 이루어지지 않았다는 점에서 내적 타당성을 저해하는 외재적 변수의 영향을 모두 통제하거나 배제하기가 어렵다.

자연적 상황에서 이루어지는 현지연구에서 연구자는 이미 존재하는 집단을 활용하는 것 이외에는 다른 방법이 없는 경우가 많다. Campbell & Stanley는 실험집단과 통제집단에 연구대상을 무작위적으로 배정하지 못할 경우에도 관련된 변수의 사전측정값이 실험집단과 유사한 기존집단을 활용하는 비동질적 통제집단설계가 잘 활용될 수 있다고 보았다.[20]

이러한 설계에서 비교집단에서는 사전측정값과 사후측정값이 큰 변화가 없는 반면에 실험집단에서는 예측된 방향으로 상당한 변화가 있었을 때 인과성이 존재하는 것으로 추론된다. 비동질적 통제집단설계에서 사전측정이 배제된 경우도 있을 수 있다.

(2) 경험적 연구사례

이러한 설계방법을 사용하여 공무원 해외연수프로그램의 효과를 연구한 사례를 들어보기로 하자.[21] 고위공무원의 해외연수프로그램이 연수에 참여한 공무원의 가치지향, 해외연수국에 대한 태도, 직무만족도, 승진 등에 미친 효과를 분석하기 위하여 연구자는 고위공무원을 두 집단, 즉 연수참가자 집단과 비참가자 집단으로 나누었다. 17개의 연수대상부처에서 연수에 참석한 공무원 200명과 연수에 참여하지 않은 공무원 200명을 선정하여 설문조사를 실시하였다. 여기에서 연수에 참여한 공무원 200여명과 표본의 유사성을 유지하기 위하여 직급, 연령 등의 변수에서 유사한 집단이 되도록 연수에 참여하지 않은 공무원을 선정하였다. 이 경우에는 사전측정은 이루어지지 않았지만 짝짓기에 의해서 실험집단과 통제집단의 동등화를 꾀한 비동질적

---

20) Campbell & Stanley. *op. cit.*

21) 장현식. 한국고위공무원의 해외연수효과평가. 1992. 2. 15. 정책분석평가학회 동계 워크샵 발표논문; 남궁근. 2017. 「행정조사방법론」. 제5판. 285-286쪽에서 재인용.

통제집단 설계의 범주에 해당된다. 한편 박홍식(2015)은 비동질적 통제집단 설계를 적용하여 웹 기반 정책도구인 관급공사 OK 시스템의 효과를 서베이 자료를 토대로 평가하고자 하였다. 연구자는 OK 시스템 서베이 데이터응답자 348명을 정책실험집단(사용해 본 경험이 있는 집단)과 비교집단(시스템을 모르는 집단, 알고 있으나 사용해 본적이 없는 집단)으로 구분하여, 투명성, 부패, 만족도 인식의 세 집단간 차이를 분석하였다.

(3) 이중차이 분석(DID)과 연구사례

비동질적 통제집단설계에서 자료분석 방법의 하나로 이중차이 분석(DID: Difference in difference)이 활용된다. 이 방법은 정책처리를 받은 실험집단의 정책처리 이전과 이후의 측정값의 차이(difference)와 정책처리를 받지 않은 비교집단의 이전과 이후의 측정값의 차이(difference)를 비교하여 정책처리의 효과를 파악하는 분석방법이다([Box 3-3] 참조). 여기에서 비교집단은 성향점수 매칭 방법을 활용하여 실험집단과 유사한 특성을 갖는 집단일 수도 있고 그렇지 않을 수도 있다.

행정학 분야에서도 각종 패널자료를 토대로 이중차이 분석을 적용한 논문이 상당수 발표되었다. 예를 들어, 한수정・전희정(2018)은 공공임대주택 거주자들의 정신건강 변화를 파악하기 위해 한국복지패널 자료를 활용하여 성향점수매칭과 이중차이・삼중차이 분석을 실시하여 공공임대주택 단기 거주집단은 비거주집단에 비해 정신건강에 긍정적 영향을 받았으나, 장기 거주집단에서는 오히려 부정적 영향을 받았다고 밝혔다. 이중차이 분석은 그밖에도 무상보육정책 실시효과(이채정, 2018), 신포괄수가제도가 공공의료기관의 효율성에 미치는 영향(김건도・박정훈, 2018), 근로장려세제 효과분석(홍민철・문상호・이명석, 2016; 이대웅・권기헌・문상호, 2015), 노인일자리사업의 효과(강소랑, 2016; 이석민, 2012a), 고교다양화정책이 학교효과성에 미친 영향(최용환・김강배, 2017), 대형마트 의무휴업제 시행의 영향(정수용, 2015), 기초연금이 고령자의 소득에 미치는 영향(이정화・문상호, 2014), 사회서비스 부적정 이용에 대한 감사 효과(박춘복・김종호・정광호, 2014) 등에도 적용되었다.

Box 3-3: 이중차이(Difference in Difference, DiD) 분석

정책처리를 받은 실험집단의 정책처리 이전과 이후의 측정값의 차이(difference)와 정책처리를 받지 않은 비교집단의 이전과 이후의 측정값의 차이를 비교하여 정책처리의 효과를 파악하는 분석방법이다.

그림 이중차이 분석의 도표형 표현

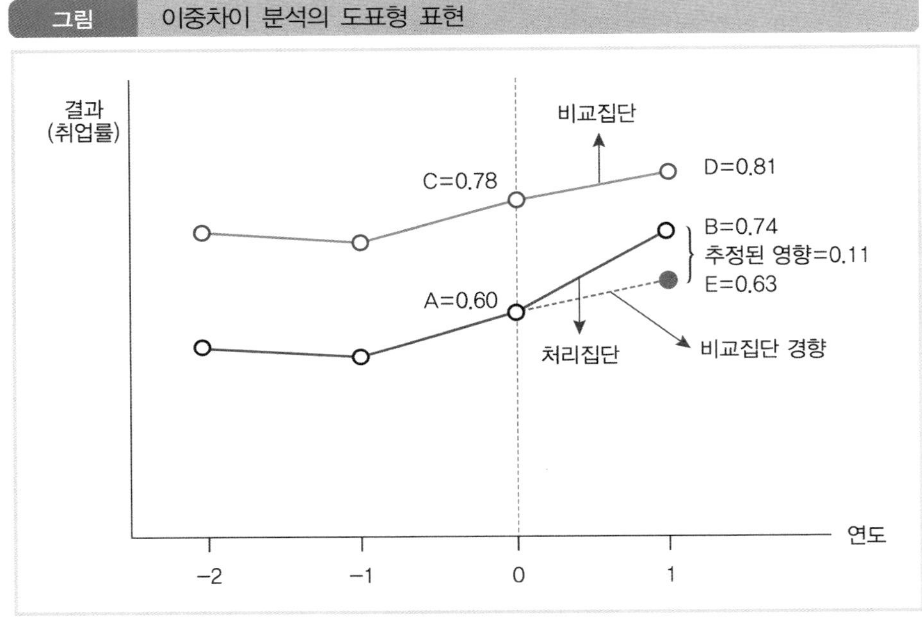

그림은 DiD 분석방법을 도표로 설명한다. 처리집단은 프로그램에 참여하고, 비교집단은 참여하지 않는다. 처리집단의 전후 결과변수는 A(처리전), B(처리후)이며 비교집단에서 C는 프로그램 시행전, D는 프로그램 시행 후를 나타낸다. 여기에서 처리집단에서의 개입전후 결과의 차이(B−A)와 비교집단의 개입 전후의 차이(D−C)를 확인할 수 있다. 위의 그림에서 DiD의 효과는 다음과 같이 표현된다.

DiD 효과$=(B-A)-(D-C)=(0.74-0.60)-(0.81-0.78)=0.11$ 또는

DiD 효과$=(B-D)-(A-C)=(0.74-0.81)-(0.60-0.78)=0.11$

표 이중차이의 박스형 표현

	전	후	차 이
처리집단	A(0.60)	B(0.74)	B−A(0.14)
비교집단	C(0.78)	D(0.81)	D−C(0.03)
차 이	A−C(−0.18)	B−D(−0.07)	DD=(B−A)−(D−C)=(0.14−0.03)=0.11

이를 표로 나타낼 수 있다. 첫째 행에서 처리집단의 개입 전(A)과 후(B)의 차이는 일차 차이(B−A)이다. 둘째 행에서 비교집단의 개입 전후 차이는 (D−C)이다. 그러므로 이중차이(double difference)는 (B−A)−(D−C)의 결과이다.

출처: 이석민. 2018. 「R과 STATA를 활용한 평가방법론」. 법문사. 140-142.

2) 단절시계열설계

(1) 단절시계열설계의 기본원리

단절시계열설계(interrupted time-series design)란 정책 또는 프로그램 도입 이전과 이후 여러 시점에서 관찰되는 자료를 통하여 정책변수의 효과를 추정하기 위한 방법이다. 단절시계열설계는 각 시점에서 관찰된 단위가 정의될 수 있고, 계량적인 관찰이 가능하며, 이러한 관찰이 정책변수의 처리 또는 정책개입 이전과 이후의 여러 시점에 걸쳐서 가능할 때에 적용할 수 있는 방법이다.

단절시계열분석은 지방자치단체와 같은 특정 기관이나 영세민과 같은 특정 대상집단 전체에 영향을 미칠 정책행위를 취해야 할 정책의 효과를 평가하기 위한 설계방법으로 적절하다. 이 경우 정책행위는 특정 지역이나 특정 대상집단 내의 사람들에 국한되기 때문에 다른 지역과 정책결과를 비교한다거나 또는 다른 범주에 속하는 집단과 정책결과를 비교할 기회가 제한된다. 이러한 상황 하에서 유일한 비교 기준은 전년도 결과의 기록뿐이다.

단절시계열 설계는 특정 정책개입의 효과를 평가하기 위해서 고속도로 사고 사망률, 의료보호 수혜자 수, 직업훈련원생의 취업률, 의료사고 사망률 등의 정책결과를 측정할 수 있는 매우 강력한 도구이다(Campbell, 1968:

75-81; Dunn, 2018: 294-300).

(2) 단절시계열설계의 국내연구사례

우리나라에서도 이러한 설계를 적용하여 전자감시제도의 성범죄예방효과 분석(조일형 · 권기헌, 2011), 국회입법지원처 신설의 정책효과분석(서인석 · 조현석 · 권기헌, 2013), 시군통합의 효과 분석(유재원 · 손화정, 2009), 보육지원 정책의 고용효과 분석(윤미례 · 김태일, 2017), 토지거래허가제의 정책효과(정광호 · 김원수, 2005), 자동차세 세율인하와와 주행세 제도도입 효과(장덕희, 2011), 지방세지출예산제도의 효과(엄태호 · 윤성일, 2014)가 연구되었다.

[Box 3-4]의 연구사례(장덕희, 2011)에서는 '자동차세 세율인하'(1998년)와 '주행세 제도 도입'(2000년)이라는 세제변화가 자치단체의 세입규모와 자치단체 간 세입격차에 미친 영향을 단절시계열분석을 적용하여 분석하였다. 이 연구에서 자동차세 세율 인하와 주행세 제도의 도입은 그 부가적 효과로 시의 경우 자치단체 간 세입규모의 격차감소 효과를 발생시켰음이 확인되었다.

한편 [Box 3-5]의 연구사례(엄태호 · 윤성일, 2015)에서는 2009년에 전면적으로 도입된 지방세지출예산제도가 지방자치단체의 비과세 · 감면에 미친 영향을 단절시계열 설계 방법을 적용하여 분석하였다. 이 연구에서 2009년 지방세지출예산제도의 도입(가변수)은 통제변수인 지역내 총생산, 재정자립도, 단체장의 소속정당, 수도권 자치단체 여부, 인구수 등의 영향을 통제한 후에도 지방세 비과세 · 감면 총액을 통계적으로 유의미하게($p<.01$) 증가시키는 것으로 나타났다. 하지만 감면조례에 의한 지방세 비과세 · 감면액을 종속변수로 한 모형 2의 분석 결과에서는 지방세지출예산제도의 도입(가변수)이 감면조례에 의한 지방세 비과세 · 감면액을 통계적 유의성은 상대적으로 낮지만($p<.10$) 감소시키는 것으로 나타났다.

(3) 통제 - 시계열설계

① 기본원리

통제-시계열설계(control-series design)는 단절시계열 설계에 하나 또는 그 이상의 통제 집단을 부가한 것이다. 통제-시계열분석의 논리는 단절시계열분석의 논리와 똑같다. 다만 정책행위에 노출되지 않았던 집단(들)도 통제

Box 3-4: 단절시계열설계 적용사례(1): 자동차세 세율인하와 주행세 제도도입이 세입규모와 세입격차에 미친 영향

장덕희(2011)는 지방세목 중 '자동차세 세율인하'와 '주행세 제도 도입'이라는 세제변화가 자치단체의 세입규모와 자치단체 간 세입격차에 미친 영향을 1987년-2008년 사이의 시·군의 지방세 패널데이터를 이용한 단절적시계열분석을 통하여 살펴보았다.

그림 자동차세+주행세의 연도별 변화

(단위: 백만원, %)

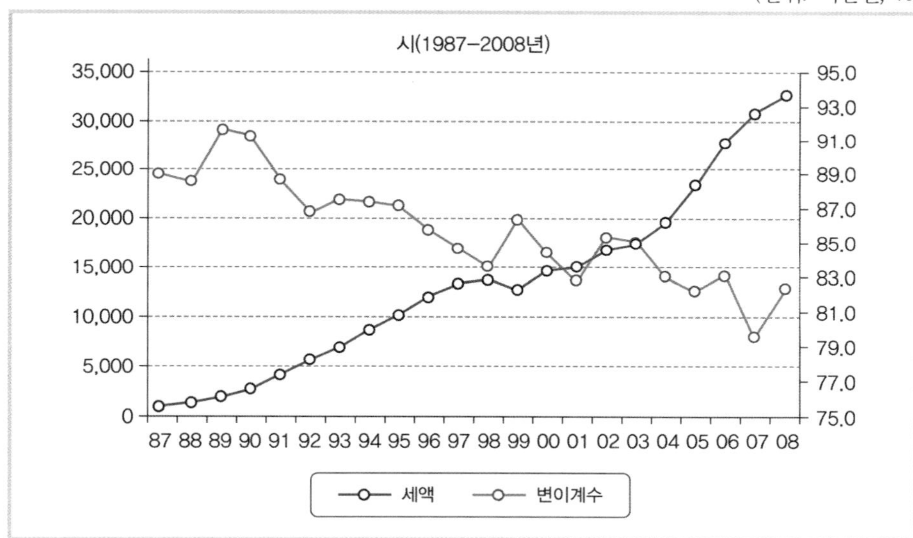

출처: 장덕희. 2011. p. 320. [그림 6]에서 시 자치단체에 해당하는 부분이다.

위 그림에서 시 자치단체의 평균세입액의 연도별 변화를 살펴보면 자동차 세율 인하결정(1998년)과 주행세 도입(2000년) 사이에 해당하는 1999년의 평균세입규모는 감소하였다. 그러나 승합차에 대한 세율인상으로 인해 자동차세가 급격하게 증가하기 시작한 2005년 이후의 시점에서는 상대적으로 평균세입액의 증가율이 높았다.

한편 연도별 세액의 자치단체 간 불균형 정도의 확인을 위해 추가적으로 변이계수를 계산하여 같이 제시하였다. 시 자치단체의 변이계수는 시간이 변화함에 따라서 지속적으로 감소하고 있었다. 즉, 자동차세 세율 인하와 주행세 제도의 도입은 그 부가적 효과로 시의 경우 자치단체 간 세입규모의 격차감소 효과를 발생시켰음이 확인되었다.

출처: 장덕희. 2011. '자동차세 세율인하'와 '주행세 제도 도입'이 세입규모와 지치단체간 세입격차에 미친 분석.

Box 3-5: 단절시계열설계 적용사례(2): 지방세지출예산제도가 비과세·감면에 미친 영향 분석

엄태호·윤성일(2014)은 2009년에 전면적으로 도입된 지방세지출예산제도가 지방자치단체의 비과세·감면에 미친 영향을 단절시계열 설계 방법으로 1998년부터 2012년까지의 16개 광역지방자치단체의 패널데이터를 이용하여 분석하였다.

표 분석 결과

변 수	모형1 (지방세 비과세·감면 총액)		모형2 (감면조례에 의한 지방세 비과세·감면액)	
	회귀계수	표준오차	회귀계수	표준오차
지방세지출예산제도	1.020***	0.101	−0.322*	0.172
ln(지역내총생산)	0.537***	0.148	−0.131	0.148
재정자립도	0.001	0.003	−0.003	0.003
민주당	−0.257***	0.097	−0.470***	0.137
기타 정당	−0.023	0.122	−0.215	0.155
수도권 지방자치단체	0.389*	0.203	0.802***	0.243
ln(인구수)	0.247	0.188	0.895***	0.164
상 수	5.949***	1.604	6.752***	1.720
관측 수	240		240	

주: * $p<.1$, ** $p<.05$, *** $p<.01$
출처: 엄태호·윤성일. 2014. p. 183, 〈표 6〉.

위 표의 분석결과에 나타난 바와 같이 지방세 비과세·감면 총액을 종속변수로 한 모형 1의 분석에서 2009년 지방세지출예산제도의 도입(가변수)은 통제변수인 지역내총생산, 재정자립도, 단체장의 소속정당, 수도권 자치단체 여부, 인구수 등의 영향을 통제한 후에도 지방세 비과세·감면 총액을 통계적으로 유의미하게($p<.01$) 증가시키는 것으로 나타났다. 하지만 감면조례에 의한 지방세 비과세·감면액을 종속변수로 한 모형 2의 분석 결과에서는 지방세지출예산제도의 도입(가변수)이 감면조례에 의한 지방세 비과세·감면액을 통계적 유의성은 상대적으로 낮지만($p<.10$) 감소시키는 것으로 나타났다.

출처: 엄태호·윤성일. 2014. 지방세지출예산제도 도입이 지방세 비과세·감면에 미친 영향에 대한 평가.

시계열(control-series)로 그래프에 부가되어 비교된다는 점이 다르다. 통제-시계열설계를 복수시계열설계(multiple time-series)라고 부르기도 한다.

② 연구사례

통제-시계열설계의 사례를 살펴보기로 하자. 물리학 분야 BK21사업이 참여교원의 연구실적에 미친 영향에 관한 연구결과를 살펴보겠다(최인엽 · 남궁근, 2010). [그림 3-10]에 1단계 BK21사업 이전인 1998년과 사업기간인 1999-2005년 동안 BK21 참여집단(n=60), 짝짓기통제집단(n=60), 비참여 교원 전체(n=856), 그리고 전체교원(n=916)의 연차별 평균 논문 수가 그래프로 제시되었다. 여기에서 정책개입이전의 시계열은 1998년 1년에 불과하지만 정책개입 이후에는 7년간 시계열자료가 포함되었다. 여기에서 참여집단의 시계열 자료는 실험집단에 관한 자료이며, 짝짓기통제집단, 비참여 교원 전체, 그리고 전체교원에 관한 시계열자료는 통제-시계열 자료로 간주할 수 있다.

[그림 3-10]을 살펴보면, 참여집단의 SCI급 평균 논문수는 짝짓기 통제집단, 비참여집단 및 전체교원의 SCI급 평균 논문수와 비교할 때 급격하게 증가하였다. 짝짓기 통제집단에서도 시간이 경과함에 따라 평균 논문수가

그림 3-10 물리학 분야 BK21 참여집단, 전체 교원의 연차별 평균 논문수 변화('98 – '05)

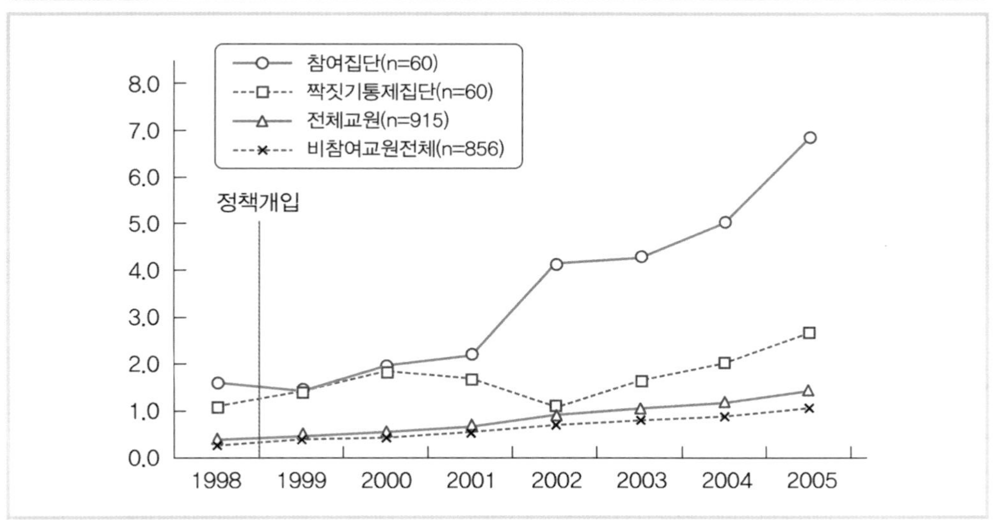

출처: 최인엽 · 남궁근. 2010. 정부의 연구기반구축사업이 교원의 연구성과에 미친 영향. 21쪽, [그림 3].

증가하지만, 그 증가속도는 참여집단보다는 훨씬 완만하였다. 특히, 사업 4차년도인 2002년부터 참여집단 교원의 SCI급 논문수가 급격하게 상승하고 짝짓기 통제집단과의 격차가 확대된 것은 BK21사업 효과가 사업 4년차부터 본격적으로 나타난 것으로 해석할 수 있다. 또한 1차 BK21사업의 종료시점인 2005년도에 참여교원의 전년대비 평균 논문편수도 크게 증가하였다.

[그림 3-10]에서 BK21사업이 참여교원의 논문수 증가에 크게 기여했음을 분명하게 확인할 수 있다.

3) 회귀-불연속 설계

(1) 회귀-불연속 설계의 기본원리

회귀-불연속 설계(Regression Discontinuity Design)는 실험집단과 통제집단을 구분할 때 분명하게 알려진 자격기준(eligibility criterion)을 적용하는 방법이다(Dunn, 2018: 300-310; 남궁근, 2017: 288-290). 예를 들어 성적이 우수한 학생에게 장학금을 지급하고 이 장학금 지급이 학생들의 성적을 향상시키는 데 도움을 주었는지를 판단하기 위한 연구를 한다고 생각해보자. 학생들이 장학금을 받기 위해서는 학교성적이 일정한 기준에 도달되어야 하고, 일정기준 이상의 학생들은 1년 동안 일정한 액수의 장학금을 지급받게 된다. 이러한 장학금을 지급받은 학생이 지급받지 않은 학생에 비하여 성적이 상승하였는지를 회귀-불연속설계를 통하여 파악할 수 있다. 이 경우 장학금 지급 기준이 되는 성적이 분명하게 알려진 자격기준이다. 장학금을 지급받은 학생이 지급받지 않은 학생에 비하여 성적이 상승하였는지를 판단하는 방법이 [그림 3-8]에 제시되어 있다. [그림 3-8]의 X축에는 장학금을 받기 전의 성적을 나타내고, Y축에는 장학금 지급후의 성적을 나타낸다. 장학금은 장학금 지급전 성적이 평균 3.5 이상인 학생에게 지급하는 것으로 가정하였다.

[그림 3-11]에서 평점 3.5가 장학금을 지급받는지 받지 않는지를 구분하는 구분점(cutting point)이 된다. 즉 평점 3.5점 이상이면 실험집단에 포함되고, 이 점수 이하의 학생은 비교집단에 포함되므로 어떤 학생이 어느 그룹에 배정되는가를 구분해 주는 분기점이 된다. 1년 후에 장학금을 지급받은 학생과 받지 않은 학생의 성적에 대하여 각각 회귀분석을 한 결과가 [그

그림 3-11 회귀-불연속 설계의 사례(장학금 지급이 성적에 미치는 영향)

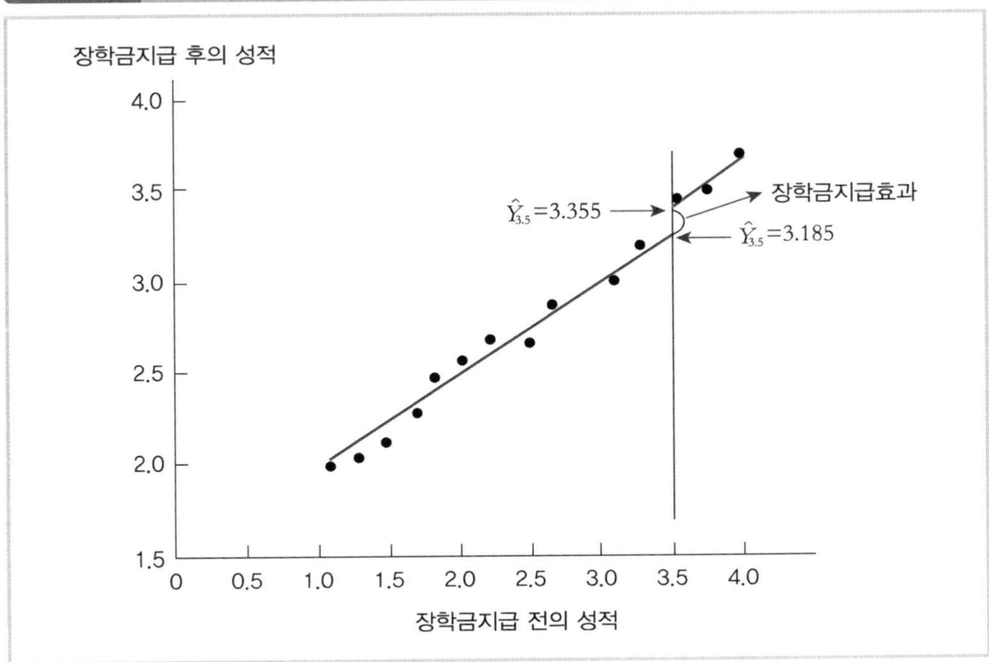

출처: Cook & Campbell. 1979. *Quasi-Experimentation*. p. 139; 남궁근. 2017. 「행정조사방법론」. 제5판. 289쪽, 그림 7-13에서 재인용.

림 3-11]과 같이 나타난다면, 장학금 지급의 효과는 두 회귀직선의 불연속(regression discontinuity)의 크기, 즉 3.355-3.185=0.170과 같이 나타낼 수 있다(Cook & Campbell, 1979: 139-141 참조).

회귀-불연속설계의 장점은 전체 대상 집단이 특정 프로그램의 수용범위보다 커서 그 중에서 가장 빈곤하거나 또는 가장 받을만한 자격이 있는 일부 구성원들에게만 희소 자원을 제공했을 경우, 그 효과를 평가할 수 있다는 점이다.

(2) 회귀-불연속 설계와 동점분리실험

위의 장학금 지급 기준의 사례에서 가장 받을 만한 자격이 있는 신청자들에게만 장학금을 지원했다면 이는 실적주의 원칙을 충족시킨 것이다(이하, 남궁근, 2017: 290-292). 그러나 이런 학생들은 장학금을 못 받더라도 장래 성공할 가능성이 높다. 이러한 상황하에서 장래의 성공이 장학금을 받은 결과인지 또는 신청자들의 가정환경이나 사회적 지위 등 다른 요인들에 의한 결과인지를 판단하기가 매우 어렵다. 장학금은 장래의 성공에 영향을 미치는가?

이러한 질문에 답하기 위한 한 가지 방법은 능력이나 빈곤 수준에서 동일한(또는 '동점'인) 소수의 사람들에게 희소한 자원을 무작위로 할당하는 실험(동점-분리 실험이라 부름)을 실시하는 것이다. 동점-분리 실험(tie-break experiment)을 이해하기 가장 쉬운 예로 가령 다섯 명의 학생이 입학시험에서 모두 100점을 맞았다고 하자. 여기서 문제는 받을 만한 자격이 있는 그들 다섯 명 중 두 명에게만 장학금을 주어야 한다는 점이다. 다섯 명의 학생 모두가 동등한 자격을 가지고 있기 때문에 동일 조건 즉, 동점을 분리시키기 위한 어떤 절차가 사용되어야 한다.

이 중 한 가지 절차가 무작위 배정이다. 이와 똑같은 논리가 회귀-불연속 분석을 이용한 준실험에도 적용된다. 동점-분리 실험에서는 희소 자원을 받을 사람과 받지 못할 사람들을 구분할 실적이나 빈곤(예, 입학시험성적이나 가족소득으로 결정)에 따른 좁은 대역(band)을 설정해야 한다. 예를 들어 입학시험에서 90점에서 95점 사이에 실력에 따른 좁은 대역을 설정했다고 생각해 보자. 89점 이하의 사람은 장학금을 받지 못하고 96점 이상의 사람은 장학금을 받는다. 그러나 90점과 95점 사이, 즉 실력에 따른 좁은 대역에 속하는 사람들은 무작위로 두 집단으로 나뉘어 한 집단은 장학금을 받고 나머지 다른 집단은 장학금을 못 받는다. 단, 이러한 무작위 절차는 가치 있는 자원을 받을 만하거나 빈곤한 사람들이 너무 많아서 한정된 자원으로는 모두 수용할 수 없는 상황하에서만 정당화될 수 있음에 유의해야 한다.

동점-분리 장치가 없다면 최고 점수를 받은 학생들만 장학금 수혜대상으로 선택할 수 밖에 없을 것이다. 이러한 조건하에서는 [그림 3-12]의 점선이 보여주듯이 입학시험 점수가 장래 인생에 있어서의 성공과 매우 강한 정의 상관관계가 있는 것으로 생각할지도 모른다. 그러나 능력에 따른 좁은 대역(즉 90-95점 사이)에서 무작위로 사람들을 선정하여 일부는 장학금을 주고 일부는 장학금을 주지 않음으로써, 장래의 성공에 장학금이 가정환경이나 사회적 지위 등 다른 요인보다도 더 많은 영향을 미치게 되는지 여부를 알 수 있다. 만일 입학시험 점수가 이러한 증폭효과를 가져왔다면 이것은 장학금을 받은 사람들과 받지 않은 사람들을 분리시키는 불연속 실선의 형태로 표시될 것이다([그림 3-12]).

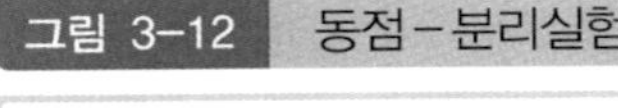
그림 3-12 동점-분리실험

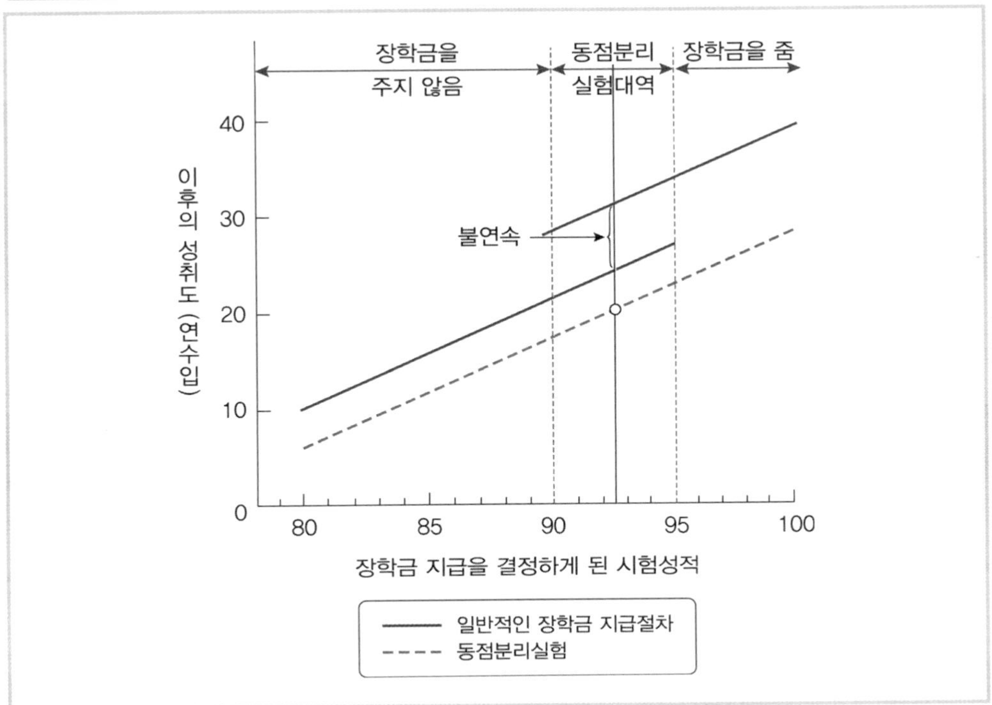

출처: Campbell. 1975. Reforms as Experiments. p. 87; 남궁근. 2017. 「행정조사방법론」, 제5판. 291쪽, 그림 7-14에서 재인용.

5. 비설험설계에 의한 정책영향평가

비실험설계(non-experimental design)는 인과적 추론의 세 가지 조건을 모두 갖추지 못한 설계, 즉 진실험 또는 준실험적 설계를 제외한 인과관계의 추론방법을 말한다(이하, 남궁근, 2017: 306-315). 인과적 추론을 위한 비실험적 방법에는 통계적 통제(statistical control)에 의한 방법, 인과모형에 의한 방법 등이 포함된다.

비실험설계는 어떠한 이유에서이든 평가연구대상을 무작위배정이나 짝짓기 방법에 의해 실험집단과 통제집단으로 구분하기 어렵고, 또한 단절적 시계열설계와 같은 시계열자료를 구하기 어려워 진실험설계 또는 준실험설계를 채택하기도 어려운 경우에 원인과 결과간의 관계를 추론하기 위해서 사용된다. 즉, 비실험적 정책평가 연구설계는 정책변수의 조작이나 외재적 변수의 인과적 영향을 배제시킬 수 있는 통제의 장점을 기대할 수 없는 상태에서, 자연적인 상황에서 발생하는 공동변화(concomitances)와 그 순서(sequences)의 관찰에 기초를 두고 인과적 과정을 추론하는 것이다. Cook & Campbell (1979: 7장)은 이를 수동적 관찰을 통하여 원인을 추론하는 방법이라고 부르고 있다.

1) 통계적 통제

통계적 통제에 의한 방법은 결과변수에 영향을 미친다고 생각되는 제3변수들을 식별하여 통계분석의 모형에 포함시키는 것이다. 예를 들어 회귀분석을 통하여 결과변수(Y)에 영향을 미친다고 추정된 정책변수(X)의 영향의 크기를 검증할 때 다음과 같은 회귀방정식을 가지고 그 효과를 추정할 수 있다.

$$Y = a + bX \tag{3.1}$$

방정식 (3.1)에서 회귀계수 b는 X가 한 단위 증가할 때 Y의 증가를 나타낸다. 그런데 추정된 원인변수(X) 이외에 Y에 영향을 미친다고 생각되는 제3의 변수들(Z_1, Z_2, Z_3)이 있다고 하자. 이때 이들 통제변수의 영향을 통제한 후에 X의 효과는 다음과 같은 다중회귀방정식에서 b_1의 값으로 나타난다.

$$Y = a + b_1X + c_1Z_1 + c_2Z_2 + c_3Z_3 \tag{3.2}$$

식 (3.2)에서 부분회귀계수 b_1의 값은 제3의 변수 즉 통제변수인 Z_1, Z_2, Z_3의 영향을 통제한 후에 정책변수 X가 미치는 영향의 크기를 나타낸다. 그러나 이와 같은 다중회귀분석을 사용했다고 해서 반드시 인과관계의 가능성을 추론했다고 볼 수는 없다는 점에 유의하여야 한다. 여기에서 인과적 추론의 조건을 다시 살펴보기로 하자. 인과관계 추론의 세 조건은 ① 변수 X와 Y의 공동변화 입증, ② 현상 발생의 시간적 선후관계 확인, 그리고 ③ 허위관계의 가능성을 배제시킬 수 있어야 한다. 그런데 회귀분석은 통계적으로 공동변화를 확인할 수 있을 뿐이며, 허위관계의 가능성이 있는 변수(Z_1, Z_2, Z_3)를 통제변수로 포함시켰다고 하더라도, X와 Y의 시간적 선후관계는 입증할 수 없다. 따라서 X와 Y의 시간적 선후관계에 대한 설득력 있는 논리가 제시되어야 한다.

2) 인과모형에 의한 추론

인과경로모형은 여러 변수들 간에 원인과 결과의 관계가 복잡하게 작용할 것으로 생각되는 경우에 인과적 모델링(modeling)에 의해서 인과모형을 작성하고, 경로분석(path analysis)을 통하여 변수들간의 인과관계의 경로에 관한 가설을 검증하는 방법이다.

인과경로모형의 작성절차는 다음과 같은 세 단계로 구분된다. 첫째, 연구문제와 관련된 변수를 선정하고, 둘째, 변수들간의 관계를 규정한 다음, 셋째, 이들간의 관계에서 변수의 위치를 결정하고 모형을 작성하여 도표형태나 기호로 표현한다. 경로분석을 통하여 인과모형을 검증하기 위해서는 분석에 포함된 변수들간의 인과적 흐름의 순서가 알려져 있어야 하며 이들 변수들간의 관계가 인과적 폐쇄성을 지닌다는 가정이 필요하다(Heise, 1969; Kenny, 1979).

분석대상이 되는 변수들간의 관계는 인과적 흐름이 일방적인 비대칭적인 관계, 서로 영향을 주고받는 상호인과적 관계, 그리고 원인과 결과를 분간하기 어려운 대칭적 관계로 구분된다. 이러한 관계 중에서 모형에 포함된 변수간의 인과관계의 흐름은 어느 경우에 해당되는지를 분명하게 밝혀야 한다. 또한 경로모형에 포함된 변수들은 외생변수(exogeneous variable, 또는 정책변수)와 내생변수(endogeneous variables, 또는 영향변수)로 구분되는데, 각 내생변수의 분산 중 외생변수에 의하여 설명되지 않은 부분은 잔여변수(residual variable)에 의하여 설명되는 것으로 가정한다. 이러한 잔여변수에 의한 영향의 경로도 모형에 포함되며 이를 잔여경로라고 부른다.

V. 정책평가 결과의 활용

'증거에 기반을 둔 정책결정'(evidence-based policy-making)이 강조되는 시점에서 과학적인 정책분석 및 평가 연구결과의 활용이 더욱 중요시되고 있다. 그러나 외국은 물론 우리나라에서도 정책분석 및 평가 연구의 결과가 실제의 정책결정과정에서 제대로 활용되지 못하고 사장되는 경우가 많다(노화준, 2015: 467-472). 이러한 현실과 관련하여 정책결정자들의 평가연구 활용의 유형, 연구결과의 활용과정, 그리고 활용의 촉진방안에 관하여 살펴보기로 한다.[22)]

1. 평가연구결과의 활용유형

정책결정자가 정책평가연구에서 생산한 지식을 활용하는 유형은 일반적으로 도구적 사용, 정당화를 위한 사용 또는 상징적 사용, 개념적 사용의 세 가지로 구분된다(Caplan, 1982; Rein, 1976; Weiss & Bucuvalas, 1980; 이윤식, 2014: 154; 김명수·공병천, 2016: 171-178).

1) 도구적 사용

과학적 지식의 도구적 사용은 연구결과를 정책문제 해결에 직접 사용하는 것을 말한다. 그런데 구체적인 결정상황에서 특정연구의 결론을 직접 대안선택에 응용하는 도구적 사용이 이루어지는 경우는 드물다. 경우에 따라서는 연구결과의 도구적 사용으로 정책결정이 잘못될 수도 있다. 그 이유는 특히 '구조화되기 어려운 정책문제(ill-structured problem)'에 관한 것은 동일한 문제에 대해서도 학자들마다 제시하는 연구결과가 서로 다른 경우가 있고, 특정연구의 결론이 불완전한 경우도 많기 때문이다.

---

22) 이 부분은 남궁근. 1992. 정책형성에서 사회과학적 지식의 활용방안. 「한국행정연구」. 1(2). 152-170쪽의 일부를 중심으로 고쳐 쓴 것임.

2) 정당화를 위한 사용

정당화를 위한 과학적 지식의 사용 또는 상징적 사용이란 연구결과를 정치적 또는 당파적 용도로 활용하는 것을 의미한다. 정책결정자들이 이미 내린 결정을 정당화하기 위하여, 또는 정치적 지지를 획득하거나 또는 예산을 확보하는 수단으로 연구결과를 이용하는 사례도 많은 것으로 지적되고 있다(Knorr, 1977: 180; Lindblom & Cohen, 1979). 이러한 경우는 학술적 연구결과가 증거기반 정책의 토대가 되는 것이 아니라 이미 결정된 정책을 뒷받침하기 위한 정책기반증거로 활용되는 것이다. Lindblom & Cohen(1979)은 연구결과가 불완전하거나 상호 모순되는 결론이 나오는 경우가 있기 때문에, 연구결과가 정치적으로 사용될 여지가 있다고 지적한다. 그러나 과학적 지식이 이러한 용도로 사용되는 것은 학자 집단이 정책결정 집단의 지배를 받는 현상으로 바람직스럽지 못하다.

3) 개념적 사용

셋째, 과학적 지식의 개념적 사용 또는 계몽적 사용이란 과학적 연구결과가 정책결정과정에서 직접적으로 구체적인 문제해결수단으로 사용되는 것이 아니라 정책결정자의 관념이나 인식의 변화를 통하여 간접적으로 정책결정에 영향을 미치는 것을 의미한다(Weiss & Bucuvalas, 1980: 156; Pal, 1985; Caplan, 1982). 정책결정자는 사회과학적 지식을 정책문제의 해결방안을 찾는 데 사용하기보다는, 문제 자체를 정확하게 이해하는 데 사용하는 경향이 있다. 즉 사회과학적 지식은 정책문제상황과 관련된 개념들을 이해하는 지적 배경이 되고 전체적인 문제해결방향을 제시하는 것이다. 이와 같은 유형의 지식 사용은 간접적·확산적인 형태로 나타나며, 탐지하기가 매우 어렵다. 대부분의 학자들은 과학적 연구결과의 개념적 사용이 다른 유형에 비해 가장 보편적이고, 가장 바람직한 유형이라는 점에 동의하고 있다.

4) 종 합

오늘날 증거기반 정책결정 또는 증거기반 행정의 요구가 증가하면서 학술적 연구결과의 활용 필요성은 더욱 높아지고 있다. 우리나라에서 공무원들이 행정학 분야의 학술연구와 용역연구의 활용에 대해서 어떻게 인식하고 있는가와 학술연구와 용역연구 각각에 대해서 행정학 연구결과의 활용에 대한 연구자들과 공무원들의 인식이 어떻게 다른가에 관한 실증 연구결과(김재훈, 2008)에 따르면 우리나라 행정학 연구자들과 행정가들은 다양한 인적 교류를 통해서 정책공동체를 형성하고 있으며, 연구결과는 행정 현실에서 다양하게 활용되고 있었다. 김재훈(2008)의 연구에 따르면, 연구자가 스스로의 흥미에 이끌려 수행하는 학술연구보다는 정부가 특정한 정책적 필요에 의해서 발주하는 용역연구가 더 많이 활용되고 효과도 더 있는 것으로 나타났다. 그러나 과학적 연구결과가 증거기반 정책의 자료로 활용되지 않고, 결정된 정책을 뒷받침하는 정책기반증거로 활용되지 않도록 유념하여야 한다.

2. 연구결과의 활용과정

과학적 평가연구 결과 생산된 지식이 정책결정에 활용되기 위해서는 그 생산자인 학자나 연구자로부터 사용자에게 전달되어야 한다. 그러므로 학자들이 지식생산자로부터 사용자에게 지식이 전달되는 과정에 관심을 가지게 되었다(Knott & Wildavsky, 1980; Bardach, 1984). 과학적 지식의 활용과정은 연구, 개발 및 확산(research, development, and diffusion, R, D, & D) 모형에서 가정하는 것처럼 생산자로부터 사용자에게 일방적이고 직선적으로 전달되는 과정이라기보다는, 정보와 지식 외에도 정치적, 사회-경제적, 조직적 요인, 그리고 사용자의 태도요인 등을 포함하는 복잡한 과정으로 이해되고 있다(Larsen, 1980). 넓은 의미에서의 연구결과의 활용과정은 사용자가 자신의 준거틀을 사용하여 연구결과를 해석한다는 점에서 해석적이고, 사회구조 내에서 그와 같은 해석과정이 진행된다는 점에서 사회적으로 제약되며, 그 과정이 지식의 생산, 조직화, 저장, 검색 등의 전체 지식체계와 관련되어 있다는 의미에서 체계적이며, 또한 당사자들간에 상징 또는 의사전달 행위를 통하여 교환된다는 의미에서 상호교환적인 과정이다(Dunn, Holzner & Zaltman, 1985).

이와 같이 연구결과의 활용과정이 복잡하기 때문에, 실제 정책결정과정에서 정책결정자들은 과학적 연구결과보다는 오히려 일상적 지식 또는 경험적 지식에 의존하는 경향이 큰 것으로 나타나고 있다.

3. 정책결정에서 연구결과 활용의 증진방안

1) 연구결과 활용이 부진한 이유

과학적 연구 결과 생산된 지식의 활용이 부진한 이유가 무엇인가를 밝히는 것은 그 증진방안을 모색하기 위한 전제조건이 된다. 그런데 정책결정자들이 연구결과를 활용하지 못하게 되는 근본적 저해요인이 무엇인가에 관하여는 여러 가지 이론이 있다(오철호, 2008). Caplan 등(Caplan, Morrison & Stambaugh, 1975)은 이러한 이론들을 지식특성이론(knowledge-specific theories), 두 공동체이론(two community theories), 그리고 정책결정자제약이론(policy-makers' constraint theories)의 세 가지 유형으로 분류하고 있다.

지식특성이론은 사회과학적 연구결과가 정책결정에 사용되지 못하는 이유가 사회과학적 연구의 기법 및 지식 자체의 특성, 그리고 사회과학자들의 행태 때문이라고 보는 입장이다. 두 공동체이론은 그 이유를 학자집단과 정책결정자집단 사이의 관계라는 측면에서 설명하려는 입장이다. 이같은 입장에서는 사회과학자와 정책결정자가 상이한 그리고 때로는 상충되는 가치체계, 보상체계 및 언어체계 하에서 움직인다는 사실 등이 지식사용의 제약요인이라고 본다. 마지막으로, 정책결정자제약이론은 정책결정자가 활동하는 정책결정과정을 둘러싼 특성이 연구결과의 활용을 제약하는 요인이라는 설명이다. 이들 중 두 공동체이론의 설명력이 다른 두 이론에 비하여 높은 것으로 알려지고 있다. 두 공동체이론은 정책결정자와 사회과학자들이 상이한 문화 또는 상이한 인식론적 공동체(epistemic communities)의 구성원이라고 본다.[23] 그런데 두 공동체간의 여러 가지 문화적 격차(cultural gap)가 과학적 연구결과의 활용을 제약하는 요인으로 작용한다.[24]

---

23) 자연과학자와 인문학자 사이에 상호이해가 결핍된 현상을 두 집단 간의 문화적 차이(cultural differences) 때문으로 설명한 C. P. Snow의 「두 문화론」(*Two Cultures*)은 두 공동체이론의 기원이 된다.

24) 이에 대한 좀더 구체적인 것은 남궁근, 전게 논문 참조. 한편 오철호(2008)는 행정학 연구결과가 왜 활용되는지 또는 활용되지 않는지에 대한 이해를 제고하기 위하여 연구결과를 포함한 지식활용에 대한 기존의 대표적인 이론적 논의들로 합리모형, 조직이익모형, 두 문화모형 등과 함께 신제도론과 인지심리학적 관점과 같은 대안적 논의

2) 연구결과 활용 증진방안

여기에서는 과학적인 연구 결과 생산된 지식을 정책결정자들이 좀더 적극적으로 활용할 수 있도록 하는 방안을 두 가지 범주, 즉 정보중심적 접근방법과 인간중심적 접근방법으로 구분하여 살펴보기로 한다.

(1) 정보중심적 접근방법

정보중심적 접근방법의 기본적인 아이디어는 지식과 정보를 인위적으로 이동시켜 정책결정자의 정보수요와 정보공급을 조화시키자는 것이다. 이는 학술연구 및 용역연구의 질이 보장되는 것을 전제로 한다. 정책결정자에게 필요한 정책관련정보의 흐름을 변경시키기 위해서는 새로운 정보교환 메커니즘을 확립하여야 한다. 예를 들면 학술논문 데이타 베이스를 구축하여 정책결정자들이 쉽게 활용할 수 있는 컴퓨터화된 정보체계에 포함시키는 방안을 들 수 있다. 즉 정책결정자의 정보수요를 충족시키기 위해 고안된 정보시스템에 학술적 연구결과를 수록하는 것이다. 이와 같은 대안은 사용자의 정보검색과 생산자의 정보공급을 용이하게 하여 과학적 지식의 사용을 촉진한다. 그러나 그 한계로서 사용자가 지식과 정보를 취사선택하기가 곤란하다든지, 사용자의 독특한 준거 틀을 고려하기 어렵다는 점 등을 지적할 수 있다.

이러한 컴퓨터정보시스템의 약점을 보완할 수 있는 대안으로는 학술논문집 등에 게재된 연구결과를 일상적인 지식으로 전환시켜서, 질문-응답형태의 요약서비스(abstracting service) 또는 연구개요(research briefs)를 제공하는 방안이 있다(Knott & Wildavsky, 1980: 570; Rich, 1983). 이 대안의 전제는 정책결정자에게 사용가능한 형태(usable form)로 지식을 제공하는 것이 중요하다는 것이며, 따라서 과학적 지식의 단순한 요약뿐 아니라, 이를 정책결정자가 활용하기 쉽도록 일상적인 언어로 번역하는 것도 중요한 작업이다. 우리나라의 경우에도 국책연구기관을 중심으로 공공정책에 관한 학술적 연구결과를 일상적 용어로 요약하여 정책결정자에 제공하는 제도를 활용하고 있다.

들을 소개하였다.

(2) 사람중심적 접근방법

사람중심적 접근방법은 정보나 지식을 전달하기 위하여 사람을 활용하는 방법이다. 지식사용의 문제가 정책결정자 집단과 학자집단 사이에 존재하는 여러 유형의 문화적 차이 때문이라면 지식의 이동뿐 아니라 두 공동체 사이의 가치관, 태도 등을 포함하는 문화적 차이까지도 줄이는 대안이 모색되어야 한다. 그런 의미에서 정보중심적 접근방법보다는 사람중심적 접근방법이 더욱 동태적이고 유효한 방법이라고 생각된다. 더 구체적으로는 두 집단 구성원들 간의 직접교류를 강화하는 방안, 제3의 집단을 활용하는 방안, 그리고 두 집단을 포함하는 정책공동체의 제도화 및 활성화 방안 등을 들 수 있다(김재훈, 2008 참조).

① 직접교류 강화방안

학자집단과 정책결정자 집단구성원들 간의 직접교류를 강화하는 방안으로는 (a) 정책결정자에 대한 사회과학적 이론과 방법론의 훈련, (b) 사회과학자들을 정책결정직위에 임용하는 방법, 그리고 (c) 양집단 구성원간의 개인적 접촉을 증가시키는 방법 등이 있다.

② 중간집단 활용방안

제3집단 접근방법은 학자집단과 정책결정자 집단 사이에 연결자(Havelock, 1969), 중개자(Sundquist 1978), 지식활용대리인(Weiss, 1977) 등 다양한 이름으로 불리는 이른바 '중간집단'을 만들어 개입시키는 전략이다. 이와 같은 제3집단의 구성원은 전형적으로 양쪽 집단의 문화에 정통한 일종의 '전문가'인데 우리나라에서는 한국행정연구원, 한국지방행정연구원, 한국개발원, 국토개발원 등 공공연구기관 등이 제3집단의 제도화된 형태이다. 우리나라에서는 중앙부처뿐 아니라 광역자치단체는 물론 일부 기초자치단체에서도 자체 연구기관을 운영하고 있다.

③ 정책공동체 제도화 및 활성화

마지막으로 정책분야별 정책공동체를 제도화하고 이를 활성화하는 대안을 들 수 있다. 정책분야별 정책공동체의 구성원들은 관심사항을 공유하며, 문제와 해결방안에 관한 일련의 공통된 이해와 공동체적 유대감을 가지게 된다. 정책연구자와 정책결정자가 공동으로 참여하는 정책공동체가 제도화되어 학술 세미나, 정책토론회, 간담회, 자문회의 등 공식·비공식 접촉이 빈번하게 이루어질 때 정책결정자 집단과 연구자 집단의 상호이해가 증대되며, 이에 따라 정책결정에서 과학적 연구결과의 활용이 증가될 것이다. 이러한 맥락에서 행정학 지식의 활용이 증진되기 위해서는 행정학자와 정책결정자뿐만 아니라, 이해당사자와 일반시민이 상호작용하는 시민과학과 참여적 정책분석을 강화할 필요성도 제기되었다(송희준, 2008).

3) 종 합

이상에서 정책결정과정에서 과학적 연구결과의 활용을 증진시킬 수 있는 여러 가지 방안을 살펴보았다. 과학적 연구결과를 정책결정자가 널리 활용하여야 정책결정과정의 산출로 나타나는 정책의 질이 향상되고, '증거에 기반을 둔 정책결정'이 이루어질 수 있다. 우리나라에서는 정책형성의 합리성을 높이기 위해서 중앙정부에서는 물론이고 각급 지방자치단체에서도 과학적 연구결과를 적극적으로 활용하여야 할 것이다.

Ⅵ. 요 약

평가연구의 핵심과제는 프로그램 활동과 목표, 그리고 활동과 목표 사이의 매개과정 및 인과관계를 이해하는 것이다. 정책평가는 평가의 주체, 평가단위의 수준, 평가의 시점, 평가의 목적, 평가의 대상에 따른 분류할 수 있다. 과정평가와 영향평가가 정책평가의 핵심을 이루고 있다.

과정평가는 집행과정을 대상으로 한 평가를 말하며, 형성평가, 모니터링, 그리고 사후적 과정평가로 구분할 수 있다. CIPP 모형은 프로그램의 자원투입이 산출에 도달하는 과정을 묘사하고자 한 모형의 하나로 사전 형성평가와 사후 총괄평가에 모두 적용될 수 있다.

영향평가는 총괄평가, 결과평가, 성과평가라고 부르며 정책이 집행되고 난 이후 정책이 사회에 미친 결과를 추정하는 판단활동을 말한다. 평가성사정은 프로그램 효과에 대한 영향평가 또는 총괄평가를 실시하기 위한 준비작업으로서 영향평가의 실행가능성은 있는지, 영향평가를 실시해야 할지 여부 등 공식 영향평가의 유용성을 검토하기 위하여 실시된다.

프로그램 논리모형의 주요 요소는 투입 또는 자원, 활동, 산출, 결과(단기, 중기 및 장기)이다. 프로그램 이론의 내용은 프로그램 과정 이론과 프로그램 영향이론으로 구분된다.

정책영향평가의 핵심은 정책프로그램과 그 집행결과 사이에 인과관계가 존재하는지 검증하는 것이다. 타당한 인과적 추론이 이루어지려면 1) 변수 *X*와 *Y*의 공동변화를 입증하고, 2) 현상 발생의 시간적 선후관계를 확인하고, 3) 허위관계의 가능성을 배제시킬 수 있어야 한다. 정책영향 평가연구에서 인과관계의 추론이 정확하게 이루어지면 그 평가연구는 타당성이 높다고 할 수 있다.

진실험설계에 의한 정책영향평가는 인과적 추론의 세 가지 조건을 모두 충족하고 있는 설계이다. 준실험설계는 무작위배정에 의하여 실험집단과 통제집단의 동등화를 꾀할 수 없을 때, 다른 방법을 통하여 실험집단과 유사한 비교집단을 구성하려고 노력하는 설계를 의미한다. 비실험설계는 실험집단과 비교집단의 동등화라는 조건을 갖추지 못한 설계로 통계적 통제에 의한 방법, 인과모형에 의한 방법 등이 포함된다.

정책결정자가 정책평가연구에서 생산한 지식을 활용하는 유형은 일반적으로 도구적 사용, 정당화를 위한 사용 또는 상징적 사용, 개념적 사용으로 구분된다. 정책결정자가 정책평가연구의 결과를 포함한 과학적 지식을 보다 많이 활용할 수 있도록 정보전달체계를 개선하고, 정책결정자와 연구자들의 소통이 강화되어야 한다.

참고문헌

I. 국내문헌

1. 단행본

1) 서적

강근복. 1994.「정책분석론」. 서울: 대영문화사.

강근복. 2000.「정책분석론(개정판)」. 서울: 대영문화사.

강신택 외. 1976.「정책학개론」. 서울: 법문사.

강신택, 2019.「한국행정학의 해석학적 접근」. 대한민국학술원.

______. 2005.「한국행정학의 논리」. 서울: 박영사.

______. 2002.「행정학의 논리」. 서울: 박영사.

______. 1995.「사회과학연구의 논리: 정치학·행정학을 중심으로」. 개정판. 서울: 박영사.

고길곤. 2017.「효율성 분석이론: 자료포락분석과 확률변경분석」. 고양: 문우사.

권기헌. 2010.「정책분석론」. 서울: 박영사.

김명수. 2003.「공공정책평가론」. 전정증보판(초판 1987). 서울: 박영사.

김명수·공병천. 2016.「정책평가론」. 서울: 대영문화사.

김영기·남궁근·유낙근·최용부(공역). 1985.「정책집행론」. 서울: 법문사. R. T. Nakamura & F. Smallwood. 1980. *The Politics of Policy Implementation*. NY: St. Martin Press.

김영평. 1991.「불확실성과 정책의 정당성」. 서울: 고려대학교 출판부.

김태현(역). 2005.「결정의 엣센스: 쿠바 미사일 사태와 세계핵전쟁의 위기」. 서울: 모음북스. Allison, Graham & Philip Zelikow. 1999. *Essence of Decision: Explaining the Cuban Missile Crisis*. 2nd ed. Longman.

김형곤. 2009.「당정협의 제도를 중심으로 본 한국의 정당-행정부 관계」. 전남대학교 박사학위논문.

김형렬. 1990.「정책학」. 서울: 법문사.

남궁근(편). 2006.「스칸디나비아 국가의 거버넌스와 개혁」. 파주: 한울아카데미.

남궁근. 2017.「행정조사방법론」. 제5판(제4판 2010). 파주: 법문사.

______. 1999a.「비교정책연구: 방법, 이론, 적용」. 증보판. 서울: 법문사.

남궁근·노화준(공편). 1993.「공공정책의 결정요인분석」. 서울: 법문사.

남궁근·박천오·황성돈·강제상·김상묵. 2000.「고위공무원 개방형임용제도: 도입과정과 발전방안」. 서울: 나남출판.

남궁근·이희선·김선호·김지원. 공역. 2018.「정책분석론」. 제6판(제2판, 1994, 제3판, 2005, 제4판, 2008, 제5판, 2013). 파주: 법문사.

노화준. 2017.「정책분석론」. 제5전정판(초판, 1989. 제3전정판 2006, 제4전정판 2010). 서울: 박영사.

______. 2014.「정책평가론」. 제5판(초판, 1983, 제4판 2006). 파주: 법문사.

______. 2012.「정책학원론」. 제3전정판(초판, 1995, 제2전정판 2007). 서울: 박영사.

류지성. 2007.「정책학원론」. 서울: 대영문화사.

박동서. 1997.「한국행정론」. 제4판. 서울: 법문사.
박종민(편). 2000.「한국의 지방정치와 도시권력구조」. 서울: 나남.
배너지, 뒤플로. 2012. Poor Economics, 이순희 옮김,「가난한 사람이 더 합리적이다」. 생각연구소.
백완기. 2006.「행정학」. 신판. 서울: 박영사.
______. 2005.「한국행정학 50년: 문헌검토를 중심으로」. 서울: 나남.
송근원. 1994.「사회복지와 정책과정」. 서울: 대영문화사.
안문석. 1993.「계량행정론」. 박영사.
안병영・정무권・한상일. 2007.「한국의 공공부문: 이론, 규모와 성격, 개혁방향」. 춘천: 한림대학교 출판부.
안해균. 1984.「정책학원론」. 서울: 다산출판사.
엄석진. 2008.「전자정부 추진결과와 제도적 결정요인: 한국과 미국의 정부기능연계모델을 중심으로」. 박사학위논문. 서울대학교 행정대학원.
오석홍. 2005.「조직이론」. 5판. 서울: 박영사.
오석홍・김영평(공편). 2000.「정책학의 주요이론」. 제2판. 서울: 법문사.
유민봉. 2005.「한국행정학」. 서울: 박영사.
유석춘 외(공편역). 2003.「사회자본: 이론과 쟁점」. 서울: 도서출판 그린.
유훈. 2016.「정책집행론」. 개정판(초판 2007). 서울: 대영문화사.
____. 2002.「정책학원론」. 제3판(초판, 1976). 서울: 법문사.
윤태범・남궁근. 2010.「한국정부론」. 한국방송통신대학교 출판부.
윤홍근. 2015.「이익집단의 정치학: 한국, 스웨덴, 미국 경제단체의 정치적 활동과 최근 변화」. 인간사랑.
이석민. 2018.「R과 STATA를 활용한 평가방법론」. 파주. 법문사.
이성우. 2008.「정책분석론」. 조명사.
이송호. 2019.「정책조정론」. 박영사.
______. 2008.「관계장관회의」. 대영문화사
______. 2002.「대통령과 보좌관」. 박영사.
이시원(역). 2005.「관리행동론」Simon, Herbert A. 1997. *Administrative Behavior.* 4th ed. 도서출판 금정.
이윤식 외. 2006.「정부성과관리와 평가제도: 주요 선진국 사례를 중심으로」. 대영문화사.
이윤식. 2018.「정책평가론」. 3판(제2판, 2014). 대영문화사.
이종수・이대희 (공역).「정책형성론」. 서울: 대영문화사. Anderson, James E. 1985. *Public Policy Making*. 3rd ed. Holt Rinehart & Winston.
이해영. 2016.「정책학신론」, 4판. 양성원.
전상경. 2005.「정책분석의 정치경제」. 제3판(초판, 1997). 서울: 박영사.
정광호. 2008.「바우처 연구」. 파주: 법문사.
______. 2010.「바우처 분석: 이론과 현실. 파주: 법문사」.
정상호. 2006.「NGO를 넘어서: 이익정치의 이론화와 민주화를 위한 탐색」. 서울: 한울아카데미.
정용덕 외. 1999.「신제도주의 연구」. 대영문화사.
______. 1999.「합리적 선택과 신제도주의」. 서울: 대영문화사.
정정길 외. 1987.「정책평가론: 이론과 적용」. 전광출판사.

______. 2005. 「행정의 시차적 접근」. 서울: 박영사.
정정길. 1989. 「정책학원론」. 서울: 대명출판사.
정정길 · 김성수 · 김재훈 · 김찬동 · 하정봉. 2007. 「작은 정부론」. 서울: 부키.
정정길 · 최종원 · 이시원 · 정준금 · 정광호. 2010. 「정책학원론」. 서울: 대명출판사.
정정길 · 이시원 · 최종원 · 정준금 · 권혁주 · 김성수 · 문명재 · 정광호 (공저) 2020. 「정책학원론」. 서울: 대명출판사.
정주택 외. 2007. 「정책평가론」. 서울: 법문사.
정책기획위원회. 2006. 「선진복지한국의 비전과 전략」. 서울: 동도원.
주성수. 2005. 「NGO와 시민사회」. 서울: 한양대학교 출판부.
최병선. 2006. 「정부규제론」. 서울: 법문사.
______. 1992. 「규제정책론」. 서울: 법문사.
하상근. 2006. 「정책불응연구」. 부산: 도서출판 금정.
하연섭. 2011. 「제도분석」, 제2판(초판 2003). 서울: 다산출판사.
함성득. 2002. 「대통령비서실장론」. 나남출판.
행정학용어표준화연구회. 2010. 「행정학용어사전」. 새정보미디어.

2) 연구보고서

강정석 외. 2019. 「사회적 가치 실현을 위한 성과관리 개편방안 연구: 국정과제 관리체계 개선을 중심으로」. 경제인문사회연구회 협동연구총서 19-02-01. 경제인문사회연구회.
______. 2018. 「사회적 가치실현을 위한 정부혁신방안연구」. 경제인문사회연구회 협동연구총서 18-07-01. 경제 · 인문사회연구회.
김선혁 외. 2013. 「주요국의 국정과제시스템 비교연구」. 국무조정실.
김지수 · 이재용. 2019. 「주민주도의 숙의민주주의 실천방안. 연구보고서 2019-04」. 한국지방행정연구원.
남궁근 · 윤태범 · 이재원 · 양기용. 2002. 「공공개혁의 성과평가와 성과에 대한 국민의 인식차이 원인분석」. 한국행정학회 연구보고서.
양현모 · 박기관. 2015. 「대통령제 하에서 행정부와 입법부 협력에 관한 연구」. 한국행정연구원 연구보고서 2015-19.
윤희숙 · 박현. 2005. 「재정사업평가체계의 발전과정과 현황: 해외사례를 중심으로」. 정책연구시리즈 2005-05. 한국개발연구원.
임현 · 한종민 · 정민진. 2009. 「미래예측을 위한 시나리오 분석 및 시스템 구축방안」. 한국과학기술평가원.
전영한. 2012. 「국정운영 및 정책조정 거버넌스에 관한 연구」. 한국정책학회 연구보고서.
채종헌 외. 2019. 숙의기반 주민참여제 도입: 자치단체 공론화 운영모델 구상. 수시과제 2019-04. 한국행정연구원.
______. 2017. 「공론화 절차 활성화를 통한 정책수용성 제고 및 사회통합증진에 관한 연구. KIPA 연구보고서 2017-16. 한국행정연구원.

3) 정부간행물

관계부처 합동. 2019.「2019년 정부혁신 종합 추진계획」.
관계부처 합동. 2019.「예비타당성조사 제도 개편방안」.
교육인적자원부 · 한국학술진흥재단. (2006).「연구윤리소개」.
국무조정실. 2020.「2020년도 정부업무 성과관리 운영지침」.
______. 2019.「2019 정부업무평가시행계획」.
______. 2016.「2016 정부업무평가백서」.
______. 2012.「2012 정부업무평가백서」.
______ .2007.「2007 정부업무평가백서」.
국정홍보처. 2008.「참여정부 국정운영백서 6: 균형발전」.
국회입법조사처. 2010.「지표로 보는 오늘의 한국」. 서울: 대한민국 국회.
기획예산처. 2007.「참여정부 공공기관혁신성과」. 서울: 기획예산처.
기획재정부. 2019.「예비타당성 조사 운영지침」.
농림축산식품부. 2020.「2020 성과관리시행계획」.
통계청. 2016.「장래인구추계: 2015-2016년」.

2. 논 문

강문희, 2010. 한국 도시정치의 지배구조: 국내사례연구를 통한 조각그림 맞추기.「한국지방자치학회보」. 22(4): 5-28.
강소랑. 2016. 노인일자리사업의 사회 · 경제적 효과 연구.「정책분석평가학회보」. 26(1): 109-138.
강신택. 1980. 정책형성과정. 강신택외 저.「정책학개론」. 서울: 법문사.
강윤호. 2000. 지방자치와 기초자치단체의 사회복지정책정향: 시 · 군 · 자치구간 비교분석.「한국행정학보」. 34(1): 213-227.
강인재. 1993. 한국 지방정부 공공지출의 결정요인. 노화준 · 남궁근(공편).「공공정책의 결정요인분석」. 서울: 법문사.
강제상 · 김영곤 · 고대유. 2014. 사회복지에서 시민참여형 거버넌스에 관한 연구: 서울시 희망온돌사업과 시민복지기준사업을 중심으로.「한국사회와 행정연구」. 25(2): 153-182.
고길곤. 2007. 정책네트워크 연구의 유용성과 사회연결망 이론활용 방법의 고찰.「행정논총」. 45(1): 137-164.
고종협 · 권용식. 2009. 제주 해군기지 정책변동과정에 대한 동태적 분석: 정책옹호연합모형(ACF)의 적용을 통한 연구.「한국사회와 행정연구」. 20(3): 139-178.
곽현근. 2020. 왜 숙의 민주주의인가?「제20차 KIPA 공공리더십 세미나」(2020. 6.25.) 발제문.
권석천 · 장현주. 2015. Kingdon의 다중흐름모형을 통해서 본 검찰개혁과정: 대검찰청 중앙수사부 폐지과정을 중심으로.「한국정책학회보」. 24(2): 335-362.
권오성 · 박민정. 2009. 정책수단으로서의 보조금 현황 및 연구경향.「행정논총」. 47(1): 277-309.
권용식. 2016. 중앙부처의 정책조정에 관한 연구-정책조정 결과에 대한 '조정 주체요인'의 영향력을 중심으로.「한국정책학회보」. 25(1): 89-127.
권태형 · 전영준. 2015. 후쿠시마 원전사고와 국내 원자력정책의 변화: 정책옹호연합모형의 적용.「행정논총」. 53(4): 245-269.

권향원. 2019. 중앙부처 정책과정의 이론적 모형화 연구. 「한국정책학회보」. 28(3): 123-155.
김건도 · 박정훈. 2018. 신포괄수가제도가 공공의료기관의 효율성에 미치는 영향. 「행정논총」. 56(4): 33-57.
김경주. 2003. 김대중 정부의 모성보호정책네트워크 분석. 「한국행정학보」. 37(3): 23-44.
김규일. 1995. 정책분석가의 윤리문제. 「한국정책학회보」. 4(2): 161-183.
김기성 · 김종순 · 홍근석. 2014. 지방세 납세순응의 영향요인에 관한 연구: 부산광역시 납세자들의 인식을 중심으로. 「지방행정연구」. 28(4): 391-416.
김나리 · 전미선, 2020. 신고포상금제도의 특성이 정책성과에 미치는 영향에 관한 연구: 중앙행정기관의 포상금 지급건수를 중심으로. 「한국정책학회보」. 29(1): 155-175.
김동립 · 이삼렬. 2011. 프로그램 논리모형의 개념과 유형화에 관한 소고. 「한국정책학회보」. 20(1): 270-301.
김명수. 2003. 중앙행정기관 평가제도의 운영에 대한 비판적 검토. 「정책분석평가학회보」. 13(2): 1-21.
김명환, 2005. 사회적 형성주의 관점에서의 정책연구: 대상집단의 사회적 형성이론과 적용. 「한국정책학회보」. 14(3): 31-55.
김민정, 문명재, 장용석, 2011. 정책수단이 기업의 기술혁신에 미친 영향에 대한 연구: 조세지출과 보조금을 중심으로. 「한국정책학회보」. 20(4): 1-26.
김병섭 · 김정인. 2016. 위험유형에 따른 정부 책임성과 거버넌스. 「한국행정학보」. 50(4): 139-168.
김병조 · 은종환. 2020. 행정-정책 의사결정에서 머신러닝(machine learning) 방법론 도입의 정책적 함의: 기계의 한계와 증거기반 의사결정(evidence-based decision-making). 「한국행정학보」. 54(1): 261-285.
김병준. 2016. 정부 전환기의 정책변동과 행정변화. 「한국행정연구」. 25(4): 1-29.
김상묵. 2017. '정부 신뢰 회복'을 위한 차기정부의 수직적 권한 배분: 대통령, 국무총리, 장관과의 관계. 서울행정학회 동계학술대회 발표논문.
김상묵 · 남궁근. 2008. 유럽고용전략의 개방형 조정방식: 분석틀 탐색. 「한국행정학회 2008년 춘계학술대회 발표논문」.
김상헌. 2013. 조세지출, 김병섭 외 공저. 「정책수단론」. 파주: 법문사.
김선혁. 2003. 시민사회론과 행정학: 행정학적 시민사회론의 모색. 「한국행정학보」. 37(4): 39-56.
김순양. 2010. 보건의료 정책과정에서의 옹호연합(Advocacy Coalitions)의 형성과 작동: 의약분업 및 의료보험통합 논쟁 사례의 비교분석. 「한국정책학회보」. 19(2): 1-44.
김신복. 1989. 정책분석 및 연구의 윤리성. 「행정논총」. 27(2): 207-223.
김영종. 2001. 사회적 합의'에 의한 노동정책의 결정과정분석: 노사정위원회의 활동을 중심으로. 「한국행정논집」. 13(3): 587-613.
김영준 · 이찬구. 2018. 다중흐름모형을 적용한 원자력 규제정책의 의제설정과정 분석: 2011년 원자력안전법안 형성을 중심으로. 「한국행정연구」. 27(4): 233-276.
김영평. 2009. 정책학의 한국화: 그 빛과 그림자. 「한국정책학회보」. 18(4): 1-21.
______. 2000. Herbert A. Simon의 절차적 합리성 이론. 오석홍 · 김영평(공편). 「정책학의 주요이론」. 10-18. 서울: 법문사.
______. 1988. 관료제의 정책결정양식과 민주주의의 인식방법론: 관료제의 민주화를 위한 인식방법론적 시론. 「한국행정학보」. 22(2): 373-392.

김유현. 2016. 정치적 민주화가 비영리부문 성장에 미치는 영향. 「한국행정학보」. 50(3): 287-311.
김은성. 2010. 짙은 정책학: 탈실증주의 정책학 어떻게 할 것인가? 「한국정책학회보」. 19(4): 155-176.
김인철. 2007. 정책분야 연구사업 및 자문활동의 3자 연합 현상: 문제해결역량과 이론적 통칙화 측면에서. 「한국정책학회보」. 16(2): 29-47.
______. 2000. Peter Bachrach와 Morton Baratz의 권력양면성 이론. 오석홍 · 김영평(공편). 「정책학의 주요이론」. 제2판. 297-304. 서울: 법문사.
______. 1990. 농촌에 있어서의 정치적 소외와 정책불응. 「한국행정학보」. 24(3): 1421-1440.
김재훈. 2008. 행정연구결과의 활용에 관한 실증연구. 「한국행정학보」. 42(4): 35-67.
김정수. 2000. John D. Steinbruner의 사이버네틱 정책결정이론. 249-258. 오석홍 · 김영평(공편). 「정책학의 주요이론」. 10-18. 서울: 법문사.
김정인. 2018. 정책결정 과정에서의 공론화 적용 가능성에 관한 연구: 공론조사의 국가적 특수성, 대표성과 집합적 합리성을 중심으로. 「정부학연구」. 24(1): 343-375.
김정해. 2006. 역대 대통령비서실의 조직학습과정 특성분석. 「한국정책과학학회보」. 10(4): 65-90.
김주애, 2012. 지방공공서비스 민간위탁 도입 요인에 관한 연구: 정치-경제학적 접근을 중심으로. 「한국행정학보」. 46(4): 293-323.
김주환. 2010. 의료수가 결정과 변화에 대한 사이버네틱스 접근방법에 의한 연구. 「한국정책학회보」. 19(3): 171-197.
김준기. 2007. 정부기능 변화: 정책수단을 중심으로. 「한국행정학회 2007년 추계학술대회 발표논문」.
김준홍. 2012. 민주주의의 조세순응 효과. 「한국행정학보」. 46(2): 115-136.
김창수. 2019. 숙의민주주의 기반 공론조사와 정책딜레마: 부산광역시 중앙버스전용차로제 시민공론화 사례의 분석. 「지방정부연구」. 23(2): 271-296.
김철회, 2005. 정부지출변동의 패턴과 결정요인에 관한 연구: 한국 중앙정부의 기능별 지출변동을 중심으로. 「한국행정학보」. 39(3): 115-136.
김태은. 2015. 역사적 제도주의 연구경향과 비판적 논의. 「한국행정학보」. 49(4): 57-96.
김태일. 2009. 교정적 부담금의 특성과 쟁점에 관한 논의. 「행정논총」. 47(4): 25-48.
______. 2007. 신화 깨뜨리기: 작은 정부론. 「한국행정학회 2007년 동계학술대회 발표논문」.
______. 1998. 지방자치의 실시가 기초자치단체의 사회복지 지출에 미친 영향: 서울시 자치구를 대상으로. 「한국정책학회보」 7(1): 317-338.
김태일 · 이규선, 2007. 장애인고용촉진제도의 정책수단과 성과. 「한국정책학회보」. 16(1): 117-234.
김현구. 2003. 정부업무 기관평가의 이론적 논고. 「한국행정학보」. 37(4): 57-78.
김형수 · 박홍식. 2008. E-Governance의 반부패효과: 영등포 사례. 「한국행정학회 2008 춘계학술대회 발표논문」.
김흥주 · 이은국 · 이강래. 2015. 자치단체 흡연규제정책 대상 집단의 불응에 관한 연구: 서울시의 길거리 흡연규제를 중심으로. 「지방정부연구」. 19(2): 83-111.
나중식. 1992. 지방정부예산결정실태와 경향성 분석. 「한국행정학보」. 26(2): 591-610.
나태준 · 유승현 · 박여울. 2014. 폐쇄된 정책공동체의 특성이 정책에 미치는 영향에 관한 연구: 한식 세계화사업을 중심으로. 「행정논총」. 52(1): 95-122.
남궁근. 2020. 제8장 정책학. 백완기(집필책임). 「학문연구의 동향과 쟁점: 행정학」. 대한민국 학술원.
______. 2019. 사회적 가치실현을 위한 성과거버넌스. 「한국행정연구」. 28(3): 35-71.

______. 2009. 재정사업 성과평가의 발전과정과 각국의 제도: 미국과 스웨덴의 사례.「지방재정과 지방세」. 22: 20-36.

______. 2007a. 사회자본의 형성과 효과에 관한 경험적 연구의 쟁점.「정부학연구」. 13(4): 297-325.

______. 2007b. 행정학자의 시민단체 참여활동 성과와 한계: 경실련, 참여연대, 함께 하는 시민행동, 행개련을 중심으로.「한국행정학보」. 41(4): 45-66.

______. 2005. 공공정책. 김세균·박찬욱·백창재 (공편).「정치학의 대상과 방법」. 서울: 박영사.

______. 2003b. 한국 '시민참여'의 과거와 현재.「시민사회」 제11호, 중앙일보 시민사회연구소.

______. 2002a. 역사적 제도주의론. 운영진·김태룡(공편).「새행정이론」. 서울: 대영문화사.

______. 2002b. 국민의 정부행정개혁성과에 대한 교수, 시민단체활동가, 공무원의 인식.「한국행정학회 하계학술대회 발표논문」.

______. 2001. 한국행정현상의 연구방법.「한국행정학회 2001년 동계학술대회 논문집」.

______. 2000. 개방형 직위제도 시행의 중간평가.「행정논총」. 서울대학교 행정대학원. 38(2): 253-272.

______. 1999b. 후기 산업사회에서 복지정책의 다양성: 미국, 영국 및 스웨덴의 국가복지 구조조정 결과 비교.「정책분석평가학회보」. 9(1): 1-36.

______. 1994a. 정책혁신으로서 행정정보공개조례 채택.「한국정치학회보」. 28(1): 101-121.

______. 1994b. 지방정부 예산결정에서의 점증주의와 환경결정론,「사회과학연구」. 경상대학교 사회과학연구소. 12(1): 107-154.

______. 1992. 정책형성에서 사회과학적 지식의 활용방안: 정책결정집단과 학계의 관점차이 완화대책을 중심으로.「한국행정연구」. 1(2): 2152-70.

______. 1991. 불응과 정책집행.「고시계」. 417: 84-92.

______. 2010. 정책분석평가와 윤리.「한국정책분석평가학회보」. 20(4). 37-56.

남궁근·김상묵. 2006. 정부혁신의 전략과 결과. 남궁근(편).「스칸디나비아 국가의 거버넌스와 개혁」. 135-175. 파주: 한울아카데미.

남궁근·김영기·이시원·배병룡. 1991. 의회신뢰의 차원 및 영향요인에 관한 연구.「한국정치학회보」. 25(1): 189-206.

노종호. 2014. 새로운 정책유형으로서 도덕정책에 대한 이론적 고찰과 한국에서의 적용가능성 탐구: 낙태정책을 중심으로,「정부학연구」20(3): 101-140.

노화준. 1997. 정책개혁과정에 있어서 정책평가의 쟁점과 정책학습. 행정논총」. 35(2): 31-55.

류태건. 2014. 한국·일본·미국·독일의 대인신뢰와 정부신뢰: 수준과 영향요인 분석.「한국정치연구」. 23(3): 189-218.

목진휴. 1993. 한국 국방예산변화의 결정요인 분석(1963-1988). 노화준·남궁근(공편). 420-444.「공공정책의 결정요인 분석」. 서울: 법문사.

목진휴·박순애. 2002. 한국정책학회보 10년의 발자취.「한국정책학회보」. 11(1): 305-319.

문명재. 2010. 정보제공의 정책수단적 특성과 향후 연구 방향.「행정논총」. 48(1): 51-70.

문상호·권기헌. 2009. 한국정책학의 이상과 도전: 한국적 맥락의 정책수용성 연구를 위한 성찰적 정책모형의 유용성에 관한 고찰.「한국정책학회보」. 18(1): 1-27.

문태현. 1995. 정책윤리의 논거: 공리주의, 의무론, 의사소통적 접근.「한국정책학회보」. 4(1): 87-110.

민효상·양재진. 2012. 무의사결정론의 재등장?: 2009년 한국 공무원연금개혁과정을 중심으로.「현대사회와 행정」. 22(1): 127-150.

박경효. 2000. Richard Elmore의 후향식 집행분석론. 오석홍·김영평(공편).「정책학의 주요이론」.

제2판. 491-498. 서울: 법문사.

박광국. 2000a. Graham T. Allison의 의사결정의 본질. 오석홍 · 김영평(공편). 「정책학의 주요이론」. 233-241. 서울: 법문사.

______. 2000b. Robert S. Montjoy와 Laurence J. O'Toole의 조직내적 관점의 정책집행이론. 오석홍 · 김영평(공편). 「정책학의 주요이론」. 제2판. 507-516. 서울: 법문사.

박기묵. 2015. 언론의 공공의제 설정 및 정책결정 과정과 사례적용에 관한 연구. 「한국정책학회보」. 24(3): 29-60.

______. 2005. 정치적 이슈에 대한 신문보도량과 정당지지도에 대한 연구: 17대 총선을 중심으로. 「한국행정학보」. 39(1): 309-327.

______. 2002. 공공이슈들간 경쟁으로 인한 사회적 관심도의 변화에 관한 연구. 「한국행정학보」. 36(3): 57-75.

______. 2000. 사회적 사건의 생존주기 유형 정립: 100대 사건을 중심으로. 「한국행정학보」. 34(3): 143-167.

박동. 2000. 한국에서 '사회협약 정치'의 출현과 그 불안정성 요인분석. 「한국정치학회보」. 34(4): 161-177.

박범준 · 박형준 · 강문희. 2016. 지방정부 정책채택과 확산기제의 영향요인 연구: 갈등 예방 및 관리 등을 위한 조례채택을 중심으로. 「한국정책학회보」. 25(3): 385-407.

박상욱 · 박상희. 2013. 개발도상국에서 자발적 정책이전의 영향요인과 개발협력에의 함의: 베트남의 연구개발 기획평가체계 구축 사례를 중심으로. 「한국정책학회보」. 22(3): 137-170.

박상주. 1999. 교통규제정책 불응에 관한 행태적 원인분석: 자동차 속도규제불응에 대한 합리적 선택가설을 중심으로, 「한국정책학회보」. 8:2, 47-69.

박용성 · 최정우. 2011. 정책옹호연합모형에 있어서 정책중개자의 유형과 역할에 대한 연구: 세종시 정책 사례를 중심으로. 「행정논총」. 49(2): 103-125.

박용수. 2016. 한국의 제왕적 대통령론에 대한 비판적 시론: 제도주의적 설명 비판과 편법적 제도운영을 통한 설명. 「한국정치연구」. 25(2): 27-54.

박재완. 2002. Lasswell을 넘어서. 「한국정책학회보」. 11(1): 333-336.

박정훈 · 정용운. 2010. 학자금 대출 제도의 사회적 형평성과 재정건전성. 「행정논총」. 48(4): 325-355.

박종민. 2003. 사회자본과 민주주의: 집단가입, 사회신뢰 및 민주시민성을 중심으로. 「정부학연구」. 9(1): 120-151.

______. 1991. 정책산출이 정부신뢰에 미치는 영향. 「한국행정학회보」. 25:1.

박종민 · 김왕식. 2006. 한국에서 사회신뢰의 생성: 시민사회와 국가제도의 역할. 「한국정치학회보」. 40(2): 149-169.

박진우. 2017. 국가관료제의 정책집행과 관료적 거버넌스: 청주 · 청원 통합사례를 중심으로. 「한국행정학보」. 51(4): 255-290.

박찬욱. 1995. 미국과 영국 의회의 정책 집행 감독활동. 「한국정치학회보」. 29(3): 467-91.

박천오. 2000a. Richard Elmore의 정책집행의 조직모형. 오석홍 · 김영평(공편). 「정책학의 주요이론」. 제2판. 서울: 법문사. 464-74.

______. 2000b. Roger W. Cobb와 Charles D. Elder의 정책의제설정이론. 오석홍 · 김영평(공편저). 「정책학의 주요이론」. 제2판. 서울: 박영사.

박천오 · 유병복. 1999. 한국의료전달체계의 실패원인: 정책대상집단의 불응을 중심으로. 「한국행정학보」. 33(4): 333-353.

박춘복 · 김종호 · 정광호. 2014. 사회서비스 부적정 이용에 대한 감사 효과분석: 사회서비스 바우처 사업을 중심으로.「한국정책학회보」. 23(3): 161-198.

박치성 · 명성준. 2009. 정책의제설정과정에 있어 인터넷의 역할에 관한 탐색적 연구: 2008년 미국산 쇠고기 재협상 사례를 중심으로.「한국정책학회보」. 18(3): 41-69.

박현희 · 홍성걸. 2016. 사회연결망분석을 이용한 창조경제정책 분야의 정책네트워크(Policy Networks)에 대한 탐색적 연구.「한국정책학회보」. 25(2): 429-454.

박호숙. 2000. 정책불응의 요인과 대응전략: 정책집행자의 불응을 중심으로.「정책분석평가학회보」. 10(1).

박흥식. 2015. 웹 기반 정책도구 효과의 준실험 서베이에 의한 추정: 영등포구 OK 시스템 사례.「한국정책분석평가학회보」. 25(3): 341-366.

______. 2008. 공직자 이해충돌(conflict of interest)행위 개선을 위한 연구: 법적 · 윤리적 시각을 중심으로.「한국행정학보」. 42(3): 239-260.

______. 2002. 한국 정책연구의 이론과 현싱 그리고 적실성간의 부정합성에 대하여.「한국정책학회보」. 11(1): 337-341.

배봉준. 2018. 공공사업의 로컬거버넌스특성연구: 서산 가로림만조력발전소사례.「한국행정학보」. 52(4): 203-238.

배응환. 2003. 거버넌스의 실험: 네트워크 조직의 이론과 실제.「한국행정학보」. 37(3): 67-93.

사공영호. 2014. 지대추구행위: 실천적 · 전체론적 접근.「한국정책학회보」. 23(1): 131-132.

________. 2005. 제도의 구조와 구조변화: 기업 지배구조 제도를 중심으로.「한국행정연구」. 14(3): 239-72.

서인석 · 조일형. 2014. 한국의 정책중개자는 누구인가: ACF 정책변동을 중심으로 한 메타분석의 적용.「한국행정학보」. 48(3): 227-256.

서인석 · 조일형. 2014. 한국의 정책중개자는 누구인가: ACF 정책변동을 중심으로 한 메타분석의 적용.「한국행정학보」. 48(3): 227-256.

서인석 · 조현석 · 권기헌. 2013. 단절시계열을 활용한 국회입법지원제도의 정책효과분석: 동형화(isomorphism)이론의 제도수용과 안정화 관점을 중심으로.「한국사회와 행정연구」. 24(1): 245-269.

서혁준 · 전영평. 2006. 소수자로서의 비정규직 근로자와 정책변동: 정책옹호연합모형(ACF)과 기회자집단(swing group)의 적용.「한국행정학보」. 40(4): 277-302.

성욱준. 2014. 미디어렙(Media Representative) 입법 과정에 관한 연구: 정책네트워크 변동과 정책산출을 중심으로.「지방정부연구」. 18(1): 665-700.

______. 2014a. 정책지지연합모형(ACF)을 통한 인터넷 제한적 본인확인제 정책과정에 대한 연구.「한국행정학보」. 48(1): 233-262.

손영우. 2016. 제3장 프랑스의 정부업무 성과관리제도. 이광희 외. 2016.「주요국 정부업무평가제도 동향 연구: 캐나다, 프랑스, 스웨덴, 일본사례를 중심으로」. 한국행정연구원.

손희준. 1999. 지방자치 실시에 따른 지방재정지출의 결정요인 분석.「한국행정학보. 33(1): 81-97.

송성화 · 전영한, 2015. 정책수단의 효과성 인식에 관한 탐색적 연구-한국 중앙행정기관 공무원을 중심으로,「한국정책학회보」. 24(4): 91-124.

______. 2012. 계층제인가? 네트워크인가? 한국의 정책집행구조에 관한 법률분석,「한국사회와 행

정연구」. 23(3): 63-86.
송하중. 2000. Richard Neustadt의 대통령 권력론. 오석홍·김영평(공편저).「정책학의 주요이론」. 제2판. 서울: 법문사.
송희준. 1992. 한국의 공공정책 연구의 내용과 성격에 대한 분석.「한국정책학회보. 창간호. 63-83.
______. 2008. 공공난제 해결을 위한 행정학지식의 활용방향.「한국행정학보」. 42(4): 69-93.
______. 2006. 정책평가윤리에 대한 통합적 접근방법.「행정논총」. 44(4): 405-427.
______. 2006a. 정책학 및 분야별 정책연구.「한국행정학오십년(1956-2006)」. 145-175. 한국행정학회.
신동면. 2005. 아일랜드 발전모델: 사회협약과 경쟁적 조합주의.「한국정치학회보」. 39(1): 299-323.
신무섭. 1985.「한국정부 예산안 결정과정에서 점증주의 행태에 관한 연구」. 박사학위논문. 서울대학교 대학원.
신수범. 2007.「DMB 정책네트워크의 동태적 변화 연구: 위성DMB와 지상파DMB 사업자선정 과정을 중심으로」. 서울산업대 IT정책전문대학원 박사학위논문.
신현중. 2011. 복지국가발전에서 정당 이데올로기의 역할에 대한 재조명: 정치구조와의 역학관계를 중심으로.「한국정책학회보」. 20(3): 1-29
______. 2010. 복지국가발전에서 정당이데올로기의 역동적 역할에 대한 연구: 15개 선진민주주의 국가의 1960-2000년 기간을 중심으로.「한국정책학회보」. 19(3): 227-258.
양승일. 2015. 정책변동유형 흐름모형의 검증분석: 4대강 정비사업을중심으로.「한국행정학보」. 49(2). 507-530.
양재진. 2007. 한국 사회협약 실험의 추동력과 한계: 조정시장경제로의 전환가능성 검토,「사회과학연구」. 서강대학교 사회과학연구소. 15(1): 38-67.
엄태호·윤성일. 2014. 지방세지출예산제도 도입이 지방세 비과세·감면에 미친 영향에 대한 평가.「한국정책분석평가학회보」. 24(3): 163-187.
염재호. 1994. 국가정책과 신제도주의.「사회비평」. 11: 10-33.
염재호·김호섭. 1992. 한국정책연구의 활용.「한국정책학회보」. 창간호. 85-95.
오재록. 2018. 관료제 권력 측정: 박근혜 정부 중앙부처를 중심으로.「한국행정학보」. 52(1): 139-166.
오철호. 2016. 정책학 패러다임과 한국의 정책연구 경향분석: 한국행정학보(1967-2015년) 게재논문을 중심으로.「한국행정학보」. 50(5): 87-125.
______. 2015. 정책결정, 증거 그리고 활용-연구경향과 제언.「한국정책학회보」. 24(1): 53-76.
______. 2008. 행정학 연구결과 활용의 이론적 논의.「한국행정학보」. 42(4): 7-33.
왕재선·김선희, 2013. 정책이슈 확산의 다이나믹스: 무상급식 논쟁 사례를 중심으로.「한국정책학회보」. 22(1): 389-421.
원숙연·이혜경. 2018. 옹호연합모형을 적용한 감정노동자 보호 정책의 변동: 서울시 120 다산콜센터 사례를 중심으로.「한국행정학보」. 52(3): 151-184.
원인재·김두래, 2020. 한국 정책과정에서 의제설정의 거시동학: 대통령, 의회, 언론, 대중의 상호작용.「한국정책학회보」. 29(2): 251-284.
유재원·소순창. 2005. 정부인가 거버넌스인가? 계층제인가 네트워크인가?.「한국행정학보」. 39(1): 41-63.
유재원·손화정. 2009. 시군통합의 효과에 대한 경험적 분석: 단절적 시계열모형(ARIMA)의 적용.「한국행정학보」. 43(4): 285-306.
유재원·이승모. 2008. 계층제, 시장, 네트워크: 서울시 구청조직의 거버넌스 실태에 대한 실증적 분석. 「한국행정학보」. 42(3): 191-213.

유정호 · 김민길 · 조민효. 2017. 한국적 맥락에서 옹호연합모형의 적합성에 관한 연구: 외국인 고용허가제 도입과정을 중심으로. 「한국정책학회보」. 26(2): 259-294.

유종상 · 하민철. 2010. 국무총리실의 정책조정 성과 연구: [정책조정백서]의 조정과제와 조정전략을 중심으로. 「한국정책학회보」. 19(3): 345-380.

유현종 · 이윤호. (2010). 제도적 대통령 부서의 발전에 관한 역사적 분석. 「한국행정학보」. 44(2): 111-136.

유훈. 2006. 정책학습과 정책변동. 「행정논총」. 44(3): 93-119.

윤견수 · 박진우. 2016. 개발연대 국가관료제의 정책집행에 관한 연구: 관료적 거버넌스를 중심으로. 「한국행정학보」. 50(4): 211-242.

윤미례 · 김태일. 2017. 준실험설계에 의한 보육지원 정책의 고용효과 분석. 「한국행정학보」. 51(1): 205-231.

윤성원 · 양재진. 2015. 한국관료제의 기관 자율성과 기관 능력의 부처별 차이에 관한 연구: 기획재정부와 고용노동부의 비교. 「정부학연구」. 21(3): 67-94.

윤홍근. 2006. 정책협의제의 변화: 스웨덴과 덴마크의 사례 비교. 남궁 근 외(공편). 「스칸디나비아 국가의 거버넌스와 개혁」. 65-108. 서울: 한울아카데미.

이광훈. 2015. 제2장 미국의 정부업무 성과관리제도. 이광희 외. 2015. 「주요국 정부업무평가제도 동향 연구: 미국, 영국, 호주, 뉴질랜드, 일본사례를 중심으로」. 한국행정연구원.

이근주. 2005. 공사부문 종사자간 동기요인의 차이 분석: PSM을 활용하여. 「한국행정연구」. 14(2): 71-99.

이대웅 · 권기헌. 2014. 정책확산의 영향요인 분석: 사회적기업 조례제정을 중심으로. 「한국정책학회보」. 23(2): 93-120.

이대웅 · 권기헌 · 문상호. 2015. 근로장려세제(EITC)의 정책효과에 관한 연구: 성향점수 매칭(PSM) 이중 · 삼중차이 분석을 중심으로. 「한국정책학회보」. 24(2): 27-56.

이명석. 2002. 거버넌스의 개념화: '사회적 조정'으로서 거버넌스. 「한국행정학보」. 36(4): 321-338.

이석민, 2012. 정책평가제도의 변화가 증거기반의 정책관리에 미친 영향. 「정책분석평가학회보」 22(4): 35-68.

______. 2012a. 노인일자리사업이 노인가구의 소득과 소비에 미치는 영향: 계량경제학 · 통계적 정책평가방법 접근. 「한국정책학회보」. 21(4): 259-284.

______. 2010. 사회서비스사업에 대한 '프로그램 이론주도 평가모형'의 적용에 관한 연구: 맞춤형 방문건강관리사업을 중심으로. 「한국정책학회보」. 19(3): 315-344.

이석환. 2014. 한국 지방정부 출산장려정책의 상향적 정책확산. 「한국행정학보」. 48(2): 161-184.

이숙종 · 유희정. 2015. 정부신뢰의 영향요인 연구: 대통령 신뢰의 매개효과를 중심으로. 「한국정치연구」. 24(2): 53-81.

이시원 · 김준기 · 임도빈 · 정준금. 2007. 행정부 내부 정책결정 소요시간 분석. 「한국행정학회 2007년 동계학술대회 발표논문」.

이시원 · 하상근. 2002. 정책대상집단의 불응에 관한 경험적 연구: 국민연금정책을 중심으로. 「한국행정학보」. 36(4): 187-204.

이연경. 2015. 정책유형별 정책네트워크 분석: '전통시장 시설현대화 사업'과 '대형마트 의무휴업제' 비교를 중심으로. 「한국정책학회보」. 24(2): 493-525.

이영범 · 허찬행 · 홍근석. 2008. 정책대상집단의 사회적 형성과 정책설계: IPTV 도입정책을 중심으로. 「한국정책학회보」. 17(2): 1-32.

이윤식 · 김지희. 2004. 참여정부의 정부업무평가체계 구축방향에 관한 연구. 「한국정책학회보」. 13(1): 189-216.

이재무. 2016. 한국 개혁정책의 도입 과정 분석을 통한 복합적 정책변동모형 검증: 로스쿨정책과 노동개혁정책을 중심으로, 「행정논총」. 54(1): 139-177.

이정화 · 문상호. 2014. 기초연금이 고령자의 소득에 미치는 영향: 성향점수매칭(PSM) 이중차이(DID)를 활용한 분석. 「한국정책학회보」. 23(3): 411-440.

이종수. 2004. 한국 지방정부의 혁신에 관한 실증분석: 혁신패턴, 정책행위자 및 영향요인을 중심으로. 「한국행정학보」. 38(5): 241-258.

이창길. 2015. 제3장 영국의 정부업무 성과관리제도. 이광희 외. 2015. 「주요국 정부업무평가제도 동향 연구: 미국, 영국, 호주, 뉴질랜드, 일본사례를 중심으로」. 한국행정연구원.

이채정. 2018. 무상보육정책의 영유아 연령별 자녀양육비용 경감 효과 분석. 「한국정책학회보」. 27(2): 109-132.

이태준. 2016. 언론매체와 디지털 공론장에서 나타난 공공이슈의 사회적 관심도에 대한 비교연구. 「한국행정학보」. 50(2): 215-241.

이학연 · 박치성. 2012. 사회적기업지원 정책이전에 의한 지방자치단체간 정책산출 정도 비교연구: 기초자치단체의 사회적기업 조례와 시행규칙의 이전을 중심으로. 「한국정책학회보」. 21(2): 183-208.

이현정. 2016. Birkland의 사건중심정책변동 모형에 따른 정책변동에 관한 연구: 메르스 사례를 중심으로. 「현대사회와 행정」. 26(2): 231-268.

이현정 · 김선희. 2015. 수정된 정책옹호연합모형(ACF)을 활용한 정책변동 분석: 의료영리화정책을 중심으로. 「한국정책학회보」. 24(4): 301-337.

이혜승. 2005. 「한국의 사회보험정책네트워크의 성격에 관한 연구: 국민건강보험 사례를 중심으로」. 이화여대 행정학박사학위논문.

이혜영 · 고효진. 2015. 한국의 정책집행 사례에 대한 메타분석적 연구. 「한국사회와 행정연구」. 26(2): 171-195.

이홍재 · 차용진. 2015. CIPP모형을 활용한 개인정보보호 교육의 효과성 연구: 지방자치단체 공무원의 인식을 중심으로. 「지방정부연구」. 19(1): 95-119.

임다희 · 권기헌. 2015. 정책결정에 있어서 Kingdon의 다중흐름모형의 실증적 접근: 한국의 대외원조 정책을 중심으로, 「한국정책학회보」. 24(1): 201-224.

임도빈, 정지수, 2015. 공공기관 민간위탁 허실: 정치성인가 경영성인가? 「한국행정연구」. 24(3): 147-175.

임도빈. 2013. 한국의 신고포상금 제도분석: 유형화와 확산이유를 중심으로. 김병섭 외. 「정책수단론」. 파주: 법문사.

임영규 · 김영락. 2016. 지방세 특성이 지방세 납세순응 행위에 미치는 영향. 「세무회계연구」. 47: 203-225.

임의영. 2009. 사회적 형평성의 정의론적 논거 모색: M. Walzer의 '다원주의적 정의론'을 중심으로. 「한국행정학보」. 43(2): 1-18.

______. 2003. 사회적 형평성의 개념적 심화를 위한 정의론의 비교연구: Rawls에 대한 Nozick,

Walzer, Young의 비판적 논리를 중심으로. 「한국사회와 행정연구」. 14(2): 47-64.

임준형. 2006. 도시전자정부가 시민참여에 미치는 영향: 환경의제를 중심으로. 「한국행정학보」. 40(3): 53-76.

임현・한종민・손석호・황기하. 2010. 시나리오를 이용한 과학기술예측조사의 정책활용도 제고에 관한 연구: 신재생에너지 시나리오. 「기술혁신연구」. 18(1): 53-74.

장덕희. 2011. '자동차세 세율인하'와 '주행세 제도 도입'이 세입규모와 자치단체 간 세입격차에 미친 영향 분석. 「한국정책학회보」. 20(1): 303-331.

장석준・허준영. 2016. 기초 지방정부 갈등 예방 조례의 확산 영향 요인 분석. 「한국정책학회보」. 25(3): 75-106.

장지호. 2004. 경유승용차 판매허용의 정책변동연구: 옹호연합모형(advocacy coalition framework)의 적용. 「한국행정학보」. 38(1): 175-196.

장지호・홍정화. 2010. 국내 거버넌스 연구의 동향: 국가, 시장, 시민사회의 구분을 중심으로. 「한국사회와 행정연구」. 21(3): 103-133.

전상경. 2000. J. L. Pressman과 A. Wildavsky의 공공선택의 복잡성과 정책집행의 역학관계. 오석홍・김영평(공편). 「정책학의 주요이론」. 제2판. 433-445. 서울: 법문사.

전성욱. 2014. 기초연금법 입법과정 분석: Kingdon의 다중흐름모형을 중심으로. 「정책분석평가학회보」. 24(2): 119-151.

전영한. 2007. 정책도구의 다양성: 도구유형분류의 쟁점과 평가. 「정부학연구」. 13(4): 259-295.

전영한・이경희. 2010. 정책수단연구: 기원, 전개, 그리고 미래. 「행정논총」. 48(2): 91-118.

전진석・이선영. 2015. 옹호연합모형과 정책 네트워크의 결합모형을 통한 의료민영화 정책변동에 관한 연구. 「한국사회와 행정연구」. 26(2): 385-414.

정광호. 2007. 바우처 분석: 한국과 미국을 중심으로. 「행정논총」. 45(1): 61-109.

정광호・김원수. 2005. 토지거래허가제의 정책효과에 관한 연구: 천안・아산지역을 중심으로. 「한국행정학보」. 39(1): 287-308.

정기덕・정주호・김민정・조민효. 2017. 김영란법 정책결정과정 분석: 다중흐름모형과 정책옹호연합모형을 중심으로. 「한국사회와 행정연구」. 28(2): 217-245.

정다정・문승민・나태준. 2018. 지방정부의 정책 도입 결정요인에 관한 연구: 자살예방 조례를 중심으로. 「지방정부연구」. 22(2): 281-301.

정명은. 2012. 지방정부의 경쟁적 세계화: 수직적 확산과 수평적 확산. 「한국행정학보」. 46(3): 241-270.

정성영, 배수호, 최화인 2015. 민간위탁 공급방식이 서비스 효율성에 미치는 영향 분석: 생활폐기물 처리서비스를 중심으로. 「한국정책학회보」. 24(3): 157-182.

정수용. 2015. 이중차이분석을 통해 본 대형마트 의무휴업제 시행의 영향평가: 서울시 전통시장 내 마트형점포 매출액 변화를 중심으로. 「한국정책학회보」. 24(2): 433-459.

정용찬・배현회 2018. 지역정책수요와 시민조직화가 정책의제에 미치는 영향: 도시레짐이론을 바탕으로. 「한국행정학보」. 52(1): 259-291.

정용찬・하윤상. 2019. 시민주도적인 협력적 거버넌스의 운영에 관한 연구: 서울청년정책네트워크 사례를 중심으로. 「한국행정학보」. 53(1): 31-63.

정익재. 2010. 인터넷 환경에서 사회이슈 증폭현상의 정책적 의미: 천성상 원효터널공사 사례분석. 「한국정책학보」. 19(4): 327-352.

정정길. 2002a. 행정과 정책연구를 위한 시차적(時差的) 접근방법: 제도의 정합성 문제를 중심으로.

「한국행정학보」. 36(1): 1-19.

______. 2002b. 정책과 제도의 변화과정과 인과법칙의 동태적 성격.「한국정책학보」. 11(2): 255-272.

정정길 · 김재훈, 1993. 공공정책 결정요인 연구의 전개과정 및 이론적 배경. 32-50. 노화준 · 남궁근 (편).「공공정책의 결정요인분석」. 서울: 법문사.

정지원 · 박치성. 2015. 정책변동에 대한 맥락적 인과경로 탐색-ACF와 인과지도 방법론의 접목을 중심으로.「한국정책학회보」. 24(1): 77-110.

정창호 · 신현중 · 박치성. 2011. 국가협약에 따른 정책이전 효과에 대한 연구: 교토의정서 부속서 I 국가들의 탄소배출량을 중심으로.「한국정책학회보」. 20(4): 27-65.

조성한, 2012. 정부도구론적 관점에서 본 행정학의 토착화,「한국정책학회보 21(4): 33-51.

조일형 · 권기헌 · 서인석. 2014. 정책학습이 정책확산에 미치는 영향에 관한 연구: 출산장려금 정책을 중심으로.「한국정책학회보」. 23(3): 1-26.

조일형 · 권기헌. 2011. 간여시계열에 의한 성범죄 예방 정책의 효과분석: 전자감시제도의 성범죄 일반예방효과를 중심으로.「한국행정연구」. 20(1): 225-253.

조일홍. 2000. John W. Kingdon의 '정책의 창'이론. 오석홍 · 김영평(공편저).「정책학의 주요이론」. 제2판. 415-422. 서울: 법문사.

조화순 · 송경재, 2004. 인터넷을 통한 시민참여: 단일이슈 네트운동의 결정과정.「한국행정학보」. 38(5): 197-214.

지은정. 2016. 다중흐름모형의 관점에서 본 노인일자리사업의 정책변동.「행정논총」. 54(3): 225-268.

채종헌. 2017. 공론화정책과 공론조사의 활용.「인포그래픽스&심층분석」. 2017 Winter vol. 23.

최병선. 1990. 한국의 경제정책결정구조의 특성: 경제기획원의 위상과 전략적 역할을 중심으로. 안청시 편, 한국정치경제론: 정치과정과 산업화전략. 서울: 법문사.

최영준, 전미선, 윤선예. 2016. 불확실성을 대처하는 증거영향행정: 멘탈모델, 증거, 불확실성의 상호관계에 대한 서설적 이해.「한국행정학보」. 50(2): 243~270.

최영출. 2007. 정부규모: 중앙과 지방의 분권수준과 측정방법.「서울대 한국정책지식센터 제322회 [정책&지식]포럼 발표논문」.

최용선. 2014. 정책유형에 따른 정책네트워크 구조 비교분석.「한국정책학회보」. 23(4): 37-69.

최용환 · 김강배. 2017. 고교다양화정책이 학교효과성에 미치는 영향에 대한 이중차이분석: 학생의 학업성취도와 핵심역량을 중심으로.「정책분석평가학회보」. 27(1): 55-79.

최웅선 · 이용모. 2015. 공공임대주택 정책의 효과성 분석: 국민임대주택 입주자의 주거환경 만족도와 사회적 관계 만족도를 중심으로.「정책분석평가학회보」. 25(3): 313-339.

최인엽 · 남궁근. 2010. 정부의 연구기반구축사업이 교원의 연구성과에 미친 영향.「한국정책과학학회보」. 14(3): 1-28.

최정묵. 2016. Kingdon의 다중흐름모형을 통해서 본 국가재정제도의 개혁과정: 2006년「국가재정법」의 입법과정을 중심으로.「한국정책학회보」. 25(1): 577-604.

최정우. 2020. 보통교부세 인센티브 제도에 대한 지방자치단체의 정책순응 분석.「한국정책학회보. 29(1): 1-22.

최정우 · 신유호. 2017. 지방교부세 감액제도의 효과성에 관한 연구: 부정성 편형과 정책불응을 중심으로.「한국행정학보」. 51(4): 443-464.

최종원 · 백승빈. 2001. 한국의 정책집행 실증연구에 관한 고찰.「행정논총」. 39(3): 167-193.

최태현 · 선소원 · 부성필. 2020. 비결정상태로서 다중흐름의 이론적 모색: 여성정책 의제의 무의사결정 인식을 중심으로,「한국정책학회보」. 29(1): 177-209.

최태현. 2018. 참여 및 숙의제도의 대표성: 신고리 5·6호기 공론화위원회 사례를 중심으로.「한국행정학보」. 52(4): 501-529

최태현·임정욱. 2017. 관청형성모형에 기반한 중앙정부 예산점증성 분석.「한국행정학보」. 51(2): 389-420.

하민지·서인석·권기헌. 2011. 한국 지방정부의 정책확산 영향요인에 관한 연구: 정책행위자와 환경적 결정요인을 중심으로.「한국행정학보」. 45(4): 151-179.

하민철. 2013. 국무총리실의 정책조정 성과와 함의.「디지털정책연구」. 11(3): 73-83.

하상근. 2010. 국민연금정책의 불응에 관한 추세적 비교연구,「한국정책학회보」. 19(3): 197-226.

______. 정책집행의 불응요인에 관한 연구: 공공기관에서의 성과급 제도를 중심으로「한국정책학회보」. 14(4): 1-27

하연섭. 2014. Charles E. Lindblom의 정책연구: 정치와 시장 사이의 점증주의와 다원주의.「행정논총」. 52(2): 37-66.

______. 2002. 신제도주의의 최근 경향: 이론적 자기혁신과 수렴.「한국행정학보」. 36(4): 339-359.

______. 1999. 역사적 제도주의. 정용덕 외.「신제도주의 연구」. 대영문화사.

하태권. 2000a. Charles E. Lindblom의 정책결정이론. 오석홍·김영평(공편).「정책학의 주요이론」. 3-9. 서울: 법문사.

______. 2000b. E Bardach의 집행게임이론. 오석홍·김영평(공편).「정책학의 주요이론」. 제2판. 454-463. 서울: 법문사.

한수정·전희정. 2018. 공공임대주택 거주에 따른 정신건강 변화에 관한 연구: 성향점수매칭 및 이중·삼중차이 분석을 중심으로.「한국정책학회보」. 27(4): 67-102.

허만용·이해영. 2012. 정책학의 학문적 정체성에 관한 시론적 연구: 한국정책학회와 한국정책학회보를 중심으로.「한국정책학회보」. 21(2): 1-31.

허만형. 2012. 연금개혁 제도의 확산에 관한 비교연구: 전세계 퇴직연금과 개인연금의 확산을 중심으로.「한국정책학회보」. 21(4): 147-172.

______. 2009. 방법론적 관점에서의 한국정책학 연구경향에 관한 연구.「한국정책학회보」. 18(1): 29:46.

허범. 2009. 정책학의 목적구조에 적합한 정책분석의 개념화 방향.「한국정책학회보」. 18(2): 권두사.

______. 2002. 정책학의 이상과 도전.「한국정책학회보. 11(1): 293-311.

______. 1992. 정책학과 정책학회의 정체성 검토.「한국정책학회보」 창간호. 165-187.

홍민철·문상호·이명석. 2016. 근로장려세제 효과 분석: 경제활동참여, 근로시간 및 개인별 빈곤을 중심으로.「정책분석평가학회보」. 26(2): 1-27.

홍성걸 외. 2006.「선도기술개발사업(사례): 2006 학습용 정책사례보고서」. 과천: 중앙공무원교육원.

홍준현. 2004. 정책분석가의 윤리인식 및 실태에 관한 연구.「한국정책과학학회보」. 8(3): 183-204.

홍형득. 2015. 최근 한국 정책학 연구의 경향과 특징의 네트워크 분석: 10년(2003-2012)간 정책학회보 게재논문을 중심으로.「한국정책학회보」. 24(1): 27-51.

홍희정. 2016. 제4장 스웨덴의 정부업무 성과관리제도. 이광희 외. 2016.「주요국 정부업무평가제도 동향 연구: 캐나다, 프랑스, 스웨덴, 일본사례를 중심으로」. 한국행정연구원.

황성수. 2011. 전자거버넌스와 정책의제설정: 전자정부사이트에서의 정책제안과 시민참여 탐색연구.「한국정책학회보」. 20(2): 1-21.

황윤원. 1993. 발전도상국 지방정부 예산결정요인 분석. 노화준 · 남궁근(공편). 「공공정책의 결정요인 분석」. 서울: 법문사.

Ⅱ. 국외문헌

1. Books

Aberbach, J. D., R. D. Putnam & B. A. Rockman. 1981. *Bureaucracies and Politicians in Western Democracies*. Cambridge: Harvard University Press.

Ackoff, R. A. 1974. Redesigning the Future: A Systems Approach to Societal Problems. New York: Wiley.

Ainsworth, S. H. 2002. *Analyzing Interest Groups: Group Influence on People and Policies*. NY: W.W. Norton & Company.

Alexander, E. R. 1995. *How Organizations Act Together: Interorganizational Coordination in Theory and Practice*. Amsterdam: OSA.

Allison, G. & P. Zelikow. 1999. *Essence of Decision: Explaining the Cuban Missile Crisis*. 2nd ed. Longman.

Allison, G. T. 1971. *The Essence of Decision: Explaining the Cuban Missile Crisis*. Boston: Little, Brown, and Company.

Almond, G. A. & B. Powell. 1980. *Comparative Politics: System, Process, and Policy*. 3rd ed. Boston: Little, Brown & Company.

Almond, G. A. & S. Verba. 1989. *The Civic Culture: Political Attitudes and Democracy in Five Nations*. Beverly Hills: Sage Publications.

Anderson, J. E. 2002. *Public Policy making*. 5th ed(1st ed. 1975). Boston: Houhton Mifflin.

Anheier, H. K. 2004. *Civil Society: Measurement, Evaluation, Policy*. London: Earthscan.

Anton, T. 1989. *American Federalism and Public Policy*. NY: Random House.

Appleby, P. 1949. *Policy and Administration*. Tuscaloosa, Ala: University of Alabama Press.

Araral, E., S. Fritzen, M. Howlett, M. Ramesh, Xun Wu. 2013. *Routledge Handbook of Public Policy*. Routledge.

Argyris, C. 1995. *Organizational Learning II: Theory, Methods, and Practices*. Englewood Cliffs, NJ: Prentice Hall.

______. 1993. *Knowledge for Action*. San Francisco, CA: Jossey-Bass.

Arrow, K. 1974. *The Limit of Organizations*, New York: W.W, Norton.

Ascher, W. 1978. *Forecasting: An Appraisal for Policy Makers and Planners*. Baltimore. Johns Hopkins University Press.

Ashby, W. R. 1956. *An Introduction to Cybernetics*. London: Chapman & Hill.

Bachrach, P. & M. S. Baratz. 1970. *Power and Poverty: Theory and Practice*. NY: Oxford Press.

Bardach, E. 1977. *The Implementation Game: What Happens After a Bill Becomes a Law*. Cambridge: The MIT Press.

Baumgartner, F. & B. D. Jones. 1993. *Agendas and Instability in American Politics*. Chicago: University of Chicago Press.

Baumol, W. J. 1965. *Welfare Economics and the Theory of the State*, rev. 2nd ed.(1st ed. 1952). Cambridge: Harvard University Press.

Bendix, R. 1973. *State and Society: A Reader in Comparative Political Sociology*. Berkeley: University of California Press.

Bentley, A. F. 1908. *The Process of Government*. Cambridge: Cambridge University Press.

Berger, P. & T. Lukerman. 1966. *The Social Construction of Reality: A Treatise of in the Sociology of Knowledge*. NY: Doubleday.

Berman, S. 1998. *The Social Democratic Movement: Ideas and Politics in the Making of Interwar Europe*. Boston: Harvard University Press.

Berry, J. M. 1999. *The New Liberalism: The Rising Power of Citizen Groups*. Washington, DC: Brookings Institution Press.

Berry, J. M. & C. Wilcox. 2006. *The Interest Group Society*. 4th ed. Pearson Longman.

Biggs, S. & L. B. Helms. 2007. *The Practice of American Policy Making*. NY: M.E. Sharpe.

Birkland, T. A. 2011. *An Introduction to the Policy Process*. 3rd ed.(2nd ed. 2005). NY: M.E. Sharp.

Bouckaert, G., B. G. Peters & K. Verhoest. 2010. *The Coordination of Public Sector Organizations: Shifting Patterns of Public Management*. Baskingstoke: Palgrave Macmillan.

Bouckaert, G. & J. Halligan, 2008. *Managing Performance: International Comparisons.* NY: Routledge.

Braybrook, D. & C. E. Lindblom. 1963. *A Strategy of Decision: Policy Evaluation as a Social Process*. NY: Free Press.

Brewer, G., P. deLeon. 1983. *The Foundations of Policy Analysis*. Monterey, CA: Brooks, Cole.

Buchanan, J. M. 1975. *The Limits of Liberty*. Chicago: University of Chicago Press.

________. 1960. *Fiscal Theory and Political Economy*. Chapel Hill: University of North Carolina Press.

Buchanan, J. M., R. D. Tollison & G. Tullock(eds.). 1980. *Toward a Theory of the Rent Seeking Society*. College Station: Texas A&M University Press.

Burt, R. 1992. *Structural Hole: The Social Structure of Competition*. Boston: Harvard University Press.

Campbell, D. T. & J. S. Stanley. 1966. *Experimental and Quasi-experimental Designs for Research*. Chicago: Rand McNally.

Caplan, N., A. Morrison & R. J. Stambaugh, 1975. *The Use of Social Science Knowledge in Policy Decisions*. Ann Arbor. MI: Institute for Social Research. University of Michigan.

Cater, D. 1964. P*ower in Washington*. NY: Vintage Books.

Chen, H. T. 1990. *Theory-Driven Evaluations*. Newbury Park, CA: Sage.

Clark-Jones, M. 1987. *A Staple State: Canadian Industrial Resources in Cold War*. Toronto: University of Toronto Press.

Cobb, R. W. & C. D. Elder. 1983. *Participation in American Politics: The Dynamics of Agenda-Building*. 2nd ed. Baltimore: The Jones Hopkins University Press.

Collier, R. B. & D. Collier. 1991. *Shaping the Political Arena: Critical Junctures, the Labor Movement, and Regime Dynamics in Latin America*. Princeton, NJ: Princeton University Press.

Cook, K. S. & M. Levi(eds.). 1990. *The Limits of Rationality*. Chicago: University of Chicago Press.

Cook, T. D. & D. T. Campbell. 1979. *Quasi-Experimentation: Design and Analysis Issues for Field Settings*. Chicago: Rand McNally.

Cribb, A. 1991. *Values and Comparative Politics: An Introduction to the Philosophy of Political Science*. Aldershot, England: Avebury.

Cyert, R. & J. G. March. 1963. *A Behavioral Theory of the Firm*. Englewood Cliffs, NJ: Prentice Hall.

Dahl, R. A. 1989. *Democracy and Its Critics*. New Haven: Yale University Press.

______. 1972. *Polyarchy: Participation and Opposition*. New Haven: Yale University Press.

______. 1961. *Who Governs?: Democracy and Power in an American City*. New Haven and London: Yale University Press.

Dahl, R. A. & C. E. Lindblom. 1953. *Politics, Economics, and Welfare: Politico-Economic Systems Resolved into Basic Social Processes*. NY: Harper.

deLeon, P. 1997. *Democracy and the Policy Sciences*. Albany: SUNY Press.

______. 1988. *Advice and Consent: The Development of The Policy Sciences*. NY: Russel Sage Foundation.

Denhardt, R. B. 1991. *Public Administration: An Action Orientation*. California: Brooks-Cole.

Derthick, M. 1972. *New Towns in Town: Why a Federal Program Failed*. Washington, DC: Urban Institute.

Dery, D. 1984. *Problem Definition in Policy Analysis*. Lawrence, Kansas: The University of Kansas Press.

Diesing, P. 1962. *Reason in Society*. Univ. of Illinois Press.

Donaldosn, S. I. 2007. *Program Theory-Driven Evaluation Science: Strategies and Applications*. New York: Lawrence Erlbaum Associates.

Downs, A. 1967. *Inside Bureaucracy*. NY: Harper & Row.

______. 1957. *An Economic Theory of Democracy*. NY: Harper & Brothers.

Dror, Y. 1971. *Design for Policy Sciences*. NY: Elsevier.

______. 1971a. *Ventures in Policy Sciences*. NY: Elsevier.

______. 1968. *Public Policy making Reexamined*, San Franscisco: Chandler Publishing.

Dunn, W. N. 2018. *Public Policy Analysis: An Integrated Approach, 6th ed*(1st ed. 1981, 4th ed/ 2008. 5th ed. 2012). New York: Routledge.

Duquette, M. 1999. *Building a New Democracies: Economic and Social Reform in Brazil, Chile and Mexico*. Toronto: University of Toronto Press.

Dye, T. R. 2007. *Understanding Public Policy*. 12th ed. (1st ed. 1972). Englewood Cliffs, NJ: Prentice Hall.

______. 2001. *Top Down Policy Making*. NY: Chatham House Publishers.

______. 1966. *Politics, Economics and the Public: Policy Outcomes in the American States*, Chicago: Rand McNally.

Easton, D. A. 1971. *The Political System: An Inquiry into the State of Political Science*, 2nd ed (1st ed. 1953). NY: Alfred A. Knopf.

______. 1965. *A Systems Analysis of Political Life*. NY: Wiley.

______. 1955. *A Framework for Political Analysis*. Englewood Cliffs, NJ: Prentice Hall.

Engeli, I. & C. R. Allison(eds.). 2014. *Comparative Policy Studies: Conceptual and Methodological Challenges*. Palgrave Macmillan.

Esping-Anderson, G. 1990. *The Three Worlds of Welfare Capitalism*. Cambridge: Polity.

______. 1985. *Politics against Markets*. Princeton: Princeton University Press.

Etzioni, A. 1968. *The Active Society: A Theory of Societal and Political Processes*. NY: The Free Press.

______. 1964. *Modern Organizations*. Englewood Cliffs, NJ: Prentice Hall.

Eulau, H. 1963. *The Behavioral Persuasion in Politics*. New York: Random House.

Fabricant, S. 1952. *The Trend of Government Activity in the US since 1990*. NY: National Bureau of Economic Research, Inc.

Fischer, F. 2003. *Reframing Public Policy: Discursive Politics and Deliberative Practices*. Oxford: Oxford University Press.

Fishkin, J. S. 1991. *Democracy and Deliberation*. New Haven: Yale University Press.

Frederickson, H. G. 1996. *The Spirit of Public Administration*. San Francisco: Jossey-Bass.

Freeman, H. E. & C. C. Sherwood, 1970. *Social Research and Social Policy*. Englewood Cliffs, NJ: Prentice Hall.

Frohock, F. M. 1979. *Public Policy: Scope and Logic*. Englewood Cliffs, NJ: Prentice Hall.

Fukuyama, F. 1995. *Trust: The Social Virtues and the Creation of Prosperity*. NU: Free Press.

______. 1992. *The End of History and the Last Man*. NY: Free Press.

Gerston, L. N. 2004. *Public Policy Making: Process and Principles*. 2nd ed. M.E. Sharpe.

Goggin, M. L., A. Bowman, J. P. Lester & L. J. O'Toole, Jr. 1990. *Implementation Theory and Practice: Toward a Third Generation*. NY: HarperCollins.

Gordon, W. J. 1961. *Synetics*. NY: Harper & Row.

Graziano, A. M. & M. L. Raulin. 2009. *Research Methods: A Process of Inquiry*. 7th ed. MA: Allyn & Bacon.

Green, D. & I. Shapiro. 1994. *Pathologies of Rational Choice Theory*. New Haven: Yale University Press.

Grindle, M. S. 1980. *Politics and Policy Implementation in the third World*. Princeton, NJ: Princeton University Press.

Gulick, L. & L. Urwick(eds.). 1937. *Papers on the Science of Administration*. NY: Institute of Public Administration.

Gupta, D. K. 2001. *Analyzing Public Policy: Concepts, Tools, and Techniques*. Washington, D.C.: CQ Press.

Hall, P. A.(ed.). 1989. *The Political Power of Economic Ideas: Keynesianism Across Nations*. Princeton: Princeton University press.

______. 1986. *Governing the Economy: The Politics of State Intervention in Britain and France*. NY: Oxford University Press.

Hanke, J. E., D. W. Wichern & A. G. Reitsch. 2001. *Business Forecasting*. 7th ed. NJ: Prenticd-Hall.

Hardin, G. & J. Baden. 1977. *Managing the Commons*. San Francisco: Freeman.

Hargrove, E. C. 1975. *The Missing Link: The Study of Implementation of Social Policy*. Washington, DC: Urban Institute.

Hatry, H. P. 1999. *Performance Measurement: Getting Results*. Washington, DC: The Urban Institute Press.

Havelock, R. 1969. *Planning for Innovation Through Dissemination and Utilization of Knowledge*. Ann Arbor, MI: University of Michigan.

Hayes, M. T. 2001. *The Limits of Policy Change: Incrementalism, Worldview, and the Rule of Law*.

Washington, DC: Georgetown University Press.

Hayward, J. & V. Wright. 2002. *Governing from the Centre: Core Executive Coordination in France*. Oxford: Oxford University Press.

Heclo, H. & A. Wildavsky, 1981. *The Private Government of Public Money: Community and Policy inside British Politics, 2nd ed.*(1st ed. 1974) London: MacMillan.

Heidenheimer, A. J., H. Heclo & C. T. Adams. 1993. *Comparative Public Policy: The Politics of Social Choice in Europe and America*. 3rd ed. NY: St. Martins Press.

Hicks, H. G. & C. R. Gullet. 1975. *Organizations: Theory and Behavior*. Tokyo: McGraw-Hill.

Hill, M. 2013. *The Public Policy Process*, 6th ed. Harlow: Pearson.

Hill, M. & P. Hupe. 2002. *Implementing Public Policy*. London: Sage.

Hjern, B. & C. Hull. 1987. *Helping Small Fins Grow: An Implementation Approach*. London: Croom-Helm.

Hofferbert, R. 1974. *The Study of Public Policy*. NY: Bobbs-Merrill.

Hogwood, B. W. & B. G. Peters. 1983. *Policy Dynamics*. NY: St. Martin's Press.

Hogwood, B. W. & L. A. Gunn. 1984. *Policy Analysis for the Real World*. London: Oxford University Press.

Hood, C. & . B. G. Peters with G. O. M. Lee(eds.). 2003. *Rewards of High Public Office*. London: Routledge.

Hood, C. 1986. *The Tools of Government*. Chatham, NJ: Chatham House.

Hood, C. & H. Z. Margetts. 2007. *The Tools of Government in the Digital Age*. 2nd ed. NY: Palgrave Macmillan.

Horowitz, D. 1977. *The Courts and Social Policy*. Washington, DC: Brooking Institution.

Howe, R. B. & D. Johnson. 2000. *Restraining Equality: Human Rights Commissions in Canada*. Toronto: University of Toronto Press.

Howlett, M. & M. Ramesh. 2003. *Studying Public Policy: Policy Cycles and Policy Subsystems*. 2nd ed. Toronto: Oxford University Press.

Hunter, F. 1963. *Community Power Structure*. NY: Doubleday and Company Inc.

Ikenberry, G. J. 1988. *Reasons of State: the Oil Shocks of the 1970's and capacities of American Government*. Ithaca: Cornell University Press.

Immergut, E. M. 1992b. *Health Politics: Interests and Institutions in Western Europe*. NY: Cambridge University Press.

Jackman, R. W. 1975. *Politics and Social Equality: A Comparative Analysis*. NY: John Wiley & Sons.

Jenkins, W. I. 1978. *Policy Analysis*. London: Martin Robertson.

Jenkins-Smith, H. C. 1990. *Democratic Politics and Policy Analysis*. Pacific Grove, California: Brooks/Cole Publishing Company.

Jessop, B. 2002. *The Future of the Capitalist State*. Cambridge: Polity.

Johnson, J. B. & H. T. Reynolds with J. D. Mycoff. 2008. *Political Science Research Methods*. 6th ed. CQ Press.

Jone, P. 1998. *Analysing Public Policy*. London: Pintor.

Jones, C. O. 1984. *An Introduction to the Study of Public Policy*. 3rd ed. Monterey, CA: Brooks/Cole Publishing Co.

Jordan, A. G. & J. J. Richardson. 1987. *Government and Pressure Groups in Britain*. Oxford:

Clarendon.

Jun, J. S. 2006. *Social Construction of Public Administration*. NY: SUNY Press.

Kaufman, H. 1976. *Are Government Organizations Immortal?* Washington, DC: Brookings Institution.

Kenny, D. A. 1979. *Correlation and Causality*. New York: John Wiley.

Keohane, R. & J. Nye, Jr. 1989. *Power and Interdependence*. Glenview, Ill: Scott, Foresman.

Kerr, C. 1983. *The Future of Industrial Societies: Convergence or Continuing Diversity?*. Cambridge, Mass: Harvard University Press.

Key, V. O. 1949. *Southern Politics in State and Nation*, NY: Alfred A. Knopf.

Keynes, J. M. 1936. *General Theory of Employment, Interest, and Money*. NY: Harcourt, Brace and Company.

Kickert, W. J. M., Erik-Hans Klijin & J. F. M. Koppenjan (eds.). 1997. *Managing Complex Networks: Strategies for the Public Sector*. London: Sage.

King, G., R. O. Keohane & S. Verba. 1994. *Designing Social Inquiry: Scientific Inference in Qualitative Research*. Princeton: Princeton University Press.

Kingdon, J. W. 1995. *Agendas, Alternatives, and Public Policies*. 2nd ed (1st ed. 1984). NY: Addison Wesley Longman, Inc.

Kjær, A. M. 2004. *Governance*. Cambridge: Polity.

Knoke, D. & J. Kuklinski. 1982. *Network Analysis*. Sage Series on Quantitative Applications in the Social Sciences. 28.

Knoke, D., F. U. Pappi, J. Broadbent & Y. Tsujinaka. 1996. *Comparing Policy Networks: Labor Politics in the U.S., Germany, and Japan*. Cambridge: Cambridge University Press.

Kooiman, J. 2003. *Governing as Governance*. Thousand Oaks: Sage.

Kraft, M. E. & S. R. Furlong. 2012. *Public Policy: Politics, Analysis, and Alternatives*. 4th ed. Sage.

Kuhn, T. S. 1970. *The Structure of Scientific Revolutions*, 2nd enlarged ed. (1st ed. 1962) Chicago: The University of Chicago Press.

Kumar, K. 1995. *From Post-Industrial to Post-Modern Society: New Theories of the Contemporary World*. Oxford: Blackwell.

Laffin, M. 1986. *Professionalism and Policy: The Role of Professions in the Centre-Local Government Relations*. Aldershot: Gower.

Laham, N. 1993. *Why the United States Lacks a National Health Insurance Program*. NY: Praeger.

Lane, J. 2000. *The Public Sector: Concepts, Models and Approaches*. 3rd ed. London: Sage Publication.

Langbein, L. I. 1980. *Discovering Whether Programs Work*. Glenview, Illinois: Scott, Foresman & Company.

Langbein, L. with C. L. Felbinger. 2006. *Public Program Evaluation: A Statistical Guide*. M.E. Sharp.

Lasswell, H. D. & A. Kaplan, 1950. *Power and Society*. New Haven: Yale University Press.

Lasswell, H. D. 1971. *A Pre-view of Policy Sciences*. NY: American Elsevier Publishing Co.

______. 1956. *The Decision Process: Seven Categories of Functional Analysis*. College Park: University of Maryland Press.

______. 1935. (reprinted in 1990). *Politics Who Gets What, When and How*. Gloucester, MA: Peter Smith Publisher.

Lasswell, H. D. & A. Kaplan. 1950. *Power and Society: A Framework for Political Inquiry, New*

Haven, NJ: Yale University Press.

Laumann, E. O. & D. Knoke. 1987. *The Organizational State*. Madison. WI: The University of Wisconsin Press.

Le Grand, J. & R. Robinson. 1984. *Privatization and the Welfare State*. London: George Allen & Unwin.

Leibenstein, H. J. 1976. *Beyond Economic Man*. Cambridge: Harvard University Press.

Lequiller, F. & D. Blades. 2006. *Understanding National Accounts*. OECD Publishing.

Levy, J. M. 1995. *Essential Microeconomics for Public Policy Analysis*. Westport, CT: Praeger.

Lijphart, A. 1999. *Patterns of Democracy*. New Haven: Yale University Press.

Lin, N. 2001. *Social Capital: A Theory of Social Structure and Action*. Cambridge: Cambridge University Press.

Lin, N., K. Cook & R. S. Burt(eds.). 2001. *Social Capital: Theory and Research*. Aldine de Gruyter.

Lindblom, C. E. 1980. *The Policy-Making Process*. 2nd ed. (1st ed. 1968) Englewood Cliffs, NJ: Prentice Hall.

______. 1977. *Politics and Markets: The World's Political Economic Systems*. NY: Basic Books.

______. 1965. *The Intelligence of Democracy: Decision-Making Through Mutual Adaptation*. NY: Free Press.

Lindblom, C. E. & D. K. Cohen. 1979. *Usable Knowledge*. CT: Yale University Press.

Lindblom, C. E. & E. J. Woodhouse. 1993. *The Policy-Making Process*. 3rd ed. Englewood Cliffs, NJ: Prentice-Hall.

Linstone, H. A. 1984. *Multiple Perspectives for Decision Making: Bridging the Gap between Analysis and Action*. NY: North Holland Publishing.

Linstone, H. D. & M. Turoff(eds.). 1975. *The Delphi Method: Techniques and Applications*. New York: Addison-Wesley.

Lipsky, M. 1980. *Street-level Bureaucracy: Dilemmas of the Individual in Public Service*. NY: Russel Sage.

Lowi. T. J. 1979. *The End of Liberalism*. 2nd ed. NY: Norton.

Lynn, Jr. L. E., C. J. Heinrich & C. J. Hill. 2001. *Improving Governance: a new logic for empirical research*. Washington, DC: Georgetown University Press.

MacRae, Jr. D. & J. A. Wilde. 1979. *Policy Analysis for Public Decisions*. Mass: Duxbery Press.

Mahler, V. A. 1980. *Dependency Approaches to International Political Economy: A Cross-National Study*. NY: Columbia University.

Majone, G. 1989. *Evidence, Argument, and Persuasion in the Policy Process*. New Haven: Yale University Press.

March, J. G. & J. P. Olsen. 1989. *Rediscovering Institutions: The Organizational Basis of Politics*. NY: Free Press.

Marin, B. & R. Mayntz. 1991. *Policy Networks: Empirical Evidence and Theoretical Considerations*. Frankfurt. Campus.

Mason, R. O. & I. I. Mitroff. 1981. *Challenging Strategic Planning Assumptions: Theory, Cases, and Techniques*. New York: Wiley.

May, P. J. & A. Wildavsky(eds.). 1978. *Policy Cycle. Beverley Hills*. CA: Sage.

Mayer, R. R. & E. Greenwood. 1980. *Design of Social Policy Research*. Englewood Cliffs, NJ: Prentice hall.

Mazmanian D. & P. Sabatier(eds.). 1983. *Implementation and Public Policy*. Glenview, ILL: Scott, Foresman.

______. (eds.). 1981. *Effective Policy Implementation*. Lexington, MA: D.C. Heath and Company.

McCool, D. 1995. *Public Policy Theories, Models, and Concepts: An Anthology*. Englewood Cliffs, NJ: Prentice Hall.

McLean, I. 1987. *Public Choice: An Introduction*. Oxford: Basil Blackwell.

Menzel, D. C. 2007. *Ethics Management for Public Administrators: Building Organizations for Integrity*. NY: M.E. Sharpe.

Merton, R. K. 1968. *Social Theory and Social Structure*. 1968 enlarged ed. NY: Free Press.

Michels, R. 1958. *Political Parties*. Glencoe, Ill: Free Press.

Mills, C.W. 1956. *The Power Elite*. NY: Oxford University Press.

Mitchell, W. C. & R. T. Simmons. 1994. *Beyond Politics: Markets, Welfare and the Failure of Bureaucracy*. Boulder, Colorado: West View Press.

Mitroff, I. I. & R. O. Mason. 1981. *Creating a Dialectical Social Science: Concepts, Mtehods, and Models*. Dordrecht, The Netherlands: D. Reidel.

Mitroff, I. I., R. O. Mason & V. P. Barabba. 1983. *The 1980 Census: Policymaking amid Turbulence*. Lexington, MA: D. C. heath.

Monette, D.R., T. J. Sullivan & C.L. DeJong, 1998. *Applied Social Research: Tool for the Human Services*. 4th ed. Harcourt Brace.

Mosca, G. 1939. *The Ruling Class*. NY: McGraw-Hill.

Munger, M. C. 2000. *Analyzing Policy: Choices, Conflicts, and Practices*. NY: W.W. Norton.

Musgrave, R. A. & P. B. Musgrave. 1984. *Public Finance in Theory and Practice*. NY: McGraw-Hill Book.

Nachmias, D. & C. Nachmias. 1987. *Research Methods in the Social Science*. 3rd ed. NY: St. Martin's Press.

Nagel, S. S. 1984. *Contemporary Public Policy Analysis*. Alabama: The University of Alabama Press.

Nakamura, R. T. & F. Smallwood. 1980. *The Politics of Policy Implementation*. NY: St. Martin Press.

Namkoong, K., K. Cho, S. Kim(eds). *Public Administration and Policy in Korea: Its Evolution and Challenges*. London: Routledge.

Neuman, W. L. 2005. *Social Research Methods: Qualitative and Quantitative Approaches*. 6th ed. Boston: Allyn & Bacon.

Neustadt, R. E. 1990. *Presidential Power and the Modern Presidents: The Politics of Leadership from Roosevelt to Reagan*. NY: Free Press.

Niskanen, W. A. 1971. *Bureaucracy and Representative Government*. Chicago: University of Chicago Press.

Nordinger, E. A. 1981. *On the Autonomy of the Democratic State*. Cambridge, Mass: Harvard University Press.

North, D. 1990. *Institutions, Institutional Change and Economic Performance*. Cambridge: Cambridge University Press.

O'Donnell, G. 1973. *Modernization and Bureaucratic Authoritarianism: Studies in South American Politics*. Berkeley: Institute of International Studies, UC Berkeley.

OECD. 2019. *OECD Government At a Glance*, 2019 edition.

______. 2007. *National Accounts of OECD Countries, Volume IIa, IIb, 1994-2005*. OECD Publishing.

______. 2001. *OECD Historical Statistics, 1970-2000*. OECD Publishing.

______. 1997. *Measuring Public Employment in OECD Countries*. OECD publishing.

Okun, A. M. 1975. *Equity and Efficiency*. Washington, D.C: The Bookings Institution.

Olson, M. 1982. *The Rise and Decline of Nations: Economic Growth, Stagflation, and Social Rigidities*. New Haven: Yale University Press.

______. 1965. *The Logic of Collective Action: Public Goods and the Theory of Groups*. Cambridge, Mass: Harvard University Press.

Osborn, A. F. 1948. *Your Creative Power*. New York: Charles Scribner.

O'Shaughnessy, J. 1973. *Inquiry and Decision*. New York: Harper & Row.

Ostrom, E. 1990. *Governing the Commons: The Evolution of Institutions for Collective Action*. NY: Cambridge University Press.

Pampel, F. C. & J. B. Williamson. 1989. *Age, Class, Politics and the Welfare State*. Cambridge: Cambridge University Press.

Pareto, V. 1935. *The Mind and Society*. NY: Harcourt-Brace.

Parry, G. 1969. *Political Elites*. London: George Allen & Unwin Ltd.

Parsons, W. 1995. *Public Policy*. Aldershot: Edward Elgar.

Patton, C. V. & D. S. Sawicki. 1993. *Basic Methods of Policy Analysis and Planning*. NJ: Prentive-Hall.

Peters, B. G. & F. K. M. Van Nispen(eds.). 1999. *Public Policy Instruments: Evaluating the Tools of Public Administration*. Edward Elgar.

Peters, B. G. & J. Pierre(eds.). 2006. *Handbook of Public Policy*. Sage Publications Ltd.

Peters, B. G. 2015. *Pursuing horizontal management: The politics of public sector coordination*. Kansas: University Press of Kansas.

______. 2013. *American Public Policy: Promise and Performance*. 9th ed. Washington, DC: CQ Press.

______. 2005. *Institutional Theory in Political Science: The New Institutionalism*. 2nd ed. NY: Continuum.

______. 1996. *The Future of Governing: Four Emerging Models*. Kansas: University Press of Kansas.

______. 1988. *Comparing Public Bureaucracies: Problems of Theory and Method*. Tuscaloosa: The University of Alabama Press.

Pierre, J. & B. G. Peters. 2000. *Governance, Politics, and the State*. NY: St. Martin Press.

Pierson, C. 1994. *Dismantling the Welfare State? Reagan, Thatcher, and the Politics of Retrenchment*. Cambridge: Cambridge University Press.

______. 1991. *Beyond the Welfare State? The New Political Economy of Welfare*. Cambridge: Polity Press.

Pierson, P. 2004. *Politics in Time: History, Institutions, and Social Analysis*. Princeton: Princeton University press.

Polsby, N. W. 1963. *Community Power and Political Theory*. New Haven: Yale University Press.

Posavic, E. J. & R. G. Cary. 2007. *Program Evaluation: Methods and Case Studies*. 7th ed. NJ: Pierson.

Poulantzas, N. 1978. *State, Power, Socialism*. London: New Left Books.

______. 1973. *Political Power and Social Classes*. London: New Left Books.

Powell, W. W. & P. J. DiMaggio(eds.). 1991. *The New Institutionalism in Organizational Analysis*. Chicago: University of Chicago Press.

Pressman, J. L. & A. Wildavsky. 1973. *Implementation*. Berkeley C. A: Univ. of California Press.

Prigogine, I. & I. Stengers. 1984. *Order out of Chaos: Man's New Dialogue with Nature*. NY: Bantam Books.

Pryor, F. 1968. *Public Expenditure in Capitalist and Communist Nations*. Homewood, Ill: Irwin.

Przeworski, A. & H. Teune. 1970. *The Logic of Comparative Social Inquiry*. NY: Wiley.

Putnam, R. D. 2000. *Bowling Alone: The Collapse and Revival of American Community*. New York: Simon & Schuster.

______. 1993. *Making Democracy Work: Civic Traditions in Modern Italy*. Princeton: Princeton University Press.

Quade, E. S. 1989. *Analysis for Public Decision*, 3rd ed. NY: North Holland.

Ra, Y. et al., 2018. *SOEs Management Evaluation System, 30 Years History and Ahead*. Sejong: Korea Institute of Public Finance.

Raiffa, H. 1968. *Decision Analysis*. Reading, MA: Addison-Wesley.

Rapoport, A. & A. M. Chammah. 1965. *Prisoner's Dilemma*. Ann Arbor, MI: University of Michigan Press.

Rawls, J. 1971. *A Theory of Justice*. Boston: Harvard University Press.

Rein, M. 1976. *Social Science and Public Policy*. NY: Penguin Books.

Rhodes, R. A. W. 1997. *Understanding Governance: Policy Networks, Governance, Reflexivity and Accountability*. Maidenhead: Open University Press.

______. 1988. *Beyond Westminster and Whitehall*. London: Unwin Hyman.

______. 1981. *Control and Power in Central-Local Government Relationships*. Farnborough: Gower.

Ricci, D. 1993. *The Transformation of American Politics: The New Washington and the Rise of Think Tanks*. New Heaven: Yale University Press.

Rich, A. 2004. *Think Tanks, Public Policy, and the Politics of Expertise*. Cambridge: Cambridge University Press.

Richardson, J. J. & A. G. Jordan. 1979. *Governing Under Pressure*. Oxford: Martin Robertson.

Riker, W. H. 1962. *The Theory of Political Coalitions*. New Haven: Yale University Press.

Ripley, R. & G. Franklin. 1987. *Congress, the Bureaucracy and Public Policy*. 4th ed. (1st ed. 1976). Chicago: Dorsey Press.

Risse-Kappen, T. 1995. *Bringing Transnational Relations Back in: Non-State Actors, Domestic Structures and International Institutions*. Cambridge: Cambridge University Press.

Rogers, E. M. 2003. *Diffusion of Innovations*, 5th ed. New York, NY: Free Press.

Rose, R. 1993. *Lesson-Drawing in Public Policy: A Guide to Learning across Time and Space*. Chatham, NJ: Chatham House Publishers, Inc.

Rossi, P. & H. Freeman. 1982. *Evaluation: A Systemic Approach*. 2nd ed. Beverley Hills, California: Sage.

Rossi, P., M. W. Lipsey & H. E. Freeman. 2004. *Evaluation: A Systematic Approach*. 7th ed. Thousand Oaks, CA: Sage.

Royse, D., B. A. Thyer & D. K. Padgett. 2016. *Program Evaluation: An Introduction to an*

Evidence-Based Approach, 6th ed. Boston. MA: Cengage Learning.

Saaty, T. L. 2012. *Decision Making for Leaders: Analytic Hierarchy Process for Decisions in a Complex World,* 3rd ed. Pittsburgh, PA: RWS Publications.

______. 1994. *Decision Making and Priority Theory with the Analytic Hierarchy Process.* Pittsburgh, PA: RWS Publications.

Sabatier, P. A.(ed.). 2007. *Theories of the Policy Process.* 2nd ed. Westview.

Sabatier, P. A. & Zenkins-Smith. 1993. *Policy Change and Learning: Advocacy Coalition Approach.* Boulder: Westview.

Salamon, Lester M. & H. K. Anheier. 1997. *Defining the nonprofit sector: A cross-national analysis.* Manchester University Press.

Sanford, J. & S. Moulton. 2015. *Effective Implementation in Practice: Integrating Public Policy and Management.* San Francisco: Jossey-Bass.

Sartori, G. 1976. *Parties and Party System: A Framework for Analysis, Vol. 1.* Cambridge: Cambridge University Press.

Schattschneider, E. E. 1960. *The Semi-Sovereign People.* NY: Rinehart and Winston.

Schenider, A. & H. Ingram. 1997. *Policy Design for Democracy.* Lawrence. Kansas: Kansas University Press.

Schlesinger, A. Jr. 1973. *The Imperial Presidency.* Boston: Houghton Mifflin Harcourt.

Schlozman, K. L. & J. T. Tierney. 1986. *Organized Interests and American Democracy.* NY: Harper & Row.

Schmitter, P. C. & G. Lembruch(eds.). 1979. *Trends Toward Corporatist Intermediation.* Beverly Hills: Sage Publication.

Schőn, D. A. 1984. *The Reflexive Practitioner: How Professionals Think in Action.* NY: Basic Books.

Scriven, M. 1981. *Evaluation Thesaurus.* California: Edgepress.

Selznick, P. 1992. *The Moral Commomwealth.* The Univ. of California Press.

Sharkansky, I. 1968. *Spending in the American States.* Chicago: Rand McNally.

Simon, H. A. 1997. *Administrative Behavior: A Study of Decision-Making Processes in Administrative Organization*s. 4th ed. (1st ed. 1947) NY: The Free Press.

______. 1982. *Models of Bounded Rationality.* MIT Press.

______. 1969. *The Sciences of the Artificial.* MA: MIT Press.

Smith, B. C. 1976. *Policy Making in British Government.* London: Martin Robertson.

Smith, M. J. 1993. *Pressure, Power and Policy: State Autonomy and Policy Networks in Britain and the United States.* Pittsburgh, PA: University of Pittsburgh Press.

Sparrow, M. K. 2000. *The Regulatory Craft: Controlling Risks, Solving Problems, and Managing Compliance.* Washington, DC: Brookings Institution Press.

Steinbruner, J. D. 1974. *The Cybernetic Theory of Decision.* NJ: Princeton Univ. Press.

Stokey, E. & R. Zeckhouser. 1978. *The Primer for Policy Analysis.* NY: W.W. Norton.

Stone, D. 2012. *Policy Paradox: The Art of Political Decision Making.* 3rd ed(1st ed 1997; 2nd ed. 2001). W.W. Norton & Co.

Stufflebeam, D. L., W. J. Foley, W.J. Gephart, E. G. Guba, R.L. Hammond, H. O. Merriman & M. M. Provus. 1971. *Educational evaluation and decision making.* Itasca, IL: Peacock.

Suchman, E. 1967. *Evaluation Research.* NY: Sage.

Talbot, C. 2010. *Theories of Performance: Organizational and Service Improvement in the Public Domain*. Oxford: Oxford University Press.

Tatalovich, R. & B. Daynes(eds.). 1987. *Social Regulatory Policy*. Boulder. CO: Westview Press.

_________. 1981. *The Politics of Abortion*. NY: Praeger.

Taylor, F. W. 1911. *The Principles of Scientific Management*. NY: Harper & Row.

Tong, R. 1986. *Ethics in Policy Analysis*. NJ: Prentice-Hall.

Truman, D. 1964. *The Governmental Process: Political Interest and Public Opinion*. NY: Knopf.

Tullock, G., A. Seldon & G. L. Brady. 2002. 김정완 역. (2005). 「공공선택론: 정부실패(*Government Failure: A Primer in Public Choice)*」. 대영문화사.

Vedung, E. 1997. *Public Policy and Program Evaluation*. NJ: Transaction.

Verhoest, K., P. Roness, B. Verschuere, K. Rubecksen & M. MacCarthaigh. 2010. *Autonomy and Control of State Agencies: Comparing States and Agencies*. Basingstoke: Palgrave Macmillan.

W.K. Kellogg Foundation. 2004. *Logic Model Development Guide*. MI: W.K. Kellogg Foundation.

Waldo, D. 1980. *The Enterprise of Public Administration*. Chandler & Sharp Pub.

Weaver, R. K. & B. A. Rockman. 1993. *Do Institutions Matter? Government Capabilities in the United States and Abroad*. Washington: Brookings.

Weimer, D. L. & A. R. Vining. 2005. *Policy Analysis: Concepts and Practice. 4th ed.* Englewood Cliffs, NJ: Prentice Hall.

Weiss, C. H. & M. J. Bucuvalas. 1980. *Social Science Research and Decision-Making*. NY: Columbia University Press.

Weiss, C. H. 1998. *Evaluation: Methods for Studying programs and policies*. 2nd ed. NJ: Prentice-Hall.

______. 1972. *Evaluation Research: Methods for Assessing Program Effectiveness*. Englewood Cliff, NJ: Prentice-Hall.

Wholey, J. S. 1983. *Evaluation and Effective Public Management*. NY: Little Brown.

______. *Evaluation: Promise and Performance*. Washington, DC: The Urban Institute.

Wiener, N. 1961. *Cybernetics: Control and Communication in the Animal and the Machine*. The MIT Press.

Wildavsky, A. 1984. *Politics of the Budgetary Process*, 4th ed (1st ed. 1964). Boston: Little, Brown & Co.

______. 1979. *Speaking Truth to Power: The Art and Craft of Policy Analysis*. Boston, MA: Little Brown.

Wilensky, H. L. 1975. *The Welfare State and Equality*. Berkeley: University of California Press.

Wilensky, T. R. et al. 1983. *Comparative Social Policy: Theories, Methods, Findings*. Berkeley: Institute of International Studies, University of California, Research Series. No. 62.

Williams, W. 1971. *Social Policy Research and Analysis: The Experience in the Federal Social Agencies*. NY: American Elsevier Publishing Co.

Wilson, J. Q. 1995. *Political Organizations*. Princeton: Princeton University Press.

Windhoff-Héritier. A. 1980. *Politikimplementation*. Königstein: Anton Hain.

Wolf, C. J. 1989. *Markets or Governments: Choosing between Imperfect Alternatives*. Cambridge, Mass: MIT Press.

Xun Wu, M. Ramesh, M. Howlett & S. Fritzen. 2010. *The Public Policy Primer: Managing the Policy Process*. Routledge.

Young, O. R. 1979. *Compliance and Public Authority*. Baltimore: Johns Hopkins University Press.

2. Articles

Aaron, H. 1967. Social Security: International Comparisons. in O. Eckstein(ed.). *Studies in the Economics of Income Maintenance*. Washington, D.C: Brookings Institution.

Adam, S. & H. Kriesi. 2007. The Network Approach. in P. A. Sabatier(ed.). *The Theories of the Policy Process*. 2nd ed. Westview.

Anderson, C. 1978. The Logic of Public Problems: Evaluation in Comparative Policy Research. in D. E. Ashford(ed.). *Comparing Public Policies: New Concepts and Methods*. Beverly Hills: Sage.

Atkinson, M. M. & W. D. Coleman. 1989. Strong States and Weak States: Sectoral Policy Networks in Advanced Capitalist Economies. *British Journal of Political Science*. 19(1): 47-67.

______. 1985. Corporatism and Industrial Policy. 22-45 in A. Cawson(ed.). *Organized Interests and the State: Studies in Meso-Corporatism*. London: Sage.

Aucoin, P. 1997. The Design of Public Organizations for the 21st Century: Why Bureaucracy Will Survive in Public Management. *Canadian Public Administration*. 40(2): 290-306.

Bache, I., I. Bartle & M. Flinders. 2016. Multi-level Governance. in C. Ansell & J. Torfing(eds.). *Handbook on Theories of Governance*. Northampton, MA: Edward Elgar Publishing.

Bachrach, P. & M. S. Baratz. 1963. Decisions and Nondecisions: An Analytical Framework. *American Political Science Review*. 57(3): 632-42.

Bailey, J. & R. J. O'Connor. 1975. Operationalizing Incrementalism: Measuring the Muddles. *Public Administration Review*. 35(1): 60-66.

Bardach, E. 1984. The Dissemination of Policy Research to Policy Makers. *Knowledge*. 6(2): 124-144.

Baumgartner, F. & B. D. Jones. 1991. Agenda Dynamics and Policy Subsystem. *Journal of Politics*. 53(4): 1044-74.

Bendor, J., T. M. Moe & K. W. Shotts. 2001. Recycling the Garbage Can: An Assessment of the Research Program. *American Political Science Review*. 95(1): 169-190.

Bennet, C, J. & M. Howlett. 1992. The Lessons of Learning: Reconciling Theories of Policy Learning and Policy Change. *Policy Sciences*. 25(3): 275-294.

Bennet, C. J. 1997. Understanding Ripple Effects: The Cross-National Adoption of Policy Instruments for Bureaucratic Accountability. *Governance*. 10(3): 213-33.

Berry, J. M. & W. D. Berry. 2007. Innovation and Diffusion Models in Policy Research. 223-260 in P. A. Sabatier(ed.). *Theories of the Policy Process*, 2nd ed. Westview Press.

Bickman, L. 1987. The functions of program theory. in L. Bickman (eds.). *Using program theory in evaluation*. New Directions for Program Evaluation. 33: 5-18. San Francisco: Lossey-Bass.

Blomquist, W. 2007. The Policy Process and Large-N Comparative Studies. 261-289. in P. A. Sabatier(ed.). *Theories of the Policy Process*. 2nd ed. Westview Press.

Blyth, M. 2002. Institutions and Ideas. 292-311. in D. Marsh & G. Stoker (ed.). *Theory and Methods in Political Science*. NY: Palgrave Macmillan.

Boase, J. P. 1996. Institutions, Institutionalized Networks and Policy Choices: Health Policy in the US and Canada. *Governance*. 9(3): 287-310.

Bollen, K. A. & R. W. Jackman. 1985. Political Democracy and the Size Distribution of Income.

American Sociological Review. 50(4): 438-57.

Bourdieu, P. 1986. The Forms of Capital. in J. Richardson(ed.). *Handbook of Theory and Research for the Sociology of Education*. NY: Greenwood.

Bowman, J. S., E. M. Berman & J. P. West. 2001. The Profession of Public Administration: An Ethics Edge in Introductory Textbooks? *Public Administration Review*. 61(2): 194-205.

Brady, F. N. 2003. 'Public' Administration and the Ethics of Particularity. *Public Administration Review*. 63(5): 525-534.

Braithwaite, J. & T. Makkai. 1994. Trust and Compliance. *Policing and Society*. 4: 1-12.

Brenner, N. 1999. Beyond State-Centrism? Space, Territoriality, and Geographical Scale in Globalization Studies. *Theory and Society*. 28(1): 39-78.

Brunner, R. D. 2008. The Policy Scientists of Democracy Revisited. *Policy Sciences*. 41: 3-19.

Buchanan, J. M. 1954. Social Choice, Democracy, and Free Market. *Journal of Political Economy*. 62: 114-223.

Campbell, D. T. 1969. Reforms as Experiments. *American Psychologist*. 24: 409-429. reprinted in 1975 E. L. Struening & M. Guttentag(eds). Handbook of Evaluation Research, Vol. 1. Beverly Hills, CA: Sage.

Campbell, D. T. & H. L. Ross. 1968. The Connecticut Crackdown on Speeding: Time-series Data in Quasi-Experimental Analysis. *Law and Society Review*. 3(1): 33-53.

Campbell, J. C. 1989. Bureaucratic Primacy: Japanese Policy Communities in an American Perspective. *Governance: An International Journal of Policy and Administration*. 2(1): 5-22.

Campbell, J. C., M. A. Baskin, F. R. Baumgartner & N. I. Halpern. 1989. Afterword on Policy Communities: A Framework for Comparative Research. *Governance: An International Journal of Policy and Administration*. 2(1): 86-94.

Caplan, N., 1982. Social Research and Public Policy at The National Level. pp. 32-48. in D. B. P. Kallen et al.(eds.). *Social Science Research and Public Policy Making*. Netherlands: NFER-Nelson.

Castles, F. G. 1989. Introduction: Puzzles of Political Economy. 1-10. in F. G. Castles(ed.). *The Comparative History of Public History*. NY: Oxford University Press.

______. 1982. The Impact of Parties on Public Expenditure. in F. Castles(ed.). *The Impact of Parties: Politics and Policies in Demographic Capitalist States*. Beverly Hills: Sage Publications.

Cejudo, G. M. & C. L. Michel. 2017. Addressing fragmented government action: coordination, coherence, and integration. *Policy Science*. 50: 747-767.

Cho, K. 2017. Civil Service System and Personnel Administration. in K. Namkoong, K. Cho & S. Kim(eds). *Public Administration and Policy in Korea: Its Evolution and Challenges*. London: Routledge.

Cohen, N. 2016. Policy Entrepreneurs and Agenda Setting. in N. Zahariadis, (ed.) *Handbook of Public Policy Agenda Setting. Northampton*. MA: Edward Elgar Publishing.

Chon, J. 2015. The effect of constitutional review on the legislature and the executive branch for last 25 years in Korea. *Journal of Korean Law*, 14: 131-165.

Christensen, T. & P. Lægreid. 2007. The Whole-of-Government Approach to Public Sector Reform. *Public Administration Review*. 67(6): 1059-1066.

Christensen, T., P. Lagreid & L. R. Wise. 2003. Evaluating Public Management Reform in Central

Government: Norway, Sweden, and the United States. 56-76. in H. Wollmann(ed.). *Evaluation in Public Sector Reform: Concepts and Practice in International Perspective*. Edward Elgar. Northampton, Mass.

Circirelli, V. 1977. The impact of Head Start: Executive summary. in F. Caro(ed.). *Readings in evaluation research.* 2nd ed. New York: Russell Sage Foundation.

Citrin, J. & P. Green. 1986. Presidential Leadership and the Resurgence of Trust in Government. *British Journal of Political Science.* 16(4): 431-453.

Clemens, E. S. & J. M. Cook. 1999. Politics and Institutionalism: Explaining Durability and Change. *Annual Review of Sociology*. 25(1): 441-66.

Coase, R. H. 1960. The Problem of Social Cost. *Journal of Law and Economics*. 11(3): 1-44.

Cobb, R. W., J. Ross & M. H. Ross. 1976. Agenda-Building as a Comparative Political Process. *American Political Science Review*. 70(1): 126-138.

Cohen, M. D., J. G. March & J. P. Olsen. 1982. People, Problem, Solutions and the Ambiguity of Relevance. 24-37 in J. G. March & J. P. Olsen(eds.). *Ambiguity and Choice in Organizations*. 2nd ed. Bergan, Norway: Universitesforlaget.

______. 1972. A Garbage Can Model of Organizational Choice. *Administrative Science Quarterly*. 19(1): 1-25.

Coleman, J. S. 1988. Social Capital in the Creation of Human Capital. *American Journal of Sociology*. 94: S95-120.

Coleman, W. D. & A. Perl. 1999. Internationalized Policy Environments and Policy Network Analysis. *Political Studies*. 47(4): 691-709.

Collier, D. & R. E. Messick. 1975. Prerequisites versus Diffusion: Testing Alternative Explanations of Social Security Adoption. *American Political Science Review*. 69(4): 1299-1315.

Coombs. F. S. 1981. The Bases of Noncompliance with a Policy. in J. G. Grumm & S. L. Wasby(eds.). *The Analysis of Policy Impact*. Lexington, Massachusetts: D.C. Heath.

Cutright, P. 1967. Income Redistribution: A Cross · National Analysis. *Social Forces*. 46: 180-90.

Dahl, R. A. 1957. Decision-Making in a Democracy: The Supreme Court as a National Policy-Maker. *Journal of Public Law*. 6: 279-295.

Danziger, J. 1976. Assessing Incrementalism in British Municipal Budgeting. British *Journal of Political Science*. 6(3): 335-350.

Davies, P. 2012. The state of evidence-based policy evaluation and its role in policy formation. *National Institute Economic Review.* 219(1): R41-R52.

______. 2004. Is Evidence-Based Policy Possible? *The Jerry Lee Lecture, Campbell Collaboration Colloquium.* Washington.

deLeon, P. & C. M. Weible. 2010. Policy Process Research for Democracy: A Commentary on Lasswell's Vision. *International Journal of Policy Studies*. 2(1): 23-34.

deLeon, P. 1999. The Missing Link Revisited: Contemporary Implementation Research. *Policy Studies Review*. 16(3-4): 311-338.

Derlin, H. 1990. Genesis and Structure of Evaluation Efforts in Comparative Perspective. 147-177 in R. C. Rist(ed.). *Program Evaluation and the Management of Government*. New Brunswick and London: Transaction.

DeViny, S. 1984. The Political Economy of Public Pension: A Cross-National Analysis. *Journal of*

Political and Military Sociology. 12: 295-310.

______. 1983. Characteristics of the State and the Expansion of Public Social Expenditure. in R. F. Tomasson(ed.). *Comparative Social Research: The Welfare State*. 1883-1983. 151-74. Conn: JAI Press.

Dolowitz, D. & D. Marsh. 2000. Learning from Abroad: The Role of Policy Transfer in Contemporary Policymaking. *Governance*. 13(1): 5-24.

Donaldson, S. I. 2001. Mediator and Moderator Analysis in Program Development. 470-496 in S. Sussman(ed.). *Handbook of Program development for health behavior research*. Newbury Park, CA: Sage.

Downs, A. 1972. Up and Down with Ecology-the 'Issue-Attention Cycle,'. *The Public Interest*. 28: 38-50.

Dror, Y. 1967. Muddling Through: Science or Inertia? *Public Administration Review*. 24(3): 153-157.

Dunleavy, P. & Rhodes, R. A. W. 1990. Core Executive Studies in Britain. *Public Administration*. 68(1): 3-28.

Dunn, W. N. 1988. Methods of the Second Type: Coping with the Wildness of Conventional Policy Analysis. *Policy Studies Review*. 7(4): 720-37.

Dunn, W. N., B. Holzner & G. Zaltman, 1985. Knowledge Utilization. pp. 2831-2839. in *International Encyclopedia of Education*. London: Pergamon Press.

Dye, T. R. & J. Robey. 1980. Politics versus Economics: Development of the Literature on Policy Determination. 3-18 in Dye, T. R. & V. Gray(eds.). *Determinants of Public Policy*. Lexington, Mass: Lexington Books.

Easton, D. 1969. The New Revolution in Political Science. *American Political Science Review*. 63(4): 1051-1061.

Elgie, R. 1997. "Models of Executive Politics: a Framework for the Study of Executive Power Relations in Parliamentary and Semi-presidential Regimes." *Political Studies*. XLV, 2: 217-231.

Elmore, R. F. 1985. Forward and Backward Mapping: Reversible Logic in the Analysis of Public Policy. 33-70 in K. Hanf & T. A. J. Toonen(eds.). *Policy Implementation in Federal and Unitary Systems: Questions of Analysis and Design*. Dordrecht: Nijhoff.

______. 1980. Backward Mapping: Implementation Research and Policy Decision. *Political Science Quarterly*. 90(4): 601-16.

______. 1978. Organizational Models of Social Program Implementation. *Public Policy*. 26(2): 185-228.

Esping-Anderson, G. & W. Korpi. 1984. Social Policy as Class Politics in Post-War Capitalism: Scandinavia, Austria and Germany. In J. H. Goldthrope(ed.). *Order and Conflict in Contemporary Capitalism*. Oxford: Clarendon Press.

Ethington, P. J. & E. L. McDonagh. 1995. The Common Space of Social Science Inquiry. *Polity*. 28(1): 85-90.

Etzioni, A. 1992. Normative-affective Factors: Toward a New Decision-making Model. 89-110. in M. Zey(ed.). *Decision-Making: Alternatives to Rational Choice Models*. CA: Sage.

______. 1967. Mixed-Scanning: A Third Approach to Decision-Making. *Public Administration Review*. 27(5): 385-392.

Farr, J., J. S. Hacker & N. Kazee. 2008. Revisiting Lasswell. *Policy Sciences*. 41: 21-32.

______. 2006. The Policy Scientists of Democracy: The Discipline of Harold D. Lasswell. *American Political Science Review*. 100(4): 579-587.

Fiorina, M. 1995. Rational Choice and the New(?) Institutionalism. *Polity*. 28(1): 107-115.

Flora, P. & J. Alber. 1981. Modernization, Democratization, and the Development of Welfare States in Western Europe. in Flora, P. & A. J. Heidenheimer(eds.). *The Development of Welfare States in Europe and America*. NJ: Transaction.

Froman, L. 1968. The Categorization of Policy Contents. in A. Ranney(ed.). *Political Science and Political Theory*. Chicago: Markham Publishing.

______. 1967. An Analysis of Public Policy in Cities. *Journal of Politics*. 29(1): 94-108.

Furubo, J. & R. Sandahl. 2002. A Diffusion-Perspective on Global Developments in Evaluation. 1-26 in J. Furubo, R. C. Rist & R. Sadahl(eds.). *International Atlas of Evaluation*. New Brunswick and London: Transaction.

Gais, T. L., M. A. Peterson & J. Walker. 1984. Interest Group, Iron Triangles and Representative Institutions in American National Government. *British Journal of Political Science*. 14(2): 161-185.

Goggin, M. L. 1986. The Too Few Cases/Too Many Variables' Problems in Implementation Research. *The Western Political Quarterly*. 39(2): 328-47.

Gough, I. 1975. State Expenditure in Advanced Capitalism. New Left Review. 92: 53-92.

Granovetter, M. 1973. The Strength of Weak Ties. *American Journal of Sociology*, 78(6): 1360-1380.

Gulick, L. 1937. Notes on the Theory of Organization. in L. Gulick & L. Urwick(eds.). *Papers on the Science of Administration*. NY: Institute of Public Administration.

Hall, P. A. & R. C. R. Taylor. 1996. Political Science and the Three New Institutionalism. *Political Studies*. 44(5): 936-57.

Hall, P. A. 1993. Policy paradigm, Social Learning and the State: The case of Economic Policymaking in Britain. *Comparative Politics*. 25(3): 936-957.

______. 1992. The movement from Keynesianism to monetarism: Institutional Analysis and British economic policy in the 1970s. Chap. 4. in T. Steinmo & Longstreth(eds.). *Structuring Politics*. Cambridge: Cambridge University Press.

Hall, R. A., J. C. Clark, P. V. Giordano & M. V. Roekel. 1977. 'Patterns of Interorganizational Relationships', *Administrative Science Quarterly*. 22(3): 457-74.

Hardin, G. 1968. The Tragedy of Commons. *Science*. 162: 1243-1248.

Hay, C. & D. Wincott. 1998. Structure, Agency and Historical Institutionalism. *Political Studies*. 46(5): 951-7.

Hayes, M. 2007. Policy Making through Disjointed Incrementalism. 39-58 in G. Morcöl(ed.). *Handbook of Decision Making*. NW: CRC Press.

Heclo, H. 1978. Issue Networks and the Executive Establishment. in A. King(ed.). *The New American Political System*. Washington, DC: American Enterprise Institute.

______. 1972. Review Article: Policy Analysis. *British Journal of Political Science*. 2: 83-108.

Heidenheimer, A. J. 1996. Throwing Money and Heaving Bodies. Chap. 2. in Imbeau & McKinlay(eds.). *Comparing Government Activity*. NY: St. Martins Press.

Heise, D. R. 1969. Problems in Path Analysis and Causal Inference. in E. F. Borgatta & G. W. Bohrnstedt(eds.). *Sociological Methodology*. San Francisco: Jossey-Bass.

Hewitt, C. 1977. The Effect of Political Democracy and Social Democracy on Equality in Industrial Societies: A Cross-national Comparison. *American Sociological Review*. 42(3): 450-464.

Hilgartner, S. & C. L. Bosk. 1988. The Rise and Fall of Social Problems: A Public Arenas Model. *American Journal of Sociology*. 94(1): 53-78.

Hjern, B. 1982. Implementation Research: The Link Gone Missing. *Journal of Public Policy*. 2(3): 301-308.

Hjern, B. & C. Hill. 1982. Implementation Research as Empirical Constitutionalism. *European Journal of Policy Research*. 10(2): 105-115.

Hjern, B. & D. O. Porter. 1981. Implementation Structures: A New Unit of Administrative Analysis. *Organization Studies*. 2(3): 211-217.

Hofferbert, R. I. & I. Budge. 1996. Patterns of Post-War Expenditure Priorities in Ten Democracies. Chap. 3. in Imbeau & McKinlay(eds.). *Comparing Government Activity*. NY: St. Martin's Press.

Hogwood, B. W. & B. G. Peters. 1982. The Dynamics of Policy Change: Policy Succession. *Policy Science*. 14(3): 225-45.

Hood, C. & R. Dixon, 2015. What we have to show for 30 years of new public management: Higher costs, more complaints. *Governance*. 28(3): 265-267.

Ikenberry, G. J. 1990. The International Spread of Privitization Policies: Inducements, Learning and 'Policy Bandwagoning'. in Suleiman & Waterbery(eds.). *Political Economy of Public Sector Reform and Privitization*. Boulder, CO: Westview Press.

Imbeau, L. M. 1996. Introduction: The Comparative Observation of Government Activity. 1-13 in L. M. Imbeau & R. D. McKinlay(eds.). *Comparing Government Activity*. NY: St. Martin's Press.

Immergut, E. M. 1998. Theoretical Core of the new Institutionalism. *Politics and Society*. 26(1): 5-34.

______. 1992a. The rules of the game: The logic of health policy-making in France, Switzerland, and Sweden. Chap. 3. in T. Steinmo & Longstreth(eds.). *Structuring Politics*. Cambridge: Cambridge University Press.

Ingram, H. 1977. Policy Implementation through Bargaining: Federal Grants in Aid. *Public Policy*. 25(4): 499-526.

Ingram, H., A. L. Schneider & P. deLeon. 2007. Socal Construction and Policy Design. 93-126 in P. A. Sabatier(ed.). *Theories of the Policy Process*. 2nd ed. Westview.

James, O. & A. Nakamura. 2015. 'Shared performance targets for the horizontal coordination of public organizations: control theory and departmentalism in the United Kingdom's Public Service Agreement system,' *International Review of Administrative Sciences*. 81(2): 392-411.

Jenkins-Smith, H. C. 1982. Professional Roles for Policy Analysts: A Critical Assessment. *Journal of Policy Analysis and Management*. 2(1): 88-100.

Jenkins-Smith, H. C. & P. A. Sabatier. 1993. The Dynamics of Policy-Oriented Learning. 41-56 in P. A. Sabatier & H. C. Jenkins-Smith(eds.). *Policy Change and Learning: An Advocacy Coalition Approach*. Colorado: Westview.

Jenkins-Smith, H. C., D. Nohrstedt, C. M. Weible & P.A. Sabatier, 2014. The Advocacy Coalition Framework: Foundation, Evolution, and Ongoing Research. pp. 183-224. in P. A. Sabatier & C. M. Weible(eds.) *Theories of The Policy Process*, 3rd ed. Westview Press.

Jessop, B. 2003. Governance and Meta-Governance: On Reflexivity, Requite Variety and Requite Irony.

101-106 in H. Ban(ed.). *Governance as Social and Political Communication*. Manchester University Press.

Jordan, A. G. 1981. Iron Triangles, woolly corporatism, and elastic net: images of the policy process. *Journal of Public Policy*. 1(1): 95-123.

Jordan, A. G. & K. Schubert. 1992. A Preliminary ordering of policy network labels. *European Journal of Political Research*. 21(1-2): 7-27.

Kang, Y. 2016. Designing a growth-friendly welfare system: Implications from empirical analysis of OECD countries. *International Review of Public Administration*. 21(2): 104-124.

Kaplan, S. A. & K. E. Garrett. 2005. The Use of Logic Models by Community-based Initiatives. *Evaluation and Program Planning*. 28: 167-172.

Kaufman, H. 2001. Major Players: Bureaucracies in American Government. *Public Administration Review*. 61(1): 18-42.

Kernaghan, K. 2003. Integrating Values into Public Service: The Values Statement as Centerpiece. *Public Administration Review*. 63(3): 711-719.

Kim, S. 2017. Government and Public Organizations. in K. Namkoong, K. Cho & S. Kim(eds). *Public Administration and Policy in Korea: Its Evolution and Challenges*. London: Routledge.

______. 2009. Testing the Structure of Public Service Motivation in Korea: A Research Note. *JPART*. 19: 839-851.

______. 2006. Public service motivation and organizational citizenship behavior in Korea. *International Journal of Manpower*. 27(8): 722-740.

Kim, W. & R. Mauborgne. 1993. Procedural justice, attitudes and subsidiary top management compliance with multinationals' corporate strategic decisions. *Academy of Management Journal*. 36(3): 502-526.

Kimball, A. W. 1957. Errors of the Third Kind in Statistical Consulting. *Journal of the American Statistical Association*. 52: 133-42.

King, A. 1975. Overload: Problems of Governing in the 1970s. *Political Studies*. 23 (2&3): 284-296.

Kleiman, E. 1974. The Determinants of National Outlay on Health. in M. Perlman(ed.). *The Economics of Health and Medical Care*. NY: John Wiley & Sons.

Klijn, E. H. & J. F. M. Koppenjan. 2000. ‘Public Management and Policy Networks: Foundations of a Network Approach to Governance,’ *Public Management*. 2(2): 135-58.

Klingman, D. 1980. Temporal and Spatial Diffusion in the Comparative Analysis of Social Change. *The American Political Science Review*. 74(1): 123-37.

Knoke, D. 1994. Network of Elite Structure and Decision Making. 274-294 in S. Wasseman & J. Galaskiewicz(eds.). *Social Network Analysis*. Beverly Hills, Calif: Sage

Knoke, D. & J. Kuklinski. 1982. Network Analysis. *Sage Series on Quantitative Applications in the Social Sciences*. 28.

Knorr, K. D. 1977. Policy-Makers Use of Social Science Knowledge. in Weiss(ed.). *Using Social Research in Public Policy Making*. MA: Lexington Book.

Knott, J. & A. Wildavsky, 1980. If Dissemination is the Solution, What is the Problem. *Knowledge*. 1(4): 537-578.

Koelble, T. A. 1995. Review Article: The New Institutionalism in Political Science and Sociology. *Comparative Politics*. 27(1): 231-243.

Kooiman, J. 2000. Societal Governance: Levels, models, and Orders of Social-Political Interaction. 138-164. in J. Pierre(ed.). *Debating Governance: Authority, Steering and Democracy*. Oxford: Oxford University Press.

______. 1993a. Socio-Political Governance: Introduction. 1-6 in J. Kooiman(ed.). *Modern Governance: New Government-Society Interactions*. Thousand Oaks: Sage.

______. 1993b. Governance and Governability: Using Complexity, Dynamics and Diversity. 35-50 in J. Kooiman(ed.). *Modern Governance: New Government-Society Interactions*. Thousand Oaks: Sage.

Korpi, W. 1989. Power, Politics, and State Autonomy in the Development of Social Citizenship: Social Rights during Sickness in 18 OECD Countries since 1930. *American Sociological Review*. 54(3): 309-328.

Krasner, S. D. 1984. Approaches to the State: Alternative Conceptions and Historical Dynamics. *Comparative Politics*. 16(2): 223-46.

Larsen, J. K. 1980. Knowledge Utilization. *Knowledge*. 1(3): 421-442.

Lasswell, H. D. 1951. The Policy Orientation. 3-16 in D. Lerner & H. D. Lasswell(eds.). *The Policy Sciences: Recent Development in Scope and Method.* Stanford: Stanford University Press.

Latham, E. 1952. The Group Basis of Politics: Notes for a Theory. *American Political Science Review*. 46(2): 376-97.

Le Grand, J. 1991. The Theory of Government Failure. *British Journal of Political Science*. 21(4): 423-442.

Leftwich, A. 1993. Governance, Democracy and Development in the Third World. *Third World Quarterly*. 14(3): 605-624.

Leman, C. 2002. Direct Government. in L. M. Salamon(ed.). *The Tools of Government: A Guide to the New Governance*. Oxford University Press.

______. 1989. The Forgotten Fundamental: Successes and Excesses of Direct Government. in L. Salamon(ed.). *Beyond Privatization: The Tools of Government Action*. Washington: Urban Institute.

Lembruch, G. 1984. Concertation and the Structure og Corporatist Networks. pp. 60-80. in J. Goldthrope(ed.). *Order and Conflict in Contemporary Capitalism*. Oxford: Oxford University Press.

______. 1979. Liberal Corporatism and Party Government. in Schmitter, P.C. & G. Lembruch(eds.) *Trends Towards Corporatist Intermediation*. London: Sage.

Lester, J. P. & M. L. Goggin. 1998. Back to the Future: The Rediscovery of Implementation Studies. *Policy Currents*. 8(3): 1-9.

Levi, M. 1997. A Model, A Method, and a Map: Rational Choice in Comparative and Historical Analysis. 19-41 in M. I. Lichbach & A. S. Zuckerman(eds.). *Comparative Politics: Rationality, Culture, and Structure*. Cambridge: Cambridge University Press.

Lewis-Beck, M. S. 1977. The Relative Importance of Socioeconomic and Political Variables in Public Policy. *American Political Science Review*. 71(2): 559-566.

Lieberman, R. C. 2002. Ideas, Institutions, and Political Order: Explaining Political Change. *American Political Science Review*. 96(4): 697-712.

Liftin, K. T. 2000. Advocacy Coalitions Along the Domestic-Foreign Frontier: Globalization and

Canadian Climate Change Policy. *Policy Studies Journal*. 28(1): 232-252.

Lim, H. 2019. Policy Coordination in South Korea. *The Korean Journal of Policy Studies*. 34(1): 73-97.

Lim, J. 2011. Rule of law in Korea. *Public Law Journal*, 12(1): 3-19.

Lindblom, C. E. 1979. Still Muddling, not yet through. *Public Administration Review*. 39(6): 520-526.

______. 1959. The Science of Muddling Through. *Public Administration Review*. 19(2): 79-88.

Linder, S. & B. G. Peters. 1988. Analysis of Design or Design of Analysis?. *Policy Studies Review*. 7(7): 738-70.

Linstone, H. A. et al. 1981. The Multiple Perspective Concept: With Applications to Technology Assessment and Other Decision Areas. *Technological Forecasting and Social Change*. 20: 275-325.

Lipset, S. M. 1959. Some Social Requisites of Democracy: Economic Development and Political Legitimacy. *American Political Science Review*. 53(1): 69-105.

Lipsey, M. W. 1993. Theory as Method: Small Theories of Treatments. *New Directions for Program Evaluation*. 57: 5-38.

Lipsky, M. 1971. Street-level bureaucracy and the analysis of urban reform. *Urban Affairs Quarterly*. 6(4): 391-409.

Lowi, T. J. 1988. Comment. *Policy Studies Journal*. 7(16): 725-28.

______. 1972. Four Systems of Policy, Politics and Choice. *Public Administration Review*. 32(4): 298-310.

______. 1964. American Business, Public Policy, Case Studies, and Political Theory. *World Politics*. 16(4): 687-91.

McCombs, M. E. & D. Show. 1972. The agenda-setting function of the mass media. *Public Opinion Quarterly*. 69(4): 813-824.

MacRae, Jr., D. 1993. Guidelines for Policy Discourse. in F. Fisher & J. Forester(eds.). *The Argumentative Turn in Policy Analysis and Planning*. Duke University Press.

March, J. G. & J. P. Olsen. 1984. The New Institutionalism: Organizational Factors in Political Life. *American Political Science Review*. 78(3): 734-49.

Marsh, D. & M. Smith. 2000. Understanding Policy Networks: Toward a Dialectical Approach. *Political Studies*. 48(1): 4-21.

Marsh, D. & R. A. W. Rhodes. 1992. Policy Communities and Issue Networks: Beyond Typology. in D. Marsh & R. A. W. Rhodes(eds.). *Policy Networks in British Government*. Oxford: Oxford University Press.

May, P. J. 2003. Policy Design and Implementation. 223-233 in B. G. Peters & J. Pierre(eds.). *Handbook of Public Administration*. London: Sage.

______. 1991. Reconsidering Policy Design: Policies and Publics. *Journal of Public Policy*. 11(2): 187-206.

Mayntz, R. 1993. Governing Failures and the Problem of Governability: Some Comments on a Theoretical Paradigm. 9-20 in J. Kooiman(ed.). *Modern Governance: New Government-Society Interactions*. Thousand Oaks: Sage.

McLaughlin, J. A. & B. J. Gretchen. 1999. Logic Models: A Tool for Telling Your Programs Performance Story. *Evaluation and Program Planning*. 2: 65-72.

McLaughlin, J. A. & G. B. Jordan. 2004. Using logic models. 7-32 in Wholey, J., H.P. Hatry & K.E.

Newcomer(eds.). *Handbook of Practical Program Evaluation*. 2nd ed. San Francisco: Jossey-Bass.

Mclaughlin, M. 1976. Implementation as Mutual Adaptation. in R. F. Elmore(ed.). *Social Program Implementation*. NY: Academic Press.

Meier, K.J. & L.J. Jr., O'Toole. 2001. Managing Strategies and behavior in networks: A model with evidence from U.S. public administration. *Journal of Public Administration Research and Theory*. 11(3): 271-93.

Metcalfe, L. 1994. International Policy Co-ordination and Public Management Reform. *International Review of Administrative Sciences*. 60: 271-90.

Miller, T.H. 1994. Post-Progressive Public Administration: Lessons from Policy Networks. *Public Administration Review*. 54(4): 378-387.

Mingus, M. S. 2007. Bounded Rationality and Organizational Influence: Herbert Simon and the Behavioral Revolution. 61-77 in G. Morcöl(ed.). *Handbook of Decision Making*. NW: CRC Press.

Mishra, R. 1973. Welfare and Industrial Man: A Study of Welfare in Western Industrial Societies in Relation to Hypothesis of Convergence. *Sociological Review*. 21(4): 535-560.

Mitroff, I. I. & F. Sagasti. 1973. Epistemology as General Systems Theory: An Approach to the Design of Complex Decision-Making Experiments. *Philosophy of the Social Sciences*. 3: 117-34.

Mitroff, I. I. & J. R. Emshoff. 1979. On Strategic Assumption-Making: A Dialectical Approach to Policy and Planning. *Academy of Management Review*. 4(1): 1-12.

Moe, T. M. 1989. The Politics of Bureaucratic Structure. in J. E. Chubb & P. E. Peterson(eds.). *Can the Government Govern?* Washington DC: Brookings.

Montjoy, R.S. & O'Toole, L.J. Jr. 1979. Toward a theory of policy implementation: An Organizational perspective. *Public Administration Review*. 40(5): 465-76.

Morcöl, G. 2007. Decision Making: An Overview of Theories, Context, and Methods. 3-18 in G. Morcöl(ed.). *Handbook of Decision Making*. NW: CRC Press.

Murphy, K. 2004. The Role of Trust in Nurturing Compliance: A Study of Accused Tax Avoiders. *Law and Human Behavior*. 28(2): 187-209.

Nakamura, R. T. 1987. The Textbook Process and Policy Implementation Research. *Policy Studies Review*. 7(1): 142-154.

Namkoong, K. 2020. Coordination of Public Sector Organizations in South Korea, *A Paper Presented at the KAPA 2020 Summer Conference.* June 25-26, 2020, KYBAY Hotel, Gangneung City, Gangwon-Do.

________. 2007. Civil Service Reform in Participatory Government: Civil Service System in Transition. *The Korean Journal of Policy Studies*. 22(1): 19-45.

________. 2003. Policy Learning from the Experience of Neighboring Countries. *The Korean Journal of Policy Studies*. 17(2): 27-48.

Namkoong, K. & I. Kim. 2017. Foundation of Public Administration and Policy in South Korea. Chapter 1 in Namkoong, K., K. Cho, S. Kim(eds). *Public Administration and Policy in Korea: Its Evolution and Challenges.* Routledge.

Naroll, R. 1965. Galton's Problem: The Logic of Cross · Cultural Research. *Social Research*. 32: 428-51.

Nedergaard, P. 2006. Market Failures and Government Failures: A Theoretical Model of the Common Agricultural Policy. *Public Choice*. 127(3-4): 393-413.

Neubauer, D. N. 1967. Some Conditions of Democracy. *American Political Science Review*. 61(4): 1002-1009.

Newhouse, J. P. 1977. Medical Care Expenditure: A Cross-National Survey. *Journal of Human Resources*. 12(1): 115-25.

Nye, Jr. J. & P. D. Zelikow. 1997. Conclusion: Reflections, Conjectures, and Puzzles. 253-282 in J. Nye, Jr., P. D. Zelikow & D. C. King(eds.) *Why People Don't Trust Government*. Mass: Harvard University Press.

Nye, Jr. J. 2002. Information Technology and Democratic Governance. 1-17 in E. C. Kamarck & J. Nye, Jr.(eds.). *Governance.com: Democracy in the Information Age*. Washington DC: Brookings Institution Press.

______. 1997. Introduction: The Decline of Cinfidence in Government. 1-18 in J. Nye, Jr., P. D. Zelikow & D. C. King(eds.). *Why People Don't Trust Government*. Mass: Harvard University Press.

Oh, C. 2017. Performance Management and Evaluation. in K. Namkoong, K. Cho & S. Kim(eds). *Public Administration and Policy in Korea: Its Evolution and Challenges*. London: Routledge.

O'Toole, L. J. Jr. & K. J. Meier. 1999. Modeling the impact of public management: Implication of structural context. *Journal of Public Administration Research and Theory*. 9(4): 505-26.

O'Toole, L. J. Jr. 2003. Interorganizational Relations in Implementation. 234-244 in B. G. Peters & J. Pierre(eds.). *Handbook of Public Administration*. London: Sage.

______. 2000. Research on Policy Implementation: Assessment and Prospects. *Journal of Public Administration Research and Theory*. 10(2): 263-288.

______. 1997. Networking requirements, institutional capacity, and implementation gaps in transitional regimes: the case of acidification policy in Hungary. *Journal of European Public Policy*. (4)1: 1-17.

______. 1988. Strategies for inter-governmental management: Implementing programs in interorganizational networks. *Journal of Public Administration*. 25(1): 43-57.

Orloff, A. S. & T. Skocpol. 1984. Why not Equal Protection? Explaining the Politics of Public Social Spending in Britain 1900~1911 and the United States, 1890~1920. *American Sociological Review*. 49(6): 726-750.

Orren, K. & S. Skowronnek. 1996. Institutions and Intercurrence: Theory Building in the Fullness of Time. 111-146 in I. Shapiro & R. Hardin(eds.). *Political Order*. NY: New York University Press.

Ostrom, E. 1996. Institutional Rational Choice: An Assessment of the IAD Framework. *a paper presented at the 1996 Annual Meetings of the American Political Science Association*.

Overman, E. S. & D. F. Simanton. 1986. Iron Triangles and Issue networks of Information Policy. *Public Administration Review*. 46(6): 584-589.

Pal, L.A. 1985. Consulting Critics: A New Role for Academic Policy Analysts. *Policy Sciences*. 18(4): 357-369.

Pampel, F. C. & J. B. Williamson. 1988. Welfare Spending in Advanced Industrial Democracies, 1950~1980. *American Journal of Sociology*. 93(6): 1424-56.

Perry, J. L. 1996. Measuring public service motivation: An assessment of construct reliability and validity. *Journal of Public Administration Research and Theory*. 6(1): 5-22.

Peters, B. G. & B. W. Hogwood. 1985. In Search of the Issue-Attention Cycle. *Journal of Politics*. 47(1): 238-253.

Peters, B. G. 2018. 'The Challenge of Policy Coordination,' Policy Design and Practice. 1(1): 1-11.

______. 2013. 'Toward Policy Coordination: Alternatives to Hierarchy,' Policy & Politics. 41(4): 569-84.

______. 2006b. 참여형 정부의 구축: 스칸디나비아 및 북미국가의 교훈. 111-134. 남궁근 (엮음). 「스칸디나비아 국가의 거버넌스와 개혁」. 한울아카데미.

______. 1998. 'Managing Horizontal Government: The Politics of Co-ordination,' Public Administration. 76: 295-311.

______. 1992. Public Policy and Public Bureaucracy. in D. Ashford(ed.). *History and Context in Comparative Public Policy*. Pittsburgh: University of Pittsburgh Press.

______. 1976. Social Change, Political Change and Public Policy: A Test of a Model. 113-156. in R. Rose(ed.). *The Dynamics of Public Policy: A Comparative Analysis*. Beverly Hills: Sage Publication.

Peterson, M. A. & J. L. Walker. 1986. Interest Group Responses to partisan Change: the Impact of the Reagan Administration upon the National Interest Group System. in Cigler, A. J. & B. A. Loomis(eds.) *Interest Group Politics*, 2nd ed. Washington DC: Congressional Quarterly Press.

Pierre, J. 2000. Introduction: Understanding Governance. 1-10 in J. Pierre(ed.). *Debating Governance: Authority, Steering and Democracy*. Oxford: Oxford University Press.

Pierson, P. 2000a. Increasing Returns, Path Dependence, and the Study of Politics. *American Political Science Review*. 94(2): 251-267.

Pilcher, D. M., C. J. Ramirez & J. J. Swihart. 1968. Some Correlates of Normal Pensionable Age. *International Social Security Review*. 21(3): 387-411.

Pilichowski, E. & E. Turkisch. 2008. Employment in Government in the Perspectives of the Production Costs of Goods and Services in the Public Domain, *OECD Working Papers on Public Governance*, No. 8, OCED Publishing.

Plotnick, R. D. & F. Skidmor. 1975. Progress against Poverty: Review of the 1964-1974 Decade. *Institute for Research on Poverty, Poverty Policy Analysis Series No. 1*, New York: Academic Press.

Poland, O. F. 1971. Why Does Public Administration Ignore Evaluation? *Public Administration Review*. 31(2): 201-202.

Pralle, S. B. 2003. Venue Shopping, Political Strategy, and Policy Change: The Internationalization of Canadian Forest Advocacy. *Journal of Public Policy*. 23(3): 233-260.

Pülzl, H. & O. Treib. 2007. Implementing Public Policy. 89-107 in F. Fischer, G. J. Miller & M. S. Sidney(eds.). *Handbook of Public Policy Analysis: Theories, Politics, and Methods*. Boca Raton, FL: CRC Press.

Putnam, R. D. 2004. Bowling Together. *The OECD Observer*. 242: 14-15.

______. 1995a. Bowling Alone: America's Declining Social Capital. *Journal of Democracy*. 6(1): 65-68.

______. 1995b. Turning In, Turning Out: The Strange Disappearance of Social Capital in America. *PS:*

Political Science and Politics. 28(4): 664-72.

Ranney, A. 1968. The Study of Policy Content: A Framework for Choice. in A. Ranney(ed.). *Political Science and Pubic Policy*. Chicago: Markham.

Rhodes, R. A. W. 2000. Governance and Public Administration. 54-90 in J. Pierre(ed.). *Debating Governance: Authority, Steering and Democracy*. Oxford: Oxford University Press.

______. 1999. Introduction. in G. Stoker(ed.). *The New Management of British Local Governance*. Basingstoke: Palgrave Macmillan.

______. 1996. The New Governance: Governing without Government. *Political Studies*. 44(4): 652-667.

______. 1995. 'From Prime Ministerial Power to Core Executive,' in R.A.W. Rhodes & P. Dunleavy(eds). *Prime Minister, Cabinet and Core Executive*. Basingstoke: Macmillan.

Rich, R. F. 1983. Knowledge Synthesis and Problem Solving. pp. 285-312. in Ward & Reed(eds.). *Knowledge Structure and Use*. PA: Temple University Press.

Richardson, J. & B. Kindblad. 2007. Programme Evaluation and Effectiveness Auditing in Sweden: The Changing Swedish Policy Style. *Scandinavian Political Studies*. 6(1): 75-98.

Rochefort, D. A. & R. W. Cobb. 1994. The Politics of Problem Definition: An Emerging Perspective. 1-31 in Rochefort & Cobb(eds.). *The Politics of Problem Definition: Shaping the Policy Agenda*. University Press of Kansas.

Rothstein, B. 1996. Political Institutions: An Overview. in R. Goodin & H. Klingmann(eds). *A New Handbook of Political Science*. Oxford: Oxford University Press.

______. 1992. Labor-market institutions and working-class strength. Chap. 2. in Steinmo, Thelen & Longstreth(eds.). *Structuring Politics*. Cambridge: Cambridge University Press.

Sabatier, Paul A. 2007. The Need for Better Theories. 3-17 in P. A. Sabatier(ed.). *Theories of the Policy Process*. 2nd ed. Westview.

______. 1999. The Advocacy Coalition Framework: An Assessment. 117-166 in P. A. Sabatier(ed.). *Theories of the Policy Process*. Boulder, CO: Westview Press.

______. 1993. Policy Changes over a Decade or more. 13-39 in P. A. Sabatier & H. C. Jenkins-Smith(eds.). *Policy Change and Learning: An Advocacy Coalition Approach*. Colorado: Westview.

______. 1988. Advocacy Coalition. *Policy Sciences*. 21(2-3): 129-168.

______. 1986. Top-down and Bottom-up approaches to implementation research: A critical analysis and suggested synthesis. *Journal of Public Policy*. 6(1): 21-48.

Sabatier, P. A. & D. Mazmanian,. 1981. Implementation of Public Policy: A Framework of Analysis. in D. Mazmanian & P. A. Sabatier(eds.). *Effective Policy Implementation*. Lexington: Heath.

______________. 1980. Policy Implementation: The Framework of Analysis. *Policy Studies Journal*. 8: 538-60.

Sabatier, P. A. & C. M. Weible. 2007. The Advocacy Coalition Framework: Innovations and Clarifications. 189-220 in P. A. Sabatier(ed.). *Theories of the Policy Process*. 2nd ed. Colorado: Westview.

Salamon, L. M. & M. S. Lund. 1989. The Tools Approach: Basic Analytics. 23-50 in L. Salamon(ed.). *Beyond Privatization: The Tools of Government Action*. Washington: Urban Institute.

Salamon, L. M. 2002. The New Governance and the Tools of Public Action: An Introduction. 1-47 in L. M. Salamon(ed.). *The Tools of Government: A Guide to the New Governance*. Oxford

University Press.

______. 1981. Rethinking Public Management: Third-Party Government and the Changing Forms of Government Action. *Public Policy*. 29(3): 255-75.

Saunders, P. 1975. They make Rules: Political Routines and the Generation of Political Bias. *Policy and Politics*. 4(1): 31-58.

Scharpf, F. W. 2000. Institutions in Comparative Policy Research. *Comparative Political Studies*. 33(6-7): 762-90.

______. 1978. Interorganizational policy studies: Issues, concepts and perspectives. 345-370 in K. I. Hanf & F. W. Scharpf(eds.). *Interorganizational Policy Making: Limits to Coordination and Central Control*. London: Sage.

Schmitter, P. C. 1979. Still the Century of Corporatism?. 7-48 in P.C. Schmitter & G. Lembruch(eds.). Trends toward Corporatist Intermediation. London: Sage.

______. 1977. Modes of Interest Intermediation and Models of Societal Change in Western Europe. *Comparative Political Studies*. 10(1): 7-38.

Schneider, V. 1992. The Structure of Policy Network: A Comparison of the 'Chemicals Control' and Telecommunications' Policy Domains in Germany. *European Journal of Political Research*. 21: 109-129.

Scholz, T. J. & M. Lubell. 1998. Trust and Taxpaying: Testing the heuristic approach to collective action. *American Journl of Political Science*. 42(2): 398-417.

Simon, H. A. 1978. Rationality as Process and as Product of Thought. *American Economic Review*. 68(2): 1-16.

______. 1976. From Substantive to Procedural Rationality. in S. J. Latsis (ed.). *Method and Appraisal in Economics*. Cambridge: Cambridge University Press.

______. 1955. A Behavioral Model of Rational Choice. *Quarterly Journal of Economics*. 69(1): 99-118.

Simon, J. 1993. The Idea Brokers: The Impact of Think Tanks on British Government. *Public Administration*. 71(4): 491-506.

Skocpol, T. & D. Rueschemeyer. 1996. Introduction. in D. Rueschemeyer & T. Skocpol(eds.). *In States, Social Knowledge, and the Origins of Modern Social Policies*. Princeton: Princeton University Press.

Skocpol, T. 1995. Why I am an Historical Institutionalist. *Polity*. 28(1): 103-104.

Smith, M. J. 1990. From Policy Community to Issue Network: Salmonella in Eggs and the New Politics of Food. *Public Administration*. 69(2): 235-255.

Sórensen, E. 2016. Democratic network governance. in C. Ansell & J. Torfing(eds.). *Handbook on Theories of Governance*. Northampton, MA: Edward Elgar Publishing.

Spitzer, R. J. 1987a. Gun Control and Mythology of the Second Amendment. in R. Tatalovich & B. Daynes(eds.). *Social Regulatory Policy*. Boulder, CO: Westview Press.

______. 1987b. Promoting Policy Theory: Revising the Arenas of Power. *Policy Studies Journal* 15(4): 675-689.

Stack, S. 1978. The Effects of Political Participation and Socialist Party Strength on the Degree of Income Inequality. *American Sociological Review*. 44(1): 168-71.

Steinberger, P. J. 1980. Typologies of Public Policy: Meaning Construction and Their Policy Process. *Social Science Quarterly*. 61: 185-197.

Stone, D. 2000. Non-Governmental Policy Transfer: The Strategies of Independent Policy Institutes. *Governance*. 13(1): 45-70.

Stonecash, J. 1980. Politics, Wealth, and Public Policy: The Significance of Political systems. 21-38 in T. R. Dye & V. Gray(eds.). *Determinants of Public Policy*. Lexington, Mass: Lexington Books.

Streeck, W. & K. Thelen. 2005. Introduction: Institutional Change in Advanced Political Economies. in W. Streeck & K. Thelen(eds.). *Beyond Continuity: Institutional Change in Advanced Political Economies*. U.K: Oxford University Press.

Stufflebeam, D. L. 2007. Daniel Stufflebeam's CIPP Model for Evaluation. in D. L. Stufflebeam & A. J. Shinkfield(eds.). *Evaluation Theory, Models & Applications*. San Francisco: Jossey-Bass.

Sundquist, J. 1978. Research Brokerage: The Weak Link. in Lynn, Jr.(ed.). *Knowledge and Policy*. Washington, D. C: National Academy of Science.

Taira, K. & P. Kilby. 1969. Differences in Social Security Development in Selected Countries. *International Social Security Review*. 22(2): 139-53.

Tatalovich, R. & B. Daynes. 1984. Moral Controversies and the Policymaking Process. *Policy Studies Journal*. 3(2): 207-322.

Thelen, K. & S. Steinmo. 1992. Historical institutionalism in comparative politics. in S. Steinmo, K. Thelen & F. Longstreth(eds.). *Structuring Politics: Historical Institutionalism in Comparative Analysis*. Cambridge: University of Cambridge Press.

Therborn, G. 1986. Neo-marxist, Pluralsit, Corporatist, Statist Theories and the Welfare State. in A. Kazancigil(ed.). *The State in Global Perspective*. Aldershot, UK: Gower.

______. 1977. The Rule of Capital and the Rise of Democracy. *New left Review*. 103: 3-41.

Tompkins, G. L. 1975. A Causal Model of State Welfare Expenditures. *Journal of Politics*. 37(2): 392-416.

Torfing, J. 2016. Metagovernance. in C. Ansell & J. Torfing(eds.) *Handbook on Theories of Governance*. Northampton, MA: Edward Elgar Publishing.

Tribe, L. H. 1972. Policy Science: Analysis or Ideology? *Philosophy and Public Affairs*. 2(1): 66-100.

Turoff, M. 1970. The Design of a Policy Delphi. *Technological Forecasting and Social Change*. 2(2): 149-71.

Van Aelst, P. & S. Walgrave. 2016. Political Agenda Setting by the Mass Media: ten years of research, 2005-2015. in N. Zahariadis(ed.) *Handbook of Public Policy Agenda Setting*. Northampton, MA: Edward Elgar Publishing.

Van Horn, C. E. & D. S. Van Meter. 1976. The Implementation of Intergovernmental Policy. in C. O. Jones & R. D. Thomas(eds.). *Public Policy Making in a Federal System*. Beverly Hills: Sage Publications.

Van Meter, D. & C. E. Van Horn. 1975. The policy Implementation Process: a conceptual framework. *Administration and Society*. 6(4): 445-88.

Vedung, E. 2006. Evaluation Research. 397-418 in G. B. Peters & J. Pierre(eds.). *Handbook of Public Policy*. Sage.

______. 1998. Policy Instruments: Typologies and Theories. in M. Bemelman-Videc, R. C. Rist & E. Vedung(eds.). *Carrot, Stick, and Sermons: Policy Instruments and Their Evaluation*. NJ: New Brunswick.

Vining, A. D. & D. L. Weimer, 1990. Government Supply and Government Production Failure: a Framework Based on Contestability. *Journal of Public Policy*. 10(1): 1-22.

Walker, J. L. 1989. Introduction: Policy Communities as a Global Phenomena. *Governance: An International Journal of Policy and Administration*. 2(1): 1-4.

Weible, C.M., P.A. Sabatier & M. Lubell. 2004. A Comparison of a Collaborative and Top-down Approach to the Use of Science in Policy: Establishing Marine Protected Areas in California. *Policy Studies Journal*. 32(2): 187-208.

Weiss, C. H. 1977. Research for Policy's Sake: The Enlightenment Function of Social Research. *Policy Analysis*. 3(4): 531-546.

Werner, J. & K. Weigrich. 2007. Theories of Policy Cycle. 43-62. in Fischer, F., G. J. Miller & M. S. Sidney(eds.). *Handbook of Public Policy Analysis*. Boca Raton, FL: CRC Press.

Wholey, J. 2004. Evaluablity Assessment. in J. Wholey, H. Hatry & K. Newcomer(eds.). *Handbook of Practical Program Evaluation*. San Francisco, CA: Jossey-Bass.

Williams, D. & T. Young. 1994. Governance, the World Bank and Liberal Theory. *Political Studies*. 42: 44-100.

Williamson, J. B. & J. J. Fleming. 1977. Convergence Theory and The Social Welfare Sector: A Cross National Analysis. *International Journal of Comparative Sociology*. 18(3-4): 242-253.

Wilson, W. 1887. A Study of Administration. *Political Science Quarterly*. 2(2): 293-294.

Winter, S. C. 2006. Implementation. 151-166 in B. G. Peters & J. Pierre(eds.). *Handbook of Public Policy*. London: Sage.

______. 1990. Integration Implementation Research. 19-38 in D. J. Palumbo & D. J. Calista(eds.). *Implementation and the Policy Process*. NY: Greenwood press.

______. 1986. Studying the Implementation of Top-down Policies from the Bottom-up: Implementation of Danish Youth Employment Policy. 109-138 in Ray C. Rist(ed.). *Finding Work: Cross National Perspectives on Employment and Training*. NY: The Falmer Press.

Wollmann, H. 2007. Policy Evaluation and Evaluation Research. in Fischer, F., G. J. Miller & M. S. Sidney(eds.). *Handbook of Public Policy Analysis*. Boca Raton, FL: CRC Press

______. 2003. Evaluation in Public Sector Reform: Toward a 'Third Wave' of Evaluation. 1-11 in H. Wollmann(ed.). *Evaluation in Public Sector Reform: Concepts and Practice in International Perspective*. Edward Elgar. Northampton, Mass.

Woolcock, M. 1998. Social capital and economic development: Toward a theoretical synthesis and policy framework. *Theory and Society*. 27: 151-208.

Zafonte, M. & P. Sabatier. 2004. Short-Term versus Long-term Coalitions in the Policy Process. *Policy Studies Journal*. 32(1): 75-107.

Zahariadis, N. 2014. Ambiguity and Multiple Streams. pp. 25-58. in P. A. Sabatier & C. M. Weible(eds.) *Theories of The Policy Process,* 3rd ed. Westview Press.

사항색인

[ㄱ]

[ㄹ]

[ㅁ]

[ㅇ]

인명색인

[ㄱ]

[ㅈ]

[C]

[D]

[M]

[N]

[Y]

[Z]

저자약력

서울대학교 정치학과 졸업
서울대학교 행정대학원 졸업(행정학석사)
미국 University of Pittsburgh(행정학박사)
미국 UC Berkeley IGS, LG연암재단 해외연구교수
벨기에 KU Leuven, Visiting Professor
서울대학교 행정대학원 객원교수
경제기획원 사무관(제19회 행정고시 합격)
육군 3사관학교 교관
경상대학교 교수, 중앙도서관장
서울과학기술대학교 교수, IT정책대학원장, 총장
현 서울과학기술대학교 명예석좌교수
　한국지방행정연구원 석좌연구위원
　국무총리실 정부업무평가위원회 민간위원장

[주요 저서 및 역서]

Public Administration and Policy in Korea (co-ed.), Routledge, 2017.
Korean Public Administration and KAPA (ed.), KAPA, 2009.
행정조사방법론, 제6판, 법문사, 2021.
정책분석론, 제6판(공역), 법문사, 2018.
유럽연합의 대학개혁(공저), 법문사, 2014.
볼로냐협약의 집행성과(공저), 법문사, 2014.
스칸디나비아 국가의 거버넌스와 개혁(공저), 한울, 2006.
전자정부를 통한 부패통제: 이론과 사례(공저), 한울, 2002.
시민과 정부개혁(공편), 한울, 2002.
고위공무원 개방형 임용제도(공저), 나남, 2000.
비교정책연구(증보판), 법문사, 1999.
공공정책의 결정요인분석(공저), 법문사, 1993
정책집행론(공역), 법문사, 1985
신행정론(공역), 박영사, 1983

[수　상]

한국행정학회 제6회 학술상-저술부문(저서: 비교정책연구), 1999.
미국행정대학원연합회(NASPAA) 우수박사논문상, 1989.

[주요 학회활동]

한국행정학회 편집위원장(2000), 연구위원장(2002), 회장(2008)
한국정책학회 정보통신분과학회장(1998-99), 학술상위원장(2006)
한국정책분석평가학회 섭외위원장(1991-92), 편집위원장(1999)

[주요 정부자문활동]

행정정보공유추진위원회 민간위원장(국무총리와 공동)
대통령 직속 규제개혁위원, 정부혁신지방분권위원(인사개혁간사)
교육부 대학설립심사위원장 등 역임

정책학 [제4판]

2008년 9월 15일 초판 1쇄 발행
2010년 1월 20일 초판 3쇄 발행
2012년 2월 15일 제2판 1쇄 발행
2016년 1월 5일 제2판 4쇄 발행
2017년 8월 25일 제3판 1쇄 발행
2019년 6월 10일 제3판 2쇄 발행
2024년 7월 20일 제4판 2쇄 발행

저 자 남 궁 근
발행인 배 효 선

발행처 도서출판 法 文 社

주 소 10881 경기도 파주시 회동길 37-29
등 록 1957년 12월 12일 / 제2-76호 (윤)
전 화 (031)955-6500~6 FAX (031)955-6525
E-mail (영업) bms@bobmunsa.co.kr
(편집) edit66@bobmunsa.co.kr
홈페이지 http://www.bobmunsa.co.kr
조 판 법 문 사 전 산 실

정가 35,000원 ISBN 978-89-18-91176-2